MATERIAL DE CURSOS DE CASE-TUTOR™ PARA LOS ESTUDIANTES

Adjunto a este libro le presentamos un complemento opcional diseñado a la medida, el cual le será útil para analizar los casos.

CASE-TUTOR™ contiene preguntas de estudio correspondientes a los 35 casos de este libro, más ejercicios de preparación para 12 de los casos que le llevan a usted a realizar el análisis necesario, le instruyen en el uso apropiado de los conceptos y herramientas, y le asisten en el cálculo numérico. Los 12 casos para los cuales hay un ejercicio de preparación de caso en CASE-TUTOR™ se señalan con el logo de CASE-TUTOR™ en la tabla de Contenido.

Las preguntas de estudio de cada uno de los 35 casos sirven de guía sobre las cuestiones que hay que considerar y que se deben analizar en la preparación de los casos asignados para la clase. Los 12 ejercicios de preparación de caso diseñados a la medida le resultarán útiles para aprender cómo pensar estratégicamente respecto a la situación de una compañía, aplicar las herramientas y conceptos tratados en los 13 capítulos de texto, y llegar a recomendaciones con buenas bases sobre las acciones que la administración debe emprender para mejorar el desempeño de la compañía.

Este material de cursos se puede utilizar con cualquier PC basada en Windows, que cuente con Microsoft Excel (ya sea en la versión de Office 97 o en la de Office 2000).

CASE-TUTOR™ se proporciona **EN FORMA GRATUITA** con la compra de un libro de texto nuevo al emplear el código único que acompaña al empaque del libro para descargar ese software.

MLVJ- EOI- 13-05

Administración estratégica | *Textos y casos*

Administración | estratégica | *Textos y casos*

Arthur A. Thompson, Jr.
A. J. Strickland III

Both of the University of Alabama

Decimotercera edición

Traducción:
Ma. del Pilar Carril Villarreal
Enrique Palos Báez
Demetrio Garmanedia Guerrero
Traductores profesionales

Revisión técnica:
Pedro G. Márquez P.
Director de la División de Negocios
Instituto Tecnológico y de Estudios Superiores de Monterrey
Campus Ciudad de México

Jorge Cubillos Osorio
Director del Centro Latinoamericano de Casos, División Negocios
Instituto Tecnológico y de Estudios Superiores de Monterrey
Campus Ciudad de México

MÉXICO • BUENOS AIRES • CARACAS • GUATEMALA • LISBOA • MADRID
NUEVA YORK • SAN JUAN • SANTAFÉ DE BOGOTÁ • SANTIAGO
AUCKLAND • LONDRES • MILÁN • MONTREAL • NUEVA DELHI
SAN FRANCISCO • SINGAPUR • ST. LOUIS • SIDNEY • TORONTO

Gerente de división: Leonardo Newball González
Gerente de producto: Ricardo A. del Bosque Alayón
Editora de desarrollo: Olga Adriana Sánchez Navarrete
Supervisor de producción: Zeferino García García

ADMINISTRACIÓN ESTRATÉGICA. Textos y casos
Decimotercera edición

DERECHOS RESERVADOS © 2004 respecto a la tercera edición en español por
McGRAW-HILL/INTERAMERICANA EDITORES, S.A. DE C.V.
*A Subsidiary of The **McGraw-Hill** Companies, Inc.*
    Cedro Núm. 512, Col. Atlampa
    Delegación Cuauhtémoc,
    06450 México, D.F.
    Miembro de la Cámara Nacional de la Industria Editorial Mexicana, Reg. Núm. 736

ISBN 970-10-4055-4
(ISBN 970-10-2906-2 edición anterior)

Traducido de la decimotercera edición en inglés de: STRATEGIC MANAGEMENT:
CONCEPTS AND CASES. 13th EDITION. Copyright © 2003, 2001, 1999, 1998, 1996,
1995, 1993, 1992, 1990, 1987, 1984, 1981, 1978 by the McGraw-Hill Companies, Inc.
All rights reserved.
ISBN: 007-249395-X

1234567890   09876532104

Impreso en México   Printed in Mexico

para Hasseline y Kitty

Acerca de los | autores

Arthur A. Thompson Jr. obtuvo sus títulos de licenciatura y doctorado en economía en la Universidad de Tennesse en 1961 y 1965, respectivamente; trabajó tres años en la facultad de economía de Virginia Tech, y 24 años al servicio de la facultad del Colegio Superior de Comercio y Administración de Empresas de la Universidad de Alabama. En 1974 y luego en 1982, el doctor Thompson dedicó sendos semestres sabáticos como académico visitante a la Facultad de Comercio Harvard.

Sus áreas de especialización: la estrategia empresarial, la competencia y el análisis de marketing, así como la economía de las empresas comerciales. Ha colaborado con más de 30 artículos en unas 25 publicaciones profesionales y del ramo, y ha sido autor y coautor de cinco libros de texto y de cuatro ejercicios de simulación basados en computadora.

El doctor Thompson es conferencista y consultor frecuente sobre los problemas estratégicos que enfrenta la industria del servicio eléctrico público, en particular acerca de los retos que plantean la reestructuración de la industria, la nueva regulación, la competencia y la libertad de elección de los clientes. Gran parte del tiempo que pasa fuera del campus lo dedica a dar conferencias a grupos del servicio eléctrico público y a dirigir programas de capacitación administrativa para ejecutivos del servicio eléctrico público en todo el mundo.

El doctor Thompson y su esposa, de 41 años, tienen dos hijas, dos nietos y un terrier Yorkshire.

El doctor A.J. (Lonnie) Strickland, nativo del norte de Georgia, estudió en la Universidad de Georgia, donde obtuvo su título de licenciatura en matemáticas y física en 1965. Posteriormente, ingresó al Instituto de Tecnología de Georgia, donde obtuvo su grado de maestría en ciencias de la administración industrial. Obtuvo su doctorado de administración de empresas en la Universidad del Estado de Georgia en 1969. En la actualidad es profesor de administración estratégica en la Escuela de Posgrado de Comercio de la Universidad de Alabama.

La experiencia en consultoría y formación ejecutiva del Dr. Strickland se relaciona con el área de administración estratégica, concentrándose en la industria y el análisis competitivo. Ha creado sistemas de planeación estratégica para empresas como Southern Company, BellSouth, South Central Bell, American Telephone and Telegraph, Gulf

States Paper, Carraway Methodist Medical Center, Delco Remy, Mark IV Industries, Amoco Oil Company, USA Group, General Motors y Kimberly Clark Corporation (Medical Products). Es un conferencista muy apreciado sobre el tema de la realización del cambio estratégico, y presta sus servicios a diversas juntas de dirección corporativa.

Fue director de marketing de BellSouth, donde tuvo la responsabilidad por 1 000 millones de dólares de ingresos y 300 millones de dólares de utilidades.

En el área internacional, ha hecho una extensa labor en Europa, Oriente Medio, Centroamérica, Malasia, Australia y África. En Francia creó una simulación administrativa de toma de decisiones corporativas que permite a la alta administración probar diversas alternativas estratégicas.

En el área de investigación, es autor de 15 libros y obras de texto. Sus simulaciones de administración, Tempomatic IV y Micromatic, fueron innovaciones precursoras que tuvieron gran éxito en el mercado durante dos décadas.

Entre los reconocimientos recientes otorgados al doctor Strickland están los de Outstanding Professor Award (Premio al profesor distinguido) por la Escuela de Posgrado de Comercio y el Outstanding Commitment to Teaching Award (Premio a la sobresaliente dedicación a la enseñanza) por la Universidad de Alabama, de los cuales se enorgullece particularmente. Es miembro de varias sociedades honorarias de liderazgo: Mortar Board, Order of Omega, Beta Gamma Sigma, Omicron Delta Kappa y Jasons. También fue presidente nacional de la fraternidad social Pi Kappa Phi.

Prefacio

La decimotercera edición de *Administración estratégica: Textos y casos,* que sigue de cerca a la 12a. edición publicada a finales de 2000, contiene: 1) 18 de los mejores y más recientes casos que pudimos encontrar; 2) un capítulo sobre comercio electrónico revisado exhaustivamente, el cual se centra en el uso de las aplicaciones de la tecnología de internet por parte de las compañías para reconfigurar las actividades de la cadena de valor, las razones por las que el empleo de internet suele servir para intensificar las fuerzas competitivas y las diversas opciones estratégicas de que disponen las empresas para usar internet con el fin de posicionarse en el mercado, y 3) cápsulas ilustrativas actualizadas en los trece capítulos. La característica distintiva de la 13a. edición, al igual que en la 12a., es la cobertura integral de los cambios históricos en las estrategias de los negocios y los mercados competitivos que están siendo dirigidos hacia la globalización y la tecnología de internet. El lector observará que esta edición está "globalizada" y hace énfasis en el comercio electrónico de principio a fin, con contenido de los capítulos que cumple objetivos precisos, ejemplos oportunos y una serie de casos extraordinariamente interesantes, fáciles de enseñar. Hemos mejorado para satisfacer el anhelo del mercado de un paquete completo de enseñanza y aprendizaje centrado directamente en lo que todo estudiante necesita saber sobre la formulación, puesta en práctica y ejecución de las estrategias de negocios en los entornos actuales del mercado.

SATISFACCIÓN DE LA DEMANDA DE CASOS NOVEDOSOS EN EL MERCADO

Es perfectamente entendible que los usuarios de textos de estrategia tengan un apetito insaciable de casos nuevos y bien investigados, repletos de cuestiones oportunas e interesantes. En virtud de que existen numerosas escuelas de administración que ofrecen el curso de administración estratégica cada periodo escolar, la colección de casos de una edición se desgasta después de varios periodos. En ocasiones, las circunstancias de la industria y las compañías cambian con tanta rapidez que provocan que un caso, que de otro modo sería bueno, pierda su atractivo (porque ya se conocen los resultados o los sucesos subsiguientes los hacen discutibles). Los debates en clase siempre añaden el elemento del entusiasmo cuando el caso acaba de salir en la prensa y plantea dificultades que los gerentes de las compañías aún están tratando de resolver o cuando todavía no puede evaluarse la sensatez de las medidas adoptadas por la gerencia. El interés fuerte y legítimo entre los adoptantes por usar los mejores y más recientes casos, junto con el creciente repertorio de casos de primera clase que se escriben cada año, justifica este esfuerzo continuo por nuestra parte de ofrecer otra serie de casos actualizados y prácticos para los cursos de administración estratégica. Los 18 casos incluidos en esta 13a. edición se escribieron en su totalidad en fechas recientes y contienen puntos de enseñanza importantes y oportunos.

EL CAPÍTULO SOBRE COMERCIO ELECTRÓNICO REVISADO EXHAUSTIVAMENTE Y EJEMPLOS ACTUALIZADOS

Aunque el ritmo de los nuevos desarrollos que se producen en las obras de administración estratégica no justifica la revisión del contenido de los capítulos cada 18 meses, hicimos una excepción parcial en esta edición y decidimos revisar y reestructurar radicalmente nuestro capítulo sobre comercio electrónico (capítulo 7). Las oportunidades en el comercio electrónico se ven muy distintas ahora de lo que parecían durante la eufórica "fiebre de oro" de internet a finales de los años noventa. Los modelos de negocios y estrategias de las compañías de internet han pasado por una metamorfosis aleccionadora y reflexiva en los 24 meses transcurridos desde que preparamos nuestro primer capítulo referente a ello para la 12a. edición; algunas lecciones estratégicas importantes han empezado a destacarse y surgió la siguiente generación de estrategias de internet; ha habido más tiempo para evaluar qué funciona y qué no. Además, las compañías de todo el mundo trabajan diligentemente para incorporar la tecnología de internet a las actividades de la cadena de valor, produciendo cambios fundamentales en la administración de la cadena de suministros, operaciones internas y énfasis en los canales de distribución. En consecuencia, determinamos que la 13a. edición debía incluir un capítulo 7 de segunda generación que reflejara por completo el paisaje radicalmente transformado del comercio electrónico, así como los modelos y estrategias más realistas que están surgiendo en este campo. El capítulo 7 recién revisado se organiza en torno a problemas fundamentales en la determinación de la estrategia: ¿cómo altera la tecnología de internet la manera en que las compañías realizan las actividades de la cadena de valor? ¿Qué efectos tiene internet en la competencia? ¿Internet resultará ser un vehículo para aumentar o disminuir la rentabilidad industrial? ¿Internet promueve u obstaculiza los esfuerzos de las compañías por adquirir ventaja competitiva sostenible? El capítulo también estudia los errores estratégicos cometidos por algunos de los primeros empresarios de internet y las lecciones estratégicas aprendidas de la primera oleada de la revolución de internet. El capítulo concluye con una sección importante que examina las decisiones estratégicas que las compañías tienen que tomar respecto a cómo utilizar internet para posicionarse en el mercado: si debe usarse internet, y cuándo hacerlo, como canal *exclusivo* de la empresa para tener acceso a los clientes, como canal *primario* de distribución, como *uno de varios* canales de distribución importantes, como canal *secundario o menor,* o simplemente como *un vehículo* para difundir información sobre los productos (para que los socios de los canales de distribución tradicionales realicen todas las ventas a los usuarios finales). Existen preceptos estratégicos generales para las compañías que nada más trabajan en internet, las que emplean una combinación de estrategias de internet y convencionales, y las empresas que desean aprovechar el uso de internet.

Si el lector es usuario de la decimosegunda edición, el cambio a la decimotercera merece consideración 1) tan pronto como juzgue conveniente incorporar la nueva colección de casos a su oferta de cursos o 2) si considera valioso incorporar el capítulo 7 revisado exhaustivamente y las cápsulas ilustrativas actualizadas a su oferta de cursos. Si no ha usado la 12a. edición, esperamos que revise con detenimiento esta 13a. edición para ver si sus características (que se explican a continuación) satisfacen sus necesidades. También existe una edición actualizada, recién publicada, de *The Business Strategy Game* (versión 7.20) para usarse con la 12a. o 13a. edición.

LA COLECCIÓN DE CASOS EN LA 13a. EDICIÓN

Los 18 casos presentados en esta edición algunos son casos nuevos que no aparecen en ninguna de nuestras ediciones anteriores, seis casos completamente actualizados y revisados de ediciones anteriores. Como ha sido nuestra costumbre desde hace mucho tiempo, hemos agrupado los casos en cinco títulos temáticos relacionados con los capítulos para resaltar los vínculos estrechos que ciertos casos tienen con los conceptos y herramientas de administración estratégica presentados en capítulos específicos. Se encuentran dos casos que destacan la función y las tareas del gerente como principal creador y ejecutor de la estrategia; estos casos —La reforma de los productos de Avon realizada por Andrea Jung, El alimentador solar—, proporcionan una demostración convincente de los motivos por los que las exposiciones de los capítulos 1 y 2 son relevantes para el éxito empresarial a largo plazo en el mercado. La siguiente sección contiene un grupo de 10 casos en los que los problemas centrales giran en torno del análisis de situaciones industriales y competitivas y la formulación de estrategias en el nivel de unidad de negocios; estos casos preparan a los estudiantes para usar los conceptos y herramientas analíticas presentados en los capítulos 3 al 8. Los dos casos siguientes que comprenden evaluaciones de la estrategia y su formulación en compañías diversificadas o que operan en varias industrias, los cuales brindan a los estudiantes la oportunidad de aplicar los conceptos y herramientas presentados en los capítulos 9 y 10. Los tres casos que siguen giran en torno de los desafíos que plantea a la gerencia la puesta en práctica y ejecución de la estrategia, y todos ellos sirven como buenos vehículos para ilustrar la relevancia del material cubierto en los capítulos 11, 12 y 13. El último caso: sobre DoubleClick resalta los vínculos entre estrategia, ética y responsabilidad social.

El conjunto de casos en esta decimotercera edición, como en ediciones anteriores, refleja nuestra preferencia férrea por los casos que presentan productos y compañías interesantes y que son capaces de despertar el interés de los estudiantes y provocar debates animados en el aula. Algunos de los casos se relacionan con compañías, productos o gente de alto perfil, acerca de los cuales los estudiantes han oído hablar, conocen por experiencia personal o pueden identificarse con ellos fácilmente. Los casos de compañías de internet, además de otros que darán a los estudiantes un conocimiento más profundo de las demandas especiales de competir en entornos industriales donde los adelantos tecnológicos son sucesos cotidianos, los ciclos de vida de los productos son cortos y las maniobras competitivas entre rivales tienen que ser rápidas y febriles. También algunos de los casos tienen que ver con situaciones en que los recursos y capacidades competitivas de una compañía desempeñan una función tan decisiva en la formulación y el plan de ejecución de la estrategia como la industria y las condiciones competitivas.

Dispersos entre este conjunto hay casos que se refieren a compañías no estadounidenses, industrias que compiten globalmente o situaciones transculturales; estos casos, en conjunto con el contenido globalizado de los capítulos del texto, proporcionan material suficiente para vincular estrechamente el estudio de la administración estratégica a la globalización continua de la economía mundial, en observancia estricta de las normas de la *Asociación por el Progreso de Escuelas de Administración Colegiadas* (AACSB, por sus siglas en inglés). También encontrará casos que abordan los problemas estratégicos de empresas de propiedad familiar o relativamente pequeñas, y algunos casos de compañías públicas sobre las cuales los estudiantes pueden investigar más en internet o en la biblioteca.

Los investigadores de los casos, cuyo trabajo aparece en esta edición, realizaron sin lugar a dudas una estupenda labor al preparar casos que contienen puntos de enseñanza valiosos, ilustran los desafíos estratégicos importantes que enfrentan los gerentes y permiten a los estudiantes aplicar las herramientas del análisis estratégico. Estamos convencidos de que al lector le parecerá que la colección de 18 casos de la 13a. edición es excepcionalmente atractiva, se presta mucho a la enseñanza y es muy adecuada para capacitar a los estudiantes en el uso de los conceptos y trato analítico en los capítulos 1 al 13. Se trata de un grupo de casos interesantes que tienen el propósito de captar el interés de los estudiantes de principio a fin.

La colección electrónica de datos y el centro de aprendizaje electrónico

Con la intención de que resulte fácil y cómodo para los instructores complementar los 18 casos incluidos en el texto, hemos recopilado una colección de casos en formato para descargar que incluye varios casos populares de nuestras ediciones 11a. y 12a. Varios casos de la colección electrónica vienen acompañados por segmentos de video. Los casos electrónicos, aunados a los 18 que aparecen en este volumen, dan un total de 51 casos entre los cuales se puede elegir para hacer asignaciones de casos. Además, *tenemos planes para mantener actualizada la colección electrónica con nuevos casos tan pronto como podamos identificar casos recién escritos de calidad y contenido adecuados, darles formato satisfactoriamente y conseguir los derechos para publicarlos en el Centro de aprendizaje electrónico.* Creemos que el uso de casos de nuestra colección electrónica continuamente reabastecida y actualizada (cuya reseña encontrará en el Instructor Center en *www.mhhe.com/thompson*) resultará muy valioso para complementar los casos en este texto y mantener variadas y actualizadas sus asignaciones de casos.

Tenemos la intención de que la colección electrónica de casos cuente con 40 a 60 de los mejores y más recientes casos que consideremos adecuados para usarse con nuestro texto y que usted pueda tener la seguridad de que funcionarán eficazmente en el aula. Hemos tratado de organizar y presentar la colección electrónica de casos de manera que resulte sencillo y cómodo para los instructores identificar y seleccionar aquellos que mejor satisfagan las necesidades de los cursos. También se pueden conseguir notas de enseñanza para todos los casos en formato descargable o visible en pantalla para lectura y uso de los instructores. Si la idea de utilizar casos electrónicos le atrae, le sugerimos que visite el Instructor Center en el sitio web del texto (*www.mhhe.com/thompson*) y examine las listas de los casos.

Los estudiantes pueden obtener los casos electrónicos asignados en el Centro de aprendizaje electrónico, rediseñado y de uso más sencillo para el usuario en *www.mhhe.com/thompson*, donde mediante un pago con tarjeta de crédito podrán descargar de inmediato los archivos de los casos deseados a su propia computadora personal o a un disco. Los estudiantes pueden usar el archivo electrónico del caso para imprimir una copia para uso personal (o leerlo directamente en el monitor). El editor ha rediseñado por completo la primera versión del Centro de aprendizaje electrónico para eliminar las molestas dificultades con las que unos cuantos usuarios se toparon al descargar los archivos de los casos.

Guía de análisis de los casos y uso de internet

Después del capítulo 13 y antes del caso 1, hemos incluido una vez más una sección intitulada "Guía del análisis de casos" que da a los estudiantes orientación positiva sobre la pedagogía del método seguido en la presentación de los casos, ofrece sugerencias para abordar el análisis de los casos y proporciona una revisión útil de las razones financieras utilizadas en la evaluación de la fortaleza financiera de una compañía. La guía contiene indicadores sobre el uso de internet para: 1) realizar investigaciones adicionales sobre una industria o compañía, 2) obtener los resultados financieros más recientes de una empresa y 3) actualizarse sobre lo que ha sucedido desde que se preparó el caso. La información sobre industrias y compañías que puede conseguirse en internet ha crecido desenfrenadamente a tal punto que el desafío para los estudiantes radica ahora en aprender a pasar por un tamiz los resultados de los motores de búsqueda para encontrar lo que en realidad es pertinente e interesante. Aunque los estudiantes son cada vez más hábiles para localizar información útil en internet, creemos que aquellos que no dominan plenamente las funciones de búsqueda encontrarán que nuestra lista de sugerencias de sitios web resultará de gran ayuda y les ahorrará tiempo en la selección de la información que les interesa.

CARACTERÍSTICAS DEL CONTENIDO DE LOS CAPÍTULOS DE LA DECIMOTERCERA EDICIÓN

Además del capítulo 7, completamente revisado, y las cápsulas ilustrativas actualizadas (muchas de las cuales son nuevas en su totalidad), los capítulos de esta edición son idénticos a los de la 12a. edición. A partir de la 6a. edición, nuestro ciclo de revisión ha comprendido nuevos capítulos y casos en las ediciones con número par, y capítulos transferidos y nuevos casos en las ediciones con número impar. Como ésta es una edición con número impar, el contenido de los capítulos es análogo al de la 12a. edición, salvo por las diferencias explicadas anteriormente. Sin embargo, los capítulos de la 12a. edición representaron una revisión y actualización radical de los capítulos de la 10a. y 11a. ediciones, de modo que el contenido global de los capítulos de la 13a. edición sigue siendo tolerablemente aproximado a lo más vanguardista. Nosotros, por supuesto, hicimos los cambios en el capítulo 7 y las cápsulas ilustrativas para ayudar a sostener la oportunidad y la vigencia de los tratamientos del texto en esta edición. La siguiente reseña breve de los capítulos será útil para quienes no están familiarizados con nuestra 12a. edición.

El contenido de los capítulos de nuestra 12a. y 13a. edición refleja diversos acontecimientos recientes en las obras de administración estratégica: el uso del término *modelo de negocios* se ha generalizado, la importancia estratégica del espíritu emprendedor ha asumido nuevo significado, las alianzas colaborativas han crecido en alcance y en importancia estratégica, las compañías han continuado globalizando sus operaciones, los efectos de la competencia global se han difundido, el punto de vista del enfoque basado en recursos se ha convertido en parte normal del análisis estratégico, el cambio a gran velocidad se ha propagado a más industrias y entornos empresariales e internet ha desencadenado una revolución virtual tanto en la estrategia como en las operaciones internas. Hemos realizado un intento concertado para incorporar e integrar todos estos acontecimientos. En esta edición, el lector encontrará amplios debates sobre los modelos de negocios y cómo se relacionan con la estrategia. Se presta considerable atención a la función de la colaboración y las alianzas, así como a la manera en que éstas afectan la competencia; en efecto, los esfuerzos de colaboración entre vendedores y sus proveedores y entre compradores y vendedores están entrelazados en el *Modelo de las Cinco Fuerzas* de la competencia como una manera de analizar el impacto de las alianzas y los acuerdos de cooperación en la competencia. Hay una cobertura sólida de las exigencias de competir en entornos de mercado "de alta velocidad" donde el ritmo vertiginoso del cambio (proveniente de cualquier origen) obliga a las compañías a realizar cambios frecuentes y en ocasiones muy fundamentales en sus estrategias y capacidades de recursos. Los capítulos del texto hacen énfasis en que la estrategia de la compañía debe corresponder *tanto* a las circunstancias de sus mercados externos *como* a sus recursos internos y capacidades competitivas. Los capítulos sobre los entornos del mercado global (capítulo 6) y las estrategias de comercio electrónico (capítulo 7) son testimonio de la importancia de estos temas en los cursos contemporáneos de administración estratégica; no obstante, los 13 capítulos se han globalizado y dirigido hacia el comercio electrónico debido a que los impactos de la globalización y la tecnología de internet dominan la formulación y medidas de puesta en práctica de la estrategia de una compañía y no deben quedar aislados en un capítulo aparte. El *punto de vista de la empresa basado en los recursos* se ha integrado de manera prominente en la cobertura de la formulación de la estrategia de negocios (capítulos 2 al 8) y la estrategia de diversificación (capítulos 9 y 10). Los capítulos 11 y 12 tienen una fuerte *perspectiva basada en los recursos* en lo que se refiere a la función que desempeña el capital intelectual, las competencias centrales, las capacidades competitivas y los recursos de la organización en la puesta en práctica y ejecución de la estrategia.

Hemos hecho uso exhaustivo de ejemplos y cápsulas ilustrativas para resaltar la estrecha relación entre la presentación conceptual y la aplicación en el mundo real. Hay numerosas tablas y figuras, fotografías y un diseño didáctico. Como en ediciones anteriores, el tratamiento de las cuestiones éticas y la responsabilidad social figura de manera prominente; además, cuenta con notas al margen en cada capítulo que destacan los conceptos básicos, principios de administración estratégica y "joyas de conocimiento".

Características y contenido por capítulo específico

En el siguiente resumen se presentan las principales características de cada capítulo y el énfasis temático en esta edición:

- El capítulo 1 contiene material (a partir de la página 1) sobre el significado del término *Modelo de Negocios* y cómo el Modelo de Negocios de una compañía se relaciona con su estrategia. Para ayudar a comprender cómo los modelos de negocios de las empresas a veces difieren de manera muy sustancial, hemos incluido una cápsula que contrasta el modelo de negocios de Microsoft en el software de sistemas operativos con el que usa Linux. Las secciones sobre las visiones estratégicas y las declaraciones de las misiones en los capítulos 1 y 2 recalcan la importancia de establecer un rumbo claro y una visión estratégica motivadora. Se hace énfasis en por qué las compañías tienen que adaptar con rapidez la estrategia a las nuevas condiciones que se van produciendo en los mercados y por qué los ciclos de vida de la estrategia a menudo son cortos. Hacemos hincapié en cómo y por qué la estrategia de una organización surge de 1) las decisiones deliberadas y resueltas de la gerencia y 2) las reacciones que son necesarias ante los acontecimientos imprevistos y las nuevas presiones competitivas. Hay una sección sobre el espíritu emprendedor interno de las corporaciones para contribuir a subrayar que el plan estratégico de una compañía es un conjunto de estrategias ideadas por distintos gerentes en diferentes niveles de la jerarquía de la organización. Nos hemos esforzado por explicar por qué *todos los gerentes pertenecen a un equipo de creación y puesta en práctica de la estrategia de la empresa* y por qué es imperativo que los empleados de la compañía sean "estudiantes del negocio" y usuarios competentes de los conceptos y herramientas de la administración estratégica.

- En el capítulo 3 se ha vuelto a redactar el tradicional "Modelo de Cinco Fuerzas de la competencia" de Michael E. Porter para incorporar la función e importancia de las alianzas y acuerdos de colaboración en el ámbito del mercado competitivo. Argumentamos que, a veces, algunos competidores son capaces de forjar arreglos de colaboración tan eficaces con sus proveedores o clientes, o ambos, que toda la estructura de la competencia en la industria se ve afectada. La globalización e internet se tratan como potentes fuerzas motrices, capaces de reestructurar la competencia industrial; sus funciones como agentes del cambio han llegado a ser factores que la mayoría de las compañías en la mayoría de las industrias tienen que tomar en cuenta para formular estrategias triunfadoras. El capítulo 3 presenta las ya familiares herramientas analíticas y los conceptos del análisis de las industrias y la competencia, además de demostrar la importancia de diseñar una estrategia que se ajuste a las circunstancias de la industria y el entorno competitivo de una empresa.

- El capítulo 4 establece la misma importancia al hecho de realizar análisis sólidos de la situación de las compañías como base para ajustar la estrategia a los recursos organizacionales, competencias y capacidades competitivas. Como en la edición anterior, el capítulo 4 contiene una exposición completa de todos los conceptos y herramientas analíticas requeridos para comprender por qué la estrategia de una firma tiene que estar bien adaptada a sus recursos internos y capacidades competitivas. Las funciones de las competencias centrales y de los recursos y capacidades organizacionales en la creación de valor para los clientes, así como contribuir a crear ventaja competitiva, son el *escenario central* en los análisis de las fortalezas y debilidades de los recursos de una compañía. El análisis FODA se presenta como una herramienta valiosa para evaluar las fortalezas y debilidades de los recursos de una empresa. Hay secciones sobre la determinación del valor competitivo de recursos y activos específicos de las compañías y sobre cultivar y fomentar deliberadamente aquellas competencias y capacidades que ofrecen el mayor potencial de ventaja competitiva. Las ya habituales herramientas del análisis de la cadena de valor, análisis estratégico de costos, *benchmarking* y evaluaciones de la fortaleza competitiva continúan teniendo una función prominente en la metodología para evaluar la situación de una organización; creemos que forman parte esencial en el conocimiento de la posición relativa en costos y la posición competitiva de una compañía en comparación con sus rivales. Una característica pedagógicamente útil de este capítulo es una sección (sustentada con ejemplos oportunos y una cápsula ilustrativa) sobre cómo las cadenas de valor de las compañías de internet difieren de las empresas tradicionales.

- En conjunto, el material de los capítulos 3 y 4 crea la comprensión de las razones por las que los gerentes deben adaptar cuidadosamente la estrategia de la firma tanto a las condiciones competitivas y de la industria como a los recursos y capacidades de la compañía. El capítulo 3 demuestra la importancia de diseñar la estrategia para ajustarla a las circunstancias de la industria y entorno competitivo de una compañía. El capítulo 4 establece igualmente la importancia de realizar un análisis sólido de la situación de la empresa como base para ajustar la estrategia a los recursos, competencias y capacidades competitivas de ésta.

- El capítulo 5 se centra en cómo una compañía puede lograr o defender la ventaja competitiva mediante la estrategia y las maneras en que administra las actividades de la cadena de valor. Hay cobertura continua de las cinco estrategias competitivas genéricas; tratamientos exhaustivos sobre el uso de alianzas y estrategias de cooperación para crear ventaja competitiva; una sección sobre fusiones y adquisiciones; y material sobre cómo el uso astuto de las tecnologías de internet y el comercio electrónico permite a las compañías reconfigurar sus cadenas de valor para agilizar el flujo de información, mejorar la eficiencia y reducir los costos.

- En el capítulo 6 se examinan los problemas que enfrenta una organización en el diseño de estrategias adecuadas para entornos de mercado competitivo multinacionales y globales, trazando una distinción clara entre competir internacional y globalmente y explorando las razones por las que a menudo conviene a la estrategia de una compañía expandirse más allá de las fronteras nacionales. Hay una sección sobre las diferencias entre países (en el sentido de las condiciones culturales, demográficas y de mercado) que sienta las bases para determinar si existe una competencia entre múltiples países o una global. El capítulo se fundamenta en una sección principal que describe las diversas opciones de estrategia para ingresar y competir en mercados extranjeros; opciones que van desde una estrategia de exportación, otorgar licencias y franquicias, estrategias en múltiples países, estrategias globales, hasta una fuerte dependencia de las alianzas estratégicas y las empresas de riesgo compartido. Este capítulo introduce los conceptos de santuarios de utilidades y subsidios entre mercados; explora los problemas especiales asociados con el ingreso a mercados de países emergentes; y concluye con una sección que analiza las opciones estratégicas que las compañías locales en países emergentes como India, China, Brasil y México pueden usar para defenderse de la invasión de los gigantes globales que buscan oportunidades y son ricos en recursos.

- El capítulo 7, exhaustivamente reestructurado, contiene una importante sección en la que se detallan las formas específicas en que las empresas están usando internet y las aplicaciones de la tecnología de internet para hacer más eficientes las prácticas de administración de la cadena de suministros y reconfigurar las cadenas de valor de la compañía y la industria. Hay otra importante sección en la que se analiza el impacto de internet en cada una de las cinco fuerzas competitivas y por qué, en promedio, el uso creciente de internet por empresas y consumidores actúa para intensificar la competencia. Las causas de la crisis de las compañías de internet, los errores de cálculo estratégico de los primeros empresarios en este campo y la fugacidad de las ventajas de los primeros actores se exploran en otra sección. El capítulo concluye con una exposición detallada de los desafíos que enfrentan las empresas para decidir qué función debe desempeñar internet en su estrategia y cómo usarlo mejor para posicionar a la compañía en el mercado. Se estudian las opciones de estrategia para las empresas que sólo operan en internet, el potencial de ventaja competitiva de una combinación de estrategias convencionales y de internet, y las opciones estratégicas de compañías tradicionales para aprovechar internet y su tecnología.

- El capítulo 8 estudia las amplias opciones de estrategia para firmas que compiten en cinco diferentes entornos industriales: 1) industrias emergentes; 2) mercados turbulentos de alta velocidad; 3) industrias maduras de crecimiento lento; 4) industrias estancadas y en declive, y 5) industrias fragmentadas. También abarca los retos en la formulación de la estrategia que enfrentan las compañías que buscan el crecimiento rápido, las que se encuentran en posiciones de liderazgo en la industria, las que ocupan posiciones detrás del líder y aquellas afectadas por crisis. Estas nueve situaciones merecen atención especial en los cursos de estrategia debido a su carácter ampliamente representativo y porque refuerzan los puntos explicados en los capítulos 3 y 4 respecto a que las estrategias triunfadoras tienen que ajustarse tanto a las condiciones competitivas y de la industria como a los recursos y capacidades de la compañía.

- El tratamiento analítico de las estrategias de diversificación corporativas en los capítulos 9 y 10 abandona buena parte de la atención que alguna vez se prestó a la construcción de matrices para la administración de carteras de negocios y, en cambio, pone énfasis analítico en: 1) evaluar el atractivo de la industria, 2) evaluar la fortaleza competitiva de cada una de las líneas de negocios de una organización que opera en múltiples industrias y 3) valorar tanto las *coincidencias estratégicas* como las *coincidencias de recursos* entre los diferentes negocios de una compañía diversificada. El lector encontrará un muy marcado punto de vista basado en los recursos de la compañía, en la metodología recomendada para evaluar las ventajas y desventajas de la estrategia de diversificación. El capítulo 10 incorpora el uso analítico de la matriz de atractividad de la industria y fortaleza de la cartera de negocios debido a su solidez conceptual y relevancia práctica, pero hemos abandonado la cobertura de la matriz imperfecta de crecimiento-participación y la matriz poco usada del ciclo de vida.

- El módulo con tres capítulos sobre la implantación de la estrategia (capítulos 11-13) contiene un marco conceptual sólido y convincente, estructurado alrededor de: 1) la creación de las fortalezas de recursos y capacidades organizacionales necesarias para ejecutar la estrategia de manera competente; 2) la elaboración de presupuestos para destinar recursos suficientes a las actividades de la cadena de valor que son cruciales para el éxito estratégico; 3) el establecimiento de políticas y procedimientos estratégicamente adecuados; 4) la institucionalización de las mejores prácticas y los mecanismos para la mejora continua; 5) la instalación de sistemas de información, comunicación y operación que permitan al personal de la compañía llevar a cabo satisfactoriamente sus funciones estratégicas todos los días; 6) una vinculación estrecha de los premios e incentivos al logro de los objetivos de desempeño y la buena ejecución de la estrategia; 7) la creación de un ambiente de trabajo y cultura corporativa que apoyen la estrategia, y 8) el ejercicio de un liderazgo interno necesario para impulsar la puesta en práctica y seguir mejorando la ejecución de la estrategia.

- El marco de ocho tareas para comprender los componentes gerenciales de la puesta en práctica y ejecución de la estrategia se explica en la primera sección del capítulo 11; el resto del capítulo se centra en crear una organización que posea las competencias, capacidades y fortalezas de recursos necesarios para la ejecución exitosa de la estrategia. Encontrará una buena cobertura de lo que se requiere para que una organización cree y mejore sus competencias y capacidades, adquiera la profundidad dominante en las actividades relacionadas con las competencias que se precisan para lograr una ventaja competitiva y forjar arreglos para alcanzar el grado necesario de colaboración y cooperación tanto entre los departamentos internos como con los proveedores de recursos externos. Hay un tratamiento exhaustivo de la tarea de crear fortalezas competitivas mediante alianzas y sociedades de colaboración, así como un énfasis considerable en la importancia del capital intelectual y las necesidades de reclutar empleados talentosos e integrar un equipo de gerencia de primera clase. Ya no dedicamos tiempo a analizar las estructuras organizacionales funcionales, geográficas, por unidades de negocios o de matriz, puesto que éstas se cubren en los cursos de comportamiento de las organizaciones y principios de administración. Sin embargo, hay cobertura continua de las ventajas y desventajas de contratar externamente actividades no cruciales, la razón estratégica fundamental de los recortes de personal y la eliminación de niveles en las estructuras jerárquicas, los méritos del facultamiento de los empleados, y el uso de equipos de trabajo interfuncionales y autónomos. El resultado es un poderoso tratamiento de la creación de capacidades de recursos y la estructuración de las actividades organizacionales que relaciona y da sentido estratégico a todos los cambios organizacionales revolucionarios que afectan a las corporaciones actuales. Hasta el momento, los esfuerzos de las compañías en todo el mundo por organizar el trabajo alrededor de equipos, aplicar la reingeniería a los procesos de negocios centrales, competir con base en las capacidades organizacionales (así como con base en los atributos diferenciados de los productos), e instalar estructuras organizacionales más racionales y planas están resultando ser métodos durables y valiosos para mejorar el calibre de la ejecución de la estrategia.

- El capítulo 12 estudia la función de los presupuestos, políticas, estructuras de premiación y sistemas de apoyo interno que respaldan la estrategia, además, explica por qué el *benchmarking* de las mejores prácticas, administración de la calidad total, reingeniería y programas de mejoramiento continuo son importantes herramientas de la gerencia para fortalecer las competencias organizacionales en la ejecución de la estrategia.

- El capítulo 13 trata de la creación de una cultura corporativa que apoye la estrategia y de ejercer el liderazgo interno necesario para impulsar su puesta en práctica. Abarca también el tema de culturas fuertes frente a débiles, culturas de bajo desempeño y poco saludables, culturas adaptables y el compromiso sostenido del liderazgo que se requiere para cambiar una compañía que tiene una cultura problemática, además de secciones sobre administración ética y lo que los gerentes pueden hacer para mejorar el calibre de la ejecución de la estrategia.

- Entre las 58 cápsulas ilustrativas, más de 20 han sido revisadas. Una parte sustancial de éstas abordan los problemas globales y las estrategias de compañías no estadounidenses, cada una de ellas se ha designado con un logotipo "global" especial.

Las notas al margen que resaltan los conceptos básicos, conclusiones importantes y joyas de conocimiento continúan siendo una característica notoria y accesible para el lector de los 13 capítulos del texto. Su aportación con valor agregado consiste en desglosar el tema en cuestión en principios concisos, dar un enfoque más preciso del análisis a los lectores y recalcar lo que es importante.

Nuestra principal prioridad ha sido asegurar que el contenido sea sustantivo y abarque todos los puntos de interés. Sin embargo, al mismo tiempo, nos hemos esforzado por satisfacer las expectativas de claridad y concisión que tienen los lectores, de manera que no se encontrarán muchos rellenos o frases triviales. Las exposiciones conceptuales van directamente al grano y se entrelazan con suficientes ejemplos pertinentes para hacerlas convincentes, realistas e interesantes. Nos hemos fijado el objetivo expreso de presentar los capítulos de manera que cubran holgadamente las corrientes dominantes de pensamiento tanto de académicos como de profesionales de la administración estratégica.

EL RESTO DEL PAQUETE DE LA 13a. EDICIÓN*

Además de este libro que contiene trece capítulos, una guía del análisis de los casos y 18 casos, el paquete de la 13a. edición consta de los siguientes elementos adicionales:

● *La colección electrónica, anteriormente mencionada, de 33 casos populares de la 11a. y 12a. edición, además de casos apropiados de otras fuentes, que los instructores pueden seleccionar para asignar casos.* Los estudiantes pueden visitar el Centro de aprendizaje electrónico, recién diseñado y más accesible para los usuarios, en *www.mhhe.com/thompson* y mediante el pago con tarjeta de crédito comprar y descargar de inmediato a su computadora personal o a un disco los casos electrónicos que los instructores hayan optado por incluir en el plan de estudios de su curso. La colección electrónica de casos, aunada a los 18 casos en el texto, proporciona eficazmente a los instructores un banco de 51 casos de alto nivel entre los cuales elegir.

● *Autoexámenes Concept-Tutor™ de cada uno de los 13 capítulos, que los estudiantes pueden utilizar para evaluar su comprensión del texto.* Estos exámenes se ofrecen para uso abierto de los estudiantes en el Centro de estudiantes, en *www.mhhe. com/thompson*. Los exámenes de 25 preguntas por cada capítulo constan de una variedad de preguntas de verdadero y falso, opción múltiple y llenar espacios en blanco, que abarcan la presentación del texto de manera bastante completa. Estos exámenes se prepararon deliberadamente con cierta complejidad (dada su naturaleza de libro abierto) y requieren una lectura cuidadosa, así como una buena comprensión del material. Cuando el estudiante termina cada examen, Concept-Tutor automáticamente califica las respuestas, proporciona la puntuación obtenida en el examen e indica las preguntas con respuestas correctas e incorrectas. Los estudiantes pueden contestar las preguntas respondidas incorrectamente todas las veces que sea necesario para llegar a una puntuación perfecta de 100.

● *El software Case-Tutor™ que contiene preguntas de estudio para los 35 casos y 12 ejercicios de preparación de casos diseñados a la medida, que enseñan a los estudiantes a hacer los análisis que correspondan y los ayudan a llegar a recomendaciones de medidas basadas en una sólida argumentación.* Las preguntas de estudio de cada caso proporcionan orientación valiosa a los estudiantes para preparar de manera adecuada el caso antes de asistir a la clase. (Las preguntas de estudio de Case-Tutor son casi idénticas a las preguntas de asignación sugeridas en las notas de enseñanza de los casos.) Los 12 ejercicios de preparación de casos son especialmente útiles para que los estudiantes adquieran dominio de los conceptos y herramientas de análisis. Cada ejercicio está organizado alrededor de las preguntas de estudio del caso y preparan a los estudiantes para diseñar buenas respuestas a las preguntas empleando todas las herramientas analíticas que correspondan, trátese del análisis de las cinco fuerzas, mapas de grupos estratégicos, identificación de los factores clave del éxito, análisis FODA, análisis de la cadena de valor, evaluación de la fortaleza competitiva, evaluaciones del atractivo de la industria o correspondencia de las coincidencias estratégicas. El proceso de trabajar en un ejercicio analíticamente estructurado y formular respuestas sustantivas a las preguntas de estudio obliga a los estudiantes a pensar en forma atinada; practicar los tipos correctos de análisis, y así llegar a recomendaciones de medidas razonadas y fundamentadas. La meta de los 12 ejercicios es enseñar a los estudiantes en qué consiste un buen análisis de un caso y cómo usar y aplicar correctamente los conceptos y herramientas del análisis estratégico. El resultado esperado es que la realización concienzuda del ejercicio logrará que los estudiantes lleguen a la clase mucho mejor preparados, mejorando así en buena medida el calibre del aprendizaje y la comprensión que tiene lugar en el

---

* Algunos de los materiales suplementarios que se mencionan están disponibles para los profesores que adopten este libro como texto. Pregunte a su representante local de McGraw-Hill, quien lo podrá orientar acerca de la disponibilidad de dichos meteriales.

debate en clase del caso. Cabe mencionar que diseñamos con cuidado las guías de preparación de casos para que el estudiante realice efectivamente el análisis, decida qué indican las cifras con respecto a la situación y desempeño de una compañía, formule sus propias respuestas a las preguntas de estudio y reflexione en las opciones para llegar a recomendaciones. De este modo, los ejercicios de Case-Tutor no representan una "solución fácil" de los casos; por el contrario, han sido diseñados y estructurados como una forma de entrenar a los estudiantes en el pensamiento y el análisis estratégico sólido.

- *Un sitio web que consta de un centro para estudiantes, un centro para instructores, un centro de información y un vínculo con el Centro de aprendizaje electrónico, donde los estudiantes obtienen casos en formato electrónico.*

- *Una versión actualizada y ligeramente revisada de* The Business Strategy Game *(versión 7.20).* Esta simulación global es complementaria al texto y funciona como un ejercicio de toma de decisiones integrada para la "estrategia en acción" en cursos de alto nivel de administración estratégica. La simulación puede conseguirse tanto en formato impreso o digital y tiene una característica integrada de correo electrónico para situaciones de aprendizaje a distancia y eliminar por completo el uso de discos.

- *Siete complementos de video para usarse con la colección de 35 casos de esta edición.*

- *Una gama completa de auxiliares educativos para los adoptantes.*

Creemos que la 13a. edición y sus elementos adicionales contribuirán a llevar el curso de administración estratégica a un nivel más alto y equiparán a los estudiantes con lo que necesitan saber acerca de la formulación, puesta en práctica y ejecución de la estrategia en el ambiente de negocios de la actualidad.

LA OPCIÓN DE *THE BUSINESS STRATEGY GAME*

The Business Strategy Game tiene cinco características que lo convierten en un auxiliar de enseñanza y aprendizaje excepcionalmente efectivo para los cursos de administración estratégica.

1. *El producto y la industria.* Producir y comercializar calzado deportivo es un negocio con el cual los estudiantes se pueden identificar y comprender con facilidad.

2. *El entorno industrial global.* Los estudiantes obtienen una visión muy aproximada de cómo es la competencia global y los tipos de problemas estratégicos que los gerentes tienen que solucionar en las industrias globales.

3. *La calidad realista del ejercicio de simulación.* Hemos diseñado la simulación para que sea lo más fiel posible a los mercados reales, condiciones competitivas y relaciones entre ingresos, costos y utilidades.

4. *El amplio grado de libertad estratégica que tienen los estudiantes para administrar las compañías.* Hemos realizado grandes esfuerzos para conseguir que el juego esté exento de prejuicios con respecto a las ventajas y desventajas inherentes a una estrategia en comparación con otra.

5. La planeación estratégica a tres años y las capacidades de análisis que incorpora como parte integral del ejercicio de dirigir una compañía.

Estas características, reunidas en un paquete, tienden un puente emocionante y valioso entre concepto y práctica, el aula y la administración en la vida real, y los conocimientos teóricos de los libros de texto y el aprendizaje práctico. Encontrará una oportunidad tras otra al usar los ejemplos y sucesos en *The Business Strategy Game* para relacionarlos con las clases sobre los capítulos del texto.

El valor que agrega una simulación

Nuestras propias experiencias con juegos de simulación, junto con horas de discusiones con usuarios, nos han convencido de que los juegos de simulación son *el mejor ejercicio disponible* para ayudar a los estudiantes a comprender cómo encajan las diversas piezas funcionales de un negocio y darles una experiencia integrada y significativa. Ante todo, el ejercicio de dirigir una compañía simulada a lo largo de varios periodos de decisión desarrolla el criterio empresarial de los estudiantes y les brinda una oportunidad para aplicar lo que han aprendido en todos sus cursos de administración. Los juegos de simulación presentan una situación directa donde los acontecimientos se van desarrollando y las circunstancias cambian a medida que el juego avanza. Su gancho especial es la capacidad de hacer que los estudiantes se involucren personalmente en la materia. *The Business Strategy Game* es muy típico en este respecto; al formular las estrategias competitivas en cada periodo de decisión, los estudiantes aprenden a correr riesgos; tienen que responder a condiciones cambiantes en el mercado, reaccionar ante las medidas de los competidores y elegir entre distintos cursos de acción; obtienen práctica valiosa en interpretar las señales de cambio en la industria, detectar las oportunidades del mercado, evaluar las amenazas a la posición competitiva de la compañía, sopesar las compensaciones entre obtener utilidades ahora o más adelante y evaluar las consecuencias a largo plazo de las decisiones de corto plazo; se les impulsa a trazar el rumbo a largo plazo de la compañía, establecer objetivos estratégicos y financieros y probar diferentes estrategias en la búsqueda de la ventaja competitiva. El entorno de simulación los lleva a ser pensadores estratégicos activos, analistas industriales y a tomar decisiones comerciales. Además, como tienen que aceptar las consecuencias de las decisiones que toman, los jugadores experimentan lo que significa tener que rendir cuentas por sus decisiones y responsabilizarse de lograr resultados satisfactorios. Todo esto sirve para adiestrar a los estudiantes en la toma de decisiones responsables y mejorar su visión de los negocios y juicio gerencial.

En segundo término, los estudiantes aprenden muchísimo de trabajar con cifras, explorar opciones y tratar de unificar las decisiones de producción, marketing, finanzas y recursos humanos en una estrategia coherente. Empiezan a vislumbrar las maneras de aplicar el conocimiento adquirido en cursos anteriores y comprender lo que en realidad mueve a un negocio. El efecto es ayudar a los estudiantes a integrar una buena cantidad de material, ver las decisiones desde el punto de vista de la compañía en su conjunto y entender la importancia de pensar en términos estratégicos en la posición competitiva y perspectivas a futuro de una empresa. Puesto que un juego de simulación es, por su propia naturaleza, un ejercicio práctico, las lecciones aprendidas se graban con fuerza en la mente de los estudiantes: su impacto es más duradero que lo que se recuerda de las clases. En tercer lugar, los instintos emprendedores de los estudiantes florecen a medida que quedan atrapados en el espíritu competitivo del juego. El valor de la diversión resultante ayuda a mantener un nivel excepcionalmente alto de motivación y participación emocional de los estudiantes en el curso a lo largo del periodo escolar.

Vista a vuelo de pájaro de la simulación

Diseñamos *The Business Strategy Game* alrededor del calzado deportivo porque producirlo y comercializarlo es un negocio que los estudiantes comprenden con facilidad y porque el mercado de calzado deportivo exhibe las características de muchas industrias que compiten globalmente: crecimiento rápido, uso mundial del producto, competencia entre compañías de varios continentes, producción ubicada en lugares donde se pagan salarios bajos y un mercado donde una variedad de enfoques competitivos y estrategias de negocios pueden coexistir. La simulación permite a las compañías fabricar y vender sus marcas en América del Norte, Asia, Europa y América Latina, además de la opción de competir para proveer de calzado de marca privada a las cadenas minoristas norteamericanas. Las ventas de las marcas pueden buscarse mediante todos o cualquiera de los tres canales de distribución: minoristas independientes de calzado, tiendas minoristas propiedad de la compañía y operadas por ésta, y ventas directas realizadas por internet en el sitio web de la compañía.

La competencia es frontal: cada equipo de estudiantes debe medir su ingenio estratégico con el de los equipos de otras compañías. Las empresas pueden centrar sus esfuerzos de marketing de sus marcas en un mercado geográfico, o dos o tres o cuatro, y competir agresivamente, o bien, restar importancia a las ventas de su marca y especializarse en la producción de marcas privadas (una estrategia atractiva para productores de bajo costo). Tienen la opción de establecer una base de producción en un país o fabricar en los cuatro mercados geográficos para evitar los aranceles y mitigar el riesgo de fluctuaciones adversas del tipo de cambio. El liderazgo en costos bajos, las estrategias de diferenciación, las estrategias para convertirse en el productor con los mejores costos y las estrategias enfocadas son todas opciones competitivas viables. Las compañías pueden posicionar sus productos en el segmento de precios altos o bajos del mercado, o ubicarse en el nivel intermedio de precio, calidad y servicio; pueden tener una línea de productos amplia o limitada, redes de distribuidores grandes o pequeñas, mucha o poca publicidad. Las participaciones de mercado de las empresas se basan en cómo se comparan los atributos de los productos y esfuerzos competitivos de cada compañía con los de sus rivales. Las condiciones de la demanda, aranceles y tarifas de salarios varían de un área geográfica a otra. Las materias primas utilizadas en la producción de calzado se compran en un mercado mundial de productos básicos a precios que suben o bajan en respuesta a las condiciones de la oferta y la demanda. Si el volumen de ventas de una firma es inesperadamente bajo, la gerencia tiene la opción de liquidar el exceso de inventarios a precios de descuento considerables.

La compañía que los estudiantes administran tiene plantas que debe operar; personal que remunerar; gastos de distribución e inventarios que controlar; decisiones de inversiones de capital que tomar; campañas de marketing y ventas que realizar; un sitio web que operar; proyecciones de ventas que considerar, así como altibajos en los tipos de cambio, tasas de interés y mercado de valores que tomar en cuenta. Los estudiantes deben integrar las decisiones funcionales en producción, distribución, marketing, finanzas y recursos humanos en un plan de acción cohesivo. Asimismo tienen que reaccionar ante condiciones cambiantes en el mercado y la competencia, poner medidas en práctica para tratar de crear una ventaja competitiva y decidir cómo defenderse de las acciones agresivas de los competidores. Además, deben esforzarse por potenciar la riqueza de los accionistas mediante pagos mayores de dividendos y revaloración del precio de las acciones. Cada equipo de estudiantes tiene el desafío de aplicar sus habilidades empresariales y estratégicas para convertirse en el próximo Nike o Reebok y sortear la oleada de crecimiento hasta llegar a la cima de la industria mundial de calzado deportivo. Todo el ejercicio es representativo del mercado competitivo real donde las compañías tratan de superar a la competencia y desempeñarse mejor que los rivales —todos los aspectos son tan realistas y fieles a las prácticas reales de negocios como pudimos diseñarlos—.

Hay características incorporadas de planeación y análisis que permiten a los estudiantes: 1) formular un plan estratégico a tres años, 2) evaluar la economía de la capacidad en expansión, 3) trazar mapas de grupos estratégicos, 4) preparar rápidamente e imprimir una variedad de tablas y gráficos que muestran las diversas tendencias del desempeño y 5) elaborar diferentes escenarios de estrategia competitiva. Los cálculos al final de cada selección de decisiones proporcionan al instante proyecciones actualizadas de los ingresos por ventas, utilidades, rendimiento sobre capital, flujo de efectivo y otros resultados fundamentales a medida que se introduce cada decisión. La sensibilidad de los resultados financieros y de operación a las diferentes decisiones introducidas se observa fácilmente en la pantalla y en impresos detallados de las proyecciones. Con la velocidad de las computadoras personales de la actualidad, el trabajo pertinente con las cifras se realiza en una fracción de segundo. El juego está diseñado en su totalidad para llevar a los estudiantes a decisiones basadas en "Mi análisis muestra que..." y a alejarlos de las arenas movedizas de las decisiones basadas en "Pienso que...", "Parece atractivo", "Tal vez funcione" y otras respuestas instintivas parecidas.

Un *Manual del Instructor* para *The Business Strategy Game,* que se proporciona por separado, describe cómo integrar el ejercicio de simulación al curso, ofrece indicadores para administrar el juego y contiene instrucciones de procesamiento paso por paso. En caso de que surjan dificultades técnicas o dudas, es posible solicitar asistencia técnica directamente a los coautores.

The Business Strategy Game se ejecuta en cualquier computadora equipada con Microsoft Excel (preferiblemente las versiones Office 2000 u Office XP), y es adecuado tanto para cursos de nivel superior como de maestría en administración. El software puede ser instalado para ejecutarse en una red.

*La versión actualizada 7.20 de la simulación**

La versión 7.20, recientemente introducida, de *The Business Strategy Game,* cuenta con una gama de características atractivas que propulsan a la simulación a un nivel elevado de capacidad:

- *Una característica de correo electrónico, fácil de usar, que hace ideal a la simulación para usarla en situaciones de aprendizaje a distancia.* La característica de correo electrónico permite a los miembros de la compañía hacer clic en un botón incorporado de correo electrónico que enviará su archivo de decisión al instructor o administrador del juego; además, permite a los instructores abrir los archivos enviados por correo electrónico para iniciar la rutina de procesamiento de decisiones con unos cuantos clics y devolver luego los resultados fácilmente por correo electrónico a los miembros de la compañía para que los usen en la siguiente ronda de toma de decisiones. Creemos que el uso del correo electrónico para intercambiar archivos entre estudiantes y el administrador del juego es superior a participar en la simulación en línea porque no requiere que los estudiantes mantengan abierta una conexión de internet durante varias horas y porque los jugadores ejecutan la simulación mucho más rápido de lo que sería con una conexión de módem a baja velocidad.

- *Una herramienta integrada para proyectar la demanda.* Hay una pantalla que permite que cada compañía elabore proyecciones de ventas bastante precisas respecto a la cantidad de pares que tiene probabilidades de vender en cada segmento del mercado, en virtud del esfuerzo de marketing contemplado y el esfuerzo competitivo total que espera encontrar de empresas rivales. Los miembros de la compañía pueden usar estas proyecciones como base para las decisiones de producción y operaciones de las plantas y para decidir cuántos pares necesitan enviarse a los diversos centros de distribución, así como para diseñar una estrategia de marketing que produzca las ventas y participación de mercado deseadas. Sin embargo, la precisión de las proyecciones de ventas proporcionadas por la herramienta de proyección de la demanda no supera la habilidad de los jugadores para prever los cambios en las condiciones del mercado y el esfuerzo competitivo que encontrarán de los rivales.

- *Énfasis en el mercado global.* Las compañías tienen la opción de ubicar las plantas y vender sus productos de calzado en todas o en cualquiera de las cuatro regiones: América del Norte, Asia, Europa y América Latina. La simulación comienza con un arancel de cuatro dólares sobre el calzado importado en Europa, un arancel de seis dólares sobre el calzado importado en América Latina y un arancel de ocho dólares sobre el calzado importado en Asia. Todas las compañías empiezan la simulación con una planta de un millón de pares en América del Norte y una de dos millones de pares en Asia. Las fluctuaciones en el tipo de cambio están ligadas al dólar estadounidense, el euro, el yen japonés y el real de Brasil.

---

* Se vende por separado.

- *La característica de marketing en internet y ventas electrónicas.* Las compañías compiten en línea para vender directamente a los consumidores con base en tres factores globales (precios de venta comparativos, número de modelos y estilos ofrecidos en el sitio web, y rapidez de la entrega) y tres factores específicos de cada región (calidad del producto, calificación de la imagen y publicidad). Como podría esperarse, hay cierto conflicto de canales entre las ventas por internet y el intento de la compañía por conseguir ventas en puntos de venta al menudeo tradicionales; los gerentes de la empresa deben solucionar el conflicto y los problemas de canibalización si optan por seguir una estrategia combinada de internet y métodos tradicionales (una situación que muchas compañías reales tienen que enfrentar).

- *La opción de abrir una cadena de tiendas minoristas de la firma.* Las organizaciones tienen la opción de invertir en la creación de una cadena de megatiendas minoristas, propiedad de la compañía y operadas por ésta, en los principales centros comerciales para complementar o sustituir las ventas al mayoreo a través de distribuidores minoristas independientes. Sin embargo, como ocurre con las ventas por internet, las tiendas propiedad de la compañía plantean ciertos conflictos en los canales de distribución porque los minoristas independientes consideran que éstas canibalizan sus propias ventas. Así, los gerentes de las empresas tienen que decidir cuál de estos tres canales de distribución habrán de enfatizar: distribuidores independientes, tiendas propiedad de la compañía o ventas por internet, y deben tratar de reducir el impacto de los conflictos de canal.

- *Variedad de herramientas analíticas.* Hay opciones del menú en las que los jugadores se pueden apoyar para evaluar las expansiones de capacidad, trazar mapas de grupos estratégicos, elaborar tablas y gráficos y preparar un plan estratégico a largo plazo. El uso concienzudo de estas herramientas analíticas mejora el calibre de las decisiones de los jugadores.

- *El uso de Microsoft Excel y requisitos de las computadoras.* Esta versión 7.20 requiere que la simulación se ejecute en computadoras personales que tengan instalado el programa Microsoft Excel, en Office 97, Office 2000 u Office XP. Además, las computadoras deben tener un sistema operativo basado en Windows (Windows 95, Windows 98, Windows NT, Windows 2000 o Windows XP) y preferiblemente 64 MB de RAM y un chip de 233 MHz o más rápido (el programa se ejecuta en máquinas menos equipadas, pero a velocidades inferiores a la deseable). Si en la clase no hay acceso a computadoras personales con un sistema operativo basado en Windows y una versión reciente de Microsoft Excel, se deberá emplear la versión de la sexta edición de *The Business Strategy Game.*

- *Extensos cálculos en pantalla.* La versión 7.20 contiene formatos de pantalla y navegación fáciles de usar; donde fue posible, las instrucciones de uso del software y las "reglas del juego" aparecen en forma directa en las pantallas (para disminuir la necesidad de que los estudiantes tengan que recurrir al *Manual del participante*). Hay un conjunto particularmente rico de cálculos en pantalla que dan a los jugadores información instantánea sobre las consecuencias en los ingresos, costos y utilidades de cada decisión introducida. Aunque algunas pantallas contienen mucha información que requiere tiempo para asimilarse, los jugadores descubrirán que casi todos los datos que necesitan para tomar una decisión informada se encuentra directamente en las pantallas, o bien es fácilmente accesible en la guía de la barra de menú en la parte superior de cada pantalla. Si los estudiantes olvidan algún dato del *Manual del participante*, pueden acceder con rapidez a la información en línea haciendo clic en el botón de Ayuda (éste los lleva directamente a las pantallas que muestran el contenido relativo al *Manual del participante*, anulando la necesidad de buscar las reglas y procedimientos en el manual).

- *Manual del participante integral.* El *Manual del participante* gira en torno de las proyecciones de la demanda, operación de las plantas, almacenamiento y envíos, ventas y marketing y el financiamiento de las operaciones de la compañía —todo aquello constituye el foco central de las pantallas de decisiones, el proceso general de formulación de la estrategia y los informes de desempeño de la compañía—. Una presentación muy revisada en el *Manual del participante*, aunada a los formatos de pantallas con información abundante, ayuda a los estudiantes a jugar la simulación de manera más complicada y, en nuestra experiencia, disminuye la cantidad de preguntas que los estudiantes tienen sobre las reglas y procedimientos.

Los instructores tienen numerosas maneras de estimular la competencia entre compañías rivales y mantener el ambiente animado a medida que el juego avanza, ya que hay opciones para elevar o bajar las tasas de interés; subir o bajar ciertos costos, y emitir boletines noticiosos especiales para anunciar nuevos niveles en los aranceles, cambios en los costos de los materiales, dificultades de envío y otras consideraciones nuevas para mantener el dinamismo de las condiciones de negocios y agitar un poco los ánimos, según sea necesario. El tablero incorporado de puntuación del desempeño de las compañías mantiene a los estudiantes constantemente informados acerca de la posición que ocupa su compañía y cómo están haciendo las cosas.

El esfuerzo requerido para que los instructores se preparen para esta 7a. edición es modesto y el tiempo total que se necesita para procesar y administrar el juego se ha reducido significativamente. La velocidad de las computadoras personales actuales disminuye el tiempo de procesamiento a menos de cinco minutos —no debe requerirse más de 20 minutos para cambiar el rumbo de las decisiones en toda una industria una vez que se haya practicado un par de veces—.

EL PAQUETE PARA EL INSTRUCTOR DE LA DECIMOTERCERA EDICIÓN*

Se ofrece un complemento ideal de auxiliares educativos para ayudar a los adoptantes a usar con éxito la 13a. edición. Un *Manual del instructor*, en dos volúmenes, contiene sugerencias para usar los materiales del texto, varios enfoques en el diseño y organización del curso, un plan de estudios de ejemplo, esquemas de otras opciones de cursos semestrales y trimestrales, un conjunto de más de 1 050 preguntas de ensayo y opción múltiple que abarcan los trece capítulos del texto y una nota completa de enseñanza para cada uno de los 18 casos.

Además del *Manual del instructor* en dos volúmenes, el paquete de apoyo para el instructor incluye software para generar exámenes a partir del banco de 1 050 preguntas de prueba, un conjunto de transparencias a color que muestran las figuras y tablas de los 13 capítulos del texto, y software de presentación PowerPoint que contiene diapositivas a color para aulas equipadas con capacidad de proyección computarizada. Los archivos de PowerPoint también pueden usarse para hacer acetatos en blanco y negro en caso de que se utilice un retroproyector para ilustrar las cátedras sobre los conceptos y herramientas de la administración estratégica. El paquete de PowerPoint incluye más de 500 diapositivas que cubren por completo el material presentado en los 13 capítulos, proporcionando así una variedad abundante de opciones para crear apoyos para ilustrar las clases en el aula. (Deliberadamente creamos una gran cantidad de diapositivas para cada capítulo con el propósito de ofrecer una amplia variedad entre la cual seleccionar para organizar una presentación que se adapte tanto a las preferencias personales como a las limitaciones de tiempo.)

---

* Algunos de los materiales suplementarios que se mencionan están disponibles para los profesores que adopten este libro como texto. Pregunte a su representante local de McGraw-Hill, quien lo podrá orientar acerca de la disponibilidad de dichos materiales.

Para ayudar a los instructores a enriquecer y variar el ritmo de los debates de los casos en el aula, hay videos complementarios para usarse en algunos casos. Los adoptantes pueden obtenerlos en cinta o disco compacto con el editor.

En conjunto, el libro de texto, los tres elementos adicionales y el paquete integral para el instructor ofrecen una serie completa e integrada de materiales de enseñanza. El paquete proporciona flexibilidad excepcional en el diseño del curso, permite aprovechar las técnicas educativas asistidas por computadora más recientes, arma al usuario con una variedad de auxiliares visuales y ofrece opciones pedagógicas ricas para mantener la esencia de las tareas de los estudiantes variada e interesante. Nos hemos esforzado por brindar todos los materiales de texto y recursos complementarios que se necesitan para crear e impartir un curso que está muy a tono con los problemas de la administración estratégica contemporánea y que genera la aprobación entusiasta de los estudiantes.

RECONOCIMIENTOS

Nos hemos beneficiado de la ayuda de numerosas personas durante la evolución de este libro. Estudiantes, adoptantes y revisores han proporcionado generosamente una cantidad incontable de comentarios perspicaces y sugerencias útiles. Nuestra deuda intelectual con los académicos, autores y gerentes en funciones que han abierto nuevos caminos en el campo de la estrategia resultará evidente para cualquier lector familiarizado con la bibliografía de la administración estratégica.

Nos sentimos especialmente en deuda con los investigadores de los casos cuyo trabajo de redacción aparece en esta obra y con las compañías cuya cooperación posibilitó la presentación de los casos. Vaya un agradecimiento muy especial a cada uno de ellos. No podemos exagerar la importancia de los casos oportunos y cuidadosamente investigados que contribuyeron a un estudio sustantivo de los problemas y prácticas de la administración estratégica. Desde el punto de vista de la investigación, los casos de administración estratégica son invaluables para exponer los tipos genéricos de problemas estratégicos que enfrentan las compañías, formular hipótesis sobre el comportamiento estratégico y deducir generalizaciones basadas en la experiencia sobre la práctica de la administración estratégica. En términos pedagógicos, los casos sobre administración estratégica dan a los estudiantes práctica esencial en diagnosticar y evaluar situaciones estratégicas, aprender a usar las herramientas y conceptos del análisis de la estrategia e idear maneras exitosas de poner en práctica y ejecutar la estrategia seleccionada. Sin una corriente continua de casos nuevos, bien concebidos e investigados, la disciplina de la administración estratégica pronto se deterioraría y perdería buena parte de su vigor y entusiasmo. Por lo tanto, no hay duda de que la investigación de primera clase de los casos constituye una aportación pedagógica valiosa.

Los siguientes revisores ofrecieron asesoría perspicaz en relación con las maneras de mejorar los paquetes de la 12a. y 13a. ediciones.

F. William Brown, Montana State University

Anthony F. Chelte, Western New England College

Gregory G. Dess, University of Kentucky

Alan B. Eisner, Pace University

John George, Liberty University

Carle M. Hunt, Regent University

Theresa Marron-Grodsky, University of Maryland

Sarah Marsh, Northern Illinois University

Joshua D. Martin, University of Delaware

William L. Moore, California State University

Donald Neubaum, University of Central Florida

George M. Puia, Indiana State University
Amit Shah, Frostburg State University
Lois M. Shelton, University of Illinois at Chicago
Mark Weber, Univesity of Minnesota

También expresamos nuestro agradecimiento a Steve Barndt, J. Michael Geringer, Ming-Fang Li, Richard Stackman, Stephen Tallman, Gerardo R. Ungson, James Boulgarides, Betty Diener, Daniel F. Jennings, David Kuhn, Kathryn Martell, Wilbur Mouton, Bobby Vaught, Tuck Bounds, Lee Burk, Ralph Catalanello, William Crittenden, Vince Luchsinger, Stan Mendenhall, John Moore, Will Mulvaney, Sandra Richard, Ralph Roberts, Thomas Turk, Gordon VonStroh, Fred Zimmerman, S. A. Billion, Charles Byles, Gerald L. Geisler, Rose Knotts, Joseph Rosenstein, James B. Thurman, Ivan Able, W. Harvey Hegarty, Roger Evered, Charles B. Saunders, Rhae M. Swisher, Claude I. Shell, R. Thomas Lenz, Michael C. White, Dennis Callahan, R. Duane Ireland, William E. Burr II, C. W. Millard, Richard Mann, Kurt Christensen, Neil W. Jacobs, Louis W. Fry, D. Robley Wood, George J. Gore y William R. Soukup. Estos revisores proporcionaron orientación valiosa para dirigir nuestros esfuerzos a mejorar ediciones anteriores.

Como siempre, valoramos sus recomendaciones e ideas acerca del libro. Sus comentarios referentes a la cobertura y contenido serán muy bienvenidos, así como sus llamadas de atención a errores específicos, deficiencias y omisiones. Agradeceremos que nos escriban por correo electrónico a *athompso@cba.ua.edu* o *astrickl@cba.ua.edu*; por fax, al (205) 348-6695; o por correo a P. O. Box 870225, Departamento de Administración y Marketing, Universidad de Alabama, Tuscaloosa, Alabama 35487-0225.

Arthur A. Thompson
A. J. Strickland

Contenido | breve

Índices

Contenido

3. Análisis industrial y competitivo   74

8. Adecuación de la estrategia para adaptarla a la situación específica de cada industria y compañía   260

9. La estrategia y la ventaja competitiva en compañías diversificadas   292

Parte | dos   Casos de administración estratégica   C-1

Índices

parte | uno 1

Los conceptos
y las técnicas de
la administración
estratégica

capítulo | uno

1

El proceso de la administración estratégica

Una perspectiva general

"Gato de Cheshire" —comenzó ella [Alicia]— "por favor,
¿podrías decirme qué camino debo seguir desde aquí?"
"Eso depende mucho de a dónde quiere ir", respondió el gato.
—Lewis Carroll

Sin una estrategia, la organización es como un barco sin timón.
—Joel Ross y Michael Kami

La administración estratégica no es un costal de trucos o un
montón de técnicas. Es un pensamiento analítico y el
compromiso de recursos para la acción.
—Peter Drucker

La Era Internet implica velocidad Internet, un ritmo distinto
y un mayor sentido de urgencia. Claramente necesitamos
reforzar aquí las cosas.
—Carly Fiorina, directora ejecutiva de Hewlett-Packard, Co.

Las tareas de crear, implantar y ejecutar las estrategias de la compañía constituyen el corazón y el alma de la administración de una empresa de negocios. La **estrategia** de una compañía es el "plan de acción" que tiene la administración para posicionar a la empresa en la arena de su mercado, conducir sus operaciones, competir con éxito, atraer y satisfacer a los clientes y lograr los objetivos de la organización. La estrategia consiste en toda una variedad de medidas competitivas y enfoques de negocios que emplean los administradores en el manejo de una compañía. Al crear un curso estratégico, la administración expresa que "entre todas las trayectorias y acciones que habríamos podido elegir, hemos decidido seguir esta dirección, centrarnos en estos mercados y en estas necesidades de los clientes, competir de esta forma, asignar nuestros recursos y energías de estas maneras y confiar en estas formas particulares de hacer negocios". Por consiguiente, una estrategia implica elecciones administrativas entre varias alternativas y señala el compromiso organizacional con mercados específicos, enfoques competitivos y formas de operar.

El concepto de **modelo de negocio** —término que ahora se aplica ampliamente en el plan de la administración para obtener ganancias en un negocio particular— está estrechamente relacionado con el de estrategia. De manera más formal, un modelo de negocio de una empresa tiene que ver con los aspectos económicos de ingreso-costo-beneficio de su estrategia; es decir, con los flujos de ingresos actuales y proyectados que se generan gracias a la oferta de productos de la compañía y a los enfoques competitivos, la estructura de costos asociada y los márgenes de ganancia, así como con el flujo de ganancias resultante y los rendimientos de la inversión. El tema fundamental sobre el que gira el modelo de negocio de una empresa es comprobar si determinada estrategia tiene sentido para una perspectiva de búsqueda de ganancias. En consecuencia, el modelo de negocio de una compañía tiene un enfoque más estrecho que su estrategia de negocios. La estrategia *está vinculada con las iniciativas competitivas de la empresa y con los enfoques de negocios (sin considerar los resultados financieros y competitivos que la propia estrategia genera), en tanto que el término "modelo de negocio", tiene que ver con la cuestión de que los ingresos y costos que manan de la estrategia demuestren una viabilidad en los negocios.* Las compañías que han estado en los negocios durante mucho tiempo y que generan utilidades aceptables, cuentan con un modelo de negocio probado: hay una clara evidencia de que su estrategia es capaz de ser benéfica y de que tienen una empresa viable. Las empresas que están perdiendo dinero o que se encuentran en una situación de inicio [como muchas compañías "punto-com" (de internet)] siguen un modelo de negocio cuestionable; todavía está por verse que sus estrategias produzcan buenos resultados esenciales, lo cual pone en duda su viabilidad. La cápsula ilustrativa 1 compara los modelos de negocio de Microsoft y Redhat Linux respecto al software de los sistemas operativos para computadoras personales (PC). ¿Qué modelo de negocio piensa que tiene mayor sentido?

La creación, la puesta en práctica y la ejecución de la estrategia son funciones administrativas esenciales por dos razones muy importantes. Una es la necesidad de *modelar en forma proactiva* cómo se llevarán a cabo los negocios de una compañía. Es responsabilidad de la administración ejercer un liderazgo emprendedor y comprometer a la empresa para que lleve a cabo sus negocios en una determinada forma en vez de otra. Sin una estrategia, los administradores carecen de una prescripción para hacer negocios, un plan de acción para satisfacer al cliente o lograr un buen desempeño. La falta de una estrategia conscientemente elaborada constituye un elemento infalible para la inercia organizacional, la mediocridad competitiva, círculos viciosos internos y resultados deslustrados. La segunda razón es también una imperiosa necesidad de modelar las decisiones y acciones independientes iniciadas por las diversas divisiones, departamentos, administradores y grupos de toda la compañía en un *plan de acción coordinado completamente compatible*. Todas las acciones tomadas en distintas áreas del negocio (investigación y desarrollo, diseño e ingeniería, producción, mercadotecnia, servicio al cliente, recursos humanos, tecnología de la información y finanzas) necesitan apoyarse mutuamente. Si no existe una estrategia con fines determinados para la empresa en su conjunto, los administradores carecen de razones fundamentales globales de negocios que les permitan dar forma, dentro de una totalidad cohesiva, a las acciones y decisiones iniciadas a lo largo de la organización; tampoco cuentan con bases subyacentes de negocios para unir, en un esfuerzo de conjunto, las operaciones de los diferentes departamentos, ni existe un modelo de conciencia del negocio que genere utilidades.

LOS SIGNOS MÁS CONFIABLES DE UNA BUENA ADMINISTRACIÓN

Entre todas las cosas que hacen los administradores, no hay nada que afecte de manera más radical el éxito de una compañía que la forma en que su equipo administrativo traza la dirección que ésta seguirá a largo plazo, desarrolla medidas estratégicas y enfoques de negocios competitivamente efectivos y pone en práctica lo que es necesario hacer internamente para producir una correcta ejecución de la estrategia, día tras día. De hecho, *una buena estrategia y una adecuada ejecución de la misma son las señales más confiables de una buena administración.* Los administradores no obtendrán una estrella dorada por el diseño de una estrategia potencialmente brillante, pero si no logran establecer los medios organizacionales para llevarla a cabo en una forma eficaz, es decir, si la puesta en práctica y la ejecución son débiles, ello disminuirá el potencial de la estrategia y propiciará la insatisfacción del cliente y el escaso desempeño de la compañía. Por otra parte, la ejecución competente de una estrategia mediocre difícilmente merece un aplauso por los esfuerzos de la administración. De manera que los estándares para una buena administración se basan, en gran medida, en lo bien concebida que sea la estrategia de la compañía, así como en la eficiencia con que se lleva a cabo ésta. Es muy probable que cualquier declaración de una administración talentosa que pase por alto estos estándares resulte falsa.

Debemos reconocer que una buena estrategia, combinada con una gran ejecución *no garantiza* que una compañía evitará periodos de desempeño mediocre o incluso inferior. A veces las organizaciones con estrategias bien concebidas, prácticas admirables y administradores muy aptos experimentan problemas de desempeño debido a cambios inesperados en las condiciones del mercado, a incontrolables atrasos de la tecnología o a causa de costos no previstos. En ocasiones se requieren varios años para que los esfuerzos de la administración en la creación de la estrategia y la puesta en práctica de ésta muestren buenos resultados. Pero ni la razón de "necesitamos más tiempo", ni los acontecimientos imprevistos son excusas para un desem-

Cápsula ilustrativa 1

Dos modelos de negocio radicalmente distintos: Microsoft y Redhat Linux

MODELO DE NEGOCIO DE MICROSOFT

Microsoft es una de las empresas del mundo con mayor éxito y que genera más ganancias, debido en parte a su posición dominante en el mercado del software de sistemas operativos para PC (primero con DOS, luego con Windows 95 y Windows NT, y más tarde con Windows 98 y Windows 2000). El modelo de negocio de Microsoft para sus productos de sistemas operativos se basa en los siguientes elementos:

- Utilización de un cuadro de programadores de Microsoft altamente capacitados para desarrollar código propietario, a los cuales compensa con altos salarios y opciones lucrativas de acciones de la compañía. Mantiene fuera del alcance de los usuarios el código fuente.

- Vende el sistema operativo resultante a los fabricantes y a los usuarios de PC a precios relativamente atractivos (a casi 75 dólares para los fabricantes y a alrededor de 100 dólares, precio de menudeo, a los usuarios). Debido a que la mayoría de los costos son fijos (que se incurren al desarrollar el código), cada venta genera márgenes sustanciales (los costos variables de producir y empacar los CD que se proporcionan a los usuarios suman sólo un par de dólares por copia).

- Proporciona a los usuarios ayuda técnica en forma gratuita.

MODELO DE NEGOCIO DE REDHAT LINUX

Redhat Linux, una compañía principiante formada para comercializar el sistema operativo Linux, el cual compite con Windows de Microsoft, utiliza un modelo de negocio radicalmente distinto:

- Proporciona el sistema operativo Linux de manera gratuita a las personas que lo descargan (pero cobra 79 dólares a los usuarios que prefieren adquirir la versión en CD-ROM, que incluye un manual de instrucciones). Redhat está en posición de regalar Linux porque este sistema operativo se creó y actualizó gracias a los esfuerzos de colaboración por parte de programadores interesados de todo el mundo, quienes dieron su tiempo e hicieron pequeñas contribuciones al código con el objeto de mejorar y pulir el sistema. La fuerza orientadora y el espíritu visionario de la confederación de programadores voluntarios es Linus Torvalds, de 30 años, quien comenzó el desarrollo de Linux en 1991 como un pasatiempo complementario cuando era un estudiante de licenciatura en la Universidad de Helsinki; asimismo, ha agrupado los segmentos del código en el transcurso de los años. Torvalds alentó a otros programadores para que descargaran su software, lo utilizaran, probaran, depuraran, modificaran, añadieran nuevas características conforme pareciera que éstas se adaptaran y pusieran su trabajo en internet. Conforme se desarrolló el código de Linux, cada vez más programadores se unieron, contribuyendo así con sus ideas y mejoras. Los miles de programadores alrededor del mundo que trabajaron con Linux en su tiempo libre lo hicieron porque quisieron, porque eran devotos creyentes de que el software debería ser libre (como la libre expresión), y en algunos casos porque se oponían a Microsoft y querían ser partícipes en deshacer lo que consideraban el monopolio de Microsoft. Su cruzada en pos de la libre competencia y el software gratuito significa que Redhat, a diferencia de Microsoft, esencialmente no incurre en costos de desarrollo.

- Hace al código fuente abierto y disponible para todos los usuarios, permitiéndoles llevar a cabo cualesquiera cambios que deseen a fin de crear una versión a la medida de Linux. A los usuarios de este sistema operativo les gusta la capacidad de modificar el código fuente a voluntad.

- Utiliza un cuadro de personal que proporciona apoyo técnico gratuito a los usuarios. El sistema operativo Linux resulta un tanto peculiar y extravagante; además de que se dice que es difícil de instalar y de utilizar en aplicaciones de multiservidores y multiprocesadores. Los usuarios corporativos, por consiguiente, suelen requerir mucha ayuda. Las ganancias se obtienen a través del soporte técnico, no del código.

¿QUIÉN CUENTA CON EL MEJOR MODELO DE NEGOCIO?

El modelo de negocio de Microsoft —vender código propietario y dar servicio gratuito— es un medio probado para obtener ganancias. Pero, ¿puede Redhat lograr utilidades con un modelo de negocio que regala el software y cobra a los usuarios por el soporte técnico? ¿Qué piensa usted?

Fuente: Basado en información aparecida en *Business Week*, 1o. de febrero de 1999, p. 36; *The New York Times Magazine*, 21 de febrero de 1999, pp. 34-37; *PC World*, marzo de 1999, p. 64, y *Smart Money*, octubre de 1999, p. 100.

peño mediocre año tras año. Una de las responsabilidades del equipo administrativo es ajustarse a las condiciones inesperadamente difíciles, iniciando defensas estratégicas y enfoques de negocios que puedan vencer la adversidad. De hecho, la esencia de la creación de una buena estrategia es desarrollar una posición de mercado suficientemente poderosa y una organización capaz de producir un desempeño exitoso, a pesar de acontecimientos imprevistos, de la poderosa competencia de una sucesión de retrasos o de sorpresas en los costos. Por consiguiente, la razón fundamental para el empleo de estándares gemelos de creación de una buena estrategia y de buena ejecución de la misma para determinar si una compañía está bien administrada es muy precisa: mientras mejor concebida esté la estrategia de una compañía y mientras mejor se ejecute, más probabilidades hay de que tendrá un desempeño sólido y de que muestre prácticas de negocios envidiables.

LAS CINCO TAREAS DE LA ADMINISTRACIÓN ESTRATÉGICA: UN PANORAMA GENERAL DE ESTA OBRA

El proceso de creación de la estrategia y la puesta en práctica de ésta se compone de cinco tareas administrativas correlacionadas:

1. *Desarrollar una visión estratégica de hacia dónde se dirige la organización*, con el fin de proporcionar una dirección a largo plazo, delinear en qué clase de empresa está tratando de convertirse la compañía e infundir en ésta el sentido de una acción con un propósito determinado.

2. *Determinar objetivos*, es decir, convertir la visión estratégica en resultados específicos del desempeño que deberá lograr la compañía.

3. *Crear una estrategia, con el fin de lograr los resultados deseados.*

4. *Poner en práctica y ejecutar la estrategia elegida de una manera eficiente y efectiva.*

5. *Evaluar el desempeño e iniciar ajustes correctivos en la visión, la dirección a largo plazo, los objetivos, la estrategia o la puesta en práctica, en vista de la experiencia real, de las condiciones cambiantes, de las nuevas ideas y de las nuevas oportunidades.*

La figura 1.1 muestra este proceso. Los cinco componentes descritos arriba definen lo que queremos decir con el término **administración estratégica**. Examinemos el marco de referencia de estas cinco tareas con suficiente detalle para preparar el escenario de los temas que abordaremos en los próximos capítulos.

Desarrollo de una visión estratégica

Inicialmente, en el proceso de creación de la estrategia los administradores de la compañía necesitan plantear el aspecto de "¿cuál es nuestra visión para la compañía?, ¿hacia dónde se debe dirigir?, ¿qué clase de empresa estamos tratando de desarrollar? y ¿cuál debe ser su futura configuración de negocios?". El hecho de llegar a una conclusión bien razonada de la dirección a largo plazo de la compañía impulsa a los administradores a estudiar pormenorizadamente el negocio actual y a desarrollar una idea más clara de si es necesario un cambio y cómo hacerlo dentro de los próximos cinco a 10 años.

Los puntos de vista y conclusiones de la administración respecto a la dirección que debería tomar la empresa a largo plazo, el enfoque que se intenta tener en lo concerniente a la tecnología, el producto y el cliente, y su esfera de acción futura constituyen una **visión estratégica** para la organización. Una visión estratégica, por lo tanto, refleja las aspiraciones de la administración respecto a la empresa y sus negocios al proporcionar una vista panorámica de "hacia dónde vamos" y al suministrar elementos específicos relacionados con sus planes de negocios futuros. Desglosa objetivos de negocios a largo plazo y da forma a la identidad de la compañía. Una visión estratégica señala a una organización una dirección particular y traza una senda estratégica para que ésta la recorra.

Diferencia entre una visión estratégica y una declaración de la misión

Mientras que la principal preocupación de una visión estratégica consiste en saber "hacia dónde vamos", el término **declaración de la misión**, tal y como se suele utilizar, tiende a referirse a la *actual* esfera de acción de la empresa ("quiénes somos y qué hacemos"). Las declaraciones de la misión que la mayoría de las compañías incluyen en sus informes anuales o que colocan en sus sitios web casi siempre hacen hincapié en los productos y servicios actuales de la empresa, los tipos de clientes a los que sirve y las capacidades tecnológicas y de negocios con que cuenta. Casi no comunican nada respecto hacia dónde se dirige la compañía y a su futura esfe-

---

Concepto básico

El término ***administración estratégica*** se refiere al proceso administrativo de crear una visión estratégica, establecer los objetivos y formular una estrategia, así como implantar y ejecutar dicha estrategia, y después, con el transcurso del tiempo, iniciar cualesquier ajustes correctivos en la visión, los objetivos, la estrategia, o su ejecución que parezcan adecuados.

Concepto básico

Una ***visión estratégica*** es un mapa del futuro de la empresa que proporciona detalles específicos sobre su tecnología y su enfoque al cliente, la geografía y los mercados de producto que perseguirá, las capacidades que planea desarrollar y el tipo de compañía que la administración está tratando de crear.

Figura 1.1   **Las cinco tareas de la administración estratégica**

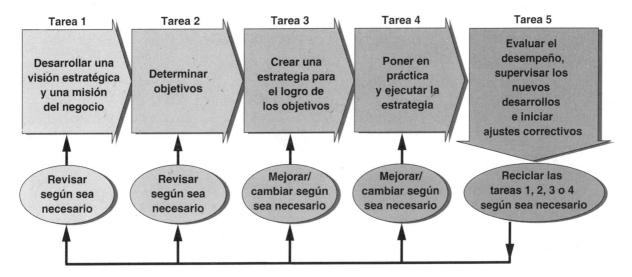

ra de acción de los negocios y a sus planes por venir. En consecuencia, la distinción conceptual entre una visión estratégica y una declaración de la misión es muy nítida: una visión estratégica describe la futura esfera de acción en los negocios de una empresa ("hacia dónde vamos"), en tanto que la declaración de la misión señala su actual esfera de acción en los negocios ("quiénes somos y qué hacemos"). La cápsula ilustrativa 2 presenta algunos ejemplos de los enunciados de la misión y de la visión de una compañía.

En caso de que la declaración de la misión de una compañía no sólo establezca una definición clara del negocio actual, sino que también indique hacia dónde se dirige la compañía y en qué se convertirá en los años próximos, quiere decir que los conceptos de la misión de la compañía (o declaración de la misión) y la visión estratégica se han fusionado en uno solo; en otras palabras, una visión estratégica y una misión del negocio orientadas hacia el futuro equivalen esencialmente a lo mismo. En la práctica, sin embargo, debido a que la gran mayoría de los enunciados sobre la misión de una empresa dicen más sobre "lo que es ahora nuestro negocio" que "lo que será nuestro negocio más adelante", la distinción conceptual entre la misión de la compañía y su visión estratégica tienen una relevancia práctica.

Por qué es importante una visión estratégica   Si bien el papel que desempeña la declaración de la misión de una empresa consiste en expresar lo que ésta lleva a cabo en la actualidad, una visión estratégica por lo general posee un valor mucho más grande en cuanto a la determinación de la dirección y a la elaboración de la estrategia. Existe un imperativo insoslayable de la administración por ver más allá del presente y pensar de manera estratégica respecto al impacto de las nuevas tecnologías que se vislumbran en el horizonte, por percatarse de la forma en que las necesidades y expectativas de los clientes están cambiando, por lo que se requerirá para superar o vencer a los competidores, por las prometedoras oportunidades de mercado que deben perseguirse de manera agresiva, así como por todos los demás factores internos y externos que impelen a la empresa a hacer lo necesario para prepararse para el futuro. Los administradores no pueden tener éxito como líderes de la organización o como elaboradores de estrategia, si primero no deducen contundentes y razonadas conclusiones respecto a los vientos de cambio, con el objeto de que se tomen enseguida elecciones fundamentadas sobre cuál de los diversos senderos estratégicos se habrá de seguir. *No hay escapatoria a la necesidad de contar con una visión estratégica.* Armados con un curso de negocios claro y bien concebido que pueda seguir la organización, los administradores cuentan con una guía para canalizar la asignación de recursos, así como con una base para elaborar una estrategia que coloque a la empresa en el rumbo que debe seguir. Las compañías cuyos administradores descuidan la tarea de pensar estratégicamente respecto a la futura senda de negocios de la empresa, o que se muestran

Concepto básico
La *declaración de la misión* de una compañía suele centrarse en su perspectiva actual de los negocios ("quiénes somos y qué hacemos"); describe de manera general sus capacidades, su enfoque del cliente, sus actividades y el aspecto actual de sus negocios.

Cápsula ilustrativa 2
Ejemplos de pronunciamientos respecto a la misión y la visión de una empresa

MICROSOFT CORPORATION

Durante años, una visión que inspiraba todo lo que hacía Microsoft era: "una computadora en cada escritorio y en cada casa que utilice un magnífico software como herramienta impulsora". Pero el surgimiento de internet y de dispositivos distintos a las PC, como computadoras de bolsillo e implementos de comunicación para las televisiones (*TV set-top boxes*), formando parte cada vez más integral de la vida cotidiana, obligó a Microsoft a extender su visión: "otorgarle poder a la gente a través de un magnífico software en cualquier momento, en cualquier lugar y mediante cualquier dispositivo". Bill Gates remarcó: "concebimos un mundo donde las personas puedan utilizar cualquier dispositivo de cómputo para llevar a cabo cualquier cosa que quieran hacer en cualquier momento, en cualquier lugar. La PC seguirá teniendo un papel preponderante... pero se le unirá una increíblemente rica variedad de dispositivos digitales que proporcionen acceso a internet".

INTEL

"Nuestra visión: lograr que haya mil millones de computadoras conectadas en todo el mundo, millones de servidores y billones de dólares producidos por el comercio electrónico. La misión principal de Intel es ser el proveedor básico de la economía por internet y acicatear los esfuerzos para lograr que internet sea más útil. Estar conectado se ha convertido ahora en el centro de la experiencia computacional de la gente. Estamos ayudando a expandir las capacidades de la plataforma PC y de internet."

OTIS ELEVATOR

"Nuestra misión es proporcionar a cualquier cliente un medio para mover personas y cosas en cualquier dirección y en distancias cortas, con mayor confiabilidad que cualquier empresa similar en el mundo."

AVIS RENT-A-CAR

"Nuestro negocio es el arrendamiento de automóviles. Nuestra misión es la satisfacción total del cliente."

TRADER JOE'S (una cadena única de tiendas de abarrotes)

"La misión de Trader Joe's es dar a nuestros clientes el mejor valor en alimentos y bebidas que puedan encontrar en cualquier parte y suministrarles la información requerida para que tomen decisiones de compra fundamentadas. Proporcionamos esto mediante un compromiso con la más alta calidad en cuanto a satisfacción del cliente, conferida con un sentido de calidez, amistad, diversión, orgullo individual y espíritu de empresa."

AMERICAN RED CROSS

"La misión de la American Red Cross es mejorar la calidad de la vida humana, incrementar la confianza en uno mismo y la preocupación por los demás, así como ayudar a las personas a evitar las urgencias, prepararse para ellas y hacerles frente."

3COM

"La misión de 3Com es conectar a más personas y organizaciones con la información, de formas más innovadoras, simples y confiables que cualquier otra compañía del mundo en el área de redes. Nuestra visión de un penetrante trabajo en red es de un mundo en donde las conexiones son más sencillas, poderosas, asequibles, globales y más disponibles para todos."

EASTMAN KODAK

"Estamos en el negocio de las fotografías."

RITZ-CARLTON HOTELS

"El hotel Ritz-Carlton es un lugar donde la genuina atención a nuestros huéspedes y su comodidad es nuestra misión más alta.

"Nos comprometemos a proporcionar un servicio personal y las mejores instalaciones para nuestros huéspedes, quienes disfrutarán de un ambiente cálido y relajado, pero a la vez refinado.

"La experiencia de Ritz-Carlton aviva los sentidos, infunde bienestar y satisface incluso los deseos y necesidades inesperados de nuestros huéspedes."

LONG JOHN SILVER'S

"Ser la mejor cadena estadounidense de restaurantes de servicio rápido. En cada visita le proporcionamos a nuestros clientes excelentes pescados, mariscos y pollo de calidad a precios razonables, en una forma rápida, eficiente y amistosa."

BRISTOL-MYERS SQUIBB

"La misión de Bristol-Myers Squibb es prolongar y mejorar la vida humana, proporcionando los mejores productos para el cuidado personal y de la salud. Pretendemos ser la compañía más diversificada y más prominente del ramo."

WIT CAPITAL (una empresa de internet de inicio reciente)

"Nuestra misión es ser el principal banco de inversión en internet enfocado a ofrecer y vender títulos a una comunidad en línea de inversionistas individuales."

Fuente: Documentos y sitios web de las compañías.

indecisos a la hora de comprometer a la compañía en una dirección en vez de otra, están propensas a ir a la deriva sin ningún propósito que perseguir y pierden cualquier derecho a ser líder en la industria.

Establecimiento de objetivos

El propósito del establecimiento de **objetivos** es convertir los lineamientos administrativos de la visión estratégica y de la misión del negocio en indicadores de desempeño específicos, en resultados y consecuencias que la organización desea lograr. El establecimiento de los objetivos y la medición de su éxito o fracaso al lograrlos, ayuda a los administradores a tener un seguimiento del progreso de la empresa. Los administradores exitosos establecen objetivos para el desempeño de la compañía que requieren elasticidad y un esfuerzo disciplinado. Los retos que implica la búsqueda de objetivos de desempeño temerarios y agresivos impulsan a que una organización sea más inventiva y dé muestras de cierta urgencia para mejorar tanto su desempeño financiero como su posición de negocios, y a ser más intencional y concentrada en sus acciones. El establecimiento de objetivos que requieren una verdadera flexibilidad organizacional ayuda a erigir un muro refractario contra el avance por inercia y los mejoramientos a un nivel bajo en el desempeño organizacional. Como lo expresa Mitchell Leibovitz, director ejecutivo de The Pep Boys-Manny, Moe & Jack: "Si usted quiere tener resultados sobresalientes, debe tener objetivos sobresalientes."

El establecimiento de objetivos es algo que deben contemplar *todos* los administradores. Cada unidad en una compañía necesita objetivos de desempeño concretos y mensurables, que contribuyan de una manera significativa al logro de los objetivos generales de la empresa. Cuando estos últimos se expresan en objetivos específicos para cada unidad organizacional y se responsabiliza de su logro a los administradores de nivel inferior, se crea en toda la empresa un ambiente orientado a los resultados, y existe muy poca o nula confusión interna acerca de lo que se debe lograr. La situación ideal implica un esfuerzo de equipo en el que cada unidad organizacional se preocupa por producir resultados en su área de responsabilidad, los cuales habrán de contribuir al logro de los indicadores de desempeño de la compañía y de su visión estratégica.

Desde una perspectiva global de la compañía, se requieren dos tipos muy diferentes de criterios de desempeño: los que se relacionan con el *desempeño financiero* y los que tienen que ver con el *desempeño estratégico*. El logro de resultados financieros aceptables es decisivo; sin ellos peligra la aspiración de una compañía al logro de su visión, así como su bienestar a largo plazo y su supervivencia. Ni los accionistas ni las entidades crediticias le proporcionarán fondos de amortización adicionales a una empresa que no puede presentar resultados financieros satisfactorios. Aun así, el logro de un desempeño financiero satisfactorio no es suficiente. También se debe prestar atención al bienestar estratégico de una compañía, a su competitividad y a su posición de negocios general a largo plazo. A menos que el desempeño de una compañía refleje un mejoramiento en sus fortalezas competitivas y una sólida posición de mercado a largo plazo, su progreso será poco alentador y habrá desconfianza en su habilidad de mantener ese buen desempeño financiero.

La necesidad de un buen desempeño tanto en el aspecto financiero como en el estratégico requiere que la administración establezca objetivos en ambos sentidos. Los **objetivos financieros** se relacionan con los resultados y logros monetarios que los administradores desean que logre la organización a este respecto; además, son la señal de un compromiso con resultados tales como aumento de las utilidades, un rendimiento aceptable sobre la inversión (o valor económico agregado [VEA]),[1] crecimiento de dividendos, incremento del precio de las acciones (o valor

> **Concepto básico**
>
> Los *objetivos* son las metas de desempeño de una empresa: los resultados y los logros que desea alcanzar. Funcionan como parámetros para la evaluación del progreso y el desempeño de la organización.

---

[1] El *valor económico agregado* (VEA) es la utilidad excedente respecto al costo de la deuda y del capital social de la compañía. De una manera más específica, se define como la utilidad de la operación menos los impuestos sobre la renta, menos el costo de la deuda, menos una tolerancia para el costo del capital social. Por ejemplo, si una compañía tiene utilidades de operación de 200 millones de dólares, paga impuestos de 75 millones, tiene gastos de intereses de 25 millones, y un capital de los accionistas de 400 millones con un costo estimado del capital de 15% (lo que se

de mercado agregado [VMA]),[2] buen flujo de efectivo y crédito comercial. En contraste, los **objetivos estratégicos** dirigen sus esfuerzos hacia resultados que reflejan una mejor competitividad y una posición más sólida de la empresa; logros como *un incremento adicional en la participación del mercado*, situarse a la delantera de los competidores clave en la calidad del producto, el servicio al cliente o la innovación; además de llegar a tener costos generales más bajos que los de los rivales, incrementar la reputación de la compañía con los clientes, alcanzar una posición firme en los mercados internacionales, ejercer un liderazgo tecnológico, conquistar una ventaja competitiva sustentable y lograr oportunidades de crecimiento atractivas. Los objetivos estratégicos pretenden que la administración no sólo presente un buen desempeño financiero, sino que también mejoren las fortalezas competitivas de la organización, la posición de la compañía y los prospectos de negocios a largo plazo.

Tanto los objetivos financieros como los estratégicos deben basarse en el tiempo, es decir, es preciso definir si deben llevarse a cabo a corto o a largo plazo. Los objetivos a corto plazo enfocan la atención organizacional en la necesidad de mejoramiento y resultados inmediatos del desempeño. Los objetivos a largo plazo sirven al valioso propósito de incitar a los administradores a considerar lo que se debe hacer *ahora* para colocar a la compañía en una posición en la cual se desempeñe bien a largo plazo. Como regla, cuando es necesario negociar entre el logro de objetivos a largo plazo y a corto plazo, deben tener preeminencia los objetivos a largo plazo. Una compañía muy rara vez prospera debido a acciones repetidas de la administración que dan preferencia a un mejor desempeño a corto plazo en detrimento del desempeño a largo plazo.

En la cápsula ilustrativa 3 se muestran algunos ejemplos de las clases de objetivos estratégicos y financieros que establecen las compañías.

Creación de una estrategia

La estrategia de una compañía representa las respuestas de la administración a aspectos tan importantes como si debe estar concentrada en un solo negocio o desarrollar un grupo diversificado; si debe complacer a una amplia gama de clientes o enfocarse en un nicho de mercado particular; si debe desarrollar una línea de productos amplia o limitada; si debe buscar una ventaja competitiva basada en el bajo costo, en la superioridad del producto o en capacidades organizacionales únicas; cómo debe responder a las preferencias cambiantes del comprador; qué tan grande debe ser el mercado geográfico que tratará de cubrir; cómo reaccionará a las nuevas condiciones del mercado y competitivas; cómo logrará el crecimiento a largo plazo. Por consiguiente, una estrategia refleja las elecciones administrativas entre las diversas opciones y es una señal del compromiso organizacional con productos, mercados, enfoques competitivos y formas de operar particulares de la empresa.

---

traduce en un costo del capital social de 60 millones de dólares), entonces el VEA de la compañía es de 200 millones de dólares menos 75 millones, menos 25 millones, menos 60 millones, es decir, 40 millones de dólares. El VEA de 40 millones se puede interpretar como si significara que la administración de la compañía ha generado utilidades en exceso respecto al punto de referencia de 15% del costo justo necesario para justificar o respaldar la inversión de los accionistas de 400 millones de dólares, todo lo cual representa una riqueza creada para los propietarios superior a lo que podrían esperar si hicieran una inversión de un riesgo comparable en otra parte. Las compañías como Coca-Cola, AT&T y Briggs & Stratton utilizan el VEA como una medida del desempeño de sus utilidades.

[2] El *valor de mercado agregado* (VMA) se define como el monto por el cual el valor total de la compañía ha sido apreciado como superior al monto en dólares que los accionistas han invertido realmente en la compañía. El VMA es igual al precio actual de las acciones de la compañía, multiplicado por el número de acciones en circulación, menos la inversión de capital de los accionistas, lo cual representa el valor que la administración le ha agregado a la riqueza de los accionistas debido a su manejo del negocio. Por ejemplo, si el precio por acción de una compañía es de 50 dólares, si hay 1 000 000 de acciones en circulación y si la inversión de capital de los accionistas es de 40 millones de dólares, entonces el VMA es de 10 millones (50 millones en valor de mercado de las acciones existentes, menos 40 millones en inversión de capital); en otras palabras, la administración ha tomado la inversión de 40 millones de dólares de los accionistas en la compañía y la ha apalancado en un valor actual de 50 millones, creando 10 millones adicionales en valor de los accionistas. Si se quiere maximizar el valor de los accionistas, la administración debe seleccionar una estrategia y una dirección a largo plazo que maximicen el valor de mercado de las acciones comunes de la compañía. En años recientes, el VMA y el VEA han ganado una amplia aceptación como medidas válidas del desempeño financiero de una compañía.

Cápsula ilustrativa 3
Ejemplo de objetivos estratégicos y financieros

BANC ONE CORPORATION

(Objetivo estratégico)

"Ser una de las tres principales compañías bancarias en términos de la participación de mercado en todos los mercados significativos a los cuales servimos."

DOMINO'S PIZZA

(Objetivo estratégico)

"Entregar con seguridad una pizza caliente y de calidad en 30 minutos o menos, a un precio justo y con una utilidad razonable."

FORD MOTOR COMPANY

(Objetivos estratégicos)

"Satisfacer a nuestros clientes proporcionando automóviles y camiones de calidad, desarrollando nuevos productos, reduciendo el tiempo necesario para llevar los nuevos vehículos al mercado, mejorando la eficiencia de todos nuestros procesos y plantas, y construyendo nuestro trabajo de equipo con empleados, sindicatos, distribuidores y proveedores."

ALCAN ALUMINUM

(Objetivos estratégicos y financieros)

"Ser el productor de aluminio con costos más bajos y superar el desempeño de las utilidades promedio respecto al índice de acciones de Standard & Poor."

BRISTOL-MYERS SQUIBB

(Objetivo estratégico)

"Enfocarnos a nivel global en aquellos negocios referidos al cuidado personal y de la salud, con el propósito de ser el número uno o dos por medio del suministro al cliente de un valor superior."

ATLAS CORPORATION

(Objetivos estratégicos)

"Convertirnos en un productor de oro de bajo costo y de tamaño mediano, produciendo un exceso de 125 000 onzas de oro al año y creando reservas de oro de 1 500 000 onzas."

3M CORPORATION

(Objetivos estratégicos y financieros)

"Lograr un crecimiento anual en las ganancias por acción de 10% o más en promedio; utilidades de 20-25% sobre el capital de los accionistas; utilidades de 27% o más sobre el capital empleado, y lograr que por lo menos 30% de las ventas provenga de productos introducidos durante los cuatro últimos años."

La creación de una estrategia hace que entre en juego el aspecto administrativo crítico de *cómo* lograr los resultados propuestos, en vista de la situación y de los prospectos de la compañía. Los objetivos son los "fines" y la estrategia es el "medio" para lograrlos. Los cómo de la estrategia de una compañía por lo común son una mezcla de 1) acciones deliberadas e intencionales, 2) reacciones que se requieran ante desarrollos imprevistos, así como ante condiciones de mercado novedosas y presiones de competitividad, y 3) el aprendizaje colectivo adquirido sobre la organización a lo largo del tiempo, el cual comprende no sólo los conocimientos obtenidos a partir de las experiencias de la empresa, sino lo que es más importante, debido a las actividades internas que ha aprendido a llevar a cabo en forma satisfactoria y las capacidades de competitividad que ha desarrollado.[3] Como se ilustra en la figura 1.2, la estrategia es algo más de lo que los administradores han delineado cuidadosamente con anticipación y que persiguen en forma deliberada como parte de un plan estratégico visionario. Resulta normal que la estrategia planeada de la administración exhiba una cara distinta conforme se incorporan nuevas características y se eliminan otras como respuesta a las condiciones cambiantes del mercado, las necesidades y preferencias alteradas del consumidor, las maniobras estratégicas de las compañías rivales, la experiencia de lo que está dando resultados y lo que no está funcionando,

---

[3] Véase Henry Mintzberg y J.A. Waters, "Of Strategies, Deliberate and Emergent", *Strategic Management Journal* 6, 1985, pp. 257-272; Henry Mintzberg, Bruce Ahlstrand y Joseph Lampel, *Strategy Safari: A Guided Tour through the Wilds of Strategic Management*, Free Press, Nueva York, 1998, capítulos 2, 5 y 7; y C.K. Prahalad y Gary Hamel, "The Core Competence of the Corporation", *Harvard Business Review* 70, núm. 3, mayo-junio de 1990, pp. 79-93.

Figura 1.2   **La estrategia real de una compañía es en parte planeada y en parte reactiva**

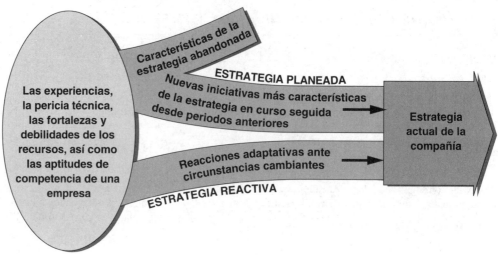

las nuevas oportunidades y amenazas que surgen, los acontecimientos imprevistos y el pensamiento novedoso respecto a cómo mejorar la estrategia. Las condiciones futuras de los negocios son tan inciertas e impredecibles que es prácticamente imposible que los administradores puedan planear de manera anticipada cada acción estratégica, sin experimentar algún aprendizaje u observar cualquier posibilidad de mejoramiento. Es más, el sentido común dicta que las acciones de una compañía, tanto las planeadas como las reactivas, deben de estar en estrecha relación con sus aptitudes y capacidades de competitividad. La tarea de creación de una estrategia implica el desarrollo de una *estrategia intencional*, adaptándola según se lleven a cabo los acontecimientos (*estrategia adaptativa/reactiva*) y vinculando estrechamente los enfoques de negocios de la empresa, las acciones y las iniciativas de competitividad a sus aptitudes y capacidades. La estrategia real de una compañía es algo que los administradores deben modelar y remodelar a medida que los acontecimientos ocurran fuera y dentro de la misma, y conforme los activos y pasivos competitivos de la empresa evolucionen en formas que mejoren o empeoren su competitividad.

> La estrategia es tanto proactiva (intencional y deliberada) como reactiva (de adaptación).

¿En qué consiste la estrategia de una compañía?   Las estrategias de la compañía conciernen al *cómo*: cómo lograr el crecimiento del negocio, cómo satisfacer a los clientes, cómo superar la competencia de los rivales, cómo responder a las condiciones cambiantes del mercado, cómo administrar cada parte funcional del negocio y desarrollar las capacidades organizacionales necesarias, cómo lograr los objetivos estratégicos y financieros. Estos aspectos del cómo tienden a ser específicos de la compañía, adaptados a su situación y a sus objetivos de desempeño. En el mundo de los negocios, las compañías tienen un amplio grado de libertad estratégica. Se pueden diversificar en forma amplia o limitada en industrias relacionadas o no, por medio de adquisiciones, empresas colectivas, alianzas estratégicas o inicios internos. En lo que respecta a las empresas de un solo negocio, las condiciones prevalecientes del mercado por lo común ofrecen una libertad suficiente en la creación de estrategias para que los competidores cercanos puedan evitar fácilmente su imitación; unas buscan un liderazgo de bajo costo, otras hacen hincapié en atributos particulares de sus productos o servicios, y algunas más se concentran en el desarrollo de capacidades únicas y en satisfacer las necesidades y preferencias especiales de segmentos reducidos de compradores. Algunas sólo compiten a nivel local o regional, unas a escala nacional y otras lo hacen globalmente. Debido a que para la compañía existen numerosos modos de conducir sus negocios de manera interna y ubicarse en los mercados en donde elige competir, las descripciones del contenido de la estrategia de la empresa necesariamente tienen que detallarse en gran medida, con el objeto de mostrar las características que definen su estrategia.

> Las estrategias de la compañía son en parte visibles y en parte ocultas a la vista de observadores externos.

Figura 1.3 **Comprensión de la estrategia de una compañía; qué es lo que debe buscar**

La figura 1.3 describe las clases de acciones y enfoques que reflejan la estrategia general de una compañía. La estrategia actual suele ser una mezcla de enfoques anteriores y de acciones y reacciones novedosas, con quizá algo de movimientos y cambios que habrán de llevarse a cabo, los cuales siguen estando en la etapa de preparación y planeación. En vista de que los enfoques anteriores y las acciones novedosas iniciadas a menudo son visibles y los administradores de la empresa las han analizado de manera pública o las han explicado en boletines de prensa, los observadores externos pueden deducir muchos elementos clave de la estrategia de la empresa. Sin embargo, existe una parte no revelada de la estrategia acerca de la cual las personas ajenas a la compañía sólo pueden especular; se trata de aquellas acciones y medidas que todavía no son públicas y que los administradores de la compañía apenas están considerando. A menudo los gerentes, por muy buenas razones, deciden no revelar ciertos elementos de su estrategia hasta que se conviertan en cuestiones de dominio público.

Para lograr una mejor comprensión del contenido de las estrategias de la compañía, véase la perspectiva general de la estrategia de McDonald's en la cápsula ilustrativa 4.

Estrategia y espíritu emprendedor La elaboración de la estrategia es en parte un ejercicio de espíritu emprendedor sagaz: representa una búsqueda activa de oportunidades para realizar nuevas cosas o para hacer las cosas existentes de nuevas formas.[4] Mientras más rápido

> La creación de una estrategia es fundamentalmente una actividad de espíritu emprendedor, impulsada por el mercado y por el cliente; las cualidades esenciales son: un talento para capitalizar las oportunidades de mercado emergentes y las necesidades en evolución de los clientes; una inclinación hacia la innovación y la creatividad; un deseo de tomar riesgos de manera prudente, y un fuerte sentido de lo que se necesita hacer para acrecentar y fortalecer los negocios.

---

[4] Para un análisis más amplio de la estrategia en cuanto proceso de espíritu empresarial, véase Mintzberg, Ahlstrand y Lampel, *Strategy Safari*, capítulo 5. También véase Bruce Barringer y Allen C. Bluedorn, "The Relationship between Corporate Entrepreneurship and Strategic Management", *Strategic Management Journal* 20, 1999, pp. 421-444; y Jeffrey G. Covin y Morgan P. Miles, "Corporate Entrepreneurship and the Pursuit of Competitive Advantage", *Entrepreneurship: Theory and Practice* 23, núm. 3, primavera de 1999, pp. 47-63.

Cápsula ilustrativa 4
Ejemplo de una estrategia: McDonald's

En 1999, McDonald's era el principal minorista de servicio de alimentos en el mercado global del consumidor, con una marca registrada poderosa y ventas de restaurante a nivel del sistema de 35 mil millones de dólares aproximadamente. 80% de sus más de 25 000 restaurantes eran franquicias de casi 5 000 propietarios/operadores en todo el mundo. Las ventas habían aumentado un promedio de 8% durante los últimos 10 años.

Las especificaciones de McDonald's concernientes a la calidad de los alimentos, la tecnología del equipo, la mercadotecnia y los programas de capacitación, los sistemas de operación, las técnicas de selección de las ubicaciones y los sistemas de abastecimiento estaban considerados como estándares de la industria en todo el mundo. Su visión en ser el mejor restaurante de comida rápida en el mundo: *ser el mejor* era definido como satisfacer de manera consistente a los clientes, mejor que la competencia, a través de una calidad, servicio, limpieza y valor excepcionales.

Las prioridades estratégicas de la compañía eran lograr un crecimiento continuo, proporcionar al cliente una atención especial, continuar como un productor eficiente y de calidad, desarrollando al personal de cada nivel de la organización, compartiendo las mejores prácticas en todas las unidades del mundo y reinventando el concepto de comida rápida al impulsar la innovación en el menú, las instalaciones, la mercadotecnia, la operación y la tecnología de la compañía.

ESTRATEGIA DE CRECIMIENTO

- Penetrar en el mercado al cual no atendía mediante la adición de 1 750 restaurantes anualmente (un promedio de uno cada cinco horas), algunos propiedad de la compañía y otros operando como franquicias, con alrededor de 90% fuera de Estados Unidos. Establecer una importante posición de mercado en los países extranjeros, adelantándose a la competencia.

- Promover visitas más frecuentes de los clientes por medio de la adición de platillos atractivos en el menú, de especialidades de bajo precio, de alimentos de valor extra y de áreas de juego para los niños.

- Explorar nuevas oportunidades para aprovechar al máximo la infraestructura mundial de proveedor y sus principales aptitudes en la administración de restaurantes multiunitarios, la ubicación de locales, así como en la construcción de unidades y la mercadotecnia del producto.

ESTRATEGIA DE LAS FRANQUICIAS

- Otorgarles franquicias sólo a empresarios talentosos y altamente motivados, con integridad y experiencia en el negocio, y capacitarlos para convertirlos en propietarios activos de las ubicaciones de McDonald's (no se otorgaban franquicias a corporaciones, sociedades o inversionistas pasivos).

ESTRATEGIA DE UBICACIÓN Y CONSTRUCCIÓN DE LOS LOCALES

- Ubicar los restaurantes en lugares que ofrecieran conveniencia para los clientes y un potencial de crecimiento lucrativo. Las investigaciones de la compañía indicaban que 70% de todas las decisiones de comer en McDonald's se tomaban en forma impulsiva, de manera que la meta era elegir ubicaciones tan convenientes como fuera posible para que las visitaran los clientes. En Estados Unidos, la compañía complementaba sus ubicaciones suburbanas y urbanas tradicionales con sucursales satélite en áreas de servicio de alimentos, aeropuertos, hospitales, universidades, grandes establecimientos comerciales (Wal-Mart, The Home Depot) y estaciones de servicio; fuera de Estados Unidos, la estrategia era establecer una presencia inicial en el centro de las ciudades y después abrir unidades autónomas con servicio en los automóviles en las afueras.

- Reducir los costos de ubicación y construcción utilizando diseños de locales estandarizados y eficientes en cuanto al costo, consolidando así las compras de equipo y materiales mediante un sistema global de fuentes de suministro.

- Asegurarse de que los restaurantes fueran atractivos y agradables en el interior y en el exterior y, en donde fuese factible, proporcionar servicio en los automóviles y áreas de juego para los niños.

ESTRATEGIA DE LA LÍNEA DE PRODUCTOS

- Ofrecer un menú limitado.

- Mejorar el atractivo del sabor de los alimentos ofrecidos (en especial las selecciones de emparedados).

- Ampliar las ofertas de productos hacia nuevas categorías de alimentos de preparación rápida (pollo, mexicanos, pizzas, emparedados para adultos, etc.) e incluir un mayor número de platillos saludables para los clientes.

(continúa)

cambie el ambiente de negocios de una compañía, ésta adopta en mayor medida un espíritu crítico hacia sus administradores a fin de que sean buenos empresarios en el sentido de realizar predicciones y ajustes estratégicos oportunos. Por ejemplo, imagine las implicaciones que tiene para las empresas el hecho de subestimar el impacto potencial del comercio electrónico, o que los comerciantes al menudeo ignoren el interés abrumador de los consumidores por las compras vía internet. Los administradores siempre están bajo una inmensa presión para elegir

Cápsula ilustrativa 4

(conclusión)

- Lanzar de una manera expedita nuevos productos que sean potencialmente llamativos y estimulantes, pero también eliminar con rapidez los que no gusten, aprendiendo de cualquier error que se haya cometido y avanzando rápido hacia la siguiente idea. (Este elemento estratégico se instituyó recientemente y significó una importante desviación de la añeja práctica de la empresa de hacer pruebas exhaustivas para asegurar una alta calidad consistente y un amplio interés por parte del cliente antes de lanzar nuevos artículos del menú en todo el sistema; por ejemplo, el desarrollo de los McNuggets de pollo tardó siete años.)

OPERACIONES DE LOS RESTAURANTES

- Imponer estándares estrictos concernientes a la calidad de los alimentos, la limpieza tanto del local como del equipo y los procedimientos de operación del restaurante, así como un servicio amistoso y cortés al cliente.

- Ampliar el concepto "Hecho para usted" para incluir un porcentaje mucho mayor de productos elaborados en el establecimiento. El programa de la compañía "Hecho para usted" involucró la instalación de equipo avanzado, compleja tecnología de cómputo y nuevos métodos de preparación que permitieran preparar los productos de acuerdo con las peticiones del cliente.

PROMOCIÓN DE VENTAS, MERCADOTECNIA Y COMERCIALIZACIÓN

- Mejorar la imagen de calidad, servicio, limpieza y valor de McDonald's a nivel global, por medio de una intensa publicidad en los medios y de promociones de mercancía en los mismos locales, financiadas con cuotas vinculadas a un porcentaje de los ingresos de ventas en cada restaurante.

- Utilizar a Ronald McDonald para crear una mayor identificación de la marca entre los niños y el prefijo *Mc* para reforzar la relación entre los platillos del menú y McDonald's.

- Proyectar una actitud de felicidad y de interés en los niños.

RECURSOS HUMANOS Y CAPACITACIÓN

- Ofrecer índices de salarios equitativos y no discriminadores en cada ubicación; enseñar las habilidades en el trabajo; re-

compensar el desempeño, tanto individual como de equipo; crear oportunidades de hacer carrera; tener horarios de trabajo flexibles para los empleados que son estudiantes.

- Contratar grupos de empleados con hábitos de trabajo positivos y actitudes corteses, capacitarlos para que actúen en formas que impresionen a los clientes y promover rápidamente a los empleados prometedores.

- Proporcionarles una capacitación apropiada sobre la satisfacción de los clientes y el manejo de un negocio de alimentos rápidos a los franquiciatarios, administradores de restaurantes y administradores auxiliares. (Los instructores en los campus de la Universidad de las Hamburguesas en Illinois, Alemania, Inglaterra, Australia y Japón capacitan cada año a más de 5 000 estudiantes en 22 idiomas.)

- Promover un modo de pensar global al transferir de manera agresiva las mejores prácticas y las nuevas ideas desarrolladas en establecimientos ubicados en algunas regiones del mundo hacia otras partes.

RESPONSABILIDAD SOCIAL Y ACTITUD CIUDADANA CON LA COMUNIDAD

- Asumir un papel activo en la comunidad, apoyar las obras de caridad locales y los proyectos comunitarios, ayudar a crear un espíritu de buenos vecinos, promover la excelencia educacional.

- Patrocinar los Hogares Ronald McDonald (a finales de 1995 había 168 hogares en 12 países que les proporcionaban un hogar provisional a las familias de niños gravemente enfermos que recibían tratamiento en los hospitales cercanos).

- Promover la diversidad de la fuerza laboral, la acción voluntaria afirmativa y las franquicias propiedad de minorías (más de 34% de los franquiciatarios de McDonald's y 70% de los solicitantes de franquicias eran mujeres y gente de minorías étnicas).

- Apoyar la educación mediante becas escolares, premios académicos y recursos educativos gratuitos.

- Adoptar y fomentar prácticas ambientalmente amistosas.

- Proporcionar a los clientes información sobre el contenido alimenticio de los productos McDonald's.

Fuente: Reporte anual de la compañía.

entre todos los acontecimientos que suceden en el ambiente exterior, aquellas señales que signifiquen nuevas oportunidades para la empresa, o amenazas para su forma actual de hacer negocios. A fin de que una compañía tenga éxito, su estrategia y su modelo de negocio deben coincidir por completo con su ambiente presente y futuro. Lo anterior no sucederá a menos que los administradores muestren un espíritu emprendedor de primera clase al conducir las actividades de la compañía hacia cualesquiera nuevas direcciones que dicten las condiciones del mercado y las preferencias del consumidor. Lo anterior implica el estudio de las tendencias del mercado, escuchar a los clientes y anticipar el cambio de sus necesidades y expectativas, escrutar las posibilidades de negocios que surgen gracias a los desarrollos tecnológicos, crear la posición de mercado de la empresa mediante adquisiciones o la introducción de nuevos productos, y buscar formas para fortalecer las capacidades de competitividad de la compañía. La buena elaboración de una estrategia, por lo tanto, resulta inseparable de un buen espíritu emprendedor para los negocios. Uno no puede existir sin el otro.

La rapidez con que los administradores se adaptan a las cambiantes condiciones del mercado, la tenacidad con que persiguen nuevas oportunidades de negocios, el grado con que hacen hincapié en la innovación exterior de la competencia, y la frecuencia con que abanderan acciones para mejorar el desempeño de la organización, resultan buenos indicadores del espíritu emprendedor de la compañía. Los creadores de estrategia con espíritu emprendedor tienden a ser pioneros o ágiles seguidores que responden con rapidez y oportunidad a los nuevos retos para construir la empresa y fortalecer su posición de mercado y capacidades. Están deseosos de tomar riesgos prudentes y de iniciar estrategias precursoras. En la actualidad las empresas punto-com constituyen ejemplos del espíritu emprendedor en acción.

En contraste, las compañías con deficiente espíritu emprendedor le tienen aversión a los riesgos y muestran cautela para no desviarse mucho de los enfoques probados y seguros de la empresa, a menos que se vean en verdad forzadas a hacerlo. Además, consideran como carentes de importancia a los desarrollos inminentes ("no creemos que en realidad vayan a afectarnos"), o se mueven de manera tan lenta que por lo general la empresa responde y se adapta tardíamente a las condiciones cambiantes del mercado. A menudo minimizan las desventajas de ser los últimos en moverse, y más bien señalan los beneficios de ahorrar costos por evitar cualesquier "errores" que creen que los pioneros hayan cometido o pudieran incurrir. Asimismo, prefieren un cambio gradual de estrategia al drástico o extenso realineamiento estratégico. Las compañías que aún tienen un enfoque de "ver y esperar" para decidirse a utilizar el comercio electrónico e internet son un clásico ejemplo de deficiencia del espíritu emprendedor.

Por qué evolucionan las estrategias de una compañía

Sencillamente, la compañía enfrenta momentos en los que necesita adaptar su estrategia a las condiciones cambiantes de la industria y de la competitividad, a novedosas preferencias y exigencias emergentes del comprador, a iniciativas de empresas rivales para obtener una mayor participación del mercado, a la aparición de nuevas oportunidades y amenazas, al avance de la tecnología y a otros sucesos importantes que afectan sus negocios. En ocasiones, se requieren cambios muy importantes en la estrategia: cuando aparece un nuevo competidor que obliga a variar de manera radical la estrategia e impulsa un cambio en el mercado, cuando un competidor lleva a cabo una idea revolucionaria que exige una respuesta drástica, cuando ocurren transformaciones tecnológicas, o cuando surge una crisis y se requieren rápidos ajustes mayores de la estrategia. La fusión entre America Online y Time Warner representó un cambio de estrategia mayúsculo para ambas compañías. Claramente, se abrieron caminos para afinar la estrategia de la compañía: primero en un departamento, o área funcional, y luego en otro.

Debido a que la marcha de los acontecimientos internos y externos da pie para iniciar movimientos estratégicos nuevos y enfoques de negocios de un tipo u otro en alguna parte de la organización o en otra, *una estrategia de la empresa se reforma a lo largo del tiempo, conforme la cantidad de cambios y adaptaciones comienza a acumularse.* Por lo tanto, resulta normal, incluso necesario, que la estrategia de una compañía cambie, algunas veces de manera gradual, otras en forma expedita, a veces de modo reactivo (cuando los nuevos desarrollos demandan una respuesta) y en otras ocasiones de manera preactiva (cuando se vislumbran nuevas y atractivas oportunidades o se adquieren nuevas capacidades). En consecuencia, *la creación de la estrategia es un proceso en curso y no un acontecimiento finito.* Los administradores están obligados a revaluar la estrategia en forma regular, a redefinirla y formularla de modo tan frecuente como se requiera para que la organización esté a la altura de las cambiantes circunstancias internas y externas.

Otra importante faceta del cambio de la estrategia es *la necesidad de acciones tanto para mejorar la manera en que la empresa está compitiendo en la actualidad como para preparar los mercados y las condiciones de competencia futuros.* Ya sea que la empresa adopte una pos-

Figura 1.4 **Enfoques estratégicos para prepararse
con vista a las futuras condiciones del mercado**

ENFOQUES DE LA EMPRESA

<table>
<tr><td></td><td>**Reactivo/seguidor**</td><td>**Proactivo/líder**</td></tr>
<tr><td>**Cambio rápido revolucionario**</td><td>**Apurarse para ponerse al día y evitar verse ahogado por las olas**</td><td>**Alterar agresivamente la estrategia para hacer olas y conducir el cambio**</td></tr>
<tr><td>**Cambio evolutivo gradual**</td><td>**Revisar la estrategia (ojalá que a tiempo) para afrontar las olas**</td><td>**Anticipar el cambio e iniciar acciones estratégicas para montarse sobre la cresta de las olas**</td></tr>
</table>

CONDICIONES FUTURAS DEL MERCADO

Fuente: Adaptado de Derek F. Abell, "Competing Today While Preparing for Tomorrow", *Sloan Management Review* 40, núm. 3, primavera de 1999, p. 75.

tura reactiva o preactiva con objeto de prepararse para las condiciones futuras del mercado, da forma al carácter y a la velocidad de los ajustes que lleva a cabo a lo largo del tiempo.

La figura 1.4 ilustra los enfoques estratégicos que puede adoptar una empresa con la idea de prepararse para las condiciones futuras del mercado y dominar las olas del cambio en éste.[5] En la mayor parte de las industrias, existen empresas pioneras que buscan ser líderes proactivos en la reformulación de sus estrategias pero también hay compañías cautelosas, administradas de manera conservadora, que a final de cuentas se convierten en seguidoras reactivas. De hecho, es usual que las empresas ajusten sus estrategias y se preparen para las condiciones futuras del mercado a diferentes velocidades y de variadas maneras; la senda que cada empresa sigue es única.

No obstante, si los administradores deciden cambiar la estrategia demasiado aprisa y de manera tan radical que su modelo de negocios deba experimentar adaptaciones importantes cada año, entonces deben plantearse algunas interrogantes. ¿El rápido cambio de estrategia está siendo legítimamente impulsado por un cambio tecnológico vertiginoso, por cambiantes condiciones del mercado, por un comportamiento del consumidor volátil, o por otros desarrollos difíciles de prever? ¿O quizá sea producto de un espíritu empresarial deficiente, un análisis de la situación defectuoso y una incapacidad para elaborar la estrategia? Como regla general, los cambios de estrategia frecuentes y radicales no pueden llevarse a cabo año tras año, sin crear una estela zigzagueante en el mercado que generará una confusión excesiva en los clientes y empleados, y sin provocar verdaderos problemas de rentabilidad. En la mayoría de las situaciones, los elementos esenciales de una estrategia bien elaborada deben de tener una durabilidad de varios años, aun cuando quizá tengan que experimentar una revisión modesta para mantenerla actualizada con las circunstancias cambiantes.

[5] Para un análisis de la necesidad de acciones estratégicas orientadas a competir en la actualidad, que vayan acompañadas con acciones estratégicas que signifiquen una preparación para competir en el futuro, véase Derek F. Abell, "Competing Today While Preparing for Tomorrow", *Sloan Management Review* 40, núm. 3, primavera de 1999, pp. 73-81.

Estrategia y plan estratégico   El desarrollo de una visión y una misión estratégicas, el establecimiento de objetivos y la decisión acerca de una estrategia son tareas básicas para determinar la dirección. Delinean el rumbo de la organización, sus objetivos de desempeño a corto y largo plazo, así como las medidas competitivas y los enfoques internos de la acción que se utilizarán para lograr los propósitos. Juntos, constituyen un **plan estratégico** para enfrentar las condiciones de competitividad y de la industria, las acciones previstas de los protagonistas clave de la industria, así como los retos y temas que se erigen como un obstáculo al éxito de la compañía.[6]

En algunas compañías, en especial en aquellas comprometidas con revisiones regulares de la estrategia y con el desarrollo de planes estratégicos explícitos, el plan estratégico quizá tome la forma de un documento escrito que describe la situación económica de la industria, los factores clave de éxito y los impulsores del cambio, junto con el plan estratégico de la empresa para arreglárselas con su ambiente interno y externo. Algunas compañías difunden su plan estratégico a la mayoría de los administradores (y quizá a un selecto grupo de empleados), aunque ciertas iniciativas de la estrategia planeada se expresen en términos generales o se omitan si son demasiado delicadas para hacerse públicas, antes de que se lleven a cabo en realidad.

En otras compañías, el plan estratégico no se transcribe para su amplia distribución, sino que más bien existe en forma de acuerdos y compromisos orales entre los administradores acerca de hacia dónde debe dirigirse la empresa, qué debe lograr y cómo debe proceder. Los objetivos organizacionales son la parte del plan estratégico que se explica y se comunica con más frecuencia de una manera muy clara a administradores y empleados. Algunas compañías exponen en forma detallada los elementos clave de sus planes estratégicos en el reporte anual de la compañía a los accionistas o en declaraciones proporcionadas a los medios de negocios, mientras que otras se abstienen en forma deliberada de una franca exposición pública de sus estrategias por razones de sensibilidad competitiva, y sólo expresan enunciados vagos y generales respecto a sus planes estratégicos que pudieran aplicarse a casi cualquier empresa.

Sin embargo, como se dijo antes, los planes estratégicos rara vez anticipan todos los acontecimientos fundamentales para la estrategia que sucederá en los meses y años futuros. Los acontecimientos imprevistos, las oportunidades o amenazas inesperadas, más la constante aparición de nuevas propuestas, alientan a los administradores a modificar las acciones planeadas y forjar reacciones "no planeadas". El aplazamiento de la modificación de la estrategia hasta el momento de trabajar en el plan estratégico del próximo año es a la vez absurdo e innecesario. No es recomendable para el éxito empresarial o administrativo formular la estrategia cada año, como si fuera algo obligatorio. *La estrategia es algo que debe modificarse siempre que sea favorable hacerlo, y ciertamente cuando lo imponga el desarrollo de los acontecimientos.* En la "economía internet", los desarrollos están ocurriendo a un ritmo tan vertiginoso que las revisiones trimestrales, mensuales e incluso semanales de la estrategia se ha vuelto algo esencial y común; la noción de planes estratégicos anuales se ha desechado casi por completo. Las compañías internet han encontrado esencial revisar, al menos trimestralmente y a menudo con mayor frecuencia, los pronósticos de demanda, las proyecciones financieras actualizadas y el ajuste de los elementos clave de sus estrategias.

En Ingram-Micro, fabricante bajo contrato y distribuidor de PC, se elaboran "pronósticos provisorios" de las proyecciones financieras para cinco semestres por adelantado y después se actualizan cada 60 días. La empresa fabricante de ropa por internet Bluefly.com hace revisiones presupuestales semanalmente a fin de actualizar los cambios estratégicos y reaccionar ante los patrones diarios de ventas. Con el objeto de ayudar a apresurar las reacciones de una empresa ante las condiciones del mercado que cambian de manera vertiginosa, varias compañías han recurrido a desarrollar planes estratégicos para cada uno de los posibles escenarios de la com-

---

Concepto básico
Un *plan estratégico* consta de la misión y la futura dirección de una compañía, de objetivos de desempeño de corto y largo alcance, así como de una estrategia.

Mientras más rápido cambie el ambiente externo e interno de una organización, con mayor frecuencia tendrán que revisarse y actualizarse sus planes estratégicos a corto y largo plazo; quizá los cambios anuales ya no resulten apropiados. En el mundo actual, los ciclos de vida de la estrategia, en vez de alargarse, cada vez se acortan más.

---

[6] Para un excelente análisis de por qué el plan estratégico necesita ser más que una serie de incisos y expresar propuestas atractivas, perspicaces y que establezcan las condiciones para el diseño de la situación de la industria y de la competencia, así como la visión, objetivos y estrategia, véase Gordon Shaw, Robert Brown y Philip Bromiley, "Strategic Stories: How 3M is Rewriting Business Planning", *Harvard Business Review* 76, núm. 3, mayo-junio de 1998, pp. 41-50.

petencia y cada uno de los diferentes mercados, lo cual les permite reaccionar de manera más rápida conforme uno u otro de los escenarios se convierte en la mejor aproximación de los eventos que se están presentando. Debido a la velocidad de cambio en muchas industrias de hoy en día, *los ciclos de vida de la estrategia se miden cada vez más en meses y en lapsos de un solo año, no en décadas ni en quinquenios.*[7]

Puesta en práctica y ejecución de la estrategia

La tarea administrativa de poner en práctica y ejecutar la estrategia elegida implica una evaluación de lo que se necesitará para desarrollar las habilidades de la organización y así lograr en el momento oportuno los objetivos programados; aquí la habilidad administrativa consiste en idear lo necesario para establecer la estrategia, ejecutarla en forma eficiente y producir buenos resultados. La administración del proceso de la puesta en práctica y la ejecución de la estrategia es básicamente una tarea administrativa práctica, cerca de la escena, que incluye los siguientes aspectos principales:

● Cronstruir una organización capaz de llevar a cabo con éxito la estrategia.

● Distribuir los recursos de la compañía de manera que las unidades de la organización encargadas de las actividades críticas de la estrategia y de la puesta en práctica de las iniciativas estratégicas nuevas cuenten con suficiente personal y fondos para hacer su trabajo de una manera exitosa.

● Establecer políticas y procedimientos de operación que respalden la estrategia.

● Llevar a cabo una estrategia recién escogida.

● Motivar a las personas para que persigan con energía los objetivos que se han fijado y, de ser necesario, modificar sus obligaciones y su conducta en el trabajo con el fin de que se ajusten mejor a los requerimientos de una ejecución exitosa de la estrategia.

● Vincular la estructura de recompensas con el logro de los resultados que se han fijado como objetivo.

● Crear una cultura empresarial y un ambiente de trabajo conducentes a la puesta en práctica y ejecución exitosas de la estrategia.

● Instalar sistemas de información, comunicación y operación que permitan que el personal de la compañía desempeñe sus papeles estratégicos de una manera efectiva y cotidiana.

● Instituir los mejores programas y prácticas para un mejoramiento continuo.

● Ejercer el liderazgo interno necesario para impulsar la puesta en práctica y seguir mejorando la forma en la cual se está ejecutando la estrategia.

La meta de quien pone en práctica la estrategia debe ser la creación de "ajustes" firmes entre la forma en que se hacen las cosas internamente para tratar de ejecutar la estrategia y lo que se necesitará para que tenga éxito. Mientras más se ajusten los métodos de la puesta en práctica a los requerimientos de la estrategia, mayores serán las probabilidades de que se logren los objetivos del desempeño. Los ajustes más importantes se dan entre la estrategia y las capacidades organizacionales, entre la estrategia y el sistema de recompensas, entre la estrategia y los sistemas de apoyo internos y entre la estrategia y la cultura de la organización. El ajuste de las prácticas internas, con lo que se necesita para el éxito estratégico, ayuda a unir la organización después del logro de la estrategia.

La tarea de implementar y llevar a cabo la estrategia constituye, por lo general, la parte de la administración estratégica más complicada y la que lleva más tiempo. Interviene virtualmente en todas las facetas de la administración y se debe iniciar desde diversos lugares internos de la organización. La agenda para la acción del encargado de la puesta en práctica surge de una

Concepto básico
La *implantación de la estrategia* tiene que ver con el ejercicio administrativo de llevar a cabo una estrategia recién elegida. La *ejecución de la estrategia* se refiere al ejercicio administrativo de supervisar su logro actual, de hacer que funcione, de mejorar la competencia con que se está realizando y de mostrar un progreso medible en la consecución de los objetivos propuestos.

La puesta en práctica de la estrategia es fundamentalmente un proceso orientado a la acción y a propiciar que las cosas sucedan; asimismo, las actividades de desarrollo de competencias y habilidades, de preparación de presupuestos, de creación de políticas, de motivación, de creación de una cultura y de liderazgo, son tareas clave para este proceso.

---

[7] Gary Hamel, "Bringing Silicon Valley Inside", *Harvard Business Review* 77, núm. 5, septiembre-octubre de 1999, p. 72.

cuidadosa evaluación de lo que la organización debe hacer mejor o en forma distinta. Cada administrador debe responder a la pregunta "¿qué se debe hacer en mi área para que pueda llevar a cabo mi parte del plan estratégico de mejor manera? Los cambios internos necesarios para establecer el plan estratégico dependen de qué tanto se desvían las prácticas y las competencias internas de lo que requiere la estrategia, así como de lo sincronizado que estén la estrategia y la cultura organizacional. Dependiendo de la cantidad de cambios internos involucrados, la puesta en práctica total puede llevar desde varios meses hasta varios años.

Evaluación del desempeño, supervisión de nuevos desarrollos y comienzo de ajustes correctivos

La evaluación del desempeño y del progreso de la organización siempre le incumbe a la administración. La obligación de ésta es mantenerse en la parte superior de la jerarquía, decidir si las cosas se están haciendo bien al interior de la compañía y supervisar de cerca los desarrollos externos. Un desempeño inferior o un escaso progreso, así como las nuevas circunstancias externas relevantes, requieren acciones y ajustes correctivos en la dirección, objetivos y modelo de negocio a largo plazo de una empresa, y/o su estrategia.

De la misma manera, uno o más aspectos de la puesta en práctica y la ejecución tal vez no estén resultando tan bien como se pretendía. Las revisiones de presupuestos, los cambios en la política, la reorganización, los ajustes de personal, la creación de nuevas competencias y habilidades, las actividades y los procesos de trabajo reformados, los esfuerzos para cambiar la cultura y las prácticas de compensación revisadas son por lo común acciones administrativas típicas que tal vez sea necesario emprender para apresurar o mejorar la puesta en práctica de la estrategia. La ejecución eficiente de la estrategia siempre es el producto de una gran cantidad de aprendizaje organizacional. Por consiguiente, las revisiones del progreso, las constantes búsquedas de formas de mejorar continuamente y los ajustes correctivos son normales.

POR QUÉ LA ADMINISTRACIÓN ESTRATÉGICA ES UN PROCESO CONTINUO, NO UN ACONTECIMIENTO FINITO

La visión, los objetivos, la estrategia y el enfoque de la compañía a la puesta en práctica nunca son concluyentes; la evaluación del desempeño, la supervisión de los cambios en el medio que la rodea y los ajustes son partes normales y necesarias del proceso de administración estratégica.

Siempre se presenta la disyuntiva entre seguir adelante o cambiar la visión, los objetivos, la estrategia y los enfoques de la puesta en práctica de la compañía. Por consiguiente, la administración estratégica es un proceso continuo que nunca termina, no un acontecimiento que inicia y finaliza y que, una vez que se lleva a cabo, puede hacerse a un lado sin riesgo alguno durante un tiempo. Los administradores tienen siempre presente la responsabilidad de detectar cuándo los nuevos desarrollos requieren una respuesta estratégica y cuándo no. Su labor es seguir el progreso, detectar a tiempo los problemas, vigilar los vientos de cambio del mercado y del cliente e iniciar los ajustes. Ésta es la razón por la que la tarea de evaluación del desempeño y del inicio de ajustes correctivos es a la vez un comienzo y un final del ciclo de la administración estratégica.

Características del proceso de cinco etapas

Aun cuando la formación de una visión estratégica, la determinación de objetivos, la creación de una estrategia, la puesta en práctica y ejecución del plan estratégico y la evaluación del desempeño describen lo que implica la administración estratégica, el desempeño real de estas cinco tareas no está dividido en una forma nítida en compartimientos separados con una secuencia ordenada. En primer lugar, existe una gran interacción y retroalimentación entre las cinco tareas, como se muestra en la figura 1.1. Por ejemplo, la decisión acerca de la misión y la visión de una empresa se convierte de manera gradual en la determinación de objetivos (ambas implican prioridades direccionales). La determinación de objetivos implica la consideración del desempeño actual, las opciones estratégicas disponibles para mejorarlo y si la organización posee los recursos y capacidades para lograr amplios objetivos cuando se enfrenta a presiones y retos. Obviamente, las tareas para determinar la dirección, desarrollar una misión, deslindar objetivos y crear la estrategia se deben integrar y llevar a cabo como un paquete, no de manera individual. Tomar la decisión de una estrategia implica saber si la organización cuenta con lo que se requiere para ejecutar la estrategia con suficiente competencia; por lo general, resulta insensato seguir un curso estratégico mal diseñado para las aptitudes, capacidades y recursos de una compañía.

En segundo lugar, las cinco tareas de la administración estratégica no se llevan a cabo aisladas de otras obligaciones y responsabilidades del administrador, como prestar atención a las operaciones cotidianas, enfrentar las crisis, asistir a juntas, repasar la información, atender los problemas del personal y aceptar asignaciones y deberes cívicos especiales. Por consiguiente, aun cuando el trabajo de administrar la estrategia es la función administrativa más importante en lo que concierne al éxito o al fracaso organizacional, no es todo lo que deben hacer o por lo que se deben preocupar los administradores.

En tercer lugar, la creación y la puesta en práctica de la estrategia le imponen condiciones erráticas al tiempo de un administrador. El cambio no ocurre de manera ordenada o predecible. Los acontecimientos se pueden desarrollar en forma rápida o gradual; pueden surgir solos o en vertiginosa sucesión, y puede resultar sencillo o arduo diagnosticar sus implicaciones para el cambio estratégico. De ahí que la tarea de revisar y ajustar el plan de acción llegue a requerir de la gerencia mucho tiempo en algunos meses del año y muy poco tiempo en otra temporada. Una cuestión práctica es que se precisa tanta habilidad estratégica para saber *cuándo* instituir los cambios estratégicos como para saber qué es lo que se debe hacer.

Por último, este aspecto relevante de la administración estratégica, que día tras día consume tanto tiempo, implica tratar de obtener de cada individuo el mejor desempeño que respalde la estrategia e intentar perfeccionar la que está en funciones, afinando su contenido y su ejecución. Los administradores por lo común dedican la mayor parte de sus esfuerzos a mejorar ciertos aspectos de la estrategia actual, en vez de desarrollar e instituir cambios radicales. Los cambios excesivos pueden resultar perturbadores para los empleados y confusos para los clientes, además de que suelen ser innecesarios. La mayor parte del tiempo se obtienen mejores resultados optimizando la ejecución de la estrategia actual. La persistencia en lograr que una estrategia esencialmente sólida funcione mejor, a menudo es la clave para el éxito en su administración.

> La administración estratégica es un proceso con una gran interconexión; las fronteras entre las cinco tareas son conceptuales, no son vallas que impidan que algunas de ellas o todas se desempeñen juntas.

¿QUIÉN DESEMPEÑA LAS CINCO TAREAS DE LA ADMINISTRACIÓN ESTRATÉGICA?

El director ejecutivo de una organización, como el capitán de un barco, es el administrador más visible y más importante de la estrategia. El cargo de director ejecutivo implica constituirse como el principal encargado de determinar la dirección y los objetivos, así como de crear e implementar la estrategia a nivel de toda la empresa. La responsabilidad fundamental de *guiar* las tareas de formular y poner en práctica un plan estratégico para toda la organización recae en el director ejecutivo, aun cuando por lo común otros administradores *senior* también tienen importantes papeles de liderazgo. Lo que el director ejecutivo considera estratégicamente importante a menudo se refleja en la estrategia de la compañía y, por lo general, él pone un sello personal de aprobación en las decisiones y acciones estratégicas importantes.

Los vicepresidentes de producción, mercadotecnia, finanzas, recursos humanos y de otros departamentos operativos también tienen importantes responsabilidades en la creación de la estrategia y en su puesta en práctica. El vicepresidente de producción suele tener un papel destacado en el desarrollo y ejecución de la estrategia de producción de la compañía; el vicepresidente de mercadotecnia supervisa el esfuerzo de la estrategia de su departamento; el de finanzas se ocupa de idear y llevar a cabo una estrategia financiera apropiada, y así sucesivamente. Por lo común, los administradores *senior* que están un nivel abajo del director ejecutivo, también se involucran en proponer elementos clave de la estrategia general de la compañía y en desarrollar nuevas iniciativas estratégicas importantes, trabajando en estrecha colaboración con el director ejecutivo para llegar a una estrategia de consenso y coordinar varios aspectos de la puesta en marcha de la misma. Sólo en las compañías más pequeñas, administradas por el propietario, la tarea de creación e implementación de la estrategia es tan reducida que la puede llevar a cabo un solo administrador.

Pero las posiciones administrativas con la responsabilidad de crear la estrategia e implementarla, de ninguna manera están restringidas a los directores ejecutivos, los vicepresidentes y los empresarios propietarios. Cada unidad organizacional importante en una compañía (ya sea unidad de negocios, una división, el personal de una planta, un grupo de apoyo o una oficina de distrito), generalmente tiene un papel importante o de apoyo en el plan de acción estratégico de ésta. Y el administrador encargado de esa unidad organizacional, con la guía de sus superiores, acaba por hacerse cargo de todo o parte de la creación de la estrategia para la unidad y decide cómo poner en práctica cualesquiera de las elecciones estratégicas que se tomen. Mientras tanto, los administradores que se encuentran abajo en la jerarquía organizacional obviamente tienen un papel más limitado y específico tanto en la creación de la estrategia como en la puesta en práctica de la misma, en comparación con los gerentes más cercanos al nivel superior; *cada administrador es un creador de estrategias y un encargado de su puesta en práctica para el área que supervisa.*

> Cada administrador de la compañía tiene un papel de creador de la estrategia y de encargado de su puesta en práctica; es erróneo considerar la administración estratégica como responsabilidad exclusiva de un ejecutivo de alto nivel.

Toshiba es una corporación que tiene un valor de 45 mil millones de dólares, 300 subsidiarias, miles de productos y operaciones que se extienden por todo el mundo. La noción de que unos cuantos ejecutivos *senior* ubicados en los cuarteles generales de la empresa pueden coordinar el diseño y la ejecución de la totalidad de las miles de partes que conforman la estrategia de Toshiba resulta absurda; se requiere de todo el equipo completo de administración de Toshiba para sacar adelante de una forma satisfactoria el proceso de diseño e implantación de la estrategia.

Una de las principales razones por las cuales los administradores de niveles medio y bajo son parte del equipo de creación de la estrategia y de su puesta en práctica es que, mientras más geográficamente dispersas y diversificadas son las operaciones de una organización, más difícil es que los ejecutivos *senior* en la matriz creen e implementen en forma personal todos los programas y acciones necesarios. Los administradores en la oficina corporativa rara vez saben lo suficiente acerca de la situación en cada área geográfica y en cada unidad de operación como para dirigir todos los movimientos estratégicos que se toman en el terreno. Es una práctica común que los administradores de nivel superior asignen alguna responsabilidad en la creación de la estrategia a los subordinados administrativos que están al frente de la subunidad organizacional en donde se deben lograr los resultados específicos. La delegación del papel de creadores de estrategia determina el éxito o el fracaso estratégicos. Cuando los administradores que ponen en práctica la estrategia también son sus arquitectos, es difícil culpar a alguien más o poner excusas si no se logran los resultados propuestos. Y debido a que han participado en el desarrollo de la estrategia que están tratando de implementar, es probable que proporcionen un apoyo considerable para lograrla, condición esencial para su ejecución efectiva.

En las compañías diversificadas donde es necesario administrar las estrategias de varios negocios diferentes, por lo común hay cuatro niveles de administradores:

- El director ejecutivo y otros ejecutivos *senior* a nivel corporativo, quienes tienen la responsabilidad primordial y la autoridad personal de la toma de decisiones estratégicas importantes que afectan a la empresa en su totalidad y al grupo de negocios individuales hacia los cuales se ha diversificado la empresa.

- Los administradores que tienen la responsabilidad de las utilidades y las pérdidas de una unidad de negocios específica, y en quienes se delega un importante papel de liderazgo en la formulación y la puesta en práctica de la estrategia para esa unidad.

- Los jefes de áreas funcionales dentro de una unidad de negocios determinada, quienes tienen autoridad directa sobre una parte importante del negocio (fabricación, mercadotecnia y ventas, finanzas, investigación y desarrollo, personal) y cuyo papel es apoyar la estrategia general de la unidad de negocios con acciones estratégicas en sus propias áreas.

- Los administradores de las principales unidades de operación (plantas, distritos de ventas, oficinas locales), quienes tienen la responsabilidad directa de desarrollar los esfuerzos estratégicos en sus áreas, así como de poner en práctica su parte del plan estratégico general en el nivel inferior.

Las empresas de un solo negocio no necesitan más de tres de estos niveles (un administrador general de la estrategia, administradores en el área funcional y administradores de nivel operativo). Las empresas con derechos de propiedad, las sociedades y las empresas administradas por el propietario comúnmente tienen sólo uno o dos administradores, debido a que en las empresas en pequeña escala sólo unas cuantas personas clave pueden manejar la creación e implementación de la estrategia.

Los puestos administrativos que implican la formulación y la puesta en práctica de la estrategia también abundan en las organizaciones no lucrativas. En los gobiernos federal y estatal, los jefes de las oficinas locales, de distrito y regionales desempeñan el papel de administradores en las áreas de su incumbencia (un administrador de distrito en Portland puede necesitar una estrategia ligeramente distinta de la de un administrador en Orlando). En el gobierno municipal, los jefes de varios departamentos (bomberos, policía, agua y alcantarillado, parque y áreas recreativas, salud, etc.) son administradores de la estrategia, debido a que tienen la autoridad para llevar a cabo las operaciones de sus departamentos y, por consiguiente, pueden influir en los objetivos departamentales, en la formulación de una estrategia para lograr dichos objetivos y en la forma de poner en práctica, día a día, la estrategia.

De esta manera, los puestos administrativos con actividades de creación de la estrategia e implementación de la misma son la norma, más que la excepción.[8] El trabajo de crear y poner en práctica la estrategia involucra virtualmente a todos los puestos administrativos en una forma o en otra, y en un momento o en otro. La administración estratégica es básica para la tarea de administrar, no sólo la abordan los administradores en un nivel superior.

Diseño de la estrategia: en qué consiste el proceso y quiénes participan

Las compañías y los administradores conciben la tarea de crear una estrategia en una variedad de formas. En un extremo, la estrategia surge sobre todo como la labor de una sola persona: el director ejecutivo, un fundador visionario del negocio, o el empresario y dueño actual de la compañía. En el otro extremo, la elaboración de la estrategia consiste en un ejercicio grupal o de equipo que involucra a los administradores y quizá a un selecto grupo de otros empleados clave de toda la organización. El proceso de diseño de la estrategia en la mayor parte de las empresas tiende a tomar alguna de las cuatro formas siguientes:[9]

El enfoque del arquitecto en jefe   En algunas compañías, una sola persona —el propietario o el director ejecutivo— asume el papel de estratega principal y empresario que moldea por sí solo la mayoría de los elementos principales de la estrategia. Lo anterior no significa que una persona sea el creador de todas las ideas que subyacen en la estrategia resultante, o que recopile la totalidad de los antecedentes y haga todo el análisis; quizá se hayan realizado muchas sesiones de lluvia de ideas con los subordinados y una gran cantidad de análisis por parte de departamentos específicos. Pero esto quiere decir que una persona funciona como estratega visionario y arquitecto en jefe de la estrategia, coordinando de manera personal el proceso y dejando su huella personal en la estrategia a seguir. El enfoque de arquitecto en jefe de la formación de la estrategia es característico de las empresas que han sido fundadas por el actual director ejecutivo de la misma. Michael Dell, de Dell Computer; Steve Case de America Online; Bill Gates de Microsoft, y Howard Schultz de Starbucks son ejemplos sobresalientes de directores ejecutivos corporativos que ejercen una enorme influencia en la formulación de la estrategia de su empresa. Las estrategias de las pequeñas compañías, de sociedades de negocios

---

[8] Los papeles de creación de la estrategia y de su puesta en práctica a nivel medio se exponen a fondo y se documentan en Steven W. Floyd y Bill Woolridge, *The Strategic Middle Manager*, Jossey-Bass, San Francisco, 1996, capítulos 2 y 3.

[9] Este esquema de clasificación se basa en David R. Brodwin y L.J. Bourgeois, "Five Steps to Strategic Action", en *Strategy and Organization: A West Coast Perspective*, editores: Glenn Carroll y David Vogel, Pitman Publishing, Marshfield, MA, 1984, pp. 168-178.

y de empresas familiares suelen ser sobre todo el producto de las experiencias, de las observaciones y evaluaciones personales, de las visiones estratégicas, así como de los juicios sobre los negocios de el(los) propietario(s), a las cuales quizá se sume alguna modesta contribución de unos cuantos empleados clave u asesores exteriores.

El enfoque de delegación   En este caso, el administrador a cargo delega grandes porciones de la formulación de la estrategia a empleados de confianza, administradores de un nivel inmediato inferior responsables de unidades de negocios y departamentos clave, a una fuerza de trabajo de alto nivel compuesta por gente conocedora y talentosa reclutada de muchas áreas de la empresa, a grupos de trabajo autónomos que tienen autoridad sobre un proceso o función particular, o de una forma menos frecuente, a un equipo de asesores contratado específicamente para ayudar a desarrollar nuevas iniciativas estratégicas. Al delegar la puesta en práctica de una sesión de lluvia de ideas, el análisis y la creación de importantes componentes de la estrategia —y ciertamente de la mayoría de detalles finos de una estrategia de la empresa— se propicia una amplia participación de muchos administradores y de personal que cuentan con una experiencia especializada y conocimientos prácticos del mercado y de las condiciones de la competencia, lo cual representa un gran avance (si no es que una necesidad) en empresas con muchos productos y diversidad de negocios cuyas operaciones son de largo alcance y se mueven con rapidez. Mientras más se entretejan las operaciones de una empresa con distintos productos y diversas áreas geográficas, más tenderán los ejecutivos ubicados en los cuarteles generales a delegar una autoridad considerable en la elaboración de la estrategia al personal que posee un conocimiento de primera mano de las exigencias del cliente, al que pueda evaluar mejor las oportunidades del mercado y al que esté mejor capacitado para que la estrategia siga respondiendo al cambiante mercado y a las volátiles condiciones de la competencia. Mientras más vertiginoso sea el ritmo de cambio del mercado, más necesario será delegar la responsabilidad de la formulación de la estrategia a los administradores de nivel inmediato inferior que puedan actuar con prontitud.

> La participación variada en ejercicios de creación de la estrategia en una compañía por lo común otorga una poderosa ventaja.

Si bien los que delegan la estrategia dejan en menor medida su huella sobre elementos individuales de ésta, siguen ejerciendo por lo general un papel influyente en la creación de sus elementos fundamentales y al mismo tiempo aprueban o eliminan cuestiones particulares de la estrategia propuestas por los subordinados. La debilidad del enfoque de delegación consiste en que su éxito depende del juicio sobre los negocios y de las habilidades para la creación de estrategias que tenga el personal de un nivel más bajo. Por ejemplo, los esfuerzos de los subordinados relacionados con la estrategia tal vez se centren más en la resolución de problemas actuales que en darle una posición a la empresa y adaptar sus recursos para aprovechar las oportunidades futuras. Los subordinados quizá no tengan la influencia ni la inclinación para enfrentar los cambiantes elementos fundamentales de la estrategia actual.[10] Una segunda debilidad es que el enfoque de delegación envía una señal equívoca: que el desarrollo de la estrategia no es lo suficientemente importante para reclamar una gran cantidad del tiempo y de la atención personal del jefe. Por último, resulta un error que los ejecutivos estén demasiado alejados del proceso de creación de la estrategia en caso de que las deliberaciones del grupo se empantanen en desacuerdos, o tomen direcciones mal concebidas.

El enfoque colaborador o de equipo   Éste es un enfoque intermedio en donde un administrador con responsabilidad en la elaboración de la estrategia consigue la ayuda y el consejo de colegas y subordinados a fin de construir una estrategia de consenso. Los equipos que formulan la estrategia suelen incluir administradores de línea y de personal pertenecientes a distintas disciplinas y unidades departamentales, unos cuantos trabajadores de planta conocidos por su habilidad para pensar en forma creativa y veteranos a punto de jubilarse reconocidos por ser observadores perspicaces, hablar con franqueza y dar consejos pertinentes.

La empresa Electronic Data Systems condujo una revisión de su estrategia (que duró un año), en la cual involucró a 2 500 de sus 55 000 trabajadores y coordinó a un equipo de 150 ad-

---

[10] Para un caso en el que los cambios estratégicos necesarios resultaban abrumadores para que los abordara un grupo asignado de subordinados, véase Thomas M. Hout y John C. Carter, "Getting It Done: New Roles for Senior Executives", *Harvard Business Review* 73, núm. 6, noviembre-diciembre de 1995, pp. 140-144.

ministradores y personal de planta de todo el mundo.[11] J.M. Smucker, fabricante de mermeladas y gelatinas, formó un equipo de 140 trabajadores (7% de su fuerza de trabajo de 2 000 personas) que invirtieron 25% de su tiempo durante un periodo de seis meses en buscar formas para revigorizar el crecimiento de la empresa; el equipo, que solicitó información de todos los empleados, propuso 12 iniciativas para duplicar los ingresos de la empresa durante los cinco años siguientes. Nokia Group, una empresa finlandesa que es líder mundial en telecomunicaciones inalámbricas, involucró a 250 empleados en una revisión de estrategia respecto a la forma en que diversos tipos de comunicación estaban convergiendo, el modo en que esto afectaría a los negocios de la empresa y qué respuestas estratégicas serían necesarias. Se está haciendo una costumbre que los equipos responsables de la estrategia involucren a los clientes y proveedores en la evaluación de la situación futura del mercado y en la deliberación de diversas opciones de estrategia.

El administrador a cargo suele conducir los esfuerzos de colaboración, pero el resultado es el producto conjunto de todos los involucrados. Este enfoque es idóneo para situaciones en las que los aspectos estratégicos atañen a varios departamentos, líneas de productos y negocios, así como cuando existe una necesidad de alentar el pensamiento estratégico de gente que cuenta con diferentes experiencias, conocimientos y perspectivas. La formulación de la estrategia en colaboración ayuda a ganar el compromiso sincero de los participantes hacia la puesta en práctica de la estrategia resultante. El proceso de involucrar equipos en el análisis meticuloso de situaciones complejas y de descubrir soluciones que impulsen el mercado y los clientes se está volviendo cada vez más necesario en muchos negocios. Hay muchas cuestiones estratégicas que resultan imposibles de afrontar por un único administrador, no sólo por su enorme alcance o su gran complejidad, sino porque además suelen tener una naturaleza interfuncional o interdepartamental, de manera que requieren contribuciones de muchos expertos de diversas disciplinas y la colaboración de administradores de distintas partes de la organización. Al brindar a la gente una posición de influencia en la formulación de una estrategia que más tarde habrán de ayudar a poner en práctica, no sólo se propicia la motivación y el compromiso, sino también se logra que esas personas sean responsables a la hora de llevar a cabo la estrategia y la hagan funcionar; pretextos como "no fue idea mía que esto se hiciera" carecerán de sentido.

> La creación en colaboración de la estrategia ayuda a que los participantes adquieran un compromiso sincero en su implantación.

El enfoque del empresario corporativo interno   En este enfoque, la alta gerencia alienta a los individuos y equipos a que desarrollen y enarbolen propuestas de nuevas líneas de producto e inéditas operaciones de negocios. La idea es desatar los talentos y energías de empresarios internos corporativos prometedores, dejándolos intentar nuevas ideas de negocios y perseguir novedosas iniciativas estratégicas. Los ejecutivos funcionan como jueces de aquellas propuestas que ameriten apoyo, suministrándoles a los empresarios internos el soporte presupuestal y organizacional necesario y dejándoles realizar sus proyectos. En consecuencia, los empresarios internos, ya sean individuos o equipos, dan origen a elementos importantes de la estrategia de la compañía tras defender una propuesta hasta la etapa de aprobación, asignándoles al final el papel principal en el lanzamiento de nuevos productos, así como la supervisión del ingreso de la empresa a nuevos mercados geográficos, o la dirección de nuevas oportunidades de negocios.

> El enfoque del empresario corporativo interno se sustenta en que los equipos y los administrativos de niveles inferiores e intermedios descubran nuevas oportunidades de negocios, desarrollen planes estratégicos por cumplir y creen nuevos negocios.

La utilización exitosa del enfoque del empresario corporativo interno exige contar con una organización donde haya gente emprendedora ambiciosa que desee tener la oportunidad de asumir responsabilidades estratégicas y gerenciales para nuevos productos o negocios. En este enfoque, la estrategia total de una empresa constituye la suma colectiva de todas las iniciativas triunfadoras. Funciona bien en empresas donde los avances tecnológicos se dan a un ritmo vertiginoso e imparable y/o nuevas oportunidades imperiosas se abren en una variedad de áreas.

W.L. Gore & Associates, una empresa de capital privado famosa por su película a prueba de agua Gore-Tex, es una ávida y muy exitosa practicante de este enfoque de empresario corporativo interno para la formulación de su estrategia. Gore espera que todos los trabajadores inicien mejoras y muestren un espíritu innovador. Las contribuciones de cada empleado, que están impregnadas con el espíritu de empresario interno, constituyen elementos fundamentales

---

[11] "Strategic Planning", *Business Week*, 26 de agosto de 1996, pp. 51-52.

Cápsula ilustrativa 5
El enfoque del empresario corporativo interno no es un juego en Sony

En el ambiente de negocios de la actualidad, los avances tecnológicos impulsan a las empresas de una forma tan rápida que muchas veces los administradores a duras penas pueden conocer qué está de moda, antes de que se vuelva obsoleto. En estas situaciones es cuando el enfoque del empresario corporativo interno puede incrementar la capacidad de la empresa para innovar y prosperar.

En Sony Corporation, este enfoque no se hubiera implantado de no ser por un ingeniero persistente. Ken Kutaragi, nacido en Tokio y titulado de la Universidad de Electrocomunicaciones, se unió a Sony poco tiempo después de concluir sus estudios en 1975. Unos 14 años después, esbozó planes para un nuevo tipo de juego de computadora, el cual se convertiría en el PlayStation. Al principio no podía lograr que los directores ejecutivos se interesaran en la idea de los juegos como un negocio serio, así que Kutaragi amenazó con renunciar, y finalmente los ejecutivos le permitieron formar un equipo para que desarrollara por completo la nueva idea. Este esfuerzo de emprendedor corporativo interno ha redituado muchas ganancias a Sony.

En la actualidad, Kutaragi encabeza la división Computer Entertainment (Juegos de computadora) de Sony, que es la única división de la empresa que combina hardware y software. La división de juegos ahora es una empresa que genera miles de millo-

nes de dólares. Después de su lanzamiento, hace menos de una década, PlayStation (y ahora PlayStation 2) genera 11% de los ingresos de Sony y 40% de las ganancias de la compañía. Hasta el momento, se han vendido casi 75 millones de sistemas PlayStation en todo el mundo y los juegos tienen casi 47% de la participación del mercado.

Aun así, Kutaragi no está satisfecho, por lo que sigue impulsando hacia delante su visión de revolucionar el entretenimiento en el hogar. Aunque PlayStation 2 puede reproducir discos digitales (DVD), Kutaragi le está añadiendo banda ancha para posibilitar la conectividad a través de internet, con el objeto de conectar a los usuarios a un mundo totalmente nuevo de entretenimiento a través de la interactividad, lo cual es parte de un plan estratégico para superar a sus competidores Microsoft y Nintendo.

Aunque Sony apoya los esfuerzos de empresario corporativo interno de Kutaragi, él sigue impulsando sus nuevas ideas. "Nos vamos a ver obligados a educar un poco a Sony Corporation", explica. Entre tanto, PlayStation 3 está en su etapa de planificación, Kutaragi guarda silencio en torno a la nueva generación de videojuegos, y tan sólo hace alusión a que integrará juegos, música y videos sobre redes de banda ancha y que estará en las tiendas alrededor del año 2005.

Fuentes: Todd Spangler, "Ken Kutaragi", *Interactive Week* (www.zdnet.com), 5 de febrero de 2001; Robert La Franco, "In an Intrapreneur's Shadow", *Red Herring* (www.redherring.com), 1 de septiembre de 2000), Dean Takahashi, "Reinventing the Intrapreneur", *Red Herring* (www.redherring.com), 1 de septiembre de 2000.

a la hora de determinar los aumentos, las opciones de compra de acciones de la compañía y los ascensos. El compromiso de W.L. Gore con el espíritu empresarial interno ha propiciado una andanada de innovaciones en productos que ha mantenido a la empresa radiante y en crecimiento por más de una década. La cápsula ilustrativa 5 describe un ejemplo del enfoque de empresario corporativo interno de Sony.

Comparación de los enfoques   Estos cuatro enfoques administrativos básicos para formular una estrategia iluminan varios aspectos de la forma en que se crean las estrategias. Una estrategia altamente centralizada hace que las cosas funcionen bien cuando el comandante en jefe tiene una visión poderosa y perspicaz respecto hacia dónde ir y cómo llegar a ese punto. La principal debilidad del enfoque de arquitecto en jefe es que el calibre de la estrategia depende en gran medida de la sagacidad para los negocios y los juicios estratégicos de una sola persona. Sin embargo, este enfoque falla en las empresas que tienen negocios y líneas de producto diversos, para los que hay tantos detalles de la estrategia que una sola persona no podría orquestar el proceso de formulación de la estrategia.

Por otra parte, delegar las decisiones de la estrategia a otros y colaborar para conformar una estrategia de consenso también tiene sus riesgos. La gran debilidad de delegar gran parte de la creación de la estrategia a los administradores inmediatamente inferiores en la jerarquía es la falta potencial de una dirección suficiente en sentido descendente y de liderazgo estratégico por parte de los directores ejecutivos. Los administradores de niveles inferiores no siempre poseen la amplitud de visión o la experiencia necesaria para tomar decisiones estratégicas que más tarde prueben tener un impacto de largo alcance para la empresa. Es más, quizá haya ocasiones en las que los administradores de niveles inferiores prefieran estrategias conservadoras y tímidas,

> Cada uno de los cuatro enfoques básicos de formulación de estrategias tiene sus ventajas y desventajas, y cada uno se puede utilizar en una situación que resulte "adecuada".

en vez de estrategias audaces y creativas. El enfoque de delegación también corre el riesgo de que la forma del resultado se vea afectada por subordinados influyentes, por poderosos departamentos funcionales o por coaliciones mayoritarias que tengan un interés común por promover su particular versión de lo que la estrategia debe ser. El enfoque de colaboración también conduce a elecciones estratégicas con tintes políticos, ya que individuos y departamentos poderosos tienen muchas oportunidades para tratar de armar un consenso que respalde el enfoque estratégico que ellos favorecen. Es muy probable que la política y el ejercicio del poder intervengan en situaciones donde no se logra el consenso respecto a la estrategia que se adoptará. La formulación de la estrategia en colaboración también puede adolecer de una reacción y de tiempos de respuesta más lentos, mientras los miembros del grupo se reúnen para debatir los méritos de lo que hay que hacer.

La fortaleza del enfoque del empresario corporativo interno tampoco está exenta de puntos débiles. El valor de este enfoque es que alienta a que la gente de niveles inferiores esté alerta ante oportunidades de negocio redituables, para proponer estrategias innovadoras que se aprovechen y le lleven a asumir la responsabilidad de nuevas operaciones de negocios. A los individuos que presentan propuestas estratégicas atractivas se les da la libertad y los recursos para probarlas, con lo cual ayudan a renovar la capacidad de la empresa de innovación y crecimiento. Sin embargo, en vista de que surgen de muchos lugares de la organización y pueden apuntar hacia distintas direcciones, no es probable que las diversas acciones exitosas formen un patrón coherente o den como resultado una clara dirección estratégica para la compañía en su conjunto, a menos que exista un liderazgo descendente firme. En el enfoque del empresario corporativo interno, los ejecutivos de máximo nivel tienen que trabajar en propuestas enriquecedoras que añadan poder a la estrategia global de la organización; de otra forma, las iniciativas estratégicas quizá se dirijan en direcciones que tengan pocos vínculos integradores o que carezcan de ellos, o que se adapten poco o nada con el negocio en su conjunto. Otra debilidad de este enfoque consiste en que los ejecutivos de nivel superior quizá sean más propensos a proteger su reputación de prudencia y a evitar riesgos, que a dar apoyo a estrategias revolucionarias, en cuyo caso la ortodoxia corporativa apagará las ideas innovadoras.[12] No resulta sencillo para un empleado de nivel bajo defender una propuesta fuera de lo común ante la cadena de mando.

Por lo tanto, todos los enfoques para desarrollar una estrategia tienen sus fortalezas y debilidades. Las cuatro pueden tener éxito o fracasar, dependiendo del tamaño y la composición de los negocios de la compañía, de cómo se maneje el enfoque adoptado y de los juicios de negocios de los individuos involucrados.

El papel estratégico del consejo de administración en la creación y ejecución de la estrategia

Puesto que la responsabilidad principal de crear y poner en práctica la estrategia le corresponde a los administradores clave, el papel estratégico primordial del consejo de administración de una organización es ejercer vigilancia y cerciorarse de que las cinco tareas de la administración estratégica se lleven a cabo en una forma que beneficie a los accionistas (en el caso de empresas que son propiedad de los inversionistas) o de los detentadores de intereses (en el caso de las organizaciones no lucrativas). Los recientes incrementos en el número de demandas legales presentadas por los accionistas y el aumento en los costos de seguros de responsabilidad para los directores y funcionarios, han recalcado que los miembros del consejo corporativo sí tienen la responsabilidad final respecto a las acciones estratégicas emprendidas. Además, quienes detentan grandes bloques de acciones (fondos mutuos y fondos de pensión), las autoridades reguladoras y la prensa financiera están exigiendo de manera consistente que los miembros del consejo, en especial los directores externos, sean más activos en su supervisión de la estrategia de la compañía y de las acciones y habilidades de los ejecutivos.

---

[12] Véase Gary Hamel, "Strategy as Revolution", *Harvard Business Review* 74, núm. 4, julio-agosto de 1996, pp. 80-81.

Un procedimiento estándar es que los ejecutivos enteren a los miembros del consejo acerca de medidas estratégicas importantes y que sometan al consejo los planes estratégicos de la compañía para su aprobación oficial. Pero los directores rara vez desempeñan un papel decisivo y práctico en la formulación o en la puesta en práctica de la estrategia. La mayoría de los directores externos carecen de una experiencia específica en la industria; su conocimiento de la compañía es limitado (en especial si son miembros del consejo relativamente nuevos). En general, los consejos de administración se reúnen sólo una vez al mes (o menos) durante seis a ocho horas; asimismo, difícilmente cuentan con un conocimiento detallado de todas las diversas opciones estratégicas y demás aspectos en este sentido, por lo que resulta ilógico esperar que traigan propuestas estratégicas persuasivas propias para analizarlas y compararlas con aquellas que presente la administración.

Ese papel práctico es innecesario para una buena vigilancia. La tarea inmediata de los directores es la de ser *críticos de apoyo*, ejerciendo su propio criterio independiente acerca de si las propuestas se han analizado en la forma adecuada y de si las acciones estratégicas planteadas parecen ofrecer una promesa mayor que las alternativas disponibles.[13] Si la administración ejecutiva presenta propuestas bien respaldadas ante el consejo, hay muy poca razón para que los miembros desafíen en forma agresiva todo lo expuesto ante ellos; las preguntas perceptivas e inquisitivas por lo común son suficientes para comprobar si el caso para las propuestas es apremiante y poder ejercer una vigilancia cuidadosa. Sin embargo, si la compañía está experimentando una erosión gradual de sus utilidades y su participación de mercado, y por supuesto cuando hay un colapso brusco en las utilidades, los miembros del consejo tienen la obligación de ser proactivos, expresar sus preocupaciones acerca de la validez de la estrategia e iniciar un debate de la trayectoria estratégica de la compañía, sosteniendo pláticas individuales con los ejecutivos clave y con otros miembros del consejo, y tal vez mediante la intervención directa como grupo con el fin de modificar tanto la estrategia como el liderazgo ejecutivo de la compañía.

El verdadero papel práctico de los directores es evaluar el calibre de las habilidades para la creación de la estrategia y su puesta en práctica por los ejecutivos senior. El consejo siempre es responsable de determinar si el director ejecutivo actual está desempeñando un buen trabajo en la administración estratégica (como una base para otorgar aumentos de salario y bonificaciones y decidir acerca de una retención o una destitución).[14] En años recientes, en AT&T, Pacific Corp., Kmart, Rite Aid y Compaq Computer, los directores de las compañías concluyeron que los altos ejecutivos no estaban adaptando la estrategia de sus compañías con la rapidez suficiente y en forma completa a los vastos cambios en sus mercados. Presionaron a los directores ejecutivos para que renunciaran y establecieron un nuevo liderazgo, con el fin de proporcionar el ímpetu necesario para una renovación estratégica. Los consejos también deben ejercer la diligencia debida en la evaluación de las habilidades de liderazgo estratégico de otros ejecutivos de alto nivel que están en la línea de sucesión del director ejecutivo. Cuando se retira el director ejecutivo en turno, el consejo debe elegir un sucesor, ya sea alguien dentro de la compañía (con frecuencia nombrado por el director ejecutivo) o decidir que se necesita una persona externa para cambiar quizá en forma radical el curso estratégico de la compañía. Por tanto, la labor de supervisión y vigilancia del consejo de dirección tiene un papel mucho más preponderante en el terreno estratégico.

LOS BENEFICIOS DE UN ENFOQUE ESTRATÉGICO EN LA ADMINISTRACIÓN

El mensaje de este libro es que el desempeño de un buen trabajo administrativo requiere inherentemente un pensamiento estratégico positivo y una buena administración. En la actualidad,

---

[13] Para una buena exposición del papel del consejo de administración en la supervisión del proceso de creación de la estrategia y su puesta en práctica, véase Gordon Donaldson, "A New Tool for Boards: The Strategic Audit", *Harvard Business Review* 77, núm. 4, julio-agosto de 1995, pp. 99-107.

[14] Para una excelente discusión del papel del consejo de administración en la evaluación y sucesión del director ejecutivo, véase Jay W. Lorsch y Rakesh Khurana, "Changing Leaders: The Board's Role in CEO Succession", *Harvard Business Review* 77, núm. 3, mayo-junio de 1999, pp. 96-105.

los gerentes deben pensar estratégicamente en la posición de su compañía y en el impacto de las condiciones cambiantes. Deben supervisar muy de cerca la situación externa, lo suficiente para saber qué clase de cambios estratégicos deben iniciar. Dicho de una manera sencilla, es necesario conducir el enfoque entero de los fundamentos de la administración estratégica a la administración de las organizaciones. El director ejecutivo de una compañía exitosa expresó esto muy bien:

> En general, nuestros competidores están familiarizados con los mismos conceptos, técnicas y enfoques fundamentales que seguimos nosotros y son igualmente libres de aspirar a ellos. Casi siempre, la diferencia entre su nivel de éxito y el nuestro se debe a la minuciosidad relativa y la autodisciplina con las cuales nosotros y ellos desarrollamos y ejecutamos nuestras estrategias para el futuro.

Las ventajas de un pensamiento estratégico de primera clase y de una administración consciente de la estrategia (contrarios a la improvisación irresponsable, al sentimiento básico y fundamental y a la esperanza de tener suerte), incluyen: 1) proporcionar a toda la organización una mejor guía sobre el punto decisivo de "qué es lo que estamos tratando de hacer y de lograr"; 2) hacer que los administradores estén más alerta a los vientos del cambio, a las nuevas oportunidades y a los desarrollos amenazadores; 3) ayudar a unificar la organización; 4) crear un punto de vista administrativo más proactivo; 5) promover el desarrollo de un modelo de negocio en constante evolución que produzca un éxito final sostenido para la empresa, y 6) proporcionar a los administradores un fundamento para evaluar solicitudes presupuestarias rivales; un conjunto de razones que justifique con solidez recursos por parte de la dirección para áreas que apoyen la estrategia y produzcan resultados.

Las estrategias innovadoras pueden ser la clave para un mejor desempeño a largo plazo. La historia de los negocios muestra que las empresas con un elevado desempeño a menudo inician y guían, no sólo reaccionan y se defienden. Inician ofensivas estratégicas para superar las innovaciones y las maniobras de sus rivales y asegurar una ventaja competitiva; después utilizan su ventaja de mercado para lograr un desempeño financiero superior. La búsqueda agresiva de una estrategia creativa y oportuna puede impulsar a una empresa hacia una posición de liderazgo, allanando el camino para que sus productos y servicios se conviertan en el estándar de la industria. Las empresas de un logro elevado casi siempre son producto de una administración astuta y activa, más que resultado de coyunturas afortunadas o de una prolongada racha de buena suerte.

En los siguientes capítulos, se probarán de una forma mucho más intensiva las tareas de los administradores relacionadas con la estrategia y los métodos del análisis estratégico. Cuando el lector haya terminado de leer el libro se percatará de que *dos factores separan a la organización que tiene una administración óptima de las demás: 1) un espíritu empresarial superior y una mejor formulación de la estrategia, 2) una implantación y ejecución competente de la estrategia elegida.* No hay escapatoria al hecho de que la calidad de la elaboración de la estrategia administrativa y su puesta en práctica tiene un impacto significativo sobre el desempeño de la organización. Una empresa que carece de una dirección bien definida, que tiene objetivos confusos o poco exigentes, cuya estrategia es desordenada o imperfecta, o no halla la forma de llevar a cabo su estrategia de manera competente, es una compañía con un desempeño que probablemente es deficiente, cuyo negocio está en riesgo a largo plazo y en la cual su personal administrativo es incompetente. En resumen, mientras mejor esté concebida la estrategia de una empresa, y mientras más perfecta sea su puesta en práctica, mayores serán las oportunidades de que ésta se convierta en líder en sus mercados y merecerá realmente la reputación de contar con una administración talentosa.

Lecturas | sugeridas

Abell, Derek F., "Competing Today While Preparing for Tomorrow", *Sloan Management Review* 40, núm. 3, verano de 1999, pp. 73-81.

Burgelman, Robert A., *Strategy Is Destiny*, Free Press, Nueva York, 2000.

Collins, James C. y Jerry I. Porras, "Building Your Company's Vision", *Harvard Business Review* 74, núm. 5, septiembre-octubre de 1996, pp. 65-77.

Farkas, Charles M. y Suzy Wetlaufer, "The Ways Chief Executive Officers Lead", *Harvard Business Review* 74, núm. 3, mayo-junio de 1996, pp. 110-122.

Hamel, Gary, "Strategy as Revolution", *Harvard Business Review* 74, núm. 4, julio-agosto de 1996, pp. 69-82.

Lipton, Mark, "Demystifing the Development of an Organizational Vision", *Sloan Management Review*, verano de 1996, pp. 83-92.

Markides, Constantinos C., "A Dynamic View of Strategy", *Sloan Management Review* 40, núm. 3, primavera de 1999, pp. 55-63.

Mintzberg, Henry, "Crafting Strategy", *Harvard Business Review* 65, núm. 4, julio-agosto de 1987, pp. 66-75.

Mintzberg, Henry, Bruce Ahlstrand y Joseph Lampel, *Strategy Safari: A Guided Tour through the Wilds of Strategic Management*, Free Press, Nueva York, 1998.

Moncrieff, James, "Is Strategy Making a Difference?", *Long Range Planning* 32, núm. 2, abril de 1999, pp. 273-276.

Porter, Michael E., "What Is Strategy?", *Harvard Business Review* 74, núm. 6, noviembre-diciembre de 1996, pp. 61-78.

Shaw, Gordon, Robert Brown y Philip Bromiley, "Strategic Stories: How 3M Is Rewriting Business Planning", *Harvard Business Review* 76, núm. 3, mayo-junio de 1998, pp. 41-50.

capítulo | dos 2

Establecimiento de la dirección de la compañía

Desarrollo de una visión estratégica, determinación de objetivos y creación de una estrategia

Lo último que necesita IBM justo en este momento es una visión (julio de 1993). Lo que más necesita IBM justo en este momento es una visión (marzo de 1996).

—Louis V. Gerstner, Jr., Director ejecutivo, IBM Corporation

¿Cómo puede usted dirigir si no sabe hacia dónde se dirige?

—George Newman, El Consejo de Deliberaciones

La labor de la administración no es ver a la compañía como lo que es... sino como lo que puede llegar a ser.

—John W. Teets, Director ejecutivo, Greyhound Corporation

Una estrategia es un compromiso para emprender una serie de acciones en vez de otra.

—Sharon M. Oster, Profesora, Yale University

En este capítulo analizamos más a fondo las primeras tres tareas de las cinco correspondientes a la administración estratégica analizada en el capítulo 1: el desarrollo de una visión estratégica y de una misión del negocio, la determinación de los objetivos del desempeño y la creación de una estrategia para producir los resultados deseados. También examinamos las clases de decisiones estratégicas que se toman en cada nivel de la administración y los principales factores determinantes de la estrategia de una com-

pañía. Las dos secciones finales del capítulo analizan los vínculos entre la formulación de la estrategia y la ética; además, proporcionan algunas pruebas para determinar si la estrategia que se proponga es ganadora.

DESARROLLO DE UNA VISIÓN ESTRATÉGICA Y DE UNA MISIÓN: LA PRIMERA TAREA DE LA DETERMINACIÓN DE LA DIRECCIÓN

> **Principio de administración estratégica**
>
> La creación eficaz de la estrategia comienza con una visión de la dirección hacia la cual la empresa necesita dirigirse.

Una visión clara y emprendedora es un requisito previo para un liderazgo estratégico efectivo. Un administrador no puede funcionar de una manera efectiva, ya sea como líder o como creador de una estrategia, sin un concepto de los negocios orientado hacia el futuro, es decir, sin haberse planteado antes qué necesidades del cliente se debe esforzar en satisfacer, qué actividades de negocios debe buscar, qué tipo de posición de mercado a largo plazo desea tener en relación con los competidores y qué clase de compañía pretende erigir. La planificación del curso de una compañía comienza con que los directores ejecutivos echen una mirada al camino que está adelante y se planteen las siguientes preguntas: "¿a dónde nos dirigimos desde aquí?", "¿qué cambios se avecinan en el panorama de los negocios?", y "¿cómo influirán estos cambios en los negocios actuales de la empresa?".

El desarrollo de una visión estratégica no es un ejercicio de fraguar palabras con el fin de crear un lema atractivo para la compañía; más bien, es un ejercicio que consiste en pensar cuidadosamente sobre la dirección que debe tomar la empresa para tener éxito. Implica seleccionar los mercados en los que se participará, colocar a la empresa en una senda estratégica y comprometerse a seguir dicha ruta.

Véase la cápsula ilustrativa 6 para un ejemplo de una visión estratégica que describe el sendero que una empresa trata de seguir.

Los tres elementos de una visión estratégica

Los administradores llevan a cabo tres tareas discernibles al crear una visión estratégica y al convertirla en una herramienta útil que indique la dirección a seguir:

- Proponer una *declaración de la misión* que defina en qué negocios está actualmente la empresa y que *exprese* la esencia de "quiénes somos, lo que hacemos y dónde estamos ahora".
- Utilizar la declaración de la misión como una base para decidir el curso a *largo plazo*; elegir "hacia dónde vamos" y planear una ruta estratégica que la empresa deba recorrer.
- Comunicar la visión estratégica en términos claros, apasionantes, que propicien el compromiso en toda la organización.

La declaración de la misión: un punto de inicio para elaborar la visión estratégica

Lograr una declaración de la misión no es tan simple como parece. ¿America Online está en el negocio de la conexión a internet, en el de contenido en línea, en el de la información o en el negocio del entretenimiento? ¿Está Coca-Cola en el negocio de los refrescos (en cuyo caso la atención estratégica de la administración puede enfocarse en superar en ventas y ser mejor que Pepsi, 7UP, Dr. Pepper, Canada Dry y Schweppes) o está en el negocio de las bebidas en general (en cuyo caso la administración también necesita pensar estratégicamente en ubicar los productos de Coca-Cola de manera que puedan competir con los jugos de fruta, los tés listos para beber, las aguas embotelladas, las bebidas energéticas para deportistas, la leche y el café)? La adopción de una perspectiva de refresco o de bebida en general no es una cuestión trivial para Coca-Cola, en cierta parte porque Coca-Cola también es la empresa controladora de Minute Maid y Hi-C, fabricantes de jugos y sus derivados. Teniendo una visión de industria de bebidas en general, opuesta a un enfoque de refrescos, la administración de Coca-Cola puede apuntar mejor a, digamos, la forma de convencer a los adultos jóvenes de obtener su dosis matutina de cafeína bebiendo Coca-Cola en vez de café.

Cápsula ilustrativa 6
Visión estratégica de Deere & Co.

Con ingresos de más de 14 mil millones de dólares, John Deere ha sido una compañía internacional confiable durante décadas. La utilización en muchas partes del mundo de equipo agrícola le ha dado a la empresa un nombre de marca respetable a nivel global. La organización ha expresado en términos claros quién es, hacia dónde se dirige y cómo planea llegar hasta allá. Los siguientes párrafos, tomados del sitio web de Deere, describen la visión estratégica de la empresa.

¿QUIÉNES SOMOS?

John Deere ha crecido y prosperado a través de una perdurable sociedad con los granjeros más productivos del mundo. En la actualidad, John Deere es una compañía global con diversas operaciones en equipo y negocios en servicios complementarios. Estos negocios están estrechamente interrelacionados, lo cual proporciona a la empresa significativas oportunidades de crecimiento y otros beneficios sinérgicos.

¿HACIA DÓNDE NOS DIRIGIMOS?

Deere está comprometida a proporcionar valor genuino a quienes confían en la empresa, lo cual incluye a nuestros clientes, concesionarios, accionistas, empleados y comunidades. Como apoyo a nuestro compromiso, Deere aspira a:

- Crecer y luchar por las posiciones de liderazgo en cada uno de nuestros negocios.
- Extender nuestra posición de liderazgo preeminente en el mercado mundial del equipo agrícola.
- Crear nuevas oportunidades para impulsar la marca John Deere a nivel global.

¿CÓMO LLEGAREMOS A ESE PUNTO?

Al ir en búsqueda de metas corporativas más amplias de crecimiento redituable y mejora continua, se espera que cada uno de los negocios de la compañía:

- Logre un desempeño de clase mundial al alcanzar una sólida posición competitiva en los mercados meta.
- Exceda las expectativas de los clientes respecto a la calidad y el valor.
- Obtenga una cantidad mayor de ganancias que los costos de capital de un ciclo de negocios.

Al tener un crecimiento redituable y al mejorar de manera continua, cada uno de los negocios de la compañía se beneficiará de los valores únicos e intangibles de la empresa, a la vez que contribuirá a ellos, a saber:

- Nuestra reconocida marca.
- Nuestro legado de integridad y trabajo en equipo.
- Nuestras desarrolladas habilidades.
- Las relaciones especiales que se han conservado durante mucho tiempo entre la empresa y nuestros empleados, clientes, concesionarios y otros socios comerciales alrededor del mundo.

¿CÓMO MEDIREMOS NUESTRO DESEMPEÑO?

Cada negocio hará una contribución positiva a los objetivos de la corporación en la búsqueda de crear un valor genuino para nuestros accionistas. Nuestra "tarjeta de puntuación" incluye:

- Recursos humanos: satisfacción y capacitación de los empleados.
- Enfoque en el cliente: lealtad, liderazgo en el mercado.
- Procesos de negocios: productividad, calidad, costo, ambiente.
- Resultados en los negocios: rendimientos sobre los valores, crecimiento salarial.

Fuente: Sitio web de Deere & Co. (www.deere.com).

La misión no es obtener utilidades   En ocasiones, las compañías expresan su misión de negocios en términos de obtener una utilidad. Esto es una equivocación; planteado de una manera correcta, las utilidades son más un *objetivo* y un *resultado* de lo que hace la compañía. El deseo de obtener una utilidad no dice nada del escenario de negocios en el cual se buscan las utilidades. Las misiones basadas en la obtención de una utilidad no nos permiten distinguir un tipo de empresa que busca utilidades de otra; los negocios de Amazon.com evidentemente son diferentes de los de Toyota, aun cuando ambas se esfuerzan en obtener utilidades. Una compañía que propone que su misión es obtener utilidades proclama como principio el siguiente cuestionamiento: "¿qué haremos para obtener utilidades?". Con el fin de comprender el negocio de una compañía debemos conocer la respuesta de la administración a dicha pregunta.

> Uno de los papeles de la declaración de la misión es proporcionar a la organización su propia identidad especial, énfasis en los negocios y la ruta para su desarrollo —una misión que la diferencie de otras compañías que estén situadas de manera similar—.

Incluir los aspectos de qué, quién y cómo en la definición del negocio

Una misión que sea estratégicamente reveladora incluye tres elementos:[1]

1. Las necesidades del cliente, o *qué* es lo que se está tratando de satisfacer.
2. Los grupos de clientes o a *quién* se está tratando de satisfacer.
3. Las actividades, las tecnologías y las capacidades de la empresa, o *cómo* la compañía se ocupa de la creación y suministro de valor a los clientes, así como de la satisfacción de sus necesidades.

> El negocio de una compañía se define conforme a las necesidades que está tratando de satisfacer, los grupos de consumidores que tiene como objetivo, así como por las tecnologías y aptitudes que utiliza y las actividades que lleva a cabo.

La definición de un negocio en términos de qué se debe satisfacer, a quién y cómo producirla identifica la esencia de lo que una empresa hace a fin de crear valor para sus clientes. El simple hecho de saber qué productos o servicios proporciona una empresa nunca es suficiente. Los productos o servicios en sí mismos no son importantes para los clientes; un producto o servicio se convierte en un negocio cuando satisface una necesidad o un deseo. Sin la demanda del producto, no hay negocio. Los grupos de clientes vienen al caso porque indican el mercado al cual se va a servir, el territorio geográfico que se va a cubrir y los tipos de compradores que pretende atraer la empresa.

> La tecnología, las competencias y las actividades son importantes para definir el negocio de una empresa porque señalan las fronteras de sus operaciones.

La tecnología, las aptitudes y las actividades son importantes porque indican en qué medida toda la cadena de producción y distribución de la industria extenderá sus actividades. Por ejemplo, el negocio de una *empresa totalmente integrada* se extiende a través de toda la gama de actividades industriales que se deben desempeñar para llevar un producto o un servicio hasta los usuarios finales. Las principales compañías petroleras internacionales como Exxon, Mobil, BP, Royal Dutch Shell y Amoco abarcan todas las etapas de la cadena de distribución y producción de la industria: arriendan sitios de perforación, construyen pozos, extraen petróleo, transportan crudo en sus propios barcos y oleoductos hasta sus propias refinerías y venden gasolina y otros productos refinados a través de sus propias redes de distribución y gasolineras. Una *empresa parcialmente integrada* participa en algunas, pero no todas las etapas de la industria: el suministro de materias primas, la producción de componentes, la manufactura y el ensamblado, la distribución o la venta al menudeo. General Motors es una empresa parcialmente integrada que fabrica entre 30 y 50% de las partes y componentes utilizados en el ensamble de vehículos GM; el resto de las partes y componentes de los sistemas requeridos lo surten proveedores independientes; asimismo, GM depende de una red de concesionarios de franquicias independientes que se hacen cargo de la venta al menudeo y de las funciones de atención al cliente. *Una empresa especializada* se concentra sólo en una etapa de la cadena total de producción y distribución de una industria. Wal-Mart, Home Depot, Toys-R-Us, Lands' End y The Limited son esencialmente empresas de una etapa que se enfocan en la parte final detallista de la cadena de producción-distribución; no fabrican los artículos que venden. Southwest Airlines es una compañía de una sola etapa que limita sus actividades de negocios a transportar a los viajeros de un lado a otro por medio de aviones jet comerciales; no fabrica los aviones que vuela y no opera los aeropuertos en donde aterrizan sus aviones.

Un ejemplo de una compañía que realiza un excelente trabajo al cubrir las tres bases de qué, quién y cómo en su definición de negocios es Cardinal Health, una empresa incluida en las 100 más importantes según la revista *Forbes*, y cuya matriz está en Dublín, Ohio:

> Cardinal Health es un proveedor de servicios líder que ayuda al cuidado de la salud en todo el mundo. La compañía ofrece una amplia gama de servicios a los proveedores y a los fabricantes del área del cuidado de la salud, para ayudarles a mejorar la eficiencia y la calidad del cuidado de la salud. Dichos servicios incluyen: la distribución farmacéutica, la fabricación de productos para el cuidado de la salud y su distribución, el desarrollo de sistemas de entrega farmacéutica, empacado y reempacado, manufactura de sistemas automáticos expendedores, administración de farmacias de hospitales, franquicias de farmacias de venta al menudeo, así como el desarrollo de sistemas de información concernientes al cuidado de la salud.

---

[1] Derek F. Abell, *Defining the Business: The Starting Point of Strategic Planning*, Prentice Hall, Englewood Cliffs, N.J., 1980, p. 169.

JDS Uniphase, una compañía canadiense fabricante de componentes de alta tecnología para las comunicaciones, también cuenta con una definición de negocio explícita y comprehensiva:

JDS Uniphase es el proveedor líder de componentes y módulos avanzados de fibra óptica. Estos productos se venden a los proveedores líderes mundiales de sistemas de televisión por cable y de telecomunicaciones, que por lo general se conocen como OEM (*original equipment manufacturer* [fabricante de equipo original]), e incluyen a empresas como Alcatel, Ciena, General Instruments, Lucent, Nortel, Pirelli, Scientific Atlanta, Siemens y Tyco. Nuestros productos desempeñan funciones exclusivamente ópticas (que suelen conocerse como "pasivas") u optoelectrónicas (llamadas por lo general "activas"), dentro de las redes de fibras ópticas. Nuestros productos incluyen láseres semiconductores, moduladores externos de alta velocidad, transmisores, amplificadores, conectores, multiplexores, circuladores, filtros sintonizables, conmutadores ópticos, así como aisladores para aplicaciones de fibra óptica. También proporcionamos a nuestros clientes OEM instrumentos de prueba para las aplicaciones en producción de sistemas e instalación de redes. Además, diseñamos, manufacturamos y comercializamos subsistemas láser para una amplia gama de aplicaciones de los OEM, entre las cuales se incluye a la biotecnología, el control y medición de procesos industriales, gráficas e impresiones y equipo semiconductor.

Russell Corporation, el fabricante estadounidense más grande de ropa deportiva y uniformes, es otra empresa con una definición de negocio que abarca todas las bases:

Russell Corporation es un diseñador internacional verticalmente integrado, fabricante y comercializador de uniformes deportivos, ropa para actividades, camisetas de punto de calidad óptima, ropa para descanso, ropa deportiva bajo licencia, calcetas informales y deportivas, así como una amplia línea de telas ligeras tejidas teñidas. Las operaciones de manufactura de la empresa incluyen el proceso completo de convertir las fibras en bruto en tela y ropa terminada. Los productos se comercializan mediante concesionarios de productos deportivos, tiendas departamentales y especializadas, comerciantes al por mayor, tiendas para golfistas profesionales, librerías universitarias, talleres de serigrafía, distribuidores, empresas de correo directo y otros fabricantes de ropa.

¿Una definición de negocio amplia o limitada?

Merck, una de las principales compañías farmacéuticas del mundo, ha declarado que su misión es "proporcionarle a la sociedad productos y servicios superiores, innovaciones y soluciones que satisfagan las necesidades del cliente y que mejoren la calidad de vida". No hay nada específico en esta declaración que pudiera permitirle a cualquiera identificar con certeza el verdadero negocio de Merck; el lenguaje general y abstracto que Merck utiliza pudiera aplicarse fácilmente a una empresa involucrada en el desarrollo de novedosos programas de computadora, en la producción y comercialización exclusiva de botanas, en la manufactura de vehículos deportivos utilitarios muy atractivos o en el suministro de un servicio de asesoría para la declaración de impuestos.

Para empresas que están en el mismo sector industrial, resulta perfectamente normal tener diferentes misiones y definiciones de negocio. Por ejemplo, la actual misión de un banco neoyorquino con operaciones mundiales como Citicorp (una subsidiaria de Citigroup) no tiene nada en común con la de un banco local cuyos propietarios sean del lugar, a pesar de que ambas empresas estén en el sector financiero. A fin de expresar realmente "quiénes somos, qué hacemos, y en dónde estamos ahora", una declaración de la misión debe ser lo suficientemente específica para precisar el verdadero ámbito de negocios de una empresa. No obstante, las definiciones amplias y sucintas se reservan para el enfoque de negocios y el propósito de la compañía. Considérense las siguientes definiciones de negocios:

> Las declaraciones de misión adecuadas están personalizadas en grado sumo: son únicas para la organización desde la cual se desarrollaron.

Definición amplia	Definición limitada
● Negocio de bebidas	● Negocio de bebidas no alcohólicas
● Negocio de muebles	● Negocio de muebles de hierro forjado para jardín
● Negocio de entrega de correo a nivel global	● Negocio de entrega nocturna de paquetería
● Negocio de viajes y turismo	● Negocio de cruceros por el Caribe
● Negocio de telecomunicaciones	● Servicio de telefonía de larga distancia

Quizá la definición "Estamos en el negocio de muebles" sea demasiado ambigua para una empresa que pretende ser el fabricante más grande de muebles de hierro forjado de Estados Unidos. En contraste, "Somos un proveedor de servicios de telefonía de larga distancia", ha demostrado ser una definición demasiado estrecha para AT&T, la cual en su deseo de capitalizar la convergencia de las computadoras con las comunicaciones, se ha aventurado en el negocio de la televisión por cable (al adquirir TCI y MediaOne); asimismo, está haciendo esfuerzos para convertirse en una compañía de telecomunicaciones del futuro al conjuntar servicios telefónicos locales, de larga distancia, televisión por cable y de acceso a internet al ofrecerlos en paquete a los clientes residenciales y de negocios. El Servicio Postal de Estados Unidos maneja con éxito una amplia definición, al proporcionar servicios de entrega postal global a todo tipo de remitentes. Sin embargo, Federal Express se las arregla con una definición de negocio estrecha que se basa en la entrega nocturna de paquetería para clientes que enfrentan una emergencia o plazos de entrega muy comprometidos. Los riesgos de hacer una declaración de misión muy amplia son la falta de concentración en el negocio y la dilución de esfuerzos. *Unos cuantos negocios fracasan porque se concentran en una oportunidad de mercado demasiado limitada, pero muchos fallan o su desempeño es insuficiente porque la atención de la administración está dividida y los recursos escasean en muchas áreas.*

Las compañías diversificadas tienen definiciones más amplias de negocios que las empresas de un solo negocio.

Resulta razonable que las empresas diversificadas utilicen definiciones de negocios más generalizadas que las empresas que tienen un único negocio. Por ejemplo, las compañías de McGraw-Hill se describen en términos generales como compañías globales de servicios de edición, financieros, de información y de medios masivos de comunicación (lo cual abarca muchas cosas), pero más adelante delimita sus áreas de negocios en términos muy explícitos:

> McGraw-Hill Companies es una compañía global de servicios de edición, financieros, de información y de medios masivos de comunicación que cuenta con renombradas marcas como Standard & Poor's, Business Week y los materiales educativos y profesionales McGraw-Hill. La compañía proporciona información a través de varias plataformas de medios masivos de comunicación: mediante libros, revistas y periódicos; en línea a través de internet y de redes electrónicas; por televisión, comunicaciones satelitales y transmisión de radio en FM; asimismo utiliza productos de software, videocintas, faxes y CD-ROM. McGraw-Hill Companies produce ahora más de 90% de su información en plataformas digitales y más de 75 sitios web representan sus unidades de negocio.

Federal Express (conocida antes como FDX Corporation) también es una empresa diversificada y describe de una manera más precisa sus objetivos sobre el quién, qué y cómo:

> FDX está constituida por una poderosa familia de empresas: FedEx®, RPS®, Viking Freight, FDX Global Logistics y Roberts Express®. Estas compañías ofrecen soluciones de logística y distribución a una escala regional, nacional y global: entregas confiables, rápidas y en un tiempo definido; entregas expeditas terrestres y aéreas bajo fletamento de transportes de carga que tienen tiempos críticos; entregas terrestres de pequeños paquetes negocio-a-negocio; entregas urgentes en el mismo día; además cuenta con un servicio de transporte más rápido que los camiones de carga (TMCC) en la costa oeste de Estados Unidos, así como soluciones de logística y de información integrada.
>
> Con toda esta pericia reunida en una sola empresa, FDX puede proporcionar a los negocios la ventaja competitiva que requieren al suministrar soluciones más eficientes que cuentan con lo más avanzado de la tecnología.

En la cápsula ilustrativa 7 se evalúa de manera crítica la capacidad de las cuatro declaraciones de la misión.

Declaración de la misión para departamentos funcionales   También hay un

lugar destinado a las exposiciones de la misión para funciones clave (investigación y desarrollo, mercadotecnia, finanzas, recursos humanos, servicio a clientes, sistemas de información). Todo departamento puede ayudar a dirigir los esfuerzos de su personal mediante el desarrollo de una declaración de la misión que exprese su papel y actividades principales, la dirección hacia donde se dirige y su contribución a la misión general de la empresa. Los administradores funcionales y departamentales que piensan a fondo y debaten con sus subordinados y superiores acerca de aquello en lo que deben enfocarse sus unidades tienen una visión más clara de cómo

Cápsula ilustrativa 7
Cuatro ejemplos de declaración de la misión: ejemplos para criticar

Incorporar el qué, quién y cómo en una sucinta y reveladora oración o párrafo no es algo que la mayoría de las empresas realicen bien. Un análisis de los sitios web, de los informes anuales y de los miles de archivos de las empresas revelan de inmediato una sorprendente cantidad de declaraciones de misión y de definiciones de negocios que son deficientes. Haga la crítica de qué tan bien las siguientes cuatro declaraciones de misión logran describir lo que en verdad es la empresa y la posición estratégica que está tratando de alcanzar. ¿Cuál resulta más reveladora?, ¿y cuál menos reveladora?

PFIZER, INC.

Pfizer es una compañía farmacéutica global basada en la investigación. Descubrimos y desarrollamos productos innovadores y de valor agregado que mejoran la calidad de vida de las personas alrededor del mundo; asimismo, les ayudamos a disfrutar una vida más prolongada, saludable y productiva.

La compañía tiene tres segmentos de negocios: el cuidado de la salud, el cuidado de los animales y el cuidado de la salud del consumidor. Nuestros productos están disponibles en más de 150 países.

HOTELES RITZ-CARLTON

El Hotel Ritz-Carlton es un lugar en donde el cuidado y la comodidad genuinos de nuestros clientes es la máxima misión de nuestra empresa.

Nos comprometemos a proporcionar las instalaciones más acogedoras y el servicio personal más distinguido a nuestros huéspedes, quienes siempre disfrutarán un ambiente cálido, relajado y refinado.

La experiencia en Ritz-Carlton alegra los sentidos, infunde bienestar y satisface incluso hasta los deseos y necesidades no expresados de nuestros huéspedes.

APPLE COMPUTER

Apple Computer, Inc., detonó la revolución en la computación personal con la Apple II, en la década de 1970 y en la de 1980 la rein-

ventó con la Macintosh. Ahora Apple está comprometida con su misión original: proporcionar los mejores productos y el mejor apoyo para la computación personal hacia los estudiantes, educadores, diseñadores, científicos, ingenieros, personas de negocios y consumidores en más de 140 países alrededor del mundo.

THE GILLETTE COMPANY

Gillette Company es una empresa globalmente enfocada en los productos al consumidor que busca obtener una ventaja competitiva a través de productos del cuidado personal con valor agregado y de uso personal que sean de calidad. Competimos en cuatro grandes negocios a nivel mundial: productos de arreglo personal, productos para el consumidor con fuente de energía portátil, artículos de escritorio y pequeños aparatos eléctricos.

Como compañía, compartimos las habilidades y los recursos entre las unidades de negocios a fin de optimizar el desempeño. Estamos comprometidos con un plan de ventas sostenidas y crecimiento de las ganancias que reconoce el equilibrio entre los objetivos a corto y largo plazo.

Misión

Nuestra misión consiste en lograr o mejorar un liderazgo incuestionable a nivel mundial en las categorías de productos para el consumidor básicas existentes o de reciente aparición en las que elegimos competir.

Las actuales categorías básicas son:

- Productos para el arreglo personal de hombres, que incluyen hojas y máquinas de afeitar, rasuradoras eléctricas, lociones para después de afeitar, así como desodorantes y antitranspirantes.

- Productos para el arreglo personal de mujeres que incluyen productos para rasurar con lubricante, aparatos para depilar y para el cuidado del cabello, así como desodorantes y antitranspirantes.

- Baterías y pilas alcalinas y de uso especializado.

(continúa)

---

guiar a la unidad. Tres ejemplos provenientes de compañías reales indican la forma en la cual una exposición funcional de la misión pone de relieve el *papel* y la *esfera* de acción organizacional de la unidad:

- La misión del departamento de recursos humanos es contribuir al éxito organizacional, desarrollando líderes efectivos, creando equipos de desempeño elevado y maximizando el potencial de los individuos.

- La misión del departamento corporativo de reclamaciones es minimizar el costo total del pasivo, de la compensación a trabajadores y de las reclamaciones por daños a la propiedad, por medio de técnicas competitivas de contención de costos y de programas de prevención de pérdidas y de control.

- La misión de la seguridad corporativa es proporcionar servicios para la protección del personal corporativo y de los activos a través de medidas preventivas y de investigación.

Cápsula ilustrativa 7
(conclusión)

- Instrumentos de escritura y productos de corrección.
- Determinadas áreas del mercado del cuidado bucal, que incluyen cepillos de dientes, productos interdentales y aparatos para el cuidado bucal.
- Áreas selectas del negocio de aparatos domésticos pequeños y de alta calidad, como cafeteras y productos para la preparación de alimentos.

Para cumplir esta misión, también competiremos en el apoyo a áreas de productos que mejoren la capacidad de la empresa para lograr o conservar la posición de liderazgo en las categorías básicas.

Valores

Al ir en pos de nuestra misión, los siguientes valores normarán nuestra conducta:

- **Recursos humanos.** Atraeremos, motivaremos y conservaremos gente de alto desempeño en todas las áreas de nuestros negocios. Estamos comprometidos a proporcionar compensaciones competitivas con base en el desempeño, beneficios, capacitación y desarrollo personal basado en los méritos y en oportunidades iguales de desarrollo. Esperamos integridad, cortesía, criterio amplio, apoyo al prójimo y compromiso con los más altos estándares de logro. Apreciamos la innovación, el compromiso del trabajador, el cambio, la flexibilidad organizacional y la movilidad personal. Reconocemos, valoramos y estamos comprometidos con los beneficios que

conlleva la diversidad de las personas, las ideas y las culturas.

- **Enfoque al cliente.** Invertiremos y dominaremos las tecnologías clave vitales para el éxito en la categoría. Ofreceremos a los consumidores productos de los más altos niveles de desempeño por valor. Proporcionaremos un servicio de calidad a nuestros clientes internos y externos al considerarlos como socios, al escucharlos y comprender sus necesidades, respondiéndoles con imparcialidad y tratando de vivir de acuerdo con nuestros compromisos. Seremos un cliente valioso para nuestros proveedores, tratándolos con equidad y respeto. Suministraremos aquellos valores de calidad que sean consistentes con el mejoramiento de nuestra productividad.

- **Buen comportamiento ciudadano.** Cumpliremos con las leyes y regulaciones en vigor en todos los niveles de gobierno en cualquier parte donde hagamos negocios. Contribuiremos a las comunidades en las que operemos y atenderemos los aspectos sociales de una manera responsable. Nuestros productos serán seguros en su fabricación y uso. Conservaremos los recursos naturales y continuaremos invirtiendo para lograr un mejor ambiente.

Creemos que el compromiso con esta misión y estos valores hará posible que la compañía suministre unos rendimientos superiores a nuestros accionistas.

Fuentes: Reportes anuales y sitios web de la compañía.

De la declaración de la misión a la visión estratégica

Una declaración de la misión que destaca los límites de los negocios actuales de la compañía es un punto de vista lógicamente ventajoso desde el cual se puede ver el camino, decidir qué negocios de la empresa arreglar y cuál debe ser el enfoque a los clientes, así como planear la trayectoria estratégica que la empresa debe seguir. Como regla, las visiones estratégicas deben tener un horizonte de cinco años o más, a menos que la industria sea muy nueva o las condiciones del mercado sean tan volátiles e inciertas que resulte difícil ver más allá de una manera confiable. Sin embargo, la elección de la ruta de la empresa es una tarea abrumadora que requiere respuestas razonadas para las siguientes preguntas:

> El reto para una actividad emprendedora en el desarrollo de una visión estratégica es pensar de una manera creativa sobre cómo preparar a la compañía para el futuro.

1. ¿Qué cambios están ocurriendo en los mercados donde estamos presentes y qué implicaciones tienen éstos para la dirección hacia la cual necesitamos movernos?

2. ¿Qué nuevas o diferentes necesidades del cliente debemos pensar en satisfacer?

3. ¿En qué nuevos o diferentes segmentos de compradores debemos estarnos concentrando?

4. ¿De qué nuevos mercados geográficos o de productos debemos estar al tanto?

5. ¿Cuál debe ser la estructura de la compañía en los próximos cinco años?

6. ¿En qué tipo de empresa nos deberíamos estar esforzando en convertir?

El papel crucial del espíritu empresarial en la formación de la estrategia

No hay sustituto para un buen espíritu empresarial que afronte las seis preguntas anteriores y que lleve a cabo elecciones respecto a qué bifurcación seguir en el camino.[2] Planificar un promisorio curso estratégico obliga a los administradores a pensar en forma creativa y realista respecto al cambiante mercado y a las variables condiciones competitivas, tecnológicas, económicas, regulatorias y sociales, así como sobre los recursos y capacidades de la empresa. A veces, las mejores claves respecto al camino a tomar provienen de estar alerta a los problemas y quejas de los usuarios, y de escuchar con toda atención cuando un cliente expresa: "si sólo...". Tal información, si se emplea de modo creativo, señala valiosas oportunidades tecnológicas, de mercado y de captación de los clientes. Moverse rápido y antes que nadie para perseguir las oportunidades emergentes puede resultar una ventaja competitiva.[3] *Una visión estratégica bien elegida prepara a la compañía para el futuro.*

> La creación de una visión estratégica es un ejercicio de un espíritu empresarial astuto, y no una ocasión para sueños desbordados o fantasías sobre el futuro de la empresa.

Reconocimiento de los puntos de inflexión estratégicos   En ocasiones, se da un cambio en el orden de magnitud dentro del ambiente de una empresa que altera en forma drástica sus prospectos e impone una revisión radical del curso de su estrategia. El director ejecutivo de Intel, Andrew Grove, llama a esas situaciones *puntos de inflexión estratégicos*. La cápsula ilustrativa 8 describe dos encuentros de Intel con puntos de inflexión estratégicos y las alteraciones resultantes en su visión estratégica. Tal y como el ejemplo de Intel lo demuestra cabalmente, cuando una empresa alcanza un punto de inflexión estratégico, la administración debe tomar algunas decisiones difíciles respecto al curso de la compañía. A menudo, va en relación a lo que se debe llevar a cabo para sostener el éxito de la empresa, y no sólo de considerar cómo evitar un posible desastre. Al responder a los vientos del cambio de manera oportuna, se reducen las oportunidades de la compañía de quedar atrapada en un área de negocios estancada o en declive, o de dejar escapar nuevas oportunidades de crecimiento debido a su falta de acción.

> Muchas organizaciones exitosas necesitan cambiar de dirección, no sólo para sobrevivir sino para mantener su éxito.

Comunicación de la visión estratégica

La forma de comunicar la visión estratégica a los administradores y empleados de nivel inferior es casi tan importante como el establecimiento de la dirección a largo plazo de la organización. Las personas necesitan creer que la administración sabe hacia dónde está intentando llevar a la compañía, y qué cambios internos y externos se esperan en el futuro. Idealmente, los directores ejecutivos deberían presentar su visión de la compañía a través de un lenguaje que entienda y logre llegar a toda la gente, que cree una imagen vívida en sus mentes y que provoque emoción y expectación. Al expresar la visión estratégica en un lenguaje cautivador tiene un enorme valor motivacional: por ejemplo, la expresión "construir una catedral", resulta más inspiradora que "colocar piedras".

La mayoría de los miembros de la organización aceptarán el reto de ir en pos de un propósito organizacional valioso y tratarán de ser el mejor en algo que sea competitivamente significativo y valioso para los clientes. Presentar la visión como un esfuerzo que agradará a los

> Las visiones estratégicas deben transmitir un sentido más grande del propósito, de tal manera que los trabajadores piensen que "están erigiendo una catedral", y no sólo "colocando piedras".

---

[2] Para un análisis respecto a los retos de desarrollar una visión bien concebida, así como para estudiar algunos ejemplos un tanto profundos, véase James C. Collins y Jerry I. Porras, "Building Your Company's Vision", *Harvard Business Review* 74, núm. 5, septiembre-octubre de 1996, pp. 65-77; Robert A. Burgelman y Andrew S. Grove, "Strategic Dissonance", *California Management Review* 38, núm. 2, invierno de 1996, pp. 8-25; y Ron McTavish, "One More Time: What Business Are you In?", *Long Range Planning* 28, núm. 2, abril de 1995, pp. 49-60. Para un estudio de algunas formas alternativas en que una empresa puede colocarse en el mercado, véase Michael E. Porter, "What Is Strategy?", *Harvard Business Review* 74, núm. 6, noviembre-diciembre de 1996, pp. 65-67. Porter argumenta que las tres posiciones estratégicas fundamentales se basan en: *a*) el rango de las necesidades de los clientes a los cuales se deben atender, *b*) la variedad de productos que se ofrece (en algún punto entre 1 y muchos), y *c*) los medios a través de los cuales van a tener acceso determinados clientes; los términos que Porter utiliza son: *posicionamiento con base en las necesidades, posicionamiento con base en la variedad,* y *posicionamiento con base en el acceso.* Para un estudio empírico del éxito ejecutivo en la formulación e implantación de la visión de una compañía, así como de las dificultades con que uno se tropieza, véase Laurie Larwood, Cecilia M. Falbe, Mark Kriger y Paul Miesing, "Structure and Meaning of Organizational Vision", *Academy of Management Journal* 38, núm. 3, junio de 1995, pp. 740-769.

[3] Para un examen sobre el papel del espíritu empresarial corporativo como auxiliar en la creación de la ventaja competitiva, véase Jeffrey G. Colvin y Morgan P. Miles, "Corporate Entrepreneurship and the Pursuit of Competitive Advantage", *Entrepreneurship: Theory and Practice* 23, núm. 3, primavera de 1999, pp. 47-63.

Cápsula ilustrativa 8
Dos puntos de inflexión estratégicos de Intel

Intel Corporation ha enfrentado dos puntos de inflexión estratégicos en los últimos 15 años. El primero fue a mitad de la década de 1980, cuando los chips de memoria eran el principal negocio de la empresa y los fabricantes japoneses intentaron dominar dicho negocio al comenzar a reducir sus precios 10% menos que los de Intel y otros fabricantes estadounidenses de chips. Cada vez que los estadounidenses igualaban sus precios con los japoneses, éstos respondían con otra reducción de 10%. La administración de Intel exploró varias opciones estratégicas para afrontar la agresiva política de precios de sus rivales japoneses: construir una gigantesca fábrica de chips de memoria con el objeto de abatir la ventaja en cuanto a costo de los fabricantes japoneses; invertir en investigación y desarrollo (IyD) a fin de lograr un chip de memoria más avanzado, y replegarse a los nichos de mercado de los chips de memoria que no les interesaban a los japoneses.

Con el tiempo, Gordon Moore —director ejecutivo de Intel y cofundador— y Andrew Grove (el bien conocido director ejecutivo de Intel) concluyeron conjuntamente que ninguna de esas opciones prometía mucho y que la mejor solución a largo plazo era abandonar el negocio de los chips de memoria, aun cuando representaba 70% de los ingresos de Intel. Grove, con la anuencia de Moore y del Consejo Directivo, procedió entonces a comprometer todas las energías de Intel al negocio de desarrollar microprocesadores mucho más poderosos para las computadoras personales. (Intel inventó los microprocesadores en la década de 1970, pero en fechas recientes se había concentrado en los chips de memoria debido a la fuerte competencia y al exceso de capacidad en el mercado de los microprocesadores.)

La valiente decisión de Grove de abandonar el mercado de los chips de memoria —que implicó absorber en 1986 una deuda de 173 millones de dólares— y lanzarse de lleno al de los microprocesadores, produjo una nueva visión estratégica para Intel: volverse el principal proveedor de microprocesadores para la industria de las computadoras personales, haciendo a la PC el elemento central para el trabajo de oficina y para la casa, y convirtiéndose en el líder indisputable que impulsaba hacia delante la tecnología de las computadoras personales. La nueva visión de Grove para Intel y el curso estratégico que trazó en 1985 produjeron resultados espectaculares. En 2001 más de 80% de las PC en el mundo ostentaba la leyenda de "Intel inside" ("con procesador Intel"); de hecho en 2000 Intel era una de las 10 compañías estadounidenses más redituables, contando con una utilidad después de impuestos equivalente a 7 300 millones de dólares, provenientes de unos ingresos de 29 400 millones de dólares.

La empresa afrontó un segundo punto de inflexión en 1998, al optar por redirigir sus esfuerzos en convertirse en el principal proveedor básico de la economía internet y en redoblar sus fuerzas para hacer que internet fuera más útil. Comenzando a principios de 1998 y en respuesta a la importancia abrumadora de internet, la administración del más alto nivel de Intel lanzó importantes y novedosas iniciativas a fin de dirigir la atención y los recursos a extender las capacidades de la plataforma PC e internet. La alta dirección concibió a Intel como una empresa que desempeñaba un papel principal en la meta de lograr que mil millones de computadoras de todo el mundo estuviesen conectadas a internet, al instalar millones de servidores (que contienen procesadores Intel aún más poderosos) y al construir una infraestructura para internet que pudiera soportar billones de dólares de comercio electrónico, además de servir como un medio de comunicación a nivel mundial.

---

clientes y quizá beneficie a la sociedad es mucho más alentador que resaltar las ganancias para los accionistas; se da por supuesto que la empresa trata de beneficiar a sus accionistas.[4] Cuando la administración logre presentar una imagen inspiradora de la visión estratégica de la compañía, quizá surja un esfuerzo comprometido por parte de la organización por medio del cual los empleados sientan que viven el negocio, en vez de sólo asistir a trabajar. La declaración simple y clara de la misión de la Cruz Roja Internacional es un buen ejemplo: "servir a los más vulnerables". El lenguaje insulso, los lugares comunes y una verborrea aburrida y ñoña deben abolirse con toda meticulosidad: quizá tengan un efecto desalentador, en vez de motivar.

> Una visión estratégica bien articulada crea entusiasmo respecto al curso que ha trazado la administración y compromete a los miembros de la organización.

Superando las resistencias a una nueva visión estratégica   Resulta particularmente importante para la dirección proporcionar un fundamento persuasivo para una nueva visión estratégica. El fracaso en comprender o aceptar la necesidad de redirigir los esfuerzos organizacionales a menudo provoca una resistencia al cambio entre los empleados, además de dificultar más que la organización marche por la senda recién elegida. Por lo tanto, convencer a

---

[4] A menos que más gerentes y empleados tengan un significativo interés en la pertenencia de una empresa, ellos estarán escasamente motivados y animados en una visión que enfatice en hacer más ricos a los accionistas. ¿Por qué deberían acrecentar el bolsillo de los dueños? Excepto por las compañías con planes de empleados accionistas (asociados) que autorizan y recompensan a los empleados como dueños hay un lejano valor motivacional en una misión/visión que recompense al cliente y/o el bienestar general de la sociedad y no una recompensa para el accionista.

los empleados a que compren la idea, elevar el espíritu y apaciguar los temores resultan pasos indispensables para lograr que una organización esté lista para seguir un nuevo derrotero. No basta justificar una sola vez la nueva ruta; la visión debe ser repetida a menudo y reforzarse en cada oportunidad, hasta que gane una amplia aceptación en toda la compañía.

Poner por escrito la declaración de la visión   Muchas empresas expresan por escrito las visiones de los directores ejecutivos mediante declaraciones de visión y las utilizan como vehículos para comunicarse con los empleados, accionistas y otras personas involucradas. Por lo general, es mejor conservar la sencillez y la claridad en esas declaraciones de visión, utilizando sólo las palabras requeridas para transmitir un mensaje inequívoco. Una gran ventaja adicional puede ser un lema que ayude a generar entusiasmo para la senda futura de la empresa e inspire esfuerzos concentrados. Una visión estratégica clara, fresca, inspiradora y que se repita con frecuencia, tiene el poder de hacer que la gente voltee en la dirección señalada y de crear una marcha unificada de la organización.

> Las declaraciones de misión que están mejor redactadas, arrojan luz de un modo claro y emotivo sobre la dirección hacia la que se dirige la empresa.

Los verdaderos dividendos de una declaración de misión bien concebida y bien expresada   Una visión estratégica bien concebida y expresada reditúa en diversos aspectos: 1) cristaliza las propias visiones de los ejecutivos *senior* (altos ejecutivos) acerca de la dirección a largo plazo de la empresa; 2) reduce el riesgo de una toma de decisiones carente de normas; 3) transmite un propósito organizacional de tal forma que motiva a los miembros de la organización a salir adelante; 4) proporciona una señal que los administradores de un nivel inferior pueden utilizar con el fin de desarrollar misiones departamentales, determinar objetivos y crear estrategias funcionales que estén en sincronía con la dirección y la estrategia general de la compañía, y 5) ayuda a la organización a prepararse para el futuro. Cuando se hayan obtenido estos cinco beneficios, se habrá completado con éxito el primer paso en el señalamiento de la dirección organizacional.

ESTABLECIMIENTO DE OBJETIVOS: LA SEGUNDA TAREA EN LA DETERMINACIÓN DE LA DIRECCIÓN

La determinación de objetivos convierte a la visión estratégica en tareas de desempeño específicas. Los objetivos representan un compromiso administrativo para lograr efectos y resultados determinados. A menos que la dirección a largo plazo y la misión de negocios de una compañía se traduzcan en tareas de desempeño específicas y que los administradores se sientan presionados para mostrar un progreso hacia el logro de esos objetivos, es probable que las exposiciones de la misión y de la visión acaben como palabras agradables, decorados de escaparates y sueños no realizados. Las experiencias de numerosas compañías y administradores nos enseñan que *las compañías cuyos administradores determinan objetivos para cada área de resultados clave y después presionan para seguir adelante, con acciones orientadas directamente al logro de esos resultados del desempeño, por lo común superan el desempeño de las compañías cuyos administradores muestran sus buenas intenciones, se esfuerzan al máximo y después esperan lo mejor.*

> **Concepto básico**
> Los *objetivos* representan un compromiso de la administración con el logro de tareas de desempeño específicas dentro de un lapso de tiempo específico: exigen resultados que se vinculen de manera directa con la visión estratégica y los valores fundamentales de la compañía.

Para que los objetivos funcionen como criterios del desempeño y del progreso organizacionales, se deben expresar en *términos cuantificables* o mensurables y deben incluir un *límite de tiempo para su logro*. Deben explicar en forma detallada *cuánto* de *qué clase* de desempeño y para *cuándo*. Esto significa evitar las generalidades como "maximizar las utilidades", "reducir los costos", "volverse más eficientes" o "incrementar las ventas", lo que no especifica ni cuánto ni cuándo. Como observó en una ocasión Bill Hewlett, cofundador de Hewlett-Packard: "Usted no puede administrar lo que no puede medir... Y lo que se mide se hace."[5] El hecho de explicar en forma detallada los objetivos de una organización en términos mensurables y después hacer responsables a los administradores de lograr sus objetivos asignados dentro de un tiempo específico: 1) hace que la toma de decisiones estratégica con un propósito sustituya las

---

[5] Como se cita en Charles H. House y Raymond L. Prince, "The Return Map: Tracking Product Teams", *Harvard Business Review* 60, núm. 1, enero-febrero de 1991, p. 93.

Objetivos financieros	Objetivos estratégicos
• Crecimiento en los ingresos	• Una mayor participación de mercado
• Crecimiento en las ganancias	• Tiempos de diseño para el mercado más rápidos que los de los rivales
• Dividendos más altos	• Calidad del producto superior a la de los rivales
• Márgenes de utilidad más amplios	
• Utilidades más elevadas sobre el capital invertido	• Costos más bajos en relación con los competidores clave
• Desempeño de un valor económico agregado atractivo (VEA)*	• Línea de productos más amplia o más atractiva que la de los rivales
• Calificaciones positivas de bonos y crédito	• Una reputación con los clientes más sólida que la de los rivales
• Mayores flujos de efectivo	• Servicio superior al cliente
• Un precio creciente de las acciones	• Reconocimiento como líder en la tecnología y/o la innovación del producto
• Incrementos atractivos y sustentables en el valor de mercado agregado (VMA)†	• Cobertura geográfica más amplia que la de los rivales
• Reconocimiento como una compañía "apreciada por su estabilidad en la Bolsa"	• Niveles de satisfacción del cliente más elevados que los de los rivales
• Una base de ingresos más diversificada	
• Ganancias estables durante periodos de recesión	

* El valor económico agregado (VEA) es la utilidad sobre y por encima del promedio ponderado de la compañía después del costo de impuestos del capital; de una manera específica, se define como la utilidad de operación, menos los impuestos sobre ingresos, menos el costo promedio ponderado del capital. Las compañías como Coca-Cola, AT&T, Briggs & Stratton y Eli Lilly utilizan el VEA como una medida del desempeño de las utilidades. Para mayores detalles sobre el VEA, consulte la nota al pie de página 1 en el capítulo 1.

† El valor de mercado agregado (VMA) se define como el monto por el cual el valor total de la compañía se ha apreciado por encima del monto en dólares que realmente han invertido los accionistas en la compañía. El VMA es igual al precio real de las acciones de una compañía, multiplicado por el número de acciones en circulación, menos la inversión de capital de los accionistas, lo cual representa el valor que la administración le ha añadido a la riqueza de los accionistas en su manejo del negocio. Si se quiere maximizar el valor del accionista, la administración debe elegir una estrategia y una dirección a largo plazo que maximicen el valor de mercado de las acciones comunes de la compañía. Véase la nota al pie de página 2 en el capítulo 1.

**Principio de adminis-
tración estratégica**
Cada compañía necesita tanto objetivos estratégicos como objetivos financieros.

acciones sin objeto y la confusión sobre lo que se debe lograr, y 2) proporciona un conjunto de puntos de referencia (*benchmarks*) para juzgar el desempeño y el progreso de una organización.

Clases de objetivos que se deben determinar

Los objetivos son necesarios para cada uno de los resultados clave que los administradores consideren importantes para el éxito.[6] Existen dos tipos de áreas de resultados clave que hay que destacar: aquellas relacionadas con el *desempeño financiero* y aquellas relacionadas con el *de-*

---

[6] La literatura de la administración abunda en referencias a *metas* y *objetivos*. Estos términos se emplean en una variedad de formas, muchas de ellas en conflicto. Algunos escritores emplean el término *metas* para referirse a los resultados a largo plazo que trata de lograr una organización y el término *objetivos* para los resultados de desempeño inmediato, a corto plazo. Otros invierten el empleo, refiriéndose a los *objetivos* como los resultados deseados a largo plazo y a las *metas* como los resultados deseados a corto plazo. Y aun hay quienes emplean el término *metas* para referirse a los *objetivos* de desempeño amplios a nivel de toda la organización y el término *objetivos* para designar aquellos que son específicos y que están determinados por las divisiones de operación y los departamentos financieros para respaldar el logro de los objetivos de desempeño generales de la compañía. En nuestra opinión, se logra muy poco con las distinciones semánticas entre metas y objetivos. Lo importante es reconocer que los resultados que trata de lograr una empresa varían tanto en el alcance organizacional como en el límite de tiempo. Casi siempre, las organizaciones necesitan tener objetivos de desempeño a nivel de toda la compañía y objetivos de desempeño de la división o del departamento, tanto a corto como a largo plazo. Es intrascendente distinguir entre *objetivos* y *metas*. Para evitar una confusión semántica, nosotros empleamos el término de *objetivos* para referirnos a los indicadores de desempeño y a los resultados que trata de lograr una organización. Utilizamos el adjetivo de *largo alcance* (o a largo plazo) y de *corto alcance* (o a corto plazo) para identificar el tiempo pertinente y tratamos de describir los objetivos en palabras que indiquen su supuesta esfera de acción y su nivel en la organización.

sempeño estratégico.[7] El logro de un desempeño financiero aceptable es algo obligado; de lo contrario, la posición financiera de la organización puede alarmar a los acreedores y a los accionistas, perjudicar su habilidad de solventar iniciativas necesarias y tal vez incluso poner en riesgo su supervivencia misma. El logro de un desempeño estratégico aceptable es esencial para mantener y mejorar la posición de mercado y la competitividad de la compañía a largo plazo. En el cuadro de la página anterior se muestran algunas clases representativas de objetivos de desempeño estratégico y financiero.

La cápsula ilustrativa 9 presenta los objetivos estratégicos y financieros de siete empresas diferentes.

Objetivos estratégicos *versus* objetivos financieros: ¿cuáles tienen precedencia? Pese a que una empresa le asigna una elevada prioridad al logro de los objetivos, tanto financieros como estratégicos, surgen situaciones en las cuales se debe dar preferencia a uno u otro. ¿Una compañía que se encuentra bajo presión para pagar su deuda debe decidir poner fin a las inversiones o posponerlas como medidas estratégicas que ofrecen una promesa para reforzar los negocios futuros y la posición competitiva de la empresa? ¿Una firma que está bajo presión para mejorar sus utilidades a corto plazo, debe reducir los programas de investigación y desarrollo que la podrían ayudar a lograr una ventaja competitiva sobre sus rivales clave en los años futuros? Las presiones a los administradores para que opten por un mejor desempeño financiero a corto plazo y sacrifiquen o reduzcan las iniciativas estratégicas orientadas al desarrollo de una posición competitiva se vuelven especialmente pronunciadas cuando 1) una empresa está luchando en el aspecto financiero; 2) los compromisos de recursos para movimientos benéficos desde un punto de vista estratégico se apartan considerablemente de lo básico durante varios años, y 3) las medidas estratégicas propuestas son arriesgadas y tienen un resultado competitivo o básico inseguro.

> Los objetivos estratégicos necesitan enfocarse en el competidor, a menudo tratando de eliminar a un rival al que se considera como el mejor en la industria en una categoría particular.

Sin embargo, hay ciertos riesgos de que la administración se dé por vencida debido al tiempo y, una vez más, al atractivo de las ganancias inmediatas cuando eso significa renunciar a movimientos estratégicos que crearían una posición de negocios más poderosa. Una compañía que constantemente deja pasar las oportunidades de reforzar su posición competitiva a largo plazo, con el fin de obtener mejores ganancias financieras a corto plazo, corre el riesgo de disminuir su competitividad, de perder el ímpetu en sus mercados y de perjudicar su habilidad de impedir los retos de rivales ambiciosos. El peligro de hacer un trueque de las ganancias de la posición de mercado a largo plazo por ganancias a corto plazo en los aspectos básicos, es mayor cuando 1) existen ventajas perdurables por dar el primer paso y ser el pionero del mercado (por ejemplo, muchas empresas que inician en internet están incurriendo en grandes pérdidas a corto plazo por su prisa en lograr la posición de líder en las vertiginosamente emergentes "industrias del futuro"), y 2) un líder del mercado consciente de las ganancias tiene competidores que invierten de manera despiadada para lograr una participación de mercado, luchan con denuedo para ser lo suficientemente grandes y fuertes para desbancar al líder en una batalla por los mercados de tú a tú. La ruta más segura para un rendimiento futuro constante trimestre tras trimestre, y año tras año, es perseguir acciones estratégicas que refuercen la *competitividad* y la *posición dentro del negocio* de la empresa. Si carece de una posición firme desde la cual competir, la rentabilidad de la compañía está en peligro.

> **Principio de administración estratégica**
> La creación de una posición competitiva más poderosa a largo plazo beneficia a los accionistas en una forma más perdurable que el mejoramiento de las ganancias a corto plazo.

El concepto del propósito estratégico

Los objetivos estratégicos de una compañía también son importantes por la siguiente razón: indican el **propósito estratégico** que va a delimitar una posición de negocios particular.[8] El propósito

---

[7] Para otra visión que requiere cuatro tipos de medidas de desempeño, véase Robert S. Kaplan y David P. Norton, "The Balanced Scorecard-Measures That Drive Performance", *Harvard Business Review* 70, núm. 1, enero-febrero de 1992, pp. 71-79.

[8] El concepto del propósito estratégico se describe con más detalle en Gary Hamel y C.K. Pralahad, "Strategic Intent", *Harvard Business Review* 89, núm. 3, mayo-junio de 1989, pp. 63-76; esta sección se basa en su exposición pionera. Véase también Michael A. Hitt *et al.*, "Understanding Strategic Intent in the Global Marketplace", *Academy of Management Executive* 9, núm. 2, mayo de 1995, pp. 12-19. Para una exposición de las diferentes formas en las cuales las compañías se pueden posicionar en el mercado, véase Michael E. Porter, "What is Strategy?", *Harvard Business Review* 74, núm. 6, noviembre-diciembre de 1996, pp. 65-67.

Cápsula ilustrativa 9

Objetivos corporativos de Citigroup, General Electric, McDonald's, Anheuser-Busch, Exodus Communications, Motorola y McCormick & Company

CITIGROUP
(Objetivo estratégico)

- Conseguir mil millones de clientes en todo el mundo.

GENERAL ELECTRIC
(Objetivos estratégicos)

- Convertirse en la empresa más competitiva del mundo.
- Ser la número uno o la número dos en cada negocio en el que participamos.
- Globalizar cada actividad de la compañía.
- Adoptar internet y convertirse en un negocio electrónico mundial.

McDONALD'S
(Objetivo estratégico)

- Lograr 100% de la satisfacción del cliente... cada día... en cada restaurante... para todos los clientes.

ANHEUSER-BUSCH
(Objetivos estratégicos y financieros)

- Convertir a nuestras cuatro empresas en líderes por su calidad dentro de sus respectivas industrias, al mismo tiempo que exceder las expectativas de los clientes.
- Lograr 50% de participación en el mercado de cervezas estadounidenses.
- Establecer y conservar una posición de liderazgo dominante en el mercado internacional de cervezas.
- Proporcionar a todos nuestros empleados un trabajo gratificante y desafiante, en condiciones laborales satisfactorias y dar oportunidades de desarrollo personal, así como promociones y compensaciones competitivas.
- Brindar a nuestros accionistas rendimientos superiores al lograr ingresos anuales de dos dígitos gracias al crecimiento de las acciones, así como dividendos cada vez mayores consistentes con los crecientes ingresos, y la readquisición de acciones cuando sea la oportunidad correcta; asimismo, andar en pos de expansiones internacionales redituables en el mercado de la cerveza y generar ganancias de calidad y rendimientos en el flujo de efectivo.

EXODUS COMMUNICATIONS

(Esta empresa es un proveedor líder de administración de redes y de soluciones anfitrionas [*hostings*] de internet para compañías con operaciones críticas en internet.)

(Objetivos estratégicos)

- Ampliar nuestro liderazgo de mercado y ubicar a Exodus como el nombre de marca líder en esta categoría.
- Mejorar nuestros sistemas y administración de redes, así como los servicios de tecnología para internet.
- Acelerar nuestro crecimiento doméstico e internacional.
- Reforzar nuestro conocimiento técnico para dirigir nuevas oportunidades de mercado en el comercio electrónico.

MOTOROLA
(Objetivos financieros)

- Crecimiento de los ingresos autofinanciados de 15% anual.
- Un rendimiento promedio de las acciones de 13 a 15%.
- Un rendimiento promedio sobre las inversiones en acciones de nuestros accionistas de 16 a 18%.
- Un sólido balance.

McCORMICK & COMPANY
(Objetivos financieros)

- Lograr 20% de rendimiento por acción.
- Lograr una tasa de crecimiento neta de ventas de 10% anual.
- Sostener los ingresos promedio por tasa de crecimiento de las acciones de 15% anual.
- Conservar la razón entre deuda total y capital total en un 40% o menor.
- Pagar de 25 a 35% del ingreso neto como dividendos.
- Llevar a cabo adquisiciones selectivas que complementen nuestros negocios actuales y puedan mejorar nuestros rendimientos generales.
- Disponer de aquellas partes de nuestros negocios que no generen o no puedan generar rendimientos adecuados o que no estén contemplados en nuestra estrategia de negocios.

Fuente: Reportes anuales y sitios web de la compañía.

estratégico puede pensarse como un "objetivo grande, desproporcionado y audaz", que generalmente toma un largo tiempo alcanzar (tal vez incluso tanto como 20 o 30 años).[9] Por ejemplo, el propósito estratégico de una compañía grande podría ser el liderazgo en la industria a escala nacional o global; el de una compañía pequeña, dominar un nicho del mercado; el de una empresa prometedora, superar a los líderes del mercado; el de una compañía innovadora en cuanto a tecnología, convertirse en pionera de un descubrimiento prometedor y crear toda una nueva perspectiva de los productos que cambie la forma de trabajar y vivir de las personas, algo que muchas compañías emprendedoras están tratando de hacer en la actualidad por medio de internet.

El horizonte de tiempo en el que se basa el propósito estratégico de una compañía es a *largo plazo*. Las compañías ambiciosas casi invariablemente empiezan con propósitos estratégicos que están fuera de proporción con sus capacidades y sus posiciones de mercado inmediatas; se fijan objetivos estratégicos agresivos a largo plazo y aspiran a ellos de una manera inflexible, en ocasiones incluso obsesivamente, a lo largo de un periodo de 10 a 20 años. En los sesenta, Komatsu, la principal compañía japonesa de equipo excavador, poseía menos de la tercera parte del volumen de Caterpillar, tenía muy poca presencia en el mercado fuera de Japón y sus ingresos dependían en su mayor parte de los pequeños tractores niveladores. Pero el propósito estratégico de Komatsu era "cercar a Caterpillar" a la larga, con una línea de productos más amplia, y después competir a nivel global con dicha compañía. Para finales de los ochenta, Komatsu calificaba en segundo lugar en la industria, con una poderosa presencia de ventas en Norteamérica, Europa y Asia, más una línea de productos que incluía robots y semiconductores industriales, así como una amplia colección de equipo excavador.

El propósito estratégico del programa espacial Apollo del gobierno de Estados Unidos era hacer que un ser humano aterrizara en la superficie de la Luna, antes de que lo lograra la Unión Soviética. A lo largo de la década de 1980, el propósito estratégico de Wal-Mart era "derrotar a Sears", como la tienda al menudeo más grande de Estados Unidos (un logro que se cumplió en 1991). El propósito estratégico de America Online es tener el nombre de marca más sólido y reconocido en internet. Las empresas que se inician en internet, como E-loan, Doubleclick, eBay, eToys, Mortgage.com e E*Trade están mostrando propósitos estratégicos al darse prisa en construir lo que ellas esperan probar que sean las posiciones dominantes en sus nichos del mercado elegido del comercio electrónico.

El propósito estratégico indica un compromiso muy serio para ganar —llegar a ser el líder reconocido de la industria, tras desbancar al líder actual, y mantenerse como tal volviéndose más dominante durante el proceso)— algunas veces con las apuestas en contra. Las empresas pequeñas administradas de una forma capaz, determinadas a lograr objetivos estratégicos ambiciosos que exceden su alcance y sus recursos actuales, a menudo resultan ser competidores más peligrosos que compañías más grandes, con mucho dinero en efectivo y con propósitos estratégicos modestos.

A menudo, el propósito estratégico de una compañía asume un carácter heroico, sirviendo como una arenga para que administradores y empleados por igual se esfuercen al máximo y se desempeñen en la mejor forma posible. El propósito estratégico de Canon para su equipo de copiadoras era "derrotar a Xerox". El grito de batalla motivador de Komatsu era "derrotar a Caterpillar". Cuando Yamaha le dio alcance a Honda en el mercado de motocicletas, Honda respondió con *"Yamaha wo tsubusu"* ("Aplastaremos, derrotaremos y eliminaremos a Yamaha"). Está claro que America Online, Amazon.com y Yahoo están dirigiendo sus esfuerzos para construir posiciones de mercado dominantes a nivel global en sus partes de la economía en expansión de internet.

La necesidad de objetivos de gran alcance y de corto alcance

Las organizaciones necesitan establecer objetivos de corto y de largo alcance. Un fuerte compromiso para el logro de objetivos de largo alcance obliga a los administradores a que empiecen

---

[9] Para una exposición de BHAG véase James C. Collins y Terry Porras, *Built to Last: Successful Habits of Visionary Companies* HarperBusiness, Nueva York, 1994; James C. Collins y Jerry I. Porras "Building Your Company's Vision", *Harvard Business Review* 74, núm. 5, septiembre-octubre de 1996, pp. 65-77, y Jim Collins "Turning Goals into Results: The Power of Catalytic Mechanisms", *Harvard Business Review* 77, núm. 4, julio-agosto de 1999, p. 72.

a emprender acciones *ahora*, con el fin de llegar a los niveles de desempeño deseados *más adelante*. (¡Una compañía cuyo objetivo es duplicar sus ventas dentro de cinco años, no puede esperar hasta el tercer o cuarto año de su plan estratégico para empezar a incrementar sus ventas y su base de clientes!) Al explicar en forma detallada los resultados que se deben lograr a corto plazo, los objetivos de gran alcance indican la *rapidez* con la cual la administración quiere que progrese la organización, así como el *nivel de desempeño* que se pretende lograr durante los dos o tres periodos siguientes. Los objetivos de corto alcance pueden ser idénticos a los de gran alcance en cualquier momento en que una organización se desempeñe en el nivel a largo plazo que es su objetivo. Por ejemplo, si una compañía tiene un objetivo progresivo de crecimiento de 15% de las utilidades cada año y en la actualidad lo está logrando, entonces coinciden los objetivos de largo alcance y de corto alcance en lo que concierne a las utilidades. La situación más importante en donde los objetivos de corto alcance difieren de los de gran alcance ocurre cuando los administradores están tratando de mejorar el desempeño organizacional y no pueden llegar al objetivo de largo alcance progresivo en sólo un año. De manera que los objetivos de corto alcance sirven como peldaños o puntos de referencia.

¿Qué tanto deben abarcar los objetivos?

> Los objetivos de desempeño de la compañía requieren un *alcance organizacional*.

Para empezar, los objetivos deben ser lo bastante elevados para producir resultados por lo menos en forma incremental, mejores que el desempeño actual. Pero las mejoras incrementales no necesariamente son suficientes, en especial si los niveles de desempeño actuales son de un nivel inferior. Como mínimo, los objetivos financieros de una compañía deben apuntar lo suficientemente alto como para generar los recursos que permitan ejecutar en una forma eficiente la estrategia elegida. Pero una mentalidad de "lo suficiente para salir adelante" no es la forma de abordar la determinación de objetivos. Para hacerlo de manera apropiada, se requiere considerar el desempeño posible en vista de las condiciones externas: qué desempeño están logrando otras compañías similares, qué desempeño se requerirá para satisfacer a los accionistas y qué desempeño es capaz de lograr la organización cuando se ve presionada. Desde un punto de vista ideal, los objetivos deberían servir como un instrumento administrativo que impulse de verdad a una organización para lograr todo su potencial; esto significa determinarlos en un nivel lo bastante elevado para que sean un *reto*, para que den energía a la organización y a su estrategia.

Sin embargo, hay una escuela de pensamiento que propone que los objetivos se deben determinar en forma temeraria y agresiva y en un nivel elevado, por encima de lo que muchos miembros organizacionales considerarían "realista". La idea aquí es que se liberan una creatividad y una energía organizacionales mayores cuando los objetivos requieren el logro de niveles de desempeño más allá del alcance de los recursos y las capacidades inmediatas de la empresa. Una de las compañías más ávidas en la determinación de objetivos temerarios y audaces, que retan a la organización para hacer su mayor esfuerzo y lograrlos, es General Electric, supuestamente la corporación mejor administrada del mundo. Jack Welch, director ejecutivo de GE de 1980 a 2001, creyó en la determinación de objetivos de gran alcance que parecían "imposibles" para retar a la organización a luchar para alcanzarlos. Durante los años sesenta, setenta y ochenta, los márgenes de operación de GE oscilaron alrededor de 10% y su razón de ventas con inventario fue de un promedio de alrededor de cinco rotaciones por año. En 1991, Welch determinó objetivos de gran alcance para 1995 de por lo menos un 16% de margen de operación y de 10 rotaciones de inventario. La carta de Welch a los accionistas en el reporte anual de 1995 de la compañía decía:

> El año de 1995 llegó y se fue y, a pesar del heroico esfuerzo de nuestros 220 000 empleados, fallamos en ambas medidas, logrando 14.4% de margen de operación y casi siete rotaciones. Pero al tratar de lograr esos objetivos "imposibles", aprendimos a hacer las cosas con mayor rapidez que si hubiésemos aspirado a metas "dobles" y ahora tenemos la suficiente confianza para determinar nuevos objetivos de gran alcance, por lo menos de 16% de margen de operación y de más de 10 rotaciones para 1998.

La filosofía de GE es que la determinación de objetivos agresivos de gran alcance presiona a las organizaciones para ir más allá de ser tan buenas como es factible, a ser tan buenas como es posible. La administración de GE cree que el hecho de presionar a la compañía para que logre lo imposible mejora la calidad del esfuerzo de la organización, promueve un espíritu de que es posible hacerlo y desarrolla la propia confianza. Por consiguiente, esto demuestra que los objetivos se deben determinar a niveles por *encima* de lo que es factible, con muy poco esfuerzo adicional; hay cierto mérito en determinar objetivos de gran alcance que requieren algo que se aproxime a un grado heroico de esfuerzo organizacional.

Los objetivos son necesarios en todos los niveles organizacionales

El establecimiento de objetivos no se interrumpe cuando una empresa llega a un acuerdo en cuanto a sus metas de desempeño. Los objetivos de la compañía deben desmenuzarse en metas de desempeño para cada uno de sus negocios independientes, sus líneas de productos, sus áreas funcionales y sus departamentos. Es poco probable que los objetivos de la empresa se alcancen si cada área de la organización no hace su parte para contribuir a los resultados y logros deseados de toda la empresa en su conjunto. Esto significa establecer objetivos estratégicos y financieros para cada unidad de la organización que apoyen —más que obstaculizar— el logro de los objetivos de toda la compañía. La consistencia entre los objetivos de la empresa y los de sus subunidades indica que cada parte de la organización conoce su papel estratégico y está cooperando a fin de que la compañía transite por el camino elegido y produzca los resultados deseados.

La necesidad de una determinación de objetivos de arriba hacia abajo

Con el fin de apreciar por qué el proceso de determinación de objetivos de una compañía necesita ser más de arriba hacia abajo que a la inversa, considere el siguiente ejemplo. Suponga que los altos ejecutivos de una corporación diversificada establecen un objetivo corporativo de 500 millones de dólares de utilidades para el próximo año. Además, que después de una charla entre la administración corporativa y los administradores generales de los cinco negocios de la empresa, a cada negocio le asignan un objetivo de utilidades de gran alcance de 100 millones de dólares para finales del año (es decir, si las cinco divisiones de negocios contribuyen con 100 millones de dólares cada una en utilidades, la corporación puede llegar a su objetivo de 500 millones de dólares de utilidades). Por consiguiente, se ha convenido en un resultado concreto y se ha traducido a compromisos de acción mensurables en dos niveles en la jerarquía administrativa. Ahora suponga que el administrador general de la unidad de negocios X, después de un análisis y una exposición con los administradores de áreas funcionales, concluye que para llegar al objetivo de 100 millones de dólares de utilidades se requiere vender un millón de unidades a un precio promedio de 500 dólares y producirlas a un costo promedio de 400 dólares (margen de utilidad de 100 dólares multiplicado por un millón de unidades es igual a 100 millones de dólares de utilidades). En consecuencia, el administrador general y el administrador de fabricación convienen en un objetivo de producción de un millón de unidades a un costo de 400 dólares por unidad; y el administrador general y el de mercadotecnia en un objetivo de ventas de un millón de unidades con un precio de venta de 500 dólares. A su vez, el administrador de mercadotecnia desglosa el objetivo de ventas de un millón de unidades en objetivos de ventas para cada territorio, para cada artículo en la línea del producto y para cada vendedor. Es lógico que se establezcan primero los objetivos y la estrategia a nivel de toda la organización, de manera que puedan guiar la determinación de los mismos en los niveles inferiores.

Un proceso de arriba hacia abajo que para empezar establece los objetivos de desempeño a nivel de toda la compañía, y después insiste en que los objetivos del desempeño financiero y estratégico establecidos para las unidades de negocios, las divisiones, los departamentos funcionales y las unidades de operación estén directamente relacionados con el logro de los objetivos de la compañía, tiene dos ventajas poderosas: en primer lugar, ayuda a producir una *cohesión* entre los objetivos y las estrategias de diferentes partes de la organización; en segundo lugar, ayuda a *unificar los esfuerzos internos* para que la compañía avance por el curso estratégico elegido. Si la alta administración, con el interés de involucrar a un amplio espectro de miembros organizacionales, permite que la determinación de objetivos se inicie en los niveles inferiores de la organización, sin el beneficio de tener como guía los correspondientes para toda la compañía, entonces las unidades organizacionales en el nivel inferior no tienen ninguna base

> **Principio de administración estratégica**
>
> La determinación de objetivos debe ser un proceso más de arriba hacia abajo que de abajo hacia arriba, con el fin de guiar a los administradores que se encuentran en un nivel inferior y a las unidades organizacionales hacia resultados que apoyen el logro de los objetivos totales de negocios y de la compañía.

para relacionar sus objetivos de desempeño con los de la compañía. La determinación de objetivos de abajo hacia arriba, con muy poca o ninguna guía del nivel superior, casi siempre señala una ausencia de liderazgo estratégico de parte de los altos ejecutivos.

CREACIÓN DE UNA ESTRATEGIA: LA TERCERA TAREA EN LA DETERMINACIÓN DE LA DIRECCIÓN

Concepto básico
La estrategia de una organización tiene que ver con *cómo* hacer realidad la visión estratégica de la administración de la empresa; representa el plan de acción para llevar a la compañía a una posición de negocios atractiva y para lograr una ventaja competitiva sustentable.

Las estrategias representan las respuestas de la administración al *cómo* alcanzar objetivos y *cómo* perseguir la misión y la visión estratégica de negocio de la organización. La creación de la estrategia concierne al *cómo*: cómo alcanzar los objetivos de desempeño, cómo superar la competencia de los rivales, cómo lograr una ventaja competitiva sustentable, cómo reforzar la posición de negocios a largo plazo de la empresa, cómo conseguir que la visión estratégica de la administración sea una realidad para la compañía. Es necesaria una estrategia para la compañía como un todo, para cada negocio en el cual se encuentra y para cada parte funcional de cada negocio.

Así pues, la formulación de la estrategia implica hacer elecciones por parte de la administración. Los cómos que comprende la estrategia representan el compromiso que tiene la organización respecto a enfoques competitivos específicos y modos de operar; en efecto, la estrategia constituye el *modelo de negocios* de la administración para producir una buena rentabilidad y buenos resultados de negocios. Es más, la estrategia está inherentemente orientada hacia la acción: tiene que ver con lo que hay que realizar y cuándo se debe hacer. A menos que haya acción, a menos que algo pase, a menos que alguien lleve a cabo algo, el pensamiento y la planeación estratégicos simplemente se irán a la basura.

La estrategia de una organización evoluciona a lo largo del tiempo, surge de un patrón de acciones ya iniciadas, de los planes que los administradores tienen para hacer movimientos novedosos y de la necesidad presente de reaccionar ante desarrollos nuevos e imprevistos. Para la administración, el futuro es demasiado incierto como para planificar por adelantado la estrategia de la empresa y no encontrar razones para cambiar un elemento por otro de dicha estrategia conforme pasa el tiempo. En muchas industrias de la actualidad, sobre todo en aquellas en donde la tecnología avanza con rapidez y en las que están involucradas con internet, el ritmo del cambio en la industria es vertiginoso, y algunas veces bastante caótico. Los ambientes industriales caracterizados por un cambio a gran velocidad requieren una adaptación dinámica de la estrategia.[10] La cápsula ilustrativa 10 describe el intento hecho por Bank One para adaptarse al veloz cambio y para convertirse en un líder de la banca electrónica.

La *estrategia real* de una compañía suele ser algo similar a la *estrategia planeada*, a medida que se añaden nuevas características y se eliminan otras en respuesta a la aparición de nuevas condiciones.

Por lo tanto, reaccionar ante los nuevos desarrollos que surgen en el entorno de las empresas es una parte normal y necesaria del proceso de elaboración de la estrategia. Siempre hay alguna ventana estratégica que se abre, ya sea debido a nuevos desarrollos competitivos, a tendencias del presupuesto en las necesidades y expectativas del comprador, a incrementos o disminuciones inesperados en los costos, a fusiones y adquisiciones entre los principales actores de la industria, a nuevas regulaciones, al hecho de que las barreras comerciales suban o bajen, o a otros incontables acontecimientos que hacen que resulte necesario alterar primero un aspecto y después otro de la estrategia actual.[11] Ésta es la razón por la que la tarea de la formulación de la estrategia nunca termina. Y también por la que la real estrategia de la empresa llega a ser una mezcla de acciones anteriores, planes y propósitos gerenciales, así como de reacciones que se van necesitando ante los desarrollos inéditos.

Aun cuando la mayor parte del tiempo la estrategia de una compañía evoluciona incrementalmente, hay ocasiones en que llega a ser revolucionaria porque *rompe* con las reglas y re-

---

[10] Para un excelente tratamiento de los cambios estratégicos impuestos por las modificaciones vertiginosas, véase Shona L. Brown y Kathleen M. Eisenhardt, *Competing on the Edge: Strategy as Structured Chaos*, Harvard Business School Press, Boston, MA: 1998, capítulo 1.

[11] Henry Mintzberg y J.A. Waters, "Of Strategies, Deliberate and Emergent", *Strategic Management Journal* 6, 1985, pp. 257-272.

Cápsula ilustrativa 10
Nueva estrategia bancaria electrónica de Bank One

En 1999, después de haber adquirido más de 100 bancos durante los 15 últimos años y de haber construido una franquicia bancaria interestatal que abarca 14 estados con 1 900 sucursales, Bank One (con base en Chicago) creó un banco independiente por internet llamado WingspanBank.com. El nuevo banco funcionó de una forma completamente autónoma de Bank One y sólo se tenía acceso a él a través de internet.

No obstante que otros bancos existentes, como Wells Fargo y Bank of America, ya habían creado "sucursales en internet" que permitían a sus clientes hacer pagos y realizar determinadas operaciones bancarias en línea, Bank One adoptó la estrategia de crear un banco de internet totalmente independiente que pudiera distanciarse de él y que incluso fuera su competidor en determinadas áreas.

John McCoy, director ejecutivo de Bank One, creía que tener sólo una sucursal electrónica de Bank One no era la estrategia óptima para explotar las oportunidades brindadas por internet, puesto que el mercado de servicios financieros estaba evolucionando muy rápido, además de que los desarrolladores independientes de software y de sitios web podrían construir una sucursal en internet con todos los servicios para cualquier banco en aproximadamente tres meses y con una modesta inversión de 50 000 dólares. McCoy creía que los supermercados de fondos de inversión mobiliaria, de compañías de corretaje y de créditos hipotecarios en línea planteaban la amenaza de entrar al negocio de la banca en línea y alejar a los negocios de las instituciones bancarias tradicionales que operaban mediante sucursales físicas, cajeros automáticos y oficinas donde sus empleados ofrecían servicios bancarios. Es más, en 1999, Wal-Mart estaba en el proceso de

obtener la aprobación para adquirir una pequeña institución de ahorros y préstamos que le permitiría ofrecer servicios que abarcaban desde préstamos para automóviles hasta tarjetas de crédito en todas sus tiendas.

La estrategia inicial de Bank One para Wingspan incluyó los siguientes elementos:

- Crear la capacidad para aprobar o rechazar las solicitudes de crédito de los clientes en menos de un minuto.

- Dar tarjetas de crédito que ofrecieran 5% de descuento en compras hechas en sitios de internet selectos de minoristas, como Amazon.com.

- Proporcionar libre acceso a los cajeros automáticos de Bank One y reembolsar a sus clientes hasta cinco dólares mensuales de comisión por uso de cajeros automáticos de otros bancos (a fin de que los clientes de Wingspan pudieran hacer retiros de efectivo de sus cuentas). Para depositar, los clientes tenían que enviar por correo los cheques y formatos al apartado postal de Wingspan en Filadelfia.

- Ofrecer un menú de inversiones, créditos hipotecarios y seguros por parte de compañías no afiliadas con Bank One. Si bien los clientes de Bank One tenían acceso en línea a sólo 49 fondos de inversión mobiliaria, los de Wingspan podían elegir de entre 7 000 de dichos fondos. Una función especial de búsqueda permitió a los clientes de Wingspan rastrear internet para encontrar la tasa de crédito hipotecario más baja disponible y que le enviaran a su correo electrónico la ubicación de la institución más adecuada. Los clientes de Wingspan

(continúa)

define la industria y la forma en la cual opera. Una estrategia puede desafiar los convencionalismos fundamentales volviendo a concebir un producto o un servicio (creación de una cámara desechable para un solo uso, o de una cámara digital), mediante la redefinición del mercado o volviendo a trazar fronteras de la industria. Los minoristas de internet están tratando de convertirse en forjadores de las reglas al comercializar sus productos en todas partes y en cualquier momento, en vez de verse limitados a que sus productos estuvieran disponibles en ubicaciones particulares durante horarios normales de compras. En la actualidad, los consumidores pueden obtener sus tarjetas de crédito con Shell Oil, General Motors o AOL, sus cuentas de cheques en Charles Schwab, una hipoteca para su vivienda en Merrill Lynch o Mortgage.com, o comprar en el internet en vez de ir al supermercado.[12]

La pirámide de la creación de la estrategia

Como destacamos en el capítulo inicial, la creación de una estrategia no es sólo una tarea para los altos ejecutivos. En las grandes empresas, las decisiones acerca de qué enfoques de negocios se deben adoptar y qué nuevas medidas se deben iniciar involucran a los altos ejecutivos en la oficina corporativa, a los jefes de las unidades de negocios y de las divisiones de produc-

---

[12] Para una exposición concienzuda de las estrategias revolucionarias, véase Gary Hamel, "Strategy as Revolution", *Harvard Business Review* 74, núm. 4, julio-agosto de 1996, pp. 69-82.

Cápsula ilustrativa 10

(conclusión)

también podían comprar en internet cinco tipos diferentes de seguros.

● Gastar casi 100 millones de dólares para promover Wingspan en todo Estados Unidos, lo cual incluía anuncios emergentes (*pop-up*) en una amplia variedad de sitios web, a fin de atraer a clientes y establecer en el público un nombre de marca sólido. Los ejecutivos de Bank One también creyeron que al establecer un rápido dominio en internet, le proporcionaría a Wingspan/Bank One una importante ventaja por ser el primero en actuar, lo cual le permitiría derrotar a los que ingresaran después.

● Crear un directorio de consultoría para Wingspan que incluyera a un estudiante, un programador de software y un ama de casa. El iBoard (directorio virtual), como se le llamó, se reuniría en línea y también en persona.

● La utilización de un sistema de procesamiento de transacciones de alta velocidad, operado por Sanchez Computer Associates (con sede en Pensilvania), para procesar y administrar las cuentas en tiempo real, a diferencia del tiempo de espera que a menudo requerían las computadoras de Bank One. Operar a través de terceros el sistema de transacción también significó que Wingspan no tuviera que invertir meses en idear la forma de vincularse con el enorme y complejo sistema de procesamiento de datos de Bank One.

● Utilizar la retroalimentación por parte de los clientes a fin de mejorar el sitio web y cambiar sus ofrecimientos de productos.

En los dos primeros meses de operación, Wingspan atrajo 75 000 clientes, casi una tercera parte de todos los clientes que entonces decían tener todos los bancos independientes en internet, en comparación con casi 9.5 millones de clientes que usaban la banca en línea en las sucursales internet de los bancos tradicionales. Pero la estrategia corporativa no funcionó como todos esperaban. El vicepresidente ejecutivo de Bank One, Bruce Luecke, observó: "Las operaciones exclusivas por internet están pasando por momentos difíciles para que funcionen bien. Es más difícil hacer depósitos y retiros." Por consiguiente, en septiembre de 2000, Bank One comenzó a disminuir sus gastos para comercializar Wingspan y reincorporar algunos de sus sistemas a los de Bank One.

Wingspan todavía existe, pero después de haber asignado a un grupo la evaluación y el funcionamiento de las operaciones por internet de Bank One, el director ejecutivo Jamie Dimon anunció en junio de 2001 que la nueva estrategia del banco sería fusionar los 225 000 clientes de Wingspan, así como sus recursos, con Bankone.com, la sucursal por internet de todas las operaciones al menudeo de Bank One. Los ejecutivos esperaban que este movimiento incrementara la eficiencia y la rentabilidad de las actividades por internet del banco.

Fuentes: Christopher Bowe, "Wingspan Fails to Take Off", *Financial Times* (http://news.ft.com), 28 de junio de 2001; Maria Twombly, "Bank One Trims Its WingspanBank.com", *Computerworld* (www.computerworld.com), 21 de septiembre de 2000; y *The Wall Street Journal*, 25 de agosto de 1999, pp. A1, A8.

tos, a los jefes de las principales áreas funcionales dentro de un negocio o de una división (fabricación, mercadotecnia y ventas, finanzas, recursos humanos, etc.), a los administradores de las plantas, de productos, de ventas de distrito y regionales, y a los supervisores del nivel inmediato. En las empresas diversificadas, las estrategias se inician en cuatro niveles organizacionales diferentes. Hay una estrategia para la compañía y para sus negocios como un todo (*estrategia corporativa*); otra para cada negocio hacia el cual se ha diversificado la compañía (*estrategia de negocios*); otra para cada unidad funcional específica dentro de un negocio (*estrategia funcional*), por ejemplo, cada negocio por lo común tiene una estrategia de producción, una de mercadotecnia, una de finanzas, etc., y por último, hay una todavía más limitada para las unidades de operación básicas, como plantas, distritos y regiones de ventas y departamentos dentro de las áreas funcionales (*estrategia de operación*). En empresas con un solo negocio, únicamente existen tres niveles de formación de estrategia (estrategia de negocios, estrategia funcional y estrategia operativa), a menos que la diversificación en otros negocios se convierta en un elemento activo a tomar en cuenta. La figura 2.1 de la página siguiente muestra las pirámides de la formación de la estrategia para compañías diversificadas y de un solo negocio.

Estrategia corporativa

Es el plan de acción administrativo general para una compañía diversificada. La **estrategia corporativa** se extiende a nivel de toda la compañía, cubriendo todos sus negocios diversificados. Se compone de medidas que establecen una posición de negocios en diferentes industrias y de

> **Concepto básico**
> La ***estrategia corporativa*** concierne a la forma en la cual una compañía diversificada pretende establecer posiciones de negocios en diferentes industrias, así como a las acciones y los enfoques empleados para mejorar el desempeño del grupo de negocios hacia los cuales se ha diversificado.

Figura 2.1   **La pirámide de la creación de la estrategia**

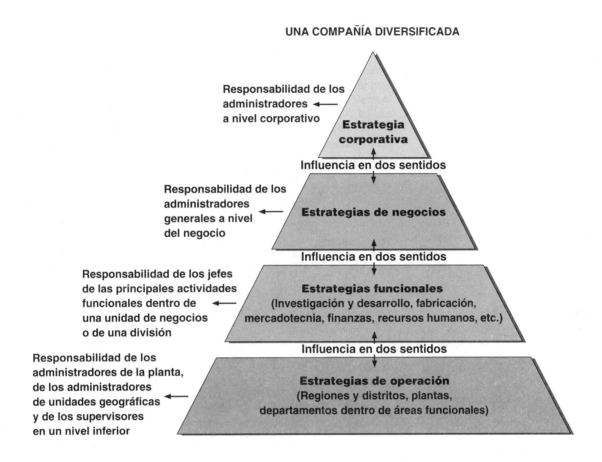

UNA COMPAÑÍA DIVERSIFICADA

Responsabilidad de los administradores ← a nivel corporativo

Estrategia corporativa

Influencia en dos sentidos

Responsabilidad de los administradores generales a nivel ← del negocio

Estrategias de negocios

Influencia en dos sentidos

Responsabilidad de los jefes de las principales actividades funcionales dentro de ← una unidad de negocios o de una división

Estrategias funcionales
(Investigación y desarrollo, fabricación, mercadotecnia, finanzas, recursos humanos, etc.)

Influencia en dos sentidos

Responsabilidad de los administradores de la planta, de los administradores de unidades geográficas ← y de los supervisores en un nivel inferior

Estrategias de operación
(Regiones y distritos, plantas, departamentos dentro de áreas funcionales)

UNA COMPAÑÍA DE UN SOLO NEGOCIO

Responsabilidad de los administradores ← a nivel ejecutivo

Estrategia de negocios

Influencia en dos sentidos

Responsabilidad de los jefes de las principales actividades funcionales ← dentro de un negocio

Estrategias funcionales
(Investigación y desarrollo, fabricación, mercadotecnia, finanzas, recursos humanos, etc.)

Influencia en dos sentidos

Responsabilidad de los administradores de la planta, de los administradores de unidades geográficas ← y de los supervisores en un nivel inferior

Estrategias de operación
(Regiones y distritos, plantas, departamentos dentro de áreas funcionales)

Figura 2.2   **Identificación de la estrategia corporativa general
de una compañía diversificada**

los enfoques que se emplean para manejar el grupo de negocios de la compañía. La figura 2.2
describe los elementos clave que identifican la estrategia corporativa de una compañía diversificada. La creación de la estrategia corporativa para una compañía diversificada implica cuatro
clases de iniciativas:

1. *Crear medidas para establecer posiciones en diferentes negocios y lograr la diversificación.* En una compañía diversificada, una parte clave de la estrategia corporativa es en cuántos negocios y de qué clase desea participar la compañía; de una manera específica, en qué
industrias debe intervenir y si debe ingresar en ellas iniciando un nuevo negocio o adquiriendo
otra compañía (un líder establecido, una compañía prometedora, una empresa en problemas con
potencial para un cambio total). Esta parte de la estrategia corporativa establece si la diversificación tiene una base limitada en algunas industrias o amplia en muchas, y si los diferentes negocios estarán relacionados o no.

2. *Iniciar acciones para mejorar el desempeño combinado de los negocios hacia los cuales
se ha diversificado.* A medida que se crean posiciones en las industrias elegidas, la creación de
estrategia corporativa se concentra en las formas de reforzar las posiciones competitivas y las
utilidades a largo plazo de los negocios en los cuales ha invertido la empresa. Las matrices corporativas pueden ayudar a sus subsidiarias de negocios a tener más éxito, financiando cierta capacidad adicional mediante mejoras en la eficiencia, proporcionando las capacidades de las
cuales carecen y un conocimiento administrativo práctico, adquiriendo otra compañía en la
misma industria y fusionando las dos operaciones en un negocio más poderoso, o adquiriendo
nuevos negocios que complementen vigorosamente los negocios existentes. La estrategia general de la administración para mejorar el desempeño a nivel de toda la compañía por lo común

implica estrategias de crecimiento rápido en los negocios más prometedores, en tanto mantiene en condiciones florecientes los otros negocios fundamentales, inicia esfuerzos de cambio en los negocios con un desempeño débil pero que tienen potencial, y elimina los que ya no son atractivos o que no se ajustan a los planes de gran alcance de la administración.

3. *Buscar formas de captar todas las combinaciones estratégicas valiosas interrelacionadas y convertirlas en una ventaja competitiva.* Cuando una compañía se diversifica hacia negocios con tecnologías relacionadas, características de operación similares, canales de distribución o clientes comunes, o alguna otra relación sinérgica, gana un potencial de ventaja competitiva que no está abierto para una empresa que se diversifica hacia negocios completamente independientes. Cuando Amazon.com se diversificó para vender discos compactos (CD) y llevar a cabo subastas en línea, creó oportunidades para: *a*) transferir las habilidades y el conocimiento sobre la venta en línea de libros a la venta en línea de música, *b*) utilizar las mismas instalaciones de distribución y la tecnología de surtido de órdenes para embarcar libros y discos (el uso de instalaciones y recursos compartidos significaron disminuir los costos compartidos), *c*) fortalecer el nombre de marca Amazon, y *d*) establecer los fundamentos para Amazon.com a fin de extender después su alcance hacia otras líneas de productos y convertirse en un sitio completo (*one-stop*) de compra para los clientes en línea. Tales "conjunciones estratégicas" de negocios vinculados refuerzan la competitividad de una empresa y suministran una base para lograr mayor rentabilidad.

4. *Establecer prioridades de inversiones y guiar los recursos corporativos hacia las unidades de negocios más atractivas.* Los diferentes negocios de una compañía diversificada por lo común no son igualmente atractivos desde el punto de vista de la inversión de fondos adicionales. Esta faceta de la creación de la estrategia corporativa implica canalizar los recursos hacia áreas cuyos potenciales de ganancias son más elevados y a retirarlos de las áreas en donde son más bajos. La estrategia corporativa puede incluir la eliminación de unidades de negocios que tengan un desempeño deficiente crónico o de aquellas que forman parte de una industria cada vez menos atractiva. La eliminación libera las inversiones improductivas para desplegarlas hacia unidades de negocios prometedoras o financiar nuevas adquisiciones atractivas.

La estrategia corporativa se crea en los niveles más altos de la administración. Por lo común, los principales ejecutivos a nivel corporativo tienen la responsabilidad fundamental de idear nuevas estrategias corporativas y elegir entre cualquiera de las acciones recomendadas que puedan surgir de los administradores en un nivel inferior. Los jefes de las unidades de negocios clave también pueden influir, en especial en las decisiones estratégicas que afectan al negocio que manejan. El consejo de administración de la compañía es quien, por lo común, revisa y aprueba las principales decisiones estratégicas.

Estrategia de negocios

El término de **estrategia de negocios** (o estrategia a nivel del negocio) se refiere al plan de acción que pone en marcha la administración para un solo negocio. Se refleja en el patrón de enfoques y medidas creados por la administración con el fin de producir un desempeño exitoso en una línea de negocios específica. Los elementos fundamentales de la estrategia de negocios se ilustran en la figura 2.3. Para una compañía autónoma de un solo negocio, la estrategia corporativa y la estrategia de negocios son una misma.

El impulso fundamental de la estrategia de negocios consiste en *cómo* crear y reforzar la posición competitiva a largo plazo de la compañía en el mercado. Con este fin, la estrategia de negocios se interesa principalmente en: 1) desarrollar una respuesta a los cambios que están teniendo lugar en la industria, la economía en general, las áreas reguladora y política y otras pertinentes; 2) crear medidas competitivas y enfoques de mercado que conduzcan a una ventaja sustentable; 3) crear competencias y habilidades valiosas; 4) unir las iniciativas estratégicas de los departamentos funcionales, y 5) abordar determinados problemas estratégicos a los cuales se enfrente el negocio de la compañía.

Es obvio que la estrategia de negocios implica iniciar las acciones y respuestas diversas que los administradores consideran prudentes en vista de las fuerzas del mercado, las tendencias económicas, las necesidades y demografía de los compradores, los nuevos requerimientos

Concepto básico
La *estrategia de negocios* concierne a las acciones y los enfoques creados por la administración con el fin de producir un desempeño exitoso en una línea de negocios específica; el aspecto fundamental de la estrategia de negocios es cómo desarrollar una posición competitiva más poderosa a largo plazo.

Figura 2.3   **Identificación de la estrategia para una compañía de un solo negocio**

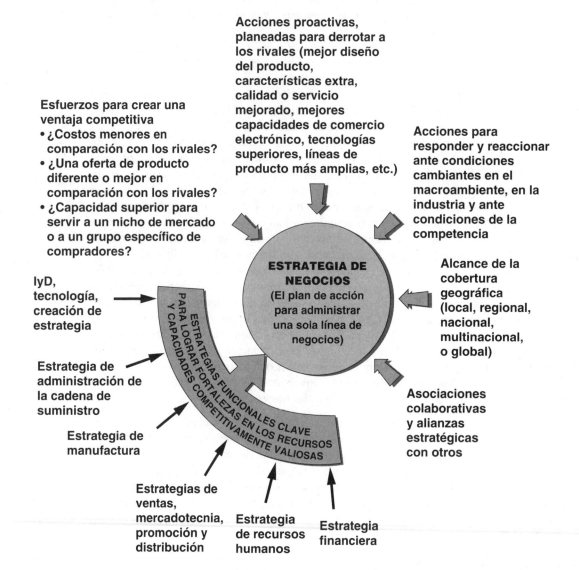

de la legislación y otros factores externos. *Una buena estrategia está bien sincronizada con la situación externa e interna*; al cambiar la situación de la compañía de manera significativa, por lo común se hace necesario practicar ajustes en la estrategia. La respuesta de una compañía a un cambio externo se considera rápida o lenta en función al tiempo en que se desarrollan los acontecimientos antes de que los administradores puedan evaluar sus implicaciones y a cuánto tiempo más se requiere para desarrollar una respuesta estratégica. Por supuesto, algunos cambios internos y externos requieren muy poca respuesta o ninguna, mientras que otros precisan alteraciones significativas en la estrategia. En ocasiones cambian en formas que plantean un formidable obstáculo estratégico; por ejemplo, los fabricantes de cigarros y de armas se enfrentan a un reto difícil al tratar de mantener su posición frente a los crecientes esfuerzos por combatir el tabaquismo y por un control de armas más estricto. Los minoristas convencionales se están dando prisa en adquirir sus propias capacidades de venta por internet, con el objeto de defenderse de la competencia que representan miles de empresas minoristas de internet.

Lo que distingue a una estrategia de negocios poderosa de una débil es la habilidad del estratega para forjar una serie de medidas, en el mercado y al interior, capaces de producir una *ventaja competitiva sustentable*. Con una ventaja competitiva, una compañía tiene buenos prospectos para obtener una utilidad superior al promedio y para tener éxito en la industria. Sin una ventaja competitiva, una compañía corre el riesgo de viciarse con un desempeño mediocre. La creación de una estrategia de negocios que produzca una ventaja competitiva sustentable tiene tres facetas: 1) decidir cuáles son los atributos del producto/servicio (costos y precios más bajos, un mejor producto, una línea de productos más amplia, un servicio superior al cliente, énfasis en un nicho particular del mercado) que ofrecen la mejor oportunidad de ganar una ventaja competitiva; 2) desarrollar habilidades, experiencia y capacidades competitivas que distingan a la compañía de sus rivales, y 3) tratar de aislar el negocio hasta donde sea posible de las acciones de rivales y otros desarrollos amenazantes de la competencia.

Por lo común, la estrategia de una compañía para competir es tanto ofensiva como defensiva, es decir, algunas acciones son agresivas y equivalen a retos directos para las posiciones de mercado de los competidores; otras en cambio tratan de contrarrestar las presiones competitivas y las acciones de los rivales. Los tres enfoques competitivos que se utilizan con más frecuencia son: 1) esforzarse por ser el productor de costo más bajo de la industria; 2) buscar una diferenciación basada en ventajas tales como calidad, desempeño extra, mejor servicio, estilo más atractivo, superioridad tecnológica, o un valor extraordinariamente bueno, y 3) enfocarse en un nicho de mercado limitado y obtener una ventaja competitiva, haciendo un trabajo mejor que el de los rivales al servir a las necesidades y preferencias de sus compradores.

Las estrategias de negocios exitosas por lo común pretenden desarrollar *poderosas competencias y habilidades únicas* en una o más actividades decisivas para el éxito estratégico y después utilizarlas como una base para obtener una ventaja competitiva sobre los rivales. Competencias específicas pueden relacionarse con una innovación vanguardista del producto, un mejor dominio del proceso tecnológico, conocimiento en la manufactura libre de defectos, comercialización especializada y conocimientos prácticos mercadotécnicos, fuertes ventas globales y capacidad de distribución, habilidades superiores para el comercio electrónico, mejor servicio a clientes o cualquier otra cosa que constituya una fortaleza competitivamente valiosa para crear, producir, distribuir o comercializar el producto o servicio de la empresa.

En un frente interno más amplio, la estrategia de negocios también debe estar orientada a la unión de las iniciativas estratégicas en las diversas áreas funcionales del negocio. Las acciones estratégicas son necesarias en cada área funcional para *respaldar* el enfoque competitivo de la compañía y la estrategia de negocios general. La unidad y la coordinación estratégicas a través de las diversas áreas funcionales le añaden poder a la estrategia de negocios.

Esta última también se extiende a los *planes de acción* para dirigir cualquiera de los aspectos especiales relacionados con la estrategia, que son propios de la posición competitiva de la compañía y de su situación interna (si se debe añadir una nueva capacidad, reemplazar una planta obsoleta, incrementar los fondos de investigación y desarrollo para una tecnología prometedora, reducir los gravosos gastos de intereses, formar alianzas estratégicas y asociaciones de colaboración, o crear competencias y habilidades valiosas desde el punto de vista competitivo vía internet). Ese ajuste de la estrategia según las necesidades, con el fin de que se adapte a la situación específica de una compañía, es una de las razones por las cuales cada compañía de la misma industria emplea diferentes estrategias de negocios.

La responsabilidad principal de la estrategia de negocios le corresponde a quien esté a cargo del negocio. Incluso si éste no ejerce personalmente una gran influencia en el proceso de creación de la estrategia, prefiriendo delegar gran parte de la tarea en otros, es responsable de la estrategia y de los resultados que produzca. El director del negocio, como el principal estratega, tiene por lo menos otras dos responsabilidades: la primera es cerciorarse de que las estrategias de apoyo en cada una de las principales áreas funcionales del negocio estén bien concebidas y sean compatibles unas con otras; la segunda es lograr que, de ser necesario, una autoridad de nivel superior (el consejo de administración y/o los funcionarios a nivel corporativo) apruebe las medidas estratégicas y se mantenga informada acerca de los nuevos desarrollos importantes, de las desviaciones del plan y de las revisiones potenciales de la estrategia. En las compañías diversificadas, los jefes de las unidades de negocios pueden tener la obligación adicional de asegurarse de que los objetivos y la estrategia a nivel del negocio se ajusten a los objetivos y a los temas de la estrategia a nivel corporativo.

> Una estrategia de negocios es poderosa si produce una ventaja competitiva considerable y sustentable; es débil si da por resultado una desventaja competitiva.

> Tener mayores recursos internos y habilidades competitivas es importante para superar la competencia de los rivales.

Estrategia funcional

El término de **estrategia funcional** se refiere al plan de acción administrativo para una actividad funcional, un proceso de negocios o un departamento clave particulares dentro de un negocio. Por ejemplo, una estrategia de mercadotecnia representa el plan de acción administrativo para manejar esta parte del negocio. La estrategia de desarrollo de un nuevo producto de una compañía representa el plan de acción administrativo para mantener su línea de productos vigorosa y en armonía con lo que están buscando los compradores. Una empresa necesita una estrategia funcional para cada actividad de negocios importante y para cada unidad organizacional. La estrategia funcional, aun cuando tiene una esfera de acción más limitada que la de negocio, le añade detalles pertinentes a su plan de acción general. Pretende establecer o reforzar las competencias específicas y las habilidades competitivas calculadas para mejorar su posición de mercado. Al igual que la estrategia de negocios, la estrategia funcional debe *apoyar* la estrategia de negocios general de la compañía, así como su enfoque competitivo. Una función relacionada es la creación de un calendario administrativo para lograr los objetivos y la misión del área funcional. Por consiguiente, la estrategia funcional en el área de producción/fabricación representa el plan de acción de cómo se administrarán las actividades de fabricación con el fin de respaldar la estrategia de negocios y lograr los objetivos y la misión del departamento de fabricación. La estrategia funcional en el área de finanzas consiste en cómo se administrarán las actividades financieras con el fin de respaldar la estrategia de negocios y lograr los objetivos y la misión del departamento de finanzas.

La responsabilidad principal de concebir estrategias para cada uno de los diversos procesos y funciones de negocios por lo común se delega en los jefes de los respectivos departamentos funcionales y en los administradores de las actividades, a menos que el jefe de la unidad de negocios decida ejercer una poderosa influencia. En la creación de la estrategia el administrador de una función de negocios o de una actividad particulares trabaja idealmente en estrecha colaboración con los subordinados clave y a menudo está en contacto con los jefes de otras funciones o procesos. Si los administradores funcionales o de la actividad trazan la estrategia en forma independiente unos de otros, o del jefe de la unidad, le abren la puerta a estrategias no coordinadas o en conflicto. Las estrategias funcionales compatibles, de colaboración y que se refuerzan mutuamente son esenciales para que la estrategia general del negocio tenga el máximo impacto. Obviamente, una estrategia de mercadotecnia, una de producción, una de finanzas, una de servicio al cliente, una de desarrollo de nuevos productos y una de recursos humanos del negocio deben estar en armonía en vez de servir a sus propios propósitos más limitados. La coordinación y la uniformidad entre las diversas estrategias funcionales y del proceso de la actividad se logran mejor durante la etapa de deliberación. Si se envían hacia lo más alto de la línea estrategias funcionales incompatibles para su aprobación final, le corresponde al jefe del negocio detectar los conflictos y resolverlos.

Estrategia de operación

Las **estrategias de operación** se preocupan por iniciativas y enfoques estratégicos todavía más limitados para la administración de las unidades de operación clave (plantas, distritos de ventas, centros de distribución) y por manejar las tareas de operación cotidiana que tienen un significado estratégico (campañas publicitarias, compra de materiales, control de inventarios, mantenimiento, envíos). Un gerente de planta necesita una estrategia a fin de cumplir con los objetivos de la planta, realizar la parte que le corresponde a ésta del plan general de manufactura de la empresa y enfrentar cualesquiera problemas relacionados con la estrategia que existan en dichas instalaciones. Un gerente de ventas de distrito requiere una estrategia de ventas adecuada a la situación particular de su distrito y a los objetivos de ventas. Un gerente de publicidad de la compañía necesita una estrategia para lograr la máxima publicidad ante la audiencia y el mayor impacto de ventas de acuerdo con el presupuesto para publicidad.

Las estrategias de operación, aun cuando son de alcance limitado, le añaden mayores detalles e integridad a las estrategias funcionales y al plan de negocios general. La responsabilidad principal de las estrategias de operación por lo común se delega en los administradores de primera línea, que están sujetos a la revisión y aprobación de los administradores de mayor rango.

Aunque la estrategia de operación está en la parte inferior de la pirámide de creación de la estrategia, no se debe menospreciar su importancia, ya que las estrategias a nivel operativo proporcionan un apoyo valioso para las estrategias de alto nivel. Considérese el caso de un distribuidor de equipo de plomería cuya estrategia de negocios hace hincapié en la entrega rápida y en la toma de pedidos precisa como parte de un esfuerzo por proporcionar un mejor servicio a los clientes que sus competidores. Como apoyo a esta estrategia, el gerente de almacén de la empresa: 1) desarrolla una estrategia de inventario de mercancías que permita cumplir 99.9% de las órdenes sin que haya devoluciones de ningún producto, y 2) instituir una estrategia de personal del almacén que posibilite la entrega de la mercancía dentro de un plazo de 24 horas. Sin realizar esas estrategias de operaciones, la estrategia del distribuidor de equipo sería inútil.

Otro ejemplo de la importancia de la estrategia operativa se da en las compañías manufactureras. Una planta importante que no cumpla con su estrategia de lograr el volumen de producción, el costo unitario y los objetivos de calidad, puede minar el logro de los objetivos de venta y ganancias de la empresa, además de trastocar los esfuerzos estratégicos de la compañía en su conjunto para crear una imagen de calidad entre sus clientes. No es posible juzgar con certeza la importancia estratégica de una determinada acción a través del nivel organizativo o administrativo en donde ésta se inicia.

> Los administradores de la primera línea constituyen una parte fundamental del equipo de creación de la estrategia de una empresa, debido a que muchas unidades operativas tienen objetivos de desempeño críticos para la estrategia y requieren contar en el lugar de trabajo con planes de acción estratégicos para cumplirlos.

Unión del esfuerzo de creación de la estrategia

La exposición anterior hace hincapié en que el *plan estratégico de una compañía es un conjunto de estrategias* ideadas por diversos administradores de distintos niveles en la organización. Mientras más grande sea la empresa, más puntos de iniciativa estratégica tiene. El esfuerzo de la administración para determinar la dirección no está completo hasta que las capas separadas de la estrategia se unan en un patrón de apoyo coherente. Desde un punto de vista ideal, las partes y las capas deben ajustar como las piezas de un rompecabezas.

> La estrategia de una empresa está a toda su capacidad sólo cuando sus muy diversos elementos están unidos.

Para alcanzar esta unión, el proceso de crear la estrategia tiene que originarse más de arriba hacia abajo que en sentido inverso. La dirección y guía deben fluir desde el nivel corporativo hacia el nivel de los negocios, y de éste a los niveles funcionales y operativos. *Los administradores de nivel inferior no pueden crear una buena estrategia si no comprenden la dirección a largo plazo y las estrategias de nivel superior de la empresa.* El desarreglo estratégico que se presenta en una organización cuando los directores ejecutivos no señalan una clara dirección de la cadena de mando de arriba hacia abajo y un liderazgo estratégico es muy semejante a lo que le sucedería al desempeño ofensivo de un equipo de fútbol si su mariscal de campo decidiera no dar la jugada, y en su lugar permitiera que cada jugador escogiera aquella que le pareciera la mejor para su respectiva posición. En los negocios, como en los deportes, todos los creadores de estrategia de una compañía están en el mismo equipo; están obligados a desempeñar sus tareas de creación de la estrategia de tal manera que beneficien a la empresa en su conjunto, no de una forma que resulte adecuada para los intereses personales o departamentales. De hecho, los gerentes a nivel funcional y operativo tienen la obligación de establecer los objetivos de desempeño y de crear acciones estratégicas que ayuden a lograr los objetivos de *negocios* y hagan que la estrategia de *negocios* sea más eficaz.

> Los objetivos y las estrategias que están unidos por toda la jerarquía de la organización (desde lo más alto hasta lo más bajo) no provienen de un proceso carente de dirección en el que los gerentes de cada nivel tienen un proceso autónomo de establecimiento de objetivos y de creación de la estrategia. La coordinación de arriba hacia abajo y entre los diferentes departamentos o unidades resulta esencial.

Mientras más grande sea una compañía y estén más dispersas geográficamente sus unidades y subsidiarias, más tediosa y frustrante será la labor de armonizar los objetivos y las estrategias pieza por pieza y nivel por nivel. Los gerentes funcionales a veces están más interesados en llevar a cabo lo que es mejor para sus propias áreas, en construir sus propios imperios y en consolidar su poder personal y su influencia en la organización que en cooperar con otros gerentes funcionales a fin de unirse para respaldar la estrategia general de la compañía. Como resultado, es fácil que las estrategias de apoyo del área funcional entren en conflicto, forzando con ello al gerente general a nivel de negocio a invertir tiempo y energía para mediar los conflictos estratégicos funcionales y para lograr un enfoque más unificado. El consenso general es particularmente difícil cuando se presenta un amplio margen para puntos de vista opuestos y para el desacuerdo.

La figura 2.4 describe la red de objetivos y estrategias en toda la jerarquía administrativa. Las flechas en dos sentidos indican que hay influencias simultáneas de abajo hacia arriba y de arriba hacia abajo sobre las misiones, los objetivos y las estrategias en cada nivel. Además, hay influencias en dos sentidos entre los negocios relacionados de una compañía diversificada y entre los procesos, funciones y actividades de operación relacionados dentro de un negocio. Mientras la coordinación se lleve a cabo de una forma más rigurosa, más efectivas serán las salvaguardas contra las unidades de la organización que se desvíen del curso estratégico planeado para la empresa.

LOS FACTORES QUE MODELAN LA ESTRATEGIA

Hay muchas consideraciones respecto a las situaciones que forman parte de la creación de la estrategia. La figura 2.5 describe los principales factores que modelan los enfoques estratégicos de una compañía. La interacción de estos factores y la influencia que tiene cada uno sobre el proceso de creación de la estrategia, varían de una situación a otra. Son muy pocas las elecciones estratégicas que se hacen en el mismo contexto, ya que incluso en la misma industria los factores difieren lo suficiente de una compañía a otra, de manera que las estrategias de los rivales resultan ser bastante distinguibles una de la otra, en vez de ser imitaciones. Ésta es la razón por la cual el hecho de evaluar todos los diferentes factores situacionales, tanto externos como internos, es el punto de partida en la creación de la estrategia.

Consideraciones de la sociedad, políticas, reguladoras y de la ciudadanía

Todas las organizaciones operan dentro de una comunidad más amplia en la sociedad. Lo que una empresa puede y no hacer en el aspecto de la estrategia siempre está restringido por lo que es legal, por lo que cumple con las políticas y los requerimientos reguladores del gobierno, por lo que se considera que es ético, así como por lo que está de conformidad con las expectativas de la sociedad y con los estándares de una buena comunidad ciudadana. Las presiones externas también provienen de otras fuentes: grupos de interés especial, reportes de investigación, temor a una acción política indeseable y el estigma de la opinión negativa. Las preocupaciones de la sociedad por la salud y la nutrición, el abuso del alcohol y de las drogas, el control de armas, el tabaquismo, el acoso sexual, y el impacto de los cierres de plantas sobre la comunidad local, han hecho que muchas compañías moderen o revisen ciertos aspectos de sus estrategias. Las inquietudes de los estadounidenses por los trabajos perdidos debido a los fabricantes extranjeros y el debate político de cómo dominar el déficit comercial crónico de Estados Unidos, son fuerzas impulsoras para las compañías japonesas y europeas que tienen sus plantas en Estados Unidos. La creciente conciencia del consumidor acerca de los riesgos de las grasas saturadas y el colesterol han impulsado a la mayor parte de las compañías de productos alimenticios a eliminar los ingredientes con un alto contenido en grasa y a sustituirlos por ingredientes con niveles bajos de grasa, a pesar de los costos adicionales.

> Los factores sociales, políticos y de la ciudadanía, limitan las acciones estratégicas que debe emprender una compañía.

El desglose de los valores y prioridades de la sociedad, de las preocupaciones comunitarias de la ética en los negocios y del potencial de una costosa legislación y unos requerimientos reguladores onerosos, es una parte regular del análisis de la situación externa en un número creciente de compañías. La intensa presión pública y la cobertura adversa en los medios hacen de ésta una práctica prudente. La tarea de lograr que la estrategia de una organización sea socialmente responsable significa: 1) llevar a cabo las actividades organizacionales dentro de los límites de lo que se considera benéfico para el público en general; 2) responder de una manera positiva a las prioridades y las expectativas que surgen en la sociedad; 3) demostrar la disposición de emprender una acción anticipándose a una confrontación reguladora; 4) equilibrar los intereses de los accionistas con los intereses de la sociedad como un todo, y 5) ser buenos ciudadanos en la comunidad.

Figura 2.4 **La red de visiones estratégicas, misiones, objetivos y estrategias en la pirámide de la creación de la estrategia**

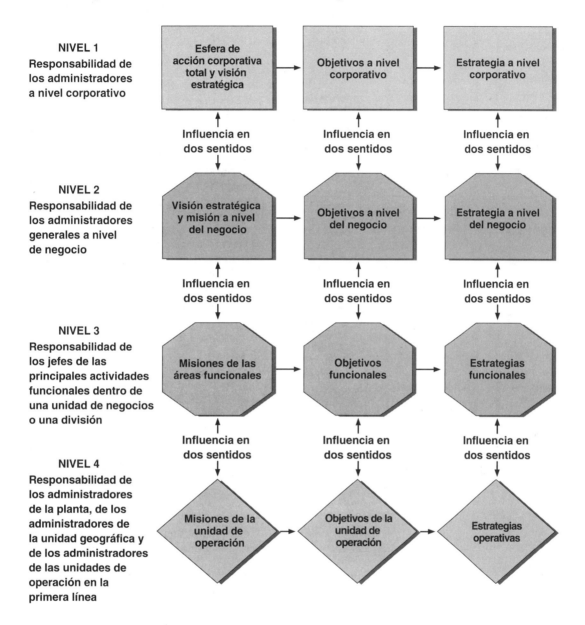

La responsabilidad social corporativa aparece en las exposiciones de la misión de la compañía. Por ejemplo, John Hancock concluye su exposición de la misión con la siguiente frase:

En todo lo que hagamos, nos esforzaremos por ejemplificar los estándares más elevados de la ética de negocios y de la integridad personal, y reconoceremos nuestra obligación corporativa con el bienestar social y económico de nuestra comunidad.

John Hancock prosigue estableciendo su compromiso con un comportamiento ético:

A fin de ejemplificar los más altos estándares para la ética de negocios, llevamos a cabo los asuntos de la Compañía en estricto apego a la letra y el espíritu de la ley; asimismo, en todo momento consideraremos a los asegurados, los clientes, los proveedores y a todos los demás con quien la empresa hace negocios en una forma justa y honorable. Al reconocer que nuestra reputación de incuestionable

Figura 2.5   **Factores que modelan la elección de la estrategia de una compañía**

integridad y honestidad es nuestro activo más valioso, bajo ninguna circunstancia permitiremos que lo que logremos tenga precedencia a la forma en la que lo obtuvimos.[13]

En la empresa Sempra Energy, una compañía proveedora de gas natural y electricidad de San Diego, su administración ha expresado un fuerte compromiso para mejorar la calidad de las comunidades en donde hace negocios y no sólo ha manifestado que resulta un buen negocio para la compañía y para sus empleados estar profundamente involucrados en las actividades de la comunidad, sino que también "es lo que se debe hacer":

Tenemos un enorme interés por asegurar que los negocios prosperen, las necesidades de la comunidad se satisfagan, el ambiente se proteja y nuestros distintos recursos humanos estén desarrollando su potencialidad total.

Nuestro principal objetivo es construir y preservar relaciones valiosas con las comunidades y sus líderes en los mercados en donde hacemos negocios. También solemos fomentar el liderazgo de los trabajadores y su participación en asuntos cívicos y de la comunidad; asimismo, hacemos contribuciones caritativas a la comunidad y a las organizaciones civiles mediante Sempra Energy y sus afiliados clave.[14]

---

[13] Información colocada por la empresa en su sitio web (www.johnhancock.com) en septiembre de 1999.

[14] Información colocada por la empresa en su sitio web (www.sempra.com) en septiembre de 1999.

Condiciones competitivas y atractivo general de la industria

Las condiciones competitivas de una industria y su atractivo general son factores importantes para la determinación de la estrategia. Ésta se debe ajustar a la naturaleza y la combinación de factores competitivos que están en juego, es decir, precio, calidad del producto, características de desempeño, servicio, garantías, etc. Cuando las condiciones competitivas se intensifican de una manera significativa, una compañía debe responder con acciones estratégicas para proteger su posición. Por otra parte, los puntos débiles competitivos de parte de uno o más rivales pueden señalar la necesidad de una ofensiva estratégica. Además, las nuevas medidas de las compañías rivales, los cambios en la economía de precio-costo-utilidades de la industria, las cambiantes necesidades y expectativas del comprador y los recientes avances tecnológicos a menudo alteran los requerimientos para el éxito competitivo e imponen una reconsideración de la estrategia. Por consiguiente, el ambiente de la industria, como existe ahora y como se espera que sea más adelante, tiene una relación directa con la mejor opción de estrategia competitiva de una compañía y con el aspecto de en dónde debe concentrar sus esfuerzos. *La estrategia de una compañía no puede producir un éxito real en el mercado, a menos que se ajuste bien con la situación competitiva y de la industria.* Cuando una empresa concluye que el ambiente de su industria se ha vuelto poco atractivo y que es mejor invertir los recursos de la compañía en otra parte, puede iniciar una estrategia que no fomente la inversión y abandonar a la larga la industria. Por lo tanto, un estratega debe ser un estudioso de la industria y de las condiciones competitivas.

> **Principio de administración estratégica**
> La estrategia de una compañía debe adaptarse para que se ajuste a las condiciones de la industria y competitivas.

Las oportunidades de mercado y las amenazas externas para la compañía

Las oportunidades particulares de negocios abiertas para una compañía y los amenazantes desarrollos externos a los cuales se enfrenta, son influencias clave sobre la estrategia. Ambos señalan la necesidad de una acción estratégica. La estrategia de una compañía debe estar orientada en forma deliberada a aprovechar sus mejores oportunidades de crecimiento, en especial aquellas que ofrezcan una mayor promesa para el desarrollo de una ventaja competitiva sustentable y que mejoren la rentabilidad. De la misma manera, la estrategia debe estar dirigida a proporcionar una defensa contra las amenazas externas para el bienestar y el desempeño futuro de la compañía. Por lo común, esto significa crear medidas *agresivas* para aprovechar las oportunidades de mercado más prometedoras y para crear medidas *defensivas* con el fin de proteger la posición competitiva y la rentabilidad a largo plazo de la compañía. Los administradores deben hacer un escrutinio sobre los tipos de oportunidades y amenazas que originan los cambios en el mercado, y deben actuar con presteza y astucia para llevar a cabo los ajustes estratégicos necesarios.

> **Principio de administración estratégica**
> Una estrategia bien concebida está orientada al aprovechamiento de las mejores oportunidades de crecimiento de una compañía y a defenderla contra las amenazas externas a su bienestar y su desempeño futuro.

Fortaleza de los recursos, competencias y habilidades competitivas de la compañía

Una de las consideraciones internas esenciales al modelar la estrategia es si una compañía tiene o puede adquirir los recursos, competencias y habilidades necesarios para ejecutar la estrategia de una manera eficiente. Éstos son los factores que hacen posible que una empresa capitalice una oportunidad particular y que obtenga una ventaja competitiva en el mercado, lo que los convierte en el fundamento de la estrategia de la compañía. La mejor ruta para la ventaja competitiva se encuentra cuando una empresa tiene recursos y competencias valiosos desde el punto de vista de la competencia y cuando los rivales no pueden desarrollar capacidades comparables, excepto a un costo elevado y/o un largo tiempo. El prolongado liderazgo mundial de Intel en el mercado de microprocesadores para PC, servidores y estaciones de trabajo, tiene mucho que ver con su profundo conocimiento tecnológico, su programa de investigación y desarrollo multimi-

> **Principio de administración estratégica**
> Las estrategias ganadoras aspiran a capitalizar las fortalezas de recursos de la compañía y neutralizar sus deficiencias de recursos.

llonario, sus plantas fabricantes de chips con tecnología de punta, así como con su capacidad para gastar de 3 000 a 5 000 millones de dólares al año en construir nuevas plantas fabricantes de chips y en el más novedoso equipo de fabricación de éstos. Ninguno de sus competidores cuenta con tales recursos y capacidades. Como regla, la estrategia de una compañía debe basarse en sus fortalezas de recursos y en lo que sabe hacer bien (sus competencias y sus capacidades competitivas).

Incluso si una organización no tiene competencias y habilidades sobresalientes (y muchas no las tienen), los administradores deben adaptar la estrategia para que se ajuste a las fortalezas y debilidades de los recursos de la empresa. Es absurdo desarrollar un plan estratégico que no se pueda ejecutar con los recursos y capacidades que una empresa sea capaz de reunir. Asimismo, resulta irracional forjar una estrategia cuyo éxito dependa de actividades en las que la empresa se desempeña mal o no tiene ninguna experiencia en llevarlas a cabo.

Las ambiciones personales, filosofías de negocios y creencias éticas de los administradores

Los administradores no evalúan de manera desapasionada el curso estratégico que se debe seguir. A menudo, sus elecciones están bajo la influencia de sus propias visiones de cómo competir y cómo posicionar a la empresa, y de la imagen y la reputación que quieren que tenga la compañía. Tanto la observación casual como los estudios formales indican que las ambiciones, los valores, las filosofías de negocios, las actitudes hacia el riesgo y los valores éticos de los administradores tienen una influencia importante sobre la estrategia.[15] En ocasiones, esta influencia es consciente y deliberada; otras veces puede ser inconsciente. Como observó un experto al explicar la pertinencia de los factores personales para la estrategia, "las personas deben poner en ello su corazón".[16]

Vale la pena mencionar varios ejemplos de la forma en la cual las filosofías de negocios y los valores personales toman parte en la creación de la estrategia. Ben Cohen y Jerry Greenfield, cofundadores y principales accionistas de Ben and Jerry's Homemade Inc., han insistido firmemente en que la estrategia de la compañía debe apoyar las causas sociales de su elección e incluir una poderosa misión social. La estrategia elaborada por el director ejecutivo de Starbucks, Howard Schultz, refleja su insistencia en cuanto a que los clientes tengan una experiencia muy positiva cuando frecuenten una sucursal de Starbucks, así como su deseo de "erigir una empresa con alma" y hacer de Starbucks una gran compañía donde trabajar. Los administradores japoneses son unos convencidos defensores de las estrategias que tienen una visión a largo plazo y que están dirigidas a crear una participación de mercado y una posición competitiva.

Las actitudes hacia el riesgo también tienen una gran influencia sobre la estrategia. Quienes evitan el riesgo se sienten inclinados hacia estrategias "conservadoras" que minimizan el riesgo, tienen un rendimiento rápido y producen utilidades seguras a corto plazo. Los que aceptan el riesgo se inclinan más hacia las estrategias oportunistas, en las cuales las medidas visionarias pueden producir un mayor rendimiento a largo plazo; asimismo, prefieren la innovación y las ofensivas estratégicas temerarias a la imitación y las medidas defensivas para proteger el *statu quo*.

Los valores administrativos también modelan la calidad ética de la estrategia de una empresa. Los administradores con poderosas convicciones éticas se esfuerzan al máximo en cerciorarse de que sus compañías observen un estricto código ético en todos los aspectos del negocio. Prohíben de una manera expresa las prácticas de aceptar o dar comisiones, hablar mal

> Las ambiciones, las filosofías de negocios y los valores éticos personales de los administradores por lo común quedan impresos en las estrategias que crean.

---

[15] El papel de los valores personales, las ambiciones individuales y las filosofías administrativas en la creación de la estrategia se ha reconocido y documentado desde hace mucho tiempo. Las fuentes clásicas son William D. Guth y Renato Tagiuri, "Personal Values and Corporate Strategy", *Harvard Business Review* 43, núm. 5, septiembre-octubre de 1965, pp. 123-132; Kenneth R. Andrews, *The Concept of Corporate Strategy*, 3a. ed., Richard D. Irwin, Homewood, IL., 1987, capítulo 4, y Richard F. Vancil, "Strategy Formulation in Complex Organizations", *Sloan Management Review* 17, núm. 2, invierno de 1986, pp. 4-5.

[16] Kenneth R. Andrews, *The Concept of Corporate Strategy*, p. 63.

de los productos de los rivales y comprar influencia política por medio de contribuciones. Los casos en los cuales la acción estratégica de una compañía está en contra de estándares éticos elevados incluyen el cobro de tasas de interés excesivas sobre saldos de tarjetas de crédito, el empleo de tácticas de ventas sin escrúpulos, la venta ininterrumpida de productos cuando existe la sospecha de que tienen problemas de seguridad y el empleo de ingredientes cuando se sabe que son peligrosos.

La influencia de los valores compartidos y de la cultura de la compañía sobre la estrategia

Las políticas, prácticas, tradiciones, creencias filosóficas y las formas de hacer las cosas de una empresa se combinan para crear una cultura distintiva. Por lo común, mientras más poderosa es la cultura de una compañía, más probabilidades hay de que modele las acciones estratégicas que decide emplear la organización, y en ocasiones dominar incluso la elección de medidas estratégicas. Esto se debe a que los valores y creencias orientados a la cultura están tan arraigados en el pensamiento y acciones estratégicos de la administración, que condicionan la forma en la cual la empresa hace negocios y responde a los acontecimientos externos. Esas firmas tienen una tendencia impulsada por la cultura acerca de cómo manejar los aspectos estratégicos y qué clases de medidas estratégicas considerará o rechazará. Las poderosas influencias culturales explican en parte por qué las compañías se ganan una reputación por características estratégicas tales como liderazgo en el avance tecnológico y la innovación del producto, dedicación a una ejecución superior, propensión a las negociaciones financieras detalladas, deseo de crecer de manera rápida mediante la adquisición de otras compañías, orientación más poderosa hacia las personas y un ambiente laboral agradable, o por un énfasis fuera de lo común en el servicio al cliente y en la satisfacción total del cliente.

> Los valores políticos, prácticos y cultura de una compañía pueden dominar las clases de medidas estratégicas que incluye o rechaza.

En años recientes, varias compañías han articulado las creencias, principios y valores fundamentales que son la base de sus enfoques de negocios. Una compañía los expresó de la siguiente manera:

> Estamos impulsados por el mercado. Creemos que la excelencia funcional, combinada con el trabajo de equipo entre las funciones y los centros de utilidades, es esencial para el logro de una ejecución superior. Creemos que las personas son esenciales para todo lo que logramos. Creemos que la honestidad, la integridad y la justicia deben ser la piedra angular de nuestras relaciones con consumidores, clientes, proveedores, accionistas y empleados.

El compromiso de los hoteles Ritz-Carlton de proporcionar a sus huéspedes el más esmerado servicio personal y las más acogedoras instalaciones, en combinación con sus principios de confianza, respeto, honestidad e integridad, es la fuerza impulsora de su estrategia y sus prácticas de funcionamiento. La divisa cultural de la compañía es: "Somos damas y caballeros que sirven a damas y caballeros". Sam Walton, el fundador de Wal-Mart, era un firme creyente en la frugalidad, el trabajo arduo, el mejoramiento constante, la dedicación a los clientes y el genuino interés en los empleados. El compromiso de la compañía con estos valores está profundamente arraigado en su estrategia de precios bajos, buenos valores, servicio amistoso, productividad mediante el empleo inteligente de la tecnología y negociaciones prudentes con los proveedores.[17] En Hewlett-Packard, los valores básicos de la compañía, conocidos internamente como "el estilo de HP", incluyen compartir el éxito con los empleados, mostrarles confianza y respeto, proporcionar a los clientes productos y servicios del mayor valor, estar verdaderamente interesados en proporcionar las soluciones efectivas para sus problemas, hacer que las utilidades de los accionistas sean una elevada prioridad, evitar el empleo de la deuda a largo plazo para financiar el crecimiento, iniciativa y creatividad individuales, trabajo de equipo y ser un buen miembro en la corporación.[18] Tanto en Wal-Mart como en Hewlett-Packard, los sistemas

---

[17] Sam Walton y John Huey, *Sam Walton: Made in America*, Doubleday, Nueva York, 1992, y John P. Kotter y James L. Heskett, *Corporate Culture and Performance*, Free Press, Nueva York, 1992, pp. 17 y 36.

[18] John P. Kotter y James L. Heskett, *Corporate Culture and Performance*, pp. 60-61.

de valores están profundamente arraigados y los administradores y empleados los comparten ampliamente. Siempre que esto sucede, los valores y las creencias son algo más que una expresión de trivialidades agradables; se convierten en una forma de vida dentro de la compañía.[19] La cápsula ilustrativa 11 proporciona otro ejemplo más de los vínculos entre la visión, los valores y la estrategia.

EL VÍNCULO DE LA ESTRATEGIA CON LA ÉTICA Y LA RESPONSABILIDAD SOCIAL

> Cada acción estratégica que emprenda una compañía debe ser ética.

> Una compañía tiene obligaciones éticas con los propietarios, empleados, clientes, proveedores, comunidades en donde opera y público en general.

La estrategia debe ser ética. Tiene que implicar acciones justas, no injustas, pues de lo contrario no pasará la prueba del escrutinio moral. Esto significa algo más que conformarse con lo que es legal. Los estándares éticos y morales van más allá de las prohibiciones de la ley y del lenguaje de "no deberás", hasta los aspectos del deber y el lenguaje de "lo debes hacer y no lo debes hacer". La ética concierne al *deber* humano y a los principios en los cuales se basa este *deber*.[20]

Todo negocio tiene una obligación ética con cada uno de los cinco grupos de los cuales se compone: propietarios/accionistas, empleados, clientes, proveedores y la comunidad en general. Cada grupo afecta a la organización y resulta afectado por ella; cada uno es un tenedor de intereses en la empresa, con ciertas expectativas acerca de lo que ésta debe hacer y de la forma en que lo debe hacer.[21] Por ejemplo, una empresa tiene una obligación con los *propietarios/accionistas*, quienes esperan con toda justicia una utilidad sobre su inversión. Aun cuando los inversionistas puedan diferir individualmente en sus preferencias respecto a obtener utilidades a corto plazo *versus* conseguirlas a largo plazo, así como en relación a sus tolerancias para un mayor riesgo y a su entusiasmo por ejercer una responsabilidad social, los ejecutivos de negocios tienen la obligación moral de tratar de administrar en forma lucrativa la inversión de los propietarios.

La *obligación de una compañía con los empleados* surge de la valía y la dignidad de los individuos que dedican sus energías al negocio y que dependen de él para su bienestar económico. La creación de una estrategia con principios requiere que las decisiones relacionadas con los empleados se tomen de manera equitativa y consecuente, interesándose en el debido proceso y en el impacto que tiene el cambio estratégico en las vidas de los empleados. En el mejor de los casos, la estrategia elegida debe promover los intereses de los empleados en lo que concierne a compensación, oportunidades de carrera, seguridad en el trabajo y condiciones de trabajo en general. En el peor de los casos, la estrategia elegida no debe colocar en desventaja a los empleados. Incluso en situaciones de crisis, los negocios tienen la obligación ética de minimizar cualesquiera privaciones que se deban imponer en forma de reducciones en la fuerza laboral, cierres de plantas, transferencias de trabajo, reubicaciones, nueva capacitación y pérdida de ingresos.

La *obligación con el cliente* surge de las expectativas que acompañan la compra de un bien o servicio. Una valoración inadecuada de esta obligación condujo a leyes de responsabilidad del producto y a un sinnúmero de agencias reguladoras a proteger a los consumidores. Sin embargo, todavía abundan toda clase de aspectos éticos relacionados con la estrategia. ¿Un vendedor le debe informar voluntariamente al cliente que existe la sospecha de que el producto que vende contiene ingredientes que, aun cuando cuentan con la aprobación oficial para su empleo, pueden tener efectos potencialmente nocivos? ¿Es ético que los fabricantes de bebidas alcohólicas patrocinen eventos universitarios, a pesar de que muchos estudiantes son menores de edad? ¿Es ético que los fabricantes de cigarros se anuncien (aun cuando es legal)? ¿Es ético que los fabricantes obstruyan los esfuerzos para retirar productos cuando hay la sospecha de que tienen

---

[19] Para otro ejemplo del impacto de los valores y las creencias, véase Richard T. Pascale, "Perspectives on Strategy: The Real Story behind Honda's Success", Glenn Carroll y David Vogel, *Strategy and Organization: A West Coast Perspective*, Pitman, Marshfield, MA, 1984, p. 60.

[20] Harry Downs, "Business Ethics: The Stewardship of Power", documento de trabajo proporcionado a los autores.

[21] *Idem.*

Cápsula ilustrativa 11
La debacle de Enron: una visión firme y unos valores admirables minados por una defectuosa estrategia y un comportamiento carente de ética

Hasta su derrumbe en el verano de 2001, Enron era una de las empresas mundiales más grandes de suministro de gas natural, electricidad y comercio de banda ancha, con ingresos de más de 100 mil millones de dólares anuales. El propósito estratégico de Enron era convertirse en la principal compañía de energía y comunicaciones para el siglo XXI mediante sus esfuerzos de negocios en cuatro áreas básicas: Enron Wholesale Service (servicios al mayoreo), Energy Broadband Services (servicios de banda ancha), Enron Energy Services (servicios de energía) y Enron Transportation Services (servicios de transportación). La administración de la compañía manifestaba que cada una de estas unidades de negocios apoyaba la misión de la empresa consistente en "ofrecer una amplia gama de soluciones físicas, de transporte, financieras y técnicas a miles de clientes alrededor del mundo". Enron expresó públicamente su visión y sus valores de la siguiente manera:

Quiénes somos

El negocio de Enron consiste en crear valor y oportunidades de negocio para nuestros clientes. Hacemos esto combinando nuestros recursos financieros, el acceso a instalaciones físicas y el conocimiento para crear soluciones innovadoras con el objeto de desafiar problemas industriales. Se nos conoce mejor por nuestros productos de gas natural y electricidad, pero en la actualidad también ofrecemos energía al menudeo y servicios de banda ancha. Esos productos proporcionan a nuestros clientes la flexibilidad que necesitan para competir hoy en día.

Lo que creemos

Comenzamos con una creencia fundamental en la sabiduría inherente de los **MERCADOS ABIERTOS**. Las actividades económicas se organizan mejor mediante los mercados, que a través de los gobiernos... Estamos convencidos de que la elección del consumidor y la competencia propician precios bajos e innovación.

Enron es un laboratorio para la **INNOVACIÓN**. Por eso empleamos a las mejores y más brillantes personas. Asimismo, creemos que todo empleado puede marcar la diferencia en la empresa.

Alentamos a la gente para que haga la diferencia y cree un ambiente en el que a cualquiera se le permita lograr su pleno potencial y en donde cada uno tiene una participación en el resultado. Pensamos que este enfoque emprendedor estimula la **CREATIVIDAD**...

...Valoramos la **DIVERSIDAD**. Estamos comprometidos a quitar todos los obstáculos al empleo y el desarrollo que se basen en el sexo, la orientación sexual, la raza, la religión, la edad, el origen étnico o nacional así como la limitación física...

Nuestro éxito se mide por el éxito de nuestros **CLIENTES**. Estamos comprometidos a satisfacer sus necesidades de energía mediante soluciones que les ofrezcan una ventaja competitiva. Y trabajamos al lado de ellos en modos que refuerzan los beneficios de una sociedad a largo plazo con Enron.

Todo lo que hacemos lo realizamos de manera segura y mostrando una preocupación con el **AMBIENTE**... Ésta es una responsabilidad que tomamos con toda seriedad en cada uno de los diferentes lugares alrededor del mundo donde hacemos negocios.

...Estamos cambiando la forma en que se suministra la energía, así como su mercado. Estamos reinventando los fundamentos de los negocios al proporcionar energía a bajos costos y de maneras más útiles que lo que se ha venido haciendo hasta ahora...

Todo lo que hacemos se relaciona con el cambio... **JUNTOS** estamos creando la compañía líder de energía del mundo. Juntos estamos definiendo la compañía de energía del futuro.

(continúa)

partes defectuosas o diseños imperfectos? ¿Es ético que se reduzcan las pruebas de productos para que éstos lleguen más pronto al mercado? ¿Es ético que los supermercados y las tiendas de departamentos de menudeo atraigan a los clientes con publicidad de precios de "oferta", pero que después les asignen precios más elevados a artículos básicos o de gran demanda?

En fechas recientes, un director de tecnología de cierta empresa ayudó a que se prefirieran los productos de una empresa internet de reciente creación, en vez de los de sus rivales; la compañía favorecida mostró su gratitud otorgándole al director la opción de compra de 250 acciones, cuando más adelante la empresa internet se hizo de capital público. El director adquirió las acciones a un precio de oferta inicial de 23 dólares; su precio cerró a 84 dólares al final del primer día de su comercialización, después siguió aumentando su precio y luego bajó; a final de cuentas, el director obtuvo una ganancia de 58 000 dólares cuando vendió sus acciones varios

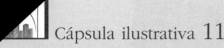

Cápsula ilustrativa 11

(conclusión)

Nuestra conducta

Respeto: Tratamos a los demás como nos gustaría que nos trataran a nosotros. No toleramos un trato abusivo e irrespetuoso. Aquí no hay lugar para la crueldad, la insensibilidad y la arrogancia.

Integridad: Trabajamos con nuestros clientes y prospectos de una forma abierta, honesta y sincera. Cuando decimos que haremos algo, lo llevamos a cabo; cuando decimos que no podemos o no haremos algo, entonces no lo realizamos.

Comunicación: Tenemos la obligación de comunicar. Aquí, invertimos tiempo en hablar con los otros... y en escucharlos. Creemos que la información se hizo para estimular y que la información alienta a las personas.

Excelencia: No nos satisface nada que sea menor a lo verdaderamente óptimo en todo lo que hacemos. Seguiremos elevando los estándares para todos. Aquí lo divertido para todos consistirá en descubrir lo buenos que en verdad podemos ser.

No obstante, en el verano de 2001 empezaron a surgir enormes fallas en la estrategia de Enron, comenzando con las revelaciones de que la empresa había incurrido en más deudas de miles de millones de dólares —para hacer crecer su negocio de comercio de energía— de lo que a primera vista se observaba en su balance financiero. La deuda no registrada en el balance estaba oculta mediante pies de nota retóricos a los estados financieros de la empresa que involucraban misteriosas sociedades en las que el director financiero ejecutivo (DFE) tenía intereses (y al parecer las estaba utilizando para obtener millones de ganancias extra). Después de que el precio de las acciones de Enron disminuyó de 83-85 hasta 38-39 dólares, a pesar de los radiantes informes de ganancias, el prestigioso director ejecutivo de la empresa renunció de manera repentina por "razones personales" en agosto de 2001. Semanas más tarde se le pidió la renuncia al DFE, debido a que los detalles de sus conflictos de intereses en las sociedades no reportadas en el balance comenzaron a salir a la luz.

Mientras tanto, los principales directores ejecutivos de la compañía siguieron expresando públicamente que la empresa mostraba una firme salud financiera y que el negocio estaba asegurado, con la esperanza de evitar que sus clientes se fueran con la competencia y para darles una confianza renovada a los preocupados accionistas. Pero la joya de la corona de Enron, su negocio en la comercialización de energía (que generaba casi 60 mil millones de dólares en ingresos reportados anuales), comenzó a estar bajo un creciente escrutinio, tanto por la deuda que había acumulado para apoyar sus enormes volúmenes de comercio, como por sus escasos márgenes de ganancias (algunos de los cuales fueron reportados bajo sospechosos manejos contables aprobados por Arthur Andersen, el auditor de la empresa).

En un lapso de semanas, Enron se declaró en bancarrota, sus acciones cayeron hasta un precio menor a un dólar, dejando de cotizar en la Bolsa de Valores de Nueva York, y el escándalo de proporciones sin precedentes crecía casi a diario. Arthur Andersen despidió a su socio responsable de la cuenta de Enron cuando al parecer éste destruyó los papeles de trabajo relacionados con la auditoría, aparentemente en un intento por obstruir una investigación por parte del Congreso en relación a los detalles del colapso de Enron. La junta directiva de Enron despidió a Andersen como el auditor de la empresa. Más adelante Enron fue descubierta destruyendo documentos (en fecha tan tardía como enero de 2002) con la supuesta intención de ocultar a los investigadores las maniobras de la empresa. El director ejecutivo y presidente de Enron renunció; el anterior vicepresidente se suicidó después de que se hizo público que había protestado enérgicamente contra las prácticas contables de Enron desde 2001.

También se dio a conocer que los directores ejecutivos de la empresa vendieron acciones de Enron meses atrás, cuando comenzó a disminuir por primera vez su precio. Los empleados de Enron —cuya mayoría tenía todo su fondo de pensión en acciones de Enron que se les impidió vender, y de los cuales fueron despedidos 4 000 como un intento desesperado para disminuir costos— vieron con impotencia cómo sus ahorros para el retiro se evaporaban por el derrumbe.

La magnitud del comportamiento inescrupuloso de la administración de la empresa todavía sigue investigándose. Pero la dirección ejecutiva de Enron evidentemente no actúo de acuerdo con los principios y valores que la compañía enarbolaba.

Fuentes: Sitio web de la empresa (www.enron.com); informe anual de la compañía para el año 2000; e informe anual de la empresa para 1998.

meses más tarde. ¿Es ético para una compañía dar obsequios a los individuos de empresas que son clientes que tienen un papel influyente al seleccionar los productos de la compañía en vez de los de sus rivales? ¿Es ético que los fabricantes de aparatos y ropa deportivos den pagos cuantiosos a los entrenadores de escuelas como agradecimiento porque los equipos deportivos utilicen su marca o sus equipos?

La *obligación ética de una compañía con sus proveedores* surge de la relación de mercado que existe entre ellos. Son socios y adversarios a la vez. Son socios en el sentido de que la calidad de las partes de los proveedores afecta la calidad del propio producto de una empresa. Son adversarios desde el punto de vista de que el proveedor quiere el precio y la utilidad más elevados que pueda obtener, mientras que el comprador quiere un precio más bajo, mejor calidad y un servicio más rápido. Una compañía se enfrenta a varios aspectos éticos en sus relaciones con los proveedores: ¿es ético comprarles bienes a proveedores extranjeros que emplean mano de obra infantil y/o pagan salarios inferiores al estándar y/o tienen condiciones de trabajo de explotación en sus instalaciones? ¿Es ético que las cadenas de supermercados exijan una "cuota por exhibición" a los proveedores de alimentos a cambio de colocar sus artículos en ubicaciones favorables en los estantes? ¿Es ético amenazar con dejar de hacer negocios con un proveedor, a menos de que convenga en no hacer negocios con los competidores clave? ¿Es ético revelarle el precio que cotiza un proveedor a otro proveedor rival? ¿Es ético aceptar obsequios de los proveedores? ¿Resulta ético aceptar la propuesta de vacacionar en la casa de playa de un proveedor? ¿Es ético pagar en efectivo a un proveedor? ¿Es ético no avisar con anticipación a los proveedores actuales de la intención de descontinuar el uso de lo que han estado proporcionando y cambiar a componentes proporcionados por otra empresa?

La *obligación ética de una compañía con la comunidad en general* surge de su *statu quo* como parte de la comunidad y como una institución de la sociedad. Las comunidades y la sociedad son razonables al esperar que los negocios sean buenos ciudadanos, que paguen su parte justa de impuestos para protección policiaca y contra incendios, para eliminación de desperdicios, para construir calles y carreteras, etc., y que se preocupen por el impacto que puedan tener sus actividades sobre el ambiente, la sociedad y las comunidades en donde operan. Por ejemplo, ¿es ético que una empresa cervecera anuncie sus productos en la televisión en horarios en los que pueden ser vistos por niños y menores de edad? (Anheuser-Busch respondió a estas preocupaciones a finales de 1996, anunciando que sus comerciales de cerveza ya no pasarían en MTV). ¿Es ético que los fabricantes de armas de fuego alienten a los policías jubilados y a los departamentos de policía a cambiar o regresar las armas automáticas cuya manufactura fue prohibida por el Congreso a cambio de que puedan tener acceso a lotes de armas de reventa (una falla en la ley permite a los fabricantes cambiar aquellas armas que fueron hechas antes de la prohibición)? ¿Es ético que los fabricantes de armas de fuego hagan sólo unas cuantas modificaciones en los diseños de sus armas automáticas para eludir las restricciones y prohibiciones sobre armas automáticas aprobadas por el Congreso de los Estados Unidos? Hace algunos años, se descubrió que una compañía petrolera había gastado dos millones de dólares en conservación ambiental y cuatro millones de dólares anunciando su virtud y sus buenas acciones, mismas que parecen deliberadamente manipuladoras y engañosas.

La conducta ética de una compañía se demuestra en última instancia por el hecho de si se abstiene de actuar de una manera contraria al bienestar de la sociedad y por el grado hasta el cual apoya las actividades de la comunidad, alienta a los empleados a participar en dichas actividades, maneja los aspectos de salud y seguridad de sus operaciones, acepta la responsabilidad de vencer la contaminación ambiental, se relaciona con los organismos reguladores y con los sindicatos de empleados y exhibe elevados estándares éticos. La compañía de bienes de consumo europea Diageo PLC —fabricante de la cerveza Guiness y de más de 50 marcas de licores y vinos en toda Europa y Estados Unidos— manifiesta que tiene "una responsabilidad particular de fomentar el consumo responsable de alcohol, como parte de un estilo sano de vida. Sólo estamos orgullosos de aquella parte del alcohol que desempeña un papel en la vida social y en las celebraciones de muchas culturas. También reconocemos que el alcohol puede ser mal utilizado, así que Diageo estará en la vanguardia de las campañas que promuevan el consumo moderado y consciente".[22]

Cumplimiento de las responsabilidades éticas Una administración que en verdad se interesa en la ética de negocios y en la responsabilidad social se comporta de manera proactiva, más que reactiva, al vincular la acción estratégica y la ética.[23] Se aparta de oportunidades de negocios dudosas desde el punto de vista moral o ético. Y debe recorrer un largo camino para asegurarse de que sus acciones reflejen integridad y elevados estándares éticos. Si

---

[22] Citado de la información que aparece en el sitio web de la compañía (www.diageo.com) en agosto de 1999.

[23] Joseph L. Badaracco, "The Discipline of Building Character", *Harvard Business Review* 76, núm. 2, marzo-abril de 1998, pp. 115-124.

Cápsula ilustrativa 12
Los compromisos de The Kroger Company hacia sus accionistas

Kroger, una de las cadenas de supermercado líder de Estados Unidos, se ha comprometido a cumplir su misión de una forma que satisfaga sus responsabilidades ante los accionistas, empleados, clientes, proveedores y las comunidades en donde opera. Los documentos de la empresa establecen:

Nuestra misión es ser el líder en la distribución y comercialización de alimentos, artículos de salud, cuidado personal, así como de productos consumibles y servicios relacionados. Al lograr este objetivo, saldaremos nuestras responsabilidades con los accionistas, empleados, clientes, proveedores y las comunidades donde operamos.

Administraremos nuestros negocios a fin de obtener ganancias financieras que recompensen la inversión de nuestros accionistas y permitan crecer a la empresa. Las inversiones en ventas al menudeo, distribución y procesamiento de alimentos se evaluarán de manera continua para conocer su contribución a nuestros objetivos corporativos de ganancias.

Nos esforzaremos constantemente por satisfacer en mayor medida las necesidades del consumidor de lo que lo hace el mejor de nuestros competidores. Los procedimientos de operación reflejarán nuestra creencia de que los niveles organizacionales que están más cerca del consumidor son los mejor ubicados para responder a sus necesidades cambiantes.

Trataremos a nuestros empleados de manera justa y con respeto, de una forma abierta y honesta. Solicitaremos y daremos respuesta a sus ideas, además de recompensar sus contribuciones sobresalientes a nuestro éxito.

Valoramos la diversidad de Estados Unidos y nos afanaremos por reflejar esa diversidad en nuestra fuerza de trabajo, en las compañías con las que hacemos negocios y en los clientes que atendemos. Como empresa, expresaremos respeto y dignidad a cada individuo.

Alentaremos a nuestros trabajadores para que sean ciudadanos activos y responsables; asimismo, dispondremos de investigadores para las actividades que mejoren la calidad de vida de nuestros clientes, empleados y de las comunidades en donde funcionamos.

Fuente: Sitio web de la empresa (www.kroger.com).

alguna de las partes constitutivas de la empresa concluye que la administración no está cumpliendo con los estándares éticos, debe entonces recurrir a los tribunales; los inversionistas interesados pueden protestar en la junta anual de accionistas, recurrir al consejo de administración o deshacerse de sus acciones; los empleados preocupados pueden crear un sindicato y negociar de manera colectiva, o buscar empleo en otra parte; los clientes tienen la opción de irse con la competencia; los proveedores pueden buscar otros compradores; asimismo, la sociedad y la comunidad también tienen la posibilidad de hacer muchas cosas, desde marchas de protesta y organizar boicoteos, hasta alentar la acción política y la intervención gubernamental.[24]

La cápsula ilustrativa 12 indica la forma en que Kroger Company intenta satisfacer sus responsabilidades hacia los accionistas, empleados, proveedores y comunidades en las que está establecida.

PRUEBAS DE UNA ESTRATEGIA TRIUNFADORA

¿Cuáles son los criterios para eliminar estrategias alternativas? ¿Cómo puede juzgar un administrador cuál opción estratégica es mejor para la compañía? ¿Cuáles son los estándares para determinar si una estrategia tiene éxito o no? Hay tres pruebas que se pueden utilizar para evaluar los méritos de una estrategia en comparación con otra:

1. *La prueba del ajuste.* Una buena estrategia tiene que coincidir muy bien con las condiciones competitivas y de la industria, con las oportunidades y amenazas del mercado, así como con otros aspectos del ambiente externo de la compañía. Al mismo tiempo, tiene que estar diseñada de acuerdo con sus fortalezas y debilidades de recursos, con las competencias

---

[24] Downs, "Business Ethics: The Stewardship of Power".

y con las capacidades competitivas de la empresa. A menos que la estrategia muestre una correspondencia adecuada con la situación externa y las circunstancias internas de la compañía, será muy seguro y muy probable que aquélla genere resultados de negocios menores a los óptimos posibles.

2. *La prueba de la ventaja competitiva.* Una buena estrategia conduce a una ventaja competitiva sustentable. Mientras más grande sea la ventaja competitiva que una estrategia ayude a crear, más poderosa y eficaz será.

3. *La prueba del desempeño.* Una buena estrategia mejora el desempeño de la compañía. Hay dos clases de mejoras del desempeño que son reveladoras de la adecuación de una estrategia: las ganancias en su rentabilidad y las ganancias en las fortalezas competitivas y en la posición de mercado a largo plazo de la empresa.

> **Principio de administración estratégica**
> Mientras mejor sea la correspondencia de la estrategia de una empresa con la situación interna y externa de ésta, cree una ventaja competitiva sustentable y perfeccione el desempeño de la compañía, en mayor grado se le calificará como una compañía ganadora.

Las opciones estratégicas que de manera clara no pasen una o más de estas pruebas pueden ser eliminadas de una consideración posterior. La opción estratégica que satisfaga mejor las tres pruebas puede ser considerada como la alternativa estratégica más atractiva. Una vez que se hace el compromiso estratégico y que ha transcurrido el tiempo suficiente para ver los resultados, se pueden utilizar estas mismas pruebas para determinar si la elección estratégica es una estrategia triunfadora.

Por supuesto, hay algunos criterios adicionales para juzgar los méritos de una estrategia particular: que esté completa y que cubra todas las bases, la consistencia interna entre todos sus elementos, la claridad, el grado de riesgo involucrado y la flexibilidad. Estos criterios son complementos útiles y ciertamente es necesario tomarlos en cuenta, pero de ninguna manera reemplazan a las tres pruebas propuestas anteriormente.

Puntos | clave

La tarea de la administración al determinar la dirección implica: 1) trazar la futura trayectoria estratégica de la compañía; 2) establecer objetivos, y 3) desarrollar una estrategia. Al principio del proceso de determinación de la dirección, los administradores necesitan abordar la pregunta: "¿cuál es nuestro negocio y qué llegará a ser?". Los puntos de vista y las conclusiones de la administración sobre el curso futuro de la organización, la posición de mercado que debe tratar de ocupar y las actividades de negocios que debe emprender, constituyen una *visión estratégica* para la compañía. Ésta indica las aspiraciones de la administración para la organización, proporcionando una perspectiva panorámica de "en qué negocio queremos estar, hacia dónde nos dirigimos y la clase de compañía que estamos tratando de crear". Explica en todos sus detalles la dirección y describe el punto de destino. Las visiones efectivas son claras, presentan un reto y son inspiradoras; preparan a una empresa para el futuro y tienen sentido en el mercado. Una exposición de la misión/visión bien concebida y expresada sirve como faro para la dirección a largo plazo, ayuda a canalizar los esfuerzos y las iniciativas estratégicas de la organización a lo largo de la trayectoria que la administración se ha comprometido a seguir, desarrolla un poderoso sentido de identidad y propósito del negocio y logra la aceptación de los empleados.

El segundo paso en la determinación de la dirección es el establecimiento de los objetivos *estratégicos* y *financieros* que deberá lograr la organización. Los objetivos convierten la misión y la visión estratégica de la compañía en metas de desempeño específicas; deben explicar con precisión cuánto y para cuándo, y requieren una cantidad significativa de esfuerzo organizacional. Además, son necesarios en todos los niveles de la empresa.

El tercer paso en la determinación de la dirección implica el *desarrollo de estrategias* para el logro de los objetivos establecidos en cada área de la organización. Es necesaria una estrategia corporativa para el logro de los objetivos a nivel corporativo; las estrategias de negocios son necesarias para el logro de los objetivos de desempeño de la unidad de negocios, las funcionales son necesarias para el logro de los objetivos de desempeño establecidos para cada departamento funcional, y las operativas son necesarias para el logro de los objetivos establecidos en cada unidad de operación y geográfica. De hecho, el plan estratégico de una organización es un conjunto de estrategias unificadas y entrelazadas. Por lo común, la tarea de la creación de la estrategia se da más de arriba hacia abajo que de abajo hacia arriba. Las estrategias en un nivel inferior deben respaldar y complementar la estrategia en un nivel superior y contribuir al logro de los objetivos a un nivel más elevado de toda la compañía.

La estrategia está modelada por consideraciones externas e internas. Las principales consideraciones externas son de la sociedad, políticas, reguladoras y de la comunidad, las condiciones competitivas y el atractivo general de la industria, así como las oportunidades de mercado y las amenazas para la compañía. Las principales consideraciones internas son las fortalezas y debilidades de la empresa, así como sus capacidades competitivas, las ambiciones, filosofía y ética personales de los administradores, junto con la cultura y los valores compartidos de la compañía. Además, una buena estrategia conduce a una ventaja competitiva sostenible y a un mejor desempeño del negocio.

Lecturas | sugeridas

Badaracco, Joseph L., "The Discipline of Building Character", *Harvard Business Review* 76, núm. 2, marzo-abril de 1998, pp. 115-124.

Brown, Shona L. y Kathleen M. Eisenhardt, *Competing on the Edge: Strategy as Structured Chaos*, Harvard Business School Press, Boston, MA, 1998.

Campbell, Andrew y Laura Nash, *A Sense of Mission: Defining Direction for the Large Corporation*, Addison-Wesley, Reading, MA, 1993.

Collins, James C. y Jerry I. Porras, "Building Your Company's Vision", *Harvard Business Review* 74, núm. 5, septiembre-octubre de 1996, pp. 65-77.

Collins, Jim, "Turning Goals into Results: The Power of Catalytic Mechanisms", *Harvard Business Review* 77, núm. 4, julio-agosto de 1999, pp. 70-82.

Drucker, Peter, "The Theory of the Business", *Harvard Business Review* 72, núm. 5, septiembre-octubre de 1994, pp. 95-104.

Hamel, Gary, "Strategy as Revolution", *Harvard Business Review* 74, núm. 4, julio-agosto de 1996, pp. 69-82.

Hamel, Gary y C.K. Prahalad, "Strategic Intent", *Harvard Business Review* 67, núm. 3, mayo-junio de 1989, pp. 63-76.

———, "Strategy as Stretch and Leverage", *Harvard Business Review* 71, núm. 2, marzo-abril de 1993, pp. 75-84.

Hammer, Michael y James Champy, *Reengineering the Corporation*, Harper Business, Nueva York, 1993, capítulo 9.

Ireland, R. Duane y Michael A. Hitt, "Mission Statements: Importance, Challenge, and Recommendations for Development", *Business Horizons*, mayo-junio de 1992, pp. 34-42.

Kahaner, Larry, "What You Can Learn from Your Competitors' Mission Statements", *Competitive Intelligence Review* 6, núm. 4, invierno de 1995, pp. 35-40.

Kaplan, Robert S. y David P. Norton, "The Balanced Scorecard–Measures That Drive Performance", *Harvard Business Review* 70, núm.1, enero-febrero de 1992, pp. 71-79.

Lipton, Mark, "Demystifying the Development of an Organizational Vision", *Sloan Management Review*, verano de 1996, pp. 83-92.

McTavish, Ron, "One More Time: What Business Are You In?", *Long Range Planning* 28, núm. 2, abril de 1995, pp. 49-60.

Mintzberg, Henry, "Crafting Strategy", *Harvard Business Review* 65, núm. 4, julio-agosto de 1987, pp. 66-67.

Mintzberg, Henry, Bruce Ahlstrand y Joseph Lampel, *Strategy Safari: A Guided Tour through the Wilds of Strategic Management*, Free Press, Nueva York, 1998.

Porter, Michael E., "Clusters and the New Economics of Competition", *Harvard Business Review* 76, núm. 6, noviembre-diciembre de 1998, pp. 77-90.

———, "What Is Strategy?", *Harvard Business Review* 74, núm. 6, noviembre-diciembre de 1996, pp. 65-67.

Shaw, Gordon, Robert Brown y Philip Bromiley, "Strategic Stories: How 3M Is Rewriting Business Planning", *Harvard Business Review* 76, núm. 3, mayo-junio de 1998, pp. 41-50.

Tichy, N.M., A.R. McGill y L. St. Clair, *Corporate Global Citizenship*, New Lexington Press, San Francisco, 1997.

Wilson, Ian, "Realizing the Power of Strategic Vision", *Long Range Planning* 25, núm. 5, 1992, pp. 18-28.

capítulo | tres

3

Análisis industrial y competitivo

El análisis es el punto de partida crítico del pensamiento estratégico.

—Kenichi Ohmae

Las cosas son siempre diferentes; el arte consiste en entender cuáles diferencias importan.

—Laszlo Birinyi

Tomar conciencia del ambiente no es un proyecto especial que se deba emprender únicamente cuando el peligro del cambio se torna ensordecedor.

—Kenneth R. Andrews

No son las especies más fuertes ni las más inteligentes las que sobreviven, sino las que más responden al cambio.

—Charles Darwin

La creación de una estrategia no es una tarea que los administradores puedan lograr recabando opiniones, o recurriendo a los instintos y al pensamiento creativo. Los juicios referentes a qué estrategia se debe seguir necesitan derivarse en forma directa de un *análisis fundamentado* sobre el ambiente externo de la empresa y su situación interna. Las dos consideraciones más importantes sobre la situación son: 1) las condiciones competitivas y de la industria, y 2) las capacidades competitivas, recursos, fortalezas y debilidades internas, y posición de mercado de la propia compañía.

Todas las organizaciones funcionan en un *macroambiente*, el cual está formado en gran medida por la economía en su conjunto, los aspectos demográficos de la población, los valores sociales y estilos de vida, la legislación y regulación gubernamental, los factores tecnológicos, así como por el entorno inmediato competitivo y la industria a la cual pertenezca la empresa, tal y como se ilustra en la figura 3.1. El macroambiente incluye *todas las fuerzas relevantes* que están fuera de los límites de la compañía; relevantes en el sentido de que son lo suficientemente importantes como para tener un peso en las decisiones que una empresa a final de cuentas toma respecto a su modelo de negocio y estrategia. A pesar de que muchas fuerzas del macroambiente están más allá de la esfera de influencia de una empresa, los administradores están obligados a darles seguimiento y a adaptar la estrategia de la compañía conforme se vaya requiriendo. No obstante, las fuerzas que actúan en el macroambiente de una empresa y que tienen el mayor impacto sobre la estrategia de ésta suelen encontrarse alrededor de la industria a la cual pertenece la empresa y del entorno competitivo.

La figura 3.2 ilustra lo que entra en juego al evaluar la situación general de una compañía y decidir una estrategia. La secuencia analítica comienza con la evaluación estratégica de la situación externa e interna de la firma, la valoración de las alternativas y, por último, la elección de la estrategia. El diagnóstico preciso de la situación de la compañía es una preparación administrativa necesaria para decidir una dirección sensata a largo plazo, determinar objetivos apropiados y crear una estrategia ganadora. Sin una comprensión perceptiva de los aspectos estratégicos de los ambientes interno y externo de una empresa, son mayores las probabilidades de que los administradores elijan un plan de acción estratégico que no se ajuste bien a la situación, que tenga pocas esperanzas de crear una ventaja competitiva y que sea poco prometedor en lo que se refiere a impulsar e1 desempeño de la compañía.

Los administradores no estarán preparados para decidir una dirección o una estrategia a largo plazo hasta que no comprendan a fondo la situación estratégica de la compañía, es decir, hasta entender la naturaleza exacta de las condiciones competitivas y de la industria a las cuales se enfrentan y la forma en la que estas condiciones están a la altura de sus recursos y capacidades.

Este capítulo estudia las técnicas del *análisis competitivo y de la industria*, término que por lo común se utiliza para referirse a la evaluación de los aspectos estratégicamente más pertinentes del *macroambiente* de una organización con un solo negocio. En el capítulo siguiente se abordan los métodos de *análisis de la situación de la compañía* y se explora la forma de evaluar los aspectos del diseño de la estrategia del *ambiente interno* inmediato de una empresa, así como su posición en el mercado.

Figura 3.1   **El macroambiente de una compañía**

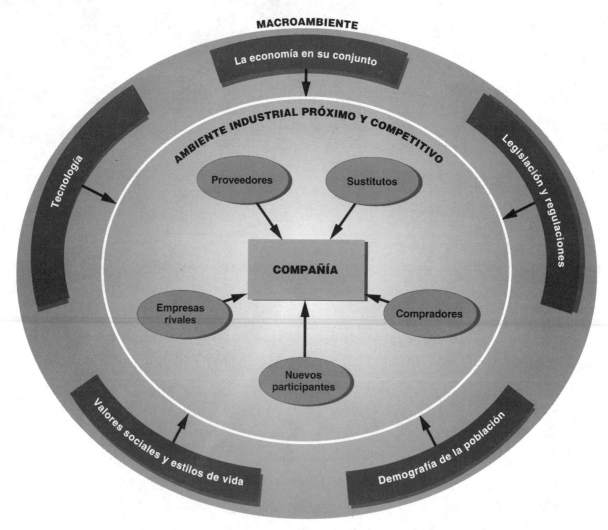

Figura 3.2   Forma en que el pensamiento y el análisis estratégico conducen a elecciones estratégicas correctas

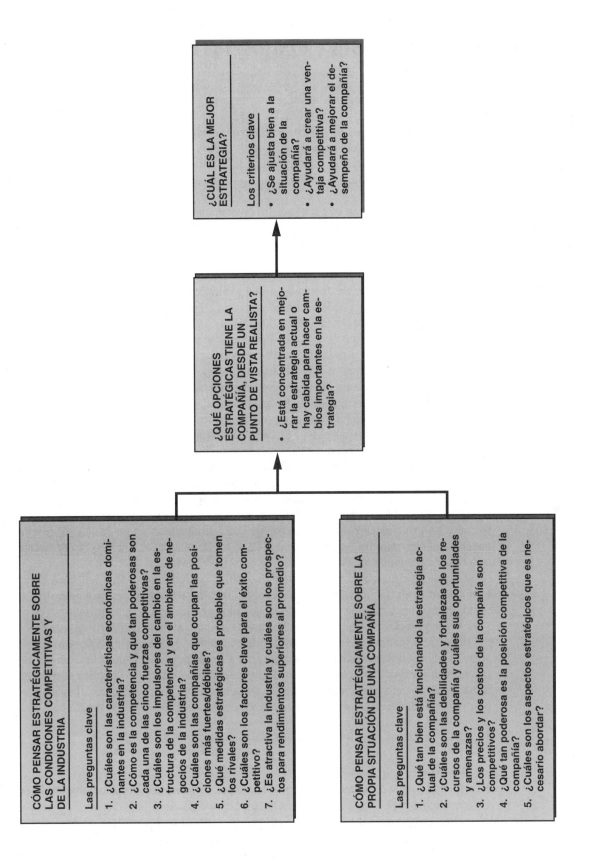

LOS MÉTODOS DEL ANÁLISIS COMPETITIVO Y DE LA INDUSTRIA

Cada compañía difiere ampliamente en sus características económicas, sus situaciones competitivas y sus expectativas de utilidades futuras. El carácter económico y competitivo de la industria camionera tiene muy poca semejanza con el de ventas al menudeo. Los rasgos económicos y competitivos del negocio de comida rápida tienen muy poco en común con proveedores de servicios de internet. El negocio de televisión por cable está regido por condiciones competitivas y de la industria que difieren en forma radical de las del negocio de bebidas no alcohólicas.

El carácter económico de cada industria particular varía conforme a factores como: el volumen general y la tasa de crecimiento del mercado, el ritmo del cambio tecnológico, las fronteras geográficas del mercado (que pueden ser desde locales hasta mundiales), el número y el tamaño de compradores y vendedores, si es que los productos de los vendedores son virtualmente idénticos o muy diferenciados, el grado en que las economías de escala afectan los costos, y los tipos de canales de distribución que se emplean para tener acceso a los compradores. Las fuerzas competitivas pueden ser moderadas en algunas industrias, o intensas e incluso despiadadas en otras. Es más, en algunas industrias la competencia se centra en el que tiene el mejor precio, en tanto que en otras, la competencia se restringe a la calidad y la confiabilidad (como en los monitores para las PC y las computadoras portátiles), a las características y desempeño del producto (como en las cámaras digitales), a la rapidez del servicio y la conveniencia (como en las compras en línea y en los restaurantes de comida rápida), en la reputación de la marca (como en los detergentes para ropa, las bebidas no alcohólicas y las cervezas). En otras industrias el reto consiste en trabajar de forma cooperativa con proveedores, clientes y tal vez incluso con competidores selectos, a fin de crear la siguiente ronda de innovaciones de producto y abrir toda una nueva perspectiva de las oportunidades de mercado (como lo estamos viendo en la tecnología de las computadoras personales y en las telecomunicaciones inalámbricas).

Las características económicas y las condiciones competitivas de una industria, así como la forma en la cual se espera que varíen, determinan si los futuros prospectos de utilidades serán malos, aceptables o excelentes. Las condiciones competitivas y de la industria difieren tanto que a las principales compañías pertenecientes a industrias no atractivas les resulta difícil ganar utilidades mínimas, mientras que incluso las compañías débiles en industrias atractivas tal vez presenten un buen desempeño.

El análisis competitivo y de la industria utiliza un conjunto de herramientas, conceptos y técnicas para lograr una evaluación clara sobre las características clave de la industria, la intensidad de la competencia, los impulsores del cambio en esa industria, las posiciones de mercado y las estrategias de las compañías rivales, las claves para el éxito competitivo, y perspectiva de utilidades de tal industria. Este conjunto de herramientas forja una forma de pensar estratégica sobre la situación general de cualquier industria a fin de llegar a conclusiones sobre si representa o no una inversión atractiva para los fondos de la compañía. Esto implica el examen de los negocios de una empresa en el contexto de un entorno mucho más amplio. El análisis competitivo y de la industria pretende desarrollar respuestas perspicaces a siete preguntas:

1. ¿Cuáles son las características económicas dominantes en la industria?
2. ¿Cómo es la competencia y qué tan poderosa es cada una de las fuerzas competitivas de la industria?
3. ¿Qué es lo que propicia el cambio de la estructura competitiva y del ambiente de negocios en la industria?
4. ¿Cuáles son las compañías que ocupan las posiciones competitivas más fuertes/débiles?
5. ¿Cuáles son los siguientes movimientos estratégicos que con mayor probabilidad llevarán a cabo los rivales?
6. ¿Cuáles son los factores clave que determinan el éxito o el fracaso competitivos?
7. ¿Es atractiva la industria y cuáles son sus prospectos para obtener un rendimiento superior al promedio?

Las respuestas a estas preguntas generan la comprensión del entorno de una empresa y, de manera conjunta, constituyen la base para ajustar la estrategia a las condiciones cambiantes de la industria y las realidades competitivas.

PREGUNTA 1: ¿CUÁLES SON LAS CARACTERÍSTICAS ECONÓMICAS DOMINANTES EN LA INDUSTRIA?

Debido a que las industrias difieren de una manera significativa en su carácter y estructura, el análisis competitivo y de la industria se inicia con una perspectiva general de sus características económicas dominantes. En este trabajo emplearemos la palabra *industria* para referirnos a "un grupo de empresas cuyos productos tienen tantos atributos comunes que compiten por los mismos compradores". Los factores que hay que considerar al hacer un perfil de las características económicas de una industria son bastante similares:

- Tamaño del mercado.
- Alcance de la rivalidad competitiva (local, regional, nacional, internacional o global).
- Índice de crecimiento del mercado y posición de la industria en el ciclo de los negocios (desarrollo temprano, crecimiento y arranque rápidos, madurez temprana, madurez, saturación y estancamiento, declinación).
- Número de rivales y sus tamaños relativos; es decir, ¿la industria está fragmentada en muchas compañías pequeñas, o concentrada y dominada por unas pocas empresas grandes?
- El número de compradores y sus tamaños relativos.
- Si los rivales en la industria experimentan una integración hacia atrás y/o hacia adelante, y en qué grado.
- Los tipos de canales de distribución utilizados para tener acceso a los consumidores.
- El ritmo del cambio tecnológico, tanto en la innovación del proceso de producción como en la introducción de nuevos productos.
- Si los productos o servicios de las empresas rivales están muy diferenciados, poco diferenciados o son esencialmente idénticos.
- Si las compañías pueden lograr economías de escala en compras, fabricación, transporte, mercadotecnia o publicidad.
- Si los participantes clave de la industria se localizan en una ubicación particular; los hacinamientos industriales más famosos del mundo incluyen a Silicon Valley, Hollywood, Italia (ropa de piel), las regiones vitivinícolas de California y Francia, y la ciudad de Nueva York (por los servicios financieros).[1]
- Si ciertas actividades de la industria se caracterizan por los poderosos efectos de aprendizaje y experiencia (la experiencia de "aprender haciendo las cosas"), de manera que el precio por unidad disminuya a medida que aumenta la producción *acumulativa*.
- Si los elevados índices de utilización de la capacidad son decisivos para el logro de la eficiencia de producción a bajo costo.
- Requerimientos de capital y facilidad de ingreso y salida.
- Si los rendimientos de la industria son superiores/inferiores a lo normal.

La tabla 3.1 proporciona una muestra del perfil de carácter económico de la industria del ácido sulfúrico, para lo cual se usaron los factores (o sus variantes) citados antes.

Las características económicas de una industria son importantes debido a las implicaciones que tienen para la estrategia. Por ejemplo, en las industrias de capital intensivo, en donde la in-

> Las características económicas de una industria ayudan a enmarcar la ventana del enfoque estratégico que puede tener una compañía.

---

[1] Para mayores detalles sobre la relevancia competitiva de los hacinamientos industriales, véase Michael E. Porter, "Clusters and the New Economics of Competition", *Harvard Business Review* 76, núm. 6, noviembre-diciembre de 1998, pp. 77-90.

Tabla 3.1 Una muestra del perfil de las características económicas dominantes de la industria del ácido sulfúrico

Tamaño del mercado: 400-500 millones de dólares de ingreso anual; volumen total de cuatro millones de toneladas.

Alcance de la rivalidad competitiva: principalmente regional; los productores venden rara vez fuera de un área de 250 millas de radio desde la planta, debido al alto costo del transporte a largas distancias.

Tasa de crecimiento del mercado: 2-3% anual.

Etapa del ciclo de vida: madura.

Número de compañías en la industria: alrededor de 30 compañías con 110 ubicaciones de plantas y una capacidad de 4.5 millones de toneladas. Las participaciones de mercado varían de un nivel bajo de 3% a uno elevado de 21%.

Clientes: alrededor de 2 000 compradores; la mayor parte son empresas químicas.

Grado de integración vertical: mixto; cinco de las 10 compañías más grandes están integradas hacia atrás en operaciones mineras y también hacia adelante, en el sentido de que las divisiones químicas industriales filiales compran más de 50% de la producción de sus plantas; todas las demás compañías están dedicadas exclusivamente a la producción de ácido sulfúrico.

Facilidad de ingreso/salida: existen barreras moderadas en forma de requerimientos de capital para la construcción de una nueva planta de un volumen eficiente mínimo (el costo equivale a 10 millones de dólares) y de la habilidad para desarrollar una base de clientes dentro de un radio de 250 millas de la planta.

Tecnología/innovación: la tecnología de la producción es estándar y los cambios han sido lentos; los más significativos están ocurriendo en los productos que utilizan ácido sulfúrico; anualmente se introducen de uno a dos productos químicos de especialidad recién formulados en los que el ácido sulfúrico es uno de los ingredientes principales, dando razón de casi todo el crecimiento de la industria.

Características del producto: muy estandarizados; los artículos de diferentes productores son esencialmente idénticos (los compradores perciben muy poca diferencia de un vendedor a otro, salvo en lo que concierne al tiempo de entrega).

Economías de escala: moderadas; todas las compañías tienen virtualmente los mismos costos de fabricación, pero existen economías de escala en el envío de múltiples furgonadas al mismo cliente y en la compra de grandes cantidades de materia prima.

Efectos del aprendizaje y la experiencia: no son un factor en esta industria.

Utilización de la capacidad: la eficiencia en la fabricación es muy elevada (entre 90 y 100% de la capacidad valuada); debajo de 90% de utilización, los costos por unidad son significativamente más elevados.

Rentabilidad de la industria: inferior al promedio; por ser un bien de consumo, el producto de la industria propicia una intensa reducción de precios cuando baja la demanda, pero los precios se fortalecen durante periodos de mayor demanda. Las utilidades siguen la fuerza de la demanda para los productos de la industria.

Concepto básico
Cuando las poderosas economías del aprendizaje y la experiencia dan por resultado una disminución de los costos por unidad a medida que aumenta el volumen de producción acumulativa, contar con una estrategia para llegar a ser el fabricante de mayor volumen puede brindar la ventaja competitiva de convertirse en el productor de costo más bajo de la industria.

versión en una sola planta puede significar varios cientos de millones de dólares, una empresa puede diluir la carga de costos fijos elevados mediante la búsqueda de una estrategia que promueva un nivel elevado de utilización de los activos fijos a fin de generar más ingresos por cada dólar de inversión en activos fijos. Así, las aerolíneas comerciales emplean estrategias que elevan la productividad del ingreso de sus costosísimas naves al reducir el tiempo de espera en tierra (con el fin de tener más viajes por día con el mismo avión) y al ofrecer descuentos en vuelos con escala para ocupar asientos que de otra manera permanecerían vacíos. En las industrias que se caracterizan por el mejoramiento continuo del producto, las compañías deben dedicar tiempo y dinero suficientes en investigación y desarrollo, con el objeto de mantener su pericia técnica y capacidad innovadora al parejo de sus competidores; una estrategia de innovación continua del producto se convierte en una condición para la supervivencia.

En industrias como la de semiconductores, los poderosos efectos *del aprendizaje y la experiencia* hacen que los costos de fabricación por unidad disminuyan alrededor de 20% cada vez que se duplica el volumen de producción *acumulativa*. En otras palabras, si el primer millón de procesadores tiene un costo de 100 dólares por unidad, entonces con un volumen de

Figura 3.3   **Comparación de los efectos de la curva de experiencia para reducciones del costo de 10, 20 y 30% por cada duplicación del volumen de producción acumulativa**

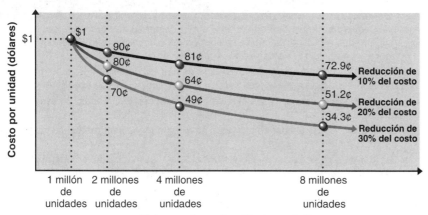

producción de dos millones el costo unitario sería de 80 dólares (80% de 100 dólares), con un volumen de producción de cuatro millones el costo por unidad sería de 64 dólares (80% de 80) y así sucesivamente. Cuando la industria se caracteriza por considerables economías de experiencia en sus operaciones de fabricación, una empresa que inicia por primera vez la producción de una nueva mercancía y desarrolla una estrategia exitosa para apropiarse de la mayor participación del mercado, obtiene una ventaja competitiva sostenible como la productora de costo más bajo.[2] Mientras mayor es el efecto de la curva de experiencia, mayor es la ventaja de costos de la compañía debido al mayor volumen acumulativo de producción, como se muestra en la figura 3.3.

La tabla 3.2 presenta algunos ejemplos adicionales de la forma en que las características económicas de una industria son relevantes para la creación de la estrategia administrativa.

PREGUNTA 2: ¿CÓMO ES LA COMPETENCIA Y QUÉ TAN PODEROSA ES CADA UNA DE LAS FUERZAS COMPETITIVAS DE LA INDUSTRIA?

Una parte importante del análisis competitivo y de la industria es ahondar en el proceso competitivo, con el fin de descubrir las principales fuentes de presión competitiva y qué tan poderosa es cada una de ellas. Este paso analítico es esencial, debido a que los administradores no pueden idear una estrategia exitosa sin la comprensión cabal del carácter competitivo de la industria.

El modelo de las cinco fuerzas de la competencia

Aun cuando la presión competitiva en varias industrias nunca es exactamente igual, el proceso competitivo funciona de una manera bastante similar, lo que nos permite el empleo de un marco de referencia analítico común para medir la naturaleza y la intensidad de las fuerzas compe-

---

[2] Existe un gran número de estudios del volumen de las reducciones de costo asociadas con la experiencia; la reducción promedio del costo asociada con una duplicación del volumen de producción acumulativo es aproximadamente de 15%, pero hay una amplia variación de una industria a otra. Para una buena exposición de las economías de la experiencia y el aprendizaje, véase Pankaj Ghemawat, "Building Strategy on the Experience Curve", *Harvard Business Review* 64, núm. 2, marzo-abril de 1985, pp. 143-149.

Tabla 3.2   Ejemplos de la importancia estratégica de las características económicas clave de una industria

Característica económica	Importancia estratégica
● Tamaño del mercado	● Los pequeños mercados no tienden a atraer competidores grandes/nuevos; los mercados grandes a menudo atraen el interés de las compañías que buscan adquirir competidores con posiciones establecidas en industrias atractivas.
● Tasa de crecimiento del mercado	● El rápido crecimiento fomenta la entrada de nuevos participantes; el retraso en el crecimiento genera una creciente rivalidad y la eliminación de competidores débiles.
● Exceso o escasez de capacidad	● Los excedentes presionan los precios y las utilidades hacia abajo; la escasez los impulsa hacia arriba.
● Rentabilidad de la industria	● Las industrias con utilidades elevadas atraen a nuevos integrantes; las condiciones deprimidas fomentan la salida.
● Barreras para el ingreso/salida	● Las barreras elevadas protegen las posiciones y utilidades de las empresas establecidas; las barreras bajas hacen que las empresas establecidas sean vulnerables al ingreso.
● Costo e importancia del producto	● Un mayor número de compradores buscará precios más bajos en artículos costosos que en productos menos importantes o caros.
● Productos estandarizados	● Los compradores tienen más poder, debido a que es más fácil cambiar de un vendedor a otro.
● Cambio tecnológico rápido	● Aumenta el factor del riesgo; las inversiones en instalaciones y equipo se pueden volver obsoletas antes de que acabe su vida útil.
● Requerimientos de capital	● Los grandes requerimientos hacen que las decisiones de inversión sean críticas, además crean una barrera para el ingreso y la salida; ser oportuno se convierte en un factor importante.
● Integración vertical	● Incrementa los requerimientos de capital; a menudo crea diferencias competitivas y de costo entre las empresas totalmente integradas en comparación con las empresas parcialmente integradas y las no integradas.
● Economías de escala	● Incrementa el volumen y la participación de mercado necesarios para ser competitivas en cuanto al costo.
● Innovación rápida del producto	● Abrevia el ciclo de vida del producto; incrementa el riesgo debido a las oportunidades de los rivales para lanzar al mercado productos de la siguiente generación y superar de esa forma al líder actual del mercado.

titivas. Como demostró de forma convincente el profesor Michael Porter, de la Harvard Business School, el estado de la competencia en una industria es una combinación de *cinco fuerzas competitivas*:[3]

1. El antagonismo entre vendedores rivales.
2. El ingreso potencial de nuevos competidores.
3. Los intentos mercadológicos de algunas compañías de otras industrias para atraer a los clientes hacia sus propios productos *sustitutos*.
4. Las presiones competitivas emanadas de la colaboración y la negociación entre proveedores y vendedores.
5. Las presiones competitivas que surgen de la colaboración y la negociación entre vendedores y compradores.

El *modelo de las cinco fuerzas* de Porter, como se describe en la figura 3.4, es un poderoso instrumento para diagnosticar de manera sistemática las principales presiones competitivas de un mercado y evaluar la fortaleza e importancia de cada una de ellas. La técnica de análisis de la competencia no sólo es la que se utiliza con más frecuencia, sino que también es relativamente fácil de entender y aplicar.

---

[3] Para un tratamiento a fondo del modelo de cinco fuerzas por su creador, véase Michael E. Porter, *Competitive Strategy: Techniques for Analyzing Industries and Competitors*, Free Press, Nueva York, 1980, capítulo 1.

Figura 3.4 **Modelo de las cinco fuerzas de la competencia: un instrumento analítico clave para el diagnóstico del entorno competitivo**

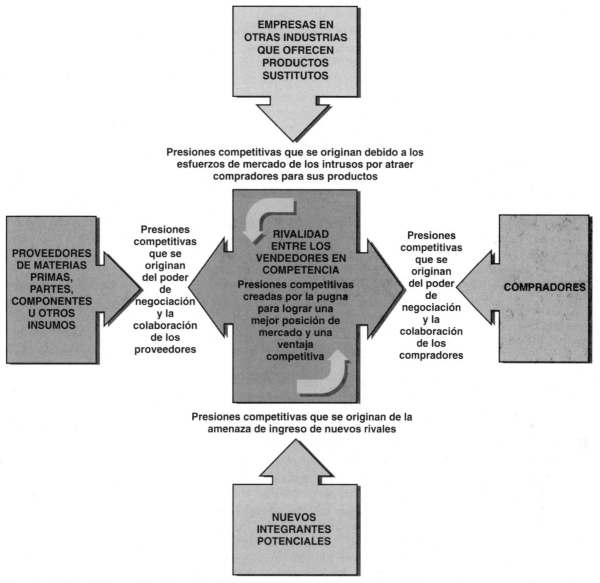

Fuente: Adaptada de Michael E. Porter, "How Competitive Forces Shape Strategy", *Harvard Business Review* 57, núm. 2, marzo-abril de 1979, pp. 137-145.

El antagonismo entre vendedores rivales   Por lo común, la más poderosa de las cinco fuerzas competitivas es la que consiste en lograr una posición y la preferencia del comprador por el producto o servicio de uno en vez del de los vendedores rivales. En algunas industrias, la rivalidad está centrada en la competencia de precios; es usual entre los minoristas y compradores por internet, así como entre los vendedores de productos como clavos, triplay, azúcar, papel impreso y gasolina, competir mediante el ofrecimiento a los compradores del mejor (más bajo) precio. En ocasiones, la competencia de precios puede ser tan encarnizada que durante algún tiempo los precios de mercado caen por debajo de los costos unitarios, lo cual provoca pérdidas entre algunos o la mayoría de los rivales. En otras industrias, la competencia de precios va de mínima a moderada, por lo que la rivalidad se centra en uno o más de los siguientes aspectos: ofrecer a los compradores la combinación más atractiva de características de desempeño (como ocurre con las cámaras digitales), ser el primero en el mercado que proporcione productos innovadores, superar a los rivales con artículos de mayor calidad y duración, ofrecer a los compradores garantías más prolongadas (como en los automóviles y los neumáticos de refacción), suministrar un servicio superior después de la venta o crear una imagen más sólida de la marca (como en las cervezas, los cigarros, el agua embotellada, el corretaje electrónico y los restaurantes de comida rápida).

La pugna competitiva entre los rivales se intensifica cuando uno o más competidores ven una oportunidad de satisfacer mejor las necesidades de los clientes, o se encuentran bajo presión para mejorar su rentabilidad o participación de mercado. *La intensidad de la rivalidad entre los vendedores rivales es una función de qué tan vigorozamente emplean tácticas como: bajar los precios, añadir características más llamativas al producto, ampliar los servicios al cliente, ofrecer garantías más prolongadas, implementar promociones especiales e introducir nuevos productos.* La rivalidad puede ser desde amistosa hasta despiadada, dependiendo de la frecuencia y lo agresivo con que las compañías emprendan nuevas medidas que amenacen la rentabilidad de los rivales. Generalmente, los contendientes en la industria muestran sagacidad al añadir nuevas y atractivas características a la oferta de sus productos, lo que incrementa la motivación para el comprador; además, persisten en explotar los puntos débiles del enfoque de mercado de los demás.

Sin importar que la rivalidad sea moderada o intensa, cada compañía debe superar el reto de idear una estrategia exitosa para competir; desde un punto de vista ideal, tiene que ser una que *produzca una ventaja competitiva en relación con los rivales* y refuerce su presencia ante los compradores. El principal problema en la mayor parte de las industrias es que el *éxito de la estrategia de cualquier empresa depende, en parte, de las estrategias y de los recursos que puedan y quieran emplear sus rivales para respaldar sus esfuerzos estratégicos.* En otras palabras, la "mejor" estrategia de una empresa depende de las capacidades y estrategias de sus rivales. Tal interdependencia significa que siempre que una compañía lleve a cabo un movimiento estratégico, a menudo sus rivales ejercerán represalias mediante respuestas ofensivas o defensivas.

Este patrón de acción y reacción convierte la rivalidad en una contienda del tipo de "juegos de guerra" que se lleva a cabo conforme las reglas de la competencia honesta. De hecho, desde una perspectiva de la creación de la estrategia, los mercados competitivos *son campos de batalla económicos*, en donde aumenta y disminuye la intensidad de la lucha competitiva entre empresas conforme los competidores inician una serie de nuevas maniobras ofensivas y defensivas, y en tanto se esfuerzan por atraer la atención de los compradores mediante una mezcla de armamento de primera clase (precio, características de desempeño, servicio al cliente, y otros atributos atractivos), para luego dar paso a otra. Por consiguiente, la rivalidad entre empresas es dinámica; el panorama competitivo actual está cambiando constantemente a medida que las compañías actúan y reaccionan, en ocasiones con gran rapidez y otras veces en forma metódica con el objeto de superar al oponente y fomentar la lealtad del cliente.

Sin importar cuál sea la industria, hay varios factores comunes que parecen influir en el ritmo de la rivalidad entre las empresas en competencia:[4]

1. *La rivalidad se intensifica a medida que aumenta el número de competidores y éstos se asemejan más entre sí respecto a su tamaño y capacidad.* La competencia no es tan cerrada en los sistemas operativos para PC —donde Linux representa una de las pocas amenazas para Microsoft— como en el negocio de restaurantes de comida rápida, donde los compradores cuentan con muchas opciones. Hasta cierto punto, mientras mayor es el número de competidores, mayor es la probabilidad de que haya nuevas iniciativas estratégicas creativas. Además, cuando los rivales son similares en cuanto tamaño y capacidad, por lo común pueden competir sobre una base relativamente justa, lo que hace que resulte más difícil que una o dos empresas ganen la batalla competitiva y dominen el mercado.

2. *La rivalidad a menudo es más poderosa cuando la demanda del producto aumenta lentamente.* En un mercado de rápida expansión, existe la tendencia a que haya suficientes negocios para que todos puedan crecer; de hecho, se pueden llegar a necesitar todos los recursos

Principio de los mercados competitivos

La pugna competitiva entre empresas rivales es un proceso dinámico y en constante cambio, a medida que las compañías inician nuevos movimientos ofensivos y defensivos y conforme el énfasis se traslada de una combinación de herramientas y tácticas competitivas a otra.

---

[4] Estos indicadores de lo que se debe buscar cuando se evalúa la intensidad de la rivalidad intercompañía se basan en Michael E. Porter, *Competitive Strategy*, pp. 17-21.

financieros y competitivos de una empresa para mantenerse apenas a la par con la creciente demanda del comprador, por lo que se dificulta ganar clientes a los rivales. Pero cuando el crecimiento se vuelve más lento, o cuando la demanda del mercado baja en forma inesperada, las empresas orientadas a la expansión y/o las que tienen un exceso de capacidad, a menudo reducen los precios y despliegan otras tácticas de incremento de ventas, iniciando así una batalla por la participación de mercado, que puede dar por resultado la eliminación de las empresas débiles y menos eficientes. De ese modo, la industria se compacta en un número menor de rivales, aunque sean más poderosos en lo individual.

3. *La rivalidad es más intensa cuando las condiciones de la industria tientan a los competidores a emplear reducciones de precios u otras armas competitivas, con el fin de incrementar el volumen por unidad.* Cuando un producto es perecedero, de temporada, que resulta costoso tener en inventario o cuando la demanda se desploma, se desarrollan presiones competitivas cada que una o más empresas deciden bajar los precios y enviar el exceso de sus existencias al mercado. Del mismo modo, siempre que los costos fijos constituyan una gran fracción del costo total, de tal manera que los costos unitarios tiendan a ser más bajos en la capacidad total o casi total, entonces las empresas comienzan a sentir una gran presión para bajar los precios, o en su defecto, para aumentar en gran medida las ventas. La capacidad no utilizada impone el castigo de un incremento significativo en el costo, debido a que hay menos unidades que lleven la carga del costo fijo. En tales casos, si por alguna razón la demanda del mercado se debilita o la utilización de la capacidad empieza a disminuir, la presión para aumentar los costos por unidad a menudo obliga a las empresas rivales a hacer secretas concesiones de precios, descuentos especiales, rebajas y otras tácticas que incrementan las ventas, lo que por consiguiente intensifica la rivalidad.

4. *La rivalidad es más poderosa cuando no le resulta oneroso al cliente cambiar de marca.* Mientras más bajo es el costo del cambio, más fácil resulta que los vendedores rivales traten de atraer a los clientes de otros. Por otra parte, cuando el cambio implica altos costos para los compradores, los vendedores cuentan con una base de clientes más protegida y los esfuerzos que realizan los rivales para fomentar el cambio de marca entre los compradores se ven obstaculizados.

5. *La rivalidad es más poderosa cuando uno o más competidores se sienten descontentos con su posición de mercado e inician medidas para mejorarla a costa de sus rivales.* Las empresas que están perdiendo terreno o tienen problemas financieros, a menudo reaccionan de una manera agresiva, introduciendo nuevos productos, incrementando la publicidad, adquiriendo compañías rivales más pequeñas con el fin de reforzar su capacidad, ofreciendo precios de descuento, etc. Estas acciones pueden provocar una nueva serie de maniobras y una competencia más intensa en su lucha por la participación del mercado.

6. *La rivalidad se incrementa en proporción de los rendimientos de una medida estratégica.* Mientras mayores sean los beneficios por ir tras una oportunidad, más probable es que algunas empresas busquen una estrategia agresiva para aprovecharla. Las presiones competitivas casi siempre se intensifican cuando varios rivales comienzan a perseguir la misma oportunidad. Por ejemplo, la competencia de venta de música en línea se está acrecentando con el ingreso de Amazon.com, barnesandnoble.com y Buy.com. Es más, el volumen de los rendimientos varía en parte con la rapidez de la respuesta. Cuando los competidores responden lentamente (o no lo hacen), el iniciador de una nueva estrategia competitiva puede cosechar beneficios durante ese periodo y tal vez logre una ventaja que no pueda ser superada con facilidad. Mientras mayores son los beneficios de la medida inicial, más probabilidades hay de que algún competidor acepte el riesgo y la intente.

7. *La rivalidad tiende a ser más intensa cuando es más peligroso salir de un negocio que permanecer en él y competir.* Mientras más elevadas son las barreras para el ingreso, más poderoso es el incentivo para que los rivales permanezcan en el mercado y compitan de la mejor manera posible, aunque tengan utilidades más bajas o incluso incurran en pérdidas.

8. *La rivalidad se vuelve más volátil e impredecible mientras más diversificados sean los competidores en términos de sus visiones, propósitos estratégicos, objetivos, estrategias, recursos y países de origen.* Un grupo diverso de vendedores a menudo posee uno o más disidentes dispuestos a desequilibrar las estrategias con medidas y enfoques de mercado nada convencionales, generando así un ambiente competitivo más animado y menos predecible. Los mercados globalmente competitivos a menudo contienen rivales con diferentes opiniones sobre la dirección hacia la que se encamina la industria y que tal vez estén dispuestos a utilizar enfoques competitivos radicalmente distintos. Los intentos de los rivales transnacionales por lograr bases más fuertes en los mercados domésticos de los demás, a menudo incrementan la rivalidad, en especial cuando los agresores logran costos más bajos o productos con características más atractivas. Por ejemplo, Motorola ha enfrentado en fechas recientes una pujante competencia en los teléfonos celulares por parte de las empresas europeas Nokia y Ericcson, en gran medida porque esas dos compañías apuestan a tecnologías celulares diferentes de la de Motorola y porque, a diferencia de ésta, se empeñan de manera agresiva en que sus teléfonos celulares funcionen en sistemas inalámbricos tanto analógicos como digitales.

9. *La rivalidad se incrementa cuando poderosas compañías ajenas a una industria adquieren compañías débiles de tal industria e inician medidas agresivas y bien fundamentadas con el fin de transformar a las empresas recién adquiridas en importantes competidores en el mercado.* Un esfuerzo concertado para convertir a un rival débil en un líder del mercado, casi siempre implica poner en marcha sólidas iniciativas estratégicas para mejorar considerablemente la oferta del producto del competidor, despertar el interés del comprador y ganar una participación de mercado mayor; si estas acciones tienen éxito, presionan a los rivales para que respondan con sus propias medidas.

Hay dos facetas de la rivalidad competitiva que sobresalen: 1) una poderosa y exitosa estrategia competitiva de una compañía intensifica las presiones sobre las compañías restantes, y 2) la frecuencia y el vigor con que los competidores empleen cualquiera o todas las armas competitivas a su disposición se convierten en factores determinantes para que las presiones de la competencia asociadas con la rivalidad sean despiadadas, brutales, enconadas, moderadas o débiles. La rivalidad se caracteriza como *despiadada* o *brutal* cuando los competidores se involucran en prolongadas guerras de precios o cuando suelen utilizar otras tácticas agresivas que son mutuamente destructivas de la rentabilidad. La rivalidad se considera que va de *enconada* a *fuerte* cuando los competidores inician frecuentes ataques y contraataques (en la batalla por la participación de mercado) tan vigorosos que los márgenes de utilidad se reducen de modo drástico. La rivalidad se clasifica como *moderada* cuando los vendedores se muestran activos en la utilización de las diversas armas de competencia que tienen a su disposición, aunque por lo común continúan obteniendo ganancias aceptables. La rivalidad es *débil* cuando la mayor parte de las empresas de la industria están relativamente satisfechas con su crecimiento en ventas y su participación de mercado, cuando muy rara vez llevan a cabo intentos concertados para robarse los clientes de otras compañías y cuando los rendimientos y las ganancias sobre sus inversiones son relativamente atractivos.

El ingreso potencial de los nuevos competidores   Los nuevos competidores que ingresan en el mercado traen consigo una nueva capacidad de producción, el deseo de tener un lugar seguro en el mercado y, en ocasiones, considerables recursos para competir.[5] La seriedad de su amenaza competitiva de ingreso en un mercado particular depende de dos clases de factores: las *barreras para el ingreso* y la *reacción esperada de las empresas afectadas por el nuevo ingreso*. Existe una barrera para el ingreso siempre que a un recién llegado le resulte difícil abrirse paso en el mercado y/o los factores económicos lo pongan en desventaja frente a sus adversarios. Hay varios tipos de barreras para el ingreso:[6]

- *Economías de escala.* Las economías de escala desalientan el ingreso debido a que obligan a los competidores potenciales ya sea a ingresar con una base en gran escala (una medida costosa y tal vez arriesgada) o bien a aceptar una desventaja de costo y, por lo tanto, menores rendimientos. Tratar de superar las de un tamaño pequeño ingresando desde un principio con una base en gran escala, puede traer problemas de exceso de capacidad a largo

---

[5] Michael E. Porter, "How Competitive Forces Shape Strategy", *Harvard Business Review* 57, núm. 2, marzo-abril de 1979, p. 138.

[6] Michael E. Porter, *Competitive Strategy*, pp. 7-17.

plazo para el nuevo integrante (hasta que aumente el volumen de ventas) y, por consiguiente, amenaza las participaciones de mercado de las empresas establecidas, quienes ejercen represalias en forma agresiva (con reducciones de precios, incremento en la publicidad y la promoción de ventas u otras acciones de bloqueo similares) a fin de conservar su posición. De cualquier forma, un participante potencial se desalienta ante el prospecto de utilidades más bajas. Quienes ingresan pueden tropezar con barreras relacionadas con la escala no sólo en la producción, sino también en publicidad, mercadotecnia y distribución, financiamiento, servicio al cliente después de la venta, compra de materia prima e investigación y desarrollo.

- *Desventajas de costos y recursos independientemente del tamaño.* Las empresas establecidas pueden tener ventajas de costos y recursos que no están disponibles para los nuevos protagonistas potenciales. Estas ventajas incluyen la sociedad con los mejores y más baratos proveedores de materias primas y componentes, el usufructo de patentes y tecnología propietaria, la existencia de plantas construidas y equipadas con años de anticipación a menores costos, ubicaciones favorables y costos más bajos por préstamos adquiridos.

- *Efectos en la curva del aprendizaje y la experiencia.* Cuando los costos unitarios más bajos son parcialmente o en su mayor parte resultado de la experiencia en la fabricación del producto y de otros beneficios de la curva de aprendizaje, los nuevos participantes se enfrentan a una desventaja potencialmente importante en el costo al competir con empresas ya existentes que cuentan con más conocimientos prácticos acumulados.

- *Incapacidad de igualar los conocimientos tecnológicos y especializados de las empresas ya existentes en la industria.* Un ingreso exitoso requiere capacidad tecnológica que no está fácilmente disponible para un recién llegado o habilidades y conocimientos que éste no puede aprender con facilidad. Las patentes clave pueden impedir el ingreso en forma efectiva, lo mismo que la carencia de personal técnicamente hábil y la incapacidad de llevar a cabo complicadas técnicas de fabricación. Las empresas existentes a menudo protegen con sumo cuidado el conocimiento práctico que les concede una ventaja en la tecnología y la capacidad de fabricación. A menos de que los nuevos integrantes puedan tener acceso a dichos conocimientos patentados, carecerán de la capacidad de competir en esa área en igualdad de condiciones.

- *Preferencias de marca y lealtad del cliente.* Los compradores a menudo están apegados a marcas establecidas. Por ejemplo, los consumidores japoneses son muy leales a las marcas japonesas de vehículos automotores, productos electrónicos, cámaras y películas. Por tradición, los consumidores europeos han sido leales a las marcas europeas de los principales electrodomésticos. Un nivel elevado de lealtad a la marca significa que un participante potencial debe desarrollar una red de distribuidores y minoristas, además de estar preparado para gastar dinero suficiente en publicidad y promoción de ventas para vencer las lealtades del cliente y crear su propia clientela. El reconocimiento de la marca y el desarrollo de la lealtad del cliente puede ser un proceso lento y costoso. Si a un cliente le resulta difícil o costoso cambiar a una nueva marca, un nuevo competidor potencial debe persuadir a los compradores de que vale la pena pagar los costos por cambiar a su marca. Para superar la barrera del costo del cambio, los nuevos participantes quizá deberán ofrecer a los compradores un descuento o un margen extra de calidad o servicio. Todo esto puede significar márgenes de utilidad esperados más bajos para los de reciente ingreso, algo que incrementa el riesgo para las compañías que apenas empiezan y que dependen de utilidades considerables e inmediatas, a fin de costear sus nuevas inversiones.

- *Requerimientos de capital.* Mientras mayor sea la inversión total en dólares para ingresar con éxito en el mercado, más limitado será el grupo de nuevos participantes potenciales. Los requerimientos de capital más obvios están asociados con la planta y el equipo para la fabricación, el capital de trabajo para financiar los inventarios y el crédito a los clientes, la publicidad de introducción y la promoción de ventas para establecer una clientela, así como con las reservas de efectivo para cubrir las pérdidas iniciales.

- *Acceso a los canales de distribución.* En el caso de los bienes para el consumidor, un nuevo participante potencial quizás enfrente la barrera de lograr el acceso adecuado a los consumidores. Los distribuidores mayoristas se pueden mostrar reacios a aceptar un producto que carece del reconocimiento del cliente. Tal vez será necesario establecer de la nada una red de distribuidores minoristas. Habrá que convencer a los minoristas para que le concedan a una nueva marca un gran espacio para su exhibición y su periodo de prueba apropiado. Mientras más restringidos tengan los productores establecidos los canales de distribución, más difícil será el ingreso. Para superar esta barrera, los nuevos participantes potenciales quizá se vean obligados a "comprar" el acceso a la distribución, ofreciendo mejores márgenes a comerciantes y distribuidores, u otorgando concesiones y otros incentivos publicitarios. Como consecuencia, las utilidades de un integrante potencial se pueden reducir, por lo menos hasta que su producto gane la aceptación suficiente para que los distribuidores y comerciantes quieran manejarlo.

- *Políticas reguladoras.* Las agencias gubernamentales pueden limitar o incluso impedir el ingreso, requiriendo licencias y permisos. Las industrias reguladas, como la televisión por cable, las telecomunicaciones, los servicios públicos de electricidad y gas, la difusión por radio y televisión, la venta de licores al menudeo y los ferrocarriles, tienen un ingreso controlado por el gobierno. En los mercados internacionales, los gobiernos anfitriones por lo común limitan el ingreso extranjero y deben aprobar todas las solicitudes de inversiones extranjeras. Las regulaciones de seguridad rígidas y los estándares de contaminación ambiental son barreras para el ingreso, debido a que incrementan los costos.

- *Aranceles y restricciones comerciales internacionales.* Por lo común, los gobiernos nacionales emplean restricciones arancelarias y comerciales (reglas "antidumping" [evitan la venta de un producto en el extranjero a un precio inferior al aplicado en el interior], requerimientos locales de contenido y cuotas), con el fin de erigir barreras para el ingreso de empresas extranjeras y para proteger de la competencia a los productores locales. En 1996, debido a los aranceles impuestos por el gobierno de Corea del Sur, un Ford Taurus les costaba a los compradores sudcoreanos más de 40 000 dólares. El gobierno de la India requiere que 90% de las partes y los componentes que se utilizan en las plantas hindúes de ensamble de camiones se fabriquen en ese país. Y para proteger a los fabricantes europeos de chips contra la competencia de bajo costo de Asia, los gobiernos europeos instituyeron una rígida fórmula para calcular los precios mínimos de los chips de memoria de las computadoras.

Que las barreras para el ingreso en una industria se consideren altas o bajas, depende de los recursos y las competencias que posea el grupo de nuevos integrantes potenciales. Las barreras para el ingreso pueden ser formidables para las nuevas empresas que tratan de competir contra las compañías bien establecidas. Pero las empresas ajenas a una industria quizá consideren que las barreras de entrada, dados sus recursos, competencias y reconocimiento de marca, sean relativamente fáciles de superar. De igual forma, las barreras para el ingreso quizá sean débiles para los participantes actuales de la industria que están buscando ingresar en áreas del mercado en su conjunto, en donde aún no tienen presencia. Una compañía que ya está bien establecida en un segmento de mercado o en un mercado geográfico puede tener los recursos, competencias y habilidades necesarios para salvar las barreras para ingresar en un segmento de mercado distinto o en un mercado geográfico nuevo. Al evaluar los peligros potenciales del ingreso, la administración debe verificar: 1) qué tan grandes son las barreras de ingreso para cada tipo de nuevo participante potencial; es decir, para las empresas que apenas inician, las empresas candidatas de otras industrias y los participantes actuales de la industria que tratan de ampliar su alcance de mercado, y 2) qué tan atractivas son las expectativas de utilidades para los nuevos participantes. *Un nivel elevado de utilidades actúa como atractivo para empresas ajenas a la industria, motivándolas a comprometer los recursos necesarios para superar las barreras de ingreso.*[7]

---

[7] Cuando las utilidades son suficientemente atractivas, las barreras para el ingreso no logran desalentar a los interesados; cuando mucho, limitan el grupo de candidatos con las competencias, los recursos y la creatividad necesarios para modelar una estrategia para competir con las empresas establecidas. Un buen análisis de este tema se presenta en George S. Yip, "Gateways to Entry", *Harvard Business Review* 60, núm. 5, septiembre-octubre de 1982, pp. 85-93.

Incluso si un nuevo participante potencial tiene o puede adquirir las competencias y los recursos necesarios para intentar el ingreso, todavía se enfrenta al aspecto de cómo reaccionarán las empresas establecidas.[8] ¿Ofrecerán sólo una resistencia pasiva o se defenderán en forma agresiva para conservar sus posiciones en el mercado, utilizando reducciones de precios, incrementando la publicidad, mejorando el producto y cualquier otra cosa que le pueda causar dificultades a un nuevo integrante (así como a otros rivales)? Un nuevo competidor potencial puede cambiar de opinión cuando las empresas financieramente poderosas envían señales claras de que defenderán con energía sus posiciones de mercado contra los recién llegados. También tiene un efecto desalentador en los probables nuevos competidores el hecho de que las empresas afectadas decidan reforzar a sus distribuidores y clientes con el fin de conservar sus negocios.

La mejor prueba de si un nuevo ingreso potencial representa una fuerza competitiva poderosa o débil para el mercado, es investigar si el crecimiento y las expectativas de utilidades de la industria son lo bastante atractivos como para inducir un ingreso adicional. Cuando la respuesta es negativa, el ingreso potencial es una fuerza competitiva débil. Cuando es afirmativa y hay candidatos para el ingreso que tienen pericia y recursos suficientes, entonces el ingreso potencial es una más de las presiones competitivas en el mercado. Mientras más poderosa es la amenaza del ingreso, más impulsadas se sienten las empresas establecidas a defender sus posiciones contra los recién llegados, esforzándose no sólo por proteger sus participaciones de mercado, sino también por hacer el ingreso al mercado más costoso o difícil.

Un punto adicional: *la amenaza del ingreso cambia a medida que los prospectos de la industria mejoran o decaen, y a medida que aumentan o disminuyen las barreras para el ingreso.* Por ejemplo, la expiración de una patente clave incrementa de manera considerable los peligros de nuevos ingresos. Un descubrimiento tecnológico puede crear una ventaja en la economía de escala donde antes no existía ninguna, o facilitar que los recién llegados pongan un pie adentro; por ejemplo, con internet a los nuevos minoristas del comercio electrónico les es más fácil competir contra algunas de las cadenas de comercio al menudeo más conocidas y fuertes. Las nuevas acciones de las empresas establecidas para incrementar en gran medida tanto sus capacidades de comercio electrónico como su publicidad, reforzar las relaciones con comerciantes y distribuidores, intensificar la investigación y el desarrollo, o para mejorar la calidad del producto, hacen que los obstáculos para el ingreso sean mayores. En los mercados internacionales, las barreras para el ingreso de empresas extranjeras disminuyen a medida que se reducen los aranceles, los gobiernos locales abren sus mercados a los extranjeros, los mayoristas y minoristas buscan artículos extranjeros de costo más bajo y los compradores domésticos se muestran más dispuestos a comprar marcas extranjeras.

Presiones competitivas de productos sustitutos
Con mucha frecuencia, las empresas de una industria están en estrecha competencia con las de otra debido a que sus productos son buenos sustitutos. Los productores de anteojos compiten con los fabricantes de lentes de contacto y con los oftalmólogos que realizan cirugía con láser para solucionar los problemas de la vista. La industria del azúcar compite con compañías que producen edulcorantes artificiales y con los que fabrican miel de maíz con un elevado contenido de fructosa. Los productores de algodón y lana están entablando una cerrada competencia con los fabricantes de telas sintéticas. Las empresas generadoras de energía eléctrica están en competencia con las empresas distribuidoras de gas natural, en usos como cocción de alimentos y calefacción de habitaciones y agua. Los fabricantes de aspirinas compiten contra los fabricantes de acetaminofeno, ibuprofeno y otros calmantes para el dolor. Los periódicos, con la televisión, para ofrecer noticias relevantes de última hora, y con las fuentes de internet en cuanto a la difusión de resultados deportivos, cotizaciones de acciones y oportunidades de trabajo. El correo electrónico es un sustituto de las empresas que proporcionan servicios de entrega de documentos en horas no laborables, como FedEx, Airbone Express y el servicio postal ordinario. La magnitud de las presiones competitivas de los productos sustitutos depende de tres factores: 1) si hay disponibles sustitutos con un precio atractivo; 2) que los consumidores consideren satisfactorios a los sus-

Principio de los mercados competitivos

La amenaza del ingreso es mayor cuando las barreras son pocas, hay un considerable grupo de candidatos, las empresas establecidas no pueden o no están dispuestas a combatir con energía los esfuerzos de un recién llegado por lograr una posición en el mercado y cuando el competidor potencial podría esperar obtener utilidades atractivas.

---

[8] Michael E. Porter, "How Competitive Forces Shape Strategy", p. 140, y *Competitive Strategy*, pp. 14-15.

titutos en términos de calidad, desempeño y otros atributos pertinentes, y 3) la facilidad con que los compradores pueden preferir los sustitutos.

La presencia de sustitutos fácilmente disponibles y de precio atractivo crea una presión competitiva al asignar un precio tope a cierto producto sin ofrecer a los clientes un incentivo para optar por los sustitutos y arriesgarse a una disminución de las ventas.[9] Al mismo tiempo, este precio tope frena las utilidades de los miembros de la industria, a menos que encuentren formas de reducir los costos. Cuando los sustitutos son más económicos que el producto de la industria, los miembros de ésta se encuentran bajo una gran presión competitiva para reducir sus precios y encontrar formas de absorber las disminuciones del precio mediante reducciones del costo.

La disponibilidad de sustitutos inevitablemente invita a los clientes a comparar la calidad, las características, el desempeño, la facilidad de su uso, así como el precio y otros atributos. Por ejemplo, los fabricantes de lanchas para esquiar se enfrentan a una poderosa competencia por parte de las acuamotos, debido a que los amantes de los deportes acuáticos han encontrado que éstas tienen fabulosas características de desempeño que las convierten en sustitutos satisfactorios. Los usuarios de botellas y frascos de vidrio sopesan constantemente el desempeño de los recipientes de plástico, envases de cartón y latas de aluminio. La competencia de los productos sustitutos impulsa a los participantes de una industria a intensificar sus esfuerzos para convencer a los clientes de que su producto tiene atributos superiores a los de los sustitutos.

Otro factor determinante de la intensidad de la competencia generada por los sustitutos es lo difícil o lo costoso que les resulta a los clientes optar por un sustituto.[10] Los costos típicos del cambio incluyen una prima de precio extra, los costos del equipo adicional, el tiempo y el costo de poner a prueba la calidad y confiabilidad del sustituto, el costo psicológico por deteriorar las relaciones con el antiguo proveedor y establecer otras nuevas, los pagos por la ayuda técnica para lograr el cambio, y los costos de volver a capacitar a los empleados. Si los costos del cambio son elevados, los vendedores de los sustitutos deben ofrecer un importante beneficio del costo o del desempeño, con el fin de convencer a los clientes de que se alejen de la industria. Cuando los costos del cambio son bajos, es mucho más fácil que los vendedores de sustitutos convenzan a los compradores de que cambien a sus productos.

De manera que, como norma, mientras más bajo sea el precio de los productos sustitutos, mayor su calidad y desempeño, y menor el costo del cambio para el usuario, serán más intensas las presiones competitivas que ejerzan. Algunos buenos indicadores de la fuerza competitiva de los productos sustitutos son el índice con el cual aumentan sus ventas y utilidades, las incursiones que han llevado a cabo en el mercado y sus planes para ampliar su capacidad de producción.

Presiones competitivas emanadas del poder de negociación del proveedor y de la colaboración entre proveedor y vendedor   Que las relaciones entre proveedor y vendedor se conviertan en una fuerza competitiva fuerte o débil depende de: 1) que los proveedores puedan ejercer a su favor un suficiente poder de negociación para influir en los términos y condiciones del suministro, y 2) el grado de colaboración que exista entre proveedor y vendedor.

La forma en que el poder de negociación puede causar presiones competitivas
Los proveedores tienen poco o ningún poder de negociación o respaldo sobre sus rivales siempre que los artículos que proporcionen sean bienes disponibles en el mercado abierto donde concurren numerosos proveedores que cuentan con una gran capacidad para suministrar pedidos.[11] En tales casos, es relativamente simple para los rivales obtener todo lo que necesiten de cualquiera de los diversos proveedores capaces, quizás al dividir sus compras entre uno o más de éstos, a fin de fomentar una competencia más reñida respecto a los pedidos. Los proveedores de mercancías tienen poder de mercado sólo cuando los suministros se vuelven escasos y

---

[9] Michael E. Porter, "How Competitive Forces Shape Strategy", p. 142, y *Competitive Strategy*, pp. 23-24.

[10] Michael E. Porter, *Competitive Strategy*, p. 10.

[11] *Ibid.*, pp. 27-28.

los usuarios están tan ansiosos de asegurar lo que necesitan que aceptan los términos que favorecen más a los proveedores.

Los proveedores también se encuentran relegados a una posición de negociación más débil siempre que hay buenos sustitutos para sus artículos y cuando los compradores consideran que no es costoso ni difícil comprar a los proveedores de los artículos alternativos. Por ejemplo, las embotelladoras de bebidas no alcohólicas pueden verificar el poder de negociación de los proveedores de latas de aluminio en el precio o la entrega propiciando un mayor uso de envases de plástico e introduciendo diseños más atractivos para este material.

Los proveedores también tienden a tener menos fuerza para negociar el precio y otros términos de la venta cuando la compañía a la que están suministrando sus productos es un *cliente importante*. En tales casos, el bienestar de los proveedores está estrechamente vinculado con el de sus clientes principales. De manera que los proveedores tienen un gran incentivo para proteger y mejorar la competitividad de sus clientes por medio de precios razonables, una calidad excepcional y avances continuos en la tecnología de los artículos proporcionados.

En contraste, las empresas tal vez tengan poco poder de negociación con los *grandes proveedores*. Considérese la posición de Intel como el proveedor mundial dominante de microprocesadores para las PC. El microprocesador no es sólo un componente esencial, sino que también representa una gran parte del costo de una PC, tanto como el 20% en el caso de las PC con procesador de gran desempeño. En consecuencia, a los fabricantes (así como a los compradores) de PC les importa mucho si el precio de Intel para su procesador más reciente será de 600 o 300 dólares, o si Advanced Micro Devices (AMD), el competidor líder de Intel, sacará al mercado un procesador de calidad y desempeño comparables. Cuando los proveedores suministran un artículo que representa una fracción considerable de los costos del producto de una industria, que resulta crucial para sus procesos de producción o que afecta de manera significativa la calidad del producto de tal industria, entonces los proveedores tienen un peso significativo en los procesos competitivos. Lo anterior resulta particularmente cierto cuando unas cuantas compañías grandes controlan la mayor parte de los suministros disponibles y tienen un poder para establecer el precio (como en los microprocesadores para PC). De la misma manera, un proveedor (o un grupo de proveedores) tiene una mayor facultad de coacción sobre las negociaciones cuanto más difícil o costoso sea para los usuarios cambiar a proveedores alternativos. Es más difícil obtener concesiones de los grandes proveedores con buena reputación y con una creciente demanda para sus productos, que de los proveedores que están luchando por ampliar su base de clientes o que utilizan más plenamente su capacidad de producción.

Los proveedores también son más poderosos cuando pueden proporcionar un componente que resulte más económico que si lo fabricaran los propios miembros de la industria. Por ejemplo, la mayoría de los productores de equipo eléctrico para exteriores (podadoras de césped, cultivadoras rotatorias, barredoras de nieve, etc.), encuentran que les resulta más económico obtener de fabricantes externos los motores pequeños que requieren, en vez de fabricarlos ellos mismos, debido a que la cantidad que necesitan es demasiado pequeña para justificar la inversión, dominar el proceso y alcanzar el volumen de ventas suficiente para obtener economías de escala. Los especialistas en la manufactura de pequeños motores, al suministrar muchos tipos de motores a la totalidad de la industria de equipo de generación de potencia, obtienen un volumen de venta lo suficientemente grande para llevar a cabo por completo economías de escala, lo cual los convierte en eficientes en todas las técnicas de manufactura y les permite conservar sus costos muy por debajo de aquellos en que las empresas de generación de energía pudieran incurrir al fabricar sus propios motores. De manera que los proveedores de motores pequeños se encuentran en posición de determinar el precio del producto más abajo de lo que le costaría su fabricación al usuario, pero lo suficientemente arriba de sus propios costos para generar un margen de utilidad atractivo. En tales casos, la postura de negociación de los proveedores es poderosa *hasta* que el volumen de partes que necesita un usuario resulta lo bastante considerable para justificar una integración hacia atrás en la fabricación del componente. Así que el equilibrio del poder se desplaza de los proveedores a los usuarios. Mientras más factible sea la amenaza de la integración hacia atrás en el negocio del proveedor, más fuerza tienen los usuarios para negociar términos favorables con los proveedores.

Principio de los mercados competitivos

Los proveedores de un grupo de empresas rivales son una poderosa fuerza competitiva siempre que tengan el suficiente poder de negociación para colocar a determinados rivales en una desventaja competitiva, debido a los precios que pueden exigir, la calidad y el desempeño de los artículos que proporcionan, o la confiabilidad de sus entregas.

Hay otro caso en el que la relación entre los miembros de la industria y los proveedores representa una gran fuerza competitiva: cuando los proveedores, por una u otra razón, no tienen la capacidad o el incentivo para suministrar productos de una calidad elevada o uniforme. Por ejemplo, si los proveedores de un fabricante le proporcionan componentes que tienen múltiples defectos, o que fallan prematuramente, pueden incrementar los costos por garantía y de los productos defectuosos del fabricante, de tal manera que sus utilidades, su reputación y su posición competitiva se vean seriamente perjudicadas.

Forma en que las sociedades colaborativas entre vendedores y proveedores pueden originar presiones competitivas   En cada vez más industrias, los vendedores rivales están optando por formar sociedades estratégicas de largo plazo y estrechar relaciones laborales con proveedores selectos a fin de: 1) promover entregas justo a tiempo y reducir los costos de inventarios y logísticos; 2) acelerar la disponibilidad de los componentes de la próxima generación; 3) mejorar la calidad de las partes y componentes que se suministran y reducir la tasa de defectos, y 4) disminuir los costos del proveedor, facilitando que se den precios más bajos de los artículos suministrados. Estos beneficios se traducen en una ventaja competitiva para los miembros de la industria que realizan mejor su trabajo de administrar las relaciones de la cadena de suministros y que establecen sociedades de colaboración eficaces con los proveedores.

Dell Computer ha utilizado la asociación estratégica con proveedores clave como un elemento fundamental de su estrategia, la cual consiste en ser el proveedor con más bajos costos del mundo de computadoras, servidores y estaciones de trabajo de marca. Debido a que Dell ha administrado sus relaciones de la cadena de suministro en formas que contribuyen a tener un margen competitivo de bajo costo y alta calidad respecto a sus rivales en el suministro de componentes, ha puesto una enorme presión competitiva sobre sus rivales, pues éstos tratan de imitar las prácticas administrativas de su cadena de suministro, o de otra forma corren el riesgo de tener una gran desventaja competitiva. Las sociedades eficaces en la cadena de suministros que establezcan uno o más rivales dentro de una industria pueden convertirse de este modo en una fuente importante de presiones para los otros competidores.

Presiones competitivas que emanan del poder de negociación del comprador y de la colaboración entre vendedor y comprador

Que las relaciones entre vendedor y comprador constituyan un fuerza competitiva débil o una pujante depende de: 1) si los compradores tienen suficiente poder de negociación para influir a su favor en los términos y condiciones de venta, y 2) el grado y la importancia competitiva de las sociedades estratégicas entre vendedor y comprador que se establezcan dentro de la industria.

Forma en que el poder de negociación del comprador origina presiones competitivas   Lo mismo que en el caso de los proveedores, la fuerza que los compradores tienen al negociar términos favorables puede ser desde poderosa hasta débil. Los compradores poseen un poder considerable en las negociaciones en casos diversos.[12] La más obvia es cuando los compradores son grandes empresas y adquieren gran parte de la producción de una industria. Por lo común, las compras en grandes cantidades le proporcionan a un comprador la fuerza suficiente para obtener concesiones de precios y otros términos favorables.

Las grandes cadenas de minoristas (como Wal-Mart, Circuit City y Home Depot) a menudo tienen un gran poder de negociación en la compra de productos a los fabricantes, debido a la necesidad de éstos de una amplia exposición de menudeo y de un espacio favorable para sus productos en los anaqueles. Los minoristas pueden tener en existencia una o incluso varias marcas, pero rara vez cuentan con todas las marcas disponibles, de manera que la competencia entre fabricantes rivales por el negocio de minoristas populares o de volumen elevado les proporciona a éstos un poder significativo en las negociaciones. En Estados Unidos y Gran Bretaña, las cadenas de supermercados tienen el suficiente apalancamiento para requerir que los fabricantes de productos alimenticios hagan pagos de cantidades globales con el fin de obtener espacio para sus nuevos productos en los anaqueles. Los fabricantes de vehículos automotores tienen un poder de negociación considerable cuando compran neumáticos para el equipo origi-

---

Principio de los mercados competitivos

Los compradores son una fuerza competitiva poderosa cuando pueden ejercer un poder de negociación en lo concerniente a precio, calidad, servicio u otros términos de venta.

---

12 *Ibid.*, pp. 24-27.

nal, no sólo debido a que compran en grandes cantidades, sino también porque los fabricantes de neumáticos creen que obtienen una ventaja al proporcionar neumáticos de repuesto a los propietarios de vehículos si su marca de llantas forma parte del equipo original del automóvil. Los compradores de "prestigio" tienen cierto grado de influencia en sus negociaciones con los vendedores, ya que la reputación de un vendedor mejora si tiene compradores de prestigio en su lista de clientes.

Incluso si los compradores no hacen adquisiciones en grandes cantidades ni ofrecen al vendedor una exposición de mercado importante o de prestigio, pueden tener cierto grado de poder para negociar bajo las siguientes circunstancias:

- *Si los costos de los compradores de cambiar a marcas o sustitutos competitivos son relativamente bajos.* Los compradores que tienen la flexibilidad para satisfacer sus necesidades cambiando de marcas o absteniéndose de varios vendedores, a menudo ganan un espacio de negociación adicional con los vendedores. Cuando los productos de sus rivales son virtualmente idénticos, es relativamente fácil que los compradores cambien de un vendedor a otro con un costo muy bajo, o sin ningún costo adicional, por lo que los vendedores ansiosos estarían dispuestos a hacer concesiones para ganar el negocio de un comprador. Sin embargo, si los productos de los competidores son muy diferenciados, los compradores tal vez sean menos capaces de cambiar sin incurrir en considerables pérdidas por el cambio; así que un sagaz vendedor podría concluir, a menudo en forma acertada, que el cliente está condenado a utilizar su producto, y por tanto aquél no mostrará inclinación alguna en hacer concesiones importantes.

> Los elevados costos del cambio crean un obstáculo para el comprador y debilitan su poder de compra.

- *Si el número de compradores es reducido o si un cliente es particularmente importante para un vendedor.* Mientras menor sea el número de compradores, menos fácil será que los vendedores encuentren alternativas cuando pierden un cliente. La probabilidad de perder un cliente que no pueda recuperarse con facilidad, a menudo hace que un vendedor esté más dispuesto a hacer concesiones de una clase u otra.

- *Si los compradores están bien informados sobre los productos, precios y costos del vendedor.* Mientras más información posean los compradores, mejor será su posición para negociar. La apabullante disponibilidad de información vía internet ha dado un poder de negociación extra a los individuos. Para los compradores, resulta en verdad fácil utilizar internet para comparar características y precios de los automóviles, obtener préstamos personales e hipotecarios, así como adquirir artículos costosos como cámaras digitales. Los individuos que constantemente buscan ofertas pueden rastrear el mejor trato en internet y utilizar la información para negociar con los vendedores.

- *Si los compradores plantean una amenaza creíble de una integración hacia atrás que afecte el negocio de los vendedores.* Compañías como Anheuser-Busch, Coors y Heinz se han integrado hacia atrás en la fabricación de latas de metal, con el fin de ganar poder de negociación al satisfacer sus requerimientos de envases, en lugar de depender de los poderosos fabricantes de latas. Los minoristas ganan poder de negociación comercializando y promoviendo sus marcas de etiqueta propia junto con las marcas registradas de los fabricantes. Por ejemplo, Wal-Mart eligió competir contra Procter & Gamble, su proveedor más grande, al introducir su propia marca de detergente para ropa, llamado Sam's American Choice, cuyo precio está entre 25 y 30% más barato que el Tide de P&G.

- *Si los compradores tienen poder discrecional para decidir la compra y la fecha de adquisición del producto.* Si los consumidores se sienten descontentos con los precios de los nuevos automóviles, pueden demorar la compra o, en vez de ello, adquirir un vehículo usado. Si los clientes del negocio no están contentos con los precios o las características de seguridad de los sistemas de pago en línea, quizá demoren la compra hasta la siguiente generación de productos que esté disponible, o traten de desarrollar de manera interna su propio software. Si los estudiantes de licenciatura creen que los precios de los nuevos libros de texto son demasiado elevados, pueden utilizar libros de segunda mano.

Los compradores por lo general tienen poco poder de negociación cuando compran de manera esporádica o en pequeñas cantidades y cuando enfrentan altos costos por cambiar de marca, lo cual tal vez tenga al comprador atado a la marca actual. Por ejemplo, las compañías que compraron a Compaq o Hewlett-Packard estaciones de trabajo para gráficos e ingeniería y que utilizan sistemas operativos Windows no son serios candidatos para cambiar a las estaciones de trabajo de Sun Microsystems que funcionan con el sistema operativo UNIX. Para los usuarios, el cambio de Windows a UNIX implica, aparte de invertir un tiempo considerable en el reaprendizaje, tener que abandonar todo el software de aplicaciones de ingeniería y de gráficos basados en Windows que el usuario haya acumulado a lo largo de los años, para sustituirlo con software de aplicaciones basado en el sistema operativo UNIX.

Finalmente, debemos tener en mente que: *no es probable que todos los compradores del producto de una industria tengan igual poder de negociación con los vendedores*; algunos pueden ser menos sensibles que otros al precio, la calidad o el servicio que ofrecen sus rivales. Los minoristas independientes de neumáticos tienen menos poder de negociación en la compra que Honda, Ford, Daimler-Chrysler, los cuales adquieren el producto en grandes cantidades; asimismo, son menos sensibles a la calidad. Los fabricantes de vehículos automotores son muy cuidadosos de la calidad y el desempeño de los neumáticos, debido a los efectos que estos factores tienen sobre el desempeño del vehículo. Los fabricantes de aparatos eléctricos para el hogar se topan con un poder de negociación importante cuando venden a cadenas de minoristas como Kmart, Sears o Macy's, pero pueden exigir mejores precios de venta a tiendas pequeñas administradas por sus propios dueños.

Forma en que las sociedades colaborativas entre vendedores y compradores causan presiones competitivas Las sociedades entre compradores y vendedores se constituyen cada vez más como un importante elemento del panorama competitivo de las *relaciones negocio-a-negocio*, en contraste con las relaciones entre negocio y consumidor. Muchos vendedores que suministran artículos a los clientes de negocios han encontrado que resulta de su mutuo interés colaborar de manera muy estrecha en asuntos como entregas justo a tiempo, procesamiento de pedidos, pagos electrónicos de facturas e información en línea de las ventas en sus cajas registradoras. Por ejemplo, Wal-Mart proporciona a los fabricantes con quienes hace negocios (como Procter & Gamble) datos sobre las ventas diarias en cada una de sus tiendas, de manera que puedan surtir las existencias de inventarios a tiempo. Dell Computer ha colaborado con sus principales proveedores a fin de crear un sistema en línea para atender a más de 50 000 clientes corporativos, el cual proporciona a sus empleados información respecto a: configuraciones de producto aprobadas, precios globales, órdenes de compra sin necesidad de papeles, seguimiento de las órdenes en tiempo real, facturación, historial de adquisiciones y otras herramientas para acrecentar la eficiencia. De igual forma, Dell carga en la fábrica software del cliente e instala etiquetas de propiedad, lo cual permite que el tiempo de instalación para las PC que ordena el cliente sea mínimo, además de ayudar a que los sistemas de las PC de sus clientes migren a la siguiente generación de hardware y software. La sociedad que establece Dell con sus clientes ha impuesto sobre los otros fabricantes de PC una enorme presión competitiva que los obliga a desarrollar paquetes de ofrecimiento para sus clientes corporativos que puedan compararse favorablemente con los de Dell.

Implicaciones estratégicas de las cinco fuerzas competitivas

La contribución especial del modelo de las cinco fuerzas consiste en exponer de forma muy completa lo que es la competencia en un mercado determinado; es decir, revela la fortaleza de cada una de estas fuerzas competitivas, la naturaleza de las presiones competitivas que incluye cada fuerza y la estructura general de la competencia. Como regla, *mientras más poderoso es el impacto colectivo de las fuerzas competitivas, menores son las utilidades combinadas de las empresas participantes*. La situación competitiva más despiadada ocurre cuando las cinco fuerzas crean condiciones de mercado lo bastante difíciles para imponer prolongados rendimientos inferiores al promedio, o incluso pérdidas para todas las empresas o para la mayor parte de ellas. La estructura competitiva de una industria obviamente "no es atractiva" desde el punto de vista de obtener utilidades si la rivalidad entre los vendedores es muy poderosa, las escasas barreras para el ingreso permiten que los nuevos rivales logren una posición en el mercado, la competencia de los sustitutos es poderosa, y tanto los proveedores como los clientes pueden ejercer un considerable poder de negociación. Estas condiciones son las que rigen en la manufactura de neumáticos y de aparatos eléctricos domésticos, donde los márgenes de ganancia se han reducido históricamente.

Por otra parte, cuando las fuerzas competitivas no son en conjunto poderosas, la estructura de competencia de la industria es "favorable" o "atractiva" desde el punto de vista de la ganancia de utilidades superiores. El medio ambiente "ideal" se da cuando tanto los proveedores como los clientes se encuentran en posiciones débiles de negociación, no hay buenos sustitutos, las barreras para el ingreso son relativamente altas y la rivalidad entre los vendedores establecidos sólo es moderada. Sin embargo, incluso cuando alguna de las cinco fuerzas competitivas es poderosa, una industria puede ser atractiva para aquellas empresas cuya posición de mercado y estrategia proporcionan una defensa lo suficientemente buena contra las presiones competitivas como para preservar su capacidad de obtener utilidades superiores al promedio.

Para luchar con éxito contra las fuerzas competitivas, los administradores deben idear estrategias que protejan a la empresa tanto como sea posible de las cinco fuerzas competitivas y que ayuden a establecer las reglas, añadir más presión a los rivales y quizás incluso definir el modelo de negocio para la industria. Los administradores no pueden desarrollar estrategias competitivas ganadoras sin antes identificar cuáles son las presiones competitivas existentes, medir la fuerza relativa de cada una y comprender de manera profunda y completa toda la estructura competitiva de la industria. El modelo de las cinco fuerzas es un instrumento poderoso para que los diseñadores de estrategias logren la perspicacia competitiva que se requiere para erigir una empresa exitosa, una que idealmente goce de una ventaja competitiva sustentable.

> La estrategia competitiva de una compañía es cada vez más efectiva a medida que proporciona una buena defensa contra las cinco fuerzas competitivas, transforma las presiones competitivas a favor de la compañía y ayuda a crear una ventaja competitiva sustentable.

PREGUNTA 3: ¿QUÉ ES LO QUE PROPICIA EL CAMBIO DE LA ESTRUCTURA COMPETITIVA Y DEL AMBIENTE DE NEGOCIOS EN LA INDUSTRIA?

Las características económicas y la estructura competitiva de una industria dicen mucho de su naturaleza, pero muy poco de la forma en la cual puede estar cambiando el ambiente. Todas las industrias se caracterizan por tendencias y nuevos avances que producen en forma gradual o rápida cambios lo bastante importantes para requerir una respuesta estratégica de las empresas participantes. La hipótesis popular de que las industrias atraviesan por ciclos de vida ayuda a explicar los cambios en éstas, pero aun así es incompleta.[13] Las etapas del ciclo de vida están muy sincronizadas con los cambios en el índice de crecimiento general de la industria (ésa es la razón por la cual se utilizan términos como *crecimiento rápido, madurez temprana, saturación* y *decadencia* para describir las etapas). Sin embargo, hay más causas del cambio en la industria que la mera posición de ésta en su ciclo de vida.

El concepto de las fuerzas impulsoras

Aun cuando es importante juzgar en qué etapa de crecimiento se encuentra una industria, analíticamente resulta aún mejor identificar los factores específicos que causan ajustes fundamentales en la industria y en la competencia. Las condiciones de éstas varían debido a que están en movimiento fuerzas que crean incentivos o presiones para el cambio.[14] Las fuerzas dominantes se conocen como **fuerzas impulsoras**, ya que son las que más influyen sobre la clase de cam-

> **Concepto básico**
> Las condiciones de la industria cambian debido a que hay fuerzas importantes que obligan a los participantes (competidores, clientes o proveedores) a cambiar sus acciones; las *fuerzas impulsoras* en una industria son las *causas subyacentes fundamentales* del cambio en la industria y en las condiciones competitivas.

---

[13] Para una exposición más amplia de los problemas con la hipótesis del ciclo de vida, véase Michael E. Porter, *Competitive Strategy*, pp. 157-162.

[14] Michael E. Porter, *Competitive Strategy*, p. 162.

Cápsula ilustrativa 13

La forma en que internet y las nuevas tecnologías asociadas a internet están cambiando el panorama de los negocios: ejemplos clásicos de una fuerza impulsora

A continuación se presentan tres ejemplos de la manera en que internet ha abierto nuevas oportunidades de mercado, afecta a la competencia, crea un ambiente de negocios fundamentalmente distinto e impulsa a las compañías a incorporar las capacidades de la tecnología en línea para transformar el modo de hacer negocios.

VIAJES POR INTERNET

Tradicionalmente, si uno deseaba reservar un boleto de avión o un crucero, llamaba a la aerolínea o visitaba la agencia de viajes local. Sin embargo, internet ha cambiado las estrategias utilizadas por la industria de los viajes para atraer más clientes.

Aquellos que visitan el sitio web de Expedia o Travelocity tienen una amplia variedad de opciones de viaje a precios bajos. Las compañías son redituables porque el viaje "es un producto virtual que puede distribuirse 100% de manera electrónica, tiene una forma complicada de establecer sus precios y requiere una búsqueda intensiva", según Terrell Jones, director ejecutivo de Travelocity.

Mientras que el número de vendedores al menudeo en línea se ha desplomado, las agencias de viajes en línea han sobrevivido y comenzado a diversificarse al ofrecer paquetes completos de viaje, así como turismo en cruceros. USA Networks, propietaria de la agencia de viajes Expedia, está tratando de combinar diversas áreas de entretenimiento de manera que un consumidor pueda reservar un vuelo, ver una lista de espectáculos para ese destino y

adquirir boletos para los mismos a través de Ticketmaster, empresa que también pertenece a USA Networks.

EL SOFTWARE DOORBUILDER DE WEYERHAEUSER

Hace varios años, la fábrica de puertas Weyerhaeuser Company de Wisconsin estaba abrumada por los altos costos, las bajas ventas y la baja moral de los trabajadores. La fábrica —que se encarga de cortar, pegar, taladrar y dar forma a puertas sobre pedido de acuerdo con la orden de cada cliente— estaba empantanada tratando de satisfacer los innumerables detalles de las órdenes de los clientes en un periodo que podía llevar semanas o meses, ya que se cuenta con más de dos millones de diferentes configuraciones de puertas, en vista de las opciones para el tamaño, estilo, color del barniz y la herrería. El cálculo de los precios era una pesadilla. Las órdenes, una vez finalizadas se pegaban a cada puerta en la planta de producción, por lo que muchos formatos de órdenes se despegaban o se perdían a lo largo de las distintas etapas de la producción.

La utilización inteligente de internet y la creación de una intranet de la compañía cambiaron por completo las cosas. Los administradores de Weyerhaeuser instalaron un sistema de información interno muy avanzado, llamado DoorBuilder, que se valía de internet para comparar los precios de los materiales y la disponibilidad por parte de los distintos proveedores, lo cual posibilitaba que los clientes diseñaran y personalizaran en línea sus puertas y

(continúa)

bios que tendrán lugar en las estructuras y en el medio ambiente de la industria. El análisis de "las fuerzas impulsoras" consta de dos pasos: su identificación y la evaluación del impacto que tendrán en la industria.

Las fuerzas impulsoras más comunes   Hay muchos acontecimientos que pueden afectar a una industria con la fuerza suficiente para calificarlos como fuerzas impulsoras. Algunos son únicos y específicos de alguna situación particular de la industria, pero la mayor parte tienen cabida en una de las siguientes categorías:[15]

● *Internet y las nuevas oportunidades y amenazas que el comercio electrónico engendra en la industria.* Sin lugar a dudas, internet está produciendo una extensa revolución en los negocios, la cual altera las fronteras de la industria, abre todo tipo de nuevas amenazas y oportunidades de mercado en los segmentos negocio-a-negocio y negocio-a-consumidor, fomenta la competencia proveniente de una clase totalmente nueva y diferente de empresas, y obliga a cambios fundamentales en las prácticas de negocios. Son pocas las industrias o compañías que no se ven afectadas; pero la transformación que está propiciando internet varía de industria a industria, así como de compañía a compañía; además, la indus-

---

[15] Gran parte de lo que sigue se basa en una exposición publicada en Michael E. Porter, *Competitive Strategy*, pp. 164-183.

Cápsula ilustrativa 13

(conclusión)

obtuvieran un precio de forma instantánea; también les permitía colocar la orden de pedido en el sitio web de la empresa y verificarla para descubrir posibles errores (como por ejemplo, asegurarse de que los goznes que se querían para las puertas cumplieran con las normas de construcción de una demarcación particular). De manera interna, DoorBuilder cuenta con la capacidad de verificar la existencia de inventarios de la planta de todos los componentes requeridos, determinar el margen de costo-precio-beneficio de cada orden de fabricación de puerta a la medida, señalar las órdenes menos rentables o que significan pérdidas, verificar en pantalla el historial de crédito del cliente, calcular los volúmenes que un cliente ha ordenado durante un periodo específico a fin de determinar la rentabilidad del mismo, dar seguimiento a las órdenes conforme avance su producción en la planta y terminar a tiempo y en su totalidad 97% de todas las órdenes de compra (lo cual significó un incremento de más de 40% luego de instalar el sistema DoorBuilder).

Desde que la utilización de dicho software comenzó, la participación de la planta en el mercado estadounidense de la fabricación comercial de puertas se incrementó de 12 a 26% y los dividendos sobre sus valores netos aumentaron de 2 a 27%, lo cual se compara favorablemente con el objetivo general de la empresa de 17%.

EL FORMATO XML PARA LA CREACIÓN DE PÁGINAS WEB

La Newspaper Association of America está utilizando el lenguaje extendido para anotación (XML) a fin de crear páginas web. El XML —que está desbancando con rapidez al lenguaje de hipertexto para anotación (HTML)— permite a las personas encontrar trabajos en la sección de anuncios clasificados o bienes raíces que aparecen listados en una enorme cantidad de periódicos, mediante una sola búsqueda. La utilización del XML posibilita el intercambio de datos entre sistemas de software de distintas empresas, que de otro modo resultarían incompatibles. En consecuencia, diversos periódicos pueden vincular sus anuncios clasificados en una sola base de datos que permita la búsqueda.

De igual forma, XML posibilita que los proveedores de componentes, fabricantes, distribuidores y usuarios finales intercambien información y vinculen sus bases de datos, con lo cual se abre una amplia gama de nuevas posibilidades. Una compañía que funcione a través de un sitio web podría recopilar la lista de precios y de rutas, así como los itinerarios de UPS, FedEx y docenas de otros proveedores de transportación, a fin de ofrecer servicios de entrega global punto-a-punto para clientes corporativos, sin necesidad de contar con un solo camión, avión, barco de carga o carro de ferrocarril. XML posibilita a las empresas electrónicas ofrecer servicios como procesamiento de pagos en diversas monedas, procesamiento electrónico del pago de impuestos para una gama de jurisdicciones, así como búsquedas y análisis sofisticados de la enorme base de datos Edgar sobre archivos financieros corporativos, perteneciente a la Comisión de Valores e Intercambio de Estados Unidos.

Fuentes: Greg Dalton, "Airlines Stall While Online Travel Sites Glide", *TheStandard.com*, 19 de julio de 2001; Derek Caney, "USA Networks to Buy Stake in Expedia", Reuters, 17 de julio de 2001; Katherine Hobson, "Bucking the E-Biz Trend", *U.S. News & World Report*, 4 de junio de 2001, pp. 36-38; *Business Week* E.BIZ, 26 de julio de 1999, pp. EB 32-EB 38; y *The Wall Street Journal*, 16 de septiembre de 1999, pp. B1, B4 y B6.

tria y las implicaciones de la competencia están evolucionando de manera continua conforme surgen nuevas tecnologías relacionadas con internet y nuevos productos asociados con internet salen al mercado. Aquí el reto consiste en evaluar la forma en que el uso creciente de internet alterará el panorama de la industria y de la competencia. En muchas industrias, el papel y el impacto de internet es un impulsor crítico, si no es que *el* impulsor crítico que debe considerarse a la hora de concebir la estrategia. La cápsula ilustrativa 13 explica el poder de internet y sus tecnologías afines para reformar un entorno de la industria.

- *Incremento en la globalización de la industria.* Las industrias avanzan hacia la globalización por varias razones. Una o más empresas prominentes a nivel nacional pueden emprender estrategias agresivas a largo plazo para ganar una posición de mercado dominante a nivel global, provocando así una competencia por lograr el liderazgo mundial entre las principales industrias rivales. La demanda del producto de la industria puede comenzar a florecer en un creciente número de países. Las naciones tal vez decidan reducir las barreras arancelarias o abrir los mercados que alguna vez estuvieron cerrados a los competidores extranjeros (tal y como está ocurriendo en muchas partes de Europa, América Latina y Asia; disminución de aranceles, la eliminación de las regulaciones y la privatización de las empresas propiedad del Estado propician que los competidores locales estén frente a frente con las ambiciosas compañías globales). La difusión del conocimiento tecnológico quizá facilite que las empresas con menos renombre de los países en desarrollo ingresen a la palestra industrial a una escala global o internacional. Las diferencias significativas en los costos de mano de obra entre los países suelen ser una poderosa razón para ubicar las plantas de escala global cuyos productos requieren una labor intensiva en países con salarios bajos y utilizar estas plantas para abastecer la demanda del mercado a través del mundo entero. Los salarios en China, Taiwán, Singapur, México y Brasil, por ejemplo, son de alrededor de la cuarta parte de los de Estados Unidos, Alemania y Japón.

Las economías de costo importantes por lo general corresponden a empresas que tienen volúmenes a escala mundial, no a las que manejan volúmenes a escala nacional. Las compañías multinacionales capaces de transferir sus conocimientos prácticos de producción, mercadotecnia y administración de un país a otro, a un costo muy bajo, en ocasiones obtienen una ventaja competitiva significativa sobre los competidores domésticos. Como consecuencia, la competencia global por lo común cambia el patrón de la competencia entre los participantes clave de una industria, favoreciendo a algunos y perjudicando a otros.

Es más probable que la globalización constituya una fuerza impulsora en las industrias donde: 1) las economías de escala sean tan grandes que las compañías rivales necesiten vender sus productos en muchos países, con el fin de lograr el volumen suficiente para bajar los costos; 2) la producción de bajo costo represente una consideración crítica (lo que hace que sea imperativo ubicar las instalaciones de las plantas en países donde los costos sean más bajos); 3) una o más compañías globalmente ambiciosas ejercen una presión fuerte para obtener una buena posición competitiva en mercados atractivos de tantos países como sea posible; 4) los gobiernos locales estén privatizando monopolios gubernamentales (por ejemplo, en las áreas de telecomunicaciones y energía), así como en donde éstos abran a la competencia los mercados que alguna vez estuvieron cerrados, y 5) los recursos naturales críticos y los suministros de materia prima (como por ejemplo, petróleo crudo, cobre y algodón) estén dispersos por todo el planeta.

La globalización ha desatado una carrera frenética y acelerada por el liderazgo a nivel mundial en tarjetas de crédito, computadoras personales, automóviles, telecomunicaciones (servicios telefónicos de larga distancia, acceso a internet, comunicaciones electrónicas), productos derivados del petróleo refinado y energía.

- *Cambios en el índice de crecimiento a largo plazo de la industria.* Las variaciones ascendentes o descendentes del crecimiento son una fuerza impulsora del cambio en la industria debido a que afectan el equilibrio entre la oferta de la industria y la demanda del comprador, el ingreso y la salida, así como la índole y la fuerza de la competencia. Un ascenso rápido en la demanda a largo plazo provoca una carrera de crecimiento entre las empresas establecidas y los nuevos integrantes atraídos por la probabilidad de un mayor crecimiento. La competencia se convierte en una lucha por atraer las crecientes oportunidades y por ganar un lugar entre los líderes del mercado. Un mercado en declive incrementa las presiones competitivas, lo cual ocasiona una lucha encarnizada por la participación del mercado, induciendo de ese modo las fusiones y adquisiciones que compactan la industria al haber un menor número de participantes. Algunas compañías quizá salgan de la industria y las que permanezcan tal vez se vean forzadas a cerrar sus plantas menos eficientes y a reducir su base de producción.

- *Cambios en quienes compran el producto y en la forma en que lo utilizan.* Los cambios en la demografía del comprador y las nuevas formas de utilizar el producto pueden alterar el estado de la competencia imponiendo ciertos ajustes en las ofertas de servicio al cliente (crédito, asistencia técnica, mantenimiento y reparación), abriendo el camino para comercializar el producto de la industria por medio de una combinación distinta de distribuidores y agencias de menudeo, e impulsando a los productores a ampliar/reducir sus líneas de productos haciendo que entren en juego diferentes enfoques de ventas y promoción. La apabullante popularidad de internet en el trabajo y en el hogar está creando nuevas oportunidades para realizar compras electrónicas, servicios de corretaje en línea, de correo electrónico, de publicidad, de datos y de proveedores de internet. La demografía cambiante generada por expectativas de vida más prolongadas ha propiciado el crecimiento de mercados para conjuntos residenciales de golf, servicios de planeación para la jubilación, fondos mutualistas y cuidado de la salud.

- *Innovación del producto.* La innovación del producto puede trastornar la estructura de la competencia al ampliar la base de clientes de una industria, revitalizar el crecimiento y ampliar el grado de diferenciación del producto entre los vendedores rivales. Las introducciones exitosas de nuevos productos refuerzan la posición de mercado de las compañías innovadoras, por lo común a costa de las que se aferran a sus antiguos productos o se retrasan en la consecución de sus propias versiones del nuevo producto. Las industrias en las que la innovación del producto es una fuerza impulsora clave son: telefonía móvil, cámaras digitales, clubes de golf, juegos de video, juguetes, medicamentos de prescripción, alimentos congelados, computadoras personales y software.

- *Cambio tecnológico.* Los avances en la tecnología pueden alterar en una forma impresionante el panorama de una industria, posibilitando la fabricación de productos nuevos y/o mejores a un costo más bajo y abriendo nuevas fronteras para toda la industria. Los avances tecnológicos también llegan a producir cambios significativos en los requerimientos de capital, el tamaño mínimo eficiente de las plantas, los canales de distribución y su logística, así como los efectos de la curva de aprendizaje o de experiencia.

- *Innovación en la mercadotecnia.* Cuando las empresas tienen éxito en la introducción de nuevas formas de comercializar sus productos suelen despertar el interés del comprador, ampliar la demanda de la industria, incrementar la diferenciación del producto y bajar los costos por unidad; a su vez, cualquiera de estos aspectos, o todos, pueden alterar las posiciones competitivas de las empresas rivales e imponer revisiones estratégicas. En la actualidad, internet se está convirtiendo en el vehículo para toda clase de innovaciones de mercadotecnia.

- *Ingreso o salida de las principales empresas.* El ingreso de una o más compañías extranjeras en un mercado antes dominado por empresas domésticas casi siempre revoluciona las condiciones competitivas. De la misma manera, cuando una empresa doméstica establecida en otra industria trata de ingresar, ya sea mediante una adquisición o iniciando su propio negocio, por lo común aplica sus capacidades y sus recursos de alguna manera innovadora que impulsa la competencia en nuevas direcciones. El ingreso de una empresa importante a menudo provoca un "nuevo juego de pelota", no sólo con nuevos jugadores clave, sino también con nuevas reglas para competir. De manera similar, la salida de una empresa importante cambia la estructura competitiva al reducir el número de líderes del mercado (tal vez incrementando el dominio de los líderes restantes) y al propiciar una precipitación para atraer a los clientes de la empresa saliente.

- *Difusión de conocimientos técnicos prácticos entre más empresas y más países.* A medida que se difunde el conocimiento sobre cómo desempeñar una actividad particular, o se disemina una tecnología de fabricación especial, se erosiona cualquier ventaja competitiva basada en la tecnología que tuviesen las empresas que originalmente poseyeran ese conocimiento. La difusión de tales tecnologías suele darse a través de periódicos científicos, publicaciones comerciales, recorridos por la planta, comunicaciones verbales entre proveedores y clientes, y mediante la contratación de empleados de las otras empresas que poseen conocimientos clave. También ocurre cuando los poseedores de conocimientos tecnológicos otorgan licencias a terceros para utilizarlos a cambio de una cuota de regalías, o cuando se hace equipo con una compañía interesada en convertir dicha tecnología en una nueva empresa de negocios. Con mucha frecuencia, los conocimientos tecnológicos se adquieren simplemente mediante la compra de una compañía que tiene las habilidades, patentes y capacidad de fabricación deseadas.

  En años recientes, la transferencia de tecnología a través de las fronteras nacionales ha surgido como una de las fuerzas impulsoras más importantes en la globalización de los mercados y de la competencia. A medida que las compañías logran el acceso a los conocimientos tecnológicos, actualizan sus capacidades de fabricación en un esfuerzo a largo plazo para competir de manera directa con las compañías establecidas. Algunos casos en donde la transferencia de tecnología ha transformado a una industria fundamentalmente doméstica en una que es cada vez más global son las industrias de automóviles, neumáticos, electrónica para el consumidor, telecomunicaciones y computadoras.

- *Cambios en el costo y la eficiencia.* El aumento o la disminución de las diferencias en los costos y la eficiencia entre los competidores clave tiende a alterar de una manera considerable el estado de la competencia. La economía de bajo costo del correo electrónico y del fax ha significado una creciente presión competitiva sobre las operaciones relativamente ineficaces de costo elevado del servicio postal de Estados Unidos, debido a que es más económico y mucho más rápido enviar una página por fax que una carta por correo de primera clase, y enviar un correo electrónico es todavía mucho más barato y rápido. En la industria de la energía eléctrica, los costos más bajos para generar electricidad de las plantas de ciclo combinado recién construidas han presionado a las antiguas plantas de combustión de carbón y de gas para bajar sus costos de producción si es que quieren seguir siendo competitivas. El comercio electrónico al menudeo puede lograr una economía de costos más baja que el comercio al menudeo tradicional; de hecho, el uso de redes (internet y las intranets de las compañías) está transformando de manera radical la estructura de costos de hacer negocios en una industria tras otra.

- *Las crecientes preferencias del comprador por productos diferenciados en vez de un producto genérico (o de un producto más estandarizado en vez de productos muy diferenciados).* Una preferencia por los productos estandarizados ocurre cuando los vendedores pueden lograr un mayor seguimiento y lealtad de los compradores introduciendo artículos sobre pedido, agregando nuevas características, haciendo cambios en el estilo, ofreciendo opciones y accesorios, y creando diferencias en la imagen mediante la publicidad y el empacado. Hemos visto que cada vez más compradores deciden que una PC personalizada, "hecha a la medida", les satisface más que los modelos de PC estandarizados que se exhiben en los anaqueles; un cambio similar podría estar sucediendo en la compra de automóviles, en donde diversos fabricantes y vendedores en línea están ofreciendo vehículos hechos a la medida. Cuando sucede un cambio de productos estandarizados por productos diferenciados, la fuerza impulsora del cambio es la competencia entre rivales por diferenciarse en forma astuta de los otros.

  Por otra parte, algunos compradores deciden que un producto genérico, a un precio de presupuesto, satisface mejor sus requerimientos que un artículo con un precio mayor y con características suntuarias o que añade servicios personalizados. Los servicios de corretajes en línea, por ejemplo, han utilizado el atractivo de bajas comisiones a fin de atraer a muchos inversionistas deseosos de colocar sus propias órdenes de compra-venta a través de internet; la creciente aceptación del comercio en línea ha puesto presiones significativas a los corredores de bolsa que ofrecen toda la gama de servicios, cuyo modelo de negocio siempre se ha centrado en convencer al cliente del valor de obtener una recomendación personalizada por parte de corredores de bolsa profesionales y pagar comisiones mucho más elevadas por comerciar. Los cambios evidentes hacia una mayor estandarización de los productos a menudo desatan una cerrada competencia de precios y obligan a los vendedores rivales a bajar sus costos con el objeto de conservar la rentabilidad. La lección en este caso es que la competencia está impulsada, en parte, por el hecho de que las fuerzas del mercado puestas en movimiento actúen para aumentar o disminuir la diferenciación del producto.

- *Influencias reguladoras y cambios en la política del gobierno.* Las acciones reguladoras y gubernamentales a menudo pueden obligar a cambios significativos en las prácticas de la industria y en los enfoques estratégicos. La desregulación ha sido una poderosa fuerza en favor de la competencia en las industrias de aerolíneas, bancaria, de gas natural, telecomunicaciones y servicios públicos de electricidad. Los esfuerzos del gobierno para reformar los servicios públicos de salud y los seguros médicos se han convertido en poderosas fuerzas impulsoras en la industria del cuidado de la salud. En los mercados internacionales los gobiernos anfitriones pueden impulsar los cambios competitivos abriendo sus mercados domésticos a la participación extranjera o cerrándolos con el fin de proteger a las compañías domésticas.

- *Preocupaciones, actitudes y estilos de vida cambiantes de la sociedad.* Los aspectos sociales emergentes y las actitudes y los estilos de vida cambiantes pueden constituirse en fuertes promotores del cambio en la industria. La creciente actitud contra el tabaquismo ha surgido como el principal impulsor del cambio en esa industria; las acciones para un control más estricto de las armas de fuego han tenido un enorme impacto en los fabricantes de armas. Las preocupaciones del consumidor respecto a aspectos tales como el contenido de sal, azúcar, aditivos químicos, grasas saturadas, colesterol y valor alimenticio han obligado a los productores de alimentos a reformar las técnicas de procesamiento de éstos, a redirigir los esfuerzos de investigación y desarrollo hacia el empleo de ingredientes más saludables y a competir para encontrar productos saludables y de un sabor agradable. Las preocupaciones por la seguridad han transformado las características de seguridad en una ventaja atractiva en la industria automotriz, de juguetes y de equipo eléctrico para exteriores, por mencionar sólo algunas. El creciente interés en el aspecto físico ha dado por resultado la aparición de nuevas industrias en las áreas de equipo para hacer ejercicio, ciclismo de montaña, prendas de vestir, gimnasios deportivos y centros recreativos, suplementos vitamínicos y alimenticios, así como en programas de dieta supervisados por médicos. Las preocupaciones sociales sobre la contaminación del aire y el agua han obligado a las industrias a añadir en sus estructuras de costo los gastos para controlar la contaminación. El cambio en las preocupaciones, las actitudes y los estilos de vida de la sociedad por lo común favorece a aquellos participantes que responden con mayor rapidez y de una manera más creativa con productos orientados a las nuevas tendencias y condiciones.

- *Reducciones en la incertidumbre y en el riesgo de los negocios.* Una industria joven y reciente por lo común se caracteriza por una estructura de costos que no ha sido probada y por una gran incertidumbre respecto al volumen potencial del mercado, el tiempo y el dinero necesarios para superar los problemas tecnológicos y los canales de distribución y el segmento de compradores en los que se debe poner énfasis. Las industrias nacientes tienden a atraer a las compañías con una actitud emprendedora y dispuesta a correr riesgos. Sin embargo, al paso del tiempo, si el modelo de negocios de los pioneros de la industria demuestra su rentabilidad y la demanda del mercado por el producto parece que es durable, habrá más empresas conservadoras que se sientan atraídas a ingresar en el mercado. A menudo, estos últimos integrantes son empresas más grandes y financieramente poderosas que buscan invertir en industrias atractivas en crecimiento.

  El menor grado de riesgo de negocios y de incertidumbre también afecta la competencia en los mercados internacionales. En las primeras etapas de ingreso de una compañía a los mercados extranjeros prevalece una actitud conservadora y las empresas limitan su exposición a un nivel inferior utilizando estrategias menos arriesgadas como exportación, licencias o empresas conjuntas y sociedades en colaboración con compañías locales para lograr el ingreso. De manera que, a medida que se acumula la experiencia y disminuyen los niveles de riesgo, las compañías toman medidas más firmes e independientes, hacen adquisiciones, construyen plantas, ubican sus propias capacidades de venta y mercadotecnia con el fin de crear posiciones competitivas poderosas en el mercado local, y empiezan a vincular las estrategias en cada país para crear una estrategia más global.

La enorme cantidad de diferentes *fuerzas impulsoras potenciales* explica por qué no hay que considerar el cambio en la industria sólo en términos del modelo de ciclo de vida y por qué una comprensión total de las *causas* propiciadoras de la aparición de nuevas condiciones competitivas es parte fundamental del análisis de la industria.

Si bien muchas fuerzas de cambio pueden estar operando en una industria determinada, no es probable que haya más de tres o cuatro que se consideren como fuerzas *impulsoras*, en el sentido de que actuarán como los *principales factores determinantes* de por qué y cómo está cambiando la industria. Por consiguiente, los analistas estratégicos se deben resistir a la tentación de etiquetar todo lo que cambia como una fuerza impulsora; la tarea analítica consiste en

El objetivo del análisis de las fuerzas impulsoras es separar las causas principales del cambio en la industria de las menos importantes; por lo común, no más de tres o cuatro factores se consideran como fuerzas impulsoras.

evaluar de manera cuidadosa las fuerzas de la industria y el cambio competitivo con el fin de separar los factores principales de aquellos menos importantes.

El vínculo entre las fuerzas impulsoras y la estrategia   Un análisis riguroso de las fuerzas impulsoras de una industria es requisito previo para la creación de una estrategia sólida. Sin una conciencia cabal de cuáles son los factores externos que producirán los mayores cambios potenciales en el negocio de la compañía durante los próximos tres años, los administradores estarán mal preparados para crear una estrategia que se ajuste de modo adecuado a las condiciones emergentes. Asimismo, si no están seguros de las implicaciones de cada fuerza impulsora, o si sus puntos de vista son incompletos o no tienen una base firme, les resultará difícil crear una estrategia que responda a las fuerzas impulsoras y a sus consecuencias para la industria. De manera que el análisis de las fuerzas impulsoras no es algo que se deba tomar a la ligera; tiene un valor práctico para la creación de la estrategia y resulta básico para la tarea de pensar de manera estratégica sobre el rumbo del negocio y la forma de prepararse para los cambios.

Técnicas para el seguimiento del entorno empresarial

Una forma para tratar de detectar a tiempo las fuerzas impulsoras futuras es explorar de una manera sistemática el medio ambiente en busca de indicios. El **seguimiento del entorno empresarial** implica el estudio y la interpretación del alcance de los acontecimientos sociales, políticos, económicos, ecológicos y tecnológicos, en un esfuerzo por detectar las tendencias y condiciones nacientes que se podrían convertir en fuerzas impulsoras. El seguimiento del entorno empresarial comprende un marco de tiempo superior a los tres años próximos; por ejemplo, podría implicar criterios sobre la demanda de energía en el año 2010, la clase de electrodomésticos y controles electrónicos computarizados que tendrá la "casa del futuro", cómo se comunicarán las personas a larga distancia dentro de 10 años o lo que sucederá con los niveles de ingreso y los hábitos de consumo de los jubilados en el siglo XXI si continúa en aumento la expectativa de vida promedio. De manera que el seguimiento del entorno empresarial trata de detectar los acontecimientos más importantes y los nuevos enfoques e ideas que se están popularizando con el objeto de extrapolar sus implicaciones dentro de cinco o 20 años en el futuro. *El propósito y el valor del seguimiento del entorno empresarial es incrementar la conciencia de los administradores sobre los desarrollos potenciales que podrían tener un impacto importante en las condiciones de la industria y visualizar nuevas oportunidades o amenazas.*

El seguimiento del entorno empresarial se puede lograr estudiando y analizando de modo sistemático los acontecimientos actuales, construyendo escenarios, y empleando el método Delphi (una técnica para llegar a un consenso entre un grupo de expertos bien informados). Los métodos del seguimiento del entorno empresarial son muy cualitativos y subjetivos. El atractivo de dicho seguimiento, a pesar de su naturaleza especulativa, es que ayuda a los administradores a ampliar su horizonte de planeación, a traducir indicios vagos de oportunidades o amenazas futuras en problemas estratégicos más claros (para los cuales pueden empezar a desarrollar respuestas estratégicas) y a pensar de una manera estratégica sobre los desarrollos futuros del ambiente que los rodea.[16] Entre las compañías que emprenden un seguimiento formal de modo continuo y comprehensivo están General Electric, AT&T, Coca-Cola, General Motors, Ford, Du Pont y Shell Oil.

Los administradores pueden utilizar el *seguimiento del entorno* para detectar tendencias florecientes e indicios del cambio que podrían desarrollarse y convertirse en nuevas fuerzas impulsoras.

---

[16] Para una exposición ampliada de la naturaleza y el empleo del análisis ambiental, véase Roy Amara y Andrew J. Lipinski, *Business Planning for an Uncertain Future: Scenarios and Strategies*, Pergamon Press, Nueva York, 1983; Harold E. Klein y Robert U. Linneman, "Environmental Assessment: An International Study of Corporate Practice", *Journal of Business Strategy* 5, núm. 1, verano de 1984, pp. 55-75; y Arnoldo C. Hax y Nicolas S. Majluf, *The Strategy Concept and Process*, Prentice-Hall, Englewood Cliffs, N.J., 1991, capítulos 5 y 8.

PREGUNTA 4: ¿CUÁLES SON LAS COMPAÑÍAS QUE OCUPAN LAS POSICIONES COMPETITIVAS MÁS FUERTES/DÉBILES?

El siguiente paso en el examen de la estructura competitiva de una industria es estudiar las posiciones de mercado de las compañías rivales. Una técnica para revelar las posiciones competitivas de los participantes en una industria es el **mapeo de grupos estratégicos.**[17] Este instrumento analítico resulta útil para comparar por separado las posiciones de mercado de cada empresa, o para agruparlas en categorías semejantes cuando una industria tiene tantos competidores que no resulta práctico examinar a profundidad cada uno de ellos.

> **Concepto básico**
> La elaboración del *mapeo de grupos estratégicos* es una técnica para mostrar las posiciones competitivas que ocupan las empresas rivales en la industria.

Empleo de mapas de grupos estratégicos para evaluar las posiciones competitivas de las empresas rivales

Un **grupo estratégico** se compone de aquellas empresas rivales con enfoques y posiciones competitivas similares en el mercado.[18] Las compañías del mismo grupo estratégico pueden asemejarse en cualquiera de estos sentidos: tener una amplitud comparable de su línea de productos, vender en la misma gama de precio/calidad, hacer hincapié en los mismos canales de distribución, emplear esencialmente los mismos atributos del producto para atraer a tipos similares de compradores, depender de enfoques tecnológicos idénticos u ofrecer a los compradores servicios y asistencia técnica similares.[19] Una industria posee un solo grupo estratégico cuando todos los integrantes buscan esencialmente estrategias idénticas y tienen posiciones de mercado comparables. En el otro extremo, hay tantos grupos estratégicos como competidores cuando cada rival busca un enfoque competitivo diferente y ocupa una posición sustancialmente distinta en el mercado.

> La clasificación de los miembros de la industria en *grupos estratégicos* permite a los analistas de la industria comprender mejor el modelo de competencia en industrias complejas y ubicar a los competidores más cercanos de una empresa.

El procedimiento para elaborar un *mapa de grupos estratégicos* y decidir cuáles son las empresas que pertenecen a cada grupo estratégico consiste en:

- Identificar las características competitivas que diferencian a las empresas en la industria; las variables comunes son precio/calidad (elevado, promedio, bajo), cobertura geográfica (local, regional, nacional, global), grado de integración vertical (ninguna, parcial, total), amplitud de la línea de productos (amplia, limitada), empleo de canales de distribución (uno, varios, todos) y grado de servicio ofrecido (básico, limitado, servicio completo).

- Graficar a las empresas en un mapa de dos variables, utilizando pares de estas características de diferenciación.

- Asignar a las empresas que tengan estrategias similares dentro del mismo grupo estratégico.

- Trazar círculos alrededor de cada grupo estratégico, de manera que sean proporcionados al tamaño de la participación respectiva de ingresos por ventas totales de la industria del grupo.

Esto da como resultado un *diagrama bidimensional* como el de la industria de los videojuegos que se muestra en la cápsula ilustrativa 14.

Es necesario observar varias pautas al trazar en el mapa las posiciones de los grupos en el espacio estratégico total de la industria.[20] En primer lugar, las dos variables seleccionadas como ejes para el mapa *no* deben estar muy correlacionadas; si éste fuera el caso, los círculos en

---

[17] Michael E. Porter, *Competitive Strategy*, capítulo 7.

[18] *Ibid.*, pp. 129-130.

[19] Para un excelente estudio de la forma de identificar los factores que definen los grupos estratégicos, véase Mary Ellen Gordon y George R. Milne, "Selecting the Dimensions that Define Strategic Groups: A Novel Market-Driven Approach", *Journal of Managerial Issues* 11, núm. 2, verano de 1999, pp. 213-233.

[20] *Ibid.*, pp. 152-154.

Cápsula ilustrativa 14
Mapa de grupos estratégicos de competidores en la industria de los videojuegos

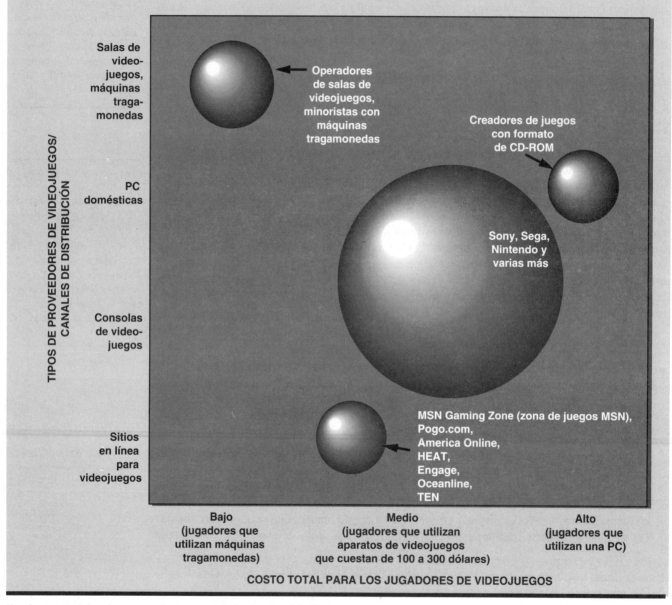

Nota: Los tamaños de las esferas son aproximadamente proporcionales a la participación de mercado de cada grupo de competidores.

el mapa quedarían en una diagonal y los creadores de la estrategia no conocerían más respecto a las posiciones relativas de los competidores de lo que sabrían si sólo hubieran considerado una de las variables. Por ejemplo, en el caso donde las compañías con líneas de productos variadas utilizan múltiples canales de distribución y las empresas con líneas limitadas emplean un solo canal de distribución, el examen de las líneas de productos amplias *versus* las limitadas revela casi lo mismo respecto a la ubicación e identidad de las empresas, que si se examinara un solo canal de distribución *versus* múltiples canales; es decir, una de las variables es redundante. En segundo lugar, las variables elegidas como ejes para el mapa deben revelar grandes diferencias en la forma en la que los rivales se posicionan para competir en el mercado. Por supuesto, esto significa que los analistas deben identificar las características que diferencian a las empresas rivales y emplearlas como variables para los ejes y como la base para decidir el grupo estratégico al que pertenece cada empresa. En tercer lugar, las variables utilizadas como ejes no deben ser cuantitativas ni continuas; más bien pueden ser variables discretas o definidas en términos de distintas clases y combinaciones. En cuarto lugar, el trazo del tamaño de los círculos en el mapa en forma proporcional a las ventas combinadas de las empresas en cada grupo estratégico permite que el mapa refleje el tamaño relativo de cada grupo estratégico. En quinto lugar, si se cuenta con más de dos buenas variables competitivas como ejes para el mapa, se pueden trazar varios mapas distintos para ofrecer diferentes aspectos de las relaciones del posicionamiento competitivo que están presentes en la estructura de la industria. Debido a que no necesariamente existe un mapa que sea el mejor para describir la forma en la que las empresas se ubican en el mercado, es aconsejable experimentar con diferentes pares de variables competitivas.

Lo que se puede aprender de los mapas de grupos estratégicos

Se debe indagar si *las fuerzas impulsoras y las presiones competitivas de la industria favorecen a algunos grupos estratégicos y perjudican a otros.*[21] Las empresas en grupos estratégicos afectados en forma adversa tratarán de cambiar a un grupo situado más favorablemente; lo difícil de esa medida depende de que las barreras para el ingreso en el grupo estratégico de su objetivo sean altas o bajas. Los intentos de las empresas rivales para ingresar en un nuevo grupo estratégico casi siempre incrementan las presiones competitivas. Si se sabe que ciertas empresas están tratando de cambiar sus posiciones en el mapa, entonces agregar flechas a los círculos mostrando la dirección hacia donde se encuentra su grupo meta ayuda a aclarar la perspectiva de la pugna competitiva entre los rivales.

Otra consideración es si el *potencial de utilidades de diferentes grupos estratégicos varía debido a las fortalezas y debilidades competitivas en cada posición de mercado del grupo.* Las diferencias en los rendimientos pueden ocurrir debido a los distintos grados del poder de negociación o colaboración con los proveedores y/o clientes, a la diferencia en la vulnerabilidad ante la competencia de los productos sustitutos fuera de la industria, a lo variable de la rivalidad competitiva entre los grupos estratégicos y a los distintos índices de crecimiento de los principales segmentos de compradores a los que atiende cada grupo. Las fuerzas impulsoras y las competitivas no afectan a cada grupo estratégico de una manera uniforme.

Por lo general, *mientras más cerca estén entre sí los grupos estratégicos en el mapa, más poderosa tiende a ser la rivalidad competitiva entre las empresas miembro.* Aunque las compañías que forman parte de un mismo grupo estratégico son las rivales más cercanas, los grupos inmediatamente adyacentes son los que le siguen en rivalidad.[22] A menudo, las empresas de grupos estratégicos que están muy apartados en el mapa apenas compiten. Por ejemplo, tanto Tiffany's como Wal-Mart venden joyería de oro y plata, pero los precios y la calidad de sus productos son muy diferentes como para justificar que se les catalogue como rivales. Por la misma razón, Timex no es un competidor rival significativo de Rolex y Subaru no es un competidor cercano de Lincoln o de Mercedes-Benz.

Por lo común algunos grupos estratégicos están ubicados en una forma más favorable que otros, debido a que las fuerzas impulsoras y las presiones competitivas no afectan a cada grupo de una forma similar y porque los prospectos de ganancias varían entre los grupos con base en lo relativamente atractivo de su posición en el mercado.

[21] *Ibid.*, pp. 130, 132-138 y 154-155.

[22] Los grupos estratégicos actúan como puntos de referencia adecuados para predecir la evolución de la estructura competitiva de una industria. Véase Avi Fiegenbaum y Howard Thomas, "Strategic Groups as Reference Groups: Theory, Modeling and Empirical Examination of Industry and Competitive Strategy", *Strategic Management Journal* 16, 1995, pp. 461-476. Para un estudio de la forma en la cual el análisis de grupos estratégicos ayuda a identificar las variables que propician una ventaja competitiva sostenible, véase S. Ade Olusoga, Michael P. Mokwa y Charles H. Noble, "Strategic Groups, Mobility Barriers, and Competitive Advantage", *Journal of Business Research* 33, 1995, pp. 153-164.

PREGUNTA 5: ¿CUÁLES SON LOS SIGUIENTES MOVIMIENTOS ESTRATÉGICOS QUE CON MAYOR PROBABILIDAD HARÁN LOS RIVALES?

A menos que una compañía preste atención a lo que estén haciendo los competidores, acabará por deambular a ciegas en el campo de batalla de la competencia. Una empresa no puede esperar superar las maniobras de sus rivales sin dar seguimiento a sus acciones, sin comprender sus estrategias y sin anticipar las medidas que probablemente tomen después. Lo mismo que en los deportes, es esencial estudiar a los rivales. La **información sobre la competencia** respecto a las estrategias que los rivales están llevando a cabo, sobre sus movimientos más recientes, sus fortalezas y debilidades de recursos, así como de sus planes ya anunciados, resulta vital para anticipar las acciones que harán de inmediato con mayor probabilidad y para saber qué influencia tendrán los movimientos de ellos sobre los mejores movimientos estratégicos de una empresa. La información sobre la competencia puede ayudar a una compañía a determinar si requiere defenderse de movimientos específicos hechos por los rivales o si esos movimientos proporcionan una anticipación de un nuevo embate ofensivo.

> Los estrategas exitosos se esfuerzan al máximo por recopilar *información sobre la competencia* concerniente a las estrategias de los competidores, dando seguimiento a sus acciones, midiendo sus fortalezas y debilidades, así como utilizando lo que han aprendido a fin de anticipar los movimientos que con mayor probabilidad realizarán después.

Seguimiento de las estrategias de los competidores

La mejor fuente de información sobre la estrategia de un competidor proviene del examen de lo que está haciendo en el mercado y de lo que declara la administración sobre los planes de la compañía (la figura 3.2 indica qué es lo que se debe buscar para identificar la estrategia de negocios de una firma). Es posible atisbar algún indicador adicional sobre lo que el competidor está haciendo o piensa hacer (su estrategia futura) si se considera el escenario del mercado geográfico del rival, su propósito estratégico, su objetivo respecto a la participación de mercado, su posición en el mapa de grupos estratégicos de la industria y su voluntad de correr riesgos; además, resulta importante saber si las medidas más recientes del competidor son en su mayor parte ofensivas o defensivas.[23] Algunas buenas fuentes de esa información incluyen el informe anual de la compañía y los archivos 10-K, los discursos recientes de sus administradores, los informes de los analistas de valores, los artículos en los medios de negocios, los comunicados de prensa de la compañía, la información de sus sitios web y de otros sitios de internet, las exposiciones en las ferias comerciales internacionales, y las charlas con los clientes, proveedores y antiguos empleados de un rival. Muchas firmas tienen una unidad de información competitiva que recopila datos de los rivales y que está disponible en la intranet (red interna) de la compañía.

> Es mejor saber más acerca de sus competidores de lo que ellos saben acerca de usted.

Sin embargo, la recopilación de la información competitiva de los rivales en ocasiones puede encontrarse en la delgada línea entre la indagación honesta y la conducta ilegal o poco ética. Por ejemplo, es legal llamar a los rivales para obtener información acerca de los precios, las fechas de introducción de nuevos productos o los niveles de salarios, pero no es ético describir con falsedad a la propia compañía. Extraer información de los representantes de los rivales en las exposiciones comerciales es ético sólo si se porta un gafete que lo identifique a uno fielmente como a todos los demás. En 1991, en un esfuerzo por saber algo más acerca de los planes estratégicos de su principal competidor, Avon hizo que su personal revisara los depósitos de basura que se encontraban afuera de la matriz de Mary Kay Cosmetics (MKC).[24] Cuando los funcionarios de MKC se enteraron de la acción y presentaron una demanda, Avon afirmó que no había hecho nada ilegal. En 1988, la Suprema Corte decretó que la basura abandonada en una propiedad pública (en este caso un callejón) podía apropiársela cualquier persona. Avon incluso presentó una cinta de video grabada en el momento en que se recogió la basura de MKC y ganó el juicio, pero la legalidad de la acción de ningún modo significa que fuera ética.

---

[23] Para una exposición de las formas legales de recopilar información acerca de las compañías rivales, véase Larry Kahaner, *Competitive Intelligence*, Simon & Schuster, Nueva York, 1996.

[24] Larry Kahaner, *Competitive Intelligence*, pp. 84-85.

Tabla 3.3 Categorización de los objetivos y las estrategias de los competidores

Alcance de la acción competitiva	Propósito estratégico	Objetivo de la participación en el mercado	Posición situación/ competitiva	Postura estratégica	Estrategia competitiva
• Local • Regional • Nacional • Transnacional • Global	• Ser el líder dominante • Desbancar al líder actual de la industria • Estar entre los cinco líderes de la industria • Avanzar hacia los diez mejores • Avanzar uno o dos lugares en la clasificación de la industria • Desbancar a un rival en particular (no necesariamente al líder) • Mantener la posición • Simplemente sobrevivir	• Una expansión agresiva por medio de adquisiciones y un crecimiento interno • Una expansión por medio del crecimiento interno (incrementar la participación en el mercado a costa de las empresas rivales) • Expansión por medio de adquisiciones • Mantener la participación actual (mediante el crecimiento a un índice igual al promedio de la industria) • Renunciar a la participación si es necesario para lograr objetivos de utilidades a corto plazo (hacer hincapié en la rentabilidad, no en el volumen)	• Se está volviendo más poderosa; en movimiento • Bien arraigada; capaz de mantener su posición actual • Detenida a la mitad de la clasificación • Aspira a una posición de mercado diferente (trata de avanzar de una posición débil a otra más poderosa) • Está luchando; pierde terreno • Se retira a una posición que pueda defender	• Ofensiva en su mayor parte • Defensiva en su mayor parte • Una combinación de ofensa y defensa • Corre riesgos en forma agresiva • Seguidora, conservadora	• Lucha por el liderazgo en costos más bajos • Se enfoca en su mayor parte en un nicho del mercado —Extremo superior —Extremo inferior —Geográfico —Compradores con necesidades especiales —Otros • Busca una diferenciación con base en —Calidad —Servicio —Superioridad tecnológica —Amplitud de la línea de productos —Imagen y reputación —Más valor por el dinero —Otros atributos

Nota: Debido a que una estrategia de enfoque puede estar orientada a cualquiera de varios nichos del mercado y a que una estrategia de diferenciación puede estar armonizada con cualquiera de varios atributos, es mejor ser explícitos acerca de las clases de estrategia de enfoque o de diferenciación que una determinada empresa está buscando. No todas las estrategias de enfoque buscan el mismo nicho de mercado ni todas las de diferenciación buscan los mismos atributos.

La tabla 3.3 proporciona un plan de clasificación fácil de aplicar para obtener un perfil de los objetivos y las estrategias de las compañías rivales. Estos perfiles, junto con un mapa de grupos estratégicos, proporcionan un diagnóstico adecuado de las estrategias y las medidas recientes de los rivales; además, se complementan con cualquier información disponible sobre cada competidor.

Predicción sobre quiénes serán los principales competidores en la industria

Por lo común resulta obvio quiénes son los principales competidores *actuales*, pero esas mismas empresas no necesariamente serán las más fuertemente posicionadas en el futuro. Algunas pueden estar perdiendo fuerza o tener un equipo deficiente para competir en el campo de batalla futuro. Las compañías más pequeñas pueden empezar una ofensiva contra los rivales más grandes, pero vulnerables. Los líderes perennes del mercado tal vez caigan rápido en la clasificación de la industria y otros acaben por ser objeto de una adquisición. Los líderes del mercado el día de hoy no necesariamente serán los de mañana.

La compañía que en forma consistente posee más y mejor información acerca de sus competidores está mejor ubicada para sobrevivir, siempre que los demás factores no varíen.

Al decidir si un competidor está posicionado favorable o desfavorablemente para ganar terreno en el mercado, los estrategas de la compañía necesitan enfocarse en las razones por las que algunos rivales cuentan con un mejor o peor desempeño. Por lo común, la firmeza con la cual una compañía conserva su participación de mercado actual es una función de su vulnerabilidad ante las fuerzas impulsoras y las presiones competitivas, de que tenga una ventaja o una desventaja competitiva y de que sea o no sea el blanco probable de una ofensiva por parte de otros participantes en la industria. La determinación precisa de los rivales que están preparados para ganar una posición de mercado y de los que parecen destinados a perderla ayuda al estratega a anticipar el tipo de probables medidas que éstos lleven a cabo después.

Predicción de los movimientos inmediatos de los competidores

Ésta es la parte más difícil y, sin embargo, la más útil del análisis del competidor. Los indicios certeros de las medidas que puede tomar una compañía específica se obtienen del estudio del propósito estratégico, de la verificación de su desempeño en el mercado y de la presión bajo la cual se encuentra para mejorar su desempeño financiero. La probabilidad de que una compañía siga adelante con su estrategia actual por lo común depende de qué tan bueno sea su comportamiento y del grado de satisfacción que sienta con su desempeño actual. Es posible que los rivales conformes sigan con su actual estrategia y sólo apliquen pequeñas modificaciones. Los competidores aquejados por problemas tal vez se estén desempeñando tan mal que las nuevas medidas estratégicas, ya sean ofensivas o defensivas, se consideren virtualmente seguras. Los rivales agresivos con un propósito estratégico ambicioso son poderosos candidatos para hallar oportunidades de mercado que van surgiendo y para explotar las debilidades de los rivales más vulnerables.

Puesto que los administradores por lo general operan con base en hipótesis del futuro de la industria y la situación de su propia empresa, pueden comprender el propósito estratégico de los administradores de la compañía rival prestando atención a sus declaraciones públicas acerca de la dirección de la industria y de lo que necesitarán para tener éxito, a lo que declaran acerca de la situación de su empresa, a lo que se comenta acerca de sus acciones actuales y anteriores, y a sus estilos de liderazgo pasados. Otro aspecto que se debe considerar es si un rival tiene la flexibilidad necesaria para hacer cambios estratégicos importantes o si está concentrado en seguir su misma estrategia básica con ajustes mínimos.

Para tener éxito en la predicción de los inminentes movimientos de un competidor es necesario tener una buena idea de su situación, de la forma de pensar de sus administradores y de sus opciones. El desempeño del trabajo necesario de detective puede resultar tedioso y consumir mucho tiempo, debido a que la información llega de muchas fuentes y fragmentada. Pero el estudio a fondo de los competidores para anticipar sus siguientes movimientos permite que los administradores preparen contramedidas efectivas (¡a tal punto que incluso derroten a un rival y acaben con él!), así como tener en cuenta las acciones probables del rival a la hora de diseñar el mejor curso de acción.

> Los administradores que no estudian a los competidores de cerca se arriesgan a quedar confundidos por las acciones sorpresivas de sus rivales.

PREGUNTA 6: ¿CUÁLES SON LOS FACTORES CLAVE QUE DETERMINAN EL ÉXITO O EL FRACASO COMPETITIVOS?

Los **factores clave para el éxito (FCE)** de una industria son aquellos aspectos que afectan más la capacidad de los miembros de la industria para prosperar en el mercado; es decir, los elementos particulares de la estrategia, los atributos del producto, los recursos, las competencias, las habilidades competitivas y los resultados de negocios que marcan la diferencia entre utilidades y pérdidas, lo que finalmente significa el éxito o el fracaso competitivo. Por su propia naturaleza, los FCE son tan importantes que *todas las empresas* de la industria les deben prestar una gran atención, debido a que son los requisitos previos para el éxito en la industria; para decirlo de otra forma, los FCE son las reglas que determinan que una empresa sea financiera y competitivamente exitosa. Las respuestas a las siguientes tres preguntas ayudan a identificar los factores clave de una empresa:

- ¿Con qué bases eligen los clientes entre las marcas en competencia de los vendedores?
- ¿Cuáles son los recursos y habilidades competitivas que necesita un vendedor para tener éxito sobre la competencia?
- ¿Qué se necesita para que los vendedores logren una ventaja competitiva sostenible?

En la industria cervecera, los factores clave para el éxito son: la utilización total de la capacidad de elaboración (para mantener bajos los costos de fabricación), una poderosa red de distribuidores mayoristas (para tener acceso a tantas agencias de menudeo como sea posible) y una publicidad inteligente (para inducir a los consumidores de cerveza a comprar una marca particular y por consiguiente impulsar la venta de cerveza por medio de los canales establecidos de minoristas y mayoristas). En la industria del vestido, los FCE son los diseños y combinaciones de colores atractivos (para crear el interés del comprador), así como una eficiencia de fabricación de bajo costo (para permitir precios de menudeo atractivos y amplios márgenes de utilidad). En el caso de las latas de estaño y aluminio, como el costo del envío de latas vacías es sustancial, uno de los factores clave es tener plantas ubicadas cerca de los usuarios finales, de manera que la producción de la planta se pueda vender dentro de distancias de envío que resulten económicas (la participación de mercado regional es más importante que la participación nacional). La tabla 3.4 proporciona una lista de los tipos más comunes de factores clave para el éxito.

La determinación de los factores clave para el éxito en la industria es, dadas las condiciones prevalecientes y anticipadas en el ambiente competitivo y de la industria, una consideración analítica prioritaria. Cuando menos los administradores necesitan comprender a la perfección la situación de la industria para saber qué es prioritario para el éxito competitivo y qué es menos importante. Necesitan saber qué clase de recursos son competitivamente valiosos. El diagnóstico erróneo de los factores de la industria que son críticos para un éxito competitivo a largo plazo incrementa en gran medida el riesgo de una estrategia mal dirigida. Por el contrario, una compañía con una comprensión perceptiva de los FCE puede lograr una ventaja competitiva sostenible si concentra su estrategia en los FCE de la industria y si dedica sus energías a ser *mucho mejor* que los rivales en uno o más de estos factores. De hecho, las compañías que sobresalen en un FCE particular disfrutan de una posición de mercado más poderosa como recompensa a sus esfuerzos; *ser significativamente superior que los rivales en uno o más de los factores clave, significa una oportunidad excepcional para lograr una ventaja competitiva.* De manera que utilizar uno o más de los FCE de la industria como *piedra angular* de la estrategia de la compañía y tratar de lograr una ventaja competitiva sostenible, al sobresalir en algún FCE en particular, constituye un enfoque fructífero.[25]

Los factores clave para el éxito varían de una industria a otra, e incluso de época a época dentro de la misma industria, a medida que cambian las fuerzas impulsoras y las condiciones competitivas. Sólo muy rara vez una industria posee más de tres o cuatro factores clave para el éxito en un momento determinado. E incluso entre esos tres o cuatro, uno o dos por lo común exceden en importancia a los otros. Por consiguiente, los administradores deben resistir a la tentación de incluir aquellos que sólo tengan una importancia mínima en su lista de factores clave para el éxito; el propósito de la identificación de los FCE es hacer juicios sobre los aspectos más importantes y los menos importantes para el éxito competitivo. Crear una lista con todos los factores desmerece un poco el propósito de centrar la atención de la administración en los factores verdaderamente críticos para el éxito competitivo a largo plazo.

Concepto básico
Los *factores clave para el éxito* en la industria conciernen a los atributos del producto, las competencias, las habilidades competitivas y los logros de mercado que tienen la mayor relación directa con los rendimientos de la compañía.

Principio de administración estratégica
Una estrategia fundamentada incluye esfuerzos para ser competente en todos los factores clave de la industria y sobresalir en por lo menos un factor.

---

[25] Algunos expertos debaten el valor de los factores clave para el éxito en la creación de la estrategia. El profesor Ghemawat afirma que "toda la idea de identificar un factor del éxito y después perseguirlo parece tener algo en común con la imprudente búsqueda medieval de la *piedra filosofal*, una sustancia que transmutaría en oro todo lo que tocara". Pankaj Ghemawat, *Commitment: The Dynamic of Strategy*, Free Press, Nueva York, 1991, p. 11.

Tabla 3.4   Tipos comunes de factores clave para el éxito

FCE relacionados con la tecnología
- Experiencia en investigación científica (importante en sectores como el farmacéutico, el acceso a internet a alta velocidad, las comunicaciones móviles, la exploración espacial y otras industrias de alta tecnología)
- Capacidad técnica para hacer mejoramientos innovadores en los procesos de producción
- Capacidad de innovación del producto
- Experiencia en una tecnología determinada
- Capacidad de utilizar internet para todo tipo de actividades de comercio electrónico

FCE relacionados con la fabricación
- Eficiencia en la producción de bajo costo (lograr economías de escala, aprovechar los efectos de la curva de la experiencia)
- Calidad en la fabricación (un menor número de defectos, escasa necesidad de reparaciones)
- Nivel elevado de utilización de los activos fijos (importante en las industrias de capital intensivo/industrias de costo fijo elevado)
- Ubicaciones de bajo costo de las plantas
- Acceso a proveedores adecuados de mano de obra calificada
- Nivel elevado de productividad laboral (importante para artículos que requieran un elevado contenido de mano de obra)
- Diseño e ingeniería de productos de bajo costo (reduce los costos de fabricación)
- Capacidad para fabricar o ensamblar productos que siguen las especificaciones del comprador

FCE relacionados con la distribución
- Una poderosa red de distribuidores mayoristas (o una capacidad de distribución electrónica a través de internet)
- Lograr un espacio amplio en los anaqueles de los detallistas
- Tener tiendas propiedad de la compañía
- Suministrar con exactitud las órdenes de los clientes
- Costos de distribución bajos
- Tiempos breves de entrega

FCE relacionados con la mercadotecnia
- Asistencia técnica rápida y precisa
- Servicio cortés al cliente
- Suministro correcto de las órdenes de los compradores (pocas órdenes incorrectas o escasos errores)
- Amplitud de la línea de productos y selección de productos
- Habilidades de comercialización
- Estilo o empaque atractivos
- Garantías para el cliente (importantes en los pedidos de menudeo efectuados por correo o vía internet, en las compras de artículos costosos, en la introducción de nuevos productos)
- Publicidad inteligente

FCE relacionados con las habilidades
- Talento superior de la fuerza laboral (importante en los servicios profesionales como contabilidad y banca de inversiones)
- Conocimientos prácticos del control de calidad
- Experiencia en el diseño (importante en las industrias de alta costura y prendas de vestir; además, suele ser una de las claves para la fabricación a bajo costo)
- Experiencia en una tecnología particular
- Habilidad para desarrollar productos innovadores y mejoramientos del producto
- Habilidad para llevar los productos recién concebidos más allá de la fase de investigación y desarrollo y lanzarlos con rapidez al mercado

Habilidad organizacional
- Sistemas de información superiores (importantes en los viajes por avión, renta de automóviles, tarjetas de crédito y hospedaje)
- Habilidad para responder con rapidez a las condiciones cambiantes del mercado (toma de decisiones modernizada, tiempos de espera breves para llevar los nuevos productos al mercado)
- Habilidad superior en la utilización de internet y de otros aspectos del comercio electrónico para hacer negocios
- Experiencia y conocimientos administrativos

Otros tipos de FCE
- Imagen/reputación favorable con los compradores
- Bajo costo general (no sólo en la fabricación)
- Ubicaciones convenientes (importantes en muchos negocios al menudeo)
- Empleados amables y corteses en todas las posiciones de contacto con los clientes
- Acceso a capital para financiamiento (importante en las industrias emergentes con elevados grados de riesgo de negocios y en industrias de capital intensivo)
- Protección de patentes

PREGUNTA 7: ¿ES ATRACTIVA LA INDUSTRIA Y CUÁLES SON SUS PROSPECTOS PARA UN RENDIMIENTO SUPERIOR AL PROMEDIO?

El paso final del análisis competitivo y de la industria es utilizar las respuestas a las seis preguntas anteriores para llegar a conclusiones sobre el atractivo (o la falta de éste) de la industria, tanto a corto como a largo plazo. Los factores importantes para la compañía que deben considerar los administradores incluyen:

- El potencial de crecimiento de la industria.
- Si en la actualidad la competencia permite rendimientos adecuados y si las fuerzas competitivas se volverán más poderosas o más débiles.
- Si las fuerzas impulsoras prevalecientes tendrán un impacto favorable o desfavorable sobre los rendimientos en la industria.
- La posición competitiva de la compañía en la industria y si es probable que su posición se vuelva más poderosa o más débil. (El hecho de ser un líder bien establecido o un competidor poderosamente posicionado en una industria, que por lo demás carece de atractivo, tal vez produzca buenas ganancias; por otra parte, el hecho de tener que emprender una lucha cuesta arriba contra rivales mucho más poderosos quizás haga que una industria, por lo demás atractiva, se convierta en poco lucrativa.)
- El potencial de la compañía para aprovechar la vulnerabilidad de los rivales más débiles (tal vez transforme una situación que no es atractiva *en la industria* en una oportunidad potencialmente satisfactoria para *la compañía*).
- Si la compañía es capaz de defenderse o revertir los factores que hacen que la industria no sea atractiva.
- Los grados de riesgo y de incertidumbre en el futuro de la industria.
- La severidad de los problemas que enfrenta la industria en conjunto.
- Si la participación continua en una industria determinada se suma en forma significativa a la capacidad de la empresa para tener éxito en otras industrias en las que pudiera interesarse.

Como un enunciado general, *si las perspectivas totales de utilidades de una industria son superiores al promedio, se puede considerar que la industria es atractiva, en caso contrario ésta resulta desalentadora.* Sin embargo, es un error pensar que las industrias son atractivas o desalentadoras para todos los participantes y para todos los integrantes potenciales. El atractivo es relativo, no absoluto, y las conclusiones en un sentido o en otro son a juicio del participante; es decir, el atractivo de la industria siempre se debe evaluar desde el punto de vista de una compañía particular. El entorno de la industria que no es atractivo para los competidores débiles puede serlo para los poderosos. Por ejemplo, a pesar de los problemas obvios de la industria del tabaco Philip Morris se las ha arreglado para incrementar su participación de mercado y para conservar una rentabilidad razonable. Las industrias que son atractivas para los que están dentro de ellas, como es el caso de las bebidas no alcohólicas, quizá sean desalentadoras para los que están afuera (debido a las enormes barreras de entrada y a las capacidades globales competitivas de Coca-Cola y PepsiCo). Las compañías que están fuera pueden estudiar el entorno de una industria y concluir que no es un negocio atractivo para que participen en él, dadas las barreras de entrada prevalecientes, sus recursos y competencias particulares, su dificultad para desafiar a los líderes actuales del mercado y las oportunidades más redituables que parece haber en cualquier otra parte. Pero una compañía que ya está favorablemente posicionada en la industria puede estudiar el mismo ambiente de negocios y concluir que la industria es atractiva, debido a que posee los recursos y las capacidades competitivas necesarios para quitarles las ventas y la participación de mercado a otros rivales más débiles, crear una poderosa posición de liderazgo y lograr buenas utilidades.

Una evaluación de que la industria es fundamentalmente atractiva sugiere que los actuales participantes establecidos emplean estrategias que refuerzan sus posiciones competitivas a lar-

> Una compañía que se encuentra bien situada en una industria que por lo demás no es atractiva, puede, bajo ciertas circunstancias, ganar utilidades extraordinariamente buenas.

go plazo en el negocio, ampliando sus esfuerzos de ventas e invirtiendo en instalaciones y habilidades adicionales según sea necesario. Si la industria y la situación competitiva carecen relativamente de atractivo, un mayor número de participantes exitosos decidirán invertir con cautela, buscarán formas de proteger su competitividad y rendimientos a largo plazo, y tal vez compren empresas más pequeñas si los precios son apropiados; a largo plazo, las compañías poderosas pueden llevar a cabo una diversificación hacia negocios más atractivos. Por otra parte, las compañías débiles en industrias que no son atractivas posiblemente consideren una fusión con un rival para mejorar su participación de mercado y sus ganancias o, como una alternativa, empezar a buscar fuera de la industria oportunidades de diversificación atractivas.

CÓMO HACER UN ANÁLISIS COMPETITIVO Y DE LA INDUSTRIA COMPLETO

La tabla 3.5 proporciona un formato para presentar los descubrimientos y conclusiones pertinentes del análisis competitivo y de la industria. Incluye las siete preguntas que expusimos antes, así como guías para que los aspirantes a analistas ejerciten el pensamiento estratégico y hagan la evaluación necesaria a fin de obtener conclusiones sagaces sobre el estado de la industria y el entorno competitivo.

Hay dos cosas que se deben tener en cuenta cuando se hace un análisis competitivo y de la industria. En primer lugar, la tarea de analizar la situación externa de una compañía no se puede reducir a un ejercicio mecánico, semejante a una fórmula, en el cual se insertan hechos y datos y se obtienen conclusiones definitivas. El análisis estratégico siempre deja un espacio para las diferencias de opiniones acerca de cómo se combinan los factores y cómo serán las futuras condiciones de la industria y competitivas. Es posible que haya varios escenarios respecto a cómo evolucionará una industria, a lo atractiva que será y a qué tan buena es la perspectiva de las utilidades. Sin embargo, aun cuando ninguna metodología puede garantizar un diagnóstico concluyente, no tiene sentido tomar atajos en el análisis estratégico y confiar en opiniones y observaciones casuales. Los administradores se convierten en mejores estrategas cuando saben cuáles son las preguntas analíticas que deben plantear, cuando poseen las habilidades para interpretar los indicios de la dirección en la cual soplan los vientos competitivos y de la industria, y cuando utilizan las técnicas de análisis de la situación para encontrar respuestas e identificar los aspectos estratégicos. Ésta es la razón por la cual nos concentramos en sugerir las preguntas que se deben hacer, en explicar los conceptos y los enfoques analíticos y en indicar la clase de cosas que se deben buscar.

En segundo lugar, es necesario hacer análisis completos competitivos y de la industria cada dos o tres años; durante el intervalo, los administradores están obligados a actualizar y reexaminar continuamente sus conocimientos a medida que se desarrollan los hechos. No hay ningún sustituto para ser un buen estudiante de la industria y de las condiciones competitivas y mantenerse al tanto de lo que está sucediendo en ese ámbito. De no tomarse en cuenta lo anterior los administradores no estarán preparados para iniciar ajustes estratégicos de una manera inteligente y oportuna.

Puntos | clave

El pensamiento estratégico acerca de la situación externa de una compañía implica sondear en busca de respuestas a las siete preguntas siguientes:

1. *¿Cuáles son las características económicas dominantes en la industria?* Las industrias difieren en forma significativa respecto a factores tales como: el tamaño y el índice de crecimiento del mercado, la esfera de acción geográfica de la rivalidad competitiva, el número y los tamaños relativos tanto de compradores como de vendedores, la facilidad del ingreso y de la salida, el hecho de que los vendedores estén integrados verticalmente, la rapidez con

Tabla 3.5   Muestra de la forma para hacer un resumen del análisis competitivo y de la industria

1. Características económicas dominantes en el entorno de la industria (tamaño y tasa de crecimiento del mercado, alcance de acción geográfica, número y tamaños de compradores y vendedores, ritmo del cambio y la innovación tecnológicos, economías de escala, efectos de la curva de la experiencia, requerimientos de capital, etcétera)

2. Análisis de la competencia
- Rivalidad entre los vendedores en competencia (una fuerza poderosa, moderada o débil; armas de las que se vale la competencia en sus esfuerzos por vencer al rival)
- Amenaza de un ingreso potencial (una fuerza poderosa, moderada o débil; evaluación de las barreras para el ingreso)
- Competencia de los sustitutos (una fuerza poderosa, moderada o débil, y las razones de ello)
- Poder de los proveedores (una fuerza poderosa, moderada o débil y las razones de ello)
- Poder de los clientes (una fuerza poderosa, moderada o débil y las razones de ello)

3. Fuerzas impulsoras

4. Posición competitiva de las principales compañías/grupos estratégicos
- Favorablemente posicionados y por qué
- Desfavorablemente posicionados y por qué

5. Análisis del competidor
- Enfoques estratégicos/movimientos predecibles de los competidores clave
- A quién observar y por qué

6. Factores clave para el éxito de la industria

7. Prospectos y atractivo general de la industria
- Factores que hacen que la industria sea atractiva
- Factores que hacen que la industria no sea atractiva
- Aspectos/problemas especiales de la industria
- Perspectiva de las utilidades (favorable/desfavorable)

la cual está cambiando la tecnología básica, el grado de los efectos de las economías de escala y de la curva de la experiencia, de que los productos de los rivales estén estandarizados o diferenciados, y de las ganancias generales. Las características económicas de una industria son importantes debido a las implicaciones que tienen para la creación de la estrategia.

2. *¿Cómo es la competencia y qué tan poderosas son cada una de las cinco fuerzas competitivas?* Las fortalezas de la competencia son una combinación de cinco aspectos: la rivalidad entre los vendedores, la presencia de sustitutos atractivos, el potencial para el nuevo ingreso, las presiones competitivas que surgen de la colaboración entre proveedor y vendedor, así como del poder de negociación de éstos, además de las que emanan de la colaboración entre vendedores y compradores y de su poder de negociación. La tarea del análisis de la competencia es comprender las presiones competitivas asociadas con cada fuerza, determinar si constituyen una fuerza competitiva poderosa o débil en el mercado y después pensar estratégicamente acerca de qué clase de estrategia competitiva, dadas las reglas de la competencia en la industria, necesitará emplear la compañía para: *a*) aislar a la empresa hasta donde sea posible de las cinco fuerzas competitivas; *b*) influir en las reglas competitivas de la industria en favor de la compañía, y *c*) ganar una ventaja competitiva.

3. *¿Qué es lo que propicia el cambio de la estructura competitiva y del ambiente de negocios en la industria?* Las condiciones competitivas y de la industria varían debido a que están en movimiento fuerzas que crean incentivos o presiones para el cambio. Las fuerzas impulsoras más comunes son los cambios que se han dado en la industria por el internet y el surgimiento explosivo de las transacciones de comercio electrónico, la globalización de la competencia, los cambios en el índice de crecimiento a largo plazo de la industria y en la composición de los compradores, las innovaciones del producto, el ingreso o la salida de grandes empresas, los cambios en el costo y la eficiencia, las preferencias variables del comprador por productos o servicios estandarizados *versus* diferenciados, las influencias reguladoras y los cambios en la política gubernamental, los factores cambiantes en la sociedad y en el estilo de vida, así como las reducciones en la incertidumbre y el riesgo en los negocios. Un análisis fundamentado de las fuerzas impulsoras y de sus implicaciones para la industria es requisito previo para la creación de una estrategia sólida.

4. *¿Cuáles son las compañías que ocupan las posiciones competitivas más fuertes/débiles?* El mapeo de grupos estratégicos es un instrumento valioso, si no es que necesario, para comprender las similitudes, diferencias, fortalezas y debilidades inherentes a las posiciones de mercado de las compañías rivales. Los rivales en el (los) mismo(s) grupo(s) estratégico(s) o en grupos cercanos son acérrimos competidores, mientras que las compañías en grupos estratégicos distantes por lo común plantean muy poca o ninguna amenaza inmediata.

5. *¿Qué medidas estratégicas es probable que tomen los rivales?* Este paso analítico implica identificar las estrategias de los competidores, decidir qué rivales son quizá los competidores más poderosos y los más débiles, evaluar las opciones competitivas de éstos y predecir sus movimientos. El estudio a fondo de los competidores para anticipar sus acciones ayuda a preparar medidas preventivas eficaces (tal vez incluso a derrotar a un rival y acabar con él) y permite que los administradores tomen en cuenta esas acciones probables cuando diseñen el mejor curso de acción para su propia compañía. Los administradores que no estudian a fondo a la competencia corren el riesgo de no ver con claridad las acciones sorpresivas de sus competidores. Una compañía no puede suponer que superará las maniobras de sus rivales sin investigar sus acciones y anticipar sus próximos movimientos.

6. *¿Cuáles son los factores clave del éxito o el fracaso competitivo?* Los factores clave para el éxito (FCE) en una industria son los elementos particulares de la estrategia, los atributos del producto, las capacidades competitivas, y los resultados de negocios que marcan la diferencia entre utilidades y pérdidas y, en última instancia, entre el éxito o el fracaso competitivo. Por su propia naturaleza, son tan importantes que *todas las empresas* deben darles la máxima atención; son los *requisitos previos* para un buen desempeño en la industria, o dicho de otra forma, son *las reglas* que determinan si una empresa tendrá éxito financiero y competitivo. Con frecuencia, una compañía puede ganar una ventaja competitiva sostenible si canaliza su estrategia hacia los FCE de la industria y dedica sus energías a ser ostensiblemente mejor que sus rivales al tener éxito en esos factores. Las compañías que sólo perciben en forma vaga o incompleta los factores realmente críticos para el éxito competitivo a largo plazo tienen menos probabilidades de contar con estrategias exitosas.

7. *¿Es atractiva la industria y cuáles son sus prospectos para rendimientos superiores al promedio?* La respuesta a esta pregunta es un impulsor importante de la estrategia de una compañía. Una evaluación de que la industria y el entorno competitivo son fundamentalmente atractivos por lo común sugiere el empleo de una estrategia calculada para desarrollar una poderosa posición competitiva en el negocio, intensificar los esfuerzos de ventas e invertir en instalaciones y equipos adicionales según sea necesario. Si la industria carece relativamente de atractivo, quienes están fuera considerando entrar pueden cambiar de opinión y buscar oportunidades en otra parte, las compañías débiles en la industria se pueden fusionar o ser adquiridas por un rival, y las compañías poderosas pueden restringir sus inversiones posteriores y emplear estrategias de reducción de costos o estrategias de innovación del producto con el fin de impulsar su competitividad a largo plazo y proteger su rentabilidad. En ocasiones, una industria que en general no es atractiva sí lo es para una compañía situada favorablemente, que cuenta con las capacidades y los recursos necesarios para eliminar de la industria a los rivales más débiles.

Un buen análisis competitivo y de la industria es un requisito previo para la creación de una estrategia eficaz. Si se lleva a cabo de una manera competente proporciona una comprensión nítida y sencilla del macroambiente exterior de una compañía, lo cual se debe ajustar de forma inteligente a la estrategia de la empresa.

Lecturas |sugeridas

D'Aveni, Richard A., *Hypercompetition*, Free Press, Nueva York, 1994, capítulos 5 y 6.

Ghemawat, Pankaj, "Building Strategy on the Experience Curve", *Harvard Business Review* 64, núm. 2, marzo-abril de 1985, pp. 143-149.

Kahaner, Larry, "What You Can Learn from Your Competitors' Mission Statements", *Competitive Intelligence Review* 6, núm. 4, invierno de 1995, pp. 35-40.

Langley, Ann, "Between 'Paralysis by Analysis' and 'Extinction by Instinct' ", *Sloan Management Review*, primavera de 1995, pp. 63-75.

Linneman, Robert E. y Harold E. Klein, "Using Scenarios in Strategic Decision Making", *Business Horizons* 28, núm. 1, enero-febrero de 1985, pp. 64-74.

Porter, Michael E., *Competitive Strategy: Techniques for Analyzing Industries and Competitors*, Free Press, Nueva York, 1980, capítulo 1.

————, *Competitive Advantage*, Free Press, Nueva York, 1985, capítulo 2.

————, "Clusters and the New Economics of Competition", *Harvard Business Review* 76, núm. 6, noviembre-diciembre de 1998, pp. 77-90.

Thomas, Howard, Timothy Pollock y Philip Gorman, "Global Strategic Analysis: Frameworks and Approaches", *Academy of Management Executive* 13, núm. 1, febrero de 1999, pp. 70-82.

Zahra, Shaker A. y Sherry S. Chaples, "Blind Spots in Competitive Analysis", *Academy of Management Executive* 7, núm. 2, mayo de 1993, pp. 7-28.

capítulo | cuatro 4 Evaluación de los recursos y las capacidades competitivas de la compañía

La verdadera cuestión no es qué tan bien estás haciendo hoy las cosas en comparación con tu propia historia, sino cómo las estás haciendo respecto a tus competidores.

—Donald Kress

Las empresas tienen éxito a largo plazo en un mercado competitivo debido a que pueden hacer mejor que sus propios competidores ciertas cosas a las que sus clientes les dan más valor.

—Robert Hayes, Gary Pisano y David Upton

El mayor error que cometen los administradores cuando evalúan sus recursos es no hacerlo en relación con los de sus competidores.

—David J. Collis y Cynthia A. Montgomery

Si una empresa no es "la mejor del mundo" en una actividad crítica, entonces está sacrificando su ventaja competitiva al desempeñar tal actividad con su técnica existente.

—James Brian Quinn

Sólo las empresas que pueden desarrollar continuamente nuevos activos estratégicos con mayor rapidez y en una forma más económica que sus competidores, obtendrán utilidades superiores a largo plazo.

—C.C. Markides y P. J. Williamson

En el capítulo anterior describimos las formas de utilizar las herramientas del análisis competitivo y de la industria para evaluar la situación externa de una empresa. En este capítulo exponemos las técnicas para medir sus capacidades de recursos, su posición de costo relativa y su fortaleza competitiva en comparación con sus rivales. El análisis de la situación de la compañía prepara el terreno para equiparar la estrategia tanto a las circunstancias de su mercado externo como a sus recursos internos y a sus capacidades competitivas. El enfoque del análisis de la situación de la compañía se basa en cinco preguntas:

1. ¿Qué tan bien está funcionando la estrategia actual de la empresa?
2. ¿Cuáles son las fortalezas y debilidades de los recursos de la firma, así como sus oportunidades y amenazas externas?
3. ¿Los precios y costos de la empresa son competitivos?
4. ¿Qué tan firme es la posición competitiva de la compañía en relación con la de sus rivales?
5. ¿A qué problemas estratégicos se enfrenta la empresa?

Para abordar estas preguntas, introduciremos cuatro nuevas técnicas analíticas: el análisis FODA, el de la cadena de valor, el de costo estratégico y la evaluación de la fortaleza competitiva. Estas técnicas son instrumentos estratégicos básicos para la administración, debido a que exponen las fortalezas y deficiencias de los recursos de la compañía, sus mejores oportunidades de mercado, las amenazas externas a su rentabilidad futura y su posición competitiva en relación con la de sus rivales. El análisis perspicaz de la situación de la compañía es una condición previa para identificar los problemas estratégicos que necesita abordar la administración y para adaptar la estrategia a sus recursos y capacidades competitivas, así como a las condiciones competitivas y de la industria.

PREGUNTA 1: ¿QUÉ TAN BIEN ESTÁ FUNCIONANDO LA ESTRATEGIA ACTUAL DE LA COMPAÑÍA?

Al evaluar qué tan bien está funcionando la estrategia actual de una empresa, un administrador debe empezar por definir qué es la estrategia (véase la figura 2.3 en el capítulo 2 para recordar los componentes clave de la estrategia de negocios). Lo primero que se debe aclarar es el enfoque competitivo de la compañía; es decir, si lucha por ser un líder de bajo costo *o* hace hincapié en formas de diferenciar su oferta de producto respecto a la de sus rivales, y si concentra sus esfuerzos en servir a un amplio espectro de clientes *o* a un nicho reducido del mercado. Otra consideración para el diseño de la estrategia es la esfera de acción competitiva de la firma dentro de la industria; es decir, en cuántas etapas está presente en la cadena de producción-distribución de la industria (una, varias o todas), cuál es su cobertura geográfica del mercado, así como el tamaño y la composición de su base de clientes. Las estrategias funcionales de la compañía en los aspectos de producción, mercadotecnia, finanzas, recursos humanos, tecnología de la información, innovación de productos, etc., también caracterizan la estrategia de la compañía. Además, ésta podría haber iniciado algunas medidas estratégicas recientes (por ejemplo, una reducción de precios, el mejoramiento del diseño, una publicidad intensa, el ingreso en una nueva área geográfica o una fusión con un competidor), que son una parte integral de su estrategia, pretenden asegurar una posición competitiva mejorada y, de manera óptima, una ventaja competitiva. La estrategia seguida se puede establecer mejor sondeando la lógica que sustenta cada medida competitiva y cada enfoque funcional.

Aun cuando hay cierto mérito en la evaluación de la estrategia desde un punto de vista *cualitativo* (su integridad, coherencia interna, razón de ser y adecuación a las circunstancias), la mejor evidencia *cuantitativa* de qué tan bien está funcionando la estrategia de la compañía proviene del estudio de su desempeño estratégico y financiero reciente, así como de la historia de las cifras, que revela los resultados que está generando la estrategia. Los dos mejores indicadores empíricos son: 1) si la compañía está logrando los objetivos financieros y estratégicos establecidos y 2) si su desempeño es superior al promedio de la industria.[1] El fracaso constante de no alcanzar los objetivos de desempeño de la firma y un desempeño deficiente en relación con los rivales son claras advertencias de que la empresa padece una mala elaboración de la estrategia, de una ejecución algo menos que competente, o de ambas cosas. En ocasiones, los objetivos de la compañía no son lo bastante explícitos (en especial para las personas ajenas a ella) como para establecer un parámetro con el cual comparar el desempeño real, pero casi siempre es factible evaluarlo al observar lo siguiente:

- Si las ventas de la empresa están creciendo más rápido, más lento o casi al mismo ritmo que el mercado en su conjunto, en cuyo caso se tiene un incremento, decremento o estabilidad de la participación del mercado.
- Si la compañía está logrando hacer nuevos clientes a una tasa atractiva y si al mismo tiempo está conservando los ya existentes.
- Si los márgenes de utilidad aumentan o disminuyen y si son adecuados en relación con los márgenes de las empresas rivales.
- Observar las tendencias en las utilidades netas de la compañía, la utilidad sobre la inversión, el valor económico agregado y cómo se comparan con las mismas tendencias de otras empresas en la misma industria.
- Si en general la fortaleza financiera y la clasificación de su crédito están mejorando o declinando.
- Si la empresa puede demostrar un mejoramiento continuo en medidas de desempeño interno como: el costo unitario, la tasa de defectos, la tasa de imperfecciones, la motivación del

---

[1] Para un excelente análisis de las medidas de desempeño que revelan lo bien que la estrategia de una empresa está funcionando, véase Robert S. Kaplan y David P. Norton, "The Balanced Storecard-Measures That Drive Performance", *Harvard Business Review* 70, núm. 1, enero-febrero de 1992, pp. 71-79.

personal y su moral, el número de rechazo de órdenes de pedido y de desabasto, ciclos más breves del inventario, etc.

- La manera en que los accionistas ven a la compañía, de acuerdo con las tendencias de los precios de reserva de ésta y el valor de las acciones (en relación con el valor de mercado agregado de las otras empresas pertenecientes a la misma industria).
- La imagen y reputación de la empresa ante sus clientes.
- Si a la empresa se le considera un líder en aspectos como: tecnología, innovación de producto, comercio electrónico, calidad del producto, plazos cortos de surtido de órdenes, precios insuperables, hacer llegar al mercado productos recién desarrollados, u otros factores importantes sobre los cuales los compradores basan su elección de marca.

> Mientras más poderosos sean el desempeño financiero y la posición de mercado de una compañía, más probabilidades hay de que ésta tenga una estrategia bien concebida y bien ejecutada.

Mientras más poderoso es el desempeño actual de una compañía en su conjunto, menos probable es que necesite cambios radicales en su estrategia. Mientras más débil sea el desempeño financiero y la posición de mercado, más probabilidades hay de que se cuestione su estrategia actual. Un desempeño débil casi siempre es una señal de una estrategia mal concebida, de una ejecución deficiente, o de ambas cosas.

PREGUNTA 2: ¿CUÁLES SON LAS FORTALEZAS Y DEBILIDADES DE LOS RECURSOS DE LA COMPAÑÍA Y SUS OPORTUNIDADES Y AMENAZAS EXTERNAS?

La evaluación de las fortalezas y debilidades de los recursos de una empresa, así como de sus oportunidades y amenazas externas, lo que suele conocerse como *análisis FODA*, proporciona una buena perspectiva para saber si la posición de negocios de una empresa es firme o endeble. El análisis FODA se basa en el principio fundamental de que *los esfuerzos en el diseño de la estrategia deben estar orientados a producir un buen ajuste entre la capacidad de recursos de la compañía* (como lo refleja el equilibrio entre las fortalezas y las debilidades de sus recursos) *y su situación externa* (que se manifiesta por las condiciones de la compañía y la industria, las propias oportunidades de mercado de la empresa y las amenazas específicas externas que vulnerarían su rentabilidad y ubicación en el mercado). Es esencial una perspectiva clara de las capacidades y deficiencias de recursos de la compañía, así como de sus oportunidades de mercado y de las amenazas externas para su bienestar futuro. De otra manera, la tarea de concebir una estrategia que aproveche los recursos de la empresa y que se dirija llanamente a aprovechar las mejores oportunidades que se le presenten a ésta, así como a neutralizar las amenazas a su bienestar, se convierte de hecho en una proposición arriesgada.

Identificación de las fortalezas y capacidades de recursos de la compañía

Una *fortaleza* es algo en lo cual es competente una compañía, o bien, una característica que le proporciona una competitividad mejorada. Una fortaleza puede asumir varias formas:

- Una *habilidad o una pericia importante*. Capacidades para lograr una fabricación a bajo costo, habilidad para el comercio electrónico, conocimientos tecnológicos, un registro comprobado de fabricación libre de defectos, pericia en proporcionar de una manera consistente un buen servicio al cliente, excelentes habilidades para la comercialización masiva o talentos únicos para la publicidad y las promociones.
- *Activos físicos valiosos*. Plantas y equipo moderno, ubicaciones atractivas de sus bienes raíces, instalaciones para distribución a nivel mundial, depósitos en propiedad de valiosos recursos naturales, redes de computación y sistemas de información sobresalientes, o grandes cantidades de efectivo y de títulos de acciones negociables.

- *Activos humanos valiosos.* Fuerza laboral capaz y experimentada, empleados talentosos en áreas clave, trabajadores dinámicos y motivados, conocimiento actualizado y capital intelectual, espíritu empresarial sagaz y conocimientos administrativos, o conocimientos colectivos arraigados en la organización y desarrollados a lo largo del tiempo.[2]

- *Activos organizacionales valiosos.* Sistemas comprobados de control de calidad, tecnología patentada, patentes clave, derechos sobre minerales, base de clientes leales, balance general y clasificación de crédito sólidos, sistemas de administración de la cadena de suministro, red interna (intranet) de la compañía y sistemas de comercio electrónico para tener acceso a la información e intercambiarla con los proveedores y clientes clave, sistemas de diseño y manufactura asistidos por computadora, sistemas para hacer negocios en internet, o una amplia lista de direcciones de correo electrónico de los clientes de la compañía.

- *Activos intangibles valiosos.* Imagen de la marca, reputación de la compañía, buena voluntad del comprador o una fuerza de trabajo motivada y vigorosa.

- *Capacidades competitivas.* Plazos cortos de desarrollo para llevar los nuevos productos al mercado, una sólida red de distribuidores, asociaciones poderosas con los proveedores clave, una organización de investigación y desarrollo con la capacidad de mantener los conductos de la organización rebosantes de productos innovadores, una gran agilidad organizacional para responder a las condiciones cambiantes del mercado y a las oportunidades que se presentan, un cuadro de representantes de servicios al cliente muy capacitado, o sistemas actualizados para hacer negocios vía internet.

- *Un logro o un atributo que coloquen a la compañía en una posición de ventaja en el mercado.* Costos generales bajos, liderazgo en la participación de mercado, un producto superior, una selección más amplia de productos, un gran reconocimiento de su marca, tecnologías de punta para el comercio electrónico o un excepcional servicio al cliente.

- *Alianzas o empresas cooperativas.* Sociedades colaborativas fructíferas con los proveedores y los aliados de mercadotecnia que mejoren la propia competitividad de la compañía.

Las fortalezas de la compañía tienen diversos orígenes. En ocasiones se relacionan con habilidades y conocimientos bastante específicos (como saber la forma de investigar los gustos y hábitos de compra del consumidor, o capacitar a los empleados que están en contacto con los clientes para que sean cordiales y útiles) y a veces provienen de diferentes recursos que se agrupan con el fin de crear una capacidad competitiva (como la innovación continua del producto, lo cual tiende a ser el resultado de una combinación de conocimientos sobre las necesidades del consumidor, los conocimientos tecnológicos, la investigación y desarrollo, el diseño e ingeniería del producto, la manufactura eficaz en relación con el costo, las pruebas de mercado, así como otras clases de capital intelectual).[3] La regularidad con la que los empleados de diferentes partes de la organización unen sus conocimientos y pericia, sus habilidades para aprovechar y desarrollar los activos físicos e intangibles de la organización, y la eficacia con la que colaboran puede crear capacidades competitivas imposibles de lograr por un solo departamento o unidad organizacional de la compañía.

En conjunto, los conocimientos y pericia de una firma, su capital intelectual, sus fortalezas competitivas únicas, su conjunto de activos estratégicamente valiosos y sus logros en el mercado determinan la dotación de *recursos* con los cuales compite. El tamaño de sus recursos y su habilidad para movilizarlos de una manera calculada a fin de que se transformen en ventaja

Concepto básico
Una compañía está posicionada para tener éxito si tiene a su disposición una dotación de recursos competitivamente valiosos.

---

[2] Muchas organizaciones de negocios están concibiendo al conocimiento de vanguardia y a los recursos intelectuales como un bien competitivo valioso y han concluido que la administración explícita de los mismos constituye una parte esencial de su estrategia. Véase Michael H. Zack, "Developing a Knowledge Strategy", *California Management Review* 41, núm. 3, primavera de 1999, pp. 125-145, y Shaker A. Zahra, Anders P. Nielsen y William C. Bogner, "Corporate Entrepreneurship, Knowledge, and Competence Development", *Entrepreneurship Theory and Practice*, primavera de 1999, pp. 169-189.

[3] Para un análisis de la forma en que se mide el poder competitivo de la base de recursos de una empresa, véase Nick Bontis, Nicola C. Dragonetti, Kristine Jacobsen y Goran Roos, "The Knowledge Toolbox: A Review of the Tools Available to Measure and Manage Intangible Resources", *European Management Journal* 17, núm. 4, agosto de 1999, pp. 391-401.

Figura 4.1 **Movilización de los recursos de la compañía para lograr una ventaja competitiva**

competitiva, son los principales determinantes del grado de buen desempeño que la compañía pueda exhibir en vista de las condiciones competitivas y de la industria prevalecientes.[4]

Identificación de las debilidades y deficiencias de recursos de la compañía

Una *debilidad* es alguna carencia de la compañía, algún bajo desempeño (en comparación con otras) o una condición que la coloca en desventaja. Las debilidades internas se pueden relacionar con: 1) deficiencias en habilidades o pericia que sean competitivamente importantes o en capital intelectual de uno u otro tipo, 2) una carencia de activos físicos, humanos, organizacionales o intangibles, 3) capacidades competitivas ausentes o débiles en áreas clave. Por consiguiente, *las debilidades internas son deficiencias en la dotación de recursos de una compañía.* Una carencia puede determinar que una compañía sea o no sea competitivamente vulnerable, dependiendo de la importancia que ésta tenga en relación con el mercado y si puede ser superada por medio de los recursos y las fortalezas que posee la compañía.

La tabla 4.1 indica las clases de factores que deben considerarse al determinar las fortalezas y debilidades de los recursos de una empresa. La evaluación de las capacidades y deficiencias de recursos de una compañía es semejante a la preparación de un *balance general estratégico*, en el cual las fortalezas de los recursos representan los *activos competitivos* y las

---

[4] En la década pasada se llevaron a cabo numerosas investigaciones sobre el papel que desempeñan los recursos y las capacidades competitivas de una compañía en el diseño de una estrategia y la determinación de la rentabilidad de la empresa. Los descubrimientos y las conclusiones se unificaron en lo que se llama "el punto de vista de la empresa basado en sus recursos". Entre los artículos más importantes se encuentran los de Birger Wernerfelt, "A Resource-Based View of the Firm", *Strategic Management Journal*, septiembre-octubre de 1984, pp. 171-180; Jay Barney, "Firm Resources and Sustained Competitive Advantage", *Journal of Management* 17, núm. 1, 1991, pp. 99-120; Margaret A. Peteraf, "The Cornerstones of Competitive Advantage: A Resource-Based View", *Strategic Management Journal*, marzo de 1993, pp. 179-191; Birger Wernerfelt, "The Resource-Based View of the Firm: Ten Years After", *Strategic Management Journal* 16, 1995, pp. 171-174, y Jay B. Barney, "Looking Inside for Competitive Advantage", *Academy of Management Executive* 9, núm. 4, noviembre de 1995, pp. 49-61.

debilidades los *pasivos competitivos*. Obviamente, la condición ideal es que sus fortalezas/activos superen a sus debilidades/pasivos por un amplio margen, ¡una situación de 50-50 definitivamente no es la condición deseada!

Una vez que los administradores han identificado las fortalezas y debilidades de recursos de una compañía, es necesario evaluar cuidadosamente las dos recopilaciones en lo que concierne a sus implicaciones para el diseño de la estrategia, así como a su valor competitivo. Algunas fortalezas son más importantes *competitivamente* que otras, debido a que añaden solidez a la estrategia de la empresa o son factores poderosos que contribuyen a fortalecer la posición en el mercado y a propiciar una mayor rentabilidad. De la misma manera, ciertas debilidades pueden resultar fatales si no se solucionan, mientras que otras son intrascendentes, se corrigen con facilidad o son compensadas con las fortalezas de la compañía. La debilidad de recursos sugiere una necesidad de revisar su base de recursos: ¿cuáles son las deficiencias de recursos que es necesario remediar? ¿La empresa tiene brechas importantes en sus recursos que es necesario corregir? ¿Qué debe hacerse para aumentar la base de recursos futura de la firma?

Identificación de las competencias y capacidades de la compañía

Conceptos relacionados con la competencia y la capacidad competitiva de una empresa   Al evaluar la situación de cualquier empresa, es fundamental identificar y evaluar las actividades en las que ésta es en verdad sobresaliente, así como las capacidades con que cuenta para competir. La **competencia de una empresa** casi siempre es producto de la experiencia, lo cual representa la acumulación del aprendizaje a lo largo del tiempo y la obtención de una *verdadera destreza* al paso de los años. Las competencias deben formarse y desarrollarse en forma consciente, pues éstas no se obtienen de manera gratuita. La competencia de una empresa se origina mediante esfuerzos deliberados que buscan desarrollar la capacidad organizacional para hacer algo, aunque sea de modo imperfecto o ineficiente. Dichos esfuerzos implican seleccionar a las personas con las habilidades y conocimientos requeridos, actualizar o incrementar las habilidades individuales según se requiera y luego adecuar los esfuerzos y los productos del trabajo de cada individuo en un esfuerzo grupal de cooperación con el objeto de crear la capacidad organizacional. Después, conforme se acumula experiencia, la empresa alcanza un nivel de capacidad para desempeñar bien la actividad en forma consistente y con un costo aceptable, por lo que la habilidad comienza a convertirse en una verdadera competencia.

Algunos ejemplos de competencia incluyen la comercialización y exhibición del producto, la capacidad para crear sitios web atractivos y de uso sencillo, el dominio de tecnología específica, la capacidad probada de seleccionar buenas ubicaciones para tiendas, habilidades para trabajar con clientes sobre nuevas aplicaciones y usos del producto, así como dominio en prácticas administrativas de entregas justo a tiempo. Las competencias de la empresa suelen ser conjuntos de habilidades, conocimientos prácticos, recursos y tecnologías, y no una habilidad, tecnología o recurso exclusivo o aislado.

La competencia de una empresa se convierte en una **capacidad competitiva** importante cuando los clientes juzgan que es valiosa y benéfica, cuando ayuda a diferenciar a una empresa de sus competidores y cuando mejora su propia competitividad. Sin embargo, resulta importante comprender que las capacidades competitivas no son todas iguales; *algunas solamente permiten sobrevivir* debido a que son comunes en la mayoría de los rivales, en tanto que *otras encierran el potencial para transformar la base de la competencia*, ya que son únicas, de propiedad exclusiva de la empresa y engendran un valor considerable para el cliente. No obstante, *conviene pensar que una compañía está constituida por un conjunto de capacidades,* que algunas de éstas son difíciles de separar entre sí y que ciertas capacidades son más fuertes y competitivamente más valiosas que otras.

Competencias centrales: un valioso recurso de la compañía   Uno de los recursos más valiosos que tiene una compañía es la capacidad de desempeñar en forma óptima una actividad pertinente para la competitividad. A una importante actividad competitiva interna que una compañía desempeña mejor que otras se le conoce como **competencia central**. Si

Tabla 4.1   Análisis FODA: lo que se debe buscar cuando se evalúan las fortalezas, debilidades, oportunidades y amenazas de una compañía

Fortalezas potenciales de los recursos y capacidades competitivas	**Debilidades potenciales de los recursos y deficiencias competitivas**
<ul><li>Una estrategia poderosa, respaldada por habilidades competitivamente valiosas y conocimientos específicos en las áreas clave</li><li>Una condición financiera sólida; amplios recursos financieros para desarrollar el negocio</li><li>Imagen poderosa de la marca/reputación de la compañía</li><li>Liderazgo ampliamente reconocido del mercado y una base de clientes atractiva</li><li>Capacidad para aprovechar las economías de escala y/o los efectos de la curva de aprendizaje y experiencia</li><li>Tecnología patentada/capacidades tecnológicas superiores/patentes importantes</li><li>Capital intelectual superior respecto a los rivales clave</li><li>Ventajas de costo</li><li>Publicidad y promoción poderosas</li><li>Capacidades de innovación del producto</li><li>Habilidades comprobadas para mejorar los procesos de producción</li><li>Utilización compleja de las tecnologías y procesos del comercio electrónico</li><li>Habilidades superiores en la administración de la cadena de suministro</li><li>Reputación de un buen servicio al cliente</li><li>Mejor calidad del producto en relación con los rivales</li><li>Amplia cobertura geográfica y/o una gran capacidad de distribución global</li><li>Alianzas/empresas de riesgo compartido con otras compañías que proporcionen acceso a tecnología y competencias valiosas y/o a mercados geográficos importantes.</li></ul>	<ul><li>Una dirección estratégica que no sea clara</li><li>Instalaciones obsoletas</li><li>Un débil balance financiero general, cargado con un exceso de deuda</li><li>Costos unitarios generales más elevados en relación con los competidores clave</li><li>Ausencia de ciertas habilidades y competencias clave/ausencia de una profundidad administrativa/deficiencia de capital intelectual respecto a los rivales líderes</li><li>Rentabilidad inferior a la normal debido a...</li><li>Afectada por problemas de operación internos</li><li>Rezago respecto a sus rivales para establecer capacidades de estrategia y comercio electrónicos</li><li>Línea de productos muy limitada en relación con los rivales</li><li>Imagen de marca o reputación débiles</li><li>Red de agentes o de distribución más débil en relación con los rivales y/o falta de una capacidad de distribución global adecuada</li><li>Sistemas para comercio electrónico inferiores en relación con los rivales</li><li>Escasez de recursos financieros para lanzar iniciativas estratégicas prometedoras</li><li>Capacidad subutilizada de la planta</li><li>Rezagos en la calidad del producto y/o en investigación y desarrollo, y/o en conocimiento tecnológico</li><li>Incapacidad para atraer nuevos clientes al mismo ritmo que sus rivales debido a diferentes atributos del producto</li></ul>

Oportunidades potenciales de la compañía	**Amenazas externas al bienestar de la compañía**
<ul><li>Servir a grupos de clientes adicionales o abrirse hacia nuevos mercados geográficos o segmentos del producto</li><li>Ampliación de la línea de productos de la compañía para satisfacer una gama más amplia de necesidades del cliente</li><li>Utilización de las habilidades existentes de la empresa o del conocimiento tecnológico para introducir nuevas líneas de productos o llevar a cabo nuevos negocios</li><li>Empleo de las tecnologías de internet y del comercio electrónico para reducir en forma drástica los costos y/o perseguir nuevas oportunidades de crecimiento de las ventas</li><li>Integrarse hacia adelante o hacia atrás</li><li>Eliminación de las barreras comerciales en mercados extranjeros atractivos</li><li>Oportunidades para ganar a los rivales una mayor participación de mercado</li><li>Capacidad para crecer rápidamente debido a un incremento considerable de la demanda en uno o varios segmentos del mercado</li><li>Adquisición de empresas rivales o de compañías con un conocimiento tecnológico atractivo</li><li>Alianzas o empresas de riesgo compartido que amplíen la cobertura de mercado y aumenten la capacidad competitiva de la empresa</li><li>Oportunidades para aprovechar las nuevas tecnologías</li><li>Oportunidades de mercado para ampliar la marca registrada de la compañía o su reputación hacia nuevas áreas geográficas</li></ul>	<ul><li>Probable ingreso de competidores potenciales</li><li>Pérdida de ventas debido a productos sustitutos</li><li>Creciente competencia por parte de las compañías que se inician en internet y que siguen estrategias de comercio electrónico</li><li>Mayor intensidad de la competencia entre industrias rivales, lo cual puede provocar una disminución significativa en los márgenes de ganancia</li><li>Cambios tecnológicos o innovaciones en los productos, que disminuyen la demanda de los productos de la compañía</li><li>Demoras en el crecimiento del mercado</li><li>Variaciones adversas en las tasas de cambio de divisas y en las políticas comerciales de los gobiernos extranjeros</li><li>Nuevos requerimientos reguladores costosos</li><li>Creciente poder de negociación de los clientes o proveedores</li><li>Cambio en las necesidades y gustos del consumidor, lo que hace que se alejen del producto</li><li>Cambios demográficos adversos que amenazan disminuir la demanda de los productos de la empresa</li><li>Vulnerabilidad respecto a las fuerzas impulsoras de la industria</li></ul>

bien una competencia central es algo que una empresa lleva a cabo muy bien de manera interna, lo que hace que ésta sea *central*, y no sólo una competencia más, es que resulta fundamental, y no periférica, para la competitividad y la rentabilidad de la compañía. Una competencia central se puede relacionar con varios aspectos del negocio: dominio en la construcción de redes y sistemas que permitan implantar el correo electrónico, lanzamiento expedito de productos pertenecientes a la siguiente generación, un buen servicio posventa, habilidades para manufacturar un producto de alta calidad, innovación para desarrollar en los productos características populares, velocidad y agilidad para responder a las nuevas tendencias de los mercados y a las cambiantes condiciones de la competencia, conocimiento práctico dirigido a crear y hacer funcionar un sistema para completar las órdenes de pedido de los clientes en forma precisa y rápida, así como dominio en la integración de tecnologías múltiples con el objeto de crear familias de nuevos productos.

> **Concepto básico**
> Una *competencia central* es una actividad que la compañía desempeña bien en relación con otras actividades internas; una *competencia distintiva* es algo que una compañía realiza bien en relación con los competidores.

Una compañía quizá tenga más de una competencia central en su arsenal de recursos, pero rara es la empresa que puede reclamar legítimamente que posee más de dos o tres de estas competencias. En palabras llanas, *una competencia central propicia una capacidad competitiva de una empresa* y por consiguiente puede considerársele de manera genuina una fortaleza y un recurso de la compañía.[5]

Muy a menudo, *la competencia central de una empresa radica en su personal y en su capital intelectual y no en sus títulos accionarios consignados en sus balances financieros.* Las competencias centrales tienden a basarse en combinaciones interdepartamentales e interfuncionales de habilidades, recursos y tecnologías. El capital intelectual y el cognitivo, más que los activos físicos y los recursos organizacionales tangibles, constituyen los ingredientes clave de una competencia central y de una capacidad competitiva de la empresa.

Competencias distintivas: un recurso competitivamente superior de la compañía

Que una competencia central de una compañía represente una **competencia distintiva** depende de lo que sus competidores sean capaces de hacer; es decir, ¿es una competencia superior desde el punto de vista competitivo o sólo es una competencia interna sobresaliente de la empresa? Una competencia distintiva es una actividad importante que una compañía desempeña bien en comparación con sus competidores.[6] Casi todas las organizaciones desempeñan internamente una actividad competitiva importante lo suficientemente mejor que otras actividades para poder afirmar que ésa es una competencia central. Pero lo que una compañía haga mejor internamente no se traduce en una competencia distintiva, a menos que desempeñe esa actividad mejor que sus rivales, y por lo tanto goce de *superioridad competitiva*. Por ejemplo, la mayoría de los minoristas creen que tienen competencias centrales en la selección del producto y en su comercialización dentro de la tienda, pero muchos de los que desarrollan estrategias basadas en esas competencias se meten en problemas en el mercado debido a que se encuentran con rivales cuyas competencias son superiores en estas áreas. En consecuencia, *una competencia central se convierte en una base para la ventaja competitiva sólo cuando es una competencia distintiva.*

> **Principio de administración estratégica**
> Una competencia distintiva faculta a una compañía para que desarrolle una ventaja competitiva.

La competencia distintiva de Sharp Corporation en la tecnología de pantalla plana ha permitido que domine el mercado mundial en las pantallas de cristal líquido (LCD, por sus siglas en inglés). Las competencias distintivas de Toyota y Honda en la fabricación a bajo costo, de alta calidad y con ciclos breves de diseño listos para el mercado en sus nuevos modelos, representan una considerable ventaja competitiva en el mercado global de vehículos. La competencia distintiva de Intel en el rápido desarrollo de nuevas generaciones de chips de semiconductores cada vez más poderosos para las computadoras personales ha colocado a la compañía en una

---

[5] Para un examen más exhaustivo del modo de identificar y evaluar el poder competitivo de las capacidades de una empresa, véase David W. Birchall y George Tovstiga, "The Strategic Potencial of a Firm's Knowledge Portfolio", *Journal of General Management* 25, núm. 1, otoño de 1999, pp. 1-16; véase también Davis Teece, "Capturing Value from Knowledge Assets: The New Economy, Markets for Know-How, and Intangible Assets", *California Management Review* 40, núm. 3, primavera de 1998, pp. 55-79.

[6] Para una exposición más detallada del concepto de las competencias centrales, véase C.K. Prahalad y Gary Hamel, "The Core Competence of the Corporation", *Harvard Business Review* 68, núm. 3, mayo-junio de 1990, pp. 79-93.

posición dominante en la industria de computadoras personales. La competencia distintiva de Starbucks en cuanto a la ambientación de sus tiendas e innovación de bebidas a base de café la ha llevado a convertirse en el líder de los vendedores de café al menudeo. La competencia distintiva de Motorola en la fabricación virtualmente libre de defectos (calidad seis sigma; es decir, un índice de errores de alrededor de 3.4 yerros en un millón), ha contribuido de una manera significativa al liderazgo mundial de la compañía en el equipo de telefonía celular. La competencia distintiva de Rubbermaid en el desarrollo de productos innovadores de hule y plástico para el hogar y uso comercial la ha convertido en líder indiscutible en su industria.

La importancia de una competencia distintiva para el diseño de la estrategia se debe a: 1) la valiosa capacidad competitiva que le proporciona a una compañía, 2) su potencial para ser piedra angular de la estrategia y 3) la ventaja competitiva que genera en el mercado. Siempre es más fácil crear una ventaja competitiva cuando una empresa tiene una competencia distintiva en el desempeño de actividades que son importantes para el éxito en el mercado, cuando las compañías rivales no tienen competencias sobresalientes, y cuando les resulta costoso y les lleva mucho tiempo imitar tales competencias a sus competidores. Por consiguiente, una competencia distintiva es un activo especialmente valioso que conlleva el potencial de llegar a ser el mecanismo principal para el éxito de una compañía, a menos que sea superada por recursos más poderosos de los rivales.

Determinación del valor competitivo de los recursos de una compañía

No hay dos empresas iguales en lo que concierne a sus recursos. No poseen los mismos conjuntos de habilidades, activos (físicos, humanos, organizacionales e intangibles), capacidades competitivas y logros en el mercado; esta condición da como resultado que diversas compañías tengan diferentes fortalezas y debilidades en sus recursos. *Las diferencias en los recursos de una compañía son una razón importante por la cual algunas son más rentables y gozan de mayor éxito competitivo que otras.* El éxito de una empresa es más probable cuando cuenta con recursos amplios y apropiados con los cuales pueda competir y, en especial, cuando tiene una fortaleza, un activo, una capacidad o un logro valiosos con el potencial para producir una ventaja competitiva.

Para que un recurso particular de una compañía se considere como una base para una ventaja competitiva sostenible, debe pasar cuatro pruebas de valor competitivo:[7]

- *¿Es difícil imitar el recurso?* Mientras más difícil y costoso sea imitar el recurso, mayor es su potencial de valor competitivo. Los recursos difíciles de copiar limitan la competencia, de ahí que cualquier flujo de utilidades que puedan generar sea más sostenible. Los recursos pueden ser difíciles de imitar debido a su carácter único (un bien raíz con excelente ubicación, protección de patentes), debido a que deben desarrollarse con el tiempo en formas que son difíciles de imitar (una marca registrada, el dominio de una tecnología) y porque implican requerimientos de capital considerables (una nueva planta para fabricar chips de semiconductores, eficiente en relación con su costo, puede costar de mil a dos mil millones de dólares).

- *¿Cuánto tiempo dura el recurso?* Mientras más dure un recurso, mayor es su valor. Algunos recursos pierden su valor muy pronto debido a la velocidad a la que avanza la tecnología o las condiciones de la industria. El valor de los recursos de Eastman Kodak en las películas y su procesamiento está disminuyendo en forma vertiginosa debido a la creciente popularidad de las cámaras digitales. El valor del dominio de 3Com en la tecnología de módems para PC se está deteriorando con rapidez, en vista de la embestida violenta por parte de los módems por cable y por los esfuerzos de los fabricantes de procesadores para incorporar las funciones de los módems de modo directo en el conjunto de instrucciones del microprocesador. Las inversiones que los bancos comerciales realizaron en la implantación de sucursales en un activo que está depreciando con rapidez su valor debido al

---

[7] Véase David J. Collis y Cynthia A. Montgomery, "Competing on Resources: Strategy in the 1990s", *Harvard Business Review* 73, núm. 4, julio-agosto de 1995, pp. 120-123.

creciente uso de los depósitos directos, los cajeros automáticos, y las operaciones bancarias por teléfono e internet.

- *¿El recurso es realmente superior desde un punto de vista competitivo?* Las compañías deben cuidarse de suponer que sus competencias centrales son competencias distintivas, o que su marca registrada es más poderosa que la de sus rivales. ¿Quién puede decir realmente si las capacidades de mercadotecnia de Coca-Cola son mejores que las de Pepsi-Cola, o si la marca registrada de Mercedes-Benz es más poderosa que la de BMW o la de Lexus?

- *¿Los recursos se pueden ver superados por los diferentes recursos/capacidades de los rivales?* Muchas aerolíneas comerciales (American Airlines, Delta Airlines, United Airlines, Singapore Airlines) han tenido éxito debido a sus recursos y capacidades para ofrecer servicios de transportación aérea seguros, convenientes y confiables, y a que proporcionan un paquete de servicios a los pasajeros. No obstante, Southwest Airlines ha sido una empresa de transportación aérea constantemente más rentable, debido al desarrollo de capacidades para proporcionar servicios básicos seguros, confiables y con tarifas radicalmente más bajas. Las prestigiosas marcas Cadillac y Lincoln han perdido importancia como elementos dominantes en la elección de compra de un automóvil de lujo; en años recientes, Mercedes, BMW y Lexus introdujeron los vehículos de lujo más atractivos. Amazon.com está poniendo en grandes aprietos a los prospectos de negocios de las cadenas de librerías tradicionales (basadas en sus instalaciones físicas), como Barnes & Noble y Borders; de igual manera, los distribuidores en línea de juguetes al menudeo, como Wal-Mart (con sus bajos precios) están ejerciendo una enorme presión competitiva sobre la empresa estadounidense que solía ser líder en este ramo: Toys "R" Us.

La inmensa mayoría de las compañías no está bien dotada con recursos competitivamente valiosos, y mucho menos con recursos superiores desde el punto de vista competitivo, capaces de salir victoriosos en las cuatro pruebas. La mayor parte de los negocios tienen una mezcla de recursos: uno o dos bastante valiosos, algunos buenos y muchos que van de satisfactorios a mediocres. Sólo unas cuantas compañías, por lo común las líderes o las futuras líderes de la industria, poseen un recurso superior de gran valor competitivo. Además, casi todas tienen pasivos competitivos, ya sean debilidades internas, carencia de activos, falta de pericia o capacidades, o deficiencias de recursos.

Incluso si una compañía no posee un recurso competitivamente superior, no ha perdido su potencial para desarrollar una ventaja competitiva. En ocasiones, una empresa deriva una vitalidad competitiva de gran significado, incluso una ventaja competitiva, de una colección de recursos que van desde buenos hasta adecuados y que, combinados, tienen un poder competitivo en el mercado. Las computadoras portátiles de Toshiba fueron las lideresas del mercado durante gran parte de la década de 1990, un indicador irrefutable de que Toshiba era competente en este aspecto. Sin embargo, no se comprobó que las computadoras de Toshiba fueran más rápidas ni que tuviesen características de desempeño superiores en comparación con las marcas rivales (pantallas más grandes, más memoria, una vida más prolongada de las baterías, un mejor dispositivo apuntador, etc.); tampoco se destacó por proporcionar a sus clientes servicios de apoyo técnico claramente superiores. Y definitivamente, las PC de Toshiba no eran más económicas, modelo por modelo, que las computadoras comparables; asimismo, los productos de Toshiba rara vez ocuparon el primer lugar en las calificaciones de desempeño realizadas por diversas organizaciones. No obstante todo lo anterior, la superioridad competitiva de Toshiba se debió a una *combinación* de fortalezas y capacidades de recursos adecuadas, como sus asociaciones estratégicas con proveedores de componentes para computadoras portátiles, su eficiente capacidad de ensamble, su destreza en el diseño, sus habilidades en la elección de componentes de calidad, su creación de una amplia selección de modelos, la atractiva mezcla de características de desempeño incorporadas que se encuentra en cada modelo cuando se comparan con el precio, la confiabilidad de sus laptops muy superior al promedio (con base en las estimaciones de los compradores) y sus excelentes servicios de apoyo técnico (según las estimaciones de los compradores). El veredicto del mercado es que, tomando en consideración todos los aspectos, las laptops de Toshiba son mejores que las de marcas rivales, de acuerdo con los compradores de computadoras.

Principio de administración estratégica

Los estrategas exitosos tratan de aprovechar lo que una compañía hace mejor, así como la experiencia, las fortalezas de sus recursos y las capacidades competitivas más poderosas de ésta.

Adecuación de la estrategia con las fortalezas y debilidades de la compañía Desde una perspectiva del diseño de la estrategia, las fortalezas de recursos de la empresa resultan fundamentales porque pueden constituir la piedra angular de la estrategia y la base para la creación de una ventaja competitiva. Si una compañía no tiene recursos y capacidades competitivas amplios alrededor de los cuales diseñar una estrategia atractiva, los administradores necesitan emprender de manera decisiva una acción correctiva para optimizar los recursos y las capacidades organizacionales existentes y añadir otros. Al mismo tiempo, los administradores deben tratar de corregir las debilidades competitivas que hacen que la compañía sea vulnerable, que mantienen bajo su nivel de rentabilidad o que la descalifican en la búsqueda de una oportunidad atractiva. Aquí, el principio del diseño de la estrategia es muy simple: *la estrategia de una empresa debe ajustarse a sus recursos, tomando en cuenta tanto sus fortalezas como sus debilidades.* Como regla, los administradores deben desarrollar sus estrategias alrededor del aprovechamiento y la máxima utilización de las capacidades de la compañía —de sus recursos más valiosos— y evitar las estrategias que impongan penosas exigencias en áreas donde la empresa es más débil o tiene una capacidad no comprobada. Las compañías que cuentan con la fortuna de tener una competencia distintiva, u otro recurso competitivamente superior, deben ser prudentes al comprender que su valor se erosionará a través del tiempo y debido a la competencia.[8] De manera que la atención al desarrollo de una poderosa base de recursos para el futuro y al mantenimiento de la superioridad de una competencia distintiva ya establecida son requerimientos que siempre están presentes.

Selección de las competencias y capacidades en las cuales es necesario concentrarse Las empresas tienen éxito a través del tiempo debido a que pueden hacer mejor que sus rivales ciertas cosas a las que sus clientes otorgan gran valor. La esencia del diseño de una estrategia astuta consiste en seleccionar las competencias y capacidades en las cuales es necesario concentrarse y utilizarlas para apuntalar la estrategia. En ocasiones, la compañía ya tiene establecidas competencias y capacidades valiosas, y a veces debe ser proactiva en el desarrollo y la creación de éstas para complementar y reforzar su base de recursos ya existente. Otras ocasiones es necesario desarrollar internamente las competencias y capacidades deseadas y a veces es mejor obtenerlas mediante asociaciones y alianzas estratégicas con compañías que poseen las habilidades requeridas.

Identificación de las oportunidades de mercado de una compañía

La oportunidad de mercado es un factor importante en la conformación de la estrategia de una compañía. De hecho, los administradores no pueden adaptar la estrategia en forma apropiada a la situación de la empresa sin identificar primero cada oportunidad y sin evaluar el potencial de crecimiento y utilidades que ofrece cada una. Dependiendo de las condiciones de la industria, las oportunidades de una compañía pueden ser abundantes o escasas y variar desde muy atractivas (lo que hace "imperativo" aprovecharlas) hasta marginalmente interesantes (ubicadas en un lugar inferior en la lista de prioridades estratégicas de la firma). La tabla 4.1 presenta una lista de verificación de los aspectos a los cuales se debe prestar atención cuando se identifican las oportunidades de mercado de una empresa.

Al evaluar las oportunidades de mercado de una compañía y calificar su atractivo, los administradores deben tener cuidado de no considerar cada oportunidad de la *industria* como una oportunidad para la *compañía*. No todas las empresas de una industria están equipadas con los recursos para contender por las oportunidades que se dan; algunas firmas tienen más habilidad que otras para buscar oportunidades particulares y unas cuantas pueden estar irremediablemente descalificadas para tratar de luchar por una parte de la acción. Los estrategas deben estar alerta para adaptar la base de recursos de una compañía, a fin de que esté en posición para buscar las oportunidades de mercado emergentes que resulten atractivas. *Las oportunidades de mercado*

> **Principio de administración estratégica**
> Una compañía hará bien en dejar pasar una oportunidad de mercado particular a menos que tenga o pueda desarrollar las capacidades de recursos necesarias para aprovecharla.

---

[8] Collis y Montgomery, "Competing on Resources: Strategy in the 1990s", p. 124.

Cápsula ilustrativa 15
Motorola ajusta su estrategia a las nuevas amenazas y oportunidades

Una parte fundamental del trabajo de un ejecutivo consiste en identificar las amenazas a la sobrevivencia en el mercado y en idear la forma de capitalizar las oportunidades con el objeto de ayudar a que la compañía se mantenga adelante respecto a su competencia. Cuando resultó evidente que los teléfonos celulares se estaban convirtiendo en bienes comerciales —productos que se diferencian más por sus prácticas mercadotécnicas y precio que por contar con características innovadoras—. Motorola, el inventor del teléfono celular, comenzó a batirse en retirada dentro de una industria en la cual antes ejercía el dominio. Las amenazas incluyeron una súbita caída de las ventas a nivel de toda la industria, la imposibilidad de que Motorola migrara de la tecnología analógica a la digital y su entrada tardía en el mercado de reemplazo de teléfonos celulares. Además, la unidad de semiconductores de Motorola experimentó un escaso margen de ganancia en la de por sí cambiante industria de los procesadores.

Los ejecutivos de la empresa radicados en el área de Chicago se percataron de que debían formular una nueva estrategia. En julio de 2001, Motorola anunció que empezaría a vender toda la tecnología necesaria para que otros fabricantes comenzaran a manufacturar teléfonos móviles, entre los cuales se incluía a sus competidores. A pesar de que pudiera parecer una estrategia inusual, los ejecutivos percibieron este paso como una oportunidad para Motorola, cuya mayor fortaleza siempre había sido su tecnología. Fred Shlapak, presidente de la unidad de semiconductores de la empresa, explicó: "Motorola pretende acelerar la evolución de la industria de la microtelefonía... al eliminar las barreras tecnológicas para el ingreso y al permitir que los fabricantes de telefonía móvil se concentren en la lealtad de marca, la mercadotecnia, las características y el estilo." La empresa añadió que comenzaría a ofrecer tecnología basada en la siguiente generación —Global

Packet Radio Service (GPRS)— para teléfonos digitales. Los ejecutivos de la empresa explicaron que esperan que para el año 2004 el negocio de procesadores para las comunicaciones móviles conforme un mercado de 35 000 millones de dólares. Al momento de difundir esta noticia, la unidad de semiconductores de Motorola tuvo ingresos por 7 900 millones de dólares. Ray Burgess, vicepresidente corporativo de la mencionada unidad, comentó: "Me gustaría duplicar esa cifra."

Además de vender tecnología a los fabricantes existentes, Motorola vislumbró otra oportunidad: la empresa firmó un acuerdo con el gobierno chino a fin de proporcionar tecnología para implantar un enfoque novedoso en la manufactura y operación de teléfonos celulares en ese país. Al mismo tiempo, Motorola anunció una nueva alianza con Palm, una compañía con la que ya había estado asociada antes. Alan Kessler, vicepresidente y gerente general del Grupo de Soluciones de Plataforma de Palm Inc., informó: "Durante mucho tiempo Motorola ha sido un socio de Palm y nos sentimos muy contentos de estar trabajando con este equipo en direcciones inexploradas. Esperamos que este nuevo programa sea un éxito para todas las partes involucradas."

A pesar de que algunos expertos de la industria pusieron en duda el éxito de estas estrategias y la forma en que se adaptarían a la visión general de la compañía, resultaba evidente que Motorola necesitaba encaminarse hacia nuevas oportunidades y realizar movimientos novedosos. No obstante los cuestionamientos y las dudas respecto a sus estrategias por parte de personas ajenas a la empresa, los ejecutivos de Motorola se sintieron obligados a confiar en la mayor fortaleza de la compañía (la tecnología) y en encontrar formas para transformar el conocimiento tecnológico de la empresa en nuevas fuentes de ingresos.

Fuente: "Motorola Breathes into Portable Handheld Market, Announces Alliance with Palm Inc.", boletín de prensa de la compañía del 24 de julio de 2001; Yukari Iwatani, "Motorola to Wholesale Mobile Phone Technology", Reuters, 23 de julio de 2001; Barnaby J. Feder, "Motorola to Sell Inner Workings of Cell Phones to Rivals", *New York Times* (www.nytimes.com), 23 de julio de 2001.

más pertinentes para una compañía son aquellas que ofrecen facilidades importantes para un crecimiento rentable, aquellas donde una empresa tiene el mayor potencial de adquirir una ventaja competitiva, y las que se ajustan bien a las capacidades de recursos financieros y organizacionales de la compañía.

Principio de administración estratégica

Los estrategas exitosos tratan de aprovechar las mejores oportunidades de crecimiento de una compañía y de crear defensas contra las amenazas externas a su posición competitiva y su desempeño futuro.

Identificación de las amenazas para la rentabilidad futura de una compañía

A menudo, hay ciertos factores en el ambiente externo de una compañía que plantean una *amenaza* para su rentabilidad y su bienestar competitivo. Las amenazas pueden surgir por: la aparición de tecnologías mejores o más económicas, la introducción de productos nuevos o mejores por parte de los rivales, el ingreso de competidores extranjeros de bajo costo en el mercado principal de la empresa, regulaciones nuevas que sean más complicadas para la compañía que para sus competidores, la vulnerabilidad a un incremento en las tasas de interés, el peligro potencial de que la empresa sea adquirida, los cambios demográficos desfavorables, las variaciones adversas en las tasas de cambio de divisas, sublevaciones políticas en un país extranjero donde la empresa tenga ubicadas sus plantas y otros factores por el estilo. Es posible que las amenazas externas no planteen nada más que un grado moderado de adversidad (todas las compañías se enfrentan a ciertos elementos amenazadores en el curso de sus actividades de negocios), o que sean tan graves como para hacer que la situación y las perspectivas se conviertan en demasiado riesgosas. La labor de la administración es identificar las amenazas para el bienestar futuro de la compañía y evaluar las acciones estratégicas que se pueden emprender con el fin de neutralizar o disminuir su impacto.

La tabla 4.1 presenta una lista de las amenazas potenciales para la rentabilidad y la posición de mercado futuras de una empresa. Las oportunidades y amenazas no sólo afectan lo atractiva que pueda resultar la situación de una empresa, sino que además indican la necesidad de una acción estratégica, lo cual es más importante. El ajuste de la estrategia a la situación de una compañía implica: 1) la búsqueda de oportunidades de mercado adecuadas para sus capacidades de recursos y 2) realizar acciones para defenderse de las amenazas externas a sus negocios.

El verdadero valor del análisis FODA

El análisis FODA es algo más que un ejercicio de preparación de cuatro listas. La parte realmente valiosa del análisis es lo que los cuatro puntos revelan sobre la situación de la empresa y sobre la reflexión que propicia respecto a las acciones requeridas. Comprender lo anterior implica evaluar las fortalezas, debilidades, oportunidades y amenazas de una compañía y *llegar a conclusiones* sobre: 1) la forma en que la estrategia de la empresa puede estar a la altura tanto de sus capacidades de recursos como de sus oportunidades de mercado, y 2) qué tan urgente es para la empresa corregir una debilidad de recursos particular y protegerse contra amenazas externas concretas.[9] Para tener un valor administrativo y de creación de la estrategia, el análisis FODA debe constituirse en una base para la acción. También se requiere que estimule la reflexión y responda a diversas preguntas concernientes al tipo de fortalezas y capacidades *futuras* que requerirá la compañía, con el objeto de responder a una industria emergente y a las condiciones competitivas, además de que brinde resultados básicos exitosos. ¿Las estrategias actuales serán igual de importantes en el futuro? ¿Existen rezagos en los recursos que requieran subsanarse? ¿Habrá que poner en práctica nuevos tipos de capacidades competitivas? ¿A cuáles recursos y capacidades se les requiere dar un mayor énfasis y a cuáles se les debe prestar menos atención? El análisis FODA no cumplirá con sus objetivos a menos que las lecciones en torno a la situación de la empresa se hayan asimilado gracias a cuatro listas.

> Colocar en una lista las fortalezas, debilidades, oportunidades y amenazas de una empresa no basta; el análisis FODA da sus dividendos cuando proporciona las evaluaciones y conclusiones que se deducen de las cuatro listas.

PREGUNTA 3: ¿LOS PRECIOS Y COSTOS DE LA COMPAÑÍA SON COMPETITIVOS?

Los administradores de la compañía a menudo se sorprenden cuando un competidor reduce el precio a niveles "increíblemente bajos", o cuando un nuevo integrante del mercado se introduce con firmeza ofreciendo un precio muy bajo. Sin embargo, el competidor tal vez no esté tratando de hacer "dumping" (un término económico que significa vender grandes cantidades de bienes por debajo de su precio de mercado), ni intenta comprar participación de mercado, ni lleva a cabo una medida desesperada para ganar ventas; tal vez simplemente tiene costos considerablemente más bajos. Una de las señales más reveladoras de si la posición de negocios de una compañía resulta poderosa o precaria, es si sus precios y costos son competitivos con los de sus rivales en la industria. Las comparaciones precio-costo son especialmente críticas en una industria de bienes de consumo, en donde: el valor que se proporciona a los consumidores es el

> Evaluar si los costos de una compañía son competitivos con los de sus rivales cercanos es un paso necesario del análisis de la situación de la empresa.

---

[9] Véase Jack W. Duncan, Peter Ginter y Linda E. Swayne, "Competitive Advantage and Internal Organizacional Assessment", *Academy of Management Executive* 12, núm. 3, agosto de 1998, pp. 6-16.

mismo que existe de vendedor a vendedor, la competencia de precios suele ser la fuerza dominante del mercado y las compañías con costos bajos tienen la ventaja. Pero incluso en industrias en las que los productos están diferenciados y la competencia está centrada en igual medida alrededor de los distintos atributos de las marcas competidoras y del precio, las compañías rivales deben mantener sus costos *controlados* y asegurarse de que cualquier costo adicional en el que incurran produzca un valor agregado para el comprador y que no resulte en precios que sus clientes puedan considerar altos.

Los distintos competidores por lo común no enfrentan los mismos costos cuando proporcionan sus productos a los usuarios finales. Las disparidades en el costo pueden variar desde insignificantes hasta competitivamente significativas, lo cual suele deberse a cualquiera de los siguientes factores:

Principio de los mercados competitivos

Mientras más altos sean los costos de una compañía en comparación con los de sus rivales cercanos, más vulnerable se volverá competitivamente.

- Diferencias en los precios pagados por la materia prima, los componentes, la energía y otros artículos comprados a los proveedores.

- Diferencias tanto en la tecnología básica como en la antigüedad de las plantas y el equipo. Debido a que las compañías rivales por lo común invierten en plantas y partes de equipo clave en épocas distintas, sus instalaciones tienen eficiencias tecnológicas un tanto diferentes y costos fijos que varían (depreciación, mantenimiento, impuestos sobre la propiedad y seguros). Las instalaciones más antiguas por lo común son menos eficientes, pero si su reconstrucción fuera menos costosa, o si se adquirieran a precios de ganga, *todavía* podrían ser razonablemente competitivas en comparación con el costo de las instalaciones modernas.

- Diferencias en los costos de producción de un rival a otro, debido a las diversas características de eficiencia de las plantas, a los distintos efectos de la curva de aprendizaje y experiencia, a índices de salarios y niveles de productividad diferentes, así como a otros aspectos por el estilo.

- Diferencias en los costos de mercadotecnia, los gastos de ventas y promoción, los gastos de publicidad, los costos de distribución y de almacenaje, así como los costos administrativos.

- Diferencias en los costos de transportación de los insumos (de ingreso) y en los costos de envío (de salida) de los bienes vendidos.

- Diferencias en los costos de la etapa posterior del canal de distribución (los costos y los márgenes de ganancia bruta de distribuidores, mayoristas y minoristas asociados con la obtención del producto desde el momento de fabricación hasta que llega a las manos de los usuarios finales).

- Diferencias en la vulnerabilidad de las empresas rivales respecto a los efectos de la inflación, a las variaciones en las tasas de cambio de divisas y a los impuestos (un suceso frecuente en las industrias globales, en las que los competidores tienen operaciones en diversos países con diferentes condiciones económicas y diversas políticas recaudatorias gubernamentales).

Para que una firma tenga éxito competitivo, sus costos deben ser similares a los de sus rivales cercanos. Aun cuando está justificada cierta disparidad de costos —siempre y cuando los productos o servicios de las compañías competidoras cercanas estén suficientemente diferenciados— la posición de mercado de una empresa con costos elevados se vuelve cada vez más vulnerable mientras sus costos sean mayores en comparación con los de sus rivales cercanos.

Concepto básico

El *análisis de costo estratégico* implica comparar los costos unitarios de una compañía con los costos unitarios de los competidores clave, actividad por actividad, con lo cual se revela cuáles actividades internas son el origen de una ventaja o desventaja de costo.

Análisis del costo estratégico y de las cadenas de valor

Los competidores deben estar al tanto de la forma en la que se comparan sus costos con los de sus rivales. Aun cuando todas las empresas llevan a cabo un análisis del costo interno con el fin de mantenerse enteradas de sus propios costos y de cómo deberían estar cambiando éstos en el futuro, el **análisis del costo estratégico** va un paso más adelante al explorar cómo se comparan sus costos con los de sus rivales.

Los negocios de las compañías se componen de un conjunto de actividades que se emprenden en el curso del diseño, la producción, la mercadotecnia, la entrega y el respaldo de su producto o servicio. Cada una de estas actividades origina ciertos costos. Los costos combinados de todas estas actividades definen la estructura de costos interna de la compañía. Además, el costo de cada actividad contribuye a descubrir si la posición de costo total de la empresa es favorable o desfavorable en relación con la de sus rivales. La tarea del análisis del costo estratégico consiste en comparar los costos de una compañía actividad por actividad con los de los rivales clave y descubrir qué actividades internas son fuente de una ventaja o una desventaja. La posición de costo relativa de una compañía compara los costos totales de sus actividades al hacer negocios, con los costos totales de las actividades que desempeñan sus rivales.

El concepto de la cadena de valor de una compañía   El principal instrumento del análisis del costo estratégico es la **cadena de valor** que identifica las actividades, las funciones y los procesos de negocios separados, los cuales se llevan a cabo a la hora de diseñar, producir, comercializar y respaldar un producto o servicio.[10] La cadena de las actividades generadoras de valor que se requieren para suministrar un producto o valor empieza con el suministro de materia prima y continúa a lo largo de la producción de partes y componentes, la fabricación y el ensamble, la distribución al mayoreo, y la venta al menudeo hasta que ese producto o servicio llega al usuario final.

> **Concepto básico**
> La *cadena de valor* de una compañía identifica las principales actividades que crean un valor para los clientes, así como las actividades de apoyo relacionadas.

La cadena de valor de una compañía muestra el conjunto de actividades y funciones entrelazadas que desempeña internamente (véase la figura 4.2). Asimismo, incluye un margen de utilidad debido a que el margen de ganancia bruta sobre el costo del desempeño de las actividades generadoras de valor de la empresa por lo común forma parte del precio (o costo total) que pagan los compradores; es decir, la creación de un valor que exceda su costo de producción es un objetivo fundamental del negocio. El desglose de las operaciones de una compañía en actividades y procesos de negocios, pertinentes desde el punto de vista estratégico, expone los principales elementos de su estructura de costos. Cada actividad en la cadena de valor incurre en costos y limita los activos; la asignación de los costos de operación y de los activos de la compañía a cada actividad individual proporciona los estimados del costo de éstos. Con mucha frecuencia las actividades se relacionan de tal forma que el modo en que se desempeña una de éstas influye en los costos de otras. Por ejemplo, los productores japoneses de videocaseteras lograron reducir sus precios de 1 300 dólares en 1977 a menos de 300 dólares en 1984 al detectar el impacto que causaba uno de los primeros pasos en la cadena de valor (el diseño del producto) sobre uno de los últimos pasos (la producción) y decidir que cambiarían el diseño para reducir en forma considerable el número de partes.[11]

Razones por las que a menudo difieren las cadenas de valor de compañías rivales   La cadena de valor de una compañía y la forma en la cual desempeña cada actividad reflejan la evolución de su propio negocio y de sus operaciones internas, así como de la estrategia, los enfoques que utiliza en su ejecución y la economía fundamental de las actividades mismas.[12] En vista de que tales factores varían de empresa a empresa, es normal que las cadenas de valor de las compañías rivales difieran tal vez de manera sustancial, lo cual representa una condición que complica la tarea de evaluar las posiciones de costo relativas de los rivales. Por ejemplo, las compañías en competencia pueden diferir en su grado de integración vertical. La comparación de la cadena de valor de un rival totalmente integrado con la de un rival parcialmente integrado requiere un ajuste de las diferencias en la esfera de acción de las actividades desempeñadas. Por supuesto, los costos internos para un fabricante que *produce* la totalidad de

---

[10] Los análisis de las cadenas de valor y del costo estratégico se describen con mayores detalles en Michael E. Porter, *Competitive Advantage*, Free Press, Nueva York, 1985, capítulos 2 y 3; Robin Cooper y Robert S. Kaplan, "Measure Costs Right: Make the Right Decisions", *Harvard Business Review* 66, núm. 5, septiembre-octubre de 1988, pp. 96-103, y John K. Shank y Vijay Govindarajan, *Strategic Cost Management*, Free Press, Nueva York, 1993, en especial los capítulos 2-6 y 10.

[11] M. Hegert y D. Morris, "Accounting Data for Value Chain Analysis", *Strategic Management Journal* 10, 1989, p. 183.

[12] Porter, *Competitive Advantage*, p. 36.

Figura 4.2 **Cadena de valor representativa de una compañía**

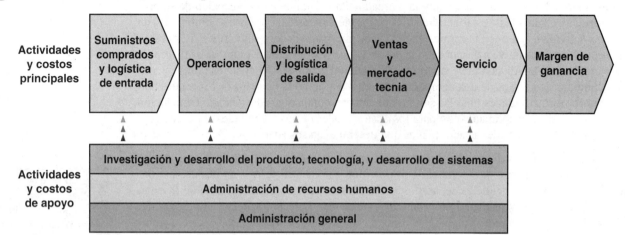

Actividades principales

- **Compra de suministros y logística de entrada.** Las actividades, los costos y los activos asociados con la compra a los vendedores de combustible, energía, materia prima, componentes de partes, mercancía y artículos consumibles; recepción, almacenamiento y distribución de insumos de los proveedores; inspección y administración del inventario.

- **Operaciones.** Las actividades, los costos y los activos asociados con la conversión de los insumos a la forma de producto final (producción, ensamble, empacado, mantenimiento del equipo, instalaciones, operaciones, aseguramiento de la calidad, protección ambiental).

- **Distribución y logística de salida.** Las actividades, los costos y los activos asociados con la distribución física del producto a los compradores (almacenamiento de productos acabados, procesamiento de pedidos, retiro y empacado de pedidos, envío, operaciones de los vehículos de reparto, establecimiento y mantenimiento de una red de agentes y distribuidores).

- **Ventas y mercadotecnia.** Las actividades, los costos y los activos asociados con los esfuerzos de la fuerza de ventas, publicidad y promoción, investigación y planeación del mercado, y apoyo a agentes/distribuidores.

- **Servicio.** Las actividades, los costos y los activos asociados con la asistencia técnica a los compradores, como: instalación, entrega de partes de repuesto, mantenimiento y reparaciones, asistencia técnica, consultas por parte del comprador, y quejas.

Actividades de apoyo

- **Investigación, tecnología y desarrollo de sistemas.** Las actividades, los costos y los activos asociados con la investigación y el desarrollo del producto, los procesos de investigación y desarrollo, el mejoramiento en el diseño del proceso, el diseño del equipo, el desarrollo de software, los sistemas de telecomunicaciones, el diseño y la ingeniería asistidos por computadora, las nuevas capacidades de la base de datos, y el desarrollo de sistemas de apoyo computarizados.

- **Administración de recursos humanos.** Las actividades, los costos y los activos asociados con el reclutamiento, la contratación, la capacitación, el desarrollo y la compensación de toda clase de empleados; actividades de relaciones laborales; desarrollo de capacidades y competencias centrales basadas en los conocimientos.

- **Administración general.** Las actividades, los costos y los activos asociados con la administración general, la contabilidad y las finanzas, los asuntos legales y de regulaciones, la seguridad, los sistemas de información administrativa, el establecimiento de alianzas estratégicas y de colaboración con socios estratégicos, así como otras funciones "generales".

Fuente: Adaptada de Michael E. Porter, *Competitive Advantage*, The Free Press, Nueva York, 1985, pp. 37-43.

sus partes y componentes serán mayores que los de un productor que *adquiere* las partes y los componentes necesarios de proveedores externos y que sólo desempeña las operaciones de ensamble.

Asimismo, hay una razón legítima para esperar diferencias en la cadena de valor y en el costo entre una compañía que busca una estrategia de bajo costo/bajo precio y un rival ubicado en el extremo superior del mercado con un producto que posee calidad, prestigio y abundancia de características. En el caso de la empresa de bajo costo, los costos de ciertas actividades a lo largo de su cadena de valor deben ser relativamente bajos, mientras que es comprensible que la empresa en el extremo superior gaste relativamente más en el desempeño de aquellas actividades que generan la calidad agregada y las características adicionales.

Además, las diferencias de costo y precio entre las compañías rivales pueden tener sus orígenes en las actividades que desempeñan los proveedores o los aliados en la etapa final del canal involucrados en suministrar el producto a los usuarios finales. Los proveedores o los aliados en la etapa final del canal quizá tengan estructuras de costo excesivamente elevadas o márgenes de utilidad que pongan en peligro la competitividad en costos de una compañía, aunque los costos de las actividades que desempeñen internamente sean competitivos. Por ejemplo, en la industria de los neumáticos cuando se determina la competitividad de costos de Michelin, en comparación con las de Goodyear y Bridgestone, debemos indagar más allá de si los costos de fabricación de Michelin son superiores o inferiores a los de Goodyear o de Bridgestone. Si un comprador debe pagar 400 dólares por un juego de neumáticos Michelin y sólo 350 por los de marca Goodyear o Bridgestone, la desventaja de precio de 50 dólares de Michelin se puede deber no sólo a los costos de fabricación más elevados (que *tal vez* reflejen los costos adicionales de los esfuerzos estratégicos de Michelin por desarrollar un neumático de mayor calidad y con mejores características de desempeño), sino también a: 1) las diferencias en lo que los fabricantes de neumáticos pagan a sus proveedores de materiales y componentes necesarios para la fabricación y 2) las diferencias en la eficiencia de operación, costos y márgenes de ganancia bruta de los distribuidores al mayoreo y de los agentes al menudeo de Michelin, en comparación con los de Goodyear y Bridgestone. Por consiguiente, para determinar si los precios y los costos de una compañía son competitivos, desde el punto de vista del usuario final, se requiere considerar las actividades y los costos competitivamente pertinentes de los proveedores y de los aliados en la etapa final del canal, así como tener en cuenta los costos de las actividades que se efectúan internamente.

Los sistemas de la cadena de valor para una industria completa   Como lo aclara el ejemplo de la industria de neumáticos, la cadena de valor de una compañía está incrustada en un sistema de actividades mayor, que abarca desde la etapa inicial, que empieza con sus proveedores, hasta la etapa final donde sus clientes o aliados están comprometidos con la tarea de hacer llegar su producto o servicio a los usuarios finales.[13] *La evaluación precisa de la competitividad de una compañía en los mercados del usuario final requiere que los administradores comprendan todo el sistema de la cadena de valor implícito en la entrega de un producto o un servicio a los usuarios finales, y no sólo que entiendan la cadena de valor de su propia compañía.* Al menos, esto requiere considerar las cadenas de valor de los proveedores y los aliados en la etapa final del canal, si los hay, como se muestra en la figura 4.3.

> La competitividad de costos de una compañía depende no sólo de los costos de las actividades que desempeña internamente (su propia cadena de valor), sino también de los costos en las cadenas de valor de sus proveedores y de sus aliados en la etapa final del canal.

Las cadenas de valor de los proveedores son relevantes debido a que los proveedores desempeñan actividades e incurren en costos en la creación y entrega de los componentes adquiridos que se utilizan en la propia cadena de valor de una compañía; el costo y la calidad de estos insumos influyen en las propias capacidades de costo y/o diferenciación de la empresa. Cualquier cosa que pueda hacer una compañía para reducir los costos o mejorar la efectividad de sus proveedores puede incrementar su propia competitividad, lo cual representa una razón muy poderosa para trabajar en colaboración con los proveedores.

Las cadenas de valor de la etapa final del canal son pertinentes debido a que: 1) los costos y los márgenes de la etapa inicial de la cadena son parte del precio que paga el usuario final y 2) las actividades que desempeñan los aliados de la etapa final del canal afectan la satisfacción del usuario. De manera que existen poderosas razones para que una compañía trabaje en estrecha colaboración con los aliados de la etapa final del canal, con el fin de revisar o reinventar sus cadenas de valor en formas que mejoren su mutua competitividad. Además, una empresa debe ser capaz de mejorar su competitividad emprendiendo actividades que causen un impacto benéfico tanto en su propia cadena de valor como en las de sus clientes.

Por ejemplo, algunos productores de latas de aluminio construyeron sus plantas al lado de las cervecerías y entregaban directamente las latas, por medio de bandas transportadoras elevadas, a la línea de llenado de la cervecería. Esto dio por resultado considerables ahorros en los costos de programación de la producción, envío e inventario tanto para los productores de latas como para las cervecerías.[14] Muchos proveedores de partes automotrices construyeron sus instalaciones cerca de las plantas de ensamblado a las que surten, a fin de facilitar las entregas justo a tiempo, reducir los costos de almacenaje y de envío, así como para promover una colaboración estrecha en el diseño de partes y en la programación de la producción. En la zona vitivinícola

---

[13] *Ibid.*, p. 34.

[14] Hegert y Morris, "Accounting Data for Value Chain Analysis", p. 180.

Figura 4.3   Cadena de valor representativa para una industria completa

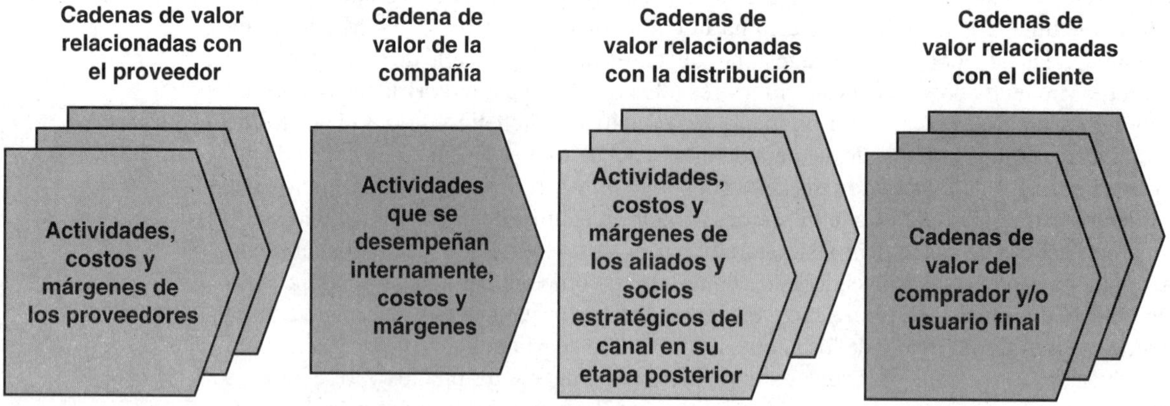

Cadenas de valor relacionadas con el proveedor	Cadena de valor de la compañía	Cadenas de valor relacionadas con la distribución	Cadenas de valor relacionadas con el cliente
Actividades, costos y márgenes de los proveedores	Actividades que se desempeñan internamente, costos y márgenes	Actividades, costos y márgenes de los aliados y socios estratégicos del canal en su etapa posterior	Cadenas de valor del comprador y/o usuario final

Fuente: Adaptada de Michael E. Porter, *Competitive Advantage,* The Free Press, Nueva York, 1985, p. 35.

de California, los vinicultores, las compañías de equipo de riego, los proveedores de equipo para la cosecha y la elaboración de vino, así como los fabricantes de barriles, botellas de vino, tapones de corcho, sellos y etiquetas están apiñados en un conglomerado muy cercano a las casi 700 empresas vitivinícolas que surten.[15] La lección que debemos aprender aquí es que la relativa posición de costo de una compañía y su competitividad general están vinculadas con el sistema de la cadena de valor de toda la industria y también con las de sus clientes.

Aun cuando las cadenas de valor en las figuras 4.2 y 4.3 son representativas, éstas varían según la industria y la compañía. Las cadenas de valor de los productos difieren de las de los servicios. Los elementos principales de la cadena de valor de la industria de pulpa y papel (siembra de árboles, tala, molinos de pulpa, fabricación de papel, impresión y edición) difieren de los elementos principales de la cadena de la industria de electrodomésticos (partes y componentes, fabricación, ensamble, distribución al mayoreo, ventas al menudeo). La cadena de valor de la industria de bebidas no alcohólicas (procesamiento de ingredientes básicos, fabricación de jarabes, llenado de botellas y latas, distribución al mayoreo y al menudeo) difiere de la configuración de la cadena de valor de la industria de software para computadoras (programación, carga de discos, mercadotecnia, distribución). Un productor de grifos para baños y cocinas depende en gran parte de las actividades de los distribuidores mayoristas y de desarrollar un suministro de minoristas para ganar las ventas a los constructores de viviendas y a los aficionados a hacer las cosas por sí mismos; un fabricante de pequeños motores a gasolina controla su propia participación de mercado al vender directamente a los fabricantes de equipo de jardinería. Las actividades y los costos más importantes de un mayorista se relacionan con los bienes adquiridos, la logística de entrada y la logística de salida. Las actividades y los costos más importantes de un hotel tienen que ver con operaciones (registro de entrada y salida de los huéspedes, mantenimiento y limpieza, servicio de comedor y a las habitaciones, convenciones, juntas y la contabilidad). Las actividades y los costos más importantes de una empresa contable global giran alrededor del servicio al cliente y de la administración de recursos humanos (contratación y capacitación de personal profesional muy competente). La logística de salida es una actividad de suma importancia en Domino's Pizza, pero comparativamente insignificante para Blockbuster. Las ventas y la mercadotecnia son actividades dominantes en Coca-Cola, pero se consideran actividades secundarias en las empresas surtidoras de gas. En consecuencia, las cadenas de valor genéricas, como las de las figuras 4.2 y 4.3, son ilustrativas, no absolutas, y tal vez resulte necesario adaptarlas a las circunstancias particulares de cada compañía.

---

[15] Para mayor información sobre el cómo y el porqué conjuntar en una ubicación a los proveedores y a otras organizaciones de soporte que tienen que ver con los costos y la competitividad de una compañía, véase Michael E. Porter, "Clusters and the New Economics of Competition", *Harvard Business Review* 76, núm. 6, noviembre-diciembre de 1998, pp. 77-90.

Desarrollo de datos para el análisis del costo estratégico   Una vez que se han identificado los elementos principales de la cadena de valor, el siguiente paso en el análisis del costo estratégico implica el desglose de la información sobre costos contables departamentales de una empresa en los costos del desempeño de actividades específicas.[16] El grado apropiado del desglose depende de la economía de las actividades y de lo valiosas que son para desarrollar comparaciones de costo a nivel de toda la compañía respecto a las actividades definidas en forma limitada, en contraste con las definidas en forma amplia. Una buena guía es desarrollar estimados de costo separados para las actividades que tienen diferentes economías y las que representan una proporción significativa o creciente del costo.[17]

La contabilidad tradicional identifica los costos de conformidad con amplias categorías de gastos: sueldos y salarios, prestaciones para empleados, suministros, viajes, depreciación, investigación y desarrollo, y otros cargos fijos. La determinación de *costos con base en la actividad* implica la definición de categorías de gastos basadas en las actividades específicas que se desempeñan y después la asignación de costos a la actividad apropiada responsable de crear el costo. En la tabla 4.2 se muestra un ejemplo.[18] Tal vez 25% de las compañías que han explorado la factibilidad de la determinación de costos con base en la actividad han adoptado ese enfoque contable. Para comprender por completo los costos de las actividades a todo lo largo de la cadena de valor de la industria, también se requiere desarrollar estimados del costo de las actividades realizadas en partes competitivamente significativas de las cadenas de valor de proveedores y clientes.

Con el fin de comparar la posición de costo de la empresa con la de los rivales, se deben estimar los costos para las mismas actividades de cada rival —un arte avanzado en la información competitiva—. Pero a pesar de lo tedioso de desarrollar estimados para cada actividad y de la imprecisión de algunos estimados de los rivales, la recompensa por revelar los costos de tareas y funciones internas particulares y la competitividad en costo de la posición de la empresa en comparación con sus rivales, hace que esta metodología sea un instrumento valioso para el análisis estratégico.[19] La cápsula ilustrativa 16 muestra una cadena de valor para la industria de discos compactos.

La aplicación más importante del análisis de la cadena de valor es exponer la forma en la que la posición de costo de una empresa particular se compara con la de sus rivales. Lo que se necesita son estimados de lo que le cuesta a un competidor, en comparación con otro, proporcionar un producto o un servicio a un grupo de clientes bien definido o a un segmento del mercado. La magnitud de la ventaja/desventaja de costo de una compañía puede variar de un artículo a otro en la línea del producto, de un grupo de clientes a otro (si se utilizan diferentes canales de distribución) y de un mercado geográfico a otro (si los factores del costo varían entre las regiones geográficas).

Benchmarking de los costos de las actividades clave

En la actualidad, muchas compañías emplean el *benchmarking* de los costos de desempeño de una actividad determinada con los costos de los competidores (y/o con los de una empresa no competidora en otra industria que realiza en forma eficiente y efectiva casi la misma actividad o el mismo proceso de negocios). El benchmarking es una herramienta que permite a una compañía determinar si la forma en la cual desempeña ciertas funciones y actividades representa una de las "mejores prácticas" en la industria, tomando en cuenta tanto el costo como la efectividad.

> El benchmarking de los costos de las actividades de una compañía en relación con sus rivales proporciona una evidencia sólida de su competitividad de costos.

---

[16] Para una exposición de los retos contables en el cálculo de los costos de las actividades de la cadena de valor, véase Shank y Govindarajan, *Strategic Cost Management*, pp. 62-72 y capítulo 5; así como Hegert y Morris, "Accounting Data for Value Chain Analysis", pp. 175-188.

[17] Porter, *Competitive Advantage*, p. 45.

[18] Para una exposición de la contabilidad de costos basada en la actividad, véase Cooper y Kaplan, "Measure Costs Right: Make the Right Decisions", pp. 96-103; Shank y Govindarajan, *Strategic Cost Management*, capítulo 11, y Joseph A. Ness y Thomas G. Cucuzza, "Tapping the Full Potential of ABC", *Harvard Business Review* 73, núm. 4, julio-agosto de 1995, pp. 130-138.

[19] Shank y Govindarajan, *Strategic Cost Management*, p. 62.

Tabla 4.2 Diferencia entre la contabilidad de costos tradicional y la basada
en la actividad: el caso de las adquisiciones

Categorías de la contabilidad de costos tradicional en el presupuesto del departamento de compras (dólares)		Costo del desempeño de actividades específicas del departamento de compras utilizando la contabilidad de costos por actividad (dólares)	
Sueldos y salarios	$340 000	Evaluar las capacidades del proveedor	$100 300
Beneficios para los empleados	95 000	Procesar las órdenes de compra	82 100
Suministros	21 500	Colaborar con los proveedores para entregas justo a tiempo	140 200
Viajes	12 400	Actividades de compartir información con los proveedores	59 550
Depreciación	19 000	Verificar la calidad de los artículos comprados	94 100
Otros cargos fijos (espacios para oficinas, mobiliario)	112 000	Verificar las entregas que llegan contra las órdenes de compra	48 450
Gastos varios de operación	40 250	Resolver problemas	15 250
		Administración interna	100 200
	$640 150		$640 150

Fuente: Adaptada de la información proporcionada en Terence P. Paré, "A New Tool for Managing Costs", *Fortune*, 14 de junio de 1993, pp. 124-129.

Este proceso implica comparar, a nivel de toda la compañía, el desempeño de las funciones y los procesos básicos en la cadena de valor: la manera en que se compran los materiales, cómo se paga a los proveedores, el modo en que se administran los inventarios, la forma en que se ensamblan los productos y la rapidez con la cual la compañía es capaz de llevar los nuevos productos al mercado, cómo se desempeña la función del control de calidad, la forma en que se reciben y envían los pedidos de los clientes, el modo en que se capacita a los trabajadores, cómo se procesan las nóminas y cómo se lleva a cabo el mantenimiento, así como el costo de estas actividades.[20] Los objetivos del benchmarking consisten en identificar las mejores prácticas en el desempeño de una actividad, aprender la forma en la que otras empresas logran realmente costos más bajos o mejores resultados en las actividades comparadas y emprender una acción para mejorar la competitividad de costos de una compañía, siempre que este proceso revele que los costos y resultados de desempeño de una actividad no son similares a los de otras empresas (sean o no sean competidoras).

En 1979, Xerox se convirtió en pionera en el empleo del benchmarking cuando los fabricantes japoneses empezaron a vender copiadoras de tamaño mediano a un precio de 9 600 dólares, una suma inferior a los costos de producción de Xerox.[21] Aun cuando la administración sospechaba que los competidores japoneses estaban inundando el mercado externo con productos de un precio más bajo, envió a un equipo de administradores de línea a Japón, incluyendo al director de fabricación, con el fin de que estudiaran los procesos y costos de los competidores. Por fortuna, Fuji-Xerox, su empresa de riesgo compartido en Japón, conocía muy bien a los competidores. El equipo averiguó que los costos de Xerox eran excesivos debido a considerables ineficacias en sus procesos de fabricación y en sus prácticas de negocios; el estudio resultó ser útil en los esfuerzos por lograr la competitividad en el costo e impulsó a Xerox a iniciar un programa de comparación a largo plazo en 67 de sus procesos de trabajo clave con

[20] Para más detalles, véase Gregory H. Watson, *Strategic Benchmarking: How to Rate Your Company's Performance Against the World's Best*, John Wiley, Nueva York, 1993, y Robert C. Camp, *Benchmarking: The Search for Industry Best Practices That Lead to Superior Performance*, ASQC Quality Press, Milwaukee, 1989. Véase también Alexandra Biesada, "Strategic Benchmarking", *Financial World*, 29 de septiembre de 1992, pp. 30-38.

[21] Jeremy Main, "How to Steal the Best Ideas Around", *Fortune*, 19 de octubre de 1992, pp. 102-103.

Cápsula ilustrativa 16
La cadena de valor para la grabación y distribución de los CD de música

La siguiente tabla muestra los costos representativos y los márgenes de ganancia asociados con la producción y distribución de un CD de música cuyo precio al menudeo es de 15 dólares..

1. Costos de producción directos de la disquera:		$ 2.40
Artistas y repertorio	$0.75	
Impresión y empaque del CD	1.65	
2. Regalías		0.99
3. Gastos de mercadotecnia de la compañía		1.50
4. Gastos administrativos de la disquera		1.50
5. Costos totales de la compañía		6.39
6. Ganancia de operación de la disquera		1.86
7. Precio del venta al distribuidor/mayorista		8.25
8. Beneficio promedio del mayorista para cubrir las actividades de distribución y márgenes de ganancia		1.50
9. Precio promedio de mayoreo cargado al distribuidor al menudeo		9.75
10. Margen de ganancia promedio del distribuidor al menudeo sobre el costo al mayoreo		5.25
11. Precio promedio de menudeo al consumidor		$15.00

Fuente: Elaborado a partir de la información dada en "Fight the Power", un estudio de caso preparado por Adrian Aleyne, Babson College, 1999.

las compañías que tenían las "mejores prácticas" en el desempeño de estos procesos. Muy pronto, Xerox decidió no restringir sus esfuerzos de benchmarking a sus rivales en equipo de oficina, sino ampliarlos a cualquier compañía considerada como de "clase mundial" en el desempeño de *cualquier actividad* relacionada con su propio negocio.

Por lo tanto, el benchmarking se ha convertido rápidamente en una herramienta no sólo para comparar una compañía con sus rivales en cuanto a costos, sino también para compararla con otras empresas en lo concerniente a la mayoría de las actividades relevantes o a mediciones que sean competitivamente importantes. Los gerentes de Toyota tuvieron la idea del suministro de inventario justo a tiempo al estudiar la forma en que los supermercados estadounidenses resurtían sus anaqueles. Southwest Airlines redujo el tiempo para repostar sus naves en cada parada programada al analizar al personal auxiliar de los puestos de abastecimiento (*pits*) de los circuitos de carreras automovilísticas. La cápsula ilustrativa 17 describe una de las experiencias de benchmarking de Ford Motor Company para su área de cuentas por pagar. Alrededor de 80% de las compañías pertenecientes a la lista de las 500 empresas de Fortune están llevando a cabo algún tipo de benchmarking.

La parte difícil del benchmarking no es si llevarlo a cabo o no, ni la forma en que se realiza, sino más bien lograr el acceso a la información referente a las prácticas y los costos de otras empresas. En ocasiones, la comparación del costo se puede obtener recopilando información de los informes publicados, las asociaciones del ramo y las empresas de investigación de la industria, así como al hablar con analistas, clientes y proveedores de la industria bien informados. Sin embargo, por lo común esta actividad requiere investigación de campo en las instalaciones de las compañías competidoras y no competidoras, con el fin de observar cómo se hacen las cosas, formular preguntas, comparar prácticas y procesos, y tal vez intercambiar datos sobre productividad, niveles de personal, requerimientos de tiempo y otros componentes del costo. El problema es que el benchmarking implica obtener información delicada y no se puede esperar

Concepto básico
El **benchmarking** ha demostrado ser una herramienta poderosa para saber cuáles son las empresas que desempeñan mejor ciertas actividades particulares y luego utilizar sus técnicas (o "las mejores prácticas") para mejorar los costos y la eficiencia de las propias actividades internas de una empresa.

Cápsula ilustrativa 17
Benchmarking: Ford imita a Cisco Systems

En cierta época, los ejecutivos de Ford Motor Company creyeron que la estrategia en tecnología de la empresa constituía la clave para el futuro de Ford. También reconocían que para obtener un dominio de las tecnologías de la información, Ford se podía beneficiar de las experiencias de empresas a las que se les consideraba líderes en ese ramo.

En fechas recientes, los ejecutivos principales de Ford acudieron a Cisco Systems con el objeto de recabar opiniones y comparar sus sistemas de diseño y manufactura con los de esta empresa, los cuales estaban integrados alrededor de la tecnología de internet. Los ejecutivos de Cisco recomendaron a Ford que ubicara en la parte superior de su jerarquía a ejecutivos expertos en internet. John Chambers y otros gerentes de Cisco acompañaron durante una visita de dos días a sus oficinas generales, en California, a los ejecutivos de Ford, quienes aprendieron estrategias para reformar

sus procesos. Uno de los ejecutivos de Ford recuerda: "Era tan drásticamente distinto a nuestro negocio... Lo asimilé."

Los resultados de las reuniones con Cisco incluyeron: el nuevo sitio web de Ford (FordDirect.com), que enlaza a los compradores con los distribuidores; su nuevo *Customer Knowledge System* (Sistema de conocimiento del cliente), el cual crea un perfil de cada cliente, y la renovación de sus procesos de diseño interno y de producción, a fin de que estén en función de internet. Los ejecutivos de Ford comparan de manera regular las actividades de comercio electrónico de la empresa con compañías como Cisco, Amazon.com, Dell Computer y otras compañías reconocidas por poseer un sitio web "modelo" y por ser particularmente astutas en la utilización de la tecnología de internet para obtener un excelente provecho.

Fuentes: Edward Robinson y William Hoffman, "The Re-Education of Jaques Nasser", *Business 2.0*, mayo de 2001; Stan Gibson, "Say It Again: Channel Transparency", *eWeek* (www.zdnet.com), 4 de septiembre de 2000, y Bob Wallace, "FordDirect.com Could Be Win-Win for Ford, Dealers, Customers", *InformationWeek* (www.internetwk.com), 25 de agosto de 2000.

que los rivales sean totalmente francos, aun si convienen en permitir recorridos por sus instalaciones y en responder a las preguntas. Llevar a cabo comparaciones de costo confiables resulta complicado, debido a que los participantes a menudo utilizan distintos sistemas de contabilidad.

No obstante, el creciente interés de las compañías en las comparaciones de los costos y en la identificación de las mejores prácticas ha dado impulso a organizaciones de consultoría (por ejemplo, Andersen Consulting, A.T. Kearney, Best Practices Benchmarking & Consulting y Towers Perrin), así como a varios consejos y asociaciones recién constituidos (como International Benchmarking Clearinghouse y Strategic Planning Institute's Council on Benchmarking), a recopilar datos de las comparaciones, realizar estudios de estos procesos y a distribuir información de las mejores prácticas y costos de desempeño entre sus clientes o miembros, sin que se tenga que identificar a las fuentes. Tener un grupo independiente que recopile información y la suministre de una manera que eluda los nombres de compañías, hace posible que las empresas eviten dar a conocer datos que son competitivamente delicados a los rivales y reduce el riesgo de enfrentar problemas éticos. La dimensión ética del benchmarking se analiza en la cápsula ilustrativa 18.

Opciones estratégicas para lograr una competitividad de costos

> Las acciones estratégicas para eliminar una desventaja de costo se deben vincular con la parte de la cadena de valor donde se originan las diferencias en el costo.

El análisis de la cadena de valor y el benchmarking pueden revelar mucho acerca de la competitividad de costos de una empresa. Una de las percepciones fundamentales del análisis del costo estratégico es que la competitividad de una compañía depende de lo bien que administra su cadena de valor en relación con lo bien que los competidores administran las suyas.[22] El examen de la estructura de la propia cadena de valor de una compañía y la comparación con la de sus rivales indica quién tiene una ventaja o desventaja de costo y cuáles son los componentes del costo responsables de eso. Dicha información es vital en el diseño de estrategias para eliminar una desventaja de costo o para crear una ventaja de costo.

---

[22] Shank y Govindarajan, *Strategic Cost Management*, p. 50.

Cápsula ilustrativa 18
Benchmarking y la conducta ética

Debido a que los análisis entre los socios que efectúan comparaciones pueden involucrar datos delicados desde el punto de vista de la competitividad, han surgido preguntas sobre la posible restricción del comercio o respecto a una conducta de negocios impropia. En este sentido, el Strategic Planning Institute Council on Benchmarking y The International Benchmarking Clearinghouse exhortaron a las personas y a las organizaciones involucradas en esta actividad a cumplir con un código de conducta de negocios. El código se basa en los siguientes principios y pautas:

- Al llevar a cabo el benchmarking (proceso de comparación) con los competidores, establezca por adelantado reglas de procedimiento específicas, por ejemplo: "No queremos hablar de aquellos aspectos que proporcionen a cualquiera de nosotros una ventaja competitiva, más bien queremos ver en dónde podemos mejorar mutuamente u obtener ambos algún beneficio." No analice los costos con los competidores si éstos son un elemento en la determinación del precio.

- No les pida a los competidores datos delicados ni propicie que el socio del benchmarking piense que debe proporcionar datos delicados con el fin de que el proceso siga adelante. Esté preparado para proporcionar el mismo nivel de información que solicita. No comparta una información patentada sin la previa autorización de las autoridades apropiadas o de ambas partes.

- Recurra a una tercera instancia que sea ética con el objeto de que recopile datos competitivos y oculte la fuente, con el apoyo de un abogado en el caso de las comparaciones competitivas directas.

- Consulte con un abogado cualquier duda acerca de los procedimientos de recopilación de datos que sean dudosos; por ejemplo, antes de ponerse en contacto con un competidor directo.

- Cualquier dato obtenido de un socio en esta actividad se debe tratar como una información interna y privilegiada. Cualquier uso externo debe contar con la autorización del socio.

- No debe:
  —Desacreditar el negocio o las operaciones del competidor ante una tercera parte.
  —Tratar de limitar la competencia o hacer negocios por medio de la relación establecida mediante el benchmarking.
  —Presentarse usted mismo como si trabajara para otro patrón.

- Demuestre un compromiso con la eficiencia y la efectividad del proceso preparándose en forma adecuada para cada paso, en particular durante el contacto inicial. Sea profesional, honesto y cortés. Apéguese a la agenda y manténgase enfocado en los aspectos del benchmarking.

Fuentes: Strategic Planning Institute Council on Benchmarking; The International Benchmarking Clearinghouse, y conferencia del AT&T Benchmarking Group, Des Moines, Iowa, octubre de 1993.

En la figura 4.2 se observa que las diferencias importantes en los costos de las empresas competidoras pueden ocurrir en tres áreas principales: en la parte de los proveedores de la cadena de valor de la industria, en los propios segmentos de actividad de una compañía, o en el segmento final del canal en la cadena de la industria. Si la carencia de competitividad de costos de una empresa se debe a los segmentos iniciales (anteriores) o finales (posteriores) de la cadena de valor, entonces el restablecimiento de la competitividad de costos tal vez se deba extender más allá de las propias operaciones internas de la empresa.

Resolución de los altos costos de los productos adquiridos de los proveedores Cuando la desventaja de costo de una empresa se debe sobre todo a los costos de los artículos comprados a los proveedores (el segmento inicial de la cadena de la industria), los administradores de la compañía pueden seguir cualquiera de estos pasos estratégicos para resolver el problema:[23]

- Negociar precios más favorables con los proveedores.

- Colaborar con los proveedores en el diseño y especificaciones de lo que se va a suministrar, a fin de identificar ahorros en los costos que permitan bajar los precios.

- Cambiar a insumos sustitutos con un precio más bajo.

---

[23] Porter, *Competitive Advantage*, capítulo 3.

- Colaborar estrechamente con los proveedores para identificar oportunidades de ahorro para ambas partes. Por ejemplo, descubrir formas para lograr entregas "justo a tiempo" que bajen los costos del inventario y de la logística interna de una compañía, permitiéndoles asimismo a los proveedores economizar en sus costos de almacenamiento, envío y programación de la producción; un resultado en el que ambos resultan ganadores (en vez de un juego de suma cero, en donde las ganancias de una compañía son iguales a las concesiones del proveedor).[24]

- Integrarse hacia atrás para lograr el control sobre los costos de los productos adquiridos, lo cual es una opción que a veces resulta atractiva.

- Tratar de compensar la diferencia reduciendo los costos en otras partes de la cadena.

Eliminar las desventajas de costos en el segmento final de la cadena de valor de la industria   Las opciones estratégicas de una compañía para superar las desventajas de costo en el segmento final del sistema de la cadena de valor incluyen:[25]

- Presionar a los distribuidores y a otros aliados del segmento final del canal para que reduzcan sus márgenes de ganancia bruta.

- Colaborar estrechamente con los aliados y/o clientes del segmento final del canal, con el fin de identificar oportunidades para reducir los costos de manera que ambos resulten beneficiados. Un fabricante de chocolate aprendió que al enviar su volumen de chocolate en forma líquida en carros tanque, en vez de hacerlo en barras moldeadas de 10 libras, les ahorraba a los fabricantes de barras el costo del desempacado y el derretido, además de que eliminaba sus propios costos de moldear barras y empacarlas.

- Cambiar a una estrategia de distribución más económica, lo cual incluye utilizar canales de distribución más baratos (quizá las ventas directas a través de internet) o integrarse hacia delante en negocios que estén en el segmento final del negocio.

- Tratar de compensar la diferencia reduciendo los costos en un punto anterior en la cadena del costo, lo cual suele ser el último recurso.

Eliminar los altos costos de las actividades desarrolladas de manera interna   Cuando el origen de la desventaja de costo de una empresa es interno, los administradores pueden utilizar cualquiera de los ocho enfoques estratégicos para restaurar la paridad del costo:[26]

1. Implantar el uso de mejores prácticas en toda la empresa, sobre todo en las actividades de alto costo.

2. Tratar de eliminar algunas actividades generadoras de costo, al mismo tiempo que renovar la cadena de valor. Los ejemplos incluyen abolir actividades de escaso valor agregado, cambiar hacia un modelo de negocios distinto, evitar de manera directa el impacto de las cadenas de valor y los costos asociados de los aliados en la distribución y la mercadotecnia a los usuarios finales (el enfoque utilizado por Gateway y Dell en las PC), o utilizar el comercio electrónico al menudeo. Por ejemplo, una empresa de corretaje podría cambiar a los sistemas de comercio de acciones en línea, en vez de conservar una compleja red de oficinas locales en donde trabajen corredores de bolsa profesionales; cuando los inversionistas tienen que llamar o visitar personalmente a los corredores a fin de manejar sus operaciones, las comisiones de éstos son mucho más altas que cuando las transacciones se hacen en línea. En el comercio al menudeo, Amazon.com, eMusic, mortgage.com y otras empresas han eliminado de la cadena de valor algunas actividades tradicionales.

---

[24] En años recientes, la mayor parte de las compañías han tomado medidas agresivas para colaborar y asociarse con proveedores clave a fin de implantar una mejor administración de la cadena de suministro, con lo que suelen lograr ahorros de costo de 5 a 25%. Para llevar a cabo un análisis sobre la forma de desarrollar una estrategia de suministro que ahorre costos, véase Shashank Kulkarni, "Purchasing: A Supply-Side Strategy", *Journal of Business Strategy* 17, núm. 5, septiembre-octubre de 1996, pp. 17-20.

[25] Porter, *Competitive Advantage*, capítulo 3.

[26] *Idem.*

3. Reubicar las actividades de costo elevado (como las de investigación y desarrollo o las de fabricación) en áreas geográficas en donde se puedan desempeñar de manera más económica.

4. Verificar si ciertas actividades se pueden maquilar en fuentes externas, como los vendedores, o si las pueden desempeñar algunos contratistas en una forma más económica que si se llevaran a cabo de modo interno.

5. Invertir en mejoramientos tecnológicos que ahorran costos y mejoran la productividad (automatización, robotización, técnicas de fabricación flexibles y redes de cómputo de última generación).

6. Innovar los componentes que presentan problemas de costo; los fabricantes de procesadores de computadora por lo regular diseñan sus patentes con base en patentes de otros, a fin de evitar el pago de regalías; los fabricantes automotrices han sustituido el metal de la carrocería del automóvil por componentes hechos de plástico y caucho que resultan más baratos.

7. Simplificar el diseño del producto, de manera que se pueda fabricar o ensamblar en una forma más económica y rápida.

8. Compensar la desventaja del costo interno mediante ahorros en las etapas anteriores y posteriores del sistema de la cadena de valor; a menudo éste suele ser el último recurso.

De las actividades de la cadena de valor a las capacidades competitivas y a la ventaja competitiva

La forma en que una compañía administra sus actividades en la cadena de valor en relación con sus competidores le da la posibilidad de desarrollar y fortalecer competencias y capacidades valiosas, de tal manera que lleguen a convertirse en una ventaja competitiva sostenible. Con raras excepciones, los productos o servicios de una empresa no constituyen una base confiable para una ventaja competitiva sostenible; es muy fácil que alguna ingeniosa compañía reproduzca, mejore o encuentre un sustituto efectivo para ellos.[27] Más bien, la conservación de una ventaja competitiva de la compañía comúnmente se basa con mayor firmeza en sus competencias y capacidades críticas para el éxito en el mercado y para satisfacer a sus clientes; capacidades y competencias que sus rivales no poseen o no pueden igualarlas.

> **Principio de administración estratégica**
> Realizar actividades pertenecientes a la cadena de valor en formas que suministren a una empresa las capacidades para superar a sus rivales representa una fuente de ventaja competitiva.

Merck y Glaxo, dos de las compañías farmacéuticas más competitivamente capaces del mundo, lograron sus posiciones en el negocio mediante un desempeño experto de unas pocas actividades competitivamente cruciales: un amplio programa de investigación y desarrollo para ser las primeras en descubrir nuevos medicamentos, un enfoque cuidadosamente elaborado de las patentes, la habilidad para obtener la aprobación clínica rápida y cabal de las instituciones reguladoras, así como capacidades extraordinariamente poderosas de distribución y ventas.[28] FedEx vinculó e integró el desempeño de sus aviones, camiones de carga, sistemas de apoyo y personal a lo largo de las diferentes actividades de la cadena de valor de la empresa de forma tan estrecha y sin complicaciones que creó una capacidad para proporcionar a los clientes servicios nocturnos de entrega garantizados. La capacidad de McDonald's de ofrecer hamburguesas con una calidad virtualmente idéntica en alrededor de 25 000 sucursales de todo el mundo refleja una impresionante capacidad de duplicar sus sistemas de operación en muchas ubicaciones mediante un extenso manual con reglas y procedimientos detallados para cada actividad y una capacitación intensiva de los operadores de la franquicia y de los administradores de las sucursales.

---

[27] James Brian Quinn, *Intelligent Enterprise,* Free Press, Nueva York, 1993, p. 54.

[28] Quinn, *Intelligent Enterprise*, p. 34.

PREGUNTA 4: ¿QUÉ TAN PODEROSA ES LA POSICIÓN COMPETITIVA DE LA COMPAÑÍA EN RELACIÓN CON LA DE SUS RIVALES?

La evaluación sistemática de la posición competitiva general de una compañía para saber si es poderosa o débil en relación con sus rivales cercanos constituye un paso esencial en el análisis de la situación de la compañía.

El empleo de las herramientas de las cadenas de valor, del análisis del costo estratégico y del benchmarking para determinar la competitividad de costos de una compañía es necesario, pero no suficiente. Resulta fundamental hacer una evaluación más amplia de la posición y fortaleza competitivas de una empresa. Los aspectos particulares que ameritan un examen incluyen: 1) si es razonable esperar que la posición de mercado actual de la compañía mejore o se deteriore al continuar con la estrategia actual (permitiendo un ajuste); 2) cómo está clasificada la empresa en relación con sus principales rivales en cada factor clave del éxito y en cada medida pertinente de su fortaleza competitiva y de su capacidad de recursos; 3) si la empresa disfruta de una ventaja competitiva sobre sus rivales clave o si en la actualidad está en desventaja, y 4) la capacidad de la empresa para defender y mejorar su posición de mercado en vista de las fuerzas impulsoras, de las presiones competitivas de la industria y de las medidas anticipadas de los rivales.

La tabla 4.3 ofrece una lista de algunos indicadores acerca del deterioro o mejoramiento de la posición competitiva de una empresa. Pero los administradores de la compañía deben hacer algo más que simplemente identificar las áreas de mejoramiento o deterioro competitivo. Deben *juzgar la forma en que se conjuntan todos los signos que indican fortalezas y debilidades.* Las respuestas a las dos siguientes preguntas revisten un interés particular: ¿la empresa cuenta con una ventaja o desventaja competitiva neta en comparación con los competidores principales? ¿Puede esperarse que mejore o empeore la posición de mercado y el desempeño mediante la actual estrategia?

Evaluaciones de la fortaleza competitiva

La forma más reveladora para determinar la fuerza con la cual una compañía mantiene su posición competitiva es evaluar *de manera cuantitativa* si la empresa es más poderosa o débil que sus rivales cercanos en cada uno de los factores competitivamente clave del éxito en la industria, así como en cada capacidad y recurso. Gran parte de la información para la evaluación de la fortaleza competitiva proviene de los pasos analíticos previos. El análisis competitivo y de la industria revela los factores clave para el éxito y las capacidades competitivas que hacen la diferencia entre los triunfadores y los perdedores. El análisis del competidor y los datos del benchmarking proporcionan la base para juzgar las fortalezas y capacidades de los rivales respecto a factores competitivamente relevantes tales como el costo, la calidad del producto, el servicio al cliente, la imagen y reputación, la fortaleza financiera, las capacidades tecnológicas, la velocidad para llegar al mercado, la capacidad de distribución, y la posesión de recursos y capacidades que resultan significativas para competir.

Las altas calificaciones de la fortaleza competitiva denotan una posición competitiva poderosa y la posesión de una ventaja competitiva; las bajas calificaciones indican una posición débil y una desventaja competitiva.

El primer paso es hacer una lista de los factores clave para el éxito en la industria y de las mediciones más significativas de la ventaja o desventaja competitiva (por lo común basta con seis a diez mediciones). El segundo paso es calificar a la empresa y a sus rivales de acuerdo con cada factor. Lo mejor es utilizar escalas de calificación del 1 al 10, aun cuando las calificaciones poderosa (+), débil (−) o casi igual (=) pueden ser apropiadas cuando la información es escasa y la asignación de calificaciones numéricas expresa una falsa precisión. El tercer paso es sumar las calificaciones de la fortaleza individual, con el fin de obtener una medida general de la fortaleza competitiva para cada competidor. El cuarto paso es llegar a conclusiones acerca del tamaño y el grado de ventaja o desventaja competitiva neta de la compañía con base en las mediciones de la fortaleza y tomar nota específicamente de aquellas áreas en las que la posición competitiva de la empresa es más poderosa o débil.

La tabla 4.4 proporciona dos ejemplos de la evaluación de la fortaleza competitiva. El primero emplea una *escala de calificaciones no ponderadas.* Con estas calificaciones no ponderadas se supone que cada medida del factor clave del éxito/fortaleza competitiva es igualmente importante (una suposición bastante dudosa). Cualquier compañía que logre la calificación más

Tabla 4.3 Señales de fortaleza y debilidad en la posición competitiva de una compañía

Señales de fortaleza competitiva	Señales de debilidad competitiva
• Fortalezas de recursos importantes, competencias centrales y capacidades competitivas • Una competencia sobresaliente en alguna actividad competitivamente importante en la cadena de valor • Poderosa participación de mercado (o una participación de mercado importante) • Una estrategia que marca el paso o que es distintiva y difícil de imitar o igualar por parte de los rivales • Aventajar a los rivales en la expansión hacia mercados globales y/o creación de una presencia en el comercio electrónico • Un nombre de marca y una reputación que se conocen mejor que los de los rivales • Base de clientes y lealtad de éstos en aumento • Ubicación favorable en un grupo estratégico • Buena posición en segmentos atractivos del mercado • Productos muy diferenciados • Ventajas de costo • Márgenes de utilidad superiores al promedio • Capacidad tecnológica e innovadora superiores al promedio • Una administración creativa, emprendedora y alerta • Recursos financieros bastos	• Enfrentar desventajas competitivas • Perder terreno frente a las empresas rivales que tienen una posición más firme en los mercados globales y/o en el comercio electrónico • Pérdida de participación de mercado y crecimiento de ingresos inferior al promedio • Escasez de recursos financieros para buscar nuevas oportunidades • Menor prestigio de marca respecto a la de los rivales y/o deterioro de la reputación con los clientes • Rezago en la capacidad de desarrollo e innovación del producto • Ubicación en un grupo estratégico destinado a perder terreno • Debilidad en áreas donde hay mayor potencial de mercado; por ejemplo, mercados extranjeros y comercio electrónico • Productos con costos elevados • Demasiado pequeño para ser un elemento importante en el mercado • Posición precaria para enfrentar las amenazas que surgen • Calidad deficiente del producto • Falta de habilidades, recursos y capacidades competitivas en áreas clave • Capacidad de distribución más débil que la de los rivales

alta de su fortaleza para una medida determinada tiene una ventaja implícita en ese factor; la magnitud de su ventaja se revela mediante el margen de diferencia entre su calificación y las asignadas a los rivales. La suma de las calificaciones de una compañía en todas las medidas produce una calificación total de la fortaleza. Mientras más alta sea la calificación total de la fortaleza, más poderosa será su posición competitiva. Mientras mayor sea el margen de diferencia entre la calificación total de una compañía y las calificaciones de rivales inferiores, mayor será la ventaja competitiva neta implícita. Por consiguiente, la calificación total de 61 de ABC (véase la parte media de la tabla 4.4) señala una mayor ventaja competitiva neta sobre el Rival 4 (con una calificación de 32) que sobre el Rival 1 (con una calificación de 58).

Sin embargo, para la metodología es mejor utilizar un sistema de calificación ponderada debido a que es improbable que las diferentes medidas de la fortaleza competitiva sean igualmente importantes. Por ejemplo, en la industria de bienes de consumo, el hecho de tener costos por unidad más bajos que los rivales casi siempre es el factor determinante con mayor importancia para la fortaleza competitiva. Pero en una industria con una poderosa diferenciación del producto, las medidas más significativas de la fortaleza competitiva pueden ser el reconocimiento de la marca, la cantidad de publicidad, la reputación de calidad y la capacidad de distribución. En un *sistema de calificación ponderada*, a cada medida de la fortaleza competitiva se le asigna un valor basado en la importancia percibida para modelar el éxito competitivo. El valor más grande podría ser tan alto como .75 (tal vez incluso más) cuando una variable competitiva particular es abrumadoramente decisiva, o tan bajo como .20 cuando dos o tres medidas de la fortaleza son más importantes que el resto. Los indicadores de una fortaleza competitiva menor pueden tener indicadores de .05 o de .10. No importa si las diferencias entre los valores son grandes o pequeñas, *la suma de las ponderaciones debe ser 1.0.*

Las calificaciones ponderadas de la fortaleza se calculan una vez que se decide la forma en la que una compañía acumula cada medida de su fortaleza (mediante una escala de calificación

> Un análisis ponderado de la fortaleza competitiva es conceptualmente más poderoso que un análisis no ponderado, debido a las debilidades inherentes de la suposición de que todas las medidas de la fortaleza son igualmente importantes.

Tabla 4.4   Ejemplo de evaluaciones de la fortaleza competitiva no ponderadas y ponderadas

A. Muestra de una evaluación de la fortaleza competitiva no ponderada
Escala de la calificación: 1 = Muy débil; 10 = Muy poderosa

Medida del factor clave para el éxito/fortaleza	ABC Co.	Rival 1	Rival 2	Rival 3	Rival 4
Desempeño de la calidad/producto	8	5	10	1	6
Reputación/imagen	8	7	10	1	6
Capacidad de fabricación	2	10	4	5	1
Habilidades tecnológicas	10	1	7	3	8
Capacidad de la red de distribuidores/distribución	9	4	10	5	1
Capacidad de innovación de productos	9	4	10	5	1
Recursos financieros	5	10	7	3	1
Posición de costo relativa	5	10	3	1	4
Capacidades de servicio al cliente	5	7	10	1	4
Calificación no ponderada de la fortaleza total	61	58	71	25	32

B. Muestra de una evaluación ponderada de la fortaleza competitiva
Escala de la calificación: 1 = Muy débil; 10 = Muy poderosa

Medida del factor clave para el éxito/fortaleza	Ponderación	ABC Co.	Rival 1	Rival 2	Rival 3	Rival 4
Desempeño de la calidad/producto	0.10	8/0.80	5/0.50	10/1.00	1/0.10	6/0.60
Reputación/imagen	0.10	8/0.80	7/0.70	10/1.00	1/0.10	6/0.60
Capacidad de fabricación	0.10	2/0.20	10/1.00	4/0.40	5/0.50	1/0.10
Habilidades tecnológicas	0.05	10/0.50	1/0.05	7/0.35	3/0.15	8/0.40
Capacidad de la red de distribuidores/distribución	0.05	9/0.45	4/0.20	10/0.50	5/0.25	1/0.05
Capacidad de innovación de productos	0.05	9/0.45	4/0.20	10/0.50	5/0.25	1/0.05
Recursos financieros	0.10	5/0.50	10/1.00	7/0.70	3/0.30	1/0.10
Posición de costo relativa	0.30	5/1.50	10/3.00	3/0.95	1/0.30	4/1.20
Capacidades de servicio al cliente	0.15	5/0.75	7/1.05	10/1.50	1/0.15	4/0.60
Total de las ponderaciones	1.00					
Calificación no ponderada de la fortaleza total		5.95	7.70	6.85	2.10	3.70

de 1 a 10) y multiplicando la calificación atribiuida por el peso asignado (una calificación de 4 multiplicada por un valor de .20 da una calificación ponderada de .80). Una vez más, la compañía con la calificación más alta en una determinada medida tiene una ventaja competitiva implícita en esa medida y la magnitud de su ventaja se refleja en la diferencia entre su calificación y las de sus rivales. El peso asignado a la medida indica qué tan importante es la ventaja. La suma de las calificaciones ponderadas de la fortaleza de una compañía para todas las medidas da como resultado la calificación de la fortaleza total. Las comparaciones de las calificaciones totales ponderadas de la fortaleza indican cuáles competidores están en las posiciones competitivas más poderosas y cuáles en las más débiles, así como cuál tiene una gran ventaja competitiva neta y respecto a quién.

La parte inferior de la tabla 4.4 presenta una evaluación de la fortaleza competitiva de ABC Company, utilizando un sistema de calificación ponderado. Observe que el esquema de calificación no ponderada produce un ordenamiento diferente de las compañías, respecto a la obtenida por la ponderada. En el sistema ponderado, la fortaleza de ABC Company bajó del segundo al tercer lugar y el Rival 1 subió del tercer lugar al primero, debido a las altas calificaciones de su fortaleza en los dos factores más importantes. De esta manera, el hecho de ponderar la importancia de las medidas de la fortaleza puede significar una diferencia considerable en el resultado de la evaluación.

Las evaluaciones de la fortaleza competitiva proporcionan conclusiones útiles sobre la situación competitiva de una compañía. Las calificaciones muestran cómo se compara una firma

Contar con altas calificaciones de las fortalezas competitivas en relación con los competidores muestra que existe una oportunidad para la compañía de mejorar su posición de mercado a largo plazo.

en relación con sus rivales factor por factor, o capacidad por capacidad, revelando de esta forma en qué es fuerte o débil y respecto a quién. Además, las calificaciones de la fortaleza competitiva total indican la manera en que todos estos factores se conjugan y si la compañía se encuentra en una posición de ventaja o desventaja en comparación con cada rival. Se puede decir que la empresa con la calificación más alta de su fortaleza competitiva general detenta la mayor ventaja competitiva y la medida de su ventaja competitiva neta refleja en qué grado su calificación excede a la de cada uno de sus rivales.

Saber si una empresa es competitivamente fuerte y en dónde radica su debilidad en comparación con rivales específicos resulta valioso para decidir determinadas acciones orientadas a fortalecer su posición competitiva a largo plazo. Como regla general, la empresa debería tratar de transformar sus fortalezas competitivas (áreas en las que tiene calificaciones mayores que sus rivales) en una ventaja competitiva sustentable y llevar a cabo acciones estratégicas a fin de protegerse de sus debilidades competitivas (áreas en las que tiene calificaciones menores que sus rivales). Asimismo, las calificaciones de la fortaleza competitiva señalan a las compañías rivales que podrían ser vulnerables a un ataque competitivo, así como las áreas en donde son más débiles. Cuando una empresa tiene fortalezas competitivas importantes en sectores en los que uno o más rivales son débiles, resulta sensato considerar medidas ofensivas para aprovechar esas debilidades de los rivales.

> Una buena estrategia implica la búsqueda de oportunidades para transformar las fortalezas de la compañía en ventajas competitivas, a menudo utilizando tales fortalezas para atacar la debilidad competitiva de los rivales.

PREGUNTA 5: ¿A QUÉ PROBLEMAS ESTRATÉGICOS SE ENFRENTA LA COMPAÑÍA?

El objetivo estratégico final es superar los retos estratégicos que se alzan como obstáculos al éxito futuro de la empresa. Lo anterior implica utilizar los resultados del análisis competitivo y del análisis de la situación de la compañía y de la industria, a fin de identificar de un modo tan preciso y claro como sea posible los temas y problemas estratégicos que enfrenta la empresa. El señalamiento de las cuestiones que la administración necesita tener más en cuenta establece la agenda para conformar un plan de acción estratégico eficaz. La "lista de pendientes" con los obstáculos y temas que requieren resolverse puede incluir aspectos como: *la forma* de superar los retos planteados por la competencia global, *el modo* de combatir las innovaciones de los productos rivales, *la manera* de reducir los altos costos de la compañía, *cómo* conservar la actual tasa de crecimiento de la empresa o hacer que el negocio crezca a una tasa más rápida, *el modo* de lograr una mayor visibilidad en el mercado para los productos de la compañía, o *cómo* atraer las oportunidades que brinda el comercio electrónico. Otros temas que deberían incluirse serían *si conviene* ampliar la oferta de productos de la empresa, hacer un mayor énfasis en la investigación y desarrollo de nuevos productos, añadir más capacidad de producción, bajar precios como respuesta a las acciones realizadas por los competidores, agregar nuevas características que incrementen de manera significativa el desempeño de los productos de la empresa, o continuar con las inversiones en mercados extranjeros. Por último, los administradores deberían preguntarse *qué hacer en caso de que* las nuevas regulaciones propuestas aumenten en gran medida los costos, el cliente pierda interés en los nuevos productos de la compañía, o cuando su base de clientes envejezca.

> La identificación y la comprensión a fondo de los problemas estratégicos a los que se enfrenta una compañía son requisitos previos para el diseño de una estrategia efectiva. Esto implica desarrollar una "lista preventiva" de retos estratégicos concernientes al "cómo...", "qué es más conveniente...", y "qué hacer respecto a...".

Para la resolución de aquellos temas que ameritan una atención estratégica, los administradores necesitan recurrir a todo el análisis antes comentado, poner en perspectiva la situación general de la empresa y concentrarse en los retos que deben superarse y los temas que hay que resolver a fin de que la firma asegure el éxito financiero y competitivo en el futuro. Este paso no debe darse a la ligera. Sin una solución definitiva de los retos y los temas antes mencionados, los administradores no estarán preparados para comenzar a elaborar la estrategia. Algunas preguntas que pudieran ayudar a señalar los temas estratégicos adecuados podrían ser las siguientes:

- ¿La estrategia actual resulta adecuada para proteger y mejorar la posición de mercado de la empresa, a la luz de las cinco fuerzas competitivas, en particular de aquellas que se espera que incrementen su fortaleza?

- ¿La empresa es vulnerable ante los esfuerzos competitivos de uno o más rivales?
- ¿La estrategia vigente se debe ajustar para responder mejor a *las fuerzas impulsoras* que están operando en la industria?
- ¿La estrategia presente está a la altura de los *futuros factores clave* para el éxito en la industria?
- ¿La estrategia actual aprovecha en la forma adecuada las fortalezas de los recursos y las capacidades de la compañía?
- ¿Cuáles oportunidades de la compañía ameritan tener máxima prioridad? ¿A cuáles se les debe asignar la prioridad más baja? ¿Cuáles son las más adecuadas para la fortaleza de recursos y las capacidades de la empresa?
- ¿Qué tan importante es para la compañía la necesidad de corregir sus debilidades de recursos? ¿Hay algo que la empresa pueda realizar a fin de disminuir el impacto de las amenazas externas?
- ¿La compañía tiene una ventaja competitiva o se debe esforzar para compensar su desventaja competitiva?
- ¿Cuáles son las fortalezas y debilidades de la estrategia actual?

Las respuestas a estos cuestionamientos y las preocupaciones que la administración demuestre respecto a temas del tipo "cómo hacer para..." y "qué hacer respecto a..." son una indicación de que la empresa puede continuar con la misma estrategia básica, con unos ajustes menores, o que se requiera una reestructuración importante. Si la estrategia actual de una compañía se adecua bien a su ambiente externo y a sus fortalezas de recursos y capacidades, hay menos necesidad de contemplar grandes cambios en la estrategia. No obstante, si la estrategia actual no resulta apropiada para la trayectoria futura, los administradores deben conceder la máxima prioridad a la tarea de diseñar una mejor estrategia.

La tabla 4.5 proporciona un formato para hacer el análisis de la situación de la compañía. Incluye los conceptos y las técnicas analíticos que expusimos en este capítulo y proporciona un método para informar los resultados del análisis de la situación de la compañía de una forma concisa y sistemática.

> **Principio de administración estratégica**
> Una buena estrategia debe incluir formas de enfrentar todos los temas estratégicos que obstaculizan el futuro éxito financiero y competitivo de la empresa.

Puntos | clave

Hay cinco preguntas que deben ser consideradas cuando se hace un análisis de la situación de la compañía:

1. *¿Qué tan bien está funcionando la estrategia actual?* Esto implica la evaluación de la estrategia tanto desde un punto de vista cualitativo (integridad, coherencia interna, fundamentación y si es adecuada para la situación) como desde un punto de vista cuantitativo (los resultados estratégicos y financieros que produce la estrategia). Mientras mejor es el desempeño general actual de una compañía, menos probable es la necesidad de hacer cambios estratégicos radicales. Mientras más débil es el desempeño de una empresa y/o más rápidos son los cambios en su situación externa (que se pueden deducir del análisis competitivo y de la industria), más se debe cuestionar la eficacia de la estrategia actual.

2. *¿Cuáles son las fortalezas y debilidades de los recursos de la compañía, así como sus oportunidades y amenazas externas?* Un análisis FODA proporciona una perspectiva general de la situación de una empresa y es un componente esencial del diseño de una estrategia que encaje bien con la situación de la compañía. Las fortalezas de recursos, las competencias y las capacidades competitivas de una firma son importantes, ya que representan los bloques de construcción más lógicos y atractivos para la estrategia; las debilidades de los recursos son fundamentales porque señalan los aspectos vulnerables que requieren una corrección. Las oportunidades y amenazas externas entran en juego en vista de que una buena estrategia necesariamente intenta aprovechar las oportunidades más atractivas para la compañía, así como defenderla de las amenazas externas a su bienestar.

Tabla 4.5   Análisis de la situación de la compañía

1. Indicadores del desempeño estratégico

	1997	1998	1999	2000	2001
Participación de mercado	___	___	___	___	___
Crecimiento de las ventas	___	___	___	___	___
Margen de utilidad neta	___	___	___	___	___
Ganancias sobre la inversión de capital	___	___	___	___	___
Otros (especifíquense): _____	___	___	___	___	___

2. Fortalezas de recursos internos y capacidades competitivas:

Debilidades internas y deficiencias de recursos:

Oportunidades externas:

Amenazas externas al bienestar de la compañía:

3. Evaluación de la fortaleza competitiva

    Escala de la calificación: 1 = Muy débil; 10 = Muy poderosa.

Medida del factor clave para el éxito/fortaleza competitiva	Peso	Empresa A	Empresa B	Empresa C	Empresa D	Empresa E
Desempeño de la calidad/ producto	___	___	___	___	___	___
Reputación/imagen	___	___	___	___	___	___
Capacidad de fabricación	___	___	___	___	___	___
Habilidades tecnológicas	___	___	___	___	___	___
Capacidad de la red de distribuidores/distribución	___	___	___	___	___	___
Capacidad de innovación de productos	___	___	___	___	___	___
Recursos financieros	___	___	___	___	___	___
Posición de costo relativa	___	___	___	___	___	___
Capacidad de servicio al cliente	___	___	___	___	___	___
Suma de las ponderaciones	1.0					
Calificación de la fortaleza total		___	___	___	___	___

4. Conclusiones concernientes a la posición competitiva:

(¿Mejor/peor? ¿Ventajas/desventajas competitivas?)

5. Principales aspectos estratégicos que debe enfrentar la compañía:

3. *¿Los precios y los costos de la compañía son competitivos?* Un indicador de si la situación de una empresa es poderosa o precaria es que sus precios y costos sean competitivos con los de sus rivales en la industria. El análisis del costo estratégico y el de la cadena de valor son instrumentos esenciales para comparar los precios y costos de una compañía con los de sus rivales, para determinar si está desempeñando de una manera efectiva sus funciones y actividades relacionadas con el costo, para saber si sus costos están a la par que los de los competidores y para decidir qué actividades y procesos de negocios internos deben vigilarse con el fin de lograr una mejora. El análisis de la cadena de valor nos muestra el grado de competencia con el cual una compañía administra sus actividades de la cadena de valor en relación con sus rivales, es una clave para el desarrollo de competencias valiosas y de capacidades competitivas, así como para convertirlas después en una ventaja competitiva sostenible.

4. *¿Qué tan poderosa es la posición competitiva de la compañía?* Aquí, las evaluaciones fundamentales tienen que ver con la probabilidad de que la posición de la empresa mejore o se deteriore si se continúa con la estrategia actual, con la forma en que se ajusta la compañía a los FCE de sus principales rivales en la industria y con otros factores determinantes del éxito competitivo y, si es el caso, con la razón por la que la firma tiene una ventaja o desventaja competitiva. Las evaluaciones cuantitativas de las fortalezas competitivas, utilizando la metodología que presentamos en la tabla 4.4, indican en qué aspectos una compañía es competitivamente poderosa o débil y proporcionan un conocimiento de su capacidad para defender o mejorar su posición de mercado. Como regla, la estrategia competitiva de una compañía debe desarrollarse alrededor de sus fortalezas competitivas y tratar de apuntalar las áreas en donde es competitivamente vulnerable. Además, las áreas en donde las fortalezas de la compañía se igualan con las debilidades de un competidor representan el mejor potencial para nuevas iniciativas de ataque.

5. *¿A qué problemas estratégicos se enfrenta la empresa?* El propósito de este paso analítico consiste en centrarse en los retos estratégicos que se erigen como obstáculos para el éxito futuro de la empresa. Implica utilizar los resultados tanto del análisis de la situación de la compañía como del análisis competitivo y de la industria, a fin de identificar los asuntos y los problemas que la administración necesita resolver. El objetivo aquí es subrayar las cosas por las que la administración debe preocuparse más. La agenda estratégica —con base en la cual debe actuar la administración— está constituida por la identificación de los retos que hay que superar y por los temas que se requieren resolver para que la empresa tenga éxito competitivo y financiero en su futuro.

Un buen análisis de la situación de la compañía, lo mismo que un buen análisis competitivo y de la industria, resultan decisivos para el diseño de una estrategia eficaz. La evaluación de los recursos y competencias de la compañía, si se lleva a cabo de manera eficaz, expone las fortalezas y debilidades de la estrategia actual, señala las capacidades y debilidades e indica su capacidad para proteger o mejorar su posición competitiva en vista tanto de las fuerzas impulsoras, como de las presiones y la fortaleza competitivas de sus rivales. Los administradores necesitan dicha comprensión para idear una estrategia que se ajuste correctamente a la situación.

Lecturas |sugeridas

Birchall, David W. y George Tovstiga, "The Strategic Potencial of a Firm's Knowledge Portfolio", *Journal of General Management* 25, núm. 1, otoño de 1999, pp. 1-16.

Bontis, Nick, Nicola C. Dragonetti, Kristine Jacobsen y Goran Roos, "The Knowledge Toolbox: A Review of the Tools Available to Measure and Manage Intangible Resources", *European Management Journal* 17, núm. 4, agosto de 1999, pp. 391-401.

Collis, David J. y Cynthia A. Montgomery, "Competing on Resources: Strategy in the 1990s", *Harvard Business Review* 73, núm. 4, julio-agosto de 1995, pp. 118-128.

Duncan, W. Jack, Peter M. Ginter y Linda E. Swayne, "Competitive Advantage and Internal Organizational Assessment", *Academy of Management Executive* 12, núm. 3, agosto de 1998.

Fahey, Liam y H. Kurt Christensen, "Building Distinctive Competencies into Competitive Advantages". Reimpreso en Liam Fahey, *The Strategic Planning Management Reader*, Prentice-Hall, Englewood Cliffs, N.J., 1989, pp. 113-118.

Fisher, Marshall L., "What Is the Right Supply Chain for Your Product?", *Harvard Business Review* 75, núm. 3, marzo-abril de 1997, pp. 105-116.

Gadiesh, Orit y James L. Gilbert, "Profit Pools: A Fresh Look at Strategy", *Harvard Business Review* 76, núm. 3, mayo-junio de 1998, pp. 139-147.

Kaplan, Robert S. y David P. Norton, "The Balanced Scorecard-Measures That Drive Performance", *Harvard Business Review* 70, núm. 1, enero-febrero de 1992, pp. 71-79.

Prahalad, C.K. y Gary Hamel, "The Core Competence of the Corporation", *Harvard Business Review* 70, núm. 3, mayo-junio de 1990, pp. 79-93.

Shank, John K. y Vijay Govindarajan, *Strategic Cost Management: The New Tool for Competitive Advantage*, Free Press, Nueva York, 1993.

Stalk, George, Philip Evans y Lawrence E. Shulman, "Competing on Capabilities: The New Rules of Corporate Strategy", *Harvard Business Review* 70, núm. 2, marzo-abril de 1992, pp. 57-69.

Teece, David, "Capturing Value from Knowledge Assets: The New Economy, Markets for Know-How, and Intangible Assets", *California Management Review* 40, núm. 3, primavera de 1998, pp. 55-79.

Watson, Gregory H., *Strategic Benchmarking: How to Rate Your Company's Performance Against the World's Best*, John Wiley & Sons, Nueva York, 1993.

Zack, Michael H., "Developing a Knowledge Strategy", *California Management Review* 41, núm. 3, primavera de 1999, pp. 125-145.

capítulo | cinco 5 Estrategia y ventaja competitiva

Para que una estrategia comercial tenga éxito hay que determinar activamente el juego que uno juega, y no limitarse a jugar el juego que uno encuentra.
—Adam M. Brandenburger y Barry J. Nalebuff

La esencia de la estrategia reside en crear las ventajas competitivas del mañana con mayor rapidez que los competidores emulan las que uno posee actualmente.
—Gary Hamel y C.K. Prahalad

En la estrategia competitiva de lo que se trata es de ser diferente. Significa optar deliberadamente por realizar las actividades de manera diferente o desempeñar actividades diferentes de las de los rivales para ofrecer una mezcla única de valor.
—Michael E. Porter

Las estrategias para conquistar la cima no necesariamente la conservan.
—Amar Bhide

Nada centra más la atención que la vista constante de un competidor que desea borrarlo a uno del mapa.
—Wayne Calloway, ex Director general de PepsiCo

Las sociedades estratégicas han cobrado importancia trascendental para el éxito competitivo en los mercados globales que cambian con rapidez.
—Yves L. Doz y Gary Hamel

Las estrategias comerciales exitosas se basan en la ventaja competitiva sustentable. Una compañía tiene *ventaja competitiva* siempre que atrae a los clientes y se defiende de las fuerzas competitivas mejor que sus rivales. Hay muchos caminos que conducen a la ventaja competitiva, pero la más elemental es proporcionar a los compradores lo que ellos perciben como valor superior: un buen producto a bajo precio; un producto superior por el que

vale la pena pagar más o una oferta con el mejor valor que represente una combinación atractiva de precio, características, calidad, servicio y otros atributos que los compradores consideran atractivos. Para entregar valor superior, sea cual fuere la forma que éste adopte, casi siempre se requiere desempeñar las actividades de la cadena de valor de manera distinta a los rivales y crear competencias y capacidades de recursos que no pueden igualarse con facilidad.

Este capítulo se enfoca en la manera en que una compañía puede alcanzar o defender la ventaja competitiva mediante la estrategia que emplea y la administración de la cadena de valor.[1] Empezaremos describiendo los tipos básicos de estrategias competitivas con cierto detalle. A continuación, se presentan secciones en las que examinamos los méritos de las estrategias de cooperación (alianzas estratégicas y sociedades de colaboración), las estrategias para las fusiones y adquisiciones y la integración vertical frente al *outsourcing*. También se incluyen secciones que estudian el uso de las medidas ofensivas para crear ventaja competitiva y el uso de las medidas defensivas para protegerla. En la última sección examinamos la importancia competitiva de elegir el momento preciso para poner en práctica las medidas estratégicas: cuándo resulta ventajoso actuar antes que nadie y cuándo es mejor ser un seguidor rápido o esperar para actuar.

La inversión vigorosa en la creación de la ventaja competitiva es el factor más confiable que contribuye a la rentabilidad superior al promedio de una compañía.

---

[1] La obra fundamental sobre creación y defensa de la ventaja competitiva es Michael E. Porter, *Competitive Advantage*, Free Press, Nueva York, 1985. Una gran parte de este capítulo se basa en la aportación precursora de Porter.

LAS CINCO ESTRATEGIAS COMPETITIVAS GENÉRICAS

La estrategia competitiva de una compañía consiste en los enfoques e iniciativas empresariales que pone en práctica para atraer a los clientes y satisfacer sus expectativas, soportar las presiones competitivas y fortalecer su posición en el mercado. La *estrategia competitiva* tiene un alcance menor que la *estrategia comercial*. La estrategia competitiva se relaciona exclusivamente con el plan de acción de la gerencia para competir satisfactoriamente y ofrecer valor superior a los clientes. La estrategia comercial se ocupa no sólo de cómo competir, sino también de cómo la gerencia se propone solucionar todos los demás problemas estratégicos que enfrenta la empresa.

> El objetivo de la estrategia competitiva es superar a las compañías rivales, realizando un trabajo significativamente mejor para proporcionar lo que los compradores buscan.

La meta competitiva, en pocas palabras, es realizar un trabajo significativamente mejor para proporcionar lo que los compradores buscan, lo que permitirá a la compañía adquirir una ventaja competitiva y superar a los rivales en el mercado. El centro de la estrategia competitiva de una compañía consta de sus iniciativas internas para ofrecer valor superior a los clientes. Pero también incluye las medidas ofensivas y defensivas para contrarrestar las maniobras de los rivales, las medidas para desplazar los recursos según sea necesario para mejorar las capacidades competitivas y posición de la compañía en el mercado a largo plazo, y los esfuerzos tácticos para responder a las condiciones del mercado que predominen en el momento.

Las compañías de todo el mundo son imaginativas cuando conciben estrategias para ganar el favor de los clientes, superar a los rivales y conseguir una ventaja en el mercado. Debido a que las iniciativas estratégicas de una compañía y sus maniobras en el mercado por lo general se diseñan a la medida para hacer frente a su situación específica y entorno industrial, existen innumerables variaciones en las estrategias competitivas que las compañías emplean; hablando estrictamente, hay tantas estrategias competitivas como rivales. Sin embargo, cuando se eliminan los detalles para llegar a la verdadera sustancia, las diferencias más grandes e importantes entre las estrategias competitivas se reducen a: 1) si el mercado de destino de una compañía es amplio o limitado y 2) si ésta busca una ventaja competitiva vinculada a los costos bajos o la diferenciación de los productos. Sobresalen cinco enfoques distintos de estrategia competitiva:[2]

1. *Estrategia del proveedor de bajo costo:* atraer a un amplio espectro de clientes con base en ser el proveedor global de bajo costo de un producto o servicio.

2. *Estrategia de diferenciación amplia:* tratar de diferenciar la oferta de productos de la compañía de la de los rivales en maneras que atraigan a un amplio espectro de compradores.

3. *Estrategia del proveedor con el mejor costo:* dar a los clientes más valor por el dinero incorporando atributos del producto de buenos a excelentes a un costo más bajo que los rivales; el objetivo es tener los costos y precios más bajos (mejores) en comparación con los rivales que ofrecen productos con atributos comparables.

4. *Una estrategia enfocada (o de nicho de mercado) basada en el costo más bajo:* concentrarse en un segmento limitado de compradores y superar a los rivales, atendiendo a los miembros del nicho a un costo más bajo que los rivales.

5. *Una estrategia enfocada (o de nicho de mercado) basada en la diferenciación:* concentrarse en un segmento limitado de compradores y superar a los rivales, ofreciendo a los miembros del nicho atributos a la medida que satisfagan sus gustos y requerimientos mejor que los productos de los rivales.

Cada uno de estos cinco enfoques competitivos genéricos señala una posición diferente en el mercado, como se ilustra en la figura 5.1. Cada uno de ellos implica métodos muy diferentes para competir y operar la empresa. La lista en la tabla 5.1 destaca las características contrastantes de estas cinco estrategias competitivas; para efectos de simplificación, las dos versiones de estrategias centradas se combinan bajo un encabezado puesto que difieren fundamentalmente en sólo una característica: la base de la ventaja competitiva.

---

[2] El esquema de clasificación es una adaptación del que se presenta en Michael E. Porter, *Competitive Strategy: Techniques for Analyzing Industries and Competitors*, Free Press, Nueva York, 1980, capítulo 2, en especial pp. 35-39 y 44-46.

Figura 5.1   **Las cinco estrategias competitivas genéricas**

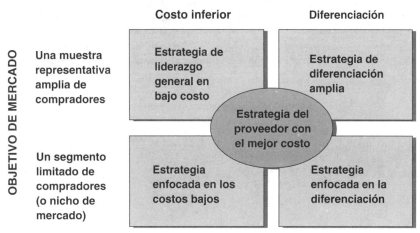

Fuente: Adaptado de Michael E. Porter, *Competitive Strategy*, Free Press, Nueva York, 1980, pp. 35-40.

Estrategias del proveedor de bajo costo

Esforzarse por ser el proveedor de bajo costo en toda la industria es un poderoso enfoque competitivo en mercados que tienen los compradores sensibles a los precios. La meta es operar la empresa de manera altamente rentable y crear una ventaja sustentable en costos sobre los competidores. El objetivo estratégico en este caso es un costo bajo con relación a los competidores y no el costo más bajo posible: una compañía alcanza el liderazgo en bajo costo cuando se convierte en el proveedor que tiene los costos más bajos de la industria en lugar de ser sólo uno de tal vez varios competidores que tienen costos relativamente bajos.

Cuando los gerentes intentan mantener los costos por debajo de los de los rivales, deben tener cuidado de incluir características y servicios que los compradores consideran esenciales: una oferta de productos demasiado austeros debilita la competitividad de la compañía en vez de fortalecerla. *Buscar la reducción de los costos de manera que sabotee el atractivo de la oferta de productos de la compañía desanima a los compradores.* Además, importa mucho si la compañía obtiene la ventaja en costos de maneras que sean difíciles de imitar o igualar para los rivales. El valor de una ventaja en costos depende de su sustentabilidad. Si a los rivales les resulta relativamente fácil o barato imitar los métodos del líder para tener bajos costos, la ventaja del líder será demasiado efímera para producir un beneficio valioso en el mercado.

El proveedor de bajo costo tiene dos opciones para conseguir utilidades superiores. La primera es usar la ventaja del menor costo para vender a precios más bajos que los competidores y atraer a los compradores sensibles al precio en cantidades suficientemente grandes para incrementar las utilidades totales. El truco para hacer esto de manera rentable consiste en mantener la magnitud de la reducción en el precio más pequeña que la magnitud de la ventaja en costos de la compañía (cosechando así los beneficios de un mayor margen de utilidades por unidad vendida y las utilidades adicionales del incremento en las ventas), o bien en generar suficiente volumen adicional para incrementar las utilidades totales a pesar de los márgenes de utilidades más estrechos (el mayor volumen puede compensar los márgenes menores siempre que las reducciones en el precio produzcan suficientes ventas adicionales). La segunda opción consiste en abstenerse de reducir los precios, conformarse con la actual participación de mercado y usar la ventaja en costos inferiores para obtener un mayor margen de utilidad sobre cada unidad vendida, lo que aumentará las utilidades totales de la compañía y el rendimiento general sobre la inversión.

En la cápsula ilustrativa 19 se describe la estrategia de Nucor Corporation para alcanzar el liderazgo en bajo costo en la fabricación de una variedad de productos de acero.

La base de un líder de bajo costo para conseguir ventaja competitiva es tener costos totales inferiores a los de sus competidores. Los líderes exitosos de bajo costo son excepcionalmente talentosos para encontrar la manera de eliminar costos en sus empresas.

Tabla 5.1   Características distintivas de las estrategias competitivas genéricas

Tipo de característica	Proveedor de bajo costo	Diferenciación amplia	Proveedor con el mejor costo	Enfocada en costos bajos y enfocada en la diferenciación
• Objetivo estratégico	• Una muestra representativa amplia del mercado	• Una muestra representativa amplia del mercado	• Compradores conscientes del valor	• Un nicho de mercado limitado donde las necesidades y preferencias de los compradores son claramente diferentes del resto del mercado
• Base de la ventaja competitiva	• Costos menores que los competidores	• Capacidad de ofrecer a los compradores algo diferente de los productos competidores	• Más valor por el dinero	• Menor costo en la atención del nicho (enfocada en costos bajos) o atributos especiales que resulten atractivos para los gustos o necesidades de los miembros del nicho (enfocada en la diferenciación)
• Línea de productos	• Un buen producto básico con pocos detalles superfluos (calidad aceptable y variedad limitada)	• Muchas variaciones del producto, amplia selección, fuerte énfasis en las características de diferenciación	• Atributos de buenos a excelentes, y de varias a muchas características superiores	• Características y atributos que resultan atractivos a los gustos o necesidades especiales del segmento de destino
• Énfasis en producción	• Búsqueda continua de reducción de los costos sin sacrificar la calidad aceptable y las características esenciales.	• Creación de valor para los compradores; esforzarse por la superioridad del producto	• Incorporación de características y atributos superiores a bajo costo	• Adaptación a los gustos y necesidades de los miembros del nicho
• Énfasis en marketing	• Tratar de destacar las características del producto que conducen a costos bajos	• Incorporar todas las características que los compradores estén dispuestos a pagar • Cobrar un precio más alto que cubra los costos adicionales de las características de diferenciación	• Precios más bajos que los de marcas rivales con características comparables, o igualar el precio de los rivales y ofrecer mejores características, para ganarse la reputación de entregar el mejor valor	• Comunicar cómo los atributos de los productos y capacidades de la compañía enfocada tratan de satisfacer los gustos o necesidades especiales de los miembros del nicho
• Para sostener la estrategia	• Ofrecer precios económicos y buen valor • Fijarse como propósito contribuir a una ventaja en costos sustentable; la clave reside en reducir los costos año tras año en cada área de la empresa.	• Comunicar los puntos de diferencia de manera verosímil. • Hacer énfasis en la mejoría constante y usar la innovación para mantenerse a la vanguardia de competidores imitadores • Concentrarse en unas cuantas características esenciales de diferenciación; promocionarlas para crear reputación e imagen de marca	• Desarrollar pericia única en reducir los costos y aumentar las características y atributos simultáneamente	• Permanecer totalmente dedicado a atender al nicho mejor que otros competidores; no empañar la imagen y esfuerzos de la compañía incursionando en otros segmentos o añadiendo otras categorías de productos para extender el atractivo del mercado

Maneras de obtener la ventaja en costos   Para obtener una ventaja en costos, los costos acumulados de la compañía en toda su cadena de valor tienen que ser inferiores a los costos acumulados de los competidores. Existen dos maneras de lograrlo:[3]

- Desempeñar mejor y más eficientemente que los rivales las actividades internas de la cadena de valor y administrar los factores que pueden eliminar los costos de las actividades de la cadena de valor.

- Reestructurar la cadena de valor de la compañía para evitar del todo algunas actividades que producen costos.

Examinemos cada una de estas dos posibilidades para adquirir una ventaja en costos.

Controlar los impulsores de los costos   Hay nueve principales impulsores de los costos que intervienen al determinar los costos de la compañía en cada segmento de actividad de la cadena:[4]

1. *Economías y deseconomías de escala:* Los costos de una actividad específica de la cadena de valor a menudo están sujetos a economías o deseconomías de escala. Las economías de escala surgen siempre que las actividades pueden realizarse a un costo más barato en grandes volúmenes que en volúmenes pequeños y también se generan de la capacidad de distribuir ciertos costos, como los de investigación y desarrollo y publicidad, entre un mayor volumen de ventas. El manejo astuto de las actividades sujetas a economías o deseconomías de escala puede ser una fuente importante de ahorros en costos. Por ejemplo, las economías en fabricación por lo general pueden lograrse simplificando la línea de productos, programando corridas de producción más largas para menos modelos y usando partes y componentes comunes en diferentes modelos. En las industrias globales, la fabricación de productos por separado para cada mercado nacional en lugar de vender un producto prácticamente estándar en todo el mundo tiende a aumentar los costos unitarios debido al tiempo perdido en el cambio de los modelos, corridas de producción más cortas e incapacidad de llegar a la escala más económica de producción de cada modelo nacional. Las economías o deseconomías de escala también se originan en la manera en que la compañía administra sus actividades de ventas y marketing. Un equipo de vendedores organizado por región geográfica realiza economías, ya que el volumen de ventas regionales aumenta porque un vendedor puede levantar pedidos mayores en cada visita de ventas o reducir el tiempo de viaje entre visitas; en contraste, un equipo de vendedores organizados por línea de productos puede toparse con deseconomías relacionadas con los viajes si los vendedores tienen que pasar desproporcionadamente más tiempo en los viajes para visitar a clientes situados en localidades distantes. El aumento de la participación de mercado regional o local reduce los costos de ventas y marketing por unidad, mientras que optar por una participación nacional mayor incursionando en nuevas regiones puede crear deseconomías de escala a menos y hasta que la penetración de mercado en las nuevas regiones alcance proporciones eficientes.

2. *Aprendizaje y efectos de la curva de experiencia:* El costo de realizar una actividad puede bajar con el tiempo debido a las economías de la experiencia y el aprendizaje. Los ahorros en costos basados en la experiencia proceden de muchas más cosas, aparte de que el personal aprenda a realizar sus tareas de manera más eficiente y que se corrijan los errores de las nuevas tecnologías. Otras fuentes valiosas de economías de aprendizaje y experiencia incluyen ver la manera de mejorar la distribución de las plantas y flujos de trabajo, realizar modificaciones en el diseño de los productos que mejoren la eficiencia en su fabricación, rediseñar la maquinaria y equipo para obtener mayor velocidad de funcionamiento y adaptar las partes y componentes de tal suerte que racionalicen el proceso de ensamblado. El aprendizaje también puede reducir el costo de construir y operar sitios web, nuevos puntos de venta al menudeo, plantas o instalaciones de distribución. También hay beneficios del aprendizaje asociados con la obtención de muestras de los productos de un rival para que los ingenieros de diseño estudien cómo están

---

[3] Porter, *Competitive Advantage*, p. 97.

[4] Hemos condensado la lista y las explicaciones de Porter, *Competitive Advantage*, pp. 70-107.

Cápsula ilustrativa 19
Estrategia de Nucor Corporation para convertirse en proveedor de bajo costo

Nucor Corporation es el principal fabricante de productos siderúrgicos como acero laminado, acero maquinado, viguetas laminadas de acero, vigas maestras, cubiertas de acero y bolas de molino. Sus ventas ascienden a más de 4 000 millones de dólares al año y produce más de 10 millones de toneladas de acero anualmente. La compañía ha seguido una estrategia que la ha colocado entre los productores de acero con costos más bajos en el mundo, además de permitirle superar sistemáticamente a sus rivales en términos de desempeño financiero y de mercado.

La estrategia de bajo costo de Nucor tiene el propósito de darle una ventaja en costos y precios en la industria siderúrgica y no descuida ninguna parte de la cadena de valor de la compañía. Los elementos esenciales de la estrategia incluyen:

- Uso de hornos de arco eléctrico donde la chatarra de acero y el mineral de hierro reducido directamente se funden y luego se envían a una planta de laminado y moldeado continuo para formarse en productos de acero, con lo que se elimina una variedad de procesos de producción de la cadena de valor que emplean las fábricas de acero integradas tradicionales. La cadena de valor de Nucor, de "miniplantas", hace que el uso del carbón, coque y mineral de hierro resulte innecesario; reduce la inversión en instalaciones y equipo (eliminando los hornos de coque, los altos hornos, los hornos básicos de oxígeno y los fundidores de lingotes), y requiere menos empleados que las fundiciones integradas.

- Nucor se esfuerza mucho por mejorar continuamente la eficiencia de sus plantas e invierte con frecuencia en equipo de vanguardia para reducir los costos unitarios. Esta firma es célebre por su liderazgo tecnológico y su búsqueda constante de innovación.

- La compañía selecciona la ubicación de sus plantas con mucho cuidado para reducir los costos de fletes de entrada y salida y aprovechar las tarifas bajas de electricidad (los hornos de arco eléctrico consumen mucha electricidad). También evita las zonas geográficas donde los sindicatos tienen fuerte influencia.

- Nucor prefiere emplear trabajadores no sindicalizados porque usa sistemas de remuneración e incentivos basados en los equipos (a los que los sindicatos suelen oponerse). Paga a los empleados y supervisores de operación y mantenimiento gratificaciones semanales basadas en la productividad de su grupo de trabajo. El importe de la gratificación se basa en las capacidades de la maquinaria empleada y varía entre 80 y 150% del salario de base del empleado; no se pagan gratificaciones si la maquinaria no está funcionando. El programa de remuneración de Nucor ha impulsado la productividad de la mano de obra de la compañía a niveles de casi el doble del promedio de la industria y premia a los empleados productivos con un paquete de remuneración anual que supera hasta en 20% lo que sus colegas sindicalizados ganan. Nucor ha podido atraer y conservar a empleados muy talentosos, productivos y dedicados. Además, la cultura saludable de la compañía y sus equipos de trabajo orientados hacia los resultados y autoadministrados permiten que la empresa emplee menos supervisores de los que necesitaría con trabajadores sindicalizados que trabajan por hora. Nucor se siente orgulloso de los más de 7 000 empleados que conforman su equipo total.

- Nucor hace mucho énfasis en la calidad uniforme de sus productos y cuenta con sistemas de calidad rigurosos.

- Nucor reduce al mínimo los gastos generales y administrativos manteniendo un equipo de personal limitado en sus oficinas centrales corporativas (menos de 125 empleados) y permitiendo sólo cuatro niveles de gerencia entre el director ejecutivo y los trabajadores de producción. Las oficinas centrales están amuebladas modestamente y se ubican en un edificio poco costoso. La compañía reduce al mínimo los informes, papeleo y reuniones para mantener a los gerentes centrados en las actividades que agregan valor. Nucor es reconocido no sólo por su estructura organizacional moderna y eficiente, sino por su frugalidad en los gastos de viaje y entretenimiento; los altos ejecutivos de la compañía ponen el ejemplo viajando en clase turista, evitando los hoteles caros y absteniéndose de invitar a los clientes a cenas costosas.

La sobresaliente ejecución de la estrategia de costos bajos por parte de la gerencia de Nucor y su compromiso para eliminar costos que no agregan valor en toda su cadena de valor le ha permitido crecer a un ritmo considerablemente más rápido que las fábricas de acero integradas competidoras y mantiene márgenes de utilidad elevados, en relación con la industria, sin dejar de competir vigorosamente en precios.

Fuente: Informes anuales, comunicados de prensa y sitios web de la compañía.

fabricados, establecer parámetros de referencia en las actividades de la compañía que las comparen con el desempeño de actividades semejantes en otras compañías y entrevistar a proveedores, consultantes y ex empleados de empresas rivales para aprovechar sus conocimientos. El aprendizaje tiende a variar con el grado de atención que dedica la gerencia a captar los beneficios de la experiencia tanto de la empresa como de extraños. Los gerentes astutos realizan un esfuerzo consciente por no sólo captar los beneficios del aprendizaje, sino también por mantener la propiedad de los beneficios, construyendo o modificando el equipo de producción internamente, empeñándose en conservar a los empleados conocedores (para reducir el riesgo de que se vayan a trabajar a otras compañías rivales), limitando la difusión de la información sobre los ahorros en costos mediante publicaciones para los empleados que puedan caer en manos de los rivales y aplicando disposiciones estrictas de confidencialidad en los contratos laborales.

3. *El costo de aportaciones clave de recursos:* El costo de desempeñar las actividades de la cadena de valor depende de lo que la compañía tenga que pagar por aportaciones clave de recursos. No todos los competidores incurren en los mismos costos por artículos comprados a proveedores o recursos utilizados en el desempeño de las actividades de valor. La manera en que una compañía administra los costos de adquirir aportaciones clave de recursos a menudo es uno de los grandes impulsores de los costos. Los costos de las aportaciones son una función de tres factores:

- *Mano de obra sindicalizada frente a no sindicalizada:* Evitar el uso de mano de obra sindicalizada suele ser clave para obtener costos bajos de fabricación, no sólo para librarse de pagar salarios elevados, sino más bien para librarse de las reglas de trabajo de los sindicatos que sofocan la productividad. Fabricantes prominentes de bajo costo, como Nucor y Cooper Tire, son famosos por sus sistemas de remuneración e incentivos que permiten a los trabajadores no sindicalizados ganar más que sus colegas sindicalizados en compañías rivales.

- *Poder de negociación frente a los proveedores:* Muchas empresas grandes (Wal-Mart, The Home Depot, los principales productos de vehículos automotores en el mundo) han usado su poder de negociación en la compra de volúmenes grandes para obtener buenos precios en sus compras a proveedores. Las diferencias en el poder adquisitivo entre rivales industriales pueden ser una importante fuente de ventaja o desventaja en costos.

- *Variables de ubicación:* Las ubicaciones difieren en sus niveles salariales prevalecientes, tasas impositivas, costos de la energía, costos de envío y fletes de entrada y salida, etcétera. Pueden existir oportunidades para reducir los costos en la reubicación de las plantas, oficinas de campo, almacenes u oficinas centrales.

4. *Establecer vínculos con otras actividades en la compañía o cadena de valor de la industria:* Cuando el costo de una actividad se ve afectado por la manera en que se desempeñan otras actividades, los costos pueden reducirse asegurándose de que las actividades relacionadas se realicen de manera cooperativa y coordinada. Por ejemplo, cuando los costos del control de calidad de una compañía o los de los inventarios de materiales están vinculados con las actividades de los proveedores, es posible ahorrar en costos trabajando en cooperación con los proveedores clave en el diseño de partes y componentes, procedimientos de aseguramiento de la calidad, entrega justo a tiempo, suministro integrado de materiales y procesamiento de pedidos en línea. Los costos del desarrollo de nuevos productos pueden reducirse si los grupos de trabajo interdisciplinarios (que quizá incluyan a los representantes de los principales proveedores y clientes) trabajan en conjunto en investigación y desarrollo, diseño de productos, planes de fabricación y lanzamientos al mercado. Los vínculos con los canales de distribución tienden a centrarse en la ubicación de los almacenes, manejo de materiales, envíos y empaques. Los fabricantes de clavos, por ejemplo, aprendieron que los clavos entregados en surtidos previamente empacados de 1, 5 y 10 libras, en lugar de cajas a granel de 100 libras, reducían los costos de mano de obra del distribuidor ferretero en el surtido de pedidos individuales de los clientes. La lección en este caso es que la coordinación eficaz de las actividades vinculadas en cualquier punto del sistema de la cadena de valor ofrece potencial para reducir los costos.

5. *Compartir oportunidades con otras unidades organizacionales o de negocios dentro de la empresa:* Diferentes líneas de productos o unidades de negocios dentro de una empresa a menudo pueden compartir los mismos sistemas de procesamiento de pedidos y facturación a los clientes, utilizar un equipo de vendedores común que visite a los clientes, compartir los mismos almacenes e instalaciones de distribución, o depender de un equipo común de atención a clientes y asistencia técnica. La combinación de actividades parecidas y el compartir los recursos entre unidades hermanas puede crear significativos ahorros en costos. El compartir los costos contribuye a realizar economías de escala, acortar la curva de aprendizaje en el dominio de una nueva tecnología o promover la utilización más plena de la capacidad instalada. Además, hay ocasiones en que la pericia adquirida en una división o unidad geográfica puede usarse para reducir los costos en otra; el compartir la pericia y experiencia entre líneas organizacionales ofrece potencial significativo para ahorrar costos cuando las actividades son semejantes y la pericia se transfiere con facilidad de una unidad a otra.

6.   *Los beneficios de la integración vertical frente al outsourcing:* La integración parcial o total de las actividades de los proveedores o de los aliados de los canales progresivos permite a una empresa gozar de considerable poder de negociación con los proveedores o compradores. La integración vertical progresiva o regresiva también tiene potencial si se generan ahorros considerables en los costos cuando una sola compañía realiza las actividades adyacentes en la cadena de valor de la industria. Sin embargo, suele ser más barato encargar ciertas funciones y actividades a especialistas externos, quienes en virtud de su experiencia y volumen pueden desempeñar la actividad o función a un menor costo.

7.   *Consideraciones de oportunidad relacionadas con las ventajas y desventajas de ser el primero en actuar:* A veces, la primera marca principal en el mercado puede establecer y mantener su nombre de marca a un menor costo que las llegadas posteriores de otras marcas. Esto está resultando válido en las nuevas empresas de internet, donde ser el primero y el más grande crea un potente reconocimiento del nombre de marca. Los ejemplos incluyen eBay, Yahoo! y Amazon. com. En otras ocasiones, como cuando la tecnología avanza con rapidez, los compradores tardíos se benefician de esperar para instalar equipo de segunda o tercera generación que es más barato y eficiente; los usuarios de la primera generación a menudo incurren en costos adicionales relacionados con la corrección de errores y aprender a usar tecnología inmadura e imperfecta. Asimismo, las compañías que siguen en vez de encabezar los esfuerzos de desarrollo de nuevos productos en ocasiones evitan muchos de los costos en los que incurren los pioneros para realizar la investigación y desarrollo innovadores y la apertura de nuevos mercados.

8.   *El porcentaje de utilización de la capacidad:* La utilización de la capacidad es un factor importante que incide en los costos de las actividades de la cadena de valor que tienen costos fijos considerables asociados. Las tasas más altas de utilización de la capacidad permiten distribuir la depreciación y otros costos fijos en un volumen unitario mayor, con lo que disminuyen los costos fijos por unidad. Mientras más capital necesite la empresa, o mientras más alto sea el porcentaje de costos fijos con respecto a los costos totales, más importante es este factor que incide en los costos porque existe una sanción rigurosa en los costos unitarios cuando se subutiliza la capacidad existente. En tales casos, encontrar maneras para operar prácticamente a toda capacidad durante todo el año puede ser una importante fuente de ventaja en costos.

Una compañía puede mejorar la utilización de su capacidad si: *a)* atiende una mezcla de cuentas con volúmenes pico distribuidos a lo largo del año, *b)* encuentra usos fuera de temporada para sus productos, *c)* atiende a clientes de etiqueta privada que pueden usar intermitentemente el exceso de capacidad, *d)* selecciona compradores con demandas estables o demandas que no coinciden con el ciclo normal de picos y valles, *e)* permite que los competidores atiendan a los segmentos de compradores cuyas demandas fluctúan en mayor medida, y *f)* comparte la capacidad con unidades hermanas que tienen una pauta de producción de temporada diferente (por ejemplo, producir vehículos para la nieve en la temporada invernal y equipo personal para esquiar para los deportes acuáticos del verano).

9.   *Opciones estratégicas y decisiones de operación:* Los costos de una compañía pueden aumentarse o disminuirse por medio de una variedad bastante amplia de decisiones de la gerencia:

- Agregar o eliminar los servicios proporcionados a los compradores.
- Incorporar más o menos características de desempeño y calidad en el producto.
- Pagar salarios y prestaciones más altos o bajos a los empleados en relación con los rivales y las compañías en otras industrias.
- Aumentar o disminuir el número de canales diferentes utilizados en la distribución del producto de la compañía.

- Alargar o acortar los plazos de entrega a los clientes.
- Hacer más o menos énfasis que los rivales en el uso de la remuneración por incentivos para motivar a los empleados y aumentar la productividad de los trabajadores.
- Elevar o disminuir las especificaciones de los materiales comprados.

Los gerentes determinados a alcanzar la condición de líder en costos bajos tienen que comprender cabalmente cómo inciden los nueve factores mencionados anteriormente en los costos de cada actividad de la cadena de valor. Luego, no sólo tienen que usar sus conocimientos acerca de estos factores para reducir los costos en cada actividad donde se identifiquen posibles ahorros en costos, sino también hacerlo con suficiente ingeniosidad y compromiso inquebrantable para que la compañía adquiera una ventaja sustentable en costos sobre los rivales.

> Controlar mejor que los rivales los factores que inciden en los costos es un ejercicio gerencial muy exigente.

Reestructuración de la cadena de valor   Hay ventajas espectaculares en costos que se generan de encontrar maneras innovadoras de reestructurar los procesos y tareas, escindir las actividades de poco valor, eliminar detalles superfluos y proveer lo básico de forma más económica. Las maneras principales en que las compañías pueden conseguir una ventaja en costos con la reconfiguración de sus cadenas de valor incluyen:

- *Adoptar tecnologías de comercio electrónico:* El uso de internet permite las compras en línea (lo que reduce o elimina la necesidad de contar con empleados para levantar pedidos y tiendas físicas), procesamiento de pedidos y pago de facturas en línea, intercambio de datos con proveedores, comunicación rápida por correo electrónico y teleconferencias y otras técnicas que racionalizan la cadena de valor y reducen en buena medida los costos de las operaciones comerciales. Ford Motor Company ha adoptado dinámicamente las videoconferencias y las tecnologías de diseño y fabricación asistidas por computadora: sus nuevos automóviles y camiones se desarrollan por equipos de diseñadores que trabajan en plantas de Ford en todo el mundo y usan una red computarizada en línea para compartir ideas, crear los diseños propiamente dichos, integrar los diseños de las diferentes partes y componentes (el chasis, motor, transmisión, carrocería e instrumentos), y construir y probar prototipos por medio de simulaciones computarizadas.
- *Uso de enfoques de mercadotecnia y ventas directas al usuario final:* Los costos de las partes de mayoreo y menudeo de la cadena de valor con frecuencia representan de 35 a 50% del precio final que los consumidores pagan. Los desarrolladores de software usan cada vez más el internet para comercializar y entregar sus productos directamente a los compradores; la descarga de software directamente de internet elimina los costos de producir y empacar discos compactos, así como una multitud de actividades, costos e incrementos en los precios relacionados con el envío y distribución de sus productos mediante los canales de mayoreo y menudeo (véase la figura 5.2). Al eliminar todos estos costos y actividades de la cadena de valor, los desarrolladores de software tienen flexibilidad para manejar los precios a fin de impulsar sus márgenes de utilidades y seguir vendiendo sus productos por debajo de los niveles que los minoristas tendrían que cobrar.
- *Simplificación del diseño del producto:* Para simplificar la cadena de valor se pueden utilizar técnicas de diseño asistidas por computadora, reducir el número de partes, estandarizar las partes y componentes de los modelos y estilos y cambiar a un diseño de producto fácil de fabricar.
- *Eliminación de detalles adicionales:* El ofrecer sólo productos o servicios básicos puede ayudar a una compañía a eliminar costos asociados con múltiples características y opciones; se trata de la técnica favorita de las aerolíneas, como Southwest Airlines, que han eliminado los detalles superfluos.
- *Cambiar a un proceso tecnológico más sencillo, que requiera menos inversión de capital, más racional o flexible:* El diseño y fabricación asistidos por computadora u otros sistemas de fabricación flexibles pueden dar cabida tanto a la eficiencia en costos bajos como a la personalización de los productos.
- *Eliminar el uso de materias primas o partes de componentes con costo elevado:* Las materias primas y las partes caras pueden eliminarse del diseño del producto.

Figura 5.2 **Reconfiguración de los sistemas de la cadena de valor para reducir los costos: el caso de la industria del software**

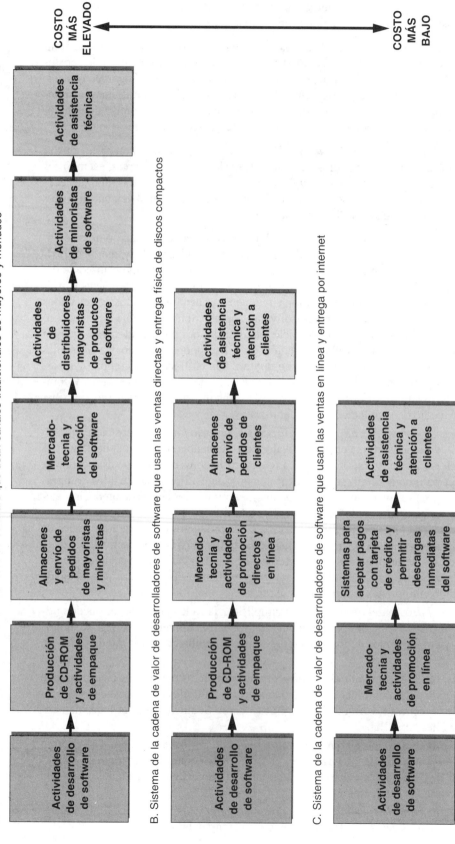

- *Reubicación de instalaciones:* Mudar las plantas a sitios más cercanos a los proveedores, clientes, o ambos puede contribuir a reducir los costos de logística de entrada y salida.

- *Abandonar el enfoque de "algo para todos":* Centrarse en un producto o servicio limitado para satisfacer una necesidad especial, pero importante, del comprador a quien está dirigido puede eliminar las actividades y costos asociados con numerosas versiones del producto.

- *Aplicar la reingeniería a los procesos operativos centrales para consolidar pasos en el trabajo y eliminar actividades con poco valor agregado:* Algunas compañías han podido reducir los costos de las actividades rediseñadas de 30 a 70%, en comparación con el 5 a 10% que posibilitan los arreglos menores y ajustes creativos.

Un ejemplo de las significativas ventajas en costos que produce crear sistemas completamente nuevos de la cadena de valor se encuentra en la industria de carnes empacadas. La cadena de costos tradicional abarca la crianza de ganado en granjas y ranchos dispersos, enviar los animales a rastros sindicalizados que utilizan mucha mano de obra y luego transportar la carne en canal a las tiendas minoristas de comestibles, cuyos departamentos de carnes las cortan en piezas pequeñas y las empacan para venderlas a los compradores de comestibles. Iowa Beef Packers reestructuró la cadena tradicional con una estrategia radicalmente diferente: construyeron plantas automatizadas grandes, que emplean a trabajadores no sindicalizados, cerca de fuentes proveedoras de ganado económicamente transportable, y la carne se cortaba en parte en la planta de procesamiento en cortes pequeños de alto rendimiento (en ocasiones sellados en una caja de plástico, listos para la compra) antes de empacarlos y enviarlos a los minoristas. Los gastos de transporte del ganado en pie que llega a Iowa Beef, que tradicionalmente son un importante concepto en los costos, se redujeron considerablemente al evitar las pérdidas de peso que ocurrían cuando los animales vivos se enviaban desde largas distancias; los principales ahorros en los costos de envío se lograron al no tener que enviar carne en canal con un elevado factor de desperdicio. La estrategia de Iowa Beef tuvo tanto éxito que la compañía se convirtió en el principal empacador de carnes en Estados Unidos, superando a los anteriores líderes de la industria, Swift, Wilson y Armour.[5]

Federal Express redefinió innovadoramente la cadena de valor en la entrega rápida de paquetes pequeños. Las compañías tradicionales, como Emery Worldwide y Airborne Express, operaban cobrando fletes por paquetes de diversos tamaños, que luego enviaban a sus puntos de destino por carga aérea y líneas de aviación comerciales para después entregarlos por medio de camiones al destinatario. FedEx optó por centrarse exclusivamente en el mercado de entrega de un día para otro de paquetes pequeños y documentos. Éstos se recopilan en puntos de depósito locales durante las últimas horas de la tarde y se transportan en aviones propiedad de la compañía durante las primeras horas de la noche a un centro general en Memphis. Todos los días, de las 11 de la noche a las 3 de la mañana, los paquetes se clasifican, vuelven a cargarse en aviones de la compañía y se transportan en las primeras horas de la mañana a sus puntos de destino, donde se entregan a la mañana siguiente por personal de la compañía que usa camionetas de reparto propiedad de FedEx.[6] El sistema de FedEx de un centro general y puntos de recopilación locales produjo una estructura de costos suficientemente baja para garantizar la entrega al día siguiente de un paquete pequeño en cualquier parte de Estados Unidos por tan sólo 13 dólares.

Southwest Airlines ha reconfigurado la cadena de valor tradicional de las aerolíneas comerciales para reducir los costos y ofrecer así tarifas espectacularmente inferiores a los pasajeros. Ha dominado las operaciones rápidas de embarque y desembarque de pasajeros en las salas (aproximadamente cada 15 minutos frente a 45 minutos de los rivales), porque estas operaciones cortas permiten a los aviones volar más horas al día. Southwest puede programar más vuelos al día con menos aviones. Southwest no ofrece alimentos en sus vuelos, asientos asignados, transferencia de equipaje a las líneas aéreas de conexión o asientos y servicio de primera clase, con lo que ha

---

[5] Porter, *Competitive Advantage,* p. 109.

[6] *Ibid.,* p. 109.

eliminado todas las actividades productoras de costos asociadas con estas características. El sistema en línea de la compañía para hacer reservaciones y comprar boletos electrónicos, junto con la expedición automatizada de boletos en el mostrador de registro en los aeropuertos alienta a los clientes a no recurrir a los agentes de viajes (con lo que la compañía se libra del pago de comisiones y los costos relacionados con mantener los sistemas computarizados centralizados de reservaciones para acceso de los agentes de viajes) y también reduce la necesidad de tener numerosos agentes en los mostradores de registro. Los rivales de Southwest, que ofrecen todos los servicios, tienen costos más altos porque tienen que realizar todas las actividades que tienen que ver con ofrecer el servicio de comidas, asientos asignados, clases de servicio de lujo, registro de equipaje entre líneas y sistemas computarizados de reservaciones.

Dell Computer es pionero en la reestructuración de la cadena de valor del ensamblado y comercialización de computadoras personales. Mientras que Compaq Computer, Toshiba, Hewlett-Packard, Sony y varios otros fabricantes de computadoras producen sus modelos en volumen y los venden a través de revendedores y minoristas independientes, Dell ha decidido vender directamente a los clientes, fabricar sus computadoras personales tal como los clientes las ordenan, y enviárselas también directamente a los pocos días después de haber recibido el pedido. El enfoque de Dell hacia la cadena de valor ha resultado rentable para lidiar con el ciclo de vida sumamente efímero de los productos en la industria de la computación personal (los nuevos modelos equipados con chips más veloces y nuevas características aparecen cada pocos meses); la estrategia de construcción sobre pedido permite a la compañía evitar malos juicios sobre la demanda de sus diferentes modelos por parte de los compradores, además de liberarla de la carga de un exceso de componentes que se vuelven obsoletos en un abrir y cerrar de ojos e inventarios de productos terminados. También, la estrategia de ventas directas elimina de la cadena de valor los costos y márgenes de revendedores y minoristas (aunque algunos de estos ahorros se reducen por el costo de las actividades de marketing directo y asistencia a clientes de Dell, funciones que de otro modo serían realizadas por los revendedores y minoristas). Las sociedades con los proveedores que facilitan las entregas justo a tiempo de componentes y reducen los costos de inventarios de Dell, aunadas al uso intensivo de las tecnologías de comercio electrónico por parte de Dell (las ventas en línea de computadoras personales superan los 30 millones de dólares al día), disminuyen aún más los costos de Dell. En general, se considera que el enfoque de Dell hacia la cadena de valor la ha convertido en el líder global de bajo costo en la industria de las computadoras personales.

En la cápsula ilustrativa 20 se explica cómo las tecnologías de comercio electrónico se están volviendo rápidamente dominantes en la reestructuración de la cadena de valor y la creación de una ventaja en costos bajos.

Las claves del éxito para alcanzar el liderazgo en costos bajos   Para triunfar con una estrategia de proveedor de bajo costo, los gerentes de las compañías tienen que estudiar detalladamente cada actividad creadora de costos y determinar qué incide en el costo de dichas actividades. A continuación, tienen que usar este conocimiento sobre los factores que inciden en los costos para reducir los de cada actividad, buscando exhaustivamente ahorros en costos en toda la cadena de valor. Tienen que actuar con previsión en la reestructuración de la cadena de valor para eliminar los pasos que no son esenciales en el trabajo. Normalmente, los productores de bajo costo trabajan diligentemente para crear culturas corporativas conscientes de los costos que incluyen amplia participación de los empleados en los esfuerzos continuos por mejorar los costos, y prestaciones y privilegios limitados para los ejecutivos. Se esfuerzan por operar con personal corporativo excepcionalmente reducido para mantener los costos administrativos en el mínimo posible. Muchos líderes exitosos en costos bajos también los comparan con los de las compañías que sobresalen en una actividad para vigilar muy de cerca cómo controlan sus costos.

Sin embargo, aunque los proveedores de bajo costo son paladines de la frugalidad, por lo general invierten pujantemente en los recursos y capacidades que ofrecen la posibilidad de eliminar costos de las operaciones. Wal-Mart, por ejemplo, emplea tecnología de vanguardia en todas sus operaciones: sus instalaciones de distribución son un escaparate automatizado, usa sistemas en línea para ordenar productos a los proveedores y administrar inventarios, equipa a

Para conseguir ventajas en costos sobre los rivales hay que explorar todas las posibilidades para reducir los costos y presionar para que estas reducciones se lleven a cabo continuamente en todos los aspectos de las operaciones de la compañía año tras año.

Cápsula ilustrativa 20

Tecnologías de comercio electrónico: herramientas poderosas para reestructurar cadenas de valor y crear una ventaja en costos bajos

La creación de "cadenas de valor electrónicas" de bajo costo se está convirtiendo rápidamente en la norma en todas las industrias. Las casas de corretaje electrónico, por ejemplo, que emplean tecnologías de comercio electrónico e internet para ofrecer la compraventa de acciones en línea y entregar una variedad creciente de información e investigaciones sobre inversiones, están revolucionando el modelo de negocios de la industria del corretaje bursátil. Los costos marcadamente más bajos de las cadenas de valor electrónicas empleadas por las casas de corretaje en línea les permiten ejecutar transacciones rentablemente por una pequeña fracción de lo que cobran las casas de corretaje tradicionales.

Diversas compañías emprendedoras han creado cadenas de valor electrónicas que les permiten funcionar como "intermediarios de internet" y usar la capacidad de comunicación instantánea que la red les brinda para reunir a compradores y vendedores. Chemdex ofrece un lugar para comprar todo lo necesario a científicos e investigadores en su sitio web, que contiene catálogos de muchísimos proveedores de productos farmacéuticos y biotecnología de todo el mundo. Chemdex gana dinero al cobrar a los vendedores una comisión por transacción menor que el porcentaje de ganancia de los distribuidores tradicionales; luego transmite los ahorros a los compradores. De manera parecida, Wells Fargo y Chase Manhattan operan sitios web donde los agentes de compras corporativas pueden agrupar sus compras para obtener mejores precios o trato especial de los proveedores; también ganan dinero cargando una comisión por las transacciones. Advanced Manufacturing Online, con sede en Singapur, ofrece un sistema basado en internet que permite a los proveedores y clientes asiáticos enviar pedidos y solicitar cotizaciones de precios; los usuarios

incluyen a Motorola, Matsushita y Taiwan Semiconductor Manufacturing. Estos nuevos mercados de internet donde los compradores y vendedores se reúnen no sólo les facilitan a los compradores encontrar las mejores condiciones, sino también dan a los vendedores acceso rápido a los compradores, lo que les permite ahorrar en costos de ventas y marketing. Todo el proceso del mercado se vuelve más eficiente, en comparación con los métodos tradicionales donde los vendedores entablan contacto personal con los clientes, o donde los compradores examinan las ofertas de varios proveedores por teléfono o fax.

Los sitios web de las compañías funcionan fácilmente como salas de exhibición y venta al menudeo, creando así otro canal de distribución que coadyuva a que muchos tipos de transacciones de empresa a consumidor en el ciberespacio se manejen con mayor rapidez y comodidad y a un menor costo que en el mundo físico del mercado, resultado que está obligando a los mayoristas y minoristas tradicionales a reorganizar las estructuras de su cadena de valor para proteger sus ventas y participaciones de mercado. Las compañías de internet (como Carorder.com) han desarrollado capacidades de software que permiten a los posibles compradores de vehículos automotores colocar pedidos en línea de automóviles y camiones equipados a la medida de sus necesidades y recoger sus vehículos en puntos de entrega designados, evitando así la parte de las concesionarias de autos en la cadena de valor de los vehículos automotores. Otras compañías de internet innovadoras están creando sistemas de cadenas de valor electrónicas para ofrecer a los compradores hipotecas, préstamos, seguros, libros de texto nuevos y usados, comestibles, flores; la lista es interminable.

---

sus tiendas con sistemas muy modernos de seguimiento de ventas y cajas registradoras y opera un sistema privado de comunicaciones vía satélite que diariamente envía datos de los puntos de venta a 4 000 vendedores. Sus sistemas de información y comunicaciones, así como sus capacidades son más complejos que los de prácticamente cualquier otra cadena de comercio al menudeo en el mundo.

Las compañías que emplean estrategias de proveedor de bajo costo incluyen a Lincoln Electric en el equipo de soldadura de arco, Briggs & Stratton en motores de gasolina pequeños, Bic en bolígrafos con punto rodante, Nucor en la fabricación de productos de acero, General Electric y Whirlpool en aparatos electrodomésticos grandes y Ameritrade en corretaje electrónico.

Cuándo funciona mejor una estrategia de proveedor de bajo costo
Una estrategia competitiva basada en el liderazgo en costos bajos es especialmente eficaz cuando:

1. *La competencia en precios entre los vendedores rivales es especialmente vigorosa:* Los proveedores de bajo costo se encuentran en la mejor posición para competir ofensivamente con base en el precio, usar el atractivo del precio inferior para quitarles ventas (y participación de mercado) a los rivales, seguir siendo rentables ante la competencia reñida en precios y sobrevivir a las guerras de precios.

En mercados donde los rivales compiten sobre todo en precio, los costos bajos en relación con los competidores es la única ventaja competitiva que importa.

2. *El producto de la industria es estandarizado en esencia o un producto básico que se puede conseguir fácilmente con una multitud de vendedores:* Las condiciones de los mercados de productos básicos son propicias para generar una competencia vigorosa en precios; en dichos mercados, las utilidades de los rivales menos eficientes y con costos más elevados son las que más se comprimen.

3. *Existen pocas maneras de diferenciar el producto que tengan valor para los compradores:* Cuando las diferencias entre las marcas no importan demasiado a los compradores, casi siempre éstos se muestran muy sensibles a las diferencias en precios y buscan el mejor precio en el mercado.

4. *La mayoría de los compradores utilizan el producto de la misma manera:* Cuando hay necesidades comunes de los usuarios, un producto estandarizado puede satisfacer las necesidades de los compradores, en cuyo caso el precio de venta bajo, y no las características o la calidad, es el factor dominante que incide en que los compradores prefieran el producto de un vendedor al de otro.

5. *Los compradores incurren en costos bajos al cambiar de un vendedor a otro:* Los costos de cambio bajos dan a los compradores la flexibilidad de cambiar de proveedor y comprar a un vendedor que ofrezca un precio inferior y productos igualmente buenos, o bien productos sustitutos con un precio atractivo. El líder de costos bajos se encuentra en mejor posición para usar el precio bajo con el fin de inducir a sus clientes a no cambiar a marcas rivales o sustitutos.

6. *Hay compradores grandes que tienen poder considerable para negociar y bajar los precios:* Los proveedores de bajo costo tienen la protección parcial del margen de sus utilidades para negociar con compradores de altos volúmenes, puesto que los compradores poderosos rara vez pueden negociar y reducir el precio más allá del nivel de supervivencia del siguiente vendedor más rentable.

> El líder de bajo costo se halla en la posición más fuerte para ganar la preferencia de los compradores sensibles a los precios, establecer el límite más bajo en el precio de mercado y seguir obteniendo utilidades.

7. *Los recién llegados a la industria usan precios bajos de introducción para atraer a los compradores y crear una base de clientes:* El líder en bajo costo puede usar las rebajas en los propios precios para que a los nuevos rivales les resulte más difícil adquirir clientes; el poder de fijar los precios que tiene el proveedor de bajo costo actúa como una barrera para los nuevos participantes.

Como regla general, mientras más sensibles sean los compradores a los precios y mientras más se inclinen a basar sus decisiones de compra en el vendedor que ofrece el mejor precio, más atractiva será una estrategia de costos bajos. La capacidad de la compañía que tiene los costos más bajos para establecer el límite de los precios en la industria y no obstante obtener utilidades erige barreras protectoras en torno de su posición de mercado.

Los riesgos de la estrategia del proveedor de bajo costo   Tal vez el mayor riesgo de una estrategia de proveedor de bajo costo radica en dejarse llevar por las rebajas excesivas en los precios y terminar con una rentabilidad inferior en vez de superior. Una ventaja en costos o precios bajos produce rentabilidad superior sólo si 1) las reducciones de precio son inferiores a la magnitud de la ventaja en costos o 2) las ganancias adicionales por las ventas unitarias son suficientemente cuantiosas para producir una utilidad total mayor pese a los márgenes inferiores por unidad vendida. Una compañía que tiene una ventaja de 5% en costos no puede reducir los precios en 20%, terminar con una ganancia en volumen de sólo 10% y todavía esperar obtener mayores utilidades.

El segundo gran riesgo es no hacer énfasis en las posibilidades de ventaja en costos que puedan mantenerse como propiedad exclusiva o que releguen a los rivales a la posición de seguir al líder. El valor de una ventaja en costos depende de su sustentabilidad. Ésta, a su vez, depende de si la compañía logra su ventaja en costos por medios difíciles de imitar o igualar por los rivales.

> La oferta de productos de un proveedor de bajo costo siempre debe contener suficientes atributos para resultar atractiva a los posibles compradores: el precio bajo, por sí mismo, no siempre es atractivo para los compradores.

Un tercer riesgo es obsesionarse con la reducción de costos. No se pueden buscar costos bajos tan afanosamente que la oferta de la compañía termine siendo demasiado pobre en características para generar atractivo entre los compradores. Además, una compañía que se afana en reducir sus costos tiene que cuidarse de interpretar mal o pasar por alto los giros sutiles pero significativos en el mercado, como el creciente interés de los compradores en características o servicios adicionales, menor sensibilidad de los compradores a los precios o nuevos acontecimientos que empiecen a modificar la manera en que los compradores usan el producto. Un fanático de los costos bajos se arriesga a quedar rezagado si los compradores comienzan a optar por mejor calidad, características innovadoras de desempeño, servicio más rápido y otras características de diferenciación.

Incluso si se evitan estos errores, un enfoque competitivo basado en costos bajos no deja de tener riesgos. Los adelantos tecnológicos que reducen los costos o la aparición de modelos de cadenas de valor con costos aún más bajos pueden anular la posición ganada con tanto esfuerzo del líder de bajo costo. El líder actual puede tener dificultades para adoptar con rapidez las nuevas tecnologías o enfoques hacia la cadena de valor debido a que tiene fuertes inversiones que lo confinan (por lo menos temporalmente) a su actual método de manejo de la cadena de valor.

Estrategias de diferenciación

Las estrategias de diferenciación son un enfoque competitivo atractivo siempre que las necesidades y preferencias de los compradores son demasiado diversas para satisfacerlas plenamente con un producto estandarizado o con vendedores que poseen capacidades idénticas. Para tener éxito con una estrategia de diferenciación, la compañía tiene que estudiar detenidamente las necesidades y comportamiento de los compradores para saber qué consideran importante, qué creen que tiene valor y cuánto están dispuestos a pagar. A continuación, la compañía tiene que incorporar atributos deseados por los compradores en su oferta de productos o servicios de tal modo que la distingan notoria y ostensiblemente de la de los rivales. La ventaja competitiva surge una vez que un número suficiente de compradores llega a tener una preferencia marcada por los atributos diferenciados. Mientras más atraiga la oferta diferenciada de una compañía a los compradores, más clientes *establecerán vínculos* con la compañía y más fuerte será la ventaja competitiva resultante.

> La esencia de una estrategia de diferenciación es ser único en maneras que resultan valiosas para los clientes y que pueden sostenerse.

La diferenciación exitosa permite a una compañía:

- Cobrar un precio más alto por su producto.
- Incrementar las ventas unitarias (porque las características de diferenciación atraen a compradores adicionales), o
- Ganarse la lealtad de los compradores hacia la marca (porque algunos compradores se sienten fuertemente atraídos hacia las características de diferencias y establecen vínculos con la compañía y sus productos).

La diferenciación mejora la rentabilidad siempre que el precio adicional que debe pagarse por el producto compensa con creces los costos adicionales de lograr la diferenciación. Las estrategias empresariales de diferenciación fracasan cuando los compradores no valoran suficientemente la singularidad de la marca para comprarla en vez de adquirir marcas rivales o cuando el enfoque hacia la diferenciación de una compañía puede ser imitado o igualado fácilmente por los rivales, lo que elimina la base de la diferenciación.

Tipos de diferenciación Las compañías pueden buscar la diferenciación desde muchos puntos de vista: un sabor único (Dr Pepper, Listerine); múltiples características (Microsoft Windows, Microsoft Office); surtido amplio para comprar todo lo necesario en un solo lugar (The Home Depot, Amazon.com), servicio superior (entrega al día siguiente de FedEx); disponibilidad de partes de repuesto (Caterpillar garantiza la entrega de partes de repuesto en 48 horas a cualquier cliente, en cualquier parte del mundo, o si no, la parte se suministra gratis); más por el dinero (McDonald's, Wal-Mart); ingeniería de diseño y funcionamiento (Mercedes, BMW); prestigio y distinción (Rolex en relojes); fiabilidad del producto (Johnson & Johnson en productos para bebés); fabricación de calidad (Karastan en alfombras, Michelin en neumáticos, Honda en automóviles); liderazgo tecnológico (3M Corporation en productos adhesivos y recubrimientos); una gama completa de servicios (Charles Schwab en corretaje bursátil); una línea completa de productos (las sopas Campbell's); imagen y reputación de excelencia (Ralph

> Las características de diferenciación fáciles de imitar no pueden producir ventaja competitiva sustentable.

Lauren en ropa para caballeros, Chanel en ropa y accesorios para dama, Ritz-Carlton en hoteles, Cross en instrumentos de escritura).

Los enfoques más atractivos hacia la diferenciación son aquellos que los rivales no pueden duplicar con facilidad o que les resulta costoso duplicar. En efecto, los competidores ingeniosos pueden, con el tiempo, clonar casi cualquier producto, característica o atributo. Si American Airlines crea un programa para viajeros frecuentes, Delta también puede hacerlo; si Ford ofrece una garantía de 50 000 millas en todas las partes de sus nuevos vehículos, Nissan y Volkswagen pueden hacer lo mismo. Es por esta razón que la diferenciación *sustentable* tiene que vincularse en general a las competencias centrales, capacidades competitivas únicas y administración superior de las actividades de la cadena de valor. Cuando una compañía posee competencias y capacidades que los rivales no pueden igualar con facilidad o administra las actividades de la cadena de valor de maneras que promueven la diferenciación única, la base de su diferenciación es más sustentable. Como regla general, la diferenciación produce una ventaja competitiva más duradera y rentable cuando se basa en la innovación de productos, superioridad técnica, calidad y fiabilidad de los productos, servicio integral a los clientes y capacidades competitivas únicas. Generalmente, los compradores perciben que dichos atributos diferenciadores tienen valor, además de que es más difícil para los rivales imitarlos o compensarlos rentablemente.

Dónde deben crearse los atributos de diferenciación a lo largo de la cadena de valor

La diferenciación no es tarea exclusiva de los departamentos de marketing y publicidad, ni se limita a los comodines de calidad y servicio. Existen oportunidades de diferenciación en todas las actividades de la cadena de valor de una industria; estas posibilidades incluyen:

1. *Las actividades de adquisición y compras* que en última instancia se extienden y afectan el desempeño o calidad del producto final de la compañía. McDonald's obtiene altas calificaciones en sus papas fritas en parte porque tiene especificaciones muy estrictas para las papas que compra a los proveedores.

2. *Las actividades de investigación y desarrollo de productos* dirigidas a lograr mejores diseños y características de desempeño del producto, usos finales y aplicaciones más variados, victorias más frecuentes en ser los primeros en el mercado, más variedad y surtido de los productos, más seguridad para el usuario, mayor capacidad de reciclaje o más protección ambiental.

3. *Las actividades de investigación y desarrollo de producción y otras relacionadas con la tecnología* que permiten la fabricación de productos sobre pedido hechos a la medida y a un costo rentable, hacen que los métodos de producción protejan mejor el medio ambiente; o mejoran la calidad, fiabilidad y apariencia del producto. Muchos fabricantes han implantado sistemas de fabricación flexibles que permiten fabricar diferentes modelos o agregar diferentes opciones en la misma línea de ensamblaje. Ser capaz de ofrecer a los compradores productos hechos sobre pedido puede ser una potente capacidad de diferenciación.

4. *Las actividades de fabricación* que reducen los defectos de los productos, impiden las fallas prematuras en los productos, extienden la vida útil del producto, permiten mejores coberturas de garantía, mejoran la economía de uso, producen más comodidad para el usuario final o mejoran la apariencia del producto. La ventaja en calidad que disfrutan los fabricantes de vehículos automotores japoneses procede en parte de su competencia distintiva para desempeñar las actividades de las líneas de ensamblaje.

5. *Las actividades de logística y distribución de salida* que permiten entregas más rápidas, surtido de pedidos más preciso y menos fallas en las existencias en almacenes y anaqueles.

6. *Las actividades de marketing, ventas y servicio a clientes* que producen asistencia técnica superior a los compradores, servicios más rápidos de mantenimiento y reparación, más y mejor información sobre los productos que se ofrecen a los clientes, más y mejores materiales de capacitación para los usuarios finales, mejores condiciones de crédito, procesamiento de pedidos más rápido o mayor comodidad para los clientes.

Cápsula ilustrativa 21
Características de diferenciación que mejoran el desempeño

Para mejorar el desempeño que obtienen los compradores al usar un producto o servicio, las compañías pueden incorporar características y atributos que:

- Ofrezcan a los compradores mayor fiabilidad, durabilidad, comodidad o facilidad de uso.

- Hacen que el producto o servicio de la firma sea más limpio, más seguro, más silencioso o que necesite menos mantenimiento que las marcas rivales.

- Superen las normas ambientales y reglamentarias.

- Satisfagan las necesidades y requerimientos de los compradores de manera más completa, en comparación con las ofertas de los competidores.

- Brinden a los compradores la opción de agregar o actualizar posteriormente el producto a medida que se introduzcan nuevas versiones en el mercado.

- Den a los compradores más flexibilidad para adaptar sus propios productos a las necesidades de sus clientes.

- Satisfagan mejor las necesidades de crecimiento y expansión de los compradores en el futuro.

Fuente: Adaptado de Michael E. Porter, *Competitive Advantage,* Free Press, Nueva York, 1985, pp. 135-138.

Los gerentes necesitan entender con precisión las fuentes de diferenciación y las actividades que impulsan la singularidad para diseñar una estrategia de diferenciación sólida y evaluar los distintos enfoques de diferenciación.[7]

Para lograr ventaja competitiva basada en la diferenciación   Aunque es bastante fácil comprender que una estrategia de diferenciación exitosa tiene que implicar la creación de valor para el comprador en maneras que los rivales no puedan igualar, la dificultad estriba en dilucidar *cómo* crear atributos únicos que los compradores consideren valiosos. Puede usarse cualquiera de cuatro enfoques básicos. El primero es *incorporar atributos del producto y características para el usuario que reduzcan los costos totales para el comprador de usar el producto de la compañía.* Para que a un comprador le resulte más económico usar el producto de una compañía se puede reducir el desperdicio de materias primas por parte del comprador (proporcionando componentes cortados al tamaño preciso), disminuir las necesidades de inventario del comprador (ofreciendo entregas justo a tiempo), aumentar los intervalos de mantenimiento y fiabilidad del producto para reducir los costos de reparación y mantenimiento del comprador, usar sistemas en línea para reducir los costos de adquisición y procesamiento de pedidos de los compradores y ofrecer apoyo técnico y asistencia gratuitos.

El segundo método consiste en *incorporar características que mejoren el desempeño que el comprador obtiene del producto.* La cápsula ilustrativa 21 contiene posibilidades de diferenciación que mejoran el desempeño del producto y el valor para el comprador. El tercer enfoque es *incorporar características que aumenten la satisfacción del comprador en maneras intangibles o no económicas.* El diseño del nuevo neumático Aquatread de Goodyear atrae a los automovilistas conscientes de la seguridad que conducen con precaución en caminos resbalosos en climas lluviosos. Rolls-Royce, Tiffany y Gucci poseen ventajas competitivas basadas en la diferenciación que se relacionan con los deseos de los compradores de clase, imagen, prestigio, moda de lujo, factura superior y las mejores cosas de la vida. L.L. Bean logra que sus clientes que realizan pedidos por correo se sientan seguros de sus compras al ofrecer garantía incondicional sin límite de tiempo: "Garantizamos que todos nuestros productos producen satisfacción total en todos los aspectos. Devuelva cualquier cosa que nos haya comprado en cualquier momento si no ocurre así. Lo cambiaremos, le reembolsaremos el precio pagado o haremos un abono en su tarjeta de crédito, como usted prefiera."

El cuarto enfoque es competir con base en las capacidades: *entregar valor a los clientes con base en capacidades competitivas que los rivales no poseen o que no pueden darse el lujo*

La base de la ventaja competitiva de un diferenciador es una oferta de productos o servicios cuyos atributos difieran significativamente de las ofertas de los rivales o un conjunto de capacidades para entregar valor al cliente que los rivales no posean o que no puedan igualar.

[7] *Ibid.,* p. 124.

de igualar.[8] Una capacidad tiene valor competitivo diferenciador cuando permite que una compañía realice una actividad que entrega valor a los clientes de maneras que los rivales no pueden imitar. El desafío en la formulación de la estrategia consiste en seleccionar las capacidades de diferenciación que habrán de promoverse. La diferenciación exitosa basada en las capacidades comienza con una comprensión profunda de lo que los clientes necesitan y termina con la creación de las capacidades organizacionales que satisfarán esas necesidades mejor que los rivales. Los fabricantes japoneses de vehículos automotores tienen la capacidad de llevar nuevos modelos al mercado con más rapidez que los fabricantes estadounidenses y europeos, lo que les permite satisfacer las preferencias cambiantes de los consumidores por un estilo de vehículo frente a otro. CNN posee la capacidad de cubrir noticias importantes con más rapidez y más completamente que las principales cadenas televisivas. Microsoft, con su sistema operativo Windows y variedad de software de aplicaciones, su capacidad de integrar equipos para proyectos grandes compuestos de programadores muy talentosos y antiburocráticos que trabajan mejor que nunca cuando desarrollan productos y sistemas complejos, y su experiencia y pericia en marketing, posee capacidades más fuertes para diseñar, crear, distribuir, anunciar y vender una gran variedad de productos de software para aplicaciones en computadoras personales que cualquiera de sus rivales.

La importancia del valor percibido y las señales de valor

Una compañía cuya estrategia de diferenciación entregue sólo valor adicional modesto, pero que señale con claridad ese valor adicional puede imponer un precio más elevado que otra compañía que realmente entregue valor superior, pero que lo señale de manera deficiente.

Los compradores rara vez pagan por valor que no perciben, sin importar cuán reales puedan ser las características adicionales únicas.[9] En consecuencia, el precio más alto que impone una estrategia de diferenciación refleja *el valor real entregado* al comprador y *el valor percibido* por éste (aun si el valor no se entrega efectivamente). El valor real y el valor percibido pueden diferir cuando los compradores tienen dificultades para evaluar la experiencia que tendrán con el producto. El conocimiento incompleto por parte de los compradores suele provocar que juzguen el valor con base en señales como el precio (donde el precio connota calidad), empaque atractivo, campañas publicitarias amplias (es decir, qué tan conocido es el producto), contenido e imagen de los anuncios, la calidad de los folletos y presentaciones de venta, las instalaciones del vendedor, la lista de clientes del vendedor, la participación de mercado de la compañía, desde hace cuánto tiempo opera la compañía y el profesionalismo, apariencia y personalidad de los empleados del vendedor. Tales señales del valor pueden ser tan importantes como el valor real 1) cuando el carácter de la diferenciación es subjetivo o difícil de cuantificar, 2) cuando los compradores realizan la compra por primera vez, 3) cuando las compras recurrentes son poco frecuentes y 4) cuando los compradores no son sofisticados.

Control del costo de la diferenciación

Los esfuerzos de las compañías por lograr la diferenciación por lo general elevan los costos. El truco de la diferenciación rentable radica en mantener los costos de lograr la diferenciación por debajo del sobreprecio que los atributos de diferenciación imponen en el mercado (incrementando así el margen de utilidad por unidad vendida) o compensar los márgenes de utilidad menores con suficiente volumen adicional para aumentar las utilidades totales. Por lo general conviene incorporar características de diferenciación adicionales que no son costosas, pero que coadyuvan a la satisfacción del comprador. Federal Express instaló sistemas que permiten a los clientes dar seguimiento a sus paquetes en tránsito cuando se conectan al sitio web de FedEx e introducen el número de guía aérea; algunos hoteles y moteles proporcionan servicios para preparar café dentro de las habitaciones o desayunos continentales gratis en sus vestíbulos; muchos establecimientos de McDonald's tienen áreas de juego para niños pequeños.

---

[8] Para una exposición más detallada, véase George Stalk, Philip Evans y Lawrence E. Schulman, "Competing on Capabilities: The New Rules of Corporate Strategy", *Harvard Business Review* 70, núm. 2, marzo-abril de 1992, pp. 57-69.

[9] Esta exposición se basa en Porter, *Competitive Advantage,* pp. 138-142. Las ideas de Porter sobre este tema son especialmente importantes para formular estrategias de diferenciación porque destacan la importancia de los "intangibles" y las "señales".

Cuándo funciona mejor una estrategia de diferenciación   Las estrategias de diferenciación tienden a funcionar mejor en circunstancias de mercado donde:

- *Existen numeras maneras de diferenciar el producto o servicio y muchos compradores perciben que esas diferencias tienen valor.* Sin esta condición, las oportunidades rentables de diferenciación están muy restringidas.

- *Las necesidades y usos de los compradores son diversos.* Algunos compradores prefieren una combinación de características y otros compradores otra. Mientras más diversas sean las preferencias de los compradores, más margen tienen las compañías para seguir diferentes métodos de diferenciación y, con ello, evitar tratar de diferenciarse con base en mismos atributos.

- *Pocas empresas rivales están siguiendo un enfoque de diferenciación parecido.* Hay menos rivalidad frontal cuando los competidores siguen diferentes caminos para buscar la singularidad y tratar de atraer a los compradores con base en diferentes combinaciones de atributos.

- *El cambio tecnológico y la innovación de los productos se producen a ritmo acelerado y la competencia gira en torno de la evolución rápida de las características del producto.* La innovación rápida de productos y las introducciones frecuentes de los productos de la siguiente versión contribuyen a mantener el interés de los compradores en el producto y ofrecen margen para que las compañías sigan diferentes caminos de diferenciación.

Los riesgos de una estrategia de diferenciación   Por supuesto, no existe ninguna garantía de que la diferenciación producirá una ventaja competitiva significativa. Si los compradores ven poco valor en los atributos o capacidades únicos que la compañía destaca, su estrategia de diferenciación tendrá una acogida decepcionante en el mercado. Además, los intentos de diferenciación están condenados al fracaso si los competidores pueden imitar con rapidez la mayoría o todos los atributos atractivos del producto que ofrezca la compañía. La imitación rápida implica que ningún rival logrará la diferenciación, puesto que siempre que una compañía introduce algún aspecto de singularidad que les parezca atractivo a los compradores, los imitadores se apresuran a reestablecer la similitud. Así, para crear ventaja competitiva por medio de la diferenciación, una compañía debe buscar fuentes de singularidad que los rivales tarden mucho tiempo en igualar o que les resulten onerosas. Otros riesgos y errores comunes en la diferenciación incluyen:[10]

> Cualquier elemento diferenciador que funciona bien tiende a atraer a los imitadores.

- Tratar de diferenciarse con base en algo que no reduce el costo de los compradores o que no mejora el bienestar de los compradores, según lo perciben éstos.

- Exagerar en la diferenciación de manera que el precio resulte demasiado elevado en relación con los competidores o que la calidad del producto o los niveles de servicio superen las necesidades de los compradores.

- Tratar de cobrar un precio demasiado elevado (mientras mayor sea el diferencial en el precio, más difícil será evitar que los compradores empiecen a adquirir los productos competidores a precios más bajos).

- Pasar por alto la necesidad de señalar el valor y depender exclusivamente de los atributos intrínsecos del producto para lograr la diferenciación.

- No comprender o identificar lo que los compradores consideran como valor.

Una estrategia de proveedor de bajo costo puede derrotar a una estrategia de diferenciación cuando los compradores se sienten satisfechos con un producto básico y no creen que vale la pena pagar un precio más alto por atributos "adicionales".

Estrategias del proveedor con el mejor costo

Las estrategias del proveedor con el mejor costo aspiran a ofrecer a los clientes *más valor por su dinero.* El objetivo es entregar valor superior a los clientes al satisfacer sus expectativas con respecto a los atributos fundamentales de calidad, servicio, características y desempeño, y

> Los productores con el mejor costo más exitosos tienen competencias y capacidades para reducir los costos unitarios y, simultáneamente, aumentan el calibre del producto.

---

[10] Porter, *Competitive Advantage*, pp. 160-162.

superar sus expectativas relativas al precio (en virtud de que los rivales cobran por atributos muy semejantes). Una compañía adquiere la condición del mejor costo a partir de la capacidad de incorporar atributos atractivos a un costo inferior al de los rivales. Para llegar a ser un proveedor con el mejor costo, una compañía debe contar con los recursos y capacidades para ofrecer calidad buena o excelente a un costo menor que los rivales, incorporar características atractivas a un costo menor que los rivales, igualar el desempeño del producto a un costo menor que los rivales, ofrecer servicio bueno o excelente a los clientes a un costo menor que los rivales, etcétera. El término *proveedor con el mejor costo* se emplea porque esta estrategia supone esforzarse por tener el mejor costo (*el más bajo*) en relación con ofertas rivales de productos o servicios con atributos comparables.

Como indica la figura 5.1, las estrategias del proveedor con el mejor costo señalan un punto medio entre buscar la ventaja en costos bajos y la ventaja en diferenciación y entre atraer al mercado en su conjunto y a un nicho limitado del mercado. Desde el punto de vista del posicionamiento competitivo, las estrategias del mejor costo son *híbridas,* ya que equilibran el énfasis estratégico en los costos bajos y la diferenciación (valor superior). *El objetivo de mercado son los compradores conscientes del valor,* quizá una parte muy considerable del mercado. *La ventaja competitiva de un proveedor con el mejor costo radica en los costos menores que los de los rivales* para incorporar atributos buenos o excelentes y colocarse en una posición que permita fijar precios más bajos que los de las marcas rivales con atributos atractivos similares.

La estrategia del proveedor con el mejor costo es muy atractiva en ciertas situaciones de mercado. En los mercados donde la diversidad de los compradores hace que la diferenciación de los productos sea la norma y donde muchos compradores también son sensibles al precio y valor, una estrategia del productor con el mejor costo puede ser más ventajosa que una estrategia pura del proveedor de bajo costo o que una estrategia pura de diferenciación dirigida a lograr la superioridad del producto. Esto se debe a que un proveedor con el mejor costo puede posicionarse cerca del punto medio del mercado con un producto de mediana calidad a precio inferior al promedio, o bien con un producto muy bueno a precio medio. A menudo, una cantidad considerable de compradores prefiere los productos de nivel medio a los productos básicos y baratos de los proveedores de bajo costo o los productos caros de los mejores diferenciadores. Sin embargo, a menos que una compañía cuente con los recursos, experiencia y capacidades para incorporar atributos excelentes en sus productos o servicios a un costo menor que los rivales, esta estrategia no es aconsejable.

La cápsula ilustrativa 22 describe cómo Toyota ha empleado el enfoque del mejor costo con sus modelos Lexus.

El gran riesgo de una estrategia de proveedor con el mejor costo El peligro de una estrategia de proveedor con el mejor costo es que las compañías que usan estrategias de bajo costo y diferenciación también atraen a los usuarios. Los líderes en costos bajos atraen a los clientes con el señuelo de un precio menor. Los diferenciadores del nivel de precios altos pueden ganar clientes con el atractivo de los mejores atributos del producto. En consecuencia, para tener éxito, el proveedor con el mejor costo debe ofrecer a los compradores atributos del producto *significativamente mejores* para justificar un precio por encima del que cobran los líderes en costos bajos. Asimismo, debe tener costos significativamente menores que un diferenciador de artículos de primera calidad para proporcionar características superiores y competir mejor con base en un precio significativamente menor.

Estrategias enfocadas (o de nicho de mercado)

Lo que distingue a las estrategias enfocadas de las estrategias de costos bajos o diferenciación es la atención concentrada en una parte limitada del mercado total. El segmento de destino o nicho puede definirse por su singularidad geográfica, las necesidades especializadas en el uso del producto, o los atributos especiales que atraen sólo a los miembros del nicho. La meta de una estrategia enfocada es atender mejor a los compradores en el nicho de mercado de destino que los competidores rivales. *La base de la ventaja competitiva de una compañía enfocada en un nicho de mercado es: 1) costos inferiores a los de los competidores para atender el nicho del mercado o 2) la capacidad de ofrecer a los miembros del nicho algo que en opinión de éstos sea más*

La estrategia competitiva más poderosa de todas es esforzarse incansablemente en llegar a ser el proveedor con costos cada vez más bajos de un producto de calibre cada vez más alto. Mientras más se aproxime una compañía a la meta máxima de ser el proveedor absoluto con el costo más bajo en el mercado y, simultáneamente, ser el proveedor del mejor producto de toda la industria, menos vulnerable será a la respuesta de los rivales.

Cápsula ilustrativa 22
Estrategia de Toyota para convertirse en el productor con el mejor costo en su línea Lexus

En general, se considera que Toyota Motor Co. es un productor de bajo costo entre los fabricantes mundiales de vehículos motorizados. A pesar del énfasis en la calidad de sus productos, Toyota ha alcanzado el liderazgo absoluto en costos bajos debido a sus considerables habilidades en técnicas eficientes de fabricación y gracias a que sus modelos están posicionados en el extremo bajo a medio del espectro de precios, donde los altos volúmenes de producción son propicios para tener costos unitarios bajos. Sin embargo, cuando Toyota decidió introducir sus nuevos modelos Lexus para competir en el mercado de automóviles de lujo, empleó una estrategia clásica de proveedor con el mejor costo. La estrategia de Toyota para el Lexus tenía tres características:

- Transferir su pericia en la fabricación de modelos Toyota de alta calidad y a bajo costo a la fabricación de automóviles de lujo, de altísima calidad, a costos por debajo de los otros fabricantes de automóviles de lujo, en especial Mercedes y BMW. Los ejecutivos de Toyota pensaron que las habilidades de la empresa en fabricación deberían permitirle incorporar características de desempeño de alta tecnología y calidad de excelencia en los modelos Lexus, a un costo más bajo que el de otros fabricantes de automóviles de lujo.

- Usar sus costos de fabricación relativamente más bajos para fijar un precio de venta inferior al de Mercedes y BMW, que tenían modelos que se vendían entre 40 000 y 75 000 dólares (y algunos incluso más caros). Toyota pensó que con su ventaja en costos podía fijar un precio lo suficientemente bajo a sus automóviles Lexus (que estaban equipados de manera

muy atractiva), como para atraer a los compradores conscientes de los precios y arrebatárselos a Mercedes y BMW, e inducir a propietarios insatisfechos de automóviles Lincoln y Cadillac a cambiarlos por un Lexus.

- Establecer una nueva red de concesionarias Lexus, independiente de los distribuidores de Toyota, dedicada a ofrecer un nivel de atención personalizada y comedida a los clientes que no tuviera paralelo en la industria.

Los modelos Lexus de la serie 400, cuyo precio oscila entre 48 000 y 55 000 dólares, compiten contra las series 300/400E de Mercedes, las series 540/740 de BMW, el Infiniti Q45 de Nissan, el Cadillac Seville, el Jaguar y el Lincoln Continental. La serie 300 de Lexus, que tiene un precio inferior que varía entre 30 000 y 40 000 dólares, compite con el Cadillac deVille, el Acura Legend, el Infiniti J30, el Buick Park Avenue, la serie C-Class de Mercedes, la serie 315 de BMW y la línea Aurora de Oldsmobile. En fechas más recientes, Lexus ha introducido vehículos deportivos utilitarios que compiten con los de Mercedes, Lincoln, Cadillac, BMW, Infiniti y Jeep.

La estrategia de productor con el mejor costo de Lexus tuvo tanto éxito que Mercedes introdujo una serie C-Class nueva, de menor precio, para ser más competitiva. Los modelos Lexus LS 400 y SC 300/400 sistemáticamente se han clasificado entre los 10 mejores modelos en la muy popular encuesta de calidad de J. D. Power & Associates. En el modelo del año 1999, Lexus fue la segunda marca de lujo de mayor venta en Estados Unidos.

---

apropiado para satisfacer sus gustos y preferencias únicos. Una estrategia enfocada que se basa en los costos bajos depende de que exista un segmento de compradores cuyas necesidades sean menos costosas de satisfacer en comparación con el resto del mercado. Una estrategia enfocada que se base en la diferenciación depende de que exista un segmento de compradores que busque atributos especiales del producto o capacidades únicas de los vendedores.

Los ejemplos de compañías que emplean alguna versión de una estrategia enfocada incluyen a eBay (en subastas por internet); Porsche (en automóviles deportivos); Cannondale (en las mejores bicicletas de montaña); líneas aéreas como Horizon, Comair y Atlantic Southwest (que se especializan en vuelos cortos, con pocos pasajeros, que conectan a los principales aeropuertos con ciudades pequeñas ubicadas de 100 a 250 millas de distancia [160.9 a 402.2 km]); Jiffy Lube International (especialista en cambios rápidos de aceite, lubricación y mantenimiento básico de vehículos automotores); Enterprise Rent-a-Car (que se especializa en proporcionar autos de alquiler a los clientes de talleres de reparación), y Bandag (especialista en reencauchar neumáticos de camiones que promueve pujantemente sus reencauchados en más de 1 000 paradas de camiones). Las fábricas pequeñas de cerveza, panaderías locales, casas de huéspedes que ofrecen habitación y desayuno, y las boutiques locales atendidas por sus propietarios son buenos ejemplos de empresas que han reducido sus operaciones para atender segmentos de clientes limitados o locales. La cápsula ilustrativa 23 describe la estrategia enfocada de bajo costo de Motel 6 y la estrategia enfocada de diferenciación de Ritz-Carlton.

Cápsula ilustrativa 23
Estrategias enfocadas en la industria hotelera: Motel 6 y Ritz-Carlton

Motel 6 y Ritz-Carlton compiten en extremos opuestos de la industria hotelera. Motel 6 emplea una estrategia enfocada en los costos bajos; Ritz-Carlton emplea una estrategia enfocada en la diferenciación.

Motel 6 atiende a viajeros conscientes de los precios que desean un lugar limpio, sin lujos, para pasar la noche. Para ser un proveedor de bajo costo de hospedaje de una noche, Motel 6 1) selecciona sitios relativamente baratos para construir sus unidades (por lo general cerca de las salidas de carreteras interestatales y lugares muy transitados, pero lo suficientemente lejanos para evitar pagar precios de zonas de lujo); 2) construye sólo instalaciones básicas (sin restaurante o bar y sólo rara vez una piscina); 3) recurre a diseños arquitectónicos estándares que incorporan materiales baratos y técnicas de construcción de bajo costo, y 4) tiene muebles y decoraciones sencillos en las habitaciones. Estos enfoques reducen tanto los costos de inversión como los de operación. Sin restaurantes, bares y ningún otro tipo de servicios a huéspedes, una unidad de Motel 6 puede operarse con sólo personal de recepción, empleados de limpieza de habitaciones y mantenimiento básico del edificio y los terrenos aledaños. Para promover el concepto de Motel 6 entre los viajeros que tienen necesidades sencillas de hospedaje por una noche, la cadena usa anuncios de radio únicos y reconocibles realizados por Tom Bodett, una personalidad en muchas estaciones de radio en Estados Unidos; los anuncios describen las habitaciones limpias de Motel 6, sus instalaciones sin detalles de lujo, ambiente acogedor y tarifas sumamente bajas (por lo general menos de 40 dólares la noche).

En contraste, Ritz-Carlton atiende a viajeros y turistas selectivos, que están dispuestos a pagar por habitaciones de lujo y servicio personal de primerísima calidad. Los hoteles Ritz-Carlton incluyen 1) ubicaciones excelentes y vistas panorámicas desde muchas habitaciones; 2) diseños arquitectónicos a la medida; 3) elegantes restaurantes con menús para *gourmets* preparados por *chefs* consumados; 4) vestíbulos y salones de bar finamente decorados; 5) piscinas, gimnasios y opciones para pasar el tiempo libre; 6) habitaciones de lujo; 7) una amplia variedad de servicios a huéspedes y oportunidades recreativas adecuadas para la ubicación, y 8) personal profesional numeroso y bien capacitado que hace todo lo posible por hacer de la estancia de cada huésped una experiencia grata.

Ambas compañías concentran su atención en una parte limitada del mercado total. La base de la ventaja competitiva de Motel 6 son los costos menores a los de los competidores en la oferta de habitaciones económicas para pasar la noche a viajeros que no pueden pagar precios altos. La ventaja de Ritz-Carlton es su capacidad de ofrecer hospedaje superior y servicio inigualable a clientela acomodada. Cada una de estas compañías ha tenido éxito, pese a sus estrategias diametralmente opuestas, porque el mercado hotelero consta de diversos segmentos de compradores con diversas preferencias y capacidades de pago.

Las estrategias enfocadas de bajo costo son bastante comunes. Los productores de artículos con etiqueta privada tienen costos bajos en el desarrollo de productos, marketing, distribución y publicidad porque se concentran en fabricar productos genéricos que imitan mercancías de marcas comerciales y se venden directamente a cadenas minoristas que desean una marca básica de la casa para vender con descuento a los compradores sensibles a los precios. Las casas de corretaje especializadas en la venta de acciones con descuento han reducido los costos a centrarse en los clientes que están dispuestos a privarse de la investigación y asesoría en inversiones y los servicios financieros que ofrecen las compañías de servicio completo, como Merrill Lynch, a cambio de un 30% o más de ahorro en la comisión sobre sus transacciones de compraventa. La búsqueda de una ventaja en costos vía la concentración funciona bien cuando una compañía puede reducir significativamente sus costos limitando su base de clientes a un segmento de compradores bien definido.

En el otro extremo del espectro del mercado, las compañías enfocadas, como Godiva Chocolates, Chanel, Rolls-Royce, Häagen-Dazs y W. L. Gore (fabricante de Gore-Tex) emplean estrategias enfocadas exitosas que se basan en la diferenciación y están dirigidas a los compradores de artículos de primera que desean productos y servicios con atributos de talla mundial. En efecto, casi todos los mercados contienen un segmento de compradores dispuestos a pagar un gran sobreprecio por los artículos más finos disponibles, con lo que se abre la posibilidad estratégica de que algunos competidores sigan estrategias enfocadas basadas en la diferenciación, dirigidas a la cima de la pirámide del mercado. Otro diferenciador centrado exitoso es un "minorista de comida a la moda" llamado Trader Joe's, una cadena de 150 tiendas en las costas oriental y occidental de Estados Unidos, que son una combinación de charcuterías *gourmet* y almacenes de alimentos.[11] Los clientes van a Trader Joe's tanto por diversión como para adquirir alimentos convencionales: en las tiendas se venden todo tipo de especialidades gastronómicas fuera de lo común, como salsa de frambuesas, hamburguesas de salmón y arroz frito con jazmín, así como los productos estándares que normalmente se encuentran en los supermercados. Lo que distingue a Trader Joe's no es sólo su combinación única de productos alimenticios novedosos y comestibles a precios competitivos, sino también la oportunidad que ofrece de convertir una excursión prosaica a la tienda de comestibles en una búsqueda caprichosa de tesoros que resulta francamente divertida. Blue Mountain Arts, un diferenciador enfocado en tarjetas de felicitación, se distingue de Hallmark y American Greetings no sólo en cuanto a la apariencia, estilo y contenido de sus tarjetas, sino también con respecto a su enfoque en las tarjetas de felicitación electrónicas.

Cuándo resulta atractiva una estrategia enfocada   Una estrategia enfocada que se basa ya sea en los costos bajos o en la diferenciación es cada vez más atractiva a medida que se cumplen más de las siguientes condiciones:

- El nicho de mercado de destino es suficientemente grande para ser rentable y ofrece buen potencial de crecimiento.
- Los líderes de la industria no consideran que tener presencia en el nicho sea crucial para su éxito, condición que reduce la rivalidad de los principales competidores.
- Es costoso o difícil para los competidores que atienden múltiples nichos crear las capacidades para satisfacer las necesidades especializadas del nicho de mercado de destino y, al mismo tiempo, satisfacer las expectativas de sus principales clientes.
- La industria tiene muchos nichos y segmentos diferentes, permitiendo así a una compañía centrada elegir un nicho competitivamente atractivo y apropiado para sus fortalezas de recursos y capacidades.
- Pocos rivales, si acaso, intentan especializarse en el mismo segmento de destino, condición que reduce el riesgo de que el segmento se congestione.
- La compañía enfocada puede competir eficazmente con sus rivales con base en las capacidades y recursos que posee para atender al nicho de destino y la clientela que puede haberse acumulado.

Cuando una industria tiene muchos nichos y segmentos diferentes, la intensidad de la competencia varía entre y dentro de los segmentos, condición que hace importante que una compañía enfocada elija un nicho que sea atractivo competitivamente y apropiado para sus fortalezas de recursos y capacidades. Las competencias y capacidades especializadas de una compañía enfocada para atender al nicho de mercado de destino ofrecen la base más firme y confiable para contender satisfactoriamente con las fuerzas competitivas. La rivalidad en el nicho de destino es más débil cuando existen relativamente pocos participantes en el nicho y cuando los rivales que operan en múltiples segmentos tienen dificultades para satisfacer verdaderamente las expectativas de la clientela objetivo de la compañía enfocada y de los otros tipos de clientes que atienden. Las capacidades únicas de una compañía enfocada para atender el nicho de mercado también actúan como barrera de ingreso: las dificultades para igualar las capacidades de una compañía enfocada pueden disuadir a los posibles nuevos participantes de intentar el ingreso. También presentan un obstáculo que los fabricantes de productos sustitutos deben superar. Incluso si algunos compradores del nicho tienen considerable poder de negociación, éste se ve un poco mermado por el inconveniente de comprar los productos a otras compañías rivales menos capaces de satisfacer sus expectativas.

> Aun cuando una compañía enfocada sea pequeña, puede tener considerable fortaleza competitiva debido al atractivo de su oferta de productos y su pericia y capacidades fuertes para satisfacer las necesidades y expectativas de los miembros del nicho.

---

[11] Gary Hamel, "Strategy as Revolution", *Harvard Business Review* 74, núm. 4, julio-agosto de 1996, p. 72. Para una presentación interesante y amena de la misión, estrategia y prácticas de operación de Trader Joe's, véase la información que la compañía publica en www.traderjoes.com.

Los riesgos de una estrategia enfocada   Una estrategia enfocada conlleva varios riesgos. Uno de ellos es la probabilidad de que los competidores encuentren maneras eficaces de igualar a la compañía enfocada en la atención del nicho de destino; quizá lanzando una oferta de productos más atractiva o adquiriendo experiencia y capacidades que compensan los puntos fuertes de la compañía enfocada. Otro riesgo es la posibilidad de que las preferencias y necesidades de los miembros del nicho se desplacen con el tiempo hacia los atributos deseados por la mayoría de los compradores. La erosión de las diferencias entre segmentos de compradores reduce las barreras de ingreso al nicho de mercado de la compañía enfocada y presenta una invitación abierta a los rivales de segmentos adyacentes para que empiecen a competir por los clientes de la compañía enfocada. Un tercer riesgo es que el segmento llegue a ser tan atractivo que pronto sea inundado por competidores, lo que intensifica la rivalidad y reduce las utilidades del segmento.

ESTRATEGIAS DE COOPERACIÓN Y VENTAJA COMPETITIVA

En los últimos 10 años, las compañías en todos los tipos de industrias y en todas partes del mundo han formado alianzas estratégicas y sociedades para complementar sus propias iniciativas estratégicas y fortalecer su competitividad en los mercados nacionales e internacionales. Se trata de un cambio completo con respecto a épocas pasadas, cuando la gran mayoría de las compañías se conformaban con actuar por su cuenta, seguras de que ya poseían o podían generar independientemente los recursos y experiencia necesarios para tener éxito en sus mercados. Sin embargo, la globalización de la economía mundial, los adelantos revolucionarios en la tecnología en todos los campos y las oportunidades sin explotar en mercados nacionales de Asia, América Latina y Europa que se están abriendo, la desregulación y las privatizaciones han hecho que las sociedades estratégicas de un tipo u otro sean parte integral de la competitividad de una compañía.

> Las alianzas y sociedades son una necesidad en la carrera contra los rivales para crear una fuerte presencia global o definir una posición en las industrias del futuro.

Muchas compañías se ven atrapadas en medio de dos carreras competitivas muy exigentes: 1) *la carrera global para crear presencia de mercado en muchos mercados nacionales diferentes* y establecer una posición atractiva entre los líderes del mercado global y 2) *la carrera tecnológica para aprovechar la revolución actual de la era tecnológica y de la información* y crear las fortalezas de recursos y las capacidades comerciales para competir con éxito en las industrias y mercados de productos del futuro.[12] Incluso las compañías más grandes y más fuertes en el aspecto financiero han concluido que participar simultáneamente en las carreras por el liderazgo del mercado global y por una posición en las industrias del futuro requiere habilidades, recursos, experiencia técnica y capacidades competitivas más diversas y amplias de lo que pueden reunir y manejar por su cuenta.

En efecto, las lagunas en recursos y capacidades competitivas entre rivales industriales se han hecho dolorosamente evidentes para las empresas en desventaja. Si estas lagunas no se atienden pueden poner a una compañía en una posición competitiva precaria o incluso resultar fatal. Cuando los rivales pueden desarrollar nuevos productos con mayor rapidez, lograr una mejor calidad a costo inferior o tener más recursos y pericia para explotar las oportunidades en los ámbitos atractivos de nuevos mercados, una compañía no tiene más remedio que tratar de cerrar con rapidez las lagunas en recursos y competencias; la manera más rápida de lograrlo es con las capacidades y fortalezas de nuevos aliados estratégicos. En el mundo actual, que cambia a ritmo vertiginoso, una compañía que no puede posicionarse pronto pierde importantes oportunidades, ya sea en el ciberespacio o en países extranjeros. Cada vez más empresas concluyen que las alianzas bien elegidas les permiten evitar el proceso relativamente más lento y costoso de crear sus propias capacidades internamente para tener acceso a las nuevas oportunidades.

---

[12] Yves L. Doz y Gary Hamel, *Alliance Advantage: The Art of Creating Value through Partnering*, Harvard Business School Press, Boston, 1998, pp. xiii y xiv.

El uso cada vez más generalizado de las alianzas

Las alianzas estratégicas y sociedades en colaboración han emergido así como un medio atractivo y oportuno para cerrar las lagunas tecnológicas y de recursos que las empresas encuentran ahora muy comúnmente. *En realidad, las alianzas se han vuelto tan trascendentales para la competitividad de las compañías en muchas industrias que constituyen uno de los elementos centrales de las estrategias de negocios actuales.* Predominan especialmente en industrias donde el cambio es rápido. General Electric ha formado más de 100 sociedades de cooperación en una amplia gama de áreas; IBM ha participado en más de 400 alianzas estratégicas.[13] Se dice que Oracle tiene más de 15 000 alianzas. Las alianzas son tan importantes en la estrategia de Corning que la compañía se describe a sí misma como una "red de organizaciones". Toyota ha forjado una red de sociedades estratégicas a largo plazo con sus proveedores de partes y componentes de sus vehículos automotores. Microsoft colabora muy estrechamente con desarrolladores de software independientes que crean nuevos programas que se ejecutarán en las versiones de la siguiente generación de Windows. Un estudio reciente indica que la corporación grande típica forma parte de aproximadamente 30 alianzas en la actualidad, frente a menos de tres hace una década.

En la industria de las computadoras personales las alianzas de cooperación son muy comunes porque hay muchas compañías diferentes que suministran los distintos componentes de las computadoras y el software para su funcionamiento: un grupo de compañías provee los microprocesadores, otro grupo fabrica las tarjetas madre, otro los monitores, otro los discos duros, otro los chips de memoria, etcétera. Además, sus instalaciones se encuentran dispersas en Estados Unidos, Japón, Taiwán, Singapur, Malasia y partes de Europa. Se requiere colaboración estrecha en el desarrollo de productos, logística, producción y las fechas elegidas para la introducción de nuevos productos. En consecuencia, Intel ha formado sociedades de colaboración con numerosos fabricantes de componentes de computadoras y desarrolladores de software para aplicar conjuntamente nuevas tecnologías y llevar nuevos productos al mercado en paralelo para que los consumidores obtengan los beneficios máximos de las nuevas computadoras que funcionan con los microprocesadores de la siguiente generación fabricados por Intel. Sin cooperación y colaboración amplias entre Intel, los fabricantes de computadoras personales y de otros componentes esenciales de éstas y los desarrolladores de software en el desarrollo de nuevas tecnologías y productos, habría todo tipo de cuellos de botella, retrasos y problemas de incompatibilidad para lanzar nuevos productos de hardware y software al mercado; obstáculos que harían radicalmente más lento el ritmo de avance en las capacidades y aplicaciones de la computación personal.

La convergencia de la televisión por cable, telecomunicaciones y tecnologías informáticas está generando servicios completamente inéditos, así como nuevos medios de entrega de contenido; también está creando la necesidad de todo tipo de alianzas. Compañías como AT&T, MCI WorldCom, America Online, las compañías regionales de Bell, Qwest Communications, Deutsche Telecom, Motorola, Nokia, Ericsson y muchas otras han formado redes de diferentes alianzas y sociedades, algunas de colaboración y otras competidoras, para contender en la carrera por el liderazgo en el mercado global y una función participativa más importante en la industria de las telecomunicaciones del futuro. America Online, que desde el principio formó sociedades con numerosas compañías para entregar contenido a sus suscriptores, ha celebrado alianzas con Hughes Satellite, varias de las compañías regionales de Bell y otras para desarrollar opciones de acceso de alta velocidad a internet; el objetivo de AOL es reunir opciones competitivas a lo que AT&T (que ha adquirido dos compañías grandes de televisión por cable con las que se ha convertido en el proveedor más importante del servicio de televisión por cable en Estados Unidos) se propone entregar mediante sus conexiones de televisión por cable. Además, existen alianzas de diversos tipos entre empresas promotoras de sistemas de telecomunicaciones inalámbricas que se enfrentan a una amplia variedad de alianzas de compañías de telecomunicaciones que promueven conexiones con fibra óptica, línea de señales digitales (DSL) y

> Las alianzas y arreglos de cooperación, ya sea que reúnan a compañías de diferentes partes de la cadena de valor de la industria o de diferentes partes del mundo, son una realidad en la economía actual.

> El creciente uso de las alianzas está cambiando las bases de la competencia en grupos empresariales contra otros grupos empresariales.

---

[13] Michael A. Hitt, Beverly B. Tyler, Camilla Hardee y Daewoo Park, "Understanding Strategic Intent in the Global Marketplace", *Academy of Management Executive* 9, núm. 2, mayo de 1995, p. 13.

cable. Las alianzas de colaboración son esenciales en la creación de capacidades para servicios bancarios digitales y transacciones con tarjeta de crédito por internet porque deben crearse redes "perfectamente integradas" que sean compatibles con las operaciones de muchas empresas diferentes que usan distintas marcas y tipos de hardware y software.

Por qué y cómo son ventajosas las alianzas estratégicas

Las *alianzas estratégicas* son acuerdos de cooperación entre las compañías que van más allá de los tratos normales entre una compañía y otra, pero que no llegan a ser una fusión o una sociedad en participación, en sentido estricto, con lazos de propiedad formales. (Sin embargo, algunas alianzas estratégicas sí comprenden acuerdos por medio de los cuales uno o más aliados tienen propiedad minoritaria en algunos de los otros miembros de la alianza.) No obstante, el valor de una alianza no procede del acuerdo o trato en sí mismo, sino más bien de la capacidad de los socios para distender las fricciones organizacionales, colaborar eficazmente a través del tiempo y abrirse paso por el laberinto de cambios que tienen frente a sí: sorpresas tecnológicas y competitivas, nuevos acontecimientos en el mercado (que pueden presentarse súbitamente) y cambios en sus propias prioridades y circunstancias competitivas. Las alianzas de colaboración casi siempre suponen una relación *en evolución,* en la que los beneficios y valor competitivo dependen en última instancia del aprendizaje mutuo, cooperación eficaz a través del tiempo y la adaptación satisfactoria al cambio. La ventaja competitiva surge cuando una compañía adquiere, por medio de las alianzas, recursos y capacidades valiosos que no podría haber obtenido por su cuenta y que le dan ventaja sobre los rivales; esto requiere una verdadera colaboración "en la trinchera" entre los socios para crear valor conjuntamente y no simplemente un intercambio superficial de ideas e información. A menos que los socios valoren las habilidades, recursos y contribuciones que cada uno de ellos aporta a la alianza y que el acuerdo de cooperación produzca resultados en los que todas las partes salgan ganando, la alianza significará muy poco o fracasará.

Las razones más comunes por las que las compañías celebran alianzas estratégicas son: para colaborar en el desarrollo de tecnología o de nuevos productos prometedores, superar los déficits en su pericia técnica y de fabricación, adquirir nuevas competencias, mejorar la eficiencia de la cadena de suministros, obtener economías de escala en la producción o marketing y adquirir o mejorar el acceso al mercado mediante acuerdos conjuntos de marketing.[14] Una compañía que contiende por el liderazgo en el mercado global necesita alianzas para que le ayuden a lograr lo que no puede hacer con facilidad:

- Incursionar con rapidez en mercados nacionales cruciales y acelerar el proceso de crear una presencia potente en el mercado global.
- Adquirir conocimiento privilegiado acerca de mercados y culturas desconocidos mediante las alianzas con socios locales.
- Obtener acceso a habilidades y competencias valiosas que se concentran en regiones geográficas específicas (como las competencias en diseño de software en Estados Unidos, las habilidades para el diseño de modas en Italia y las capacidades eficientes de fabricación en Japón).

Una compañía que compite para establecer una posición fuerte en una industria del futuro necesita alianzas para:

- Establecer una base para participar en la industria deseada.
- Dominar las nuevas tecnologías y adquirir nueva pericia y competencias con mayor rapidez de la que sería posible mediante esfuerzos internos.
- Abrir oportunidades más amplias en la industria deseada uniendo las capacidades propias de la compañía con la pericia y recursos de los socios.

El atractivo competitivo de las alianzas reside en conjuntar competencias y recursos que son más valiosos en un esfuerzo conjunto que cuando se mantienen por separado.

Las alianzas son muy beneficiosas en la carrera contra los rivales por el liderazgo en el mercado global.

Las alianzas también son muy beneficiosas en la competencia contra los rivales para adquirir la pericia y la posición de mercado necesarias para establecer una posición fuerte en las industrias del futuro.

[14] Porter, *The Competitive Advantage of Nations*, Free Press, Nueva York, 1990, p. 66.

Los aliados pueden aprender mucho unos de otros cuando realizan investigaciones conjuntas, comparten su pericia tecnológica y colaboran en las nuevas tecnologías y productos complementarios, lo que en ocasiones les permite buscar otras nuevas oportunidades por su cuenta. Comúnmente, los fabricantes buscan alianzas con proveedores de partes y componentes para adquirir las eficiencias del mejor manejo de la cadena de suministros y acelerar la introducción de nuevos productos en el mercado. Al unir fuerzas en la producción de componentes o ensamblaje final, las compañías pueden realizar ahorros en costos que no podrían obtener con sus propios volúmenes pequeños: Volvo, Renault y Peugeot formaron una alianza para fabricar en conjunto los motores de sus modelos de automóviles grandes precisamente porque ninguno de ellos necesitaba tantos motores para operar su propia fábrica de motores de manera económica. Los aliados en el área de fabricación también pueden aprender mucho sobre cómo mejorar sus procedimientos de control de calidad y producción al estudiar los métodos de fabricación de cada uno. A menudo, se forman alianzas para utilizar redes comunes de distribuidores o para la promoción conjunta de productos complementarios, fortaleciendo así su acceso a compradores y economizando en los costos del canal de distribución. Diageo (matriz de Häagen-Dazs, Burger King, Pillsbury y otras marcas comerciales de alimentos y bebidas) y Nestlé, con sede en Suiza (la compañía productora de alimentos de consumo más grande en el mundo), se aliaron en fechas recientes en una empresa conjunta para distribuir el helado Häagen-Dazs y los postres congelados de Nestlé a través de la misma red de distribución en Estados Unidos y para usar escaparates comunes; los aliados esperan ampliar el acceso a sus productos en el mercado y economizar en los costos de distribución.

Las alianzas no sólo compensan las desventajas competitivas o crean ventajas competitivas, sino que también pueden dar como resultado que las compañías aliadas dirijan sus energías competitivas más hacia los rivales mutuos y menos entre sí. En ocasiones, es posible neutralizar eficazmente a los posibles rivales al invitarlos a participar en una alianza de colaboración. Quién se asocia con quién afecta el modelo de rivalidad en la industria. Muchas compañías exitosas, pero que no son líderes, queriendo conservar su independencia, recurren a las alianzas en vez de a las fusiones para tratar de cerrar la distancia competitiva que las separa de las compañías líderes; *dependen de la colaboración con otros para mejorar sus capacidades organizacionales, generar nuevos recursos estratégicos valiosos y competir con eficacia.* Los líderes de las industrias buscan las alianzas de cooperación para defenderse mejor de los rivales ambiciosos, así como para abrir nuevas oportunidades.

La cooperación estratégica es un enfoque altamente favorecido, e incluso necesario, en industrias donde los nuevos adelantos tecnológicos se presentan a ritmo vertiginoso junto con muchas posibilidades diferentes, y donde los avances en una tecnología se extienden y afectan a otras (a menudo desdibujando los límites entre industrias). Siempre que las industrias experimentan cambios a alta velocidad en muchas áreas simultáneamente, las compañías consideran que es prácticamente fundamental entablar relaciones de cooperación con otras empresas para mantenerse a la vanguardia de la tecnología y desempeño de los productos, incluso en su propia área de especialización. Cooperan en el desarrollo de tecnología, en el intercambio de información de investigación y desarrollo, en el desarrollo de nuevos productos que se complementan entre sí en el mercado y en la creación de redes de concesionarios y distribuidores que manejan sus respectivos productos.

La cápsula ilustrativa 24 contiene ejemplos de alianzas recientes importantes.

Alianzas y sociedades con compañías extranjeras   Las estrategias y alianzas de cooperación para penetrar los mercados internacionales también son comunes entre compañías nacionales y extranjeras. Dichas sociedades son útiles para producir los recursos y capacidades que les permitirán operar en los mercados de una cantidad mayor de países. Por ejemplo, todas las compañías estadounidenses, europeas y japonesas que desean afianzarse en el mercado chino de rápido crecimiento han establecido convenios de asociación con compañías chinas que les ayudan a cumplir con las disposiciones gubernamentales, les proporcionan información de los mercados locales, las orientan en la adaptación de sus productos para que coincidan mejor con las preferencias de compra de los consumidores chinos, instalan fábricas locales y les brindan asistencia en las actividades de distribución, marketing y promoción. Desde hace mucho

Aunque pocas compañías pueden poner en marcha sus estrategias por sí solas, cada vez es más común que las apliquen en colaboración con proveedores, distribuidores, fabricantes de productos complementarios y, en ocasiones, incluso son competidores seleccionados.

Cápsula ilustrativa 24
Ejemplos de alianzas recientes

- *Pfizer y Warner-Lambert.* Formaron una alianza para comercializar la droga reductora de colesterol Lipitor. Warner-Lambert proporcionó el producto, mientras que la aportación de Pfizer consistió en las habilidades de su equipo de vendedores para comercializar el producto entre los médicos.

- *America Online con Gateway, Motorola, Palm, Direct TV y Hughes Electronics.* AOL se ha asociado con Gateway para desarrollar y comercializar conjuntamente aparatos para internet y dispositivos de red domésticos; se asoció con Motorola para ofrecer acceso a su servicio Instant Messenger desde los teléfonos y radiolocalizadores inalámbricos de Motorola; se unió con Palm para ofrecer el servicio de correo electrónico de AOL en las computadoras de mano fabricadas por Palm, y se alió con Direct TV, la cadena de televisión vía satélite, y con Hughes Electronics para llevar AOL a las pantallas de televisión por medio de convertidores.

- *Hewlett-Packard y Qwest Communications.* Celebraron una alianza para crear una empresa llamada CyberCenters, la cual ofrece soluciones integrales de internet y atención a clientes disponible las 24 horas del día, los siete días de la semana. Hewlett-Packard aportó hardware de servidores, software y servicios; Qwest proporcionó el acceso a internet, una base de clientes y su liderazgo en la entrega de servicios a clientes.

- *IBM y Dell Computer.* Formaron una alianza en la que Dell se comprometió a comprar 16 000 millones de dólares en partes y componentes a IBM para usarlos en las computadoras personales, servidores y estaciones de trabajo de Dell durante un periodo de tres años. Dell determinó que la creciente experiencia y capacidades de IBM en los componentes de computadoras justificaban emplear dicha marca como uno de sus principales proveedores, a pesar de que Dell e IBM competían vigorosamente en proveer computadoras portátiles a los clientes corporativos.

- *Johnson & Johnson y Merck.* Formaron una alianza para comercializar Pepcid AC. Merck creó el medicamento para aliviar malestares estomacales y J&J ha funcionado como comercializador. La alianza convirtió a Pepcid AC en el medicamento más vendido de este tipo.

- *División de Motores para Aviones de General Electric y Pratt & Whitney.* Formaron una alianza para desarrollar y vender un nuevo motor para el avión super jumbo A3XX de Airbus Industries. Tanto la División de Motores para Aviones de GE como Pratt & Whitney fabrican motores para aviones y son competidores feroces en el mercado de motores de propulsión de aviones comerciales. La sociedad se formó para competir con Rolls-Royce por el contrato de Airbus.

- *United Parcel Service, AT&T y Microsoft.* UPS se unió con sus proveedores AT&T y Microsoft para ofrecer acceso gratuito a internet a los 1.7 millones de clientes de UPS que usan los servicios en línea de envío y entrega de documentos digitales.

- *Las líneas aéreas United, American, Continental, Delta y Northwest.* Crearon una alianza para formar Orbitz, un sitio de viajes en internet diseñado para competir con Expedia y Travelocity para ofrecer a los consumidores boletos de avión, autos de alquiler, hospedaje, cruceros y paquetes de vacaciones a bajo costo. Aproximadamente un mes después del lanzamiento del sitio, Orbitz anunció otra alianza, esta vez con Hotwire, el agente de viajes de descuento en internet. De conformidad con este convenio, Hotwire y Orbitz promueven mutuamente sus servicios y cada uno proporciona vínculos a los sitios del otro. Hotwire y Orbitz se complementan porque Orbitz trata de captar el mercado de los viajeros de negocios sensibles al tiempo y a quienes prefieren ciertas líneas de aviación, mientras que Hotwire ofrece descuentos en vuelos cuya capacidad no se espera que se llene.

Fuente: "Orbitz, Hotwire Form Alliance", Associated Press, 19 de julio de 2001; Erich Luening, "Web Users Gravitate to Orbitz", *CNET News.com* (http://news.cnet.com), 15 de junio de 2001; comunicados de prensa de las compañías; y *Business Week*, 25 de octubre de 1999, pp. 112-130.

tiempo, la política del gobierno chino ha sido otorgar acceso privilegiado al mercado a unas cuantas compañías extranjeras seleccionadas, mientras que excluye a otras y exige que los extranjeros favorecidos se asocien de un modo u otro con empresas locales.

Por qué muchas alianzas son inestables o fracasan   El que una alianza resista la prueba del tiempo o fracase depende de la eficiencia con que los socios trabajen conjuntamente, la manera en que respondan o se adapten a las condiciones cambiantes internas y externas y su disposición a renegociar el trato si las circunstancias así lo exigen. A menos que los socios valoren las habilidades, recursos y contribuciones que cada uno de ellos aporta a la alianza y que el convenio de cooperación produzca resultados en los que todas las partes salgan ganando, la alianza estará condenada al fracaso. Un estudio reciente de Andersen Consulting reveló que 61% de las alianzas fracasan rotundamente, o bien "avanzan cojeando".[15]

---

[15] Citado en *Business Week*, 25 de octubre de 1999, p. 110.

Hay más alianzas que se rompen que las que perduran. Muchas razones explican el elevado "índice de divorcios", como los objetivos y prioridades divergentes, la incapacidad de trabajar bien conjuntamente, la aparición de oportunidades tecnológicas más atractivas y rivalidad en el mercado entre uno o más aliados.[16] Un ejemplo de las complicaciones provocadas por el carácter imprevisible de las tecnologías emergentes fueron los esfuerzos de Merck a principios de la década de 1990 para reunir un grupo grande de institutos de investigación, universidades, compañías emprendedoras de biotecnología y otras organizaciones con el propósito de desarrollar curas y vacunas contra el sida; la necesidad del mercado era palpable y urgente, pero la incertidumbre del virus en evolución del sida junto con la a menudo poco sistemática manera en que se descubren las drogas milagrosas y se abren paso en el mercado significaba que no había modo de que Merck y sus aliados juzgaran cuáles, si acaso, de las alianzas de investigación y desarrollo podrían resultar fructíferas.[17] El compromiso constante, el aprendizaje mutuo y la colaboración estrecha y continua son esenciales para que las alianzas, como la de Merck, funcionen productivamente.

Los riesgos estratégicos de depender en gran medida de las alianzas y sociedades de cooperación   El talón de Aquiles de las alianzas y estrategias de cooperación es el peligro de volverse dependiente de otras compañías en cuanto a la pericia y capacidades *esenciales* en el largo plazo. Para ser el líder del mercado (y tal vez incluso para ser un contendiente serio en el mercado), una compañía debe desarrollar finalmente sus propias capacidades en las áreas donde el control estratégico interno es trascendental para proteger la competitividad y conseguir ventaja competitiva. Por otra parte, algunas alianzas ofrecen sólo potencial limitado debido a que el socio protege sus habilidades y pericia más valiosas; en estos casos, la adquisición o fusión con una compañía que posea los recursos deseados es una mejor solución.

ESTRATEGIAS DE FUSIÓN Y ADQUISICIÓN

Las fusiones y adquisiciones son una opción estratégica muy socorrida.[18] Son especialmente apropiadas en situaciones en que las alianzas y sociedades no bastan para proporcionar acceso a la compañía a los recursos y capacidades necesarios. Los lazos de propiedad son más permanentes que los de asociación, lo que permite que las operaciones de los participantes en la fusión o adquisición se integren mejor, además de crear más control interno y autonomía.

Fusionarse con otra compañía o adquirirla, a menudo un competidor, puede fortalecer espectacularmente la posición de mercado de una empresa y abrir nuevas oportunidades de ventaja competitiva. La combinación de operaciones con un rival llena los huecos en recursos y permite a la nueva compañía hacer cosas que las empresas anteriores no podían hacer por su cuenta. Juntas, las firmas suelen tener habilidades tecnológicas más sólidas, más o mejores capacidades competitivas, una línea más atractiva de productos y servicios, cobertura geográfica más amplia o mayores recursos financieros con los cuales invertir en investigación y desarrollo, agregar capacidad o expandirse a nuevas áreas. Además, la combinación de operaciones llega a ofrecer considerables oportunidades para ahorrar en costos y transformar así a compañías que habían tenido costos altos en un competidor con costos promedio o por debajo del promedio.

La carrera por el liderazgo en el mercado global induce a numerosas compañías a realizar adquisiciones con el fin de crear presencia de mercado en aquellos países donde no compiten

Muchas alianzas fracasan y se rompen, sin llegar a alcanzar nunca su potencial esperado, debido a las fricciones y conflictos entre los aliados.

Ninguna compañía puede darse el lujo de pasar por alto los beneficios estratégicos y competitivos de adquirir o fusionarse con otra compañía para fortalecer su posición de mercado y abrir nuevas oportunidades.

---

[16] Doz y Hamel, *Alliance Advantage*, pp. 16-18.

[17] *Ibid.*, p. 17.

[18] Una *fusión* es una combinación y agrupamiento de iguales, en la que la compañía recién creada a menudo adopta un nuevo nombre. Una *adquisición* es cuando una empresa, la adquisidora, compra y absorbe las operaciones de otra, la adquirida. La diferencia entre una fusión y una adquisición se relaciona más con los detalles de propiedad, control administrativo y acuerdos financieros que con la estrategia y la ventaja competitiva. Los recursos, competencias y capacidades competitivas de la empresa recién creada terminan siendo prácticamente los mismos ya sea que la combinación sea resultado de una adquisición o de una fusión.

en la actualidad. Asimismo, la carrera por establecer posiciones atractivas en las industrias del futuro impulsa a las compañías a fusionarse o a realizar adquisiciones para llenar los huecos en recursos o tecnología, crear capacidades tecnológicas importantes y colocarse en posición para lanzar los productos y servicios de la siguiente generación. Estos beneficios pueden ser considerables, lo que explica por qué las compañías recurren a las fusiones y adquisiciones.

Las audaces adquisiciones de MCI y Sprint realizadas por WorldCom han creado una compañía poderosa, capaz de desafiar de frente a AT&T, competir reñidamente en el mercado europeo y establecerse como uno de los líderes en la industria de las telecomunicaciones del futuro orientados hacia internet (a diferencia de ser simplemente un proveedor del servicio de telefonía de larga distancia en Estados Unidos). Nestlé, Kraft (una subsidiaria de Philip Morris Companies), Unilever, Procter & Gamble, y varias otras compañías prominentes de alimentos y productos de consumo han realizado numerosas adquisiciones para establecer una presencia global más fuerte. Daimler-Benz se fusionó con Chrysler para crear una línea de productos más amplia y tener presencia global más fuerte en la industria mundial de los vehículos automotores, lo que mejoró la capacidad de las compañías combinadas para competir con Toyota, Ford y General Motors. America Online adquirió CompuServe con el objetivo de hacerla más atractiva para los consumidores que desean acceso a internet. Intel ha realizado más de 300 adquisiciones en los últimos cinco años con el fin de ampliar su base tecnológica y colocarse en una posición más fuerte para ser uno de los proveedores más importantes de tecnología de internet y depender menos de proveer microprocesadores para computadoras personales. Asimismo, Cisco Systems ha sido un adquisidor activo, ya que ha comprado más de 40 compañías tecnológicas para reforzar su posición como el proveedor mundial más grande de sistemas para construir la infraestructura de internet. En la cápsula ilustrativa 25 se describe cómo Clear Channel Communications ha empleado las fusiones y adquisiciones para crear una posición global líder en la publicidad en exteriores y las transmisiones de radio y televisión.

Sin embargo, las fusiones y adquisiciones no siempre producen los resultados esperados, en ocasiones por las expectativas exageradas y en otras porque es mucho más difícil de lo previsto captar los beneficios deseados. La combinación de las operaciones de dos compañías, en especial si son grandes y complejas, a menudo genera resistencia formidable de los miembros de base de la organización, conflictos difíciles de resolver en estilos de administración y culturas corporativas, y problemas fuertes de integración. Los ahorros en costos, intercambio de pericia y mejores capacidades competitivas pueden tardar mucho más tiempo de lo esperado en realizarse o, peor aún, tal vez nunca llegar a materializarse. Todavía está por verse que varias adquisiciones, anteriormente aclamadas, cumplan con las expectativas —la adquisición de AtHome/Excite por parte de AT&T, la de Jaguar realizada por Ford, la de Capital Cities/ABC por parte de Walt Disney, y la de Banker's Trust por parte de Deutsche Bank son ejemplos excelentes—. Ford pagó un precio muy elevado por la adquisición de Jaguar, pero todavía tiene que lograr que la marca Jaguar sea un factor importante en el segmento de automóviles de lujo en la competencia contra Mercedes, BMW y Lexus. Novell adquirió WordPerfect por 1 700 millones de dólares en acciones en 1994; sin embargo, la combinación nunca generó suficiente vigor para competir contra Microsoft Word y Microsoft Office; Novell vendió WordPerfect a Corel por 124 millones de dólares en efectivo y acciones menos de dos años después. Otros tratos que resultaron desastrosos son la adquisición de Blockbuster por parte de Viacom y la adquisición de Waste Management realizada por USA Waste.

ESTRATEGIAS DE INTEGRACIÓN VERTICAL: VENTAJA O DESVENTAJA COMPETITIVA

La integración vertical extiende el alcance competitivo de una compañía dentro de la misma industria. Implica expandir el campo de actividades de una empresa regresivamente hacia las fuentes de suministros o progresivamente hacia los usuarios finales del producto acabado. Así, si un fabricante invierte en instalaciones para producir ciertas partes y componentes que antes compraba a proveedores externos, sigue permaneciendo en esencia en la misma industria. El

Cápsula ilustrativa 25
Cómo Clear Channel Communications usó las fusiones y adquisiciones para convertirse en líder global en la industria de los medios de comunicación

En 2000, Clear Channel Communications era la cuarta compañía de medios más grande en el mundo, después de Disney, Time Warner y Viacom/CBS. La compañía, fundada en 1972 por Lowry Mays y Billy Joe McCombs, empezó adquiriendo una estación de radio de música *country*, no rentable, en San Antonio, Texas. En los siguientes 10 años, Mays aprendió el negocio de la radiodifusión y poco a poco compró otras estaciones de radio en una variedad de estados. Las acciones de la compañía empezaron a cotizar en bolsa en 1984, lo que la ayudó a reunir el capital necesario para impulsar su estrategia de expansión y adquirir estaciones de radio en otros mercados geográficos.

A finales de la década de 1980, luego de la decisión de la Comisión Federal de Comunicaciones de Estados Unidos de flexibilizar las reglas relativas a que una compañía pudiera ser propietaria de estaciones tanto de radio como de televisión, Clear Channel amplió su estrategia y empezó a adquirir estaciones de televisión pequeñas que tenían problemas. Poco después, Clear Channel se afilió con la cadena Fox, que comenzaba a crear presencia nacional y a representar un serio desafío para ABC, CBS y NBC. Mientras tanto, la compañía empezó a vender servicios de programación a otras estaciones, y en algunos mercados donde ya tenía estaciones asumió la función de vender publicidad a estaciones urbanas de las que no era propietaria.

En 1998, Clear Channel había usado las adquisiciones para crear una posición líder en las estaciones de radio y televisión. Poseía, programaba o vendía tiempo aire a 69 estaciones de radio de AM, 135 estaciones de FM y 18 estaciones de televisión en 48 mercados locales en 24 estados. Las estaciones de televisión incluían filiales de FOX, UPN, ABC, NBC y CBS. Había comprado una participación de 29% en la propiedad de Heftel Broadcasting Co., una emisora de radio nacional en español. Clear Channel también era dueña de estaciones de radio y un canal de audio por cable en Dinamarca y había adquirido participaciones en estaciones de radio en Australia, México, Nueva Zelanda y la República Checa.

En 1997, Clear Channel adquirió Eller Media Company, con sede en Phoenix, una compañía de publicidad en exteriores que tenía más de 100 000 espectaculares. Pronto siguieron otras adquisiciones de compañías de publicidad en exteriores, las más importantes de las cuales fueron:

- ABC Outdoor en Milwaukee, Wisconsin.
- Paxton Communications, con operaciones en Tampa y Orlando, Florida.
- Universal Outdoor.
- The More Group, con operaciones en exteriores y 90 000 vallas en 24 países.

Entonces, en octubre de 1999, Clear Channel emprendió otra importante medida estratégica: se fusionó con AMFM, Inc., para formar la empresa internacional de medios más grande del mundo. Después de vender unas 125 propiedades necesarias para obtener la aprobación gubernamental prevista, Clear Channel Communications (nombre adoptado por las compañías fusionadas) tenía operaciones en 32 países y estaba conformada por 830 estaciones de radio, 19 estaciones de televisión, más de 425 000 vallas publicitarias en exteriores y participaciones significativas en la propiedad de otras importantes empresas radiodifusoras y de publicidad en exteriores.

La estrategia de la compañía era comprar propiedades de radio, televisión y publicidad en exteriores que tuvieran operaciones en muchos de los mismos mercados locales, compartir instalaciones y personal para reducir los costos, mejorar la programación y vender paquetes de publicidad a los clientes para los tres medios simultáneamente. Los paquetes de anuncios en dos o tres medios permitieron a la compañía combinar sus actividades de ventas y tener un equipo común de vendedores para los tres medios, logrando así significativos ahorros en los costos y, por tanto, un aumento en sus márgenes de utilidad.

Fuentes: Documentos de la compañía y *Business Week*, 19 de octubre de 1999, p. 56.

único cambio es que ahora tiene unidades de negocios en dos etapas de producción en la cadena de valor de la industria. De manera semejante, si un fabricante de pinturas, Sherwin-Williams por ejemplo, opta por la integración progresiva, inaugurando 100 tiendas minoristas para vender sus productos directamente a los consumidores, sigue operando en el negocio de las pinturas aun cuando su alcance competitivo se extienda a actividades progresivas de la cadena de la industria.

Las estrategias de integración vertical tienen como objetivo la *integración total* (participar en todas las etapas de la cadena de valor de la industria) o la *integración parcial* (crear posiciones en etapas selectas de la cadena de valor total de la industria). Una compañía puede implantar la integración vertical comenzando a operar en otras etapas de la cadena de actividades de la industria o adquiriendo una empresa que ya realice las actividades que desea incorporar.

Las ventajas estratégicas de la integración vertical

La única buena razón para invertir recursos de una compañía en la integración vertical es para fortalecer la posición competitiva de la empresa.[19] A menos que la integración vertical produzca suficientes ahorros en costos para justificar la inversión adicional, coadyuve de manera importante a las fortalezas tecnológicas y competitivas de una compañía o contribuya verdaderamente a diferenciar la oferta de productos, no conlleva un beneficio real en el aspecto de las utilidades o la estrategia.

> Una estrategia de integración vertical *sólo* tiene atractivo si fortalece de manera significativa la posición competitiva de una compañía.

Integración regresiva para lograr mayor competitividad   La integración regresiva genera ahorros en costos sólo cuando el volumen necesario es suficientemente grande para captar las mismas economías de escala que los proveedores tienen y cuando la eficiencia de la producción de los proveedores puede igualarse o superarse sin pérdida de calidad. La mejor oportunidad para reducir costos mediante la integración regresiva se presenta en situaciones donde los proveedores tienen márgenes de utilidad considerables, donde el artículo suministrado es uno de los principales componentes de los costos y donde las habilidades tecnológicas necesarias pueden dominarse con facilidad u obtenerse por medio de la adquisición de un proveedor que posea la pericia tecnológica deseada. En ocasiones, la integración regresiva puede mejorar sustancialmente las capacidades tecnológicas de una compañía y darle la pericia necesaria para establecer posiciones en las industrias y productos del futuro. Intel, Cisco y muchas otras compañías de Silicon Valley han realizado adquisiciones de compañías que les ayudarán a acelerar el avance de la tecnología de internet y allanarán el camino para la siguiente generación de familias de productos y servicios.

La integración vertical regresiva produce una ventaja competitiva basada en la diferenciación cuando una compañía, al realizar internamente actividades que antes contrataba con proveedores externos, termina con una oferta de productos o servicios de mejor calidad, mejora el calibre de la atención a sus clientes o refuerza de alguna otra manera el desempeño de su producto final. En ocasiones, la integración dentro de otras etapas a lo largo de la cadena de valor de la industria amplía las capacidades de diferenciación de una compañía al permitirle crear o fortalecer sus competencias centrales, dominar mejor las habilidades clave o las tecnologías cruciales para la estrategia, o añadir características que ofrecen mayor valor al cliente.

La integración regresiva también le ahorra a una compañía la incertidumbre de depender de proveedores de componentes cruciales o servicios de apoyo y reduce su vulnerabilidad ante los proveedores poderosos que elevan los precios en cada oportunidad que se les presenta. El acopio de reservas, los contratos a precio fijo, las contrataciones externas de múltiples servicios y las sociedades de cooperación a largo plazo, o el uso de insumos sustitutos, no siempre son maneras atractivas de hacer frente a condiciones de suministro inciertas o proveedores económicamente poderosos. En muchas ocasiones, las compañías que ocupan un lugar secundario en la lista de clientes prioritarios de un proveedor clave se encuentran esperando los envíos cada vez que hay escasez de suministros. Si esto ocurre a menudo y hace estragos en las actividades de producción y relaciones con los clientes de una compañía, la integración regresiva se convierte en una solución estratégica ventajosa.

Integración progresiva para mejorar la competitividad   La razón estratégica en la que se basa la integración progresiva es muy parecida a la de la integración regresiva. En muchas industrias, los agentes de ventas independientes, mayoristas y minoristas, manejan marcas competidoras del mismo producto; no son leales a ninguna compañía o marca y tienden a promover "lo que se vende" y les reditúa mayores utilidades. Los compromisos poco entusiastas

---

[19] Véase Kathryn R. Harrigan, "Matching Vertical Integration Strategies to Competitive Conditions", *Strategic Management Journal* 7, núm. 6, noviembre-diciembre de 1986, pp. 535-556; para una exposición sobre las ventajas y desventajas de la integración vertical, véase John Stuckey y David White, "When and When *Not* to Vertically Integrate", *Sloan Management Review*, primavera de 1993, pp. 71-83.

de distribuidores y minoristas pueden frustrar los intentos de una firma por impulsar las ventas y aumentar la participación de mercado, dar origen a acumulaciones costosas de inventarios y a la subutilización frecuente de la capacidad, además de trastornar las economías de producción constante a capacidad casi total. En dichos casos, es ventajoso que un fabricante integre progresivamente las actividades de mayoreo y menudeo mediante distribuidoras propiedad de la compañía, redes de concesionarios con franquicias o una cadena de tiendas al menudeo. Sin embargo, suele suceder que la línea de productos de una empresa no sea lo suficientemente amplia como para justificar distribuidoras autónomas o establecimientos minoristas. Esto deja la opción de integrarse progresivamente en la actividad de ventas directas a los usuarios finales, tal vez por internet. Cuando se evita el uso de los canales normales de mayoreo y menudeo para realizar en cambio ventas directas o por internet, existen posibilidades de reducir los costos de distribución, producir una ventaja relativa en costos sobre ciertos rivales y ofrecer precios de venta más bajos a los usuarios finales.

Las desventajas estratégicas de la integración vertical

La integración vertical tiene algunas desventajas importantes: aumenta la inversión de capital que realiza una empresa en la industria, lo que incrementa el riesgo de operación (¿qué sucede si el crecimiento y rentabilidad de la industria resultan decepcionantes?) y tal vez niega recursos financieros a actividades que valen más la pena. Una compañía integrada verticalmente tiene intereses intrínsecos en proteger sus actuales inversiones en tecnología y centros de producción. Debido al elevado costo de abandonar dichas inversiones antes de que rindan frutos, las compañías completamente integradas tienden a adoptar las nuevas tecnologías con mayor lentitud que aquellas parcialmente integradas o no integradas. En segundo término, la integración progresiva o regresiva obliga a una compañía a depender de sus propias actividades internas y fuentes de suministros (que después puede resultar más costoso que el outsourcing) y posiblemente redunda en menor flexibilidad para satisfacer la demanda de los compradores de una variedad de productos más amplia.

> La gran desventaja de la integración vertical es que centraliza mucho más las actividades de las compañías en una industria; a menos que la operación en otras etapas de la cadena de valor de la industria genere ventaja competitiva, es una medida estratégica cuestionable.

En tercer lugar, la integración vertical plantea problemas de equilibrio de la capacidad en cada etapa de la cadena de valor. En la fabricación de vehículos automotores, por ejemplo, la escala de operación más eficiente para fabricar ejes difiere del volumen más económico de radiadores y también de motores y transmisiones. Producir la cantidad precisa de ejes, radiadores, motores y transmisiones, y hacerlo al menor costo unitario posible, es la excepción y no la regla. Si la capacidad interna para fabricar transmisiones es deficiente, la diferencia tiene que adquirirse externamente. Cuando la capacidad interna para producir radiadores es excesiva, es necesario buscar clientes que adquieran los excedentes. Y si se generan productos de desecho, como ocurre en el procesamiento de muchos productos químicos, hay que hacer los arreglos pertinentes para su eliminación.

En cuarto lugar, la integración progresiva o regresiva a menudo exige habilidades y capacidades de operación radicalmente diferentes. La fabricación de partes y componentes, operaciones de ensamblaje, distribución al mayoreo y menudeo y las ventas directas por internet son diferentes actividades comerciales con distintos factores clave de éxito. Los gerentes de una compañía manufacturera deben analizar cuidadosamente si conviene invertir tiempo y dinero en desarrollar la pericia y habilidades de comercialización para integrar de manera progresiva las actividades de venta al mayoreo y menudeo. Muchos fabricantes aprenden a la mala que las redes de venta al mayoreo y menudeo propiedad de la compañía producen muchos dolores de cabeza, no encajan bien con lo que la empresa hace mejor y no siempre agregan el tipo de valor a las actividades centrales que se pensó. La venta directa a los clientes por internet plantea otro grupo de problemas: por lo general es más sencillo implantar sistemas para usar internet con el propósito de vender a clientes comerciales en lugar de a los consumidores.

La integración regresiva de las actividades de fabricación de partes y componentes tampoco es tan sencilla o redituable como a veces parecería. Por ejemplo, los fabricantes de computadoras personales con frecuencia tienen problemas para recibir entregas puntuales de los chips de semiconductores más recientes a precios favorables, pero la mayoría no posee ni por asomo los recursos o capacidades para integrar en forma regresiva la fabricación de chips; el área de los semiconductores es muy complicada tecnológicamente e implica fuertes requerimientos de capital, así como esfuerzos continuos de investigación y desarrollo; además, para dominar el proceso de fabricación se necesita mucho tiempo.

Quinto, la integración vertical regresiva de la producción de partes y componentes puede reducir la flexibilidad de fabricación de una compañía, prolongando los plazos que se requieren para llevar a cabo cambios en los diseños y modelos y llevar los nuevos productos al mercado. Las empresas que realizan modificaciones frecuentes en diseños y modelos como respuesta a las preferencias cambiantes de los compradores descubren a menudo que la integración vertical en la fabricación de partes y componentes es onerosa debido a los costos constantes de adaptación y rediseño, así como el tiempo que se necesita para implantar cambios coordinados a lo largo de la cadena de valor. El outsourcing de partes y componentes suele ser más barato y menos complicado que fabricarlos internamente, lo que permite a una compañía ser más flexible y más ágil en la adaptación de su oferta de productos a las preferencias de los compradores, que cambian con rapidez. Casi todos los fabricantes mundiales de automóviles, a pesar de su pericia en la tecnología y fabricación de vehículos automotores, han concluido que comprar muchas de sus partes y componentes esenciales a fabricantes especializados produce mejor calidad, costos inferiores y mayor flexibilidad de diseño que optar por la integración vertical, en cuyo caso tendrían que satisfacer sus propias necesidades mediante la fabricación interna.

Ponderación de las ventajas y desventajas de la integración vertical

En general, una estrategia de integración vertical puede tener virtudes y defectos importantes. La dirección en que la balanza se inclinará al adoptar la integración vertical depende de: 1) si mejora el desempeño de actividades cruciales para la estrategia de tal manera que disminuyan los costos, se adquiera experiencia o se aumente la diferenciación, 2) su impacto en los costos de inversión, flexibilidad, tiempos de respuesta y gastos administrativos generales asociados con la coordinación de las operaciones en más etapas, y 3) si crea ventaja competitiva. Los méritos de las estrategias de integración vertical dependen de las capacidades y actividades de la cadena de valor que en verdad necesitan realizarse internamente y las que proveedores externos pueden desempeñar mejor. En ausencia de beneficios tangibles, no es probable que la integración progresiva o regresiva sea una opción atractiva de estrategia competitiva. En un creciente número de casos, las compañías están demostrando que desintegrarse y centrarse en una parte limitada de la cadena de valor de la industria es una estrategia competitiva más barata y flexible.

ESTRATEGIAS DE DESGLOSE Y OUTSOURCING PARA RESTRINGIR LAS FRONTERAS DE LA OPERACIÓN COMERCIAL

En la última década, algunas compañías han concluido que la integración vertical es tan onerosa en el aspecto competitivo que han adoptado *estrategias de desintegración vertical* o *desglose*. Además, varias empresas que se dedican a una sola área de negocios consideran que es útil centrarse de manera más restringida en ciertas actividades de la cadena de valor y depender de proveedores externos para realizar las actividades restantes; han comenzado actividades de outsourcing anteriormente desarrolladas dentro de la empresa y a concentrar sus energías en una parte más limitada de la cadena de valor. En consecuencia, los ejecutivos de muchas compañías se preguntan: "¿Qué actividades de la cadena de valor deben quedarse dentro de las fronteras de la compañía y cuáles otras deben encargarse a proveedores externos?"

La desintegración y el outsourcing implican retirarse de ciertas etapas o actividades del sistema de la cadena de valor y depender de proveedores externos para que suministren los productos, servicios de apoyo o actividades funcionales necesarios. El outsourcing de partes de la cadena de valor que antes se elaboraban internamente para restringir las fronteras de las operaciones comerciales de una empresa conviene para la estrategia cuando:

- Los especialistas externos realizan una actividad mejor o a menor costo. Muchos fabricantes de computadoras personales, por ejemplo, han dejado de ensamblarlas internamente y ahora utilizan ensambladores por contrato para armar sus computadoras debido a las considerables economías de escala en la compra de grandes volúmenes de componentes de computadoras y en el propio proceso de ensamblaje. Cisco contrata externamente casi toda la producción y ensamblaje de sus enrutadores y equipo de conmutación con fabricantes que operan 37 fábricas enlazadas en su totalidad a través de internet.

- La actividad no es crucial para que la compañía logre una ventaja competitiva sustentable ni deja un vacío en sus competencias centrales, capacidades o pericia técnica. El outsourcing de los servicios de mantenimiento, procesamiento de datos, contabilidad y otras actividades de apoyo administrativo con compañías que se especializan en estos servicios se ha vuelto muy común.

> El outsourcing conviene en el aspecto estratégico en diversos casos.

- Reduce el riesgo de exposición de la compañía a la tecnología cambiante o las preferencias cambiantes de los compradores.

- Racionaliza las operaciones de la compañía de maneras que mejoran la flexibilidad organizacional, reducen la duración de los ciclos, agilizan la toma de decisiones y disminuyen los costos de coordinación.

- Permite a una compañía concentrarse en su negocio central y hacer lo que hace mejor.

A menudo, es posible captar muchas de las ventajas de integrar o mantener las actividades de la cadena de valor dentro de la empresa y evitar muchas de las desventajas si se forman sociedades de cooperación, fuertes y a largo plazo, con proveedores fundamentales y se aprovechan las capacidades competitivas importantes que los proveedores aptos han desarrollado con mucho esfuerzo. En el pasado, muchas compañías mantenían relaciones distantes con proveedores y les otorgaban contratos de corto plazo para proveer artículos fabricados de acuerdo con especificaciones precisas.[20] Aunque una empresa podía contratar al mismo proveedor repetidamente, no había ninguna esperanza de que esto ocurriera; el precio era por lo general el factor que determinaba si un proveedor obtenía un contrato o no, y las compañías maniobraban para tener poder sobre los proveedores y obtener los precios más bajos posibles, siendo su principal arma la amenaza de cambiar de proveedor. Para dar credibilidad a dicha amenaza, se preferían los contratos de corto plazo con varios proveedores a los de largo plazo con un solo proveedor con el fin de promover la competencia reñida entre éstos. En la actualidad, las compañías están abandonando estas prácticas y prefieren las alianzas y sociedades estratégicas con pocos proveedores que sean altamente capaces. Las relaciones de cooperación están sustituyendo a las relaciones contractuales, orientadas exclusivamente hacia los precios.

Las sociedades de Dell Computer con los proveedores de componentes de computadoras personales le han permitido operar con inventarios para menos de siete días, realizar ahorros considerables en los costos de inventario e introducir computadoras personales equipadas con componentes de la siguiente generación en el mercado en menos de una semana después de que los componentes recién actualizados empezaron a enviarse. Los proveedores contratistas de Cisco trabajan en colaboración tan estrecha la firma que pueden enviar los productos a sus clientes sin que un empleado de Cisco toque jamás el equipo, lo que le genera a la empresa ahorros de 500 a 800 millones de dólares al año en comparación con lo que le costaría tener plantas de su propiedad y operarlas.[21] Hewlett-Packard, IBM, Silicon Graphics (ahora SGI) y otras compañías han vendido sus plantas a los proveedores para luego celebrar contratos con ellos para comprar su producción. A Starbucks le es más ventajoso comprar granos de café a agricultores independientes que tratar de integrarse regresivamente en el negocio.

---

[20] Robert H. Hayes, Gary P. Pisano y David M. Upton, *Strategic Operations: Competing Through Capabilities*, Free Press, Nueva York, 1996, pp. 419-422.

[21] "The Internet Age", *Business Week*, 4 de octubre de 1999, p. 104.

Consideraciones sobre la capacidad en las decisiones relativas a las fronteras

Existen numerosas razones por las que resulta oneroso o costoso para una compañía crear y mantener ciertas capacidades internas, en contraposición de lo que sería contratar a empresas externas que se especialicen en las capacidades requeridas.[22] En ocasiones, crear o sostener una capacidad implica un proceso de aprendizaje largo y difícil que es imposible de acortar a un costo aceptable. A veces no está claro qué medidas tiene que adoptar una compañía para crear o sostener una capacidad necesaria; tal vez haya varias hipótesis competitivas sobre cómo crear las capacidades y no exista una manera fácil de probar qué hipótesis es mejor. De vez en cuando, intervienen activos ocultos o consideraciones organizacionales socialmente complejas en la creación de las capacidades requeridas, como tener la cultura apropiada y personal comprometido y vigoroso o disfrutar de la confianza de clientes y proveedores; en general, los gerentes no pueden cambiar estas condiciones en el corto plazo y deben incorporarlas poco a poco.

Aunque adquirir una compañía que posea las capacidades necesarias es una opción lógica para conseguir las capacidades que hacen falta, dicha adquisición puede plantear problemas legales, venir con bagaje indeseable o ser costoso dar marcha atrás si no funciona tan bien como se preveía. Rara vez las capacidades deseadas de una compañía adquirida se encuentran convenientemente ubicadas dentro de una sola división o grupo; con mayor frecuencia se hallan dispersas en la empresa o entrelazadas con otros recursos y capacidades. Por tanto, una alianza o sociedad colaborativa puede ser una opción mucho más atractiva que una adquisición. En un entorno de mercado incierto y de cambio rápido, adquirir otra compañía para obtener acceso a sus capacidades a menudo representa una opción estratégica menos flexible que una alianza estratégica que puede terminar si las condiciones cambian inesperadamente.

Las ventajas del outsourcing

Depender de especialistas externos para que realicen ciertas actividades de la cadena de valor ofrece varias ventajas estratégicas:[23]

- Obtener calidad más alta o componentes o servicios más baratos de lo que las fuentes internas pueden ofrecer.
- Mejorar la capacidad de innovación de la compañía al interaccionar y aliarse con los "mejores proveedores del mundo", que poseen considerable profundidad intelectual y capacidades innovadoras propias.
- Aumentar la flexibilidad estratégica en caso de que las necesidades de los clientes y las condiciones del mercado cambien súbitamente; buscar nuevos proveedores que ya cuenten con las capacidades necesarias suele ser más rápido, más fácil, menos riesgoso y más barato que reorganizar de manera apresurada las operaciones internas para desmontar capacidades obsoletas e instalar nuevas.
- Aumentar la capacidad de la compañía de reunir diversos tipos de pericia con rapidez y eficiencia.
- Permitir que la compañía concentre sus recursos en realizar internamente las actividades que puede desempeñar mejor que los extraños o que necesita tener directamente bajo su control estratégico.

El uso del outsourcing para restringir las fronteras de las operaciones comerciales de una compañía ofrece ventajas significativas.

---

[22] Jay B. Barney, "How a Firm's Capabilities Affect Boundary Decisions", *Sloan Management Review* 40, núm. 3, primavera de 1999, pp. 140-142.

[23] Para más detalles, véase James Brian Quinn, "Strategic Outsourcing: Leveraging Knowledge Capabilities", *Sloan Management Review* 40, núm. 4, verano de 1999, pp. 9-21.

Los riesgos del outsourcing

El mayor peligro del outsourcing es que la compañía encargue demasiadas actividades a otras empresas o que se equivoque al elegir los tipos de actividades que contratará externamente y deje un hueco en sus propias capacidades. En tales casos, la compañía pierde contacto con las actividades y pericia que a la larga determinan y contribuyen a su éxito. Cisco impide la pérdida de control y protege su pericia en fabricación diseñando los métodos de producción que sus contratistas deben seguir. Así, Cisco es la fuente de todas las mejoras e innovaciones y patenta el código de origen de sus diseños; además, esta firma emplea internet para dar seguimiento a las operaciones en las fábricas de sus contratistas las 24 horas del día, lo que le permite enterarse de inmediato si surge algún problema e intervenir cuando es preciso.

USO DE ESTRATEGIAS OFENSIVAS PARA CONSEGUIR VENTAJA COMPETITIVA

La ventaja competitiva casi siempre se consigue con medidas estratégicas *ofensivas* que cumplen su propósito —iniciativas pensadas para producir una ventaja en costos, diferenciación o recursos—. Las estrategias defensivas, en contraste, protegen la ventaja competitiva pero rara vez son la base para crearla. El tiempo que tarda una ofensiva exitosa en crear una ventaja varía dependiendo de las circunstancias competitivas.[24] El *periodo de creación*, que se muestra en la figura 5.3, puede ser corto si los recursos y capacidades indispensables ya están listos para utilizarse o si la ofensiva produce una respuesta inmediata de los compradores (como puede ocurrir con una rebaja importante en el precio, una campaña publicitaria imaginativa o un nuevo producto que sea un exitazo). O la creación puede tardar mucho más si se requiere tiempo para que los consumidores acepten un producto innovador o si la compañía necesita varios años para corregir los errores de una nueva tecnología o instalar nuevos sistemas de red o capacidad de producción. Idealmente, una medida ofensiva crea ventaja competitiva en forma rápida; mientras más tiempo tarde, será más probable que los rivales detecten la medida, vean su potencial y emprendan una contraofensiva. La magnitud de la ventaja, que se indica en la escala vertical de la figura 5.3, puede ser considerable (como en los productos farmacéuticos, donde las patentes de una nueva e importante medicina producen una ventaja sustancial) o limitada (como en la ropa, donde los nuevos diseños populares pueden imitarse de inmediato).

> La ventaja competitiva por lo general se adquiere empleando una estrategia ofensiva creativa que los rivales no puedan frustrar con facilidad.

Después de una ofensiva competitiva exitosa hay un *periodo de beneficio* durante el cual pueden disfrutarse los frutos de la ventaja competitiva. La duración del periodo de beneficio depende del tiempo que tarden los rivales en lanzar contraofensivas y comenzar a cerrar la brecha competitiva. Un periodo de beneficio prolongado da a una compañía tiempo valioso para obtener utilidades superiores al promedio y recuperar la inversión realizada en la creación de la ventaja. Las mejores ofensivas estratégicas producen grandes ventajas competitivas y periodos de beneficio prolongados.

Cuando los rivales responden con contraofensivas para cerrar la brecha competitiva comienza el *periodo de erosión*. Puede tenerse la certeza de que los competidores competentes e ingeniosos contraatacarán con iniciativas para superar cualquier desventaja que enfrenten en el mercado; no se van a quedar con los brazos cruzados ni aceptarán pasivamente quedar fuera de la competencia sin luchar.[25] En consecuencia, para sostener una ventaja competitiva adquirida inicialmente, una compañía debe idear medidas ofensivas de seguimiento y acciones defensivas. A menos que la compañía se mantenga un paso delante de los rivales iniciando una serie de medidas ofensivas y defensivas tras otra para proteger su posición de mercado y conservar el favor de los clientes, su ventaja en el mercado se erosionará.

> Los rivales competentes e ingeniosos invertirán enormes esfuerzos para superar cualquier desventaja competitiva que enfrenten; no quedarán fuera de la competencia sin luchar.

[24] Ian C. MacMillan, "How Long Can You Sustain a Competitive Advantage?", *The Strategic Planning Management Reader*, ed. Liam Fahey, Prentice Hall, Englewood Cliffs, NJ, 1989, pp. 23-24.

[25] Ian C. MacMillan, "Controlling Competitive Dynamics by Taking Strategic Initiative", *The Academy of Management Executive* 2, núm. 2, mayo de 1988, p. 111.

Figura 5.3 **Creación y erosión de la ventaja competitiva**

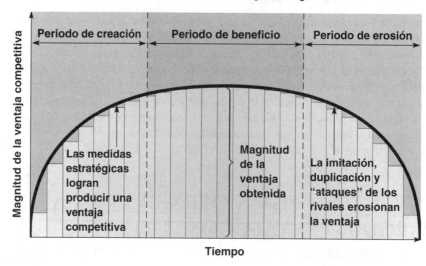

Hay seis tipos básicos de ofensivas estratégicas:[26]

- Iniciativas para igualar o superar las fortalezas de los competidores.
- Iniciativas para sacar provecho de las debilidades de los competidores.
- Iniciativas simultáneas en muchos frentes.
- Ofensivas evasivas para competir en un terreno menos reñido.
- Ofensivas de guerrilla.
- Ofensivas preventivas.

Iniciativas para igualar o superar las fortalezas de los competidores

> Una de las más poderosas estrategias ofensivas es desafiar a los rivales con un producto igualmente bueno o mejor a un precio más bajo.

Hay dos casos en los que conviene montar ofensivas que tengan el propósito de neutralizar o superar las fortalezas y capacidades de las compañías rivales. El primero es cuando a una compañía no le queda más opción que tratar de mermar la ventaja competitiva de un rival fuerte. El segundo es cuando es posible obtener una participación rentable de mercado a costa de los rivales, sin importar las fortalezas de recursos o capacidades con las que éstos cuenten. Puede ser necesario atacar las fortalezas de un rival poderoso cuando éste tiene una oferta de productos *superior* o recursos y capacidades organizacionales *superiores*. Dado que Advanced Micro Devices (AMD) quería aumentar sus ventas de microprocesadores para computadoras personales, en fechas recientes decidió atacar frontalmente a Intel, ofreciendo un chip más rápido que los chips Pentium de Intel, a precio más bajo. AMD reconoció que su supervivencia dependía de eliminar la brecha de desempeño y estaba dispuesto a arriesgarse a que su ofensiva indujera a Intel a contraatacar con precios inferiores y desarrollo acelerado de chips Pentium más veloces.

La opción clásica para atacar a un rival fuerte es ofrecer un producto igualmente bueno a un precio inferior.[27] Esto puede producir ganancias en la participación de mercado si el compe-

---

[26] Philip Kotler y Ravi Singh, "Marketing Warfare in the 1980s", *The Journal of Business Strategy* 1, núm. 3, invierno de 1981, pp. 30-41; Philip Kotler, *Marketing Management*, 5a. ed., Prentice Hall, Englewood Cliffs, NJ, 1984, pp. 401-406, e Ian MacMillan, "Preemptive Strategies", *Journal of Business Strategy* 14, núm. 2, otoño de 1983, pp. 16-26.

[27] Kotler, *Marketing Management*, p. 402.

tidor objetivo tiene razones de peso para no recurrir a las rebajas de sus precios y si el atacante convence a los compradores de que su producto es por lo menos igual de bueno. Sin embargo, dicha estrategia aumenta las utilidades totales sólo si las ganancias en ventas unitarias adicionales bastan para compensar el impacto de los precios más bajos y los márgenes más limitados por unidad vendida. Una base más potente y sustentable para plantear un reto agresivo en precios consiste en *primero lograr una ventaja en costos* y luego atacar a los competidores con precios bajos.[28] La reducción de precios sustentada en una ventaja en costos puede continuar indefinidamente. Sin una ventaja en costos, la reducción de precios sólo funciona si el agresor tiene más recursos financieros y puede resistir más tiempo que sus rivales en una guerra de desgaste.

Otras opciones estratégicas para atacar las fortalezas de un competidor incluyen saltar a las tecnologías de la siguiente generación para hacer que los productos del rival se vuelvan obsoletos, añadir nuevas características que atraigan a los clientes del rival, ampliar la línea de productos para igualar al rival modelo por modelo y crear capacidades de atención a los clientes que el rival objetivo no tenga.

Como regla general, desafiar a un rival en áreas de competencia en las que es fuerte representa una lucha cuesta arriba. El éxito puede tardar en llegar y por lo general depende de crear una ventaja en costos o servicio, un producto con características atractivas de diferenciación o capacidades competitivas únicas (plazos cortos de diseño al mercado, mayor pericia técnica o agilidad para responder a las necesidades cambiantes de los clientes). En ausencia de buenas posibilidades de obtener mayor rentabilidad y una posición competitiva más sólida, dicha ofensiva no es aconsejable.

> Es insensato desafiar a competidores grandes y afianzados con rebajas audaces en los precios, a menos que el agresor posea una ventaja en costos o mayor fortaleza financiera.

Iniciativas para sacar provecho de las debilidades de los competidores

Una compañía puede tomar la iniciativa de hacer avances en el mercado dirigiendo su atención competitiva a las *debilidades* de los rivales. Hay distintas maneras de obtener ganancias competitivas a costa de las debilidades de los rivales:

- Ir tras los clientes de los rivales cuyos productos se rezagan en calidad, características o desempeño; en dichos casos, un contendiente con un mejor producto a menudo convence a los clientes más conscientes del desempeño de que cambien de marca.

- Hacer presentaciones especiales de ventas a los clientes de los rivales que ofrecen servicio por debajo de los niveles aceptables. Puede ser relativamente fácil para un contendiente orientado hacia el servicio atraer a los clientes decepcionados de un rival.

- Tratar de tomar la ofensiva contra rivales que tienen débil reconocimiento de marca. Un contendiente que posee habilidades de marketing fuertes y un nombre de marca reconocido a menudo atrae a clientes de rivales menos conocidos.

- Concentrarse en regiones geográficas donde un rival tiene poca participación de mercado o invierte menos esfuerzos competitivos.

- Prestar atención especial a segmentos de compradores que un rival descuida o que no está equipado para atender.

Como regla general, las iniciativas que explotan las debilidades de un competidor tienen mejores probabilidades de cumplir con su cometido en comparación con las que desafían las fortalezas de un competidor, en especial si las debilidades representan vulnerabilidades importantes y se toma desprevenido al rival sin un defensa preparada.[29]

---

[28] *Ibid.*, p. 403.

[29] Para una exposición sobre el uso de la sorpresa, véase William E. Rothschild, "Surprise and the Competitive Advantage", *Journal of Business Strategy* 4, núm. 3, invierno de 1984, pp. 10-18.

Iniciativas simultáneas en muchos frentes

En ocasiones, una compañía puede considerar conveniente lanzar una gran ofensiva competitiva que comprenda múltiples iniciativas (rebajas en los precios, más publicidad, introducciones de nuevos productos, muestras gratis, promociones en las tiendas, descuentos) en un amplio frente geográfico. Tales campañas generales a veces logran desequilibrar a un rival, desviar su atención en muchas direcciones y obligarlo a proteger muchas partes de su base de clientes simultáneamente. Microsoft empleó una gran ofensiva para establecer una presencia prominente en internet que va mucho más allá de ser sólo un desarrollador de software para computadoras personales. Introdujo con rapidez versiones mejoradas de Internet Explorer (para tratar de rebasar al examinador Web Navigator de Netscape), incorporó el Explorer en su sistema operativo Windows, permitió a los usuarios de internet descargar gratis el Explorer, negoció tratos con los proveedores del servicio de internet para que incluyeran Internet Explorer, puso a trabajar a varios miles de programadores en una variedad de proyectos relacionados con internet y en la reprogramación de los productos de Microsoft con el propósito de incorporar numerosas características para crear páginas web y una mejor interfaz con las capacidades en evolución de internet, creó un nuevo canal de cable llamado MSNBC en una empresa de riesgo compartido con NBC, formó alianzas con una gran cantidad de compañías para proporcionar contenido a Microsoft Network y MSNBC, y desarrolló software para uso en módems de cable y dispositivos inalámbricos portátiles que pueden conectarse a internet.

Las ofensivas multifacéticas tienen la mejor oportunidad de alcanzar el éxito cuando el contendiente no sólo ofrece un producto o servicio especialmente atractivo, sino también tiene un nombre de marca y reputación para garantizar amplia distribución y exposición en el comercio minorista. Entonces puede bombardear el mercado con productos innovadores y publicidad y tal vez convencer a grandes cantidades de compradores de que cambien de marca.

Ofensivas evasivas para competir en un terreno menos reñido

Las ofensivas evasivas tratan de evitar los desafíos frontales relacionados con rebajas importantes en los precios, aumento en la publicidad o esfuerzos costosos para diferenciarse mejor que los rivales. En vez de ello, la idea es maniobrar *para eludir* a los competidores, captar territorio de mercado desocupado o menos reñido y cambiar las reglas del juego competitivo a favor del agresor. Los ejemplos de ofensivas evasivas incluyen:[30]

> Las ofensivas evasivas exitosas permiten a una compañía adquirir una significativa ventaja inicial en un nuevo campo y obligan a los competidores a tratar de alcanzarla.

- *Introducir nuevos productos que redefinan el mercado y las condiciones de la competencia.* Navigator de Netscape, que empezó a comercializarse en 1994, catapultó a la compañía a la cima del mercado de los examinadores web (hasta ese momento un mercado que nadie había tomado en cuenta) y obligó a Microsoft y a otras empresas a ponerse al día.

- *Lanzar iniciativas para crear posiciones fuertes en áreas geográficas en que los rivales cercanos tienen poca o ninguna presencia de mercado.* La carrera por el liderazgo en el mercado global en computadoras personales, servidores y productos para la infraestructura de internet está induciendo a varios contendientes a emprender ofensivas evasivas tempranas para crear posiciones en mercados menos competidos en América Latina y Asia.

- *Tratar de crear nuevos segmentos introduciendo productos con atributos y características de desempeño diferentes para satisfacer mejor las necesidades de compradores selectos.* Recuérdese el éxito que Lexus y BMW han tenido con los automóviles utilitarios parecidos a los vehículos deportivos. La introducción de computadoras personales con un precio por debajo de los 1 000 dólares ha resultado ser un éxito fenomenal. Esta iniciativa funciona bien cuando nuevas versiones del producto satisfacen las necesidades de ciertos compradores que hasta ese momento habían sido descuidados u olvidados.

---

[30] Para una interesante exposición sobre la batalla entre Netscape y Microsoft y el uso de la estrategia ofensiva evasiva véase David B. Yoffie y Michael A. Cusumano, "Judo Strategy: The Competitive Dynamics of Internet Time", *Harvard Business Review* 77, núm. 1, enero-febrero de 1999, pp. 70-81.

- *Saltar a las tecnologías de la siguiente generación para sustituir a las tecnologías, productos o servicios existentes.* Varias compañías de telecomunicaciones tratan de usar módems de cable de estilos nuevos para desplazar la función que las compañías de teléfonos locales han desempeñado en proveer acceso a internet. Los fabricantes de monitores delgados y pantalla plana trabajan vigorosamente en mejorar la rentabilidad de su tecnología y procesos de producción para superar la tecnología de monitores CRT más pesados y voluminosos.

Ofensivas de guerrilla

Las ofensivas de guerrilla son especialmente apropiadas para contendientes pequeños que no tienen ni los recursos ni la visibilidad en el mercado para montar un ataque en forma contra los líderes de la industria.[31] Una ofensiva de guerrilla usa el principio de "golpear y correr", tratando selectivamente de ganar ventas y participación de mercado en el lugar y en el momento en que un rival con menos posibilidades sorprenda a los competidores dormidos en sus laureles o vislumbre una oportunidad para atraer a sus clientes. Las ofensivas de guerrilla comprenden incursiones dispersas y aleatorias para convencer a los clientes de los líderes con tácticas como ofrecer de vez en cuando rebajas espectaculares en los precios (para conseguir un pedido grande o robar una cuenta clave); sorprender a los principales rivales con arranques esporádicos pero intensos de actividad promocional (ofrecer un descuento de 20% por una semana para atraer a clientes de marcas rivales); o emprender campañas especiales para atraer a compradores de rivales agobiados por una huelga o problemas para cumplir con los programas de entrega.[32] Las compañías que usan tácticas de guerrilla promueven la calidad de sus productos cuando los rivales tienen problemas de control de calidad, anuncian plazos de entrega garantizados cuando las entregas de los competidores se retrasan, o elevan significativamente su compromiso para ofrecer asistencia técnica cuando los compradores se sienten frustrados con la calidad de la asistencia ofrecida por los líderes de la industria. Si los rivales emplean tácticas competitivas injustas o poco éticas y la situación lo amerita, en una guerrilla pueden presentarse demandas legales por violaciones a las leyes antimonopolios, infracción de patentes o publicidad injusta.

> Las guerrillas son una espina en el costado de los competidores grandes, prontas a tomar ventaja de cualquier oportunidad que se presente; sin embargo, se cuidan de no provocar represalias competitivas concertadas.

Ofensivas preventivas

Las estrategias preventivas implican actuar antes que nadie para conseguir una posición ventajosa que los rivales no pueden duplicar o no tienen alicientes para hacerlo. Lo que hace "preventiva" a una medida es su carácter único en su tipo: quienquiera que ataque primero adquiere cualidades competitivas que los rivales no pueden igualar con facilidad. Hay varias maneras en que una compañía puede reforzar sus capacidades competitivas con medidas preventivas:[33]

- Adquirir una compañía que posea control exclusivo o dominio de pericia en una tecnología valiosa, lo que da a la empresa una ventaja tecnológica difícil de igualar.

- Conseguir acceso exclusivo o dominante a los mejores distribuidores en una región geográfica o país determinado.

- Asegurar las mejores (o la mayoría) fuentes de materias primas o los proveedores más confiables y de alta calidad mediante sociedades exclusivas, contratos a largo plazo o adquisición. DeBeers se convirtió en el distribuidor mundial dominante de diamantes cuando compró la producción total de la mayoría de las minas de diamantes más importantes.

> Las ofensivas preventivas exitosas relegan a los rivales a competir por la segunda mejor posición.

---

[31] Para un estudio interesante de cómo las pequeñas empresas pueden usar con éxito las tácticas estilo guerrilla, véase Ming-Jer Chen y Donald C. Hambrick, "Speed, Stealth, and Selective Attack: How Small Firms Differ from Large Firms in Competitive Behavior", *Academy of Management Journal* 38, núm. 2, abril de 1995, pp. 453-482.

[32] Para más detalles, véase Ian MacMillan, "How Business Strategists Can Use Guerrilla Warfare Tactics", *Journal of Business Strategy* 1, núm. 2, otoño de 1980, pp. 63-65; Kathryn R. Harrigan, *Strategic Flexibility*, Lexington Books, Lexington, MA, 1985, pp. 30-45, y Liam Fahey, "Guerrilla Strategy: The Hit-and-Run Attack", en *The Strategic Management Planning Reader*, ed. Liam Fahey, Prentice Hall, Englewood Cliffs, NJ, 1989, pp. 194-197.

[33] El uso de medidas preventivas se trata exhaustivamente en Ian MacMillan, "Preemptive Strategies", pp. 16-26. Lo que sigue en esta sección se basa en el artículo de MacMillan.

- Conseguir las mejores ubicaciones geográficas. El que actúa primero a menudo puede asegurar una ventaja atractiva cuando obtiene el sitio más favorable en una vía pública muy transitada, en una nueva estación de enlace de transporte o intersección, en un nuevo centro comercial, en un lugar de belleza natural, cerca del transporte barato o de los proveedores de materias primas o puntos de venta en el mercado, etcétera.
- Obtener las transacciones de clientes prestigiosos, lo que aumenta la reputación de la compañía y gana la confianza de los compradores indecisos.
- Ampliar la capacidad adelantándose a la demanda del mercado con la esperanza de disuadir a los rivales de llevar a cabo ampliaciones propias. Cuando los rivales desisten de añadir capacidad por temor a crear exceso de oferta en el largo plazo y tener que lidiar con la economía de malas utilidades de los activos subutilizados, el previsor tiene oportunidad de adquirir una mayor participación de mercado a medida que la demanda del mercado aumenta, ya que cuenta con la capacidad de producción para aceptar nuevos pedidos.
- Crear una imagen única, difícil de imitar, que establezca un atractivo psicológico convincente. Los ejemplos incluyen la coletilla de Nike "Just do it" y su contrato de promoción con Tiger Woods, el famoso tema de Avis "We try harder", la imagen de Yahoo como portal de internet, y la imagen de seguridad y permanencia de Prudential.

Para tener éxito, una medida preventiva no tiene que impedir por completo a los rivales que la sigan o imiten; simplemente necesita dar a una compañía una posición excelente que no pueda anularse con facilidad. El sensacional contrato de cuatro años, por 6 200 millones de dólares, que cerró Fox para televisar los partidos de fútbol americano de la NFL a mediados de la década de 1990 representó una audaz (y exitosa) medida estratégica para transformar a Fox en una cadena de televisión importante del nivel de ABC, CBS y NBC. Las pujantes ampliaciones de Du Pont en dióxido de titanio, aunque no impiden expandirse a todos los competidores, sí tienen un efecto de disuasión importante que le da a la compañía una posición de liderazgo en la industria del dióxido de titanio.

Para decidir a quién atacar

Las compañías agresoras necesitan analizar a quiénes de sus rivales deben desafiar y cómo superarlos. Hay cuatro tipos de empresas que son buenos blancos:[34]

1. *Líderes del mercado.* Los ataques ofensivos contra un líder del mercado convienen más cuando éste, por su tamaño y participación de mercado, no es un "verdadero líder" en términos de atender bien al mercado. Las señales de la vulnerabilidad del líder incluyen compradores insatisfechos, una línea inferior de productos, una estrategia competitiva débil en función del liderazgo en bajo costo o diferenciación, fuerte compromiso emocional con una tecnología madura de la que el líder fue precursor, plantas y equipo obsoletos, preocupación por la diversificación en otras industrias y rentabilidad mediocre o en descenso. Las ofensivas para erosionar las posiciones de los líderes del mercado son muy prometedoras cuando el contendiente es capaz de reestructurar su cadena de valor o de innovar para adquirir una nueva ventaja competitiva basada en los costos o la diferenciación.[35] Los ataques contra los líderes no tienen que dar como resultado que el agresor se convierta en el nuevo líder para considerarse exitosas; el contendiente puede "ganar" simplemente arrebatando suficientes ventas al líder para convertirse en un competidor más fuerte. Hay que tener mucho cuidado en desafiar a los líderes fuertes del mercado; existe riesgo considerable de dilapidar recursos valiosos en un esfuerzo inútil o precipitar una batalla feroz e infructuosa en toda la industria por la participación de mercado.

2. *Compañías que ocupan el segundo lugar.* Las compañías que ocupan el segundo lugar son un blanco especialmente atractivo cuando las fortalezas de recursos y capacidades competitivas del contendiente son apropiadas para explotar las debilidades.

---

[34] Kotler, *Marketing Management*, p. 400.

[35] Porter, *Competitive Advantage*, p. 518.

3. *Compañías en dificultades que están a punto de hundirse.* Desafiar a un rival presionado en maneras que minen aún más su fortaleza financiera y posición competitiva puede debilitar su determinación y apresurar su salida del mercado.

4. *Compañías pequeñas, locales y regionales.* Debido a que estas compañías típicamente tienen pericia y recursos limitados, un contendiente que posea capacidades más amplias se coloca en una buena posición para atraer a sus mejores y más grandes clientes, en especial a aquellos que crecen con rapidez, tienen requerimientos cada vez más complejos y pueden ya estar pensando en cambiar a un proveedor que tenga más capacidad de ofrecer todos los servicios.

Selección de la base de ataque   La ofensiva estratégica de una compañía debe, como mínimo, vincularse a lo que ésta hace mejor: sus competencias centrales, fortalezas de recursos y capacidades competitivas; de lo contrario, las posibilidades de éxito son muy escasas. El eje de la ofensiva puede ser una importante competencia central, una capacidad competitiva única, un nuevo producto innovador, la superioridad tecnológica, una ventaja en costos de fabricación o distribución, o algún tipo de ventaja en diferenciación. Si los recursos y fortalezas competitivas del contendiente representan una ventaja competitiva sobre los rivales que constituyen su objetivo, tanto mejor.

> Como mínimo, una ofensiva debe vincularse a las fortalezas de recursos de una compañía; óptimamente, debe basarse en la ventaja competitiva.

USO DE ESTRATEGIAS DEFENSIVAS PARA PROTEGER LA VENTAJA COMPETITIVA

En un mercado competitivo, todas las compañías están expuestas a desafíos de los rivales. Las ofensivas de mercado pueden provenir tanto de los nuevos participantes en la industria como de empresas establecidas que tratan de mejorar sus posiciones de mercado. El propósito de la estrategia defensiva es reducir el riesgo de sufrir ataques, debilitar el impacto de cualquier ataque que se presente e influir en los contendientes para que dirijan sus esfuerzos a otros rivales. Aunque la estrategia defensiva por lo general no aumenta la ventaja competitiva de una compañía, contribuye a fortalecer su posición competitiva, protege sus recursos y capacidades más valiosos contra la imitación y sostiene la ventaja competitiva que la empresa tiene. Hay dos enfoques básicos de una estrategia defensiva: actuar para bloquear a los contendientes y emitir señales de probables represalias fuertes.

> El propósito principal de la estrategia defensiva es proteger la ventaja competitiva y fortalecer la posición de una compañía.

Bloquear las posibilidades abiertas a los contendientes

El enfoque que se usa con mayor frecuencia para defender la posición actual de una compañía comprende medidas que entorpecen las opciones de un contendiente para iniciar un ataque competitivo. Hay muchos obstáculos que pueden ponerse en el camino de los posibles contendientes.[36] El defensor puede participar en tecnologías alternativas para reducir la amenaza de que los rivales ataquen con una tecnología mejor; introducir nuevas características, añadir nuevos modelos o ampliar su línea de productos para llenar los huecos y nichos vacantes y cerrar el paso a los posibles contendientes; o frustrar los esfuerzos de los rivales por atacar con un precio inferior manteniendo opciones de precios módicos por su cuenta. Poco después de que America Online adquirió CompuServe, redujo el precio del servicio de CompuServe y lo posicionó como una alternativa más barata que AOL, con lo que contrarrestó los esfuerzos de los rivales por atraer a los usuarios de AOL con base en un precio más bajo. Un defensor también puede contratar empleados talentosos para ampliar o profundizar la base de competencias centrales o capacidades de la compañía en áreas esenciales (para poder dominar a rivales que intentan imitar sus habilidades y recursos). Otra táctica defensiva es tratar de desalentar a los

> Hay muchas maneras de poner obstáculos en el camino de los posibles contendientes.

---

[36] *Ibid.*, pp. 489-494.

compradores de probar las marcas de los competidores alargando las coberturas de las garantías, ofreciendo capacitación y servicios de apoyo gratuitos, desarrollando la capacidad de entregar partes de repuesto a los usuarios más rápido que los rivales, ofreciendo cupones y muestras gratis a los compradores más predispuestos a experimentar, y haciendo anuncios tempranos sobre la inminencia de nuevos productos o cambios de precios con el fin de inducir a los posibles compradores a posponer un cambio de proveedor. También resulta poner en tela de juicio la calidad o seguridad de los productos de los rivales en procedimientos de regulación (ésta es una táctica favorita de las compañías farmacéuticas para tratar de demorar la introducción de medicamentos genéricos). Asimismo, se estila otorgar descuentos por volumen o mejores términos de financiamiento a los concesionarios y distribuidores para tratar de que no experimenten con otros proveedores, o convencerlos de manejar su línea de productos *en exclusiva* y obligar a los competidores a usar otros canales de distribución.

Estas medidas no sólo afianzan la posición actual de una compañía, sino que también ofrecen a los competidores un blanco móvil. La protección del *statu quo* no basta. Una buena defensa supone ajustarse con rapidez a las condiciones cambiantes de la industria y, en ocasiones, actuar antes que nadie para impedir o prevenir medidas de posibles agresores. Una defensa móvil es preferible a una estacionaria.

Emitir señales de probables represalias

Otro enfoque de la estrategia defensiva comprende emitir señales a los contendientes de que existen probabilidades de responder con represalias fuertes en caso de un ataque. La meta es disuadir a los contendientes de abstenerse por completo de atacar aumentando las expectativas de que la batalla resultante será más costosa de lo que podrían ganar o por lo menos desviarlos hacia opciones menos amenazadoras. Las señales que pueden enviarse a los posibles contendientes son:[37]

- Declarar públicamente el compromiso de la gerencia de mantener la participación actual de mercado de la compañía.
- Anunciar públicamente planes de instalación de capacidad adicional para satisfacer y tal vez superar el crecimiento pronosticado en el volumen de la industria.
- Informar con anticipación sobre un nuevo producto, un gran avance tecnológico o la introducción planeada de nuevas marcas o modelos importantes, con la esperanza de inducir a los contendientes a retrasar sus medidas hasta ver si las acciones anunciadas se ponen realmente en marcha.
- Comprometer públicamente a la compañía con una política de igualar los términos o precios de los competidores.
- Mantener una reserva de efectivo y valores negociables.
- Responder con firmeza de vez en cuando para contrarrestar las medidas de competidores débiles y con ello fortalecer la imagen de que la compañía es un defensor difícil de vencer.

Otra manera de disuadir a los rivales es tratar de reducir el incentivo de obtener utilidades cuando los contendientes emprenden una ofensiva. Cuando la rentabilidad de una compañía o industria es atractivamente alta, los contendientes están más dispuestos a atacar las barreras defensivas elevadas y combatir las represalias fuertes. Un defensor puede desviar los ataques, en especial de los nuevos participantes, renunciando de manera deliberada a algunas utilidades en el corto plazo y usando métodos de contabilidad que oculten la rentabilidad.

---

[37] *Ibid.*, pp. 495-497. La lista que se presenta aquí es selectiva; Porter ofrece una mayor cantidad de opciones.

LAS VENTAJAS Y DESVENTAJAS DE LOS PRIMEROS EN ACTUAR

Cuándo adoptar una medida estratégica es tan crucial como decidir *qué* medida debe adoptarse. El momento para actuar es especialmente importante cuando existen *ventajas* o *desventajas para los primeros en actuar*.[38] Ser el primero en iniciar una medida estratégica tiene grandes beneficios cuando 1) esto contribuye a crear una imagen y reputación de la compañía entre los compradores; 2) los compromisos tempranos con nuevas tecnologías, componentes de nuevos estilos, canales de distribución, etcétera, producen una ventaja absoluta en costos sobre los rivales, 3) los clientes primerizos son muy leales a las compañías pioneras y realizan compras recurrentes, y 4) actuar antes que nadie constituye una ofensiva preventiva, que hace que la imitación resulte sumamente difícil o poco probable. Mientras mayores sean las ventajas de los primeros en actuar, más atractivo será dar ese primer paso.[39] En el comercio electrónico, por ejemplo, quien adopta primero una nueva tecnología o una nueva solución de red a menudo disfruta de las ventajas duraderas de ser el primero en actuar porque adquiere la notoriedad y reputación necesarias para constituirse en el líder dominante del mercado. America Online, Amazon.com, Yahoo!, eBay, Broadcast.com, DoubleClick, Priceline.com, Inktomi y varias otras compañías han demostrado el poder de actuar antes que nadie y obligar a los rivales a contender en una carrera desesperada por alcanzarlos. En la cápsula ilustrativa 26 se analiza la ofensiva de Toyota para ser el primero en la fabricación de automóviles construidos a la medida.

Sin embargo, ser un seguidor rápido o incluso esperar a ver qué pasa para actuar no siempre conlleva una sanción competitiva significativa o duradera. Hay ocasiones en que las habilidades, pericia y acciones del pionero pueden imitarse con facilidad o incluso superarse por los seguidores tardíos, lo que les permite alcanzar o dominar al iniciador en un periodo relativamente corto. Además, hay veces en que incluso existen ventajas en ser un seguidor experto en vez de actuar antes que nadie. Las ventajas de seguidores tardíos (o desventajas de los primeros en actuar) surgen cuando 1) ser el líder pionero es más costoso que ser un seguidor imitador y el líder sólo acumula beneficios insignificantes de la curva de experiencia, condición que permite al seguidor tener costos inferiores a los del pionero; 2) los productos de un innovador son un poco rudimentarios y no están a la altura de las expectativas de los compradores, permitiendo así que un seguidor astuto atraiga a los compradores decepcionados del líder con productos que tienen un desempeño mejor, y 3) la tecnología avanza con rapidez y brinda a los seguidores rápidos la oportunidad de superar los productos del pionero con productos de segunda o tercera generación más atractivos y con más características.

Mientras que ser un seguidor rápido y experto tiene sus ventajas, las compañías rara vez obtienen beneficios cuando son seguidores lentos que se concentran en evitar los "errores" de quienes actúan primero. Los seguidores tardíos habituales, aunque capaces de sobrevivir, por lo general deben luchar por conservar a sus clientes y tienen muchas dificultades para mantenerse al ritmo de los rivales más progresivos e innovadores.

> Debido a las ventajas y desventajas de ser el primero en actuar, la ventaja competitiva a menudo se relaciona con *cuándo* se adopta una medida, así como con *qué* medida se adopta.

Puntos | clave

El reto de la estrategia competitiva, trátese de estrategias de bajo costo en general, diferenciación amplia, mejor costo, enfocadas en los costos bajos o enfocadas en la diferenciación, reside en crear una ventaja competitiva para la empresa. La ventaja competitiva proviene de posicionar a una firma en el mercado de modo que se coloque en un mejor lugar para enfrentar las fuerzas competitivas y atraer a los compradores.

---

[38] Porter, *Competitive Strategy*, pp. 232-233.

[39] Para conclusiones obtenidas en investigaciones sobre los efectos de ser pionero o seguidor, véase Jeffrey G. Covin, Dennis P. Slevin y Michael B. Heeley, "Pioneers and Followers: Competitive Tactics, Environment, and Growth", *Journal of Business Venturing* 15, núm. 2, marzo de 1999, pp. 175-210.

Cápsula ilustrativa 26
Ofensiva de Toyota para convertirse en pionero de los automóviles fabricados a la medida

En el otoño de 1999, Toyota Motor Company anunció que pondría en práctica un programa para permitir a los compradores estadounidenses de automóviles ordenar vehículos equipados a la medida de sus necesidades para entrega en un plazo máximo de cinco días. La medida se consideró como un intento por pasar del modelo de negocios de "fabricar para los inventarios de los concesionarios" en Norteamérica al modelo de negocios de "fabricación sobre pedido", que ya era relativamente común en Japón y Europa. Además, la medida se interpretó como una astuta iniciativa estratégica de Toyota para adquirir ventaja competitiva al convertirse en el primer fabricante norteamericano en realizar esta transición.

Las encuestas con compradores de autos indicaban que casi 50% de ellos no podían encontrar el modelo, color o configuración de equipo que preferían cuando acudían a los concesionarios. Tradicionalmente, los concesionarios hacían conjeturas informadas respecto a los modelos, colores y opciones de equipo que los compradores preferirían, colocaban sus pedidos con los fabricantes y confiaban en que los compradores encontrarían lo que buscaban en la gama de vehículos que tenían en existencia. Para inducir a los clientes a ceder si no había en existencia lo que necesitaban, los fabricantes ofrecían descuentos y los concesionarios hacían rebajas en el precio. Era posible obtener vehículos personalizados sobre pedido, pero los plazos de entrega a menudo fluctuaban entre 30 y 60 días.

La medida competitiva de Toyota de ofrecer entrega en cinco días de los pedidos hechos a la medida tenía el propósito no sólo de satisfacer mejor a los compradores de automóviles y estimular la lealtad a la marca, sino también obtener los beneficios de un manejo más riguroso de la cadena de suministros y reducir la dependencia de promociones costosas para impulsar las ventas

de modelos que se vendían con lentitud. Un modelo de negocios de fabricación sobre pedido (similar al que usa Dell, Gateway y otros fabricantes de computadoras personales) permitía la entrega justo a tiempo de partes y componentes a las plantas de ensamblaje de Toyota, además de reducir la necesidad de ofrecer rebajas y descuentos sobre modelos y configuraciones poco populares, que erosionaban las utilidades. También allanó el camino para que los concesionarios redujeran drásticamente la cantidad de vehículos que tenían en existencia (disminuyendo así sus costos de financiamiento de inventarios). Si el método de fabricación sobre pedido tenía éxito con los compradores de automóviles, el concesionario sólo precisaría tener en existencia una cantidad mínima de modelos en sus salas de exhibición para inspección y viajes de prueba, una cantidad limitada de vehículos para entrega inmediata y funcionaría ante todo como punto para que los clientes recogieran sus vehículos ordenados a la medida de sus necesidades. La inversión en terrenos ubicados en lugares visibles y de mucho movimiento sería menos imprescindible.

Un modelo fabricado sobre pedido también resultaría ventajoso para los servicios de compra de automóviles por internet, puesto que sería sencillo para los compradores realizar investigaciones en línea, hacer comparaciones de precios y colocar sus pedidos.

Desde la perspectiva de Toyota, el problema era si su ofensiva de ser el primero en actuar redundaría en una ventaja competitiva duradera. ¿Los compradores responderían en cantidades atractivas? ¿Toyota podría realizar ahorros significativos en costos y obtener una valiosa ventaja en este sentido sobre los rivales? ¿Cuánto tiempo tardarían los fabricantes rivales en desarrollar la capacidad para igualar la opción de entrega en cinco días y la fabricación sobre pedido de Toyota?

Fuente: Jeffrey Bodenstab, "An Automaker Tries the Dell Way", *The Wall Street Journal*, 30 de agosto de 1999, p. 26.

La estrategia para tratar de ser el proveedor de bajo costo funciona bien en situaciones en que:

- El producto de la industria es esencialmente el mismo de un vendedor a otro (las diferencias entre las marcas son menores).
- Muchos compradores son sensibles al precio y buscan el precio más bajo.
- Hay sólo pocas maneras de lograr diferenciación del producto que tengan mucho valor para los compradores.
- La mayoría de los compradores usa el producto de la misma manera y, por tanto, tienen necesidades comunes.
- El costo que representa para el comprador cambiar de un vendedor o marca a otro es bajo o incluso nulo.
- Hay muchos compradores que tienen un poder significativo para negociar los términos de los precios.

Para conseguir una ventaja en costos bajos, una compañía debe llegar a ser más competente que los rivales en el control de los factores estructurales y de ejecución que inciden en los costos o encontrar maneras innovadoras de ahorrar en este sentido con la reestructuración de su cadena de valor. Los proveedores de bajo costo exitosos por lo general consiguen su ventaja al observar imaginativa y persistentemente la cadena de valor para idear todas las maneras posibles de ahorrar en costos. Tienen talento para encontrar la forma de eliminar costos en sus empresas.

Las estrategias de diferenciación tratan de producir una ventaja competitiva incorporando atributos y características en la oferta de productos o servicios de una compañía que los rivales no ofrecen. Cualquier cosa que una firma haga con el objeto de crear valor para el comprador representa una posible base de diferenciación. La diferenciación exitosa por lo general tiene que ver con reducir el costo que representa para el comprador usar el artículo, mejorar el desempeño que obtiene el comprador o aumentar la satisfacción psicológica del comprador. Para ser sustentable, la diferenciación generalmente tiene que vincularse a la pericia interna, competencias centrales y recursos que dan a la compañía capacidades que sus rivales no pueden igualar con facilidad. La diferenciación asociada exclusivamente a características físicas únicas rara vez perdura porque los competidores ingeniosos son expertos en clonar, mejorar o encontrar sustitutos para casi cualquier característica que atraiga a los compradores.

Las estrategias para llegar a ser el proveedor con el mejor costo combinan el énfasis estratégico en los costos bajos con el énfasis estratégico en calidad, servicio, características o desempeño superiores al mínimo aceptable. La meta es crear ventaja competitiva al ofrecer a los compradores más valor por su dinero; esto se logra igualando a los rivales cercanos en atributos clave de calidad, servicio, características y desempeño, y superándolos en los costos de incorporar dichos atributos en el producto o servicio. Para tener éxito con una estrategia de proveedor con el mejor costo, la compañía debe poseer experiencia única en incorporar atributos superiores en el producto o servicio a menor costo que los rivales; debe contar con la capacidad de reducir los costos unitarios y aumentar el calibre del producto y servicio simultáneamente.

La ventaja competitiva de enfocarse se obtiene ya sea logrando costos más bajos en la atención del nicho de mercado objetivo (o de destino) o creando la capacidad de ofrecer a los compradores del nicho algo distinto de lo que ofrecen los competidores rivales; en otras palabras, la estrategia se basa en los costos o en la diferenciación. Una estrategia enfocada que se basa ya sea en los costos bajos o en la diferenciación se vuelve cada vez más atractiva en la medida en que se cumplen las siguientes condiciones:

- El nicho de mercado de destino es suficientemente grande para ser rentable y ofrece buenas posibilidades de crecimiento.

- Los líderes de la industria no consideran que tener presencia en el nicho sea crucial para su propio éxito, condición que reduce la rivalidad de competidores importantes.

- Resulta costoso o difícil para los competidores que operan en múltiples segmentos instalar capacidades para satisfacer las necesidades especializadas del nicho de mercado de destino y, al mismo tiempo, cumplir las expectativas de sus clientes principales.

- La industria tiene gran cantidad de nichos y segmentos diferentes, por lo que permite a una compañía que sigue una estrategia enfocada seleccionar un nicho competitivamente atractivo, apropiado para sus fortalezas de recursos y capacidades.

- Pocos rivales, si acaso, intentan especializarse en el mismo segmento de destino, condición que reduce el riesgo de que el segmento se congestione.

- La compañía que sigue una estrategia enfocada puede competir eficazmente con otros contendientes, con base en las capacidades y recursos que posee para atender al nicho seleccionado y buena reputación que haya construido.

Muchas compañías recurren a las alianzas estratégicas y sociedades colaborativas como medios que les ayudan en la carrera global por crear presencia en muchos mercados nacionales diferentes y en la carrera tecnológica por capitalizar la actual era de la revolución tecnológica y de información. Incluso las compañías grandes y financieramente fuertes han concluido que participar de manera simultánea en ambas carreras requiere habilidades, recursos, pericia tecnológica y capacidades competitivas más diversas y amplias que las que pueden conjuntar y manejar por su cuenta. Las alianzas estratégicas son un medio atractivo, flexible y a menudo rentable para que las compañías obtengan acceso a tecnología, pericia y capacidades comerciales que no poseen. El atractivo competitivo de las alianzas reside en reunir competencias y recursos que son más valiosos en un esfuerzo conjunto que cuando se mantienen por separado. La ventaja competitiva surge cuando una empresa adquiere recursos y capacidades valiosos por medio de las alianzas que no podría haber obtenido por su cuenta y que le dan una ventaja sobre los rivales.

Las fusiones y adquisiciones son otra estrategia atractiva para fortalecer la competitividad de una empresa. Las compañías que compiten por el liderazgo en el mercado mundial con frecuencia realizan adquisiciones para crear presencia de mercado en países donde no compiten en la actualidad. Asimismo, las firmas que compiten por establecer posiciones atractivas en las industrias del futuro se fusionan o realizan adquisiciones para cerrar brechas en recursos o tecnológicas, crear importantes capacidades tecnológicas y colocarse en posición para lanzar la siguiente generación de productos y servicios. Las fusiones y adquisiciones permiten a una compañía llenar los huecos de recursos o corregir deficiencias competitivas; la combinación de operaciones puede producir costos más bajos, habilidades tecnológicas más sólidas, más o mejores capacidades competitivas, una línea de productos y servicios más atractiva, una cobertura geográfica más amplia o más recursos financieros con los cuales invertir en investigación y desarrollo, añadir capacidad o expandirse hacia nuevas áreas.

La integración vertical, progresiva o regresiva, conviene en función de la estrategia sólo si fortalece la posición de la compañía mediante una reducción de los costos o la creación de una ventaja basada en la diferenciación. De lo contrario, los inconvenientes de la integración vertical (mayor inversión, mayor riesgo comercial, mayor vulnerabilidad a los cambios tecnológicos y menos flexibilidad para realizar cambios en los productos) superan las ventajas (mejor coordinación de los flujos de producción y pericia tecnológica de una etapa a otra, uso más especializado de la tecnología, mayor control interno sobre las operaciones, mayores economías de escala e igualar la producción a las ventas y marketing). Hay maneras de conseguir ventajas con la integración vertical sin toparse con los inconvenientes.

El outsourcing de actividades de la cadena de valor que antes se realizaban en forma interna es conveniente estratégicamente cuando 1) los especialistas externos pueden realizar mejor o a costo más bajo una actividad; 2) la actividad no es crucial para la capacidad de la compañía de lograr una ventaja competitiva sustentable y no deja un hueco en sus competencias centrales, capacidades o pericia técnica; 3) reduce el riesgo de la compañía de exponerse a tecnologías cambiantes o preferencias cambiantes de los compradores; 4) racionaliza las operaciones de la compañía de manera que se mejora la flexibilidad organizacional, se reduce la duración de los ciclos, se acelera la toma de decisiones y disminuyen los costos de coordinación, y 5) permite a una compañía concentrarse en sus negocios centrales y dedicarse a lo que hace mejor. En muchas situaciones, el outsourcing es una opción estratégica superior a la integración vertical.

Es factible emplear una variedad de medidas estratégicas ofensivas para conseguir una ventaja competitiva. Las ofensivas estratégicas suelen dirigirse a las fortalezas o debilidades de los competidores; incluyen medidas evasivas o grandes ofensivas en muchos frentes; pueden diseñarse como acciones de guerrilla o ataques preventivos, y el blanco de la ofensiva puede ser el líder del mercado, una compañía que ocupe el segundo lugar o las empresas más pequeñas o débiles en la industria. Las estrategias defensivas para proteger la posición de una compañía por lo general comprenden adoptar medidas para poner obstáculos en el camino de los posibles contendientes y fortalecer la posición actual de la firma y, al mismo tiempo, emprender acciones para desalentar a los rivales de siquiera intentar un ataque (emitiendo señales de que la batalla resultante será más costosa para el contendiente que lo que podría ganar).

El momento elegido para adoptar medidas estratégicas es importante. Los primeros en actuar en ocasiones consiguen ventaja estratégica; en otras, puede resultar más barato y sencillo ser un seguidor rápido que un líder pionero.

Lecturas |sugeridas

Barney, Jay B., *Gaining and Sustaining Competitive Advantage*, Addison-Wesley, Reading, MA, 1997, en especial los capítulos 6, 7, 9, 10 y 14.

D'Aveni, Richard A., *Hypercompetition: The Dynamics of Strategic Maneuvering*, Free Press, Nueva York, 1994, capítulos 1, 2, 3 y 4.

Dess, Gregory G. y Joseph C. Picken, "Creating Competitive (Dis)advantage: Learning from Food Lion's Freefall", *Academy of Management Executive* 13, núm. 3, agosto de 1999, pp. 97-111.

Hamel, Gary, "Strategy as Revolution", *Harvard Business Review* 74, núm. 4, julio-agosto de 1996, pp. 69-82.

Hayes, Robert H., Gary P. Pisano y David M. Upton, *Strategic Operations: Competing Through Capabilities*, Free Press, Nueva York, 1996.

Porter, Michael E., *Competitive Advantage*, Free Press, Nueva York, 1985, capítulos 3, 4, 5, 7, 14 y 15.

————, "What Is Strategy?", *Harvard Business Review* 74, núm. 6, noviembre-diciembre de 1996, pp. 61-78.

Schnarrs, Steven P., *Managing Imitation Strategies: How Later Entrants Seize Markets from Pioneers*, Free Press, Nueva York, 1994.

Stuckey, John y David White, "When and When *Not* to Vertically Integrate", *Sloan Management Review*, primavera de 1993, pp. 71-83.

Venkatesan, Ravi, "Strategic Outsourcing: To Make or Not to Make", *Harvard Business Review* 70, núm. 6, noviembre-diciembre de 1992, pp. 98-107.

Yoffie, David B. y Michael A. Cusumano, "Judo Strategy: The Competitive Dynamics of Internet Time", *Harvard Business Review* 77, núm. 1, enero-febrero de 1999, pp. 71-81.

capítulo | seis

Estrategias para competir en mercados globalizados

No queda más remedio que operar en un mundo determinado por la globalización y la revolución en la información. Hay dos opciones: adaptarse o desaparecer.

—Andrew S. Grove, Presidente, Intel Corporation

Uno no elige globalizarse. El mercado lo elige a uno; se lo impone.

—Alain Gómez, Director ejecutivo, Thomson, S. A.

Ya no existe la industria estrictamente nacional.

—Robert Pelosky y Morgan Stanley

En realidad, las presiones que las industrias ejercen en una compañía para que realice ventas internacionales varían mucho.

—Niraj Dawar y Tony Frost, Profesores, Escuela de Administración Richard Ivey

Toda compañía que aspire al liderazgo industrial en el siglo XXI debe pensar en función del liderazgo en el mercado global, no nacional. La economía mundial se globaliza a ritmo acelerado a medida que los países que hasta ahora habían estado cerrados a las compañías extranjeras abren sus mercados, internet reduce la importancia de la distancia geográfica y las empresas ambiciosas, empeñadas en crecer, se apresuran a amarrar posiciones

competitivas en los mercados de cada vez más países. La globalización de la economía mundial es una condición del mercado que exige estrategias ofensivas audaces para conseguir nuevas posiciones en el mercado y estrategias defensivas potentes para proteger las ya ganadas.

En este capítulo se examinan los problemas que enfrentan las compañías en el diseño de estrategias adecuadas para los entornos industriales competitivos en el ámbito multinacional y global. Introduciremos varios conceptos nuevos, como las reservas de utilidades, los subsidios entre mercados y la distinción entre la competencia internacional y la global. Hay secciones sobre las características especiales de las operaciones comerciales en mercados extranjeros, las diferentes estrategias para ingresar y competir en el campo internacional, la creciente función de las alianzas con socios extranjeros, la importancia de ubicar las operaciones en los países más ventajosos y las circunstancias especiales de competir en mercados emergentes de países como China, India y Brasil.

POR QUÉ LAS COMPAÑÍAS SE EXPANDEN A LOS MERCADOS EXTRANJEROS

Las compañías optan por expandirse fuera de su mercado nacional por cualquiera de estas cuatro razones fundamentales:

- *Para obtener acceso a nuevos clientes.* La expansión a mercados de países extranjeros ofrece la posibilidad de obtener mayores ingresos, utilidades y crecimiento a largo plazo, además de constituir una opción especialmente atractiva cuando los mercados nacionales de la compañía son maduros. Las compañías como Cisco Systems, Intel, Sony, Nokia y Toyota, que compiten por el liderazgo global en sus respectivas industrias, tienen que actuar con rapidez y energía para extender su alcance de mercado a todos los confines del mundo.

- *Para reducir costos y mejorar la competitividad de la compañía.* La razón por la que muchas compañías venden en más de un país es que el volumen de ventas realizadas en sus mercados internos no es lo suficientemente grande como para aprovechar por completo las economías de escala en fabricación y los efectos de la curva de experiencia, y de ese modo mejoran de manera considerable su competitividad en costos. El tamaño relativamente pequeño de los mercados nacionales en Europa explica por qué firmas como Michelin y Nestlé empezaron hace mucho tiempo a vender sus productos en toda Europa y luego incursionaron en los mercados de Norteamérica y América Latina.

- *Para sacar partido de sus competencias centrales.* Una compañía que posee competencias y capacidades competitivamente valiosas puede aprovecharlas para colocarse en posición de ventaja competitiva en mercados extranjeros y nacionales. Las competencias y capacidades de Nokia en los teléfonos móviles la han propulsado al liderazgo del mercado global en el campo de las telecomunicaciones inalámbricas.

- *Para distribuir su riesgo comercial en una base de mercado más amplia.* Una compañía distribuye el riesgo comercial operando en varios países extranjeros diferentes en vez de depender por completo de las operaciones en su propio mercado interno. En consecuencia, si las economías de ciertos países asiáticos sufren reveses durante un tiempo, la compañía puede sostenerse con el auge en las ventas en América Latina o Europa.

En unos cuantos casos, las empresas en industrias basadas en recursos naturales (como el petróleo y el gas natural, los minerales, el caucho y la madera) a menudo tienen necesidad de operar en el ámbito internacional debido a que los suministros atractivos de materias primas se localizan en países extranjeros.

Concepto básico

Una compañía es un *competidor internacional* (o *multinacional*) cuando compite en unos cuantos mercados extranjeros seleccionados. Es un *competidor global* cuando tiene o busca presencia de mercado en la mayoría de los continentes y en prácticamente todos los países importantes del mundo.

La diferencia entre competir internacionalmente y globalmente

Típicamente, una compañía *empieza* a competir en el ámbito internacional cuando entra en uno o tal vez unos cuantos mercados extranjeros seleccionados. La competencia a una escala verdaderamente global viene después, luego de que la empresa ha establecido operaciones en varios continentes y compite con rivales por el liderazgo en el mercado global. Así, existe una distinción significativa entre el ámbito competitivo de una compañía que opera en unos cuantos países extranjeros seleccionados (quizá con modestas ambiciones de seguir expandiéndose) y una compañía que comercializa sus productos en 50 o 100 países y expande sus operaciones a otros mercados nacionales año con año. La primera se denomina más precisamente **competidor internacional** (o **multinacional**), mientras que la segunda se considera un **competidor global**. En la exposición que sigue continuaremos haciendo esta distinción entre las estrategias para competir internacionalmente y las estrategias para competir en forma global.

DIFERENCIAS ENTRE PAÍSES EN CUANTO A LAS CONDICIONES CULTURALES, DEMOGRÁFICAS Y DE MERCADO

Independientemente de la motivación de la compañía para expandirse fuera de sus mercados internos, las estrategias que emplea para competir en los mercados extranjeros tienen que ser *guiadas por la situación*; las condiciones culturales, demográficas y de mercado varían de manera considerable entre los países del mundo. Las culturas y estilos de vida son las diferencias más evidentes de un país a otro, seguidas por la demografía del mercado. Los clientes en España no tienen los mismos gustos, preferencias y hábitos de compra que los consumidores de Noruega; los compradores también difieren en Grecia, Chile, Nueva Zelanda y Taiwán. Menos de 10% de la población de Brasil, India y China tiene poder adquisitivo anual equivalente a 20 000 dólares. Los consumidores de clase media representan una parte mucho más pequeña de la población en éstos y otros países emergentes que en Norteamérica, Japón y buena parte de Europa.[1] En ocasiones, los diseños de productos adecuados para un país son inapropiados en otro; por ejemplo, en Estados Unidos los aparatos eléctricos funcionan en sistemas eléctricos de 110 voltios, pero en algunos países europeos la norma es un sistema eléctrico de 240 voltios, que impone la necesidad de usar diferentes diseños y componentes eléctricos. En Francia los consumidores prefieren las lavadoras que tienen tapa en la parte superior, mientras que en muchos otros países europeos prefieren las que se cargan por el frente. Los europeos del norte quieren refrigeradores grandes porque tienden a comprar una vez a la semana en supermercados; los europeos del sur pueden arreglárselas con refrigeradores pequeños porque van de compras todos los días. En partes de Asia, los refrigeradores son un símbolo de prestigio social y se colocan en las salas, lo que provoca preferencias por diseños y colores elegantes; en India, el azul y el rojo brillantes son colores populares. En otros países asiáticos, el espacio doméstico es limitado y muchos refrigeradores tienen sólo un metro veinte centímetros de altura para que la parte superior pueda usarse para otra cosa. En Hong Kong existe preferencia por los aparatos compactos de estilo europeo, pero en Taiwán los electrodomésticos grandes al estilo estadounidense son más populares.

El potencial de crecimiento rápido en el mercado varía considerablemente de un país a otro. En los mercados emergentes, como India, China, Brasil y Malasia, el potencial de crecimiento del mercado es mucho más alto que en las economías más maduras de Gran Bretaña, Francia, Canadá y Japón. En India hay canales nacionales eficientes y bien desarrollados para distribuir camiones, motonetas, maquinaria agrícola, comestibles, artículos para el cuidado personal y otros productos empacados a los tres millones de comerciantes minoristas que hay en el país, mientras que en China la distribución es sobre todo local y provincial y no existe una red nacional para distribuir la mayoría de los productos. El mercado es intensamente competitivo en algunos países, pero en otros sólo existe competencia moderada. Las fuerzas motrices de la industria pueden ser una cosa en Italia y otra muy diferente en Canadá, Israel, Argentina o Corea del Sur.

Una de las principales preocupaciones de las compañías que compiten en mercados extranjeros es si deben adaptar sus ofertas a cada mercado nacional diferente para que coincidan con los gustos y preferencias de los compradores locales u ofrecer un producto estandarizado en todo el mundo. Aunque la capacidad de responder a los gustos locales hace que los productos de una firma resulten más atractivos a los compradores locales, adaptarlos para cada país *puede* tener el efecto de elevar los costos de producción y distribución, debido a la mayor variedad de diseños y componentes, corridas de producción más cortas y las complicaciones del manejo adicional de inventarios y logística de distribución. El mayor grado de estandarización de la oferta de productos de la compañía, por otro lado, produce economías de escala y efectos de la curva de experiencia, contribuyendo así al logro de una ventaja de costos

La competencia en mercados extranjeros donde existen variaciones significativas entre países en cuanto a las condiciones culturales, demográficas y de mercado plantea un desafío mucho más grande para la formulación de la estrategia que concretarse a competir en el mercado interno.

La capacidad de responder a las diferencias entre países concernientes a las condiciones culturales, demográficas y de mercado complica la tarea de competir en el ámbito del mercado mundial. El desafío radica en equilibrar la presión de ser sensible a las situaciones locales en cada país y la presión de tener costos y precios más bajos.

---

[1] Para una exposición perspicaz de la trascendencia que tienen estos tipos de diferencias en demografía y mercado, véase C.K. Prahalad y Kenneth Lieberthal, "The End of Corporate Imperialism", *Harvard Business Review* 76, núm. 4, julio-agosto de 1999, pp. 68-79.

bajos. La tensión entre las presiones del mercado para personalizar la oferta y las presiones competitivas de tener costos bajos es uno de los grandes problemas estratégicos que los participantes en mercados extranjeros deben resolver.

Además de las diferencias básicas en la cultura y mercados que hay entre un país y otro, las compañías tienen que prestar especial atención a las ventajas locales que se originan en las variaciones entre países respecto a los costos de fabricación y distribución, los problemas de la fluctuación del tipo de cambio de las divisas y las exigencias económicas y políticas de los gobiernos anfitriones.

El potencial de las ventajas locales que se generan de las variaciones en los costos de un país a otro

Las diferencias en los salarios, productividad de los trabajadores, índices inflacionarios, costos de la energía, tarifas fiscales, reglamentaciones gubernamentales y otras cosas por el estilo crean variaciones considerables en los costos de fabricación de un país a otro. Las plantas en algunos países tienen ventajas importantes con respecto a los costos de fabricación debido a que conllevan menores costos de inversión (especialmente en la mano de obra), reglamentaciones gubernamentales menos estrictas o recursos naturales únicos. En estos casos, los países de bajo costo llegan a ser sitios productores principales, y la mayor parte de la producción se exporta a mercados de otros lugares del mundo. Las compañías con centros de producción en países de bajo costo (o que contratan sus productos a fabricantes en estos países) cuentan con una ventaja competitiva sobre los rivales que tienen fábricas en países donde los costos son más elevados. La función competitiva de los costos de fabricación bajos es muy evidente en los países donde se pagan salarios bajos, como Taiwán, Corea del Sur, China, Singapur, Malasia, Vietnam, México y Brasil, que se han convertido en paraísos para la producción de bienes con alto contenido de mano de obra. Asimismo, las preocupaciones por los plazos de entrega cortos y los bajos costos de envío hacen que algunos países sean mejores que otros para establecer centros de distribución.

La calidad del ambiente comercial de un país también ofrece ventajas de ubicación. Los gobiernos de ciertos países están impacientes por atraer inversiones extranjeras y hacen todo lo posible por crear un ambiente comercial que los extranjeros consideren favorable. Un buen ejemplo es Irlanda, que tiene uno de los ambientes más favorables para las empresas en el mundo, porque ofrece tarifas muy bajas de impuestos a las sociedades mercantiles, un gobierno receptivo a las necesidades de la industria y la política de reclutar vigorosamente centros de fabricación de alta tecnología y compañías multinacionales. La mayor inversión extranjera en la historia de Irlanda es la planta manufacturera de chips más grande que tiene Intel fuera de Estados Unidos, un centro de 2 500 millones de dólares que emplea a más de 4 000 personas. Las políticas de fomento a la industria en Irlanda fueron una fuerza significativa en su transformación en una de las naciones más dinámicas y de crecimiento más rápido en Europa durante los años noventa. Otra ventaja de ubicación es el agrupamiento de proveedores de componentes y equipo de capital, infraestructura (universidades, proveedores de capacitación en el empleo, empresas de investigación), asociaciones profesionales y fabricantes de productos complementarios en una zona geográfica (cuyos beneficios se estudiaron en el capítulo 4).

> Las posibilidades que tiene una compañía de adquirir ventaja competitiva con base en dónde ubica sus actividades en el extranjero, o de colocarse en desventaja porque los rivales están ubicados en lugares donde los costos son inferiores, es una cuestión que debe tenerse muy en cuenta al formular la estrategia.

Las fluctuaciones en el tipo de cambio

La volatilidad del tipo de cambio de las divisas complica mucho el problema de las ventajas geográficas en costos. Los tipos de cambio de las divisas a menudo fluctúan tanto como 20 o 40% al año. Los cambios de esta magnitud pueden eliminar por completo la ventaja de costos bajos en un país o transformar un lugar que antes tenía costos altos en una ubicación que ofrece costos competitivos. Cuando el dólar estadounidense está fuerte, es más atractivo para las compañías norteamericanas fabricar en países extranjeros. Las bajas en el valor del dólar con respecto a otras divisas extranjeras pueden eliminar buena parte de la ventaja en costos que los fabricantes extranjeros tienen sobre sus homólogos estadounidenses e incluso inducir a las compañías extranjeras a establecer plantas de producción en Estados Unidos.

Restricciones y requerimientos de los gobiernos anfitriones

Los gobiernos nacionales decretan todo tipo de medidas que afectan las condiciones comerciales y la operación de compañías extranjeras en sus mercados. Los gobiernos anfitriones pueden establecer requisitos locales de contenido para los productos fabricados dentro de sus fronteras por compañías que tienen su sede en el extranjero, imponer aranceles o cuotas de importación, aplicar restricciones a las exportaciones para garantizar el suministro local suficiente y reglamentar los precios tanto de los bienes importados como de los producidos en el mercado interno. Además, es probable que los extranjeros tengan que enfrentar una serie de reglamentaciones relativas a las normas técnicas, certificación de los productos, aprobación previa de proyectos de inversión de capital, retiro de fondos del país y propiedad minoritaria (a veces mayoritaria) de ciudadanos locales. Algunos gobiernos también proporcionan subsidios y préstamos con intereses bajos a las compañías nacionales con el fin de ayudarlas a competir con las extranjeras. Otros gobiernos, ansiosos de tener nuevas plantas y empleos, ofrecen a las empresas extranjeras apoyos en la forma de subsidios, acceso privilegiado a los mercados y asistencia técnica. En China, el gobierno se muestra hostil hacia internet e impone restricciones severas; como consecuencia, se calcula que menos de tres millones de chinos tenían acceso a internet en 1999 en un país que tiene 1 200 millones de habitantes, y no se espera un total de 25 millones sino hasta 2004. En contraste, se vaticina que el porcentaje de la población con acceso a internet en 2004 superará el 50% de los hogares en Estados Unidos, Japón y varios países de Europa Occidental.

¿COMPETENCIA MULTIPAÍS O COMPETENCIA GLOBAL?

Existen diferencias importantes en las pautas que sigue la competencia internacional en cada industria.[2] En un extremo se encuentra la **competencia multipaís** o **multinacional**, donde cada mercado nacional es autónomo; los compradores tienen distintas expectativas y les gustan diferentes estilos y características, la competencia en cada mercado nacional es en esencia independiente de la que se da en otros mercados nacionales y el grupo de rivales que abarca la oferta de ventas del mercado difiere de un país a otro. Por ejemplo, hay una industria bancaria en Francia, una en Brasil y una en Japón, pero las condiciones del mercado y las expectativas de los compradores respecto a los servicios bancarios difieren marcadamente entre los tres países, los principales bancos competidores en Francia difieren de los de Brasil o Japón, y la lucha competitiva que se desarrolla entre los principales bancos en Francia no se relaciona con la rivalidad que tiene lugar en Brasil o Japón. Debido a que cada mercado nacional es independiente en la competencia multipaís, la reputación de una compañía, su base de clientes y posición competitiva en una nación guardan poca o ninguna relación con su capacidad de competir satisfactoriamente en otra. Como consecuencia, la fuerza de la estrategia de una firma en cualquier nación y las ventajas competitivas y rendimientos que pudiera tener se limitan en buena medida a esa nación y no influyen en otros países en los que opera. *En el caso de la competencia multinacional no existe un mercado internacional o global, sino sólo una serie de mercados nacionales autónomos.* Las industrias caracterizadas por la competencia multipaís incluyen las de la cerveza, seguros de vida, ropa, fabricación de metales, muchos tipos de productos alimenticios (café, cereales, productos enlatados, alimentos congelados) y muchos tipos de comercio minorista.

En el otro extremo se encuentra la **competencia global**, donde los precios y condiciones competitivas entre los mercados nacionales están fuertemente vinculados y el término *mercado internacional* o *global* tiene verdadero significado. En una industria globalmente competitiva, la

Concepto básico
La *competencia multipaís* (o *multinacional*) existe cuando la competencia en un mercado nacional es independiente de la competencia en otro mercado nacional —no hay un "mercado internacional" propiamente dicho, sino una serie de mercados nacionales autónomos—.

Concepto básico
La *competencia global* existe cuando las condiciones competitivas a través de los mercados nacionales tienen vínculos tan fuertes que forman un verdadero mercado internacional y cuando los principales competidores se enfrentan cara a cara en muchos países diferentes.

---

[2] Michael E. Porter, *The Competitive Advantage of Nations*, Free Press, Nueva York, 1990, pp. 53-54.

posición competitiva de una compañía en un país afecta y es afectada por su posición en otras naciones. Las firmas rivales compiten entre sí en muchos países diferentes, pero en especial en aquellos donde los volúmenes de ventas son considerables y donde tener presencia competitiva es estratégicamente importante para crear una posición global fuerte en la industria. En la competencia global, la ventaja competitiva total de la compañía surge de todas sus operaciones en el mundo; es decir, la creada en su sede nacional se complementa con las que se generan de sus operaciones en otros países (tener fábricas en países donde se pagan salarios bajos, ser capaz de transferir experiencia y conocimientos de un país a otro, tener la capacidad de atender a clientes que también tienen operaciones multinacionales y mantener una reputación de sus marcas que sea transferible de un país a otro). *La fortaleza de un competidor global en el mercado es directamente proporcional a su cartera de ventajas competitivas en cada país.* La competencia global existe en productos como los automóviles, televisores, neumáticos, equipo de telecomunicaciones, copiadoras, relojes y aviones comerciales.

Una industria puede tener segmentos que son globalmente competitivos y segmentos en los que la competencia se da por país.[3] En la industria de los hoteles y moteles, por ejemplo, los segmentos de precios medios y bajos se caracterizan por la competencia multinacional porque los competidores atienden sobre todo a viajeros dentro del mismo país. Sin embargo, en los segmentos de negocios y de lujo, la competencia está más globalizada. Compañías como Nikki, Marriott, Sheraton y Hilton tienen hoteles en muchos lugares internacionales, por lo que emplean sistemas de reservaciones mundiales y normas comunes de calidad y servicio para adquirir ventajas en el mercado de la atención a clientes de negocios y otros viajeros que realizan viajes internacionales frecuentes.

En los lubricantes, el segmento de motores marinos es globalmente competitivo porque los barcos van de puerto en puerto y requieren el mismo aceite dondequiera que se detienen. Las reputaciones de las marcas de los lubricantes marinos tienen alcance global, y los productores exitosos de éstos (Exxon Mobil, BP Amoco y Shell) operan en todo el mundo. Sin embargo, en los aceites para motores de vehículos automotores domina la competencia multinacional. En cada país existen diferentes condiciones climatológicas y pautas de conducción, la producción está sujeta a economías de escala limitadas, los costos de envío son elevados y los canales de distribución al comercio minorista difieren marcadamente de un país a otro. Así, las compañías nacionales, como Quaker State y Pennzoil en Estados Unidos y Castrol en Gran Bretaña, pueden ser líderes en sus mercados internos sin competir globalmente.

Todas estas consideraciones situacionales que afectan el entorno comercial y competitivo, así como las obvias diferencias culturales y políticas entre los países, determinan el enfoque estratégico de una compañía para competir en los mercados extranjeros.

En la competencia multinacional, las compañías rivales compiten por el liderazgo en el mercado nacional. En las industrias globalmente competitivas, las compañías rivales compiten por el liderazgo mundial.

Para que una compañía prospere en los mercados extranjeros, su estrategia debe tomar en cuenta diversos entornos comerciales y competitivos de un país a otro.

OPCIONES ESTRATÉGICAS PARA INCURSIONAR Y COMPETIR EN MERCADOS EXTRANJEROS

Existen numerosas opciones estratégicas genéricas para una compañía que decide expandirse fuera de su mercado interno y competir en el ámbito internacional o global.

1. *Mantener una base de producción nacional (en un país) y exportar los productos a los mercados extranjeros* utilizando canales de distribución ya sea propiedad de compañía o controlados en el extranjero.

2. *Otorgar licencias a compañías extranjeras para que usen la tecnología de la empresa o produzcan y distribuyan los productos de ésta.*

3. *Emplear la estrategia de franquicias.*

4. *Seguir una estrategia multinacional,* modificando el enfoque estratégico de la compañía (quizá poco, quizá mucho) de un país a otro, de conformidad con las condiciones locales y los diferentes gustos y preferencias de los compradores. La ventaja competitiva sobre los

---

[3] *Ibid.*, p. 61.

rivales locales a la que aspira la firma puede ser el costo inferior en algunos países, atributos diferenciados de los productos en otras naciones, o mejor valor por el dinero en otras más. La base de clientes objetivo puede variar de ser *amplia* en algunos países a ser *enfocada de manera limitada* en otros. Además, las medidas estratégicas en un país deben ser independientes de las iniciativas emprendidas en otros; la coordinación de la estrategia en los distintos países tiene menos importancia que adaptar la estrategia de la compañía al mercado y a las condiciones competitivas del país anfitrión.

5. *Seguir una estrategia global,* usando en esencia el mismo enfoque estratégico competitivo en todos los mercados nacionales donde la compañía tiene presencia. Es posible emplear cualquiera de las opciones estratégicas genéricas. Una empresa puede aplicar *una estrategia global de costos bajos* y tratar de ser el líder en costos bajos tanto en la competencia global como en la local. O si no, optar por una *estrategia de diferenciación global,* buscando distinguirse de los rivales en los mismos atributos de los productos en todos los países para crear una imagen globalmente uniforme y una posición de mercado congruente. Otra opción sería llevar a cabo *una estrategia global del mejor costo* y luchar por ofrecer a los compradores el mejor valor general en la mayoría o en todos los principales mercados del mundo. O puede adoptar *una estrategia global enfocada* para atender el mismo nicho identificable en cada uno de los numerosos mercados nacionales estratégicamente importantes y esforzarse por obtener ventaja competitiva con base en los costos bajos o la diferenciación. Sea cual fuere el tema genérico elegido, una estrategia global supone sólo variación mínima entre cada país para adaptarla a los gustos regionales y las condiciones del mercado local. Además, las medidas estratégicas se coordinan globalmente para lograr uniformidad en todo el mundo.

6. *Uso de alianzas estratégicas o sociedades en participación con compañías estratégicas como vehículo primario para incursionar en mercados extranjeros* y tal vez emplearlas también como una táctica estratégica continua para mantener o fortalecer su competitividad.

Estrategias de exportación

El uso de plantas nacionales como base de producción para exportar bienes a mercados extranjeros es una excelente *estrategia inicial* para buscar ventas internacionales. Reduce tanto el riesgo como las necesidades de capital, y representa una manera conservadora de sondear el terreno internacional. Con una estrategia de exportación, el fabricante limita su participación en los mercados extranjeros celebrando contratos con mayoristas de fuera experimentados en las importaciones para que sean ellos quienes manejen toda la función de distribución y comercialización en sus países o regiones del mundo. Si resultara más ventajoso mantener el control sobre estas funciones, el fabricante podría establecer sus propias organizaciones de distribución y venta en algunos o en todos los mercados extranjeros de destino. De un modo u otro, la compañía reduce sus inversiones directas en países extranjeros gracias a la producción en su país de origen y su estrategia de exportación. Las compañías chinas, coreanas e italianas comúnmente son partidarias de estas estrategias; los productos se diseñan y fabrican en el país de origen y luego se distribuyen mediante los canales locales; las funciones primarias desempeñadas en el extranjero se relacionan sobre todo con el establecimiento de una red de distribuidores y concesionarios y, tal vez, con actividades seleccionadas de promoción de ventas y creación de conciencia de marca.

El éxito a largo plazo de una estrategia de exportación depende de la competitividad relativa en costos de la base de producción en el país de origen. En algunas industrias, las compañías obtienen economías de escala y beneficios de la curva de experiencia adicionales al centralizar la producción en una o varias plantas gigantes cuya capacidad de producción supera la demanda del mercado de cualquier país; como es evidente, para captar dichas economías, una empresa tiene que exportar a mercados de otros países. Sin embargo, una estrategia de exportación es vulnerable cuando los costos de fabricación en el país de origen son considerablemente más altos que en países extranjeros donde los rivales tienen plantas o cuando los costos de envío son relativamente elevados. A menos que un exportador pueda mantener sus costos de producción y envío en un nivel competitivo con respecto a los rivales que tienen plantas de bajo costo en los mercados de los usuarios finales, su éxito será limitado.

Estrategias de otorgamiento de licencias

El otorgamiento de licencias conviene cuando una empresa que posee experiencia y conocimientos técnicos valiosos o un producto patentado único carece de la capacidad organizacional interna o de los recursos para incursionar en mercados extranjeros. El otorgamiento de licencias también tiene la ventaja de evitar los riesgos de asignar recursos a mercados nacionales que son desconocidos, presentan considerable incertidumbre económica o son políticamente volátiles. Al otorgar una licencia sobre la tecnología o los derechos de producción a empresas con sede en el extranjero, la compañía no tiene que correr con los costos y riesgos de incursionar por su cuenta en mercados foráneos; sin embargo, puede generar ingresos de las regalías. La gran desventaja de otorgar licencias es el riesgo de proporcionar pericia tecnológica valiosa a compañías extranjeras y, de ese modo, perder cierto grado de control sobre su uso; la supervisión de las licencias y la protección de los conocimientos patentados de la firma pueden resultar muy difíciles en ciertas circunstancias.

Estrategia de franquicias

Aunque el otorgamiento de licencias funciona bien para los fabricantes, las franquicias suelen ser más adecuadas para los esfuerzos de expansión global de empresas de servicios y comercio minorista. McDonald's, Tricon Global Restaurants (compañía matriz de Pizza Hut, Kentucky Fried Chicken y Taco Bell) y Hilton Hotels han usado las franquicias para crear presencia en los mercados extranjeros. Las franquicias tienen ventajas muy parecidas a las de las licencias. El titular de la franquicia corre con la mayor parte de los costos y riesgos de establecerse en el extranjero; el otorgante de la franquicia sólo tiene que gastar recursos en cuestiones de reclutamiento, capacitación y apoyo a los compradores de la franquicia. El gran problema que enfrenta el otorgante de la franquicia es el mantenimiento del control de calidad; los titulares de franquicias en el extranjero no siempre demuestran un compromiso fuerte con la uniformidad y estandarización, tal vez porque la cultura local no destaca o atribuye demasiado valor a los mismos tipos de preocupaciones por la calidad.

¿Una estrategia multinacional o una estrategia global?

La necesidad de una estrategia multinacional se deriva de las a veces enormes diferencias en las condiciones culturales, económicas, políticas y competitivas en los diferentes países. Mientras más diversas sean las condiciones de los mercados nacionales, tanto más conviene una *estrategia multinacional* donde la compañía diseña su enfoque estratégico para adaptarlo a la situación del mercado de cada país anfitrión. Por lo general, pero no siempre, las empresas que llevan a cabo una estrategia multinacional emplean el mismo tema competitivo básico (costos bajos, diferenciación o el mejor costo) en los diversos países e implantan las variaciones específicas que se requieren en cada lugar para satisfacer mejor a los clientes y posicionarse con respecto a los rivales locales. Pueden tratar de llegar a objetivos amplios del mercado en algunos países y enfocarse de manera más limitada en un nicho en particular en otros. Cuanto más grandes sean las variaciones de un país a otro, tanto más la estrategia internacional general de una compañía se transformará en una serie de estrategias particulares para cada país. Sin embargo, las variaciones entre un lugar y otro siguen permitiendo establecer conexiones entre las estrategias en cada país, ya que puede realizarse el esfuerzo para transferir ideas, tecnologías, competencias y capacidades que funcionen satisfactoriamente en el mercado de un país a otros mercados nacionales. Con este fin, es útil ver a las operaciones en cada país como "experimentos" que producen aprendizaje y capacidades que ameritan ser transferidos a mercados de otros países.[4]

---

[4] Para más detalles sobre la utilidad de dichas oportunidades para aplicar estrategias "transnacionales", véase C. A. Bartlett y S. Ghoshal, *Managing Across Borders: The Transnational Solution*, 2a. ed., Harvard Business School Press, Boston, 1998, pp. 79-80 y capítulo 9.

Aunque las estrategias multinacionales son más convenientes para las industrias donde la competencia multinacional domina y un grado relativamente alto de receptividad local resulta imperativo para competir, las estrategias globales son más adecuadas para las industrias globalmente competitivas. Una *estrategia global* es aquella en que el enfoque de la compañía es *básicamente el mismo* en todos los países. Aunque existen algunas diferencias *menores* de un lugar a otro para satisfacer condiciones competitivas específicas en los países anfitriones, el tema competitivo fundamental de la compañía (costos bajos, diferenciación, mejor costo o enfocarse) es el mismo en todo el mundo. Además, una estrategia global implica: 1) integrar y coordinar las medidas estratégicas de la compañía en todo el mundo y 2) vender en muchas, si no es que en todas las naciones donde existe demanda significativa de los compradores. En la tabla 6.1 se presenta una comparación punto por punto de las estrategias multinacionales y globales. La pregunta sobre cuál de estas dos estrategias conviene seguir es el principal problema estratégico que enfrentan las compañías cuando compiten en mercados internacionales.

La fuerza de una estrategia multinacional reside en que concuerda con el enfoque competitivo de la compañía hacia las circunstancias del país anfitrión. Una estrategia multinacional es esencial cuando existen diferencias significativas de un país a otro en las necesidades y hábitos de compra de los clientes (véase la cápsula ilustrativa 27), cuando los compradores en un país insisten en productos fabricados por pedido especial o altamente personalizados, cuando los gobiernos anfitriones promulgan leyes que exigen que los productos vendidos en el país satisfagan especificaciones de fabricación o normas de desempeño estrictas, y cuando las restricciones comerciales de los gobiernos anfitriones son tan diversas y complicadas que impiden un enfoque de mercado uniforme y coordinado en todo el mundo. Sin embargo, una estrategia multinacional tiene dos grandes desventajas: es muy difícil transferir las competencias y recursos de la compañía entre fronteras nacionales y no promueve la generación de una ventaja competitiva específica y unificada, en especial la que se basa en el bajo costo. La orientación fundamental de una estrategia multinacional es la receptividad a las condiciones locales del país, no crear competencias y capacidades competitivas bien definidas entre países que puedan producir a la larga una ventaja competitiva sobre otros competidores internacionales o globales y las compañías nacionales de los países anfitriones. Las firmas que emplean una estrategia multinacional enfrentan grandes obstáculos para alcanzar el liderazgo en bajos costos, a menos que encuentren la manera de personalizar sus productos y seguir estando en posición de captar las economías de escala y los efectos de la curva de experiencia; la capacidad de poner en práctica el ensamblado hecho a la medida a gran escala y a costo relativamente bajo (como Dell, Gateway y Toyota han demostrado) facilita bastante el uso eficaz de un enfoque multinacional.

Una estrategia global, debido a que es más uniforme de un país a otro, puede concentrarse en crear las fortalezas de recursos para conseguir una ventaja competitiva sustentable, basada en los bajos costos o en la diferenciación, sobre los rivales nacionales y globales que compiten en el mundo por el liderazgo en el mercado. Siempre que las diferencias entre un país y otro sean lo suficientemente menores como para poder satisfacerlas dentro del marco de una estrategia global, ésta es preferible a una estrategia multinacional debido al valor de unificar los esfuerzos de la compañía en todo el mundo para crear competencias y capacidades fuertes y competitivamente valiosas que los rivales no puedan igualar con facilidad.

> Una estrategia multinacional es apropiada para las industrias en las que la competencia multinacional predomina y la receptividad local es esencial. Una estrategia global funciona mejor en los mercados que son globalmente competitivos o empiezan a globalizarse.

LA BÚSQUEDA DE LA VENTAJA COMPETITIVA MEDIANTE LA COMPETENCIA MULTINACIONAL

Hay tres maneras en que una empresa puede adquirir ventaja competitiva (o compensar las desventajas nacionales) expandiéndose fuera de su mercado interno.[5] Una consiste en explotar la capacidad de un competidor multinacional o global de desplegar la investigación y desarrollo, fabricación de partes, ensamblaje, centros de distribución, ventas y marketing, centros de atención a

---

[5] Porter, *The Competitive Advantage of Nations*, p. 54.

Tabla 6.1   Diferencias entre las estrategias multinacionales y globales

	Estrategia multinacional	Estrategia global
Ámbito estratégico	● Países de destino y áreas de comercio seleccionadas	● La mayoría de los países donde hay una fuerte demanda del producto; casi todas las compañías globales tienen operaciones en América del Norte, la costa asiática del Pacífico y América Latina.
Estrategia de negocios	● Estrategias hechas a la medida para adaptarse a la situación de cada país anfitrión; poca o ninguna coordinación de la estrategia entre países.	● Misma estrategia básica en todo el mundo; variaciones menores de un país a otro cuando son esenciales
Estrategia para la línea de productos	● Adaptada a la cultura local, así como a las necesidades y expectativas específicas de los compradores locales.	● La mayoría de los productos que se venden en el mundo son estandarizados; adaptación moderada donde y cuando es necesaria.
Estrategia de producción	● Plantas dispersas en muchos países anfitriones; cada una produce versiones adecuadas para las condiciones locales.	● Plantas situadas con base en la máxima ventaja competitiva (en países de bajo costo, cerca de los principales mercados, dispersas geográficamente para reducir al mínimo los costos de envío, o uso de unas cuantas plantas a escala mundial para maximizar las economías de escala y efectos de la curva de experiencia, según resulte más apropiado)
Origen del suministro de materias primas y componentes	● Se prefiere a proveedores del país anfitrión (las instalaciones locales satisfacen las necesidades de los clientes de la zona; es posible que el gobierno anfitrión exija cierta contratación de servicios locales)	● Proveedores atractivos de todas partes del mundo
Marketing y distribución	● Adaptadas a las prácticas y cultura de cada país anfitrión	● Mucha más coordinación mundial; adaptación menor a situaciones del país anfitrión si se necesita
Conexiones de la estrategia entre países	● Se realizan esfuerzos para transferir ideas, tecnologías, competencias y capacidades que funcionen satisfactoriamente de un país a otro, siempre que dicha transferencia parezca ventajosa	● Se realizan esfuerzos para emplear prácticamente las mismas tecnologías, competencias y capacidades en todos los mercados nacionales (para promover el uso de una estrategia estándar en su mayoría), pero las nuevas iniciativas estratégicas y capacidades competitivas que resultan exitosas en un país se transfieren a otros mercados nacionales
Organización de la compañía	● Constituir compañías subsidiarias para que manejen las operaciones en cada país anfitrión; cada subsidiaria funciona de manera más o menos autónoma para satisfacer las condiciones del país anfitrión	● Todas las decisiones estratégicas importantes se coordinan estrechamente en las oficinas centrales globales; se emplea una estructura organizacional global para unificar las operaciones en cada país.

Cápsula ilustrativa 27
Estrategias multinacionales: Microsoft en el software para computadoras personales, McDonald's en comida rápida y Nestlé en el café instantáneo

MICROSOFT

Para atender mejor las necesidades de los usuarios en los países extranjeros, Microsoft traduce muchos de sus productos de software para reflejar los idiomas locales. En Francia, por ejemplo, todos los mensajes al usuario y la documentación están en francés y todas las referencias monetarias se presentan en francos franceses. En el Reino Unido, las referencias monetarias están en libras esterlinas y los mensajes al usuario y la documentación reflejan ciertas convenciones británicas. Varios productos de Microsoft se han traducido a más de 30 idiomas.

MCDONALD'S

McDonald's ha tenido mucho éxito en los mercados fuera de Estados Unidos, en parte porque es experto en modificar las ofertas de su menú para complacer los gustos locales. En Taiwán y Singapur, los restaurantes de McDonald's ofrecen un plato de pollo frito con hueso llamado Chicken McCrispy. En Gran Bretaña, existe el McChicken Tikka Naan para satisfacer el antojo de los británicos por la comida hindú. En la India, McDonald's incluye el sandwich Maharajah Mac (una versión hindú de la Big Mac); en Japón, se vende el sandwich Chicken Tatsuta y el Teriyaki Burger; en Australia, hay una McOz Burger. Sin embargo, la infraestructura y los sistemas operativos que se emplean en los establecimientos son básicamente los mismos, lo que permite a McDonald's ser el líder en costos bajos una vez que genera volumen en sus restaurantes (en ocasiones, este proceso dura hasta cinco años) y una vez que cuenta con suficientes establecimientos operando en un país, realizar economías de escala completas (en ocasiones, este proceso dura de cinco a 10 años en los mercados extranjeros más grandes).

NESTLÉ

Nestlé, con sede en Suiza, es la compañía productora de alimentos más grande del mundo y también el mayor productor de café. Con una fuerza laboral de 22 541 empleados operando en casi 480 fábricas en 100 países, la presencia de Nestlé es claramente multinacional. Peter Brabeck-Letmathe, director general, propugna por comprender las distinciones entre las culturas donde Nestlé comercializa sus productos. "[Si] uno está abierto a nuevos idiomas, también lo está a nuevas culturas", explica. Así, los nombres del café instantáneo, como Nescafé, Taster's Choice, Ricore y Ricoffy, abarrotan los anaqueles de las tiendas en varios países. Si los clientes prefieren café tostado o molido, pueden comprar Nespresso, Bonka, Zoegas o Loumidis, dependiendo del lugar donde vivan.

Nestlé produce 200 tipos de café instantáneo, desde mezclas ligeras para el mercado estadounidense hasta cafés exprés oscuros para América Latina. Para que sus cafés instantáneos coincidan con los gustos de los consumidores en diferentes países (y áreas dentro de algunos países), Nestlé opera cuatro laboratorios de investigación de café donde se experimenta con nuevas mezclas en aroma, sabor y color. La estrategia consiste en establecer correspondencia entre las mezclas comercializadas en cada país y los gustos y preferencias de los bebedores de café en dicho país, introduciendo nuevas mezclas para generar nuevos segmentos cuando surgen oportunidades y modificando las mezclas según sea necesario para responder a los gustos y hábitos cambiantes de los compradores. En Inglaterra, Nescafé se promovió intensivamente para crear una base más amplia de bebedores de café instantáneo. En Japón, donde Nescafé era considerado un artículo de lujo, la compañía empezó a vender sus mezclas japonesas en envases elegantes apropiados para regalo.

Fuentes: Sitio web de Nestlé (www.nestle.com), visitado el 15 de agosto de 2001; "Nestlé S. A.", Hoover's Online (www.hoovers.com), visitado el 15 de agosto de 2001; Tom Mudd, "Nestlé Plays to Global Audience", *Industry Week* (www.industryweek.com), 13 de agosto de 2001; informes anuales de la compañía; Shawn Tully, "Nestlé Shows How to Gobble Markets", *Fortune,* 16 de enero de 1989, pp. 74-78, y "Nestlé: A Giant in a Hurry", *Business Week,* 22 de marzo de 1993, pp. 50-54.

clientes y otras actividades entre varios países para reducir los costos o lograr una mayor diferenciación del producto. La segunda manera supone la transferencia eficaz y eficiente de las competencias y capacidades competitivamente valiosas de sus mercados nacionales a los extranjeros. La tercera posibilidad se basa en la capacidad de un competidor multinacional o global de profundizar o ampliar sus fortalezas de recursos y capacidades y coordinar sus actividades dispersas de tal modo que un competidor que sólo actúe en el ámbito nacional no pueda hacerlo.

Obtención de ventajas de ubicación

Al utilizar las ubicaciones para generar ventaja competitiva, una compañía debe pensar en dos cuestiones: 1) si debe concentrar cada actividad que realiza en unos cuantos países seleccionados o dispersar la realización de la actividad en muchas naciones, y 2) en qué países ubicar las actividades específicas. Las compañías tienden a concentrar sus actividades en una cantidad limitada de lugares:

- *Cuando los costos de fabricación u otras actividades son significativamente más bajos en ciertas ubicaciones geográficas que en otras.* Por ejemplo, buena parte del calzado deportivo en el mundo se fabrica en Asia (China y Corea) debido a los bajos costos de la mano de obra; casi todas las tarjetas madre para las computadoras personales se producen en Taiwán tanto por los costos bajos como por las habilidades técnicas de alto calibre de la mano de obra de este país.

- *Cuando existen economías de escala significativas en la realización de la actividad.* La presencia de economías de escala significativas en la producción de componentes o ensamblaje final implica que una compañía puede realizar importantes ahorros en costos, derivados de la operación de unas cuantas plantas altamente eficientes, en lugar de una multitud de plantas pequeñas dispersas en el mundo. Las economías importantes de marketing y distribución que se asocian con las operaciones multinacionales también pueden redundar en el liderazgo en bajos costos. En situaciones donde algunos competidores están resueltos a llegar al predominio global, ser el proveedor de bajo costo en el mundo es una poderosa ventaja competitiva. Para llegar a ser productor de bajo costo a menudo se necesita que una compañía tenga la *participación de fabricación* más grande en el mundo, con la producción centralizada en una o algunas plantas a escala mundial en sitios de bajo costo. La participación de fabricación (que es distinta de la participación de marca o de la participación de mercado) es importante porque proporciona un acceso más seguro a economías de escala relacionadas con la producción. Varias compañías japonesas han usado su amplia participación de fabricación para establecer una ventaja en costos bajos sobre los rivales. Por ejemplo, aunque menos de 40% de todas las videograbadoras que se venden en Estados Unidos ostentan un nombre de marca japonés, las compañías japonesas las fabrican en su totalidad —todos los vendedores contratan la fabricación de sus videograbadoras a empresas japonesas—.[6] En los hornos de microondas, las marcas japonesas tienen una participación inferior a 50% del mercado estadounidense, pero la participación de fabricación de las compañías japonesas es superior a 85 por ciento.

- *Cuando hay una curva pronunciada de aprendizaje o experiencia asociada con la realización de una actividad en un solo emplazamiento.* En algunas industrias los efectos de la curva de experiencia en la fabricación de partes o ensamblaje son tan marcados que una compañía establece una o dos grandes plantas desde las cuales atiende al mercado mundial. La clave para aprovechar la curva de experiencia y disminuir los costos radica en concentrar la producción en unos cuantos emplazamientos con el fin de aumentar el volumen acumulado en una planta (y con ello la experiencia de los trabajadores de la fábrica) tan rápido como sea posible.

- *Cuando ciertas ubicaciones tienen recursos superiores, permiten mejor coordinación de las actividades relacionadas u ofrecen otras ventajas valiosas.* Una unidad de investigación o un centro avanzado de producción pueden situarse en una nación en particular debido a su reserva de personal técnicamente capacitado. Samsung llegó a ser el líder en la tecnología de chips de memoria gracias a que estableció un importante centro de investigación y desarrollo en Silicon Valley y transfirió la pericia adquirida a las oficinas centrales y plantas en Corea del Sur. En los casos en que las prácticas de inventarios justo a tiempo producen grandes ahorros en costos o la empresa de ensamblaje tiene acuerdos de asociación a largo plazo con sus proveedores más importantes resulta beneficioso que las plantas de fabricación de partes se agrupen en torno a las plantas de ensamblaje final. Una planta de ensamblaje puede ubicarse en un país a cambio de que el gobierno anfitrión permita la importación libre de componentes fabricados en plantas a gran escala centralizadas que se encuentran en otro país. Asimismo, un centro de atención a clientes u oficina de ventas puede establecerse en un país específico para contribuir a entablar relaciones fuertes con clientes fundamentales.

> Para buscar la ventaja competitiva en los mercados mundiales, las compañías concentran actividades en las naciones más ventajosas; un competidor que sólo actúa en el ámbito nacional no tiene esas oportunidades.

---

[6] C.K. Prahalad e Yves L. Doz, *The Multinational Mission*, Free Press, Nueva York, 1987, p. 60.

Sin embargo, en varios casos, *dispersar las actividades es más ventajoso que concentrarlas.* Las actividades relacionadas con los compradores (como la distribución a concesionarios, ventas y publicidad y servicio posterior a la venta) por lo general tienen que realizarse cerca de los compradores. Esto implica ubicar físicamente la capacidad de ejecutar dichas actividades en cada mercado nacional en que la compañía global tenga clientes importantes (a menos que los compradores en países vecinos puedan ser atendidos con rapidez desde un emplazamiento central cercano). Por ejemplo, las empresas que fabrican equipo para explotación de minas y perforación de pozos petroleros mantienen operaciones en muchas ubicaciones internacionales para apoyar las necesidades de los clientes relativas a la reparación rápida de equipo y asistencia técnica. Los grandes despachos de contadores públicos tienen numerosas oficinas internacionales para atender las operaciones extranjeras de sus clientes corporativos multinacionales. Un competidor global que dispersa eficazmente sus actividades relacionadas con los compradores puede adquirir ventaja competitiva basada en el servicio en los mercados mundiales sobre los rivales cuyas actividades en este mismo sentido son más concentradas; ésta es una de las razones por las que los despachos contables del grupo de los Cinco Grandes (Big Five) han tenido tanto éxito en relación con las compañías de segundo nivel. La dispersión de las actividades en muchos sitios también es competitivamente ventajoso cuando los elevados costos del transporte, las deseconomías de gran magnitud y las barreras comerciales hacen que resulte demasiado caro operar desde un emplazamiento central. Muchas compañías distribuyen sus productos desde varios lugares para acortar los plazos de entrega a los clientes. Además, es estratégicamente ventajoso dispersar las actividades para protegerse contra los riesgos de las fluctuaciones en el tipo de cambio de las divisas, interrupción en los suministros (debido a huelgas, fallas mecánicas y retrasos en el transporte) y acontecimientos políticos adversos, ya que dichos riesgos son mayores cuando las actividades están concentradas en un solo sitio.

La razón clásica de ubicar una actividad en un país específico es el costo bajo.[7] Aun cuando las compañías multinacionales y globales tienen razones de peso para dispersar las actividades relacionadas con los compradores en muchos emplazamientos internacionales, las actividades como la compra de materiales, fabricación de partes, ensamblaje de productos terminados, investigación tecnológica y desarrollo de nuevos productos, con frecuencia suelen desligarse de los lugares donde están los compradores y realizarse dondequiera que exista ventaja. Así los componentes pueden fabricarse en México, la investigación tecnológica realizarse en Frankfurt, los nuevos productos desarrollarse y probarse en Phoenix y las plantas de ensamblaje situarse en España, Brasil, Taiwán o Carolina del Sur. El capital puede recaudarse en cualquier país en que esté disponible en las mejores condiciones.

Transferencia de competencias y capacidades entre fronteras

La expansión fuera del mercado interno es una forma que tienen las compañías de aprovechar sus competencias centrales y fortalezas de recursos para competir con éxito en otros mercados nacionales y de paso aumentar sus ventas y utilidades. La transferencia de competencias, capacidades y fortalezas de recursos de un país a otro contribuye al desarrollo de competencias y capacidades más amplias o más profundas, e idealmente ayuda a que la compañía logre *profundidad dominante* en cierta área competitivamente valiosa. La profundidad dominante en una capacidad competitivamente valiosa, recurso o actividad de la cadena de valor constituye una base fuerte de la ventaja competitiva sustentable sobre otros competidores multinacionales o globales y, en especial, sobre los competidores nacionales pequeños en los países anfitriones. Las compañías nacionales por lo general no son capaces de lograr profundidad dominante porque la base de clientes de un solo país es demasiado pequeña para sustentar tal acumulación de recursos o porque su mercado apenas está emergiendo y no se han necesitado recursos complejos.

---

[7] Porter, *The Competitive Advantage of Nations*, p. 57.

Wal-Mart está expandiendo rápidamente sus operaciones a otras partes del mundo con una estrategia que implica transferir su considerable experiencia nacional en la distribución y el comercio minorista de descuento a otros países. Su condición de ser el usuario más grande, con más recursos y más complejo, de pericia en distribución y comercio minorista le ha servido bien para generar con rapidez ventas y rentabilidad en el extranjero.

Coordinación de actividades transfronterizas

La alineación y coordinación de las actividades de la compañía ubicadas en diferentes países contribuye de varias maneras a adquirir una ventaja competitiva sustentable. Las compañías que compiten en varios lugares del mundo pueden elegir dónde y cómo desafiar a los rivales. Un competidor multinacional o global puede decidir tomar represalias contra un rival agresivo en el mercado nacional donde el rival tiene su mayor volumen de ventas o sus mejores márgenes de utilidad con el fin de reducir los recursos financieros de que éste dispone para competir en los mercados de otros países. Puede decidir emprender una ofensiva de reducción de precios contra rivales débiles en los mercados de origen, conseguir una mayor participación de mercado y subsidiar las pérdidas en el corto plazo con las utilidades obtenidas en los mercados de otros países.

Si una compañía aprende a ensamblar su producto de manera más eficiente en su planta brasileña, la pericia acumulada sería fácilmente transferible por medio de internet a las plantas de ensamblaje ubicadas en otros lugares del mundo. El conocimiento adquirido en la comercialización del producto de una firma en Gran Bretaña puede intercambiarse fácilmente con el personal de la compañía en Nueva Zelanda o Australia. La compañía tiene la opción de trasladar la producción de un país a otro para aprovechar las fluctuaciones en el tipo de cambio de las divisas, mejorar su posición con el gobierno del país anfitrión y responder a los niveles cambiantes de los salarios, escasez de componentes, costos de la energía o cambios en los aranceles y cuotas. Los programas de producción pueden coordinarse a escala mundial; asimismo, cabe la posibilidad de que los envíos se desvíen de un centro de distribución a otro si las ventas aumentan inesperadamente en un lugar y disminuyen en otro.

Con el uso de internet, las compañías suelen recopilar ideas de los clientes y el personal de ventas y marketing de todo el mundo para crear productos nuevos y mejorados, lo que permite decisiones informadas acerca de lo que es factible estandarizar y lo que debe individualizarse. Asimismo, por medio de internet es posible reunir al mejor personal de diseño e ingeniería (dondequiera que éste se encuentre ubicado) con el fin de que cree la siguiente generación de los productos. Cuando las cargas de trabajo son demasiado pesadas en un emplazamiento, suelen trasladarse a otros lugares donde el personal está subutilizado.

Las compañías pueden mejorar la reputación de su marca incorporando sistemáticamente los mismos atributos diferenciadores en sus productos en los diversos mercados mundiales en los que compite. La reputación de calidad que Honda estableció a escala mundial primero en las motocicletas y luego en los automóviles le dio ventaja competitiva para posicionar las podadoras de césped Honda en el nivel superior del mercado estadounidense de equipo motorizado para exteriores; el nombre Honda dio a la compañía credibilidad instantánea entre los compradores estadounidenses.

RESERVAS DE UTILIDADES, SUBSIDIOS ENTRE MERCADOS Y OFENSIVAS ESTRATÉGICAS GLOBALES

Las **reservas de utilidades** *son los mercados nacionales en los que una compañía obtiene utilidades sustanciales debido a su posición de mercado fuerte o protegida.* Por ejemplo, Japón es una reserva de utilidades para la mayoría de las compañías japonesas debido a que las barreras comerciales erigidas alrededor de las industrias japonesas por el gobierno de ese país impiden eficazmente que las empresas extranjeras compitan por una participación grande de las ventas japonesas. Protegidas de la amenaza de la competencia extranjera en su mercado interno, las compañías japonesas pueden cobrar sin riesgo precios un poco más altos a sus clientes japoneses y así obtener utilidades atractivas sobre las ventas realizadas en Japón. En la mayoría de los casos, la reserva de utilidades más grande y más crucial en el aspecto estratégico para una empresa es su mercado interno, pero las compañías multinacionales y globales también llegan a disfrutar de reservas de utilidades en otras naciones donde tienen una posición competitiva fuerte, un gran volumen de ventas y márgenes de utilidades atractivos.

Uso de los subsidios entre mercados para emprender una ofensiva estratégica

Las reservas de utilidades son activos competitivos valiosos porque proporcionan la fortaleza financiera necesaria para apoyar las ofensivas estratégicas en mercados nacionales seleccionados y contribuyen a la carrera de una compañía por el liderazgo en el mercado global. La capacidad financiera adicional que proporcionan varias reservas de utilidades da a un competidor global o multinacional la fortaleza financiera para emprender una ofensiva de mercado en contra de un competidor interno cuya única reserva de utilidades es su mercado nacional. Considérese el caso de una compañía exclusivamente nacional en competencia con otra que cuenta con varias reservas de utilidades y compite por el liderazgo en el mercado global. La compañía global tiene la flexibilidad de bajar sus precios en el mercado interno de la compañía nacional y conseguir participación de mercado a costa de la compañía nacional, subsidiando los márgenes pequeños o pérdidas con las utilidades sustanciales que obtiene en sus reservas; esta práctica se llama **asignación de subsidios entre mercados**. La compañía global ajusta el grado de la reducción de sus precios para intervenir y conseguir participación de mercado con rapidez, o reduce los precios ligeramente para realizar incursiones graduales en el mercado a lo largo de una década o más, de manera que no represente una amenaza grave a las empresas nacionales y llegue a desencadenar medidas gubernamentales proteccionistas. Si la compañía nacional responde con reducciones de precios comparables, expone toda su base de ingresos y utilidades al deterioro; sus utilidades pueden disminuir de manera sustancial y su fortaleza competitiva tambalearse, incluso si se trata del líder del mercado interno.

Existen numerosos casos en el mundo en que las compañías nacionales, con o sin razón, han acusado a los competidores extranjeros de inundar el mercado con mercancías a precios irracionalmente bajos y de tratar en forma deliberada de colocarlas en una situación financiera desesperada y quizá hacerlas quebrar. Muchos gobiernos tienen leyes "antidumping" dirigidas a proteger a las compañías nacionales de los precios "injustos" de sus rivales extranjeros. Por ejemplo, en Estados Unidos en 1999 el gobierno federal impuso sanciones antidumping contra las compañías siderúrgicas de Japón por vender productos de acero a precios excesivamente bajos.

ALIANZAS ESTRATÉGICAS Y EMPRESAS CONJUNTAS CON SOCIOS EXTRANJEROS

Las alianzas estratégicas y los acuerdos de cooperación de uno u otro tipo con compañías extranjeras son uno de los medios favoritos y potencialmente fructíferos para incursionar en un mercado extranjero o fortalecer la competitividad de una empresa en los mercados mundiales. Históricamente, las compañías orientadas a la exportación en las naciones industrializadas buscaron alianzas con empresas en países menos desarrollados para que éstas importaran y comercializaran sus productos en el ámbito local; dichos arreglos eran a menudo necesarios para obtener la autorización del gobierno del país anfitrión para ingresar en su mercado. En fechas más recientes, las compañías de diferentes partes del mundo han formado alianzas estratégicas y celebrado convenios de asociación para fortalecer su capacidad mutua de atender continentes enteros y avanzar hacia una participación mayor en el mercado global. Tanto las compañías

Concepto básico
Las compañías que poseen *reservas de utilidades* grandes y protegidas tienen ventaja competitiva sobre aquellas que no cuentan con una reserva protegida. Las compañías que poseen varias reservas de utilidades tienen ventaja competitiva sobre aquellas que sólo cuentan con una reserva.

Concepto básico
Los *subsidios entre mercados,* o el apoyo a las ofensivas competitivas en un mercado con recursos y utilidades desviados de las operaciones en otros mercados, son una potente arma competitiva.

Las alianzas estratégicas ayudan a las compañías en industrias globalmente competitivas a fortalecer sus posiciones competitivas sin perder su independencia.

japonesas como las estadounidenses están formando activamente alianzas con empresas europeas con el fin de fortalecer su capacidad de competir en las 15 naciones de la Unión Europea y aprovechar la apertura de los mercados de Europa Oriental. Muchas compañías estadounidenses y europeas se están aliando con empresas asiáticas en sus esfuerzos por incursionar en los mercados de China, India y otros países asiáticos.

Últimamente, el número de alianzas, sociedades en participación, y otros esfuerzos de colaboración ha aumentado de manera exponencial, y abarcan esfuerzos de investigación conjuntos, intercambio de tecnología, uso conjunto de instalaciones de producción, comercialización recíproca de los productos y unión de fuerzas para fabricar componentes o ensamblar productos terminados. Los convenios de cooperación entre compañías nacionales y extranjeras tienen atractivo estratégico por otras razones aparte de obtener acceso más amplio a mercados nacionales atractivos.[8] Una de ellas es captar las economías de escala en la producción o marketing —las reducciones en los costos pueden ser la diferencia que permita a una compañía ser competitiva en costos—. Al unir fuerzas para producir componentes, ensamblar modelos y comercializar sus productos, las compañías logran obtener ahorros en costos que no podrían conseguir con sus propios volúmenes pequeños. Otra razón es cerrar las lagunas en pericia técnica o conocimiento de los mercados locales (hábitos de compra y preferencias de los consumidores por ciertos productos, aduanas locales, etcétera). Los aliados aprenden mucho unos de otros al realizar investigaciones conjuntas, compartir la experiencia tecnológica, estudiar los métodos de fabricación mutuos y entender cómo modificar los enfoques de ventas y marketing para adaptarlos a las culturas y tradiciones locales. Una tercera razón es compartir los centros de distribución y redes de concesionarios, fortaleciendo así mutuamente su acceso a los compradores. La cuarta razón es que las compañías aliadas dirigen de esta manera sus energías competitivas más hacia los rivales mutuos y menos entre sí; el agruparse les ayuda a cerrar la brecha que las separa de las firmas líderes. Por último, las alianzas pueden ser una forma especialmente útil de llegar a acuerdos sobre normas técnicas importantes; se han usado para acordar los estándares de las videograbadoras, diversos dispositivos para computadoras personales, tecnologías relacionadas con internet, teléfonos móviles y otros dispositivos de comunicación inalámbricos.

Los riesgos de las alianzas estratégicas con socios extranjeros

Las alianzas y las sociedades en participación también tienen sus dificultades. No es fácil llegar a una colaboración eficaz entre compañías independientes, cada una de ellas con diferentes motivos y quizá objetivos contradictorios.[9] Se requieren muchas reuniones de numerosas personas que trabajen de buena fe a lo largo de un periodo prolongado para decidir lo que se compartirá, qué seguirá siendo propiedad exclusiva y cómo funcionarán los convenios de cooperación. Los aliados de otros países típicamente tienen que superar barreras idiomáticas y culturales; los costos de comunicación, generación de confianza y coordinación son elevados en función del tiempo administrativo. A menudo, una vez que las cosas empiezan a funcionar, los socios descubren que tienen diferencias de opinión marcadas en cuanto a cómo proceder, y objetivos y estrategias en conflicto. Las tensiones se acumulan, las relaciones de trabajo se enfrían y los beneficios esperados nunca se concretan.[10]

Otro problema importante radica en conseguir que los socios de la alianza tomen decisiones con suficiente prontitud para responder a los rápidos adelantos tecnológicos. La estrategia de las compañías grandes de telecomunicaciones para lograr "conectividad global" ha implicado uso amplio de alianzas y sociedades en participación con sus homólogos en el extranjero,

---

[8] Porter, *The Competitive Advantage of Nations*, p. 66; véase también Yves L. Doz y Gary Hamel, *Alliance Advantage,* Harvard Business School Press, Boston, MA, 1998, en especial los capítulos 2-4.

[9] Para una excelente exposición de las experiencias de las compañías con alianzas y sociedades, véase Doz y Hamel, *Alliance Advantage,* capítulos 2-7, y Rosabeth Moss Kanter, "Collaborative Advantage: The Art of the Alliance", *Harvard Business Review* 72, núm. 4, julio-agosto de 1994, pp. 96-108.

[10] Jeremy Main, "Making Global Alliances Work", p. 125.

pero se están topando con graves dificultades para llegar a acuerdos respecto a cuáles de los varios enfoques tecnológicos deben emplear y cómo adaptarse al ritmo acelerado con que todas las opciones están avanzando. AT&T y British Telecom, que formaron una empresa conjunta de 10 000 millones de dólares para construir una red global basada en internet con el fin de interconectar a 100 ciudades importantes, tardaron ocho meses en encontrar un director ejecutivo que encabezara el proyecto y todavía más tiempo en idear un nombre.

Muchas veces es difícil para los aliados colaborar con eficacia en áreas competitivamente delicadas, lo que plantea dudas respecto a la confianza mutua y los intercambios inmediatos de información y pericia. Llega a haber choques de egos y culturas organizacionales. Las personas clave, de quienes depende el éxito o el fracaso, pueden tener poca química personal, ser incapaces de trabajar en colaboración estrecha o de formar una sociedad, o dificultárseles llegar a un consenso. Por ejemplo, una alianza entre Northwest Airlines y KLM Royal Dutch Airlines que vinculaba sus centros de interconexión en Detroit y Amsterdam produjo una enconada pelea campal entre los principales funcionarios de ambas compañías (quienes, según algunos informes, se negaban a dirigirse la palabra) y precipitó una lucha por el control de Northwest Airlines urdida por KLM. La controversia se originó en un choque de filosofías comerciales (el estilo estadounidense contra el europeo), diferencias culturales elementales y una lucha de poder entre los ejecutivos.[11]

Otro de los peligros de las sociedades colaborativas es el de llegar a ser excesivamente dependiente de otra compañía para obtener la pericia y las capacidades esenciales en el largo plazo. Para ser un contendiente serio en el mercado, una empresa debe desarrollar a la larga capacidades internas en todas las áreas importantes para fortalecer su posición competitiva y crear una ventaja competitiva sustentable. Cuando aprender de los aliados ofrece sólo potencial limitado (porque dichos aliados protegen celosamente sus habilidades y pericia más valiosas), adquirir o fusionarse con una compañía que posea la experiencia y recursos deseados es mejor solución. Si la firma aspira al liderazgo en el mercado global, una fusión o adquisición internacional puede ser una mejor alternativa que las alianzas o empresas conjuntas transfronterizas. En la cápsula ilustrativa 28 se narran las experiencias de varias compañías con alianzas estratégicas internacionales.

> Las alianzas estratégicas contribuyen más eficazmente a establecer un punto central de nuevas oportunidades en los mercados mundiales que a lograr y sostener el liderazgo global.

Aprovechamiento máximo de las alianzas estratégicas con socios extranjeros

Al parecer, el hecho de que una compañía haga realidad el potencial de las alianzas y sociedades colaborativas con empresas extranjeras depende de seis factores:[12]

1. *Elegir a un buen socio.* Un buen socio comparte la visión de la empresa sobre el propósito de la alianza y posee la pericia y las capacidades deseadas. La experiencia indica que, por lo general, es prudente evitar asociarse con compañías extranjeras cuando existe un fuerte potencial de competencia directa debido a líneas de productos que se superponen u otros intereses contradictorios; los convenios para comercializar conjuntamente los productos del otro presentan muchas probabilidades de que surjan conflictos, a menos que los productos sean complementarios en lugar de sustitutos.

2. *Ser sensible a las diferencias culturales.* A menos que el socio extranjero muestre respeto por la cultura y prácticas comerciales locales y que exista buena química entre el personal clave, es poco probable que surjan relaciones de trabajo productivas.

3. *Reconocer que la alianza debe beneficiar a ambas partes.* La información debe compartirse y adquirirse, e igualmente la relación tiene que ser franca y confiable. Muchas alianzas fracasan porque uno o ambos socios se sienten insatisfechos con lo que aprenden. También, si cualquiera de los socios oculta información o trata de aprovecharse del otro, la fricción resultante puede deteriorar con rapidez el valor de la colaboración continua.

---

[11] Los detalles de estos desacuerdos se relatan en Shawn Tully, "The Alliance from Hell", *Fortune*, 24 de junio de 1996, pp. 64-72.

[12] Doz y Hamel, *Alliance Advantage*, capítulos 4-8.

Cápsula ilustrativa 28

Alianzas estratégicas entre países: la nueva forma de los negocios globales

Como el presidente de British Aerospace observó en fechas recientes, una alianza estratégica con un país extranjero es "una de las maneras más rápidas y baratas de formular una estrategia global". Las alianzas estratégicas internacionales están redefiniendo con rapidez la competencia en los mercados mundiales, enfrentando a un grupo de compañías globales aliadas con otros grupos de compañías globales aliadas. Las alianzas globales más prominentes incluyen las siguientes:

- Airbus Industrie, uno de los dos principales fabricantes de aviones comerciales en el mundo, se formó por una alianza de compañías aeroespaciales de Gran Bretaña, España, Alemania y Francia, que incluyeron a British Aerospace, Daimler-Benz Aerospace y Aerospatiale. Airbus y Boeing compiten por el liderazgo mundial en aviones comerciales grandes (más de 100 pasajeros).

- General Electric y SNECMA, un fabricante francés de motores para jet, han tenido una sociedad duradera a partes iguales para fabricar motores de jet que propulsan los aviones construidos por Boeing y Airbus Industrie. Su compañía asociada se llama CFM International. La alianza entre GE y SNECMA se considera como modelo porque ha disfrutado de un gran éxito desde los años setenta y ha adquirido participaciones del mercado de aviones para más de 100 pasajeros de alrededor de 35% a lo largo de la década de 1980 y de cerca de 50% desde 1995. CFM International tenía más de 200 clientes en todo el mundo que usaban sus motores en 2000.

- Renault de Francia formó recientemente una alianza con Nissan de Japón, que ha tenido dificultades, para crear una sociedad global capaz de competir mejor con Daimler-Chrysler,

General Motors, Ford y Toyota, todas las cuales han formado numerosas alianzas por su cuenta. Durante la última década, cientos de alianzas estratégicas se formaron en la industria de los vehículos automotores, a medida que los fabricantes de automóviles y camiones y los proveedores de partes automotrices actuaban con energía para competir en el ámbito global. No sólo ha habido alianzas de marketing conjunto entre los fabricantes de automóviles fuertes en una región del mundo y los fabricantes de automóviles fuertes en otra región, sino que también ha habido alianzas estratégicas entre los fabricantes de vehículos y los proveedores de partes.

- Vodaphone AirTouch PLC y Bell Atlantic Corporation formaron una sociedad de colaboración en 1999 para crear un negocio de telecomunicaciones inalámbricas con una sola marca y tecnología digital común que cubriera el mercado estadounidense en su totalidad y para trabajar en conjunto en sinergias comerciales globales en las compras de teléfonos y equipo, programas de cuentas corporativas globales, acuerdos de *roaming* globales y el desarrollo de nuevos productos y tecnologías. En ese momento, Vodaphone AirTouch, con sede en Gran Bretaña, era la compañía de comunicaciones móviles más grande del mundo, y Bell Atlantic estaba concluyendo una fusión con GTE para convertirla en uno de los principales proveedores de servicios de telecomunicaciones en Estados Unidos y participante en el mercado de las telecomunicaciones globales, con operaciones e inversiones en 25 países.

- American Express celebró una alianza con Tata Finance de India para ofrecer servicios de cambio de divisas e instrumentos para hacer pagos internacionales en India.

Fuentes: Sitios web y comunicados de prensa de las compañías; Yves L. Doz y Gary Hamel, *Alliance Advantage: The Art of Creating Value through Partnering,* Harvard Business School Press, Boston, MA, 1998.

4. *Garantizar que ambas partes cumplan con sus compromisos.* Ambas partes deben cumplir con sus compromisos para que la alianza produzca los beneficios esperados. Tiene que existir la percepción de que la división del trabajo es justa y que el calibre de los beneficios recibidos por ambas partes es adecuado.

5. *Estructurar el proceso de toma de decisiones para que puedan adoptarse medidas con rapidez siempre que sea necesario.* En muchos casos, los cambios tecnológicos y en la competencia ocurren a ritmo tan acelerado que es indispensable tomar decisiones con rapidez. Si las partes se enfrascan en discusiones prolongadas o tardan en obtener la aprobación interna de los funcionarios superiores, la alianza puede convertirse en un ancla de inmovilización y falta de acción.

6. *Administrar el proceso de aprendizaje y ajustar el acuerdo de alianza a través del tiempo para adaptarlo a las nuevas circunstancias.* En los mercados actuales de rápido movimiento, pocas alianzas pueden triunfar sujetándose sólo a los planes iniciales. Una de las claves

de la longevidad y el éxito es aprender a adaptarse al cambio y ajustar los términos y objetivos de la alianza según sea necesario.

La mayoría de las alianzas con compañías extranjeras que aspiran a compartir tecnología o proporcionar acceso a los mercados resultan ser temporales, ya que cumplen su propósito después de unos pocos años cuando se producen los beneficios del aprendizaje mutuo o cuando las actividades comerciales de ambos socios han llegado a un punto en que están preparados para seguir cada uno por su cuenta. En dichos casos, es importante que la compañía aprenda minuciosa y rápidamente lo que le interese de la tecnología, prácticas comerciales y capacidades organizacionales de su socio y transfiera sin tardanza las ideas y prácticas valiosas a sus propias operaciones. Aunque las alianzas a largo plazo en ocasiones resultan mutuamente beneficiosas, la mayoría de los socios no vacilan en darlas por concluidas y actuar por su cuenta cuando los beneficios se agotan.

Existen más probabilidades de que las alianzas sean duraderas cuando 1) implican colaboración con proveedores o aliados de distribución y la aportación de cada parte comprende actividades en diferentes puntos de la cadena de valor de la industria o 2) ambas partes concluyen que la colaboración continua conviene a sus intereses mutuos, debido quizá a que están surgiendo nuevas oportunidades para aprender o tal vez porque la colaboración adicional permitirá a cada socio extender su alcance de mercado más allá de lo que podría lograr por su cuenta.

COMPETENCIA EN MERCADOS EXTRANJEROS EMERGENTES

Las compañías que compiten por el liderazgo global tienen que pensar en competir en *mercados nacionales emergentes* y grandes, como los de China, India, Brasil, Indonesia y México, países en que los riesgos comerciales son considerables, pero donde las oportunidades de crecimiento son enormes en virtud de que sus economías se están desarrollando y los estándares de vida están llegando a los niveles del mundo moderno.[13] Como en la actualidad el mundo tiene más de 6 000 millones de habitantes, de los cuales la tercera parte se encuentra en India y China, y cientos de millones más habitan en otros países emergentes de Asia y América Latina, una compañía que aspire al liderazgo del mercado mundial (o a un rápido crecimiento sostenido) no puede pasar por alto las oportunidades de mercado o la base de talento técnico y directivo que dichos países ofrecen. Esto es especialmente válido ahora que las alguna vez elevadas barreras proteccionistas en la mayoría de estos países se están derrumbando. Coca-Cola, por ejemplo, ha pronosticado que su inversión de 2 000 millones de dólares en China, India e Indonesia, que en conjunto albergan a 40% de la población mundial, puede producir ventas en esos países que se dupliquen cada tres años en el futuro próximo (en comparación con un modesto índice de crecimiento de 4% que Coca-Cola promedió en Estados Unidos durante los años noventa).[14]

La adaptación de los productos a estos enormes mercados emergentes a menudo implica realizar algo más que cambios menores en aquéllos y familiarizarse cada vez más con las culturas locales.[15] El intento de Ford de vender el Ford Escort en India al precio de 21 000 dólares —el precio de un automóvil de lujo, dado que el modelo que se vendía en esa época con mayor éxito en India, el Maruti-Suzuki, tenía un precio de 10 000 dólares o menos, y que menos de 10% de las familias hindúes tienen un poder adquisitivo anual superior a 20 000 dólares— se topó con una respuesta poco entusiasta en el mercado. McDonald's ha tenido que ofrecer

[13] Gran parte de esta sección se basa en Prahalad y Lieberthal, "The End of Corporate Imperialism", pp. 68-79, y en David J. Arnold y John A. Quelch, "New Strategies in Emerging Markets", *Sloan Management Review* 40, núm. 1, otoño de 1998, pp. 7-20.

[14] Arnold y Quelch, "New Strategies in Emerging Markets", p. 7.

[15] Prahalad y Lieberthal, "The End of Corporate Imperialism", pp. 72-73.

hamburguesas vegetarianas en partes de Asia y reconsiderar sus precios, que a menudo resultan elevados de acuerdo con los estándares locales y son accesibles sólo para la gente acomodada. Kellogg ha pasado apuros para introducir con éxito sus cereales porque los consumidores de muchos países emergentes no desayunan cereales y cambiar los hábitos es difícil y costoso. Coca-Cola ha descubierto que la publicidad de su imagen mundial no está en sintonía con el sentir del pueblo en varios países emergentes. Los paquetes en porciones individuales de detergentes, champús, pepinillos, jarabe para la tos y aceites para cocinar son muy populares en India porque permiten a los compradores conservar el efectivo al comprar sólo lo que necesitan de inmediato. Como los teléfonos no se consiguen con facilidad en China, la gente usa radiolocalizadores para enviar mensajes enteros, lo que indujo a Motorola a rediseñar las pantallas de sus radiolocalizadores para que mostraran más líneas y luego a ampliar su capacidad para mantenerse al ritmo de la demanda creciente de su producto.

Implicaciones para la estrategia   En los mercados emergentes, los consumidores se fijan mucho en el precio, lo que en muchos casos confiere ventaja a los competidores locales de bajo costo. Las compañías que desean triunfar en estos mercados tienen que atraer a los compradores con precios muy bajos y productos mejores, un enfoque que puede suponer una desviación radical de la estrategia empleada en otras partes del mundo. Si es probable que crear un mercado para los productos de la compañía suponga un proceso a largo plazo e implique la reeducación de los consumidores, la compañía no sólo deberá ser paciente con respecto a obtener ingresos y utilidades considerables, sino también estar preparada en el ínterin para invertir sumas cuantiosas encaminadas a modificar los hábitos de compra y los gustos. También, los productos especialmente diseñados o empacados pueden ser necesarios para adaptarse a las circunstancias del mercado local. Por ejemplo, cuando Unilever incursionó en el mercado de los detergentes para ropa en India, comprendió que 80% de la población no podría costear las marcas que vendía a los consumidores acomodados de este país (así como de otros países más ricos). Para competir con un detergente muy barato fabricado por una compañía local, Unilever ideó una fórmula de bajo costo que no irritaba la piel, construyó nuevas instalaciones de producción a bajo costo, empacó el detergente (llamado Wheel) en cantidades apropiadas para un solo uso que podían venderse a precios muy bajos, utilizó la distribución por medio de carretillas a los comerciantes locales y diseñó una campaña económica de marketing que incluía letreros pintados en edificios y demostraciones cerca de las tiendas; la nueva marca produjo 100 millones de dólares en ventas en un periodo relativamente corto. Unilever reprodujo después la estrategia en América del Sur con una marca llamada Ala.

Debido a que la administración de una nueva empresa en un mercado emergente requiere una combinación de conocimientos globales y sensibilidad local a la cultura y prácticas comerciales, el equipo de gerencia debe constar, por lo general, de una mezcla de gerentes expatriados y locales. Los gerentes expatriados se necesitan para transferir tecnología, prácticas comerciales y la cultura corporativa, además de servir como conductos del flujo de información entre la oficina corporativa y las operaciones locales; los gerentes locales aportan la comprensión necesaria de las sutilezas del área y un compromiso profundo con su mercado.

> La rentabilidad en los mercados de los países emergentes rara vez se presenta con rapidez o facilidad; los nuevos participantes tienen que ser muy sensibles a las condiciones locales, estar dispuestos a invertir en crear el mercado para sus productos a largo plazo y ser pacientes para obtener utilidades.

ESTRATEGIAS PARA COMPAÑÍAS LOCALES EN MERCADOS EMERGENTES

Si las compañías grandes, ricas en recursos, que andan a la caza de oportunidades, tratan de incursionar en los mercados de países emergentes, ¿de qué opciones estratégicas disponen las firmas locales que desean sobrevivir a la entrada de los gigantes globales en esos mismos mercados? Resulta que las perspectivas para las compañías locales no son de ninguna manera desalentadoras. Su enfoque estratégico óptimo depende de 1) si los activos competitivos de la empresa son adecuados sólo para el mercado interno o pueden transferirse al extranjero y 2) si las presiones industriales para empezar a competir en el ámbito global son fuertes o débiles. Las cuatro opciones genéricas se ilustran en la figura 6.1.

Figura 6.1   **Opciones estratégicas para las compañías locales que compiten con rivales globales**

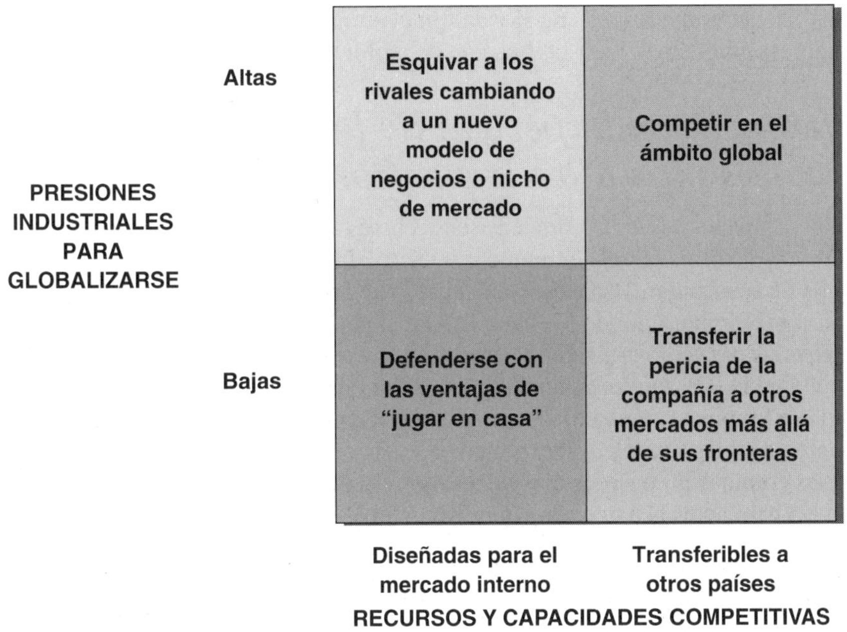

	Diseñadas para el mercado interno	Transferibles a otros países
Altas	Esquivar a los rivales cambiando a un nuevo modelo de negocios o nicho de mercado	Competir en el ámbito global
Bajas	Defenderse con las ventajas de "jugar en casa"	Transferir la pericia de la compañía a otros mercados más allá de sus fronteras

PRESIONES INDUSTRIALES PARA GLOBALIZARSE

RECURSOS Y CAPACIDADES COMPETITIVAS

Fuente: Adaptado de Niraj Dawar y Tony Frost, "Competing with Giants: Survival Strategies for Local Companies in Emerging Markets", *Harvard Business Review* 77, núm. 1, marzo-abril de 1999, p. 122.

Cómo defenderse de los competidores globales utilizando las ventajas de jugar en casa

Cuando las presiones para competir globalmente son débiles y la compañía local tiene cualidades competitivas apropiadas para el mercado local, una buena opción estratégica es concentrarse en las ventajas que confiere el mercado interno, atender a los clientes que prefieren el toque local y aceptar la pérdida de los clientes que se sientan atraídos hacia las marcas globales.[16] Una compañía global puede ser capaz de explotar con astucia su orientación local, su familiaridad con las preferencias locales, su experiencia en los productos tradicionales, sus relaciones duraderas con los clientes. En muchos casos, las compañías locales disfrutan de una ventaja significativa en costos sobre los rivales globales (quizá debido a un diseño más sencillo del producto, menores costos de operación y generales, etc.), lo que les permite competir con base en un precio más bajo. Sus competidores globales suelen dirigir sus productos a los compradores urbanos de ingresos medios y altos, los cuales tienden a ser más conscientes de la moda, están más dispuestos a experimentar con nuevos productos y consideran que las marcas globales son atractivas. Bajaj Auto, el productor de motonetas más grande de India, ha defendido su territorio contra Honda (que incursionó en el mercado de este país con un socio local en una empresa conjunta para vender motonetas, motocicletas y otros vehículos con base en su superioridad tecnológica, calidad y atractivo de la marca) centrándose en los compradores que deseaban motonetas durables, de bajo costo y acceso fácil al mantenimiento dentro del país. Bajaj diseñó una motoneta resistente y de construcción barata para los accidentados caminos de India, invirtió más en investigación y desarrollo para mejorar la fiabilidad y calidad, y creó una

---

[16] Niraj Dawar y Tony Frost, "Competing with Giants: Survival Strategies for Local Companies in Emerging Markets", *Harvard Business Review* 77, núm. 2, marzo-abril de 1999, pp. 122-123. Véase también Guliz Ger, "Localizing in the Global Village: Local Firms Competing in Global Markets", *California Management Review* 41, núm. 4, verano de 1999, pp. 64-84.

amplia red de distribuidores y talleres mecánicos a orillas de los caminos; un enfoque estratégico que dio buenos resultados: mientras que Honda captó aproximadamente 11% de participación de mercado, Bajaj mantuvo una participación superior a 70%, cercana a su participación anterior de 77% antes del ingreso de Honda. En el otoño de 1998, Honda anunció que abandonaría la empresa conjunta para la fabricación de motonetas que tenía con su socio hindú.

Transferencia de la pericia de la compañía a mercados más allá de sus fronteras

Cuando una compañía posee las fortalezas en recursos y capacidades adecuadas para competir en los mercados de otros países, emprender iniciativas para transferir su pericia a otros mercados más allá de sus fronteras constituye una opción estratégica viable.[17] Televisa, la compañía de televisión más importante de México, usó su experiencia y conocimientos de la cultura y lengua españolas para convertirse en el productor más prolífico en el mundo de telenovelas en español. Jollibee Foods, una compañía de propiedad familiar que tiene 56% del negocio de comida rápida en Filipinas, combatió el ingreso de McDonald's mejorando el servicio y los estándares de entrega y luego empleó su experiencia en sazonar las hamburguesas con ajo y salsa de soya y en las comidas preparadas con fideos, arroz y pescado para abrir establecimientos que atienden a los habitantes asiáticos en Hong Kong, el Medio Oriente y California.

Esquivar a los participantes globales mediante el cambio a un nuevo modelo de negocios o nicho de mercado

Cuando las presiones industriales para globalizarse son fuertes, conviene alguna de estas tres opciones: 1) trasladar el negocio a una parte de la cadena de valor de la industria donde la pericia y recursos de la compañía proporcionen ventaja competitiva, 2) constituir una sociedad en participación con un socio globalmente competitivo, o 3) vender la compañía a (ser adquirida por) un participante global en el mercado interno que considere que la empresa sería un buen vehículo de entrada.[18] Cuando Microsoft incursionó en China, los desarrolladores globales de software pasaron de clonar los productos Windows a desarrollar software de aplicación en Windows adaptado a las necesidades del mercado chino. Cuando el mercado ruso de computadoras personales se abrió para IBM, Compaq y Hewlett-Packard, el fabricante ruso de computadoras Vist se centró en ensamblar modelos de muy bajo costo, comercializarlos mediante convenios de distribución exclusiva con minoristas locales seleccionados e inaugurar centros de servicio completo, propiedad de la compañía, en docenas de ciudades rusas. Vist se centró en ofrecer computadoras personales de bajo costo, otorgó garantías extensas y atendió a los compradores que sentían la necesidad de contar con servicio y asistencia locales. La estrategia de Vist le permitió seguir siendo el líder del mercado, con una participación de 20 por ciento.

Competencia en el nivel global

Si una compañía local en un mercado emergente posee recursos y capacidades transferibles, en ocasiones puede emprender iniciativas exitosas para satisfacer las presiones de la globalización directa y empezar a competir a nivel global.[19] Cuando General Motors decidió contratar externamente la producción de cubiertas de radiadores para todos sus vehículos norteamericanos, Sundaram Fasteners de India aprovechó la oportunidad; compró una de las líneas de producción de cubiertas de radiadores de GM, la trasladó a India y se convirtió en el único proveedor de cubiertas de radiadores de GM en América del Norte, con cinco millones de unidades al año.

---

[17] Dawar y Frost, "Competing with Giants", p. 124.

[18] *Ibid.*, p. 125.

[19] *Ibid.*, p. 126.

Como participante en la red de proveedores de GM, aprendió los estándares técnicos emergentes, construyó sus capacidades y llegó a ser una de las primeras compañías de India en obtener la certificación QS 9000, una norma de calidad que GM exige ahora a todos sus proveedores. La pericia adquirida por Sundaram en las normas de calidad le permitió después buscar oportunidades para proveer partes de vehículos automotores en Japón y Europa.

Puntos | clave

Las compañías optan por expandirse fuera de su mercado interno por cualquiera de cuatro razones principales: obtener acceso a nuevos clientes de sus productos o servicios, reducir los costos y hacerse más competitivas en precio, aprovechar sus competencias centrales y distribuir su riesgo comercial en una base de mercado más amplia. Una empresa es un *competidor internacional* o *multinacional* cuando compite en varios mercados extranjeros; es un *competidor global* cuando tiene o busca presencia de mercado en prácticamente todos los países importantes del mundo.

Las estrategias que emplea una compañía para competir en los mercados extranjeros tienen que *ser impulsadas por la situación,* ya que las condiciones culturales, demográficas y del mercado varían de manera significativa entre los países del mundo. Una de las principales preocupaciones de competir en los mercados extranjeros es si conviene adaptar la oferta de productos de la compañía para atender los gustos y preferencias de los compradores locales en cada mercado de los diferentes países u ofrecer un producto mayormente estandarizado en todo el mundo. Aunque ser receptivo a los gustos locales hace que los productos de una firma resulten más atractivos a los compradores locales, la adaptación de los productos de una compañía país por país suele elevar los costos de producción y distribución debido a la mayor variedad de diseños y componentes, corridas de producción más cortas y las complicaciones de un mayor manejo de inventarios y logística de distribución. Por otro lado, el mayor grado de estandarización de la oferta de productos de una compañía mejora las probabilidades de captar las economías de escala y efectos de la curva de experiencia, lo que contribuye al logro de una ventaja en costos bajos. La tensión entre las presiones del mercado para llevar a cabo adaptaciones y las presiones competitivas para tener costos inferiores es uno de los grandes problemas estratégicos que los participantes en mercados extranjeros deben resolver.

La *competencia multinacional* (o *multipaís*) existe cuando la competencia en un mercado nacional es independiente de la competencia en otro mercado nacional; no hay un "mercado internacional", sino sólo una serie de mercados nacionales autónomos. La *competencia global* existe cuando las condiciones competitivas entre los mercados nacionales están ligadas con suficiente fuerza para formar un verdadero mercado internacional y cuando los principales competidores compiten frente a frente en muchos países diferentes. Un estrategia multinacional es apropiada para las industrias en las que domina la competencia multinacional, pero una estrategia global funciona mejor en mercados que son competitivos globalmente o que empiezan a globalizarse. Otras opciones estratégicas para competir en los mercados mundiales incluyen el mantenimiento de una base de producción nacional (en un país) y la exportación de los productos a mercados extranjeros, otorgar licencias a empresas extranjeras para que usen la tecnología de la compañía o para producir y distribuir los productos de ésta, emplear la estrategia de conceder franquicias y utilizar las alianzas estratégicas y sociedades de colaboración para incursionar en un mercado extranjero o fortalecer la competitividad de la firma en los mercados mundiales.

El número de alianzas estratégicas globales, sociedades en participación y convenios de colaboración ha aumentado vertiginosamente en los últimos años. Los convenios de cooperación con socios extranjeros tienen atractivo estratégico desde varios puntos de vista: obtener acceso más amplio a mercados nacionales atractivos, permitir el aprovechamiento de economías de escala en la producción o comercialización, llenar las lagunas en pericia técnica o conocimiento de los mercados locales, ahorrar en costos compartiendo los centros de distribución y las redes de concesionarios, contribuir a llegar a acuerdos sobre estándares técnicos importantes y combatir el impacto de las alianzas que los rivales han formado. Las alianzas estratégicas entre fronteras están redefiniendo con rapidez la competencia en los mercados mundiales, enfrentando a un grupo de compañías globales aliadas contra otros grupos de compañías globales aliadas.

Hay tres formas de que una firma adquiera ventaja competitiva (o de compensar las desventajas nacionales) en los mercados globales. Una de ellas consiste en ubicar varias actividades de la cadena de valor en varias naciones con el fin de reducir los costos o lograr una mayor diferenciación del producto. La segunda implica la transferencia eficiente y eficaz de las competencias y capacidades competitivamente valiosas de los mercados internos a los mercados extranjeros. La tercera se basa en la capacidad de un competidor multinacional o global de profundizar y ampliar sus fortalezas de recursos y capacidades y coordinar sus actividades dispersas en maneras que un competidor que sólo actúa en el ámbito nacional no puede hacerlo.

Las *reservas de utilidades* son mercados nacionales en los que una compañía obtiene utilidades considerables debido a su posición de mercado fuerte o protegida. Son activos competitivos valiosos porque proporcionan la fortaleza financiera para apoyar ofensivas competitivas en un mercado con recursos y utilidades tomados de las operaciones en otros mercados, y contribuyen a la carrera de la compañía por alcanzar el liderazgo en el mercado global. La capacidad de subsidiar un mercado con recursos provenientes de otro, que ofrecen varias reservas de utilidades, da a un competidor global o multinacional una potente arma ofensiva. Las empresas que cuentan con reservas de utilidades grandes y protegidas tienen ventaja competitiva sobre aquellas que no poseen una reserva de utilidades. Las compañías que poseen varias reservas de utilidades obtienen ventaja competitiva sobre aquellas que sólo tienen una reserva.

Las compañías que compiten por el liderazgo global deben pensar en competir en los *mercados nacionales emergentes*, como los de China, India, Brasil, Indonesia y México, países donde los riesgos comerciales son considerables, pero donde las oportunidades de crecimiento son enormes. Para triunfar en estos mercados, por lo general es necesario atraer a los compradores con precios muy bajos así como con mejores productos; un enfoque que puede suponer una desviación radical de la estrategia empleada en otras partes del mundo. Además, es probable que la creación de un mercado para los productos de la compañía en estos países implique un proceso de largo plazo, que exija la inversión de sumas cuantiosas para modificar los hábitos de compra y los gustos y reeducar a los consumidores. No es probable que se alcance la rentabilidad rápida o fácilmente.

La perspectiva para las compañías locales en los mercados nacionales emergentes que desean sobrevivir al ingreso de los gigantes globales, no es de ninguna manera desalentadora. El enfoque estratégico óptimo depende de si los activos competitivos de la compañía son adecuados sólo para el mercado interno o pueden transferirse al extranjero y de si las presiones de la industria para empezar a competir en el ámbito global son fuertes o débiles. Para competir con los nuevos participantes globales, las compañías locales pueden 1) defenderse con base en las ventajas que les da el "jugar en casa", 2) transferir su pericia a los mercados de otros países, 3) esquivar a los rivales grandes cambiando a un nuevo modelo de negocios o nicho de mercado, o 4) emprender iniciativas para competir ellas mismas en el ámbito global.

Lecturas |sugeridas

Arnold, David J. y John A. Quelch, "New Strategies in Emerging Markets", *Sloan Management Review* 40, núm. 1, otoño de 1998, pp. 7-20.

Bolt, James F., "Global Competitors: Some Criteria for Success", *Business Horizons* 31, núm. 1, enero-febrero de 1988, pp. 34-41.

Das, T.K. y Bing-Sheng Teng, "Managing Risks in Strategic Alliances", *Academy of Management Executive* 13, núm. 4, noviembre de 1999, pp. 50-62.

Dawar, Niraj y Tony Frost, "Competing with Giants: Survival Strategies for Local Companies in Emerging Markets", *Harvard Business Review* 77, núm. 2, marzo-abril de 1999, pp. 119-129.

Doz, Yves L. y Gary Hamel, *Alliance Advantage: The Art of Creating Value through Partnering*, Harvard Business School Press, Boston, MA, 1998.

Ger, Guliz, "Localizing in the Global Village: Local Firms Competing in Global Markets", *California Management Review* 41, núm. 4, verano de 1999, pp. 64-84.

Inkpen, Andrew C., "Learning and Knowledge Acquisition through International Strategic Alliances", *Academy of Management Executive* 12, núm. 4, noviembre de 1998, pp. 69-81.

Kanter, Rosabeth Moss y Thomas D. Dretler, "'Global Strategy' and Its Impact on Local Operations: Lessons from Gillette Singapore", *Academy of Management Executive* 12, núm. 4, noviembre de 1998, pp. 60-68.

Lei, David, "Strategies for Global Competition", *Long Range Planning* 22, núm. 1, febrero de 1989, pp. 102-109.

Ohmae, Kenichi, "The Global Logic of Strategic Alliances", *Harvard Business Review* 67, núm. 2, marzo-abril de 1989, pp. 143-154.

Parkhe, Arvind, "Building Trust in International Alliances", *Journal of World Business* 33, núm. 4, invierno de 1998, pp. 417-437.

Rackham, Neil, Lawrence Friedman y Richard Ruff, *Getting Partnering Right: How Market Leaders Are Creating Long-Term Competitive Advantage*, McGraw-Hill, Nueva York, 1996.

Sugiura, Hideo, "How Honda Localizes Its Global Strategy", *Sloan Management Review* 33, otoño de 1990, pp. 77-82.

Thomas, Howard, Timothy Pollock y Philip Gorman, "Global Strategic Analyses: Frameworks and Approaches", *Academy of Management Executive* 13, núm. 1, febrero de 1999, pp. 70-82.

Zahra, Shaker A. y Hugh M. O'Neill, "Charting the Landscape of Global Competition", *Academy of Management Executive* 12, núm. 4, noviembre de 1998, pp. 36-42.

capítulo | siete 7

Modelos y estrategias de negocios en la era de internet

Es fácil entender por qué los inversionistas huyeron de las compañías de internet como si fueran una casa en llamas. Muchas de estas compañías construyeron moradas sobre bases muy inflamables. Pero no todo lo que crearon fue devorado por el fuego. Colectivamente, dejaron una herencia rica: un enorme salto en la tecnología de la información.

—Robert D. Hof, *Business Week*

La pregunta clave no es si debe utilizarse o no la tecnología de internet —a las compañías no les queda más remedio si desean seguir siendo competitivas—, sino cómo utilizarla.

—Michael Porter, Profesor, Harvard Business School

Si queremos seguir siendo competitivos, necesitamos participar en el comercio electrónico.

—Jessica Chu, Gerente de marketing, Aaeon Technology, Taiwán

Nuestra estrategia consiste en integrar a internet en todos nuestros negocios centrales.

—Thomas Middelhoff, Director ejecutivo, Bertelsmann AG, Alemania

No cabe duda de que internet y la tecnología de internet representan una fuerza motriz de proporciones históricas y revolucionarias, que fundamentalmente afectan la manera en que se realizan las actividades comerciales y cómo funcionan los mercados. El uso diario de internet por compañías y consumidores hace de éste un canal de distribución importante, da a las empresas una herramienta tecnológica decisiva para mejorar algunas actividades de la cadena de valor y omitir otras, y modifica las cinco fuerzas competitivas. Internet ha generado industrias completamente nuevas: subastas en línea; sedes de sitios web; corretaje electrónico; suministro del servicio de internet, y mercados electrónicos de productos básicos (tales como el acero, sustancias químicas y gas natural) que reúnen a compradores y vendedores. Las capacidades vanguardistas del comercio electrónico pueden darle a una compañía fortalezas de recursos competitivamente valiosas; a la inversa, el hecho de no hacer de la tecnología de internet una parte integrante de la estrategia y operaciones comerciales de una empresa puede provocar una debilidad competitiva. Internet es una potente tecnología habilitadora que se usa, prudente o  imprudentemente, en casi todas las industrias y como parte de la estrategia de casi todas las compañías.[1] La habilidad estratégica con la que una organización utiliza la tecnología de internet y hace de internet parte central de su estrategia ofrece un enorme potencial para afectar su competitividad con respecto a sus rivales.

En este capítulo se examina en primer lugar la variedad de problemas estratégicos que rodean a internet y el comercio electrónico: ¿cómo modifica la tecnología de internet las maneras en que las compañías llevan a cabo las actividades de la cadena de valor? ¿Qué impacto produce internet en la competencia? ¿Internet resultará ser un vehículo para aumentar o disminuir la rentabilidad de las industrias? ¿Internet mejora u obstaculiza los esfuerzos de las compañías por adquirir ventaja competitiva sustentable? A continuación, estudiaremos los errores estratégicos cometidos por algunos de los primeros empresarios de internet y las lecciones estratégicas aprendidas de la primera oleada de la revolución de internet. El capítulo concluye con un examen de los modelos y estrategias de negocios de las empresas puras de internet, las estrategias combinadas de instalaciones físicas y electrónicas y las estrategias de internet para empresas tradicionales.

---

[1] Michael E. Porter, "Strategy and the Internet", *Harvard Business Review* 79, núm. 3, marzo de 2001, p. 64.

INTERNET: TECNOLOGÍA Y PARTICIPANTES

Internet es una red integrada de computadoras conectadas de usuarios, bancos de servidores y computadoras de alta velocidad, conmutadores digitales y enrutadores, y equipo y líneas de telecomunicaciones. La columna vertebral de internet está formada por líneas de telecomunicaciones (líneas de fibra óptica y alambres de cobre de alta capacidad) que entrecruzan países y continentes. Estas líneas permiten a las computadoras transferir datos en forma digital a muy altas velocidades. El ancho de banda de la línea determina la capacidad o velocidad de la transferencia de datos. Los conmutadores digitales, parecidos a computadoras, hacen circular el tráfico a lo largo de las líneas ejes; muchos de estos conmutadores actúan como enrutadores y deciden de qué manera se dirige el tráfico y cómo manejar las peticiones de las computadoras de los usuarios para enviar u obtener datos en virtud de los destinos y grado del congestionamiento de las líneas. Los usuarios obtienen acceso a la red vía un servidor de red de área local o un conmutador computarizado de un proveedor de servicios de internet que posee la capacidad de dirigir el tráfico a y de los usuarios finales conectados directamente con él. Las compañías necesitan software especializado para diseñar sitios web multifuncionales y aprovechar el creciente número de aplicaciones de la tecnología de internet.

Demanda de servicios de internet

Se calcula que en 2001 había 400 millones de personas en el mundo que usaban internet: aproximadamente 167 millones en América del Norte, 105 millones en Europa, 122 millones en la región Asia-Pacífico, 21 millones en América Latina y siete millones en el resto del mundo.[2] Las proyecciones estimaban de 600 a 700 millones de usuarios de internet globalmente en 2003. Una creciente mayoría de empresas de todo el mundo están conectadas a internet. Los usos de la red varían mucho entre individuos y empresas: desde comunicaciones de correo electrónico, recopilación de información, compras y entretenimiento hasta una cantidad cada vez mayor de aplicaciones comerciales.

Proveedores de tecnología y servicios de internet

El ambiente de fiebre del oro que rodea a la internet y la tecnología de ésta, que avanza a ritmo acelerado, ha dado origen a un conjunto diverso de empresas e industrias en el lado de la oferta de la "economía de internet":

- *Los fabricantes de componentes y equipo especializado de comunicaciones relacionados con internet.* Cisco Systems es el principal proveedor mundial de conmutadores y enrutadores; otras compañías prominentes en este grupo incluyen a JuniperNetworks, Lucent Technologies, Corning, F5 Networks, Nortel, Foundry Networks, Broadcom, PMC Sierra, 3Com y JDS Uniphase.

> El lado de la oferta de la economía de internet está formado por diversos tipos de empresas.

- *Los proveedores de servicios de comunicaciones de internet.* Las compañías de comunicaciones de internet crean e instalan las redes de comunicaciones que permiten la conectividad y la circulación de tráfico. Incluyen a los proveedores de la columna vertebral, los proveedores del "último tramo" y los proveedores de servicios de internet. Las empresas del último tramo, que instalan y dan mantenimiento a los *activos físicos* necesarios para conectar a los usuarios a internet son, entre otras, las compañías de teléfonos locales, las empresas de televisión por cable y los   proveedores de comunicaciones inalámbricas. Los principales proveedores de la columna vertebral son: WorldCom, AT&T, Qwest Communications, Deutsche Telekom, British Telecom, Verizon y SBC Communications.

- *Los proveedores de componentes de computadoras, hardware de computación y dispositivos manuales inalámbricos.* Existen cientos de compañías que se dedican a la fabricación

---

[2] Con base en cálculos realizados por Nua (www.nua.com), una de las principales fuentes de información de tendencias y estadísticas de internet, y en cálculos de *Business2.0*, febrero de 2001.

de componentes, ensamblado y comercialización de computadoras personales, servidores, dispositivos para almacenamiento de datos y equipo periférico relacionado. Ejemplos de las firmas que entran en esta categoría son Intel, Sun Microsystems, Seagate Technology, IBM, Taiwan Semiconductor, Fujitsu, NEC, Matsushita/Panasonic, Dell Computer, KLA-Tencor, EMC Corp., Philips Electronics, Toshiba, Network Appliance y Hewlett-Packard. Otras más, como Nokia, Ericsson, Motorola y PalmPilot, fabrican una variedad de dispositivos manuales inalámbricos con capacidad de acceso a internet.

- *Los desarrolladores de software especializado.* Los desarrolladores de software escriben los programas que permiten las transacciones comerciales por internet. Estos programas abarcan numerosas funciones y características: cifrado; procesamiento de pedidos y pagos; seguimiento de compras; imagen de navegador; anuncios en cintillos; diseño de páginas web, y el funcionamiento de módems de cable y dispositivos inalámbricos, así como de computadoras personales, estaciones de trabajo y redes de área local. Entre los desarrolladores importantes de software y sistemas de comercio electrónico están Microsoft, IBM, SAP, Seibel Systems, Oracle, Inktomi, Sun Microsystems, DoubleClick, VeriSign, Check Point Software Technologies, Macromedia y Novell.

- *Empresas de comercio electrónico.* Esta categoría de empresas incluye 1) comerciantes de empresa a empresa, como Cisco, Intel y Dell Computer, que realizan la mayoría de sus actividades comerciales con clientes corporativos en línea, y Exodus Communications, que proporciona servicios de hospedaje de sitios web; 2) comerciantes de empresa a consumidor, como eBay, Amazon.com, FTD.com, Priceline.com, Buy.com y Charles Schwab; 3) compañías de medios, como Disney, Nintendo, Electronic Arts y Sony que ofrecen entretenimiento en línea, y 4) proveedores de contenido, como America Online, Yahoo!, The Motley Fool, TheStreet.com, Edmunds.com y iVillage.

> Se pronostica que el volumen de transacciones comerciales realizadas en línea superará los seis billones de dólares hacia finales de 2005. En 2001, tres compañías: Dell Computer, Intel y Cisco Systems, realizaban transacciones por más de 120 millones de dólares al día en internet, y General Electric llevaba a cabo todas sus transacciones con sus proveedores en línea.

Durante la mayor parte de la década pasada, los proveedores de equipo y tecnología de internet gozaron de un auge en la demanda. Los numerosos esfuerzos por establecer una infraestructura de internet conectada globalmente —construir el sistema de telecomunicaciones, instalar millones de servidores, proporcionar conexiones a internet a cientos de millones de empresas y hogares y desarrollar el software necesario— brindaron a los proveedores relacionados con internet oportunidades de mercado en ocasiones explosivas. Además de las oportunidades de construcción de las redes de internet, hubo oportunidades de mercado asociadas con la prisa de las compañías por establecer sitios web, abrir empresas electrónicas de todo tipo e implementar aplicaciones de internet. En el proceso se crearon varias industrias completamente nuevas: suministro de servicios de internet, diseño y mantenimiento de sitios web, hospedaje web, software especializado de aplicación en internet, fabricación de varias partes y componentes necesarios para que internet funcione, suministro de contenido de sitios web, comercio minorista electrónico en una variedad de categorías de productos y juegos en línea, por mencionar unas cuantas.

Por supuesto, una vez que la construcción de la infraestructura interconectada globalmente esté próxima a su conclusión, los proveedores de tecnología de internet se enfrentarán a un mercado mucho más maduro, en el que la demanda de sus productos provendrá principalmente de 1) los adelantos continuos en la tecnología de internet, que abren oportunidades para un desempeño cada vez mejor que favorece a los usuarios de internet, que buscan nuevas aplicaciones y capacidades, y 2) el suministro para satisfacer las necesidades del nuevo comercio electrónico en expansión. En consecuencia, el rápido crecimiento de muchos proveedores de tecnología de internet no continuará indefinidamente —hay algunos que ya están experimentando bajas y están pasando de estrategias diseñadas para un modo de crecimiento rápido a otras más adecuadas para el entorno de un mercado maduro—.

El desafío estratégico de las tecnologías competidoras

Uno de los problemas estratégicos más complejos que enfrentan muchos proveedores de tecnología de internet es la competencia vigorosa entre tecnologías alternativas para fabricar los diversos componentes de la infraestructura de internet y crear una economía globalmente conectada. Por ejemplo, en las comunicaciones inalámbricas, varios estándares de telefonía celular digital compiten en el mercado mundial:

Área del mundo o país	Principales plataformas inalámbricas en uso
América del Norte	CDMA, WAP, GSM
Europa Occidental	GSM/GPRS, WAP
Centro y Sudamérica	TDMA, CDMA
África	WAP
Asia-Pacífico	GSM, CDMA, i-mode, 3G, WAP
China	GSM/GPRS, CDMA, WAP
Japón	i-mode, 3G
Corea del Sur	CDMA, GSM, 3G

Clave: WAP = protocolo de aplicación inalámbrica; CDMA = acceso múltiple por división de códigos; TDMA = acceso múltiple por división de tiempo; GSM = sistema global de comunicaciones móviles; GPRS = servicio general de radio por paquetes; i-mode es un sistema basado en internet que utiliza una versión simplificada del lenguaje de marcación de hipertexto (HTML) y que se diseñó para usarse en Japón; 3G significa tercera generación y es una combinación de tecnologías y estándares que se dice que tienen potencial de asignación global.

La mezcolanza de sistemas de comunicación móvil presenta desafíos formidables tanto tecnológicos como competitivos a todos los diversos participantes del mercado en el establecimiento de sistemas móviles capaces de conectar a todos los usuarios, independientemente de su ubicación y plataforma inalámbrica.

Si no intervienen otros factores, por lo general es la solución tecnológica de bajo costo la que gana. Pero rara vez sucede esto. A menudo, las tecnologías competidoras tienen ventajas y desventajas de desempeño sustancialmente diferentes, y las compensaciones son tan poco claras que los participantes de la industria no se ponen de acuerdo en cuáles de las tecnologías competidoras representan las mejores opciones. En otros casos, las tecnologías competidoras son incompatibles, lo que impide a los usuarios de una interaccionar con los usuarios de la otra. Si la economía de instalar y mantener sistemas tecnológicos paralelos es prohibitiva, el progreso se detiene (y los riesgos para las empresas aumentan) hasta que se llega al consenso respecto a uno de ellos como estándar de la industria. Hay una tendencia natural de quienes tienen intereses creados en un método tecnológico en particular a maniobrar para hacer que su solución tecnológica favorecida sea el estándar de la industria. Los rivales en tecnología por lo general emplean una de varias iniciativas estratégicas para librar la batalla por la supremacía tecnológica:

- *Invertir vigorosamente en investigación y desarrollo para ganar la carrera tecnológica contra los rivales;* el gasto tiende a dirigirse a mejorar las características de desempeño, subsanar puntos débiles en el desempeño y reducir los costos de instalar y dar mantenimiento al método tecnológico de la compañía.

- *Formar alianzas estratégicas* con proveedores, clientes potenciales y con quienes tienen tecnologías complementarias para crear consenso respecto al método tecnológico y los estándares de la industria favorecidos.

- *Adquirir otras compañías con pericia tecnológica complementaria* para ampliar y profundizar la base tecnológica de la empresa y con ello impulsar los adelantos en su tecnología con mayor rapidez que los rivales.

- *Proteger a la compañía* invirtiendo suficientes recursos para dominar una o más tecnologías competidoras con objeto de que tenga la capacidad de cambiar a otro método tecnológico en caso de que dicho método predomine.

CÓMO AFECTA LA TECNOLOGÍA DE INTERNET LAS CADENAS DE VALOR DE LAS COMPAÑÍAS E INDUSTRIAS

Las aplicaciones de la tecnología de internet abren numerosas oportunidades para reconfigurar las cadenas de valor de las compañías e industrias. En la tabla 7.1 se presenta una lista de las maneras en que las empresas pueden utilizar internet para mejorar la eficiencia y eficacia de actividades específicas de la cadena de valor. Aunque muchas de estas aplicaciones se explican por sí mismas, algunos usos de la tecnología de internet están produciendo cambios tan fundamentales en las prácticas de operación y en cómo se administran las actividades de la cadena de valor que justifican una explicación más a fondo.

Cómo la tecnología de internet mejora la eficiencia de la cadena de suministros

La tecnología de internet es una herramienta poderosa para facilitar la administración de la cadena de suministros: comprar artículos de proveedores, reducir los requisitos de inventario, agilizar el diseño y producción de nuevos componentes, y practicar otros tipos de colaboración mutuamente beneficiosos con los proveedores. Con el software de Commerce One, Oracle, SAP, Ariba y otros, el personal de compras de las compañías puede, con sólo unos cuantos clics del ratón dentro de un sistema perfectamente integrado, cotejar los inventarios de materiales con los pedidos entrantes de los clientes, verificar las existencias de los proveedores, ver los precios más recientes de partes y componentes en sitios web tanto de subastas como de aprovisionamiento electrónico, y verificar con FedEx los horarios de entrega. El software de intercambio de datos electrónicos permite que los detalles pertinentes de los pedidos entrantes de los clientes se comuniquen al instante a los proveedores de los artículos necesarios. Todo esto sienta las bases para entregas justo a tiempo de partes y componentes y para que la producción de éstos coincida con las necesidades de la planta de ensamblaje y los programas de producción; además, dicha coordinación produce ahorros tanto para proveedores como para fabricantes. A través de internet, los fabricantes pueden colaborar estrechamente con los proveedores de partes y componentes en el diseño de nuevos productos y reducir el tiempo requerido para empezar a producirlos. Las quejas referentes a garantías y los problemas de desempeño del producto que se relacionan con los componentes suministrados por los proveedores pueden ponerse de manera instantánea a la disposición de éstos para que las medidas correctivas puedan agilizarse. Varios paquetes de software para compras electrónicas de suministros racionalizan el proceso de compra al eliminar una gran parte del manejo manual de los datos y sustituir los documentos impresos (como las solicitudes de cotización, órdenes de compra, aceptación de pedidos y avisos de envío) por comunicaciones electrónicas.

En resumen, las múltiples aplicaciones del aprovisionamiento electrónico disponibles en la actualidad permiten una revisión exhaustiva de las actividades de compras y logística interna, con incentivos tanto para las compañías como para proveedores en el sentido de colaborar estrechamente y que ambos realicen ahorros en costos, así como mejoras en la operación.

Cómo la tecnología de internet mejora la eficiencia de las operaciones internas

Con el uso de internet, los fabricantes pueden vincular los pedidos de los clientes a la producción en sus plantas y a la entrega de componentes de los proveedores. La comunicación en tiempo real de los pedidos de los clientes a los proveedores ayuda a estos últimos tanto a reducir los costos de realizar entregas justo a tiempo a los fabricantes como a disminuir los costos de sus inventarios de partes. También permite tanto a los fabricantes como a sus proveedores orientar la producción para hacerla coincidir con la demanda de componentes y productos terminados. Los sistemas en línea que dan seguimiento a las ventas reales facilitan pronosticar la demanda con mayor precisión, lo cual les sirve a los fabricantes y a sus productores para ajustar los

> Existen oportunidades para aplicar la tecnología de internet a todo lo largo de los sistemas de la cadena de valor de compañías e industrias, que ofrecen potencial considerable para mejorar la eficiencia de las operaciones, reconfigurar las cadenas de valor y reducir los costos.

Tabla 7.1   Maneras de integrar a internet en las actividades de la cadena de valor

Actividades primarias y costos				
Suministros comprados y logística interna	**Operaciones**	**Distribución y logística externa**	**Ventas y marketing**	**Servicio**
• Datos compartidos con proveedores para coordinar los programas de producción y entregas justo a tiempo • Coordinación del diseño de partes y componentes • Diagnóstico en tiempo real de las experiencias de los clientes con fallas en las partes y desempeño defectuoso • Uso de subastas en internet y mercados electrónicos para adquirir partes y componentes seleccionados • Sistemas en línea para colocación y procesamiento de pedidos y pagos a proveedores	• Capacidades para la producción sobre pedido • Coordinación de la producción entre las plantas • Datos de producción e inventarios en tiempo real proporcionados al equipo de vendedores y aliados del canal de distribución • Coordinación de la producción con fabricantes por contrato	• Colocación en línea de pedidos de distribuidores y procesamiento de pedidos • Acceso de clientes y distribuidores a programas de entrega y estado de los pedidos • Colaboración para compartir datos de las ventas en tiempo real • Colaboración en los pronósticos de las ventas con los socios del canal de distribución • Coordinación en tiempo real de las necesidades de envío con los socios de envío	• Capacidad para recibir los pedidos de los clientes en el sitio web • Catálogos de productos en línea que contengan amplia información sobre los productos y sus especificaciones • Acceso en tiempo real a datos de las cuentas de los clientes • Software en línea que permita a los clientes especificar configuraciones para productos sobre pedido • Cotizaciones de precios por internet • Marketing en línea adaptado a los perfiles y hábitos de compra de los clientes • Anuncios en línea de ventas especiales y promociones	• Amplia información sobre los productos en línea • Asistencia a clientes por internet mediante representantes de atención a clientes en línea, correo electrónico, foros de conversación, comunicaciones de voz a través de computadoras personales y video continuo • Informes en tiempo real sobre el estado de los pedidos • Colocación en línea de pedidos de los clientes en el sitio web de la compañía • Procesamiento de pedidos, facturación y pagos electrónicos de compras en línea • Procesamiento en línea de reclamaciones de garantías

Actividades de apoyo y costos		
Desarrollo de tecnología y nuevos productos	**Administración de recursos humanos**	**Administración general**
• Colaboración en el diseño de los productos entre todos los establecimientos de la compañía y otros socios de la cadena de valor • Acceso de investigación y desarrollo a los datos en línea sobre ventas y servicios para usarlos para corregir problemas de desempeño y diseñar nuevos productos y modelos	• Programas de capacitación en línea • Anuncios de puestos de trabajo vacantes y envío de currículos en línea • Administración de beneficios de autoservicio • Expedientes de personal en línea	• Difusión basada en la web de la información de la compañía en todas las ubicaciones • Información en línea para inversionistas (informes financieros, comunicados de prensa e información comercial) • Seguimiento en tiempo real de las ventas en diversos establecimientos de la compañía y cálculos en tiempo real de los ingresos, costos, utilidades y flujos de efectivo • Sistemas de comunicación por correo electrónico

programas de producción a medida que se detectan variaciones en la demanda de los compradores.

El compartir datos, empezando con los pedidos de los clientes y llegando hasta la producción de los componentes requeridos, aunado al uso de software de planeación de recursos empresariales (ERP, por sus siglas en inglés) y sistemas de ejecución de fabricación (MES, por sus siglas en inglés), puede lograr que la fabricación de productos a la medida resulte tan barata como la producción masiva, si no es que más barata. También reduce considerablemente los tiempos de producción y los costos de mano de obra. J.D. Edwards, un especialista en software ERP, se asoció con Camstar Systems, un especialista en software MES, para reducir el tiempo de producción de impresoras en Lexmark de cuatro horas a 24 minutos. General Motors, Ford Motor Company y Daimler-Chrysler están implantando programas para incorporar tecnologías de aprovisionamiento electrónico en los sistemas de sus cadenas de suministros como parte de sus planes para dar a los compradores la opción de que sus nuevos vehículos se fabriquen sobre pedido y se equipen a la medida de sus necesidades.

Las características de comunicación instantánea de internet, combinadas con la facilidad de compartir datos en tiempo real y la disponibilidad de la información, tienen el efecto adicional de romper las burocracias corporativas y reducir los gastos generales. Todo el proceso "administrativo" de manejo de datos (procesamiento de pedidos, facturación, contabilidad de los clientes y otros tipos de costos de transacción) puede realizarse con rapidez, precisión y menos papeleo y personal. Los ahorros de tiempo y las reducciones en los costos por transacción asociados con hacer negocios en línea llegan a ser bastante significativos en las cadenas de valor de las compañías e industrias.

Cómo la tecnología de internet mejora la eficiencia del canal de distribución

La tecnología de internet modifica la parte correspondiente a la distribución de las cadenas de valor industriales de dos maneras fundamentales: 1) permite a los fabricantes eludir a los mayoristas y concesionarios minoristas para vender directamente a los usuarios finales y 2) permite una colaboración más estrecha entre los fabricantes y los socios del canal de distribución para obtener ahorros en los costos de distribución. La figura 5.2 del capítulo 5 muestra cómo los desarrolladores de software pueden usar internet para crear un sistema de cadena de valor de bajo costo con el cual comercialicen y entreguen su software directamente a los usuarios finales, eliminando de esta manera los márgenes de ganancia impuestos por los distribuidores y comerciantes minoristas tradicionales de software.

Además de ofrecer oportunidades para eliminar a los intermediarios, los comerciantes minoristas en línea a veces poseen ventajas basadas en los activos sobre los comerciantes minoristas tradicionales que tienen instalaciones físicas. Por ejemplo, en 1999, Amazon.com había invertido aproximadamente 56 millones de dólares en activos fijos para realizar ventas por un monto de 1 200 millones de dólares (equivalentes a las ventas de alrededor de 235 librerías de Barnes & Noble), mientras que Barnes & Noble había invertido alrededor de 462 millones de dólares en poco más de 1 000 librerías y pagaba sumas adicionales por concepto de alquiler y cargos por arrendamiento.[3]

La colaboración basada en internet entre fabricantes y sus socios del canal de distribución supone intercambio de datos en tiempo real, el uso de sistemas en línea para reducir los costos de las transacciones entre fabricante y distribuidor (a través de colocación de pedidos y facturación en línea, atención a clientes en internet y transferencia electrónica de fondos para pagar los envíos), así como esfuerzos mutuos para acelerar las entregas y reducir los inventarios. Compartir datos en línea permite a los fabricantes dar seguimiento en tiempo real a las ventas al menudeo y los inventarios; por otro lado, los comerciantes minoristas pueden dar seguimiento a los inventarios de fabricantes y mayoristas, así como a los tiempos de entrega. Las capacidades

> Internet es la herramienta más poderosa y de más largo alcance disponible en la actualidad para mejorar la eficiencia de las cadenas de valor de las compañías e industrias.

---

[3] Según se informó en *Business Week*, 4 de octubre de 1999, p. 90.

de fabricación sobre pedido reducen la necesidad de los mayoristas y minoristas de tener en existencia un determinado número de modelos y estilos para compra inmediata. Cuando los fabricantes cuentan con la posibilidad de ajustar rápidamente a la alza o a la baja la producción y el envío de modelos y estilos particulares en respuesta a las ventas diarias, resulta menos probable que los distribuidores y concesionarios se vean afectados por la falta de existencias de artículos que se venden con rapidez o la necesidad de hacer ventas de remate para liquidar excedentes de artículos en sus inventarios. Vincular a los transportistas a sistemas en línea para compartir datos acorta los plazos de entrega, facilita el envío en volúmenes más económicos y reduce al mínimo las condiciones de agotamiento de existencias.

Utz Quality Foods, el tercer fabricante más importante de botanas saladas en Estados Unidos, cuyas ventas ascienden a 200 millones de dólares, ha implantado un sistema de seguimiento de las ventas basado en internet, llamado UtzFocus, que monitoriza las ventas de los productos de la compañía (como los *pretzels* y las papas fritas) en cada supermercado y tienda en que se vende la marca. Los 500 conductores y vendedores que entregan las botanas Utz directamente a los comercios minoristas desde Massachusetts hasta Carolina del Norte usan computadoras de mano para enviar los datos de las ventas diarias (producto por producto y tienda por tienda) a las oficinas centrales. Los gerentes dan cuidadoso seguimiento a los resultados para detectar entregas omitidas, identificar las tiendas donde las ventas se están rezagando y medir la eficacia de promociones especiales. El sistema UtzFocus también mantiene al día al personal de reparto con información sobre las tiendas que tienen ventas especiales de los productos Utz para que los conductores se aseguren de contar con cantidades suficientes de los productos indicados en sus camiones; además, el hecho de que los conductores reciban una comisión de 10% sobre las ventas es un incentivo que contribuye a que UtzFocus funcione. La firma ha instalado máquinas con capacidades de monitorización en todas sus plantas, y se están realizando esfuerzos para conectarlas a la intranet de la compañía con el fin de generar datos en tiempo real sobre el uso de ingredientes, medir si las máquinas rebanadoras de papas se acercan al grosor ideal de .057 pulgadas, dar seguimiento a la cantidad de bolsas de botanas que producen las siete líneas de la fábrica principal y mantener inventarios de ingredientes y bolsas de plástico acordes con las necesidades de producción y ventas. La gerencia considera que estos sistemas son valiosos en el sentido de que coadyuvan a mejorar las operaciones de producción y distribución de Utz, al igual que a impulsar las ventas.

Los beneficios omnipresentes de las aplicaciones de internet

En resumen, el potencial de mejoramiento de la eficiencia en las cadenas de valor de las compañías e industrias que ofrece la tecnología de internet es tan dominante que está impulsando cambios fundamentales en la manera en que se manejan internamente las transacciones con proveedores, mayoristas, minoristas y usuarios finales. Hoy en día, empresas de todo el mundo buscan los beneficios operativos de la tecnología de internet y hacen uso de sistemas y aplicaciones en línea como parte normal de las operaciones cotidianas. Un ejemplo de cómo el uso de la tecnología de internet modifica las cadenas de valor de compañías manufactureras e industrias para aumentar la eficiencia, reducir los costos y racionalizar el proceso de producción se presenta en la cápsula ilustrativa 29.

CÓMO INTERNET REDEFINE EL ENTORNO COMPETITIVO

Uno de los impactos más importantes de internet es cómo modifica la potencia y equilibrio de las fuerzas competitivas, intensificando con frecuencia las presiones competitivas que enfrentan las compañías.

Cápsula ilustrativa 29
Cómo internet puede reformar la economía de fabricación y las cadenas de valor de las industrias

En años pasados, las compañías fabricantes de computadoras personales, como Compaq Computer y Hewlett-Packard, hacían computadoras para sus clientes comerciales y corporativos con base en conjeturas sobre los modelos y opciones que éstos preferirían, fabricando en grandes cantidades modelos equipados de forma muy diversa para luego enviarlos a los revendedores. Estos últimos no sólo mantenían inventarios de un amplio surtido de modelos de computadoras personales, así como de partes para reconfigurar dichos modelos de acuerdo con las especificaciones del comprador, sino que también manejaban el marketing y el servicio técnico. Sin embargo, presionados por la economía de menor costo del modelo de negocios de producción sobre pedido y ventas directas de Dell Computer, muchos fabricantes de computadoras personales se han visto obligados a modernizar su enfoque en la cadena de valor.

En fechas recientes, Compaq Computer y Hewlett-Packard (HP) celebraron contratos con Ingram Micro, el distribuidor y revendedor de computadoras personales más grande del mundo (que también ensambla computadoras), y Solectron Corporation, fabricante por contrato de computadoras personales, para proveer de computadoras personalizadas a sus clientes corporativos. El nuevo modelo de la cadena de valor que los socios idearon se muestra a continuación. Se espera que dicho modelo reduzca los costos de producción de manera considerable y acorte el tiempo que una computadora personal permanece en inventario, de varios meses a cuestión de horas.

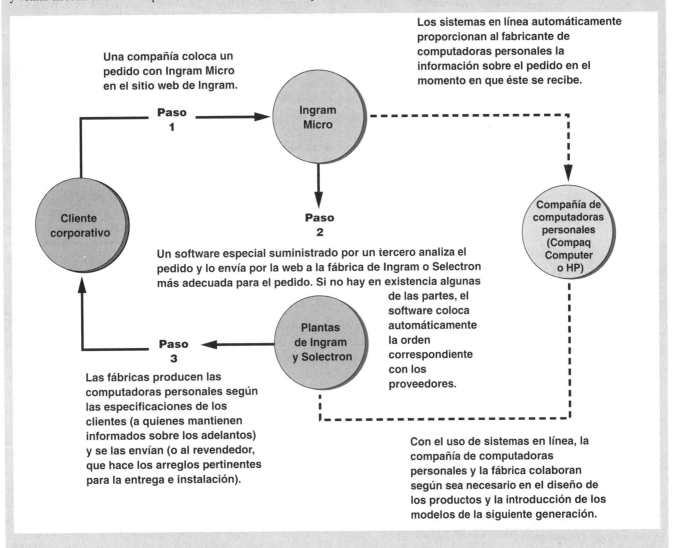

Fuente: Business Week, 22 de marzo de 1999, pp. EB 15 y EB 18, e información proporcionada por Ingram Micro, Inc., y Solectron Corp.

El impacto en la rivalidad competitiva

Internet amplía el mercado geográfico, aumenta el número de rivales a los que se enfrenta una compañía y lleva la rivalidad entre vendedores en zonas geográficas contiguas a niveles sin precedentes. En el mundo físico del comercio minorista, una tienda de aparatos electrónicos para el hogar en Tuscaloosa, Alabama, no compite de manera intensa con tiendas semejantes en Birmingham, a 60 millas de distancia. En el mundo virtual de internet, sin embargo, compite con minoristas en línea de aparatos electrónicos como Buy.com (cuyas ubicaciones reales se desconocen y no tienen la menor importancia) y las tiendas web de los comerciantes minoristas de líneas electrónicas en Birmingham adquieren relevancia desde el punto de vista competitivo. En efecto, internet elimina la protección geográfica de la distancia que tradicionalmente ha dado a los negocios en ciudades pequeñas la ventaja de ser el único proveedor dentro de un radio razonable; con internet, una persona puede comprar una cámara digital en Buy.com en vez de hacerlo en una tienda de artículos fotográficos de la localidad, negociar fácilmente la compra de un vehículo con un distribuidor de automóviles situado a cientos de kilómetros de distancia, obtener financiamiento y seguro de automóvil con proveedores en línea, descargar grabaciones de intérpretes musicales en EMusic.com, ordenar juguetes en lugar de ir a las tiendas locales de Wal-Mart o Toys "R" Us, y comprar diversos artículos en Amazon.com. Por supuesto, las compras electrónicas no son para todo el mundo, y los comerciantes minoristas locales continuarán disfrutando de ventajas geográficas, en especial en lo que se refiere a productos que los compradores prefieren inspeccionar y comprar en persona.

> El creciente uso de internet por compañías y consumidores amplía el mercado geográfico e intensifica la rivalidad entre vendedores competidores.

La rivalidad entre los participantes de la industria a menudo se intensifica con las estrategias de comercio electrónico recién lanzadas de los rivales existentes y por el ingreso de compañías rivales de internet emprendedoras. Varios vendedores en línea, en la creencia de que su enfoque de ventas directas redunda en cadenas de valor de un costo inferior al de los establecimientos minoristas tradicionales, han usado internet para promover precios más bajos, intensificando así la competencia en precios y desplazando el foco competitivo de las características de desempeño, servicio, calidad y otros atributos.

La rivalidad también aumenta cuando la estructura competitiva de una industria enfrenta a los vendedores en línea puros con los vendedores que tienen una combinación de instalaciones físicas y virtuales y los comerciantes que sólo tienen establecimientos tradicionales. El énfasis variable que dichos rivales ponen en internet como canal de distribución para tener acceso a los compradores acrecienta la competencia respecto a cuál de los diversos canales para acceder a los clientes aumentará o disminuirá en importancia. El uso eficaz de internet agrega un arma valiosa al arsenal competitivo de los vendedores rivales y les proporciona una manera más de maniobrar para obtener posición en el mercado y ventaja competitiva.

El impacto en las barreras de ingreso

Las barreras de ingreso al mundo del comercio electrónico son relativamente bajas. En cierto modo es fácil para las compañías de internet de reciente creación incursionar en algunas industrias, y es incluso más fácil para las empresas existentes expandirse a nuevos mercados geográficos mediante las ventas en línea en sus sitios web. Muchas de las actividades de la cadena de valor que son imprescindibles para hacer negocios en internet pueden *subcontratarse externamente* con proveedores que ofrecen servicios y pericia especializados. El software necesario para establecer un sitio web de comercio electrónico es fácil de obtener con varios proveedores de software y los costos son relativamente moderados; por ejemplo, un banco puede comprar el software que requiere para operar su propio sitio de banca en internet por menos de 50 000 dólares. Hay compañías que se especializan en diseñar y mantener páginas web, responder a consultas enviadas por correo electrónico y prestar servicios de almacenamiento y envío. Docenas de empresas operan "granjas de servidores" con el propósito de hospedar sitios web de compañías clientes, relevándolas así de los costos y molestias de comprar sus propios servidores y contratar personal capaz de proporcionar a los clientes acceso confiable al sitio web las veinticuatro horas del día. En efecto, por un pago mensual relativamente modesto de 200 dólares y costos por anticipado de menos de 5 000 dólares, las compañías que ofrecen servicios

> La relativa facilidad con que las compañías de internet de reciente creación y las empresas existentes que desean expandirse pueden incursionar en nuevos mercados geográficos mediante las ventas en línea señala una fuerte probabilidad de que las compañías en muchas industrias experimentarán un aumento neto tanto en el número de rivales como en la intensidad de la rivalidad.

de hospedaje web diseñan, operan y mantienen una tienda en línea en nombre de cualquier empresa pequeña que quiera vender sus productos por internet. Si es necesario, la fabricación y ensamblaje también pueden contratarse externamente.

Quizá la barrera de ingreso más importante que enfrentan las compañías de internet de reciente creación son los desembolsos, en ocasiones considerables, que es necesario hacer para crear conciencia de marca y atraer a la clientela a un nuevo sitio web. Aun así, hay varios negocios en línea que los emprendedores pueden iniciar y operar prácticamente desde su casa. *Las barreras de ingreso relativamente bajas para las compañías de internet de reciente creación explican por qué existen ya cientos de miles de firmas de comercio electrónico recién constituidas y quizá cientos de miles más que surgirán en todo el mundo en los próximos años.*[4] Además, la cantidad de compañías existentes que venden sus productos en línea y amplían su alcance a nuevos mercados geográficos aumenta todos los días.

Así, es probable que las empresas en muchas industrias experimenten un tanto un aumento neto en el número de rivales como en la intensidad de la rivalidad en sus mercados geográficos.

El impacto en el poder de negociación de los compradores

Internet hace que resulte fácil y cómodo para los compradores recopilar amplia información sobre productos y marcas competidoras. Los sitios web de vendedores rivales se encuentran sólo a unos cuantos clics de distancia y están "abiertos al público" las 24 horas del día, todos los días del año, lo que da a los compradores una capacidad sin precedentes de investigar las ofertas de productos de vendedores rivales y buscar el mejor valor en el mercado. Los mayoristas y minoristas usan la información obtenida sobre los precios y características de fabricantes rivales para decidir qué marcas deben tener en existencias y presionar a los fabricantes para que igualen o superen las ofertas de los rivales. Los consumidores en lo individual, que se basan en las investigaciones que realizan por internet acerca de las características, calidad y especificaciones de las marcas competidoras y los precios de diferentes comerciantes minoristas, están por lo menos en posición de tomar decisiones más prudentes e informadas sobre la marca que comprarán y el comerciante minorista al que favorecerán con su preferencia. En algunos casos, los consumidores pueden regatear con los minoristas; algunos comerciantes minoristas en línea permiten a los clientes presentar ofertas de cuánto están dispuestos a pagar por un artículo. Los compradores informados, que conocen tanto los productos y marcas competidores como la diferencia de precios entre éstos, se encuentran en una mejor posición para negociar; asimismo, evitan fácilmente a los vendedores que ofrecen precios altos o atributos poco atractivos de los productos. Estos *esfuerzos generalizados entre los compradores para buscar los precios más bajos fomentan la competencia activa entre rivales,* lo cual inclina la balanza competitiva a favor de los compradores y resta ventaja a los vendedores.

> El conocimiento amplio de los productos y precios por parte de los compradores tiende a reducir los costos de cambio de proveedor; de manera que no hay muchas razones para que los compradores sigan siendo leales a su marca actual, a menos que obtengan el mejor valor general.

El poder de negociación de los compradores se fortalece también de otras maneras. internet ha creado oportunidades para que los fabricantes, mayoristas, minoristas, y a veces los particulares, se unan a grupos de compras en línea para conjuntar su poder adquisitivo y negociar mejores condiciones con los vendedores de las que podrían conseguir en forma individual. Los grupos de compras geográficamente dispersos de un fabricante multinacional pueden usar la tecnología de internet para agrupar los pedidos que colocan con proveedores de partes y componentes y negociar descuentos por volumen. Los agentes de compras de algunas compañías se están agrupando en sitios web de terceros para consolidar las compras corporativas y obtener mejores precios o trato especial; en PurchasingCenter.com, por ejemplo, las empresas pueden participar en un grupo común de compras de productos industriales, como brocas y motores.

> El amplio uso que los compradores hacen de internet a menudo se traduce en un mayor poder de negociación para ellos.

---

[4] Para una exposición acerca de cómo internet y el comercio electrónico están atrayendo a empresarios y capital, véase Gary Hamel, "Bringing Silicon Valley Inside", *Harvard Business Review* 77, núm. 5, septiembre-octubre de 1999, pp. 70-84.

Por otro lado, la información que los compradores obtienen en internet no siempre les da la ventaja en las negociaciones con los vendedores. Hay casos en que los fabricantes contrarrestan el poder de negociación de mayoristas y minoristas influyentes utilizando internet para empezar a vender directamente a los usuarios finales. Los vendedores no se encuentran por completo en desventaja con los grupos de compras comunes, por ejemplo, porque obtienen acceso inmediato a grupos de compradores grandes y bien definidos, lo que les permite ahorrar en los costos de ventas y transacciones. Muchas líneas aéreas comerciales alientan a los pasajeros a ir de manera directa a los sitios web de las compañías de aviación para ver los horarios de los vuelos, hacer reservaciones y comprar boletos, lo que afecta en buena medida al negocio de los agentes de viajes y disminuye las comisiones que se pagan a dichos agentes. Los fabricantes de bienes de consumo también han empezado a vender directamente a los consumidores a través de internet. Sony ya vende sus productos electrónicos directamente a los consumidores en Japón (para consternación de los minoristas japoneses); varios fabricantes de automóviles están probando las ventas directas por la web en Canadá, y Mattel vende sus productos Barbie y Fisher-Price en línea, una medida que podría contrarrestar el considerable poder de negociación de dos de los mayores minoristas en juguetes: Wal-Mart y Toys "R" Us. En Nike.com, los consumidores pueden diseñar sus propios tenis, elegir colores e incluso pedir que se coloquen frases personalizadas, como "Air Ryan" en la parte de atrás del zapato. De este modo, si internet inclina el poder de negociación a favor de los compradores o vendedores depende de la situación.

El impacto en el poder de negociación de los proveedores y la colaboración entre proveedor y vendedor

> Debido a que internet permite a las compañías tender una red geográfica más amplia para conseguir los mejores proveedores, buscar los mejores precios y valores en el mercado y usar los mercados electrónicos para obtener ciertos artículos, les da hasta cierto punto un mayor poder de negociación frente a los proveedores.

Todas las diversas opciones de adquisición por medios electrónicos que ahora están a la disposición de las compañías a través de internet tienden a darles mayor poder de negociación frente a los proveedores, en comparación con el periodo anterior a internet. Hay varias razones que explican por qué sucede así. internet *hace posible que las compañías traspasen sus fronteras para buscar a los mejores proveedores y, además, colaborar estrechamente con ellos para realizar ganancias de eficiencia y ahorros en costos.* Aunque varias compañías han dependido de proveedores extranjeros para adquirir componentes y ensamblaje a bajo costo desde hace algunos años, en un mundo conectado globalmente, internet permite a muchas más empresas identificar y luego integrar a proveedores extranjeros a su cadena de suministros. Asimismo, las compañías locales y regionales tienen la oportunidad de extender su búsqueda geográfica de proveedores a través de internet, buscando candidatos en el mercado que ofrezcan mejor calidad, precios o capacidades que los proveedores actuales.

Además, las compañías ya pueden usar los servicios de los mercados en línea, o "mercados electrónicos", para revisar todas las diversas opciones de proveedores. Los cerca de 1 500 mercados electrónicos que funcionan en la actualidad abarcan desde un sitio web que simplemente reúne los catálogos electrónicos de distintos proveedores hasta subastas y comunidades en línea que utilizan la capacidad de comunicaciones instantáneas de internet para reunir a compradores y vendedores. Por ejemplo, FreeMarkets opera una base global de fuentes de aprovisionamiento de más de 185 categorías de bienes y servicios que incluye a 150 000 proveedores calificados diferentes en 70 países. La búsqueda global de proveedores a través de los mercados electrónicos beneficia a todos los participantes. Los compradores identifican cómodamente a proveedores calificados y obtienen acceso inmediato a información sobre productos y precios competitivos. Los proveedores desean participar en los mercados electrónicos porque adquieren amplio acceso a los compradores sin tener que hacer gastos fuertes. Tanto para los compradores como para los vendedores, los mercados electrónicos representan costos bajos de transacciones, eliminando el proceso en ocasiones tedioso de ponerse en contacto mutuo mediante fax, correo electrónico o teléfono para hablar de los precios y disponibilidad de los productos. Sin embargo, en general, los mercados electrónicos favorecen más a los compradores que a los proveedores; por medio de ellos un comprador que tiene la necesidad urgente de adquirir suministros puede investigar anónimamente a miles de posibles proveedores, comparar precios y evitar la posibilidad de tener que pagar los precios abusivos que en ocasiones se cobran cuando hay urgencia de comprar un artículo específico. Los mercados electrónicos disminuyen los costos de cambio de marca para los compradores, fomentando así la competencia de precios entre proveedores. Los compradores suelen emplear la información sobre los precios y los distintos proveedores que se proporciona en varios de estos sitios para negociar más enérgicamente con los proveedores actuales.

El impacto en la colaboración entre vendedor y proveedor   Como se explicó antes, las técnicas de adquisición electrónica fomentan una mayor colaboración entre vendedor y proveedor en un frente amplio. Las compañías y sus proveedores tienen un fuerte incentivo para aprovechar el uso de internet con el fin de hacer más eficientes las actividades de compras y logística interna; además, es muy factible que ambas partes realicen ahorros en costos y mejoras de operación considerables. Dicha colaboración promueve asociaciones a largo plazo con los proveedores; sin embargo, la mayor parte de las empresas dejan en claro que están dispuestas a asociarse con un proveedor sólo mientras éste continúe ofreciendo el mejor valor. Y en la medida en que una compañía usa las técnicas de aprovisionamiento electrónicas para manejar con eficiencia la cadena de suministros, puede ejercer mayor presión competitiva sobre sus rivales.

Influencia general en la estructura competitiva de una industria

La exposición anterior no deja duda alguna de que la tecnología de internet está provocando cambios importantes en las fuerzas competitivas: en la mayoría de las industrias, los resultados incluyen rivalidad intensificada, más amenazas de ingreso, poder de negociación ligeramente mayor con los proveedores, una mejor posición de negociación de los compradores e incentivos para todos los tipos de colaboración entre vendedor y proveedor y vendedor y distribuidor. En resumen, la tecnología de internet tiende a incrementar la fuerza de las presiones competitivas que enfrentan las compañías y a debilitar el atractivo de la industria desde la perspectiva de las utilidades. La tecnología de internet permite a una firma mejorar su rentabilidad y adquirir ventaja competitiva sólo en la medida en que pueda aprovechar esa tecnología claramente mejor que sus rivales.

> Las aplicaciones de la tecnología de internet están provocando cambios importantes en las fuerzas competitivas de las industrias; cambios que, en general, actúan para intensificar las presiones competitivas y reducir la rentabilidad.

OTRAS CARACTERÍSTICAS DE LA TECNOLOGÍA DE INTERNET QUE DETERMINAN LA ESTRATEGIA

Aparte de los impactos en las cadenas de valor de las compañías o industrias y en las fuerzas competitivas, la tecnología de internet tiene otras características que inciden en la estrategia:

- *Internet es una fuerza que globaliza la competencia y amplía el ámbito geográfico en que las compañías tienen presencia de mercado.* La tienda web de una empresa está abierta a compradores de todo el mundo. Las barreras idiomáticas se eliminan dando a los visitantes del sitio la opción de examinarlo en cualquiera de varios idiomas. Una compañía cuyos productos posean los atributos apropiados para el mercado global y puedan enviarse a un costo bajo está en condiciones de buscar oportunidades de ventas más allá de sus fronteras nacionales a costos incrementales relativamente bajos. Las fronteras nacionales significan poco en el mundo del comercio electrónico; por ejemplo, alguien que subasta un artículo en el sitio de eBay puede conectarse con un comprador en Europa o América Latina, e eBay proporciona instrucciones detalladas para enviar los productos subastados internacionalmente. Una cantidad creciente de proveedores de transporte manejan envíos a cualquier parte del mundo. Las compañías emplean la tecnología de internet para extender su alcance más allá de sus fronteras en busca de los mejores proveedores y éstos, a su vez, participan en los mercados electrónicos para ampliar su base geográfica de clientes.

> La distancia y ubicación importan menos en un mundo conectado; en efecto, internet es una fuerza globalizadora que promueve la formación de una comunidad mundial y fomenta el comercio entre países en muchas categorías de bienes y servicios.

- *Las tecnologías de internet y de la computación personal están avanzando a velocidades inciertas y en direcciones inesperadas.* Hace unos cuantos años, Intel y Microsoft concentraban todas sus energías en potenciar el desempeño y las capacidades de las computadoras personales y en ampliar el papel de éstas como un aparato multifuncional tanto en las empresas como en los hogares. Ambas compañías se equivocaron al juzgar la trascendencia tecnológica y comercial de internet y tuvieron que implantar programas urgentes para reorientar sus esfuerzos. También hace unos cuantos años los inversionistas consideraban que los títulos de Iomega aumentarían constantemente su valor de mercado debido al potencial de las unidades Zip de Iomega y la alta capacidad de los discos Zip para desplazar al disco flexible normal de 3.5 pulgadas. Iomega firmó contratos con numerosos fabricantes de computadoras personales para que incluyeran su unidad Zip como una opción en las computadoras. Su modelo de negocios exigía mantener los precios de las unidades Zip en niveles atractivamente bajos para conseguir mayor penetración de mercado y luego ganar dinero con la venta de los discos, que se vendían al menudeo en aproximadamente 10 dólares cada uno. En el momento en que la unidad Zip empezaba a adquirir una posición sólida en el mercado, los fabricantes de discos duros para computadoras inesperadamente idearon la forma de aumentar de manera considerable la capacidad de éstos (a niveles sin precedentes de 20 a 80 gigabytes) y, al mismo tiempo, reducir en forma espectacular sus costos de producción. Los fabricantes y usuarios de computadoras personales pronto cambiaron a computadoras con discos duros más grandes e invalidaron el principal uso de las unidades y discos Zip de Iomega. Los precios de las acciones de Iomega bajaron sistemáticamente y la compañía experimentó épocas difíciles, pese a los esfuerzos concertados por lanzar nuevos productos innovadores.

  La utilización de la tecnología de banda ancha para permitir acceso de alta velocidad a internet ha resultado ser más complicada y, por tanto, ha progresado de manera más lenta de lo que se imaginó originalmente. Las numerosas compañías dedicadas a desarrollar las diversas facetas de la tecnología de banda ancha han tenido problemas para decidir cuál de los diversos enfoques tecnológicos deben emplear. La ausencia de estándares comunes y sistemas tecnológicos compatibles ha obstaculizado la adopción masiva por parte de empresas y hogares. Mientras tanto, el uso de la tecnología de línea digital de suscriptores (DSL, por sus siglas en inglés) para proporcionar acceso de alta velocidad a internet en hogares y compañías ha implicado inversiones más cuantiosas por parte de las compañías de teléfonos locales de las previstas; además, la instalación del servicio de DSL ocupa mucho tiempo de los técnicos y los usuarios han informado de dificultades molestas para hacer que DSL interaccione sin problemas con sus computadoras personales. Asimismo, las compañías de televisión por cable se han topado con inversiones y costos de instalación de los módems de cable más altos de lo esperado. Los precios hasta ahora más elevados de las conexiones a internet por DSL y módems de cable, junto con el tedioso proceso de arreglar todos los fallos, han retrasado la utilización de la tecnología de banda ancha y dificultado que muchas características de las computadoras personales e internet que requieren banda ancha (como el video dinámico de alta calidad y las comunicaciones de voz a través de computadoras personales) adquieran mayor penetración de mercado. Los rezagos en la utilización de la tecnología de banda ancha contribuyeron a reventar la burbuja de las compañías de internet en 2000 y han retrasado la construcción de la infraestructura global de internet.

- *Las tecnologías de internet tienden a reducir los costos variables e inclinan la estructura de costos más hacia los costos fijos.*[5] Implantar la tecnología y aplicaciones de internet es en buena medida un ejercicio de costos fijos determinado por el carácter de la aplicación y la magnitud de las operaciones de la compañía (cuántas computadoras personales, juegos de software, servidores y equipo relacionado se requieren y cuáles son los costos asociados del personal de asistencia de tecnología de la información). Una vez que la aplicación se pone en práctica, hay muy pocos costos variables asociados con su uso y, lo que es más im-

---

[5] Porter, "Strategy and the Internet", p. 66.

portante, es probable que las reducciones en los costos que genera la aplicación adopten la forma de ahorros en mano de obra, menores costos de las transacciones y otras economías de operación, todas las cuales se clasifican por lo general como costos variables debido a que se relacionan directamente con el volumen de ventas unitarias. La estructura de costos fijos altos y costos variables bajos de muchas empresas de comercio electrónico explica por qué las compañías de internet de reciente creación por lo común incurren en pérdidas cuantiosas durante los primeros años mientras invierten en la infraestructura interna para sostener las operaciones; la rentabilidad se logra siempre y cuando el volumen de ventas aumente a niveles suficientes para cubrir los costos variables modestos y los cuantiosos costos fijos que conllevan las operaciones de los sitios web. La estructura de costos fijos elevados de las empresas de comercio electrónico se exacerba por los adelantos acelerados en la tecnología de los sitios web que requieren desembolsos constantes en costos fijos para mantener, renovar y actualizar el sitio web. Los desembolsos obligatorios para implantar las tecnologías de internet de la siguiente generación incrementan el volumen de equilibrio necesario para lograr la rentabilidad; los volúmenes de equilibrio cada vez más altos a menudo restringen la capacidad de la compañía para reunir el capital requerido para financiar las operaciones hasta que los ingresos crezcan lo suficiente para alcanzar la rentabilidad.

- *Internet conduce a una difusión mucho más rápida de la nueva tecnología y las nuevas ideas alrededor del mundo.* Las compañías de todos los países ahora usan las comunicaciones de internet para dar seguimiento a los adelantos tecnológicos y del mercado más recientes. En sólo cuestión de horas, las últimas noticias se propagan por los mercados mundiales. Los detalles de las nuevas tecnologías o los sucesos en compañías o mercados específicos se obtienen con rapidez en un creciente número y variedad de sitios web. La explosiva cantidad de información disponible en internet y la velocidad con la que viajan las noticias hacen improbable que una compañía pueda ocultar a sus competidores y otras partes interesadas cualquier prueba de mercado, ampliación de instalaciones o esfuerzos por lanzar nuevas iniciativas estratégicas. Los productos o conceptos de negocios innovadores que adquieren aceptación en una parte del mercado mundial pueden ser imitados o adaptados por empresas oportunistas en otras partes del mundo. Así, algunas de las ventajas con las que cuentan las compañías que actúan primero que nadie pueden durar muy poco tiempo.

- *La adopción generalizada de la tecnología de internet presiona a las compañías para que actúen con rapidez, "en tiempo de internet" o "a la velocidad de internet".* Hace apenas unos cuantos años, las compañías que eran ágiles y operaban con tiempos de respuesta cortos podían esperar tener una ventaja competitiva sobre los rivales que actuaban con mayor lentitud. En la actualidad, como las empresas de todas partes están implantando la tecnología de internet y están alertas al ritmo más veloz de los acontecimientos, la velocidad es condición para sobrevivir. Los nuevos adelantos de uno u otro tipo ocurren todos los días. El mercado en movimiento rápido y las condiciones competitivas en ocasiones ponen en riesgo las operaciones de las compañías que reaccionan tarde.

- *Internet es un vehículo económico para proporcionar atención a los clientes.* internet ofrece oportunidades innovadoras para manejar las actividades de atención a clientes y complementa o incluso sustituye al personal interno. Al manejar las cuestiones de atención a clientes por internet, las compañías necesitan menos empleados para visitar las oficinas de los clientes, operar las líneas en los centros de atención telefónica o responder a otras comunicaciones de los clientes. Por ejemplo, con el uso de software especialmente diseñado, Dell Computer puede tomar una lectura digital de las fallas en el sistema computacional de un cliente, identificar el problema y enviar las reparaciones por internet; todo ello sin la intervención del hombre.[6] Los sistemas directos de asistencia a clientes en línea bien pueden resultar baratos y muy eficaces en diversas industrias.

- *El capital para financiar los negocios de comercio electrónico está fácilmente disponible para empresas que tienen modelos y estrategias de negocios sólidos y atractivos y se ha agotado para las empresas que tienen perspectivas dudosas.* El entusiasmo de los inversionistas

> Muchas aplicaciones de internet suponen costos fijos altos y costos variables relativamente bajos; por tanto, muchas compañías de internet de reciente creación incurren en pérdidas hasta que el volumen unitario crece lo suficiente para cubrir los cuantiosos costos fijos que conllevan las operaciones de los sitios web.

> Internet acelera la difusión de nuevas tecnologías y enfoques de negocios y hace que las ventajas de los que actúan primero duren poco tiempo.

> El cambio a alta velocidad es la norma en la era de internet.

---

[6] Según se informó en *Business Week*, 22 de marzo de 1999, p. EB 31.

por las oportunidades de negocios generadas por internet y la tecnología de internet creó al inicio un ambiente donde los capitalistas de riesgo se mostraban muy dispuestos a financiar empresas nuevas con casi sólo una idea plausible y un plan de negocios. Hasta principios de 2000, cuando la euforia de los inversionistas por internet disminuyó y éstos se volvieron más realistas, era extraordinariamente fácil para las compañías de internet de reciente creación recaudar cientos de millones de dólares e incluso miles de millones, para financiar sus empresas propuestas.[7] Se recaudó más capital mediante ofertas públicas iniciales de acciones en los años noventa que todas las décadas anteriores combinadas.[8] Las ofertas públicas iniciales de internet se convirtieron en cosa de todos días, y el rápido aumento en los precios de sus acciones colocó a las compañías de internet en una posición fuerte para realizar adquisiciones y recaudar el capital social adicional para financiar las pérdidas de la puesta en marcha. Sin embargo, en 2000, los inversionistas en empresas de reciente creación, preocupados por las cuantiosas y en ocasiones crecientes pérdidas a medida que los ingresos aumentaban, empezaron a presionar a los ejecutivos de estas compañías para que ofrecieran mejores resultados financieros. Cuando se hizo evidente que los modelos de negocios y las estrategias de muchas compañías de internet tenían defectos importantes y ofrecían pocas posibilidades de generar rentabilidad en el corto plazo, los precios de las acciones de la mayoría de estas compañías se desplomaron. Las empresas que tuvieron pérdidas cuantiosas, flujos de efectivo negativos y necesidad de infusiones de capital para continuar operando atravesaron por épocas difíciles; algunas se declararon en quiebra, otras recortaron sus presupuestos de operación y despidieron a un alto porcentaje de empleados para conservar el efectivo y ganar tiempo para reformular su negocio y estrategias. El resultado fue el regreso a los principios fundamentales de negocios, donde los requisitos tradicionales de obtener buenos resultados financieros dominaron las expectativas de desempeño. No obstante el exceso y la caída anteriores, el capital de riesgo y el capital patrimonial continúan a la disposición de compañías relacionadas con internet que tienen una tecnología o idea prometedora, un modelo de negocios atractivo y un plan estratégico bien meditado. Sin embargo, el ambiente de inversión es decididamente más escéptico, y la mentalidad de la fiebre del oro parece haber desaparecido de pronto. Los requisitos de capital pueden convertirse en una barrera de ingreso más importante en los próximos años de lo que fueron en el pasado inmediato.

> Aunque la mentalidad de la fiebre del oro por invertir se interrumpió repentina y dramáticamente, las empresas de internet que ofrecen una verdadera promesa de buenos resultados financieros todavía atraen a capitalistas dispuestos a invertir en la puesta en marcha.

LA DIFICULTAD DE DEPENDER DE LA TECNOLOGÍA DE INTERNET PARA CONSEGUIR VENTAJA COMPETITIVA SUSTENTABLE

Las compañías de todo el mundo han adquirido rápidamente experiencia en el uso de la tecnología de internet, además de aprender a captar los beneficios que proporciona. La mayoría de las empresas en casi todas las industrias están implantando aplicaciones de internet. Las aplicaciones en línea que facilitan y agilizan el intercambio de información en tiempo real prácticamente no han dejado intacta ninguna de las partes de las cadenas de valor de las compañías e industrias. Como podría esperarse con cualquier herramienta tecnológica nueva y significativa, la experimentación es patente y de manera constante se adoptan medidas para perfeccionarla.

> La mayoría de las compañías en casi todas las industrias está utilizando aplicaciones de internet que a menudo emplean paquetes comerciales ofrecidos por los desarrolladores de software.

Sin embargo, una gran parte de la tecnología de internet que se ha implantado hasta la fecha implica el uso de paquetes de software comercial genérico que ofrecen vendedores como Oracle, Commerce One y Ariba y que son fáciles de conseguir por cualquier compañía. La "plataforma abierta" de internet (es decir, su arquitectura y procedimientos de navegación estándares), aunada a la dependencia generalizada de paquetes de software genéricos, hace muy difícil que una firma obtenga ventaja competitiva sustentable mediante la adopción dinámica y

---

[7] Véase Hamel, "Bringing Silicon Valley Inside", pp. 77-83.

[8] De acuerdo con un estudio citado en CNBC, 6 de enero de 2000.

vanguardista de la tecnología de internet. Hay muy poco que impida a los rivales obtener software comparable e instituir aplicaciones en línea semejantes en cuestión de meses. Por ejemplo, una importante cadena de farmacias, CVS, implantó un complejo sistema electrónico de adquisiciones en 60 días.[9]

En efecto, existen razones para creer que la gran mayoría de los competidores en una industria están implantando muchas de las mismas aplicaciones de internet relacionadas con las operaciones (sistemas electrónicos de compras, intercambio exhaustivo de datos con socios de la cadena de valor, comunicaciones electrónicas, exhibidores de información sobre productos en los sitios web de las compañías, sistemas en línea para que los clientes coloquen pedidos) y logrando beneficios comparables en sus operaciones. La mayoría de las empresas en la actualidad recorren el mercado en busca de las mejores aplicaciones de internet e implantan prácticas de comercio electrónico en las actividades internas de la cadena de valor para obtener ahorros en costos y mejorar la eficacia de sus operaciones. En virtud de los esfuerzos amplios e intensivos de las compañías en todas las industrias por incorporar la tecnología de internet, rara será la empresa que pueda adquirir ventajas de operación durables incorporando impecablemente la tecnología de internet en su sistema de la cadena de valor. Una firma que ha desafiado la extrañeza de emplear internet para adquirir ventaja competitiva sustentable es Dell Computer. La manera en que Dell utiliza la tecnología de internet ha contribuido significativamente a que esta compañía llegue a ser el principal proveedor global a bajo costo de hardware de computadoras personales y, hasta el momento, ningún rival ha podido igualar la complejidad y eficiencia de los sistemas de comercio electrónico de Dell; sin embargo, una parte considerable de la tecnología de internet que Dell emplea es *patentada*, en vez de basarse en aplicaciones genéricas. La lección de Dell es que es más difícil para los rivales duplicar las aplicaciones patentadas de internet y, por lo tanto, éstas ofrecen ventajas competitivas más duraderas.

> Hay pocas oportunidades de que una compañía adquiera ventaja competitiva con la implantación de aplicaciones de internet que usan paquetes de software genéricos cuando los rivales implantan aplicaciones muy parecidas con software prácticamente igual.

El mito de la ventaja del primero en actuar

Durante el clima de fiebre del oro que internet suscitó en la década de 1990, cuando la atención se centraba en todo lo que internet podía hacer y la velocidad espectacular con la que su uso estaba creciendo, la sabiduría tradicional sostenía que la ventaja competitiva y la rentabilidad por encima del promedio recaerían en los primeros participantes audaces que desarrollaran sitios web llamativos y útiles, generaran volúmenes de tráfico altos y crecientes tanto de usuarios primerizos como recurrentes, crearan reconocimiento generalizado de nombre y un nombre de marca fuerte en la nueva economía y cultivaran la lealtad al sitio web con características y ofertas de productos innovadoras. Se decía que los primeros en actuar conseguirían éxitos tempranos al acumular conocimientos sobre las preferencias y comportamiento de compra de los usuarios del sitio para luego usarlos con el fin de proporcionar ofertas, servicio y comodidad adaptados a la medida de las necesidades de cada cliente. Con el tiempo podrían consolidar la lealtad de los usuarios expandiéndose a categorías adicionales de productos que complementaran sus ofertas iniciales o coincidieran con los perfiles y preferencias de compra de los usuarios del sitio.

Además, las ventajas ganadas por los primeros participantes exitosos supuestamente serían duraderas debido a 1) los elevados costos de cambio para los usuarios del sitio y 2) los "efectos de red", donde las características de un sitio adquieren más valor a medida que más gente las usa.[10] Las compañías esperaban que los usuarios del sitio, después de haber invertido tiempo en familiarizarse con un sitio en particular y acostumbrarse a las facilidades que ofrece, no querrían pasar por el proceso complicado y fastidioso de buscar el sitio de un rival, registrarse en éste y aprender a utilizarlo. Los efectos de red están presentes en aplicaciones como el correo electrónico, subastas, tableros de mensajes, mensajería instantánea y foros de conversación —mientras más gente los usa, más útiles y eficaces se vuelven—. El razonamiento sostenía que cuanto mayor fuera el efecto de red asociado con el uso de un sitio en particular,

---

[9] Porter, "Strategy and the Internet", p. 71.

[10] *Ibidem*, p. 68.

tanto más la rivalidad competitiva se convertiría en una contienda en la que el ganador se lleva todo, con lo cual uno o tal vez dos sitios terminarían dominando el mercado.

Sin embargo, esa idea acerca del poder y durabilidad de las así llamadas ventajas de los primeros en actuar, aunque atractiva en la superficie, resultó equivocada. En la mayoría de los casos, los costos de cambio son relativamente bajos para los usuarios de internet. Los sitios rivales no son sólo fáciles de ubicar y en ocasiones interesantes de explorar, sino que también implican un tiempo de registro mínimo. Además, cambiar de sitios y usar varios a la vez se está volviendo cada vez más fácil. Las nuevas tecnologías web ahora permiten a los clientes registrar su información personal y números de tarjetas de crédito en una ubicación central y luego comprar en diferentes sitios sin tener que introducir los mismos datos una y otra vez. El software de consolidación de contenido permite a los usuarios construir páginas web personalizadas que extraen y registran información de muchos sitios diferentes de internet, eliminando así la necesidad de regresar a los sitios una y otra vez para recuperar la información deseada. El empleo creciente de los estándares de lenguaje de marcación extensible (XML) libera a las compañías de una buena parte de la carga de revisar sus sistemas de pedidos en línea cuando cambian de proveedores.

Mientras tanto, a las compañías les resultó más difícil de lo esperado establecer nombres de marcas dominantes que crearan altas barreras competitivas para los rivales. Aunque algunas compañías de internet obtuvieron cierta ventaja con grandes campañas de publicidad, los rivales igualmente ambiciosos no tardaron en empezar a contrarrestar dicha ventaja con fuertes gastos publicitarios propios. Las guerras de publicidad en varias industrias —el corretaje en línea es un ejemplo excelente— produjeron una especie de empate en el reconocimiento y poder del nombre de marca, con lo que varios rivales pudieron reivindicar cierto éxito en cuanto a atraer ventas y adquirir más participación de mercado. Sin embargo, muy pocas compañías de internet que fueron las primeras en incursionar en un mercado específico han podido avasallar a los rivales en línea con el poder de su nombre de marca y el atractivo de su sitio web. Esto se debe en parte a que a muchos usuarios de internet les gusta explorar otros sitios, curiosos de ver qué pueden encontrar y lo que otros sitios ofrecen.

Al mismo tiempo, los efectos de red han resultado ser bastante débiles, lo que representa otro impedimento para bloquear la competencia de los rivales y dificulta lograr el predominio en el mercado. Para que los efectos de red presenten fuertes barreras de ingreso a los rivales y permitan el predominio, deben basarse en sistemas y características propios y exclusivos de las compañías que los competidores no puedan duplicar con facilidad. Sin embargo, como el software necesario para establecer correo electrónico, foros de conversación, tableros de mensajes y subastas se consigue en cualquier parte, las compañías rivales pueden incorporar fácilmente dichas características como parte de sus sitios web con poco esfuerzo y costo; además, los usuarios de internet están muy familiarizados con el funcionamiento de dicho software, lo que implica poco o ningún costo de cambio para los usuarios que pasan de un sitio a otro. America Online junto con eBay son quizá los mejores ejemplos de compañías con sistemas propios que han explotado con éxito los efectos de red; pero son la excepción y no la regla.

En resumen, ha sido difícil para aquellos que fueron primeros en actuar conseguir ventaja competitiva duradera. Los seguidores que actúan con rapidez y son innovadores han descubierto que pueden competir eficazmente. Sólo unas cuantas compañías de internet han logrado que su condición de ser las primeras en actuar se traduzca en ventajas competitivas y nombres de marcas poderosas; America Online, Amazon.com, Yahoo!, eBay y Priceline.com se cuentan entre los ejemplos más prominentes. Y de éstas, sólo America Online e eBay han demostrado rentabilidad atractiva; Amazon ha perdido miles de millones de dólares tratando de establecerse como minorista en línea y sólo en fechas recientes está dando señales de alcanzar una rentabilidad marginal.

Lo que la debacle de las compañías de internet nos ha enseñado es que ser el primero en actuar no es ni con mucho, en cierto sentido absoluto, tan importante para el éxito estratégico como ser un participante inteligente; importa mucho si las acciones de una empresa se basan o no en una economía sólida de ingresos, costos y utilidades. *La meta que un primer participante debe fijarse es ser el primero en coordinar una combinación de características, valor para los clientes y economía de ingresos, costos y utilidades que abra una oportunidad atractiva en el*

Los costos de cambio inferiores a lo esperado, los efectos de red más débiles de lo esperado y el poder del nombre de marca más débil de lo esperado han producido poca lealtad de los usuarios de los sitios, lo que ocasiona que las ventajas de los primeros en actuar, que en algún momento se consideraron poderosas y duraderas, se evaporen con rapidez o nunca lleguen a materializarse en absoluto.

Muy pocas de las compañías que fueron las primeras en actuar han surgido como líderes dominantes del mercado en el ámbito de internet; todavía más pocas han demostrado una rentabilidad atractiva.

mercado.[11] En ocasiones, la compañía que abre una oportunidad rentable en el mercado es la primera en intentarlo, pero a veces no lo es; sin embargo, quien encuentra la clave para explotarla es sin lugar a dudas el participante inteligente. Debemos hacer mención de un punto más: *el que algunas compañías de internet hayan fracasado en sus primeros intentos no invalida el concepto de las ventajas del que actúa primero.* Dichos fracasos simplemente subrayan la importancia de 1) adoptar primero que nadie medidas inteligentes y oportunas, y 2) captar las ventajas duraderas que tiene el que actúa primero en lugar de buscar ventajas fugaces o, peor aún, ilusorias. Contar con que todos los primeros participantes sufrirán tropiezos, caerán y saldrán con las manos vacías es un error.

El que algunas compañías de internet se apresuraran tontamente a captar las ventajas de ser las primeras en actuar, las cuales más tarde resultaron ser fugaces e ilusorias, no significa que actuar primero que nadie sea siempre un camino estratégicamente peligroso o que esta medida carezca del potencial de redundar en ventaja competitiva.

ERRORES ESTRATÉGICOS COMETIDOS POR LOS PRIMEROS EMPRESARIOS DE INTERNET

Aunque las nuevas tecnologías revolucionarias a menudo dan a los empresarios la oportunidad de experimentar con estrategias y modelos de negocios novedosos, la llegada de internet al escenario central de la economía durante la década de 1990 produjo una cantidad extraordinariamente grande de nuevos modelos y estrategias de negocios, algunos de los cuales infringían los principios fundamentales de la administración de las empresas. En las siguientes secciones estudiaremos algunos de los errores estratégicos cometidos por los primeros empresarios de internet.

El error de pasar por alto las bajas barreras de ingreso

Las compañías de internet se multiplicaron con rapidez durante los años noventa en parte debido a que los capitalistas de riesgo e inversionistas, entusiasmados con la amplia gama de oportunidades de negocios que brindaba internet y motivados por el potencial de obtener enormes ganancias de capital si el nuevo negocio alcanzaba un gran éxito, proporcionaron cantidades de capital sin precedentes a las empresas de nueva creación. En muchos casos, los capitalistas de riesgo e inversionistas no sometían a un examen crítico riguroso los planes de negocios y las estrategias propuestas de las nuevas compañías emprendedoras. En la creencia de que el tiempo era de importancia fundamental (debido a las supuestas ventajas que tienen los que actúan primero), muchos inversionistas comprometieron enormes sumas de capital en empresas de reciente creación sin antes exigirles realizar el trabajo preparatorio y las pruebas de mercado necesarias para demostrar que sus modelos de negocios eran viables. A menudo dieron su visto bueno basados exclusivamente en los argumentos de los empresarios de que sus productos innovadores conseguirían que internet funcionara mejor o que su idea de un negocio en línea podría acabar con el negocio de empresas tradicionales con instalaciones físicas.

Con el capital suficiente y disponible para superar las barreras de ingreso que pudieran existir, las nuevas empresas se multiplicaron con mayor rapidez de lo justificado por las oportunidades. Algunas siguieron "oportunidades" dudosas y luego se quedaron a mitad del camino cuando el interés de los compradores resultó ser mínimo o inexistente. Sin embargo, donde existía una oportunidad de mercado legítima, las barreras de ingreso artificialmente bajas creadas por los ansiosos proveedores de capital dieron pie al congestionamiento del mercado y la rivalidad feroz, condiciones que conducían a una rentabilidad inferior a la esperada o incluso a pérdidas, en especial si los ingresos crecían a menor velocidad de lo previsto. Aunque tenían capital suficiente para aguantar dos o tres años de operaciones, muchas compañías de reciente creación empezaron a agotar sus reservas de efectivo entre 1999 y 2001, cuando la competencia se intensificó; los ingresos no alcanzaron las proyecciones y el escepticismo de los inversionistas

Las barreras bajas de ingreso indican una fuerte amenaza de posible ingreso y casi siempre producen una ganancia neta en la cantidad de competidores.

---

[11] Gary Hamel, "Smart Mover, Dumb Mover", *Fortune*, 3 de septiembre de 2001, p. 195.

respecto a la viabilidad de sus modelos y estrategias de negocios cortaron el acceso a capital adicional. Las revisiones completas de las estrategias, los recortes presupuestarios de gran envergadura, los despidos de personal y las quiebras arrasaron buena parte de la así llamada economía de internet, poniendo en evidencia los modelos de negocios fallidos y los errores estratégicos de la primera oleada de empresarios de internet.

La reorganización subsiguiente fue saludable en esencia y ha producido un análisis más fundamentado de la industria, las condiciones competitivas y las oportunidades de mercado legítimas, así como el uso de mejores modelos y estrategias de negocios. Es probable que la segunda oleada de inversionistas y empresarios de internet, que en la actualidad se desarrolla, produzca un porcentaje mucho más alto de negocios y compañías con poder duradero y rentabilidad aceptable.

El error de competir exclusivamente con base en el precio bajo

Varios minoristas en línea, en la creencia de que las ventas electrónicas suponen costos inherentemente inferiores que los del comercio tradicional, redujeron los precios por debajo de los que ofrecen los comerciantes minoristas tradicionales y promovieron los ahorros de comprar por internet. El precio se convirtió en la variable competitiva predominante que más atención captaba y los comerciantes minoristas en línea hicieron pocos esfuerzos por buscar las ventajas de la comodidad, la información detallada y reseñas de los productos, el servicio en línea, las ofertas especializadas para satisfacer necesidades y usos específicos de los compradores, los productos personalizados o creados sobre pedido, y otras características de valor agregado que justificarían cobrar precios más acordes con los de los comerciantes tradicionales. La competencia en muchas categorías de productos se convirtió en una batalla por la participación de mercado y el crecimiento de los ingresos, en la que los vendedores recurrieron a la publicidad intensiva, descuentos especiales, promociones de regalos e incentivos para los socios de distribución con el fin de generar volumen unitario. La búsqueda de utilidades en el corto plazo pronto se deterioró y se transformó en la esperanza de obtener utilidades después, siempre y cuando el volumen unitario acumulado y los márgenes sobre los costos variables generaran suficientes recursos para cubrir algo más que los costos fijos de operación.

Mientras tanto, los compradores cazadores de ofertas, atraídos por la posibilidad de ahorrar dinero comprando en línea y esperando encontrar precios bajos en internet, se aficionaron a buscar en internet los precios más bajos de los artículos que deseaban. Esto contribuyó a intensificar la competencia feroz en precios entre los comerciantes de internet y llevó los precios a niveles bajísimos que, en el mejor de los casos, permitían utilidades exiguas y, en el peor, inflingían pérdidas en la mayoría de los vendedores.

Tal competencia vigorosa de precios y rebajas indiscriminadas entre los comerciantes minoristas electrónicos deterioró el atractivo de la industria (como sucedería en cualquier industria), debilitando el mercado y las condiciones competitivas indispensables para la buena rentabilidad. El clima de guerra de precios resultó ser muy difícil de revertir, en especial una vez que los compradores se acostumbraron a las estrategias de descuentos y precios de muchos minoristas en línea. Igualmente importante, la excesiva dependencia en las rebajas de precios para atraer a compradores y adquirir participación de mercado violaba tres principios estratégicos probados y válidos:

| Las estrategias exitosas de descuentos en los precios están ligadas a una ventaja de costos bajos sobre los rivales y requieren costos suficientemente bajos para hacer que el precio de descuento sea rentable. |

- Evitar competir con base en el precio bajo sin antes tener una ventaja de costos bajos sobre los rivales.
- No reducir los precios hasta un nivel que evite obtener un margen atractivo de utilidades pese al precio bajo.
- Incorporar y promover actividades de la cadena de valor, como servicio superior, productos hechos sobre pedido, comodidad, información superior sobre los productos y otros atributos que entregan valor a los compradores para poder cobrar un precio atractivamente rentable.

El error de vender por debajo del costo y tratar de compensarlo con ingresos de otras fuentes

Algunas compañías en línea, como Buy.com, han tratado de crear una clientela grande y leal vendiendo productos a precios de descuento excesivamente bajos, en ocasiones por debajo del costo (y de vez en cuando a o por debajo de lo que cuesta comprar los artículos a los fabricantes). Su modelo de negocios preveía atraer muchos visitantes con el fin de poder vender la publicidad suficiente en sus sitios no sólo para cubrir las pérdidas por los artículos vendidos, sino también para obtener una utilidad aceptable. Además de vender publicidad en sus sitios web, los comerciantes minoristas electrónicos también buscaron otros complementos de los ingresos, como cobrar a sus socios de internet por los clics de interconexión a sus sitios web y vender los datos que recopilan del seguimiento de los hábitos de exploración de los compradores y sus preferencias de compra tanto a los fabricantes como a otras partes interesadas en la información sobre el uso de internet por parte de los compradores.

Hay tres problemas con este modelo y estrategia de negocios. Uno es la tendencia (explicada en la sección precedente) a emplear estrategias de precios de descuento sin una ventaja en costos correspondiente y pasar por alto otras características diferenciales de valor agregado para exigir precios más altos. El segundo es depender por completo de que los ingresos por publicidad aumenten de manera constante. Vender por debajo del costo significa pérdidas financieras cada vez mayores a medida que el volumen unitario aumenta; para cubrir estas pérdidas e incrementar con el tiempo también las utilidades se requiere un flujo cada vez mayor de ingresos por publicidad (o de otras fuentes). Para generar ingresos por publicidad en constante aumento, un sitio web necesita no sólo aumentar el tráfico en el sitio, sino también ofrecer valor a los anunciantes; esto es, los anunciantes deben ver un beneficio concreto de sus inversiones en el sitio web.

El tercer problema es el fuerte poder de negociación de los anunciantes de internet. Éstos, que en un principio se mostraban entusiastas por colocar anuncios en sitios web de mucho tráfico para maximizar la "exposición ocular", y estaban dispuestos a pagar tarifas por anuncio vinculadas al número de visitas a las páginas o visitantes únicos del sitio, pronto empezaron a cuestionar el valor de lo que obtenían a cambio de su inversión en la publicidad por internet. Las investigaciones han indicado que los anuncios en cintillos no son especialmente eficaces, ya que la mayoría de los usuarios de internet les prestan poca o ninguna atención. Al reconocer su fuerte posición de negociación (debido a los bajos costos de cambio y la dependencia de los vendedores en línea de los ingresos provenientes de la publicidad), los anunciantes empezaron a exigir mejores resultados de los fondos en publicidad que estaban gastando. Para empezar, insistieron en un conjunto diferente de unidades de medición para determinar las tarifas publicitarias, se negaron a pagar tarifas basadas en la exposición ocular y negociaron en cambio tarifas publicitarias basadas en el número de clics de interconexión a sus propios sitios web o en la norma aún más estricta de la cantidad de dólares producida por las ventas generadas por los clics de interconexión a su sitio web. Algunos anunciantes comenzaron a reasignar sus presupuestos de publicidad en internet en aquellos sitios frecuentados por los miembros de su mercado de destino en vez de simplemente comprar anuncios donde podían maximizar la exposición ocular o la cantidad de veces que el anuncio era visto.

A medida que se hizo más difícil para los sitios web dependientes de la publicidad generar aumentos considerables en los ingresos por este concepto (los cuales necesitaban desesperadamente para operar de manera rentable), el carácter equivocado de su estrategia y modelo de negocios se puso de manifiesto. La mayoría de los usuarios de esta estrategia se han visto obligados a revisar su modelo de negocios. Estas revisiones han implicado elevar los precios de sus productos para reflejar descuentos menores en los precios regulares de venta al público, buscar otras fuentes de ingresos, idear maneras más creativas de exhibir los anuncios en sus sitios (mediante el uso de video continuo, audio y diferentes posiciones en la página), utilizar promociones dirigidas de correo electrónico para generar más interés por parte de los compradores en la oferta de productos y experimentar con ofertas ampliadas de productos.

Sin embargo, no todas las compañías de internet cayeron presas del error de vender por debajo del costo. America Online y Microsoft Network han podido generar un tráfico considerable

> Los modelos de negocios de las compañías de internet que dependen en gran medida de los ingresos por publicidad para cubrir los costos y obtener utilidades son muy riesgosos en el mejor de los casos y muy cuestionables en el peor (prueba de lo cual es la cantidad de compañías que pierden dinero y se declaran en quiebra).

con sitios web multifuncionales que ofrecen noticias, pronósticos meteorológicos, cotizaciones de acciones, seguimiento de la cartera de acciones, capacidad de motor de búsqueda, correo electrónico, agendas y libretas de direcciones en línea, foros de conversación, páginas web personalizadas y oportunidades de compra. Como crean contenido y características que atraen a millones de usuarios todos los días, pueden cobrar cuotas mensuales de suscripción y vender publicidad a compañías que desean hacer llegar un mensaje a los usuarios del sitio, que es el mismo modelo de negocios empleado por los periódicos. Yahoo!, gracias a que atrae a millones de usuarios diariamente, ha cubierto los costos de las operaciones del sitio y obtenido utilidades vendiendo suficiente publicidad; se trata, en esencia, del mismo modelo de negocios usado por las principales cadenas de televisión. Sin embargo, estos ejemplos son en realidad las excepciones que confirman la regla: constituir una empresa de internet que dependa en gran medida de los ingresos por publicidad para alcanzar el éxito es arriesgado y sólo un puñado de compañías lo ha hecho satisfactoriamente.

MODELOS Y ESTRATEGIAS DE NEGOCIOS PARA EL COMERCIO ELECTRÓNICO EN EL FUTURO

A medida que el uso de internet continúa abriéndose paso en la estructura de los negocios cotidianos y la vida personal, y conforme la segunda oleada de empresarios de internet se va arraigando, las compañías de todos los tipos se ven obligadas a decidir cómo actuar mejor para convertir a internet en parte fundamental de su negocio y estrategias competitivas. Por ello, vale la pena estudiar con detenimiento los tipos de modelos y estrategias de negocios que son atractivos en la economía madura de internet. ¿Qué principios estratégicos necesitan observarse? ¿Qué estrategias y modelos de negocios convienen a las compañías que operan exclusivamente en línea (es decir, "las empresas de internet puras")? ¿Es probable que el modelo de combinación de instalaciones físicas y virtuales sea una buena opción de posicionamiento estratégico? ¿Hay lineamientos que puedan prescribirse para los negocios tradicionales amenazados de un modo u otro por los enfoques del comercio electrónico?

Modelos y estrategias de negocios para empresas de internet puras

A medida que la segunda oleada de la revolución de internet se desarrolle, las estrategias de las empresas exitosas de internet exhibirán varias características comunes.

Una de las lecciones de la crisis de las compañías de internet en 2000 y 2001 es que aunque internet cambia en efecto muchos aspectos de la manera de hacer negocios, no lo cambia todo. Internet no hace que las reglas de competencia sean obsoletas ni permite que las empresas hagan caso omiso de los fundamentos comerciales y principios de formulación de la estrategia. Como ocurre con las compañías tradicionales, las empresas en línea deben analizar con cuidado tanto las condiciones industriales como las competitivas y diseñar estrategias adecuadas para dichas condiciones; los modelos y estrategias de negocios mal concebidos son tan peligrosos para las compañías tradicionales como para las empresas de internet.

Una vez dicho lo anterior, ¿qué lineamientos pueden ofrecerse a las empresas de internet puras para el futuro? Hasta el momento, los indicios señalan que las estrategias de internet exitosas incorporarán las siguientes características:

- *Una estrategia distintiva que ofrezca valor único a los compradores y haga muy atractivas las compras en línea.* Las estrategias triunfadoras casi siempre sobresalen de las estrategias de los rivales y consiguen atraer compradores debido al valor que se entrega. Esto implica competir en mucho más que sólo precios bajos; en efecto, muchas compañías de internet ya están trabajando para desplazar la competencia de los precios bajos e inclinarla más hacia los productos hechos sobre pedido, comodidad, información superior sobre los productos, servicio atento en línea y otras maneras de hacer de las compras en internet una experiencia que resulte muy atrayente para los compradores (en comparación con la compra a vendedores tradicionales). El carácter distintivo también exige adaptar con astucia la estrategia a las condiciones específicas de la situación inmediata de la industria y la competencia de la compañía. No es prudente pensar en función de estrategias de "comercio electrónico" o "negocios electrónicos" —las estrategias triunfadoras casi nunca son enfoques genéricos e improvisados, que usan utilizados indiscriminadamente por las compañías que se enfrentan a diversos tipos de presiones competitivas y circunstancias del mercado y que poseen diferentes fortalezas y debilidades de recursos—.

- *Esfuerzos deliberados por diseñar una cadena de valor que permita la diferenciación, costos menores o mejor valor por el dinero.* Esforzarse por tener una ventaja competitiva sustentable es tan esencial para las empresas de internet como para las compañías tradicionales que tienen instalaciones físicas. Esto implica utilizar estrategias y enfoques en la cadena de valor que ofrezcan potencial para alcanzar el liderazgo en costos bajos, atributos de diferenciación competitivamente valiosos, o una ventaja del mejor costo con los proveedores. Si una compañía se posiciona para vender por debajo de los precios de mercado, debe tener ventajas en los costos de las actividades que desempeña y contratar en forma externa las actividades restantes con especialistas de bajo costo. Por otro lado, si una empresa de internet va a diferenciarse con base en una experiencia de compra superior y excelente atención a los clientes, necesita concentrarse en tener un sitio web fácil de navegar, una gama de funciones y aspectos convenientes para los clientes, "representantes web" capaces de responder a preguntas en línea y capacidades de logística para entregar los productos con rapidez. Asimismo, si va a entregar más valor por el dinero, tiene que administrar las actividades de la cadena de valor de una manera calculada para entregar productos y servicios superiores a costos más bajos que los rivales.

- *Enfoque claro en un conjunto limitado de competencias y un número relativamente especializado de actividades de la cadena de valor en las que las aplicaciones y capacidades de internet patentadas puedan desarrollarse.* Las actividades con bajo valor agregado pueden delegarse a especialistas externos. Es mucho más probable que la ventaja competitiva duradera emerja de los esfuerzos por desarrollar aplicaciones de internet propias que del uso de paquetes de software desarrollados por terceros. La contratación externa de las actividades de la cadena de valor en las que hay poco potencial para conseguir ventaja única o pocas oportunidades para diferenciarse de los rivales permite a una empresa concentrarse en lo que hace mejor y en las actividades específicas de la cadena de valor con las que es posible conseguir ventaja.

- *Fuertes capacidades en la tecnología de vanguardia de internet.* Los adelantos continuos en la tecnología de internet son inevitables puesto que, en comparación con otras tecnologías a lo largo de la historia, la de internet todavía se encuentra en las primeras etapas de desarrollo. La capacidad de emplear tecnología de vanguardia de internet es definitivamente uno de los factores clave del éxito.

- *Técnicas innovadoras de marketing que sean eficientes para llegar a la audiencia de destino y eficaces para estimular las compras (o impulsar las fuentes secundarias de ingresos, como la publicidad).* Las campañas de marketing que sólo producen intenso tráfico en el sitio y muchas visitas a las páginas rara vez son suficientes; la mejor prueba de que el marketing es eficaz es la proporción a la que las visitas a las páginas se traducen en ingresos y utilidades (la relación entre mirar y comprar). Por ejemplo, en 2001 el tráfico en el sitio web de la empresa de corretaje Charles Schwab promedió 40 millones de visitas a la página por día y produjo alrededor de cinco millones de dólares diarios en ingresos por comisiones en línea; en contraste, el tráfico en el sitio de Yahoo! promedió *1 200 millones* de visitas diarias a la página, pero generó sólo aproximadamente dos millones de dólares en ingresos diarios diarios.

- *Dependencia mínima de ingresos complementarios.* Las compañías de internet tienen que cobrar el valor total entregado a los clientes, en vez de subsidiar artificialmente precios bajos y cobrar ingresos provenientes de la publicidad y otras fuentes secundarias. Las compañías deben considerar a los ingresos adicionales como una manera de *aumentar* la rentabilidad de un negocio central ya rentable y no como un medio para cubrir las pérdidas del negocio central.

- *Un sitio web innovador, original y entretenido.* Así como los comerciantes minoristas tradicionales y exitosos emplean estrategias de comercialización para mantener el carácter innovador e interesante de sus tiendas para los compradores, los comerciantes minoristas en línea tienen que ser buenos comercializadores web y aplicar esfuerzos continuos por añadir características y capacidades innovadoras al sitio, mejorar la apariencia y sensación que producen sus sitios, intensificar el interés del espectador con audio y video en vivo, y tener ofertas de productos y promociones especiales novedosas. Es necesario que las páginas web sean fáciles de leer e interesantes, con mucho atractivo visual. Las características de los sitios web que son distintivas, atrayentes y entretenidas añaden valor a la experiencia de pasar tiempo en el sitio y, por tanto, son activos competitivos fuertes. La casa de subastas en línea eBay, por ejemplo, ha hecho grandes esfuerzos por fomentar una fuerte sensación de comunidad entre los usuarios y visitantes como parte de su estrategia para distinguirse de otros sitios rivales de subastas. Además, los sitios web tienen que comercializarse con inteligencia. A menos que las personas que navegan en la web oigan hablar del sitio, les agrade lo que vean en su primera visita y sientan suficiente curiosidad para regresar una y otra vez, una compañía de internet pura no generará el tráfico y los ingresos necesarios para sobrevivir.

El problema de decidir si la oferta de productos debe ser amplia o limitada   En virtud de que el espacio de anaquel en internet es ilimitado, los vendedores en línea deben tomar decisiones sagaces acerca de cómo posicionarse en el espectro de las ofertas de productos amplias o limitadas. Una estrategia de compras en un solo lugar, como la que emplea Amazon.com, tiene el atractivo económico de ayudar a distribuir los costos fijos de operación entre numerosos artículos y una base de clientes grande. Amazon ha diversificado sus ofertas de productos más allá de los libros para incluir música, subastas en línea, aparatos electrónicos, juguetes, juegos de video, cámaras y artículos fotográficos, auxiliares para salud y belleza, software, utensilios de cocina y productos para el hogar, herramientas y ferretería, automóviles, y artículos para actividades al aire libre; también ha permitido que comerciantes pequeños de productos especializados vendan sus productos en el sitio web de Amazon. El lema de la compañía, "El más grande surtido en el mundo", parece preciso: en 2001, Amazon tenía alrededor de 34 millones de clientes en sitios web en Estados Unidos, Gran Bretaña, Francia, Alemania y Japón. Otros comerciantes minoristas de internet, como eToys, han adoptado estrategias con enfoques clásicos: crear un sitio web dirigido a una audiencia de destino claramente definida, que desea adquirir un producto o categoría de productos en particular. Estos comerciantes enfocados tratan de crear lealtad de los clientes con base en precios bajos y atractivos o un mejor valor o variedad más amplia de modelos y estilos, servicio conveniente, oportunidades ingeniosas, o algún otro atributo de diferenciación; prestan especial atención a los detalles que complacen a su audiencia de destino limitada.

> Los problemas estratégicos comunes de muchas empresas de internet son: cómo posicionarse en el espectro de ofertas de productos amplias o limitadas y si deben realizar las actividades de surtido de pedidos internamente o contratarlas externamente.

El problema del surtido de pedidos   Otro cuestionamiento estratégico importante de los comerciantes minoristas de internet es si deben realizar las actividades de surtido de pedidos internamente o contratarlas en forma externa. Construir almacenes centrales, abastecerlos con los inventarios adecuados y desarrollar sistemas para seleccionar, empacar y enviar cada pedido requiere capital inicial considerable, pero puede producir menores costos unitarios en general que pagar los honorarios de especialistas en surtido de pedidos que se dedican al negocio de ofrecer espacio de almacenamiento, abastecimiento de inventarios y envío de pedidos a los minoristas de internet. Es probable que el outsourcing resulte económico, a menos que el comerciante de internet tenga un alto volumen unitario y el capital para invertir en sus propias capacidades para surtir los pedidos. Buy.com, una supertienda electrónica que vende unos 30 000 artículos, obtiene productos de fabricantes de marcas de prestigio y emplea proveedores externos para almacenar y enviar dichos productos; así, su enfoque no se centra en la fabricación o surtido de pedidos, sino en las ventas.

Oportunidades para modelos y estrategias de negocios no convencionales   Hay veces en que internet presenta oportunidades para utilizar modelos y estrategias de negocios no convencionales o verdaderamente innovadores. Aparte de las empresas como

Cápsula ilustrativa 30
El modelo de negocios único "Establezca usted mismo el precio", de Priceline.com

El negocio de Priceline.com comprende la operación de un "mercado electrónico" para los compradores y vendedores de boletos de avión, habitaciones de hotel, alquiler de autos, automóviles nuevos, financiamiento de vivienda y llamadas de larga distancia. El modelo de negocios de la compañía es sencillo, pero innovador. Pongamos por caso los boletos de avión: los compradores envían una "oferta garantizada" (por lo común, el precio más bajo que creen poder conseguir) a Priceline y garantizan la oferta con una tarjeta de crédito. Priceline compara las ofertas con tarifas de descuento confidenciales de asientos sin vender, que le proporcionan las líneas aéreas asociadas que participan en el programa. Si Priceline puede comprar un boleto del inventario de asientos sin vender de una línea aérea asociada a un costo lo suficientemente bajo, sumar un margen para cubrir sus propios costos junto con un margen de utilidad, y revender el boleto al comprador al precio que éste ofreció, ejecuta la transacción. Los postores se enteran en menos de 15 minutos si su oferta fue aceptada. Una vez aceptada, la oferta no puede cancelarse y los postores tienen que aceptar cualquier horario de vuelo que se les indique (es posible que haya escalas de dos a cinco horas en los aeropuertos de conexión, si los vuelos que ofrecen tiempos más cortos de conexión están completamente llenos).

Las ofertas "Establezca usted mismo el precio" para habitaciones de hotel, alquiler de autos, automóviles nuevos y llamadas de larga distancia funcionan en esencia de la misma manera. En el caso de las hipotecas de casas y préstamos hipotecarios sobre el valor líquido de la vivienda, los postores especifican la cantidad que será financiada y la tasa de interés que están dispuestos a pagar.

El "modelo de negocios virtuales" patentado de Priceline.com toma en cuenta el uso cada vez mayor de internet. La compañía comunica por medios electrónicos las ofertas de los consumidores directamente a los vendedores correspondientes, quienes, a su vez, comparan electrónicamente las ofertas con su inventario sin vender. Los vendedores pueden optar por surtir todas las ofertas garantizadas que deseen. Al requerir que los consumidores sean flexibles con respecto a las marcas, vendedores o características de los productos, el mercado electrónico de Priceline permite a los vendedores generar ingresos adicionales sin trastornar sus canales de distribución existentes o estructuras de precios al menudeo.

En 2001, Priceline pudo aceptar cerca de la mitad de las ofertas que recibió para boletos de avión, habitaciones de hotel y alquiler de autos. En total, concertó compras en alrededor de uno de los dos millones de ofertas que recibía al mes. Aproximadamente 11 millones de clientes habían realizado compras en Priceline, y más de 60% de sus ofertas de compra provenían de clientes recurrentes. La compañía reportó ingresos de 365 millones de dólares en el segundo trimestre de 2001 y ganancias de 2.8 millones de dólares, sus primeras utilidades trimestrales desde su fundación.

Fuente: Información publicada en Priceline.com (www.priceline.com) el 9 de agosto de 2001.

Yahoo!, America Online y Microsoft Network que dependen de la publicidad para ser rentables, los empresarios web han descubierto varias otras técnicas de obtención de ingresos para tratar de beneficiarse de las operaciones de los sitios web:

- *Cuotas de suscripción.* Ciertos proveedores de información, como la edición electrónica de *The Wall Street Journal*, cobran cuotas de suscripción. Algunos usuarios de internet están dispuestos a pagar a Consumer Reports Online 3.95 dólares al mes, o 24 dólares al año, porque la información proporcionada en el sitio web es valiosa para realizar buenas compras. Sin embargo, las cuotas de suscripción generan resistencia considerable en los usuarios de internet, la mayoría de los cuales no están dispuestos a pagar por contenido y son partidarios de navegar en web para encontrar gratis la información que desean.

- *Cuotas de transacción.* En lugar de vender su software a un precio fijo por copia, algunos desarrolladores de software de internet han adoptado un modelo de negocios mediante el cual cobran una pequeña cuota por cada transacción que realiza su software. Inktomi vende su software de motor de búsqueda a compañías y portales web y cobra una cuota de fracción de centavo de dólar por página web recuperada en cada consulta. El modelo de cuota por transacción proporciona una corriente continua de ingresos y es especialmente atractiva para los fabricantes de software cuando 1) hay posibilidades de que el software realice millones de transacciones y 2) la cantidad de sitios web que requieren dicho software es relativamente pequeña (limitando así el posible número de copias que pueden venderse). Los clientes de dicho software aceptan con facilidad un arreglo de pago por transacción porque disminuye los costos generales del software y terminan pagando sólo por los servicios que recibieron en realidad.

- *Pago por uso*. Los desarrolladores de juegos de video y programas educativos en línea siguen un modelo de negocios de pago por uso. Por aproximadamente tres dólares, los buscadores de diversión pueden iniciar una sesión en PlayNow.com y ejecutar un programa todo el tiempo que quieran durante un periodo de 48 horas. Los modelos de negocios de los programas educativos en línea, basados en cuotas, no difieren en esencia de los que emplean las universidades y comercializadores de seminarios y programas de capacitación profesionales.

El modelo de negocios de Priceline.com, descrito en la cápsula ilustrativa 30, adopta un enfoque comercial no convencional e innovador que está demostrando rentabilidad.

Estrategias combinadas de instalaciones físicas y virtuales: un punto medio atractivo

Muchos comerciantes minoristas tradicionales, amenazados por la posibilidad de que los consumidores sustituyan las tiendas locales por internet al hacer sus compras, han abierto sus propios sitios de compras en línea. Toys "R" Us, por ejemplo, ha lanzado un sitio web para combatir a eToys (ahora en quiebra) y otros comerciantes de juguetes en línea. Merrill Lynch ya ofrece a los clientes la opción de negociar acciones por internet para disuadir a los clientes sensibles a las comisiones de mudar sus cuentas a agencias de corretaje electrónico más baratas, como Charles Schwab, E*Trade y TD Waterhouse. También Wal-Mart ha lanzado un sitio web.

> En muchas industrias y categorías de productos, las estrategias de instalaciones físicas y virtuales son competitivamente superiores a las estrategias electrónicas puras.

Las estrategias combinadas de instalaciones físicas y virtuales que ofrecen a los clientes la opción de comprar ya sea en internet o en las tiendas tradicionales suelen ser un medio eficaz para combatir la competencia de comerciantes de internet puros, en especial cuando los clientes quieren ver y tocar un producto antes de hacer una compra o prefieren negociar aspectos de ésta en persona. En los servicios bancarios, una estrategia de instalaciones físicas y virtuales supera con facilidad una estrategia electrónica pura porque a los clientes bancarios les agrada la comodidad de contar con sucursales locales y cajeros automáticos para depositar cheques y hacer disposiciones de efectivo, mientras que emplean los sistemas en línea para pagar facturas, ver los saldos de sus cuentas de cheques y transferir fondos. Wells Fargo, Bank One, Citibank, Bank America y otros bancos establecidos tienen muchos más clientes conectándose a internet para realizar transacciones bancarias que los bancos de internet (la mayoría de los cuales pasan apuros porque no tienen presencia local).

Las empresas tradicionales pueden incursionar en el comercio electrónico minorista a un costo relativamente bajo; todo lo que necesitan es una tienda web y sistemas para surtir y entregar los pedidos de cada cliente. Las estrategias que combinan lo convencional y lo electrónico tienen dos grandes atractivos: son un medio económico para expandir el alcance geográfico de una compañía y dan a los clientes existentes y posibles otra opción para comunicarse con la empresa, buscar información de productos, realizar compras o resolver problemas de atención a clientes. En varios casos, las empresas tradicionales pueden cambiar a estrategias combinadas de instalaciones físicas y virtuales usando sus actuales centros de distribución o tiendas al menudeo para captar pedidos de los inventarios que tienen a la mano y realizar entregas. Diversas cadenas de supermercados, después de observar el mercado de 800 millones de dólares en ventas de comestibles en línea, han empezado a dar a los compradores la opción de pedir comestibles por internet. Así, el sitio web de una cadena envía el pedido al supermercado más cercano a la casa del cliente; el personal de la tienda surte el pedido en carros de compras y entrega los comestibles en la casa del cliente; por lo general, el mismo día en que se coloca el pedido. En Walgreen's, una importante cadena de farmacias, los clientes ordenan medicamentos en línea y luego los recogen personalmente en la ubicación de su preferencia (la ventanilla de atención a automovilistas, en algunos casos). Muchos distribuidores industriales consideran eficiente que los clientes coloquen sus pedidos por la web en lugar de llamar por teléfono o esperar a que los vendedores los visiten en persona.

Cápsula ilustrativa 31
La estrategia de tiendas físicas y virtuales de Office Depot

Office Depot pertenece a la primera oleada de minoristas que adoptó una estrategia de comercio electrónico. En 1996 empezó a permitir a sus clientes empresariales usar internet para colocar pedidos. Así, estos clientes evitaban tener que hacer una llamada, generar una orden de compra y pagar una factura, sin dejar de recibir las entregas el mismo día o al día siguiente.

Office Depot construyó su negocio de internet en torno de su red existente de 750 tiendas al menudeo; 30 almacenes; 2 000 camiones de reparto; 1 300 millones de dólares en inventarios, y su departamento de ventas por teléfono, que manejaba a los grandes clientes empresariales. Contaba ya con un nombre de marca sólido y suficiente poder de negociación con sus proveedores para contrarrestar a los rivales orientados hacia los descuentos en el comercio electrónico, que trataban de atraer a los compradores con base en precios muy bajos. La inversión que Office Depot tuvo que hacer para incursionar en el ámbito del comercio electrónico fue sumamente baja, puesto que todo lo que tenía que añadir era un sitio web donde los clientes pudieran ver imágenes y descripciones de los artículos que vendía, sus precios y disponibilidad en existencia; los costos de marketing han sido inferiores a 10 millones de dólares.

Con el fin de establecer páginas web personalizadas para 37 000 clientes corporativos y de instituciones educativas, Office Depot diseñó sitios que permitían a los empleados de los clientes diversos grados de libertad para adquirir suministros. Por ejemplo, un empleado podía ordenar sólo papel para fotocopiadora, cartuchos de tinta, discos de computadora y clips hasta un límite preestablecido por pedido, mientras que el vicepresidente tenía carta abierta para ordenar cualquier artículo que Office Depot vendiera. Los precios en línea de Office Depot eran los mismos que en las tiendas; la estrategia de la compañía consistía en promover las ventas por web con base en el servicio, comodidad y costos inferiores de procesamiento de pedidos e inventarios para los clientes.

En 2001, 40% de los principales clientes de Office Depot ordenaban casi todos los suministros en línea debido a la comodidad y los ahorros en los costos de las transacciones. Por ejemplo, Bank of America, que ordenaba por internet 85% de los artículos de oficina que necesitaba.

Los clientes informaron que el uso del sitio web reducía los costos de expedir órdenes de compra y pagar facturas hasta en 80%; además, la capacidad de Office Depot para realizar entregas el mismo día o al día siguiente les daba la capacidad de reducir la cantidad de artículos de oficina que mantenían en sus inventarios.

Las ventas en el sitio web le cuestan a Office Depot menos de un dólar por cada 100 dólares de productos ordenados, en comparación con los dos dólares por pedidos vía teléfono o fax. Además, puesto que las ventas por la web eliminaron la necesidad de teclear las transacciones, los errores en el registro de los pedidos han sido prácticamente eliminados y las devoluciones de productos han disminuido 50%. La facturación se maneja en forma electrónica.

La unidad en línea de Office Depot realizó ventas por 982 millones de dólares en 2000, casi el doble de Staples, su competidor más grande. Office Depot esperaba que sus ventas en 2001 aumentaran 50% a 1 500 millones de dólares, lo que representaría 14% de las ventas totales de la compañía y la convertiría en el segundo minorista más importante de internet, detrás de Amazon. Sin embargo, a diferencia de las operaciones de Amazon en internet, las de Office Depot han sido rentables desde el principio. Los rivales en línea, como AtYourOffice.com (con 30 000 artículos que se venden por internet) y TotalOfficeSupply.com, habían captado menos de 5% del mercado en línea a principios de 2001.

Los especialistas de la industria creen que el éxito de Office Depot se basa en la filosofía de la compañía de mantener un vínculo fuerte entre internet y sus tiendas. "Office Depot actúa con inteligencia", observó un analista de la industria. "Usó la red para establecer relaciones más profundas con los clientes."

Fuente: "Office Depot's e-Diva", *Business Week Online* (www.businessweek.com), 6 de agosto de 2001; Laura Lorek, "Office Depot Site Picks Up Speed", *Interactive Week* (www.zdnet.com/intweek), 25 de junio de 2001; "Why Office Depot Loves the Net", *Business Week*, 27 de septiembre de 1999, pp. EB 66, EB 68, y *Fortune*, 8 de noviembre de 1999, p. 17.

De este modo, los pedidos por web a distribuidores y minoristas aumentan verdaderamente el valor de las instalaciones físicas locales, que sirven como almacén local de existencias y puntos de entrega/reparto para los compradores cercanos, eliminando así la necesidad de tener almacenes centrales y el gasto de enviar los pedidos por FedEx, United Parcel Service u otra compañía de mensajería. En varios negocios, es más barato realizar entregas por volumen a almacenes locales o tiendas al menudeo que recoger, empacar y enviar los pedidos de cada cliente en lo individual desde un almacén central; esto da a los minoristas que combinan estrategias tradicionales y electrónicas una ventaja en costos sobre los comerciantes que sólo venden en internet. La cápsula ilustrativa 31 describe cómo Office Depot convirtió con éxito a internet en parte central de su negocio y abandonó la estrategia tradicional de instalaciones físicas por una estrategia competitivamente atractiva de instalaciones físicas y virtuales.

En los años venideros, las compañías tradicionales que sólo tienen instalaciones físicas harán del uso de la tecnología de internet y las capacidades de comercio electrónico una parte tan fundamental de sus operaciones que la distinción entre las compañías de internet y las tradicionales se reducirá a si la compañía emplea internet como canal de distribución exclusivo o como uno de varios canales.

En la actualidad, las compañías tienen que lidiar con el problema de cómo usar internet para posicionarse en el mercado; se plantean si deben utilizar internet como el único canal de distribución de la empresa, como el canal primario de distribución, como uno de varios canales de distribución, como un canal menor, o sólo como un vehículo para difundir información sobre productos (y dejar que los socios tradicionales de distribución realicen todas las ventas a los usuarios finales).

Estrategias de internet para las empresas tradicionales

Debido a que internet ha modificado para siempre la manera en que las compañías y clientes aprenden las unas de los otros, se comunican y llevan a cabo transacciones comerciales, pocas empresas, si acaso, pueden librarse de hacer algún esfuerzo por integrar a la internet en sus operaciones y emplear sus aplicaciones para tratar de obtener ahorros en costos con el desempeño de las actividades de la cadena de valor. Es un hecho que una compañía no puede hacer a un lado internet, o se colocaría en posición de desventaja competitiva. Por ello, los verdaderos problemas estratégicos para una empresa tradicional se reducen a dos cosas: 1) qué aplicaciones específicas de internet debe implantar y 2) cómo hacer que internet sea parte fundamental de su estrategia; en particular, cuánto énfasis debe ponerse en internet como canal de distribución para tener acceso a los compradores.

La mayoría de las compañías han avanzado mucho en el proceso de implantar las aplicaciones de internet para mejorar la eficacia operativa y la eficiencia de la cadena de valor. Las aplicaciones de internet que convienen más a una empresa tradicional varían de una industria a otra y de una compañía a otra, por lo que las prescripciones genéricas no son válidas. Sin embargo, la recopilación que se presenta en la tabla 7.1 proporciona un buen menú de posibilidades.

Aunque muchas compañías tienen sitios web, se necesita más de un sitio para que internet forme parte integral de la estrategia de una empresa para competir. *Deben tomarse decisiones respecto a la manera en que se usará internet para posicionar a la compañía en el mercado:* si se usará internet como canal *exclusivo* de la firma para tener acceso a los clientes, como canal *primario* de distribución, como *uno de varios* canales de distribución importantes, como canal *secundario* o *menor*, o simplemente como un vehículo para difundir información sobre los productos (y dejar que los socios de los canales de distribución tradicionales realicen todas las ventas a los usuarios finales). Aunque es difícil decidir en definitiva la forma en que las empresas convencionales pueden hacer uso estratégico de internet (puesto que las respuestas varían de acuerdo con las circunstancias específicas de la industria y la compañía), las siguientes iniciativas de estrategia relacionadas con internet son dignas de tomarse en consideración:

- *Operar un sitio web que proporcione a los clientes existentes y en potencia amplia información sobre los productos, pero que se base en los clics de interconexión con los socios del canal de distribución para que éstos manejen los pedidos y transacciones (o, en el caso de los comerciantes minoristas, que informe a los visitantes del sitio dónde se encuentran ubicadas las tiendas).* Ésta es una opción atractiva de posicionamiento en el mercado para los fabricantes o mayoristas que han establecido redes de distribuidores minoristas y enfrentarían molestos problemas de conflictos en el canal si trataran de vender en línea en competencia directa con sus distribuidores. Un fabricante o mayorista que busque activamente realizar ventas en línea a los usuarios finales da indicios de tener tanto un compromiso estratégico débil con sus distribuidores como la disposición de afectar las ventas y potencial de crecimiento de éstos. Cuando las asociaciones fuertes con los distribuidores mayoristas o minoristas son cruciales para tener acceso a los usuarios finales, iniciar las ventas en línea con una estrategia de instalaciones físicas y virtuales es un camino que resulta muy complicado negociar. Los esfuerzos de un fabricante por tratar de usar su sitio web para vender en forma directa sin tomar en cuenta a sus distribuidores seguramente enfurecerán a los aliados del canal de distribución, muchos de los cuales pueden trabajar con marcas de varios fabricantes. Si estos distribuidores responden invirtiendo más esfuerzo en comercializar las marcas de fabricantes rivales que no venden en línea, es posible que la compañía pierda más ventas a través de sus distribuidores que las que obtiene de su propio esfuerzo para realizar ventas por internet. Además, los distribuidores pueden estar en una mejor posición para emplear una estrategia combinada de ventas físicas y electrónicas que un fabricante porque tienen presencia local para complementar su enfoque de ventas por internet (lo que los consumidores consideran más atractivo). En consecuencia, en las industrias donde el apoyo fuerte y la buena voluntad de las redes de distribuidores son esenciales, sería conveniente que los fabricantes diseñaran su sitio web para asociarse con los distribuidores en vez de para competir con ellos, como los fabricantes de automóviles están haciendo con sus franquicias de concesionarios.

- *Usar las ventas en línea como un canal de distribución relativamente menor para lograr incrementos graduales en las ventas, adquirir experiencia en las ventas por internet y realizar estudios de mercado.* Si los conflictos en el canal plantean un obstáculo importante a las ventas en línea, o si sólo es posible atraer a una pequeña fracción de los compradores para que realicen compras por este medio, es mejor que las compañías busquen las ventas por internet con el propósito estratégico de adquirir experiencia, aprender más acerca de los gustos y preferencias de los compradores, probar las reacciones ante los nuevos productos, crear una mayor difusión de sus productos en el mercado y aumentar el volumen global de ventas en unos cuantos puntos porcentuales. Nike, por ejemplo, ha empezado a vender algunos modelos de sus tenis en línea para dar a los compradores la opción de especificar ciertos colores y características. Es poco probable que esta estrategia suscite mucha resistencia entre los distribuidores e incluso podría resultar beneficiosa para éstos si los compradores de calzado se entusiasman con los zapatos fabricados a la medida que pueden ordenarse o recogerse a través de los vendedores minoristas de Nike. Un fabricante puede recopilar datos valiosos de mercado si da seguimiento a los hábitos de exploración de los visitantes del sitio web e incorpora lo que genere más interés y atractivo en sus principales ofertas de productos. El comportamiento y las acciones de los navegantes de web son una verdadera mina de oro de información para las compañías que tratan de responder con mayor precisión a las preferencias de los compradores.

- *Emplear una estrategia de instalaciones físicas y virtuales para vender directamente a los consumidores y competir directamente con los mayoristas y minoristas tradicionales.* Los desarrolladores de software han utilizado internet como un canal de distribución altamente eficaz para complementar las ventas realizadas a través de mayoristas y minoristas. Las ventas directas en línea a los usuarios finales tienen la ventaja de reducir los costos y márgenes de los mayoristas y minoristas de software (a menudo, de 35 a 50% del precio de venta al público). Además, permitir que los clientes descarguen sus compras de software en forma inmediata a través de internet elimina los costos de producir y empacar discos compactos. Sin embargo, los desarrolladores de software todavía tienen fuertes motivaciones para continuar distribuyendo sus productos mediante mayoristas y minoristas (para mantener un acceso amplio a los usuarios existentes y en potencia que, por la razón que sea, se sienten renuentes a comprar en línea). A pesar de los conflictos en el canal, existen dos razones de peso por las que los fabricantes llegan a buscar dinámicamente las ventas en línea y establecer el internet como un nuevo e importante canal de distribución paralelo a los canales tradicionales: 1) obtienen un margen de utilidad mucho mayor con las ventas en línea y 2) esto contribuye a crear conciencia entre los compradores de la facilidad y comodidad de comprar en línea (donde los márgenes de utilidad de la compañía son mayores). Esta estrategia de posicionamiento de ventas directas es adecuada para las empresas en industrias donde existen buenas perspectivas a largo plazo para que internet *se transforme gradualmente* en uno de los canales primarios de distribución. En estos casos, incurrir en conflictos en el canal a corto plazo y competir contra los aliados de distribución tradicionales es conveniente desde el punto de vista estratégico.

- *Hacer mayor uso de la fabricación y ensamblaje de productos sobre pedido como base para evitar por completo los canales de distribución tradicionales.* Esta estrategia de posicionamiento es apropiada para los fabricantes que también pueden usar internet para cambiar sus métodos de fabricación y ensamblaje a la producción sobre pedido y luego enviar de manera económica los pedidos hechos a la medida directamente a los compradores. Las compañías en la industria de las computadoras personales ya han empleado internet para convertir las opciones rentables de fabricación sobre pedido en realidad. De manera semejante, varios fabricantes de vehículos automotores han implantado medidas para simplificar las capacidades de fabricación sobre pedido y reducir los plazos de entrega de 30 a 60 días en pedidos habituales a tan sólo 5 o 10 días; casi todos los fabricantes de vehículos ya cuentan con software en sus sitios de internet que permite a los compradores seleccionar los modelos, colores y equipo opcional que les gustaría tener. Asimismo, los comerciantes minoristas de música en línea ya ofrecen la opción a los compradores de crear discos compactos personalizados a partir de una biblioteca de grabaciones de artistas; sin embargo, por medio de internet, los estudios de grabación pueden vender las grabaciones directamente y permitir a los amantes de la música descargar archivos digitales de las grabaciones del artista específico que quieren, pasando por encima de los distribuidores y comerciantes minoristas de música para captar el precio total de venta al menudeo. En las industrias donde las opciones de fabricación sobre pedido producen ahorros considerables en los costos a lo largo de la cadena de valor industrial y permiten rebajas sustanciales en los precios, las compañías tienen que pensar en convertir la fabricación sobre pedido y las ventas directas en parte integral de su estrategia de posicionamiento en el mercado. Con el tiempo, dicha estrategia podría reducir al mínimo (o finalmente acabar por completo con) las ventas a través de los aliados de distribución.

- *Construir sistemas para seleccionar y empacar productos que se envían individualmente o, si no, contratar a especialistas en surtido de pedidos para que manejen esta función.* El surtido de pedidos es importante para las compañías que optan por estrategias combinadas tradicionales y electrónicas.

Puntos | clave

Internet es una red integrada de computadoras conectadas de usuarios, bancos de servidores y computadoras de alta velocidad, conmutadores y enrutadores digitales, y equipo y líneas de telecomunicaciones. internet representa una nueva e importante herramienta tecnológica para que las compañías mejoren la eficiencia y eficacia de las operaciones, y es un nuevo e importante canal de distribución que amplía en gran medida el alcance de los mercados geográficos de una firma. La habilidad estratégica con que una compañía utiliza la tecnología de internet y convierte a la red en parte central de su estrategia ofrece un enorme potencial para afectar su competitividad frente a los rivales.

Las aplicaciones de la tecnología de internet abren numerosas oportunidades para reconfigurar las cadenas de valor de compañías e industrias de modos que redundan en grandes ganancias en la eficiencia de la cadena de suministros, las operaciones internas y el canal de distribución. Como se ilustra en la tabla 7.1, existen oportunidades para aplicar la tecnología de internet en toda la cadena de valor de las empresas. En la actualidad, la gran mayoría de las compañías busca los beneficios de la tecnología de internet y hace uso de los sistemas y aplicaciones en línea como parte normal de las operaciones cotidianas. Por lo tanto, la distinción, alguna vez crucial, entre las compañías de la vieja economía y las de la nueva economía está perdiendo rápidamente su sentido.

El creciente uso de internet y la tecnología asociada a ésta produce cambios importantes en las fuerzas competitivas de una industria: intensifica la rivalidad, plantea mayores amenazas de ingreso, fortalece la posición de negociación de los clientes, mejora la posición de negociación de las compañías frente a sus proveedores y tal vez también frente a los poderosos distribuidores y minoristas. En resumen, la tecnología de internet tiende a aumentar la fuerza de las presiones competitivas que enfrentan las compañías y, por tanto, tiende a debilitar el atractivo de la industria desde el punto de vista de obtener utilidades superiores al promedio.

Además, internet y las aplicaciones de la tecnología asociada a ésta tienen varios efectos más:

- Globalizan la competencia y amplían el ámbito geográfico en el que las compañías tienen presencia de mercado.
- Producen una difusión mucho más rápida de nuevas tecnologías e ideas en el mundo.
- Reducen los costos variables e inclinan la estructura de costos hacia los costos fijos.
- Son un medio económico para entregar servicio a los clientes.
- Ponen bajo presión a las compañías para que actúen con rapidez, "a la velocidad de internet".

Internet aún se encuentra en sus primeras etapas, y es probable que los adelantos de la siguiente generación sean un poco impredecibles en cuanto a la velocidad a la que ocurrirán y el rumbo que tomarán.

Durante el ascenso de internet al escenario central de la economía durante los años noventa, varias compañías de internet, de nueva creación, utilizaron modelos y estrategias de negocios que tenían defectos o estaban mal concebidos. Tres de los errores más comunes fueron: 1) pasar por alto las bajas barreras de ingreso, 2) depender demasiado de los descuentos en los precios sin tener una ventaja en costos proporcional y 3) vender por debajo del costo y tratar de cubrir las pérdidas con fuentes de ingresos secundarias.

Además, muchas compañías de internet creyeron erróneamente que los elevados costos de cambio de marca para los usuarios de los sitios y los "efectos de red" (aumentos en el valor de las características de un sitio a medida que más gente lo usa) les darían una ventaja duradera por ser las primeras en actuar, lo cual las protegería contra la competencia de los rivales. En realidad, los costos de cambio de marca han resultado ser relativamente bajos para los usuarios de internet, y los efectos de red han sido débiles, lo que ha producido mayor rivalidad competitiva de la esperada. Al mismo tiempo, muy pocas empresas de internet que fueron las primeras en incursionar en un mercado específico han podido avasallar a otros rivales en línea con el poder de su nombre de marca, pese a haber gastado sumas cuantiosas (y en ocasiones exorbitantes) en publicidad.

En el futuro, es probable que el éxito de las compañías de internet provenga de: 1) tener una estrategia distintiva que entregue valor único a los compradores y haga muy atractivas las compras en línea; 2) diseñar una cadena de valor que permita la diferenciación, costos bajos o mejor valor; 3) centrarse en un número limitado de competencias y desempeñar un número relativamente especializado de actividades de la cadena de valor, donde las aplicaciones y capacidades propias de internet puedan desarrollarse; 4) emplear técnicas de marketing innovadoras que sean eficientes para llegar a la audiencia de destino y eficaces para estimular las compras (o potenciar las fuentes de ingresos complementarios, como la publicidad); 5) tener capacidades fuertes en la tecnología de vanguardia de internet; 6) depender mínimamente de los ingresos complementarios, y 7) mantener el carácter original, entretenido y emocionante de los sitios web. Las compañías de internet también deben idear soluciones económicas para surtir los pedidos y elegir con prudencia entre las ofertas de productos amplias o limitadas.

La combinación de estrategias tradicionales y electrónicas, que dan a los clientes la opción de comprar por internet o en las tiendas, puede ser una manera eficaz de combatir la competencia de los minoristas de internet puros, en especial cuando los clientes quieren ver y tocar un producto antes de realizar una compra o prefieren negociar ciertos aspectos de su transacción comercial en persona. Las estrategias que cambian lo tradicional y lo electrónico tienen dos grandes atractivos: son un medio económico para extender el alcance geográfico de una compañía y ofrecen tanto a los clientes existentes como a los potenciales *otra opción* para comunicarse con ella, buscar información sobre los productos, realizar compras o resolver problemas de atención a clientes. En varios productos y empresas, es más barato realizar entregas por volumen en almacenes o tiendas minoristas locales que seleccionar, empacar y enviar pedidos individuales de los clientes en un almacén central, lo que da a los minoristas que cuentan con instalaciones físicas y virtuales una ventaja en costos sobre los minoristas que sólo venden por internet. En diversos mercados de productos, es muy probable que las estrategias tradicionales y electrónicas resulten ser más poderosas competitivamente hablando que las estrategias puras de internet.

La decisión sobre si internet debe ser parte integral de la estrategia es un problema que muchas compañías tradicionales están enfrentando. Deben tomarse decisiones respecto a si se debe emplear internet como canal *exclusivo* de la empresa para obtener acceso a los clientes, como canal *primario* de distribución, como *uno de varios* canales de distribución importantes, como canal *secundario* o *menor*, o simplemente como un vehículo para difundir información sobre los productos (y dejar que los socios del canal de distribución tradicional realicen todas las ventas a los usuarios finales). La decisión suele girar en torno de cómo resolver mejor los conflictos en el canal. Los fabricantes o mayoristas que dependen en gran medida de las redes establecidas de distribuidores minoristas provocan conflictos complicados en el canal si tratan de vender en línea en competencia directa con sus distribuidores. Cuando los conflictos en el canal constituyen un obstáculo importante para utilizar una estrategia combinada de instalaciones físicas y virtuales, es mejor que las compañías tradicionales incursionen en las ventas en línea sólo con el propósito de adquirir experiencia con las ventas por internet, estudiar las preferencias de los visitantes del sitio, probar las reacciones ante nuevos productos, crear mayor difusión de sus productos en el mercado y quizá aumentar el volumen global de ventas en unos cuantos puntos porcentuales, evitando cualquier apariencia de querer para acabar con las ventas de los socios de distribución. Otros fabricantes buscarán con mayor dinamismo las ventas en línea, y se empeñarán en establecer internet como un nuevo e importante canal de distribución paralelo a los canales tradicionales (porque obtienen un margen de utilidad mucho mayor de las ventas en línea). Otros más considerarán estratégicamente ventajoso usar internet para cambiar los procesos de fabricación y ensamblaje a la producción sobre pedido y luego enviar económicamente los pedidos hechos a la medida de manera directa a los compradores, lo que podría indicar un esfuerzo competitivo a largo plazo para prescindir por completo de los canales de distribución tradicionales.

Lecturas | sugeridas

Batua, Anitish, Prabhudev Konana, Andrew B. Whinston y Fang Yin, "Managing E-Business Transformation: Opportunities and Value Assessment", *Sloan Management Review*, próximo a publicarse.

Evans, Philip y Thomas S. Wurster, "Getting Real about Virtual Commerce", *Harvard Business Review* 77, núm. 6, noviembre-diciembre de 1999, pp. 84-94.

Griffith, David A. y Jonathan W. Palmer, "Leveraging the Web for Corporate Success", *Business Horizons* 42, núm. 1, enero-febrero de 1999, pp. 3-10.

Hamel, Gary, "Bringing Silicon Valley Inside", *Harvard Business Review* 77, núm. 5, septiembre-octubre de 1999, pp. 70-84.

Porter, Michael E., "Strategy and the internet", *Harvard Business Review* 79, núm. 3, marzo de 2001, pp. 63-78.

Rosenoer, Johnathan, Douglas Armstrong y J. Russell Gates, *The Clickable Corporation: Successful Strategies for Capturing the internet Advantage*, Free Press, Nueva York, 1999.

Tapscott, Don, David Ticoll y Alex Lowy, *Digital Capital: Harnessing the Power of Business Webs*, Harvard Business School Press, Boston, MA, 2000.

capítulo | ocho

8

Adecuación de la estrategia para adaptarla a la situación específica de cada industria y compañía

La mejor estrategia para una compañía determinada es, en última instancia, una construcción única que refleja sus circunstancias particulares.

—Michael E. Porter

La competencia en el mercado es como la guerra. Hay heridos y bajas, y la mejor estrategia gana.

—John Collins

Es mucho mejor que uno mismo haga obsoletos sus productos que permitir que un competidor lo haga.

—Michael A. Cusamano y Richard W. Selby

En los capítulos 6 y 7 examinamos las estrategias para competir en el entorno global y en el ámbito del comercio electrónico. En este capítulo abordaremos la tarea de formular la estrategia en otras nueve situaciones que se encuentran comúnmente:

1. Compañías que compiten en las industrias emergentes del futuro.
2. Compañías que compiten en mercados turbulentos, de alta velocidad.
3. Compañías que compiten en industrias maduras, de lento crecimiento.
4. Compañías que compiten en industrias estancadas o en decadencia.
5. Compañías que compiten en industrias fragmentadas.
6. Compañías que buscan el crecimiento rápido.
7. Compañías que ocupan posiciones de liderazgo en su industria.
8. Compañías que ocupan el segundo lugar.
9. Compañías que ocupan posiciones débiles respecto a la competencia o que enfrentan condiciones de crisis.

Seleccionamos estas situaciones con el propósito de ilustrar con mayor detalle los porqués y los cómos de ajustar la estrategia 1) a la industria y condiciones de la competencia y 2) a los puntos fuertes y débiles de los recursos propios de una compañía, sus capacidades competitivas, oportunidades y amenazas y su posición en el mercado. Cuando termine este capítulo, el lector tendrá una noción clara de por qué es tan importante que los gerentes adapten la estrategia a las necesidades de la compañía; también tendrá una mejor idea de cómo ponderar las diversas consideraciones internas y externas y equilibrar las ventajas y desventajas de las distintas opciones estratégicas de las que dispone una compañía.

ESTRATEGIAS PARA COMPETIR EN INDUSTRIAS EMERGENTES DEL FUTURO

Una *industria emergente* es aquella que se encuentra en sus comienzos, es decir, en la etapa formativa. Los ejemplos incluyen las telecomunicaciones inalámbricas para internet, la televisión de alta definición, la vida asistida para los ancianos, la educación por internet y la banca electrónica. La mayoría de las empresas que compiten con rivales para afianzarse en una industria emergente del futuro se encuentran en la etapa inicial de puesta en marcha; están perfeccionando la tecnología, contratando personal, adquiriendo o construyendo instalaciones, equipando sus operaciones y tratando de ampliar la distribución y de conseguir aceptación entre los compradores. Los modelos y estrategias de negocios de las compañías en una industria emergente no están comprobados: lo que parece ser un brillante concepto y estrategia de negocios puede no dar resultado a la larga y jamás pasar la prueba de generar una rentabilidad financiera atractiva. A menudo, hay problemas importantes en el diseño de los productos, así como dificultades tecnológicas por solucionar.

De este modo, la competencia en industrias emergentes plantea a los gerentes ciertos desafíos únicos en la formulación de la estrategia:[1]

- Debido a que el mercado es nuevo y aún no se ha puesto a prueba, puede haber mucha especulación y numerosas opiniones sobre cómo funcionará, el ritmo al que crecerá y la magnitud que alcanzará. Los pocos datos históricos no sirven prácticamente de nada para hacer proyecciones de ventas y utilidades. Hay muchas suposiciones respecto a la rapidez con que los compradores se sentirán atraídos a usar el producto y cuánto estarán dispuestos a pagar por él. Por ejemplo, los reproductores de discos de video digital (DVD) tardaron mucho más en ponerse de moda que lo que se esperaba. En la actualidad existe una gran incertidumbre en cuanto a la rapidez con que crecerá la demanda de televisores de alta definición una vez que entre en vigor en 2003 la ley que establece que todas las estaciones de televisión estadounidenses deben transmitir programas digitales.

- En muchos casos, una buena parte de los conocimientos tecnológicos en los que se basan los productos de las industrias emergentes están protegidos por derechos de propiedad y se resguardan celosamente, ya que han sido desarrollados internamente en compañías pioneras; las patentes y experiencia técnica única son factores esenciales para asegurar la ventaja competitiva. En otros casos, la tecnología es multifacética y supone esfuerzos paralelos o colaboradores por parte de varias empresas y, tal vez, enfoques tecnológicos que compiten entre sí.

- A menudo no hay consenso respecto a cuál de las tecnologías competidoras se impondrá o qué atributos del producto resultarán decisivos para conseguir el favor de los compradores. Hasta que las fuerzas del mercado ordenan estas cosas, es típico observar grandes diferencias en la calidad y desempeño del producto. Por lo tanto, la competencia se centra en los esfuerzos de cada empresa por lograr que el mercado confirme su enfoque estratégico hacia la tecnología, diseño del producto, marketing y distribución.

- Las barreras de entrada suelen ser relativamente bajas, incluso para compañías emprendedoras de reciente creación. Es probable que las empresas grandes, bien conocidas, que buscan oportunidades y cuentan con amplios recursos y capacidades competitivas, decidan incursionar si la industria promete un crecimiento explosivo o si su surgimiento amenaza su actividad comercial actual. Por ejemplo, muchas compañías telefónicas tradicionales, al ver la potente amenaza de la tecnología de las comunicaciones inalámbricas, han optado por incursionar en el negocio de las comunicaciones móviles de un modo u otro.

- Es posible que se presenten fuertes efectos de la curva de experiencia, lo que permite reducciones considerables en los costos y precios a medida que el volumen crece.

---

[1] Michael E. Porter, *Competitive Strategy*, Free Press, Nueva York, 1980, pp. 216-223.

- Puesto que en una industria emergente todos los compradores son usuarios primerizos, la tarea de marketing consiste en inducir la compra inicial y vencer las dudas de los clientes respecto a las características del producto, fiabilidad del desempeño y aseveraciones contradictorias de empresas competidoras.

- Muchos posibles compradores esperan que los productos de primera generación mejoren rápidamente, por lo que demoran la compra hasta que la tecnología y el diseño del producto maduran.

- En ocasiones, las compañías tienen dificultades para conseguir suministros amplios de materias primas y componentes (hasta que los proveedores cuentan con el equipo necesario para satisfacer las necesidades de la industria).

- Los negocios con poco capital, al encontrarse escasas de fondos para respaldar la investigación y desarrollo (IyD) necesarios y pasar por varios años difíciles hasta que el producto se impone, terminan fusionándose con competidores o son adquiridos por empresas ajenas a la industria, pero financieramente fuertes, que tratan de invertir en un mercado en crecimiento.

Los dos problemas estratégicos cruciales a los que se enfrentan las compañías en una industria emergente son: 1) cómo financiar las operaciones iniciales hasta que las ventas e ingresos empiecen a prosperar, y 2) qué segmentos del mercado y ventajas competitivas deben buscar para conseguir una posición de liderazgo.[2] Las estrategias competitivas orientadas hacia los costos bajos o la diferenciación por lo general son viables. Conviene enfocarse o especializarse cuando los recursos y capacidades son limitados y la industria tiene demasiadas fronteras tecnológicas o demasiados segmentos de compradores que han de buscarse de inmediato. La falta de "reglas del juego" establecidas confiere a los participantes en la industria un grado de libertad considerable para experimentar con una variedad de enfoques estratégicos diferentes. No obstante, una empresa que cuenta con capacidades de recursos sólidas, un modelo de negocio atractivo y una buena estrategia, tiene una oportunidad de oro para determinar las reglas y establecerse como el líder reconocido de la industria.

Hacer frente a todos los riesgos y oportunidades de una industria emergente es uno de los problemas más complejos de la formulación de la estrategia de negocios. Para tener éxito en una industria emergente, las compañías generalmente tienen que explorar una o más de las siguientes posibilidades estratégicas:[3]

1. Tratar de ganar la carrera inicial por el liderazgo de la industria con un espíritu emprendedor dispuesto a correr riesgos y una estrategia audaz y creativa. Las estrategias de diferenciación, generales o limitadas, que se orientan hacia la superioridad tecnológica o del producto, generalmente ofrecen las mejores oportunidades para conseguir ventaja competitiva muy pronto.

2. Presionar para perfeccionar la tecnología, mejorar la calidad del producto y desarrollar características de desempeño adicionales que resulten atractivas.

3. A medida que se despeja la incertidumbre tecnológica y emerge una tecnología dominante, hay que adoptarla con prontitud. (Sin embargo, aunque tiene su mérito tratar de convertirse en el estándar de la industria en el aspecto tecnológico y ser pionero en el diseño dominante del producto, las compañías tienen que cuidarse de no apostar demasiado a este respecto, en especial cuando hay muchas tecnologías competidoras, la investigación y desarrollo son costosos y los adelantos tecnológicos pueden moverse rápidamente en nuevas direcciones que muchas veces resultan sorprendentes.)

4. Formar alianzas estratégicas con los proveedores clave para obtener acceso a habilidades especializadas, capacidades tecnológicas y materiales o componentes cruciales.

El éxito estratégico en una industria emergente requiere un espíritu emprendedor y audaz, estar dispuesto a ser pionero y correr riesgos, sensibilidad intuitiva para saber qué les agradará a los compradores, respuesta rápida ante los nuevos inventos y formulación oportuna de la estrategia.

---

[2] Charles W. Hofer y Dan Schendel, *Strategy Formulation: Analytical Concepts*, West Publishing, St. Paul, MN, 1978, pp. 164-165.

[3] Phillip Kotler, *Marketing Management*, 5a. ed., Prentice Hall, Englewood Cliffs, NJ, 1984, p. 366, y Porter, *Competitive Strategy*, capítulo 10.

5. Adquirir o formar alianzas con compañías que tienen experiencia tecnológica relacionada o complementaria para superar a los competidores con base en la superioridad tecnológica.

6. Tratar de conseguir las ventajas iniciales asociadas con los primeros compromisos que se adquieren con las tecnologías prometedoras, aliarse con los proveedores más capaces, ampliar la selección de productos, mejorar el estilo, captar los efectos de la curva de experiencia y posicionarse bien en los nuevos canales de distribución.

7. Buscar nuevos grupos de clientes, nuevas aplicaciones para los usuarios e ingreso a nuevas áreas geográficas (tal vez utilizando sociedades estratégicas o sociedades en participación si los recursos financieros son limitados).

8. Hacer que resulte fácil y barato para los compradores primerizos probar el producto de primera generación de la industria. Luego, a medida que el producto se vuelva familiar para un amplio sector del mercado, empezar a modificar el énfasis de la publicidad para pasar de crear conciencia del producto a la etapa de incrementar la frecuencia de uso y crear lealtad a la etapa de la marca.

9. Usar reducciones de precio para atraer al mercado al siguiente nivel de compradores sensibles a los precios.

> Los primeros líderes en una industria emergente no pueden darse el lujo de descansar y dormirse en sus laureles; deben esforzarse por fortalecer sus capacidades de recursos y crear una posición suficientemente fuerte para mantener a raya a los nuevos participantes y competir con éxito para el largo plazo.

El valor a corto plazo de ganar la carrera inicial por el liderazgo en crecimiento y participación de mercado tiene que equilibrarse con la necesidad a largo plazo de crear una ventaja competitiva durable y una posición defendible en el mercado.[4] No hay duda de que las compañías bien financiadas, ajenas a la industria, ingresarán con estrategias pujantes y dinámicas a medida que las ventas de las industrias empiecen a prosperar y el riesgo percibido de invertir en la industria disminuya. Una oleada de nuevos participantes, atraídos por el crecimiento y el potencial de obtener utilidades, pueden abarrotar el mercado y forzar la consolidación de la industria en un número más pequeño de actores. Los participantes tardíos, ricos en recursos y que aspiran al liderazgo de la industria, se encuentran en posibilidad de convertirse en actores importantes al adquirir y fusionar las operaciones de los competidores más débiles para luego emprender ofensivas estratégicas con el fin de conseguir participación de mercado y un rápido reconocimiento del nombre de la marca. Las estrategias deben tener como objetivo la competencia a largo plazo; a menudo, esto significa sacrificar cierto grado de rentabilidad a corto plazo para invertir en los recursos, capacidades y reconocimiento de mercado necesarios para sostener los primeros éxitos.

Las compañías jóvenes en los mercados de rápido crecimiento enfrentan tres obstáculos estratégicos: 1) administrar su propia expansión rápida, 2) defenderse de los competidores que tratan de sacar provecho de su éxito, y 3) crear una posición competitiva que abarque más que su producto o mercado inicial. Las compañías que tienen mucho futuro pueden ayudar a su causa seleccionando miembros informados para sus juntas directivas, contratando gerentes emprendedores con experiencia en guiar a empresas jóvenes a través de las etapas de puesta en marcha y despegue, concentrándose en hacer más innovaciones que la competencia y tal vez fusionándose con o adquiriendo otra compañía para adquirir mayor experiencia y una base de recursos más fuerte.

ESTRATEGIAS PARA COMPETIR EN MERCADOS TURBULENTOS, DE ALTA VELOCIDAD

> El cambio de alta velocidad es la característica más sobresaliente de los negocios contemporáneos.

Cada vez más compañías se encuentran en situaciones industriales caracterizadas por cambios tecnológicos vertiginosos, ciclos de vida cortos de los productos (debido al ritmo con el que se introduce la siguiente generación del producto), ingreso de nuevos rivales importantes en el mercado, lanzamientos frecuentes de nuevas líneas competitivas de los rivales (incluidas las fusiones y adquisiciones para conseguir una posición más fuerte, si no dominante, en el mercado), así como requerimientos y expectativas de los clientes que evolucionan con rapidez... y todo esto ocurre al mismo tiempo. Puesto que todos los días surgen noticias de este o aquel adelanto

---

[4] Hofer y Schendel, *Strategy Formulation*, pp. 164-165.

competitivo de importancia, la tarea de dar seguimiento a los eventos que van desarrollándose y de evaluarlos es colosal. El cambio de alta velocidad es simple y llanamente la condición que prevalece en el campo del hardware y software para las computadoras personales, los juegos de video, la construcción de redes, las telecomunicaciones inalámbricas, el equipo médico, la biotecnología, la industria farmacéutica y en el creciente número de industrias arrasadas por los cambios torrenciales en todo el ámbito del ciberespacio.

El desafío central para la formulación de la estrategia en un entorno de mercado turbulento radica en manejar el cambio.[5] Como se ilustra en la figura 8.1, las compañías pueden asumir una de tres posturas estratégicas para enfrentarse al cambio de alta velocidad:[6]

- *Reaccionar ante el cambio.* Por ejemplo, la compañía puede responder a un producto nuevo de un competidor con un producto mejor. Asimismo, le será posible contrarrestar un giro inesperado en los gustos y demanda de los compradores si rediseña o cambia la presentación de su producto, o si el énfasis de la publicidad se dirige hacia otros atributos del producto. Reaccionar es una estrategia defensiva y, por lo tanto, no es probable que genere oportunidades nuevas; sin embargo, es un componente necesario del arsenal de opciones de una compañía.

- *Prever el cambio.* La previsión supone mirar hacia delante para analizar lo que probablemente ocurrirá y así prepararse y posicionarse para ese futuro. Implica estudiar el comportamiento, necesidades y expectativas de los compradores para tratar de comprender cómo evolucionará el mercado y preparar con anticipación la producción y las capacidades de distribución necesarias. Al igual que reaccionar ante el cambio, preverlo es una estrategia fundamentalmente defensiva porque las fuerzas ajenas a la compañía impulsan sus actos. No obstante, la previsión puede abrir nuevas oportunidades y por eso es una mejor manera de enfrentar el cambio que sólo la mera reacción.

- *Encabezar el cambio.* Esto supone iniciar el mercado y las fuerzas competitivas a las que otros deberán reaccionar y responder: *es una estrategia ofensiva que aspira a colocar a la compañía en la posición de control.* Encabezar el cambio significa ser el primero en llegar al mercado con un nuevo producto o servicio importante. Implica ser el líder tecnológico que introduzca la siguiente generación de productos en el mercado antes que los rivales y ofrezca productos cuyas características y atributos se ajusten a las preferencias y expectativas de los clientes. Consiste en tratar de determinar las reglas del juego anticipándose a los demás.

> Reaccionar ante el cambio y preverlo son en esencia posturas defensivas; encabezar el cambio es una postura ofensiva.

Como cuestión práctica, el enfoque de una compañía hacia el manejo del cambio debe, idealmente, incorporar las tres posturas (aunque no en la misma proporción). Las empresas con mejor desempeño en los mercados de alta velocidad tratan de manera sistemática de encabezar el cambio con estrategias proactivas. Aun así, un entorno de cambios incesantes obliga a cualquier negocio a anticiparse y prepararse para el futuro y a reaccionar oportunamente ante los nuevos acontecimientos impredecibles o incontrolables.

El éxito competitivo en los mercados que cambian con rapidez tiende a depender de la capacidad de una compañía para improvisar, experimentar, adaptarse, reinventarse y regenerarse cuando el mercado y las condiciones competitivas varían a un ritmo vertiginoso y, en ocasiones, impredecible.[7] Tiene que reformular constantemente su estrategia y su base para mantener la ventaja competitiva. Aunque el proceso de alterar las medidas ofensivas y defensivas cada pocos meses o semanas para mantener una estrategia general que corresponda a las condiciones

> Los líderes de las industrias son agentes proactivos del cambio, no seguidores y analistas reactivos. Además, improvisan, experimentan y se adaptan con rapidez.

---

[5] Los problemas estratégicos que las compañías deben atender en los entornos de mercado que cambian con rapidez se exploran con todo detalle en Richard A. D'Aveni, *Hyper-Competition: Managing the Dynamics of Strategic Maneuvering*, Free Press, Nueva York, 1994. Véase también Richard A. D'Aveni, "Coping with Hypercompetition: Utilizing the New 7S's Framework", *Academy of Management Executive* 9, núm. 3, agosto de 1995, pp. 45-56; y Bala Chakravarthy, "A New Strategy Framework for Coping with Turbulence", *Sloan Management Review,* invierno de 1997, pp. 69-82.

[6] Shona L. Brown y Kathleen M. Eisenhardt, *Competing on the Edge: Strategy as Structured Chaos*, Harvard Business School Press, Boston, 1998, pp. 4-5.

[7] *Ibid.*, p. 4.

Figura 8.1   Cómo superar el desafío del cambio de alta velocidad

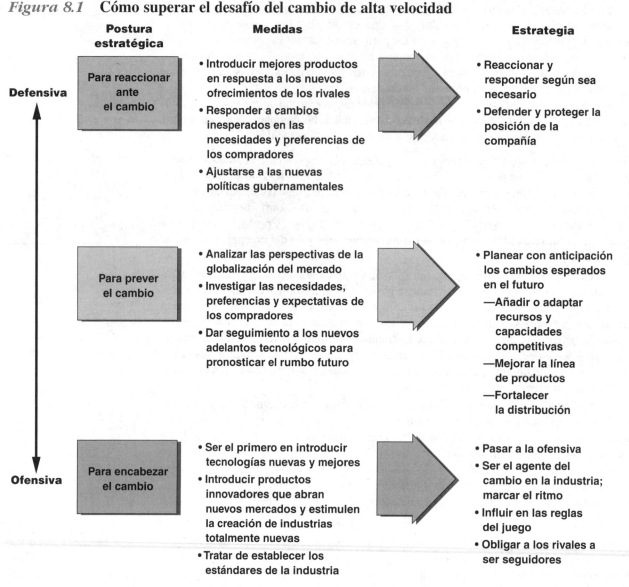

Fuente: Adaptado de Shona L. Brown y Kathleen M. Eisenhardt, *Competing on the Edge: Strategy as Structured Chaos,* Harvard Business School Press, Boston, 1998, p. 5.

cambiantes es ineficiente, la alternativa, una estrategia que se vuelve obsoleta con rapidez, es peor. Las siguientes tácticas estratégicas parecen ofrecer los mejores resultados:

1. *Invertir dinámicamente en investigación y desarrollo para mantenerse a la vanguardia de la experiencia tecnológica.* Traducir los adelantos tecnológicos en productos innovadores (y seguir muy de cerca los adelantos y características introducidos por primera vez por los rivales) es una necesidad en las industrias donde la tecnología es el principal impulsor del cambio. Sin embargo, a menudo es deseable centrar el esfuerzo de investigación y desarrollo (IyD) en unas cuantas áreas críticas no sólo para evitar agotar los recursos de la compañía, sino también para profundizar la pericia de ésta, dominar la tecnología, captar plenamente los efectos de la curva de aprendizaje y convertirse en el líder dominante en una tecnología o categoría de productos en particular.[8] Cuando un entorno de mercado en rápida evolución abarca

---

[8] Para una explicación detallada de cómo crear ventaja competitiva mediante la IyD y la innovación tecnológica, véase Shaker A. Zahra, Sarah Nash y Deborah J. Bickford, "Transforming Technological Pioneering into Competitive Advantage", *Academy of Management Executive* 9, núm. 1, febrero de 1995, pp. 32-41.

muchas áreas tecnológicas y categorías de productos, los competidores no tienen más remedio que emplear algún tipo de estrategia enfocada y concentrarse en ser el líder en una categoría de producto o tecnología específica.

2. *Desarrollar y mantener la capacidad organizacional para responder con rapidez a las acciones de los rivales y los nuevos acontecimientos sorprendentes.* Debido a que ninguna compañía puede pronosticar o prever todos los cambios que ocurrirán, es crucial contar con la capacidad organizacional para reaccionar, responder e improvisar con rapidez. Esto significa cambiar los recursos internamente, adaptar las competencias y capacidades existentes, crear nuevas competencias y capacidades y no quedarse a la zaga de los rivales. Las empresas que acostumbran actuar tardíamente están destinadas a no sobresalir en la industria.

3. *Establecer sociedades estratégicas con proveedores externos y compañías que fabrican productos relacionados.* En muchas industrias de alta velocidad, la tecnología se diversifica para crear tantos caminos tecnológicos y categorías de productos nuevas que ninguna organización cuenta con los recursos y competencias para abarcarlos en su totalidad. La especialización (para promover la profundidad técnica necesaria) y las estrategias de enfoque (para preservar la agilidad organizacional y aprovechar la experiencia y conocimientos de la firma) son estrategias deseables. Las compañías crean su posición competitiva no sólo fortaleciendo su propia base de recursos internos, sino también asociándose con proveedores que fabrican partes y componentes tecnológicamente muy avanzados y colaborando estrechamente tanto con los creadores de tecnologías relacionadas como con los fabricantes de productos conexos. Por ejemplo, las compañías que producen computadoras personales (como Gateway, Dell, Compaq o Acer) dependen en buena medida de los fabricantes de chips más rápidos, monitores y pantallas, faxes y módems incorporados y desarrolladores de software para implementar adelantos innovadores en las computadoras personales. Ninguno de los fabricantes de computadoras personales se ha esforzado mucho por integrar partes y componentes propios porque han aprendido que la manera más eficaz de ofrecer un producto de calidad a los usuarios de computadoras es contratar por fuera los componentes de proveedores tecnológicamente experimentados que se dedican a mantenerse a la vanguardia de su especialización y que pueden obtener economías de escala con la producción en masa de componentes para muchos armadores de computadoras personales. La estrategia de las contrataciones externas también confiere a una compañía la flexibilidad necesaria para cambiar a los proveedores que se rezaguen en la tecnología o las características del producto, o bien que dejen de ser competitivos en sus precios. El reto que tienen los gerentes radica en crear un buen equilibrio entre la creación de una base rica de recursos internos que por un lado evite que la firma quede a merced de sus proveedores y aliados y, por el otro, mantenga la agilidad organizacional al depender de los recursos y experiencia de empresas externas capaces (que tal vez sean "las mejores del mundo").

4. *Implantar nuevas medidas cada pocos meses y no sólo cuando se requiere una respuesta competitiva.* En cierto sentido, el cambio es provocado en parte por el transcurso del tiempo en vez de deberse exclusivamente a los sucesos que van presentándose. Una compañía puede anticiparse al cambio si pone en práctica *medidas marcadas por el tiempo*, como lo es introducir un producto nuevo o mejorado cada cuatro meses en lugar de hacerlo cuando el mercado decae o cuando un rival lanza la siguiente generación de un modelo.[9] Asimismo, un negocio puede expandirse hacia un nuevo mercado geográfico cada seis meses en vez de esperar a que se presente una nueva oportunidad de mercado; también puede renovar las marcas existentes cada dos años en lugar de esperar hasta que su popularidad decaiga. Las claves para usar con éxito esta técnica como arma estratégica son: seleccionar intervalos que tengan sentido tanto interna como externamente; establecer un ritmo organizacional interno para el cambio y coreografiar las transiciones. 3M Corporation persigue desde hace tiempo el objetivo de que 25% de sus ingresos provenga de productos que tengan menos de cuatro años de antigüedad, una fuerza que estableció el ritmo del cambio y creó un impulso implacable para crear nuevos

[9] Brown y Eisenhardt, *Competing on the Edge,* pp. 14-15. Véase también, Kathleen M. Eisenhardt y Shona L. Brown, "Time Pacing: Competing in Markets That Won't Stand Still", *Harvard Business Review* 76, núm. 2, marzo-abril de 1998, pp. 59-69.

productos. En fechas recientes, el director general de la empresa aceleró el ritmo del cambio en 3M al aumentar el porcentaje de 25 a 30 por ciento.

5. *Mantener los productos y servicios de la compañía lo suficientemente frescos y emocionantes para sobresalir en medio de todos los cambios que se producen.* Uno de los riesgos del cambio acelerado es que los productos, e incluso las empresas, se pierden en la confusión de los acontecimientos. El desafío para el marketing consiste en mantener los productos y servicios de la compañía en el centro de atención, además de que sigan siendo innovadores y estén bien adaptados a los cambios que ocurren en el mercado.

> En los mercados que cambian a ritmo acelerado, la pericia, velocidad, agilidad, espíritu innovador, oportunismo y flexibilidad de los recursos son capacidades organizacionales cruciales.

Los conocimientos y experiencia de vanguardia y las capacidades para llegar antes que nadie al mercado son cualidades competitivas muy valiosas en los mercados que evolucionan con rapidez. Además, la competencia reñida exige que las compañías reaccionen con prontitud y que cuenten con recursos flexibles y adaptables —la agilidad organizacional es una enorme cualidad competitiva—. Aun así, las firmas cometen errores y algunas de las cosas que realizan van a funcionar mejor que otras. Cuando la estrategia de una organización no funciona bien, ésta tiene que reagruparse con rapidez, sondeando, experimentando, improvisando e intentando una y otra vez hasta encontrar algo que llame la atención de los compradores y la ponga en sincronía con el mercado y la realidad competitiva.

ESTRATEGIAS PARA COMPETIR EN INDUSTRIAS MADURAS

Una industria madura es aquella que está pasando de una etapa de crecimiento rápido a otra en la que crece de manera considerablemente más lenta. Se dice que una industria es madura cuando casi todos los posibles compradores ya son usuarios de los productos de la industria; así, la demanda del mercado consiste ante todo en ventas de reposición a los usuarios existentes y el crecimiento depende de la capacidad de la industria para atraer nuevos compradores y convencer a los ya cautivos de aumentar su uso. Las industrias de bienes de consumo que han llegado a la etapa de madurez por lo general tienen un índice de crecimiento inferior a 5%, aproximadamente igual al crecimiento de la base de clientes o de la economía en su conjunto.

La transición de una industria hacia la madurez no empieza con un calendario fácil de predecir. La madurez de la industria puede demorarse por el surgimiento de nuevos avances tecnológicos, innovaciones en los productos u otras fuerzas motrices que rejuvenecen la demanda del mercado. No obstante, cuando estos índices de crecimiento empiezan a decrecer, el principio de la madurez del mercado por lo general produce cambios fundamentales en el entorno competitivo del mercado:[10]

1. *El crecimiento lento en la demanda de los compradores genera más competencia frontal por la participación de mercado.* Las firmas que desean continuar en un mercado de rápido crecimiento empiezan a buscar las maneras de atraer clientes de los competidores. Es muy común ver reducciones en los precios, intensificación de la publicidad y otras tácticas audaces para adquirir participación de mercado.

2. *Los compradores son más experimentados y a menudo es más difícil convencerlos de hacer compras repetitivas.* Puesto que los compradores tienen experiencia con el producto y están familiarizados con las marcas competidoras, pueden evaluar mejor las distintas marcas y usar sus conocimientos para negociar un mejor trato con los vendedores.

3. *La competencia a menudo produce un mayor énfasis en los costos y el servicio.* Como todos los vendedores empiezan a ofrecer los atributos del producto que los compradores prefieren, las opciones de estos últimos dependen cada vez más de los vendedores que ofrecen la mejor combinación de precio y servicio.

---

[10] Porter, *Competitive Strategy*, pp. 238-240.

4. *Las compañías tienen un problema de "exceso" en la adición de nuevas instalaciones.* El menor ritmo de crecimiento de la industria significa disminuciones en la ampliación de la capacidad para los fabricantes y disminuciones en la inauguración de nuevas tiendas para las cadenas minoristas. Cuando la industria crece con lentitud, añadir demasiada capacidad demasiado pronto puede crear condiciones de exceso de oferta que afecten negativamente las utilidades de la compañía a futuro.

5. *Es más difícil hacer innovaciones en los productos y generar nuevas aplicaciones de uso final.* A los productores les resulta cada vez más difícil crear nuevas características del producto, encontrarle otros usos y sostener el interés de los compradores.

6. *La competencia internacional aumenta.* Las compañías nacionales que tratan de crecer empiezan a buscar oportunidades de ventas en los mercados extranjeros. Algunas firmas que buscan la forma de reducir los costos trasladan las plantas a países en los que se pagan salarios más bajos. La mayor estandarización de los productos y la difusión de la pericia tecnológica reducen las barreras de ingreso y hacen posible que las compañías extranjeras emprendedoras se conviertan en serios contendientes en el mercado de más países. El liderato industrial pasa a las organizaciones que logran afianzarse en posiciones competitivas fuertes en la mayoría de los principales mercados geográficos del mundo y que consiguen las mayores participaciones del mercado global.

7. *La rentabilidad de la industria decae temporal o permanentemente.* El crecimiento más lento, la mayor competencia, los compradores más experimentados y los periodos ocasionales de exceso de capacidad presionan los márgenes de utilidad de la industria. Por lo general, las empresas débiles y menos eficientes son las más afectadas.

8. *La competencia más reñida induce varias fusiones y adquisiciones entre ex competidores, expulsa a las compañías más débiles de la industria y produce la consolidación de la industria en general.* Las compañías ineficientes y las empresas que tienen estrategias competitivas débiles pueden alcanzar resultados decorosos en una industria de rápido crecimiento con ventas en expansión. Sin embargo, la competencia más intensa que acompaña a la madurez en la industria pone al descubierto las debilidades competitivas y lanza a los competidores de segundo y tercer nivel a una contienda por la supervivencia del más apto.

Medidas estratégicas en industrias maduras

Cuando el nuevo carácter competitivo de la madurez en la industria empieza a golpear con toda su fuerza, hay diversas medidas estratégicas que pueden fortalecer la posición competitiva de una empresa: reducir la línea de productos, mejorar la eficiencia de la cadena de valor, disminuir los costos, acelerar las campañas de promoción de ventas, ampliarse a mercados internacionales y adquirir a los competidores en dificultades.[11]

Reducción de los productos y modelos marginales   Una amplia selección de modelos, características y opciones de productos a veces tiene valor competitivo durante la etapa de crecimiento, cuando las necesidades de los compradores todavía están en evolución. Sin embargo, tal variedad puede llegar a ser muy costosa a medida que se intensifica la competencia en los precios y se reducen los márgenes de utilidad. Mantener muchas versiones de un producto resulta contraproducente para lograr economías de diseño, inventario de partes y producción en los niveles de fabricación e, igualmente, puede aumentar los costos de existencias de inventarios para los distribuidores y comerciantes minoristas. Además, los precios de las versiones que no se venden mucho tal vez no cubran sus verdaderos costos. La eliminación de los productos marginales de la línea abre la puerta para obtener ahorros en los costos y permite una mayor concentración en artículos cuyos márgenes son más elevados o donde la empresa tiene una ventaja competitiva.

Más énfasis en la innovación de la cadena de valor   Los esfuerzos por "reinventar" la cadena de valor de la industria suelen producir cuatro beneficios: menores costos, mejor

---

[11] La siguiente exposición se basa en Porter, *Competitive Strategy*, pp. 241-246.

calidad del producto o servicio, mayor capacidad para producir varias versiones del producto o versiones personalizadas y ciclos más cortos desde que el producto se diseña hasta que llega al mercado. Los fabricantes pueden mecanizar las actividades de alto costo, rediseñar las líneas de producción para mejorar la eficiencia de la mano de obra, flexibilizar el proceso de montaje para facilitar la producción de versiones personalizadas del producto e incrementar el uso de tecnología avanzada (robótica, controles computarizados y vehículos guiados automáticamente). Por otra parte, los proveedores de partes y componentes, fabricantes y distribuidores pueden colaborar en el uso de la tecnología de internet y las técnicas de comercio electrónico para hacer más eficientes las diversas actividades de la cadena de valor e implantar innovaciones que reduzcan los costos.

Un enfoque más marcado en la reducción de costos   La competencia más reñida en los precios les da a las empresas un incentivo adicional para bajar los costos de las unidades. Las iniciativas de reducción de costos de la compañía pueden abarcar un frente amplio. Algunas de las opciones más comunes son: presionar a los proveedores para que ofrezcan mejores precios, implantar prácticas más estrictas de administración de la cadena de suministros, eliminar de la cadena de valor las actividades que generan poco valor, crear diseños más económicos de los productos, aplicar la reingeniería a los procesos internos con tecnología de comercio electrónico y negociar convenios de distribución más económicos.

Aumentar las ventas a los clientes actuales   En un mercado maduro, el crecimiento a expensas de arrebatar clientes a los rivales tal vez no resulte tan atractivo como ampliar las ventas a los clientes existentes. Las estrategias para aumentar las compras de los clientes actuales incluyen ofrecer artículos complementarios y servicios auxiliares y encontrar más maneras de que los clientes usen el producto. Por ejemplo, las tiendas de mercancías de uso generalizado han estimulado las ventas promedio por cliente añadiendo alquiler de películas, cajeros automáticos, bombas de gasolina y barras de alimentos selectos.

Comprar empresas rivales a precios de oferta   En ocasiones, una compañía puede adquirir las instalaciones y activos de rivales en dificultades a precios muy baratos. Las adquisiciones a precios de oferta contribuyen a crear una posición de bajo costo si también brindan oportunidades para alcanzar una mayor eficiencia operativa. Además, la base de clientes de la compañía adquirida facilita una cobertura más amplia del mercado y ofrece la posibilidad de obtener mayores economías de escala. Las adquisiciones más deseables son aquellas que mejoran de manera significativa la fortaleza competitiva de la firma adquirente.

Ampliación internacional   Al madurar el mercado interno, los negocios pueden tratar de incursionar en mercados extranjeros donde aún existe un potencial de crecimiento atractivo y las presiones competitivas no son tan fuertes. Muchas compañías multinacionales se están expandiendo hacia mercados emergentes en países como China, India, Brasil, Argentina y Malasia, donde las posibilidades de crecimiento a largo plazo son bastante atractivas. Las estrategias para ampliarse internacionalmente también convienen cuando las habilidades, reputación y productos de una empresa nacional pueden transferirse con facilidad a los mercados externos. Por ejemplo, a pesar de que el mercado de bebidas gaseosas en Estados Unidos se encuentra en su etapa de madurez, Coca-Cola sigue siendo una compañía en crecimiento porque ha intensificado sus campañas para penetrar mercados externos donde las ventas de refrescos se están expandiendo con rapidez.

Creación de capacidades nuevas o más flexibles   Las presiones cada vez más fuertes de la competencia en un mercado que se aproxima a la madurez o que ya es maduro suelen combatirse mediante el fortalecimiento de la base de recursos y capacidades competitivas de la compañía. Esto implica añadir nuevas competencias o capacidades, fortalecer las ya existentes para hacerlas más difíciles de imitar o esforzarse por conseguir que las competencias centrales sean más adaptables a las necesidades y expectativas cambiantes de los clientes. Microsoft ha respondido a los retos de los competidores expandiendo su ya de por sí enorme cuadro de programadores talentosos. Chevron ha formado un equipo de descubrimiento y un mapa de recursos de las mejores prácticas para mejorar la velocidad y eficacia con la que puede transferir las mejoras en eficiencia de una refinería de petróleo a otra.

Dificultades estratégicas en industrias maduras

El mayor error estratégico que una empresa puede cometer en una industria en madurez es tal vez tratar de establecer un punto medio entre costos bajos, diferenciación y concentración, es decir, combinar los esfuerzos para conseguir costos bajos con aquellos que se requieren para incorporar características de diferenciación y para concentrarse en un mercado de destino limitado. Tales compromisos estratégicos típicamente dan como resultado que la compañía termine atrapada en el medio, con una estrategia confusa, muy poco compromiso para adquirir ventajas competitivas, una imagen promedio entre los compradores y pocas oportunidades de incorporarse a las filas de los líderes de la industria.

Otras dificultades estratégicas son: adaptar con lentitud las competencias y capacidades existentes para defenderse de las crecientes presiones competitivas, concentrarse más en proteger la rentabilidad a corto plazo que en crear o mantener una posición competitiva a largo plazo, esperar demasiado para responder a las rebajas de precios impuestas por los rivales, ampliarse en exceso ante un crecimiento cuyo ritmo va en disminución, gastar en exceso en publicidad y campañas de promoción de ventas en un intento inútil por combatir la disminución del crecimiento y no buscar una reducción de costos lo suficientemente pronto o lo suficientemente dinámica.

> Uno de los mayores errores estratégicos que una compañía puede cometer en una industria en madurez es buscar un compromiso entre los costos bajos, diferenciación y concentración, de manera que termine "atascada en el medio", con una estrategia confusa, una imagen promedio, una identidad de mercado mal definida, ninguna ventaja competitiva y pocas posibilidades de llegar a ser el líder de su industria.

ESTRATEGIAS PARA EMPRESAS EN INDUSTRIAS ESTANCADAS O EN DECADENCIA

Muchas compañías funcionan en industrias donde la demanda crece con mayor lentitud que la economía en general o donde incluso está bajando. Aunque retirar las utilidades del negocio para obtener el mayor flujo de efectivo, liquidar o prepararse para el cierre son estrategias evidentes de fin del juego para los competidores no comprometidos que tienen pocas posibilidades en el largo plazo, los competidores fuertes pueden lograr un buen desempeño en un entorno de mercado estancado.[12] La demanda estancada por sí misma no basta para restar atractivo a una industria; liquidar puede ser o no una medida práctica y cerrar las operaciones siempre es el último recurso.

Las empresas que compiten en industrias estancadas o en decadencia deben resignarse a objetivos de desempeño congruentes con las oportunidades disponibles en el mercado. Los criterios de flujo de efectivo y rendimiento sobre la inversión son más adecuados que las medidas de desempeño orientadas al crecimiento, pero de ningún modo se descarta el crecimiento de las ventas y la participación de mercado. Los competidores fuertes tienen la posibilidad de quitar ventas a los rivales más débiles y la adquisición o salida de las empresas más débiles crean oportunidades para que las compañías que continúan capten una participación de mercado mayor.

En general, los negocios que triunfan en industrias estancadas emplean uno de tres criterios estratégicos:[13]

1. *Aplicar una estrategia enfocada dirigida a los segmentos de mayor crecimiento del mercado dentro de la industria.* Los mercados estancados o en decadencia, como otros mercados, se componen de numerosos segmentos o nichos. Con frecuencia, uno o más de estos segmentos crece con rapidez, pese al estancamiento en la industria en su conjunto. Un competidor astuto que se centra en los segmentos de rápido crecimiento y satisface lo mejor posible las necesidades de los compradores que abarcan estos segmentos suele escapar del estancamiento en las ventas y utilidades e incluso lograr una decidida ventaja competitiva. Por ejemplo, tanto Ben & Jerry's como Häagen-Dazs han podido concentrarse exitosamente en el creciente segmento de productos de lujo o de calidad superior en el mercado

> Lograr ventaja competitiva en industrias estancadas o en decadencia por lo general exige la aplicación de uno de tres enfoques estratégicos: concentrarse en hacer crecer los segmentos del mercado dentro de la industria, diferenciarse con base en la mejor calidad y la innovación frecuente de los productos o convertirse en un productor con costos bajos.

---

[12] R.G. Hamermesh y S.B. Silk, "How to Compete in Stagnant Industries", *Harvard Business Review* 57, núm. 5 septiembre-octubre de 1979, p. 161.

[13] *Ibid.*, p. 162.

estancado de los helados; el crecimiento de los ingresos y los márgenes de utilidad de los helados en el nivel de precios altos son sustancialmente más elevados en los supermercados y heladerías que en otros segmentos del mercado.

2. *Resaltar la diferenciación basada en la mejora de la calidad y la innovación de los productos.* Una mejor calidad o la innovación estimulan la demanda al crear nuevos e importantes segmentos de crecimiento o al inducir a los compradores a cambiar. La innovación exitosa de los productos abre la posibilidad para competir, además de igualar o mejorar los precios de los rivales. La diferenciación basada en la innovación exitosa tiene la ventaja adicional de que las empresas rivales no pueden imitarla fácilmente o les resulta muy costoso hacerlo. Sony ha construido un negocio sólido con las ventas de televisores de alta calidad, una industria donde la demanda del mercado ha sido relativamente uniforme en las naciones industrializadas del mundo desde hace algunos años.

3. *Esforzarse por bajar los costos y llegar a ser el líder de los costos bajos en la industria.* Las compañías en industrias estancadas pueden mejorar los márgenes de utilidad y el rendimiento sobre la inversión si aplican una estrategia innovadora de reducción de costos año con año. Las posibles medidas que influyen en el ahorro en los costos incluyen *a)* eliminar actividades de la cadena de valor que sólo reporten beneficios marginales, *b)* contratar externamente funciones y actividades que personas ajenas a la empresa desempeñen a un menor costo, *c)* rediseñar los procesos internos para explotar las tecnologías de comercio electrónico que contribuyan a reducir los costos, *d)* consolidar las instalaciones de producción utilizadas de manera insuficiente, *e)* agregar más canales de distribución para garantizar el volumen de unidades necesarias para una producción de bajo costo, *f)* cerrar los puntos de venta al menudeo dc bajo volumen y alto costo, y *g)* reducir o eliminar los productos marginales de los ofrecimientos de la compañía. Nucor Steel ha sido uno de los productores de acero más exitosos en Estados Unidos desde la última década gracias a sus métodos innovadores de producción y cultura de operación a bajo costo, lo cual también le ha valido un gran prestigio a nivel mundial.

Estos tres temas estratégicos no se excluyen uno al otro.[14] La introducción de versiones innovadoras de un producto puede *crear* un segmento de mercado de rápido crecimiento. De igual modo, la búsqueda implacable de mayores eficiencias operativas permite reducciones de precios que crean segmentos de crecimiento conscientes de los precios. Obsérvese que estos tres temas son variaciones de las estrategias competitivas genéricas, adaptadas a las circunstancias de un entorno industrial complejo. Las industrias en decadencia más atractivas son aquellas en las que las ventas disminuyen gradualmente, hay una gran demanda incorporada y siguen teniendo algunos nichos rentables.

Los errores estratégicos más comunes que cometen las compañías en los mercados estancados o en decadencia son: 1) quedar atrapadas en una guerra de desgaste inútil, 2) desviar demasiado dinero de las operaciones comerciales demasiado pronto (lo que contribuye a deteriorar el desempeño aún más), y 3) ser excesivamente optimistas respecto al futuro de la industria y gastar de más en mejoras previendo que las circunstancias mejorarán.

La cápsula ilustrativa 32 describe el enfoque creativo adoptado por Yamaha para revertir la demanda de pianos en un mercado en decadencia.

ESTRATEGIAS PARA COMPETIR EN INDUSTRIAS FRAGMENTADAS

Hay diversas industrias formadas por cientos, e incluso miles de compañías pequeñas y medianas, sobre todo de propiedad privada, y ninguna con una participación sustancial en las ventas

---

[14] *Ibid.*, p. 165.

Cápsula ilustrativa 32
La estrategia de Yamaha en la industria estancada de los pianos

Desde hace varios años la demanda mundial de pianos ha disminuido: a mediados de la década de los ochenta la baja fue de 10% anual. Los padres modernos no han puesto el mismo interés en las lecciones de música para sus hijos que las generaciones anteriores. En un esfuerzo por ver si era capaz de revitalizar su negocio de pianos, Yamaha realizó una investigación de mercado para averiguar el uso que se daba a los pianos en los hogares que poseían uno. Dicho estudio reveló que una abrumadora mayoría de los 40 millones de pianos en los hogares estadounidenses, europeos y japoneses rara vez se usaban. En una gran parte de los casos, las razones por las que se había comprado el piano ya no tenían vigencia. Los niños habían dejado de tomar lecciones de piano o habían crecido y abandonado el hogar; los miembros adultos de la familia tocaban el piano pocas veces, si acaso lo tocaban; sólo un pequeño porcentaje eran pianistas talentosos. La mayoría de los pianos funcionaban como objeto de decoración fino y se hallaban en buenas condiciones pese a que no se afinaban con regularidad. La encuesta también confirmó que el nivel de ingresos de los propietarios de pianos se ubicaba por encima del promedio.

A partir de los últimos años de la década de 1980, los estrategas de los pianos de Yamaha vieron una posible oportunidad de mercado en los pianos ociosos de esas familias adineradas. La estrategia que formularon incluyó la comercialización de un aditamento que convertiría al piano en una especie de pianola automática antigua, capaz de tocar un amplio número de selecciones grabadas en discos. De manera simultánea, Yamaha introdujo Disklavier, un modelo de piano acústico vertical que podía grabar y reproducir interpretaciones de hasta 90 minutos de duración, lo que simplificaba la supervisión de los avances de los estudiantes.

En los últimos 15 años, Yamaha ha introducido numerosos pianos Disklavier: pianos de cola, de media cola, verticales y diseños de consolas en una variedad de estilos y acabados. Se asoció con artistas y estudios de música para poner miles de discos digitales a la disposición de los dueños de pianos Yamaha, con el fin de permitirles disfrutar de interpretaciones del calibre de un concierto en su hogar. Además, ha creado un programa global de educación musical tanto para maestros como para alumnos. En conjunto, estos esfuerzos han contribuido a revitalizar y sostener el negocio de pianos de Yamaha.

---

totales de la industria.[15] La característica competitiva más sobresaliente de una industria fragmentada es la ausencia de líderes del mercado con participación mayoritaria o reconocimiento generalizado por parte de los compradores. Los ejemplos de industrias fragmentadas incluyen: la industria editorial, paisajismo y viveros, promoción de bienes raíces, tiendas de conveniencia, bancos, atención médica y de la salud, catálogos de ventas por correo, desarrollo de software informático, impresos personalizados, muebles de cocina, transporte por carretera, reparación de autos, restaurantes y comida rápida, contabilidad pública, confección y venta de ropa, cajas de cartón, hoteles y moteles, y muebles.

Hay varias razones que explican por qué la oferta de una industria está fragmentada:

● La demanda del mercado es tan amplia y diversa que una cantidad muy grande de empresas pueden coexistir fácilmente para satisfacer el grado y variedad de las preferencias y necesidades de los compradores, así como para abarcar todas las regiones geográficas que se requieran. Esto es válido en la industria de los hoteles y restaurantes en ciudades como Nueva York, Londres o Tokio, y en el mercado de prendas de vestir. Asimismo, hay mucho espacio en el mercado para talleres de reparación de autos, gasolineras, tiendas de conveniencia minoristas y compañías de bienes raíces.

● Las barreras de ingreso son bajas, lo que permite a las compañías pequeñas ingresar con rapidez y a bajo costo.

● La ausencia de economías de escala permite a las compañías pequeñas competir en igualdad de circunstancias con las empresas grandes en función de los costos.

● Los compradores requieren cantidades relativamente pequeñas de productos personalizados (como en los formularios comerciales, diseño de interiores, muebles de cocina y publi-

---

[15] Esta sección es un resumen de Porter, *Competitive Strategy*, capítulo 9.

cidad). Debido a que la demanda de un producto específico es menor, los volúmenes de ventas no son adecuados para sustentar la producción, distribución o marketing en una escala que reporte ventajas a una compañía grande.

- El mercado del producto o servicio de la industria se está globalizando, lo que ubica a compañías de cada vez más países en el mismo campo competitivo del mercado (como sucede con la fabricación de ropa).

- Las tecnologías incorporadas en la cadena de valor de la industria se expanden hacia tantas áreas nuevas y en tantos caminos diferentes que la especialización es esencial sólo para mantenerse al día en cualquier área de experiencia.

- La industria es joven y está repleta de empresas que aspiran a contender, pero ninguna de ellas cuenta aún con la base de recursos, capacidades competitivas y reconocimiento para tener una posición dominante en el mercado (como en el comercio minorista de empresa a consumidor a través de internet).

Algunas industrias fragmentadas se consolidan con el tiempo a medida que el ritmo de crecimiento disminuye y el mercado madura. La intensificación de la competencia, que se presenta con el crecimiento más lento, produce la desaparición de las empresas débiles e ineficientes, así como una mayor concentración de los vendedores más grandes y notorios. Otras industrias siguen atomísticas, es decir, conformadas por una gran cantidad de compañías pequeñas y medianas, porque éste es el carácter inherente de sus operaciones comerciales. Otras más se quedan en un estado de fragmentación porque las compañías existentes carecen de los recursos o ingenio para emplear una estrategia lo bastante potente para impulsar la consolidación de la industria.

La rivalidad competitiva en las industrias fragmentadas varía de moderadamente fuerte a feroz. Las barreras bajas tienden a hacer que el ingreso de nuevos competidores sea una amenaza constante. La competencia de sustitutos puede o no ser un factor importante. El tamaño relativamente pequeño de las compañías en industrias fragmentadas las coloca en una posición un tanto débil para negociar con los proveedores poderosos y compradores, aunque en ocasiones pueden llegar a ser miembros de una cooperativa formada con el propósito de usar sus recursos combinados para negociar mejores términos de compra y venta. En tal entorno, lo mejor que una compañía puede esperar es cultivar una base de clientes leales y crecer un poco más rápido que el promedio de la industria. Las estrategias competitivas basadas en los costos bajos o en la diferenciación de los productos son viables, a menos que el producto de la industria esté muy estandarizado o sea un producto básico (como arena, bloques de concreto, cajas de cartón). Centrarse en un nicho del mercado o en un segmento de compradores bien definidos ofrece por lo general más posibilidades de obtener ventajas competitivas que tratar de abarcar un sector amplio del mercado. Las opciones convenientes de estrategias competitivas en una industria fragmentada incluyen:

> En las industrias fragmentadas, los competidores gozan de una amplia libertad estratégica para 1) competir en general o enfocarse y 2) buscar una ventaja competitiva basada en los costos bajos, la diferenciación o el mejor costo.

- *Construir y operar instalaciones de "fórmula"*. Este método estratégico se emplea con frecuencia en los restaurantes y comercios minoristas que operan en múltiples establecimientos. Implica la construcción de puntos de venta estandarizados en ubicaciones favorables a un costo mínimo y operarlos de manera muy eficiente. Tricon Global Restaurants (con sus restaurantes Pizza Hut, Taco Bell y Kentucky Fried Chicken), The Home Depot y 7-Eleven aplican esta estrategia.

- *Convertirse en operador a bajo costo*. Cuando la competencia en precios es intensa y los márgenes de utilidad están sujetos a presiones constantes, las compañías pueden hacer énfasis en la racionalización de las operaciones y enfocarse en aquellas que tienen gastos generales bajos, alta productividad y mano de obra barata, presupuestos de capital escuetos y búsqueda dedicada de la eficiencia operativa total. Los productores de bajo costo exitosos en una industria fragmentada pueden jugar el juego de los descuentos en los precios y, aún así, obtener utilidades por encima del promedio de la industria. Muchos comerciantes minoristas de internet compiten con base en precios muy bajos; ocurre lo mismo con las distribuidoras locales de neumáticos, los supermercados y las gasolineras.

- *Especializarse por tipo de producto.* Cuando los productos de una industria fragmentada incluyen una variedad de estilos o servicios, la estrategia de concentrarse en una categoría de éstos suele ser muy eficaz. Algunas compañías en la industria de los muebles se especializan sólo en un tipo de muebles, como las camas de latón, los muebles de ratán y bejuco, los muebles de jardín o del estilo *Early American.* En la reparación de autos, hay negocios que se especializan en la reparación de transmisiones, carrocerías o cambio de aceite rápido.

- *Especializarse por tipo de cliente.* Una compañía tiene posibilidades de destacar en un nicho de mercado en una industria fragmentada si ofrece servicios para los clientes interesados en precios bajos, atributos únicos del producto, características personalizadas, asistencia técnica eficiente y otros extras. Varios restaurantes se dedican a los clientes que compran comida para llevar; otros se especializan en alta cocina y otros más satisfacen las necesidades de los deportistas.

- *Centrarse en una región geográfica limitada.* Aun cuando una compañía en una industria fragmentada no puede adquirir una participación grande del total de las ventas de la industria, sí puede tratar de dominar un área geográfica regional o local. Concentrar los esfuerzos de la compañía en un territorio limitado produce una mayor eficiencia operativa, entrega puntual y atención a los clientes, promueve una conciencia fuerte de la marca y permite la saturación de la publicidad, al tiempo que evita los factores de desequilibrio en los costos debidos a la ampliación de las operaciones a un área mucho más grande. Los supermercados, bancos, tiendas de conveniencia y comerciantes minoristas de productos deportivos operan con éxito múltiples establecimientos dentro de un área geográfica limitada.

En las industrias fragmentadas, las empresas gozan por lo general de la libertad estratégica para centrarse en objetivos de mercado amplios o estrechos y tratar de conseguir ventajas competitivas basadas en los costos bajos o en la diferenciación. Existen paralelamente muchos enfoques estratégicos diferentes.

ESTRATEGIAS PARA SOSTENER EL CRECIMIENTO RÁPIDO DE LAS COMPAÑÍAS

Las compañías que se centran en aumentar sus ingresos y utilidades a un ritmo rápido o superior al promedio año tras año generalmente tienen que diseñar una cartera de iniciativas estratégicas que abarquen tres horizontes:[16]

Horizonte 1: Iniciativas estratégicas para fortalecer y ampliar su posición en los negocios existentes. Las iniciativas para el Horizonte 1 típicamente incluyen añadir nuevos elementos a la línea actual de productos de la compañía, expandirse a nuevas zonas geográficas donde la compañía todavía no tiene presencia en el mercado y emprender ofensivas para arrebatar participación de mercado a los rivales. El objetivo es aprovechar al máximo el potencial de crecimiento que exista en los actuales ámbitos comerciales de la firma.

Horizonte 2: Iniciativas estratégicas para aprovechar los recursos y capacidades existentes por medio de la incursión en nuevos negocios que ofrezcan un potencial de crecimiento prometedor. Las compañías en crecimiento tienen que estar alertas para aprovechar las oportunidades de incursionar en nuevos negocios donde exista la promesa de crecimiento rápido y donde su experiencia, capital intelectual, conocimientos tecnológicos y capacidades resulten valiosos para conseguir una rápida penetración del mercado. Aunque las iniciativas del Horizonte 2 pueden ocupar un segundo lugar con respecto a las del Horizonte 1 siempre que haya posibilidades de crecimiento aún sin explotar en los negocios actuales de la compañía, pasan al primer plano cuando el principio de la madurez del mercado debilita las posibilidades de crecimiento de la empresa en sus actuales negocios.

---

[16] Eric D. Beinhocker, "Robust Adaptive Strategies", *Sloan Management Review* 40, núm. 3, primavera de 1999, p. 101.

Horizonte 3: Iniciativas estratégicas que siembran las semillas para incursionar en negocios que todavía no existen. Dichas iniciativas suponen destinar fondos a proyectos de investigación y desarrollo a largo plazo, instituir un fondo de capital de riesgo interno para invertir en compañías de nueva creación prometedoras en un intento por crear las industrias del futuro, o adquirir varias organizaciones nuevas y pequeñas que experimenten con tecnologías e ideas sobre productos que complementen los negocios actuales de la compañía. Por ejemplo, Intel ha instituido un fondo multimillonario para invertir en más de 100 proyectos diferentes y compañías de reciente creación con el propósito de sembrar las semillas del futuro de Intel, ampliando su base como líder global en el suministro de componentes para armar computadoras personales y la economía mundial de internet. Royal Dutch/Shell, con más de 140 000 millones de dólares en ingresos anuales y más de 100 000 empleados, invirtió más de 20 millones de dólares en promover las ideas innovadoras y originales propuestas por empleados librepensadores; el objetivo fue inyectar un nuevo espíritu emprendedor en la compañía y sembrar las semillas de un crecimiento más rápido.[17]

Los tres horizontes estratégicos se ilustran en la figura 8.2. Sin embargo, hay que aclarar que el manejo de dicha cartera de iniciativas estratégicas no es sencillo. La tendencia de la mayor parte de las compañías es centrarse en las estrategias del Horizonte 1 y sólo dedicar atención esporádica y desigual a las estrategias de los Horizontes 2 y 3. Pero un estudio reciente, realizado por McKinsey & Company, de 30 de las principales compañías en crecimiento del mundo reveló una cartera relativamente equilibrada de iniciativas estratégicas que abarcan los tres horizontes. La lección de las firmas que manejan con éxito su ritmo de crecimiento es que mantener intacto el historial de crecimiento rápido a largo plazo supone diseñar una amplia variedad de estrategias que van desde las de corto plazo para hacer crecer gradualmente los negocios actuales hasta las iniciativas de largo plazo que ofrecen un horizonte de crecimiento que rendirá frutos de 5 a 10 años.[18] Contar con una combinación de iniciativas de corto, mediano y largo plazo no sólo aumenta las probabilidades de alcanzar el éxito, sino que también proporciona cierta protección contra la adversidad que puede afectar los negocios presentes o recién emprendidos.

Los riesgos de tener varios horizontes estratégicos   Por supuesto, existen varios riesgos en seguir una cartera de estrategias diversificadas dirigidas a lograr el crecimiento sostenido. Es un hecho que una empresa no puede apostar a todas las oportunidades que aparecen en su pantalla de radar porque correría el riesgo de debilitarse. Además, las iniciativas a mediano y largo plazo pueden provocar que una compañía se desvíe de sus competencias centrales y acabe tratando de competir en negocios en los cuales no tiene posibilidades. Adicionalmente, es difícil obtener ventajas competitivas en familias de productos y negocios a mediano y largo plazo que no lleguen a concordar bien con las actuales fortalezas de negocios y recursos de una organización. Los beneficios de las iniciativas a largo plazo a menudo son difíciles de alcanzar; no todas las semillas que siembra una compañía rinden frutos y sólo unas cuantas pueden evolucionar en contribuyentes verdaderamente significativos del crecimiento de sus ingresos y utilidades. Las pérdidas de las empresas de largo plazo que no echan raíces deterioran considerablemente las ganancias de las que sí prosperan, dando como resultado ganancias decepcionantemente modestas en las utilidades totales.

ESTRATEGIAS PARA LOS LÍDERES DE LAS INDUSTRIAS

Las posiciones competitivas de los líderes de las industrias normalmente varían entre "más fuertes" y "poderosas" que el promedio. Por lo general, los líderes gozan de prestigio y aquellos que están fuertemente afianzados tienen estrategias comprobadas (dirigidas a alcanzar ya

---

[17] Gary Hamel, "Bringing Silicon Valley Inside", *Harvard Business Review* 77, núm. 5, septiembre-octubre de 1999, p. 73.

[18] Beinhocker, "Robust Adaptive Strategies", p. 101.

Figura 8.2   **Los tres horizontes estratégicos para sostener el crecimiento rápido**

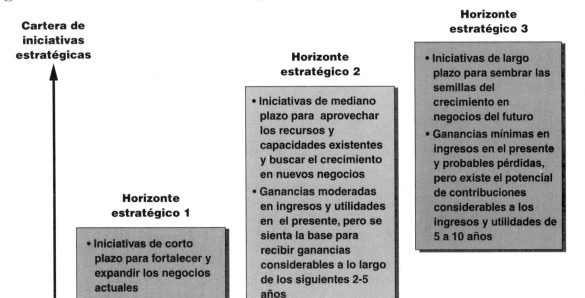

Fuente: Adaptado de Eric D. Beinhocker, "Robust Adaptive Strategies", *Sloan Management Review* 40, núm. 3, primavera de 1999, p. 101.

sea el liderato en costos bajos o en diferenciación). Algunos de los líderes industriales más reconocidos son: Anheuser-Busch (cerveza), Starbucks (café), Microsoft (programas para computadoras), McDonald's (comida rápida), Gillette (hojas de afeitar), Campbell's Soup (sopas enlatadas), Gerber (alimentos para bebés), AT&T (servicio telefónico de larga distancia), Eastman Kodak (películas para cámaras fotográficas), Wal-Mart (tiendas de descuento), Amazon.com (compras en internet), eBay (subastas en internet), y Levi Strauss (pantalones vaqueros).

La principal preocupación estratégica de un líder gira en torno de cómo defender y fortalecer su posición de liderazgo, quizá convirtiéndose en el líder *dominante* a diferencia de ser sólo uno de los líderes. Sin embargo, la búsqueda del liderazgo industrial y una participación de mercado grande por sí misma es muy importante debido a la ventaja competitiva y rentabilidad que conlleva ser la firma más grande en la industria. Hay tres posturas estratégicas contrastantes que pueden adoptar los líderes y compañías dominantes de una industria:[19]

1. *Estrategia de mantenerse a la ofensiva.* El objetivo central de una estrategia de mantenerse a la ofensiva es actuar primero que nadie.[20] Se basa en el principio de que mantenerse un paso adelante y forzar a los rivales a reaccionar y ponerse al día es el camino más seguro para alcanzar prominencia en la industria y adquirir el posible dominio del mercado; como dice el dicho, "la mejor defensa es una buena ofensiva". Ser quien impone el estándar en la industria supone la búsqueda incesante del mejoramiento continuo y la innovación: ponerse a la vanguardia con adelantos tecnológicos, productos nuevos o mejores, características de desempeño más atractivas, mejoras en la calidad, atención superior a los clientes, métodos para reducir los costos

---

[19] Kotler, *Marketing Management*, capítulo 23; Michael E. Porter, *Competitive Advantage*, Free Press, Nueva York, 1985, capítulo 14; e Ian C. MacMillan, "Seizing Competitive Initiative", *Journal of Business Strategy* 2, núm. 4, primavera de 1982, pp. 43-57.

[20] El valor de actuar frecuentemente antes que nadie y de encabezar el cambio se documenta en Walter J. Ferrier, Ken G. Smith y Curtis M. Grimm, "The Role of Competitive Action in Market Share Erosion and Industry Dethronement: A Study of Industry Leaders and Challengers", *Academy of Management Journal* 42, núm. 4, agosto de 1999, pp. 372-388.

de operación y maneras de facilitar y hacer menos costoso para los posibles clientes el cambiar sus compras de productos de empresas competidoras a los propios. Un líder de costos bajos debe marcar el ritmo de la reducción de los costos, y un diferenciador debe implantar constantemente nuevas maneras de mantener sus productos aparte de las marcas de los imitadores para convertirse en el estándar contra el cual se juzgan los productos de los rivales. La gama de opciones para contar con una estrategia potente de mantenerse a la ofensiva también incluye iniciativas para ampliar la demanda general en la industria, como impulsar la creación de nuevas familias de productos, hacer el producto más adecuado para los consumidores en mercados internos emergentes, descubrir nuevos usos de éste, y promover el uso más frecuente para atraer a nuevos usuarios.

Además, a menos que la participación de mercado del líder sea ya tan dominante que presente una amenaza de un juicio antimonopolista (una participación de mercado por debajo de 60% generalmente no supone ningún problema), una estrategia potente de mantenerse a la ofensiva supone medidas dirigidas a crecer más rápido que la industria en su conjunto y arrebatar participación de mercado a los rivales. Un líder cuyo crecimiento no iguala o supera el promedio de la industria está cediendo terreno a sus competidores.

2. *Estrategia de fortalecerse y defenderse.* La esencia de "fortalecerse y defenderse" es dificultar que los competidores ganen terreno y que ingresen nuevas compañías. Las metas de una defensa fuerte son conservar la participación de mercado actual, fortalecer la posición de mercado actual y proteger cualquier ventaja competitiva que tenga la firma. Las medidas defensivas específicas incluyen:

- Intentar subir la apuesta inicial competitiva para los rivales y nuevos participantes por medio del aumento en el gasto de publicidad, niveles más altos de atención a clientes y mayor inversión en investigación y desarrollo.
- Lanzar más versiones del producto o marcas para igualar los atributos de los productos que las marcas rivales tienen o llenar nichos desocupados en los que podrían introducirse los competidores.
- Añadir servicios personalizados y otros "extras" que fomenten la lealtad de los clientes y hagan que les resulte más difícil o costoso cambiar a productos rivales.
- Mantener precios razonables y calidad atractiva.
- Construir nueva capacidad anticipándose a la demanda del mercado para disuadir a los competidores más pequeños de añadir capacidad por su cuenta.
- Invertir lo suficiente para seguir siendo competitivo en los costos y progresista en el aspecto tecnológico.
- Patentar las tecnologías alternativas viables.
- Firmar contratos exclusivos con los mejores proveedores y distribuidores.

Una estrategia de fortalecerse y defenderse conviene más a las empresas que ya han alcanzado el dominio del mercado y no desean arriesgarse a ser objeto de procesos antimonopolistas. También es apropiada en situaciones donde una empresa desea aprovechar su posición actual para obtener utilidades y flujo de efectivo porque los prospectos de crecimiento de la industria son bajos o porque no parece suficientemente rentable buscar más ganancias derivadas de la participación de mercado. Sin embargo, una estrategia de fortalecerse y defenderse siempre implica tratar de crecer tan rápido como el mercado en su conjunto (para evitar bajas en la participación de mercado) y exige reinvertir suficiente capital en el negocio para proteger la capacidad del líder para competir.

3. *Estrategia de despliegue de poder.* Aquí un líder dominante se muestra implacable con la competencia (presumiblemente de manera ética y competitivamente legal) cuando los rivales más pequeños hacen algo que trastorna el equilibrio establecido, como reducir precios o montar nuevas ofensivas de mercado que amenacen de manera directa la posición del líder. Las respuestas específicas incluyen apresurarse a igualar o quizá superar las rebajas de precios de los rivales, usando grandes campañas promocionales para contrarrestar las medidas adoptadas por éstos para adquirir participación de mercado, y ofrecer mejores tratos a sus principales clientes. Los líderes dominantes pueden cortejar asiduamente a los distribuidores para disuadirlos de vender los productos rivales, proporcionar a los vendedores información documentada sobre los puntos débiles de los productos competidores o tratar de ocupar puestos vacantes en sus propias empresas haciendo atractivas ofertas a los mejores ejecutivos de las compañías rivales que se insubordinen.

El líder también puede aplicar tácticas intimidatorias que ejerzan presión sobre los clientes actuales para que no usen los productos de los rivales. Esto puede variar desde simplemente comunicar su desagrado de manera convincente en caso de que los clientes opten por usar los productos de sus rivales hasta presionarlos para que celebren contratos exclusivos a cambio de mejores precios, o cobrarles un precio mayor si usan cualquiera de los productos de la competencia. Como último recurso, el líder puede otorgar a ciertos clientes descuentos especiales o trato preferente si no usan ninguno de los productos de los rivales.

Los riesgos evidentes de una estrategia de despliegue de poder son: contravenir las leyes antimonopolios (como sucedió con Microsoft; véase la cápsula ilustrativa 33), alienar a los clientes con tácticas intimidatorias y suscitar una opinión pública negativa. Una compañía que intenta ejercer presión para proteger y fortalecer su dominio del mercado tiene que ser prudente para no cruzar la línea entre las tácticas admisibles y lo que los compradores, rivales y autoridades antimonopolios consideran prácticas competitivas injustas y poco éticas.

> Los líderes industriales pueden fortalecer sus posiciones competitivas a largo plazo con estrategias dirigidas a una ofensiva o defensiva dinámicas, o a obligar a los rivales más pequeños y a los clientes a adoptar comportamientos que fortalezcan su propia posición en el mercado.

ESTRATEGIAS PARA COMPAÑÍAS QUE OCUPAN EL SEGUNDO LUGAR

Las firmas que ocupan el segundo lugar o de "segundo nivel" tienen participaciones de mercado más pequeñas que los líderes industriales de "primer nivel". Algunas de estas empresas son *rivales del mercado* que prometen llegar muy lejos y emplean estrategias ofensivas para adquirir participación de mercado y crearse una posición más fuerte. Otros competidores de segundo nivel son *concentradores*, que tratan de mejorar su suerte concentrando su atención en atender una parte limitada del mercado. Por supuesto, en cualquier industria siempre hay compañías que están destinadas a ser *segundones perennes*, porque carecen de los recursos y las cualidades competitivas para hacer más que continuar en posiciones a la zaga o contentarse con seguir las medidas que marcan las tendencias impuestas por los líderes del mercado.

En industrias donde un tamaño grande es definitivamente un factor clave del éxito, las compañías que tienen participaciones de mercado pequeñas tienen que superar varios obstáculos: 1) menor acceso a las economías de escala en la fabricación, distribución, marketing y promoción de ventas; 2) dificultad para ganar reconocimiento de los clientes; 3) menor capacidad de usar la publicidad en medios de información masivos, y 4) dificultad para financiar los requerimientos de capital.[21] Cuando las economías de escala significativas dan a los competidores de volúmenes grandes una ventaja *dominante* en costos, las empresas con poca participación sólo tienen dos opciones estratégicas viables: iniciar medidas ofensivas para adquirir participación en las ventas y el mercado (a fin de generar el volumen de negocios necesario para aproximarse a las economías de escala que disfrutan los rivales más grandes) o retirarse del negocio (gradual o rápidamente). Las estrategias competitivas que la mayoría de los segundones usan para crear participación de mercado y alcanzar economías de escala cruciales se basan en: 1) usar precios más bajos para atraer a los clientes de los rivales débiles que operan con costos superiores; 2) fusionarse con o adquirir empresas rivales con el objetivo de alcanzar el tamaño necesario para generar mayores economías de escala; 3) invertir en nuevas instalaciones y equipo para ahorrar costos, quizá trasladando las operaciones a países donde los costos son significativamente menores, y 4) buscar innovaciones tecnológicas o reformas radicales en la cadena de valor para obtener ahorros espectaculares en los costos.

Sin embargo, *es erróneo considerar que las empresas de segundo nivel son inherentemente menos rentables o incapaces de competir con compañías grandes.* Muchas empresas pequeñas y medianas obtienen utilidades atractivas y disfrutan de buena reputación con los clientes. Suponiendo que las economías de escala o que los efectos de la curva de experiencia son relativamente pequeños y no producen ninguna ventaja importante en costos para las firmas que tienen

---

[21] Hamermesh, Anderson y Harris, "Strategies for Low Market Share Businesses", p. 102.

Cápsula ilustrativa 33
Cómo usó Microsoft su poder para mantener el dominio del mercado

En 1999 en el caso *El pueblo de E.U.* contra *Microsoft*, Thomas Penfield Jackson, juez federal de Primera Instancia, concluyó que Microsoft había usado repetidamente tácticas dominantes injustas para presionar de manera sistemática a los clientes. El juez Jackson describió a Microsoft como una compañía avasalladora que premiaba a sus amigos y castigaba a sus enemigos, señalando los siguientes ejemplos:

- Tanto Gateway como IBM opusieron resistencia a los esfuerzos de Microsoft para disuadirlos de usar o promover productos de la competencia en sus computadoras personales y fueron obligados a pagar precios más altos por instalar el sistema operativo Windows de Microsoft en sus computadoras en comparación con Dell Computer, Hewlett-Packard y Compaq Computer, que sostenían relaciones menos polémicas con Microsoft. El pleito de Microsoft con IBM se originó en los esfuerzos de IBM por comercializar computadoras personales cargadas con el sistema operativo OS/2, desarrollado internamente por IBM, en lugar de Windows, y también con su propio producto Lotus SmartSuite, en vez de Microsoft Office.

- Microsoft trató de persuadir a Netscape de detener el desarrollo de tecnologías a nivel de plataforma para Windows 95, argumentando que el explorador Navigator de Netscape debía diseñarse para ser ejecutado sólo en Windows 95, en lugar de hacerlo de modo que pudiera servir como una plataforma alternativa del sistema operativo y sustituto del uso de Windows. Microsoft quería que Netscape accediera a formar con ella una alianza especial que permitiera a esta última incorporar la funcionalidad de Navigator en Windows. Cuando Netscape se rehusó, Microsoft retuvo información del código de Windows 95 hasta después de que salieron a la venta Windows 95 y su propia nueva versión de Internet Explorer. Microsoft también se negó a otorgar una licencia a Netscape para usar una de sus herramientas de creación de guiones, con lo que impidió que Netscape hiciera negocios con ciertos proveedores de servicios de internet durante un tiempo. Simultáneamente, Microsoft presionó a los fabricantes de computadoras personales para que instalaran el explorador Internet Explorer como la opción preferente en lugar de Netscape Navigator. Cuando Compaq retiró el icono de Internet Explorer de la pantalla de introducción de sus computadoras y preinstaló el icono de Navigator, Microsoft amenazó con revocar la licencia de Compaq para instalar Windows 95.

- Microsoft trató de convencer a Intel de no lanzar su software Native Signal Processing (NSP), recién desarrollado (que tenía el propósito de contribuir a estimular la demanda de los microprocesadores más avanzados de Intel), porque Microsoft consideraba que el software NSP representaba una incursión en el territorio de la plataforma de su sistema operativo. También pidió a Intel reducir la cantidad de personas que trabajaban en el área de software en Intel. Microsoft aseguró a Intel que si dejaba de promover el software NSP, ella aceleraría su propio trabajo para incorporar las funciones de NSP en Windows. Al mismo tiempo, Microsoft presionó a los fabricantes de computadoras personales para que no instalaran el software NSP de Intel en sus máquinas.

- Cuando Compaq Computer celebró un contrato con America Online para promover AOL por encima de todos los demás servicios de internet y empezó a enviar sus computadoras con el icono de AOL instalado en vez del icono de Microsoft Network (MSN), Microsoft le escribió una carta a Compaq en la que le manifestaba su intención de terminar la licencia de Compaq para usar Windows 95 si no devolvía el icono de MSN a su posición original en la pantalla de introducción.

Desde la decisión de 1999, Microsoft ha seguido enfrentando desafíos a sus estrategias de despliegue de poder. En 2001, la compañía redujo su soporte de Java cuando presentó el nuevo sistema operativo Windows XP. Microsoft también aumentó la presión que ejerce en los fabricantes de computadoras para que exhiban tres de sus propios iconos: el de MSN online, el del reproductor Windows Media y el de Internet Explorer, en el escritorio de Windows XP.

Fuente: Don Clark, "Microsoft Raises Requirements on Icon Use by Computer Makers", *The Wall Street Journal* (www.wsj.com), 9 de agosto de 2001; D. Ian Hopper, "Microsoft Appeals to Supreme Court", Associated Press, 8 de agosto de 2001; John R. Wilke y Don Clark, "Senate Judiciary Committee Plans Microsoft Hearings", *The Wall Street Journal* (http://public.wsj.com), 24 de julio de 2001; John R. Wilke y Don Clark, "Microsoft Pulls Back Support for Java", *The Wall Street Journal* (www.wsj.com), 19 de julio de 2001; y la transcripción de las decisiones sobre cuestiones de hecho del juez Jackson en *U.S.* v. *Microsoft*, 5 de noviembre de 1999.

participaciones de mercado grandes, las compañías de segundo nivel tienen considerable flexibilidad estratégica y pueden pensar en cualquiera de los siguientes seis enfoques:

Estrategias ofensivas para adquirir participación de mercado   Una firma rival interesada en mejorar su posición de mercado necesita una estrategia dirigida a crear una ventaja competitiva propia. Rara vez una compañía de segundo nivel puede mejorar su posición competitiva imitando las estrategias de las compañías principales. Una regla básica en la estrategia ofensiva es evitar atacar frontalmente al líder con una estrategia imitativa, independientemente de los recursos y poder para mantenerse.[22] Además, si el rival tiene una participación de mercado de 5% y necesita aumentarla a 20% para obtener rendimientos atractivos, tiene que seguir un método más creativo para competir que sólo "esforzarse más".

Las compañías ambiciosas de segundo nivel que desean unirse a las filas de los líderes industriales en el primer nivel tienen que hacer olas en el mercado si quieren obtener grandes ganancias en participación de mercado. Las mejores ofensivas "que mueven los hilos" por lo general incluyen uno de los siguientes enfoques:

Rara vez una compañía de segundo nivel puede desafiar con éxito al líder de la industria con una estrategia de imitación.

- Ser pionero de los grandes adelantos tecnológicos.
- Llevar productos nuevos o mejores al mercado adelantándose sistemáticamente a los rivales y formarse una reputación de liderazgo en productos.
- Ser más ágil e innovador para adaptarse a las condiciones del mercado y expectativas de los clientes en evolución que los líderes del mercado que responden con lentitud ante el cambio.
- Forjar alianzas estratégicas atractivas con distribuidores, concesionarios o comercializadores de productos complementarios.
- Encontrar maneras innovadoras para bajar radicalmente los costos y luego usar el atractivo de los precios bajos para ganar clientes de rivales que operan con costos y precios más altos. Una compañía rival puede buscar una reducción dinámica de los costos mediante la eliminación de las actividades marginales de su cadena de valor, al hacer más eficientes las relaciones en la cadena de suministros, mejorar la eficiencia de las operaciones internas, usar varias técnicas de comercio electrónico y fusionarse con o adquirir compañías rivales con el objeto de alcanzar el tamaño necesario para crear mayores economías de escala.
- Formular una estrategia de diferenciación atractiva basada en la calidad excelente, la superioridad tecnológica, la atención sobresaliente a los clientes, la innovación rápida de productos o cómodas opciones de compras por internet.

Sin una estrategia ofensiva potente para captar una mayor participación de mercado, las compañías de segundo nivel tienen que conformarse con las sobras de las empresas que encabezan el primer nivel y con generar ventas a un ritmo más moderado con el tiempo.

Estrategia de crecimiento por medio de adquisiciones   Una de las estrategias más comunes que emplean las compañías ambiciosas de segundo nivel es fusionarse con o adquirir rivales para formar una empresa que tenga una mayor fortaleza competitiva y una participación mayor del mercado total. Para que una empresa triunfe con este enfoque estratégico, la alta gerencia debe tener las habilidades para asimilar las operaciones de las compañías adquiridas, eliminar la duplicación y traslapos, generar eficiencias y ahorros en costos y estructurar los recursos combinados en formas que creen capacidades competitivas sustancialmente más fuertes. Muchos bancos deben su crecimiento durante la última década a la adquisición de bancos regionales y locales más pequeños. Asimismo, diversas casas editoriales han crecido adquiriendo editores pequeños. HealthSouth, un operador de centros de cirugía de pacientes externos y clínicas de rehabilitación y diagnóstico, ha crecido hasta convertirse en un proveedor de atención médica con operaciones de 4 000 millones de dólares por medio de la adquisición de cientos de clínicas y centros de salud en Estados Unidos y varios países.

Estrategia de nicho desocupado   Esta versión de una estrategia enfocada supone concentrarse en los clientes o en aplicaciones de uso final que los líderes del mercado han descuidado o pasado por alto. Un nicho desocupado ideal tiene el suficiente tamaño y alcance para ser rentable, posee cierto potencial de crecimiento, se adapta bien a las capacidades y habilidades de una empresa y por una u otra razón resulta difícil de atender para las principales compañías. Dos ejemplos en los que las estrategias de nicho desocupado han funcionado con éxito son: 1) aerolíneas regionales que atienden a ciudades con muy pocos pasajeros para ocupar los grandes

---

[22] Porter, *Competitive Advantage*, p. 514.

jets operados por las principales líneas de aviación y 2) los productores de alimentos naturales (como Health Valley, Hain y Tree of Life) que surten a las tiendas naturistas locales, un segmento de mercado que tradicionalmente recibe poca atención de Pillsbury, Kraft General Foods, Heinz, Nabisco, Campbell Soup y otras compañías líderes de productos alimenticios.

Estrategia de especialización   Una firma especialista enfoca su esfuerzo competitivo en una tecnología, producto o familia de productos, uso final o segmento del mercado (a menudo un sector en el que los compradores tienen necesidades especiales). La meta de la compañía es enfocar las fortalezas de recursos y capacidades en crear ventaja competitiva mediante el liderazgo en un área específica. Las compañías pequeñas que usan con éxito una estrategia enfocada en la especialización incluyen a Formby's (especialista en tintes y acabados para muebles de madera, en especial en la renovación de acabados); Blue Diamond (un productor y comercializador de almendras con sede en California); Canada Dry (famoso por su Ginger Ale, agua quinada y agua carbonatada), y American Tobacco (líder en tabaco para mascar y rapé). Muchas compañías en industrias de alta tecnología concentran sus energías en ser el líder indiscutible en un área tecnológica particular; su ventaja competitiva es el conocimiento tecnológico superior, pericia técnica que es muy valorada por los clientes y la capacidad de superar sistemáticamente a los rivales en ser el primero en introducir adelantos tecnológicos.

Estrategia de producto superior   El método en este caso consiste en usar una estrategia enfocada, con base en la diferenciación, que le da prioridad a la calidad superior del producto o atributos únicos. Las campañas de ventas y marketing se dirigen directamente a los compradores conscientes de la calidad y orientados hacia el desempeño. Por lo general, la excelente manufactura, calidad y prestigio, innovaciones frecuentes del producto o contacto estrecho con los clientes para solicitar sus opiniones y sugerencias con el objeto de desarrollar un mejor producto son la base del enfoque en un producto superior. Como ejemplos de esta estrategia están Bombay and Tanqueray en ginebra, Tiffany en diamantes y joyería, Chicago Cutlery en cuchillos de cocina de alta calidad, Baccarat en cristal fino, Cannondale en bicicletas de montaña, Bally en calzado y Patagonia en ropa para los entusiastas de las actividades recreativas al aire libre.

Estrategia de imagen distintiva   En algunas compañías de segundo nivel las estrategias giran en torno a las maneras de sobresalir entre los competidores. Puede emplearse una variedad de enfoques estratégicos: crear la reputación de cobrar los precios más bajos, ofrecer calidad y prestigio a buen precio, esforzarse al máximo por proporcionar atención superior a los clientes, diseñar atributos únicos de los productos, ser uno de los líderes en la introducción de nuevos productos o idear una campaña de publicidad extraordinariamente creativa. Los ejemplos incluyen la estrategia de Dr Pepper's para llamar la atención hacia su sabor característico; la estrategia de Apple Computer para lograr que a la gente le resulte más fácil e interesante usar sus computadoras Macintosh, y el uso distintivo por parte de Mary Kay Cosmetics del color rosa.

Estrategia de seguidor conforme   Los seguidores conformes se abstienen deliberadamente de iniciar medidas estratégicas que marquen tendencias y de realizar intentos agresivos por arrebatar clientes a los líderes. Los seguidores prefieren métodos que no provoquen represalias de la competencia y a menudo optan por estrategias de enfoque y diferenciación que los mantienen fuera del camino de los líderes. Reaccionan y responden en lugar de iniciar y desafiar, es decir, prefieren la defensa a la ofensiva, y rara vez establecen precios que no concuerden con los de los líderes; están conformes con mantener simplemente su posición de mercado, aunque a veces tienen dificultades para conseguirlo. Los seguidores no se enfrentan a preguntas estratégicas urgentes más allá de "¿Qué cambios estratégicos están iniciando los líderes y qué necesitamos hacer para seguirlos y mantener nuestra posición actual?" Los comercializadores de productos de marca libre tienden a ser seguidores: imitan muchas de las características de los productos de marca reconocida y se conforman con vender a compradores conscientes de los precios a precios modestamente por debajo de los de las marcas de prestigio.

ESTRATEGIAS PARA EMPRESAS DÉBILES QUE PASAN POR CRISIS

Una compañía que se encuentra en una posición competitiva menor o en declive dispone de cuatro opciones estratégicas básicas: si logra conseguir los recursos financieros, puede poner en práctica una *estrategia ofensiva de recuperación* enmarcada en los temas de bajo costo o "nueva" diferenciación, invirtiendo suficiente dinero y talento en el esfuerzo por avanzar un nivel o dos en las filas de la industria y convertirse en contendiente respetable en el mercado dentro de cinco años más o menos. Otra opción sería emplear una estrategia de *fortalecerse y defenderse*, que consiste en usar variaciones de su actual estrategia y luchar por mantener las ventas, participación de mercado, rentabilidad y posición competitiva en los niveles actuales. U optar por una *estrategia de abandono inmediato* para salir del negocio, ya sea vendiendo la compañía a otra o cerrando sus operaciones si no es posible encontrar un comprador. También puede emplear una *estrategia de fin de juego*, en la que se mantiene la reinversión en un mínimo estricto y se adoptan medidas para maximizar los flujos de efectivo en el corto plazo en preparación para una salida del mercado ordenada.

> Las opciones estratégicas para una compañía que tiene una posición competitiva débil incluyen: emprender una ofensiva modesta para mejorar su posición, defender su posición actual, ser adquirida por otra compañía o emplear una estrategia de "fin de juego".

Estrategias de recuperación para empresas en crisis

Las estrategias de recuperación son necesarias cuando una empresa que vale la pena rescatar entra en crisis; el objetivo es detener y revertir las causas de debilidad competitiva y financiera tan pronto como sea posible. La primera tarea de la gerencia en la formulación de una estrategia de recuperación adecuada consiste en diagnosticar la causa fundamental del desempeño deficiente. ¿Se trata de una baja inesperada en las ventas ocasionada por una economía débil o por una estrategia competitiva mal elegida? ¿Se debe a la mala ejecución de una estrategia que en otras circunstancias podría funcionar, a costos de operación elevados o a deficiencias importantes de recursos? ¿O acaso se trata de una sobrecarga de endeudamiento? ¿Es posible salvar la empresa o la situación ya no tiene remedio? Comprender qué ocurre con la compañía y la gravedad de sus problemas estratégicos es esencial porque cada diagnóstico conduce a diferentes estrategias de recuperación.

Algunas de las causas más comunes de los problemas de las compañías son el endeudamiento excesivo, sobreestimar el potencial del crecimiento de las ventas, pasar por alto los efectos derivados de un esfuerzo excesivamente enérgico por "comprar" participación de mercado con rebajas considerables en los precios que al final deprimen las utilidades, la sobrecarga de costos fijos onerosos debido a la imposibilidad de usar la capacidad de la planta, atenerse a los esfuerzos de investigación y desarrollo destinados a estimular la posición competitiva y la rentabilidad que después no producen innovaciones eficaces, apostar a posibilidades tecnológicas remotas, ser demasiado optimista respecto a la capacidad de penetrar nuevos mercados, hacer cambios frecuentes en la estrategia y ser dominado por rivales más exitosos. Solucionar estos problemas y lograr una recuperación exitosa del negocio implica cualquiera de las siguientes medidas:

- Vender activos para recaudar fondos que permitan salvar la parte restante del negocio.
- Revisar la estrategia existente.
- Emprender esfuerzos para aumentar los ingresos.
- Tratar de reducir los costos.
- Usar una combinación de estas medidas.

Venta de activos   Las estrategias de reducción de activos son esenciales cuando el flujo de efectivo es una consideración crítica y cuando las maneras más prácticas de generar efectivo son: 1) mediante la venta de algunos activos de la firma (planta y equipo, terrenos, patentes, inventarios o subsidiarias rentables) y 2) mediante la racionalización de los gastos (eliminación de los productos marginales de la línea de productos, cierre o venta de instalaciones viejas, reducción del personal, retiro de los mercados externos, reducción de los servicios a clientes). En ocasiones, las compañías en crisis venden activos no tanto para deshacerse de operaciones con pérdidas y contener la fuga de dinero, sino con el fin de recaudar fondos para salvar y fortalecer las actividades. En estos casos, la mejor opción generalmente es deshacerse de los activos comerciales que no son primordiales para apoyar la renovación de la estrategia en los negocios centrales de la compañía.

Revisión de la estrategia   Cuando la causa del desempeño deficiente es una mala estrategia, la tarea de revisarla puede seguir cualquiera de varios caminos: 1) cambiar a un nuevo enfoque competitivo para reconstruir la posición de la firma en el mercado; 2) revisar las estrategias de las operaciones internas y las áreas funcionales para sustentar la misma estrategia general de la empresa; 3) fusionarse con otra compañía de la industria y formular una nueva estrategia que haga énfasis en los puntos fuertes de la nueva empresa fusionada, y 4) reagruparse en un núcleo reducido de productos y clientes que se ajusten mejor a los puntos fuertes de la compañía. La opción más atractiva depende de las condiciones que prevalecen en la industria, las fortalezas y debilidades particulares de la firma, sus capacidades competitivas en relación con las de las empresas rivales y la gravedad de la crisis. Un análisis de la situación de la industria, los principales competidores, la propia posición competitiva de la empresa, así como de sus habilidades y recursos es un requisito indispensable para determinar el curso a seguir. Como regla general, una revisión exitosa de la estrategia debe ligarse a las fortalezas y capacidades competitivas en el corto plazo de la empresa en problemas y dirigirse a sus mejores oportunidades en el mercado.

Aumento de los ingresos   Los esfuerzos de recuperación que pretenden aumentar los ingresos aspiran a generar un mayor volumen de ventas. Hay diversas opciones para aumentar los ingresos: rebajas en los precios, más promoción, una fuerza de ventas más grande, servicios adicionales a los clientes y mejoras en los productos que se implantan con rapidez. Los intentos por aumentar los ingresos y volúmenes de ventas son necesarios 1) cuando hay poco o ningún margen en el presupuesto de operación para reducir los gastos y seguir manteniendo el punto de equilibrio, y 2) cuando la clave para restablecer la rentabilidad es una mayor utilización de la capacidad existente. Si la demanda de los compradores no es especialmente sensible a los precios debido a las características de diferenciación, la manera más rápida de incrementar los ingresos a corto plazo puede ser aumentar los precios en vez de optar por rebajas para generar volumen.

Reducción de costos   Las estrategias de recuperación que giran alrededor de la reducción de costos funcionan mejor cuando la cadena de valor y la estructura de los costos de una compañía en problemas son suficientemente flexibles para permitir una cirugía radical, cuando las ineficiencias en la operación son identificables y pueden corregirse con facilidad, cuando los costos de la empresa están evidentemente inflados y hay muchas posibilidades de obtener ahorros de manera rápida, y cuando la compañía se encuentra relativamente cerca de su punto de equilibrio. Una racionalización general puede ir acompañada de un mayor énfasis en reducir los gastos administrativos, la eliminación de las actividades no esenciales y con poco valor agregado de la cadena de valor de la firma, la modernización de la maquinaria y equipo existentes para lograr una mayor productividad, la demora de los gastos de capital no esenciales, así como de la reestructuración de la deuda para reducir los costos de los intereses y prorrogar los pagos.

Esfuerzos combinados   Las estrategias combinadas de recuperación por lo general son esenciales en situaciones graves que requieren actuar con rapidez en un frente amplio. Asimismo, es común su utilización cuando intervienen nuevos gerentes a quienes se les da la libertad de hacer todos los cambios que consideren necesarios. Mientras más graves sean los problemas, tantas más probabilidades hay de que las soluciones comprendan múltiples iniciativas estratégicas; véase el relato de la recuperación de Continental Airlines en la cápsula ilustrativa 34.

Los esfuerzos de recuperación tienden a ser empresas de alto riesgo y a menudo fracasan. Un importante estudio de 64 compañías no encontró recuperaciones exitosas entre aquellas más

Cápsula ilustrativa 34
La estrategia de recuperación de Lucent Technologies

En el verano de 2001, la situación era desesperada. Lucent Technologies, la famosa empresa que surgió de la división de AT&T, que alguna vez fue la superestrella de la industria de las telecomunicaciones, luchaba por mantenerse a flote. La combinación de los clientes perdidos que se pasaron a la competencia y una baja generalizada en la economía había empujado a la compañía a una caída en picada de la que muchos observadores de la industria creían que no podría recuperarse. En tan sólo un año, Lucent había perdido más de 6 000 millones de dólares y 80% de su valor de mercado. Además, los especialistas pronosticaban una recuperación lenta de las ventas de equipo de conmutación de voz y datos y enrutadores de internet debido a una saturación de la capacidad que había disminuido el ritmo de crecimiento del mercado en general.

Sin embargo, Lucent no estaba dispuesta a rendirse. Después de revisar sus anteriores estrategias, que resultaron eficaces cuando la economía era fuerte y el mercado de las telecomunicaciones crecía, Lucent se vio obligada a diseñar una combinación de estrategias de recuperación para garantizar su supervivencia.

Primero vino la reducción de costos. Lucent anunció que eliminaría de 15 000 a 20 000 empleos en todo el mundo como parte de un plan para convertirse en un fabricante de equipo de telecomunicaciones más racional, con menos personal y más eficiente. Con el tiempo, los ejecutivos de la compañía dirían que la plantilla laboral se reduciría a más de la mitad: de 150 000 a 60 000 empleados. Además, Lucent anunció que algunas de sus plantas se consolidarían. Pero los funcionarios se apresuraron a asegurar que tales recortes de personal y reducción de las plantas no disminuirían la capacidad de la compañía para proporcionar servicio a sus principales clientes, que representaban casi 75% de las ventas de la compañía y en quienes Lucent centraba ahora la mayor parte de su atención en una estrategia de fortalecerse y defenderse. "Hemos dejado más del capital financiero y humano suficiente para ejecutar este plan", señaló Henry Schacht, director general, quien fue llamado del retiro para dirigir el plan de recuperación de la compañía. Lucent dedicó luego equipos especiales a atender aproximadamente a treinta de los clientes principales en veinte países.

En seguida, Lucent tenía que encontrar la manera de reunir fondos y tranquilizar a los inversionistas. Así que la compañía vendió tanto acciones como activos: acciones convertibles preferentes con un valor de 1 820 millones de dólares y sus operaciones de fibra óptica. La venta de ambas recaudó alrededor de 6 000 millones de dólares en efectivo. Cuando personas ajenas a la compañía cuestionaron lo que motivó la venta de Chromatis Networks, la firma de fibra óptica de Lucent, el vocero de la compañía, Frank Briamonte, argumentó: "Se trata de una reestructuración estrictamente estratégica. No es para nada el fracaso de un producto." Entonces la compañía llegó a un acuerdo con su grupo de bancos para renegociar los términos de sus préstamos por 4 000 millones de dólares. "Queremos quitar de la mesa este problema [el del efectivo]", manifestó el director general Schacht. "Creemos que contamos con la liquidez para llevar a buen término este plan."

Por último, aunque se hallaba inmersa en un recorte a fondo de los costos, que incluyó el abandono de algunas líneas de productos, Lucent anunció sus planes de lanzar un nuevo e importante grupo de productos ópticos, así como la venta de Agere Systems, una compañía de microelectrónica, en un intento por aumentar los ingresos en el largo plazo.

Es demasiado pronto para pronosticar si los esfuerzos de recuperación de la compañía producirán los resultados deseados. Un analista de Forrester Research observó que las estrategias combinadas de Lucent "se centran en los productos y clientes correctos", pero que la caída general del gasto en equipo de telecomunicaciones probablemente duraría varios años más. Por ello, es posible que Lucent tenga que intensificar sus esfuerzos para atraer a la clientela de sus competidores, como Nortel Networks y Cisco Systems. Pero Schacht, en defensa de la estrategia de su compañía, comentó: "El plan es conservador y no requiere el repunte del mercado." De hecho, funcionarios de la compañía insistieron en que su plan tomó en cuenta una recuperación lenta de la economía y el mercado de las telecomunicaciones. "Nos sentimos optimistas respecto a nuestra capacidad para llegar a donde nos hemos propuesto", aseguró Schacht.

Fuentes: Yuki Noguchi, "Lucent Closes Herndon's Chromatis", *Washington Post* (www.washingtonpost.com), 29 de agosto de 2001; Simon Romero, "Lucent Maps Out Route to Profit by the End of Next Year", *New York Times* (www.nytimes.com), 24 de agosto de 2001; Peter J. Howe, "Lucent Fires 290 More at Massachusetts Sites", *Boston Globe* (www.boston.com), 24 de agosto de 2001, y Sara Silver, "Lucent Cuts 2,200 Jobs", Associated Press, 23 de agosto de 2001.

aquejadas de problemas en ocho industrias básicas.[23] Muchas de las empresas en dificultades esperaron demasiado para emprender la recuperación; otras no tenían los suficientes fondos ni el talento emprendedor necesario para competir en una industria de crecimiento lento caracte-

[23] William K. Hall, "Survival Strategies in a Hostile Environment", *Harvard Business Review* 58, núm. 5, septiembre-octubre de 1980, pp. 75-85. Véase también Frederick M. Zimmerman, *The Turnaround Experience: Real-World Lessons in Revitalizing Corporations*, McGraw-Hill, Nueva York, 1991; y Gary J. Castrogiovanni, B.R. Baliga y Roland E. Kidwell, "Curing Sick Businesses: Changing CEOs in Turnaround Efforts", *Academy of Management Executive* 6, núm. 3, agosto de 1992, pp. 26-41.

rizada por una batalla feroz por la participación de mercado. Los rivales mejor posicionados simplemente resultaron ser demasiado fuertes para ser derrotados en una contienda frontal prolongada. Aun si llega a tener éxito, la recuperación puede implicar numerosos intentos y cambios en la dirección de la empresa antes de que por fin se restablezca la viabilidad competitiva y la rentabilidad a largo plazo.

Liquidación: *la estrategia de último recurso*

En ocasiones, las circunstancias de una compañía en crisis son tan graves que ya no es posible salvarla o no vale la pena rescatarla en virtud de los recursos que se necesitarían y porque las perspectivas de obtener utilidades no compensan el esfuerzo. Cerrar un negocio agobiado por la crisis y liquidar sus activos a veces es la mejor estrategia y la más prudente. De todas las alternativas estratégicas, la liquidación es la más desagradable y dolorosa por lo difícil que resulta eliminar puestos y por los efectos que el cierre de empresas produce en la comunidad local. No obstante, en situaciones desesperadas, una liquidación temprana conviene más a los intereses de los propietarios y accionistas que una quiebra inevitable. Insistir en una causa perdida simplemente agota los recursos de la organización y deja menos que rescatar, por no mencionar la presión adicional y el posible perjuicio profesional a las carreras de toda la gente involucrada. El problema, por supuesto, radica en saber diferenciar cuándo es factible una recuperación y cuándo no lo es. Es fácil para los propietarios y gerentes dejar que sus emociones y orgullo empañen su buen juicio cuando una empresa tiene problemas tan graves que una recuperación exitosa es remota.

Estrategias de fin de juego

Una estrategia de fin de juego constituye un punto medio entre preservar el *statu quo* y salir tan pronto como sea posible. La estrategia de cosecha es una estrategia paulatina que implica sacrificar la posición de mercado a cambio de mayores flujos de efectivo o rentabilidad en el corto plazo. El principal objetivo financiero es levantar la mayor cosecha posible de efectivo para usar el dinero en otras actividades comerciales. El presupuesto de operación se reduce a un nivel bajísimo; la reinversión en el negocio se mantiene en un mínimo estricto. Las inversiones de capital en nuevo equipo se difieren o se les da una baja prioridad financiera (a menos que las necesidades de sustitución sean extraordinariamente urgentes); en vez de eso, se realizan esfuerzos para prolongar la vida útil del equipo existente y arreglárselas con las actuales instalaciones todo el tiempo que sea posible. Los gastos de promoción disminuyen en forma gradual, la calidad se reduce de maneras no muy notorias, se restringen los clientes no esenciales y otras cosas por el estilo. Aunque estas medidas pueden provocar una reducción en los volúmenes de ventas y participación de mercado, si es posible disminuir los gastos en efectivo con mayor rapidez, las utilidades después de impuestos y los flujos de efectivo son más grandes (por lo menos temporalmente). La empresa empieza a declinar poco a poco, pero no antes de que se logren cosechar cantidades considerables de efectivo.

Una estrategia de fin de juego es una opción razonable para una compañía débil en las siguientes circunstancias:[24]

1. Cuando las perspectivas a largo plazo de la industria no son atractivas, como parece ser el caso de la industria de los cigarrillos, la fabricación y venta de videograbadoras y videocintas (que están siendo sustituidos por reproductores de DVD, discos compactos y DVD), y el negocio de los discos flexibles de 3.5 pulgadas.

2. Cuando rejuvenecer la empresa resultaría demasiado costoso o, en el mejor de los casos, marginalmente rentable, como sería el caso de Iomega, que lucha por mantener las ventas de sus unidades Zip ante la rápida expansión de las unidades de disco duro para compu-

---

[24] Phillip Kotler, "Harvesting Strategies for Weak Products", *Business Horizons* 21, núm. 5, agosto de 1978, pp. 17-18.

tadoras personales, o de Polaroid, que ha experimentado un estancamiento en las ventas de sus cámaras y películas de revelado instantáneo.

3. Cuando resulta cada vez más costoso mantener o defender la participación de mercado de la compañía, como podría ser el caso de los fabricantes de películas para cámaras tradicionales.

4. Cuando un menor nivel de esfuerzo competitivo no desencadena una caída inmediata o rápida en las ventas —los fabricantes de impresoras de matriz de puntos probablemente no experimentarán una gran baja en las ventas de este tipo de impresoras o cintas si gastan todo su presupuesto publicitario en las impresoras láser—.

5. Cuando la empresa puede reutilizar los recursos liberados en áreas que ofrecen más posibilidades —a los fabricantes de impresoras de matriz de puntos les iría mejor si dedicaran sus recursos a la producción y venta de impresoras láser de bajo costo y buena calidad—.

6. Cuando el negocio no es un componente crucial o central de la integración general de actividades de una compañía diversificada. Dejar que un negocio secundario decaiga gradualmente es preferible en términos estratégicos que permitir deliberadamente que un negocio central o principal decaiga.

7. Cuando el negocio no aporta otras características deseadas (estabilidad de las ventas, prestigio, una línea de productos bien definida) a la cartera general de negocios de una compañía.

Mientras más de estas siete condiciones estén presentes, en el negocio más idóneo será aplicar la estrategia de cosecha.

Las estrategias de fin de juego convienen más a las compañías diversificadas que tienen unidades de negocios secundarias o no centrales en posiciones competitivas débiles o en industrias poco atractivas. Dichas compañías pueden retirar flujos de efectivo de unidades de negocios no centrales y poco atractivas y reasignarlos a las unidades de negocios que tengan un mayor potencial de utilidades o gastarlos en la adquisición de nuevos negocios.

LOS DIEZ MANDAMIENTOS DEL DISEÑO EXITOSO DE LAS ESTRATEGIAS DE NEGOCIOS

Las experiencias comerciales han demostrado una y otra vez a lo largo de los años que las estrategias desastrosas pueden evitarse si las compañías siguen los principios de la buena formulación de estrategias. Hemos resumido las lecciones aprendidas de los errores estratégicos que las empresas cometen con mayor frecuencia en 10 mandamientos que sirven como guías útiles para diseñar estrategias sólidas:

1. *Dar la mayor prioridad al diseño y ejecución de medidas estratégicas que fortalezcan la posición competitiva de la compañía a largo plazo.* Una posición competitiva cada vez más fuerte rinde frutos año tras año, pero la gloria de cumplir con los objetivos de desempeño financiero de un trimestre o un año se desvanece con rapidez. Flaco favor les hacen a los accionistas aquellos gerentes que permiten que las consideraciones de desempeño financiero a corto plazo descarten las iniciativas estratégicas que impulsarían significativamente la posición y fortaleza competitiva de la compañía en el largo plazo. La mejor manera de proteger la rentabilidad sostenida de una organización es una estrategia que fortalezca su competitividad en el largo plazo.

2. *Actuar con prontitud para adaptar las condiciones cambiantes del mercado, las necesidades insatisfechas de los clientes, los deseos de los compradores de algo mejor, las opciones tecnológicas emergentes y las nuevas iniciativas de los competidores.* Una respuesta tardía o insuficiente a menudo coloca a una compañía en la precaria situación de tener que ponerse al día. Aunque empeñarse en seguir una estrategia consistente tiene sus virtudes, adaptarla a las circunstancias cambiantes es normal y necesario. Además, los compromisos estratégicos a largo plazo para alcanzar la calidad más alta o el costo más bajo deben

interpretarse en relación con los productos de los competidores y las expectativas y necesidades de los clientes; la compañía debe evitar obstinarse en conseguir el producto de la más alta calidad o de más bajo costo posible a cualquier precio.

3. *Invertir en crear una ventaja competitiva sostenible.* Tener una ventaja competitiva sobre los rivales es el factor que más contribuye a la rentabilidad superior al promedio. Como regla general, una compañía debe practicar una ofensiva dinámica para crear ventaja competitiva y una defensiva dinámica para protegerla.

4. *Evitar las estrategias capaces de alcanzar el éxito sólo en las circunstancias más optimistas.* Espere que los competidores empleen contramedidas y que haya épocas de condiciones desfavorables en el mercado. Una buena estrategia funciona razonablemente bien y produce resultados decorosos aun en las épocas más difíciles.

5. *No subestime las reacciones y el compromiso de las compañías rivales.* Los rivales son más peligrosos cuando se ven arrinconados y ven amenazado su bienestar.

6. *Tenga en consideración que atacar las debilidades competitivas es por lo general más rentable y menos arriesgado que atacar una fortaleza competitiva.* Es muy probable que atacar a rivales capaces e ingeniosos resulte en un fracaso, a menos que el atacante cuente con amplios recursos financieros y una base sólida de ventaja competitiva.

7. *Sea juicioso al reducir los precios sin una ventaja en costos establecida.* Sólo un productor de bajo costo puede ganar en la reducción de precios en el largo plazo.

8. *Esfuércese por abrir brechas significativas en calidad, servicio o características de desempeño cuando siga una estrategia de diferenciación.* Las pequeñas diferencias entre ofertas de productos rivales pueden pasar inadvertidas o carecer de importancia para los compradores.

9. *Evite las estrategias "intermedias" que implican hacer concesiones entre mejores costos y mayor diferenciación y entre un atractivo de mercado amplio y estrecho.* Las estrategias que implican hacer concesiones rara vez producen una ventaja competitiva sostenible o una posición competitiva destacada; las estrategias para convertirse en el productor con los mejores costos, cuando se ejecutan bien, son la única excepción en que una concesión entre costos bajos y diferenciación tiene éxito. Por lo general, las compañías que tienen estrategias de concesión terminan con costos promedio, diferenciación promedio, imagen y reputación promedio, un lugar intermedio en la industria y pocas posibilidades de alcanzar el liderazgo industrial.

10. *Tenga conciencia de que las medidas agresivas para arrebatar participación de mercado a los rivales a menudo provocan represalias en la forma de una "carrera armamentista" de marketing o una guerra de precios, en perjuicio de las utilidades de todos.* Las medidas agresivas para captar una mayor participación de mercado originan una competencia feroz, en particular cuando el mercado está plagado de inventarios altos y exceso de capacidad de producción.

Puntos | clave

No basta con entender las opciones básicas de estrategias competitivas de una compañía, el liderazgo general en costos bajos, la diferenciación amplia, el mejor costo, el costo bajo enfocado y la diferenciación enfocada, y que existe una variedad de iniciativas y medidas ofensivas, defensivas, de respuesta temprana y tardía, entre las cuales es posible elegir. Las lecciones de este capítulo son que algunas opciones estratégicas son mejores que otras para ciertas industrias y entornos competitivos, así como algunas opciones estratégicas son mejores que otras para ciertas situaciones específicas de las compañías. Este capítulo describe la tarea multifacética de equiparar la estrategia a las circunstancias externas e internas de una empresa en nueve tipos de situaciones.

En lugar de tratar de resumir los puntos importantes que señalamos sobre la elección de las estrategias para estos nueve grupos de circunstancias (los principios relevantes no se encapsulan fácilmente en tres o cuatro oraciones cada uno), pensamos que es más útil concluir explicando un marco más amplio para equiparar la estrategia a *cualquier* situación de una industria o compañía. Para alinear la estrategia de una empresa con su situación general debe comenzarse con un diagnóstico rápido del entorno de la industria y la posición competitiva de la firma dentro de ésta:

1. ¿En qué tipo básico de entorno industrial opera la compañía (emergente, crecimiento rápido, alta velocidad, maduro, global, producto básico)? ¿Qué opciones y posturas estratégicas son por lo general mejores para este tipo genérico de entorno?

2. ¿Qué posición tiene la firma dentro de la industria (líder, segundo nivel o del montón; fuerte, débil o en crisis)? ¿Cómo influye la posición de mercado de la compañía en sus opciones estratégicas dado el entorno industrial y competitivo; en particular, qué medidas deben descartarse?

A continuación, los estrategas necesitan tomar en cuenta las principales consideraciones de la situación externa e interna (como se explicó en los capítulos 3 y 4; véase de nuevo la figura 3.2 para un panorama conveniente) y decidir cómo cuadran todos los factores. Casi siempre, cuando se ponderan las diversas consideraciones queda claro que pueden descartarse ciertas opciones estratégicas. La elaboración de una lista de las ventajas y desventajas de las opciones restantes ayuda a tomar una decisión respecto a la mejor estrategia general.

El paso final consiste en adaptar la estrategia genérica elegida a la medida de las necesidades (bajo costo, diferenciación, mejor costo, costo bajo enfocado, diferenciación enfocada), para ajustarla *tanto* al entorno de la industria como a la posición de la firma en relación con los competidores. Aquí es importante tener la seguridad de que 1) los aspectos personalizados de la estrategia propuesta corresponden a las competencias y capacidades competitivas de la empresa y 2) la estrategia aborde todos los asuntos y cuestiones que enfrenta la compañía.

Al eliminar las alternativas estratégicas menos atractivas y sopesar los pros y los contras de las más atractivas, las respuestas a las siguientes preguntas a menudo ayudan a establecer el mejor camino a seguir, una vez considerados todos los aspectos:

● Siendo *realistas*, ¿qué tipo de ventaja competitiva puede conseguir la compañía? ¿Le es posible ejecutar las medidas estratégicas necesarias para asegurar esta ventaja?

● ¿La empresa cuenta con las capacidades organizacionales y recursos financieros para alcanzar el éxito con estas medidas y enfoques? En caso negativo, ¿puede adquirirlos?

● Una vez conseguida, ¿es posible proteger la ventaja competitiva? ¿La compañía se encuentra en posición de encabezar el cambio en la industria y establecer las reglas con base en las cuales competirán los rivales? ¿Qué estrategias defensivas necesita emplear? ¿Contraatacarán los rivales? ¿Qué se requiere para contrarrestar sus actos?

● ¿Hay algún rival especialmente vulnerable? ¿Debe la compañía montar una ofensiva para capitalizar esas vulnerabilidades? ¿Qué medidas ofensivas necesita emplear?

● ¿Qué medidas estratégicas adicionales se precisan para hacer frente a las fuerzas que impulsan la industria, las amenazas y debilidades específicas y cualquier otra cuestión o problemas exclusivos de la empresa?

En el transcurso del desarrollo de las iniciativas estratégicas, hay varios escollos que deben evitarse:

● Diseñar un plan estratégico excesivamente ambicioso, que exija demasiado de los recursos y capacidades de la compañía.

● Seleccionar una estrategia que represente una desviación radical o abandono de las piedras angulares del éxito anterior de la firma. Tampoco se debe rechazar automáticamente un cambio radical en la estrategia, sino que debe implantarse sólo después de una cuidadosa evaluación de los riesgos.

● Elegir una estrategia que contravenga los fundamentos de la cultura de la organización o que entre en conflicto con los valores y filosofías de la mayoría de los altos ejecutivos.

● No estar dispuesto a *comprometerse incondicionalmente* con una de las cinco estrategias competitivas; la elección de ciertas características de las diferentes estrategias por lo general

Tabla 8.1   Ejemplo de formato de un plan de medidas estratégicas

1. Visión estratégica y misión	**5. Estrategias funcionales de apoyo** ● Producción

2. Objetivos estratégicos
  ● Corto plazo
  ● Largo plazo
	● Marketing/ventas
	
	  ● Finanzas
	
	  ● Personal/Recursos humanos

3. Objetivos financieros
  ● Corto plazo
  ● Largo plazo
	● Otras
	
	6. Medidas recomendadas para mejorar el desempeño de la compañía
	  ● Immediatas

4. Estrategia de negocios global	● Largo plazo

da lugar a tantas concesiones entre bajo costo, mejor costo, diferenciación y enfoque que la compañía fracasa en adquirir cualquier tipo de ventaja y termina atascada en el medio.

La tabla 8.1 muestra un formato genérico que sirve en el trazo de un plan de medidas estratégicas para una empresa que se dedica a un solo negocio. Contiene todas las partes de un plan integral de medidas estratégicas que analizamos en diversos puntos en los siete capítulos anteriores.

Lecturas | sugeridas

Afuah, Allan, "Strategies to Turn Adversity into Profits", *Sloan Management Review* 40, núm. 2, invierno de 1999, pp. 99-109.

Beinhocker, Eric D., "Robust Adaptive Strategies", *Sloan Management Review* 40, núm. 3, primavera de 1999, pp. 95-106.

Bleeke, Joel A., "Strategic Choices for Newly Opened Markets", *Harvard Business Review* 68, núm. 5, septiembre-octubre de 1990, pp. 158-165.

Brenneman, Greg, "Right Away and All at Once: How We Saved Continental", *Harvard Business Review* 76, núm. 5, septiembre-octubre de 1998, pp. 162-179.

Cooper, Arnold C. y Clayton G. Smith, "How Established Firms Respond to Threatening Technologies", *Academy of Management Executive* 6, núm. 2, mayo de 1992, pp. 55-57.

D'Aveni, Richard A., *Hypercompetition: Managing the Dynamics of Strategic Maneuvering*, Free Press, Nueva York, 1994, capítulos 3 y 4.

Day, George S., "Strategies for Surviving a Shakeout", *Harvard Business Review* 75, núm. 2, marzo-abril de 1997, pp. 92-102.

Feldman, Lawrence P. y Albert L. Page, "Harvesting: The Misunderstood Market Exit Strategy", *Journal of Business Strategy* 5, núm. 4, primavera de 1985, pp. 79-85.

Finkin, Eugene F., "Company Turnaround", *Journal of Business Strategy* 5, núm. 4, primavera de 1985, pp. 14-25.

Gordon, Geoffrey L., Roger J. Calantrone y C. Anthony di Benedetto, "Mature Markets and Revitalization Strategies: An American Fable", *Business Horizons*, mayo-junio de 1991, pp. 39-50.

Mayer, Robert J., "Winning Strategies for Manufacturers in Mature Industries", *Journal of Business Strategy* 8, núm. 2, otoño de 1987, pp. 23-31.

Rackham, Neil, Lawrence Friedman y Richard Ruff, *Getting Partnering Right: How Market Leaders Are Creating Long-Term Competitive Advantage*, McGraw-Hill, Nueva York, 1996.

Zimmerman, Frederick M., *The Turnaround Experience: Real-World Lessons in Revitalizing Corporations*, McGraw-Hill, Nueva York, 1991.

capítulo | nueve

La estrategia y la ventaja competitiva en compañías diversificadas

…adquirir o no adquirir: he ahí el dilema.
—Robert J. Terry

La estrategia es la búsqueda deliberada de un plan de acción que generará y acrecentará la ventaja competitiva de una compañía.
—Bruce D. Henderson

La compatibilidad entre una compañía matriz y sus empresas filiales es una espada de doble filo: si es buena crea valor, pero cuando es mala puede destruirla.
—Andrew Campbell, Michael Goold y Marcus Alexander

En este capítulo y el siguiente, avanzaremos un nivel en la jerarquía de formulación de la estrategia: de una empresa dedicada a un solo negocio a una compañía diversificada. Debido a que una compañía diversificada es un conjunto de negocios individuales, la formulación de una estrategia corporativa es un ejercicio más amplio que diseñar la estrategia de una línea de negocios. En una empresa dedicada a un solo negocio, la gerencia

sólo tiene que contender en un entorno industrial y responder a la pregunta de cómo competir con éxito en éste. Sin embargo, en una compañía diversificada, los gerentes corporativos deben formular la estrategia para diferentes divisiones de negocios que compiten en diversos entornos industriales y crear una estrategia general para varios negocios e industrias.

La tarea de diseñar la estrategia para una compañía diversificada abarca cuatro áreas:

1. *Elegir las nuevas industrias en las que se incursionará y decidir los medios para el ingreso.* El primer paso en la diversificación consiste en definir en qué nuevas industrias se desea incursionar y si se habrá de empezar con un nuevo negocio desde cero, adquiriendo una compañía que ya opera en la industria seleccionada o formar una empresa de riesgo compartido o alianza estratégica con otra compañía. Un negocio puede diversificarse de manera limitada (en unas cuantas industrias) o general (en muchas industrias). La decisión de si debe incursionarse en la industria con una empresa de nueva creación, una empresa de riesgo compartido o mediante la adquisición de un líder establecido, una compañía prometedora o una aquejada de problemas pero que ofrece potencial de recuperación determina la posición que la organización se creará inicialmente.

2. *Medidas iniciales para impulsar el desempeño combinado de los negocios en que ha incursionado la compañía.* A medida que se crean posiciones en las industrias seleccionadas, los estrategas corporativos por lo general se centran en las maneras de fortalecer las posiciones competitivas y la rentabilidad a largo plazo de los negocios en que la compañía ha invertido. Las oficinas matrices pueden ayudar a sus subsidiarias a ser más exitosas proporcionando recursos financieros, aportando las habilidades, conocimientos tecnológicos o experiencia gerencial faltantes para desarrollar mejor las actividades esenciales de la cadena de valor, o brindando nuevas oportunidades para reducir los costos. También pueden adquirir otra compañía en la misma industria y fusionar las dos operaciones en una empresa más fuerte, o comprar nuevos negocios que complementen los ya existentes. Por lo general, una organización sigue estrategias de crecimiento rápido en sus negocios más prometedores, inicia trabajos de recuperación en las empresas con mal desempeño pero que tienen potencial y vende las divisiones que ya no son atractivas o que no encajan en los planes a largo plazo de la gerencia.

3. *Aprovechar las oportunidades para convertir las relaciones de la cadena de valor entre las divisiones de negocios y las coincidencias estratégicas en ventaja competitiva.* Una compañía que se diversifica en negocios que tienen actividades relacionadas de la cadena de valor (referentes a la tecnología, logística de la cadena de suministros, producción, canales de distribución traslapados y clientes comunes) adquiere un potencial de ventaja competitivo del cual no dispone una empresa que se diversifica en negocios cuyas cadenas de valor no se relacionan en absoluto. La diversificación relacionada presenta oportunidades para transferir

habilidades y compartir la experiencia o facilidades, con lo que se reducen los costos generales, se fortalece la competitividad de algunos de los productos de la compañía o mejoran las capacidades de las unidades de negocios particulares.

4.   *Establecer prioridades de inversión y dirigir los recursos corporativos a las unidades de negocios más atractivas.* Los diferentes negocios de una compañía diversificada por lo general no son igualmente atractivos desde el punto de vista de la inversión de fondos adicionales. Corresponde a la gerencia corporativa *a*) decidir las prioridades para invertir capital en los diferentes negocios de la compañía, *b*) canalizar los recursos hacia áreas donde los potenciales de ganancias sean más altos y desviarlos de las áreas donde sean más bajos, y *c*) vender las unidades de negocios aquejadas por un mal desempeño crónico o que se encuentran en una industria cada vez menos atractiva. La venta de las divisiones con mal desempeño y los negocios que operan en industrias poco atractivas libera inversiones improductivas para reutilizarlas en unidades de negocios prometedoras o para financiar nuevas adquisiciones atractivas.

Estas cuatro tareas son tan exigentes y laboriosas que los encargados de tomar decisiones en el ámbito corporativo por lo general se abstienen de enfrascarse en los detalles de diseñar y poner en práctica estrategias a nivel de cada negocio y prefieren delegar la principal responsabilidad de la estrategia comercial en los directores de cada unidad de negocios.

En este capítulo describimos los diversos caminos con que cuenta una compañía para diversificarse, explicaremos cómo puede una organización usar la diversificación para crear o acrecentar la ventaja competitiva de sus unidades de negocios y estudiaremos las opciones estratégicas que tiene una empresa ya diversificada para mejorar su desempeño global. En el capítulo 10 examinaremos las técnicas y procedimientos para evaluar el atractivo de la cartera de negocios de una compañía diversificada.

CUÁNDO DIVERSIFICAR

Mientras la compañía está ocupada tratando de aprovechar las oportunidades de crecimiento rentable en su actual industria, no hay urgencia para buscar la diversificación. Sin embargo, cuando las oportunidades de crecimiento en el negocio principal de la firma empiezan a escasear, la diversificación es por lo general la opción más viable para revitalizar sus perspectivas. La diversificación también tiene que considerarse cuando una empresa posee pericia técnica, competencias centrales y fortalezas de recursos que la colocan en una posición única para competir con éxito en otras industrias.

Como parte de la decisión de diversificarse en nuevos negocios, la compañía debe preguntarse: "¿qué tipo y grado de diversificación son convenientes?" Las posibilidades estratégicas son muy amplias. Una firma puede elegir entre: diversificarse en negocios estrechamente relacionados o en negocios que no guarden ninguna relación entre sí; expandirse a industrias cuyas tecnologías y productos complementan y fortalecen su actual negocio, o aprovechar las competencias y capacidades existentes para ampliarse a negocios donde las mismas fortalezas de recursos son factores clave del éxito y valiosas cualidades competitivas; buscar oportunidades para incursionar en otros mercados de productos donde sus actuales conocimientos y experiencia tecnológica pueden aplicarse y producir posiblemente una ventaja competitiva; diversificarse de manera limitada (menos de 10% de los ingresos y utilidades totales) o más amplia (hasta 50% de los ingresos y utilidades); emprender uno o dos nuevos negocios importantes o un mayor número de negocios pequeños. Las empresas de riesgo compartido en nuevos campos de empeño son otra posibilidad.

> La decisión de cuándo diversificarse depende en parte de las oportunidades de crecimiento que la compañía tiene en su actual industria y en parte de las oportunidades para utilizar sus recursos, experiencia y capacidades en otros ámbitos del mercado.

Por qué apresurarse a diversificar no es necesariamente una buena estrategia

Las compañías que continúan concentrándose en un solo negocio pueden tener un éxito envidiable a lo largo de muchas décadas sin depender de la diversificación para sustentar su crecimiento.

McDonald's, Southwest Airlines, Cola-Cola, Domino's Pizza, Apple Computer, Wal-Mart, Federal Express, Timex, Campbell Soup, Anheuser-Busch, Xerox, Gerber y Ford Motor Company forjaron sus reputaciones en un solo negocio. En el sector no lucrativo, el énfasis continuo en una sola actividad ha resultado exitoso para la Cruz Roja, el Ejército de Salvación, Christian Children's Fund, Girl Scouts, Phi Beta Kappa y American Civil Liberties Union. Coca-Cola, que quería escapar de la madurez del mercado de los refrescos en Estados Unidos, abandonó la mayoría de sus primeros esfuerzos por diversificarse (en los campos del vino y el entretenimiento) cuando la gerencia concluyó que las oportunidades para vender productos de Coca-Cola en los mercados extranjeros (en especial en China, India y otras partes de Asia) podrían producir un crecimiento atractivo de las ventas y las utilidades hasta muy entrado el siglo XXI.

> La diversificación no necesita convertirse en una prioridad estratégica sino hasta que la compañía empieza a carecer de oportunidades de crecimiento atractivas en su negocio principal.

Concentrarse en una sola línea de negocios (totalmente o con una pequeña dosis de diversificación) tiene importantes ventajas. Supone menos ambigüedad respecto a "quiénes somos y qué hacemos". Las energías de la organización total se dirigen a un solo negocio, lo cual crea menos probabilidades de que el tiempo de la alta dirección se diluya o de que los recursos de la organización se agoten por las demandas de varios negocios diferentes. La compañía puede dedicar toda la fuerza de sus recursos organizacionales para ampliarse a mercados geográficos que no atiende y mejorar en lo que hace. Es más probable que surjan importantes competencias y habilidades competitivas. Los esfuerzos emprendedores pueden dirigirse exclusivamente a mantener la capacidad de respuesta de la estrategia de negocios y ventaja competitiva de la compañía ante los cambios en la industria y las preferencias y pautas de compra cambiantes de los clientes. Con la atención de la gerencia centrada en un solo negocio, es más alta la posibilidad de que surjan buenas ideas respecto a cómo mejorar la tecnología de producción, satisfacer mejor las necesidades de los clientes con nuevas características innovadoras del producto y mejorar las eficiencias o capacidades de diferenciación a lo largo de la cadena de valor. Todos los gerentes de la compañía, en especial los altos ejecutivos, pueden tener contacto práctico con el negocio central y conocimiento a fondo de las operaciones. La mayoría de los altos funcionarios por lo general han ascendido por el escalafón y poseen experiencia directa en las operaciones de campo. (En las empresas ampliamente diversificadas, los gerentes corporativos rara vez tienen la oportunidad de trabajar en más de uno o dos de los negocios de la compañía.) Cuanto más exitosa es una firma con un solo negocio, tanto más capaz es de convertir su experiencia acumulada, competencia distintiva y reputación en una posición sustentable como una de las compañías líderes en su industria.

> Hay importantes ventajas organizacionales, gerenciales y estratégicas en concentrarse en un solo negocio.

Los riesgos de concentrarse en un solo negocio

El gran riesgo de permanecer concentrado en un solo negocio, por supuesto, es poner todos los huevos de la compañía en una sola cesta industrial. Si el mercado se satura, disminuye su atractivo competitivo o se erosiona por la aparición de nuevas tecnologías y productos o las preferencias siempre cambiantes de los compradores, las perspectivas de la empresa pueden disminuir notablemente; no es raro que estas circunstancias socaven o aniquilen a una compañía con un solo negocio. Considérese, por ejemplo, lo que las cámaras digitales están provocando en el mercado de películas y revelado, la tecnología del disco compacto en el mercado de cintas en casetes y discos de 3.5 pulgadas, y los productos alimenticios sabrosos y con bajo contenido de grasas en las ventas de los productos alimenticios con alto contenido de grasas.

Factores que indican cuándo es tiempo de diversificar

No existe una fórmula para determinar cuándo una compañía debe diversificarse. Las decisiones a este respecto habrán de tomarse con base en la situación de cada empresa. Hablando en términos generales, la compañía es buen candidato a diversificarse cuando: 1) han disminuido las perspectivas de crecimiento en su actual negocio, 2) tiene oportunidades de agregar valor para sus clientes o adquirir ventaja competitiva ampliando su actual negocio para incluir productos o tecnologías complementarios, 3) se le presentan oportunidades atractivas para transferir sus competencias y capacidades existentes a nuevos ámbitos de negocios, 4) existen oportunidades para ahorrar costos que pueden explotarse diversificándose en negocios estrechamente relacionados y 5) posee los recursos financieros y organizacionales para respaldar un esfuerzo de diversificación. En realidad, debido a que compañías en la misma industria ocupan diferentes posiciones de mercado y cuentan con diferentes fortalezas y debilidades de recursos, es perfectamente lógico que elijan distintos métodos de diversificación y los emprendan en diferentes momentos.

GENERACIÓN DE VALOR PARA LOS ACCIONISTAS: LA MÁXIMA JUSTIFICACIÓN PARA DIVERSIFICAR

La diversificación es justificable sólo si genera valor para los accionistas. Para ello, la compañía debe lograr algo más que simplemente extender su riesgo comercial a varias industrias. Los accionistas pueden diversificar fácilmente el riesgo por su cuenta al comprar acciones de compañías en diferentes industrias o invertir en fondos mutualistas. Hablando estrictamente, *la diversificación no crea valor para los accionistas a menos que los negocios elegidos se desempeñen mejor bajo un solo paraguas corporativo de lo que se desempeñarían operando como empresas independientes.* Por ejemplo, digamos que la compañía A se diversifica comprando la compañía B. Si las utilidades consolidadas de A y B en los años subsiguientes resultan inferiores a lo que cada una de ellas habría ganado por su cuenta, la diversificación de A no proporcionará valor agregado a sus accionistas. Los accionistas de la compañía A podrían haber logrado el mismo resultado de $1 + 1 = 2$ si simplemente hubieran comprado acciones de la compañía B. La diversificación no crea valor para los accionistas a menos que produzca un efecto de $1 + 1 = 3$, donde las empresas hermanas se desempeñan mejor juntas como parte de la misma compañía de lo que se habrían desempeñado como compañías independientes.

> Con el fin de crear valor para los accionistas, una compañía que decide diversificarse debe incursionar en negocios que se desempeñen mejor bajo una gerencia común de lo que podrían hacerlo como empresas independientes.

Tres pruebas para evaluar una medida de diversificación

El problema con una regla tan estricta para ver si la diversificación se justifica radica en que requiere juicios especulativos respecto a lo bien que los negocios de una compañía diversificada se habrían desempeñado por su cuenta. Las comparaciones del desempeño real e hipotético nunca son muy satisfactorias y, además, representan evaluaciones *a posteriori*. Los estrategas tienen que basar las decisiones de diversificación en *expectativas*. Sin embargo, los intentos por medir el impacto de medidas de diversificación específicas en el valor para los accionistas no deben abandonarse. Los estrategas corporativos pueden realizar evaluaciones *a priori* de si una medida de diversificación en particular es capaz de aumentar el valor para los accionistas si usan estas tres pruebas:[1]

1. *Prueba del atractivo de la industria.* La industria elegida para la diversificación debe ser lo suficientemente atractiva como para redituar de manera sistemática buenos rendimientos sobre la inversión. El atractivo de una industria depende sobre todo de la presencia de condiciones competitivas favorables y un entorno de mercado propicio para la rentabilidad a largo plazo. Factores tales como el crecimiento rápido o un producto que en la actualidad se vende como pan caliente son poco confiables como indicadores del atractivo.

2. *La prueba del costo de ingreso.* El costo de ingresar en la industria seleccionada no debe ser tan alto que erosione el potencial de buena rentabilidad. Sin embargo, es posible que prevalezca una situación sin salida en este caso. Mientras más atractiva es la industria, más caro resulta ingresar a ella. Las barreras de ingreso para las compañías de nueva creación casi siempre son elevadas; si las barreras fueran bajas, una oleada de nuevos participantes

---

[1] Michael E. Porter, "From Competitive Advantage to Corporate Strategy", *Harvard Business Review* 45, núm. 3, mayo-junio de 1987, pp. 46-49.

pronto erosionarían el potencial de alta rentabilidad. Además, comprar una empresa que ya opere en una industria con un fuerte atractivo a menudo supone un alto costo de adquisición. El ingreso costoso reduce las posibilidades de obtener rentabilidad superior al promedio y mejorar el valor para los accionistas.

3. *La prueba de mejor desempeño.* Diversificarse en un nuevo negocio debe ofrecer el potencial de que los negocios existentes de la compañía y los nuevos se desempeñen mejor juntos que por separado. La mejor probabilidad de un resultado de 1 + 1 = 3 se presenta cuando una compañía se diversifica en negocios que tienen coincidencias competitivamente importantes en la cadena de valor con los negocios existentes. Las coincidencias ofrecen oportunidades para reducir los costos, transferir habilidades o tecnología de un negocio a otro, crear nuevas competencias y capacidades valiosas o aprovechar los recursos existentes (como la reputación de la marca). Si dichas coincidencias estratégicas están ausentes, la compañía debe mostrarse escéptica respecto al potencial de los negocios para desempeñarse mejor juntos que por separado.

Las medidas de diversificación que satisfacen las tres pruebas poseen el mayor potencial de generar valor para los accionistas en el largo plazo. Por otro lado, aquellas que sólo pasan una o dos pruebas deben despertar suspicacias.

SELECCIÓN DEL CAMINO DE LA DIVERSIFICACIÓN: NEGOCIOS RELACIONADOS O NO RELACIONADOS

Una vez que decide buscar la diversificación, la firma debe elegir si debe diversificarse en negocios **relacionados**, **no relacionados** o alguna combinación de ambos, véase la figura 9.1. *Se dice que los negocios son relacionados cuando existen relaciones competitivamente valiosas entre las actividades que abarcan sus respectivas cadenas de valor.* El atractivo de la diversificación relacionada radica en explotar estas coincidencias de la cadena de valor para obtener un resultado de desempeño de 1 + 1 = 3 y generar valor para los accionistas. *Se dice que los negocios no están relacionados cuando las actividades que abarcan sus respectivas cadenas de valor son tan diferentes que no existe un verdadero potencial para transferir habilidades o tecnologías de un negocio a otro, para combinar actividades semejantes y reducir los costos, o bien para producir por algún otro medio beneficios competitivamente valiosos de la operación bajo un paraguas corporativo común.*

La mayor parte de las compañías favorecen las estrategias de diversificación relacionada, atraídas por las posibilidades de mejorar el desempeño que ofrecen las sinergias entre negocios. Sin embargo, algunas firmas han buscado por una razón u otra la diversificación no relacionada. Y unas cuantas se han diversificado tanto en negocios relacionados como no relacionados. Las siguientes dos secciones exploran las ventajas y desventajas de ambos tipos de diversificación.

FUNDAMENTOS DE LAS ESTRATEGIAS DE DIVERSIFICACIÓN RELACIONADA

Una estrategia de diversificación relacionada implica agregar negocios cuyas cadenas de valor poseen "coincidencias estratégicas" competitivamente valiosas a la cadena de valor del actual negocio de la compañía, como se ilustra en la figura 9.2. La **coincidencia estratégica** existe siempre que una o más actividades que abarcan las cadenas de valor de diferentes negocios son lo suficientemente parecidas como para presentar oportunidades de:[2]

---

[2] Michael E. Porter, *Competitive Advantage*, Free Press, Nueva York, 1985, pp. 318-319 y pp. 337-353; Kenichi Ohmae, *The Mind of the Strategist*, Penguin Books, Nueva York, 1983, pp. 121-124, y Porter, "From Competitive Advantage to Corporate Strategy", pp. 53-57. Para un estudio empírico que confirma las coincidencias estratégicas que son capaces de mejorar el desempeño (siempre que los resultantes fortalezas de recursos sean competitivamente valiosas y difíciles de imitar por los rivales), véase Constantinos C. Markides y Peter J. Williamson, "Corporate Diversification and Organization Structure: A Resource-Based View", *Academy of Management Journal* 39, núm. 2, abril de 1996, pp. 340-367.

Figura 9.1   Opciones estratégicas para una compañía que desea diversificarse

Diversificarse en negocios relacionados

- Crear valor para los accionistas captando las coincidencias estratégicas entre negocios
  —Transferir habilidades y capacidades de un negocio a otro
  —Compartir instalaciones o recursos para reducir los costos
  —Hacer uso eficaz de una marca común
  —Combinar recursos para crear nuevas fortalezas y capacidades competitivas

Opciones estratégicas para una compañía que desea diversificarse

Diversificarse en negocios no relacionados

- Diferir el riesgo entre diversos negocios
- Crear valor para los accionistas realizando un trabajo superior en la selección de negocios en los que la compañía habrá de diversificarse y en la administración de todo el grupo de negocios de la cartera de la compañía.

Diversificarse tanto en negocios relacionados como no relacionados

---

> Las coincidencias estratégicas entre negocios relacionados ofrecen el potencial de obtener ventaja competitiva con: *a*) la transferencia eficiente de habilidades clave, experiencia tecnológica o conocimientos administrativos de un negocio a otro, *b*) la reducción de costos, *c*) la capacidad de compartir una marca en común o *d*) la creación de fortalezas de recursos y capacidades competitivamente valiosas.

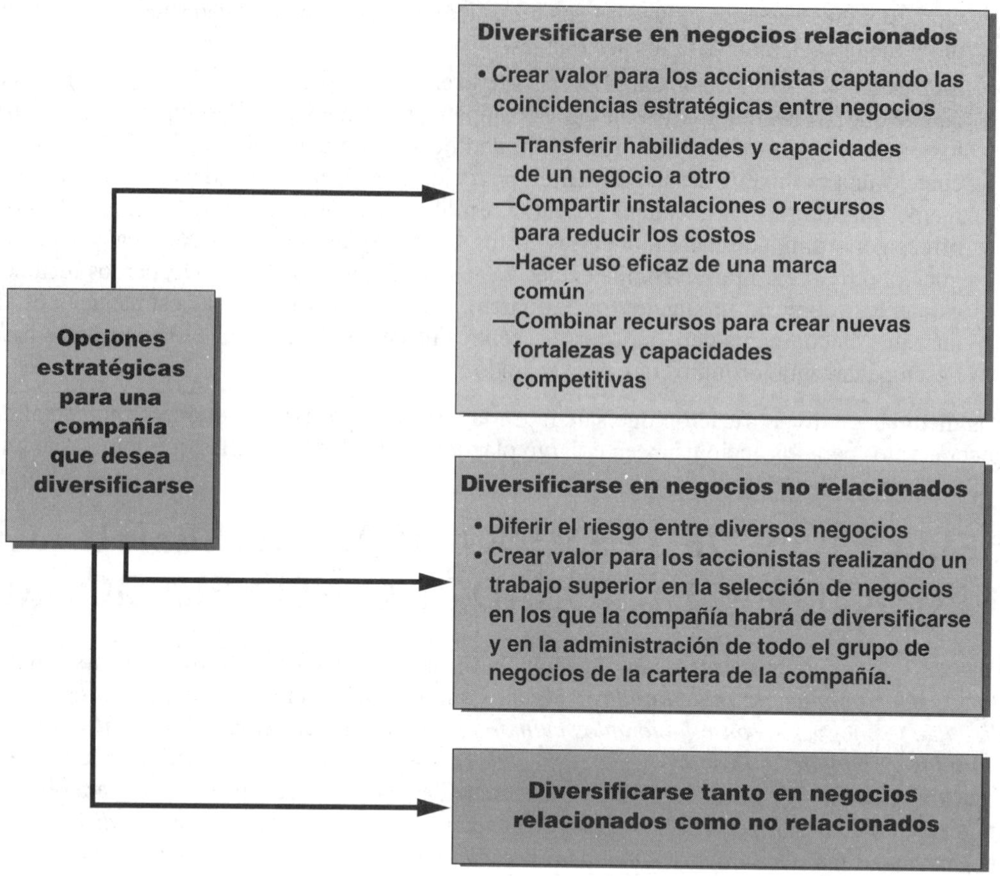

- Transferir experiencia, conocimientos tecnológicos o capacidades competitivamente valiosos de un negocio a otro.

- Combinar las actividades relacionadas de negocios individuales en una sola operación para lograr costos menores.

- Explotar el uso común de una marca reconocida.

- Colaboración entre negocios para crear fortalezas de recursos y capacidades competitivamente valiosas (véase la cápsula ilustrativa 35).

La diversificación relacionada tiene entonces atractivo estratégico desde varios puntos de vista: permite que una firma coseche los beneficios de obtener ventaja competitiva con la transferencia de habilidades, menores costos, marcas comunes o capacidades competitivas más fuertes y, además, distribuir los riesgos de los inversionistas entre una base de negocios amplia. Adicionalmente, la relación entre los diferentes negocios permite prestar más atención en la administración de la diversificación y un grado útil de unidad estratégica entre las diversas actividades comerciales de la compañía.

Coincidencias estratégicas entre negocios a lo largo de la cadena de valor

Las coincidencias estratégicas entre negocios pueden existir en cualquier punto de la cadena de valor: en las actividades de investigación y desarrollo (IyD) y tecnológicas, en las actividades

Figura 9.2 Cadenas de valor de negocios relacionados

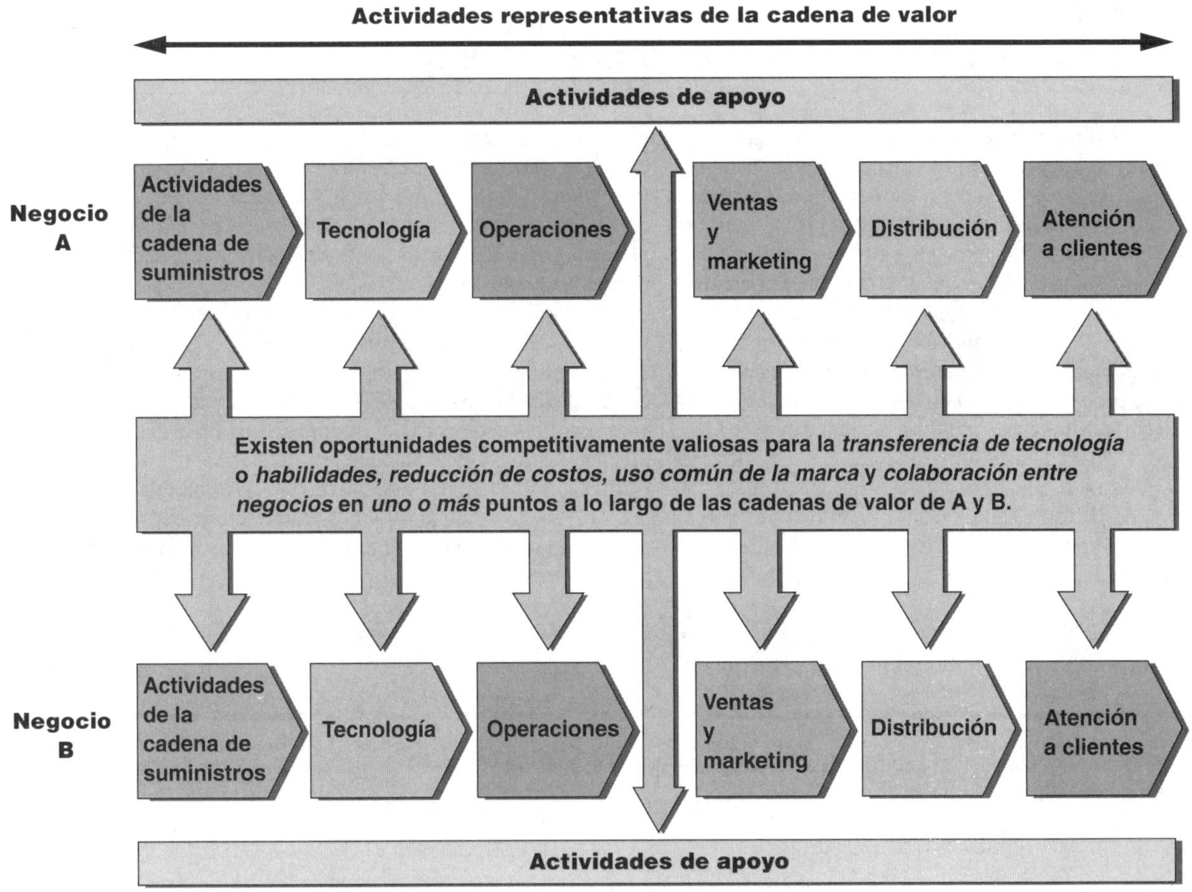

Actividades representativas de la cadena de valor

Actividades de apoyo

Negocio A

Actividades de la cadena de suministros → Tecnología → Operaciones → Ventas y marketing → Distribución → Atención a clientes

Existen oportunidades competitivamente valiosas para la *transferencia de tecnología o habilidades, reducción de costos, uso común de la marca* y *colaboración entre negocios* en *uno o más* puntos a lo largo de las cadenas de valor de A y B.

Negocio B

Actividades de la cadena de suministros → Tecnología → Operaciones → Ventas y marketing → Distribución → Atención a clientes

Actividades de apoyo

de la cadena de suministros y las relaciones con los proveedores, en la fabricación, en ventas y marketing, en las actividades de distribución o en las de apoyo administrativo.[3]

Actividades de investigación y desarrollo (IyD) y tecnológicas   Diversificarse en negocios donde existe el potencial de compartir la tecnología, explotar la gama completa de oportunidades de negocios asociadas con una tecnología particular y sus derivados, o transferir los conocimientos tecnológicos de un negocio a otro tiene un atractivo considerable. Los negocios que ofrecen el beneficio de compartir tecnologías se desempeñan mejor en conjunto que por separado debido a los posibles ahorros en los costos de investigación y desarrollo, por los plazos en potencia más cortos para llevar los nuevos productos al mercado o porque los adelantos tecnológicos en uno producen un aumento en las ventas de ambos. Las innovaciones tecnológicas fueron la fuerza que impulsó la diversificación de AT&T en la televisión por cable (mediante la adquisición de TCI y MediaOne). Ahora que hay formas de proporcionar los servicios de telefonía local y de larga distancia, televisión por cable y acceso a Internet a clientes residenciales y comerciales en un solo "cable", AT&T puede ofrecer a sus clientes todos estos servicios en un solo paquete.

Actividades de la cadena de suministros   Los negocios que tienen coincidencias estratégicas en la cadena de suministros pueden desempeñase mejor en conjunto debido al potencial de transferencia de habilidades en la adquisición de materiales, mayor poder de nego-

---

[3] Para una exposición de la importancia estratégica de la coordinación entre negocios y una explicación de cómo funciona, véase Jeanne M. Liedtka, "Collaboration across Lines of Business for Competitive Advantage", *Academy of Management Executive* 10, núm. 2, mayo de 1996, pp. 20-34.

Cápsula ilustrativa 35
Estrategia de diversificación de Tyco International

A Dennis Kozlowski, director general de Tyco International, le llaman el "hombre de los tratos diarios". Eso es porque una parte de la estrategia general de Tyco es crecer adquiriendo compañías en una variedad de diferentes negocios en la industria manufacturera.

Tyco, que tiene 240 000 empleados en más de 100 países, controla actualmente más de 200 empresas que operan en seis segmentos industriales en todo el mundo. En 2001 obtuvo ingresos de aproximadamente 36 000 millones de dólares. La unidad más grande de la compañía se especializa en electrónica. Luego está la división de productos para el cuidado de la salud y especialidades, que fabrica vendajes y muletas; la unidad de servicios contra incendios y seguridad, uno de los líderes mundiales; el grupo de control de flujos, que fabrica tubos y accesorios para tuberías; y la división de telecomunicaciones, que produce cable submarino de fibra óptica. Además, Tyco incursionó en el segmento de servicios financieros cuando compró la compañía de préstamos comerciales CIT.

La experiencia de Tyco en asimilar las operaciones de las empresas adquiridas había dado como resultado la creación de una "fórmula" para garantizar que dichas operaciones produjeran utilidades satisfactorias. En años recientes, Tyco realizaba entre 6 y 15 adquisiciones significativas y docenas de pequeñas adquisiciones anualmente. La mayoría de las nuevas adquisiciones complementaban o eran extensiones de los negocios de Tyco en seis segmentos industriales.

Cuando los analistas de Wall Street empezaron a cuestionar la capacidad de Tyco de seguir adquiriendo y administrando con éxito tantos negocios nuevos y existentes, Tyco anunció en enero de 2002 que "liberaría decenas de miles de millones de dólares de valor para los accionistas al dividir a Tyco en cuatro compañías independientes, cuyas acciones se cotizarían en el mercado de valores". Semanas más tarde, Tyco se vio sometida a escrutinio por sus prácticas contables y el hecho de no haber declarado todas sus adquisiciones, lo que precipitó una caída de 40% en el precio de sus acciones. Kozlowski defendió la estrategia y medidas adoptadas por la compañía.

Fuentes: "Tyco International Ltd.", Hoovers Online (www.hoovers.com), consultada el 30 de agosto de 2001; Peter Marsh, "Tyco Searches for Directors in Europe and Asia", *Financial Times* (http://news.ft.com), 15 de julio de 2001; William C. Symonds, "The Most Aggresive CEO", *BusinessWeek Online* (www.businessweek.com), 28 de mayo de 2001, y boletín de prensa de Tyco, 22 de enero de 2002.

ciación para pactar condiciones con los proveedores en común, los beneficios de la colaboración adicional con los socios comunes de la cadena de suministro o el mayor apalancamiento con los transportistas para conseguir descuentos por volumen sobre las partes y componentes entrantes. Las sociedades estratégicas de Dell Computer con los principales proveedores de microprocesadores, tarjetas madre, unidades de disco, chips de memoria, monitores, módems, monitores de pantalla plana, pilas de larga duración y otros componentes de computadoras de escritorio y portátiles han sido un elemento importante de su estrategia para diversificarse hacia los servidores y estaciones de trabajo, productos que incluyen muchos componentes comunes con las computadoras personales y que pueden contratarse con los mismos socios estratégicos que proveen a Dell de componentes para computadoras.

Actividades de fabricación Las coincidencias estratégicas entre negocios en las actividades relacionadas con la producción representan una fuente importante de ventaja competitiva en situaciones donde la experiencia de una compañía en la fabricación de calidad, métodos de producción rentables, prácticas de inventarios "justo a tiempo" o en la capacitación y motivación de los trabajadores puede transferirse a otro negocio. Cuando Emerson Electric se diversificó hacia el negocio de las sierras de cadena, transfirió su experiencia en la fabricación de bajo costo a su recién adquirida división de negocios Beaird-Poulan; la transferencia impulsó la nueva estrategia de Beaird-Poulan para ser el proveedor de bajo costo de sierras de cadena y cambió de manera fundamental la forma en que se diseñaban y fabricaban en Beaird-Poulan. Otro beneficio de las coincidencias de la cadena de valor en producción es que éstas brindan oportunidades para reducir los costos, que surgen de la capacidad de realizar actividades de fabricación o ensamblaje conjuntamente en la misma planta en vez de hacerlo por separado; de este modo, es posible consolidar la producción en un número más pequeño de plantas y reducir significativamente los costos generales de producción. Cuando Bombardier, fabricante de un vehículo para la nieve llamado *snowmobile*, se diversificó y empezó a fabricar motocicletas, pudo instalar líneas de ensamblaje de sus motocicletas en la misma fábrica donde se ensamblaban estos vehículos.

Actividades de distribución   Los negocios que tienen actividades de distribución estrechamente relacionadas se desempeñan mejor juntos que por separado debido a los posibles ahorros en costos que se derivan de compartir las mismas instalaciones de distribución o de usar a muchos de los mismos distribuidores mayoristas y concesionarios minoristas para tener acceso a los clientes. Cuando Sunbeam adquirió Mr. Coffee, pudo consolidar los centros de distribución de su propia línea de aparatos electrodomésticos pequeños y los de la línea de cafeteras de Mr. Coffee; la reducción de la cantidad de centros de distribución que la compañía tenía que operar generó considerables ahorros en costos. Asimismo, como los productos de Sunbeam se vendían a muchos de los mismos comerciantes minoristas de los productos de Mr. Coffee (Wal-Mart, Kmart, tiendas departamentales, centros para el hogar y cadenas de ferreterías, supermercados y farmacias), Sunbeam logró convencer a muchos de los minoristas que vendían los aparatos de Sunbeam de que también aceptaran la línea de Mr. Coffee y a los que vendían productos de Mr. Coffee de que empezaran a ofrecer los productos de Sunbeam.

Actividades de ventas y marketing   Una variedad de oportunidades para ahorrar en costos surgen de diversificarse en empresas con actividades de ventas y marketing estrechamente relacionadas. Los costos de las ventas a menudo pueden reducirse con el uso de un solo equipo de vendedores de los productos de ambos negocios, en vez de tener un equipo de vendedores distinto en cada uno. Cuando los productos se distribuyen a través de muchos de los mismos distribuidores mayoristas y minoristas o se venden directamente a los mismos clientes, por lo general es factible asignar a un vendedor la responsabilidad de manejar las ventas de ambos productos (en lugar de enviar a dos vendedores distintos a visitar al mismo cliente). Los productos de negocios relacionados pueden promoverse en el mismo sitio web, e incluirse en los mismos anuncios publicitarios y folletos de ventas. Las organizaciones de servicio posventa y reparación de los productos de negocios estrechamente relacionados también suelen consolidarse en una sola operación. Tal vez surjan oportunidades para reducir los costos si se coordinan la entrega y el envío, el procesamiento de pedidos y la facturación, y si se usan acuerdos promocionales comunes (descuentos en cupones, muestras gratis y ofertas de prueba, artículos especiales de temporada y cosas por el estilo). Cuando Black & Decker, fabricante global de herramientas motorizadas, adquirió el negocio de aparatos electrodomésticos pequeños de General Electric, pudo emplear su fuerza de ventas global e instalaciones de distribución globales de sus herramientas motorizadas para vender y distribuir aparatos electrodomésticos pequeños (tostadores, planchas, batidoras y cafeteras) porque el tipo de clientes que vendían sus herramientas motorizadas (tiendas de descuento como Wal-Mart y Kmart, centros para el hogar y ferreterías) también tenían existencias de aparatos electrodomésticos pequeños. Los ahorros de combinar y luego reducir los equipos de vendedores y centros de distribución de herramientas motorizadas y aparatos electrodomésticos pequeños fueron sustanciales.

Una segunda categoría de beneficios surge cuando diferentes negocios usan enfoques de ventas y marketing similares; en tales casos puede haber oportunidades competitivamente valiosas para transferir competencias en ventas, comercialización, publicidad y diferenciación de productos de un negocio a otro. Philip Morris, uno de los principales fabricantes de cigarrillos, siguió una estrategia de diversificación relacionada cuando compró Miller Brewing, General Foods y Kraft Foods y transfirió sus competencias y capacidades en la publicidad, promoción y marketing de cigarrillos al marketing de cerveza y productos alimenticios. La línea de productos de Procter & Gamble incluye la crema de cacahuate Jif, las mezclas para pastel Duncan Hines, el café Folger's, el detergente para ropa Tide, el aceite vegetal Crisco, la pasta de dientes Crest, el jabón Ivory, el papel de baño Charmin y el champú Head and Shoulders. Todos estos productos tienen diferentes competidores y requerimientos de la cadena de suministros y producción; sin embargo, todos se mueven a través de los mismos sistemas de distribución mayoristas, se venden en tiendas minoristas comunes a los mismos compradores, se anuncian y promueven de la misma manera y requieren las mismas habilidades de marketing y comercialización.

Un tercer conjunto de beneficios surge de las actividades relacionadas de ventas y marketing cuando la marca y reputación de una compañía en un área de negocios pueden transferirse a otros negocios. El nombre fuerte de la marca Black & Decker en las herramientas motorizadas y los artículos inalámbricos como la aspiradora Dustbuster facilitó en buena medida una transferencia exitosa de la marca B&D a los productos de la línea de aparatos electrodomésticos de GE. El nombre de Honda en motocicletas y automóviles le dio credibilidad y reconocimiento instantáneos cuando incursionó en el negocio de las podadoras de césped, lo que le permitió adquirir una participación de mercado significativa sin tener que gastar grandes cantidades en publicidad para establecer la identidad de marca de sus podadoras. La reputación de Canon en equipo fotográfico fue una cualidad competitiva que facilitó la diversificación de la compañía en el equipo de fotocopiado. El nombre de Panasonic en los artículos electrónicos de consumo (radios y televisores) se transfirió fácilmente a los hornos de microondas, lo que hizo más fácil y barata para Panasonic la diversificación en este mercado.

Actividades gerenciales y de apoyo administrativo   A menudo, negocios diferentes requieren tipos comparables de habilidades, competencias y conocimientos gerenciales, permitiendo así que los conocimientos y experiencia en una línea de negocios se transfieran a la otra. Ford transfirió sus conocimientos y experiencia en el financiamiento de automóviles y administración de créditos a la industria de ahorros y préstamos cuando adquirió algunas asociaciones de este tipo que se hallaban en malas condiciones durante el rescate de 1989 de esta industria en crisis. En General Electric, los gerentes que participaron en la expansión geográfica de GE a Rusia lograron agilizar el ingreso gracias a la información adquirida por los gerentes de GE que intervinieron en expansiones a otros mercados emergentes. Las lecciones que los gerentes de GE aprendieron en China fueron transmitidas a los gerentes de GE en Rusia, lo que les permitió prever que el gobierno ruso exigiría que GE construyera la capacidad de producción en el país en lugar de ingresar al mercado mediante la exportación u otorgamiento de licencias y que se comprometiera a colaborar en los esfuerzos nacionales de desarrollo económico nacional del país. Además, los gerentes de GE en Rusia estuvieron en una mejor posición para formular expectativas de desarrollo realistas y tomar decisiones difíciles desde un principio, puesto que la experiencia en China y en otros países les advirtió que: 1) era probable que hubiera aumentos en los costos a corto plazo durante los primeros años de operaciones y 2) si GE se comprometía con el mercado ruso a largo plazo y contribuía al desarrollo económico del país, con el tiempo podría esperar que le dieran la libertad para buscar una penetración rentable del mercado ruso.[4]

Asimismo, negocios diferentes necesitan en ocasiones los mismos tipos de instalaciones administrativas de apoyo. Por ejemplo, una compañía de electricidad que se diversifica en el suministro de gas natural, agua, televisión por cable, ventas y servicio de reparación de aparatos electrodomésticos, así como en servicios de seguridad para el hogar puede usar la misma red de datos de clientes, los mismos centros de atención telefónica y oficinas locales, los mismos sistemas de contabilidad y facturación y la misma infraestructura de servicio a los clientes para respaldar todos sus productos y servicios.

La cápsula ilustrativa 36 muestra la cartera de negocios de cuatro compañías que han seguido una estrategia de diversificación relacionada.

Coincidencia estratégica, economías de alcance y ventaja competitiva

Como ilustra la exposición anterior, la diversificación relacionada produce ahorros en los costos siempre que hay oportunidades para consolidar una o más de las actividades de la cadena de valor que se realizan en diferentes negocios. Dichos ahorros se denominan **economías de alcance**, que es un concepto distinto del de las *economías de escala*. Las economías de *escala* son los ahorros en costos que se acumulan gracias a los aumentos en tamaño o número; por ejemplo,

Concepto básico
Las *economías de alcance* surgen de la capacidad de eliminar costos al operar dos o más negocios bajo el mismo paraguas corporativo; las oportunidades para ahorrar en costos son producto de las relaciones de coincidencia estratégica en cualquier punto de las cadenas de valor de los negocios.

---

[4] "Beyond Knowledge Management: How Companies Mobilize Experience", *The Financial Times*, 8 de febrero de 1999, p. 5.

Cápsula ilustrativa 36
Ejemplos de compañías que tienen carteras de negocios relacionados

A continuación se presentan las carteras de negocios de cuatro compañías que se han diversificado en negocios relacionados. Vea si puede identificar las coincidencias estratégicas y relaciones de la cadena de valor que existen entre sus negocios.

GILLETTE

- Hojas y máquinas para afeitar
- Artículos de tocador (Right Guard, Foamy, Dry Idea, Soft & Dry, White Rain)
- Cepillos de dientes Oral-B
- Instrumentos de escritura y productos de papelería (bolígrafos Paper Mate, plumas Parker, plumas Waterman, líquido corrector Liquid Paper)
- Máquinas para afeitar, cafeteras, relojes despertadores, batidoras, secadoras de pelo y cepillos eléctricos de dientes Braun
- Pilas Duracell

RESTAURANTES DARDEN

- Cadena de restaurantes Olive Garden (italiana)
- Cadena de restaurantes Red Lobster (mariscos)
- Cadena de restaurantes Bahama Breeze (especialidades del Caribe)

JOHNSON & JOHNSON

- Productos para bebé (talco, champú, aceite, loción)
- Curitas Band-Aid y otros productos para primeros auxilios
- Productos higiénicos y de cuidado personal para damas (Stayfree, Carefree, Sure & Natural)
- Productos para el cuidado de la piel Neutrogena y Aveeno
- Medicamentos que no necesitan receta (Tylenol, Motrin, Pepcid AC, Mylanta, Monistat)
- Medicamentos que necesitan receta
- Prótesis y otros aparatos médicos
- Productos quirúrgicos y para hospitales
- Lentes de contacto Accuvue

PEPSICO, INC.

- Refrescos (Pepsi, Diet Pepsi, Pepsi ONE, Mountain Dew, Mug, Slice, Storm)
- Jugos de frutas (Tropicana y Dole)
- Bebidas "new age" y de otro tipo (agua embotellada Aquafina, té listo para beberse Lipton, café listo para beberse Starbucks, bebidas isotónicas All Sport)
- Botanas (Fritos, Lays, Ruffles, Doritos, Tostitos, Santitas, Smart Food, pretzels Rold Gold, Chee-tos, galletas Grandma's, Sun Chips, Cracker Jack, salsas, galletas sándwich)

Fuente: Informes anuales de las compañías.

los costos unitarios son menores en una planta grande que en una pequeña o en un centro de distribución grande que en uno pequeño; también son más bajos en compras de componentes en gran volumen que en compras de menor volumen. Las economías de *alcance* son las oportunidades para ahorrar en costos entre negocios.

Las economías de alcance son en buena medida un fenómeno de la diversificación relacionada y surgen siempre que sea menos costoso realizar ciertas actividades de la cadena de valor para dos o más negocios operados bajo una administración centralizada que lo que resultaría llevarlas a cabo de manera independiente. Compartir tecnología, realizar actividades conjuntas de investigación y desarrollo, utilizar las mismas instalaciones de fabricación o distribución, usar un equipo de vendedores común o la misma red de distribuidores y concesionarios, compartir una marca establecida, así como las funciones de apoyo administrativo, ayudan a una compañía diversificada a ahorrar dinero. *Mientras más grandes sean las economías de alcance asociadas con las oportunidades para ahorrar costos entre negocios, mayor será el potencial para crear una ventaja competitiva basada en costos menores.*

Lo que hace atractiva a una estrategia de diversificación relacionada es la oportunidad de convertir las relaciones de coincidencia estratégica entre las cadenas de valor de diferentes negocios en una ventaja competitiva sobre las empresas rivales que no se han diversificado o que lo han hecho de tal manera que no tienen acceso a dichos beneficios. Mientras más grande sea la relación entre los negocios de una compañía diversificada, mayores serán las oportunidades

> Lo que hace atractiva a la diversificación relacionada es la oportunidad de convertir las coincidencias estratégicas entre negocios en ventaja competitiva.

para transferir las habilidades, combinar las actividades de la cadena de valor para lograr menores costos o colaborar para crear nuevas fortalezas de recursos y capacidades y, por ende, mayor será la posibilidad de crear ventaja competitiva.

> La ventaja competitiva lograda gracias a las coincidencias estratégicas entre negocios aumenta el potencial de desempeño de los negocios individuales de la firma; esta fuente adicional de ventaja competitiva permite que la diversificación relacionada tenga un efecto de 1 + 1 = 3 en el valor para los accionistas.

Además, *una firma diversificada que explota las concordancias en la cadena de valor entre negocios y capta los beneficios de la coincidencia estratégica puede lograr un desempeño consolidado mayor que la suma de lo que los negocios ganarían si siguieran estrategias independientes.* La ventaja competitiva que se deriva de las coincidencias estratégicas a lo largo de las cadenas de valor de negocios relacionados proporciona una base confiable para que se desempeñen mejor juntos que como empresas independientes donde no existe tal ventaja competitiva. Mientras más grandes sean los beneficios de la coincidencia estratégica, más capaz será la diversificación relacionada de lograr un desempeño de 1 + 1 = 3, con lo cual se satisface la prueba de mejor desempeño para generar valor para los accionistas.

Captación de los beneficios de la coincidencia estratégica

Una cosa es diversificarse en industrias que tienen coincidencias estratégicas y otra captar realmente los beneficios asociados con tener cadenas de valor interrelacionadas.[5] Para captar los beneficios de ahorros en costos de las coincidencias estratégicas entre negocios, las actividades relacionadas de la cadena de valor deben fusionarse generalmente en una sola unidad funcional y coordinarse; sólo entonces podrán obtenerse ahorros en costos. Debido a que fusionar funciones implica costos de reorganización, la gerencia debe decidir si el beneficio de cierto control estratégico centralizado es suficientemente grande para justificar el sacrificio de la autonomía de las unidades de negocios. Asimismo, cuando la transferencia de habilidades o tecnología es la piedra angular de la coincidencia estratégica, los gerentes deben buscar la forma de hacer una transferencia eficaz sin privar de demasiado personal calificado al negocio que tiene la experiencia. Mientras más ligada esté la estrategia de diversificación de una compañía a la transferencia de habilidades o tecnología, más necesidad tendrá de desarrollar una reserva de personal especializado suficientemente grande y talentosa no sólo para proveer a los nuevos negocios de la habilidad o tecnología, sino también para dominarla al grado que permita crear una ventaja competitiva.

> Una compañía que puede expandir su reserva de activos estratégicos más rápido y a menor costo que los rivales obtiene una ventaja competitiva sustentable.

Hay un beneficio adicional que es producto de volverse experto en captar las coincidencias estratégicas entre negocios: el potencial de ventaja competitiva de que la firma expanda su reserva de recursos y activos estratégicos y cree otros *más rápido y de manera más barata* que los rivales que no están diversificados en negocios relacionados.[6] Una razón por la que algunas compañías diversificadas se desempeñan mejor a largo plazo que otras es que son más hábiles para explotar los vínculos entre sus negocios relacionados; dicho conocimiento se traduce en habilidad para *acelerar* la creación de nuevas competencias centrales y capacidades competitivas valiosas. En virtud del ritmo vertiginoso del cambio en muchas industrias del mundo actual, poseer la habilidad para crear nuevas fortalezas de recursos y capacidades con mayor rapidez que los rivales es una forma potente y confiable de que una compañía diversificada obtenga rendimientos superiores a largo plazo.

FUNDAMENTOS DE LAS ESTRATEGIAS DE DIVERSIFICACIÓN NO RELACIONADA

Pese a los beneficios de la coincidencia estratégica asociados con la diversificación relacionada, diversas compañías han optado por estrategias de diversificación no relacionada. Estas compañías muestran la disposición a diversificarse en *cualquier industria* que ofrezca oportunidad de obtener

---

[5] Para un punto de vista sobre cómo captar los beneficios de la coincidencia estratégica, véase Kathleen M. Eisenhardt y D. Charles Galunic, "Coevolving: At Last, a Way to Make Synergies Work", *Harvard Business Review* 78, núm. 1, enero-febrero de 2000, pp. 91-101.

[6] Constantinos C. Markides y Peter J. Williamson, "Related Diversification, Core Competences and Corporate Performance", *Strategic Management Journal* 15, verano de 1994, pp. 149-165.

buenas utilidades. *En la diversificación no relacionada no hay un esfuerzo deliberado por buscar negocios que tengan coincidencias estratégicas con los otros negocios de la firma*; véase la figura 9.3. Aunque las compañías que buscan la diversificación no relacionada pueden tratar de asegurarse de que sus objetivos de diversificación satisfagan las pruebas de atractivo de la industria y costo de ingreso, las condiciones necesarias para la prueba de mejor desempeño no se toman en consideración, o bien se relegan a un segundo plano. Las decisiones para diversificarse en una industria o en otra son producto de una búsqueda oportunista de "buenas" compañías que puedan adquirirse: *la premisa básica de la diversificación no relacionada es que cualquier compañía que pueda adquirirse en buenos términos financieros y que ofrezca posibilidades de obtener utilidades satisfactorias representa un buen negocio en el cual diversificarse*. Mucho tiempo y esfuerzo se invierten en la búsqueda y selección de los candidatos a adquisición, usando criterios como:

> Una estrategia de diversificación no relacionada implica diversificarse en cualquier industria o negocio que ofrezca la promesa de ganancias financieras atractivas; la explotación de las relaciones de coincidencia estratégica es algo secundario.

- Si el negocio puede cumplir los objetivos corporativos de rentabilidad y rendimiento sobre la inversión.

- Si el negocio requerirá infusiones sustanciales de capital para sustituir las plantas y equipo obsoletos, expansión de fondos y aportaciones de capital de trabajo.

- Si el negocio está en una industria que tiene potencial de crecimiento significativo.

- Si el negocio es lo suficientemente grande como para contribuir de manera significativa a los resultados financieros de la compañía matriz.

- Si hay posibilidades de que surjan dificultades sindicales o reglamentos gubernamentales adversos en relación con la seguridad del producto o el medio ambiente.

- Si hay vulnerabilidad de la industria a la recesión, inflación, tasas de interés elevadas o modificaciones de la política gubernamental.

En ocasiones, las compañías con estrategias de diversificación no relacionada se concentran en identificar a los candidatos a ser adquiridos que ofrecen oportunidades rápidas de ganancias financieras debido a su "situación especial". Dos tipos de negocios tienen dicho atractivo:

- *Compañías cuyos activos están subvaluados.* Es posible que existan oportunidades de adquirir estas compañías a un precio menor al valor real de mercado y obtener ganancias de capital considerables al revender sus activos y áreas de negocios a un precio mayor a los costos de adquisición.

- *Compañías que tienen dificultades financieras.* Estas empresas a menudo pueden comprarse a precios de ganga, sus operaciones se recuperan y vuelven a la rentabilidad con la ayuda de los recursos financieros y conocimientos administrativos de la compañía matriz; luego se conservan como inversiones a largo plazo en la cartera de negocios del adquirente (debido a las fuertes ganancias o potencial de flujo de efectivo) o se venden con ganancia, lo que resulte más atractivo.

Las compañías que buscan la diversificación no relacionada casi siempre emprenden nuevos negocios adquiriendo una empresa establecida en vez de fundar una subsidiaria dentro de sus propias estructuras corporativas. La premisa es que el crecimiento mediante la adquisición se traduce en un aumento del valor para los accionistas. Se considera justificable la suspensión de la aplicación de la prueba de mejor desempeño siempre que la diversificación no relacionada dé como resultado el crecimiento sostenido en los ingresos y utilidades corporativos y siempre que ninguno de los negocios adquiridos termine desempeñándose mal.

La cápsula ilustrativa 37 muestra la cartera de negocios de varias compañías que han buscado la diversificación no relacionada. Tales compañías se denominan a menudo *conglomerados* debido a que sus intereses de negocios abarcan muchas y diversas industrias.

Ventajas y desventajas de la diversificación no relacionada

La diversificación no relacionada tiene atractivo desde varios puntos de vista financieros:

1. El riesgo comercial se dispersa en un conjunto de industrias *diversas*, lo cual representa una mejor manera de diferir el riesgo financiero en comparación con la diversificación

Figura 9.3 **Cadenas de valor de negocios no relacionados**

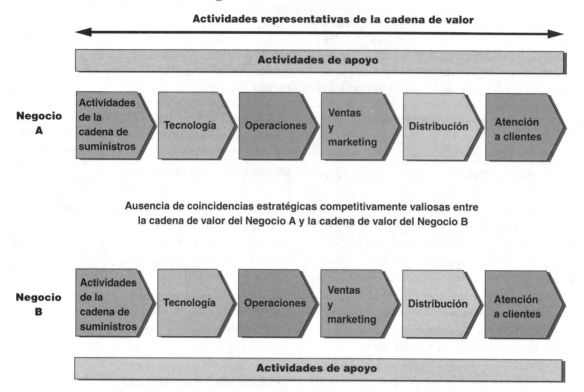

relacionada, ya que las inversiones de la compañía se distribuyen entre negocios con tecnologías, fuerzas competitivas, características de mercado y bases de clientes totalmente diferentes.[7]

2. Los recursos financieros de la compañía pueden emplearse con la máxima ventaja invirtiendo en *cualquier industria* que ofrezca las mejores posibilidades de obtener utilidades (a diferencia de considerar sólo oportunidades en industrias relacionadas). Específicamente, los flujos de efectivo de los negocios con menores perspectivas de crecimiento y utilidad pueden destinarse a adquirir y ampliar los negocios que tienen un potencial más alto en este sentido.

3. Es posible que la rentabilidad de la compañía sea un poco más estable porque las épocas difíciles en una industria pueden compensar las buenas épocas en otra; idealmente, las bajas cíclicas en algunos de los negocios de la firma sirven de contrapeso a las alzas cíclicas en otros negocios en los que ésta se ha diversificado.

4. Hasta el grado en que los gerentes corporativos sean excepcionalmente astutos para detectar compañías baratas que tengan un gran potencial de recuperación de utilidades, la riqueza de los accionistas puede aumentar.

Aunque el ingreso a un negocio no relacionado a menudo pasa las pruebas de atractivo de la industria y costo de ingreso (pero rara vez la de mejor desempeño), una estrategia de diversificación no relacionada tiene sus inconvenientes. El talón de Aquiles de la diversificación conglomerada es la gran exigencia que impone a la gerencia de nivel corporativo para que ésta

---

[7] Aunque estos argumentos tienen atractivo lógico, existen estudios que demuestran que la diversificación relacionada es menos riesgosa desde el punto de vista financiero que la diversificación no relacionada; véase Michael Lubatkin y Sayan Chatterjee, "Extending Modern Portfolio Theory into the Domain of Corporate Diversification: Does It Apply?", *Academy of Management Journal* 37, núm. 1, febrero de 1994, pp. 109-136.

Cápsula ilustrativa 37
Compañías diversificadas que tienen carteras de negocios no relacionados

DIAGEO PLC

- Restaurantes de comida rápida Burger King
- Guinness, una de las principales compañías cerveceras y fabricante de cerveza negra
- Helados Häagen-Dazs
- Harinas y productos de repostería Pillsbury y Martha White
- Productos de comida mexicana Old El Paso
- Sopas Progresso
- Pizza Totino's
- Pasta fresca Frescarina
- Frijoles horneados B&M
- Verduras enlatadas y congeladas de las marcas Green Giant, Giant Vert y Gigante
- Bebidas alcohólicas y vinos: Smirnoff, vodka Popov, Johnny Walker, Gordon's, Tanqueray, George Dickel, J&B, Moët, Henessey, Gilbey's, Bailey's, Cinzano, José Cuervo, Beaulieu Vineyards, Glen Ellen Wines, vinos Rutherford Estates, Dom Perignon y unas 50 marcas de licores, cordiales, vinos y brandy

UNITED TECHNOLOGIES, INC.

- Motores para aviones Pratt & Whitney
- Equipo de calefacción y aire acondicionado Carrier
- Ascensores Otis
- Helicópteros Sikorsky
- Subsistemas y componentes aeroespaciales Hamilton Substrand

THE WALT DISNEY COMPANY

- Parques temáticos
- Línea de cruceros Disney
- Hoteles
- Producción de películas (tanto para niños como para adultos)
- Producción de video
- Transmisión de televisión (ABC, Disney Channel, Toon Disney, Classic Sports Network, ESPN, E!, Lifetime, y A&E networks)
- Transmisión de radio (Disney Radio)
- Producciones teatrales
- Grabaciones musicales
- Ventas de arte en dibujos animados
- Franquicia Anaheim Mighty Ducks, NHL
- Franquicia Anaheim Angels, Ligas Mayores de Béisbol (25 por ciento de propiedad)

- Publicación de libros y revistas
- Software interactivo y sitios de Internet
- Tiendas minoristas The Disney Store

COOPER INDUSTRIES

- Llaves inglesas, pinzas y destornilladores Crescent
- Limas y sierras Nicholson
- Herraduras y herramientas de veterinarios Diamond
- Productos de medición y maquetación Lufkin
- Herramientas eléctricas Gardner-Denver
- Materiales eléctricos de construcción
- Accesorios de iluminación, fusibles y dispositivos de protección de circuitos
- Productos para servicios eléctricos (transformadores, relés, controles de condensadores, interruptores)
- Iluminación de emergencia, detección de incendios y sistemas de seguridad

TEXTRON, INC.

- Helicópteros Bell
- Avionetas Cessna
- Carros de golf E-Z-Go
- Textron Automotive (tableros de instrumentos, tanques de plástico para combustibles, molduras de plástico para interiores y exteriores)
- Textron Fastening Systems (el líder global)
- Sistemas de fluidos y energía
- Textron Financial Services
- Equipo para cuidado del césped Jacobsen
- Equipo para cuidado del césped y vehículos utilitarios Ransomes
- Herramientas y equipo de prueba para la industria de los alambres y cables

AMERICAN STANDARD

- Estufas, calentadores y acondicionadores de aire Trane y American Standard
- Productos para plomería (American Standard, Ideal Standard, Standard, aditamentos para baño, inodoros, tinas, grifos, tinas de hidromasaje y duchas Porcher)
- Productos automotores (sistemas de frenos y control para vehículos comerciales y utilitarios)
- Sistemas médicos (productos para evaluación y manejo de enfermedades DiaSorin)

(continúa)

Cápsula ilustrativa 37

(*conclusión*)

VEBA GROUP

VEBA es una compañía que tiene su sede en Alemania, obtiene ingresos que ascienden a 43 000 millones de dólares y ocupa el lugar 46 en la lista Fortune Global 500.

- PreussenElektra, el segundo generador de electricidad más grande de Alemania

- Degussa-Huls, una de las compañías de especialidades químicas más grandes del mundo, cuyos productos incluyen aditivos, peróxido de hidrógeno, negro de hulla industrial, ácidos silícicos y fenol

- VEBA Oel, productor de petróleo crudo y refinador de petróleo y productos petroquímicos

- MEMC Electronic Materials, fabricante con sede en Missouri de chapas de silicona, con instalaciones de producción en Estados Unidos, Asia y Europa

- VEBA Telecom, vendedor de servicios inalámbricos a clientes privados y comerciales y participante en los mercados de telecomunicaciones de Suiza y Francia

- Viterra, líder del mercado alemán en bienes raíces y servicios inmobiliarios

- VEBA Electronics y Stinnes, intereses de negocios en distribución y logística

Fuente: Informes anuales de las compañías.

> Los dos mayores inconvenientes de la diversificación no relacionada son las dificultades de administrar de manera competente muchos negocios diferentes y privarse de la fuente adicional de ventaja competitiva que la coincidencia estratégica entre negocios ofrece.

tome decisiones sensatas en relación con negocios fundamentalmente diferentes que operan en una industria y un entorno competitivo fundamentalmente diferentes. Mientras mayor sea el número de negocios que tenga una compañía y mientras más diversos sean éstos, más difícil será para los gerentes corporativos supervisar cada subsidiaria y detectar los problemas en una etapa temprana, tener verdadera experiencia en evaluar el atractivo de la industria y entorno competitivo de cada negocio y decidir el calibre de las medidas y planes estratégicos propuestos por los gerentes del nivel comercial. Como el presidente de una compañía diversificada lo expresó:

> Tenemos que cerciorarnos de que nuestros negocios centrales estén bien administrados para obtener utilidades sólidas a largo plazo. No podemos sentarnos tranquilamente a observar las cifras. Tenemos que saber cuáles son los verdaderos problemas en los centros de utilidades. De lo contrario, ni siquiera estaremos en posición de supervisar a nuestros gerentes en las grandes decisiones.[8]

Con una diversificación amplia, los gerentes corporativos tienen que ser astutos y talentosos para 1) distinguir entre una buena adquisición y una mala, 2) seleccionar gerentes capaces que puedan dirigir cada uno de los múltiples negocios diferentes, 3) discernir cuándo las propuestas estratégicas importantes de los gerentes de las unidades de negocios son sensatas, y 4) saber qué hacer si una unidad de negocios sufre algún tropiezo.[9] Debido a que todo negocio tiende a encontrar dificultades, una buena manera de evaluar el riesgo de diversificarse en nuevas áreas no relacionadas es preguntarse: "Si el nuevo negocio se metiera en problemas, ¿sabríamos cómo rescatarlo?" Cuando la respuesta es no, la diversificación no relacionada puede presentar un enorme riesgo financiero y las perspectivas de que el negocio produzca utilidades son más azarosas.[10] Como aconsejaba el ex presidente de una de las 500 compañías de

---

[8] Carter F. Bales, "Strategic Control: The President's Paradox", *Business Horizons* 20, núm. 4, agosto de 1977, p. 17.

[9] Para una revisión de las experiencias de compañías que han implantado con éxito la diversificación no relacionada, véase Patricia L. Anslinger y Thomas E. Copeland, "Growth through Acquisitions: A Fresh Look", *Harvard Business Review* 74, núm. 1, enero-febrero de 1996, pp. 126-135.

[10] Por supuesto, es posible que la gerencia esté dispuesta a asumir el riesgo de que los problemas no se presentarán antes de que haya tenido tiempo de aprender el negocio lo suficientemente bien para rescatarlo de casi cualquier dificultad. Sin embargo, hay estudios que demuestran que esto es muy arriesgado desde la perspectiva financiera; véase, por ejemplo, Lubatkin y Chatterjee, "Extending Modern Portfolio Theory", pp. 132-133.

Fortune: "Nunca adquieras un negocio que no sabes cómo dirigir." Se necesitan sólo uno o dos errores estratégicos grandes (juzgar mal el atractivo de la industria, toparse con problemas inesperados en un negocio recién adquirido o ser demasiado optimista respecto a la dificultad que supondrá sanear una subsidiaria en dificultades para que vuelva a ser rentable) para provocar una caída estrepitosa de las utilidades corporativas y hundir el precio de las acciones de la compañía matriz.

En segundo lugar, sin el potencial de ventaja competitiva de la coincidencia estratégica, el desempeño consolidado de una cartera de múltiples negocios no relacionados tiende a no ser mejor que la suma de lo que cada unidad de negocios podría lograr si fuera independiente, e incluso puede ser peor hasta el punto de que los gerentes corporativos se entrometan en las operaciones de la unidad de negocios o las restrinjan con políticas corporativas. Con excepción, quizá, del respaldo financiero que una compañía matriz con muchos recursos puede proporcionar, una estrategia de diversificación no relacionada no aporta nada a la fortaleza competitiva de las unidades de negocios en lo individual. Cada negocio trata por su cuenta de crear ventaja competitiva. La diversificación no relacionada no ofrece ninguna base para reducir costos, transferir habilidades o compartir tecnología. En una compañía muy diversificada, el valor agregado por los gerentes corporativos depende sobre todo de su talento para decidir qué nuevos negocios agregar, de cuáles deshacerse, cómo emplear mejor los recursos financieros disponibles para crear un grupo de negocios con un desempeño superior, y de la calidad de la orientación en la toma de decisiones que proporcionan a los gerentes generales de sus subsidiarias.

Tercero, aunque en teoría la diversificación no relacionada ofrece el potencial de mayor estabilidad en las ventas y utilidades a lo largo del ciclo comercial, *en la práctica, los intentos de implantar una diversificación contracíclica no alcanzan su objetivo*. Pocos negocios atractivos tienen ciclos opuestos de altas y bajas; la gran mayoría se ven igualmente afectados por los buenos y malos tiempos en la economía. No hay pruebas convincentes de que las utilidades consolidadas de firmas muy diversificadas sean más estables o estén menos sujetas a sufrir reveses en periodos de recesión y penurias económicas que las utilidades de las firmas menos diversificadas.

A pesar de todos estos inconvenientes, la diversificación no relacionada a veces puede ser una estrategia corporativa deseable. No hay duda de que merece ser considerada cuando una compañía necesita diversificarse fuera de una industria poco atractiva o en peligro o cuando no tiene competencias o capacidades distintivas que pueda transferir a una industria adyacente. La diversificación pura también se explica hasta el punto de que los empresarios tengan una fuerte preferencia por invertir en varios negocios no relacionados en lugar de en una familia de negocios relacionados. Por lo demás, el argumento a favor de la diversificación no relacionada gira en torno de las perspectivas de ganancia financiera de cada caso en lo individual.

Un problema clave de la diversificación no relacionada radica en determinar hasta dónde deben lanzarse las redes en la creación de la cartera de negocios. En otras palabras, ¿la cartera corporativa debe contener pocos o muchos negocios no relacionados? ¿Cuánta diversidad en los negocios pueden manejar satisfactoriamente los ejecutivos corporativos? Una manera razonable de resolver el problema de decidir el grado de diversificación proviene de la respuesta a dos preguntas: "¿cuál es el nivel mínimo de diversificación que se necesita para alcanzar crecimiento y rentabilidad aceptables?" y "¿cuál es el nivel máximo de diversificación que es posible manejar en virtud de la complejidad que agrega?"[11] El nivel óptimo de diversificación por lo general se ubica entre estos dos extremos.

Diversificación no relacionada y valor para los accionistas

La diversificación no relacionada es fundamentalmente un enfoque *financiero* hacia la creación de valor para los accionistas, en tanto que la diversificación relacionada es básicamente *estratégica*. La diversificación relacionada representa un enfoque estratégico hacia la creación de

---

[11] Peter Drucker, *Management: Tasks, Responsibilities, Practices*, Harper & Row, Nueva York, 1974, pp. 692-693.

La diversificación no relacionada es un enfoque *financiero* hacia la creación de valor para los accionistas; la diversificación relacionada, en contraste, representa un enfoque *estratégico*.

valor para los accionistas porque se basa en la explotación de los vínculos entre las cadenas de valor de diferentes negocios para reducir costos, transferir habilidades y experiencia tecnológica entre éstos y aprovechar otros beneficios de la coincidencia estratégica. Como recalcamos antes, el objetivo es convertir las coincidencias estratégicas entre negocios en una medida adicional de la ventaja competitiva que va más allá de lo que las subsidiarias comerciales pueden lograr por su cuenta. La ventaja competitiva adicional que una firma logra gracias a la diversificación relacionada es la fuerza que impulsa la creación de mayor valor para los accionistas.

En contraste, la diversificación no relacionada se basa en la utilización astuta de los recursos financieros corporativos y las habilidades de los ejecutivos para detectar oportunidades de negocios financieramente atractivas. Puesto que la diversificación no relacionada no implica oportunidades importantes de coincidencia estratégica entre negocios, los estrategas corporativos no pueden crear valor para los accionistas adquiriendo compañías que exploten las coincidencias en la cadena de valor para desempeñarse mejor juntas que como entidades autónomas; en un conglomerado de negocios no relacionados, la ventaja competitiva no va más allá de lo que cada subsidiaria es capaz de lograr independientemente con su propia estrategia competitiva. En consecuencia, para que la diversificación no relacionada resulte en un mayor valor para los accionistas (por encima del efecto de $1 + 1 = 2$ que los accionistas podrían obtener si adquirieran participaciones de propiedad en una variedad de negocios para diversificar el riesgo de la inversión en su propio beneficio), los estrategas deben mostrar habilidades superiores para crear y administrar una cartera de intereses de negocios diversificados. Esto significa específicamente:

Para que los estrategas corporativos creen valor para los accionistas de otra manera que no sea mediante las coincidencias estratégicas y la ventaja competitiva, tienen que ser lo suficientemente sagaces como para producir resultados financieros de un grupo de negocios que excedan lo que los gerentes del nivel comercial pueden producir.

- Realizar un trabajo superior para diversificarse en nuevos negocios que produzcan consistentemente buenos rendimientos sobre la inversión (satisfacer la prueba del atractivo).
- Llevar a cabo un trabajo excelente para negociar precios de adquisición favorables (satisfacer la prueba de costo de ingreso).
- Poner en práctica medidas astutas para vender subsidiarias previamente adquiridas en su apogeo y obtener precios elevados. (Esto requiere la habilidad para discernir cuándo una subsidiaria está a punto de enfrentar condiciones competitivas e industriales adversas y probables bajas en la rentabilidad a largo plazo.)
- Actuar con astucia para retirar los recursos financieros corporativos de los negocios donde las oportunidades de obtener utilidades sean escasas e invertirlos en negocios con perspectivas de crecimiento rápido de las ganancias y elevados rendimientos sobre la inversión.
- Supervisar las subsidiarias de la compañía y colaborar en su administración (proporcionando técnicas especializadas de solución de problemas, sugerencias de estrategias creativas y orientación en la toma de decisiones a los gerentes de nivel comercial) de tal suerte que los negocios se desempeñen mejor de lo que podrían sin este apoyo (una posible manera de satisfacer la prueba de mejor desempeño).

Hasta que los ejecutivos corporativos sean capaces de diseñar y ejecutar una estrategia de diversificación no relacionada que produzca suficientes de los anteriores resultados para que una empresa supere sistemáticamente en su desempeño a otras firmas generando dividendos y ganancias de capital para los accionistas, podrá afirmarse que el valor para los accionistas ha aumentado verdaderamente. Lograr tales resultados de manera uniforme requiere, sin embargo, ejecutivos corporativos muy talentosos. Sin ellos, la diversificación no relacionada es una manera muy dudosa y poco confiable de tratar de crear valor para los accionistas. Hay muchas más compañías que lo han intentado y fracasaron que compañías que lo han intentado y triunfaron.

ESTRATEGIAS COMBINADAS DE DIVERSIFICACIÓN RELACIONADA Y NO RELACIONADA

No hay nada que impida a una compañía diversificarse en negocios relacionados y no relacionados. En efecto, en la práctica real la composición de los negocios de las compañías diversificadas varía considerablemente; algunas son en realidad *empresas con un negocio dominante*, un negocio "central" importante representa de 50% a 80% de los ingresos totales y un grupo de negocios pequeños, relacionados o no, representa el resto. Algunas compañías están *diversificadas de manera limitada* alrededor de unos cuantos negocios (de dos a cinco) relacionados o no. Otras organizaciones están *diversificadas de manera general* y tienen un grupo amplio de negocios relacionados o no o una combinación de ambos. Y unas cuantas empresas multinegocios se han diversificado en áreas no relacionadas pero tienen un grupo de negocios relacionados dentro de cada área, lo que les da una cartera de negocios que consta de *varios grupos no relacionados de negocios relacionados*. Hay mucho espacio para que las compañías adapten sus estrategias de diversificación de manera que incorporen elementos tanto de la diversificación relacionada como de la no relacionada, según convenga a sus propias preferencias de riesgo y visión estratégica.

ESTRATEGIAS PARA INCURSIONAR EN NUEVOS NEGOCIOS

El ingreso a nuevos negocios relacionados o no puede adoptar una de tres formas: adquisición, empresa interna de nueva creación y empresas de riesgo compartido o sociedades estratégicas.

Adquisición de una compañía existente

La adquisición es el medio más popular de diversificarse en otra industria. No sólo es una forma más rápida de incursionar en el mercado objetivo que tratar de lanzar una operación nueva desde cero, sino que ofrece una manera eficaz de salvar barreras de ingreso tales como adquirir experiencia tecnológica, establecer relaciones con los proveedores, crecer para equiparar la eficiencia y costos unitarios de los rivales, tener que gastar grandes sumas en publicidad introductoria y promociones para lograr notoriedad en el mercado y reconocimiento de marca y conseguir distribución adecuada.[12] En muchas industrias, una empresa interna de nueva creación puede tardar años en obtener los conocimientos, recursos, escala de operación y reputación en el mercado que necesita para llegar a ser un competidor eficaz. Adquirir una compañía ya establecida permite al participante pasar directamente a la tarea de crear una posición de mercado fuerte en la industria objetivo.

Sin embargo, encontrar la compañía adecuada que habrá de adquirirse presenta en ocasiones un desafío.[13] El gran dilema que enfrenta una empresa orientada hacia las adquisiciones es si debe pagar un sobreprecio por una compañía exitosa o comprar una en problemas a precio de ganga. Si la firma compradora tiene poco conocimiento de la industria, pero mucho capital, a menudo le conviene comprar una compañía capaz y con una posición fuerte, a menos que el precio de dicha adquisición sea prohibitivo y no pase la prueba de costo de ingreso. Sin embargo, cuando el adquirente vislumbra maneras prometedoras de transformar una empresa débil en una fuerte y cuenta con los recursos, conocimientos, experiencia y paciencia para hacerlo, una compañía en dificultades puede ser la mejor inversión a largo plazo.

La prueba de costo de ingreso requiere que la corriente esperada de utilidades de una compañía adquirida produzca un rendimiento atractivo sobre el costo total de la adquisición y sobre cualquier nueva inversión de capital que se necesite para sostener o expandir sus operaciones. Un precio de adquisición elevado puede hacer que pasar esta prueba resulte improbable o difícil. Por ejemplo, supongamos que el precio para comprar una compañía es de

---

[12] En años recientes, las tomas de control hostiles se han convertido en un método de adquisición muy debatido del que en ocasiones se ha abusado. El término *toma de control* se refiere al intento (que a menudo surge como una sorpresa) de una compañía por adquirir la propiedad o control de otra firma en contra de los deseos de la gerencia de la segunda (y quizá de algunos de sus accionistas).

[13] Michael E. Porter, *Competitive Strategy: Techniques for Analyzing Industries and Competitors*, Free Press, Nueva York, 1980, pp. 354-355.

Un obstáculo para incursionar en industrias atractivas por medio de la adquisición es la dificultad de encontrar una compañía adecuada a un precio que satisfaga la prueba de costo de ingreso.

tres millones de dólares y que la empresa obtiene utilidades después de impuestos de 200 000 dólares sobre una inversión de capital de un millón de dólares (un rendimiento de 20% anual). Una sencilla operación aritmética indica que las utilidades de la firma adquirida necesitan triplicarse para que el comprador obtenga el mismo rendimiento de 20% sobre los tres millones del precio de adquisición que los anteriores dueños obtenían sobre su inversión patrimonial de un millón. Para hacer crecer las utilidades de la firma adquirida de 200 000 a 600 000 dólares anuales podrían necesitarse varios años, y requerir inversión adicional sobre la cual el comprador también tendría que ganar un rendimiento de 20%. Puesto que los propietarios de una compañía exitosa y en crecimiento por lo general exigen un precio que refleje las perspectivas de utilidades futuras de la empresa, es fácil que dicha adquisición no pase la prueba de costo de ingreso. Un aspirante a diversificar no puede confiar en que podrá adquirir una compañía deseable en una industria atractiva a un precio que permita rendimientos atractivos sobre la inversión.

Empresa interna de nueva creación

Lograr la diversificación por medio de una *empresa interna de nueva creación* implica fundar una nueva compañía bajo el paraguas corporativo para competir en la industria deseada. Una organización recién formada no sólo tiene que superar las barreras de ingreso, sino que también tiene que invertir en capacidad de producción, crear fuentes de suministro, contratar y capacitar empleados, formar canales de distribución, cultivar una base de clientes, etcétera. Generalmente, la formación de una nueva compañía es más atractivo cuando: 1) hay mucho tiempo para emprender el negocio a partir de la nada, 2) hay probabilidades de que las compañías establecidas respondan con lentitud o ineficacia a los esfuerzos del nuevo participante por penetrar el mercado, 3) el ingreso interno tiene menores costos que el ingreso por medio de la adquisición, 4) la compañía ya cuenta internamente con la mayor parte o todas las habilidades que necesita para competir con eficacia, 5) la adición de nueva capacidad de producción no afectará en forma negativa el equilibrio entre oferta y demanda en la industria y 6) la industria objetivo está poblada de muchas compañías relativamente pequeñas de modo que la empresa de nueva creación no tiene que competir de manera directa con rivales más grandes y poderosos.[14]

Los mayores obstáculos para incursionar en una industria mediante la formación de una nueva compañía interna son los costos de superar las barreras de ingreso y el tiempo adicional que se requiere para crear una posición competitiva fuerte y rentable.

Empresas de riesgo compartido y sociedades estratégicas

Las empresas de riesgo compartido por lo común suponen la fundación de una nueva entidad corporativa, propiedad de los socios, mientras que las sociedades estratégicas representan un convenio de colaboración que por lo general puede darse por terminado en el momento en que alguno de los socios así lo decida. En la mayoría de las empresas compartidas intervienen dos socios e, históricamente, se formaban casi siempre para buscar oportunidades hasta cierto punto periféricas para los intereses estratégicos de los socios; muy pocas compañías han usado las empresas de riesgo compartido para diversificarse en nuevas industrias centrales para la estrategia corporativa. En años recientes, las sociedades o alianzas estratégicas han sustituido a las empresas de riesgo compartido como el mecanismo favorito para unir fuerzas con el objeto de buscar oportunidades de diversificación estratégicamente importantes porque pueden dar cabida con facilidad a varios socios, además de ser más flexibles y adaptables al veloz ritmo de cambio de condiciones tecnológicas y de mercado que una empresa de riesgo compartido formal.

Una sociedad estratégica o una empresa de riesgo compartido son una manera útil de obtener acceso a un nuevo negocio en por lo menos tres tipos de situaciones.[15] En primer lugar, una alianza estratégica o empresa de riesgo compartido es una buena manera de seguir una oportunidad que es demasiado compleja, poco económica o arriesgada para una sola organi-

14 *Ibid.*, pp. 344-345.

15 Yves L. Doz y Gary Hamel, *Alliance Advantage: The Art of Creating Value through Partnering*, Harvard Business School Press, Boston, 1998, capítulos 1 y 2. Véase también Drucker, *Management: Tasks, Responsibilities, Practices*, pp. 720-724.

zación. En segundo término, las alianzas estratégicas o empresas de riesgo compartido convienen cuando las oportunidades en una nueva industria requieren una gama más amplia de competencias y conocimientos que la que una organización puede reunir en lo individual. Muchas de las oportunidades en las telecomunicaciones vía satélite, biotecnología y sistemas basados en redes que combinan hardware, software y servicios exigen el desarrollo coordinado de innovaciones complementarias y la integración de una gran cantidad de factores financieros, técnicos, políticos y reglamentarios. En tales casos, la agrupación de recursos y competencias de dos o más organizaciones independientes es esencial para generar las capacidades necesarias para alcanzar el éxito.

Tercero, las empresas de riesgo compartido son en ocasiones la única forma de ingresar a un mercado extranjero deseable donde la entrada está restringida por el gobierno y las compañías deben conseguir un socio local para lograr el ingreso; por ejemplo, el gobierno chino cerró el ingreso a la industria automotriz a todos los fabricantes de autos, salvo a unos cuantos seleccionados, y en la industria de los ascensores permitió solamente que Otis, Schindler y Mitsibushi establecieran empresas de riesgo compartido con socios locales. (Aunque esta cifra se amplió después, los tres participantes desde el principio pudieron conservar su ventaja de mercado sobre los participantes tardíos).[16] Las empresas de riesgo compartido con socios locales también son una manera útil de vencer las barreras arancelarias y las cuotas de importación. Las alianzas con socios locales se han convertido en el mecanismo favorito de las compañías globales para afianzarse en mercados extranjeros deseables, ya que los socios locales ofrecen a las compañías externas los beneficios del conocimiento local sobre las condiciones del mercado, costumbres regionales, factores culturales y hábitos de compra de los clientes; también representan una fuente de personal ejecutivo y de marketing y proporcionan acceso a los canales de distribución. La función del socio extranjero es por lo general aportar habilidades especializadas, conocimientos tecnológicos y otros recursos necesarios para penetrar el mercado local y atenderlo con eficiencia.

Sin embargo, dichas sociedades no carecen de dificultades y a menudo plantean preguntas complicadas acerca de cómo dividir los esfuerzos entre los socios y quién tiene el control efectivo.[17] Es posible que surjan conflictos entre socios extranjeros y nacionales respecto a si deben contratar proveedores locales de los componentes, cuánta producción exportar, si los procedimientos de operación deben ajustarse a las normas del socio local o a las de la compañía extranjera y el grado hasta el cual el socio local tiene derecho a hacer uso de la tecnología y propiedad intelectual del socio extranjero. A medida que el socio extranjero adquiere experiencia y confianza en el mercado local, su necesidad del socio local generalmente disminuye, lo que plantea el problema estratégico de decidir si la alianza o empresa de riesgo compartido debe disolverse. Esto suele ocurrir en alianzas entre fabricantes globales y distribuidores locales.[18] Los fabricantes japoneses de autos han abandonado a sus socios de distribución europea y establecido sus propias redes de concesionarios; BMW hizo lo mismo en Japón. Por otro lado, varios socios locales ambiciosos han usado sus alianzas con compañías globales para dominar tecnologías y adquirir las habilidades competitivas fundamentales para emprender su propio ingreso en el ámbito internacional. Acer Computer Group de Taiwán usó su alianza con Texas Instruments como piedra de toque para ingresar al mercado mundial de computadoras de escritorio y portátiles.

OPCIONES ESTRATÉGICAS PARA COMPAÑÍAS QUE YA SE HAN DIVERSIFICADO

Comprenderemos mejor los problemas estratégicos que enfrentan los gerentes corporativos en la administración de un grupo diversificado de negocios si estudiamos cuatro opciones de estrategia posterior a la diversificación:

---

[16] Doz y Hamel, *Alliance Advantage*, p. 46.

[17] Porter, *Competitive Strategy*, p. 340.

[18] Doz y Hamel, *Alliance Advantage*, p. 48.

1. Ampliar la base de negocios de la compañía diversificándose en negocios adicionales.
2. Reagruparse en una base de diversificación más limitada vendiendo algunos de los negocios actuales.
3. Estrategias de reestructuración corporativa y recuperación de la rentabilidad.
4. Estrategias de diversificación multinacional.

La figura 9.4 resume los elementos centrales de cada una de estas opciones de diversificación.

Estrategias para ampliar la base de negocios de una compañía diversificada

Las compañías diversificadas en ocasiones consideran deseable crear posiciones en nuevas industrias relacionadas o no, quizá porque el ritmo de crecimiento de la empresa es lento y se necesita el impulso que un negocio recién adquirido daría a los ingresos y utilidades, porque la firma cuenta con recursos y capacidades que pueden transferirse con facilidad a otros negocios relacionados o complementarios, o porque la oportunidad de adquirir una compañía atractiva se presenta inesperadamente a su puerta. Hacer nuevas adquisiciones para ampliar la base de diversificación puede convertirse prácticamente en un imperativo cuando las condiciones cambian con rapidez en una de las industrias centrales de la compañía y desdibujan las fronteras con industrias colindantes. Por ejemplo, es probable que la reciente aprobación de una ley en Estados Unidos que permite a los bancos, compañías de seguros y corredores bursátiles incursionar en los negocios mutuos empañe las fronteras entre estas industrias históricamente distintas y resulte en la creación de empresas que ofrezcan servicios de banca, seguros y corretaje a sus clientes. Las organizaciones que tienen intereses comerciales en una de las tres industrias ya están adquiriendo compañías en las otras y fusionando sus operaciones para reposicionarse como empresas de servicios financieros del futuro.

Por otra parte, es posible que a una compañía diversificada le parezca sumamente deseable realizar nuevas adquisiciones para complementar y fortalecer la posición de mercado y capacidades competitivas de uno o más de sus negocios actuales. La compra de CBS por parte de Viacom fortaleció y amplió su alcance a varios negocios en los medios informativos (se ilustra en la parte superior de la figura 9.3).

Numerosas compañías farmacéuticas y de alta tecnología han adquirido nuevos negocios para ampliar su alcance competitivo y extender su pericia tecnológica a nuevas áreas. La última moda en la diversificación es que las empresas se diversifiquen de manera general en numerosos tipos de negocios relacionados con internet. Compañías como CMGI, Internet Capital Group y Softbank Corporation han invertido en proveedores de tecnología y hardware para internet, desarrolladores de software de comercio electrónico, editores web, comerciantes minoristas electrónicos, corretaje en línea, portales web, proveedores de servicios variados de comercio electrónico y proveedores de medios y contenidos para crear empresas diversificadas que ocupen una posición en muchos aspectos de la economía de Internet. Diversas compañías de capital de riesgo, enfocadas en internet, están creando una cartera muy diversificada de empresas de Internet de nueva creación y algunas invierten en varias de ellas cada mes.

Estrategias de desinversión dirigidas a reagruparse en una base de diversificación más limitada

Varias compañías muy diversificadas han tenido dificultades para administrar la diversificación general y han decidido deshacerse de ciertos negocios para concentrar la atención y recursos totales en un menor número de negocios centrales. La decisión de reagruparse en una base de diversificación más limitada por lo general se toma cuando la gerencia corporativa concluye que los esfuerzos de diversificación de la compañía han ido demasiado lejos y que la clave del mejor desempeño a largo plazo radica en concentrarse en crear posiciones fuertes en una canti-

Figura 9.4   **Opciones estratégicas para una compañía que ya está diversificada**

Realizar nuevas adquisiciones o establecer sociedades estratégicas adicionales

- Para crear posiciones en nuevas industrias relacionadas o no relacionadas
- Para fortalecer la posición de las unidades de negocios en industrias donde la compañía ya tiene intereses

Vender algunos de los negocios existentes de la compañía

- Para reducir la base de negocios y el alcance de las operaciones de la empresa
- Para eliminar negocios débiles de la cartera
- Para eliminar negocios que ya no encajan

Reestructurar la cartera de negocios de la firma

- Mediante la venta de unidades de negocios que tienen desempeño deficiente o que no son centrales
- Mediante el uso de efectivo proveniente de las desinversiones más la capacidad de endeudamiento sin utilizar para realizar nuevas adquisiciones

Transformarse en una empresa multinacional en múltiples industrias

- Para triunfar en negocios centrales globalmente competitivos contra rivales internacionales
- Para captar beneficios de la coincidencia estratégica y adquirir ventaja competitiva mediante la diversificación multinacional

Opciones estratégicas para una compañía diversificada

---

dad más limitada de negocios. La reducción se realiza generalmente vendiendo negocios 1) que tienen poca o ninguna coincidencia estratégica con los negocios en los que la gerencia desea concentrarse, o 2) que son demasiado pequeños para realizar una aportación considerable a las utilidades. La venta de dichos negocios libera recursos que pueden usarse para reducir el endeudamiento, para apoyar la expansión de los negocios restantes o para hacer adquisiciones que fortalezcan de manera importante la posición competitiva de la compañía en uno o más de los negocios centrales. Hewlett-Packard recientemente convirtió su negocio de pruebas y mediciones en una nueva compañía llamada Aligent Technologies para poder concentrarse mejor en sus negocios de computadoras personales, estaciones de trabajo, servidores, impresoras y periféricos y electrónica. PepsiCo separó de su organización todos los negocios del grupo de restaurantes, formado por KFC, Pizza Hut, Taco Bell y California Pizza Kitchens, para centrar mejor su atención y recursos en su negocio de refrescos (que en fechas recientes había estado perdiendo participación de mercado en relación con Coca-Cola) y en el de botanas Frito-Lay, que está creciendo con rapidez y es más rentable. Kmart vendió sus negocios de OfficeMax,

Concentrar los recursos corporativos en unos cuantos negocios centrales es, por lo general, una estrategia superior que diversificarse en términos generales y potencialmente agotar los recursos y la atención de la gerencia.

Negocios de Viacom	Negocios de CBS
• Paramount Pictures y Paramount Home Video	• CBS Television Network
• Paramount Television (producción); 50% de propiedad de la cadena de televisión UPN TV	• King World Productions (los programas incluyen *The Oprah Winfrey Show* y *Wheel of Fortune*); Infinity Broadcasting (radio)
• 19 estaciones de televisión locales	• 15 estaciones de televisión local
• Redes de televisión por cable (MTV, MTV2, Nickelodeon, VH1, Showtime, The Movie Channel, Comedy Central y varios otros)	• CBS Cable (Country Music Television, The Nashville Network, Home Team Sports)
• Simon & Schuster (casa editorial)	• TDI Outdoor Advertising
• Negocios de Internet (Red Rocket, minorista de Internet de juguetes educativos; SonicNet.com, vh1.com, mtv.com, nick.com)	• Negocios de Internet (Sportsline USA, CBS Marketwatch.com, Medscape, Rx.com, office.com, Hollywood.com)
• Video y música Blockbuster	
• Salas de cine Famous Players y United Cinemas International	

Sports Authority y Borders Bookstores para reenfocar sus esfuerzos en el comercio minorista de descuento.

Éstas y otras desinversiones por motivos parecidos confirman las dificultades que las compañías experimentan cuando tratan de administrar la diversificación amplia. Son tan pocas las firmas que han demostrado la capacidad de administrar rentablemente la diversificación amplia, que los inversionistas ponen en tela de juicio la sensatez de la diversificación amplia y adjudican una valuación inferior a las empresas que siguen tales estrategias. En efecto, debido a que los conglomerados a menudo tienen relaciones entre precio y utilidades inferiores a las de las compañías menos diversificadas, algunas organizaciones muy diversificadas han vendido varios negocios para reagruparse en una base de negocios más limitada. Estudios recientes indican que eliminar negocios y reducir la base de diversificación de una compañía mejora el desempeño corporativo.[19]

Es necesario pensar en vender un negocio cuando los estrategas corporativos concluyen que ya no encaja o ya no es una inversión atractiva.

Sin embargo, hay otras razones importantes para vender una parte de los negocios actuales de una empresa. En ocasiones, las compañías diversificadas se reducen porque no pueden lograr que ciertos negocios sean rentables después de varios años de intentos frustrantes o porque carecen de los fondos u otros recursos para responder a las necesidades de operación e inversión de todos los negocios subsidiarios. Incluso una estrategia astuta de diversificación corporativa puede dar como resultado la adquisición de unidades de negocio que, a la larga, simplemente no funcionan. Es imposible evitar por completo los errores porque es difícil prever cómo resultará realmente la incursión en una nueva línea de negocios. Además, el atractivo a largo plazo de una industria varía con el tiempo; lo que alguna vez fue una buena medida de diversificación en una industria atractiva, más tarde puede resultar decepcionante debido a que el mercado y las condiciones competitivas empiezan a deteriorarse. No hay duda de que algunas unidades de negocios tendrán un desempeño deficiente y que surgirá la pregunta de si deben venderse o conservarse para intentar una recuperación. Otras unidades de negocios, pese a un adecuado desempeño financiero, tal vez no combinen bien con el resto de la compañía como originalmente se pensó.

En ocasiones, una medida de diversificación que parece sensata desde el punto de vista de la coincidencia estratégica resulta en una mala *coincidencia cultural*.[20] Varias compañías farmacéuticas tuvieron esta experiencia. Cuando se diversificaron en cosméticos y perfume, des-

---

[19] Véase, por ejemplo, Constantinos C. Markides, "Diversification, Restructuring and Economic Performance", *Strategic Management Journal* 16, febrero de 1995, pp. 101-118.

[20] Drucker, *Management: Tasks, Responsibilities, Practices*, p. 709.

cubrieron que su personal tenía poco respeto por la naturaleza "frívola" de dichos productos en comparación con la noble tarea de desarrollar drogas milagrosas para curar a los enfermos. La ausencia de valores compartidos y compatibilidad cultural entre la investigación médica y la pericia en la fabricación de compuestos químicos de las compañías farmacéuticas y la orientación hacia la moda del negocio de los cosméticos fue la perdición de lo que en otras circunstancias habría sido una buena diversificación en negocios que ofrecían el potencial de compartir tecnología, tenían coincidencias en el desarrollo de productos y en los que había cierta superposición en los canales de distribución.

Cuando una línea de negocios específica pierde su encanto, habitualmente la solución más atractiva es venderla. En circunstancias normales, dichos negocios deben venderse tan rápido como resulte práctico. Posponer las cosas no resulta nada útil, a menos que se necesite tiempo para poner el negocio en mejores condiciones para su venta. Mientras más unidades de negocios haya en la cartera de una compañía diversificada, más probable será que tenga la ocasión de deshacerse de los negocios con mal desempeño o que no encajen en sus planes. Una guía útil para determinar si debe venderse una subsidiaria y cuándo hacerlo es preguntar: "si no estuviéramos en este negocio hoy, ¿querríamos incursionar en él ahora?".[21] Cuando la respuesta es no o probablemente no, hay que pensar en la desinversión. Otra señal útil para considerar a un negocio candidato a la desinversión es el hecho de si vale más para otra compañía que para la matriz actual.[22]

Opciones para realizar la desinversión   La desinversión puede adoptar una dos formas: escindir el negocio para convertirlo en una compañía financiera y administrativamente independiente o venderlo en el acto. Cuando una oficina matriz corporativa decide escindir uno de sus negocios para transformarlo en una empresa independiente, existe el problema de si debe conservar parte de la propiedad o renunciar a cualquier interés de propiedad en la nueva compañía; la primera opción es conveniente cuando el negocio tiene buenas perspectivas de utilidades. Cuando 3Com decidió realizar una desinversión en su negocio Palm Pilot, que los inversionistas consideraban que tenía un potencial de utilidades muy prometedor, optó por conservar un interés considerable de propiedad en la compañía recién formada.

> La desinversión generalmente adopta una de dos formas: escindir un negocio para convertirlo en una compañía independiente o venderlo a otra empresa.

Cuando la oficina matriz decide vender un negocio, el problema radica en encontrar un comprador. Esto puede resultar fácil o difícil, dependiendo del negocio. Como regla general, la compañía que desee vender un negocio no debe preguntar: "¿a quién podemos enjaretarle este negocio y cuánto es lo máximo que podemos obtener por él?".[23] En vez de eso, es más sensato preguntar: "¿a qué tipo de compañía podría adaptarse bien este negocio, y en qué circunstancias sería considerado como un buen trato?". Es probable que las empresas a las que el negocio pueda adaptarse bien paguen el precio más alto. En ocasiones, una oficina matriz, impaciente por deshacerse de un negocio en particular y al no encontrar un comprador con dinero a la mano, acepta una *compra apalancada*. Una compra apalancada típicamente implica vender el negocio a los gerentes que lo han estado dirigiendo (y quizá a otros inversionistas externos convocados como socios) por un pago inicial de capital mínimo y el pago del saldo del precio de compra por medio de un préstamo a los nuevos propietarios. Por supuesto, si no es posible encontrar un comprador dispuesto a pagar un precio aceptable, hay que tomar la decisión de si se debe conservar el negocio hasta que aparezca un comprador, escindirlo para formar una nueva compañía o, en el caso de un negocio en crisis que pierde cantidades sustanciales, simplemente cerrarlo y liquidar los activos remanentes. La liquidación, como es lógico, es el último recurso.

Estrategias de reestructuración corporativa y recuperación de la rentabilidad

Las estrategias de reestructuración corporativa y recuperación de la rentabilidad entran en juego cuando la gerencia de una empresa diversificada tiene que recuperar la buena salud de un negocio

---

[21] *Ibid.*, p. 94.

[22] Véase David J. Collis y Cynthia A. Montgomery, "Creating Corporate Advantage", *Harvard Business Review* 76, núm. 3, mayo-junio de 1998, pp. 72-80.

[23] *Ibid.*, p. 719.

en problemas. Las compañías diversificadas pueden encontrarse en dificultades debido a pérdidas cuantiosas en una o más unidades de negocios que afectan el desempeño financiero global de la corporación, una cantidad desproporcionada de negocios en industrias poco atractivas, una mala economía que afecta negativamente muchas de las unidades de negocios de la firma, una carga excesiva de endeudamiento con costos de intereses que merman de manera considerable la rentabilidad, adquisiciones mal elegidas que no han estado a la altura de las expectativas o la aparición de nuevas tecnologías que amenazan la supervivencia de uno o más de los negocios centrales de la compañía. Las *estrategias de reestructuración* implican vender algunos negocios y adquirir otros nuevos para renovar por completo la composición de los negocios de la organización; las *estrategias de recuperación corporativa*, en contraste, se concentran exclusivamente en restablecer la rentabilidad de los negocios que pierden dinero en una compañía diversificada.

Estrategias para reestructurar la mezcla de negocios de una compañía diversificada

> La reestructuración corporativa implica realizar cambios radicales en la composición de los negocios de la cartera de la compañía.

Los esfuerzos de reestructuración corporativa atacan el desempeño deficiente general por medio de una cirugía radical en el carácter y la mezcla de negocios en la cartera. Por ejemplo, en un periodo de dos años, una compañía diversificada en problemas vendió cuatro unidades de negocios, cerró las operaciones de otras cuatro y añadió 25 nuevas líneas de negocios a su cartera, 16 mediante adquisición y nueve mediante empresas internas de nueva creación. Otras firmas diversificadas han abordado la reestructuración desde el punto de vista de dividir sus negocios en dos o más compañías independientes. AT&T, por ejemplo, a mediados de los años noventa se dividió en tres compañías: una para larga distancia y otros servicios de telecomunicaciones que conservó el nombre de AT&T, una para la fabricación de equipos de telecomunicaciones (llamada Lucent Technologies), y una para sistemas de computación (con el nombre de NCR) que en esencia representaba la desinversión de la anterior adquisición de NCR por parte de AT&T. Unos años después de la división, AT&T adquirió TCI Communications y MediaOne, ambas compañías de televisión por cable, y se reestructuró en una empresa de telecomunicaciones de la "nueva era" que ofrece a sus clientes paquetes de servicios de telefonía local y larga distancia, televisión por cable y acceso de alta velocidad a Internet.

Varias condiciones pueden motivar la reestructuración: 1) cuando una revisión de la estrategia revela que las perspectivas de desempeño a largo plazo de la compañía han dejado de ser atractivas porque la cartera contiene demasiadas unidades de negocios de lento crecimiento, en decadencia o competitivamente débiles; 2) cuando uno o más de los negocios principales de la empresa pasa por tiempos difíciles; 3) cuando un nuevo director general asume el control y decide reorientar la compañía; 4) cuando surgen tecnologías o productos de la "ola del futuro" y se necesita una importante reorganización de la cartera para crear una posición en una nueva industria potencialmente grande; 5) cuando la firma tiene una oportunidad única de realizar una adquisición tan grande que tiene que vender varias unidades de negocios existentes para financiarla; 6) cuando los negocios importantes de la cartera pierden cada vez más atractivo, obligando a una reorganización total de ésta para producir un desempeño corporativo satisfactorio a largo plazo, o 7) cuando los cambios en los mercados y tecnologías de ciertos negocios apuntan a direcciones tan diferentes que es mejor dividir la compañía en partes independientes en vez de conservarlas juntas bajo el mismo paraguas corporativo.

Los candidatos a la desinversión típicamente incluyen no sólo negocios débiles, con altibajos en su desempeño o en industrias poco atractivas, sino también aquellos que ya no encajan en la estrategia de diversificación revisada de la empresa (aun cuando sean rentables u operen en una industria atractiva). Las unidades de negocios incompatibles con los nuevos criterios de diversificación relacionada se venden, las unidades restantes se reagrupan y alinean para captar más beneficios de la coincidencia estratégica y se realizan nuevas adquisiciones para fortalecer la posición de los negocios de la compañía matriz en las industrias que ha decidido destacar.[24] En años recientes, unas cuantas firmas muy diversificadas se han reestructurado, dividiéndose en varias compañías independientes. Los ejemplos más notables incluyen a ITT, Westinghouse e Imperial Chemical y Hanson, PLC, en Gran Bretaña. Antes de empezar

---

[24] En Markides, "Diversification, Restructuring and Economic Performance", se encuentran pruebas de que la reestructuración corporativa produce un mejor desempeño corporativo.

a vender en 1995, Hanson poseía compañías con más de 20 000 millones de dólares en ingresos en industrias tan diversas como la cerveza, equipo para hacer ejercicio, herramientas, grúas para construcción, tabaco, cemento, productos químicos, minería del carbón, electricidad, tinas de hidromasaje, utensilios de cocina, piedra y grava, ladrillos y asfalto; como es comprensible, los inversionistas y analistas pasaron muchos apuros para entender a la compañía y sus estrategias. A principios de 1997, Hanson se había reestructurado en una empresa de 3 800 millones de dólares enfocada de manera más limitada en grava, roca triturada, cemento, asfalto, ladrillos y grúas para construcción; los negocios restantes se dividieron en cuatro grupos y se vendieron.

Estrategias para recuperar la rentabilidad de negocios en problemas Las estrategias de recuperación corporativa se centran en los esfuerzos por restablecer la rentabilidad de los negocios con pérdidas económicas en una compañía diversificada en lugar de venderlos. El propósito es poner de nuevo a toda la empresa en números negros solucionando los problemas de los negocios de la cartera que tienen mayor responsabilidad en la baja del desempeño general. Las estrategias de recuperación son muy adecuadas en situaciones donde las razones del desempeño deficiente son de corto plazo, los negocios en problemas operan en industrias atractivas y no conviene en términos estratégicos a largo plazo deshacerse de los que pierden dinero.

Los detalles específicos de los esfuerzos de recuperación en cada uno de los negocios con desempeño deficiente necesariamente varían dependiendo de las causas que subyacen al desempeño débil de cada uno y surgen de un diagnóstico de las condiciones prevalecientes en la industria y la competencia, así como de las fortalezas de recursos, debilidades, oportunidades y amenazas específicas del negocio. Las opciones estratégicas para devolver a la rentabilidad un negocio que se desempeña de manera deficiente en una compañía diversificada son las mismas que las que explicamos en el capítulo 8 para una compañía dedicada a un solo negocio:

- Vender o cerrar una parte de sus operaciones (por lo general aquellas unidades donde las pérdidas son mayores o las perspectivas a futuro son malas).
- Cambiar a una estrategia diferente, con la expectativa de que resulte mejor, a nivel de negocio.
- Poner en práctica nuevas iniciativas para estimular los ingresos del negocio.
- Reducir los costos.
- Emplear una combinación de estos esfuerzos.

Sin embargo, los esfuerzos de recuperación en una compañía diversificada, en comparación con los de una compañía dedicada a un solo negocio, tienen la ventaja de contar con los recursos financieros y conocimientos gerenciales de la oficina matriz corporativa y tal vez, en el caso de los negocios relacionados, con la infusión de habilidades competitivamente valiosas y experiencia.

Estrategias de diversificación multinacional

Las características distintivas de una estrategia de diversificación multinacional son una *diversidad de negocios* y una *diversidad de mercados nacionales*.[25] Dicha diversidad hace que la diversificación nacional sea una estrategia especialmente difícil y compleja de concebir y ejecutar. Los gerentes tienen que formular estrategias de negocios para cada industria (con tantas variaciones multinacionales como las condiciones de cada país lo exijan). Luego, las oportunidades de colaboración entre negocios y países y la coordinación estratégica habrán que buscarse y administrarse de modo que produzcan ventaja competitiva y mejor rentabilidad.

Además, el alcance de operación geográfico de cada negocio dentro de una compañía multinacional diversificada (CMND) puede variar desde un solo país, varios o muchos países hasta global. De este modo, cada unidad de negocios dentro de una CMND a menudo compite en una combinación ligeramente diferente de mercados geográficos de la de sus negocios filiales

---

[25] C.K. Prahalad e Yves L. Doz, *The Multinational Mission*, Free Press, Nueva York, 1987, p. 2.

—lo que añade otro elemento de complejidad estratégica— y quizá exista un elemento de oportunidad para tratar de desarrollar ciertas líneas de negocios incursionando en mercados de países donde sus negocios filiales ya tienen presencia de mercado.

Qué hace tan atractiva a la diversificación multinacional: las oportunidades de crecimiento y mayor ventaja competitiva

Pese a su complejidad, las estrategias de diversificación multinacional son muy atractivas, ya que ofrecen dos posibilidades de crecimiento a largo plazo en ingresos y rentabilidad: una es crecer incursionando en otros negocios y la otra es crecer ampliando los negocios existentes a otros mercados nacionales. Además, la diversificación multinacional ofrece seis maneras de crear ventaja competitiva:

1. Aprovechamiento pleno de las economías de escala y efectos de la curva de experiencia.
2. Oportunidades para sacar partido de las economías de alcance entre negocios.
3. Oportunidades para transferir recursos competitivamente valiosos de un negocio a otro y de un país a otro.
4. Capacidad de hacer uso eficaz de una marca reconocida y competitivamente poderosa.
5. Capacidad de aprovechar las oportunidades de colaboración y coordinación estratégica entre negocios y países.[26]
6. Oportunidades para usar subsidios entre negocios y países para superar a los competidores.

Cada uno de estos temas se analizará por orden a continuación.

La cápsula ilustrativa 38 muestra el alcance de cinco prominentes corporaciones diversificadas multinacionales.

Oportunidades para aprovechar plenamente las economías de escala y los efectos de la curva de experiencia   En algunos negocios, el volumen de ventas necesario para realizar todas las economías de escala o los beneficios de los efectos de la curva de experiencia es bastante considerable y tal vez superior al volumen que puede lograrse operando dentro del mercado de un solo país, en especial si es pequeño. *La probabilidad de disminuir los costos unitarios mediante la expansión de las ventas a otros mercados nacionales es*

> La expansión a otros mercados nacionales ayuda a una compañía a aprovechar plenamente las economías de escala y los efectos de la curva de experiencia.

una de las razones por las que una compañía multinacional diversificada puede tratar de adquirir un negocio y luego expandir sus operaciones a mercados extranjeros adicionales tan rápido como sea posible. Expandirse a otros mercados nacionales para capturar economías de escala conviene en el aspecto estratégico cuando las preferencias de los compradores de los diferentes países son homogéneas; entonces es factible comercializar versiones de productos comunes en distintos mercados. La expansión también tiene sentido si una compañía tiene la capacidad de buscar la producción masiva adaptada a la medida y producir económicamente distintas versiones de un producto para mercados nacionales diferentes. Con el mayor volumen de ventas que se obtiene de vender a compradores en un mayor número de mercados, las compañías pueden conseguir tratos muy favorables con los proveedores de componentes; las plantas pueden aprovechar las economías de corridas de producción más largas en plantas a escala mundial, hacer uso eficiente del equipo de alta velocidad o acelerar los beneficios de los efectos de la curva de aprendizaje; las instalaciones de distribución pueden ampliarse hasta un tamaño que justifique el uso de tecnología de vanguardia y procesos automatizados, y tanto las plantas como las instalaciones de distribución pueden ubicarse en cualquier lugar que resulte más rentable. En resumen, la expansión a otros mercados nacionales es ventajosa siempre que ayude a una compañía a lograr una escala eficiente de operación en producción, distribución o marketing y distribuya los costos fijos generales entre un mayor volumen de ventas unitarias.

---

[26] *Ibid.*, p. 15.

Cápsula ilustrativa 38
El alcance global de cinco prominentes corporaciones multinacionales diversificadas

Sony, Philip Morris, Nestlé, Siemens y Samsung se cuentan entre las compañías multinacionales diversificadas más prominentes del mundo. La siguiente tabla ofrece una visión de sus activi- dades en diferentes líneas de negocios y el alcance geográfico de sus operaciones en diversos países del mundo.

Compañía	Alcance global	Negocios en los que la compañía se ha diversificado
Sony	Operaciones en más de 100 países y oficinas de ventas en más de 200 países	• Televisores, videograbadoras, reproductores de DVD, radios, reproductores de CD y aparatos estereofónicos para el hogar, cámaras digitales y equipo de video, computadoras personales y monitores Trinitron para computadoras • Consolas de juegos PlayStation y software de juegos de video • Música pregrabada Columbia, Epic y Sony Classical • Películas y programas para distribuirse por televisión Columbia TriStar • Seguros • Otros negocios (financiamiento, complejos de entretenimiento, negocios relacionados con Internet)
Philip Morris Companies	Operaciones en 92 países y oficinas de ventas en más de 150 países	• Cigarrillos (Marlboro, Virginia Slims, Benson & Hedges y otras numerosas marcas) • Miller Brewing Company (Miller Genuine Draft, Miller Lite, Icehouse, Red Dog, Molson, Foster's, y otras numerosas marcas) • Kraft Foods (Maxwell House, Sanka, Oscar Mayer, Kool-Aid, Jell-O, cereales Post, Miracle Whip, salsa para barbacoa Bullseye, quesos Kraft, Cristal Light, pizza Tombstone)
Nestlé	Operaciones en 70 países y oficinas de ventas en más de 200 países	• Bebidas (cafés Nescafé y Taster's Choice, Nestea, y agua mineral y embotellada Perrier, Arrowhead y Calistoga • Productos lácteos (Carnation, Gloria, Neslac, Coffee Mate, helado y yogurt Nestlé) • Alimento para mascotas (Friskies, Alpo, Fancy Feast, Mighty Dog) • Productos alimenticios y platos preparados Contadina, Libby's y Stouffer's • Productos de chocolate y confitería(Nestlé Crunch, Smarties, Baby Ruth, Butterfinger, KitKat) • Farmacéuticos (productos oftalmológicos Alcon, productos dermatológicos Galderma)
Siemens	Operaciones en 160 países y oficinas de ventas en más de 190 países	• Equipo y productos de generación, transmisión y distribución de energía eléctrica • Sistemas de fabricación automatizada; motores, computadoras, maquinaria y herramientas industriales; construcción y mantenimiento de plantas • Información y comunicaciones (soluciones y servicios necesarios para redes corporativas de comunicación, teléfonos, computadoras personales, computadoras centrales, productos para redes computarizadas, servicios de consultoría)

(continúa)

Cápsula ilustrativa 38

(*conclusión*)

Compañía	Alcance global	Negocios en los que la compañía se ha diversificado
Samsung	Operaciones en más de 60 países y ventas en más de 200 países	• Sistemas de transporte público y tren ligero, vagones de ferrocarril, locomotoras • Equipo médico, servicios de administración de atención médica • Semiconductores, componentes de memorias, microcontroladores, condensadores, resistores • Iluminación (focos, lámparas, sistemas de iluminación para teatro y televisión) • Aparatos electrónicos para el hogar, aparatos electrodomésticos grandes, aspiradoras • Servicios financieros (préstamos comerciales, administración de pensiones, capital de riesgo) • Servicios de logística y abastecimiento, servicios de consultoría de negocios • Aparatos electrónicos (computadoras, periféricos, monitores, televisores, equipo de telecomunicaciones, semiconductores, chips de memoria, tableros de circuitos, condensadores, servicios de tecnología de la información, integración de sistemas) • Maquinaria e industria pesada (construcción de barcos, construcción de tanques de almacenamiento de petróleo y gas, motores marinos, aviones y partes para aviones, turbinas de gas, equipo militar, robots industriales, sistemas de automatización para fábricas) • Automotores (carros de pasajeros, camiones comerciales) • Productos químicos (productos químicos en general, petroquímicos, fertilizantes) • Servicios financieros (seguros, servicios de tarjeta de crédito, compraventa de valores, servicios de crédito para consumidores, administración de fideicomisos) • Otras compañías afiliadas (parques temáticos, hoteles, centros médicos, ropa, equipos profesionales de deportes, producción de cine, música y televisión)

Fuente: Informes anuales y sitios web de las compañías.

> La diversificación multinacional puede brindar oportunidades para lograr economías de alcance, reducir los costos y crear una ventaja a bajo costo sobre los rivales menos diversificados.

Oportunidades para sacar partido de las economías de alcance entre negocios La diversificación en negocios relacionados contribuye a que una compañía se beneficie de las economías de alcance para reducir los costos. Por ejemplo, una compañía multinacional diversificada que utiliza en buena medida los mismos distribuidores y comerciantes minoristas en todo el mundo puede diversificarse en nuevos negocios usando los mismos canales de distribución mundial a un costo incremental relativamente pequeño si apoya la distribución del negocio en el que acaba de incursionar en la red de distribuidores que ya tiene organizada. Asimismo, la diversificación en nuevos negocios con distribución relacionada presenta oportunidades para aprovechar las capacidades existentes de distribución en todos o en muchos de los mismos mercados nacionales donde ya tiene operaciones y una base sólida de clientes. Una tercera fuente de economías de alcance relacionadas con la distribución proviene de adquirir un mayor poder de negociación con los minoristas con el objeto de conseguir espacio de exhibición atractivo para los nuevos productos y negocios a medida que su familia de negocios aumente en número e importancia de ventas para el minorista.

Sony, por ejemplo, ha disfrutado de una ventaja competitiva al diversificarse en la industria de los juegos de video para enfrentarse a gigantes como Nintendo y Sega porque 1) cuenta con capacidades de distribución bien establecidas en aparatos electrónicos de consumo en todo el mundo que pueden utilizarse para productos de juegos de video; 2) tiene capacidad organizada para ir tras las ventas de juegos de video en todos los mercados nacionales donde actualmente tiene negocios en otras categorías de productos (televisores, computadoras, reproductores de DVD, videograbadoras, radios, reproductores de CD y cámaras digitales y de video), y 3) tiene influencia en marketing para persuadir a los minoristas y comerciantes electrónicos de dar a los productos de juegos de video de Sony visibilidad prominente en sus esfuerzos de comercialización. Los ahorros en costos que generan las economías de alcance abren oportunidades para crear una ventaja a bajo costo sobre los rivales menos diversificados.

Oportunidades para transferir recursos competitivamente valiosos de un negocio a otro y de un país a otro

La diversificación en nuevos negocios con coincidencias estratégicas en cuanto a recursos en diversos puntos a lo largo de la cadena de valor ofrece potencial significativo de ventaja competitiva. La pericia tecnológica y los conocimientos en un negocio pueden transferirse a otros negocios existentes o nuevos con oportunidades de hacer uso competitivamente ventajoso de ello. Las técnicas de fabricación, habilidades en ventas y marketing, capacidades de comercio electrónico y pericia gerencial pueden transferirse igualmente entre negocios, lo que permite que los negocios beneficiarios se desempeñen mejor como parte de la compañía multinacional diversificada que como empresas autónomas.

> La diversificación multinacional ofrece a una compañía la oportunidad de crear ventaja competitiva mediante la transferencia de recursos entre negocios y entre países.

Además, competir a nivel multinacional permite a una compañía transferir la experiencia y pericia que ha obtenido de su operación en mercados nacionales particulares a negocios filiales que se encuentran en el proceso de ingresar a esos mismos mercados, o transferir sus experiencias y habilidades de operación multinacional a mercados nacionales en los que empieza a incursionar. El conocimiento de los mercados locales, así como del comportamiento y costumbres de los compradores adquirida en un país a menudo proporciona ideas valiosas y acelera el aprendizaje del comportamiento de los mercados y compradores en nuevos mercados en los que una compañía multinacional está incursionando actualmente o en los que planea incursionar.

Oportunidades para hacer un uso eficaz de una marca competitivamente poderosa

Varias compañías multinacionales diversificadas han realizado grandes esfuerzos para establecer marcas que se reconocen y respetan en muchas partes del mundo. Dichas compañías pueden explotar deliberadamente el valor de ese nombre transfiriéndolo a negocios en los que acaban de incursionar, resultando beneficiadas de las ventas adicionales y participación de mercado que pueden adquirir simplemente basándose en la fuerza de la confianza que los compradores tienen en su marca. Por ejemplo, el reconocimiento de la marca global y bien establecida de Sony le da una ventaja importante en marketing y publicidad sobre los rivales que tienen marcas menos conocidas. Cuando Sony se diversifica en nuevos negocios o familias de productos y sale al mercado con el sello de la marca Sony en ellos, consigue espacio prominente de exhibición con los minoristas. La confianza que los compradores tienen en los productos que llevan la marca Sony le permite esperar realizar ventas y ganar participación de mercado; tal vez tenga que gastar dinero en crear conciencia en los consumidores de la disponibilidad de sus nuevos productos, pero no tiene que invertir sumas cuantiosas para obtener reconocimiento de marca y aceptación en el mercado como tendría que hacer un competidor menos conocido que estudie los costos de marketing y publicidad que implicaría el ingreso a los mismos nuevos productos, negocios o mercados nacionales para tratar de competir frontalmente con Sony. Además, si Sony incursiona por primera vez en un nuevo mercado nacional y le va bien con las ventas de los PlayStations y juegos de video Sony, enfrenta barreras del mercado más bajas cuando procede a introducir los productos de sus otros negocios (por ejemplo, los productos electrónicos de consumo) en ese mismo país. Una vez que ha establecido contundentemente la marca Sony en la mente de los compradores en una familia de productos o

> Las compañías multinacionales diversificadas que tienen marcas reconocidas y respetadas enfrentan barreras más bajas para incursionar en nuevos negocios en mercados nacionales donde ya tienen presencia.

línea de negocio, puede aprovechar su inversión en establecer su nombre de marca comercializando sus otras familias de productos y líneas de negocios bajo la misma marca. En resumen, la marca global de una compañía multinacional diversificada es más que una cualidad competitiva o estratégica valiosa; es una fuente de posible ventaja competitiva.

Capacidad de coordinar las actividades e iniciativas estratégicas entre negocios y países

Una compañía multinacional diversificada con pericia en una tecnología central y una familia de negocios que utilizan esta tecnología puede adquirir ventaja competitiva mediante un esfuerzo de IyD coordinado de manera colaborativa y estratégica en beneficio de todos los negocios relacionados como un grupo.

La diversificación multinacional presenta numerosas oportunidades de coordinación entre negocios y países de las actividades e iniciativas estratégicas de una compañía. Por ejemplo, al canalizar recursos corporativos directamente a un esfuerzo combinado de investigación y desarrollo (IyD) o tecnología para todos los negocios relacionados, a diferencia de permitir que cada unidad de negocios financie y dirija su propio esfuerzo de IyD como juzgue conveniente, una compañía multinacional diversificada combina su pericia y esfuerzos *mundialmente* para hacer adelantos en la tecnología central, buscar posibilidades tecnológicas prometedoras para crear negocios nuevos, generar economías de fabricación basadas en la tecnología dentro y entre líneas de productos o negocios, agilizar las mejoras generales de los productos en los negocios actuales y desarrollar nuevos productos que complementen y fortalezcan las ventas de los productos existentes. Todos estos factores contribuyen de manera importante a la creación de ventaja competitiva y a un mejor desempeño corporativo.

Si, por otro lado, las actividades de IyD están descentralizadas y se encuentran por completo bajo la dirección de cada una de las unidades de negocios existentes, es más factible que las inversiones en IyD o tecnología terminen por dirigirse de manera limitada a las oportunidades para los productos y mercados de cada negocio en lo individual. Un esfuerzo dividido de IyD no tiene probabilidades de producir el mismo alcance y profundidad de los beneficios de la coincidencia estratégica como un esfuerzo amplio y coordinado en toda la compañía por fomentar y explotar cabalmente su pericia tecnológica.[27] La cápsula ilustrativa 39 describe cómo Honda ha explotado la tecnología de motores de gasolina y su reconocido nombre diversificándose en una variedad de productos que funcionan con motores de gasolina.

Aparte de la coordinación tecnológica entre negocios, una compañía también ahorra costos con la coordinación entre negocios y países de las compras y abastecimiento de los proveedores, la introducción en colaboración y uso compartido de tecnologías de comercio electrónico y esfuerzos de ventas en Internet y las introducciones coordinadas de productos y campañas de promoción. Las empresas menos diversificadas que tienen un alcance menos global disponen de menos oportunidades de colaboración entre negocios y países.

Oportunidades para usar subsidios entre negocios y países para superar a los competidores

Una familia de negocios bien diversificados y una base de mercado multinacional dan a una CMND el poder y la fortaleza de recursos para subsidiar una ofensiva a largo plazo contra competidores en un mercado o un negocio, con las ganancias de las fuentes de ingresos en otros países o negocios.

Una compañía multinacional diversificada puede usar sus recursos financieros y organizacionales provenientes de sus operaciones en otros países u otras líneas de negocios para subsidiar un ataque competitivo contra la posición de mercado de sus rivales. Un competidor en un país o en un negocio se encuentra en desventaja para defender sus posiciones de mercado contra una CMND determinada a establecer una posición competitiva a largo plazo en su mercado y dispuesta a aceptar utilidades menores en el corto plazo para lograrlo. Una compañía nacional dedicada a un solo negocio sólo tiene una fuente de utilidades: su mercado interno. Un competidor diversificado en un solo país cuenta con fuentes de utilidades de varios negocios, pero todos se encuentran en el mismo mercado nacional. Una compañía multinacional dedicada a un solo negocio tiene fuentes de utilidades en varios mercados nacionales, aunque todas ellas están en el mismo negocio. Los tres son vulnerables a una CMND que emprenda una importante ofensiva estratégica en sus fuentes de ingresos y baje sus precios o gaste sumas extravagantes en publicidad para adquirir participación de mercado a su costa. La capacidad de una CMND de continuar golpeando a sus competidores año tras año con precios bajísimos refleja ya sea una ventaja en costos proveniente de su estrategia de diversificación relacionada o una disposición a subsidiar las bajas utilidades o incluso las pérdidas entre negocios con las ganancias que obtiene de sus fuentes de ingresos en otros mercados nacionales o en otros negocios. Sony, por ejemplo, al seguir una estrategia de diversificación relacionada dirigida a la coincidencia

---

[27] Prahalad y Doz, *The Multinational Mission*, pp. 62-63.

estratégica en productos, distribución y tecnología y al administrar sus familias de productos a escala global, posee la capacidad de ejercer una fuerte presión competitiva en sus principales rivales de juegos de video, Nintendo y Sega, ninguno de los cuales está diversificado. En caso necesario, Sony puede bajar los precios de sus PlayStations o financiar promociones extravagantes de sus más recientes productos de juegos de video usando las ganancias de sus otras líneas de negocios para arrebatar participación de mercado a Nintendo y Sega en este campo. Al mismo tiempo, Sony puede sacar partido de sus considerables recursos en investigación y desarrollo, su capacidad de transferir tecnología electrónica de una familia de productos electrónicos a otra y su pericia en innovación de productos para introducir mejores reproductores de juegos de video, que tal vez sean multifuncionales y hagan más que sólo reproducir juegos. Estas medidas competitivas no sólo fortalecen la imagen de la marca Sony, sino que también hacen muy difícil que Nintendo y Sega igualen sus precios, publicidad y esfuerzos de desarrollo de productos y todavía obtengan utilidades aceptables. Sony estará en condiciones de dirigir su atención a hacer su negocio de juegos de video más atractivo y rentable una vez ganada la batalla por la participación de mercado y posición competitiva contra Nintendo y Sega.[28]

Los efectos combinados de estas ventajas son potentes Las compañías que tienen una estrategia de 1) diversificarse en industrias *relacionadas* y 2) competir *globalmente* en cada una de estas industrias cuentan con varias oportunidades de ventaja competitiva para superar a un rival que sólo opera en el mercado interno o a un rival dedicado a un solo negocio. Hay indicios de que estas ventajas son lo suficientemente significativas como para contribuir a que una CMND obtenga rendimientos por encima del promedio y tenga un riesgo comercial menor en general.[29] El mayor potencial de ventaja competitiva de una CMND proviene de concentrar sus esfuerzos de diversificación en aquellas industrias donde existen oportunidades para compartir y transferir recursos y donde hay importantes economías de alcance y beneficios derivados del prestigio de la marca. Mientras más beneficios de coincidencia estratégica reditúe la estrategia de diversificación de una compañía, más poderosa llegará a ser como competidora y más probable será que mejoren sus utilidades y crecimiento. Depender de las ventajas de coincidencia estratégica entre negocios para superar a los rivales es inherentemente más atractivo que recurrir a la táctica de subsidiar entre negocios, lo cual erosiona las utilidades.

Aunque una CMND puede emplear tácticas de subsidios entre negocios para abrirse paso en nuevos mercados atractivos o superar a un rival específico, su capacidad de usar esta opción está limitada por la necesidad de mantener niveles decorosos de rentabilidad general de la compañía. Una cosa es emplear de vez en cuando una parte de las utilidades y flujos de efectivo de los negocios existentes para cubrir pérdidas razonables en el corto plazo con el fin de entrar en un nuevo negocio, un nuevo mercado nacional o librar una ofensiva competitiva en contra de ciertos rivales, y otra muy diferente echar mano regularmente de estas tácticas para financiar avances en nuevas áreas y debilitar el desempeño general de la empresa de manera constante. Una CMND está sometida a las mismas presiones que cualquier otra para obtener una rentabilidad sistemáticamente aceptable en toda su cartera de negocios. En algún punto, cada negocio y cada mercado en que se ha incursionado tiene que hacer una contribución a las utilidades o convertirse en candidato al abandono. De modo que usar los subsidios entre negocios como táctica competitiva está restringido por la necesidad de preservar niveles aceptables de rentabilidad corporativa. Como regla general, *los subsidios entre negocios sólo se justifican si existen buenas perspectivas de que los efectos negativos a corto plazo en la rentabilidad corporativa lleguen a compensarse con una competitividad más fuerte y una mejor rentabilidad general en el largo plazo.*

> Aunque los subsidios entre negocios son un arma competitiva poderosa, sólo deben usarse con moderación debido a su efecto negativo en la rentabilidad corporativa en general.

Puntos | clave

La mayor parte de las compañías tienen sus raíces de negocios en una sola industria. Aun cuando pueden haberse diversificado desde entonces en otras industrias, una parte considerable

---

[28] *Idem.*

[29] Véase, por ejemplo, W. Chan Kim, Peter Hwang y Willem P. Burgers, "Multinationals' Diversification and the Risk-Return Trade-off", *Strategic Management Journal* 14, mayo de 1993, pp. 275-286.

Cápsula ilustrativa 39
Ventajas competitivas de Honda

A primera vista, cualquiera que estudiara la línea de productos de Honda: automóviles, motocicletas, podadoras de césped, generadores de corriente eléctrica, motores fuera borda, vehículos para la nieve, quitanieves y máquinas de jardinería, pensaría que Honda ha buscado la diversificación no relacionada. Sin embargo, bajo la evidente diversidad de productos se encuentra un núcleo común: la pericia de Honda en la tecnología de motores de gasolina.

La estrategia de Honda comprende transferir la pericia de la compañía en la tecnología de motores de gasolina a productos adicionales, explotar sus capacidades en fabricación a bajo costo y de alta calidad, usar la muy reconocida y respetada marca Honda en todos los productos y promover varios productos en el mismo anuncio. Un anuncio de Honda planteaba a los consumidores la siguiente pregunta en son de broma: "¿Cómo acomodas seis Honda en una cochera para dos autos?" y luego mostraba una cochera que contenía un automóvil Honda, una motocicleta Honda, un vehículo para la nieve (snowmobile) Honda, una podadora de césped Honda, un generador de electricidad Honda y un motor fuera borda Honda.

La relación en las cadenas de valor de los productos en la línea de negocios de Honda produce ventaja competitiva para Honda en la forma de economías de alcance, oportunidades ventajosas para transferir tecnología y capacidades de un negocio a otro y uso económico de una marca común.

Ventaja competitiva de Honda

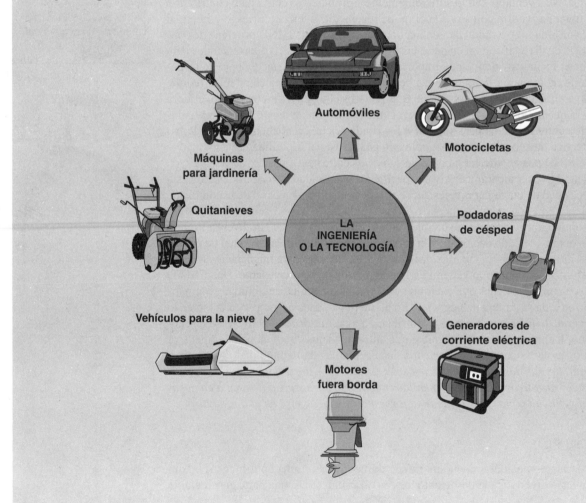

Fuente: Adaptado de C.K. Prahalad e Yves L. Doz, *The Multinational Mission*, Free Press, Nueva York, 1987, p. 62.

de sus ingresos y utilidades proviene por lo general del negocio original o "central". La diversificación es una estrategia atractiva cuando una empresa carece de oportunidades de crecimiento rentable en su negocio central. El propósito de la diversificación es crear valor para los accionistas. La diversificación crea valor para los accionistas cuando un grupo de negocios diversificado se desempeña mejor bajo los auspicios de una sola oficina matriz corporativa que como negocios independientes y autónomos y, por ende, obtiene importantes beneficios de desempeño de 1 + 1 = 3. El que una medida de diversificación en particular sea capaz de incrementar el valor de los accionistas depende de las pruebas de atractivo, costo de ingreso y mejor desempeño.

Hay dos enfoques fundamentales en la diversificación: negocios relacionados y negocios no relacionados. La lógica de la diversificación *relacionada* es *estratégica*: diversificarse en negocios con coincidencias estratégicas a lo largo de sus respectivas cadenas de valor, sacar partido de las relaciones de coincidencia estratégica para adquirir ventaja competitiva y luego usar ésta para lograr el impacto deseado de 1 + 1 = 3 en el valor para los accionistas. Los negocios tienen coincidencia estratégica cuando sus cadenas de valor ofrecen potencial 1) para realizar economías de alcance o eficiencias en ahorro de costos asociados con la facilidad para compartir tecnología, instalaciones, actividades funcionales, canales de distribución o marcas; 2) para realizar transferencias competitivamente valiosas entre negocios de tecnología, habilidades, conocimientos u otras capacidades de recursos; 3) para hacer uso eficaz de una marca reconocida que despierta confianza, y 4) para lograr la colaboración competitivamente valiosa entre negocios.

La premisa básica de la diversificación no relacionada es que cualquier negocio que tenga buenas perspectivas de utilidades y pueda adquirirse en buenos términos financieros es un buen negocio para diversificarse. La diversificación *no relacionada* es en esencia un enfoque *financiero*; la coincidencia estratégica es una consideración secundaria en comparación con la expectativa de ganancias financieras. La diversificación no relacionada sacrifica el potencial de ventaja competitiva de la coincidencia estratégica a cambio de ventajas como: 1) distribuir el riesgo comercial entre una variedad de industrias y 2) brindar oportunidades para obtener rápidamente ganancias financieras (si las posibles adquisiciones tienen activos subvaluados, precios de ganga y buen potencial de prosperar en caso de contar con la administración adecuada o necesitan el respaldo de una oficina matriz financieramente fuerte para aprovechar oportunidades atractivas). En teoría, la diversificación no relacionada también ofrece mayor estabilidad de las ganancias en el ciclo comercial, lo que supone una tercera ventaja. Sin embargo, alcanzar estos tres resultados de manera constante exige contar con ejecutivos corporativos que sean lo suficientemente sagaces como para evitar las considerables desventajas de la diversificación no relacionada. Mientras mayor sea la cantidad de negocios de un conglomerado y mientras más diversos sean éstos, más difícil será para los ejecutivos corporativos conocer bien cada negocio para distinguir entre una buena adquisición y una arriesgada, seleccionar gerentes capaces para dirigir cada negocio, saber cuándo son sólidas las principales propuestas estratégicas de las unidades de negocios o decidir con sensatez qué hacer cuando una unidad de negocios se encuentra en problemas. A menos que los gerentes corporativos sean excepcionalmente astutos y talentosos, la diversificación no relacionada es un enfoque dudoso y poco confiable hacia la creación de valor para los accionistas cuando se le compara con la diversificación relacionada.

El ingreso a nuevos negocios relacionados o no puede adoptar una de tres formas: adquisición, empresa interna de nueva creación y empresas de riesgo compartido o sociedades estratégicas. Cada una tiene sus ventajas y desventajas, pero la adquisición es la que se usa con mayor frecuencia.

Una vez que se logra la diversificación, la tarea de la gerencia corporativa es administrar un grupo de negocios para obtener el máximo desempeño en el largo plazo. Hay cuatro diferentes caminos estratégicos para mejorar el desempeño de una compañía diversificada: 1) ampliar la base de negocios de la compañía diversificándose en negocios adicionales, 2) reagruparse en una base de diversificación más limitada vendiendo algunos de los negocios actuales, 3) estrategias de reestructuración corporativa y recuperación de la rentabilidad y 4) diversificación multinacional.

Ampliar la base de diversificación es atractivo cuando el crecimiento es lento y la compañía necesita estímulo de ingresos y utilidades de un negocio recién adquirido, cuando cuenta con los recursos y capacidades que pueden transferirse con facilidad a negocios relacionados o complementarios, o cuando la oportunidad de adquirir una empresa atractiva se presenta inesperadamente a la puerta. Además, hay ocasiones en que una compañía diversificada realiza nuevas adquisiciones para complementar y fortalecer su posición de mercado, así como las capacidades competitivas de uno o más de sus actuales negocios.

Reagruparse en una base de diversificación más limitada por lo general es una buena estrategia cuando la gerencia corporativa concluye que los esfuerzos de diversificación de la compañía han ido demasiado lejos y que el mejor camino para mejorar el desempeño a largo plazo es concentrarse en crear posiciones fuertes en un número más pequeño de negocios. La reducción se realiza por lo general vendiendo negocios 1) que tienen poco o nada de coincidencia estratégica con los negocios en que la gerencia desea concentrarse o 2) son demasiado pequeños para hacer aportaciones significativas a las ganancias. La desinversión en tales negocios libera recursos que pueden usarse para reducir el endeudamiento, apoyar la expansión de los negocios restantes o para realizar adquisiciones que fortalezcan de manera importante la posición competitiva de la firma en uno o más de los restantes negocios centrales. La mayoría de las veces, las compañías se deshacen de los negocios vendiéndolos a otras compañías, pero en ocasiones los escinden de la corporación para convertirlos en empresas independientes en el aspecto financiero y administrativo, donde la compañía matriz puede retener o no un interés en su propiedad.

Las estrategias de reestructuración corporativa y recuperación de la rentabilidad entran en juego cuando la gerencia corporativa tiene que restablecer la buena salud de una cartera de negocios en problemas. Las causas del desempeño deficiente son, entre otras: las pérdidas cuantiosas en uno o más negocios que afectan el desempeño corporativo en general, demasiadas unidades de negocios en industrias poco atractivas, una carga excesiva de endeudamiento o adquisiciones mal elegidas que no han estado a la altura de las expectativas. Las estrategias de recuperación corporativa están dirigidas a restablecer la rentabilidad de los negocios que pierden dinero, en lugar de venderlos. Las estrategias de reestructuración implican reorganizaciones radicales de la cartera, la desinversión en algunos negocios y la adquisición de otros para crear lo que se perciba como un grupo de negocios más atractivo con mejor potencial de desempeño en el largo plazo.

Las estrategias de diversificación multinacional abarcan una diversidad de negocios y una diversidad de mercados nacionales. Pese a la complejidad de tener que diseñar y administrar tantas estrategias (por lo menos una para cada industria, con tantas variaciones por mercado nacional como sea necesario), las estrategias de diversificación multinacional son bastante atractivas. Ofrecen dos posibilidades de crecimiento a largo plazo en ingresos y rentabilidad: una es crecer incursionando en negocios adicionales y la otra es crecer extendiendo las operaciones de negocios existentes a otros mercados nacionales. Además, la diversificación multinacional tiene seis maneras de crear ventaja competitiva: 1) aprovechamiento pleno de las economías de escala y efectos de la curva de experiencia; 2) oportunidades para sacar partido de las economías de alcance entre negocios; 3) oportunidad para transferir recursos competitivamente valiosos de un negocio a otro y de un país a otro; 4) capacidad de hacer uso eficaz de una marca reconocida y competitivamente poderosa; 5) capacidad de aprovechar las oportunidades de colaboración y coordinación estratégica entre negocios y países, y 6) oportunidades para usar subsidios entre negocios o países con el objetivo de arrebatar ventas y participación de mercado a los rivales.

Lecturas | sugeridas

Barney, Jay B., *Gaining and Sustaining Competitive Advantage*, Addison-Wesley, Reading, MA, 1997, capítulos 11 y 13.

Campbell, Andrew, Michael Goold y Marcus Alexander, "Corporate Strategy: The Quest for Parenting Advantage", *Harvard Business Review* 73, núm. 2, marzo-abril de 1995, pp. 120-132.

Campbell, Andrew, Michael Goold y Marcus Alexander, "The Value of the Parent Company", *California Management Review* 38, núm. 1, otoño de 1995, pp. 79-97.

Collis, David J. y Cynthia A. Montgomery, "Creating Corporate Advantage", *Harvard Business Review* 76, núm. 3, mayo-junio de 1998, pp. 70-83.

Doz, Yves L. y Gary Hamel, *Alliance Advantage: The Art of Creating Value through Partnering*, Harvard Business School Press, Boston, 1998.

Eisenhardt, Kathleen M. y D. Charles Galunic, "Coevolving: At Last, a Way to Make Synergies Work", *Harvard Business Review* 78, núm. 1, enero-febrero de 2000, pp. 91-101.

Goold, Michael y Andrew Campbell, "Desperately Seeking Synergy", *Harvard Business Review* 76, núm. 5, septiembre-octubre de 1998, pp. 130-143.

Goold, Michael y Kathleen Luchs, "Why Diversify? Four Decades of Management Thinking", *Academy of Management Executive* 7, núm. 3, agosto de 1993, pp. 7-25.

Hax, Arnoldo y Nicolas S. Majluf, *The Strategy Concept and Process*, Prentice Hall, Englewood Cliffs, NJ, 1991, capítulos 9, 11 y 15.

Hoffman, Richard C., "Strategies for Corporate Turnarounds: What Do We Know about Them?", *Journal of General Management* 14, núm. 3, primavera de 1989, pp. 46-66.

Liedtka, Jeanne M., "Collaboration across Lines of Business for Competitive Advantage", *Academy of Management Executive* 10, núm. 2, mayo de 1996, pp. 20-34.

capítulo | diez Evaluación de las estrategias de las compañías diversificadas

Si sabemos dónde estamos y algo acerca de cómo llegamos, tal vez podamos ver hacia dónde nos dirigimos, y si los resultados que aparecen naturalmente en nuestro camino son inaceptables, realizar los cambios necesarios de manera oportuna.

—Abraham Lincoln

Las estrategias corporativas de la mayor parte de las compañías han disipado el valor para los accionistas en lugar de crearlo.

—Michael Porter

El logro del desempeño superior mediante la diversificación se basa en buena medida en la afinidad.

—Philippe Very

La prueba de fuego de cualquier estrategia corporativa es que los negocios no deben valer más para otro propietario.

—David G. Collis y Cynthia A. Montgomery

Haz ganadores de cada negocio en tu compañía. No lleves perdedores a cuestas.

—Jack Welch, Director general, General Electric

U na vez que una compañía se diversifica y tiene operaciones en varias industrias distintas, tres interrogantes dominan el plan de los principales creadores de la estrategia de la compañía:

1. ¿Cuán atractivo es el grupo de negocios en el que participa la compañía?
2. Suponiendo que la compañía continúe con su actual grupo de negocios, ¿cómo parece su perspectiva de desempeño en los años por venir?
3. Si las respuestas a las dos preguntas anteriores no son satisfactorias:

    a. ¿Debe la compañía deshacerse de los negocios que son poco atractivos o que tienen desempeño deficiente?
    b. ¿Qué medidas debe adoptar la empresa para fortalecer el crecimiento y potencial de utilidades de los negocios que piensa conservar?
    c. ¿Se justifica una diversificación más amplia en negocios adicionales para impulsar las perspectivas de desempeño a largo plazo de la firma?

El diseño y la puesta en práctica de los planes de acción para mejorar el atractivo general y la fortaleza competitiva del grupo de negocios de una compañía es la tarea estratégica central de los gerentes del nivel corporativo.

El análisis estratégico de las compañías diversificadas se basa en los conceptos y métodos empleados para las empresas con un solo negocio. Sin embargo, también existen nuevos aspectos que deben considerarse y enfoques analíticos adicionales que deben dominarse. El procedimiento de evaluación abarca los siguientes pasos:

1. *Identificar la actual estrategia corporativa.* Si la firma busca la diversificación relacionada o no relacionada (o una combinación de ambas), el carácter y propósito de las recientes adquisiciones y desinversiones y el tipo de compañía diversificada que la gerencia corporativa trata de crear.
2. *Aplicar la prueba del atractivo de la industria.* Evaluar el atractivo a largo plazo de cada industria en la que opera la organización y el atractivo de todas las industrias como grupo.
3. *Aplicar la prueba de la fortaleza competitiva.* Evaluar la fortaleza competitiva de las unidades de negocios de la compañía para ver cuáles son contendientes fuertes en sus respectivas industrias.
4. *Aplicar la prueba de coincidencia estratégica.* Determinar el potencial de ventaja competitiva de las relaciones de la cadena de valor entre negocios y las coincidencias estratégicas entre las diversas unidades de negocios de la empresa.
5. *Aplicar la prueba de coincidencia de recursos.* Determinar si las fortalezas de recursos de la compañía coinciden con las necesidades de recursos de su actual grupo de negocios.
6. *Clasificar los negocios.* Analizar tanto el desempeño histórico como las perspectivas a futuro.
7. *Clasificar las unidades de negocios en función de la prioridad en la asignación de recursos.* Decidir si la postura estratégica para cada unidad de negocios debe ser de ampliación dinámica, fortificar y defender, reestructurar y reposicionar, o de cosechar/vender. (La

tarea de iniciar estrategias específicas en las unidades de negocios para mejorar su posición competitiva por lo general se delega en los gerentes del nivel operativo y los del nivel corporativo ofrecen sugerencias y tienen facultades para dar la aprobación definitiva.)

8. *Diseñar nuevas medidas estratégicas para mejorar el desempeño corporativo en general.* Cambiar la composición de la cartera por medio de adquisiciones y desinversiones, mejorar la coordinación entre las actividades de unidades de negocios relacionadas para alcanzar mayores beneficios derivados de compartir los costos y transferir habilidades, y dirigir los recursos corporativos a las áreas que ofrecen mayores oportunidades.

El resto del capítulo describe este proceso de ocho pasos e introduce las técnicas analíticas que los gerentes necesitan para llegar a valoraciones responsables de la estrategia corporativa.

IDENTIFICACIÓN DE LA ACTUAL ESTRATEGIA CORPORATIVA

El análisis de la situación y perspectivas de una compañía diversificada necesariamente tiene que comenzar con la comprensión de su estrategia actual y composición de negocios. Como se ilustra en la figura 10.1, para entender cabalmente la estrategia corporativa de una compañía diversificada deberá estudiarse:

> La evaluación de la cartera de negocios de una compañía diversificada necesariamente comienza con una identificación clara de la estrategia de diversificación de ésta.

- El grado de diversificación de la firma (medido en función de la proporción de ventas y utilidades de operación totales que aporta cada unidad de negocios y si la base de diversificación es amplia o limitada).

- Si la compañía busca la diversificación relacionada o no relacionada, o una combinación de ambas.

- Si el ámbito de las operaciones de la compañía es ante todo nacional, cada vez más multinacional o global.

- Las medidas para añadir nuevos negocios a la cartera y crear posiciones en nuevas industrias.

- Las medidas para vender unidades de negocios débiles o poco atractivas.

- Medidas recientes para impulsar el desempeño de las unidades de negocios más importantes o fortalecer las posiciones existentes.

- Los esfuerzos de la gerencia para captar los beneficios de coincidencia estratégica entre negocios y hacer uso eficaz de las relaciones de la cadena de valor entre negocios para crear ventaja competitiva.

- El porcentaje de las inversiones de capital totales asignadas a cada unidad de negocios en años anteriores (un claro indicador de las prioridades de asignación de recursos de la compañía).

Tener una idea clara de la actual estrategia corporativa y su razón de ser prepara el escenario para sondear los puntos fuertes y débiles en la cartera de negocios y para, posteriormente, sacar conclusiones respecto a las mejoras o modificaciones significativas en la estrategia que resulten convenientes.

EVALUACIÓN DEL ATRACTIVO DE LA INDUSTRIA: TRES PRUEBAS

Una consideración fundamental al evaluar la composición de negocios de una compañía y el calibre de su estrategia es el atractivo de las industrias en las que se ha diversificado. Cuanto más atractivas sean estas industrias, tanto mejores serán las perspectivas de las utilidades a largo plazo de la empresa. El atractivo de la industria necesita evaluarse desde tres puntos de vista:

Figura 10.1 **Identificación de la estrategia de una compañía diversificada: qué buscar**

1. *El atractivo de cada industria representada en la cartera de negocios.* Cada industria debe escudriñarse desde el punto de vista de si representa un buen negocio para la compañía. ¿Qué perspectivas de crecimiento a largo plazo tiene la industria? ¿Las condiciones competitivas y el entorno general del mercado son propicios para la rentabilidad a largo plazo? Idealmente, cada industria en que opera la firma debe pasar la prueba del atractivo.

2. *El atractivo de cada industria en relación con las demás.* La pregunta en este caso es: "¿cuáles industrias en la cartera son las más atractivas y cuáles las menos atractivas?" Comparar el atractivo de las industrias y clasificarlas de más a menos atractivas son requisitos indispensables para sacar conclusiones respecto al atractivo de las industrias como grupo y decidir cómo asignar los recursos corporativos entre los diversos negocios.

3. *El atractivo de todas las industrias como grupo.* La pregunta aquí es: "¿cuán atractivo es el grupo completo de industrias en el que la compañía ha invertido?". La respuesta apunta a si la firma puede estar en demasiados negocios relativamente poco atractivos, si la cartera de industrias ofrece la posibilidad de crecimiento y rentabilidad atractivos, o si se necesita pensar en cierta forma de reestructuración de la cartera. Una empresa cuyos ingresos y utilidades provienen en gran medida de los negocios en industrias poco atractivas tal vez necesite tratar de crear posiciones en otras industrias que puedan considerarse sumamente atractivas.

> Mientras más atractivas sean las industrias en las que una compañía se ha diversificado, mejores serán sus perspectivas de desempeño.

Evaluación del atractivo de cada industria en la que la compañía se ha diversificado

Todas las consideraciones sobre el atractivo de la industria que se trataron en el capítulo 3 se aplican aquí:

- *Tamaño del mercado e índice de crecimiento proyectado.* Las industrias grandes son más atractivas que las pequeñas, y las industrias de rápido crecimiento propenden a ser más atractivas que las de crecimiento lento o que las industrias con perspectivas inciertas, si las circunstancias no cambian.

- *La intensidad de la competencia.* Las industrias donde las presiones competitivas son relativamente débiles resultan más atractivas que aquellas donde las presiones competitivas son fuertes.

- *Oportunidades y amenazas emergentes.* Las industrias que tienen oportunidades prometedoras y amenazas mínimas en el horizonte próximo son más atractivas que las que tienen oportunidades modestas y amenazas imponentes.

- *Factores cíclicos o de temporada.* Las industrias donde la demanda de los compradores es relativamente constante todo el año y no es demasiado vulnerable a los altibajos en la economía son más atractivas que las industrias donde hay fluctuaciones pronunciadas en la demanda de los compradores dentro del año o a través de los años.

- *Necesidades de recursos.* Las industrias que tienen necesidades de recursos que la compañía puede satisfacer son más atractivas que las industrias donde las necesidades de capital y otros recursos presionan los recursos financieros corporativos y las capacidades organizacionales.

- *La presencia de coincidencias estratégicas y de recursos entre industrias.* Una industria es más atractiva para una empresa en particular si su cadena de valor y necesidades de recursos se ajustan bien a las actividades de la cadena de valor de otras industrias en las que la compañía se ha diversificado, así como a las capacidades de recursos de ésta.

- *Rentabilidad de la industria.* Las industrias que tienen márgenes de utilidades sanos y altas tasas de rendimiento sobre la inversión generalmente son más atractivas que aquellas donde las utilidades han sido históricamente bajas o donde los riesgos comerciales son altos.

- *Factores sociales, políticos, reglamentarios y ambientales.* Las industrias con grandes problemas en áreas como la salud de los consumidores, la seguridad o la contaminación ambiental o que están sometidas a una reglamentación intensa son menos atractivas que aquellas donde dichos problemas no son temas de crucial importancia.

- *Incertidumbre industrial y riesgo comercial.* Las industrias que tienen menos incertidumbres en el horizonte y menor riesgo comercial en general son más atractivas que aquellas cuyas perspectivas futuras por una u otra razón son bastante inciertas, en especial cuando la industria tiene necesidades formidables de recursos.

La medida en que cada uno de estos factores incida en cada industria determina cuántas serán capaces de satisfacer la prueba del atractivo. La situación ideal es que todas las industrias representadas en la cartera de la compañía sean atractivas.

El atractivo de cada industria en relación con las demás

Sin embargo, no basta que una industria sea atractiva. Existe una razón de peso para que las gerencias corporativas asignen recursos a las que ofrecen *mayores* oportunidades en el largo plazo. Para asignar los recursos de manera inteligente es útil clasificar a las industrias en la cartera de negocios de la compañía en orden de mayor a menor atractivo, un procedimiento analítico que requiere mediciones cuantitativas del atractivo de la industria.

El primer paso para llegar a una medición cuantitativa formal del atractivo de la industria a largo plazo es seleccionar un grupo de mediciones a este respecto (como las que se mencionaron anteriormente). A continuación, se asigna un peso específico a cada medición del atractivo (ya que constituye una metodología débil suponer que las distintas mediciones son igualmente importantes) y aunque resulta evidente que se requiere criterio para ello, conviene adjudicar el mayor peso a las que son importantes para alcanzar los objetivos corporativos y que concuerdan con las circunstancias de la compañía. Los distintos pesos deben sumar un total de 1.0. Cada industria se califica después con base en cada una de las mediciones seleccionadas de su atractivo, usando una escala de calificación del 1 al 5 o del 1 al 10 (donde una calificación *alta* significa *mucho* atractivo y una *baja* significa *poco* atractivo o ausencia de éste). Las calificaciones ponderadas del atractivo se calculan multiplicando la calificación de la industria en cada factor por el peso del factor. Por ejemplo, una calificación de 8 por un peso de 0.25 da una calificación ponderada de 2.00. La suma de las calificaciones ponderadas de todos los factores de atractivo proporciona una medición cuantitativa del atractivo de una industria en el largo plazo. El procedimiento se muestra a continuación:

Factor del atractivo de la industria	Peso	Calificación del atractivo	Calificación ponderada de la industria
Tamaño del mercado y crecimiento proyectado	0.10	5	0.50
Intensidad de la competencia en la industria	0.25	8	2.00
Coincidencias estratégicas y de recursos con otras industrias representadas en la cartera de negocios de la compañía	0.15	5	0.75
Necesidades de recursos	0.15	7	1.05
Oportunidades y amenazas emergentes en la industria	0.05	6	0.30
Influencias cíclicas y de temporada	0.05	4	0.20
Factores sociales, políticos, reglamentarios y ambientales	0.05	2	0.10
Rentabilidad de la industria	0.10	4	0.40
Incertidumbre y riesgo comercial en la industria	0.10	5	0.50
Suma de los pesos asignados	1.00		
Calificación del atractivo de la industria			**5.80**

Escala de calificación: (1 = Muy poco atractiva; 10 = Muy atractiva).

Una vez calculadas las calificaciones del atractivo de cada industria en la cartera corporativa, es sencillo ordenar a las industrias de mayor a menor atractivo.

Hay dos dificultades para calcular las calificaciones del atractivo de la industria. Una es decidir los pesos apropiados de las mediciones del atractivo de ésta. La otra es obtener datos confiables sobre los cuales asignar calificaciones precisas y objetivas. Sin buena información, las calificaciones necesariamente son subjetivas y su validez se basa en si la gerencia ha sondeado de manera suficiente las condiciones de la industria para hacer juicios confiables. Por lo general, una compañía puede obtener los datos estadísticos necesarios para comparar sus industrias en factores tales como el tamaño del mercado, el índice de crecimiento, las influencias cíclicas y de temporada y la rentabilidad de la industria. La presencia de relaciones importantes en la cadena de valor entre industrias y las coincidencias estratégicas con otras industrias o negocios representados en la cartera de negocios de la compañía por lo general mejoran significativamente el atractivo de la industria por el potencial de ventaja competitiva que dichas relaciones pueden ofrecer. La medición del atractivo en la que el criterio influye en mayor medida es en la comparación de la intensidad de la competencia en las industrias. No siempre es fácil concluir si la competencia en una industria es más fuerte o más débil que en otra debido a los diversos tipos de influencias que predominan y las diferencias en su importancia relativa. No obstante, las calificaciones del atractivo de la industria son un método confiable para clasificar a las industrias de una compañía diversificada de más a menos atractivas —proporcionan información valiosa sobre cómo y por qué algunas de las industrias en las que se ha diversificado una empresa son más atractivas que otras—.

El atractivo de la mezcla de industrias en su totalidad

Para que una compañía diversificada tenga un buen desempeño, una parte sustancial de sus ingresos y utilidades debe provenir de las unidades de negocios que se considera que operan en industrias atractivas (aquellas que tienen calificaciones de atractivo relativamente altas). En especial, es importante que los negocios principales de la firma se ubiquen en industrias que tienen buenas perspectivas de crecimiento y rentabilidad superior al promedio. El hecho de que una parte importante de los ingresos y utilidades de una compañía provenga de industrias que crecen con lentitud o que producen bajos rendimientos sobre la inversión tiende a incidir negativamente en el desempeño general de ésta. Las unidades de negocios en las industrias menos atractivas son posibles candidatos a desinversión, a menos que tengan posiciones lo suficientemente fuertes como para superar los aspectos poco atractivos del entorno de su industria o que constituyan un componente estratégicamente importante de la cartera.

EVALUACIÓN DE LA FORTALEZA COMPETITIVA DE CADA UNA DE LAS UNIDADES DE NEGOCIOS DE LA COMPAÑÍA

En este caso, la tarea consiste en evaluar si cada unidad de negocios en la cartera corporativa está bien posicionada en su industria y el grado hasta el cual ya es o puede llegar ser un contendiente fuerte en el mercado. Realizar una valoración de la fortaleza y posición competitiva en la industria de cada unidad de negocios no sólo revela sus probabilidades de alcanzar el éxito en la industria, sino que también proporciona la base para comparar estos aspectos entre las diferentes unidades de negocios a fin de determinar cuáles son las más fuertes y cuáles las más débiles. Las mediciones cuantitativas de la fortaleza competitiva y posición de mercado de cada unidad de negocios se calculan por medio de un procedimiento parecido al que se utilizó para medir el atractivo de la industria.[1] La evaluación de la fortaleza competitiva de las subsidiarias de una compañía diversificada debe basarse en los siguientes factores:

- *Participación relativa de mercado.* Las unidades de negocios que tienen mayores participaciones relativas de mercado normalmente poseen mayor fortaleza competitiva que las que tienen participaciones menores. La *participación relativa de mercado* de una unidad de negocios se define como la relación entre su participación de mercado y la de la compañía rival más grande en la industria, donde la participación de mercado se mide en volumen unitario y no en dinero. Por ejemplo, si el negocio A tiene una participación de 15% del volumen total de su industria y el rival más grande de A tiene 30%, la participación relativa de mercado de A es 0.5. Si el negocio B tiene una participación líder del mercado de 40% y su rival más grande tiene 30%, la participación relativa de mercado de B es 1.33.[2] El uso de la participación relativa de mercado es analíticamente superior a usar la participación absoluta o real de mercado para medir la fortaleza competitiva. Por ejemplo, una participa-

---

[1] El procedimiento también es análogo al método para realizar las evaluaciones de la fortaleza competitiva, que se presentó en el capítulo 4 (véase la tabla 4.4).

[2] En virtud de esta definición, sólo las unidades de negocios que son líderes en participación de mercado dentro de sus respectivas industrias tienen posiciones relativas de mercado mayores que 1.0. Las unidades de negocios que van a la zaga de los rivales en cuanto a la participación de mercado tendrán relaciones por debajo de 1.0. Cuanto más por debajo de 1.0 sea la participación relativa de mercado de una unidad de negocios, tanto más débil será su fortaleza competitiva y participación de mercado en relación con el líder en participación de mercado en la industria.

ción de mercado de 10%, no es muy fuerte si la del líder es de 50%, pero una participación de 10% es, en efecto, bastante fuerte, si la del líder es de 12 por ciento.[3]

- *Costos en relación con los competidores.* Las unidades de negocios que son muy competitivas en costos tienden a tener posiciones más fuertes en sus industrias que las que luchan por mantener la paridad de costos con los principales rivales.

- *Capacidad de igualar o superar a los rivales en los atributos clave del producto.* La competitividad de una compañía depende en parte de su capacidad de satisfacer las expectativas de los compradores en cuanto a las características, desempeño del producto, fiabilidad, servicio y otros atributos importantes.

- *Capacidad de ejercer poder de negociación con los principales proveedores o clientes.* Tener poder de negociación indica fortaleza competitiva y suele dar origen a ventajas competitivas.

- *Calibre de las alianzas y sociedades en colaboración con proveedores o compradores.* Las alianzas y sociedades que funcionan bien indican la posibilidad de ventaja competitiva frente a los rivales, lo que aumenta la fortaleza competitiva de un negocio.

- *Capacidad de beneficiarse de las relaciones de coincidencia estratégica con negocios filiales.* Las relaciones de coincidencia estratégica con negocios filiales son una causa de mayor ventaja competitiva.

- *Capacidades de tecnología e innovación.* Las unidades de negocios reconocidas por su liderazgo tecnológico e historial en la innovación de productos son por lo general competidores fuertes en su industria.

- *El grado en que las virtudes competitivas y competencias de la unidad de negocio concuerdan con los factores clave para alcanzar el éxito en la industria.* Mientras más concuerden las fortalezas de recursos y capacidades competitivas de una unidad de negocio con los factores clave para alcanzar el éxito en una industria, más fuerte tiende a ser su posición competitiva.

- *Reconocimiento y reputación de la marca.* Una marca fuerte es una virtud competitiva valiosa en la mayoría de las industrias.

- *Rentabilidad en relación con los competidores.* Las unidades de negocios que sistemáticamente obtienen rendimientos sobre la inversión superiores al promedio y tienen mayores márgenes de utilidad que sus rivales por lo general tienen posiciones competitivas más fuertes que las unidades de negocios con rentabilidad por debajo del promedio en su industria. Es decir, la rentabilidad superior al promedio indica ventaja competitiva, mientras que la rentabilidad por debajo del promedio suele denotar desventaja competitiva.

Otros indicadores de la fortaleza competitiva incluyen un conocimiento excepcionalmente fuerte de los clientes y mercados, capacidades únicas de producción, habilidades en el manejo de la cadena de suministros, habilidades de marketing, amplios recursos financieros y el calibre de la gerencia (en particular si la gerencia tiene experiencia, conocimientos y profundidad para realizar los tipos de cambios comerciales importantes que pueden necesitarse).

---

[3] Igualmente importante, es probable que la participación relativa de mercado refleje los costos relativos que se basan en la experiencia de producir el producto y las economías de la producción a gran escala. Las empresas que tienen grandes participaciones relativas de mercado pueden operar con costos unitarios inferiores que las compañías con poca participación debido a las ganancias tecnológicas y de eficiencia que conlleva un mayor volumen de producción y ventas. Como se explicó en el capítulo 3, el fenómeno de costos unitarios inferiores puede ir más allá de los simples efectos de las economías de escala; a medida que el volumen de producción acumulado aumenta, los conocimientos adquiridos en la creciente experiencia en producción de la firma pueden conducir al descubrimiento de eficiencias adicionales y maneras de reducir los costos todavía más. Para más detalles sobre cómo la relación entre experiencia y volumen de producción acumulado da como resultado costos unitarios inferiores, véase la figura 3.1 del capítulo 3. Un considerable efecto de la curva de experiencia en la cadena de valor de una industria redunda en un beneficio estratégico en la participación de mercado: el competidor que adquiere la mayor participación de mercado tiende a realizar ventajas importantes en costos que, a su vez, pueden usarse para reducir los precios y ganar todavía más clientes, ventas, participación de mercado y utilidades. Dichas condiciones son un factor importante que contribuye a la fortaleza competitiva que una compañía tiene en ese negocio.

Los analistas pueden elegir entre calificar a cada unidad de negocios con base en los mismos factores genéricos o hacerlo basados en las mediciones de la fortaleza que resulten más pertinentes para su industria. Cualquiera de los enfoques es defendible, aunque el uso de mediciones de la fortaleza específicas para cada industria es conceptualmente mejor debido a que las mediciones pertinentes de fortaleza competitiva, junto con su importancia relativa, varían de una industria a otra. En los casos en que se disponga de información adecuada, es deseable realizar un análisis FUDA (véase el capítulo 4) de cada unidad de negocios y usar los resultados para llevar a cabo las evaluaciones de la fortaleza competitiva.

Como se hizo para evaluar el atractivo de las industrias, es necesario asignar pesos a cada una de las mediciones de la fortaleza para indicar su importancia relativa. El uso de diferentes pesos para cada unidad de negocios es conceptualmente mejor cuando la importancia de las mediciones de la fortaleza difiere de manera significativa de un negocio a otro. Como antes, los pesos tienen que sumar 1.0. Acto seguido, cada unidad de negocios se califica con base en cada una de las mediciones de la fortaleza, usando una escala de calificación del 1 al 5 o del 1 al 10 (donde una calificación *alta* significa fortaleza competitiva *alta* y una calificación *baja* significa fortaleza *baja*). Las calificaciones ponderadas de la fortaleza se calculan multiplicando la calificación de la unidad de negocios en cada medición por el peso asignado. Por ejemplo, una calificación de fortaleza de 8 por un peso de 0.20 da una calificación ponderada de la fortaleza de 1.60. La suma de las calificaciones ponderadas de todas las mediciones de la fortaleza proporciona una medición cuantitativa de la fortaleza de mercado y posición competitiva en general de una unidad de negocios. El procedimiento se muestra a continuación:

Medición de la fortaleza competitiva	Peso	Calificación de la fortaleza	Calificación ponderada de la fortaleza
Participación relativa de mercado	0.15	5	0.75
Costos en relación con los competidores	0.20	8	1.60
Capacidad de igualar a los rivales en los atributos clave del producto	0.05	7	0.35
Poder de negociación con los proveedores y compradores; calibre de las alianzas	0.10	6	0.60
Relaciones de coincidencia estratégica con negocios filiales	0.15	7	1.05
Capacidades de tecnología e innovación	0.05	4	0.20
Grado en que los recursos concuerdan con los factores para alcanzar el éxito en la industria	0.10	7	0.70
Reputación o imagen de la marca	0.10	4	0.40
Grado de rentabilidad en relación con los competidores	0.10	5	0.50
Suma de los pesos asignados	1.00		
Calificación de la fortaleza competitiva			**6.15**

Escala de calificación: (1 = Fortaleza baja; 10 = Fortaleza alta).

> Los intereses de los accionistas por lo general se atienden mejor si se concentran los recursos corporativos en los negocios que pueden contender por el liderazgo del mercado en sus industrias.

Las unidades de negocios que tienen calificaciones generales de la fortaleza competitiva relativamente altas (por encima de 6.7 en una escala de calificación del 1 al 10) son contendientes de mercado fuertes en sus industrias. Las unidades de negocios que tienen calificaciones generales relativamente bajas (por debajo de 3.3 en una escala de calificación del 1 al 10) se encuentran en posiciones de mercado competitivamente débiles.[4] Las evaluaciones gerenciales de qué

---

[4] Si los analistas carecen de datos suficientes para asignar calificaciones detalladas de la fortaleza, pueden fiarse de sus conocimientos de la situación competitiva de cada unidad de negocios para determinar su clasificación en una posición competitiva "fuerte", "promedio" o "débil". Si son fidedignas, tales evaluaciones subjetivas de la fortaleza de la unidad de negocios pueden sustituir a las mediciones cuantitativas.

negocios en la cartera que son contenientes fuertes o débiles en el mercado son una consideración valiosa para decidir a dónde canalizar los recursos.

Uso de una matriz de nueve celdas para representar simultáneamente el atractivo de la industria y la fortaleza competitiva

Las calificaciones del atractivo de la industria y la fortaleza del negocio pueden usarse para representar las posiciones estratégicas de cada negocio en una compañía diversificada. El atractivo de la industria en el largo plazo se traza sobre el eje vertical y la fortaleza competitiva en el eje horizontal. Una cuadrícula de nueve celdas surge de dividir el eje vertical en tres regiones (atractivo alto, medio y bajo) y el eje horizontal también en tres regiones (fortaleza competitiva fuerte, promedio y débil). El atractivo alto se asocia con las calificaciones de 6.7 o mayores en una escala de calificación del 1 al 10, el atractivo medio se asigna a las calificaciones de 3.3 a 6.7 y así sucesivamente; del mismo modo, la fortaleza competitiva fuerte se define como una calificación superior a 6.7; la fortaleza promedio abarca calificaciones de 3.3 a 6.7 y así sucesivamente, como se ilustra en la figura 10.2. Cada unidad de negocios en la cartera corporativa se traza en la matriz de nueve celdas de acuerdo con su calificación general de atractivo y fortaleza, y luego se muestra como una "burbuja". El tamaño de cada burbuja depende del porcentaje de ingresos que el negocio genera en relación con los ingresos corporativos totales.

> En la matriz atractivo-fortaleza, la ubicación de cada negocio se traza usando mediciones cuantitativas del atractivo de la industria en el largo plazo y la fortaleza o posición competitiva del negocio.

La matriz de atractivo-fortaleza ayuda a asignar las prioridades de inversión en cada una de las unidades de negocios de la compañía. La principal prioridad de inversión se asigna por lo general a los negocios en las tres celdas de la esquina superior izquierda, donde el atractivo de la industria en el largo plazo y fortaleza o posición competitiva son favorables. La prescripción estratégica general de los negocios que se ubican en estas tres celdas es "crecer y fortalecerse", donde los negocios en la celda alto-fuerte tienen la mayor prioridad para los fondos de inversión. En orden de prioridad, vienen a continuación los negocios posicionados en las tres celdas diagonales que abarcan de la esquina inferior izquierda a la esquina superior derecha; estos negocios por lo general tienen prioridad media o intermedia y ameritan reinversión *selectiva,* dependiendo de sus circunstancias específicas (tamaño, rentabilidad, coincidencias estratégicas y de recursos, función en la estrategia general de la compañía, etcétera).

Algunos negocios ubicados en las celdas diagonales de prioridad media tienen probabilidades de ser más atractivos que otros. Por ejemplo, un negocio pequeño en la celda de la esquina superior derecha de la matriz, pese a estar en una industria muy atractiva, puede ocupar una posición demasiado débil en su industria en relación con rivales más fuertes para justificar la inversión y los recursos que se necesitan para convertirlo en un contendiente fuerte del mercado y mover a la izquierda su posición en la matriz con el tiempo. Sin embargo, si un negocio en la celda de la esquina superior derecha tiene una oportunidad estratégica extraordinariamente atractiva de adquirir una posición de mercado más fuerte, puede ameritar una prioridad de inversión mayor y recibir los recursos para seguir una estrategia de "crecer y fortalecerse". La prescripción para la estrategia de los negocios en las tres celdas que se ubican en la esquina inferior derecha de la matriz es típicamente "cosechar o vender". En casos excepcionales donde existe buen potencial de recuperación de la rentabilidad, puede ser "reestructurar y reposicionar" usando algún tipo de enfoque de recuperación.[5]

> Una compañía puede obtener más utilidades en el largo plazo si invierte en un negocio con una posición competitivamente fuerte en una industria moderadamente atractiva que si invierte en un negocio débil en una industria glamorosa.

La cuadrícula de nueve celdas de atractivo-fortaleza proporciona una razón de peso para concentrar los recursos en los negocios que disfrutan de un mayor grado de atractivo y fortaleza competitiva, ser muy selectivo para hacer inversiones en negocios con posiciones intermedias

---

[5] De hecho, en General Electric cada unidad de negocios se clasificó en una de cinco categorías: 1) *negocios con alto potencial de crecimiento* que merecían la principal prioridad de inversión, 2) *negocios con base estable* que ameritaban reinversión constante para mantener su posición, 3) *negocios de apoyo* que justificaban inversión de financiamiento periódico, 4) *negocios de reducción o rejuvenecimiento selectivo* que merecían fondos reducidos de inversión, y 5) *negocios de riesgo* que requerían una fuerte inversión en investigación y desarrollo.

Figura 10.2 **Matriz representativa de nueve celdas del atractivo de la industria y la fortaleza competitiva**

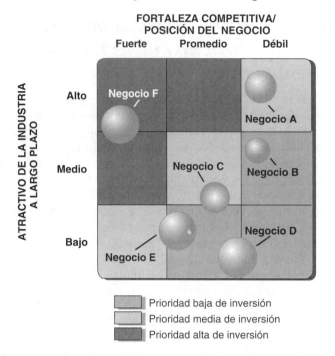

y retirar recursos de aquellos que tienen poco atractivo y fortaleza, a menos que ofrezcan un potencial excepcional de recuperación. Es por ello que una compañía diversificada necesita tomar en consideración tanto el atractivo de la industria como la fortaleza competitiva para asignar recursos y capital de inversión a sus diferentes negocios.

Cada vez más compañías diversificadas están concentrando sus recursos en industrias donde tienen la posibilidad de ser contendientes fuertes de mercado y vendiendo los negocios que no son buenos candidatos para llegar a ser líderes del mercado. En General Electric, todo el poder de la estrategia corporativa y la asignación de recursos corporativos en las últimas dos décadas ha sido colocar a las unidades de negocios de GE en la posición número uno o dos tanto en Estados Unidos como globalmente; véase la cápsula ilustrativa 40.

ANÁLISIS DE COINCIDENCIAS ESTRATÉGICAS: LA BÚSQUEDA DEL POTENCIAL DE VENTAJA COMPETITIVA ENTRE NEGOCIOS

Una parte esencial de la evaluación de la estrategia de una compañía diversificada es revisar su cartera de negocios para determinar el grado hasta el cual existen coincidencias competitivamente valiosas (es decir, coincidencias estratégicas) entre los negocios existentes de la empresa:

- ¿Qué unidades de negocios tienen coincidencias en su cadena de valor que brinden oportunidades para combinar el desempeño de ciertas actividades y con ello reducir los costos? Las posibles coincidencias en la cadena de valor incluyen típicamente la labor de compras (donde la combinación de las compras de materiales podría producir un mayor poder de negociación con los proveedores), el uso en común de los sistemas de comercio electrónico, fabricación (donde es factible compartir las instalaciones de manufactura) o distribución (donde es factible compartir almacenes, vendedores, distribuidores, concesionarios o canales de ventas electrónicos).

Cápsula ilustrativa 40
El enfoque de General Electric hacia la administración de una cartera de negocios muy diversificada

Los observadores más entendidos creen que General Electric ha realizado un trabajo superlativo para operar rentablemente una cartera muy diversificada de negocios no relacionados en su mayoría y la consideran el conglomerado más exitoso del mundo.

El ascenso de GE a la prominencia global empezó cuando Jack Welch fue nombrado director general de General Electric en 1981 y emprendió una serie de iniciativas de revitalización corporativa para reestructurar la cartera de negocios diversificados de la compañía. Muy al principio, Welch lanzó el desafío a los gerentes de las unidades de negocios de GE de llegar a ser el número uno o dos en sus industrias. Si eso no resultaba, las unidades de negocios tenían que conseguir una decidida ventaja tecnológica que pudiera traducirse en ventaja competitiva o enfrentarse a una posible desinversión. En 1990, GE era una empresa diferente, después de haber vendido óperaciones por un valor de 9 000 millones de dólares, hecho adquisiciones adicionales por un total de 24 000 millones de dólares y despedido a 100 000 empleados. Doce de los 14 principales grupos de negocios de GE habían alcanzado una posición de liderazgo del mercado en Estados Unidos o globalmente. (Los negocios de servicios financieros y de transmisión de televisión de la compañía atendían mercados demasiado fragmentados para clasificar.)

Bajo el liderazgo de Welch, las adquisiciones, desinversiones y reestructuración de la cartera continuaron a un ritmo rápido y febril durante los años noventa; en este periodo, GE adquirió cientos de nuevas compañías, incluidas 108 en 1998 y 64 en un lapso de 90 días en 1999. La mayor parte de las adquisiciones se realizaron en Europa, Asia y América Latina y aspiraban a transformar a GE en una empresa verdaderamente global. Los negocios con desempeño débil se vendieron o fusionaron con los negocios más fuertes de GE.

LA CARTERA DE NEGOCIOS DE GE EN 2001

Al inicio de 2001, la cartera de negocios de General Electric consistía en más de 250 divisiones de negocios agrupadas en 10 categorías:

- *Motores para aviones.* El productor más grande del mundo de motores jet grandes y pequeños para aviones comerciales y militares. A lo largo de los años noventa, más de 50% de los pedidos mundiales de motores grandes para jets comerciales se adjudicaron a las empresas de GE.

- *Aparatos electrodomésticos.* Uno de los mayores fabricantes en el mundo de aparatos electrodomésticos, tales como refrigeradores y congeladores, hornos, cocinas económicas y estufas, hornos de microondas, lavadoras y secadoras, lavavajillas, compresores y trituradores de basura, aire acondicionado residencial y sistemas de purificación de agua de las marcas Monogram, Profile Performance, Profile, GE y Hotpoint.

- *GE Equity.* Subsidiaria de GE Capital que ofrece estructuras de tratos flexibles e innovadores a los clientes. GE Equity emplea 120 profesionales en inversiones en cinco unidades de negocios y tiene una cartera de 150 compañías en todo el mundo.

- *Sistemas industriales.* Proveedor líder de productos usados para distribuir, proteger, operar y controlar energía eléctrica y equipo, así como servicios para aplicaciones comerciales e industriales. Los principales productos y servicios incluyen cortacircuitos, interruptores, transformadores, tableros de distribución, dispositivos de distribución, medidores, relés, unidades de velocidad ajustable, sistemas de control y automatización de procesos, una gama completa de motores eléctricos de corriente alterna y directa, así como soluciones integrales de ingeniería técnica y manejo de energía.

- *Iluminación.* Uno de los principales proveedores de productos de iluminación para los mercados globales de consumo, comerciales e industriales. Los productos incluyen lámparas incandescentes, fluorescentes, de descarga de alta intensidad, halógeno y festivas, así como dispositivos portátiles de iluminación, componentes de lámparas y productos de cuarzo. GE también fabrica accesorios para iluminación en exteriores, dispositivos para cableado residencial y controles de iluminación comercial.

- *Sistemas médicos.* Líder mundial en tecnología de diagnóstico médico por imágenes, servicios y productividad en el cuidado de la salud. Los productos incluyen exploradores de tomografía computarizada, equipo de rayos X, sistemas de resonancia magnética, cámaras de medicina nuclear, sistemas de ultrasonido, dispositivo para monitorización de pacientes y sistemas de mamografía.

- *NBC.* La primera cadena de televisión de Estados Unidos y ahora una compañía internacional de medios. Además de NBC Television Network y sus 13 estaciones, NBC es propietaria de CNBC; opera MSNBC en sociedad con Microsoft, y mantiene intereses en el capital de Arts & Entertainment, History Channel y Rainbow Media Holdings. La división NBC también incluye NBCi, ShopNBC, CNBC Europe, CNBC Asia e interés patrimonial en National Geographic Channels International.

- *Plásticos.* Uno de los líderes mundiales en plásticos versátiles de alto desempeño que se usan en las industrias de las computadoras, electrónica, almacenamiento de datos, equipo de oficinas, automotores, edificios y construcción.

- *Power Systems.* Líder global en el diseño, fabricación y servicio de turbinas y generadores de gas, vapor e hidroeléctricos para la producción de energía, tuberías y aplicaciones industriales. Power Systems también provee combustibles nucleares, servicios y equipo relacionado.

(*continúa*)

Cápsula ilustrativa 40
(continúa)

- *Bienes raíces.* Ofrece financiamiento para bienes raíces comerciales, como edificios de oficinas, departamentos en alquiler y centros comerciales, entre otros. Los préstamos fluctúan entre dos y varios cientos de millones de dólares y se otorgan con base en una variedad de condiciones, desde tasa fija hasta tasa flotante y, en algunos casos, capital para una empresa de riesgo compartido. GE Real Estate también proporciona servicio de préstamos y administración de activos a otros inversionistas en bienes raíces. GE Capital Investment Advisors trabaja en conjunto con GE Real Estate en algunos servicios.

INICIATIVAS INTERNAS DE GE PARA ADMINISTRAR RENTABLEMENTE LA DIVERSIFICACIÓN AMPLIA

En los años noventa, Jack Welch orquestó una serie de iniciativas internas para estimular de manera espectacular la productividad en todos los negocios de la compañía, reducir el tamaño de la burocracia de la corporación y crear una organización "sin fronteras" donde las nuevas ideas, tecnología, experiencia y otras formas de capital intelectual pudieran transferirse con facilidad de un negocio de GE a otro. Los programas de la empresa para administrar en forma rentable una cartera de negocios global y ampliamente diversificada incluyeron:

- Énfasis en ser una organización de aprendizaje sin fronteras. Se hizo hincapié en encontrar mejores maneras de hacer las cosas, tomando ideas prestadas de otras compañías y transfiriendo incesantemente las ideas y las mejores prácticas de un

negocio de GE a otro. El supuesto operativo de GE era que alguien en algún lugar tenía una idea mejor; y la obligación operativa era encontrar quién tenía esa mejor idea, aprenderla y ponerla en práctica tan pronto como fuera posible. La medida de compartir ideas entre negocios se promovió por medio de rotaciones de puestos y transferencias de personal entre negocios y zonas geográficas, además de enviar a personas o equipos a visitar instalaciones dentro o fuera de la compañía que habían puesto en práctica una idea innovadora y obtenido resultados sobresalientes. Por ejemplo, cuando la compañía transfería a un gerente de su negocio de motores para aviones a una fábrica de aparatos electrodomésticos de GE, se esperaba que dicho gerente aprendiera directamente del éxito del Plan de Respuesta Rápida de la división de electrodomésticos que redujo el inventario de ésta en 200 millones de dólares e incrementó el rendimiento sobre la inversión en 8.5%; al regresar, la persona tenía la presión de usar ese aprendizaje para contribuir a implantar ahorros en los inventarios del negocio de motores para aviones. Las transferencias y rotaciones regulares de puestos también establecían relaciones personales entre empleados de unidades de negocios diferentes que contribuyeron al intercambio continuo de conocimientos después de la rotación y ayudaron a desterrar el pensamiento cerrado dentro de cada unidad de negocios.

- Institución del programa de calidad Six Sigma (guiado e impartido por empleados altamente capacitados de GE) en todas las divisiones de GE, que introdujo el pensamiento y análisis riguroso en el proceso de administración; el programa de calidad Six Sigma genera menos de 3.4 defectos por

(continúa)

- ¿Qué unidades de negocios tienen coincidencias en la cadena de valor que ofrezcan oportunidades para transferir habilidades, tecnología o capital intelectual de un negocio a otro?

- ¿Qué unidades de negocios ofrecen oportunidades para usar una marca común y muy respetada para exigir espacio de exhibición prominente a los minoristas y ganar credibilidad entre los compradores?

- ¿Qué unidades de negocios tienen coincidencias en la cadena de valor que brinden oportunidades para crear capacidades competitivas nuevas o valiosas o hacer uso eficaz de los recursos existentes?

La figura 10.3 ilustra el proceso de buscar coincidencias estratégicas en la cadena de valor competitivamente valiosas entre negocios. En ausencia de coincidencias estratégicas significativas, hay que mostrarse escéptico respecto a la posibilidad de que los negocios de una compañía diversificada se desempeñen mejor juntos que por separado.

Un segundo aspecto de la coincidencia estratégica que merece verificarse es si hay algún negocio en la cartera que no encaje bien en la dirección y visión estratégica global a largo plazo de la compañía. En ocasiones, un negocio, a pesar de que tenga ciertas coincidencias en la cadena de valor, no combina bien con los mercados estratégicos, los grupos de clientes o las categorías de productos en que la gerencia corporativa se está concentrando; en otras palabras, no encaja estratégicamente en los planes futuros y objetivos de desempeño de la firma. Un nego-

Cápsula ilustrativa 40

(*conclusión*)

millón de operaciones en un proceso de manufactura o servicio. La iniciativa Six Sigma de GE se introdujo a finales de 1995 (cuando funcionaba en un nivel sigma entre 3 y 4) en un esfuerzo concertado por reducir costos, mejorar la eficiencia y fomentar la satisfacción del cliente. Se calcula que la brecha entre el nivel sigma de 3 a 4 de GE y el nivel objetivo de 6 le costó a GE entre 8 000 y 14 000 millones de dólares en ineficiencias y productividad perdida. A finales de 1998, GE anunció que su iniciativa Six Sigma había mejorado los márgenes de operación de la compañía a 16.7% (de 13.6% en 1995) y ayudado a incrementar el movimiento total del capital de trabajo de GE a 9.2 (de 5.8 en 1995).

- Fuerte dependencia de "sesiones de soluciones" donde los gerentes y empleados de GE se congregaban en una habitación durante todo el tiempo que fuera necesario para concentrarse en un problema u oportunidad, confrontar asuntos, compartir y debatir sus puntos de vista y formular un plan de acción decisivo para implantar con rapidez medidas correctivas e impulsar al negocio o la compañía. Estas sesiones, como el concepto de una compañía sin fronteras, fueron un componente integral de la cultura global de GE.

- Alentar a los gerentes y empleados a combatir la burocracia y hacer todo lo posible por acabar con las prácticas y comportamiento burocráticos en GE.

- Convertirse en una compañía de internet (la más reciente iniciativa de la compañía). La meta era incorporar plenamente el uso de Internet y las prácticas de comercio electrónico en las 250 divisiones de negocios de GE en un plazo de 18 meses y transformar a GE en una empresa electrónica global.

- Formar conscientemente un equipo de gerentes, especializado y rico en talento, con fuertes dotes de liderazgo, la capacidad de tomar decisiones difíciles y el talento para producir buenos resultados comerciales. En una entrevista que concedió a *Business Week,* Jack Welch afirmó: "Esta compañía funciona gracias a su gente maravillosa. El más grande logro que he tenido es encontrar gente maravillosa. Todo un ejército... Son verdaderos ganadores... Estamos en el negocio de seguros de perros y gatos en Inglaterra. En realidad, yo no quiero estar en ese negocio, pero el sujeto que me dio la idea quería estarlo, y yo confié en él. Él se encargará de que funcione."

El compromiso de GE con el aprendizaje entre negocios y su determinación de crear una organización sin fronteras son sólo dos de las razones por las que la compañía creció durante toda la última década hasta llegar a ser una fuerza global. Mientras Jack Welch, su presidente, se preparaba para retirarse en 2001, observó con ironía: "Llegué en una mala economía y me voy en una mala economía." Pero manifestó su confianza en su sucesor, Jeff Immelt. "Va a llevar a esta compañía a alturas totalmente insospechadas", pronosticó Welch. "Me entusiasma que el futuro se vea mejor que el pasado." Mientras tanto, se continúan haciendo tratos. En el mismo mes que Welch planeaba retirarse, GE Americom firmó un contrato de largo plazo con Viacom para mejorar las telecomunicaciones vía satélite en todo el mundo.

Fuente: Sitio web de GE (www.ge.com), visitado el 4 de septiembre de 2001; "Viacom Signs with GE Americom for Next-Generation Satellites", boletín de prensa (www.ge.com) del 4 de septiembre de 2001; Richard Waters, "Welch Will Step Down Earlier as GE Revenues Fall", *Financial Times* (http://news.ft.com), 12 de julio de 2001; Drew Ross Sorkin, "Rare Miscalculation for Jack Welch", *New York Times* (www.nytimes.com), 3 de julio de 2001; documentos de la compañía; John A. Byrne, "How Jack Welch Runs GE", *Business Week,* 8 de junio de 1998, pp. 88-95; y diversos artículos en la prensa financiera.

cio también puede carecer de atractivo estratégico a largo plazo si no ofrece potencial de crecimiento, es rentable marginalmente o requiere cuantiosas inversiones de capital anuales para sustituir las plantas y equipo obsoletos. Es probable que sea necesario pensar en la desinversión de dichos negocios, pese a que tengan coincidencias en la cadena de valor con negocios filiales. Los negocios con poco valor estratégico a largo plazo a menudo terminan siendo tratados como un hijastro no deseado y distraen a la alta dirección de lo realmente importante.

ANÁLISIS DE COINCIDENCIA DE RECURSOS: DETERMINACIÓN DE CÓMO LOS RECURSOS DE LA COMPAÑÍA COINCIDEN CON LAS NECESIDADES DE LA UNIDAD DE NEGOCIOS

Los negocios en el grupo de una compañía diversificada necesitan mostrar una buena *coincidencia de recursos* al igual que una buena coincidencia estratégica. La coincidencia de recursos existe cuando 1) los negocios aumentan las fortalezas de recursos de una compañía, ya sea

Figura 10.3   **Comparación de las cadenas de valor para identificar coincidencias estratégicas entre unidades de negocios de una compañía diversificada**

Actividades de la cadena de valor

Oportunidades para combinar las actividades de compra y adquirir mayor poder de negociación con los proveedores

Oportunidades para compartir tecnología, transferir habilidades técnicas, combinar investigación y desarrollo

Oportunidades para combinar o compartir actividades de ventas y marketing, utilizar canales comunes de distribución, uso eficaz de una marca común o combinar actividades de servicio posteriores a la venta

No hay oportunidades de coincidencia estratégica

financiera o estratégicamente, y 2) una empresa cuenta con los recursos para apoyar de manera adecuada a sus negocios como grupo sin desgastarse demasiado. Una dimensión importante de la coincidencia de recursos va en relación a si el grupo de negocios de la compañía está a la altura de sus recursos financieros.

Negocios que generan flujos de efectivo adecuados e inadecuados

Un negocio *acaparador de efectivo* es aquel cuyos flujos de efectivo internos son inadecuados para financiar por completo sus necesidades de capital de trabajo y nuevas inversiones de capital.

Cada negocio tiene diferentes características de flujo de efectivo e inversión. Por ejemplo, las unidades de negocios en industrias de rápido crecimiento a menudo son *acaparadoras de efectivo,* así calificadas porque los flujos anuales de efectivo que generan sus operaciones internas no bastan para cubrir las necesidades anuales de capital. Para mantenerse al ritmo de la demanda creciente, los negocios de rápido crecimiento frecuentemente requieren cuantiosas inversiones de capital anuales durante muchos años para nuevas instalaciones y equipo, para desarrollo de nuevos productos o mejoras tecnológicas y para que el capital de trabajo adicional apoye la expansión de inventarios y una base mayor de operaciones. Un negocio en una industria de rápido crecimiento se convierte en un acaparador de efectivo todavía más voraz cuando tiene una participación de mercado relativamente baja y sigue una estrategia para crecer más rápido que el mercado y adquirir participación de mercado suficiente para convertirse en el líder de la industria. Cuando las operaciones de un negocio de rápido crecimiento no generan un flujo de efectivo suficiente para financiar de manera interna sus necesidades de capital, la oficina matriz es la que aporta los recursos financieros necesarios. La gerencia corporativa tiene que decidir si financiar las necesidades de inversión (tal vez considerables) de un acaparador de efectivo vale la pena en términos financieros y estratégicos.

Sin embargo, las unidades de negocios que tienen posiciones de liderazgo en industrias maduras pueden ser *proveedores de efectivo,* así como los negocios que generan excedentes sustanciales de efectivo sobre lo que es necesario para reinversión de capital y maniobras competitivas para sostener su actual posición de mercado. Los líderes del mercado en industrias de crecimiento lento a menudo generan flujos de efectivo positivos en cantidades considerables *por encima de lo que se necesita para reinversión en las operaciones* porque su posición de líder de la industria tiende a darles los volúmenes de ventas y reputación para obtener utilidades atractivas y porque el carácter de crecimiento lento de su industria a menudo supone necesidades de inversión anual relativamente modestas. Los proveedores de efectivo, aunque no siempre son atractivos desde el punto de vista del crecimiento, son negocios valiosos desde la perspectiva de los recursos financieros. Los flujos de efectivo excedentes que generan pueden usarse para pagar los dividendos corporativos, las adquisiciones financieras y aportar los fondos para invertir en los acaparadores de efectivo prometedores de la empresa. Conviene en el aspecto financiero y estratégico que las compañías diversificadas mantengan a los proveedores de efectivo en buenas condiciones de salud, fortificando y defendiendo su posición de mercado para preservar su capacidad de generar efectivo en el largo plazo y con ello disponer de una fuente constante de recursos financieros que podrá utilizar en otros menesteres.

Ver a un grupo diversificado de negocios como un conjunto de flujos de efectivo y necesidades de efectivo (presentes y futuros) constituye un paso importante en la comprensión de los aspectos financieros de la estrategia corporativa. Determinar cuáles negocios en la cartera de una compañía diversificada son acaparadores de efectivo y cuáles proveedores de efectivo resalta las oportunidades para traspasar recursos financieros entre subsidiarias con el fin de optimizar el desempeño de toda la cartera corporativa, explica por qué las prioridades en la asignación de recursos corporativos llega a variar de un negocio a otro y proporciona buenas racionalizaciones tanto para las estrategias de inversión y expansión como para las desinversiones. Por ejemplo, una compañía diversificada puede usar los excedentes de efectivo generados por los proveedores de efectivo para financiar las necesidades de inversión de los acaparadores de efectivo prometedores con el propósito de que, con el tiempo, los acaparadores crezcan y se conviertan en "estrellas" autosuficientes que tengan posiciones competitivas fuertes en mercados atractivos que crecen vigorosamente.[6] Los *negocios estrella* son los proveedores de efectivo del futuro; es decir, cuando los mercados de los negocios estrella empiecen a madurar y el ritmo de crecimiento se haga más lento, su fortaleza competitiva deberá producir flujos de efectivo generados internamente en cantidad más que suficiente para cubrir sus necesidades de inversión. Así, la "secuencia de éxito" es pasar de acaparador de efectivo a estrella joven (pero quizá todavía un acaparador de efectivo), a estrella autosuficiente y, por último, a proveedor de efectivo.

Sin embargo, si existen dudas sobre las posibilidades de un acaparador de efectivo (ya sea por el poco atractivo de la industria o una posición competitiva débil), éste se convierte en un candidato lógico para la desinversión. Buscar una estrategia audaz de inversión y expansión para un acaparador de efectivo competitivamente débil rara vez tiene sentido porque requiere que la oficina matriz no deje de inyectar capital en el negocio para que éste se mantenga al día con el ritmo rápido de crecimiento del mercado *y* para crear una posición competitiva fuerte con atractivo. Dichos negocios representan una sangría financiera y carecen de buena coincidencia de recursos financieros. Vender un negocio acaparador de efectivo menos atractivo es por lo general la mejor opción a menos que 1) éste tenga coincidencias estratégicas valiosas con otras unidades de negocios o 2) las infusiones de capital que se necesitan de la oficina matriz sean modestas en relación con los fondos disponibles y exista una oportunidad decorosa de crecimiento del negocio para que llegue a ser un contribuyente con sólidos resultados financieros que redituén un buen rendimiento sobre el capital invertido.

Un negocio *proveedor de efectivo* es parte valiosa de la cartera de negocios de una compañía diversificada porque genera efectivo para financiar las nuevas adquisiciones y las necesidades de capital de los acaparadores de efectivo, así como para pagar dividendos.

---

[6] Un negocio estrella, como su nombre lo dice, es aquel que tiene una prominente participación de mercado, reputación muy respetada, historial sólido de rentabilidad y excelentes oportunidades de crecimiento y utilidades a futuro. Los negocios estrella varían en cuanto a su estado de acaparadores de efectivo; algunos pueden cubrir sus necesidades de inversión con flujos de efectivo generados internamente, otros requieren infusiones de capital de sus oficinas matrices corporativas para mantenerse al día con respecto al rápido crecimiento de la industria. Normalmente, los negocios estrella muy bien posicionados en industrias donde el ritmo del crecimiento empieza a aminorar tienden a ser autosustentables en términos del flujo de efectivo y requieren poco de las tesorerías de las oficinas matrices. Sin embargo, las estrellas jóvenes tal vez necesiten capital de inversión considerable *más allá de lo que son capaces de generar por su cuenta* y seguir siendo acaparadores de efectivo.

Aparte de las consideraciones relativas al flujo de efectivo, un negocio tiene una buena coincidencia financiera cuando contribuye al logro de los objetivos de desempeño corporativos (crecimiento de las utilidades, rendimiento sobre la inversión superior al promedio, reconocimiento como un líder industrial, etc.) y cuando mejora de manera significativa el valor para los accionistas. Un negocio tiene una mala coincidencia financiera si absorbe una parte desproporcionada de los recursos financieros de la compañía, si contribuye por debajo del nivel medio o de manera inconsistente a los resultados financieros, si es indebidamente arriesgado y su fracaso pondría en peligro a toda la empresa, o si es demasiado pequeño para hacer aportaciones importantes a las utilidades aun cuando se desempeñe bien. Además, la cartera de negocios de una compañía diversificada carece de coincidencia financiera si sus recursos financieros se reparten entre muchos negocios. Es posible que se presenten fuertes presiones financieras si una firma se endeuda tanto para financiar las nuevas adquisiciones que tenga que recortar las nuevas inversiones de capital en los negocios existentes y usar la gran mayoría de sus recursos financieros para pagar los intereses y la deuda. Algunas compañías diversificadas se han excedido tanto en el uso de sus recursos o apalancamiento financiero que han tenido que vender algunos negocios para reunir el dinero necesario para cumplir con las obligaciones que les impone el endeudamiento y financiar los gastos de capital esenciales de los negocios restantes.

Coincidencias de recursos competitivos y administrativos

> Hay que pensar en la desinversión en negocios subsidiarios que no muestran buena coincidencia estratégica o de recursos, a menos que su desempeño financiero sea sobresaliente.

La estrategia de una compañía diversificada debe aspirar a producir una buena coincidencia entre sus capacidades de recursos y las necesidades competitivas y administrativas de sus negocios.[7] Es más probable que la diversificación mejore el valor para los accionistas cuando la compañía posea o pueda desarrollar las capacidades competitivas y administrativas para tener éxito en los negocios o industrias en los que se ha diversificado. Los negocios donde está ausente la coincidencia de recursos constituyen un problema lo suficientemente grave como para que dichos negocios se conviertan en los primeros candidatos a la desinversión. Asimismo, cuando los recursos y capacidades de una compañía se ajustan a los factores clave para alcanzar el éxito en industrias en las que actualmente no opera, conviene estudiar con detenimiento las compañías susceptibles de adquirirse en estas industrias y ampliar las líneas de negocios de la firma.

Para verificar si existen coincidencias de recursos competitivos y administrativos en la cartera de negocios de una compañía diversificada se necesita lo siguiente:

- *Determinar si las fortalezas de recursos de la empresa se ajustan bien a los factores clave de éxito de los negocios en los que se ha diversificado.* Si existe una buena correspondencia entre los factores clave de éxito de una industria y los recursos y capacidades de la compañía, es una señal clara de una buena coincidencia de recursos.

- *Determinar si la organización tiene suficientes recursos para apoyar todos sus negocios.* Una compañía diversificada tiene que cuidarse de abarcar demasiado y agotar su base de recursos. Mientras más amplia sea la diversificación, mayor será la preocupación sobre si la gerencia de la firma posee la suficiente pericia y experiencia para hacer frente a la multitud de problemas administrativos y de operación que su amplio grupo de negocios presenta (además de los que puede estar pensando en incursionar).

- *Determinar si uno o más negocios se beneficiarían de la transferencia de recursos o capacidades competitivas de negocios filiales.* Las capacidades que suelen ser buenas candidatas para la transferencia incluyen los plazos cortos de desarrollo para llevar los productos nuevos al mercado, sociedades fuertes con proveedores clave, una organización de inves-

---

[7] Para una excelente exposición de cómo evaluar estas coincidencias, véase Andrew Campbell, Michael Goold y Marcus Alexander, "Corporate Strategy: The Quest for Parenting Advantage", *Harvard Business Review* 73, núm. 2, marzo-abril de 1995, pp. 120-132.

tigación y desarrollo capaz de generar oportunidades tecnológicas y de productos en varios ámbitos industriales de manera simultánea, un alto grado de agilidad organizacional para responder a las condiciones cambiantes del mercado y las oportunidades emergentes, o sistemas tecnológicamente avanzados para hacer negocios por internet. La capacidad de transferir recursos o capacidades competitivamente valiosos de un negocio a otros es una señal palpable de coincidencia de recursos.

- *Determinar si la compañía necesita invertir en actualizar sus recursos o capacidades para mantenerse a la cabeza (o por lo menos al mismo nivel) de los esfuerzos de los rivales.* En un mundo de cambio vertiginoso y competencia reñida, los gerentes tienen que estar atentos a la necesidad de invertir de manera continua y actualizar los recursos de la compañía, por más potentes que éstos sean en la actualidad. Todos los recursos se deprecian a medida que los competidores los imitan o responden con una combinación diferente (y tal vez más atractiva) de recursos.[8] La actualización de los recursos y competencias a menudo implica ir más allá de simplemente fortalecer lo que la compañía ya es capaz de hacer. Puede suponer agregar nuevas capacidades (como la capacidad de manejar un grupo de plantas manufactureras internacionales diversas, la pericia tecnológica en disciplinas relacionadas o complementarias, una intranet tecnológicamente avanzada en la compañía o un sitio web innovador que atraiga muchas visitas y dé mayor exposición de mercado a todas las unidades de negocios); crear competencias que permitan a la empresa incursionar en otra industria atractiva; o ampliar la gama de capacidades de la compañía para igualar ciertas capacidades competitivamente valiosas de los rivales.

El complemento de recursos y capacidades a disposición de una firma determina sus fortalezas competitivas. Mientras más ligada esté la estrategia de diversificación de una compañía al poder de usar eficazmente sus recursos y capacidades en nuevos negocios, más necesidad tendrá de formar una reserva de recursos lo suficientemente grande y amplia como para proveer a estos negocios de la capacidad necesaria para crear ventaja competitiva. De lo contrario, sus fortalezas se diluyen en demasiados negocios y se pierde la oportunidad de adquirir ventaja competitiva.

Algunas notas precautorias   Muchas estrategias de diversificación que giran en torno de la transferencia de capacidades de recursos entre negocios nunca llegan a estar a la altura de las expectativas porque el proceso de transferencia resulta problemático. La creación de una capacidad de recursos en un negocio casi siempre implica muchos ensayos, errores y aprendizaje organizacional; es el producto de la colaboración estrecha entre muchas personas a lo largo de un periodo. El primer paso para transferir conocimientos de un negocio a otro supone trasladar personal que posea la pericia indispensable que requiere el nuevo negocio. Estas personas no sólo tienen que aprender los pormenores del nuevo negocio lo suficientemente bien como para integrar de la mejor manera las capacidades a las operaciones del negocio beneficiario, sino que también tienen que ser expertos en poner en práctica todo el aprendizaje organizacional del negocio donante que corresponda. Como cuestión práctica, las transferencias de recursos requieren que el negocio beneficiario pase por un periodo considerable de aprendizaje organizacional y creación de equipos por su cuenta con el objetivo de adquirir la destreza para ejecutar la capacidad transferida. Se necesita tiempo, dinero y paciencia para que la capacidad transferida llegue a ser funcional. A veces, problemas imprevistos producen retrasos debilitadores, gastos prohibitivos o la incapacidad por parte del negocio beneficiario de ejecutar la capacidad de manera competente. Como consecuencia, el negocio que recibe la transferencia de recursos tal vez nunca llegue a desempeñarse a la altura de las expectativas.

Otra de las razones del fracaso de una medida de diversificación en un nuevo negocio con una aparentemente buena coincidencia de recursos es que las causas del éxito de una compañía en un negocio a veces son muy complicadas y difíciles de repetir.[9] Es sencillo mostrarse

> La diversificación en negocios que en apariencia tienen buena coincidencia de recursos no es, por sí misma, suficiente para producir el éxito.

---

[8] David J. Collis y Cynthia A. Montgomery, "Competing on Resources: Strategy in the 90s", *Harvard Business Review* 73, núm. 4, julio-agosto de 1995, p. 124.

[9] *Ibid.*, pp. 121-122.

demasiado optimista acerca de la facilidad con que una empresa que alcanzó el éxito en cierto negocio puede incursionar en uno nuevo que tiene necesidades de recursos similares y lograr otro éxito. Marks & Spencer, el famoso minorista británico, aunque posee una gama impresionante de capacidades de recursos (la habilidad para elegir excelentes ubicaciones de las tiendas, contar con una cadena de suministros que le da costos bajos y alta calidad de la mercancía, empleados leales, una excelente reputación entre los consumidores y amplia experiencia de la administración) que lo han convertido en uno de los minoristas más importantes de Gran Bretaña desde hace cien años, ha fracasado reiteradamente en sus esfuerzos por diversificarse en una tienda departamental minorista en Estados Unidos.

Una tercera razón del fracaso de la diversificación, pese a la aparente coincidencia de recursos, es juzgar mal las fortalezas de recursos de los rivales. Por ejemplo, aun cuando Philip Morris había creado capacidades poderosas de marketing de consumo en sus negocios de cigarrillos y cerveza, fracasó en los refrescos y terminó vendiendo su adquisición de 7Up después de varios años frustrantes debido a las dificultades de competir contra rivales fuertemente afianzados y con muchos recursos, como Coca-Cola y PepsiCo.

CLASIFICACIÓN DE LAS UNIDADES DE NEGOCIOS CON BASE EN EL DESEMPEÑO PASADO Y LAS PERSPECTIVAS A FUTURO

Una vez que los negocios de una compañía diversificada se han calificado con base en el atractivo de la industria, fortaleza competitiva y coincidencia estratégica y de recursos, el siguiente paso consiste en evaluar cuáles negocios tienen las mejores perspectivas de desempeño y cuáles las peores. Las consideraciones más importantes para juzgar el desempeño de una unidad de negocios son: el crecimiento de las ventas y las utilidades, aportación a las ganancias de la compañía y el rendimiento sobre el capital invertido en el negocio. (Como apuntamos en el capítulo 1, cada vez más empresas evalúan el desempeño de los negocios con base en el valor económico agregado, esto es, el rendimiento sobre el capital invertido por encima del costo de capital de la compañía.) En ocasiones, la generación del flujo de efectivo es una consideración importante, en especial en el caso de los negocios proveedores de efectivo y de los que tienen potencial para cosecharse.

La información sobre el desempeño pasado de cada negocio se obtiene de los registros financieros de una empresa.[10] Aunque el desempeño pasado no es necesariamente un buen pronosticador del desempeño futuro, sí señala cuáles negocios han tenido buenos resultados y cuáles no. Las evaluaciones del atractivo de la industria y la fortaleza del negocio deben proporcionar una base sólida para juzgar las perspectivas a futuro. Por lo general, las unidades de negocios fuertes en industrias atractivas tienen perspectivas significativamente mejores que los negocios débiles en industrias poco atractivas.

Las perspectivas de crecimiento y utilidades del negocio principal o central de una compañía diversificada generalmente determinan si la cartera en su conjunto es capaz de tener un desempeño fuerte, mediocre o débil. Los negocios que no son centrales y tienen historiales por debajo de la media y perspectivas inciertas o vagas a largo plazo son candidatos lógicos para la desinversión. Las subsidiarias que tienen las mejores perspectivas de utilidades y crecimiento, así como coincidencias estratégicas y de recursos sólidas por lo general deben encabezar la lista para recibir apoyo de los recursos corporativos.

---

[10] El desempeño financiero por línea de negocios aparece comúnmente en el informe anual de una compañía, por lo general en las notas de los estados financieros corporativos. También se encuentra en el informe 10-K de las compañías que cotizan en bolsa, que se presenta anualmente ante la Comisión de Valores y Bolsa estadounidense.

CÓMO DECIDIR LAS PRIORIDADES DE ASIGNACIÓN DE RECURSOS Y UN RUMBO GENERAL ESTRATÉGICO PARA CADA UNIDAD DE NEGOCIOS

Con la información y resultados de los pasos de evaluación anteriores, los estrategas corporativos pueden asignar recursos a las diversas unidades de negocios y acordar un rumbo general estratégico para cada una de ellas. La tarea en este caso es sacar algunas conclusiones acerca de cuáles unidades de negocios deben tener la mayor prioridad en el apoyo de recursos corporativos y nuevas inversiones de capital y cuáles unidades de negocios se les debe dar la menor prioridad. Al hacer la clasificación, los gerentes necesitan prestar especial atención a la cantidad y la forma en que se van a emplear los recursos y las capacidades corporativas para mejorar la competitividad de unidades de negocios específicas.[11] Las oportunidades para transferir recursos, combinar actividades o hacer infusiones de nuevo capital financiero adquieren importancia especial cuando la mejora en algún área clave de éxito incide de manera significativa en el desempeño de una unidad de negocios en particular.

Clasificar los negocios de una compañía diversificada de la prioridad más alta a la más baja también dará a conocer el enfoque estratégico más apropiado para cada unidad de negocios: *invertir y crecer* (expansión dinámica), *fortificar y defender* (proteger la posición actual fortaleciendo y añadiendo capacidades de recursos en áreas necesarias), *reestructurar y reposicionar* (realizar cambios importantes en la estrategia competitiva para impulsar al negocio a una posición industrial diferente y, en última instancia, más fuerte), o *cosechar o vender.* Para decidir si una unidad de negocios debe venderse, los gerentes corporativos deben tomar en cuenta varios criterios de evaluación: atractivo de la industria, fortaleza competitiva, coincidencia estratégica con negocios filiales, coincidencia de recursos, potencial de desempeño (utilidades, rendimiento sobre el capital empleado, valor económico agregado, aportación al flujo de efectivo), compatibilidad con la visión estratégica y dirección a largo plazo de la firma y capacidad de contribuir a mejorar el valor para los accionistas.

Para obtener niveles cada vez más altos de desempeño de la cartera de negocios de una compañía diversificada, los gerentes corporativos tienen que actuar con eficacia para retirar los recursos de las áreas con pocas oportunidades y canalizarlos a las áreas que brindan muchas oportunidades. La desinversión de los negocios marginales es una de las mejores maneras de liberar activos improductivos para reutilizarlos. Los fondos excedentes de los proveedores de efectivo y los negocios que se están cosechando también mejoran la capacidad de la tesorería corporativa. Las opciones para asignar los recursos financieros de una compañía diversificada incluyen: 1) invertir en maneras de fortalecer o expandir los negocios existentes, 2) realizar adquisiciones para posicionarse en nuevas industrias, 3) financiar empresas de investigación y desarrollo a largo plazo, 4) pagar la deuda existente a largo plazo, 5) aumentar los dividendos y 6) recomprar las acciones de la compañía. Las primeras tres son medidas *estratégicas* para agregar valor para los accionistas; las últimas tres son medidas *financieras* para mejorar el valor para los accionistas. Lo ideal es que una compañía tenga suficientes fondos para hacer lo que se necesite, tanto estratégica como financieramente; pero si no, los usos estratégicos de los recursos corporativos por lo general tienen prioridad, a menos que exista una razón convincente para fortalecer el balance general de la compañía o desviar recursos financieros para tranquilizar a los accionistas.

> Mejorar el desempeño financiero a largo plazo de una compañía diversificada supone concentrar los recursos de ésta en los negocios que tienen las mejores perspectivas, así como las coincidencias estratégicas y de recursos más sólidas.

DISEÑO DE UNA ESTRATEGIA CORPORATIVA

Los pasos analíticos anteriores preparan el escenario para diseñar medidas estratégicas que mejoren el desempeño general de una compañía diversificada. El problema básico de "qué hacer"

[11] Collis y Montgomery, "Competing on Resources: Strategy in the 90s", pp. 126-128; Hofer y Schendel, *Strategy Formulation: Analytical Concepts,* p. 80, y Michael E. Porter, *Competitive Advantage,* Free Press, Nueva York, 1985, capítulo 9.

gira en torno de las conclusiones a las que se ha llegado en relación con el atractivo estratégico y financiero del grupo de negocios en que la empresa se ha diversificado.[12] Las preguntas fundamentales son: ¿la compañía tiene suficientes negocios en industrias muy atractivas? ¿La proporción de negocios maduros o en decadencia aminorará el ritmo de crecimiento corporativo? ¿Los negocios de la firma son excesivamente vulnerables a las influencias de temporada o de una recesión o a amenazas que plantean las nuevas tecnologías emergentes? ¿Las perspectivas son vagas o inciertas en muchas de las industrias o negocios en que opera la compañía? ¿La organización carga con demasiados negocios en posiciones intermedias o débiles? ¿Hay suficiente coincidencia estratégica entre los diferentes negocios de la compañía? ¿La cartera contiene negocios en los que la empresa no necesita operar? ¿Hay suficiente coincidencia de recursos entre las unidades de negocios de la compañía? ¿La firma cuenta con suficientes proveedores de efectivo para financiar a los acaparadores de efectivo que tienen potencial para convertirse en negocios estrella? ¿Es posible contar con que los negocios principales o centrales de la empresa generarán utilidades o flujos de efectivo confiables? ¿La composición de la cartera de negocios coloca a la compañía en una buena posición para el futuro? Las respuestas a estas preguntas indican si los estrategas corporativos deben pensar en vender ciertos negocios, realizar nuevas adquisiciones, reestructurar la composición de la cartera, modificar de manera significativa la pauta de asignación de los recursos corporativos o apegarse a la integración de los negocios existentes y aprovechar las oportunidades que presentan.

La prueba del desempeño

Una buena prueba del atractivo estratégico y financiero de la cartera de negocios de una compañía diversificada es si ésta puede alcanzar sus objetivos de desempeño con su grupo actual de negocios y capacidades de recursos. Si así es, ningún cambio importante en la estrategia corporativa está indicado. Sin embargo, si es probable que no se alcancen los objetivos de desempeño, los estrategas corporativos pueden adoptar varias medidas para cerrar la brecha:[13]

1. *Modificar los planes estratégicos de todos o algunos de los negocios en la cartera.* Esta oportunidad implica esfuerzos corporativos renovados para obtener mejor desempeño de sus actuales unidades de negocios. Los gerentes corporativos pueden presionar a los gerentes comerciales para que realicen cambios de estrategia que redunden en un mejor desempeño de las unidades de negocios y tal vez proporcionar un apoyo mayor de lo planeado en recursos corporativos para estos esfuerzos. Sin embargo, buscar un mejor desempeño en el corto plazo recortando afanosamente las iniciativas de recursos dirigidas a reforzar la posición competitiva a largo plazo del negocio tiene valor cuestionable, porque sólo intercambia el mejor desempeño a largo plazo por el mejor desempeño financiero en el corto plazo. En todo caso, existen límites respecto a cuánto desempeño adicional puede obtenerse en el corto plazo para alcanzar los objetivos establecidos.

2. *Agregar nuevas unidades de negocios a la cartera corporativa.* La realización de nuevas adquisiciones o la constitución de nuevos negocios internos para estimular el desempeño general plantea algunos problemas de estrategia adicionales. La ampliación de la cartera corporativa implica estudiar con detenimiento *a)* si deben adquirirse negocios relacionados o no relacionados, *b)* qué magnitud deben tener las adquisiciones por realizarse, *c)* cómo encajarán las nuevas unidades en la actual estructura corporativa, *d)* qué características específicas habrán de buscarse en un candidato a adquisición y *e)* si las adquisiciones pueden financiarse sin afectar las necesidades de nueva inversión de las actuales unidades de negocios. No obstante, añadir nuevos negocios es una opción estratégica importante que las compañías diversificadas utilizan con frecuencia para esquivar el desempeño que produce pocas ganancias.

---

[12] Barry Hedley, "Strategy and the Business Portfolio", *Long Range Planning* 10, núm. 1, febrero de 1977, p. 13, y Hofer y Schendel, *Strategy Formulation*, pp. 82-86.

[13] Hofer y Schendel, *Strategy Formulation*, pp. 93-100.

3. *Efectuar desinversiones en negocios que tienen desempeño débil o pierden dinero.* Los candidatos con más posibilidades de desinversión son los negocios que se encuentran en una posición competitiva débil, en una industria relativamente poco atractiva o en una industria que tiene coincidencia estratégica mínima con los negocios filiales o carece de coincidencia de recursos. Por supuesto, los fondos obtenidos de la desinversión pueden usarse para financiar nuevas adquisiciones, pagar la deuda corporativa o financiar nuevas campañas estratégicas en los negocios restantes.

4. *Formar alianzas cooperativas para tratar de modificar las condiciones que son la causa del potencial de desempeño por debajo de lo esperado.* En algunas situaciones, las alianzas cooperativas con compañías nacionales o extranjeras, proveedores, clientes, o grupos de interés especial pueden ayudar a aminorar las perspectivas de desempeño negativo.[14] Instituir acuerdos para compartir recursos con proveedores, competidores selectos o compañías con productos complementarios y colaborar de manera estrecha en iniciativas mutuamente ventajosas a menudo son posibilidades fructíferas para mejorar la competitividad y potencial de desempeño de los negocios de una empresa. Formar o apoyar un grupo de acción política puede ser una manera eficaz de cabildear para obtener soluciones a problemas de importación y exportación, desincentivaciones fiscales y requerimientos reglamentarios onerosos.

5. *Actualizar la base de recursos de la compañía.* Lograr un mejor desempeño bien puede depender de los esfuerzos corporativos por crear nuevas fortalezas de recursos que ayuden a unidades de negocios selectas a igualar las capacidades competitivamente valiosas de sus rivales o, mejor aún, que les permitan conseguir ventaja competitiva. Una de las mejores maneras en que los gerentes del nivel corporativo de las compañías diversificadas pueden contribuir a agregar valor para los accionistas es encabezar el desarrollo de capacidades ventajosas y desplegar nuevos tipos de recursos corporativos en varios negocios de la firma.

6. *Objetivos de desempeño corporativo menos ambiciosos.* Las circunstancias adversas del mercado o los reveses en una o más unidades de negocios centrales pueden provocar que los objetivos de desempeño de la compañía resulten inalcanzables. Lo mismo ocurre con los objetivos excesivamente ambiciosos. Así, para cerrar la brecha entre el desempeño real y el deseado tal vez se requiera efectuar revisiones de los objetivos corporativos para hacerlos más realistas. Disminuir los objetivos de desempeño es por lo general el último recurso y se usa sólo después de que otras opciones no han funcionado como se esperaba.

Identificación de oportunidades adicionales de diversificación

Una de las principales preocupaciones en la formulación de la estrategia corporativa de una compañía diversificada es si debe buscarse una mayor diversificación y, en caso afirmativo, cómo identificar los tipos "correctos" de industrias y negocios en los cuales incursionar. En el caso de las empresas que desean la diversificación no relacionada, la pregunta de dónde seguir diversificándose es relativamente abierta —la búsqueda de candidatos a adquisición se basa más en detectar una buena oportunidad financiera y en contar con los recursos financieros para aprovecharla que en la industria o criterios estratégicos—. La decisión de diversificarse en negocios adicionales no relacionados por lo general está basada en consideraciones tales como si la firma posee la capacidad financiera para realizar otra adquisición, si se necesitan con urgencia las nuevas adquisiciones para estimular el desempeño corporativo general, si una o más oportunidades de adquisición deben aprovecharse antes de que otras compañías compren estas empresas, si es el momento oportuno para realizar otra adquisición (la gerencia corporativa puede estar muy ocupada atendiendo la actual cartera de negocios), y si la gerencia corporativa

> Las compañías que siguen estrategias de diversificación no relacionada buscan negocios que ofrezcan rendimientos financieros atractivos, sin importar en qué industria operen.

[14] Para una excelente exposición de los beneficios de las alianzas entre competidores en industrias globales, véase Kenichi Ohmae, "The Glogal Logic of Strategic Alliances", *Harvard Business Review* 67, núm. 2, marzo-abril de 1989, pp. 143-154.

cree que posee el nivel y profundidad de experiencia para asumir la supervisión de un negocio adicional.

Sin embargo, con una estrategia de diversificación relacionada, la búsqueda de nuevas industrias en las cuales diversificarse se dirige a la identificación de otros negocios 1) cuyas cadenas de valor tengan coincidencias con las cadenas de valor de uno o más negocios representados en la cartera de la compañía y 2) cuyas necesidades de recursos se ajusten bien a las capacidades de recursos corporativos de la firma.[15] Una vez que los estrategas corporativos identifican las oportunidades de coincidencia estratégica y de recursos en nuevas industrias atractivas, deben determinar cuáles tienen potencial importante de ventaja competitiva. El grado del potencial de ventaja competitiva depende de si las coincidencias son competitivamente significativas o marginales y de los costos y dificultades de fusionar o coordinar las interrelaciones de las unidades de negocios para capturar las coincidencias.[16] A menudo, un análisis cuidadoso revela que aunque existan muchas interrelaciones tanto reales como potenciales de las unidades de negocios, sólo unas cuantas tienen suficiente importancia estratégica para generar ventaja competitiva significativa.

> La ampliación de la diversificación en las compañías con estrategias de diversificación relacionada implica identificar las industrias atractivas que tienen buena coincidencia estratégica o de recursos con uno o más de los negocios existentes.

Administración del proceso de diseño de la estrategia corporativa

Aunque el análisis formal y la búsqueda de ideas emprendedoras normalmente fundamentan el proceso de formulación de la estrategia, la estrategia corporativa va más allá respecto a su procedencia, y la forma en que evoluciona. Rara vez hay una gran formulación de la estrategia corporativa total que incluya todo. En vez de ello, la estrategia corporativa en empresas importantes surge en forma paulatina a medida que muchos acontecimientos diferentes, internos y externos, se van desarrollando; es el resultado de sondear el futuro, experimentar, recopilar más información, detectar problemas, crear conciencia de las diversas opciones, vislumbrar nuevas oportunidades, formular respuestas *ad hoc* a crisis inesperadas, comunicar consensos a medida que van surgiendo y adquirir sensibilidad para reconocer todos los factores estratégicamente relevantes, su importancia y sus interrelaciones.[17]

El análisis estratégico no es algo que los ejecutivos de las compañías diversificadas realicen exhaustivamente de un tirón. Estas revisiones grandes a veces se programan, pero los estudios indican que las principales decisiones estratégicas surgen de manera gradual más que de análisis periódicos a gran escala seguidos por decisiones rápidas. Por lo común, los altos ejecutivos abordan las decisiones estratégicas importantes de un paso a la vez, partiendo a menudo de conceptos amplios e intuitivos para luego pulir, afinar y modificar sus ideas originales a medida que se recopila más información, que el análisis formal confirma o modifica sus juicios sobre la situación y que se crea la confianza y el consenso respecto a las medidas estratégicas que necesitan adoptarse. A menudo, la atención y los recursos se concentran en unas cuantas ofensivas estratégicas que ilustran e integran la dirección, objetivos y estrategias corporativos.

Puntos | clave

El análisis estratégico en las compañías diversificadas es un proceso que consta de ocho pasos:

Paso 1: *Identificar con claridad la actual estrategia.* Determinar si el énfasis estratégico de la compañía se pone en la diversificación relacionada o no relacionada; si el ámbito de las operaciones de la empresa es sobre todo nacional o cada vez más internacional, qué medidas se han adoptado recientemente para añadir nuevos negocios y crear posiciones en nuevas industrias, la razón fundamental de las desinversiones recientes, el carácter de los esfuerzos para captar las coincidencias estratégicas y crear ventaja competitiva con base en

---

[15] Porter, *Competitive Advantage,* pp. 370-371.

[16] *Ibid.,* pp. 371-372.

[17] *Ibid.,* pp. 58, 196.

las economías de alcance o transferencia de recursos, y la pauta de la asignación de recursos a las diferentes unidades de negocios. Este paso prepara el escenario para una evaluación minuciosa de la necesidad de realizar cambios en la estrategia.

Paso 2: *Evaluar el atractivo a largo plazo de las industrias en las que la compañía se ha diversificado.* Es necesario evaluar el atractivo de la industria desde tres puntos de vista: el atractivo de cada industria por su cuenta, el atractivo de cada industria en relación con las otras y el atractivo de todas las industrias como grupo. Las mediciones cuantitativas del atractivo de la industria aportan información valiosa sobre cómo y por qué algunas de las industrias en las que la compañía se ha diversificado son más atractivas que otras. Las dos partes más difíciles de calcular las calificaciones del atractivo de la industria son decidir los pesos que correspondan a las mediciones del atractivo de la industria y saber lo suficiente acerca de cada industria para asignar calificaciones precisas y objetivas.

Paso 3: *Evaluar la fortaleza competitiva relativa de cada una de las unidades de negocios de la compañía.* Una vez más, las calificaciones cuantitativas de la fortaleza competitiva son preferibles a los juicios subjetivos. El propósito de calificar la fortaleza competitiva de cada negocio es adquirir una comprensión clara de cuáles negocios con contendientes fuertes en sus industrias, cuáles son contendientes débiles y las razones fundamentales que explican su fortaleza o debilidad. Para relacionar las conclusiones sobre el atractivo de la industria con las conclusiones sobre la fortaleza competitiva se traza una matriz de atractivo de la industria-fortaleza competitiva que muestra las posiciones de cada negocio en una cuadrícula de nueve celdas; la matriz de atractivo-fortaleza coadyuva a determinar las perspectivas de cada negocio y qué prioridad deben tener en la asignación de recursos corporativos y capital de inversión.

Paso 4: *Buscar las relaciones de la cadena de valor y coincidencia estratégica entre negocios.* Un negocio es más atractivo estratégicamente cuando tiene relaciones de la cadena de valor con unidades de negocios filiales que presentan oportunidades para transferir habilidades o tecnología, reducir los costos generales y compartir las instalaciones o marca común, cualquiera de los cuales representa una oportunidad importante para producir ventaja competitiva más allá de lo que cualquiera de los negocios podría conseguir por su cuenta. Mientras más negocios haya con coincidencias estratégicas competitivamente valiosas, mayor será el potencial de una compañía diversificada de lograr economías de alcance, aumentar las capacidades competitivas de unidades de negocios específicas o fortalecer la competitividad de sus productos y grupo de negocios, con lo que se obtendrá un desempeño combinado mejor que el que las unidades podrían tener si operaran de manera independiente.

Paso 5: *Determinar si las fortalezas de recursos de la compañía son compatibles con las necesidades de recursos de su actual grupo de negocios.* Los negocios que forman la cartera de una firma diversificada necesitan mostrar una buena *coincidencia de recursos*, así como una buena coincidencia estratégica. La coincidencia de recursos existe cuando 1) los negocios aumentan las fortalezas de recursos de una empresa, ya sea financiera o estratégicamente, 2) la compañía tiene los recursos para apoyar de manera adecuada las necesidades que en este sentido tienen sus negocios como grupo sin diluirlos demasiado y 3) los recursos de la organización se ajustan bien a los factores clave de éxito de la industria. Un aspecto importante de la coincidencia de recursos va en relación a si el grupo de negocios de la compañía se ajusta bien a los recursos financieros. La evaluación de las necesidades de efectivo de los diferentes negocios en la cartera de una compañía diversificada y la determinación respecto a cuáles de ellos son acaparadores de efectivo y cuáles proveedores de efectivo resaltan las oportunidades para traspasar recursos financieros corporativos a los negocios subsidiarios con el fin de optimizar el desempeño de toda la cartera corporativa, explican por qué las prioridades de asignación de los recursos corporativos difieren de un negocio a otro y proporcionan buenas racionalizaciones tanto para las estrategias de inversión y expansión como de desinversión.

Paso 6: *Clasificar las diferentes unidades de negocios con base en el desempeño pasado y las perspectivas a futuro.* Las consideraciones más importantes para juzgar el desempeño de las unidades de negocios son: el crecimiento de las ventas y utilidades, la aportación a las ganancias de la compañía y el rendimiento sobre el capital invertido en el negocio. En ocasiones, la generación de flujos de efectivo es una consideración importante. Por lo regular, las unidades de negocios fuertes en industrias atractivas tienen perspectivas de desempeño significativamente mejores que los negocios débiles o en industrias poco atractivas.

Paso 7: *Decidir las prioridades para la asignación de recursos y si el rumbo general estratégico de cada unidad de negocios debe ser la expansión dinámica, fortificar y defender, reestructurar y reposicionar o cosecha y desinversión.* Al hacer la clasificación, es necesario prestar especial atención a la cantidad y la forma en que se van a emplear los recursos y las capacidades corporativas para mejorar la competitividad de unidades de negocios específicas. Las opciones para asignar los recursos financieros de una compañía diversificada incluyen: 1) invertir en maneras que fortalezcan o amplíen los negocios existentes, 2) realizar adquisiciones para establecer posiciones en nuevas industrias, 3) financiar proyectos de investigación y desarrollo a largo plazo, 4) liquidar la deuda existente a largo plazo, 5) aumentar los dividendos y 6) recomprar las acciones de la compañía. Lo ideal es que una empresa tenga la fortaleza financiera para realizar lo que se necesita en términos estratégicos y financieros; pero si no, los usos estratégicos de los recursos corporativos generalmente deben tener prioridad.

Paso 8: *Usar el análisis anterior para diseñar una serie de medidas que mejoren el desempeño corporativo general.* Las medidas típicas incluyen: 1) realizar adquisiciones, constituir nuevos negocios desde el interior, celebrar nuevas alianzas estratégicas y vender los negocios marginales o los que ya no se ajustan al rumbo y estrategia a largo plazo de la compañía; 2) idear medidas para fortalecer las posiciones competitivas a largo plazo de la firma; 3) aprovechar las oportunidades de coincidencia estratégica o de recursos y convertirlas en ventaja competitiva a largo plazo, y 4) retirar recursos corporativos de áreas que ofrecen poca oportunidad para transferirlos a áreas con muchas oportunidades.

Lecturas |sugeridas

Campbell, Andrew, Michael Goold y Marcus Alexander, "Corporate Strategy: The Quest for Parenting Advantage", *Harvard Business Review* 73, núm. 2, marzo-abril de 1995, pp. 120-132.

Collis, David J. y Cynthia A. Montgomery, "Creating Corporate Advantage", *Harvard Business Review* 76, núm. 3, mayo-junio de 1998, pp. 70-83.

Eisenhardt, Kathleen M. y Shona L. Brown, "Patching: Restitching Business Portfolios in Dynamic Markets", *Harvard Business Review* 77, núm. 3, mayo-junio de 1999, pp. 72-82.

Haspeslagh, Phillippe C. y David B. Jamison, *Managing Acquisitions: Creating Value through Corporate Renewal,* Free Press, Nueva York, 1991.

Porter, Michael E., "From Competitive Advantage to Corporate Strategy", *Harvard Business Review* 65, núm. 3, mayo-junio de 1987, pp. 43-59.

capítulo | once

11

Creación de fortalezas de recursos y capacidades organizacionales

El mejor plan de juego del mundo jamás bloqueó o "tacleó" a nadie.
—Vince Lombardi

Las estrategias son un ejercicio intelectual sencillo; su ejecución no.
—Lawrence A. Bossidy, Ex Director general, Allied-Signal

Estaríamos negando la realidad si no nos diéramos cuenta de que la ejecución es la verdadera medida del éxito.
—C. Michael Armstrong, Director general, AT&T

Hay que organizarse antes de hacer algo, para no confundirse al hacerlo.
—A.A. Milne

Las organizaciones planas de empleados capacitados son cruciales para llegar a decisiones rápidas en el mercado global que se mueve a la velocidad de la Red.
—John Byrne

Los gerentes no pueden suponer que la estrategia y la capacidad vendrán aparejadas automáticamente.
—Thomas M. Hout y John C. Carter

Una vez que los gerentes se han decidido por una estrategia, el énfasis se dirige a convertirla en acciones y buenos resultados. Poner en práctica una estrategia y lograr que la organización la ejecute bien exige diferentes conjuntos de habilidades de la gerencia. Mientras que el diseño de la estrategia es en gran medida una actividad impulsada por el mercado, su puesta en práctica es ante todo una actividad impulsada por las operaciones que giran en torno de la administración del personal y los procesos comerciales. Aunque la formulación exitosa de una estrategia depende de la visión para los negocios, un análisis perspicaz de la industria y la competencia, y una buena compatibilidad de recursos, la puesta en práctica exitosa de ésta depende de realizar un buen trabajo para dirigir, trabajar con y mediante otros, asignar recursos, crear y fortalecer las capacidades competitivas, instaurar políticas que apoyen la estrategia y determinar cómo desempeña la organización sus actividades de negocios centrales. La ejecución de la estrategia es una tarea dinámica, orientada a la acción, que pone a prueba la capacidad del gerente de

dirigir el cambio organizacional, motivar al personal, desarrollar competencias centrales, crear capacidades organizacionales valiosas, lograr la mejoría continua en los procesos comerciales, fomentar una cultura corporativa que apoye la estrategia y cumplir o superar los objetivos de desempeño.

Los gerentes experimentados, conocedores de la formulación y puesta en práctica de la estrategia, son enfáticos cuando declaran que es mucho más fácil elaborar un plan estratégico sólido que ejecutarlo y lograr los resultados planeados. De acuerdo con un ejecutivo: "Fue bastante fácil para nosotros decidir a dónde queríamos ir. Lo difícil es lograr que la organización actúe consecuentemente con las nuevas prioridades."[1] Lo que hace que la ejecución de la estrategia sea un desafío más difícil y agotador que su diseño es la amplia gama de actividades directivas que tienen que atenderse, las muchas maneras en que los gerentes pueden proceder, las exigentes habilidades requeridas para manejar a la gente, la perseverancia necesaria para lograr emprender y aplicar una variedad de iniciativas, la cantidad de problemas complejos que deben solucionarse, la resistencia al cambio que debe superarse y las dificultades de integrar los esfuerzos de muchos grupos de trabajo diferentes en un todo que funcione sin percances.

La tarea del gerente es convertir en acción el plan estratégico y hacer lo que sea necesario para lograr la visión y los objetivos establecidos.

_____

[1] Según se cita en Steven W. Floyd y Bill Wooldridge, "Managing Strategic Consensus: The Foundation of Effective Implementation", *Academy of Management Executive* 6, núm. 4, noviembre de 1992, p. 27.

Sólo porque los gerentes anuncien una nueva estrategia no significa que los subordinados estarán de acuerdo con ella o cooperarán en su puesta en práctica. Cuando emprenden nuevas iniciativas estratégicas, los altos ejecutivos no pueden hacer que las cosas sucedan sólo porque así se lo han propuesto, ni pueden comunicarse simplemente con unos cuantos cientos de personas en los niveles superiores de la organización y esperar que el cambio ocurra. Es posible que algunos gerentes y empleados se muestren escépticos respecto a los méritos de la estrategia, consideren que va en contra de los mejores intereses de la organización, que no tiene probabilidades de tener éxito o que amenaza sus propias carreras. Además, cada empleado puede interpretar la nueva estrategia de manera diferente, experimentar incertidumbre respecto a cómo les irá a sus departamentos y tener ideas diferentes sobre los cambios internos que se necesitan para ejecutar la nueva estrategia. Las actitudes tradicionales, los intereses creados, la inercia y las prácticas organizacionales arraigadas no desaparecen como por arte de magia cuando los gerentes deciden implantar una nueva estrategia y ponerla en práctica, en especial cuando sólo un puñado de gente ha participado en su formulación y cuando hay que convencer a un buen número de miembros de la organización de las razones del cambio estratégico para modificar el *statu quo*. Se requiere liderazgo experto de la gerencia para comunicar convincentemente la nueva estrategia y las razones que la fundamentan, superar focos de dudas y desacuerdo, crear consenso y entusiasmo en cuanto a cómo proceder, conseguir el compromiso y cooperación decidida de las partes interesadas y actuar para poner en su lugar e integrar todas las piezas de la puesta en práctica. Dependiendo de la magnitud del cambio organizacional y del grado en se necesite crear consenso y motivar, el proceso de puesta en práctica puede tardar de varios meses a varios años.

> Las compañías no implantan y ejecutan las estrategias, la gente sí.

MARCO PARA LA EJECUCIÓN DE LA ESTRATEGIA

La puesta en práctica y ejecución de la estrategia suponen convertir el plan estratégico de la organización en acción y luego en resultados. Tal como ocurre con la formulación de la estrategia, es una tarea de todo el equipo de dirección y no sólo de unos cuantos gerentes de nivel superior. Aunque el director general de la organización y los directores de las principales unidades (divisiones de negocios, departamentos funcionales y unidades de operación esenciales) son finalmente los responsables de supervisar que la estrategia se implante con éxito, el proceso de puesta en práctica por lo común afecta todas las partes de la compañía, desde la unidad de operación más grande hasta el grupo de trabajo más pequeño de la primera línea. Todo gerente tiene que reflexionar detenidamente en la respuesta a "¿qué tiene que hacerse en mi área para poner en práctica la parte que nos corresponde del plan estratégico, y qué debo yo hacer para lograr tales objetivos?". En este sentido, *todos los gerentes son responsables de poner en práctica la estrategia en sus áreas de autoridad y responsabilidad, y todos los empleados son participantes.*

> Todo gerente desempeña una función activa en el proceso de ejecución del plan estratégico de la compañía y todos los empleados son participantes.

Una de las claves de la puesta en práctica exitosa es que la gerencia comunique las razones del cambio organizacional de manera tan clara y persuasiva a los miembros de la empresa que consiga un compromiso decidido en todos los niveles para llevar a cabo la estrategia y alcanzar las metas de desempeño. La condición ideal es que los gerentes logren despertar el suficiente entusiasmo por la estrategia como para transformar el proceso de puesta en práctica en una cruzada de toda la organización. *El manejo por parte de la gerencia del proceso de puesta en práctica de la estrategia puede considerarse exitoso siempre y cuando la compañía logre los objetivos establecidos de desempeño estratégico y financiero y muestre buenos avances en la realización de su visión estratégica a largo plazo.*

Por desgracia, no hay listas de verificación en 10 pasos ni caminos comprobados y existen pocos lineamientos concretos para acometer esta tarea. La puesta en práctica de la estrategia es la parte menos trazada y más abierta del manejo de la estrategia. Las mejores recomendaciones de lo que se debe y no se debe hacer provienen de las experiencias documentadas, así como de las "lecciones aprendidas" de los gerentes y las compañías... y la sabiduría que imparten es inconsistente. Lo que resultó bien para algunos gerentes ha sido intentado por otros y no les funcionó; las razones son comprensibles: no sólo hay algunos gerentes más eficaces que otros en la utilización de este o aquel enfoque recomendado para el cambio organizacional, sino que cada caso de puesta en práctica de la estrategia tiene lugar en un contexto organizacional diferente. Diferentes prácticas comerciales, circunstancias competitivas, entornos de trabajo, culturas, políticas, incentivos de remuneración, combinaciones de personalidades e historias organizacionales requieren un método hecho a la medida para poner en práctica la estrategia, un enfoque que se base en las situaciones y circunstancias de cada compañía en lo individual, el mejor criterio del encargado de la puesta en práctica y su destreza para usar técnicas específicas de cambio.

> La administración de la puesta en práctica de la estrategia es más un arte que una ciencia.

LAS PRINCIPALES TAREAS DE LA PUESTA EN PRÁCTICA DE LA ESTRATEGIA

Aunque los gerentes deben adaptar sus enfoques a la situación, hay ciertos aspectos base que se tienen que cubrir sin importar las circunstancias de la organización; éstos incluyen:

1. Crear una organización con las competencias, capacidades y fortalezas de recursos para llevar a cabo la estrategia con éxito.
2. Elaborar presupuesto para asignar recursos suficientes a las actividades de la cadena de valor que son cruciales para el éxito estratégico.
3. Establecer políticas y procedimientos que apoyen la estrategia.
4. Instituir las mejores prácticas y presionar para mejorar continuamente la manera en que se desempeñan las actividades de la cadena de valor.
5. Instalar sistemas de información, comunicación, comercio electrónico y operación que permitan al personal de la compañía desempeñar sus funciones estratégicas satisfactoriamente todos los días.
6. Vincular los premios e incentivos al logro de los objetivos de desempeño y la buena ejecución de la estrategia.
7. Crear un ambiente de trabajo y cultura corporativa que apoyen la estrategia.
8. Ejercer el liderazgo interno necesario para impulsar la puesta en práctica y seguir mejorando en cómo se ejecuta la estrategia.

Estas tareas de la gerencia surgen reiteradamente en el proceso de puesta en práctica de la estrategia, sin importar los detalles específicos de la situación, e impulsan las prioridades de la agenda del ejecutor de la estrategia, como se muestra en la figura 11.1. Una o dos de estas tareas por lo general terminan siendo más cruciales o consumen más tiempo que otras, dependiendo de si existen debilidades importantes de recursos que deban corregirse o nuevas competencias por crear, la fuerza de las pautas de conducta arraigadas que han de modificarse, las presiones para obtener resultados rápidos y mejoría financiera en el corto plazo, así como otros factores por el estilo que son específicos de las circunstancias de la compañía.

Al elaborar el plan de acción, *los ejecutores de la estrategia deben comenzar con una evaluación tentativa de lo que la organización debe hacer de manera diferente y mejor para implantar la estrategia con éxito.* A continuación, habrán de considerar cómo realizar los cambios internos necesarios tan pronto como sea posible. Los ejecutores exitosos de la estrategia tienen el don de diagnosticar lo que la organización necesita hacer para ejecutar bien la estrategia seleccionada, y son creativos para encontrar la manera de desempeñar las actividades clave de la cadena de valor con eficacia y eficiencia.

LIDERAZGO DEL PROCESO DE PUESTA EN PRÁCTICA Y EJECUCIÓN DE LA ESTRATEGIA

Un factor determinante del éxito de la puesta en práctica y ejecución de la estrategia es lo bien que la gerencia dirige el proceso. Los gerentes pueden emplear diversos estilos de liderazgo

Figura 11.1   **Los ocho grandes componentes gerenciales de la puesta en práctica de la estrategia**

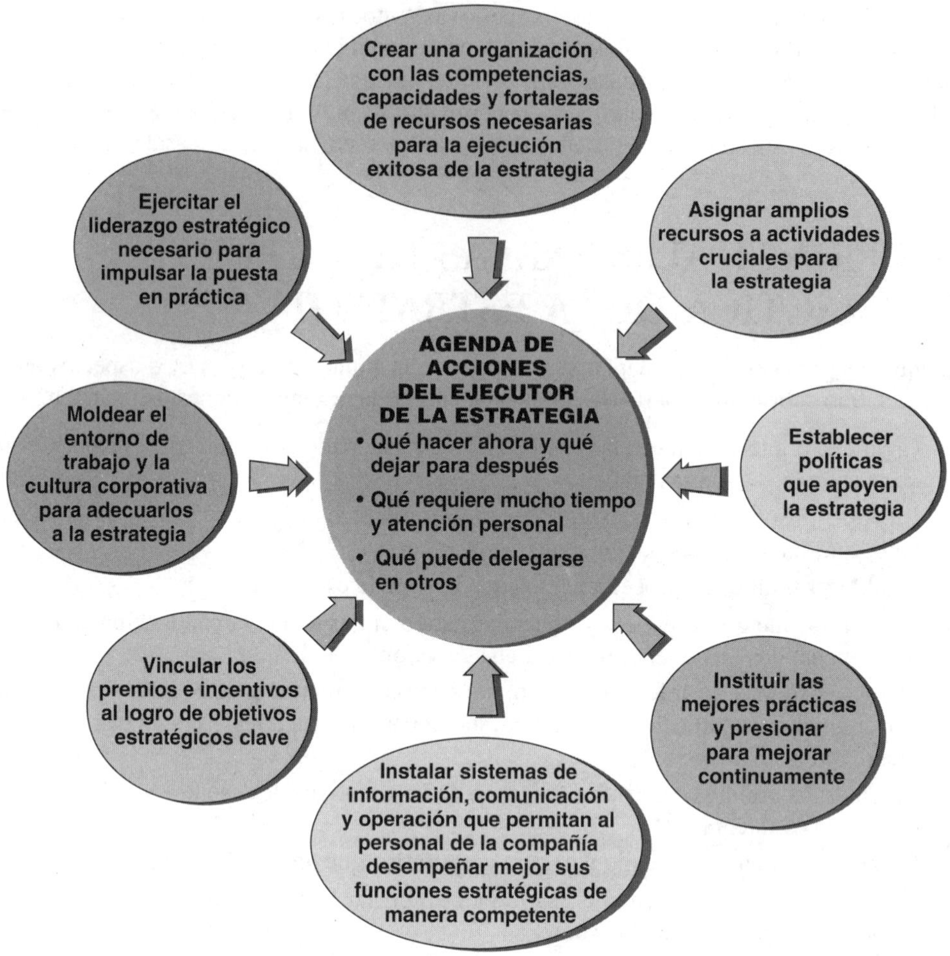

para impulsar el proceso de ejecución: desempeñar una función activa, notoria y de control o una discreta, mesurada, tras bambalinas; tomar decisiones de manera autoritaria o con base en el consenso, delegar mucho o poco, participar personalmente en los detalles de la puesta en práctica o quedarse al margen y supervisar a otros, proceder con rapidez (emprendiendo las iniciativas de puesta en práctica en muchos frentes) o con deliberación (conformarse con el avance gradual a lo largo de un marco temporal prolongado). La manera en que los gerentes encabezan el proceso de ejecución de la estrategia tiende a ser una función de 1) su experiencia y conocimiento del negocio; 2) si son nuevos en el puesto o veteranos; 3) su red de relaciones personales en la organización; 4) sus propias habilidades de diagnóstico, administrativas, personales y para solucionar problemas; 5) la autoridad que se les ha conferido; 6) el estilo de liderazgo con el que se sienten a gusto, y 7) su visión de la función que necesitan desempeñar para que las cosas se hagan.

Aunque las principales iniciativas para poner en práctica la estrategia corporativa y comercial generalmente tienen que ser encabezadas por el director general y otros altos ejecutivos, los gerentes de los niveles superiores siguen necesitando el apoyo activo y la cooperación de los gerentes de los mandos medios y bajos para impulsar los cambios estratégicos en las áreas funcionales y unidades operativas, así como para llevar a cabo la estrategia eficazmente todos los días. Los gerentes de los mandos medios y bajos no sólo son responsables de iniciar y supervisar el proceso de ejecución en sus áreas de autoridad, sino de contribuir a lograr que los subordinados mejoren continuamente la manera en que se desempeñan las actividades de la cadena

Es responsabilidad de los gerentes de los niveles medio y bajo promover las medidas necesarias para la puesta en práctica entre las primeras líneas y ocuparse de que la estrategia se ejecute bien todos los días.

de valor que resultan cruciales para la estrategia y a producir los resultados en los niveles inferiores que permiten alcanzar los objetivos de desempeño de la compañía. El grado de eficacia que alcancen los gerentes de los mandos medios y bajos en la utilización de los recursos que tienen bajo su mando para fortalecer las capacidades organizaciones determina el nivel de competencia con que la firma ejecuta su estrategia diariamente, esto es, su función en el equipo de ejecución de la estrategia de la compañía no es de ningún modo menor.

En las grandes organizaciones con unidades de operación geográficamente dispersas, la agenda de medidas de los ejecutores de la estrategia del nivel superior comprende sobre todo comunicar las razones del cambio a otros, crear consenso respecto a cómo proceder, instalar a aliados fuertes en posiciones desde donde puedan impulsar la puesta en práctica en las unidades organizacionales clave, incitar y facultar a los subordinados para avanzar en el proceso, establecer mediciones del progreso y los plazos establecidos, reconocer y premiar a quienes logran los objetivos importantes de la puesta en práctica, reasignar recursos y presidir personalmente el proceso de cambio estratégico. De este modo, mientras mayor sea la organización, el éxito del principal ejecutor de la estrategia dependerá en mayor medida de la cooperación y habilidades para la puesta en marcha de los gerentes operativos, quienes pueden impulsar los cambios necesarios en los niveles organizacionales más bajos. En las organizaciones pequeñas, el principal ejecutor de la estrategia no tiene que trabajar a través de los mandos medios y puede tratar directamente con los gerentes y empleados de la primera línea para orquestar de manera personal las acciones y secuencia de la puesta en práctica, observar en forma directa cómo avanza la ejecución y decidir el grado de fuerza y velocidad que habrá que imprimirle al proceso. Independientemente del tamaño de la organización y de si la puesta en práctica abarca cambios arrasadores o menores, la cualidad de liderazgo más importante es un sentido firme y confiado de "qué hacer" para lograr los resultados deseados. Saber qué hacer surge de la comprensión de las circunstancias tanto de la organización como de la industria en conjunto.

> La verdadera habilidad para poner en práctica la estrategia consiste en tener talento para saber qué se necesita para ejecutarla de manera competente.

En lo que queda de este capítulo y en los dos siguientes, estudiaremos la función del gerente como principal ejecutor de la estrategia. Esta exposición se enmarca en los ochos componentes gerenciales del proceso de puesta en práctica de la estrategia ilustrados en la figura 11.1 y los problemas más comunes asociados con cada uno. En este capítulo se exploran las tareas directivas que implica la creación de una organización capaz. En el capítulo 12 se estudia la asignación del presupuesto, las políticas, las mejores prácticas, los sistemas de apoyo internos y las estructuras de reconocimiento estratégicamente adecuadas. El capítulo 13 trata de la creación de una cultura corporativa que apoye la estrategia y del ejercicio del liderazgo estratégico.

CREACIÓN DE UNA ORGANIZACIÓN CAPAZ

La ejecución hábil de la estrategia depende en gran medida de personal competente, capacidades competitivas superiores al promedio y organización interna eficaz. Así, la creación de una organización capaz es siempre la principal prioridad en la ejecución de la estrategia. Como se ilustra en la figura 11.2, hay tres tipos de medidas de primordial importancia en la creación de la organización:

- *Dotar de personal a la organización.* Incluye integrar un equipo de dirección fuerte, además de reclutar y conservar empleados que tengan la experiencia, habilidades técnicas y capital intelectual necesarios.

- *Crear competencias centrales y capacidades competitivas.* Las cuales deben permitir ejecutar bien la estrategia y luego mantener actualizada la cartera de competencias y capacidades según vayan cambiando las condiciones estratégicas y externas.

- *Estructurar la organización y el esfuerzo de trabajo.* Organizar las funciones y procesos de negocios, actividades de la cadena de valor y toma de decisiones de una manera que favorezca la ejecución exitosa de la estrategia.

Figura 11.2 **Los componentes de la creación de una organización capaz**

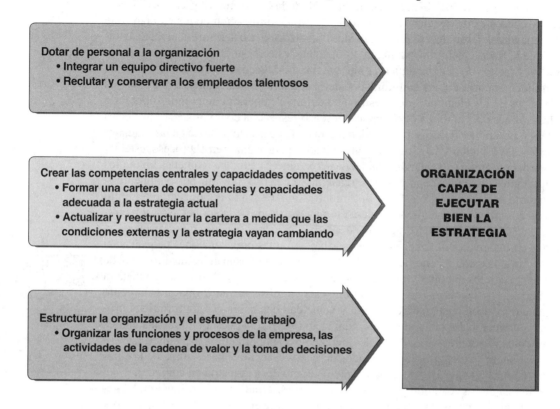

Dotar de personal a la organización
- Integrar un equipo directivo fuerte
- Reclutar y conservar a los empleados talentosos

Crear las competencias centrales y capacidades competitivas
- Formar una cartera de competencias y capacidades adecuada a la estrategia actual
- Actualizar y reestructurar la cartera a medida que las condiciones externas y la estrategia vayan cambiando

Estructurar la organización y el esfuerzo de trabajo
- Organizar las funciones y procesos de la empresa, las actividades de la cadena de valor y la toma de decisiones

ORGANIZACIÓN CAPAZ DE EJECUTAR BIEN LA ESTRATEGIA

Dotar de personal a la organización

Ninguna compañía puede pretender desempeñar las actividades requeridas para la ejecución exitosa de la estrategia sin atraer a gerentes capaces y sin empleados que aporten una base de conocimientos adecuada y una cartera de capital intelectual.

Integración de un equipo de dirección fuerte La formación de un equipo de dirección capaz es una de las piedras angulares de la tarea de creación de la organización. Los ejecutores de la estrategia deben determinar el tipo de equipo básico de dirección que necesitan y luego encontrar a la gente indicada para ocupar cada puesto en él. En ocasiones, el equipo de dirección existente es adecuado; a veces necesita fortalecerse o ampliarse ascendiendo a personal interno o contratando a gente de fuera cuya experiencia, habilidades y estilo de liderazgo se ajustan a la situación. En situaciones de recuperación de la rentabilidad y crecimiento rápido, y en los casos en que una compañía no cuenta con personal interno que tenga la experiencia y el conocimiento gerencial requeridos, ocupar las vacantes directivas esenciales con personal externo es un método bastante común para crear la organización. En 1998, Ted Waitt, fundador de Gateway, determinó que la empresa, cuyas ventas se habían disparado a más de 6 000 millones de dólares, pero cuyas utilidades estaban disminuyendo, necesitaba una reestructuración fundamental en las filas de los altos ejecutivos.[2] Contrató a la firma de consultoría Smart & Associates para que evaluara a los 100 ejecutivos principales de Gateway, muchos de los cuales él mismo había contratado y tenían buenas trayectorias. La compañía decidió sustituir a 10 de los 14 ejecutivos principales con personal externo y reclutar a un nuevo director general. Siguiendo las recomendaciones de los consultores, Waitt decidió reclutar sólo "jugadores A", capacitar a los jugadores B y C de la empresa para que llegaran a ser jugadores A o transferirlos a puestos en los que podrían llegar a ser jugadores A o, si no, despedirlos. Dos años después, a principios

La integración de un equipo de dirección fuerte con la química personal y combinación de habilidades adecuadas es uno de los primeros pasos de la ejecución de la estrategia.

[2] Geoffrey Colvin, "The Truth Can Hurt—Get Used to It", *Fortune*, 7 de febrero de 2000, p. 52.

de 2000, todos los ejecutivos principales que fueron contratados todavía desempeñaban sus puestos y las ganancias y márgenes de utilidad de la compañía habían mejorado notablemente.

La habilidad más importante para integrar un grupo ejecutivo básico es discernir qué combinación de antecedentes, experiencias, conocimientos, valores, creencias, estilos de dirección y personalidades contribuirá a alcanzar el éxito en la ejecución de la estrategia. La química personal necesita ser la correcta, y la base de talento tiene que ser la indicada para la estrategia que se haya seleccionado. Elegir un equipo de dirección sólido es una función esencial de la creación de la organización, a menudo, el primer paso que debe darse en la ejecución de la estrategia.[3] Hasta que se ocupen los puestos directivos con gente capaz, es difícil que la ejecución de la estrategia proceda a toda velocidad.

La cápsula ilustrativa 41 describe el enfoque de General Electric para integrar un equipo de dirección calibre "A" que ejecutara su estrategia de diversificación generalizada.

Reclutamiento y conservación de empleados talentosos   Un buen equipo de dirección no basta. Dotar a la organización de personal talentoso debe abarcar mucho más que los puestos ejecutivos para formar la base de recursos humanos y conocimientos necesaria para la ejecución eficaz de la estrategia. Compañías como General Electric, Procter & Gamble, PepsiCo, Hewlett-Packard, Nike, Electronic Data Systems (EDS), Cisco, Microsoft y McKinsey & Company (una de las principales compañías mundiales de consultoría en administración) realizan esfuerzos concertados para reclutar el mejor personal, y el más brillante, que pueden encontrar y luego retenerlo con excelentes paquetes de remuneración, oportunidades de ascenso rápido y desarrollo profesional, y comisiones interesantes que constituyen un reto. Contar con una plantilla de personal altamente competente y potencial directivo en ciernes es esencial para su negocio. EDS exige que los graduados universitarios tengan por lo menos un promedio de calificaciones de 3.5 (en una escala de 4.0) sólo para considerarlos aptos para una entrevista. Microsoft se empeña en contratar a los programadores más brillantes y talentosos que pueda encontrar y en motivarlos tanto con buenos incentivos financieros como el reto de trabajar en proyectos de diseño de software de vanguardia. McKinsey recluta sólo personal con grado de Maestría en Administración otorgado por las 10 principales escuelas de administración. Los cinco principales despachos de contadores, también conocidos como Big Five, se esfuerzan por seleccionar candidatos no sólo con base en sus conocimientos contables, sino también en si poseen el don de gente necesario para relacionarse bien con clientes y colegas. Southwest Airlines insiste mucho en contratar personas capaces de divertirse y ser graciosas en el trabajo; utiliza métodos especialmente elaborados, incluyendo entrevistas con los clientes, para determinar si los solicitantes de puestos que tienen contacto con ellos poseen rasgos de personalidad extrovertida que coincidan con su estrategia de crear un ambiente animado y divertido para los pasajeros de sus vuelos. La compañía es tan selectiva que sólo aproximadamente tres por ciento de los candidatos entrevistados reciben ofertas de empleo.

> La gente talentosa que posee un capital intelectual superior no sólo es un recurso que permite la ejecución competente de la estrategia, sino que también representa una fuente importantísima de ventaja competitiva.

En el caso de las compañías punto com que tratan de labrarse un futuro en la economía de Internet, el recurso más escaso es el capital intelectual. Su mayor reto consiste en dotar a sus organizaciones de personal talentoso, imaginativo y enérgico, que sea capaz de generar nuevas ideas con rapidez e inyectar a la organización lo que uno de los ejecutivos de Dell Computer llama "vida".[4] De hecho, su inversión más importante es en capital intelectual, no en activos tangibles como las instalaciones y equipo. El dicho de que "La gente es nuestro activo más importante" puede sonar hueco en otras partes, pero da justo en el clavo en lo que se refiere a las compañías de internet y de alta tecnología. Es por esta razón que compañías como Amazon.com, DoubleClick, America Online, Cisco Systems y Dell están abriendo nuevos caminos en el reclutamiento, contratación, fomento, desarrollo y conservación de empleados talentosos, la mayoría de los cuales tienen entre 20 y 30 años de edad. Los paquetes de remuneración no sólo incluyen un salario y prestaciones atractivos, sino también opciones lucrativas de compra de acciones. Se dedica mucha atención a crear ambientes de trabajo interesantes donde la gente

> En la economía de internet y en muchas otras industrias, se está presentando un giro de proporciones sísmicas en el que la importancia de la inversión de capital está cediendo el paso a la importancia de invertir en capital intelectual.

---

[3] Para un marco analítico en el análisis del equipo de alta dirección, véase Donald C. Hambrick, "The Top Management Team: Key to Strategic Success", *California Management Review* 30, núm. 1, otoño de 1987, pp. 88-108.

[4] John Byrne, "The Search for the Young and Gifted", *Business Week*, 4 de octubre de 1999, p. 108.

Cápsula ilustrativa 41
Cómo forma General Electric un equipo directivo talentoso y profundo

General Electric es ampliamente reconocida como una de las compañías mejor administradas en el mundo, con capacidades que abarcan todos los niveles de gerencia y uno de los mejores programas en el mundo para capacitar a los gerentes y convertirlos en personas con habilidades sobresalientes de liderazgo, visión para los negocios y toma de decisiones. La firma se centra en atraer gente talentosa con alto potencial para el liderazgo ejecutivo y se esfuerza muchísimo por desarrollar sus habilidades de liderazgo, comerciales y toma de decisiones. Hay varios elementos esenciales de la estrategia de GE para integrar un grupo talentoso de gerentes y ejecutivos:

- GE tiene como práctica común transferir a los gerentes de una línea divisional, de negocios o funcional a otra durante periodos prolongados. Dichas transferencias permiten a los gerentes establecer relaciones con colegas en otras partes de la compañía, ayudar a eliminar el pensamiento estrecho de miras en los "silos" de las unidades de negocios y a promover el hábito de compartir ideas y mejores prácticas entre negocios. Hay un enorme énfasis en GE en transferir las ideas y las mejores prácticas de un negocio a otro y en hacer de GE una empresa "sin fronteras" pese a su estrategia de diversificación generalizada, en su mayoría no relacionada (véase la cápsula ilustrativa 40 en el capítulo 10).

- Al seleccionar ejecutivos para las posiciones clave, GE se inclina fuertemente por los candidatos que muestran lo que

ellos llaman las cuatro E: energy, enorme energía personal; energize, la capacidad de motivar e infundir vigor a otros; edge (una palabra clave para GE que significa competitividad instintiva y la capacidad de tomar decisiones difíciles de manera oportuna, diciendo sí o no, mas no quizá), y execution (la capacidad de llevar las cosas a buen término).

- Se espera que todos los gerentes sean competentes en lo que GE llama "workout", esto es, un proceso donde los gerentes y empleados se reúnen para enfrentar los problemas tan pronto como se presentan, identificar la causa fundamental de éstos y darles soluciones rápidas para que las operaciones puedan continuar. En 1999 y a principios de 2000, los gerentes y empleados de todas las unidades de negocios de GE participaron en sesiones de "workout" sobre el tema de cómo hacer uso eficaz de Internet, implantar el comercio electrónico en toda la compañía y transformar a GE en una empresa electrónica global.

- GE opera un Centro de Desarrollo de Liderazgo en Crotonon-Hudson, Nueva York (que los gerentes de GE llaman Crotonville), que se considera uno de los mejores centros de capacitación corporativos en el mundo. Cada año GE envía a aproximadamente 10 000 empleados de nuevo ingreso y gerentes veteranos a Crotonville para que tomen un curso de seis semanas sobre la iniciativa de calidad Six Sigma de la compañía. Más de 5 000 expertos en Six Sigma, "Maestros

(continúa)

trabaja mucho, pero también se divierte y siente pasión por estar en la vanguardia haciendo cosas nuevas increíbles que afectarán el futuro del mundo. DoubleClick coloca a todos los empleados de nuevo ingreso en un programa de orientación de una semana llamado ClickerCamp, donde todos los altos ejecutivos hablan de lo que está haciendo la empresa y se realiza un esfuerzo concertado por explicar la visión de la compañía, introducir a los nuevos empleados a la cultura de DoubleClick y empezar a integrarlos al equipo.[5] Todos los empleados de esta firma califican a su gerente cada año con base en 25 criterios, que tienen el propósito de revelar si los gerentes contrataron buenos empleados y si a éstos les gusta trabajar para ellos. Además de vigilar atentamente las habilidades funcionales y técnicas, Dell Computer pone a prueba a los solicitantes de empleo respecto a su tolerancia hacia la ambigüedad y el cambio, su capacidad para trabajar en equipo y su habilidad para aprender sobre la marcha. La cápsula ilustrativa 42 explica el enfoque de Cisco Systems para reclutar empleados talentosos.

Las mejores compañías aplican una variedad de prácticas para desarrollar su base de conocimientos y adquirir capital intelectual:

1. Invierten esfuerzos considerables en la selección y evaluación de los solicitantes de empleo y eligen sólo a aquellos que poseen conjuntos de habilidades adecuadas, energía, iniciativa, criterio, aptitudes para aprender y adaptabilidad al ambiente de trabajo y cultura de la com-

---

[5] *Ibid.*, p. 112.

Cápsula ilustrativa 41

(conclusión)

Cinta Negra" y "Cinta Negra", se han graduado de Crotonville para impulsar miles de iniciativas de calidad en toda
la corporación. Casi todos los gerentes profesionales de GE
tienen por lo menos una "Cinta Verde" en educación Six
Sigma. Prácticamente todos los empleados de GE ven en
video las conferencias inspiradoras de Jack Welch, director
general, sobre la calidad y el desempeño. La capacitación Six
Sigma es un requisito indispensable para ascender a cualquier
puesto profesional o gerencial y para acceder a cualquier opción para la compra de acciones.

Welch ha visitado el centro de capacitación de la compañía más de 250 veces en los últimos 17 años para dictar
conferencias, elogiar y hacer participar en debates a los más
de 15 000 gerentes de GE. Welch alienta a los gerentes que
asisten al curso de desarrollo de tres semanas a decir lo
que piensan, a cuestionar, discutir o discrepar de sus posturas y a ofrecer sus propias ideas.

El centro de desarrollo Crotonville de GE también
ofrece cursos avanzados para altos ejecutivos que pueden
enfocarse en un solo tema de administración durante un mes.
En todas las clases de Crotonville participan gerentes que
provienen de diferentes unidades de negocios de GE y de
distintas partes del mundo. Parte del aprendizaje más valioso
en Crotonville se produce entre las sesiones de clases for-

males cuando los gerentes de GE de distintas áreas de negocios intercambian ideas acerca de cómo mejorar los procesos
y atender mejor a los clientes. Al compartir estos conocimientos no sólo se difunden las mejores prácticas en toda la
organización, sino que también se incrementan los conocimientos de cada gerente de GE.

- Cada uno de los 85 000 gerentes y profesionales de GE es
  evaluado en un proceso anual que los divide en cinco grupos: el primer 10%, el siguiente 15%, el 15% intermedio, el
  siguiente 15% y el último 10%. Todos en el nivel superior
  reciben opciones para la compra de acciones, nadie en el
  cuarto nivel recibe opciones y la mayoría de los que se ubican en el quinto nivel se convierten en candidatos a ser
  descartados. Los jefes de las divisiones de negocios tienen la
  presión de separar a los jugadores "C". Jack Welch revisa
  personalmente el desempeño de los principales 3 000 gerentes de GE. La remuneración de los altos ejecutivos está
  fuertemente vinculada al compromiso con el programa Six
  Sigma y a producir resultados comerciales exitosos.

De acuerdo con Jack Welch, "la realidad es que simplemente no
podemos darnos el lujo de salir al campo con nada menos que
equipos de jugadores 'A'".

Fuentes: Informe anual de 1998; www.ge.com; John A. Byrne, "How Jack Welch Runs GE", *Business Week*, 8 de junio de 1998, p. 90; Miriam Leuchter, "Management Farm Teams", *Journal of Business Strategy*, mayo de 1998, pp. 29-32, y "The House That Jack Built", *The Economist*, 18 de septiembre de 1999.

pañía. Muchas empresas realizan esfuerzos extraordinarios por encontrar a la gente indicada para ocupar las vacantes de empleo; en 1997, Southwest Airlines recibió 150 000 currículos, pero contrató sólo a 5 000 personas.

2. Colocan a los empleados en programas de capacitación que continúan no sólo durante los
primeros años, sino habitualmente a lo largo de sus profesiones.

3. Asignan comisiones de trabajo interesantes que suponen un reto y exigen poner en práctica
todas las habilidades.

4. Alternan a los empleados en puestos que no sólo son muy satisfactorios, sino que amplían
las fronteras funcionales y geográficas. Brindar al personal oportunidades para adquirir experiencia en una variedad de ambientes internacionales se considera cada vez más una
parte esencial del desarrollo profesional en compañías multinacionales o globales.

5. Alientan a los empleados a ser creativos e innovadores para que cuestionen las maneras
existentes de hacer las cosas y ofrezcan mejores formas de hacerlas y para que presenten
ideas de nuevos productos o negocios. Las compañías progresistas trabajan mucho en la
creación de un ambiente laboral donde las ideas y sugerencias afloren desde los niveles inferiores en vez de que se impongan desde arriba. Hacen sentir a los empleados que sus
opiniones cuentan.

6. Fomentan un ambiente de trabajo estimulante y atractivo, de tal manera que los empleados
consideren que la compañía es un "magnífico lugar para trabajar".

7. Realizan esfuerzos por retener a los empleados muy competentes que ofrecen mucho potencial, por medio de aumentos salariales, gratificaciones por desempeño, opciones de

Cápsula ilustrativa 42
Cómo Cisco Systems dota de empleados talentosos a su organización

Cisco Systems es el líder mundial en la producción de conmutadores, enrutadores y otros componentes de red que se emplean para tener acceso a internet. Los ingresos y ganancias de la compañía aumentaron alrededor de 50% cada año entre 1995 y 2000. Durante este periodo, el crecimiento rápido de Cisco requirió personal adicional de hasta 1 000 nuevos empleados por trimestre. A principios de 2000, Cisco tenía cerca de 38 000 empleados en todo el mundo y más de 430 oficinas de ventas y apoyo en 60 países. John Chambers, director general de la empresa, cree en contratar sólo a la gente del más alto calibre. Una de las maneras como la encuentra es adquiriendo otras compañías (71 entre 1993 y 2001). Mientras Chambers y otros ejecutivos negociaban el trato, los gerentes de recursos humanos, como Mimi Gigoux, visitaban las oficinas centrales de la compañía en vías de adquisición para dar información a los posibles nuevos empleados sobre Cisco y persuadirlos de los beneficios de quedarse en caso de que Cisco asumiera el control de la compañía. Pero éste es sólo uno de sus métodos de reclutamiento.

Encontrar a tantos ingenieros, programadores, gerentes, vendedores y personal de apoyo de alta calidad ha sido un desafío para Cisco, en virtud del reñidísimo mercado de trabajo y la competencia por conseguir a la gente más talentosa. Debido a que Cisco opera con pocos niveles de administración, requiere contar con empleados que no sólo posean conjuntos de habilidades fuertes, sino que también trabajen bien sin supervisión directa y sean capaces de tomar decisiones rápidas y bien fundamentadas. Las tácticas innovadoras que Cisco usa para dotar a su organización de empleados muy talentosos incluyen las siguientes:

- No anuncia ofertas específicas de empleo en los periódicos, sino que publica anuncios con su dirección web y una invitación a presentar solicitudes en Cisco. La sección de oportunidades de empleo de su sitio web contiene una lista de vacantes en todas las oficinas de Cisco en el mundo y proporciona mucha información acerca de cada puesto. Para atraer solicitantes, también publica anuncios en salas de cine y en espectaculares ubicados en las rutas más transitadas, además de enviar reclutadores a las ferias de arte, festivales de cerveza y exposiciones de artículos para el hogar y de jardinería en Silicon Valley y otros lugares donde tiene instalaciones para recolectar tarjetas de presentación y hablar informalmente con los posibles aspirantes.

- Puesto que muchos prospectos visitan el sitio web de Cisco desde su lugar de trabajo (el mayor empleo de las páginas web ocurre entre las 10 a.m. y las 3 p.m.), la empresa puede saber dónde trabajan (con software que automáticamente verifica la dirección de internet de quienes visitan su sitio) y, en ocasiones, ha recibido a visitantes de firmas de mucho prestigio con una pantalla que dice: "Bienvenido a Cisco. ¿Desea un empleo?" Las páginas web de empleo en Cisco contienen un botón de salida que tiene una cara haciendo una mueca y el letrero: "¡Oh, no! ¡Ahí viene mi jefe!" Cuando los buscadores de empleo hacen clic en la cara, son transferidos automáticamente a una página que enumera "Siete hábitos de un empleado exitoso", "Lista de ideas de regalos para mi jefe y compañeros de trabajo" y "Cosas que hacer hoy".

- Los visitantes que buscan empleo en el sitio web de Cisco pueden llenar una solicitud en línea. Parte del proceso de la solicitud en línea implica el uso de una herramienta que Cisco llama Profiler, que hace una serie de preguntas adaptadas a la experiencia del solicitante. El perfil le da a los reclutadores más información detallada sobre un solicitante de la que se incluye en un currículo.

(continúa)

Principio de administración estratégica

La creación de competencias centrales, fortalezas de recursos y capacidades organizacionales que los rivales no pueden igualar es un fundamento firme de la ventaja competitiva sostenible.

compra de acciones y participación en el capital patrimonial, así como otros incentivos a largo plazo. Capacitan a los empleados con rendimiento promedio para que mejoren, mientras que separan a los que rinden poco y sólo van a "calentar la silla".

Creación de competencias centrales y capacidades competitivas

Entre las principales preocupaciones de creación de la organización en el proceso de puesta en práctica (o implementación) y ejecución de la estrategia se cuenta la necesidad de crear competencias centrales y capacidades organizacionales competitivamente valiosas que le den a la empresa una ventaja competitiva sobre sus rivales en la realización de una o más actividades críticas de la cadena de valor. Cuando resulta relativamente fácil para los rivales imitar estrategias inteligentes y es difícil o imposible adelantarse a los rivales y superarlos con base en una

Cápsula ilustrativa 42

(conclusión)

- Los reclutadores de Cisco tienen como objetivo a los buscadores pasivos de empleo, gente que se siente satisfecha y tiene éxito donde está. De acuerdo con el vicepresidente de recursos humanos de Cisco: "El primer 10% por lo general no se encuentra en la primera ronda de despidos de otras compañías y habitualmente no mira los anuncios de empleo." Para aprender a encontrar e incitar a la gente talentosa a cambiarse a Cisco, la compañía celebró grupos de enfoque con objetivos de reclutamiento tales como profesionales de marketing e ingenieros en niveles altos de otras compañías para descubrir cómo era posible persuadir a la gente que se siente contenta en su trabajo de asistir a una entrevista de empleo. Estas sesiones revelaron que era probable que la gente considerara un cambio de empleo si un amigo les dijera de una oportunidad mejor que su empleo actual. Así que la compañía emprendió una iniciativa para que el personal de Cisco participara activamente en entablar amistad con los posibles candidatos, les contara cómo era trabajar en Cisco, mencionara las vacantes de empleo atractivas y los pusiera en contacto con empleados de Cisco en el mismo puesto o con intereses semejantes que pudieran darles una visión realista del empleo e intentar eliminar el miedo y la incertidumbre que provoca un cambio de empleo. En cierto momento, mil empleados de Cisco participaron en la "iniciativa para hacer amigos", atraídos por una gratificación por la referencia (a partir de 500 dólares) y un billete de lotería para un viaje gratis a Hawai por cada prospecto con el que entablaran amistad que fuera finalmente contratado. El programa fue tan exitoso que se añadió una sección Friends@Cisco al sitio web de la compañía, con lo que se proporcionó a los prospectos una manera de comunicarse directamente con los empleados de Cisco en funciones de trabajo o departamentos de interés y enterarse de sus puntos de vista sobre el ambiente de trabajo, cultura y oportunidades profesionales en Cisco.

- La compañía tiene un equipo de 100 reclutadores profesionales internos para revisar los perfiles y currículos de los solicitantes y enviar una lista breve de solicitantes aptos a los gerentes de línea para que los entrevisten. La gerencia de Cisco cree que es mejor contratar a la gente cuando está "mejor que nunca" y que cualquier aumento en la remuneración de los "mejores" prospectos (así como los costos de los seleccionadores y reclutamiento) se compensa de sobra con los beneficios de contratar rápidamente a la gente más capacitada para que apoye el propio crecimiento rápido de Cisco.

- En mayo de 2001, Cisco Systems anunció una relación con Monster.com, el sitio web de búsqueda de empleo en internet. De acuerdo con el nuevo convenio, los estudiantes inscritos en el programa de Cisco Networking Academy tendrán acceso instantáneo a la base de datos de empleo global de Monster.com, así como a asistencia para redactar currículos y otras sugerencias prácticas. El programa de Cisco Networking Academy tiene una duración de 560 horas y ocho semestres; lapso en el que se enseña a los estudiantes y trabajadores en transición a diseñar, crear y mantener redes informáticas. Más de 6 800 de estas "academias" se ubican en bachilleratos, escuelas técnicas y universidades.

Con la recesión económica de los primeros años del nuevo siglo, Cisco ha realizado algunos cambios estructurales mientras se consolida el mercado de las comunicaciones, pero continúa haciendo énfasis en el personal de alta calidad. "Todavía estamos tratando con una de las compañías más fuertes del mundo", observa Rand Blazer, director general de KPMG Consulting.

Fuentes: "Cisco Systems Announces New Organizational Structure", boletín de prensa (http://newsroom.cisco.com), 23 de agosto de 2001; "Cisco and Monster.com Announce Career Search Relationship", boletín de prensa (http://newsroom.cisco.com), 15 de mayo de 2001; Stephanie N. Mehta, "Cisco Fractures Its Own Fairy Tale", *Fortune* (www.fortune.com), 14 de mayo de 2001; Kim Girard, "Cisco or Crisco?", *Business* 2.0 (www.business2.com), mayo de 2001; sitio web de Cisco (www.cisco.com), y Patricia Nakache, "Cisco's Recruiting Edge", *Fortune*, 29 de septiembre de 1997, pp. 275-276.

estrategia inmejorable, la otra vía principal para obtener una ventaja competitiva perdurable es superarlos en la ejecución (adelantárseles con una ejecución impecable de la estrategia). La ejecución superior de la estrategia es esencial en situaciones en las que las empresas rivales pueden duplicar con facilidad las maniobras estratégicas exitosas de otra compañía. La creación de competencias centrales, fortalezas de recursos y capacidades organizacionales que los rivales no puedan igualar es una de las mejores maneras de superarlos en la ejecución de la estrategia. Es por ello que una de las tareas más importantes de la gerencia en la puesta en práctica de la estrategia es orientar la creación de competencias centrales y capacidades organizaciones de maneras que resulten competitivamente ventajosas.

Desarrollo y fortalecimiento de las competencias centrales Las competencias centrales se relacionan con todos los factores estratégicamente relevantes. La competencia central de Honda es su amplia experiencia en la tecnología de motores de gasolina y el diseño de motores pequeños (véase la cápsula ilustrativa 39 en el capítulo 9); la de Intel es el diseño de chips complejos para computadoras personales; las de Procter & Gamble residen en sus espléndidas habilidades de marketing y distribución y sus capacidades de investigación y desarrollo en cinco tecnologías básicas: grasas, aceites, química de la piel, agentes surfactantes y emulsionantes;[6] las de Sony son su pericia en la tecnología electrónica y su capacidad de traducir esa pericia en productos innovadores (equipo para juegos de video de vanguardia, radios y cámaras de video en miniatura, televisores y lectores de DVD con características únicas, computadoras personales de diseño atractivo). Ocurre con mucha frecuencia que las competencias centrales de una compañía van surgiendo poco a poco a medida que actúa ya sea para reforzar las habilidades que contribuyeron a sus éxitos anteriores o para responder a problemas de los clientes, nuevas oportunidades tecnológicas o de mercado y las maniobras competitivas de los rivales.[7] Los gerentes sensatos de las compañías tratan de prever los cambios en las necesidades de los clientes y el mercado y se anticipan a crear las nuevas competencias y capacidades que ofrecen una ventaja competitiva sobre los rivales.

Cuatro características relativas a las competencias centrales y capacidades competitivas son importantes en la creación de la organización:[8]

- Las competencias centrales rara vez consisten en habilidades limitadas o en los esfuerzos de trabajo de un solo departamento. Con mayor frecuencia, son conjuntos de habilidades y conocimientos que surgen de esfuerzos combinados de grupos de trabajo y departamentos interfuncionales que desempeñan actividades complementarias en diferentes lugares de la cadena de valor de la compañía.

- Debido a que las competencias centrales típicamente residen en los esfuerzos combinados de distintos grupos de trabajo y departamentos, no es posible esperar que cada supervisor y jefe de departamento considere que la creación de las competencias centrales de la corporación en general es su responsabilidad; más bien, la creación y fomento de éstas es responsabilidad de la alta dirección.

- La clave para transformar las competencias centrales de una compañía en capacidades competitivamente valiosas que ofrezcan el potencial de adquirir ventaja competitiva a largo plazo es concentrar más esfuerzos y talento que los rivales en profundizar y fortalecer estas competencias.

- Como las necesidades de los clientes y las condiciones del mercado cambian a menudo de manera impredecible, es difícil prever con exactitud los conocimientos específicos y el capital intelectual que se necesitará para alcanzar el éxito competitivo en el futuro. Así, las bases de competencia seleccionadas por una compañía necesitan ser suficientemente amplias y flexibles para responder a un futuro desconocido.

Las competencias centrales no llegan a existir o a rendir frutos en el terreno estratégico sin la atención consciente de la alta dirección.

De este modo, la creación y fortalecimiento de las competencias centrales es un ejercicio de 1) administración de las habilidades humanas, bases de conocimiento e intelecto, y 2) coordinación y estructuración de los esfuerzos de los distintos grupos de trabajo y departamentos en cada punto relacionado en la cadena de valor. Es un ejercicio mejor orquestado por los altos ejecutivos que comprenden la importancia en la ejecución estratégica de crear competencias y capacidades valiosas y que poseen la influencia para promover las redes de contactos y cooperación necesaria entre individuos, grupos, departamentos y aliados externos. Además, los creadores de la organización tienen que concentrar recursos y atención gerencial suficientes en las actividades relacionadas con las competencias centrales para lograr la *profundidad dominante* necesaria que sirva en la obtención de la ventaja competitiva.[9] Esto no implica necesariamente gastar más dinero en dichas actividades que los competidores actuales o futuros, pero sí significa concentrar conscientemente más talento en ellas y realizar las comparaciones internas

---

[6] James Brian Quinn, *Intelligent Enterprise*, Free Press, Nueva York, 1992, p. 76.

[7] *Idem.*

[8] *Ibid.*, pp. 52-53, 55, 73 y 76.

[9] *Ibid.*, p. 73.

y externas con los parámetros de referencia que correspondan para alcanzar la condición del mejor en la industria, si no es que el mejor del mundo.

Para alcanzar la supremacía en el uso eficiente de los recursos financieros, compañías como Cray en computadoras grandes, Lotus en software y Honda en motores pequeños aprovecharon la pericia de su reserva de talento reformando con frecuencia los equipos de alta intensidad y reutilizando a personal clave en proyectos especiales.[10] Las experiencias de estas y otras compañías indican que las claves habituales de la creación exitosa de competencias centrales son: selección de empleados superiores, mediante la capacitación y recapacitación; influencias culturales poderosas; redes de cooperación; motivación; delegación de autoridad; incentivos atractivos; flexibilidad organizacional; plazos de entrega cortos, y buenas bases de datos, no grandes presupuestos de operación.[11]

Desarrollo y fortalecimiento de las capacidades organizacionales Mientras que la esencia de la formulación astuta de la estrategia es seleccionar las competencias y capacidades para reforzar la estrategia, la esencia de una buena ejecución de la estrategia es *crear y fortalecer* las competencias y capacidades de la compañía. En ocasiones, la compañía ya cuenta con las competencias y capacidades necesarias, en cuyo caso los gerentes pueden concentrarse en fomentarlas para promover una mejor ejecución de la estrategia. Sin embargo, es más frecuente que la alta dirección tenga que actuar con previsión en el sentido de actualizar las capacidades existentes para promover una ejecución más competente de la estrategia y desarrollar nuevas competencias y capacidades que permitan ejecutar nuevas iniciativas estratégicas.

La creación de capacidades es un ejercicio que lleva mucho tiempo y es difícil de replicar. Las capacidades son difíciles de comprar (excepto mediante personas de fuera que ya las poseen y acceden a aportarlas) y difíciles de adquirir simplemente observando a otros. Así como uno no puede llegar a ser un buen golfista sólo porque ve a Tiger Woods jugar golf, una compañía no puede adquirir una nueva capacidad creando un nuevo departamento y asignándole la tarea de imitar una capacidad que un rival tiene. La creación de capacidades exige una serie de pasos organizacionales:

> La creación de capacidades exige tiempo, esfuerzo consciente y considerable habilidad para organizar.

- En primer término, la organización debe desarrollar la *habilidad* para hacer algo, por más imperfecto o ineficiente que sea. Esto supone seleccionar personal con los conocimientos y experiencia indispensables, mejorar o ampliar las habilidades individuales según sea necesario y luego transformar los esfuerzos y productos del trabajo de las personas en un esfuerzo grupal de cooperación para crear la habilidad organizacional.

- A continuación, a medida que se va acumulando la experiencia y la organización llega a un nivel de habilidad para realizar la actividad sistemáticamente bien y a un costo aceptable, dicha habilidad empieza a transformarse en una *competencia o capacidad*.

- En caso de que la organización llegue a ser tan buena (si continúa puliendo, refinando y profundizando sus habilidades y conocimiento) que sea mejor que los rivales en esa actividad, la capacidad se transforma en una *competencia distintiva* y ofrece el potencial de ventaja competitiva.

Sin embargo, una pregunta que surge en la creación de la organización es si las competencias y capacidades deseadas deben desarrollarse internamente o conseguirlas externamente asociándose con proveedores clave o formando alianzas estratégicas. La respuesta depende de lo que puede delegarse sin riesgo a los proveedores externos o aliados frente a las capacidades internas que son esenciales para el éxito a largo plazo de la compañía. No obstante, cualquiera de los dos caminos exige actuar. Contratar externamente significa emprender iniciativas para identificar a los proveedores más atractivos y establecer relaciones de colaboración. El desarrollo interno de las capacidades implica contratar nuevo personal que posea las habilidades y la experiencia pertinentes, vincular las habilidades individuales para formar la capacidad organizacional, crear los niveles deseados de competencia mediante la repetición (la práctica hace al

---

[10] *Idem.*

[11] *Ibid.*, pp. 73-74.

maestro) y establecer los vínculos con las actividades relacionadas de la cadena de valor.[12] Los vínculos fuertes con actividades relacionadas son importantes. Las actividades complejas (como el diseño y fabricación de un vehículo deportivo utilitario o la creación de un software que permita realizar transacciones seguras con tarjeta de crédito por internet) por lo general comprenden diversas habilidades componentes, disciplinas tecnológicas, competencias y capacidades, algunas desempeñadas de manera interna y otras proporcionadas por proveedores o aliados. Una parte importante de crear la organización es pensar qué competencias y capacidades necesitan vincularse y reforzarse mutuamente y luego fomentar la colaboración necesaria tanto internamente como con los proveedores de recursos externos.

En ocasiones, estos pasos pueden acortarse adquiriendo la capacidad deseada mediante esfuerzos de colaboración con aliados externos o comprando una compañía que ya cuente con la capacidad requerida e integrando sus competencias a la cadena de valor de la firma. En efecto, la necesidad apremiante de adquirir ciertas capacidades con rapidez es una de las razones para adquirir otra compañía: una adquisición que aspira a crear una mayor capacidad puede ser tan valiosa competitivamente como una adquisición que pretende añadir nuevos productos o servicios a las líneas de negocios de la empresa. Las adquisiciones motivadas por las capacidades son esenciales 1) cuando una oportunidad puede desaparecer con mayor rapidez de lo que es posible crear una capacidad necesaria internamente, y 2) cuando las condiciones de la industria, tecnología o competidores actúan a un ritmo tan veloz que el tiempo es esencial.

> Las competencias y capacidades organizacionales surgen de esfuerzos de colaboración entre aliados y de adquirir una compañía que tenga las capacidades deseadas.

Actualización y readecuación de las competencias y capacidades a medida que cambian las condiciones externas y la estrategia de la compañía

Aun después de que las competencias y capacidades competitivas se han implantado y están en funcionamiento, los gerentes de las compañías no deben confiarse. Las competencias y capacidades que se anquilosan pueden afectar la competitividad, a menos que se renueven y modifiquen e incluso, en ciertos casos, es necesario eliminarlas poco a poco y sustituirlas con otras completamente nuevas, en respuesta a los constantes cambios de los clientes y el mercado y a las variaciones en la estrategia de la compañía. En efecto, la acumulación de conocimientos y experiencia a través del tiempo, junto con los imperativos de mantener al día las capacidades debido a los cambios en el mercado y la estrategia, hace apropiado ver a una compañía como *un paquete de competencias y capacidades en evolución*. El desafío que plantea la creación de la organización para la gerencia es la continua adaptación y ajuste de la cartera de competencias y capacidades de la empresa, decidir cuándo y cómo afinar y recalibrar las competencias y capacidades existentes, y cuándo y cómo desarrollar nuevas. Aunque la tarea es enorme, idealmente produce una organización dinámica con "vida" e ímpetu. Sin embargo, los esfuerzos dedicados y continuos de la gerencia por mantener las competencias centrales perfectamente afinadas y al día con respecto a las cambiantes circunstancias externas e internas ofrecen una gran ventaja de ejecución. Además, las competencias centrales y capacidades organizacionales de vanguardia no pueden ser imitadas con facilidad por las empresas rivales; de este modo, es muy probable que cualquier ventaja competitiva que produzcan sea sostenible y allane el camino para el desempeño organizacional superior al promedio.

> La afinación y recalibración continuas de las competencias y capacidades de una compañía para adecuarlas a las nuevas necesidades estratégicas, las condiciones del mercado en evolución y las expectativas de los clientes es una base sólida para sostener tanto la ejecución eficaz de la estrategia como la ventaja competitiva.

La función estratégica de la capacitación de los empleados

La capacitación y recapacitación son importantes cuando una compañía cambia a una estrategia que requiere diferentes habilidades, capacidades competitivas, enfoques gerenciales y métodos de operación. La capacitación también es estratégicamente valiosa en los esfuerzos organizacionales por crear competencias basadas en habilidades. Además, es una actividad clave en las empresas donde los conocimientos técnicos cambian con tanta rapidez que la compañía pierde su capacidad de competir a menos que su personal calificado cuente con los conocimientos y pericia más adelantados. Los ejecutores exitosos de la estrategia se ocupan de que la función de capacitación se financie de manera adecuada y sea eficaz. Si la estrategia seleccionada requiere nuevas ha-

---

[12] Robert H. Hayes, Gary P. Pisano y David M. Upton, *Strategic Operations: Competing through Capabilities*, Free Press, Nueva York, 1966, pp. 503-507.

bilidades, mayor capacidad tecnológica o crear y usar nuevas capacidades, la capacitación debe colocarse cerca de los primeros lugares de la agenda de medidas que habrán de adoptarse.

La importancia estratégica de la capacitación no ha pasado inadvertida. Más de 600 compañías han establecido "universidades" internas para administrar la tarea de mantener al día las habilidades y conocimientos de la gerencia y los empleados, facilitar el aprendizaje organizacional continuo y auxiliar en la tarea de actualizar las competencias y capacidades de la firma. Muchas compañías realizan sesiones de orientación para los empleados de nuevo ingreso, financian una variedad de programas de capacitación para crear competencias y reembolsan a los empleados las cuotas escolares y otros gastos asociados con obtener una educación universitaria adicional, asistir a cursos de desarrollo profesionales y obtener certificación profesional de algún tipo. Varias empresas ofrecen todo el día cursos de capacitación justo-a-tiempo por internet a los empleados. Cada vez más, se espera que los empleados en todos niveles desempeñen una función activa en su propio desarrollo profesional, asumiendo responsabilidad por el aprendizaje continuo.

Adecuación de la estructura de la organización a la estrategia

Hay pocas reglas que pueden aplicarse a rajatabla para organizar el esfuerzo de trabajo en apoyo a la estrategia. El organigrama de cada compañía es idiosincrásico y refleja pautas organizacionales anteriores, circunstancias internas variables, criterios ejecutivos sobre las relaciones de subordinación, y las políticas respecto a quién se le asignan qué comisiones. Además, cada estrategia se basa en su propio conjunto de factores clave de éxito y actividades de la cadena de valor. De modo que una estructura de la organización hecha a la medida resulta apropiada. Sin embargo, pese a la necesidad de contar con estructuras de la organización específicas para la situación, algunas consideraciones son comunes a todas las compañías. Éstas se resumen en la figura 11.3 y se explican una por una a continuación.

Identificación de actividades cruciales para la estrategia

En cualquier empresa, algunas actividades en la cadena de valor resultan más cruciales para el éxito estratégico y la ventaja competitiva que otras. Desde la perspectiva de la estrategia, cierta parte del trabajo de una organización comprende las tareas administrativas rutinarias (elaborar la nómina, administrar los programas de prestaciones laborales, manejar los flujos de efectivo, resolver las quejas y la variedad habitual de problemas de los empleados, proporcionar seguridad corporativa, manejar las relaciones con los accionistas, dar mantenimiento a las flotillas de vehículos y cumplir con las disposiciones legales); otras actividades son funciones de apoyo (tecnología de la información y procesamiento de datos, contabilidad, capacitación, relaciones públicas, investigación de mercado, asuntos jurídicos y legislativos y compras), y entre las principales actividades de la cadena valor se cuentan ciertos procesos comerciales cruciales que tienen que desempeñarse ya sea sumamente bien o en coordinación estrecha para que la organización proporcione las capacidades necesarias para el éxito estratégico. Por ejemplo, las empresas de hoteles y moteles tienen que realizar muy bien las actividades de registro y salida rápida de los huéspedes, mantenimiento de las habitaciones, servicio de alimentos y creación de un ambiente agradable. Un fabricante de barras de chocolate debe ser muy competente en las actividades de compra, producción, comercialización y promoción; comprar granos de cacao de alta calidad a precios bajos es vital, y reducir los costos de producción en una fracción de centavo por barra puede significar una mejoría de siete cifras en los resultados financieros. En el corretaje de acciones de descuento, las actividades cruciales para la estrategia son el rápido acceso a la información, ejecución precisa de las órdenes, eficiencia en el mantenimiento de registros y procesamiento de las transacciones, y buena atención a los clientes. En los químicos de especialidad, las actividades críticas son investigación y desarrollo, innovación de productos, llevar con rapidez los nuevos productos al mercado, marketing eficaz y experiencia en brindar asistencia a los clientes. En los aparatos electrónicos de consumo, donde los adelantos tecnológicos impulsan la introducción de nuevos productos, llevar con rapidez al mercado los productos de vanguardia de la siguiente generación es una capacidad organizacional crucial.

Las actividades y capacidades cruciales para la estrategia varían dependiendo de los detalles específicos de la estrategia de la compañía, la composición de la cadena de valor, las necesidades competitivas y las condiciones externas del mercado.

Figura 11.3 **Estructuración de la organización para promover la ejecución exitosa de la estrategia**

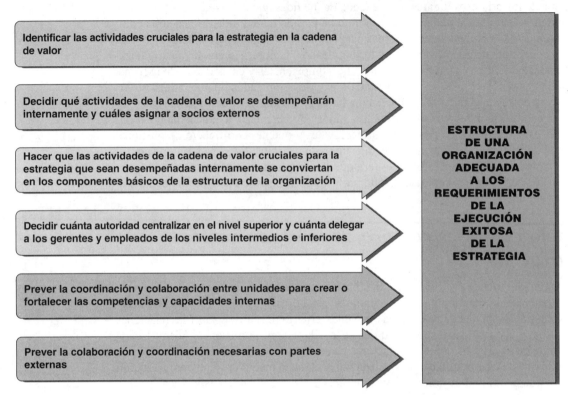

Dos preguntas ayudan a identificar las actividades de la organización que son cruciales para la estrategia: "¿qué funciones o procesos comerciales tienen que desempeñarse extraordinariamente bien o de manera oportuna para lograr una ventaja competitiva sostenible?" y "¿en qué actividades de la cadena de valor la ejecución deficiente afectaría seriamente el éxito estratégico?".[13] La respuesta generalmente apunta a las actividades cruciales donde se requiere una organización atenta que apoye la estrategia.

Razones para pensar en contratar externamente las actividades "no cruciales" de la cadena de valor   Los gerentes suelen invertir muchísimo tiempo, energía psíquica desmedida y cantidades exorbitantes de recursos en lidiar con los grupos de apoyo funcionales y otras burocracias internas, lo que distrae su atención de las actividades de la compañía que son cruciales para la estrategia. Una manera de reducir estas distracciones es eliminar la cantidad de actividades de apoyo del personal interno y, en vez de ello, contratar más proveedores externos que realicen funciones de apoyo y actividades no cruciales de la cadena de valor.

Cada actividad de apoyo en la cadena de valor de la firma y dentro de sus grupos tradicionales de personal puede considerarse como un "servicio".[14] En efecto, la mayor parte de los gastos generales de una compañía proviene de servicios que ésta decide producir internamente. Sin embargo, es posible comprar muchos de estos servicios a vendedores externos. Lo que hace atractivo el outsourcing es que una persona de fuera, al concentrar especialistas y tecnología en su área de experiencia, con frecuencia puede prestar ciertos servicios tan bien o mejor, y por lo general a un costo más bajo, que una compañía que los produce sólo para sí misma.

Sin embargo, hay razones de peso para considerar en el outsourcing además de por los costos más bajos e implicar menos problemas internos. Enfocándose desde el punto de vista es-

---

[13] Peter F. Drucker, *Management: Tasks, Responsibilities, Practices*, Harper & Row, Nueva York, 1974, pp. 530, 535.

[14] Quinn, *Intelligent Enterprise*, p. 32.

tratégico, la contratación de proveedores externos para que realicen actividades de apoyo no cruciales puede disminuir las burocracias internas, aplanar la estructura de la organización, agilizar la toma de decisiones, intensificar el foco de atención estratégico de la compañía, mejorar su capacidad de innovación (mediante la interacción con proveedores que son los "mejores en el mundo"), e incrementar la capacidad de respuesta competitiva.[15] La experiencia de compañías que obtienen muchos servicios de apoyo de proveedores externos indica que el outsourcing permite a una compañía concentrar sus propias energías y recursos en aquellas actividades de la cadena de valor donde puede crear valor único, donde puede ser la mejor en la industria (o, mejor aún, la mejor en el mundo), y donde necesita control estratégico para crear competencias centrales, lograr ventaja competitiva y administrar las relaciones clave con clientes, proveedores y distribuidores.[16]

Los críticos argumentan que el peligro del outsourcing es que una compañía puede extralimitarse y vaciar su base de conocimientos y capacidades, quedando a merced de los proveedores externos y sin las fortalezas de recursos necesarias para ser el amo de su propio destino.[17] Sin embargo, varias empresas han encontrado la forma de depender con éxito de los componentes externos, como son los proveedores, diseñadores de productos, canales de distribución, agencias de publicidad y empresas de servicios financieros para desempeñar importantes actividades de la cadena de valor.[18] Durante años, Polaroid Corporation compró sus películas a Eastman Kodak, sus componentes electrónicos a Texas Instruments y sus cámaras a Timex y a otras compañías, mientras se concentraba en producir sus paquetes únicos de película de revelado automático y diseñar su próxima generación de cámaras y películas. Nike se concentra en el diseño, el marketing y la distribución a comerciantes minoristas, mientras que contrata de manera externa casi toda la producción de sus zapatos y ropa deportiva. Del mismo modo, varios fabricantes de computadoras personales contratan de manera externa el ensamblaje de las computadoras y concentran sus energías en el diseño, venta, marketing y distribución de sus productos. También muchas compañías mineras contratan por fuera las obras geológicas, ensayes de minerales y perforación de pozos. Ernest and Julio Gallo Winery contrata externamente 95 por ciento de su producción de uvas, dejando así que los vitivinicultores corran los riesgos climatológicos y otros relacionados con el cultivo de la vid, mientras se concentra en la producción de vino y la función de marketing y ventas.[19] Las principales líneas de aviación contratan de manera externa las comidas que ofrecen en sus vuelos aun cuando la calidad de los alimentos es importante para la idea que tienen los viajeros de la calidad del servicio en general. Eastman Kodak, Ford, Exxon, Merril Linch y Chevron han contratado a empresas de servicios informáticos para que realicen sus actividades de procesamiento de datos, en la creencia de que los especialistas externos pueden realizar los servicios necesarios a menores costos y con calidad igual o mejor. Antes de fusionarse con la compañía alemana Daimler-Benz, Chrysler se transformó de un productor de costo alto a uno de bajo costo cuando abandonó la producción interna de muchas partes y componentes y prefirió comprarlas a proveedores externos más eficientes; la mayor dependencia del outsourcing permitió a Chrysler acortar su ciclo de diseño-a-mercado para los nuevos modelos. Las compañías como Ford, Boeing, Aerospatiale, AT&T, BMW y Dell Computer han aprendido que sus grupos centrales de investigación y desarrollo no pueden igualar ni por asomo las capacidades innovadoras de una red de proveedores bien administrada.[20] En consecuencia, la decisión de qué actividades

La contratación de proveedores externos para que realicen actividades no cruciales de la cadena de valor puede producir muchas ventajas: costos más bajos, menos burocracia interna, toma de decisiones más ágil, más flexibilidad y un foco de atención estratégico intensificado.

El outsourcing de actividades selectas de la cadena de valor ha resultado estratégicamente ventajoso para numerosas compañías en múltiples situaciones.

---

[15] Quinn, *Intelligent Enterprise*, pp. 33 y 89, y James Brian Quinn, "Strategic Outsourcing: Leveraging Knowledge Capabilities", *Sloan Management Review* 40, núm. 3, verano de 1999, p. 9. Véase también James Brian Quinn y Frederick G. Hilmer, "Strategic Outsourcing", *Sloan Management Review*, verano de 1994, pp. 43-55.

[16] Quinn, *Intelligent Enterprise*, p. 47, y Quinn, "Strategic Oursourcing: Leveraging Knowledge Capabilities", p. 9.

[17] Quinn, *Intelligent Enterprise*, pp. 39-40.

[18] La creciente tendencia de las compañías a contratar externamente actividades importantes y las muchas razones para formar alianzas y sociedades en cooperación y colaboración con otras compañías se detallan en James F. Moore, *The Death of Competition*, HarperBusiness, Nueva York, 1966; véase en especial el capítulo 3.

[19] Quinn, *Intelligent Enterprise*, p. 43.

[20] Quinn, "Strategic Outsourcing: Leveraging Knowledge Capabilities", p. 17.

desempeñar internamente y qué actividades contratar externamente tiene, en efecto, considerable importancia estratégica.

Razones para pensar en asociarse con otros para adquirir otras capacidades competitivas

Hay otra razón, igualmente importante, para buscar afuera los recursos para competir con eficacia, aparte de sólo los ahorros en los costos y la agilidad que el outsourcing permite. *Las sociedades aumentan el arsenal de capacidades de una compañía y contribuyen a una mejor ejecución de la estrategia.* Si se forman sociedades en colaboración, que mejoren continuamente y luego se usen con eficacia, una compañía aumenta sus capacidades organizacionales en general y crea fortalezas de recursos; fortalezas que producen valor para los clientes que los rivales no logran igualar y que, en consecuencia, allanan el camino hacia el éxito competitivo.

Los fabricantes de automóviles trabajan en estrecha colaboración con sus proveedores para mejorar el diseño y funcionamiento de partes y componentes, incorporar nuevas tecnologías, integrar mejor cada parte y componente para formar sistemas de enfriamiento de motores, sistemas de transmisión y eléctricos, etcétera, todo lo cual contribuye a acortar la duración del ciclo para lanzar nuevos modelos, mejorar la calidad y desempeño de éstos y aumentar la eficiencia de la producción en general. Los productores de refrescos (Coca-Cola y PepsiCo) y los fabricantes de cerveza (Anheuser-Busch y Miller Brewing) cultivan sus relaciones con sus embotelladoras y distribuidores con el fin de fortalecer el acceso a mercados locales y fomentar la lealtad, apoyo y compromiso con los programas de marketing corporativos, sin los cuales sus propias ventas y crecimiento se debilitan. De manera semejante, las empresas de comida rápida como McDonald's y Taco Bell consideran esencial trabajar lado a lado con los titulares de franquicias en la limpieza de los puntos de venta, consistencia de la calidad de los productos, ambiente interno de los establecimientos, cortesía y amabilidad del personal del restaurante, y otros aspectos de las operaciones de las tiendas. A menos que los titulares de las franquicias consigan satisfacer a un número suficiente de clientes para incitarlos a volver, las ventas y posición competitiva de una cadena de comida rápida se ven afectadas rápidamente. *Las sociedades estratégicas, alianzas y colaboración estrecha con los proveedores, distribuidores, fabricantes de productos complementarios e incluso competidores, favorecen la estrategia siempre que el resultado sea mejorar los recursos y capacidades organizacionales.*

Conversión de las actividades cruciales para la estrategia en los principales componentes básicos

La razón fundamental para convertir las actividades cruciales para la estrategia en los principales componentes básicos de la estructura de una empresa es convincente: si se pretende que las actividades cruciales para el éxito estratégico cuenten con los recursos, influencia en la toma de decisiones e impacto organizacional que necesitan, tienen que ser el eje del plan organizacional. En términos llanos, es factible que la aplicación de una estrategia nueva o modificada suponga actividades, competencias o capacidades esenciales nuevas o diferentes y, por lo tanto, requiera arreglos organizacionales distintos. Si no se prevén ajustes organizacionales viables, el desequilibrio resultante entre la estrategia y la estructura puede abrir la puerta a problemas de ejecución y desempeño.[21] De ahí que intentar llevar a cabo

---

[21] La importancia de adecuar el diseño y estructura de la organización a las necesidades particulares de la estrategia se puso de relieve por primera vez en un histórico estudio de 70 corporaciones grandes realizado por el profesor Alfred Chandler de la Universidad de Harvard. El estudio de Chandler reveló que los cambios en la estrategia de una organización acarrean nuevos problemas administrativos que, a su vez, requieren una estructura nueva o remodelada para que la nueva estrategia pueda ponerse en práctica exitosamente. Descubrió que la estructura tiende a seguir la estrategia de crecimiento de la firma, pero esto no suele ocurrir sino hasta que la ineficiencia y los problemas internos de operación provocan un ajuste estructural. Las experiencias de estas compañías siguieron una pauta secuencial consistente: creación de la nueva estrategia, surgimiento de nuevos problemas administrativos, una baja en la rentabilidad y el desempeño, un giro hacia una estructura organizacional más apropiada y luego la recuperación de niveles más rentables y mejor ejecución de la estrategia. El que los gerentes deban revaluar la organización interna de su compañía es cuestión simplemente de sentido común. Es probable que una estrategia nueva o diferente suponga actividades, competencias o capacidades clave nuevas o diferentes y, por lo tanto, requiera arreglos organizacionales internos nuevos o diferentes. Para más detalles, véase Alfred Chandler, *Strategy and Structure*, MIT Press, Cambridge, MA, 1962.

Principio de administración estratégica

La adecuación de la estructura a la estrategia requiere convertir a las actividades y unidades organizacionales que son cruciales para la estrategia en los principales componentes básicos de la estructura de la organización.

una nueva estrategia con una estructura organizacional vieja es por lo general poco sensato. Así como la estrategia de una compañía evoluciona para mantenerse a tono con las circunstancias cambiantes externas, de igual modo la estructura de una organización debe evolucionar para adaptarse a las necesidades cambiantes con el objeto de ejecutar la estrategia competentemente.

Aunque aquí se hace hincapié en diseñar la estructura de la organización en torno de las necesidades de la ejecución eficaz de la estrategia, vale la pena señalar que la estructura influye en la elección de la estrategia. Una buena estrategia debe ser viable. Cuando la estructura actual de una organización está tan alejada de las necesidades de una estrategia en particular que habría que poner de cabeza a la organización para ponerla en práctica, la estrategia no resulta viable y no debe pensarse más en ella. En tales casos, la estructura determina la selección de la estrategia. Sin embargo, el problema es que una vez que se elige la estrategia, se deberá modificar la estructura para adaptarla a dicha estrategia en caso de no existir una compatibilidad aproximada. Como es lógico, todas las influencias de la estructura en la estrategia deben tomarse en consideración antes de llegar al punto de selección de la estrategia, en vez de hacerlo después.

> Se necesita una estructura organizacional en evolución para mantenerse a tono con las nuevas necesidades de ejecución de una estrategia que evoluciona a su vez.

Los principales componentes organizacionales básicos dentro de una compañía son por lo general una combinación de los departamentos funcionales tradicionales (investigación y desarrollo, ingeniería y diseño, producción y operaciones, ventas y marketing, tecnología de la información, finanzas y contabilidad, y recursos humanos) y los departamentos con procesos completos (administración de la cadena de suministros, surtido de los pedidos de los clientes, atención a clientes, agilizar la introducción de nuevos productos en el mercado, control de calidad, comercio electrónico).[22] En empresas que tienen operaciones en varios países del mundo, los componentes básicos pueden también incluir unidades organizacionales geográficas, cada una de las cuales tiene responsabilidad en las utilidades y pérdidas de su área geográfica asignada. En las compañías integradas verticalmente, los principales componentes son las unidades divisionales que desempeñan uno (o más) de los principales pasos de procesamiento a lo largo de la cadena de valor (producción de materias primas, fabricación de componentes, ensamblado, distribución al mayoreo, operaciones con tiendas minoristas); cada división en la cadena de valor puede operar como un centro de utilidades para efectos de medición del desempeño. Los componentes básicos típicos de una compañía diversificada son sus negocios individuales, donde cada unidad de negocios por lo general funciona como un centro de utilidades independiente y las oficinas centrales corporativas desempeñan funciones variadas de apoyo a todos los negocios.

Los gerentes necesitan estar especialmente atentos al hecho de que en las estructuras tradicionales organizadas por función, las piezas de las actividades y capacidades estratégicamente relevantes suelen dispersarse en muchos departamentos. Considérese, por ejemplo, cómo en una estructura funcional hay partes de las siguientes actividades cruciales para la estrategia y capacidades organizacionales que se desempeñan en distintos departamentos:

> La especialización funcional puede dar como resultado que las piezas de las actividades y capacidades estratégicamente relevantes se dispersen entre los muchos diferentes departamentos.

1. *Surtir los pedidos de los clientes con precisión y prontitud.* Un proceso que abarca ventas (el que obtiene el pedido), finanzas (que puede tener que revisar las condiciones de crédito o aprobar un financiamiento especial), producción (que debe producir los bienes y reabastecer los inventarios de los almacenes según va siendo necesario), almacenamiento (que tiene que verificar si los artículos se encuentran en existencia, recoger el pedido del almacén y empacarlo para su envío), transporte (que tiene que elegir un transportista para que entregue los productos y liberar los productos al transportista).[23]

---

[22] Hay muchas maneras en que una compañía puede organizarse en torno de las funciones, aparte de las que se acaban de mencionar. Un fabricante de instrumentos técnicos puede organizarse en torno de investigación y desarrollo, ingeniería, producción, servicios técnicos, control de calidad, marketing, personal y finanzas y contabilidad. Un hotel podría tener una organización funcional basada en las operaciones de recepción, limpieza, mantenimiento del edificio, servicios de alimentos, servicios de convenciones y eventos especiales, servicios a huéspedes, personal y capacitación y contabilidad. La organización de un minorista de descuento giraría en torno de unidades funcionales como compras, almacenamiento y distribución, operaciones de las tiendas, publicidad, comercialización y promoción, atención a clientes y servicios administrativos corporativos. Asimismo, la organización de los procesos asume una forma que coincide con los procesos de la compañía.

[23] Michael Hammer y James Champy, *Reengineering the Corporation*, HarperBusiness, Nueva York, 1993, pp. 26-27.

2. *Agilizar la introducción de nuevos productos en el mercado.* Un proceso que está fragmentado entre investigación y desarrollo, ingeniería, compras, fabricación y marketing.

3. *Mejorar la calidad de los productos.* Un proceso que a menudo implica la colaboración del personal de investigación y desarrollo, ingeniería y diseño, compra de componentes a proveedores, producción interna de componentes, fabricación y ensamblado.

4. *Administración de la cadena de suministros.* Un proceso en colaboración que abarca áreas funcionales como compras, ingeniería de diseño, compra de componentes, administración de inventarios, fabricación y ensamblado, y almacenamiento y transporte.

5. *Crear la capacidad para realizar negocios a través de Internet.* Un proceso que incluye personal en tecnología de la información, administración de la cadena de suministros, producción, ventas y marketing, almacenamiento y transporte, atención a clientes, finanzas y contabilidad.

6. *Obtener los comentarios y sugerencias de los clientes y realizar modificaciones en el producto para satisfacer sus necesidades.* Un proceso que incluye personal de atención a clientes y soporte posterior a la venta, investigación y desarrollo, ingeniería y diseño, compra de componentes, fabricación y ensamblado e investigación de mercado.

Tantas intervenciones alargan el tiempo de terminación y con frecuencia aumentan los costos administrativos, puesto que coordinar las piezas fragmentadas llega a absorber horas de esfuerzo por parte de mucha gente.[24] Ésta no es una condenación fatal de la organización funcional: organizarse en torno de funciones específicas ha funcionado con buenas ventajas en las actividades de apoyo como finanzas y contabilidad, administración de recursos humanos e ingeniería, y en actividades primarias como investigación y desarrollo (IyD), fabricación y marketing, pese a la fragmentación de actividades cruciales para la estrategia que acompaña a dichas estructuras organizacionales. Sin embargo, la fragmentación es una importante debilidad de la organización funcional que explica por qué indicamos que las competencias y capacidades de una compañía son una amalgama de actividades y no radican en las actividades de un solo departamento funcional.

A partir de la década pasada, las compañías se fueron dando cuenta de que en lugar de continuar esparciendo piezas relacionadas de un proceso comercial entre varios departamentos funcionales y luchar por integrar sus esfuerzos, es mejor rediseñar el esfuerzo de trabajo y crear *departamentos de procesos.* Esto se logra integrando a la gente que desempeñaba ciertas partes en los departamentos funcionales en un grupo que trabaje en conjunto para realizar todo el proceso. Sacar las partes de los procesos cruciales para la estrategia de los silos funcionales y crear departamentos de procesos o grupos de trabajo interfuncionales encargados de llevar a cabo todos los pasos para producir un resultado crucial para la estrategia se ha denominado *reingeniería de los procesos de negocios.* Bell Atlantic utilizó la reingeniería de los procesos comerciales para racionalizar sus procedimientos burocráticos de manera que se pudiera conectar el teléfono de un cliente con su compañía proveedora de servicios de larga distancia.[25] En la estructura funcional de Bell Atlantic, cuando un cliente comercial solicitaba una conexión entre su sistema telefónico y una compañía de larga distancia para servicios de datos, la solicitud viajaba de un departamento a otro; el procesamiento interno requería de dos a cuatro semanas. En la reingeniería de ese proceso, Bell Atlantic transfirió trabajadores de muchos departamentos funcionales a equipos que pudieran manejar la mayoría de las solicitudes de los clientes en cuestión de días o incluso horas. Debido a que el trabajo era recurrente —solicitudes parecidas de los clientes tenían que procesarse diariamente—, los equipos se agruparon de manera permanente en un departamento de proceso. En la industria electrónica, donde los ciclos de vida de los productos son de tres a seis meses debido a la velocidad de los adelantos tecnológicos,

---

[24] Aunque la organización funcional incorpora el principio de la división del trabajo de Adam Smith (cada persona o departamento involucrado tiene responsabilidad específica por el desempeño de una tarea claramente definida) y permite un control estricto por parte de la administración (todos los que participan en el proceso tienen que rendir cuentas a un jefe del departamento funcional de la eficiencia y observación de los procedimientos), *nadie supervisa el proceso en su conjunto ni sus resultados.* Hammer y Champy, *Reengineering the Corporation*, pp. 26-27.

[25] Hammer y Champy, *Reengineering the Corporation*, pp. 66-68.

las compañías han formado departamentos de procesos encargados de reducir el tiempo que se necesita para conseguir que las nuevas tecnologías y productos rindan frutos comercialmente hablando. La cápsula ilustrativa 43 analiza los procedimientos de reingeniería de procesos fragmentados y los resultados que varias organizaciones han obtenido de sus esfuerzos de reingeniería.[26]

Determinación del grado de autoridad e independencia que puede darse a cada unidad y a cada empleado

Las compañías deben decidir cuánta autoridad dar a los gerentes de cada unidad organizacional (en especial a los jefes de empresas subsidiarias, departamentos funcionales y departamentos de procesos) y cuánta flexibilidad en la toma de decisiones dar a cada empleado para que desempeñe su trabajo. *En una estructura organizacional altamente centralizada, los altos ejecutivos conservan autoridad para tomar la mayoría de las decisiones estratégicas y operativas y mantienen un control estricto de los jefes de unidades de negocios y departamentos; se confiere relativamente poca autoridad discrecional a los gerentes subordinados y empleados en lo individual.* El paradigma de mando y control de las estructuras centralizadas se basa en la suposición subyacente de que la gente que en realidad desempeña el trabajo no tiene ni el tiempo ni la disposición para supervisarlo y controlarlo, y que carece de los conocimientos para tomar decisiones informadas respecto a cómo realizarlo mejor, de ahí la necesidad de procedimientos prescritos, supervisión estricta y control gerencial riguroso. Un grave inconveniente del mando y control jerárquicos es que hace lenta a la organización por el tiempo que se necesita para que el proceso de revisión y aprobación recorra todos los niveles de la burocracia gerencial. Además, para funcionar bien, la toma centralizada de decisiones requiere que los altos ejecutivos se reúnan y procesen toda la información relacionada con la decisión. Cuando la información pertinente reside en los niveles organizacionales inferiores o es de naturaleza técnica, detallada o difícil de expresar con palabras, es muy complicado y lleva mucho tiempo presentar todos los hechos y sutilezas a un ejecutivo de alto nivel ubicado muy lejos del lugar donde se lleva a cabo la acción —el conocimiento no puede ser transferido con facilidad de una mente a otra—. Con mucha frecuencia, es mejor (y ciertamente más rápido) poner la autoridad de la toma de decisiones en las manos de las personas más cercanas y más familiarizadas con la situación y capacitarlas para que apliquen su buen juicio.

> Hay serias desventajas en que un grupo pequeño de ejecutivos de alto nivel microadministren el negocio tomando personalmente las decisiones o exigiendo que todas las recomendaciones de los subordinados de niveles inferiores tengan que ser aprobadas por ellos antes de ponerlas en práctica.

En una organización altamente descentralizada, los gerentes (y cada vez más, muchos empleados que no ocupan puestos de gerencia) cuentan con la autoridad para actuar por su cuenta en sus áreas de responsabilidad. Los gerentes de las fábricas están facultados para ordenar nuevo equipo según sea necesario y hacer los arreglos pertinentes con los proveedores en cuanto a partes y componentes; los equipos de trabajo están facultados para administrar y mejorar su proceso asignado; y los empleados que tienen contacto con los clientes están facultados para hacer lo que se requiera para complacerlos. En Starbucks, por ejemplo, los empleados están facultados para actuar por propia iniciativa para promover la satisfacción de los clientes —cuentan que un empleado de uno de los establecimientos, cuando vio que el sistema computarizado de la caja registradora se desconectó, ofreció alegremente café gratis a los clientes que esperaban—.[27] En una compañía diversificada que opera sobre la base del principio de toma descentralizada de decisiones, los jefes de las unidades de negocios tienen amplia autoridad para dirigir la subsidiaria con relativamente poca interferencia de las oficinas corporativas; además, el jefe de la unidad de negocios otorga mucha flexibilidad a los jefes de los departamentos funcionales y de procesos en la toma decisiones.

Delegar mayor autoridad en los gerentes y empleados subordinados crea una estructura organizacional más horizontal con menos niveles de administración. Mientras que en una estructura vertical centralizada los gerentes y trabajadores tienen que recorrer los niveles de autoridad

---

[26] Para una revisión detallada de las experiencias de una compañía con la reingeniería, véase Donna B. Stoddard, Sirkka L. Jarvenpaa y Michael Littlejohn, "The Reality of Business Reengineering: Pacific Bell's Centres Provisioning Process", *California Management Review* 28, núm. 3, primavera de 1996, pp. 57-76.

[27] Iain Somerville y John Edward Mroz, "New Competencies for a New World", *The Organization of the Future*, Frances Hesselbein, Marshall Goldsmith y Richard Beckard, eds., Jossey-Bass, San Francisco, 1997, p. 70.

Cápsula ilustrativa 43
La reingeniería de los procesos de negocios: cómo la aplican las compañías y los resultados que han obtenido

La reingeniería de los procesos de negocios cruciales para la estrategia que tiene el propósito de reducir la fragmentación en las líneas departamentales tradicionales y disminuir los costos de la burocracia ha resultado ser una herramienta de diseño organizacional legítima. No es una moda pasajera u otro programa del mes para la administración. La organización de los procesos es tan válida como principio de organización como la especialización funcional. La ejecución de la estrategia mejora cuando las partes de las actividades cruciales para la estrategia y procesos centrales de negocios desempeñados por diferentes departamentos se integran y coordinan adecuadamente.

Las compañías que han aplicado la reingeniería a algunos de sus procesos de negocios han terminado por comprimir pasos y tareas que antes se realizaban por separado, en puestos desempeñados por una sola persona, y han integrado las labores en actividades de equipo. La reorganización ocurre a continuación como una consecuencia natural de la síntesis de las tareas y el rediseño de los puestos. Los éxitos en esta área indican que se debe actuar de la siguiente manera para atacar la fragmentación de los procesos y reducir los gastos generales:

- Elaborar un diagrama de flujo de todos los procesos de negocios, incluyendo sus interacciones con otras actividades de la cadena de valor.

- Tratar de simplificar primero el proceso, eliminando tareas y pasos donde sea posible y hacer más eficiente el desempeño de lo que queda.

- Determinar qué partes del proceso pueden automatizarse (por lo general aquellas que son repetitivas, que consumen mucho tiempo o son automáticas); pensar en introducir tec-

nologías avanzadas que puedan actualizarse para adquirir la capacidad de la siguiente generación y proporcionar la base para obtener mayores ganancias de productividad más adelante.

- Aplicar la reingeniería y después reorganizar.

- Evaluar cada actividad en el proceso para determinar si es crucial o no. Las actividades cruciales para la estrategia son candidatas al benchmarking (compararse con parámetros de referencia) para lograr la condición de mejor desempeño en la industria o en el mundo.

- Sopesar las ventajas y desventajas de contratar externamente actividades que no son cruciales o que aportan poco a las capacidades organizacionales y competencias centrales.

- Diseñar una estructura para realizar las actividades que quedan; reorganizar al personal y los grupos que desempeñan estas actividades en la nueva estructura.

Cuando se aplica bien, la reingeniería puede producir ganancias espectaculares en productividad y capacidad organizacional. En la sección de procesamiento de pedidos de la división de interruptores de circuitos de General Electric, el tiempo transcurrido desde que se recibe el pedido hasta que se entrega se redujo de tres semanas a tres días consolidando seis unidades de producción en una, reduciendo una variedad de pasos en el manejo de inventarios, automatizando el sistema de diseño para remplazar un proceso humano diseñado a la medida y eliminando niveles organizacionales entre gerentes y trabajadores de tres a uno. La productividad aumentó 20% en un año, y los costos unitarios de fabricación bajaron 30 por ciento.

(continúa)

> El propósito de la descentralización no es trasladar la responsabilidad de las decisiones a los niveles inferiores, sino conferir autoridad para la toma de decisiones a aquellas personas o equipos que están más cerca de la situación o que la conocen mejor.

para conseguir una respuesta, en una estructura horizontal descentralizada ellos mismos formulan sus respuestas y planes de acción; de manera que la toma de decisiones y la responsabilidad por los resultados es parte de su trabajo. La toma descentralizada de decisiones por lo general acorta los tiempos de respuesta de la organización; además, genera nuevas ideas, fomenta el pensamiento creativo y la innovación y promueve una mayor participación por parte de los gerentes y empleados subordinados.

En la última década, ha habido un énfasis cada vez más marcado en pasar de las estructuras jerárquicas, autoritarias y con múltiples niveles a estructuras más planas y descentralizadas que destaquen la delegación de autoridad en los empleados. La nueva preferencia por las estructuras de administración más racionales y los empleados facultados se basa en tres principios:

1. *Como la economía mundial está entrando con rapidez a la Era de Internet, las estructuras jerárquicas tradicionales, creadas en torno de la especialización funcional, tienen que someterse a una cirugía radical para capitalizar las oportunidades que ofrecen las tecnologías de comercio electrónico para operar en los mercados externos e internos.* Las compañías de todo el mundo están teniendo que reinventar sus estructuras organizacionales y métodos internos para hacer negocios con el fin de a) incorporar los beneficios que brindan las tecnologías de in-

Cápsula ilustrativa 43

(*conclusión*)

Northwest Water, una compañía de servicios públicos británica, usó la reingeniería para eliminar 45 almacenes de trabajo que servían como base para las cuadrillas de trabajadores que instalaban tuberías y equipo de agua y drenaje. Ahora las cuadrillas trabajan directamente desde sus vehículos, reciben asignaciones e informan del trabajo terminado desde terminales de computadoras en sus camiones. Los miembros de las cuadrillas ya no son empleados, sino contratistas de Northwest Water. Estos esfuerzos de reingeniería no sólo eliminaron la necesidad de los almacenes de trabajo, sino que también permitieron que Northwest Water eliminara un gran porcentaje del personal burocrático y la organización de supervisión que dirigía a las cuadrillas.

En hospitales de terapia intensiva como el Lee Memorial en Fort Myers, Florida, y St. Vincent's en Melbourne, Australia, se aplicó la reingeniería a la atención médica para que ésta fuera proporcionada por equipos interdisciplinarios de profesionales médicos organizados en torno a las necesidades de los pacientes y sus familias en lugar de en torno a departamentos funcionales dentro del hospital. Ambos hospitales crearon pabellones de atención o tratamiento específico dentro del hospital para atender la mayoría de las necesidades de los pacientes, desde su ingreso hasta que son dados de alta. Los pacientes ya no son trasladados de un departamento a otro para realizar procedimientos y estudios; en vez de ello, el personal cuenta con el equipo y los recursos dentro de cada unidad de tratamiento enfocado para proporcionar atención total al paciente. Aunque los hospitales están un poco preocupados por la ineficiencia funcional en el uso de algunas instalaciones, la organización por proceso ha resultado en un costo de operación considerablemente menor, recuperación más rápida de los pacientes y mayor satisfacción por parte de éstos y de proveedores de servicios médicos.

A finales de los años noventa, los ejecutivos de Dell Computer decidieron que en lugar de construir más fábricas para mantenerse al ritmo de la demanda, sería más eficiente aplicar la reingeniería a la manera en que se armaban las computadoras. La meta de Dell era reducir el número de intervenciones de los trabajadores por máquina y reducir así el tiempo y los costos de ensamblado. Dell elaboró un plan llamado Metric 12, que reorganizaba el espacio de la fábrica y daba a los trabajadores de montaje más responsabilidades. Antes de Metric 12, Dell usaba un proceso estándar de línea de montaje, donde una persona tras otra instalaba un componente hasta que la computadora estuviera terminada. En este sistema de construcción progresivo, se necesitaban hasta 25 personas para ensamblar una máquina. Con la reingeniería de Metric 12, equipos pequeños de trabajadores tienen su propia célula compacta y arman una máquina completa usando componentes que se encuentran en anaqueles frente a ellos.

Fuentes: Basado en información contenida en Stewart Deck, "Fine Line", *CIO Magazine* (www.cio.com), 1 de febrero de 2000. James Brian Quinn, *Intelligent Enterprise*, Free Press, Nueva York, 1992, p. 162; T. Stuart, "GE Keeps Those Coming", *Fortune*, 12 de agosto de 1991; Gene Hall, Jim Rosenthal y Judy Wade, "How to Make Reengineering Really Work", *Harvard Business Review* 71, núm. 6, noviembre-diciembre de 1993, pp. 119-131; Ann Majchrzak y Qianwei Wang, "Breaking the Functional Mind-Set in Process Organizations", *Harvard Business Review* 74, núm. 5, septiembre-octubre de 1996, pp. 93-99, e Iain Somerville y John Edward Mroz, "New Competencies for a New World", *The Organization of the Future*, Frances Hesselbein, Marshall Goldsmith y Richard Beckard, eds., Jossey-Bass, San Francisco, 1997, p. 71.

ternet de mejorar la productividad y reducir los costos; *b*) aumentar sus capacidades para actuar y reaccionar con rapidez, y *c*) crear, empacar y trasladar rápidamente la información al punto donde se necesita.

2. *La autoridad para tomar decisiones debe transferirse al nivel organizacional más bajo que sea capaz de tomar decisiones oportunas, informadas y competentes.* En la práctica esto significa conferir autoridad significativa para la toma de decisiones a aquellas personas (gerentes o empleados) que se encuentren más cerca de la situación y que conozcan bien los problemas y estén capacitados para ponderar todos los factores. En lo que se refiere a las cinco tareas de la administración estratégica, la descentralización significa que los gerentes de cada unidad organizacional no sólo deben dirigir la formulación de la estrategia de su unidad, sino también encabezar la toma de decisiones respecto a cómo ejecutarla. Así, la descentralización requiere seleccionar gerentes fuertes para dirigir cada unidad organizacional y hacerlos responsables por la formulación y ejecución de las estrategias más indicadas para sus unidades. Los gerentes que sistemáticamente producen resultados insatisfactorios tienen que ser descartados.

3. *Los empleados que se encuentran en niveles inferiores a los rangos gerenciales deben ser autorizados para proceder según su criterio en asuntos relacionados con su trabajo.* El argumento a favor de autorizar a los empleados para que tomen decisiones y hacerlos responsables de su desempeño se basa en la creencia de que una compañía que aprovecha el capital intelectual combinado de todos sus empleados se desempeña mejor que una compañía organizada bajo el esquema de mando y control. La tesis es que cuando los empleados pueden tomar decisiones y actuar por iniciativa propia se acortan los tiempos de respuesta organizacionales y se generan nuevas ideas, pensamiento creativo, innovación y mayor participación de los gerentes y empleados subordinados. Por otro lado, los puestos pueden definirse en términos más generales, es posible integrar varias tareas en un solo puesto y la gente puede dirigir su propio trabajo. Asimismo, se necesitan menos gerentes porque decidir cómo hacer las cosas se vuelve parte del trabajo de cada persona o equipo. Además, gracias a los sistemas de comunicaciones electrónicas de la actualidad, es fácil y relativamente barato que la gente de todos los niveles organizacionales tenga acceso electrónico directo a datos, otros empleados, gerentes, proveedores y clientes. Es posible obtener acceso rápido a la información (vía internet o la intranet de la compañía), verificar fácilmente con los superiores o con cualquier otra persona según sea necesario y adoptar medidas responsables. Típicamente, prevalece una auténtica buena moral y la productividad gana cuando se permite a gente bien informada que opere de manera autodirigida.

> La descentralización de la autoridad es una respuesta apropiada a los grandes virajes de la actualidad hacia una economía de internet y hacia el papel dominante del capital intelectual.

Cada vez más organizaciones de todo el mundo están reconociendo la sabiduría de estos tres principios. Hay consenso fuerte y creciente de que las organizaciones autoritarias y jerárquicas no sirven para poner en práctica y ejecutar las estrategias en una era donde se emplean tecnologías electrónicas para operar a la velocidad de Internet y donde una gran parte de los activos más valiosos de la organización es el capital intelectual, el cual reside en el conocimiento y capacidades de sus empleados. En consecuencia, muchas compañías han empezado a delegar autoridad en sus gerentes de nivel bajo y empleados en todas sus organizaciones, dándoles mayor autoridad discrecional para hacer ajustes estratégicos en sus áreas de responsabilidad y decidir qué se necesita para poner en marcha nuevas iniciativas estratégicas y ejecutarlas de manera competente. Sin embargo, esta vía presenta su propio desafío organizacional: cómo ejercer control adecuado sobre los actos de empleados autorizados para que el negocio no corra ningún riesgo al tiempo que se cosechan los beneficios de esta práctica.[28]

> En las compañías diversificadas, es conveniente retener cierta autoridad en el nivel corporativo con respecto a la ejecución de la estrategia para imponer la colaboración entre negocios y lograr una estricta coordinación de las actividades de la cadena de valor relacionadas.

Además, descentralizar las decisiones relacionadas con la estrategia y dar a los jefes de las unidades de negocios pleno control de la operación plantea un problema en las compañías diversificadas con negocios relacionados. Las coincidencias estratégicas entre negocios a menudo se capturan mejor ya sea centralizando en el nivel corporativo la autoridad para tomar decisiones en este sentido, o bien haciendo valer una cooperación estrecha y toma de decisiones compartida.[29] Por ejemplo, si los negocios con procesos y tecnologías de productos que se traslapan tienen sus propios departamentos independientes de investigación y desarrollo y cada uno de ellos se ajusta a sus propias prioridades, proyectos y agendas estratégicas, es difícil para la oficina matriz corporativa impedir la duplicación de esfuerzos, captar ya sea economías de escala o economías de alcance o ampliar los esfuerzos de investigación y desarrollo de la compañía para adoptar nuevas posibilidades tecnológicas, familias de productos, aplicaciones de uso final y grupos de clientes. Asimismo, centralizar el control sobre las actividades relacionadas de negocios separados conviene cuando existen oportunidades para compartir un equipo de vendedores común, usar canales de distribución comunes, depender de una misma organización de servicio de campo para manejar las solicitudes de asistencia técnica de los clientes o proporcionar servicios de mantenimiento y reparación, usar sistemas y enfoques comunes de comercio electrónico, etcétera. Además, por razones ya explicadas, también debe ponerse límites a la independencia de los gerentes funcionales cuando partes de los procesos cruciales para la estrategia se ubican en diferentes unidades organizacionales y requieren mucha coordinación para operar con la máxima eficacia.

---

[28] Ejercer un control adecuado en los negocios que exigen tiempos de respuesta cortos, innovación y creatividad es un requisito indispensable. Por ejemplo, una prominente correduría de Wall Street perdió 350 millones de dólares cuando un operador supuestamente registró utilidades ficticias; Sears aceptó una cancelación de 60 millones de dólares después de admitir que los empleados de sus departamentos de servicio a automóviles recomendaban reparaciones innecesarias a los clientes. Para una exposición de los problemas y posibles soluciones, véase Robert Simons, "Control in an Age of Empowerment", *Harvard Business Review* 73, marzo-abril de 1995, pp. 80-88.

[29] Para una exposición de la importancia de la coordinación entre negocios, véase Jeanne M. Liedtka, "Collaboration across Lines of Business for Competitive Advantage", *Academy of Management Executive* 10, núm. 2, mayo de 1996, pp. 20-34.

Para asegurar la coordinación entre unidades La manera clásica de coordinar las actividades de las unidades organizacionales es colocarlas en la jerarquía de modo que las que están más relacionadas trabajen bajo las órdenes de una sola persona (un jefe de departamento funcional, un gerente de proceso, un director de una zona geográfica). Los gerentes que se encuentran en los niveles más altos de la jerarquía por lo general tienen autoridad sobre más unidades organizacionales y, por ende, tienen poder para coordinar, integrar y estimular la cooperación de las unidades bajo su supervisión. En dichas estructuras, el director general, el director de operaciones y los gerentes del nivel comercial terminan siendo los puntos centrales de coordinación debido a sus posiciones de autoridad sobre toda la unidad. Cuando una empresa sigue una estrategia de diversificación relacionada, la coordinación de las actividades relacionadas de unidades de negocios independientes a menudo requiere la autoridad centralizada de un solo funcionario del nivel corporativo; asimismo, es común que centralicen las funciones de apoyo, como las relaciones públicas, finanzas y contabilidad, prestaciones laborales, y tecnología de la información en el nivel corporativo.

Sin embargo, como se explicó antes, las estructuras organizacionales funcionales empleadas en la mayoría de las empresas suelen dar como resultado que partes de ciertas actividades cruciales para la estrategia se fragmenten y dispersen entre varios departamentos en vez de unificarse bajo la autoridad coordinadora de un solo ejecutivo. Para combatir la fragmentación, la mayor parte de las compañías complementan sus estructuras funcionales con equipos de coordinación, grupos de trabajo interfuncionales, relaciones de subordinación dobles, establecimiento de redes informales de contactos organizacionales, cooperación voluntaria, incentivos de remuneración ligados a mediciones de desempeño de los grupos y fuerte insistencia del nivel ejecutivo en el trabajo en equipo y la cooperación entre departamentos (incluida la remoción de gerentes recalcitrantes que obstaculizan los esfuerzos de colaboración). En ABB, una compañía de 30 000 millones de dólares con sede en Europa que fabrica equipo eléctrico y de generación de energía y ofrece una amplia gama de servicios de ingeniería, un alto ejecutivo no dudó en reemplazar a los gerentes de varias plantas que no estaban plenamente comprometidos a colaborar de manera estrecha para eliminar la duplicación en el desarrollo de productos y los esfuerzos de producción entre las plantas en varios países. Un poco antes, el ejecutivo, al ver que estaban estancadas las negociaciones entre los gerentes para decidir qué laboratorios y plantas cerrar, se reunió con todos ellos, les pidió que cooperaran para encontrar una solución, analizó junto con ellos las opciones que no eran aceptables y fijó un plazo para que llegaran a una solución. Como no se veía que fuera a formarse el equipo de trabajo solicitado, varios gerentes fueron sustituidos.

En la cápsula ilustrativa 44 se explica cómo 3M Corporation hace todos los arreglos organizacionales necesarios para crear coordinación mundial en cuestiones de tecnología.

La clave para integrar las actividades de apoyo en el diseño de la organización es establecer arreglos de subordinación y coordinación que:

- Maximicen la contribución de las actividades de apoyo al mejor desempeño de las capacidades primarias funcionales y cruciales para la estrategia en la cadena de valor de la firma.
- Contengan los costos de las actividades de apoyo y reduzcan el tiempo y energía que las unidades internas tienen que invertir en hacer negocios entre sí.

Sin dichos arreglos, el costo de hacer negocios internamente se vuelve excesivo, y los gerentes de cada unidad organizacional, siempre diligentes para resguardar su territorio y proteger sus prerrogativas para dirigir sus áreas como juzguen conveniente, pueden debilitar el esfuerzo de ejecución de la estrategia y pasar a formar parte del problema de puesta en práctica de la estrategia en vez de ser parte de la solución.

Asignación de responsabilidad para la colaboración con partes externas Alguien o algún grupo debe ser autorizado para colaborar según sea necesario con cada parte externa importante que participe en la ejecución de la estrategia. La formación de alianzas y relaciones de cooperación presenta oportunidades inmediatas y abre la puerta a futuras posibilidades, pero nada valioso se realiza sino hasta que la relación crece, se desarrolla y florece. A menos que la alta dirección se encargue de que se creen puentes organizacionales constructivos

La clave de las alianzas y sociedades de cooperación radica en administrar con eficacia la relación y captar la posible ganancia en capacidad de recursos, no en cerrar el trato.

con los socios estratégicos y de que surjan relaciones de trabajo productivas, el valor de las alianzas se pierde y el poder de la compañía para ejecutar su estrategia se debilita. Si las relaciones de trabajo cercanas con los proveedores son cruciales, la administración de la cadena de suministros debe tener un estatus formal en el organigrama de la empresa y una posición significativa en la jerarquía. Si las relaciones con los distribuidores, concesionarios y titulares de franquicias son importantes, a alguien debe asignársele la tarea de fomentar las relaciones con los aliados en estos canales. Si trabajar en paralelo con los proveedores de productos y servicios complementarios contribuye a mejorar la capacidad organizacional, deben implantarse arreglos organizacionales de cooperación y manejarse de modo que produzcan buenos resultados.

La construcción de puentes organizacionales con aliados externos puede realizarse si se designan gerentes de "relación" con la responsabilidad de conseguir que ciertas sociedades o alianzas estratégicas generen los beneficios esperados. Los gerentes de relación tienen muchos papeles y funciones: reunir a la gente indicada, promover un buen ambiente, ocuparse de que se elaboren y lleven a cabo los planes para actividades específicas, ayudar a ajustar los procedimientos organizacionales internos y los sistemas de comunicación para enlazar mejor a los socios y mitigar las disparidades de operación, así como fomentar los lazos interpersonales. Hay que establecer y mantener abiertos múltiples lazos entre las organizaciones para garantizar la comunicación y coordinación adecuadas.[30] Tiene que compartirse la suficiente información como para lograr que la relación funcione, e igualmente deben darse discusiones periódicas y francas de los conflictos, puntos problemáticos y situaciones cambiantes.[31]

Perspectivas para organizar el esfuerzo de trabajo y crear capacidades   Todos los diseños organizacionales tienen sus fortalezas y debilidades relacionadas con la estrategia. Para adecuar bien la estructura a la estrategia, los ejecutores de ésta tienen que elegir primero un diseño básico y modificarlo según sea necesario para adaptarlo a la composición de negocios específica de la compañía. A continuación, tienen que *a)* complementar el diseño con los mecanismos de coordinación que correspondan (grupos de trabajo interfuncionales, equipos de proyectos especiales, equipos de trabajo autónomos, etc.), y *b)* instituir las redes y arreglos de comunicación que se requieran para apoyar la ejecución eficaz de la estrategia de la firma. Aunque es posible que las compañías no instituyan arreglos organizacionales "ideales" para evitar perturbar ciertas relaciones de subordinación existentes o para adaptarse a las personalidades de ciertas personas involucradas, políticas internas y otras idiosincrasias de cada situación, tienen que trabajar para alcanzar la meta de crear una organización competitivamente capaz.

No existe una estructura organizacional perfecta o ideal.

La manera y los medios de desarrollar competencias centrales y capacidades organizacionales más fuertes (o de crear otras completamente nuevas) tiende a ser idiosincrásico de cada empresa, dependiendo de su cultura y sus circunstancias. No sólo cada compañía y ejecutivo enfrenta el desafío de crear capacidades de maneras diferentes, sino que las distintas capacidades requieren diferentes técnicas de organización. Así, hay que tener cuidado en generalizar respecto a cómo crear las capacidades. Lo que puede afirmarse en forma inequívoca es que crear una organización con las competencias y capacidades para ejecutar la estrategia de manera competente supone el proceso de entrelazar deliberadamente los esfuerzos de los individuos y los grupos. Las competencias y capacidades surgen de establecer y fomentar relaciones de trabajo cooperativas entre personas y grupos para desempeñar las actividades de modo más satisfactorio para los clientes, no de reacomodar los cuadros de un organigrama. Además, la creación de la organización es una tarea que la alta dirección debe dirigir y en la que debe participar en gran medida. En efecto, el manejo eficaz tanto de los procesos de organización interna como de colaboración externa para crear y desarrollar competencias y capacidades competitivamente valiosas ocupa un lugar preponderante en la lista de "pendientes" de los altos ejecutivos de las compañías de la actualidad.

Las capacidades organizacionales emergen de un proceso de enlazar conscientemente los esfuerzos de diferentes grupos de trabajo, departamentos y aliados externos, y no de la distribución de los cuadros en el organigrama.

---

[30] Rosabeth Moss Kanter, "Collaborative Advantage: The Art of the Alliance", *Harvard Business Review* 72, núm. 4, julio-agosto de 1994, pp. 105-106.

[31] Para una excelente reseña de las maneras de manejar con eficacia la relación entre socios aliados, véase Kanter, "Collaborative Advantage", pp. 96-108.

Cápsula ilustrativa 44
Coordinación entre unidades en tres compañías

Muchas compañías han aprovechado los beneficios de la coordinación entre unidades. En 3M, la gerencia formó un Consejo Técnico compuesto por los jefes de los principales laboratorios, que se reúne con regularidad para analizar las maneras de mejorar la transferencia de tecnología entre unidades y otros temas de común interés. También creó un Foro Técnico compuesto por científicos y expertos técnicos elegidos para facilitar la comunicación básica entre empleados de todos los laboratorios. Estos esfuerzos de colaboración han dado como resultado una cartera de más de 100 tecnologías y la capacidad de usarlas de manera rutinaria en aplicaciones de producción.

En Whole Foods Market, la cadena de alimentos naturales más grande de Estados Unidos, a los empleados se les llama miembros del equipo, y los títulos de los puestos reflejan las funciones en lugar de la jerarquía. Cada uno de los más de 40 mercados de Whole Foods es una unidad de utilidades autónoma que abarca aproximadamente 10 equipos autoadministrados, para

productos perecederos, abarrotes, alimentos preparados y otros por el estilo, todos los cuales cuentan con líderes designados. Estos líderes forman un equipo de tienda, y los líderes de tienda forman equipos regionales. El equipo de trabajo de Whole Foods ha elevado los ingresos a más de 500 millones de dólares (casi el doble del promedio de la industria).

Los gerentes de Container Store alientan a los empleados a "pensar de manera no convencional" en su trabajo cotidiano. La compañía, una cadena de tiendas minoristas con sede en Dallas, que vende artefactos para organizar las casas y la vida de los consumidores, integra muchas funciones de trabajo. Los gerentes de recursos humanos tienen responsabilidades que comprenden desde la nómina hasta operaciones de la tienda. "Sabemos que esto ayuda de muchas maneras, desde una menor rotación hasta líneas de comunicación más despejadas", observa Barbara Anderson, directora de servicios a la comunidad y desarrollo de personal.

Fuentes: Cindy Royal, "Finding Fame in Fortune", *Austin Business Journal* (http://austinbcentral.com), 11 de agosto de 2000; Karen M. Kroll, "Container Store a Hit with Customers, Employees", *Shopping Centers Today* (www.icsc.org), 1 de mayo de 2000; Jennifer Koch Laabs, "Thinking Outside the Box at the Container Store", *Workforce* (www.workforce.com), marzo de 2001, pp. 34-38; Charles Fishman, "Whole Foods Is All Teams", *Fast Company* (www.fastcompany.com), abril de 1996; Sumantra Ghoshal y Christopher A. Bartlett, "Changing the Role of Top Management: Beyond Structure to Process", *Harvard Business Review* 73, núm. 1, enero-febrero de 1995, pp. 93-94.

ESTRUCTURAS ORGANIZACIONALES DEL FUTURO

Muchas compañías actuales están dándose a la tarea de remodelar sus estructuras tradicionales jerárquicas alguna vez construidas en torno de la especialización funcional y la autoridad descentralizada. Buena parte del movimiento de reducción corporativa de finales de los años ochenta y principios de los noventa estuvo dirigido a transformar las estructuras organizacionales autoritarias y piramidales en estructuras descentralizadas más planas. El cambio fue impulsado por la creciente comprensión de que las jerarquías de mando y control resultaban ser una carga en los negocios donde las preferencias de los clientes estaban cambiando de los productos estandarizados a pedidos hechos a la medida con características especiales, los ciclos de vida de los productos se estaban haciendo más cortos, los métodos de producción masiva personalizados estaban sustituyendo a las técnicas estandarizadas de producción masiva, los clientes querían ser tratados como individuos, el ritmo del cambio tecnológico se estaba acelerando y las condiciones del mercado eran fluidas. Las jerarquías con múltiples niveles de administración y puntos de control que requerían que la gente buscara respuestas y aprobación en los niveles superiores de la estructura organizacional se estaban quedando empantanadas y no podían prestar atención receptiva a los clientes y adaptarse con la suficiente rapidez a las condiciones cambiantes. Asimismo, los silos funcionales, el trabajo orientado a las tareas y la fragmentación de actividades cruciales para la estrategia contribuyeron aún más a erosionar la competitividad en ambientes de negocios fluidos o volátiles.

> En la década pasada, las nuevas prioridades estratégicas y las condiciones competitivas que cambiaban a ritmo veloz desencadenaron cambios revolucionarios en la manera en que las compañías organizan el esfuerzo de trabajo.

En los mercados de la actualidad, que cambian con rapidez y donde muchas empresas compiten por el liderazgo global en sus industrias o con el objeto de crear posiciones fuertes en las industrias del futuro, los temas organizacionales necesarios son eficientes, planos, ágiles, receptivos e innovadores. Las herramientas necesarias del diseño organizacional son los gerentes y trabajadores facultados para actuar con base en su propio criterio, la reingeniería de los procesos de trabajo, los equipos de trabajo autodirigidos, la incorporación rápida de las tecnologías de Internet, la infraestructura más avanzada de comercio electrónico y las redes con terceros ajenos a la organización para mejorar las capacidades existentes y crear nuevas. El imperativo organizacional indispensable es crear una compañía capaz de competir mejor que los rivales con base en fortalezas de recursos y capacidades competitivas superiores, las cuales se basan cada vez más en el capital intelectual. En un creciente número de compañías e industrias, no queda más remedio que reestructurar la organización interna para que pueda operar a la velocidad de Internet e implantar prácticas de comercio electrónico en las operaciones cotidianas de toda la empresa.

La cápsula ilustrativa 45 informa los resultados de un estudio de tendencias en los arreglos organizacionales de compañías multinacionales y globales.

Las organizaciones del futuro tendrán varias características nuevas:

- Menos barreras entre diferentes rangos verticales, entre funciones y disciplinas, entre unidades en distintas zonas geográficas, y entre la compañía y sus proveedores, distribuidores, concesionarios, aliados estratégicos y clientes.
- Capacidad de cambiar y aprender con rapidez.
- Esfuerzos de colaboración entre personal de diferentes especialidades funcionales y lugares geográficos, lo que es esencial para crear competencias y capacidades organizacionales.
- Intenso uso de la tecnología de comercio electrónico y prácticas de negocios basadas en él: sistemas de datos e información en tiempo real, fuerte dependencia de los sistemas de comercio electrónico para realizar transacciones de negocios con proveedores y clientes, comunicación y colaboración basadas en internet con proveedores, clientes y socios estratégicos.

Puntos | clave

La labor de la ejecución de la estrategia es convertir los planes estratégicos en acciones y buenos resultados. La prueba de la ejecución exitosa de la estrategia es si el desempeño real de la organización iguala o supera las metas establecidas en el plan estratégico. Los déficits en el desempeño son señales de una estrategia débil, una ejecución débil o ambas.

Al decidir cómo implementar una estrategia nueva o revisada, los gerentes tienen que determinar las condiciones internas que son necesarias para ejecutar con éxito el plan estratégico. A continuación, deben crear estas condiciones tan rápido como resulte práctico. El proceso de poner en práctica y ejecutar la estrategia comprende:

- Crear una organización con las competencias, capacidades y fortalezas de recursos para llevar a cabo la estrategia exitosamente.
- Elaborar presupuestos para dirigir amplios recursos a las actividades de la cadena de valor que son cruciales para el éxito estratégico.
- Establecer políticas y procedimientos que apoyen la estrategia.
- Instituir las mejores prácticas y presionar para mejorar continuamente la manera en que se desempeñan las actividades de la cadena de valor.
- Instalar sistemas de apoyo que permitan al personal de la compañía desempeñar sus funciones estratégicas de manera satisfactoria día tras día.
- Vincular los premios e incentivos al logro de los objetivos de desempeño y la buena ejecución de la estrategia.
- Crear un ambiente de trabajo y cultura corporativa que apoyen la estrategia.
- Ejercer el liderazgo interno necesario para impulsar la ejecución de la estrategia y seguir mejorando en la manera como ésta se ejecuta.

El desafío es crear una serie de coincidencias fuertes 1) entre la estrategia y las competencias, capacidades, y estructura de la organización; 2) entre la estrategia y las asignaciones presupuestarias; 3) entre la estrategia y la política; 4) entre la estrategia y los sistemas de apoyo internos; 5) entre la estrategia y la estructura de reconocimientos, y 6) entre la estrategia y la cultura corporativa. Cuanto más fuertes sean estas coincidencias, tanto más potente llegará a ser la ejecución de la estrategia y más probable será que se alcance el objetivo de desempeño.

Cápsula ilustrativa 45

Enfoques organizacionales para mercados internacionales y globales

Un estudio de 43 compañías grandes de productos de consumo, con sede en Estados Unidos, realizado por McKinsey & Co., una de las principales firmas de consultoría en administración, identificó las acciones organizacionales internas que tienen los vínculos más fuertes y más débiles con el rápido crecimiento de las ventas y utilidades en los mercados internacionales y globales.

ACCIONES ORGANIZACIONALES FUERTEMENTE VINCULADAS CON EL ÉXITO INTERNACIONAL

- Centralizar la toma de decisiones internacionales en todas las áreas, excepto en la de desarrollo de nuevos productos.
- Contar con un programa mundial de desarrollo de la gerencia, así como con más extranjeros en puestos de alta dirección.
- Requerir experiencia internacional para progresar en la alta dirección.
- Vincular a los gerentes globales con videoconferencias y correo electrónico.
- Establecer que los gerentes de productos de las subsidiarias extranjeras trabajen bajo las órdenes de un gerente general en el país.
- Usar a ejecutivos locales para dirigir las operaciones en países extranjeros. (Sin embargo, esto está dejando rápidamente de distinguir a las compañías exitosas porque casi todas han implementado dicha práctica.)

ACCIONES ORGANIZACIONALES DÉBILMENTE VINCULADAS AL ÉXITO INTERNACIONAL

- Crear divisiones globales.
- Formar unidades de negocios estratégicas internacionales.
- Establecer centros de excelencia donde una sola instalación de la compañía asuma la responsabilidad global de un producto clave o tecnología emergente (demasiado nuevo para evaluar las ventajas y desventajas).
- Usar grupos de trabajo internacionales para resolver problemas y asuntos.
- Crear sistemas de información gerencial integrados globalmente.

Sin embargo, las listas de lo que deben y no deben hacer las organizaciones distan mucho de ser definitivas. En general, el estudio concluyó que la estructura organizacional interna no importa tanto como tener productos con precios y características atractivos. No se pueden esperar buenos resultados sólo porque existe una buena organización. Además, ciertos arreglos organizacionales, como los centros de excelencia, son demasiado nuevos para determinar si afectan positivamente las ventas y el crecimiento de las utilidades.

Fuente: Basado en información consignada por Joann S. Lublin, "Study Sees U.S. Businesses Stumbling on the Road to Globalization", *The Wall Street Journal*, 22 de marzo de 1993, p. B4B.

La puesta en práctica de la estrategia no es función solamente de la alta dirección; es responsabilidad de todo el equipo de gerencia. *Todos los gerentes funcionan como ejecutores de la estrategia* en sus respectivas áreas de autoridad y responsabilidad. Todos los gerentes tienen que considerar las medidas que habrán de adoptar en sus áreas para obtener los resultados esperados; cada uno de ellos necesita un plan de acción.

Las tres principales medidas para crear la organización son: 1) ocupar las posiciones clave con gente capaz, 2) crear las competencias centrales y capacidades organizacionales necesarias para desempeñar competentemente las actividades de la cadena de valor, y 3) estructurar el esfuerzo de trabajo interno y combinarlo con los esfuerzos de colaboración de los aliados estratégicos. La selección de gente capaz para ocupar posiciones clave tiende a ser uno de los primeros pasos en la puesta en práctica de la estrategia porque se necesita una dotación completa de gerentes y empleados capaces para realizar los cambios y funcionar sin problemas.

Crear competencias centrales y capacidades competitivas cruciales para la estrategia que no puedan ser imitadas con facilidad por los rivales es una de las mejores maneras de obtener ventaja competitiva. Las competencias centrales surgen de las habilidades y actividades desempeñadas en varios puntos de la cadena de valor que, cuando se enlazan, crean capacidad organizacional única. La clave para convertir las competencias centrales de una compañía en ventaja competitiva a largo plazo es concentrar más esfuerzo y talento que los rivales en el fortalecimiento y profundización de las competencias y capacidades organizacionales. El carácter multidisciplinario de las competencias centrales y capacidades hace que alcanzar una profundidad dominante sea un ejercicio enfocado a 1) administrar las habilidades humanas, bases de conocimiento e intelecto, y 2) coordinar y enlazar los esfuerzos de diferentes grupos de trabajo, departamentos y colaboradores aliados. Es una tarea que la alta dirección debe encabezar y en la que debe participar intensamente, sobre todo porque son los altos directivos los que se encuentran en la mejor posición para guiar y hacer valer las redes de contacto y cooperación entre los individuos, grupos, departamentos y aliados externos.

La creación de las capacidades organizacionales implica algo más que sólo fortalecer lo que la compañía ya hace. Hay ocasiones en que la gerencia tiene que anticiparse a desarrollar nuevas competencias y capacidades para complementar la base de recursos existente de la empresa y promover la ejecución más eficaz de la estrategia. Es útil pensar en las compañías como un paquete de competencias y capacidades en evolución, donde el desafío para la creación de la organización consiste en desarrollar nuevas capacidades y fortalecer las existentes de manera calculada para lograr ventaja competitiva mediante la ejecución superior de la estrategia.

Un problema en este sentido, es si deben desarrollarse internamente las competencias y capacidades deseadas o si conviene más contratarlas externamente y asociarse con proveedores clave o formar alianzas estratégicas. Las decisiones a este respecto a menudo desencadenan cuestionamientos respecto a 1) qué puede delegarse sin peligro a los proveedores externos y qué capacidades internas son esenciales para el éxito a largo plazo de la compañía y 2) si las actividades no cruciales pueden desempeñarse con más eficacia o eficiencia por un proveedor externo de lo que lo hacen internamente. Cualquiera de las dos opciones exige actuar. El outsourcing significa emprender iniciativas para identificar a los proveedores más atractivos y establecer relaciones de colaboración. Desarrollar las capacidades internamente implica contratar nuevo personal que posea las habilidades y experiencia relacionadas con la competencia o capacidad organizacional y luego vincular las habilidades y conocimientos individuales para formar la capacidad organizacional.

La correspondencia entre la estructura y la estrategia gira en torno de convertir las actividades cruciales para la estrategia en los principales componentes básicos de la organización, encontrar maneras eficaces de enlazar las líneas organizacionales de autoridad para coordinar los esfuerzos relacionados de las distintas unidades internas y los individuos, así como coordinar con eficacia los esfuerzos de las unidades internas y los socios colaboradores externos. Otras grandes consideraciones incluyen qué decisiones centralizar y qué decisiones descentralizar.

Todas las estructuras organizacionales tienen ventajas y desventajas estratégicas; *no existe la manera ideal de organizarse*. Las estructuras organizacionales especializadas por función tradicionalmente han sido la manera más popular de organizar compañías que se dedican a un solo negocio. La organización funcional es eficaz cuando las actividades cruciales para la estrategia coinciden con actividades de una disciplina específica y se necesita mínima cooperación interdepartamental. Sin embargo, tiene importantes inconvenientes: miopía funcional, construcción de imperios, rivalidades entre departamentos, excesiva fragmentación de los procesos y jerarquías de administración en niveles verticales. En años recientes, se ha empleado la *reingeniería de los procesos de negocios* para sortear muchas desventajas de la organización funcional.

Sea cual fuere la estructura elegida, por lo general tiene que complementarse con grupos de trabajo interdisciplinarios, esquemas de incentivos de remuneración vinculados a las mediciones de desempeño conjunto, libertad de decisión para que los equipos de trabajo interfuncionales o autodirigidos desempeñen y unifiquen los procesos fragmentados y actividades cruciales para la estrategia, equipos de proyectos especiales, gerentes de relación, y esfuerzos especiales de la alta dirección para enlazar el trabajo de diferentes individuos y grupos y transformarlo en capacidades competitivas valiosas. La creación de las competencias centrales y capacidades competitivas surge de establecer y fomentar relaciones de trabajo colaboradoras entre individuos y grupos de distintos departamentos y entre una compañía y sus aliados externos, no de cómo están ordenados los cuadros en el organigrama.

Las nuevas prioridades estratégicas, como los ciclos cortos de diseño a mercado, producción de múltiples versiones, atención personalizada a clientes, búsqueda dinámica de oportunidades de comercio electrónico y ganar la contienda por los puestos de liderazgo en los mercados globales o industrias del futuro han inducido a cada vez más compañías a crear estructuras racionales, planas y horizontales que sean receptivas e innovadoras. Dichos diseños para adecuar la estructura a la estrategia implican menos niveles de autoridad directiva, gerentes y trabajadores facultados para actuar con base en su propio criterio, aplicar la reingeniería a los procesos de trabajo para reducir la fragmentación entre departamentos, sociedades de colaboración con terceros (proveedores, distribuidores, concesionarios, compañías con productos o servicios complementarios e incluso competidores selectos), mayor outsourcing de actividades seleccionadas de la cadena de valor, menos personal de las funciones de apoyo internas y uso creciente de tecnologías de comercio electrónico y prácticas comerciales.

Lecturas | sugeridas

Argyris, Chris, "Empowerment: The Emperor's New Clothes", *Harvard Business Review* 76, núm. 3, mayo-junio de 1998, pp. 98-105.

Hall, Gene, Jim Rosenthal y Judy Wade, "How to Make Reengineering Really Work", *Harvard Business Review* 71, núm. 6, noviembre-diciembre de 1993, pp. 119-131.

Hambrick, Donald C., "The Top Management Team: Key to Strategic Success", *California Management Review* 30, núm. 1, otoño de 1987, pp. 88-108.

Hammer, Michael y James Champy, *Reengineering the Corporation*, HarperBusiness, Nueva York, 1993, capítulos 2 y 3.

Kanter, Rosabeth Moss, "Collaborative Advantage: The Art of the Alliance", *Harvard Business Review* 72, núm. 4, julio-agosto de 1994, pp. 96-108.

Katzenbach, Jon R. y Douglas K. Smith, "The Discipline of Teams", *Harvard Business Review* 71, núm. 2, marzo-abril de 1993, pp. 111-124.

Majchrzak, Ann y Qianwei Wang, "Breaking the Functional Mind-Set in Process Organizations", *Harvard Business Review* 74, núm. 5, septiembre-octubre de 1996, pp. 93-99.

Markides, Constantinos C. y Peter J. Williamson, "Corporate Diversification and Organizational Structure: A Resource-Based View", *Academy of Management Journal* 39, núm. 2, abril de 1996, pp. 340-367.

Pfeffer, Jeffrey, *The Human Equation: Building Profits by Putting People First*, Harvard Business School Press, Boston, MA, 1999.

————, "Producing Sustainable Competitive Advantage through the Effective Management of People", *Academy of Management Executive* 9, núm. 1, febrero de 1995, pp. 55-69.

Pfeffer, Jeffrey y John F. Veiga, "Putting People First for Organizational Success", *Academy of Management Executive* 13, núm. 2, mayo de 1999, pp. 37-48.

Prahalad, C.K. y Gary Hamel, "The Core Competence of the Corporation", *Harvard Business Review* 68, mayo-junio de 1990, pp. 79-93.

Rackham, Neil, Lawrence Friedman y Richard Ruff, *Getting Partnering Right: How Market Leaders Are Creating Long-Term Competitive Advantage*, McGraw-Hill, Nueva York, 1996.

Stalk, George, Philip Evans y Lawrence E. Shulman, "Competing on Capabilities: The New Rules of Corporate Strategy", *Harvard Business Review* 70, núm. 2, marzo-abril de 1992, pp. 57-69.

Wetlaufer, Suzy, "Organizing for Empowerment: An Interview with AES's Roger Sant and Dennis Bakke", *Harvard Business Review* 77, núm. 1, enero-febrero de 1999, pp. 110-123.

capítulo | doce 12

Administración de la organización interna para promover una mejor ejecución de la estrategia

Las compañías triunfadoras saben cómo hacer mejor su trabajo.

—Michael Hammer y James Champy

Si se habla de cambio, pero no se modifica el sistema de premios y reconocimientos, nada cambia.

—Paul Allaire, ex Director general, Xerox Corporation

Si quieres gente motivada para hacer un buen trabajo, dales un buen trabajo que hacer.

—Frederick Herzberg

Debes pagar buenas gratificaciones por el desempeño excelente... sé de los que más pagan y no te quedes en medio o al final del montón.

—Lawrence Bossidy, ex Director general, AlliedSignal

En el capítulo 11 destacamos la importancia de crear capacidades organizacionales y estructurar el esfuerzo de trabajo con el objeto de desempeñar las actividades cruciales para la estrategia de manera coordinada y altamente competente. En este capítulo analizaremos cinco tareas adicionales de la gerencia comunes en el proceso de implantación y ejecución de la estrategia:

1. Reasignar los recursos para garantizar que las unidades cruciales para la estrategia cuenten con presupuestos suficientes para realizar su trabajo con éxito.

2. Establecer políticas que apoyen la estrategia.

3. Instituir las mejores prácticas y mecanismos para el mejoramiento continuo.

4. Instalar sistemas de apoyo que permitan al personal de la compañía desempeñar sus funciones estratégicas de manera competente todos los días.

5. Motivar y remunerar a los empleados de maneras que fortalezcan el compromiso de toda la organización con la buena ejecución de la estrategia.

VINCULACIÓN DE LOS PRESUPUESTOS A LA ESTRATEGIA

La puesta en práctica y ejecución de la estrategia obliga a los gerentes a reflexionar sobre cómo se están asignando los recursos de la compañía. Las unidades organizacionales necesitan el suficiente presupuesto y recursos para llevar a cabo las partes que les corresponden del plan estratégico con eficacia y eficiencia. Tiene que haber un amplio financiamiento de los esfuerzos para fortalecer las competencias y capacidades existentes o crear otras nuevas. Los gerentes con responsabilidad presupuestaria deben examinar las solicitudes de más personal, mayores presupuestos de operación y más o mejores instalaciones de equipo que les presentan sus subordinados, distinguiendo entre las solicitudes aquellas que estarían bien y las que prometen hacer una aportación con costo justificado a la ejecución de la estrategia y mejorar las capacidades competitivas. Además, los ejecutores de la estrategia tienen que presentar un argumento persuasivo y documentado a sus superiores para adquirir los recursos que necesitan para su parte asignada de la estrategia de la compañía.

Principio de administración estratégica
Privar a los grupos cruciales para la estrategia de los recursos necesarios para ejecutar las partes que les corresponden dentro de ésta puede debilitar el proceso de puesta en práctica.

El hecho de que las asignaciones del presupuesto estén bien o mal vinculadas a las necesidades de la estrategia puede promover u obstaculizar el proceso de puesta en práctica. Un financiamiento escaso aminora la velocidad del proceso e impide la capacidad de las unidades organizacionales para ejecutar competentemente las partes que les corresponden del plan estratégico. Un financiamiento excesivo desperdicia los recursos organizacionales y reduce el desempeño financiero. Ambos resultados explican por qué los gerentes encargados de implantar y ejecutar la estrategia tienen que participar de manera activa en el proceso de elaboración del presupuesto, revisar con detenimiento los programas y propuestas de presupuesto y esforzarse por garantizar que los recursos adecuados sean asignados a las unidades organizacionales cruciales para la estrategia.

Un cambio en la estrategia casi siempre exige reasignar el presupuesto. Las unidades que eran importantes para la estrategia anterior pueden haber crecido demasiado o tener exceso de financiamiento. Las unidades que ahora desempeñan una función estratégica más importante y crucial pueden requerir más personal, nuevo equipo, instalaciones adicionales y aumentos superiores al promedio en sus presupuestos de operación. Los ejecutores de la estrategia necesitan ser activos y enérgicos para trasladar los recursos, reducir algunas áreas y acrecentar otras, con el fin de no sólo financiar suficientemente las actividades que tienen una función crucial en la nueva estrategia, sino también para evitar la ineficiencia y alcanzar las proyecciones de utilidades. Deben ejercer su autoridad para colocar suficientes recursos detrás de las nuevas iniciativas estratégicas para hacerlas realidad y tomar decisiones difíciles cuando se trata de cancelar proyectos y actividades que ya no se justifican. La condición esencial es que los requisitos de financiamiento de la nueva estrategia tienen que determinar cómo se realizan las asignaciones de capital y la magnitud de los presupuestos de operación de cada unidad. Asignar un financiamiento insuficiente a las unidades organizacionales y actividades fundamentales para la ejecución exitosa de la estrategia puede poner en riesgo todo el proceso de implantación.

Las nuevas estrategias por lo general exigen reasignaciones considerables del presupuesto.

Las medidas enérgicas para reasignar los fondos de operación y trasladar personal a las nuevas unidades organizacionales indican un compromiso decidido con el cambio estratégico y con frecuencia se necesitan para catalizar el proceso de implantación y darle credibilidad. Microsoft tiene ya como práctica cambiar con regularidad a cientos de programadores a nuevas iniciativas de programación de alta prioridad en cuestión de semanas o incluso días. En Harris Corporation, donde la estrategia era difundir las ideas de investigación en aquellas áreas que eran comercialmente viables, la alta dirección regularmente retiraba grupos de ingenieros de los proyectos gubernamentales para trasladarlos como grupo a nuevas divisiones de empresas comerciales. Pero los acontecimientos acelerados en muchos mercados están obligando a las compañías a actuar a la velocidad de internet en la reasignación de recursos y actualización de presupuestos. Las firmas consideran deseable, por no decir necesario, abandonar los ciclos tradicionales anuales o semestrales de elaboración de presupuestos y reasignación de recursos a favor de los ciclos que se ajustan a los cambios de la estrategia que una compañía realiza en respuesta a los acontecimientos que van teniendo lugar. Las revisiones anuales o semestrales de los presupuestos y reasignación de recursos no funcionan cuando las empresas hacen cambios estratégicos semanalmente. Bluefly.com, un minorista de descuento en internet que vende ropa, revisa sus presupuestos y reasigna recursos cada semana. El director general de Bluefly.com observó: "Para nosotros, once meses representan una planeación a largo plazo".[1]

Afinar la implantación de la estrategia existente de una compañía rara vez requiere grandes movimientos de personal y dinero de un área a otra. Las mejoras deseadas por lo general se realizan mediante aumentos superiores al promedio en los presupuestos de unidades organizacionales donde se contemplan nuevas iniciativas y aumentos inferiores al promedio (o incluso pequeñas reducciones) en las restantes unidades organizacionales. La principal excepción ocurre cuando uno de los ingredientes esenciales de la estrategia es crear capacidades o productos completamente nuevos y oportunidades de negocios dentro del presupuesto existente. Entonces, a medida que afloran las propuestas y planes de negocios que vale la pena seguir, los gerentes tienen que tomar decisiones acerca de dónde provendrán las inversiones de capital, presupuestos de operación y personal necesarios. Las compañías como 3M, GE y Boing pasan recursos y personal de un área a otra, según sea necesario, para apoyar el lanzamiento de nuevos productos y empresas comerciales. Otorgan poder a los "paladines de los productos" y pequeños grupos de aspirantes a empresarios dándoles apoyo tanto financiero como técnico y estableciendo unidades organizacionales y programas para contribuir a que las nuevas empresas florezcan con mayor rapidez.

CREACIÓN DE POLÍTICAS Y PROCEDIMIENTOS QUE APOYEN LA ESTRATEGIA

Los cambios en la estrategia por lo general requieren algunas modificaciones en las prácticas de trabajo y las operaciones internas. Es normal que surjan focos de resistencia y que la gente muestre cierto grado de estrés y angustia con respecto a cómo los cambios le afectarán, en especial cuando éstos pueden eliminar empleos. Es probable que también surjan preguntas respecto a qué actividades necesitan hacerse de manera estricta tal como están prescritas y dónde debe haber libertad para actuar con independencia.

El establecimiento de políticas y procedimientos de operación ayuda de varias maneras a la tarea de poner en práctica la estrategia:

1. Las políticas y procedimientos nuevos o revisados proporcionan orientación de los niveles superiores a los gerentes de operación, personal de supervisión y empleados con respecto a cómo necesitan hacerse ahora ciertas cosas y qué comportamiento se espera, estableciendo así cierto grado de regularidad, estabilidad y fiabilidad en la manera en que la gerencia ha decidido tratar de ejecutar la estrategia y operar el negocio.

2. Ayudan a alinear las acciones y el comportamiento con la estrategia en toda la organización, ponen límites a los actos independientes y canalizan los esfuerzos individuales y grupales por el camino esperado. También contrarrestan las tendencias de algunas personas a oponer resistencia y rechazar los enfoques comunes. La mayoría de la gente se abstiene de infringir las políticas de la compañía o de pasar por alto las prácticas establecidas sin obtener antes autorización o tener una justificación de peso.

3. Al ser estandarizados, ayudan a proporcionar la coherencia necesaria en la manera como se desempeñan ciertas actividades cruciales para la estrategia en unidades de operación geográficamente dispersas (plantas diferentes, regiones de ventas, centros de atención a clientes o puntos de venta individuales en una operación en cadena). La eliminación de las diferencias significativas en las prácticas y procedimientos de operación de las unidades organizacionales que desempeñan funciones comunes es a menudo deseable para evitar enviar mensajes confusos al personal interno y a los clientes que hacen negocios con la compañía en varias ubicaciones.

---

[1] Marcia Stepanek, "How Fast Is Net Fast?", *Business Week,* 1 de noviembre de 1999, pp. EB-52–EB-54.

4. Debido a que desmantelar viejas políticas y procedimientos e instituir nuevos invariablemente altera el ambiente de trabajo interno, los ejecutores de la estrategia pueden usar el proceso de cambio de políticas como una palanca poderosa para modificar la cultura corporativa de manera que produzca una coincidencia más fuerte con la nueva estrategia.

Por lo tanto, los gerentes de la compañía deben ser ingeniosos para idear políticas y prácticas que proporcionen apoyo vital a la implantación y ejecución eficaz de la estrategia.

El manual de políticas de McDonald's, en un intento por dirigir a los "miembros del personal" hacia pautas de comportamiento más fuertes en la calidad y servicio, explica los procedimientos con todo detalle; por ejemplo, "Los cocineros deben darle la vuelta a las hamburguesas con cuidado. Si no se venden, las hamburguesas Big Mac deben descartarse en 10 minutos después de haberse cocinado y las papas fritas en siete minutos. Los cajeros deben establecer contacto visual con cada cliente y sonreírle". Caterpillar Tractor tiene la política de garantizar a sus clientes la entrega de partes en 24 horas en cualquier lugar del mundo; si no cumple la promesa, suministra la parte gratis. Hewlett-Packard requiere que el personal de investigación y desarrollo (IyD) realice visitas regulares a los clientes para enterarse de sus problemas, hablar sobre nuevas aplicaciones de los productos y, en general, mantener orientados hacia los clientes los programas de IyD de la compañía. Mrs. Fields Cookies tiene la política de establecer cuotas de ventas por hora en cada tienda; otra es que las galletas que no se vendan en dos horas después de haber sido horneadas se retiren del escaparate y se donen a organizaciones de beneficencia. La cápsula ilustrativa 46 describe la política de "pago discrecional" de Granite Rock para promover altos niveles de atención y satisfacción de los clientes.

De este modo, existe una función definida de las políticas y procedimientos nuevos y revisados en el proceso de implantación de la estrategia. Las políticas y procedimientos elaborados con sensatez ayudan a canalizar las medidas, comportamiento, decisiones y prácticas por caminos que promueven la buena ejecución de la estrategia; cuando no apoyan la estrategia, se convierten en una barrera para los tipos de cambios de actitud y comportamiento que los ejecutores de la estrategia tratan de promover. A menudo, la gente que se opone a ciertos elementos de la estrategia o a ciertos enfoques de implantación se oculta detrás de políticas y procedimientos de operación largamente establecidos o los defienden con energía en un esfuerzo por retrasar la puesta en práctica o desviar los enfoques de la implantación hacia una ruta diferente. Cada vez que una compañía modifica su estrategia, los gerentes deben revisar las políticas y procedimientos de operación existentes, anticiparse a cambiar o descartar los que ya no están en sincronía y formular nuevos para facilitar la ejecución de las nuevas iniciativas estratégicas.

> Las políticas y procedimientos bien concebidos son útiles para la implantación; las políticas no sincronizadas son barreras.

Nada de esto implica que las empresas necesiten manuales voluminosos de políticas para guiar la ejecución de la estrategia y las operaciones diarias. Demasiada política puede ser tan agobiante como una política equivocada o tan caótico como no tenerlas. El enfoque intermedio es lo más sensato: prescribir suficientes políticas para dar a los miembros de la organización una dirección clara en la ejecución de la estrategia e imponer límites deseables a sus actos y luego autorizarlos para que actúen dentro de estos límites de la manera como crean más conveniente. Permitir que el personal de la compañía decida y actúe como juzgue apropiado dentro de estas "líneas" es especialmente indicado cuando la creatividad individual y la iniciativa son más esenciales para la buena ejecución de la estrategia que la estandarización y la conformidad estricta. Por lo tanto, la creación de una coincidencia de respaldo fuerte entre la estrategia y la política puede implicar más, menos o diferentes políticas. Puede significar políticas que exijan que las cosas se hagan de cierto modo o políticas que den flexibilidad a los empleados para realizar las actividades de la manera que consideren mejor.

INSTITUCIÓN DE LAS MEJORES PRÁCTICAS Y EL COMPROMISO CON EL MEJORAMIENTO CONTINUO

Si las actividades de la cadena de valor van a realizarse de la manera más eficaz y eficiente posible, cada unidad organizacional necesita comparar la forma como desempeña ciertas actividades específicas con respecto a los mejores en la industria o en el mundo. Un compromiso

Cápsula ilustrativa 46
Política de "pago discrecional" de Granite Rock

Los propietarios de Granite Rock, proveedor con más de cien años de antigüedad de grava triturada, arena, concreto y asfalto en Watsonville, California, estableció dos metas ambiciosas, difíciles y audaces para la compañía: lograr la satisfacción total de los clientes y adquirir reputación por brindar servicio igual o mejor que el de Nordstrom, la tienda departamental exclusiva famosa por complacer a sus clientes. Para impulsar el esfuerzo de puesta en práctica, los propietarios decidieron omitir todas las celebraciones sensacionales que podrían haber usado para entusiasmar a sus más de 725 empleados. En vez de ello, instituyeron una nueva política radical llamada "pago discrecional", para comunicar tanto a empleados como a clientes que Granite Rock tomaba muy en serio sus dos compromisos estratégicos. En la parte inferior de todas las facturas aparecía la siguiente leyenda:

> Si usted no está satisfecho por cualquier razón, no nos pague. Simplemente tache el producto, escriba una nota breve sobre el problema y devuelva una copia de esta factura junto con su cheque por el saldo restante.

Los clientes no tenían que llamar y quejarse; tampoco se esperaba que devolvieran el producto. Se les otorgó pleno poder discrecional para decidir si pagaban y cuánto pagaban con base en su nivel de satisfacción.

La política ha funcionado extraordinariamente bien, ya que proporciona información inequívoca e incita a los gerentes a corregir los problemas con rapidez para evitar faltantes de pago recurrentes. Granite Rock ha disfrutado de aumentos en la participación de mercado, mientras cobra un sobreprecio de 6% por sus productos básicos en competencia con rivales más grandes. Sus márgenes de utilidades y desempeño financiero en general han mejorado. Granite Rock ganó el prestigioso Malcolm Baldrige National Quality Award en 1992, aproximadamente cinco años después de instituir la política. *Fortune* la clasificó como una de las 100 mejores compañías para trabajar en Estados Unidos en 1997 (ocupó el 23º lugar), 1998 (33º lugar) y 1999 (19º lugar). Los empleados de la firma reciben un promedio de 43 horas de capacitación anualmente. Los empleados en el nivel de ingreso, llamados "propietarios de puestos", empiezan ganando 16 dólares por hora y ascienden a posiciones como "propietario de puesto consumado" y "campeón del mejoramiento" (salario base de 26 dólares por hora). La compañía no tiene una política de despidos.

Fuente: Basado en información que se encuentra en Jim Collins, "Turning Goals into Results: The Power of Catalytic Mechanisms", *Harvard Business Review* 77, núm. 4, julio-agosto de 1999, pp. 72-73, y Robert Levering y Milton Moskowitz, "The 100 Best Companies to Work For", *Fortune*, 10 de enero de 2000, p. 88.

fuerte con buscar y adoptar las mejores prácticas es integral para implantar la estrategia y continuar mejorando en lo bien que ésta se ejecuta, en especial cuando se trata de actividades cruciales para la estrategia o muy costosas, donde la mejor calidad o los costos más bajos afectan significativamente los resultados financieros.[2]

Como observamos en el capítulo 4, comparar lo bien que una compañía desempeña actividades y procesos específicos con los "mejores en la industria" y "los mejores en el mundo" proporciona parámetros valiosos para evaluar si ejecuta bien las distintas partes de su estrategia y representa una metodología sólida para identificar áreas en las cuales tiene que mejorar. También puede ser útil estudiar a los "mejores en la compañía" en una actividad, si la firma tiene diversas unidades organizacionales diferentes que desempeñan la misma función en diferentes lugares. La manera innovadora en que las actividades o procesos son realizados por empresas consideradas como las "mejores en la industria" o las "mejores en el mundo" (o las unidades internas consideradas como las "mejores en la compañía", que comúnmente se llama *mejores prácticas,* proporciona objetivos de desempeño útiles que las unidades organizacionales deben alcanzar o con los cuales pueden compararse. Sin embargo, no basta identificar simplemente las mejores prácticas de otras compañías, en especial de aquellas en otras industrias, porque imitarlas al pie de la letra por lo general no es factible ni deseable debido a las diferencias de una situación y aplicación con respecto a otra. Suele ocurrir con mayor frecuencia que las mejores prácticas de otras firmas necesiten modificarse y adaptarse a la situación

> Identificar e implantar las mejores prácticas es un viaje y no un destino.

---

[2] Para una exposición del valor del benchmarking en la puesta en práctica de la estrategia, véase Yoshinobu Ohinata, "Benchmarking: The Japanese Experience", *Long-Range Planning* 27, núm. 4, agosto de 1994, pp. 48-53.

Cápsula ilustrativa 47
De dónde provienen las mejores prácticas: los logros de tres ganadores de premios por las mejores prácticas

Arthur Andersen patrocina un programa de Premios a las Mejores Prácticas para ayudar a las empresas a aprender las prácticas innovadoras de compañías pequeñas y medianas de distintas partes del mundo. Tres de los ganadores del premio en 1998 fueron Cloud 9 Shuttle, Amalgamated Sugar Company y Great Plains Software (que ha sido seleccionada cuatro veces como una de las mejores 100 compañías para trabajar en Estados Unidos).

CLOUD 9 SHUTTLE

Cloud 9 Shuttle, la compañía más grande de transporte terrestre de ida y vuelta al aeropuerto en San Diego, se creó en 1994 a partir de las cenizas de una compañía predecesora cuyos despachadores usaban imanes en un mapa para señalar la ubicación de los vehículos de la empresa. El predecesor guardaba la información de atención a clientes en carpetas que rara vez se usaban y sometía a los clientes a un procedimiento tedioso cuando llamaban para hacer reservaciones.

Los nuevos propietarios tenían una buena visión de a dónde querían llevar a la compañía y admitían que había que elevar las normas de servicio y bajar los costos. Sin embargo, los recursos eran limitados. Optaron por emplear la tecnología de maneras muy pragmáticas. Una innovación fue usar una tecnología de telefonía móvil, llamada triangularización celular, que permite a los encargados de reservaciones y despachadores ver la ubicación de cualquier vehículo de Cloud 9 en el condado de San Diego en una pantalla de computadora todo el día; el sistema identifica la velocidad y el rumbo de cada vehículo, así como la calle y la intersección más cercana.

Se instalaron nuevos sistemas de información que permitieron la integración de las funciones de reservación, despacho y cobro, tanto para prestar una mejor atención a los clientes como para proporcionar datos de operación esenciales a la gerencia: pasajeros por hora, ingresos por hora y por conductor, pasajeros por galón de combustible, etc. Esta información se usó para controlar los costos y programar a los conductores —las horas de los conductores disminuyeron 11% mientras que sus ingresos aumentaron 7%.

Los nuevos sistemas y prácticas, aunados a la capacitación y *empowerment* de los empleados y a una cultura progresista de la compañía, han permitido a Cloud 9 desplegar una flotilla de más de 100 vehículos (la empresa predecesora sólo podía manejar 60 vehículos con sus prácticas de operación), triplicar los ingresos y operar rentablemente.

AMALGAMATED SUGAR COMPANY

El negocio de Amalgamated es convertir la caña de azúcar en azúcar. Un factor clave de éxito es cuánta azúcar puede extraerse de la caña antes de que se pierda en melaza. Puesto que el azúcar se vende a 550 dólares por tonelada frente a 75 dólares por tonelada de melaza, en incentivo para mejorar la producción de azúcar es alto.

(continúa)

específica de una empresa y luego mejorarse con el transcurso del tiempo. De ahí que el *benchmarking* casi siempre implique creatividad y aplicación innovadora de las mejores prácticas de terceros.

Una cantidad considerable de compañías practica el benchmarking. Un estudio reciente de más de 4 000 gerentes en 15 países indicó que más de 85% usaban el benchmarking para medir la eficiencia y efectividad de sus actividades internas. En la década pasada, cada vez más empresas instituyeron programas de mejores prácticas como parte integral de sus esfuerzos por pulir la ejecución de la estrategia. Dichos programas, cuando se ponen en práctica de manera creativa, tienden a dar como resultado que el personal de la compañía sea innovador en el desarrollo de las mejores prácticas mediante sus propios esfuerzos, así como buscando y adaptando las mejores prácticas de otros. La cápsula ilustrativa 47 presenta ejemplos de tres empresas medianas y pequeñas que han ganado premios a las mejores prácticas gracias a sus propias innovaciones.

Administración de la calidad total: un compromiso con el mejoramiento continuo

El movimiento de benchmarking para buscar, estudiar, poner en práctica y perfeccionar las mejores prácticas ha estimulado una mayor conciencia por parte de la gerencia de la importancia de la reingeniería de los procesos de negocios, la *administración de la calidad total* (TQM, por sus siglas en inglés) y otras técnicas de mejoramiento continuo. *TQM es la filosofía de admi-*

Cápsula ilustrativa 47

(*conclusión*)

Los ingenieros de Amalgamated crearon y patentaron un sistema separador optimizado por computadora, basado en la "cromatografía de lecho en movimiento simulado", que ha permitido a la compañía recuperar más de 80% del azúcar que comúnmente se pierde en el subproducto de melaza.

Amalgamated también inventó una tecnología computarizada para realizar 1 500 pruebas analíticas individuales diariamente en cada una de sus cuatro plantas para aumentar al máximo el desempeño de la planta. Los representantes de la compañía también crearon un software que ayudaba a sus proveedores de la caña a establecer normas y usar prácticas agrícolas complejas en la producción de caña de azúcar.

La gerencia de Amalgamated cree que la constante innovación y uso de tecnología avanzada por parte de la compañía le ha permitido llegar a ser el procesador de caña de azúcar más eficiente en el mundo.

GREAT PLAINS

Great Plains, con sede en Fargo, Dakota del Sur, es uno de los principales proveedores de software de administración de empresas para compañías medianas. La compañía tiene ingresos anuales de aproximadamente 135 millones de dólares y casi 1 000 empleados; se clasificó en el lugar decimoquinto en la lista de 1999 de las 100 mejores compañías para trabajar en Estados Unidos; asimismo, ganó premios por las mejores prácticas en superar las expectativas de los clientes y en motivar y conservar a los empleados.

La gerencia de Great Plains está convencida de que la atención superior a los clientes es un factor clave del éxito en el negocio del software para empresas. En 1987, en un esfuerzo por proporcionar soluciones inmediatas a los problemas de los clientes, Great Plains estableció "tiempos garantizados de respuesta" para establecer expectativas de los clientes en cuanto al servicio y asistencia técnica rápidos y oportunos. Aunque los equipos de asistencia técnica a los clientes de Great Plains manejan más de 20 000 casos cada mes (la mayoría de ellos relativos a preguntas de "cómo hacerlo" y cuestiones de productividad), han cumplido con los tiempos garantizados de respuesta de la compañía en más de 99% de los casos. En 1998, la empresa rompió su propio récord cuando atendió más de 250 000 llamadas consecutivas de asistencia a clientes sin dejar de cumplir una sola garantía.

Entre las prácticas fundamentales orientadas a los empleados se cuenta un proceso automatizado de administración del desempeño; funciones de reconocimiento en toda la compañía basadas en equipos; oportunidades de propiedad de acciones para todos los empleados; servicios internos para empleados, como tintorería, descuentos en clubes deportivos y tiendas; horarios de trabajo flexibles, y periodos sabáticos pagados. También hay una política de no despidos. Los empleados tienen la fuerte sensación de pertenecer a una familia; de acuerdo con uno de los empleados: "El trabajo es mucho más parecido a salir con los amigos que a ir a trabajar".

Fuente: Arthur Andersen y artículos en *Fortune* que informan sobre las 100 mejores compañías para trabajar: 12 de enero de 1998 y 10 de enero de 2000.

nistrar un conjunto de prácticas comerciales que hacen énfasis en el mejoramiento continuo de todas las etapas de las operaciones, 100% de precisión en el desempeño de las actividades, participación y empowerment de los empleados en todos los niveles, diseño del trabajo basado en equipos, benchmarking y satisfacción completa de las expectativas de los clientes. El interés por parte de la gerencia en los programas de mejoramiento de la calidad se ha originado históricamente en actividades como la fabricación y montaje en las empresas manufactureras, transacciones de cajeros en bancos, surtido y envío de pedidos en las compañías de ventas por catálogo, y las interacciones con los clientes en los sitios web y en las organizaciones de servicio. En ocasiones, el interés comienza con ejecutivos que oyen presentaciones de TQM, leen sobre TQM o hablan con personal de otras firmas que se han beneficiado de los programas de calidad total. Por lo general, los gerentes interesados enfrentan problemas de calidad y de insatisfacción de los clientes o se sienten presionados por la competencia y las expectativas de los clientes para mejorar radicalmente ciertos atributos de la calidad. Las encuestas indican que más de 95% de las compañías manufactureras y 70% de las de servicios han usado alguna forma de programa de mejoramiento de la calidad.[3] Otra encuesta concluyó que 55% de los ejecutivos estadounidenses y 70% de los ejecutivos japoneses empleaban información de mejoramiento

---

[3] Judy D. Olian y Sara L. Rynes, "Making Total Quality Work: Aligning Organizational Processes, Performance Measures, and Stakeholders", *Human Resource Management* 30, núm. 3, otoño de 1991, p. 303; y Darrell K. Rigby, "What's Today's Special at the Consultant's Café?", *Fortune,* 7 de septiembre de 1998, p. 163.

Tabla 12.1   Componentes de enfoques populares de TQM y criterios del premio Baldrige de 1992

LOS 14 PUNTOS DE DEMING	LA TRILOGÍA DE JURAN	LOS 14 PASOS PARA LA CALIDAD DE CROSBY
1. Constancia de propósito	1. *Planeación de la calidad*	1. Compromiso de la gerencia
2. Adoptar la filosofía	• Establecer metas	2. Equipos de mejora de la calidad
3. No confiar en la inspección masiva	• Identificar a los clientes y sus necesidades	3. Medición de la calidad
4. No adjudicar el negocio con base en el precio	• Desarrollar productos y procesos	4. Costo de evaluación de la calidad
5. Mejora constante	2. *Control de la calidad*	5. Conciencia de la calidad
6. Capacitación	• Evaluar el desempeño	6. Medidas correctivas
7. Liderazgo	• Comparar las metas y adaptarlas	7. Comité de cero defectos
8. Eliminar el temor	3. *Mejoramiento de la calidad*	8. Capacitación de supervisores
9. Superar las barreras	• Establecer infraestructura	9. Día de cero defectos
10. Eliminar los eslóganes y exhortaciones	• Identificar proyectos y equipos	10. Establecimiento de metas
11. Eliminar las cuotas	• Proporcionar recursos y capacitación	11. Eliminación de causas de error
12. Orgullo por la calidad del trabajo	• Establecer controles	12. Reconocimiento
13. Educación y recapacitación		13. Consejos de calidad
14. Plan de acción		14. Volver a hacerlo

LOS CRITERIOS DEL PREMIO BALDRIGE DE 1992 (1 000 puntos en total)

1. *Liderazgo* (90 puntos)
   • Altos ejecutivos
   • Administración para la calidad
   • Responsabilidad pública
2. *Información y análisis* (80 puntos)
   • Alcance y administración de la calidad y datos del desempeño
   • Comparaciones competitivas y parámetros de referencia
3. *Planeación de la calidad estratégica* (60 puntos)
   • Calidad estratégica y proceso de planeación
   • Planes de calidad y desempeño
4. *Desarrollo y administración de recursos humanos* (150 puntos)
   • Administración de recursos humanos
   • Participación de los empleados
   • Educación y capacitación de los empleados
   • Desempeño de los empleados y reconocimiento
   • Bienestar y moral de los empleados

5. *Administración de la calidad de los procesos* (140 puntos)
   • Diseño e introducción de productos y servicio
   • Administración de procesos: producción y entrega
   • Administración de procesos: comerciales y de apoyo
   • Calidad de los proveedores
   • Evaluación de la calidad
6. *Calidad y resultados de operación* (180 puntos)
   • Calidad de los productos y servicios
   • Operaciones de la compañía
   • Proceso comercial y servicios de apoyo
   • Calidad de los proveedores
7. *Enfoque y satisfacción de los clientes* (300 puntos)
   • Relaciones con los clientes
   • Compromiso con los clientes
   • Determinación de la satisfacción de los clientes
   • Resultados de satisfacción de los clientes
   • Comparaciones de satisfacción de los clientes
   • Necesidades y expectativas futuras

Fuentes: Según se presenta en Thomas C. Powell, "Total Quality Management as Competitive Advantage", *Strategic Management Journal* 16, núm. 1, enero de 1995, p. 18, y basado en M. Walton, *The Deming Management Method*, Pedigree, Nueva York, 1986; J. Juran, *Juran on Quality by Design*, Free Press, Nueva York, 1992; Philip Crosby, *Quality Is Free: The Act of Making Quality Certain*, McGraw-Hill, Nueva York, 1979, y S. George, *The Baldrige Quality System*, Wiley, Nueva York, 1992.

Los procesos de mejoramiento de la calidad han llegado a ser en todo el mundo parte predominante de la estructura de puesta en práctica de las estrategias dirigidas a lograr la fabricación libre de defectos, calidad superior de los productos, atención superior a los clientes y satisfacción total de los clientes.

de la calidad por lo menos mensualmente como parte de su evaluación del desempeño comercial global.[4] Un estudio de Arthur D. Little informó que 93% de las 500 compañías más grandes en Estados Unidos habían adoptado la TQM en alguna forma desde 1992, y una encuesta de *Fortune,* realizada en 1998, de más de 4 000 gerentes en 15 países mostró que el uso de la TQM se ubicaba un poco por debajo de 60% en 1997. Los analistas han atribuido a la TQM el haber contribuido a llevar a las empresas japonesas a la prominencia global en la fabricación de productos de calidad. La tabla 12.1 muestra los diferentes tipos de características destacadas por los principales defensores de la TQM y los criterios empleados en la selección de los ganadores del Premio Malcolm Baldrige a la Calidad.

Aunque la TQM se concentra en la producción de bienes de calidad y la entrega de una excelente atención a los clientes, es más exitosa cuando se extiende a los esfuerzos de los emplea-

---

[4] Olian y Rynes, "Making Total Quality Work", p. 303.

Tabla 12.2   12 aspectos comunes de los programas de TQM y mejoramiento continuo

1. **Liderazgo comprometido:** un compromiso casi evangélico, inquebrantable y a largo plazo de la alta dirección con la filosofía, por lo general bajo un nombre parecido a Administración de la Calidad Total, Mejoramiento Continuo (CI, por sus siglas en inglés) o Mejoramiento de la Calidad (QI, por sus siglas en inglés).
2. **Adopción y comunicación de la TQM:** uso de herramientas como la declaración de la misión y temas o eslóganes.
3. **Relaciones más estrechas con los clientes:** determinación de las necesidades de los clientes (tanto dentro como fuera de la compañía) y satisfacción de dichas necesidades sin importar lo que se requiera.
4. **Relaciones más estrechas con los proveedores:** trabajar en colaboración estrecha y de manera cooperadora con los proveedores (a menudo componentes clave de aprovisionamiento único), garantizando que hagan aportes que se ajusten a las necesidades de uso final de los clientes.
5. **Benchmarking:** investigar y observar las prácticas de operación competitivas.
6. **Mayor capacitación:** por lo general incluye principios de TQM, habilidades de los equipos y solución de problemas.
7. **Organización abierta:** menos personal, equipos de trabajo facultados, comunicaciones horizontales abiertas y relajamiento de la jerarquía tradicional.
8. **Empowerment de los empleados:** participación creciente de los empleados en el diseño y planeación, así como mayor autonomía en la toma de decisiones.
9. **Mentalidad de cero defectos:** instalación de un sistema para detectar defectos en cuanto ocurren y no por medio de la inspección y readaptación.
10. **Fabricación flexible:** (aplicable sólo a fabricantes) puede incluir inventarios justo a tiempo, manufactura celular, diseñar con base en la facilidad de fabricación, control estadístico de los procesos y diseño de experimentos.
11. **Mejoramiento de los procesos:** menos pérdida de tiempo en todas las áreas por medio del análisis de los procesos interdepartamentales.
12. **Medición:** orientación hacia las metas y fervor por los datos, con medición constante del desempeño, a menudo usando métodos estadísticos.

Fuente: Thomas C. Powell, "Total Quality Management as Competitive Advantage", *Strategic Management Journal* 16, núm. 1, enero de 1995, p. 19.

dos en todos los departamentos —recursos humanos, facturación, investigación y desarrollo, ingeniería, contabilidad y registros, y sistemas de información— que pueden carecer de incentivos menos apremiantes, orientados a los clientes, para mejorar. Esto es porque la institución de las mejores prácticas y los programas de mejoramiento continuo implica reformar la cultura corporativa y cambiar a una filosofía comercial de calidad total y mejoramiento continuo que se haga evidente en cada faceta de la organización; véase la tabla 12.2, que enumera las características comunes de la mayoría de los programas de la TQM.[5] La TQM aspira a infundir entusiasmo y compromiso para hacer bien las cosas desde los niveles superiores hasta los inferiores de una organización. Supone una búsqueda incansable del mejoramiento continuo, los pequeños avances diarios que los japoneses llaman *kaizen.* La TQM es así una carrera sin final. El objetivo de la gerencia es despertar un deseo innato y vehemente en la gente de usar su ingenio e iniciativa para mejorar progresivamente la manera en que se desempeñan las tareas y las actividades de la cadena de valor. La TQM predica que no existe nada "suficientemente bueno" y que todos tienen responsabilidad de participar en el mejoramiento continuo. Véase la cápsula ilustrativa 48, que describe el éxito de Ritz-Carlton en la búsqueda de su versión de la TQM y el mejoramiento continuo.

> La TQM implica crear una cultura de la calidad total empeñada en mejorar continuamente el desempeño de cada tarea y actividad de la cadena de valor.

---

[5] Para una exposición del cambio en el entorno de trabajo y cultura que supone la implantación de la TQM, véase Robert T. Amsden, Thomas W. Ferratt y Davida M. Amsden, "TQM: Core Paradigm Changes", *Business Horizons* 39, núm. 6, noviembre-diciembre de 1996, pp. 6-14.

El uso eficaz de las técnicas de la TQM y mejoramiento continuo es una cualidad valiosa en la cartera de recursos de una compañía, que puede producir importantes capacidades competitivas (en el diseño de productos, duración de los ciclos, costo, calidad y fiabilidad de los recursos, servicio y satisfacción de los clientes) y ser origen de ventaja competitiva.[6] No sólo el mejoramiento continuo y constante se acumula con el tiempo y fortalece las capacidades organizacionales, sino que los programas de TQM y mejoramiento continuo poseen aspectos difíciles de imitar. Aunque es relativamente sencillo para los rivales emprender actividades de benchmarking, mejoramiento de procesos y capacitación en calidad, es mucho más difícil para ellos implantar una cultura de calidad total, realizar con eficacia el empowerment de los empleados y generar un compromiso profundo y genuino de la gerencia con la filosofía y prácticas de TQM en sus organizaciones. La puesta en práctica exitosa de las iniciativas de la TQM exige una inversión considerable de tiempo y esfuerzo de la gerencia, ya que algunos gerentes y empleados oponen resistencia a la TQM y la consideran una moda ideológica o pasajera. Resulta costosa (en función de la capacitación y las reuniones), y rara vez produce resultados en el corto plazo. Los beneficios de largo plazo dependen en buena medida del éxito que tenga la gerencia en inculcar una cultura dentro de la cual puedan prosperar las filosofías y prácticas de TQM.

La diferencia entre TQM y reingeniería de los procesos   Las mejores prácticas, la reingeniería de los procesos de negocios y los esfuerzos de mejoramiento continuo como la TQM aspiran a mejorar la eficiencia, reducir los costos, mejorar la calidad de los productos y obtener una mayor satisfacción de los clientes. La diferencia esencial entre la reingeniería de los procesos de negocios y la TQM es que la reingeniería tiene el propósito de obtener ganancias cuánticas en el orden de 30 a 50% o más, mientras que los programas de calidad total hacen hincapié en el progreso paulatino, luchando por ganancias centímetro a centímetro una vez y otra más en una cadena interminable. Los dos enfoques en el desempeño mejorado de las actividades de la cadena de valor no son mutuamente excluyentes; conviene usarlos en serie. La reingeniería puede aplicarse primero para producir un buen diseño básico que reditúe mejoras espectaculares en el desempeño de un proceso de negocios. Los programas de calidad total pueden emplearse después como seguimiento para hacer mejoras graduales en la eficiencia y eficacia del proceso a través del tiempo. Dicho enfoque de dos flancos en la ejecución del cambio organizacional es como una carrera de maratón donde uno corre las primeras cuatro vueltas lo más rápido posible y, después, acelera gradualmente el resto del camino.

Captación de los beneficios de las mejores prácticas y los programas de mejoramiento continuo

Las investigaciones indican que algunas compañías se benefician de la reingeniería y la TQM y que otras no.[7] Por lo general, los mayores beneficiarios son las empresas que consideran a dichos programas no como un fin en sí mismo, sino como herramientas para implantar y ejecutar la estrategia de la compañía de manera más eficaz. Los resultados más pobres de las mejores prácticas, la TQM y la reingeniería se producen cuando los gerentes las entienden como algo que vale la pena intentar, ideas novedosas que podrían mejorar las cosas. En la mayoría de dichos casos, terminan siendo esfuerzos miopes ante la estrategia por simplemente administrar mejor. Aquí hay una lección importante. Las mejores prácticas, la TQM y la reingeniería necesitan considerarse y emplearse como parte de un esfuerzo más amplio por ejecutar la estrategia competentemente. Sólo la estrategia puede indicar qué actividades de la cadena de valor importan y qué objetivos de desempeño tienen más sentido. En ausencia de un marco estratégico, los

---

[6] Thomas C. Powell, "Total Quality Management as Competitive Advantage", *Strategic Management Journal* 16, 1995, pp. 15-37. Véase también Richard M. Hodgetts, "Quality Lessons from America's Baldrige Winners", *Business Horizons* 37, núm. 4, julio-agosto de 1994, pp. 74-79, y Richard Reed, David J. Lemak y Joseph C. Montgomery, "Beyond Process: TQM Content and Firm Performance", *Academy of Management Review* 21, núm. 1, enero de 1996, pp. 173-202.

[7] Véase, por ejemplo, Gene Hall, Jim Rosenthal y Judy Wade, "How to Make Reengineering Really Work", *Harvard Business Review* 71, núm. 6, noviembre-diciembre de 1993, pp. 119-131.

Cápsula ilustrativa 48
El mejoramiento continuo convierte a los Hoteles Ritz-Carlton en doble ganador del premio Baldrige

Las mejores compañías saben que la calidad no es un destino; es, más bien, un viaje continuo. Nadie sabe mejor esto que los 22 000 hombres y mujeres que trabajan en los 36 hoteles de lujo Ritz-Carlton ubicados en Norteamérica, Europa, Asia, Australia, Medio Oriente, África y el Caribe. De hecho, a los empleados de Ritz-Carlton se les llama "Las damas y caballeros del Ritz-Carlton", etiqueta que refleja las expectativas de desempeño de alta calidad de la compañía. Todos los hoteles de esta cadena han recibido calificaciones de cuatro o cinco estrellas de la *Mobil Travel Guide* y calificaciones de diamante de la American Automobile Association. Además, la propia empresa ha sido galardonada dos veces con el codiciado Malcolm Baldrige National Quality Award (1992 y 1999).

Ritz-Carlton Hotel Company se basa en una serie de valores centrales llamados colectivamente Las normas de oro: El credo, Los tres pasos del servicio, El lema y Los veinte detalles básicos. Se espera que todos los empleados adopten estos lineamientos de calidad, busquen nuevas maneras de interpretarlos y los pongan en práctica en cada momento de su turno de trabajo. Si olvidan cualquiera de las normas, pueden consultar una versión condensada en una tarjeta de bolsillo laminada.

Todos los empleados de nuevo ingreso reciben orientación sobre Las normas de oro, que se refuerzan todos los días en las juntas de personal. Además, los trabajadores reciben capacitación constante en calidad orientada hacia las normas. "Aunque muchos han tratado de imitarlas, Las normas de oro, según se expresan en la tarjeta de El credo, siguen siendo las primeras en la industria y son el plano de nuestro éxito", observa Simon Cooper, presidente y director de operaciones de Ritz-Carlton.

Aun después de ganar el premio Baldrige en 1992, Ritz-Carlton buscó nuevas maneras de mejorar. Las metas de satisfacción de los clientes se elevaron a la más alta prioridad. Se realizaron esfuerzos por reducir la rotación de empleados y vigorizar la moral. La alta dirección reformuló su proceso de planeación estratégica para hacerlo más sistemático. La compañía instituyó un nuevo método de "personalización de los clientes", que recopila una gran cantidad de datos sobre los huéspedes para anticiparse a sus necesidades y adoptar las medidas que garanticen la mejor y más cómoda estancia en cualquiera de los hoteles Ritz-Carlton. En realidad, tal vez sea la atención que la empresa presta a los detalles en todos los niveles lo que la ha convertido en ganadora a los ojos de sus huéspedes, 99% de los cuales aseguran sentirse satisfechos con sus estancias, lo que quizás es más significativo que cualquier premio a la calidad que la compañía pueda ganar.

Fuente: Sitio web del Malcolm Baldrige National Quality Award; "The Ritz-Carlton Hotel Company, L.L.C." (www.nist.gov), con acceso el 5 de octubre de 2001; sitio web de la compañía (www.ritzcarlton.com), con acceso el 2 de octubre de 2001; Ken Ryan, "At Ritz-Carlton, Quality Is Job One", Hotel Interactive (www.hotelinteractive.com), 25 de mayo de 2000.

gerentes carecen del contexto en el cual relacionar las cosas que de verdad importan con el desempeño y éxito competitivo de las unidades de negocios.

Para sacar el máximo provecho del benchmarking, las mejores prácticas, la reingeniería, la TQM y otras herramientas relacionadas para mejorar la competencia organizacional en la ejecución de la estrategia, los gerentes tienen que empezar por establecer con claridad los indicadores de la ejecución exitosa de la estrategia. Los ejemplos de dichos indicadores del desempeño incluyen defectos mínimos de fabricación, porcentajes de entrega puntual, costos globales bajos en relación con los rivales, menos quejas de clientes y datos de encuestas que indiquen porcentajes elevados de clientes satisfechos, duración más corta de los ciclos y un porcentaje más alto de los ingresos provenientes de productos recién introducidos. La comparación del desempeño de los mejores en la industria y en el mundo con la mayor parte o todas las actividades de la cadena de valor proporciona una base realista para establecer puntos de referencia internos de desempeño y objetivos a largo plazo.

> Cuando las mejores prácticas, la reingeniería y la TQM no forman parte de un esfuerzo más amplio por mejorar la ejecución de la estrategia y el desempeño de las unidades de negocios, se deterioran en esfuerzos miopes ante la estrategia por administrar mejor.

Luego viene la tarea gerencial de crear una cultura de calidad total e infundir el compromiso necesario con el logro de los objetivos y las mediciones del desempeño que requiere la estrategia. Las medidas que los gerentes adoptan incluyen:[8]

[8] Olian y Rynes, "Making Total Quality Work", pp. 305-306 y 310-311, y Paul S. Goodman y Eric D. Darr, "Exchanging Best Practices Information through Computer-Aided Systems", *Academy of Management Executive* 10, núm. 2, mayo de 1996, p. 7.

- Compromiso patente, inequívoco e inquebrantable con la calidad total y la mejora continua, incluyendo una visión de la calidad y objetivos específicos y mensurables para impulsar la calidad y realizar mejoras continuas.
- Inducir a la gente a actuar de modo que apoye la calidad total, iniciando programas organizacionales como
  —Seleccionar rigurosamente a los solicitantes de empleo y contratar sólo a aquellos que posean las actitudes y aptitudes indicadas para el desempeño basado en la calidad.
  —Capacitar en la calidad a la mayoría de los empleados.
  —Emplear equipos y ejercicios de creación de equipos para reforzar y nutrir los esfuerzos individuales (la expansión a una cultura de calidad total se facilita cuando los equipos son más interfuncionales, orientadas a realizar tareas múltiples y cada vez más autoadministrados).
  —Reconocer y premiar los esfuerzos individuales y en equipo regular y sistemáticamente.
  —Hacer hincapié en la prevención (hacerlo bien la primera vez) y no en la inspección (instituir maneras de corregir los errores).
- Facultar a los empleados de tal forma que la autoridad para entregar un magnífico servicio o mejorar los productos resida en quienes realizan el trabajo y no en los supervisores.
- Usar sistemas en línea para informar a todas las partes interesadas de las mejores prácticas utilizadas más recientemente y las experiencias reales con ellas, con lo que se agiliza la difusión y adopción de las mejores prácticas en toda la organización; también permite intercambiar datos y opiniones respecto a cómo mejorar las mejores prácticas predominantes.
- Predicar que el desempeño puede y debe mejorarse porque los competidores no están dormidos en sus laureles y los clientes siempre están buscando algo mejorr.

Si las mediciones del desempeño esperado son adecuadas para la estrategia y si todos los miembros de la organización (altos ejecutivos, mandos medios, personal profesional y empleados de línea) se convencen del proceso de mejoramiento continuo, el ambiente de trabajo será propicio para la ejecución competente de la estrategia y el buen desempeño comercial y financiero.

INSTALACIÓN DE SISTEMAS DE APOYO

Principio de administración estratégica

Los sistemas de apoyo innovadores y tecnológicamente avanzados pueden ser la base de la ventaja competitiva si dan a la compañía capacidades que los rivales no pueden igualar.

Las estrategias de la compañía no pueden cumplirse o ejecutarse bien sin una serie de sistemas de apoyo en las operaciones comerciales. Southwest, American, United, Delta y otras importantes líneas aéreas no pueden aspirar a proporcionar un servicio de talla mundial a sus pasajeros sin un sistema computarizado de reservaciones, un sistema de manejo de equipaje ágil y preciso, y un programa sólido de mantenimiento de los aviones. FedEx cuenta con sistemas de comunicación interna que le permiten coordinar sus 44 500 camionetas en Estados Unidos para manejar un promedio de 3.2 millones de paquetes al día. Sus sistemas vanguardistas de operaciones de vuelo permiten a un solo controlador dirigir hasta 200 aviones de FedEx simultáneamente, anulando sus planes de vuelo en caso de que surjan condiciones climatológicas adversas o emergencias especiales. Además, FedEx ha creado una serie de herramientas de comercio electrónico para los clientes que les permite enviar y dar seguimiento a los paquetes en línea (ya sea en el sitio web de FedEx o en las intranets o sitios web de su propia empresa), crear libretas de direcciones, revisar el historial de envíos, generar informes personalizados, simplificar la facturación del cliente, reducir los costos internos de almacenamiento y manejo de inventarios, comprar bienes y servicios a proveedores y responder con mayor prontitud a las cambiantes exigencias de los clientes. Todos los sistemas de FedEx apoyan la estrategia de la compañía de entregar los paquetes al día siguiente cuando "absoluta y definitivamente tienen que llegar" y aumentar su competitividad contra UPS, Airborne Express y el Servicio Postal de Estados Unidos.

Otis Elevator posee un complejo sistema de apoyo llamado OtisLine para coordinar sus esfuerzos de mantenimiento en Estados Unidos.[9] Operadores capacitados toman todas las llamadas de quejas, introducen información crucial en una pantalla computarizada y despachan a los técnicos directamente mediante un sistema de radiolocalización al lugar donde se produjo el problema. A partir de los datos obtenidos de estas llamadas, es posible identificar pautas nacionales de problemas y la información se comunica al personal de diseño y fabricación, lo que permite a su vez modificar con rapidez las especificaciones de diseño o procedimientos de fabricación cuando sea necesario para corregir los problemas recurrentes. Asimismo, buena parte de la información necesaria para realizar las reparaciones se proporciona directamente desde los ascensores defectuosos por medio de monitores de microcomputadoras instalados internamente, disminuyendo aún más el tiempo de suspensión del servicio.

Arthur Andersen emplea Internet y la tecnología digital para enlazar a más de 70 000 personas en 382 oficinas en 81 países. Su sistema Knowledge Xchange tiene capacidades de datos, voz y video e incluye un tablero de avisos electrónico para anunciar problemas de los clientes, lo que permite al personal de todo el mundo organizarse en torno del problema de un cliente. El sistema también posee la capacidad de recopilar, indexar y distribuir archivos que contienen información sobre temas específicos, clientes, soluciones y recursos de la compañía.[10] De este modo, Knowledge Xchange ayuda al personal de Andersen a capturar las lecciones aprendidas en el trabajo e investigación diarios de la empresa y pone dichas lecciones a la disposición del resto del personal de Andersen las 24 horas del día. Las computadoras de Wal-Mart transmiten datos de las ventas diarias a Wrangler, un proveedor de pantalones vaqueros; Wrangler utiliza entonces un modelo que interpreta los datos, y aplicaciones de software actúan con base en dichas interpretaciones para enviar cantidades específicas de tallas y colores específicos a tiendas específicas desde almacenes específicos; el sistema disminuye los costos de logística e inventarios y ayuda a evitar que se agoten las existencias.[11] Domino's Pizza tiene sistemas computarizados en cada punto de venta para facilitar las funciones de toma de pedidos, inventarios, nómina, flujo de efectivo y control del trabajo, liberando así de tareas a sus gerentes para que dediquen más tiempo a la supervisión, atención a clientes y actividades de desarrollo comercial.[12] La mayoría de las compañías de teléfonos y luz y los sistemas de transmisión de televisión cuentan con sistemas de supervisión en línea para detectar problemas de transmisión en segundos y aumentar la fiabilidad de sus servicios. En Mrs. Fields Cookies, los sistemas computarizados dan seguimiento cada hora a las ventas y proponen cambios en la mezcla de productos, tácticas promocionales o ajustes de operación para mejorar la respuesta a los clientes. Muchas compañías han instalado sistemas de software en sus intranets para catalogar la información sobre las mejores prácticas y promover una transferencia más rápida de éstas y su ejecución en toda la organización.[13]

Los sistemas de apoyo bien concebidos y tecnológicamente avanzados no sólo facilitan la mejor ejecución de la estrategia, sino que también fortalecen de tal modo las capacidades organizacionales que redundan en una ventaja competitiva sobre los rivales. Por ejemplo, una firma con una estrategia de diferenciación basada en la calidad superior tiene capacidad adicional si cuenta con sistemas para capacitar al personal en las técnicas de calidad, dar seguimiento a la calidad de los productos en cada paso de la producción y garantizar que todos los productos enviados satisfagan las normas de calidad. Una compañía que se esfuerza por ser un proveedor

---

[9] James Brian Quinn, *Intelligent Enterprise,* Free Press, Nueva York, 1992, p. 186.

[10] James Brian Quinn, Philip Anderson y Sydney Finkelstein, "Leveraging Intellect", *Academy of Management Executive* 10, núm. 3, noviembre de 1996, p. 9.

[11] Stephan H. Haeckel y Richard L. Nolan, "Managing by Wire", *Harvard Business Review* 75, núm. 5, septiembre-octubre de 1993, p. 129.

[12] James Brian Quinn, *Intelligent Enterprise,* p. 181.

[13] Dichos sistemas agilizan el aprendizaje organizacional, ya que ofrecen comunicación rápida y eficiente, crean una memoria organizacional para recopilar y conservar la información sobre las mejores prácticas y permiten a los empleados de toda la empresa intercambiar información y soluciones actualizadas. Véase Goodman y Darr, "Exchanging Best Practices Information through Computer-Aided Systems", pp. 7-17.

Cápsula ilustrativa 49
La prisa por instalar sistemas de apoyo de comercio electrónico

Las compañías de todo el mundo se apresuran a instalar los sistemas de apoyo que necesitan para participar en uno o más segmentos de la economía de internet en rápida expansión y permitir la mejor ejecución de sus estrategias de negocios. La inversión en sistemas de apoyo relacionados con Internet está ocurriendo en una multitud de campos diferentes:

- Creación de sitios web atractivos y sencillos para los usuarios, e instalación de servidores adecuados y confiables.

- Creación de capacidades de intercambio de datos electrónicos, empezando con los detalles de las ventas a los clientes y circulando información en tiempo real por medio de las cadenas de suministros de la compañía hasta los proveedores pertinentes.

- Desarrollo de software y sistemas para recopilar y analizar datos de ventas en línea, permitiendo así la "investigación de mercado en tiempo real" y la respuesta rápida a la cambiante demanda de los clientes.

- Instalación de software y sistemas para manejar pagos con tarjeta de crédito de los compradores (en el caso de transacciones de empresa a consumidor) y pago electrónico de facturas (en el caso de transacciones de empresa a empresa).

- Instalación de los sistemas de hardware y software para manejar y coordinar funciones de administración ("back-office"), como el procesamiento automatizado de pedidos y la facturación a clientes y proveedores, cuentas por cobrar y otras funciones de contabilidad relacionadas con clientes y proveedores, administración de inventarios de materiales y productos terminados, y logística de distribución. Compañías como Computer Associates, Oracle, Ariba, Siebel Systems, i2 Technologies y SAP de Alemania (la más grande en el mundo) suministran software complejo que permite a las empresas entrelazar operaciones internas básicas, como compras, contabilidad, fabricación, envío, procesamiento de pedidos y todas las interacciones con los clientes.

- Establecimiento de instalaciones y sistemas de almacenamiento y envío para dar seguimiento a la entrega de los pedidos en línea de los clientes de manera oportuna y económica.

- Instalación de software y sistemas que permiten a los clientes rastrear sus pedidos en línea y obtener asistencia técnica y atención en línea.

- Conexión de más empleados a intenet y a las intranets de las compañías para que: 1) el correo electrónico pueda usarse como el principal medio de comunicación interna y externa; 2) los empleados tengan acceso fácil e inmediato a las bases de datos necesarias; 3) el personal de la compañía pueda practicar la colaboración en línea con aliados y socios externos; 4) las comunicaciones con grupos de clientes objetivo se optimicen, y 5) las actividades internas puedan enlazarse con software y coordinarse más fácil y rápido.

Las tecnologías de internet y comercio electrónico, que avanzan a gran velocidad, están revolucionando la manera en que las operaciones de las compañías se realizan internamente, así como la manera en que se hacen negocios externamente con proveedores, clientes y socios de alianzas. Debido a que esta revolución se encuentra apenas en sus primeras etapas, es difícil pronosticar el resultado; sólo puede decirse que genera importantes ganancias en productividad, disminuye los costos y da lugar a una reformulación de las prácticas de operación diarias que ninguna empresa puede darse el lujo de pasar por alto. No cabe duda de que los sistemas de apoyo vanguardistas de comercio electrónico pueden enriquecer en gran medida la competitividad a largo plazo y las capacidades de ejecución de la estrategia de las compañías.

En el ambiente de negocios de la actualidad, la ventaja competitiva es para las firmas con mayor capacidad de movilizar información y crear sistemas que permitan utilizar eficazmente el conocimiento.

de bajo costo es competitivamente más fuerte si tiene un sistema de benchmarking que identifique oportunidades para aplicar las mejores prácticas de ahorro en los costos y eliminar costos de las unidades de negocios. Para las empresas de rápido crecimiento es muy útil tener instaladas las capacidades internas para reclutar y capacitar a grandes cantidades de nuevos empleados e invertir en sistemas e infraestructura de alta capacidad que les den la habilidad de manejar el crecimiento rápido según se va presentando. Casi siempre es mejor instalar la infraestructura y los sistemas de apoyo antes de que realmente se necesiten que estar desprevenido y tener que luchar por ponerse al nivel de la demanda de los clientes. En empresas como los despachos de contadores públicos y consultores en administración, donde una multitud de empleados profesionales necesitan contar con los conocimientos técnicos más avanzados, las compañías requieren sistemas que funcionen bien para capacitar regularmente a los empleados, conservarlos y mantenerlos bien provistos de información actualizada. Las organizaciones que dependen de que los empleados facultados para la atención a clientes actúen con prontitud y creatividad para satisfacer a la clientela tienen los sistemas de información más avanzados que ponen datos esenciales al alcance de los empleados y les dan capacidades de comunicación instantáneas.

Instalación de sistemas adecuados de información, seguimiento del desempeño y controles

La información precisa es una guía esencial de la acción. Toda organización necesita sistemas para recopilar y almacenar datos, dar seguimiento a los indicadores clave del desempeño, identificar y diagnosticar problemas, y reportar información crucial para la estrategia. Las compañías telefónicas cuentan con sistemas de información elaborados para medir la calidad de la señal, tiempos de conexión, interrupciones, conexiones equivocadas, errores de facturación y otras mediciones de la fiabilidad. Para dar seguimiento y administrar la calidad del servicio a los pasajeros, las líneas aéreas tienen sistemas de información para monitorizar las demoras, las salidas y llegadas puntuales, el tiempo de manejo de equipaje, las quejas por extravío de equipaje, las existencias agotadas de alimentos y bebidas, el exceso de reservaciones, y las demoras y fallas de mantenimiento. Prácticamente todas las compañías ofrecen ahora al personal de contacto con los clientes acceso electrónico instantáneo a las bases de datos de los clientes para que puedan responder con eficacia a las preguntas de éstos y personalizar los servicios. Las firmas que dependen de empleados facultados necesitan sistemas de medición y retroalimentación para observar el desempeño de estos trabajadores y brindarles orientación para que actúen dentro de los límites especificados con el fin de evitar sorpresas desagradables.[14]

La era de la información en tiempo real generada por internet permite a los gerentes de la compañía dar seguimiento a las iniciativas de ejecución y las operaciones diarias para dirigirlas hacia una conclusión exitosa en caso de que las primeras medidas no produzcan el avance esperado o cuando las cosas parezcan salirse de rumbo. Los sistemas de información necesitan abarcar cuatro áreas generales: 1) datos de los clientes; 2) datos de las operaciones; 3) datos de los empleados; 4) datos de los proveedores, socios y aliados colaboradores, y 5) datos del desempeño financiero. Todos los indicadores del desempeño estratégico tienen que medirse tan seguido como resulte práctico. Muchas compañías minoristas generan informes diarios de las ventas de cada tienda y mantienen inventarios al minuto y registros de ventas de cada artículo. Las plantas manufactureras por lo común generan informes diarios de producción y observan la productividad de la mano de obra en cada turno. Muchos minoristas y fabricantes tienen sistemas de datos en línea que los conectan con sus proveedores, los cuales controlan el estado de los inventarios, procesan pedidos y facturas y dan seguimiento a los envíos. Los estados mensuales de pérdidas y ganancias y los resúmenes estadísticos mensuales, que desde hace mucho tiempo son la norma, están siendo remplazados rápidamente por actualizaciones estadísticas diarias e incluso seguimientos de desempeño al momento, que la tecnología electrónica hace posibles. Dichos sistemas de control y diagnóstico permiten a los gerentes detectar pronto los problemas, intervenir cuando corresponda y ajustar la estrategia o la manera como se ejecuta. Las primeras experiencias son en ocasiones difíciles de evaluar, pero producen los primeros datos concretos y deben someterse a un riguroso escrutinio como base de las medidas correctivas. Idealmente, los procedimientos de análisis de datos deben indicar variaciones grandes o inusuales de las normas de desempeño preestablecidas.

La información estadística da al ejecutor de la estrategia familiaridad con las cifras; los informes y reuniones ayudan a percibir los nuevos acontecimientos y problemas, y el contacto personal crea sensibilidad para apreciar a la gente. Todos ellos son buenos barómetros del desempeño general y buenos indicadores de las cosas que están bien o mal. Los gerentes deben identificar las áreas de problemas y las desviaciones del plan antes de adoptar medidas ya sea para mejorar la ejecución o pulir la estrategia.

Ejercicio de controles adecuados sobre los empleados facultados Uno de los principales problemas que enfrentan los gerentes actuales es cómo asegurar que los actos de los subordinados facultados se mantengan dentro de límites aceptables y no expongan a la

> La información precisa y oportuna permite a los miembros de la organización dar seguimiento a los avances y adoptar de inmediato medidas correctivas.

> Las compañías eficaces recopilan, analizan y comunican datos e información a la velocidad de internet.

---

[14] Para una exposición de la necesidad de poner límites adecuados a los actos de los empleados facultados y los posibles sistemas de control y seguimiento que pueden emplearse, véase Robert Simons, "Control in an Age of Empowerment", *Harvard Business Review* 73, marzo-abril de 1995, pp. 80-88.

organización a riesgos excesivos.[15] Hay peligros en permitir que los empleados apliquen sus propias ideas para cumplir con las normas de desempeño. Abundan anécdotas en los medios informativos acerca de empleados cuyas decisiones o comportamiento fracasaron y en ocasiones costaron a la compañía cantidades enormes de dinero o fueron motivo de procesos judiciales, aparte de simplemente generar publicidad vergonzosa. Los gerentes no pueden dedicar todo su tiempo a cerciorarse de que las decisiones y comportamiento de todos se ajusten a los límites establecidos, pero tienen la clara responsabilidad de instituir controles y equilibrios adecuados y de protegerse contra sorpresas desagradables. Uno de los principales propósitos de los sistemas de control y diagnóstico en el seguimiento del desempeño es quitar de los hombros de los gerentes la carga de la supervisión constante y darles tiempo para atender otros asuntos. Sin embargo, los controles de diagnóstico son sólo una parte de la respuesta. Otra valiosa palanca de control es establecer límites claros de comportamiento sin decir a los empleados qué hacer. Las reglas y procedimientos prescritos de manera estricta, que no dejan lugar para la discrecionalidad, pueden desalentar la creatividad de los empleados y hacer terriblemente monótono el trabajo. Es mejor establecer lo que no se debe hacer y permitir libertad para actuar dentro de límites especificados. Las reuniones personales para revisar información, evaluar el avance y desempeño, reiterar las expectativas y analizar los siguientes pasos que habrán de tomarse son otro mecanismo de control.

Cuando una compañía depende de organizaciones basadas en equipos y grupos de trabajo autoadministrados, uno de los mayores beneficios es que los equipos sustituyen el control jerárquico de trabajo por un control entre colegas.[16] Esto se debe a que los miembros del equipo tienen que rendir cuentas y se sienten responsables del éxito y desempeño de todo el equipo, por lo que tienden a ser relativamente intolerantes ante el comportamiento o actos de un miembro del equipo que debiliten el desempeño del equipo o pongan en riesgo sus logros. Debido a que la evaluación por parte de colegas es un mecanismo de control muy poderoso, las compañías organizadas con base en equipos consideran que pueden eliminar ciertos niveles de la jerarquía de la gerencia, evitando los costos de tener personal cuyo deber sea vigilar el trabajo que realizan otros empleados. Esto es especialmente válido cuando la compañía cuenta con los sistemas de información capaces de supervisar de manera detenida el desempeño del equipo.

DISEÑO DE SISTEMAS DE RECONOCIMIENTO QUE APOYAN LA ESTRATEGIA

Es importante que tanto las subunidades de la organización como los individuos se comprometan de manera entusiasta con la ejecución de la estrategia y el logro de los objetivos de desempeño. Los gerentes de las compañías típicamente tratan de conseguir el compromiso de toda la organización con la realización del plan estratégico motivando al personal y premiándolo por el buen desempeño. Un gerente tiene que hacer algo más que hablar con todos acerca de la importancia que las nuevas prácticas estratégicas y los objetivos de desempeño tienen para el bienestar futuro de la organización. Por más inspiradas que sean, las palabras rara vez logran que la gente se esfuerce al máximo durante mucho tiempo. *Para conseguir el compromiso sostenido y enérgico de los empleados, la gerencia debe ser ingeniosa para diseñar y usar incentivos de motivación, tanto monetarios como no monetarios.* Mientras más conozca un gerente acerca de lo que motiva a los subordinados y cuanto más confíe en los incentivos de motivación como herramienta para la ejecución de la estrategia, tanto mayor será el compromiso de los empleados con la buena ejecución cotidiana del plan estratégico de la compañía.

---

[15] *Ibid.* Véase también David C. Band y Gerald Scanlan, "Strategic Control through Core Competencies", *Long Range Planning* 28, núm. 2, abril de 1995, pp. 102-114.

[16] Jeffrey Pfeffer y John F. Veiga, "Putting People First for Organizational Success", *Academy of Management Executive* 13, núm. 2, mayo de 1999, pp. 41-42.

Aunque los incentivos financieros (aumentos de salario, gratificaciones por desempeño, opciones de compra de acciones y paquetes de jubilación) son el componente central de los sistemas de reconocimiento de la mayoría de las firmas, los gerentes normalmente hacen uso intensivo de incentivos no monetarios, como las palabras frecuentes de elogio (o crítica constructiva), reconocimiento especial en reuniones de la compañía o en el boletín informativo de ésta, más (o menos) seguridad del empleo, comisiones estimulantes, oportunidades de transferencia a lugares atractivos, mayor (o menor) control del trabajo y autonomía en la toma de decisiones, y ascensos rápidos (o el riesgo de quedar "marginado" en un empleo rutinario o sin oportunidades de progresar). Además, los gerentes eficaces están muy atentos al poder motivador de brindar a la gente la oportunidad de formar parte de algo emocionante y de obtener una mayor satisfacción personal, retarlos con objetivos de desempeño ambiciosos, crear un ambiente de trabajo estimulante e interesante y los lazos intangibles de la aceptación en el grupo y un ambiente de trabajo "familiar". Pero la estructura de motivación y reconocimiento debe usarse de manera *creativa* y vincularse directamente al logro de los resultados de desempeño necesarios para la buena ejecución de la estrategia.

> La función de los sistemas de reconocimiento es alinear el bienestar de los miembros de la organización con la realización de la visión de la compañía, de tal suerte que los miembros de la organización se beneficien de ayudar a la empresa a ejecutar su estrategia de manera competente y satisfacer plenamente a los clientes.

Prácticas de motivación que apoyan la estrategia

Los ejecutores exitosos de la estrategia inspiran y retan a los empleados a hacer su máximo esfuerzo; consiguen que los empleados se convenzan de la estrategia y se comprometan a hacerla funcional; estructuran los esfuerzos individuales en equipos y grupos de trabajo para facilitar el intercambio de ideas y fomentar un clima de apoyo; permiten que los empleados participen en la toma de decisiones respecto a cómo desempeñar su trabajo, tratando de hacer éste interesante y satisfactorio e, igualmente, que todo el ambiente de trabajo de la compañía sea interesante y divertido; idean enfoques de motivación que apoyen la estrategia y los usan eficazmente. Considérense algunos ejemplos reales:

- Varios productores de automóviles japoneses, convencidos de que proporcionar seguridad del empleo es un valioso factor que contribuye a la productividad de los trabajadores y la lealtad a la compañía, optan por no despedir a los obreros de las fábricas; en vez de ello, los envían a vender vehículos cuando el negocio decae por un tiempo. Mazda, por ejemplo, durante un declive de las ventas en Japón en los años ochenta, asignó a los trabajadores de la fábrica el trabajo de vender sus modelos de puerta en puerta, una práctica común en Japón. A finales de año, cuando se entregaron los premios a los mejores vendedores, Mazda descubrió que sus 10 mejores vendedores eran todos trabajadores de la fábrica, en parte porque eran capaces de explicar detalladamente el producto. Cuando la economía mejoró y los obreros volvieron a la planta, sus experiencias en hablar con los clientes fructificaron en ideas útiles para mejorar las características y estilo de la línea de productos de Mazda.[17] Southwest Airlines, FedEx, Lands' End y Harley-Davidson (compañías que han sido mencionadas entre las 100 mejores para trabajar en Estados Unidos), junto con más de una docena de otras empresas de la misma lista, también han instituido la política de no hacer despidos y usar la seguridad del empleo tanto como motivador positivo como un medio para reforzar la buena ejecución de la estrategia.[18] En Southwest Airlines (clasificada en segundo lugar de la lista de 1999), por ejemplo, la sociedad de la compañía con los empleados es un componente crucial de su estrategia de hacer que sus vuelos resulten una experiencia divertida para los pasajeros y de tener un personal más productivo que coadyuve a contener los costos y a mantener tarifas más bajas que las de los competidores. La dirección de Southwest piensa que la política de no hacer despidos evita que los trabajadores teman que si aumentan su productividad, trabajarán para quedarse sin empleo.[19]

> Uno de los mayores desafíos de la ejecución de la estrategia es emplear técnicas de motivación que creen compromiso incondicional y generen ciertas actitudes entre los empleados.

---

[17] *Ibid.,* p. 62.

[18] Listas de *Fortune* correspondientes a los años 1997 y 1999 de las 100 mejores compañías para trabajar en Estados Unidos; véanse los ejemplares del 12 de enero de 1998 y 10 de enero de 2000.

[19] Pfeffer y Veiga, "Putting People First for Organizational Success", p. 40.

- Más de 35 de las 58 empresas de propiedad pública que figuran en las lista de *Fortune* (1999) de las 100 mejores compañías para trabajar en Estados Unidos (que incluye a Cisco Systems, Procter & Gamble, Merck, Charles Schwab, General Mills, Amgen y Tellabs) ofrecen opciones de compra de acciones a todos los empleados. Tellabs da a cada empleado opciones de compra de 200 acciones cada año. Tener empleados copropietarios que participan del éxito de la compañía es ampliamente considerado como un motivador positivo, en especial cuando el precio de las acciones de la firma sube de manera repentina y hace ricos a los empleados, como ha sido el caso de numerosas compañías de internet cuyas acciones han empezado a cotizar en bolsa en los últimos años. Una gran mayoría de empresas de internet han considerado necesario usar opciones de compra de acciones lucrativas para atraer el tipo de empleados talentosos, innovadores, vigorosos y comprometidos que requieren para participar y ganar la carrera por el liderazgo en algún nicho de la economía de internet.

- Nordstrom típicamente paga a sus vendedores minoristas un salario por hora más elevado que las tarifas predominantes pagadas por otras cadenas de tiendas departamentales, además de otorgarles comisión por cada venta. Estimulados por una cultura que alienta a los vendedores a hacer todo lo posible por satisfacer a los clientes, ejercer su propio criterio y buscar y promover nuevas ideas de moda, los vendedores de Nordstrom a menudo ganan el doble del promedio de ingresos de los empleados de tiendas competidoras.[20] Las reglas que Nordstrom impone a los empleados son sencillas: "Regla #1: Usa tu criterio y sentido común en todas las situaciones. No habrá reglas adicionales".

- Cisco Systems ofrece gratificaciones instantáneas de hasta 2000 dólares por desempeño excepcional.

- Microsoft, que comprende que la creación de software es un esfuerzo altamente individual, entrevista a cientos de posibles programadores para encontrar a los pocos que considera idóneos para escribir el código de sus programas. Coloca a los nuevos reclutas en equipos de tres a siete personas bajo la dirección de mentores experimentados para que trabajen en la próxima generación de los programas de software, y aunque los miembros del equipo del proyecto saben que tendrán que cubrir semanas laborales de 60 u 80 horas a fin de cumplir con los plazos establecidos para llevar los nuevos programas al mercado, los mejores programadores buscan y se quedan con Microsoft principalmente porque creen que esta empresa determinará hacia dónde avanzará la industria en el futuro y consideran que trabajar para ella les permitirá ser partícipes del entusiasmo, desafío y recompensas de trabajar en esta frontera (y sólo en parte por los escalafones de salario muy atractivos y programa lucrativo de opción de compra de acciones que ofrece Microsoft).[21]

- Lincoln Electric, una compañía merecidamente famosa por su esquema de pago a destajo y plan de gratificaciones e incentivos, premia la productividad individual pagando a los trabajadores por cada buena pieza producida. Los trabajadores tienen que corregir los problemas de calidad en su tiempo libre y los defectos pueden rastrearse hasta el trabajador que los causó. El plan a destajo motiva a los trabajadores a prestar atención tanto a la calidad como al volumen producido. Además, la compañía reserva una parte sustancial de sus utilidades por encima de una base especificada para gratificaciones a los trabajadores. Para determinar la magnitud de la gratificación, Lincoln Electric califica a cada trabajador con base en cuatro mediciones de desempeño igualmente importantes: fiabilidad, calidad, producción e ideas y cooperación. Mientras mayor sea la calificación al mérito de un trabajador, mayor será el incentivo ganado; los trabajadores que obtienen las calificaciones más altas en años buenos de utilidades reciben gratificaciones de hasta 110% de su remuneración a destajo.[22]

---

[20] Jeffrey Pfeffer, "Producing Sustainable Competitive Advantage through the Effective Management of People", *Academy of Management Executive* 9, núm. 1, febrero de 1995, pp. 59-60.

[21] Quinn, Anderson y Finkelstein, "Leveraging Intellect", p. 8.

[22] Pfeffer, "Producing Sustainable Competitive Advantage through the Effective Management of People", p. 59.

- En una planta de ensamblaje de automóviles en California, dirigida por Toyota, se hace gran énfasis en el igualitarismo simbólico. Todos los empleados (gerentes y trabajadores por igual) usan batas azules, no hay espacios reservados en el estacionamiento de empleados, no hay comedor de ejecutivos —todos comen en la misma cafetería de la planta— y existen sólo dos clasificaciones de puestos para oficios calificados y una para todos los demás trabajadores.[23] Muchas compañías empiezan a descubrir que reducir las distinciones de estatus que separan a los individuos y grupos hace sentir importantes a los miembros de la organización y eleva su compromiso.

- Monsanto, FedEx, AT&T, Whole Foods Markets, Advanced Micro Devices, W.L. Gore & Associates, y muchas otras compañías han explotado el poder motivador de los equipos autoadministrados y han obtenido muy buenos resultados. El desempeño de los equipos mejora porque sus integrantes ejercen considerable presión sobre los compañeros de trabajo para que se esfuercen al máximo y contribuyan a lograr los objetivos y expectativas del equipo. En W.L. Gore (miembro asiduo de las listas anuales de las 100 mejores compañías para trabajar), la remuneración de cada uno de los miembros del equipo se basa en las calificaciones de aportación a la empresa obtenidas por los otros integrantes.

- GE Medical Systems usa un programa llamado Quick Thanks!, en el cual un empleado puede nominar a cualquier colega para que reciba un certificado de regalo de 25 dólares canjeable en ciertas tiendas y restaurantes como reconocimiento al trabajo bien realizado. Los empleados a menudo entregan el premio personalmente a los compañeros de trabajo que lo merecen (en un periodo reciente de doce meses se entregaron más de 10 000 premios Quick Thanks!). Los iguales resultan ser más rigurosos que los ejecutivos para elogiar a sus colegas; para el beneficiario, el reconocimiento y aprobación de los compañeros de trabajo importan más que los 25 dólares.[24]

Los anteriores enfoques hacia la motivación, remuneración y administración del personal (y los presentados en la cápsula ilustrativa 50) destacan lo positivo; otros combinan características positivas y negativas. En empresas como McKinsey & Company y otras firmas de consultoría en administración, General Electric, los principales despachos de contadores públicos y otras compañías que dan mucha importancia al buen desempeño, hay una política de "mejorar o salir"; a los gerentes y profesionales cuyo desempeño se considera marginal o no suficientemente bueno para ameritar un ascenso se les niegan las gratificaciones y opciones de compra de acciones y se les descarta de manera sistemática. Algunas compañías, pese a ofrecer atractivos paquetes de remuneración, esperan que los empleados trabajen jornadas largas (por las noches y fines de semana), los someten a cargas de trabajo pesadas y plazos de entrega muy ajustados y los presionan mucho para alcanzar objetivos ambiciosos de esfuerzo. Los jefes de las unidades de negocios y otros altos ejecutivos en unidades organizacionales cuyo desempeño es menor de lo esperado por lo general tienen la presión de elevar el desempeño a niveles aceptables o arriesgarse a ser reemplazados.

Equilibrio entre las consideraciones de motivación positivas y negativas

Si el método de motivación y estructura de premios de una organización induce demasiada presión, competitividad interna e inseguridad del empleo, el impacto en la moral del personal y la ejecución de la estrategia puede ser contraproducente. Los hechos demuestran que la presión del gerente para mejorar la ejecución de la estrategia debe incorporar más elementos de motivación positivos que negativos porque cuando la cooperación se consigue y se premia con convicción, en lugar de forzarse por medio de órdenes y amenazas (implícitas y explícitas) de castigo, la gente propende a responder con más entusiasmo, esfuerzo, creatividad e iniciativa. Sin embargo, no es prudente eliminar por completo la presión para obtener buen desempeño individual y de grupo y el estrés y angustia que provoca. No hay pruebas de que un ambiente de trabajo sin presión conduzca a una ejecución superior de la estrategia o a un buen desempeño

> Los enfoques basados en la motivación positiva generalmente funcionan mejor que los de motivación negativa, pero eliminar por completo la presión para obtener buen desempeño carece de mérito.

[23] *Ibid.*, p. 63.

[24] Steven Kerr, "Risky Business: The New Pay Game", *Fortune*, 22 de julio de 1996, p. 95.

Cápsula ilustrativa 50
Técnicas de motivación y reconocimiento de las compañías que tienen las "mejores prácticas"

Las compañías han sido innovadoras al idear todo tipo de prácticas de motivación y reconocimiento novedosas que coadyuven a crear un ambiente de trabajo que apoye la ejecución de la estrategia. He aquí una visión de lo que algunas empresas consideran que son las mejores prácticas:

- *Proporcionar prestaciones y privilegios atractivos.* Las diversas opciones en este ámbito incluyen guardería infantil interna, instalaciones de gimnasio y terapeutas de masajes en el lugar de trabajo, oportunidades de vacaciones y descansos en instalaciones recreativas propiedad de la firma (casas de playa, ranchos, condominios en centros turísticos), servicios personales de conserjería, cafeterías subsidiadas y comidas gratis, vestido informal todos los días, servicios de viajes para el personal, periodos sabáticos pagados, planes de reparto de utilidades, licencias de maternidad, permisos con goce de sueldo para atender a familiares enfermos, trabajo a distancia, semanas laborales comprimidas (cuatro días de 10 horas, en lugar de cinco días de 8 horas), horarios de verano reducidos, becas universitarias para los hijos, gratificaciones instantáneas por desempeño excepcional y servicios de traslado.

- *Asegurarse de que las ideas y sugerencias de los empleados se valoren y respeten.* Las investigaciones indican que las medidas adoptadas por muchas compañías para delegar la toma de decisiones y facultar a los empleados aumentan la satisfacción y motivación de éstos, además de mejorar la productividad. El uso de equipos autoadministrados tiene un efecto muy parecido.

- *Crear un ambiente de trabajo donde haya una genuina sinceridad, interés y respeto mutuo entre los trabajadores y entre la gerencia y los empleados.* Las compañías donde la gente se habla por su nombre y hay una fuerte camaradería son cada vez más la regla debido al efecto benéfico en el ambiente de trabajo.

- *Ofrecer liderazgo inspirador y hacer que los empleados se sientan parte de hacer algo que vale mucho la pena en un sentido social más amplio.* Los trabajos con un propósito noble tienden a entusiasmar a los empleados. En Medtronic, Merck y muchas otras compañías farmacéuticas, se trata de la idea de ayudar a los enfermos a recuperarse y restablecer a los pacientes para que puedan llevar una vida plena; en Whole Foods Market (una cadena de alimentos naturales), es mejorar la salud y nutrición de los seres humanos; en muchas compañías de internet, es la idea de crear una aldea global y revolucionar el panorama mundial.

- *Compartir información con los empleados sobre el desempeño financiero, la estrategia, las medidas de operación, las condiciones del mercado y los actos de los competidores.* Esto transmite la sensación de confianza en los empleados y de que no hay secretos. Ocultar información a los empleados equivale a negarles información útil para realizar su trabajo, les impide ser "estudiantes del negocio" y por lo general los desalienta.

- *Tener instalaciones "fabulosas".* Un impresionante complejo corporativo para que los empleados trabajen por lo general tiene efectos decididamente positivos en la moral y la productividad.

- *Realizar promociones internas siempre que sea posible.* Esta práctica coadyuva a crear lazos entre trabajadores y empleadores, además de ser un incentivo por el buen desempeño. Las promociones internas también ayudan a garantizar que la gente en puestos de responsabilidad conozca en realidad el negocio, la tecnología y operaciones que está manejando.

- *Ser flexible en la manera en que la compañía aborda la administración del personal (motivación, remuneración, reconocimiento, reclutamiento) en los entornos multinacionales y multiculturales.* Los gerentes y empleados en países cuyas costumbres, hábitos, valores y prácticas de negocios varían de los de la "oficina matriz" a menudo se sienten frustrados con la insistencia en prácticas mundiales y uniformes de administración del personal. Sin embargo, el área más importante donde la uniformidad es esencial es la transmisión del mensaje de que la organización valora a la gente de todas las razas y antecedentes culturales y que no tolerará la discriminación con base en la raza, género o cultura.

Fuentes: Artículos de *Fortune* sobre las 100 mejores compañías para trabajar (1998, 1999 y 2000); Jeffrey Pfeffer y John F. Veiga, "Putting People First for Organizational Success", *Academy of Management Executive* 13, núm. 2, mayo de 1999, pp. 37-45, y Linda K. Stroh y Paula M. Caligiuri, "Increasing Global Competitiveness through Effective People Management", *Journal of World Business* 33, núm. 1, primavera de 1998, pp. 1-16.

sostenido. Como dijo el director general de un banco importante: "Aquí tenemos una política deliberada para crear un nivel de inquietud. Los ganadores generalmente juegan como si fueran abajo en el marcador."[25] *Las organizaciones de alto desempeño necesitan un equipo de per-*

---

[25] Según se cita en John P. Kotter y James L. Heskett, *Corporate Culture and Performance*, Free Press, Nueva York, 1992, p. 91.

sonas ambiciosas que disfruten de la oportunidad de subir los peldaños de la escalera hacia el éxito, les encanten los retos, prosperen en un entorno orientado al desempeño y consideren útil cierta competencia y presión para satisfacer sus propios deseos de reconocimiento personal, logro y satisfacción de sí mimas. A menos que existan consecuencias significativas en la remuneración, carrera profesional y satisfacción en el trabajo asociadas con la puesta en práctica exitosa de las iniciativas estratégicas y el logro de los objetivos estratégicos de desempeño, poca gente responderá a las exhortaciones de la alta dirección que insisten en el esfuerzo dedicado para ejecutar las iniciativas estratégicas y realizar la visión y los objetivos de la compañía.

Vinculación del sistema de premios a los resultados de desempeño estratégicamente relevantes

La manera más confiable de mantener a la gente centrada en los objetivos organizacionales y de convertir estos objetivos de desempeño en un estilo de vida en toda la organización es retribuir *generosamente* y dar reconocimiento a los individuos y grupos que logran sus objetivos de desempeño asignados y negar los premios y reconocimiento a quienes no los logran. *El empleo de incentivos y premios es la herramienta más poderosa con que cuenta la gerencia para conseguir el compromiso firme de los empleados con la ejecución diligente y competente de la estrategia.* Si estas herramientas no se usan de manera sensata y convincente, se debilita todo el proceso de implantación y ejecución de la estrategia. Las decisiones sobre los aumentos salariales, incentivos de remuneración, promociones, tareas clave, así como las formas y medios de otorgar elogio y reconocimiento son mecanismos potentes para llamar la atención y generar compromiso. Dichas decisiones rara vez escapan al escrutinio severo de los empleados, y revelan más acerca de lo que se espera y cuándo se considera que se está realizando un buen trabajo que ningún otro factor. De este modo, el sistema de incentivos y premios de una compañía termina siendo el vehículo por medio del cual la estrategia se ratifica emocionalmente en la forma de un genuino compromiso de los trabajadores. Los incentivos basados en el desempeño hacen que los empleados piensen que lo que más les conviene es realizar su mejor esfuerzo para cumplir los objetivos de desempeño cruciales para la estrategia y ejecutar ésta competentemente.[26]

La clave para crear un sistema de premios que promueva la buena ejecución de la estrategia radica en convertir a las mediciones del desempeño relacionadas con la estrategia en *la base dominante* para diseñar los incentivos, evaluar los esfuerzos individuales y grupales y entregar los premios. Deben establecerse objetivos de desempeño impulsados por la estrategia para cada unidad de la organización, cada gerente, cada equipo o grupo de trabajo y quizá para cada empleado; dichos objetivos deben medir si la ejecución de la estrategia avanza satisfactoriamente. Si la estrategia de la compañía es ser un proveedor de bajo costo, el sistema de incentivos debe premiar los actos y logros que produzcan costos más bajos. Si la empresa tiene una estrategia de diferenciación basada en la calidad y servicio superiores, el sistema de incentivos debe premiar resultados como cero defectos, necesidad poco frecuente de reparaciones del producto, cifras bajas de quejas de clientes y procesamiento y entrega ágiles de los pedidos. Si el crecimiento de una firma se basa en la innovación de los productos, los incentivos se ligarán a factores como los porcentajes de ingresos y utilidades que provienen de los productos recién introducidos.

Varias compañías prominentes, como Southwest Airlines, W.L. Gore & Associates, Bank One, Nucor Steel, Lincoln Electric, Wal-Mart, Remington Products y Mary Kay Cosmetics deben su éxito en gran medida a una serie de incentivos y premios que inducen a la gente a hacer las cosas que son cruciales para ejecutar bien la estrategia y competir eficazmente en el mercado. En Bank One (uno de los 10 bancos estadounidenses más grandes y también uno de los más

Principio de administración estratégica
Una estructura de premiación diseñada correctamente es la herramienta más poderosa de la gerencia para movilizar el compromiso organizacional hacia la ejecución exitosa de la estrategia.

---

[26] Para un punto de vista opuesto sobre los méritos de los incentivos, véase Alfie Kohn, "Why Incentive Plans Cannot Work", *Harvard Business Review* 71, núm. 6, septiembre-octubre de 1993, pp. 54-63.

Principio de adminis-
tración estratégica
La norma inquebrantable
para juzgar si los individuos, equipos y unidades
organizacionales han rea-
lizado un buen trabajo es
si cumplen los objetivos
de desempeño de manera
consecuente con la eje-
cución eficaz de la estrategia.

rentables con base en el rendimiento sobre los activos), operar de una manera que produzca sistemáticamente altos niveles de satisfacción de los clientes marca una gran diferencia competitiva en lo bien que le va a la compañía con respecto a sus rivales; la satisfacción de los clientes ocupa uno de los primeros lugares en la lista de prioridades estratégicas de Bank One. Para fortalecer el compromiso de los empleados con la tarea de complacer a los clientes, Bank One relaciona los escalafones de salario en cada sucursal con la calificación de satisfacción de los clientes que tiene dicha sucursal; mientras más altas sean las calificaciones de la sucursal, más altos son también los escalafones salariales. Al cambiar del tema de salario igual por trabajo igual a otro de salario igual por desempeño igual, Bank One ha logrado centrar la atención de los empleados de las sucursales en la tarea de complacer, e incluso fascinar a sus clientes.

La estrategia de Nucor es ser *el* productor de bajo costo de productos de acero. Debido a que los costos de mano de obra representan una parte significativa del costo total en la industria del acero, la puesta en práctica exitosa de la estrategia de liderazgo en costos bajos de Nucor supone lograr costos más bajos de mano de obra por tonelada de acero que los de sus competidores. La gerencia de Nucor diseñó un sistema de incentivos para promover la alta productividad de los trabajadores y reducir los costos de mano de obra por tonelada por debajo de los de los rivales: organizó al personal de cada planta en equipos de producción (cada uno con la tarea de desempeñar funciones específicas) y, trabajando con ellos, ha establecido objetivos semanales de producción para cada uno. Los escalafones de salarios de base se establecen en niveles comparables con los salarios de puestos manufactureros similares en las áreas locales donde Nucor tiene plantas, pero los trabajadores pueden ganar una gratificación de 1% por cada 1% que su producción supere los niveles objetivo; por decir, si un equipo de producción supera el objetivo semanal de producción en 10%, los integrantes del equipo reciben una gratificación de 10% en su siguiente cheque de pago. Las gratificaciones se pagan cada dos semanas con base en los niveles de producción reales de las dos semanas anteriores medidos contra los objetivos. El plan de incentivos por trabajo a destajo de Nucor ha dado como resultado niveles de productividad de la mano de obra de 10 a 20% por encima del promedio de los trabajadores sindicalizados de productores de acero grandes e integrados, como U.S. Steel y Bethlehem Steel, le ha dado a Nucor una ventaja en costos sobre la mayoría de los rivales y los trabajadores de Nucor se cuentan entre los mejores pagados en la industria siderúrgica de Estados Unidos.

Como el ejemplo de la cápsula ilustrativa 51 expone tan vívidamente, retribuir y premiar a los miembros de la organización con base en criterios no directamente relacionados con la ejecución exitosa de la estrategia debilita el desempeño de la organización y tolera la desviación de tiempo y energía hacia actividades menos importantes para la estrategia.

La importancia de basar los incentivos en el logro de resultados y no en el desempeño de las funciones encomendadas

Es insensato premiar un
resultado con la esperan-
za de obtener otro al mismo tiempo.

Para crear un sistema de premios e incentivos que apoye la estrategia, una compañía tiene que hacer énfasis en premiar al personal por obtener resultados y no sólo por desempeñar obedientemente las funciones encomendadas. Centrar la atención y energía de los empleados en qué *lograr,* y no en qué *hacer,* hace que el entorno de trabajo se oriente hacia los resultados. Es una mala táctica administrativa ligar los incentivos y premios al desempeño satisfactorio de las tareas y actividades con la esperanza de obtener de paso los resultados comerciales y logros de la empresa deseados.[27] En cualquier trabajo, desempeñar las tareas asignadas no equivale a lograr los resultados esperados. Trabajar mucho, mantenerse ocupado y atender diligentemente las labores encomendadas no garantiza los resultados. (Como cualquier estudiante sabe, el hecho de que un maestro enseñe y los estudiantes asistan a clases no significa que los alumnos aprendan. Enseñar y asistir a clases son actividades; aprender es un resultado. La tarea de la educación seguramente adquiriría un carácter diferente si los maestros recibieran premios por el resultado de lo que se aprende en lugar de por la actividad de enseñar.)

---

[27] Véase Steven Kerr, "On the Folly of Rewarding A While Hoping for B", *Academy of Management Executive* 9, núm. 1, febrero de 1995, pp. 7-14; Kerr, "Risky Business: The New Pay Game", pp. 93-96, y Doran Twer, "Linking Pay to Business Objectives", *Journal of Business Strategy* 15, núm. 4, julio-agosto de 1994, pp. 15-18.

Cápsula ilustrativa 51
La insensatez del sistema de premios en la división de reclamaciones de una compañía de seguros grande

Las pasadas prácticas de premiación de la división de reclamaciones de gastos médicos de una compañía de seguros grande demuestran la insensatez de esperar conseguir un comportamiento, pero premiar otro. En un intento por alentar a los empleados a ser precisos en el pago de las reclamaciones quirúrgicas, la compañía llevaba el control de la cantidad de cheques devueltos y cartas de quejas presentadas por los asegurados. Sin embargo, a los empleados del departamento de reclamaciones con frecuencia les resultaba difícil distinguir, a partir de los informes médicos, cuál de dos procedimientos quirúrgicos, con diferentes beneficios permisibles, se había realizado. Puesto que escribir a los médicos para solicitar aclaración reducía en buena medida el número de reclamaciones pagadas a los dos días de haberse recibido (una norma de desempeño en que la compañía insistía), la norma de los trabajadores pronto se volvió "Cuando tengas duda, paga". De este modo, aunque parecía que la precisión de los empleados aumentaba (ya que menos asegurados se quejaban de la falta de pago), la aseguradora perdía dinero con el sobrepago de reclamaciones.

Esta práctica empeoró con el sistema de premiación de la compañía, que establecía aumentos por mérito de 5% a los empleados "sobresalientes", 4% para los considerados "superiores al promedio" (la mayoría de los que no clasificaban como sobresalientes se designaban superiores al promedio), y 3% para todos

los demás empleados. Muchos de ellos se mostraban indiferentes ante la perspectiva de un premio de 1% por evitar los errores de sobrepago y a trabajar arduamente para recibir la calificación de sobresaliente.

Sin embargo, los empleados no eran indiferentes ante una regla que establecía que no recibirían ningún aumento por mérito en la siguiente revisión semestral aquellos que faltaran o llegaran tarde al trabajo más de tres veces en cualquier periodo de seis meses. La compañía, aunque esperaba mejorar el desempeño, premiaba la asistencia y la puntualidad. La regla sobre las ausencias y retardos no era tan exigente como podría parecer porque la compañía contaba el número de "veces" en lugar del número de "días" (una ausencia de una semana contaba igual que una ausencia de un día). Un trabajador en riesgo de tener una tercera ausencia en un periodo de seis meses podía, en ocasiones, alejarse del trabajo durante la segunda ausencia hasta que la primera tuviera seis meses de antigüedad; el factor limitante era que después de un cierto número de días se pagaban al trabajador prestaciones de enfermedad en lugar de su salario normal. En el caso de trabajadores que tenían más de 20 años de servicios, la empresa ofrecía prestaciones de enfermedad libres de impuestos que ascendían a 90% del salario normal.

Fuente: Steven Kerr, "On the Folly of Rewarding A While Hoping for B", *Academy of Management Executive* 9, núm. 1, febrero de 1995, p. 11.

Los incentivos de remuneración de los altos ejecutivos por lo común se ligan a la rentabilidad de la compañía (crecimiento de las ganancias, rendimiento sobre la inversión en capital, rendimiento sobre los activos totales, valor económico agregado), el comportamiento de los precios de las acciones de ésta y tal vez a medidas como la participación de mercado, calidad de los productos o satisfacción de los clientes, que indican que la posición general de la firma en el mercado, competitividad total y perspectivas a futuro han mejorado. Sin embargo, los incentivos para los jefes de departamento, equipos y trabajadores en lo individual quizá se vinculen a los resultados de desempeño más estrechamente relacionados con su área estratégica de responsabilidad. En la fabricación, los incentivos de remuneración pueden ligarse a los costos de manufactura unitarios, producción y envíos puntuales, porcentajes de defectos, cantidad y grado de las interrupciones en el trabajo debidas a desacuerdos laborales y descompostura de equipo, etc. En ventas y marketing puede haber incentivos por cumplir los objetivos de ventas o volúmenes unitarios, participación de mercado, penetración de las ventas en cada grupo de clientes objetivo, la suerte que han corrido los productos recién introducidos, la frecuencia de las quejas de los clientes, la cantidad de nuevas cuentas adquiridas y la satisfacción de los clientes. Las mediciones del desempeño en las cuales se basarán los incentivos de remuneración dependen de la situación: la prioridad adjudicada a los diversos objetivos financieros y estratégicos, los requisitos para el éxito estratégico y competitivo, y los resultados específicos que se necesitan en las distintas facetas de la empresa para mantener al día la ejecución de la estrategia.

> Las cosas que deben realizarse —las mediciones del desempeño en que se basan los premios e incentivos— deben relacionarse estrechamente con las necesidades de la ejecución exitosa de la estrategia y el bue desempeño de la compañía.

Lineamientos para diseñar los sistemas de incentivos de remuneración
Los conceptos y experiencias de compañías analizados anteriormente producen los siguientes

lineamientos establecidos para crear un sistema de incentivos de remuneración que ayuden a impulsar la ejecución exitosa de la estrategia:

1. *El pago por desempeño debe ser parte importante, y no menor, del paquete total de remuneración.* Los pagos deben ser por lo menos de 10 a 12% del salario de base para tener efectos significativos. Los incentivos que ascienden a 20% o más de la remuneración total son muy atractivos y es probable que realmente estimulen el esfuerzo individual o en equipo; los incentivos que ascienden a menos de 5% de la remuneración total tienen un efecto de motivación relativamente débil. Además, el pago a las personas y equipos que tienen un desempeño superior debe ser sustancialmente mayor que el que se otorga a las personas con desempeño promedio, y el pago a los trabajadores promedio debe ser sustancialmente mayor que el que reciben aquellos cuyo desempeño se ubica por debajo del promedio.

2. *El plan de incentivos debe extenderse a todos los gerentes y trabajadores y no limitarse a la alta dirección.* Es un terrible error de cálculo esperar que los gerentes y empleados de los niveles inferiores hagan su máximo esfuerzo por cumplir los objetivos de desempeño sólo para que unos cuantos ejecutivos obtengan premios lucrativos.

3. *El sistema de premios debe administrarse con cuidado y justicia escrupulosos.* Si se establecen normas de desempeño excesivamente exigentes y poco realistas o si las evaluaciones de desempeño individuales o grupales no son precisas y bien documentadas, la insatisfacción con el sistema rebasará los beneficios positivos.

4. *Los incentivos deben vincularse estrechamente sólo al logro de los objetivos de desempeño establecidos en el plan estratégico.* Los incentivos no deben incluir factores que se añaden porque se considera que son ocurrencias agradables. La evaluación del desempeño basada en factores no estrechamente relacionados con la estrategia indica que el plan estratégico es incompleto (porque se omitieron importantes objetivos de desempeño) o que la agenda real de la gerencia difiere de la que se especificó en el plan estratégico.

5. *Los objetivos de desempeño que se espera que cada individuo logre deben abarcar los resultados que dicho individuo puede lograr personalmente.* La función de los incentivos es fortalecer el compromiso individual y canalizar el comportamiento hacia direcciones benéficas. Esta función no se cumple cuando las mediciones del desempeño con las que se evalúa a una persona se ubican fuera de su área de influencia.

6. *El plazo entre la revisión del desempeño y el pago del premio debe ser corto.* Un intervalo prolongado entre la revisión y el pago genera descontento y no refuerza la causa y el efecto.

7. *Uso liberal de los premios no financieros; no depender exclusivamente de los premios financieros.* Cuando se usa en forma correcta, el dinero es un gran motivador, pero también se obtienen ventajas potentes por medio del elogio, del reconocimiento especial, de encomendar tareas muy interesantes, etcétera.

8. *Evitar por completo eludir el sistema con el objeto de premiar a los empleados cuyo desempeño no cumple con los requisitos establecidos.* Es debatible si conviene hacer excepciones en el caso de empleados que han trabajado mucho y se han esforzado al máximo, pero que, pese a todo, no cumplen con los objetivos debido a circunstancias fuera de su control; hay argumentos a favor y en contra de esta postura. El problema de hacer excepciones por circunstancias imprevistas, incontrolables o desconocidas es que una vez que se acepta una buena excusa para justificar los premios a quienes no cumplen con las expectativas de desempeño, se abre la puerta a todo tipo de razones por las que el desempeño real no está a la altura del objetivo. En resumen, los empleados de todos los niveles tienen que responsabilizarse por la realización de las partes del plan estratégico que les han sido encomendadas y tienen que saber que sus premios se basan en el calibre de sus logros estratégicos.

Una vez diseñados los incentivos, tienen que comunicarse y explicarse. Todo el mundo necesita comprender cómo se calculan los incentivos de remuneración y cómo los objetivos de desempeño individual y grupal contribuyen a la realización de los objetivos organizacionales de desempeño. Además, las razones de las fallas o desviaciones de los objetivos tienen que explorarse con todo detalle para determinar si las causas son atribuibles al desempeño individual o grupal deficiente o a circunstancias fuera del control de los responsables. La presión para lograr el objetivo de desempeño estratégico y financiero y mejorar continuamente en la ejecución de la estrategia debe ser implacable; tiene que predominar la norma de "no se aceptan excusas".[28] Sin embargo, dicha presión tiene que ir acompañada de premios merecidos y significativos; sin un pago suficiente, el sistema no funciona y al ejecutor de la estrategia no le queda más opción que gritar órdenes y suplicar a los empleados que cumplan.

Incentivos y premios basados en el desempeño en las empresas multinacionales   En algunos países el pago de incentivos se opone a las costumbres locales y normas culturales. El profesor Steven Kerr cuenta de la vez que impartió una clase de educación para ejecutivos acerca de la necesidad de hacer más pagos basados en el desempeño y un gerente japonés protestó: "No se debe sobornar a los niños para que hagan sus deberes, no se debe sobornar a la esposa para que prepare la comida y no se debe sobornar a los empleados para que trabajen para la compañía".[29] Distinguir a una persona y elogiarla por un esfuerzo excepcionalmente bueno también puede ser un problema; la cultura japonesa considera que el elogio público a una persona es una afrenta a la armonía del grupo. En algunos países, los empleados prefieren los premios no monetarios: más tiempo libre, títulos importantes, acceso a centros vacacionales y prestaciones no gravadas. Así, las compañías multinacionales tienen que incorporar cierto grado de flexibilidad al diseño de los incentivos y premios para dar cabida a las tradiciones y preferencias transculturales.

Puntos | clave

Un cambio en la estrategia casi siempre exige reasignaciones del presupuesto. Adaptar el presupuesto para que apoye más a la estrategia es parte crucial del proceso de puesta en práctica porque cada unidad organizacional necesita tener la gente, equipo, instalaciones y otros recursos para llevar a cabo la parte del plan estratégico que le corresponde (pero no más de lo que en realidad requiere). La ejecución de una nueva estrategia a menudo supone pasar recursos de un área a otra, reducir las unidades que tienen exceso de personal y financiamiento, aumentar aquellas que son más cruciales para el éxito estratégico y cancelar proyectos y actividades que ya no se justifiquen.

Siempre que una compañía modifica su estrategia, se recomienda a los gerentes que revisen las políticas y procedimientos de operación existentes para eliminar o modificar aquellos que no estén en sincronía y decidir si se precisan otros. La prescripción de políticas y procedimientos de operación nuevos o recién revisados es útil en la tarea de implantación porque 1) proporciona orientación vertical a los gerentes de operación, personal de supervisión y empleados respecto a cómo necesitan hacerse ciertas cosas; 2) impone límites a los actos y decisiones independientes; 3) promueve la uniformidad en la manera como se realizan las actividades cruciales para la estrategia en unidades de operación geográficamente dispersas, y 4) contribuye a crear un ambiente de trabajo y cultura corporativa que apoyen la estrategia. Por lo general, los manuales de políticas voluminosos son innecesarios. En efecto, cuando la creatividad e iniciativa individuales son más esenciales para la buena ejecución que la estandarización y la conformidad, es mejor dar libertad a la gente para hacer las cosas como crea conveniente y responsabilizarla por los buenos resultados en lugar de tratar de controlar su comportamiento con políticas y lineamientos para cada situación. Por lo tanto, crear una compatibilidad de apoyo entre la estrategia y la política puede significar muchas, pocas o diferentes políticas.

La ejecución competente de la estrategia implica el compromiso notorio e inquebrantable de la gerencia con las mejores prácticas y el mejoramiento continuo. El benchmarking, el

---

[28] Tom Peters y Nancy Austin, *A Passion for Excellence*, Random House, Nueva York, 1985, p. xix.

[29] Kerr, "Risky Business: The New Pay Game", p. 96. Para ver una crítica más general sobre la razón por la que los incentivos al desempeño son una mala idea, véase Kohn, "Why Incentive Plans Cannot Work", pp. 54-63.

descubrimiento y adopción de las mejores prácticas, la reingeniería de los procesos centrales de negocios y los programas de administración de la calidad total están dirigidos a lograr mejor eficiencia, costos más bajos, mejor calidad de los productos y mayor satisfacción de los clientes. *Todas estas técnicas son herramientas importantes para aprender a ejecutar la estrategia de manera más competente.* El benchmarking proporciona una base realista para establecer los objetivos de desempeño. Instituir las prácticas de operación "mejores en la industria" o "mejores en el mundo" en la mayoría o en todas las actividades de la cadena de valor proporciona el medio para llevar la ejecución de la estrategia a un nivel más alto de competencia y fomentar un ambiente de trabajo de alto desempeño. La reingeniería es la manera de realizar avances cuánticos para llegar a ser una organización de talla mundial, mientras que la TQM infunde el compromiso con el mejoramiento continuo. El uso eficaz de las técnicas de TQM y mejoramiento continuo es una valiosa cualidad competitiva en la cartera de recursos de una compañía, que puede producir importantes capacidades competitivas (en reducir costos, agilizar la introducción de nuevos productos en el mercado o mejorar la calidad de los productos, servicios o satisfacción de los clientes) y ser origen de ventaja competitiva.

Las estrategias de las compañías no pueden ponerse en práctica o ejecutarse bien sin diversos sistemas de apoyo para realizar las operaciones comerciales. Los sistemas de apoyo bien concebidos y tecnológicamente avanzados no sólo facilitan la mejor ejecución de la estrategia, sino que también fortalecen las capacidades organizacionales para brindar una ventaja competitiva sobre los rivales. En la era de Internet, la información en tiempo real y los sistemas de control, el uso creciente de las tecnologías y prácticas de negocios del comercio electrónico, las intranets de las compañías, y las capacidades de telecomunicaciones inalámbricas, las empresas no pueden esperar ejecutar la estrategia mejor que sus competidores sin sistemas de información vanguardistas y capacidades de operación tecnológicamente complejas que permitan a la organización actuar de manera rápida, eficiente y eficaz.

Las prácticas de motivación y sistemas de premios que apoyan la estrategia son herramientas poderosas de la gerencia para conseguir el convencimiento y compromiso de los empleados. La clave para crear un sistema de premios que promueva la buena ejecución de la estrategia es lograr que las mediciones del desempeño relacionadas con la estrategia se conviertan en *la base dominante* para diseñar los incentivos, evaluar los esfuerzos individuales y grupales y entregar los premios. Las prácticas de motivación positivas generalmente funcionan mejor que las negativas, pero hay lugar para ambas, así como para incentivos monetarios y no monetarios.

Para que un sistema de incentivos de remuneración funcione bien: 1) el pago monetario debe ser un porcentaje importante del paquete de remuneración; 2) el uso de incentivos debe extenderse a todos los gerentes y trabajadores; 3) el sistema debe administrarse con cuidado y justicia; 4) los incentivos deben vincularse a los objetivos de desempeño establecidos en el plan estratégico; 5) los objetivos de desempeño de cada persona deben abarcar los resultados que ésta puede lograr personalmente; 6) los premios deben entregarse poco después de la determinación del buen desempeño; 7) los premios monetarios deben complementarse con el uso liberal de premios no monetarios, y 8) eludir el sistema para premiar a empleados cuyo desempeño no cumple con los requisitos establecidos debe evitarse escrupulosamente.

Lecturas |sugeridas

Denton, Keith D., "Creating a System for Continuous Improvement", *Business Horizons* 38, núm. 1, enero-febrero de 1995, pp. 16-21.

Grant, Robert M., Rami Shani y R. Krishnan, "TQM's Challenge to Management Theory and Practice", *Sloan Management Review,* invierno de 1994, pp. 25-35.

Herzberg, Frederick, "One More Time: How Do You Motivate Employees?", *Harvard Business Review* 65, núm. 4, septiembre-octubre de 1987, pp. 109-120.

Katzenbach, Jon R. y Jason A. Santamaria, "Firing Up the Front Line", *Harvard Business Review* 77, núm. 3, mayo-junio de 1999, pp. 107-117.

Kerr, Steven, "On the Folly of Rewarding A While Hoping for B", *Academy of Management Executive* 9, núm. 1, febrero de 1995, pp. 7-14.

Kohn, Alfie, "Why Incentive Plans Cannot Work", *Harvard Business Review* 71, núm. 5, septiembre-octubre de 1993, pp. 54-63.

Luthans, Fred y Alexander D. Stajkovic, "Reinforce for Performance: The Need to Go beyond Pay and Even Rewards", *Academy of Management Executive* 13, núm. 2, mayo de 1999, pp. 49-57.

Ohinata, Yoshinobu, "Benchmarking: The Japanese Experience", *Long Range Planning* 27, núm. 4, agosto de 1994, pp. 48-53.

Olian, Judy D. y Sara L. Rynes, "Making Total Quality Work: Aligning Organizational Processes, Performance Measures, and Stakeholders", *Human Resource Management* 30, núm. 3, otoño de 1991, pp. 303-333.

Pfeffer, Jeffrey, "Producing Sustainable Competitive Advantage through the Effective Management of People", *Academy of Management Executive* 9, núm. 1, febrero de 1995, pp. 55-69.

———, "Six Dangerous Myths about Pay", *Harvard Business Review* 76, núm. 3, mayo-junio de 1998, pp. 108-119.

Pfeffer, Jeffrey y John F. Veiga, "Putting People First for Organizational Success", *Academy of Management Executive* 13, núm. 2, mayo de 1999, pp. 37-48.

Simons, Robert, "Control in an Age of Empowerment", *Harvard Business Review* 73, marzo-abril de 1995, pp. 80-88.

capítulo | trece

13

Cultura corporativa y liderazgo: claves de la ejecución eficaz de la estrategia

El liderazgo débil puede arruinar la estrategia más sólida; la ejecución convincente de incluso un mal plan a menudo acarrea la victoria.

—Sun Zi

El liderazgo es lograr algo mediante otras personas que no habría ocurrido si uno no hubiera estado ahí... El liderazgo es ser capaz de movilizar ideas y valores que infunden vigor en otras personas... Los líderes crean un argumento que atrae a otras personas.

—Noel Tichy

[Un] líder vive en el campo con sus tropas.

—H. Ross Perot

La capacidad de una organización de ejecutar su estrategia depende de su infraestructura "concreta" —su estructura organizacional y sistemas— y de su infraestructura "abstracta" —su cultura y normas—.

—Amar Bhide

La ética es el valor moral de hacer lo que sabemos que está bien y no hacer lo que sabemos que está mal.

—C. J. Silas

Las mayores armas para cambiar una compañía son estrategia, estructura y cultura. Si pudiera elegir dos, escogería la estrategia y la cultura.

—Wayne Leonard, Director general, Entergy

En los dos capítulos anteriores examinamos seis de las tareas del ejecutor de la estrategia: crear una organización capaz, asignar recursos suficientes a las actividades y unidades de operación cruciales para la estrategia, establecer políticas que apoyen la estrategia, instituir las mejores prácticas y programas de mejoramiento continuo, crear sistemas de apoyo internos para permitir una mejor ejecución, y emplear las prácticas de motivación e incentivos de remuneración adecuados. En este capítulo exploraremos las dos tareas restantes de la puesta en práctica: crear una cultura corporativa que apoye la estrategia y ejercer el liderazgo interno necesario para impulsar la ejecución.

CREACIÓN DE UNA CULTURA CORPORATIVA QUE APOYE LA ESTRATEGIA

Cada compañía tiene una cultura organizacional única. Cada una posee su propia filosofía y principios comerciales, sus propias maneras de abordar los problemas y tomar decisiones, su propio ambiente de trabajo, sus propios modelos arraigados de "cómo hacemos las cosas aquí", sus propias tradiciones (los relatos que se cuentan una y otra vez para ilustrar los valores de la empresa y su significado para los interesados), sus propios tabús y prohibiciones políticas; en otras palabras, sus propias creencias, pautas de conducta y pensamiento, prácticas comerciales y personalidad arraigadas que definen su **cultura corporativa**. La piedra angular de la cultura de Wal-Mart es la dedicación a la satisfacción del cliente, la búsqueda entusiasta de costos bajos, una ética de trabajo sólida, la legendaria frugalidad de Sam Walton, las reuniones rituales del domingo por la mañana en las oficinas centrales para intercambiar ideas y revisar problemas, y el compromiso de los ejecutivos de la compañía con visitar las tiendas, hablar con los clientes y solicitar sugerencias a los empleados. En McDonald's, el mensaje constante de la gerencia es la importancia preponderante de la calidad, servicio, limpieza y valor; los empleados reciben capacitación continua en la necesidad de prestar atención a los detalles y la perfección en cada aspecto fundamental del negocio. En General Electric, la cultura se fundamenta en un ambiente de tenacidad orientado a los resultados (donde todas las unidades de negocios de GE se sujetan a la norma de ocupar el primero o segundo lugar en sus industrias y lograr buenos resultados); el concepto de una organización sin fronteras (donde las ideas, mejores prácticas y aprendizaje fluyen libremente de un negocio a otro); la dependencia de las "sesiones de ejercicios" para identificar, debatir y resolver asuntos candentes; el compromiso con la calidad Six Sigma; y la globalización de la compañía. En Microsoft, se cuentan historias de los largos horarios que trabajan los programadores, los altibajos emocionales en encontrar y superar problemas de codificación, la euforia de terminar un programa complejo a tiempo, la satisfacción de trabajar en proyectos de vanguardia, las recompensas de formar parte de un equipo responsable de un nuevo y popular programa de software y la tradición de competir con dinamismo. La cápsula ilustrativa 52 describe la cultura de Nordstrom.

¿De dónde proviene la cultura corporativa?

El origen principal de la cultura corporativa son las creencias y filosofías de la organización acerca de cómo deben conducirse sus asuntos: las razones por las que hace las cosas como las hace. La cultura de una compañía se manifiesta en los valores y principios comerciales que la gerencia predica y practica, en sus normas éticas y políticas oficiales, en sus relaciones con las partes interesadas (en especial en sus tratos con empleados, sindicatos, accionistas, vendedores y comunidades en las que opera), en las tradiciones que la organización mantiene, en sus prácticas de supervisión, en las actitudes y comportamiento de los empleados, en las leyendas que la gente repite acerca de sucesos en la organización, en las presiones que ejercen los propios colegas, en la política de la empresa y en la "química" y las "vibraciones" que están presentes en el ambiente de trabajo. Todas estas fuerzas sociológicas, algunas de las cuales funcionan muy sutilmente, se combinan para definir la cultura de una organización.

Las creencias y prácticas que llegan a arraigarse en la cultura de una compañía pueden provenir de cualquier parte: de una persona, grupo de trabajo, departamento o división influyente, de la base o la cima de la jerarquía organizacional.[1] Con mucha frecuencia, numerosos componentes de la cultura se originan de un fundador o ciertos líderes fuertes que los enunciaron claramente como filosofía de la compañía o como un grupo de principios que la organización debe observar con estricto apego o como políticas de la empresa. Con el tiempo, estos soportes culturales echan raíces, se incorporan a la manera en que la compañía funciona, llegan a compartirse por gerentes y empleados de la misma y persisten a medida que se alienta a los nuevos

---

[1] John P. Kotter y James L. Heskett, *Corporate Culture and Performance*, Free Press, Nueva York, 1992, p. 7.

Cápsula ilustrativa 52
La cultura en Nordstrom

La cultura en Nordstrom, una tienda departamental célebre por su excepcional compromiso con sus clientes, gira en torno al lema de la compañía: "Responder a solicitudes irrazonables de los clientes". Estar a la altura del lema de la compañía está tan arraigado en el comportamiento que a los empleados les fascinan los retos que les plantean algunas peticiones de clientes. Por ejemplo, siempre contestan el teléfono antes de que suene tres veces; los vendedores acompañan a los clientes a los probadores en vez de señalarles dónde están; los clientes reciben notas de agradecimiento por sus compras, así como llamadas telefónicas cuando llegan los artículos ordenados; a cambio, algún vendedor favorito podría recibir una tarjeta o recuerdo del viaje al extranjero de un cliente.

En Nordstrom, cada petición fuera de lo común de los clientes se considera una oportunidad para un acto "heroico" de un empleado y una forma de aumentar la reputación de excelente servicio que tiene la compañía. Nordstrom alienta estos actos promoviendo a los empleados que se destacan por el servicio sobresaliente que brindan, manteniendo álbumes de recortes de actos heroicos y basando la remuneración de los vendedores sobre todo en comisiones. No es raro que los buenos vendedores de Nordstrom ganen el doble de lo que percibirían en otras tiendas departamentales.

Nordstrom inicia a los nuevos empleados, aun a aquellos que tienen títulos superiores, en el piso de ventas. Las promociones se hacen estrictamente con personal interno y cuando se inaugura una nueva tienda, su personal clave se recluta de otras tiendas en el país para tratar de perpetuar la cultura y valores de la organización y para garantizar que la nueva tienda opere al estilo Nordstrom.

Nordstrom se esfuerza por proporcionar atención superior a los clientes también desde su sitio web. El trabajo de Alissa Kozuh es cerciorarse de que sus clientes encuentren con facilidad los artículos que necesitan. "Ésa es la diferencia entre incorporar a un ser humano a este proceso y dejarlo a la tecnología", asegura.

Fuente: Basado en información contenida en Kathy Mulady, "Nordstrom Way is Legendary in Shopping", *Seattle Post-Intelligencer* (http://seattlepi.nwsource.com), 26 de junio de 2001; Ron Lieber, "She Reads Customer's Minds", *Fast Company* (www.fastcompany.com), febrero de 2001; Tracy Goss, Richard Pascale y Anthony Athos, "Risking the Present for a Powerful Future", *Harvard Business Review* 71, núm. 6, noviembre-diciembre de 1993, pp. 101-102, y Jeffrey Pfeffer, "Producing Sustainable Competitive Advantage through the Effective Management of People", *Academy of Management Executive* 9, núm. 1, febrero de 1995, pp. 59-60, 65.

empleados a adoptar y seguir los valores y prácticas profesados. Las compañías que crecen con rapidez se arriesgan a crear una cultura al azar en vez de intencional si se apresuran a contratar empleados sobre todo por sus habilidades técnicas y currículo, sin eliminar a candidatos cuyos valores, filosofías y personalidades no son compatibles con el carácter, visión y estrategia organizacionales que evidencia el fundador de la empresa y sus altos ejecutivos.

La función de las historias   Con frecuencia, una parte significativa de la cultura de la compañía surge de las historias que se cuentan una y otra vez para ilustrar a los recién llegados la importancia de ciertos valores, creencias y maneras de operar. FedEx, por supuesto, goza de fama mundial por la fiabilidad de su garantía de entrega de los paquetes al día siguiente. Una de las historias folclóricas de FedEx se refiere a un repartidor a quien le habían dado una llave equivocada de un buzón de FedEx. En lugar de dejar los paquetes en el buzón hasta el día siguiente cuando podría conseguir la llave correcta, el repartidor destrancó el buzón colgante, lo cargó en la camioneta y lo llevó de regreso a la estación. Ahí, lo abrieron, sacaron el contenido y lo despacharon con rapidez a su destino para entrega al día siguiente. El relato comunica vívidamente el tipo de compromiso que la compañía desea que todos los empleados demuestren para ayudarla a estar a la altura de su reputación de entregas confiables.

Perpetuación de la cultura   Una vez establecida, la cultura de la empresa puede perpetuarse: examinando y seleccionando a los nuevos miembros del grupo con base en el grado en que sus valores y personalidades encajan (así como en sus talentos y experiencias), por medio del adoctrinamiento sistemático de los aspectos fundamentales de la cultura a los nuevos miembros y los esfuerzos de los altos ejecutivos por reiterar los valores centrales en conversaciones y pronunciamientos diarios, narrando y volviendo a narrar las leyendas de la compañía, mediante ceremonias celebradas con regularidad para honrar a los miembros que muestren ideales culturales, y premiando visiblemente a quienes siguen las normas culturales y sancionando a los que no.[2] La contratación de nuevos empleados para dotar de personal a la organización es una de las maneras más importantes en que puede perpetuarse la cultura de una compañía; los gerentes propenden a contratar empleados con los que se sienten cómodos y que creen que encajarán, lo que casi siempre significa contratar a personas con valores, creencias y personalidades que se adaptarán a la cultura imperante. Los buscadores de empleo tienden a aceptar trabajos en empresas donde esperan sentirse cómodos y contentos; asimismo, los empleados que no se adaptan a una compañía tienden a marcharse pronto, mientras que aquellos que prosperan y se sienten satisfechos con el ambiente de trabajo ascienden a funciones superiores y puestos de mayor responsabilidad. Cuanto más tiempo se quede la gente en una organización, tanto más sus valores y creencias tenderán a ser moldeadas por mentores, compañeros de trabajo, programas de capacitación de la compañía y estructura de premiación y más llegarán a aceptar y reflejar la cultura corporativa. A veces paulatinamente y a veces más pronto, la cultura se arraiga y es la aglomeración y producto de todas las fuerzas sociales en acción.

Fuerzas que pueden hacer que la cultura evolucione   Sin embargo, aun las culturas estables no son estáticas; al igual que la estrategia y estructura de la organización, evolucionan, aunque sea levemente. Las crisis internas, las tecnologías revolucionarias (como Internet) y los nuevos desafíos generan nuevas maneras de hacer las cosas y evolución cultural. La llegada de nuevos líderes y la rotación de miembros clave a menudo producen nuevos o diferentes valores y prácticas que modifican la cultura. La diversificación en nuevos negocios, la expansión a diferentes áreas geográficas (en especial a otros países), el crecimiento rápido que conlleva la contratación de nuevos empleados y las fusiones con (o adquisiciones de) otras compañías precipitan los cambios culturales. En efecto, la globalización e internet están provocando cambios significativos en la cultura de las compañías de todo el mundo.

Subculturas en las compañías: los problemas que representan las nuevas adquisiciones y operaciones multinacionales   Aunque es común hablar de cultura corporativa en singular, las compañías tienen por lo general múltiples culturas (o subculturas).[3] Los valores, creencias y prácticas varían significativamente por departamento, ubicación geográfica, división o unidad de negocios. Las subculturas de una empresa pueden chocar, o por lo menos no combinarse bien, si tienen estilos de gerencia, filosofías comerciales y enfoques operativos contradictorios o si no se han resuelto diferencias importantes entre la cultura de una compañía y las de las empresas recién adquiridas. *Las compañías globales y multinacionales tienden a ser, por lo menos, parcialmente multiculturales* debido a que las unidades de la organización en los distintos países tienen historiales de operación y tradiciones diferentes, así como miembros con distintos valores y creencias, que también hablan diferentes idiomas. El gerente de recursos humanos de una firma farmacéutica global que aceptó una comisión en el Lejano Oriente descubrió, para su sorpresa, que uno de sus mayores retos consistía en persuadir a los gerentes de la compañía en China, Corea, Malasia y Taiwán de aceptar promociones; sus valores culturales eran tales que no creían en competir con sus iguales por recompensas profesionales o ganancia personal ni les entusiasmaba romper los lazos con sus comunidades locales para asumir responsabilidades internacionales.[4] Muchas compañías que se han fusionado con empresas extranjeras, o que las han adquirido, tienen que lidiar con diferencias culturales basadas en el idioma y las costumbres.

No obstante, las diferentes subculturas que llegan a existir dentro de la cultura de una compañía global o multinacional no impiden que existan áreas importantes de coincidencia y compatibilidad. Por ejemplo, los rasgos culturales de General Electric de eliminación de fronteras, entrenamiento y calidad Six Sigma pueden implantarse y practicarse con éxito en diferentes países. Las compañías multinacionales están aprendiendo a lograr que las características cultu-

---

[2] *Ibid*., pp. 7-8.

[3] *Ibid*., p. 5.

[4] John Alexander y Meena S. Wilson, "Leading across Cultures: Five Vital Capabilities", *The Organization of the Future*, Frances Hesselbein, Marshall Goldsmith y Richard Beckard eds., Jossey-Bass, San Francisco, 1997, pp. 291-292.

rales cruciales para la estrategia traspasen fronteras nacionales para crear una cultura uniforme y viable en todo el mundo. Asimismo, las gerencias de las empresas han aprendido a tomar en consideración la importancia de la compatibilidad cultural en la realización de adquisiciones y de solucionar cómo fusionar e integrar las culturas de compañías recién adquiridas.

Cultura: ¿aliado u obstáculo para la ejecución de la estrategia?

Las creencias, visión, objetivos, y enfoques y prácticas comerciales que apuntalan la estrategia de una compañía pueden ser o no compatibles con su cultura. Cuando lo son, la cultura se convierte en aliado valioso en la puesta en práctica y ejecución de la estrategia; pero cuando entra en conflicto con algún aspecto de la dirección, objetivos de desempeño o estrategia de la compañía, la cultura representa un obstáculo que impide la puesta en práctica y ejecución exitosas de la estrategia.[5]

> La cultura de una organización es un contribuyente importante o un obstáculo en la ejecución exitosa de la estrategia.

Cómo la cultura promueve una mejor ejecución de la estrategia   Una cultura basada en valores, prácticas y normas de conducta que coinciden con lo que se necesita para la buena ejecución de la estrategia ayuda a infundir el deseo en el personal de la empresa de realizar el trabajo de manera que apoye la estrategia, lo que refuerza significativamente el poder y la eficacia de la ejecución de ésta. Por ejemplo, una cultura donde la frugalidad y el ahorro son valores fuertemente compartidos por los miembros de la organización es muy propicia para la ejecución exitosa de una estrategia de liderazgo en costos bajos. Una cultura donde la creatividad, aceptación del cambio y cuestionamiento del *statu quo* son temas predominantes es muy propicia para la ejecución exitosa de una estrategia de innovación de productos y liderazgo tecnológico. Una cultura basada en principios comerciales como escuchar a los clientes, alentar a los empleados a enorgullecerse de su trabajo y dar a éstos un alto grado de responsabilidad en la toma de decisiones es muy propicia para la ejecución exitosa de una estrategia enfocada a brindar atención superior a los clientes.

> Las culturas fuertes promueven la buena ejecución de la estrategia cuando hay coincidencias y estropean la ejecución cuando hay pocas coincidencias.

Una alineación fuerte entre cultura y estrategia actúa de dos maneras para canalizar el comportamiento e influir en los empleados para que realicen su trabajo de modo que apoye la estrategia:[6]

- *Un ambiente de trabajo donde la cultura coincide con las condiciones para la buena ejecución de la estrategia proporciona un sistema de reglas informales y presión entre colegas respecto a cómo actuar internamente y cómo realizar el trabajo.* Las culturas que apoyan la estrategia determinan el estado de ánimo, temperamento y motivación del personal; además de afectar positivamente la energía, hábitos de trabajo y prácticas de operación de la organización, así como el grado hasta el cual las unidades organizacionales cooperan y el trato que reciben los clientes. El comportamiento aprobado por la cultura prospera, mientras que el que es desaprobado se desalienta y a menudo se penaliza. En una compañía donde la estrategia y la cultura están mal alineadas, los valores arraigados y las filosofías de operación no fomentan las operaciones de apoyo a la estrategia; suele ocurrir que los propios tipos de comportamiento necesarios para ejecutar con éxito la estrategia se apartan de la cultura y atraen reconocimiento negativo en lugar de elogios y premios.

> Una cultura profundamente arraigada y bien adaptada a la estrategia es una herramienta poderosa para la ejecución exitosa de la estrategia.

- *Una cultura fuerte que apoye la estrategia alimenta y motiva a la gente para que realice el trabajo de manera propicia para la ejecución eficaz de la estrategia; proporciona estructura, normas y un sistema de valores para funcionar; y promueve una fuerte identificación de los empleados con la visión, objetivos de desempeño y estrategia de la compañía.* Todo esto hace que los empleados se sientan genuinamente mejor con respecto a sus labores, ambiente de trabajo y méritos de lo que la compañía trata de lograr. Estimula a los empleados a aceptar el reto de realizar la visión de la compañía, desempeñar sus labores de manera

---

[5] Kotter y Heskett, *Corporate Culture and Performance*, p. 5.

[6] *Ibid.*, pp. 15-16.

competente y con entusiasmo, y colaborar con otros según sea necesario para llevar la estrategia a buen término.

Esto dice algo importante acerca de la tarea de encabezar la puesta en práctica de la estrategia: *cualquier cosa tan fundamental como la ejecución de un plan estratégico implica establecer una correspondencia estrecha entre la cultura y los requisitos de la ejecución competente de la estrategia.* La condición óptima es un ambiente de trabajo que movilice la energía organizacional de manera que apoye la estrategia, promoviendo actitudes dinámicas y aceptación del cambio donde se requiera, consiguiendo el apoyo de la gente y alentándola a desempeñar mejor las actividades cruciales para la estrategia, y generando las competencias y capacidades organizacionales necesarias.

Los peligros de los conflictos entre estrategia y cultura   Los conflictos entre cultura y estrategia envían señales confusas a los miembros de la organización, colocándolos en una disyuntiva indeseable. ¿Los miembros de la empresa deben ser leales a la cultura y tradiciones de ésta (así como a sus valores y creencias personales, que probablemente sean compatibles con la cultura) y oponerse a las medidas que promueven la estrategia? ¿O deben aceptar las prioridades estratégicas anunciadas y realizar actos que erosionarán ciertos aspectos valiosos de la cultura e ir en contra de sus propios valores y creencias arraigados? Tales conflictos debilitan el compromiso con la cultura o la estrategia, o con ambas.

Cuando la cultura de una compañía no concuerda con lo que se necesita para el éxito estratégico, la cultura tiene que modificarse tan rápido como sea posible; esto, por supuesto, presupone que la cultura, y no la estrategia, tiene uno o más aspectos desfavorables. Aunque la solución de los conflictos entre estrategia y cultura puede implicar de vez en cuando la reformulación de la estrategia para producir compatibilidad cultural, es más frecuente que suponga reformar la cultura desigual para producir compatibilidad estratégica. Mientras más arraigados estén los aspectos no compatibles de la cultura, mayor será la dificultad de poner en práctica estrategias nuevas o diferentes hasta que surja una mejor alineación entre estrategia y cultura. Un conflicto considerable y prolongado entre estos dos aspectos debilita e incluso puede frustrar los esfuerzos de la gerencia por hacer funcionar la estrategia.

Culturas fuertes frente a culturas débiles

Las culturas de las compañías varían mucho en el grado en que están arraigadas en las prácticas y normas de conducta organizacionales. Algunas son fuertes y representan la esencia de la empresa; otras son débiles, con raíces poco profundas que casi no ofrecen apoyo a la definición del carácter corporativo.

Compañías con culturas fuertes   La cultura de una empresa puede ser fuerte y cohesiva en el sentido de que la compañía opere de acuerdo con un grupo claro y explícito de principios y valores, la gerencia dedique tiempo considerable a comunicar estos principios y valores a los miembros de la organización y a explicar cómo se relacionan con su ambiente comercial, y los valores se compartan de manera generalizada en la compañía —tanto por los altos ejecutivos como por los empleados de las bases—.[7] Las firmas con culturas fuertes por lo común tienen declaraciones de credos o valores y los ejecutivos destacan con regularidad la importancia de usar estos valores y principios como base de decisiones y medidas adoptadas en toda la organización. En las compañías con culturas fuertes, los valores y normas de conducta están tan profundamente arraigados que no cambian demasiado cuando un nuevo director general asume el control, aunque pueden erosionarse con el tiempo si las personas que lleguen a ocupar este cargo dejan de fomentarlos. Además, es posible que no cambien mucho a medida que la estrategia evoluciona y la organización actúa para realizar ajustes en ella, porque la nueva estrategia sea compatible con la cultura actual o porque los rasgos dominantes de la cultura sean neutrales para la estrategia y puedan usarse para apoyar diversas estrategias posibles.

> En una compañía con una cultura fuerte, los valores y normas de conducta son como la maleza: están profundamente arraigados y son difíciles de eliminar.

---

[7] Terrence E. Deal y Allen A. Kennedy, *Corporate Cultures*, Addison-Wesley, Reading, MA, 1982, p. 22.

Tres factores contribuyen al desarrollo de culturas fuertes: 1) un fundador o líder fuerte que establece valores, principios y prácticas congruentes y sensatas a la luz de las necesidades de los clientes, condiciones competitivas y requerimientos estratégicos; 2) un compromiso sincero y permanente de la compañía con operar el negocio de acuerdo con estas tradiciones establecidas, creando así un ambiente interno que apoye la toma de decisiones y estrategias basadas en las normas culturales, y 3) una preocupación genuina por el bienestar de los tres componentes básicos de la organización: clientes, empleados y accionistas. La continuidad del liderazgo, tamaño pequeño de los grupos, participación estable en los grupos, concentración geográfica y éxito organizacional considerable contribuye al surgimiento y sustentabilidad de una cultura fuerte.[8]

Durante el tiempo en que se implanta una cultura fuerte, casi siempre hay una buena compatibilidad entre estrategia y cultura (lo cual explica en parte el éxito de la organización). Los desequilibrios entre estas dos cuando la empresa cuenta con una cultura fuerte tienden a ocurrir en circunstancias en que el entorno comercial de la compañía pasa por una época de cambios rápidos significativos que da lugar a una revisión drástica de la estrategia que choca con la cultura arraigada. En tales casos, tiene que emprenderse un esfuerzo importante por cambiar la cultura. IBM pasó por cambios radicales en la cultura para adaptarse al nuevo entorno de la industria de las computadoras dominado ahora por el así llamado estándar Wintel: Microsoft (con sus sistemas operativos Windows para computadoras personales y sus programas de software basados en Windows) e Intel (con sus generaciones sucesivas de microprocesadores cada vez más rápidos para computadoras personales). La burocracia de IBM y su cultura basada en las computadoras centrales grandes chocaron con el cambio hacia un mundo dominado por las computadoras personales y el surgimiento de la economía de internet. Muchas compañías de servicio de suministro de electricidad, largamente acostumbradas a operar como monopolios regulados de avance lento y con clientes cautivos, se encuentran inmersas en un enorme cambio cultural ahora que tienen que hacer frente a la transición hacia un mercado competitivo y a la libertad de elección de los clientes; las nuevas circunstancias de las compañías de luz están provocando que las culturas basadas en evitar riesgos, control centralizado de toma de decisiones y políticas de relaciones con las autoridades reglamentarias se transformen en culturas donde los nuevos valores y creencias giran en torno de la toma emprendedora de riesgos, innovación, pensamiento competitivo, atención superior a los clientes y crecimiento de la empresa.

> Una cultura fuerte es una valiosa ventaja cuando coincide con la estrategia y una carga temible cuando no coincide.

Compañías con culturas débiles   En contraste directo con las compañías con culturas fuertes, la cultura de una empresa puede ser débil y estar fragmentada en el sentido de que existen muchas subculturas, pocos valores y normas de conducta se comparten en general y hay pocas tradiciones sagradas. En las compañías con culturas débiles hay poca cohesión y unión entre las unidades organizacionales: los altos ejecutivos no aceptan repetidamente ninguna filosofía comercial ni muestran compromiso con valores específicos o encomian el uso de prácticas de operación particulares. Debido a la escasez de valores comunes o enfoques de negocios arraigados, los miembros de la organización típicamente no tienen una sensación intensa de identidad corporativa. Aunque pueden tener algunos lazos de identificación y lealtad con su departamento, colegas, sindicatos o jefes, la cultura débil de la compañía no genera alianza fuerte de los empleados con lo que la firma representa. La falta de un carácter corporativo definido tiende a provocar que muchos empleados consideren a la compañía como un lugar para trabajar y a sus empleos como una forma de ganarse la vida. Como consecuencia, *las culturas débiles proporcionan poca o ninguna asistencia en la ejecución de la estrategia* porque no hay tradiciones, creencias, valores, lazos comunes o normas de conducta que la gerencia pueda usar como palancas para movilizar el compromiso con la ejecución de la estrategia elegida. Aunque una cultura débil por lo general no presenta un obstáculo fuerte a la ejecución de la estrategia, tampoco la apoya.

---

[8] Vijay Sathe, *Culture and Related Corporate Realities*, Richard D. Irwin, Homewood, IL, 1985.

Culturas poco saludables

Hay varias características culturales poco saludables que debilitan el desempeño comercial de una compañía.[9] Una característica malsana es un ambiente interno politizado que permite que los gerentes influyentes operen "feudos" autónomos y opongan resistencia al cambio necesario. En culturas dominadas por la política, muchos asuntos se resuelven con base en el territorio, apoyo u oposición expresados por ejecutivos poderosos, cabildeo personal por un ejecutivo clave y coaliciones entre individuos o departamentos con intereses creados en un resultado específico. Lo que sea mejor para la compañía es secundario al engrandecimiento personal.

Otra característica cultural poco saludable, que afecta a las empresas enfrentadas de pronto con condiciones comerciales que cambian con rapidez, es la hostilidad ante el cambio y la gente que propone nuevas maneras de hacer las cosas. Los ejecutivos que no valoran a los gerentes o empleados con iniciativa a menudo obstaculizan la experimentación y los esfuerzos por mejorar. Evitar riesgos, no equivocarse, no mover el barco y aceptar el *statu quo* se vuelve más importante para el progreso de la carrera de una persona que los éxitos empresariales, los logros innovadores y la defensa de maneras mejores de hacer las cosas. La hostilidad hacia el cambio se encuentra con frecuencia en compañías con burocracias de gerencia en múltiples niveles que han disfrutado de considerable éxito en el mercado en años pasados, pero cuyos entornos de operación se han visto afectados por el cambio acelerado. General Motors, IBM, Sears y Eastman Kodak son ejemplos clásicos; poco a poco las cuatro compañías llegaron a cargar con una burocracia sofocante que rechazaba la innovación y ahora luchan por reinventar los enfoques culturales que las hicieron triunfar en un principio.

Una tercera característica poco saludable es promover a gerentes que tienen talento para ajustarse a sus presupuestos, ejercer supervisión estricta sobre sus unidades y manejar los detalles administrativos, en vez de a los gerentes que comprenden la visión, estrategias y creación de la cultura y que son buenos líderes, motivadores y talentosos para tomar decisiones. Aunque los primeros son expertos en las maniobras organizacionales internas, pueden carecer de las habilidades emprendedoras que una compañía necesita entre sus altos ejecutivos para introducir nuevas estrategias, reasignar recursos, crear nuevas capacidades competitivas e implantar una nueva cultura, y dicha carencia erosiona con el tiempo el desempeño a largo plazo.

Una cuarta característica de las culturas poco saludables es una aversión a buscar fuera de la empresa prácticas y enfoques superiores. En ocasiones, una compañía goza de tal éxito en el mercado y domina como líder de la industria durante tanto tiempo que su gerencia se vuelve endogámica y arrogante; cree poseer todas las respuestas o la capacidad para idearlas por su cuenta. El pensamiento aislacionista, las soluciones que sólo miran hacia el interior y el síndrome de "tiene que inventarse aquí" a menudo preceden una caída del desempeño de la compañía. Kotter y Heskett mencionan a Avon, BankAmerica, Citicorp, Coors, Ford, General Motors, Kmart, Kroger, Sears, Texaco y Xerox como ejemplos de firmas que tenían culturas poco saludables en los últimos años de la década de los setenta y principios de los ochenta.[10] Varias, en especial General Motors, Kmart y Sears, todavía experimentan muchos rasgos culturales poco saludables.

Culturas adaptables

> Las culturas adaptables son una valiosa ventaja competitiva, y en ocasiones una necesidad, en ambientes que cambian con rapidez.

En los entornos comerciales que cambian con rapidez, la capacidad de introducir nuevas estrategias y prácticas organizacionales es una necesidad si la compañía pretende lograr desempeño superior a través de periodos prolongados.[11] La agilidad estratégica exige una cultura que acepte de inmediato y apoye los esfuerzos de la empresa por adaptarse al cambio del entorno en vez de una cultura que se vea obligada a cambiar por medio de la coacción.

---

[9] Kotter y Heskett, *Corporate Culture and Performance*, capítulo 6.

[10] *Ibid.*, p. 68.

[11] Esta sección se basa en buena medida en Kotter y Heskett, *Corporate Culture and Performance*, capítulo 4.

En las culturas adaptables, los miembros comparten la sensación de confianza en que la organización puede hacer frente a cualquier amenaza u oportunidad con la que se tope; aceptan correr riesgos, experimentar, innovar y cambiar las estrategias y prácticas dondequiera que sea necesario para satisfacer los intereses legítimos de las partes involucradas: clientes, empleados, accionistas, proveedores y las comunidades donde opera la compañía. Por lo tanto, los miembros adoptan de buen grado un enfoque previsor para identificar problemas, evaluar las implicaciones y opciones y poner en práctica soluciones viables. Impera el espíritu de hacer lo necesario para garantizar el éxito organizacional a largo plazo *siempre y cuando los valores centrales y principios comerciales sean respetados en el proceso*.[12] Se alienta y premia el espíritu emprendedor. Los gerentes habitualmente financian iniciativas de desarrollo de productos, evalúan con mentalidad abierta las nuevas ideas y corren riesgos prudentes para crear nuevas posiciones comerciales. Las estrategias y prácticas tradicionales de operación se modifican según las necesidades para ajustarlas o sacar provecho de los cambios en el entorno comercial. Los líderes de culturas adaptables son expertos en cambiar las cosas correctas de la manera correcta y no cambian por cambiar ni comprometen los valores centrales o principios comerciales. Las culturas adaptables son de gran apoyo para los gerentes y empleados de todos los niveles que proponen o contribuyen a iniciar cambios útiles; incluso los ejecutivos buscan, capacitan y promueven conscientemente a personas que muestran estos rasgos de liderazgo.

Las compañías de internet actuales son ilustraciones perfectas de culturas adaptables; prosperan en el cambio: lo impulsan, lo encabezan y lo capitalizan (pero en ocasiones también sucumben a él cuando se equivocan o se ven agobiadas por tecnologías mejores o los modelos superiores de negocios de los rivales). Desde el inicio, las compañías de internet establecieron culturas con la capacidad de actuar y reaccionar con rapidez. Son practicantes ávidos del espíritu emprendedor y la innovación, además de poseer una disposición demostrada a correr riesgos audaces para crear productos, negocios e industrias completamente nuevos. Cuidadosa y deliberadamente han dotado a sus empresas de personal activo y con iniciativa, que acepta el reto del cambio y tiene aptitud para adaptarse. En virtud de la revolución en las estrategias, organización y prácticas de los negocios, generada en buena medida por las compañías que forman la economía de internet, las empresas tradicionales están reformando sus culturas para hacerlas más adaptables y están aprendiendo a actuar a la velocidad de internet. La cápsula ilustrativa 53 describe lo que las compañías de internet están haciendo para crear culturas adaptables capaces de actuar y reaccionar a la velocidad de internet.

> Las actuales compañías de internet son ejemplos clásicos de culturas adaptables.

Una característica sobresaliente de las culturas adaptables es que la alta dirección, al tiempo que orquesta las respuestas a las condiciones cambiantes, procede de modo que demuestra interés genuino por el bienestar de todas las partes interesadas fundamentales: clientes, empleados, accionistas, principales proveedores y las comunidades donde la compañía opera, y trata de satisfacer todos sus intereses legítimos simultáneamente. No se pasa por alto ningún grupo y la justicia para todos es un principio de la toma de decisiones, compromiso que a menudo se describe como "hacer lo correcto".[13] Complacer a los clientes y proteger, si no es que fortalecer, el bienestar a largo plazo de la compañía se considera la mejor manera de cuidar de los intereses de los empleados, accionistas, proveedores y comunidades donde la firma opera. La preocupación de la gerencia por el bienestar de los empleados es un importante factor para conseguir el apoyo de éstos al cambio; los empleados comprenden que los cambios en sus tareas laborales forman parte del proceso de adaptación a las nuevas condiciones y que la seguridad de su empleo no se verá amenazada en el proceso de adaptación al cambio a menos que los negocios de la compañía sufran reveses inesperados. En los casos donde los recortes de personal se hacen necesarios, la preocupación de la gerencia por los empleados impone que la separación

---

[12] No hay razón inherente por la que las nuevas iniciativas estratégicas deban entrar en conflicto con los valores centrales y principios comerciales. Aunque siempre es posible que surjan conflictos, la mayoría de los estrategas se inclinan a elegir iniciativas estratégicas que son compatibles con el carácter y cultura de la compañía y que no contradicen los valores y creencias arraigados. Después de todo, la cultura de la empresa por lo general es algo en cuya creación y perpetuación han intervenido los estrategas, por lo que a menudo no se muestran ansiosos por debilitar valores centrales y prácticas comerciales sin tener razones de negocios convincentes y después de mucho meditarlas.

[13] Kotter y Heskett, *Corporate Culture and Performance*, p. 52.

Cápsula ilustrativa 53
Culturas adaptables en compañías que actúan y reaccionan a la velocidad de internet

Los cambios rápidos en la industria y las condiciones competitivas, impulsadas en parte por la revolución del comercio electrónico y el uso cada vez más difundido de internet, han hecho más deseable que nunca que las compañías establezcan culturas adaptables. Actuar y reaccionar a la velocidad de internet se está volviendo rápidamente una necesidad cultural y comercial. Los minoristas de internet por lo común dan seguimiento a las preferencias de compra de los consumidores cada pocos días y realizan cambios en su línea de productos siempre que consideran que las preferencias de compra han cambiado. Las compañías como la empresa de software y servicios electrónicos Portera Systems celebran reuniones semanales para analizar los informes de ventas y solicitudes de los clientes y decidir si deben instituir cambios en sus productos de software o variaciones en su estrategia. Los nuevos participantes pueden llegar a ser competidores viables antes de que las empresas establecidas en la industria siquiera se fijen en ellos; por ejemplo, en menos de 10 semanas, la mueblería de reciente creación GoodHome.com pasó de una idea y un plan de negocios al financiamiento con capital de riesgo y una fusión.

La capacidad de actuar y reaccionar a la velocidad de internet se basa en buena medida en tener una cultura adaptable. Las culturas corporativas que son resistentes al cambio impiden llevar a cabo las acciones para trazar y seguir rápidamente un nuevo curso estratégico cuando las preferencias de los clientes u otras circunstancias así lo exigen. Las compañías que tienen culturas adaptables por lo común crean estructuras organizacionales planas que llevan la toma de decisiones a las primeras líneas; dotan a la empresa de personal que prospera en el cambio y la ambigüedad; y fomentan una "mentalidad sensible y receptiva" que proviene de las continuas comunicaciones con los clientes, el seguimiento

atento de los actos de los rivales y la conciencia de los adelantos tecnológicos. El director general de Accompany, un club de compras por internet, informa que su compañía "no está interesada en personas para quienes todo es blanco y negro, ya que aminoran nuestro ritmo".

Crear una cultura adaptable que opere a la velocidad de internet también supone proveer a los empleados de información oportuna sobre los cambios estratégicos. De acuerdo con un ejecutivo de IBM: "No se pueden ocultar las cosas a la gente cuando uno actúa a toda velocidad o empezarán a pensar que el cambio es algo siniestro". Accompany emplea el correo electrónico y las reuniones grupales para comunicar los cambios estratégicos a sus empleados a las pocas horas de haberse tomado las decisiones.

Solutia, una compañía que surgió de la separación de Monsanto, agiliza su capacidad de responder a los cambios en el mercado creando guiones en sus sesiones de planeación estratégica. Por cada nueva iniciativa estratégica, los gerentes planean cuatro resultados diferentes a corto plazo y establecen "señales" para indicar cuándo es momento de cambiar el rumbo estratégico; cuando las señales empiezan a aparecer, la gerencia se basa en sus guiones y debates para modificar la estrategia, en ocasiones en pocas horas.

Sun Microsystems celebra sesiones semanales en las que el presidente de la compañía y los principales responsables de tomar decisiones se reúnen para evaluar las vulnerabilidades de la empresa o las maneras en que los competidores pueden superar a Sun. A continuación, los gerentes de Sun tratan de identificar respuestas que sirvan para ponerse en práctica a la primera señal de una medida ofensiva por parte de un rival.

Fuente: Basado en Marcia Stepanek, "How Fast Is Net Fast?", *Business Week*, 1 de noviembre de 1999, pp. EB 52-EB 54.

sea manejada de manera humanitaria y haciendo la salida del empleado lo menos difícil posible. Los esfuerzos de la gerencia por hacer que el proceso de adaptación al cambio sea justo para clientes, empleados, accionistas, proveedores y comunidades donde la compañía opera, manteniendo al mínimo los efectos negativos hasta donde sea posible, generan aceptación y apoyo al cambio entre los componentes de la organización.

En culturas menos adaptables, donde el escepticismo respecto a la importancia de los nuevos acontecimientos y resistencia al cambio son la norma, los gerentes evitan correr riesgos y prefieren esperar hasta que la niebla de incertidumbre se despeje antes de tomar un nuevo rumbo o hacer ajustes fundamentales a su línea de producto o aceptar una nueva tecnología importante.[14] Creen en actuar con cautela y conservadoramente, prefieren seguir a otros en lugar de adoptar medidas decisivas para colocarse a la vanguardia del cambio. En las culturas resistentes al cambio, se da mucha importancia a no cometer errores, lo que lleva a los gerentes a actuar a la segura, sin "hacer olas", eligiendo opciones que sólo tendrán un efecto mínimo en el statu quo, y a proteger o fomentar sus propias carreras y a salvaguardar los intereses de sus grupos de trabajo inmediatos.

---

[14] *Ibid.*, p. 50.

Creación de compatibilidad fuerte entre estrategia y cultura

Es responsabilidad del *creador de la estrategia* seleccionar una estrategia compatible con las partes "sagradas" o inmutables de la cultura corporativa dominante. Es tarea del *ejecutor de la estrategia,* una vez que ésta se selecciona, cambiar las facetas de la cultura corporativa que obstaculicen la ejecución eficaz.

Cambio de una cultura problemática

Cambiar la cultura de una compañía para alinearla con la estrategia es una de las tareas más difíciles de la gerencia; es más fácil hablar de ello que hacerlo. Cambiar culturas problemáticas es muy difícil debido a la pesada ancla de valores y hábitos fuertemente arraigados; la gente se aferra emocionalmente a lo viejo y lo familiar. Se requieren acciones concertadas de la gerencia a lo largo de cierto tiempo para sustituir una cultura poco saludable por una cultura sana o para desarraigar ciertos obstáculos culturales indeseables e infundir otras ideas que apoyen más la estrategia.

> Una vez que la cultura se ha establecido, es difícil de cambiar.

El primer paso consiste en diagnosticar cuáles facetas de la cultura actual apoyan la estrategia y cuáles no. Acto seguido, los gerentes tienen que hablar abierta y francamente con todos los interesados acerca de los aspectos de la cultura que deben modificarse. Después de la charla, es necesario poner en práctica lo más pronto posible medidas notorias y enérgicas para cambiar la cultura —las medidas que todos comprenderán tienen la intención de establecer una nueva cultura más acorde con la estrategia—. El menú de medidas para cambiar la cultura incluye revisar las políticas y procedimientos para que coadyuven a impulsar el cambio cultural, modificar los incentivos de remuneración (para premiar el comportamiento cultural deseado), elogiar y dar reconocimiento público a las personas que exhiban los nuevos rasgos culturales, reclutar y contratar nuevos gerentes y empleados que tengan los valores culturales deseados y puedan servir como ejemplo del comportamiento cultural deseado, sustituir a los ejecutivos clave que estén fuertemente relacionados con la anterior cultura y aprovechar todas las oportunidades para comunicar a los empleados la base del cambio cultural y sus beneficios a todas las partes interesadas.

A veces los ejecutivos consiguen cambiar los valores y comportamiento de pequeños grupos de gerentes e incluso de departamentos o divisiones enteras sólo para encontrarse con que los cambios se erosionan con el tiempo por los actos del resto de la organización. Lo que se comunica, elogia, apoya y sanciona por una mayoría muy afianzada socava la nueva cultura emergente y detiene su avance. Los ejecutivos, pese a la reforma de la organización formal, que contratan a gerentes de fuera, introducen nuevas tecnologías e inauguran nuevas instalaciones, pueden fracasar en modificar características culturales y comportamientos arraigados por el escepticismo respecto a las nuevas direcciones y la resistencia encubierta a cambiar los métodos tradicionales.

Actos simbólicos para modificar la cultura

Los actos de la gerencia para afianzar la compatibilidad entre cultura y estrategia necesitan ser simbólicos y sustantivos. Los actos simbólicos son valiosos por las señales que envían sobre el tipo de comportamiento y desempeño que los ejecutores de la estrategia desean alentar. Los actos simbólicos más importantes son aquellos que realizan los altos ejecutivos para servir de ejemplo: encabezar los esfuerzos de reducción de costos y restringir los privilegios de los ejecutivos; hacer hincapié en la importancia de responder a las necesidades de los clientes requiriendo que todos los funcionarios y ejecutivos dediquen una parte considerable de cada semana a hablar con ellos y entender sus necesidades; e iniciar esfuerzos para modificar las políticas y prácticas identificadas como obstáculos para la ejecución de la nueva estrategia. Otra categoría de actos simbólicos incluye los eventos que las organizaciones llevan a cabo para designar y honrar a la gente cuyas acciones y desempeño ejemplifican lo que requiere la nueva cultura. Muchas universidades otorgan premios a los profesores sobresalientes cada año para simbolizar su compromiso y estima por aquellos que exhiben talentos excepcionales en el aula. Numerosas empresas tienen premios al empleado del mes. El ejército tiene la costumbre desde hace mucho tiempo de entregar galones y medallas por actos ejemplares. Mary Kay Cosmetics otorga una variedad de premios, desde

> Las ceremonias de premiación, modelos de conducta y símbolos son parte fundamental de los esfuerzos de formación y reformación de la cultura.

menciones honoríficas hasta automóviles rosados, a sus consultoras de belleza por alcanzar ciertas metas de ventas.

Las mejores compañías y los mejores ejecutivos usan hábilmente los símbolos, modelos de conducta, ocasiones ceremoniales y reuniones grupales para reforzar la compatibilidad entre estrategia y cultura. Los líderes en costos bajos, como Wal-Mart y Nucor, son famosos por sus instalaciones austeras, frugalidad de los ejecutivos, intolerancia al desperdicio y control diligente de los costos. Los ejecutivos sensibles a su función en la promoción de la compatibilidad entre estrategia y cultura tienen el hábito de hacer acto de presencia en funciones ceremoniales para elogiar a los individuos y grupos que "cumplen con el programa"; honran a las personas que practican las normas culturales y premian a quienes logran llegar a puntos de referencia estratégicos; participan en los programas de capacitación de empleados para hacer énfasis en las prioridades estratégicas, valores, principios éticos y normas culturales; toda reunión grupal se considera como una oportunidad para repetir e inculcar los valores, elogiar los buenos actos, reforzar las normas culturales y promover los cambios que coadyuvan a la ejecución de la estrategia; y se cercioran de que los miembros de la organización entiendan las actuales decisiones y cambios de política como algo congruente con los valores culturales que sirven de apoyo al nuevo rumbo estratégico de la compañía.[15]

Actos sustantivos para cambiar la cultura   Aunque colocarse al frente para encabezar de manera personal y simbólica el esfuerzo para cambiar el comportamiento y comunicar las razones de los nuevos enfoques es crucial, los ejecutores de la estrategia tienen que convencer a todos los interesados de que el cambio de cultura no es cosmético. Las charlas y simbolismos tienen que complementarse con actos sustantivos y movimiento real. Las medidas adoptadas han de ser verosímiles, muy palpables y un indicativo inequívoco de la seriedad del compromiso de la gerencia con las nuevas iniciativas estratégicas y los cambios culturales asociados. Hay varias maneras de lograrlo. Una es diseñar algunos éxitos rápidos que destaquen los beneficios de los cambios en la estrategia y cultura para contagiar el entusiasmo por éstos. Sin embargo, los resultados instantáneos por lo general no son tan importantes como tener la voluntad y paciencia para crear un equipo sólido y competente comprometido con seguir la estrategia de modo superior en el aspecto psicológico. Las señales más fuertes de que la gerencia está en verdad comprometida con la creación de una nueva cultura incluyen la sustitución de los gerentes tradicionalistas de la cultura anterior por gerentes de una "nueva generación", cambiar las políticas y prácticas de operación antiguas que son disfuncionales o que obstaculizan las nuevas iniciativas, poner en práctica medidas importantes de reorganización que alineen mejor la estructura con la estrategia, relacionar los incentivos de remuneración directamente con las nuevas mediciones del desempeño estratégico y hacer reasignaciones considerables del presupuesto para transferir recursos sustanciales de proyectos y programas de la estrategia anterior a los proyectos y programas de la nueva estrategia.

La implantación de los valores y comportamiento necesarios para crear la cultura depende del compromiso sincero y sostenido del director general, aunado a una persistencia extraordinaria para reforzar la cultura en cada oportunidad que se presente tanto de palabra como de hecho. Ni el carisma ni el magnetismo personal son esenciales. Sin embargo, hablar personalmente con muchos grupos departamentales sobre las razones del cambio *es* esencial; los cambios organizacionales rara vez se realizan de manera satisfactoria desde una oficina. Además, crear y sostener una cultura que apoye la estrategia es responsabilidad de todo el equipo de gerencia. El cambio cultural sustancial requiere muchas iniciativas de mucha gente. Los altos funcionarios, jefes de departamento y gerentes de nivel medio tienen que reiterar los valores, "predicar con el ejemplo" y traducir la filosofía de la organización en práctica cotidiana. Adicionalmente, para que el esfuerzo de creación de la cultura alcance el éxito, los ejecutores de la estrategia deben conseguir el apoyo de los supervisores de las primeras líneas, así como de los líderes de opinión de los empleados, y convencerlos de los méritos de practicar y hacer respetar las normas culturales en los niveles más bajos de la organización. Hasta que la gran mayoría de empleados

---

[15] Judy D. Olian y Sara L. Rynes, "Making Total Quality Work: Aligning Organizational Processes, Performance Measures, and Stakeholders", *Human Resource Management* 30, núm. 3, otoño de 1991, p. 324.

se unan a la nueva cultura y compartan un compromiso emocional con sus valores y normas de conducta básicos, hay mucho trabajo que hacer tanto en infundir la cultura como en reforzar la compatibilidad entre cultura y estrategia.

La tarea de crear una cultura que apoye la estrategia no es un ejercicio de corto plazo. Se necesita tiempo para que una nueva cultura emerja y prevalezca; es poco realista esperar una transformación de la noche a la mañana. Mientras más grande sea la organización y mayor el cambio cultural necesario para producir la compatibilidad entre cultura y estrategia, más tiempo es el que se requiere. En las compañías grandes, cambiar la cultura corporativa de manera significativa puede llevar de dos a cinco años. De hecho, es generalmente más difícil reformar una cultura muy arraigada que no apoya la estrategia que difundir una cultura que apoya la estrategia desde el principio en una organización nueva.

Incorporación de la ética en la cultura

Una cultura corporativa fuerte, fundamentada en principios comerciales éticos y valores morales, constituye una fuerza motriz vital detrás del continuo éxito estratégico. Muchos ejecutivos están convencidos de que *las compañías tienen que interesarse en cómo hacen negocios;* de lo contrario, su reputación y, finalmente, su desempeño se ponen en riesgo. Los programas corporativos de ética y valores no son ornamentales; por lo general se ponen en práctica para crear un ambiente de valores y convicciones firmes y para hacer de la ética una forma de vida. Los valores morales y las normas éticas elevadas nutren la cultura corporativa de manera muy positiva, denotan integridad, "hacer lo correcto" e interés genuino por todas las personas que se relacionan con la compañía. *Las declaraciones de los valores sirven como piedra angular de la construcción de la cultura; un código de ética sirve como piedra angular para crear conciencia corporativa.*[16] La tabla 13.1 indica los temas que dichas declaraciones abarcan.

> Una cultura corporativa ética tiene un efecto positivo en el éxito estratégico a largo plazo de una compañía; una cultura carente de ética puede debilitarla.

Las compañías establecen valores y normas éticas de muy distintas maneras.[17] Las compañías tradicionalistas que poseen un folclor rico dependen mucho del adoctrinamiento verbal y el poder de la tradición para inculcar los valores y hacer respetar la conducta ética. Pero muchas compañías de la actualidad transmiten sus valores y códigos de ética a los participantes y partes interesadas mediante sus informes anuales, sus sitios web y documentos que se proporcionan a todos los empleados. Se centran en cursos de orientación para empleados de nuevo ingreso y en cursos de actualización para gerentes y empleados. La tendencia a crear conciencia entre todos los interesados del compromiso de una compañía con la conducta comercial ética es atribuible en parte a la mayor comprensión por parte de la gerencia de la función que estas declaraciones desempeñan en la creación de la cultura y, por otra parte, a una tendencia creciente en los consumidores a buscar productos "éticos", un mayor énfasis en la responsabilidad social corporativa de los grandes inversionistas y las crecientes presiones políticas y legales sobre las compañías para que actúen éticamente.

Sin embargo, hay una gran diferencia entre decir lo correcto (tener una declaración de valores corporativos o código de ética bien formulados) y administrar de verdad una compañía de manera ética y socialmente responsable. Las empresas que tienen un compromiso auténtico con la conducta ética hacen de éste *un componente fundamental de su cultura corporativa;* ponen en claro su postura y manifiestan explícitamente lo que la compañía se propone y espera. Las declaraciones de los valores y códigos de conducta ética se usan como parámetros de referencia para juzgar tanto las políticas de la compañía como la conducta individual. La cápsula ilustrativa 54 presenta el Credo de Johnson & Johnson, uno de los más divulgados y celebrados códigos de ética entre las compañías de Estados Unidos; el director general de J&J ha llamado

---

[16] Para una exposición de los beneficios estratégicos de las declaraciones formales de los valores corporativos, véase John Humble, David Jackson y Alan Thomson, "The Strategic Power of Corporate Values", *Long Range Planning* 27, núm. 6, diciembre de 1994, pp. 28-42. Para un estudio de la situación de los códigos formales de ética en las grandes corporaciones estadounidenses, véase Patrick E. Murphy, "Corporate Ethics Statements: Current Status and Future Prospects", *Journal of Business Ethics* 14, 1995, pp. 727-740.

[17] The Business Roundtable, *Corporate Ethics: A Prime Asset*, febrero de 1988, pp. 4-10.

Tabla 13.1   Temas que abarcan con frecuencia las declaraciones de valores y los códigos de ética

Temas que abarcan las declaraciones de valores	Temas que abarcan los códigos de ética
• Importancia de los clientes y la atención a éstos • Compromiso con la calidad • Compromiso con la innovación • Respeto por cada empleado y el deber que la compañía tiene para con ellos • Importancia de la honradez, integridad y normas éticas • Deber hacia los accionistas • Deber hacia los proveedores • Ciudadanía corporativa • Importancia de proteger el ambiente	• Honradez y observancia de la ley • Conflictos de intereses • Justicia en las prácticas de ventas y marketing • Uso de información privilegiada y negociación de valores bursátiles • Relaciones con los proveedores y prácticas de compras • Pagos para obtener negocios/Ley sobre Prácticas Extranjeras Corruptas • Adquisición y uso de información acerca de terceros • Actividades políticas • Uso de activos, recursos y bienes de la compañía • Protección de la información confidencial • Establecimiento de precios, contratos y facturación

---

> Los valores y normas éticas no sólo deben declararse explícitamente, sino también arraigarse en la cultura corporativa.

al credo "la fuerza unificadora de nuestra corporación". La cápsula ilustrativa 55 presenta las declaraciones de ética y valores de Lockheed Martin, Pfizer y J. M. Smucker.

Una vez que los valores y normas éticas han sido formulados formalmente, deben institucionalizarse y arraigarse en las políticas, prácticas y conducta real de la compañía. La implantación de los valores y el código de ética supone varias medidas:

- Incorporación de la declaración de los valores y el código de ética en la capacitación de los empleados y los programas educativos.

- Atención explícita a valores y ética en el reclutamiento y contratación para eliminar a solicitantes que no muestren rasgos de carácter compatibles.

- Comunicación de los valores y código de ética a todos los empleados y explicación de los procedimientos de cumplimiento.

- Participación y supervisión de la gerencia, desde el director general hasta los supervisores de las primeras líneas.

- Respaldo firme del director general.

- Adoctrinamiento de boca en boca.

La cápsula ilustrativa 56 describe las maneras innovadoras en que SAS Institute, uno de los principales proveedores de software en el mundo, incorporó sus valores a su cultura y prácticas de operación.

En el caso de los códigos de ética, habrá que prestar atención especial a las secciones de la compañía que son especialmente vulnerables: compras, ventas y cabildeo político. Los empleados que tratan con partes externas se encuentran en posiciones éticamente delicadas y a menudo se ven en situaciones comprometedoras. El personal de la compañía asignado a las subsidiarias en países extranjeros puede verse atrapado en dilemas éticos si los sobornos y la corrupción de funcionarios públicos son prácticas comunes o si los proveedores o clientes están acostumbrados a sobornos de un tipo u otro.

Estructuración del proceso para hacer valer la ética   Es necesario formular procedimientos para hacer valer las normas éticas y manejar las posibles violaciones. El esfuerzo de cumplimiento tiene que hacer sentir su presencia en toda la compañía y extenderse a todas las unidades organizacionales. Las actitudes, carácter e historial de trabajo de los futuros empleados tienen que examinarse con detenimiento. Todos los empleados deben recibir capacitación adecuada. Los gerentes de línea en todos los niveles deben prestar atención seria y continua a la tarea de explicar cómo los valores y código ético aplican en sus áreas, e insistir en que

Cápsula ilustrativa 54
El credo de Johnson & Johnson

- Creemos que nuestra primera responsabilidad es con los médicos, enfermeras y pacientes, con las madres y todos los demás que usan nuestros productos y servicios.

- Para satisfacer sus necesidades, todo lo que hacemos debe ser de alta calidad.

- Debemos esforzarnos constantemente por reducir nuestros costos para que nuestros precios sean razonables.

- Los pedidos de los clientes deben atenderse oportunamente y con precisión.

- Nuestros proveedores y distribuidores deben tener la oportunidad de obtener utilidades justas.

- Somos responsables ante nuestros empleados, los hombres y mujeres que trabajan con nosotros en todo el mundo.

- Todos deben ser considerados como individuos.

- Debemos respetar su dignidad y reconocer sus méritos.

- Deben tener una sensación de seguridad en su empleo.

- La remuneración debe ser justa y adecuada, y las condiciones de trabajo, limpias, ordenadas y seguras.

- Los empleados deben sentirse en libertad para hacer sugerencias y presentar quejas.

- Debe haber igualdad en las oportunidades de empleo, desarrollo y progreso para quienes son competentes.

- Debemos proporcionar administración competente y sus actos deben ser justos y éticos.

- Somos responsables ante las comunidades donde vivimos y trabajamos y ante la comunidad mundial también.

- Debemos ser buenos ciudadanos; apoyar las buenas obras y actos de caridad y pagar los impuestos que en justicia nos corresponden.

- Debemos alentar las mejoras cívicas y una mejor salud y educación.

- Debemos mantener en buenas condiciones los bienes que tenemos el privilegio de usar, protegiendo el ambiente y los recursos naturales.

- Nuestra responsabilidad final es con nuestros accionistas.

- El negocio debe producir buenas utilidades.

- Debemos experimentar con nuevas ideas.

- Debemos realizar investigaciones, desarrollar programas innovadores y pagar por los errores.

- Debe comprarse nuevo equipo, proporcionar nuevas instalaciones y lanzar nuevos productos.

- Es necesario crear reservas para hacer frente a las épocas difíciles.

- Al operar de conformidad con estos principios, los accionistas deben obtener un rendimiento justo.

Fuente: Informe Anual de 1982 y sitio web de la compañía.

se transformen en una forma de vida. En general, inculcar los valores e insistir en la conducta ética tiene que considerarse como un ejercicio de creación y fomento de la cultura. El éxito o el fracaso del esfuerzo depende en buena medida del grado de integración palpable de los valores corporativos y normas éticas a las políticas, prácticas gerenciales y actos en todos los niveles de la compañía.

Como prueba de su ética, responda el cuestionario de la cápsula ilustrativa 57, en la página 437.

Incorporación de un espíritu de alto desempeño en la cultura

La capacidad de infundir un fuerte compromiso individual con el éxito estratégico y crear un ambiente en el que exista presión constructiva para desempeñarse bien es una de las habilidades más valiosas en la puesta en práctica y ejecución de la estrategia. Cuando una organización se desempeña sistemáticamente a o cerca de su máxima capacidad, el resultado no sólo es un mayor éxito estratégico, sino una cultura organizacional permeada por el espíritu de alto desempeño. Dicho espíritu no debe confundirse con el hecho de si los empleados están contentos o satisfechos o si se llevan bien, aunque lo último es una condición ciertamente deseable. *Una organización con espíritu de alto desempeño hace énfasis en el logro y la excelencia. Su cultu-*

> Una cultura orientada a los resultados que inspira a la gente a hacer su mejor esfuerzo es propicia para la ejecución superior de la estrategia.

Cápsula ilustrativa 55

Ética corporativa y declaraciones de valores en Lockheed Martin, Pfizer y J.M. Smucker

LOCKHEED MARTIN

Declaraciones de nuestros valores

- *Ética.* Estaremos bien informados de las disposiciones legales, normas y asuntos relacionados con la observancia de las leyes que aplican a nuestros negocios en todo el mundo. Aplicaremos este conocimiento a nuestra conducta como empleados responsables de Lockheed Martin, y observaremos las normas más elevadas de conducta ética en todo lo que hagamos.

- *Excelencia.* La búsqueda del desempeño superior está presente en todas las actividades de Lockheed Martin. Sobresalimos en satisfacer compromisos desafiantes al tiempo que logramos la satisfacción total de los clientes. Demostramos liderazgo fomentando nuevas tecnologías, técnicas de fabricación innovadoras, mejor servicio a los clientes, gerencia inspirada y la aplicación de las mejores prácticas en toda nuestra organización. Cada uno de nosotros guía mediante nuestras aportaciones individuales a Lockheed Martin a su propósito central.

- *Actitud dinámica.* Demostramos liderazgo individual mediante un enfoque positivo hacia cada tarea, un espíritu dinámico y una determinación incansable por mejorar continuamente nuestros mejores esfuerzos personales. Buscamos con energía nuevos negocios, resueltos a agregar valor para nuestros clientes con ingenio, determinación y una actitud positiva. Utilizamos nuestra capacidad de combinar fuerza con velocidad al responder con entusiasmo a cada nueva oportunidad y cada nuevo desafío.

- *Integridad.* Cada uno de nosotros aporta a la empresa valores personales que nos guían para cumplir nuestros compromisos con los clientes, proveedores, colegas y otros con quienes interactuamos. Adoptamos la veracidad y la confianza, y tratamos a todos con dignidad y respeto, así como deseamos ser tratados.

- *Gente.* La gente sobresaliente hace singular a Lockheed Martin. Tener éxito en los mercados que cambian con rapidez exige que continuamente aprendamos y nos desarrollemos como individuos y como organización. Adoptamos el aprendizaje vitalicio mediante la iniciativa individual, combinada con educación y programas de desarrollo patrocinados por la compañía, así como el trabajo y las oportunidades de crecimiento que suponen un reto.

- *Trabajo en equipo.* Multiplicamos la creatividad, talentos y aportaciones tanto de individuos como de unidades de negocios centrándonos en las metas del equipo. Nuestros equipos asumen responsabilidad colectiva por sus actos, comparten la confianza y el liderazgo, respetan la diversidad y aceptan responsabilidad por los riesgos que corren con prudencia. Cada uno de nosotros triunfa en lo individual... cuando como equipo alcanzamos el éxito.

Nuestros principios éticos

- *Honestidad.* Ser veraces en todos nuestros empeños; ser honestos y francos entre nosotros y con nuestros clientes, comunidades, proveedores y accionistas.

- *Integridad.* Decir lo que queremos decir, cumplir con lo que prometemos y defender lo que es correcto.

- *Respeto.* Tratarse mutuamente con dignidad y justicia, apreciar la diversidad de nuestra fuerza laboral y la singularidad de cada empleado.

- *Confianza.* Crear confianza mediante el trabajo en equipo y la comunicación abierta y franca.

- *Responsabilidad.* Hablar sin temor a represalias y denunciar lo que nos inquieta en el lugar de trabajo, incluyendo violaciones de leyes, reglamentos y políticas de la compañía, y buscar aclaración y orientación siempre que tengamos dudas.

- *Ciudadanía.* Obedecer todas las leyes de Estados Unidos y los demás países en los que operamos y hacer lo que nos corresponde para mejorar las comunidades donde vivimos.

PFIZER, INC.

Para realizar nuestro propósito y lograr nuestra misión, observamos valores perdurables que son la base de nuestro negocio:

- *Integridad.* Exigimos de nosotros mismos y de los demás las normas éticas más elevadas y nuestros productos y procesos serán de la más alta calidad. Nuestra conducta como compañía, y como individuos dentro de ella, siempre reflejará las normas más elevadas de integridad. Demostraremos conducta abierta, honesta y ética en todos nuestros tratos con los clientes, usuarios, colegas, proveedores, socios, el público en general y los gobiernos. El nombre de Pfizer es fuente de orgullo para nosotros y debe inspirar confianza en todos con quienes tenemos contacto. Debemos hacer más que simplemente hacer bien las cosas: también debemos hacer lo correcto.

- *Respeto por la gente.* Reconocemos que la gente es la piedra angular del éxito de Pfizer. Venimos de muchos países y culturas diferentes y hablamos muchos idiomas. Valoramos nuestra diversidad como fuente de fortaleza. Nos sentimos orgullosos del historial de Pfizer de tratar a los empleados con respeto y dignidad y estamos comprometidos a seguir honrando esta tradición.

(continúa)

Cápsula ilustrativa 55

(continuación)

Escuchamos las ideas de nuestros colegas y respondemos como corresponde. Buscamos un ambiente de trabajo que fomente el crecimiento y logro personal y profesional. Reconocemos que la comunicación debe ser frecuente y sincera y que debemos apoyar a otros con las herramientas, capacitación y autoridad que necesitan para triunfar en la realización de sus responsabilidades, metas y objetivos.

- *Trabajo en equipo.* Sabemos que para ser una compañía exitosa debemos trabajar juntos, trascendiendo con frecuencia las fronteras organizacionales y geográficas para satisfacer las necesidades cambiantes de nuestros clientes.

Queremos que todos nuestros colegas aporten su mejor esfuerzo, tanto en lo individual como en equipo. El trabajo en equipo mejora la calidad de las decisiones y aumenta las probabilidades de llevar a cabo las buenas decisiones. El trabajo en equipo mantiene un espíritu de entusiasmo, realización, orgullo y pasión por nuestra empresa y nos permite triunfar en todos nuestros empeños y aprender continuamente como individuos y como corporación.

- *Desempeño.* Nos esforzamos por el mejoramiento continuo de nuestro desempeño. Cuando nos comprometemos a hacer algo, lo hacemos de la manera mejor, más completa, más eficiente y más oportuna posible. Luego tratamos de pensar en maneras de hacerlo mejor la próxima vez. Evaluaremos nuestro desempeño con cuidado, asegurando que la integridad y el respeto por la gente nunca se vean comprometidos. Competiremos con energía, estableciendo objetivos difíciles pero realizables y premiando el desempeño con base en dichos objetivos. Deseamos atraer a los empleados del más alto calibre, brindándoles oportunidades de desarrollar su potencial pleno y compartir el éxito que proviene de triunfar en el mercado.

- *Innovación.* La innovación es la clave para mejorar la salud y sostener el crecimiento y rentabilidad de Pfizer. La búsqueda de soluciones innovadoras debe infundir vigor en todos nuestros negocios centrales y predominar en la comunidad de Pfizer en todo el mundo.

En nuestro afán por innovar, apoyamos la decisión de correr riesgos bien calculados y comprendemos que esto no siempre conduce al éxito. Aceptamos la creatividad y buscamos constantemente nuevas oportunidades. Buscamos la manera de hacer que nuestra investigación y desarrollo se convierta en capacidades, que nuestros productos y servicios sean más útiles para nuestros clientes, y nuestras prácticas comerciales,

procesos y sistemas más eficientes y eficaces. Escuchamos a los clientes y colaboramos con ellos para identificar posibles nuevos productos y hacer que puedan conseguirse con facilidad.

- *Enfoque en el cliente.* Estamos profundamente comprometidos a satisfacer las necesidades de nuestros clientes y tener un enfoque constante en la satisfacción del cliente. Tenemos interés genuino en el bienestar de nuestros clientes, ya sean internos o externos. Reconocemos que sólo podremos prosperar si nos anticipamos a satisfacer las necesidades de los clientes, respondemos con rapidez a las condiciones cambiantes y cumplimos las expectativas de los clientes mejor que nuestros competidores. Buscamos relaciones a largo plazo basadas en la comprensión integral de todas las necesidades de nuestros clientes y en el valor que proporcionamos mediante productos y servicios superiores.

- *Liderazgo.* Los líderes promueven el trabajo en equipo impartiendo claridad de propósito, sensación compartida de las metas y compromiso conjunto con la excelencia. Los líderes coadyuvan a la autorrealización de quienes los rodean compartiendo conocimientos y autoridad y reconociendo y premiando el esfuerzo individual sobresaliente. Estamos dedicados a brindar oportunidades de liderazgo en todos los niveles de nuestra organización.

Los líderes son aquellos que se ofrecen a realizar metas difíciles, imaginan lo que necesita ocurrir y motivan a los demás. Utilizan los talentos específicos de cada persona y resuelven conflictos ayudando a otros a enfocarse en metas comunes. Los líderes entablan relaciones con otros en la compañía para compartir ideas, ofrecer apoyo y contribuir a garantizar que las mejores prácticas predominen en Pfizer.

- *Comunidad.* Desempeñamos una función activa en hacer de cada país y comunidad en que operamos un mejor lugar para vivir y trabajar. Sabemos que la vitalidad continua de nuestras naciones y localidades anfitrionas tiene impacto directo en la salud a largo plazo de nuestro negocio. Como compañía y como individuos, damos de nosotros mismos para atender las necesidades de las comunidades y personas desfavorecidas de todo el mundo.

THE J.M. SMUCKER COMPANY

Nuestras creencias básicas son una expresión de los valores y principios que guían el comportamiento corporativo e individual en la compañía. Estas creencias básicas están profundamente arraigadas en la filosofía y legado del fun-

(continúa)

Cápsula ilustrativa 55

(*conclusión*)

dador de la compañía, J.M. Smucker. Las presentes políticas se basan en estos principios consagrados por la tradición:

- *Calidad.* La calidad aplica a nuestros productos, métodos de fabricación, esfuerzos de marketing, personal y relaciones mutuas. Sólo produciremos y venderemos productos que mejoren la calidad de la vida y el bienestar. Serán los productos de la más alta calidad ofrecidos en nuestros respectivos mercados porque el crecimiento y éxito comercial de la compañía se basa en la calidad. Continuamente buscaremos formas de lograr mejoras diarias, las cuales, con el paso del tiempo, darán como resultado productos y desempeño sistemáticamente superiores.

  En The J.M. Smucker Company, la calidad es lo primero. El crecimiento de las ventas y las ganancias se producirán seguidamente.

- *Gente.* Seremos justos con nuestros empleados y mantendremos un ambiente que estimule la responsabilidad personal dentro de la compañía y la comunidad. A cambio, esperamos que nuestros empleados sean responsables no sólo por su trabajo en lo individual sino por la compañía en su conjunto.

  Buscaremos empleados que se comprometan a preservar y fortalecer los valores y principios inherentes a nuestras creencias básicas por medio de sus propios actos. Creemos firmemente que la gente de la más alta calidad produce los productos y servicios de la más alta calidad; que la ética comercial más elevada requiere la ética personal más elevada; y que la gente responsable produce resultados excepcionales.

- *Ética.* Los mismos valores fuertes y éticos en los que se fundó nuestra compañía proporcionan las normas que guían la

manera como conducimos nuestro negocio y a nosotros mismos. No aceptamos nada menos, sin consideración de las circunstancias. Por lo tanto, mantendremos las normas más elevadas de ética comercial con nuestros clientes, proveedores, empleados y accionistas, así como con las comunidades donde trabajamos.

- *Crecimiento.* Además de las operaciones cotidianas, nos interesa el potencial de nuestra compañía. El crecimiento es la realización de ese potencial, ya sea en el desarrollo de nuevos productos y mercados, el descubrimiento de nuevas técnicas de fabricación o administración o el crecimiento y desarrollo personal de nuestra gente y sus ideas.

  Estamos comprometidos con un crecimiento fuerte y equilibrado que protegerá o mejorará nuestra franquicia de consumo dentro de parámetros financieros prudentes. Queremos ofrecer un rendimiento justo a nuestros accionistas sobre su inversión en nosotros.

- *Independencia.* Tenemos un fuerte compromiso con la protección del nombre y legado de Smucker. Seguiremos siendo una compañía independiente debido a nuestro deseo y motivación de controlar nuestro rumbo y éxito por cuenta propia. Nos esforzaremos por ser ejemplo de una compañía que ha alcanzado el éxito gracias a que opera bajo estas creencias básicas dentro del sistema de libre empresa.

Estas creencias básicas sobre la calidad, gente, ética, crecimiento e independencia han servido como cimientos sólidos a lo largo de nuestra historia y continuarán siendo la base de la estrategia, planes y logros en el futuro.

Fuentes: Sitios web de las compañías e informes anuales.

---

ra está orientada a los resultados y aplica prácticas de administración de personal que inspiran a los trabajadores a hacer su mejor esfuerzo.[18]

Las compañías que poseen espíritu de alto desempeño por lo general están intensamente orientadas hacia la gente y refuerzan su preocupación por cada uno de los empleados en cada ocasión y manera imaginable. Tratan a los empleados con dignidad y respeto, capacitan minuciosamente a cada empleado, los alientan a usar su propia iniciativa y creatividad en el desempeño de su trabajo, establecen expectativas de desempeño claras y razonables, usan la gama completa de premios y castigos para hacer respetar las normas de alto desempeño, responsabilizan a los gerentes de todos los niveles del desarrollo del personal que trabaja bajo sus órdenes y otorgan a los empleados autonomía suficiente para sobresalir, destacarse y contribuir. La creación de una cultura organizacional orientada a los resultados generalmente supone hacer paladines de las personas que tienen desempeño triunfador. Algunas firmas simbolizan el valor y la importancia de cada empleado llamándolos miembros del elenco (Disney), miembros del equi-

---

[18] Para una exposición más detallada de lo que se necesita para crear un clima y cultura que fomenten el éxito, véase Benjamin Schneider, Sarah K. Gunnarson y Kathryn Niles-Jolly, "Creating the Climate and Culture of Success", *Organizational Dynamics*, verano de 1994, pp. 17-29.

Cápsula ilustrativa 56
SAS fomenta una cultura de afecto

En el febril mundo de los negocios de alta tecnología de la actualidad, cuando parece rutinario trabajar 18 horas al día (y esperar que los empleados también lo hagan), declinar las vacaciones y contratar cada vez más empleados o instituciones que se ocupen de los hijos, los cofundadores de SAS Institute, Jim Goodnight y John Sall, decididamente están pasados de moda. Ellos creen que sus empleados deben disfrutar de la vida aparte del trabajo. También creen que los empleados deben sentirse motivados a trabajar porque les encanta lo que hacen. Por ello han fomentado una cultura corporativa que apoya los valores familiares, la calidad de vida y la lealtad genuina con la compañía. Y eso les ha reportado utilidades.

SAS Institute es el especialista en software de propiedad privada más grande en el mundo y ni siquiera está situada en Silicon Valley. El hogar de la compañía es Cary, Carolina del Norte. SAS escribe software que permite a los usuarios recopilar y comprender datos; seleccionar océanos de datos para detectar pautas y significado. Originalmente, Jim Goodnight desarrolló el software para analizar datos de investigaciones agrícolas en Carolina del Norte. Pero el software es tan flexible y sencillo de usar que hoy en día una amplia gama de empresas lo utiliza. Marriott Hotels lo usa para administrar su programa de visitantes frecuentes; Merck & Co., para desarrollar nuevos medicamentos; y el gobierno de Estados Unidos, para calcular el índice de precios al consumidor. "En SAS, nuestra misión es entregar software y servicios superiores que den a la gente el poder para tomar las decisiones correctas", manifiesta la declaración de la misión de la compañía. "Queremos ser el arma competitiva más valiosa en la toma de decisiones comerciales."

La declaración de la misión podría dar la impresión de preparar a los empleados para una vida de completa dedicación a sus terminales de computadora, pero en realidad es justamente lo contrario. Con frecuencia, los empleados afirman que el ambiente en SAS es "relajado". Las oficinas centrales de la compañía tienen 36 000 pies cuadrados de espacio para gimnasio, canchas de fútbol y softball y salas de masajes. Se ofrecen clases semanales de golf, bailes africanos, tenis y tai chi a los empleados que gustan de ejercitarse durante su tiempo libre. SAS también ofrece guardería infantil, así como una multitud de prestaciones para el trabajo y la vida, incluyendo una clínica de salud y un servicio de tintorería.

Si todo esto se parece más a un campamento de verano que a un lugar de trabajo, David Russo, director de recursos humanos, insiste en que no. Por el contrario, incorporar valores que eleven la calidad de la vida en la cultura corporativa es parte de una estrategia bien pensada cuya razón central es eliminar distracciones que impidan que los empleados se concentren en su trabajo. "La idea de Jim [Goodnight] es que si contratamos adultos y los tratamos como adultos, se comportarán como adultos", explica Russo.

SAS valora la responsabilidad por parte de sus trabajadores, en otras palabras, al dar a los empleados la libertad de manejar su vida y su trabajo, la compañía espera que hagan precisamente eso y sean capaces de documentar su desempeño. "Si faltas a trabajar seis meses porque estás enfermo", dice Russo, "recibirás tarjetas y flores y la gente irá a prepararte la cena. Si te reportas enfermo seis lunes consecutivos, te despiden. Esperamos el comportamiento propio de un adulto".

SAS también valora los esfuerzos individuales, lo que significa que cada empleado es responsable de sus actos. "Uno cuenta con la libertad, flexibilidad y recursos para desempeñar el trabajo", explica Kathy Passarella, que capacita en computación a los nuevos empleados de investigación y desarrollo. "Debido a que uno recibe buen trato, trata bien a la compañía." Ella observa que, al contrario de lo que uno podría esperar cuando lee la lista de

(continúa)

po (McDonald's), compañeros de trabajo (Kinko's y CDW Computer Centers), titulares de los puestos (Granite Rocks), socios (Starbucks) o asociados (Wal-Mart, Lenscrafters, W. L. Gore, Edward Jones, Publix Supermarkets y Marriott International). Compañías como Mary Kay Cosmetics, Tupperware y McDonald's buscan activamente motivos y oportunidades para entregar broches, botones, placas y medallas a los trabajadores comunes y corrientes por sus buenos resultados; la idea es expresar agradecimiento y dar un empuje de motivación a la gente que sobresale en trabajos "ordinarios". General Electric y 3M Corporation insisten en honrar de manera ceremoniosa a las personas que creen tan firmemente en sus ideas que se imponen la tarea de vencer la burocracia, maniobrar para sacar adelante los proyectos en el sistema y convertirlos en servicios mejorados, nuevos productos o incluso nuevos negocios.

Lo que da vida al espíritu de alto desempeño es una red compleja de prácticas, palabras, símbolos, estilos, valores y políticas de administración de personal que convergen para producir resultados extraordinarios con gente ordinaria. Los motivadores del espíritu de alto desempeño son: creencia en el valor del individuo, compromiso fuerte de la compañía con la seguridad del empleo y la promoción interna, prácticas gerenciales que alientan a los empleados a ejercer iniciativa individual y creatividad en el desempeño de su trabajo y orgullo de ha-

Cápsula ilustrativa 56

(conclusión)

prestaciones para el trabajo y la vida que ofrece la compañía, "cuando recorres los pasillos, es raro oír a la gente hablar de otra cosa que no sea el trabajo". Eso es porque SAS ha eliminado hábilmente otros temas de conversación trivial que podrían ocupar a los empleados: preocupación por llegar a la guardería infantil a tiempo, tratar de ir y venir del gimnasio durante el horario de comida, decidir si deben salir del trabajo para ver a un doctor por un resfriado o una receta. Sin esas distracciones, los empleados no tienen razón para no concentrarse en el trabajo ni pretexto alguno para no dedicar 100% de su atención y esfuerzo al trabajo durante la jornada laboral. En SAS, con la libertad viene la responsabilidad.

La estrategia de crear un ambiente positivo en el cual trabajar ha redituado beneficios a SAS. "Creo que el entorno de una persona tiene mucho que ver con cómo se siente dicha persona", asegura Jim Goodnight. "Tratamos de tener un entorno agradable aquí." Si suena como el psicólogo de un programa de televisión, no parece importarle. SAS ha disfrutado de un crecimiento de dos dígitos durante casi un cuarto de siglo; atiende a más de 37 000 clientes en 111 países; y 98% de las principales 500 compañías de *Fortune* son clientes de SAS. La compañía que ha sido llamada *The Good Ship Lollipop* es la envidia de muchos de sus competidores. De alguna manera, sus fundadores se las han ingeniado para hacer divertido el éxito.

Fuentes: Sitio web de la compañía (www.sas.com), visitado el 6 de septiembre de 2001; Melanie Austria Farmer, "Software Giant Hires First COO in 24 Years", CNET News.com (http://news.cnet.com), 15 de septiembre de 2000; Chris Fishman, "Sanity Inc.", *Fast Company* (www.fastcompany.com), enero de 1999.

cer bien las cosas "pequeñas".[19] Una empresa que trata bien a sus empleados generalmente se beneficia de mayor trabajo en equipo, moral más alta, mayor lealtad y compromiso de los empleados con hacer aportaciones.

Aunque promover y fomentar el espíritu de alto desempeño casi siempre destaca lo positivo, hay también factores de refuerzo negativo. Los gerentes cuyas unidades tienen sistemáticamente mal desempeño deben ser sustituidos. Los trabajadores que rinden poco y la gente que rechaza el énfasis cultural en la dedicación y el alto desempeño deben descartarse o, por lo menos, ser transferidos a puestos donde no estorben. Es necesario orientar a los empleados que tienen desempeño promedio para hacerles saber que tendrán potencial limitado de desarrollo profesional a menos que inviertan más esfuerzo y adquieran mejores habilidades y hábitos de trabajo.

EJERCICIO DEL LIDERAZGO ESTRATÉGICO

La letanía de la buena administración estratégica es muy sencilla: formular un plan estratégico sólido, ponerlo en práctica, ejecutarlo cabalmente, ajustarlo según las necesidades y triunfar. Sin embargo, es más fácil decirlo que hacerlo. El ejercicio del liderazgo firme y resuelto, ser la "bujía" que ha de poner en marcha las cosas y lograrlas dirigiendo a quienes las realizan son tareas difíciles.[20] Además, un gerente de estrategia tiene que desempeñar muchos papeles diferentes de liderazgo: visionario, principal emprendedor y estratega, principal administrador y ejecutor de la estrategia, artífice de la cultura, adquiriente y adjudicador de recursos, creador de capacidades, integrador de procesos, instructor, actor esencial en la solución de crisis, supervisor riguroso de las tareas, vocero, negociador, motivador, árbitro, creador de consensos, autor

---

[19] Jeffrey Pfeffer, "Producing Sustainable Competitive Advantage through the Effective Management of People", *Academy of Management Executive* 9, núm. 1, febrero de 1995, pp. 55-69.

[20] Para un excelente estudio de los problemas y escollos en la transición a una nueva estrategia y a maneras fundamentalmente nuevas de hacer negocios, véase John P. Kotter, "Leading Change: Why Transformation Efforts Fail", *Harvard Business Review* 73, núm. 2, marzo-abril de 1995, pp. 59-67. Véase también Thomas M. Hout y John C. Carter, "Getting It Done: New Roles for Senior Executives", *Harvard Business Review* 73, núm. 6, noviembre-diciembre de 1995, pp. 133-145, y Sumantra Ghoshal y Christopher A. Bartlett, "Changing the Role of Top Management: Beyond Sstructure to Processes", *Harvard Business Review* 73, núm. 1, enero-febrero de 1995, pp. 86-96.

Cápsula ilustrativa 57
Prueba de su ética en los negocios

Como un indicador de sus propias normas éticas y morales, conteste el siguiente cuestionario y vea cómo es en comparación con otros miembros de su clase. ¿Cómo cree usted que su futuro empleador querría que contestara a cada una de estas preguntas y en qué casos un empleador se mostraría indiferente ante sus respuestas?

1. ¿Es poco ético alterar datos para justificar la introducción de un nuevo producto si, cuando usted empieza a poner objeciones, su jefe le ordena que "lo haga y ya"?
   ____ Sí ____ No ____ Necesito más información

2. ¿Cree usted que es aceptable dar a su jefe un regalo de 100 dólares para celebrar un cumpleaños o día festivo?
   ____ Sí ____ No ____ Necesito más información

3. ¿Estaría mal aceptar un regalo de 100 dólares de su jefe (que pertenece al sexo opuesto) para celebrar su cumpleaños?
   ____ Sí ____ No ____ Necesito más información

4. ¿Es poco ético aceptar una invitación de un proveedor a pasar un fin de semana festivo esquiando en la casa de descanso de la compañía del proveedor en Colorado? (¿Su respuesta sería diferente si en la actualidad usted estuviera considerando una propuesta de dicho proveedor para comprar componentes con valor de un millón de dólares?)
   ____ Sí ____ No ____ Necesito más información

5. ¿Es poco ético dar al gerente de compras de una compañía cliente boletos gratis para el Super Bowl si él o ella desea los boletos y probablemente haga una compra grande en su compañía?
   ____ Sí ____ No ____ Necesito más información

6. ¿Es poco ético usar los días de permiso por enfermedad que ofrece el plan de prestaciones de su compañía como días personales para poder ir de compras o salir temprano para unas vacaciones de fin de semana?
   ____ Sí ____ No ____ Necesito más información

7. ¿Estaría mal guardar silencio si usted, como analista financiero, acabara de calcular que el rendimiento proyectado sobre un posible proyecto fuera de 18% y su jefe *a)* le informara que ningún proyecto podría aprobarse sin la perspectiva de un rendimiento de 25% y *b)* le ordenara volver a calcular las cifras para "corregirlas"?
   ____ Sí ____ No ____ Necesito más información

8. ¿Sería poco ético permitir que su supervisor creyera que usted fue el principal responsable del éxito de una nueva iniciativa de la compañía si éste en realidad fuera el resultado de un esfuerzo en equipo o de aportaciones importantes de un compañero de trabajo?
   ____ Sí ____ No ____ Necesito más información

9. ¿Es poco ético no presentarse para apoyar a un empleado injustamente acusado de mala conducta si dicha persona lo hubiera agraviado en el trabajo?
   ____ Sí ____ No ____ Necesito más información

10. ¿Es incorrecto usar al personal de su empleador para preparar invitaciones a una fiesta que usted ofrecerá cuando clientes o usuarios se encuentran entre los invitados?
    ____ Sí ____ No ____ Necesito más información

11. ¿Es incorrecto navegar en internet durante su horario de trabajo si ya realizó todas sus labores y no hay ninguna otra cosa que usted debería hacer? (¿Su respuesta sería la misma si los sitios web visitados fueran pornográficos?)
    ____ Sí ____ No ____ Necesito más información

12. ¿Es poco ético guardar silencio si usted tiene conocimiento de que un compañero de trabajo sufre acoso sexual por parte de su jefe?
    ____ Sí ____ No ____ Necesito más información

13. ¿Hay algún problema ético en usar la fotocopiadora de su empleador para sacar una pequeña cantidad de copias para uso personal (por ejemplo, sus declaraciones de impuestos, un proyecto escolar de su hijo o correspondencia personal)?
    ____ Sí ____ No ____ Necesito más información

14. ¿Es poco ético instalar software propiedad de la compañía en su computadora personal sin la autorización de su supervisor o fabricante del software?
    ____ Sí ____ No ____ Necesito más información

15. ¿Es poco ético autorizar el envío de productos que no satisfacen las especificaciones del cliente sin primero consultar con él?
    ____ Sí ____ No ____ Necesito más información

RESPUESTAS:

Creemos que puede argumentarse sin lugar a dudas que las respuestas a las preguntas 1, 3, 4, 5, 6, 7, 8, 9, 10, 11, 12, 13, 14 y 15 son sí y que la respuesta a la pregunta 2 es no. La mayoría de los empleadores consideraría que las respuestas a las preguntas 10 y 13 deben ser sí, a menos que la política de la compañía permita el uso personal de los recursos de la compañía en ciertas condiciones especificadas.

de las políticas y responsable de su cumplimiento, mentor, y principal animador.[21] En ocasiones es útil ser autoritario y aplicar mano dura; a veces es mejor ser perceptivo para escuchar y transigir en la toma de decisiones; otras veces, un enfoque participativo y colegiado funciona mejor; y otras más, convertirse en instructor y asesor es la función correcta. Muchas ocasiones exigen un papel altamente notorio, tiempo y dedicación exhaustivos, mientras que otras suponen una breve intervención ceremonial y delegar los detalles a los subordinados.

En su mayoría, los esfuerzos de cambio considerables tienen que ser verticales y estar impulsados por la visión. Encabezar el cambio debe empezar con un diagnóstico de la situación, seguido de la decisión sobre la mejor manera de manejarlo. Los gerentes tienen que desempeñar cinco papeles de liderazgo en la promoción de la buena ejecución de la estrategia:

1. Mantenerse al tanto de lo que ocurre, supervisando rigurosamente los avances, descubriendo a tiempo los problemas e informándose de los obstáculos que hay en el camino de la buena ejecución.

2. Fomentar una cultura y espíritu de compañerismo que movilice e infunda vigor en los miembros de la organización para ejecutar la estrategia de manera competente y desempeñarse a un nivel alto.

3. Mantener a la organización receptiva a las condiciones cambiantes, alerta ante las nuevas oportunidades, desbordante de ideas innovadoras y a la vanguardia de los rivales en el desarrollo de competencias y capacidades competitivamente valiosas.

4. Ejercer el liderazgo ético e insistir en que la compañía se conduzca como un ciudadano corporativo modelo.

5. Implantar medidas correctivas para mejorar la ejecución de la estrategia y el desempeño estratégico en general.

Mantenerse al tanto de cómo van las cosas

Para mantenerse al tanto de cómo va el proceso de ejecución de la estrategia, un gerente necesita crear una amplia red de contactos y fuentes de información, tanto formales como informales. Los canales normales incluyen hablar con los principales subordinados, asistir a presentaciones y reuniones, leer las revisiones de los últimos resultados de operación, hablar con los clientes, observar las reacciones competitivas de empresas rivales, intercambiar correo electrónico y sostener conversaciones telefónicas con gente en ubicaciones distantes, y recopilar información directamente a través de visitas internas y prestar atención a los empleados de las bases. Sin embargo, cierta información es más fidedigna que otra, y los puntos de vista y perspectivas ofrecidos por distintas personas pueden variar de manera considerable. Las presentaciones e informes de los subordinados pueden representar sólo una parte de la verdad; es posible que las malas noticias o problemas se minimicen o, en algunos casos, ni siquiera se den a conocer, ya que los subordinados prefieren esperar para informar de las fallas y problemas con la esperanza de disponer de más tiempo para arreglar las cosas. Por ello, los gerentes de la estrategia deben asegurarse de contar con información precisa y de tener una buena idea de la situación que prevalece, además de confirmar si todo marcha según lo planeado, identificar problemas, averiguar qué obstáculos hay en el camino de la buena ejecución de la estrategia y formular las bases para determinar qué pueden hacer personalmente, en su caso, para apoyar el proceso.

Una de las maneras en que los líderes de la estrategia se mantienen al tanto de las circunstancias es realizando visitas regulares al campo y hablando con mucha gente de niveles muy diferentes. La técnica de *administración por rondas* se practica en una variedad de estilos. Los ejecutivos de Wal-Mart tienen desde hace mucho tiempo la costumbre de dedicar dos o tres días de cada semana a visitar las tiendas de Wal-Mart y hablar con los gerentes y empleados. Sam Walton, fundador de Wal-Mart, insistía en que: "La clave radica en ir a las tiendas y escuchar

La *administración por rondas* es una de las técnicas de los líderes eficaces para mantenerse informados de cómo avanza la puesta en práctica y ejecución de la estrategia.

---

[21] Para un informe muy perspicaz y revelador sobre cómo un director general dirige el proceso de cambio organizacional, véase Noel Tichy y Ram Charan, "The CEO as Coach: An Interview with Allied Signal's Lawrence A. Bossidy", *Harvard Business Review* 73, núm. 2, marzo-abril de 1995, pp. 68-78.

lo que los empleados tienen que decir". Jack Welch, director general de General Electric, no sólo dedica varios días de cada mes a visitar personalmente las operaciones de GE y a hablar con los principales clientes, sino que también arregla su horario para dedicar tiempo a hablar con y escuchar a los gerentes de GE de todo el mundo que asisten a los cursos que se imparten en el centro de desarrollo de liderazgo de la compañía cerca de las oficinas centrales de GE. Algunas empresas tienen reuniones informales semanales en cada división (a menudo los viernes por la tarde), a las que asisten tanto ejecutivos como empleados, para crear una oportunidad regular de que la información fluya libremente entre empleados de las bases y ejecutivos. En varias oficinas, los ejecutivos trabajan en cubículos abiertos ubicados en grandes espacios ocupados por otros cubículos abiertos de otro personal de oficina para interactuar con facilidad y de manera frecuente con los compañeros de trabajo. Algunos ejecutivos de fábrica se preocupan por hacer recorridos por el piso de la fábrica para hablar con los obreros y reunirse regularmente con los representantes sindicales.

La mayoría de los gerentes adjudican con acierto una gran importancia a pasar tiempo con el personal en diversas instalaciones de la compañía y a recopilar directamente información y opiniones de distintas fuentes sobre la marcha de los diferentes aspectos del proceso de ejecución de la estrategia. Tales contactos familiarizan a los gerentes con los avances logrados y los problemas encontrados, al tiempo que les dan idea de si se necesitarán recursos adicionales o enfoques diferentes. Igualmente importante, las visitas personales y la administración por rondas brindan la oportunidad de conversar de manera informal con muchas personas en niveles diferentes de la organización, estimular, levantar el ánimo, trasladar la atención de las prioridades anteriores a las nuevas y crear entusiasmo, todo lo cual genera energía positiva y ayuda a movilizar los esfuerzos organizacionales que fundamentan la ejecución de la estrategia.

Guiar el esfuerzo para establecer una cultura que apoye la estrategia

Es necesario que los gerentes que tienen la responsabilidad de formular y ejecutar la estrategia guíen el establecimiento de un ambiente y cultura organizacional que apoye la estrategia. Cuando se implantan cambios estratégicos importantes, la mejor manera en que los gerentes pueden ocupar su tiempo es dirigiendo personalmente los cambios que requieren los ajustes culturales. A menudo, no basta con mostrar un aumento gradual en los avances. El gradualismo conservador rara vez conduce a grandes adaptaciones culturales; es más común que la resistencia que oponen las culturas arraigadas y la capacidad de los intereses creados para frustrar o minimizar el impacto del cambio a cuentagotas se impongan al gradualismo. Sólo con liderazgo audaz y acciones concertadas en muchos frentes puede una compañía salir avante al acometer una tarea tan grande y difícil como un importante cambio cultural. Cuando sólo hay que implantar ajustes para perfeccionar la estrategia, se necesita menos tiempo y esfuerzo para alinear los valores y la cultura con ésta; sin embargo, el gerente sigue desempeñando una función decisiva en estimular y presionar para obtener mejoras continuas.

El factor más importante que distingue a los esfuerzos que consiguen implantar con éxito los cambios culturales de los intentos fallidos es el liderazgo competente en los niveles superiores. El liderazgo eficaz que cambia la cultura tiene varios atributos:[22]

- Una filosofía de "los interesados son los reyes" que vincula la necesidad del cambio cultural a la necesidad de atender los mejores intereses a largo plazo de todos los participantes clave.
- Cuestionar el *statu quo* con preguntas muy básicas: ¿estamos dando a los clientes lo que en realidad necesitan y quieren? ¿Por qué no estamos quitando más clientes a los rivales? ¿Por qué nuestros rivales tienen costos más bajos que nosotros? ¿Cómo podemos bajar o eliminar costos del negocio y ser más competitivos en los precios? ¿Por qué el ciclo de diseño a mercado no puede reducirse a la mitad? ¿Por qué no actuamos con mayor rapidez para

> Es indispensable que la alta dirección guíe los cambios culturales exitosos; se trata de una tarea que no puede delegarse en otros.

---

[22] Kotter y Heskett, *Corporate Culture and Performance*, pp. 84, 144 y 148.

hacer mejor uso de las tecnologías y prácticas de internet y el comercio electrónico? ¿Cómo podemos aumentar los ingresos de la compañía en 15% en vez de 10%? ¿Qué podemos hacer para acelerar la toma de decisiones y acortar los tiempos de respuesta?

- Crear eventos en los que todos los ejecutivos y gerentes se vean obligados a escuchar a clientes enojados, aliados estratégicos insatisfechos, empleados alienados o tal vez accionistas decepcionados, una táctica que eleva los niveles de conciencia y ayuda a sentar la base para evaluar de manera realista cuáles rasgos de la cultura apoyan la estrategia y cuáles no.

- Explicar de manera convincente por qué el nuevo rumbo de la compañía y un ambiente cultural diferente es lo que más conviene a la organización y por qué los individuos y grupos deben comprometerse a hacerlo realidad pese a los obstáculos. Es necesario convencer a los escépticos de que no todo está bien en el *statu quo*. Y los mensajes del cambio estratégico y cultural tienen que repetirse a cada oportunidad para continuar avanzando.

- Poner en marcha medidas sustantivas y decididas para eliminar las características culturales indeseables y sustituirlas con las nuevas.

- Reconocer y premiar generosamente a quienes practican las nuevas normas culturales y encabezan esfuerzos exitosos de cambio; esto ayuda a cultivar la expansión de la coalición para el cambio.

Se necesita un gran poder para implantar un cambio cultural importante y superar la resistencia de las culturas arraigadas, y este tipo de poder normalmente reside sólo en la cúpula. Sin embargo, los altos ejecutivos no sólo deben usar el poder y la influencia que conlleva su posición, sino también *dirigir con el ejemplo*. Por decir, si la estrategia de la organización tiene como objetivo llegar a ser el productor de más bajo costo en la industria, los altos ejecutivos deben mostrar frugalidad en sus propios actos y decisiones: decoraciones poco costosas en las oficinas ejecutivas, cuentas de gastos y entretenimiento conservadoras, poco personal en las oficinas corporativas, escrutinio de las solicitudes de presupuesto, etc. El director general de SAS Airlines, Jan Carlzon, reforzó simbólicamente la primacía del servicio de calidad a los clientes comerciales viajando en clase turista, en lugar de en primera clase, y cediendo su asiento a los pasajeros en lista de espera.[23] Además, los líderes eficaces que cambian culturas con frecuencia recurren a las historias para transmitir nuevos valores, crear nuevos modelos de conducta y relacionar las razones del cambio con los miembros de la organización.

Encauzamiento de los esfuerzos para cambiar la cultura en compañías multinacionales y globales

En las compañías multinacionales y globales, donde es normal encontrar cierta diversidad en la cultura corporativa entre países, los requisitos de liderazgo que imponen los esfuerzos para cambiar la cultura son todavía más complejos. El personal de la firma en diferentes países a veces insiste de manera ferviente en ser tratado como individuos o grupos distintivos, lo que hace potencialmente inapropiada una sola lógica generalizada de la razón de ser del cambio cultural y un enfoque de liderazgo común. Para dirigir iniciativas de cambio cultural entre países se requiere sensibilidad ante las diferencias transculturales predominantes, discernir cómo adaptar las razones del cambio cultural a cada situación y cuándo hay que dar cabida a la diversidad, así como cuándo pueden y deben acortarse las diferencias entre países.[24] Sin embargo, muchas compañías multinacionales y globales están descubriendo que la mayoría de sus valores culturales y creencias centrales se transmiten sin problema entre fronteras nacionales y están en perfecta sintonía con el sentir de los gerentes y trabajadores en muchas partes del mundo, pese a la diversidad de las culturas y normas de conducta locales. AES Corporation, que opera centrales de energía en un creciente número de compañías culturalmente diversas en todo el mundo, se las ha ingeniado para instituir una cultura corporativa razonablemente uniforme basándose en un grupo de valores y creencias corporati-

---

[23] Olian y Rynes, "Making Total Quality Work", p. 324.

[24] Para una exposición de esta dimensión del liderazgo, véase Alexander y Wilson, "Leading across Cultures: Five Vital Capabilities", pp. 287-294.

vas que son bien recibidos en prácticamente todos los países donde tiene plantas.[25] En AES, la cultura gira alrededor del respeto por el valor y la dignidad individuales, un fuerte sentido de responsabilidad social y ciudadanía corporativa, respeto por el medio ambiente, descentralización de la autoridad y toma de decisiones a los gerentes locales (la mayoría de los cuales son originarios del país) y fuerte dependencia de empleados facultados en cada una de sus plantas de energía.

Mantenimiento de la capacidad de respuesta e innovación de la organización interna

Generar ideas novedosas, identificar nuevas oportunidades y desarrollar productos y servicios innovadores no son tareas exclusivas de la gerencia; son tareas de toda la organización, en especial en corporaciones grandes. Una de las partes más difíciles de ejercer el liderazgo estratégico es generar un suministro confiable de ideas frescas y sugerencias para mejorar que provengan de los empleados de las bases, conjuntamente con la promoción de un espíritu emprendedor entre gerentes y empleados. Un ambiente interno flexible, receptivo e innovador es crucial en las industrias de alta tecnología que cambia con rapidez, en empresas donde los productos tienen ciclos de vida cortos y el crecimiento depende de la innovación de los productos, en compañías que tienen carteras de negocios muy diversificadas (donde las oportunidades son variadas y escasas), en mercados donde la diferenciación exitosa de los productos depende de ser más innovador que la competencia y en situaciones donde el liderazgo de costos bajos está ligado al mejoramiento continuo y las nuevas maneras de eliminar costos del negocio. Los gerentes no pueden crear un ambiente así con sólo exhortar al personal a "ser creativo".

> Mientras mayor sea la velocidad a la que cambia el entorno de una compañía, más atención deberán prestar los gerentes a que la organización no deje de ser innovadora y receptiva.

Promover la influencia de los paladines Un enfoque útil de liderazgo es esforzarse especialmente por cultivar, impulsar y apoyar a las personas dispuestas a convertirse en paladines de las nuevas tecnologías, prácticas de operación, mejores servicios, nuevos productos y nuevas aplicaciones de los productos, y que están ansiosas de tener una oportunidad para transformar sus ideas en maneras mejores de operar, nuevas familias de productos, nuevos negocios e incluso nuevas industrias. Un año después de asumir la dirección de Siemens-Nixdorf Information Systems, Gerhard Schulmeyer produjo las primeras utilidades en la compañía fusionada, la cual había perdido cientos de millones de dólares anualmente desde 1991; atribuyó la recuperación a la creación de 5 000 "agentes del cambio" (casi 15% de la plantilla laboral), que se ofrecieron para desempeñar funciones activas en la agenda del cambio de la compañía sin dejar de realizar sus labores normales. Como regla general, los mejores paladines son persistentes, competitivos, tenaces, comprometidos y fanáticos de su idea y de llevarla al éxito.

> Identificar e impulsar a los paladines coadyuva a fomentar un ambiente de innovación y experimentación.

Para promover un ambiente organizacional donde los paladines innovadores puedan florecer y prosperar, los gerentes de la estrategia necesitan hacer varias cosas:

- Es necesario alentar a individuos y grupos a ser creativos, celebrar sesiones informales para generar ideas, dejar volar la imaginación en todas direcciones y presentar propuestas. La cultura tiene que fomentar, e incluso celebrar, la experimentación e innovación. Debe esperarse que todos aporten ideas, ejerciten la iniciativa y busquen el mejoramiento continuo. El truco está en mantener vivo un sentido de urgencia en la compañía para que la gente pueda ver el cambio y la innovación como necesidades.

- Hay que mostrar tolerancia con las personas que tienen ideas heterodoxas o propuestas fuera de lo ordinario y darles espacio para funcionar. Sobre todo, los aspirantes a paladines que defienden ideas radicales o diferentes no deben ser tachados de problemáticos o agitadores.

- Los gerentes tienen que inducir y promover muchos "ensayos" y estar dispuestos a tolerar errores y fracasos. La mayoría de las ideas no resultan, pero la organización aprende de un buen intento aun cuando éste falla.

---

[25] Suzy Wetlaufer, "Organizing for Empowerment: An Interview with AES's Roger Sant and Dennis Bakke", *Harvard Business Review* 77, núm. 1, enero-febrero de 1999, pp. 110-123.

- Los gerentes de la estrategia deben estar dispuestos a usar todo tipo de formas organizacionales *ad hoc* para apoyar las ideas y la experimentación: equipos emprendedores, grupos especiales de trabajo, "competencias de desempeño" entre diferentes grupos que trabajan en enfoques rivales, proyectos "contrabandeados" informales compuestos de voluntarios, etcétera.

- Los gerentes de la estrategia tienen que ocuparse de que los premios de los paladines exitosos sean generosos y notorios y de que la gente que defiende una idea que no tuvo éxito no sea castigada o marginada, sino que más bien se le aliente a volver a intentarlo.

En efecto, la tarea del liderazgo consiste en crear una cultura adaptable e innovadora que acepte las respuestas organizacionales a las condiciones cambiantes en vez de temer las nuevas condiciones o tratar de minimizarlas. Las compañías que cuentan con culturas innovadoras manifiestas incluyen a Sony, 3M, Nokia, Amazon.com, W. L. Gore, Dell Computer y Enron.

Encauzamiento del proceso de desarrollo de nuevas capacidades   A menudo, responder con eficacia a las preferencias de los clientes y condiciones competitivas cambiantes requiere la intervención de la alta dirección. Con frecuencia, son los altos ejecutivos quienes encabezan el esfuerzo porque las competencias centrales y las capacidades competitivas típicamente residen en los esfuerzos combinados de diferentes grupos de trabajo, departamentos y aliados colaboradores. Las tareas de administrar habilidades humanas, bases de conocimientos e intelecto y luego integrarlos para formar competencias y capacidades competitivamente ventajosas es un ejercicio que orquestan mejor los altos ejecutivos que comprenden la importancia que esto tiene para la puesta en práctica de la estrategia y poseen el poder y la influencia para imponer las relaciones y cooperación necesarias entre individuos, grupos, departamentos y aliados externos.

Los gerentes eficaces tratan de prever los cambios en las necesidades de clientes y mercados y se anticipan a crear nuevas competencias y capacidades que ofrecen ventaja competitiva sobre los rivales. Los mandos superiores están en la mejor posición para darse cuenta de esto y desempeñar una función decisiva en el proceso de creación de capacidades y fortalecimiento de los recursos. Crear nuevas competencias y capacidades antes que los rivales para adquirir ventaja competitiva es liderazgo estratégico del mejor tipo; sin embargo, es más frecuente que la base de recursos de una compañía se fortalezca como reacción a las capacidades recién adquiridas de rivales pioneros.

Ejercicio del liderazgo ético e insistencia en la buena ciudadanía corporativa

Para que una organización actúe de manera sistemática con apego a normas éticas elevadas, el director general y quienes lo rodean deben comprometerse abierta e inequívocamente con la conducta ética y moral. No basta con que los altos ejecutivos supongan que las actividades se realizan éticamente ni puede darse por hecho que los empleados comprenden que se espera que actúen con integridad. Encabezar las medidas para imponer la conducta ética significa repetir y reiterar a los empleados que es su deber no sólo observar los códigos éticos de la compañía, sino también denunciar las violaciones a la ética. Aunque las empresas conscientes de la ética tienen disposiciones para aplicar sanciones disciplinarias a los infractores, *el propósito principal de la aplicación de estos preceptos es alentar su cumplimiento y no administrar castigos*.

Hay varias cosas concretas que los gerentes pueden hacer para ejercitar el liderazgo ético. Primero, y ante todo, deben poner un excelente ejemplo ético con su propia conducta y establecer una tradición de integridad. Las decisiones de la compañía deben ser y considerarse éticas —las acciones hablan con mayor elocuencia que las palabras—. En segundo término, es necesario informar a los gerentes y empleados qué es ético y qué no lo es; pueden establecerse programas de capacitación en ética en los que se señalen y analicen las áreas difíciles de definir. Debe alentarse a todos a plantear problemas con dimensiones éticas y tales debates deben tratarse como un tema legítimo. Tercero, la alta dirección debe reiterar regularmente su apoyo inequívoco al código ético de la compañía y adoptar una postura firme en este tipo de asuntos. Cuarto,

---

Un desafío constante en la creación de la organización es ampliar, profundizar o modificar las capacidades y fortalezas de recursos organizacionales en respuesta a los cambios continuos en los clientes y mercados.

la alta dirección debe prepararse para actuar como árbitro definitivo en decisiones difíciles, lo cual significa destituir a empleados de puestos clave o despedirlos cuando sean culpables de una infracción. Esto implica también reprender a quienes han sido negligentes en supervisar y hacer cumplir las normas éticas. No actuar con prontitud y decisión para castigar las faltas de ética se interpreta como ausencia de compromiso auténtico.

Si una compañía toma realmente en serio el respeto y observancia de la conducta ética, tal vez necesite hacer dos cosas:

- Realizar una auditoría anual de los esfuerzos de cada gerente por respetar y defender las normas éticas y elaborar informes formales de las medidas adoptadas por los gerentes para remediar la conducta deficiente.

- Requerir que todos los empleados firmen una declaración anual en la que certifiquen que han cumplido con el código de ética de la compañía.

En la cápsula ilustrativa 58 encontrará una exposición de las medidas que Lockheed Martin adoptó cuando recibió una multa de casi 25 millones de dólares por una violación a la ética y puso en riesgo su condición de contratista principal del Departamento de Defensa de Estados Unidos.

> Las normas éticas elevadas no pueden hacerse respetar sin el compromiso abierto e inequívoco del ejecutivo en jefe.

> Los gerentes son los maestros de ética de una organización en el sentido de que todo cuando hacen y dicen envía señales y lo que no hacen y no dicen también envía señales.

Ciudadanía corporativa y responsabilidad social: otra dimensión de la conducta ética modelo La aplicación firme del código corporativo de ética por sí misma no basta para hacer de una compañía un buen ciudadano corporativo. Los líderes empresariales que quieren que sus organizaciones sean consideradas ciudadanas corporativas ejemplares no sólo deben ocuparse de que operen éticamente, sino que también deben exhibir conciencia ética en las decisiones que afectan a las partes interesadas, en especial a los empleados, las comunidades en las que operan y la sociedad en general. La ciudadanía corporativa y la toma de decisiones socialmente responsable se demuestran de varias maneras: teniendo prácticas laborales que toman en cuenta a la familia, operando un lugar de trabajo seguro, esforzándose por proteger el ambiente (más allá de lo que exige la ley), participando activamente en asuntos de la comunidad, interactuando con funcionarios de la comunidad para reducir el impacto de los despidos o contrataciones de grandes cantidades de nuevos empleados (lo que podría provocar presiones en las escuelas y servicios públicos locales), y siendo un colaborador generoso de causas caritativas y proyectos que beneficien a la sociedad. Por ejemplo, Chick-fil-A, una cadena de 700 restaurantes de comida rápida, con sede en Atlanta, tiene una fundación de beneficencia, apoya 10 hogares infantiles y un campamento de verano, financia dos programas de becas y participa en diversos programas individuales con niños.[26] Toys "R" Us apoya iniciativas que abordan el problema del trabajo de menores y las prácticas laborales justas en todo el mundo. Community Pride Food Stores contribuye a revitalizar las zonas urbanas deprimidas de Richmond, Virginia, donde la compañía tiene su sede. El propietario de Malden Mills Industries en Malden, Massachusetts, mantuvo a los empleados en la nómina de la empresa durante meses mientras se reconstruía y volvía a equiparse una fábrica arrasada por un incendio.

Lo que distingue a las compañías que hacen un esfuerzo sincero por responsabilizarse y ser buenos ciudadanos corporativos de las que se conforman con hacer sólo lo que la ley les exige son los líderes de la estrategia que creen firmemente en la buena ciudadanía corporativa. Las firmas que cuentan con líderes estrategas socialmente conscientes y culturas donde la responsabilidad social corporativa es un valor central son las que más probablemente conduzcan sus asuntos de la manera como corresponde a un buen ciudadano corporativo.

Guía del proceso de realización de ajustes correctivos

El desafío para el liderazgo en este caso es doble: decidir cuándo hacer ajustes y decidir qué ajustes hacer. Ambas decisiones son parte normal y necesaria de las responsabilidades de un

---

[26] Archie B. Carroll, "The Four Faces of Corporate Citizenship", *Business and Society Review* 100/101, 1998, p. 6.

Cápsula ilustrativa 58
Medidas correctivas de Lockheed Martin después de haber sido multada por infringir las leyes estadounidenses contra sobornos

Lockheed Martin Corporation es uno de los principales productores mundiales de sistemas aeronáuticos y espaciales, cuyas ventas en 1999 ascendieron a más de 25 000 millones de dólares. Desde 1914, cuando la compañía empezó a entregar aviones al Cuerpo de Señales del Ejército de Estados Unidos, Lockheed ha diseñado y construido aviones militares y naves espaciales para el ejército estadounidense y sus aliados, incluyendo los bombarderos P-38 y B-29 y los aviones de reconocimiento SR-71, los aviones de carga C-130, el bombardero Starfighter F-104, el Fighting Falcon F-16, el Raptor F-22 y los misiles Titan y Trident. Ha sido contratista importante de los programas espaciales Mercury, Gemini, Apollo, Skylab y Transbordadores. En 1999, las ventas de la compañía al gobierno estadounidense representaron más de 70% de sus ingresos anuales.

La condición de Lockheed Martin como contratista del gobierno estadounidense se puso en riesgo en 1995 cuando los funcionarios de la compañía admitieron que ésta había conspirado para violar las leyes estadounidenses contra sobornos. La infracción ocurrió en 1990 cuando Lockheed Martin pagó a un legislador egipcio un millón de dólares para que ayudara a la compañía a conseguir un contrato para proveer a Egipto de aviones de carga C-130. El gobierno estadounidense impuso una multa a Lockheed Martin de 24.8 millones de dólares y la colocó en un periodo de libertad condicional de tres años durante el cual otras violaciones a la ética podrían excluir a la compañía de ofertas de contratos gubernamentales.

Después de la sentencia, el director de Lockheed Martin y otros altos ejecutivos diseñaron la creación de un programa integral de cumplimiento ético que empleaba los sistemas de cómputo de la compañía y sus capacidades de internet para protegerse de violaciones subsiguientes. Los programas de software como Qwizard y Merlin permiten a los empleados conectarse a internet para tomar un curso de capacitación obligatoria en ética relacionado con el Código de Ética y Conducta en los Negocios de Lockheed Martin. El sistema registra cuando los empleados terminan sesiones en línea en temas tales como el acoso sexual, la seguridad, cumplimiento de las disposiciones sobre las licencias de software, cobro por trabajos, abuso de información privilegiada y gratificaciones. El programa de capacitación basado en internet también permite a la compañía realizar auditorías de ética completas y actualizadas para determinar cuántas horas de capacitación han tomado cada uno de los 170 000 empleados de Lockheed Martin.

Los programas de software de ética de Lockheed Martin también proporcionan a los gerentes de la compañía una variedad de estadísticas relacionadas con violaciones a la ética que ocurren en la empresa. El sistema compila datos y prepara informes relativos a violaciones detectadas, como mal uso de los recursos de la compañía, conflictos de intereses y violaciones a la seguridad. Además, el sistema proporciona un informe del número de empleados de Lockheed Martin despedidos, suspendidos o reprendidos por infracciones éticas. La información mantenida en los sistemas de Lockheed Martin ha sido útil tanto para los gerentes como para el gobierno estadounidense en la evaluación del estado de la ética en los negocios de la compañía.

El compromiso renovado de Lockheed Martin con la honestidad, integridad, respeto, confianza, responsabilidad y ciudadanía y su método para observar el cumplimiento ético no sólo redujo la probabilidad de ser excluido del negocio de contratos de la defensa, sino que también allanó el camino para que la compañía recibiera en 1998 el Premio a la Ética en los Negocios en Estados Unidos. Al recibir el premio, el presidente y director general de la organización, Vance Coffman, dijo: "En Lockheed Martin, hemos hecho énfasis en que el primer y más importante principio unificador que nos guía es la conducta ética, todos los días y en todas partes donde hacemos negocios. Recibir este premio es una fuerte señal de que estamos alcanzando nuestra meta de dar a nuestra corporación una base ética firme para enfrentar los retos del siglo veintiuno".

Fuentes: Sitio web de Lockheed Martin, y *The Wall Street Journal*, 21 de octubre de 1999, p. B1.

| Los ajustes correctivos en el enfoque de la compañía hacia la ejecución de la estrategia son normales y tienen que hacerse según vaya surgiendo la necesidad. |

gerente de estrategia, puesto que ningún plan estratégico o de implantación y ejecución de la estrategia puede prever todos los sucesos y problemas que surgirán. Llega el momento en que los gerentes tienen que modificar el rumbo de la compañía, revisar los objetivos, cambiar la estrategia o pulir los enfoques hacia la ejecución de la estrategia.

El *proceso* de realización de ajustes correctivos varía de acuerdo con la situación. En una crisis, el enfoque típico del liderazgo consiste en pedir a subordinados clave que recopilen información para identificar y evaluar las opciones (ajustando las cifras que correspondan) y tal vez preparar una serie preliminar de medidas recomendadas para consideración. A continuación, el líder de la estrategia se reúne por lo general con los subordinados clave y preside personalmente los prolongados debates de las propuestas para tratar de crear consenso rápido entre los miembros del círculo de ejecutivos más prominentes. Si no se crea consenso y se requiere actuar de inmediato, la responsabilidad de elegir la propuesta correcta y conseguir el apoyo necesario recae en el gerente de la estrategia.

Cuando la situación permite a los gerentes proceder con mayor detenimiento para decidir cuándo hacer los cambios y qué cambios implantar, ellos parecen preferir un proceso para solidificar poco a poco el compromiso con un curso de acción específico.[27] El proceso que siguen los gerentes para decidir los ajustes correctivos es en esencia el mismo para los cambios previsores y reactivos: detectan las necesidades, recopilan información, amplían y profundizan su comprensión de la situación, formulan opciones y exploran las ventajas y desventajas, presentan propuestas de acción, generan soluciones parciales (en el nivel de seguridad), crean consenso entre los gerentes y, por último, adoptan formalmente un curso de acción acordado.[28] El marco temporal para decidir los cambios correctivos en la visión, objetivos, estrategias, capacidades, métodos de puesta en práctica y ejecución que habrán de implantarse puede ser de varias horas, días, semanas o incluso meses si la situación es especialmente complicada. El éxito por lo general se basa en un análisis minucioso del caso y la aplicación del buen sentido común para los negocios.

Todo esto, una vez más, destaca el carácter fundamental de la administración estratégica: la labor de diseñar, poner en práctica y ejecutar la estrategia es un proceso de cinco tareas que implica mucho trabajo y esfuerzo para afinar y ajustar las visiones estratégicas, objetivos, estrategias, capacidades, métodos de puesta en práctica y culturas para adaptarlas entre sí y a las circunstancias cambiantes. El proceso es continuo y los actos conceptualmente independientes de diseñar y ejecutar la estrategia se combinan en situaciones reales. Las mejores pruebas del buen liderazgo estratégico son si la compañía tiene una buena estrategia y si dicha estrategia se ejecuta de manera competente. Si estas dos condiciones existen, las probabilidades son excelentes de que la empresa mejore su desempeño financiero y estratégico, sea capaz de adaptarse a múltiples cambios y se considere un buen lugar para trabajar.

Puntos | clave

Crear una cultura corporativa que apoye la estrategia es importante para la ejecución exitosa de ésta porque produce un ambiente de trabajo y un espíritu de compañerismo organizacional que crecen con el cumplimiento de los objetivos de desempeño y siendo parte de un esfuerzo triunfador. La cultura de una organización surge de por qué y cómo hace las cosas como las hace, los valores y creencias que los altos ejecutivos adoptan, las normas éticas esperadas de sus miembros, el tono y filosofía que fundamentan las políticas clave, y las tradiciones que mantiene la organización. Así, la cultura se relaciona con el ambiente y sensación que imperan en una compañía y el estilo con el que se hacen las cosas.

Con mucha frecuencia, los elementos de la cultura de una firma se originan en un fundador u otros líderes influyentes que expresan los valores, creencias y principios que observará la compañía, y que luego se incorporan a las políticas de ésta, un credo o declaración de valores, estrategias y prácticas de operación. Con el tiempo, estos valores y prácticas se comparten entre empleados y gerentes de la empresa. Las culturas se perpetúan cuando los nuevos líderes actúan para reforzarlas, se alienta a los nuevos empleados a adoptarlas y seguirlas, se cuentan constantemente las historias de personas y sucesos que ilustran los valores centrales y prácticas, y se honra y premia a los miembros de la organización por actuar de acuerdo con las normas culturales.

Las culturas de las compañías varían mucho en fortaleza y composición; algunas están fuertemente arraigadas mientras que otras son débiles y están fragmentadas. Ciertas culturas no son saludables; a menudo están dominadas por intereses políticos egoístas, resistencia al cambio y enfoque interno, rasgos que suelen ser precursores de una caída en el desempeño de la

---

[27] James Brian Quinn, *Strategies for Change: Logical Incrementalism*, Richard D. Irwin, Homewood, IL, 1980, pp. 20-22.

[28] *Ibid.*, p. 146.

empresa. En ambientes comerciales que cambian con rapidez, las culturas adaptables son mejores porque la gente tiende a aceptar y apoyar los esfuerzos de la compañía por adaptarse al cambio en su entorno; el ambiente de trabajo en organizaciones con cultura adaptable es receptivo a nuevas ideas, experimentación, innovación, nuevas estrategias y prácticas de operación, siempre que dichos cambios sean compatibles con los valores centrales y creencias. Un rasgo significativo que define las culturas adaptables es que la alta dirección se interesa de manera genuina en el bienestar de todos sus participantes clave: clientes, empleados, accionistas, principales proveedores y comunidades en las que opera, y trata de satisfacer simultáneamente todos sus intereses legítimos.

La filosofía, metas y prácticas, implícitas o explícitas en una nueva estrategia, pueden ser compatibles o no con la cultura de la empresa. Una alineación estrecha entre estrategia y cultura promueve la puesta en práctica y la buena ejecución; un desequilibrio plantea obstáculos reales. Cambiar la cultura de una compañía, en especial cuando es fuerte y tiene características que no se ajustan a las necesidades de la nueva estrategia, es uno de los desafíos más difíciles que enfrenta la administración. Este cambio de la cultura exige liderazgo competente de la cúpula; requiere actos simbólicos y sustantivos que indiquen inequívocamente el compromiso serio por parte de la alta dirección. Mientras más fuerte sea la compatibilidad entre cultura y estrategia, menos tendrán los gerentes que depender de políticas, reglas, procedimientos y supervisión para hacer cumplir lo que la gente debe y no debe hacer; más bien, las normas culturales se observan tan bien que guían automáticamente el comportamiento.

Las culturas corporativas saludables también están basadas en principios comerciales éticos, valores morales y una toma de decisiones socialmente responsable. Dichas normas denotan integridad, "hacer lo correcto", e interés genuino por las partes interesadas y la manera como la compañía hace negocios. Para ser eficaces, los programas corporativos de ética y valores tienen que convertirse en una forma de vida mediante la capacitación, el cumplimiento estricto, los procedimientos de aplicación y los apoyos reiterados de la gerencia. Además, los altos funcionarios deben practicar lo que predican y servir como modelos rectores de la conducta ética, la toma de decisiones impulsada por los valores y la conciencia social.

Los gerentes exitosos hacen varias cosas para ejercer el liderazgo en la ejecución de la estrategia: se mantienen al tanto de lo que ocurre en la organización pasando tiempo considerable fuera de sus oficinas para escuchar y hablar con los miembros de la organización, instruir, animar y recopilar información importante; se empeñan en reforzar la cultura corporativa mediante las cosas que dicen y hacen; alientan a la gente a ser creativa e innovadora para que la organización siga siendo receptiva a las condiciones cambiantes, se mantenga alerta para detectar nuevas oportunidades y ansiosa por emprender nuevas iniciativas; apoyan a los paladines de nuevos enfoques o ideas que están dispuestos a arriesgarse para intentar algo innovador; trabajan afanosamente para crear consenso acerca de cómo proceder, qué cambiar y qué no cambiar; hacen cumplir las normas éticas elevadas e insisten en la toma de decisiones corporativa socialmente responsable, y aplican activamente medidas correctivas para mejorar la ejecución de la estrategia y el desempeño estratégico en general.

Debido a que cada caso de ejecución de la estrategia ocurre bajo diferentes circunstancias organizacionales, la agenda de medidas del ejecutor de la estrategia necesita ser siempre específica para cada situación; no existe ningún procedimiento genérico que pueda seguirse. Además, como mencionamos al principio, la ejecución de la estrategia es una tarea orientada a la acción, a hacer que ocurran las cosas correctas, que desafía la habilidad del gerente para guiar y dirigir el cambio organizacional, crear o reinventar los procesos comerciales, administrar y motivar a la gente y lograr los objetivos de desempeño. Si ahora usted comprende mejor la naturaleza del reto, la gama de enfoques disponibles, las cuestiones que deben considerarse y por qué la agenda de acción para poner en práctica y ejecutar la estrategia abarca tantos aspectos del trabajo administrativo y directivo, podremos considerar que nuestra exposición en estos últimos tres capítulos ha resultado un éxito.

Lecturas |sugeridas

Badaracco, Joseph L., *Defining Moments: When Managers Must Choose between Right and Wrong*, Harvard Business School Press, Boston, 1997.

Badaracco, Joe y Allen P. Webb, "Business Ethics: A View from the Trenches", *California Management Review* 37, núm. 2, invierno de 1995, pp. 8-28.

Carroll, Archie B., "The Four Faces of Corporate Citizenship", *Business and Society Review* 100/101, 1998, pp. 1-7.

Clement, Ronald W., "Culture, Leadership, and Power: The Keys to Organizational Change", *Business Horizons* 37, núm. 1, enero-febrero de 1994, pp. 33-39.

Driscoll, Dawn-Marie y W. Michael Hoffman, "Gaining the Ethical Edge: Procedures for Delivering Values-Driven Management", *Long Range Planning* 32, núm. 2, abril de 1999, pp. 179-189.

Farkas, Charles M. y Suzy Wetlaufer, "The Ways Chief Executive Officers Lead", *Harvard Business Review* 74, núm. 3, mayo-junio de 1996, pp. 110-122.

Floyd, Steven W. y Bill Wooldridge, "Managing Strategic Consensus: The Foundation of Effective Implementation", *Academy of Management Executive* 6, núm. 4, noviembre de 1992, pp. 27-39.

Ghoshal, Sumantra y Christopher A. Bartlett, "Changing the Role of Top Management: Beyond Structure to Processes", *Harvard Business Review* 73, núm. 1, enero-febrero de 1995, pp. 86-96.

Goffee, Robert y Gareth Jones, *The Character of a Corporation,* HarperCollins, Nueva York, 1998.

Goleman, Daniel, "What Makes a Leader", *Harvard Business Review* 76, núm. 6, noviembre-diciembre de 1998, pp. 92-102.

Hamel, Gary, "Reinvent Your Company", *Fortune* 141, núm. 12, 12 de junio de 2000, pp. 98-118.

Heifetz, Ronald A. y Donald L. Laurie, "The Work of Leadership", *Harvard Business Review* 75, núm. 1, enero-febrero de 1997, pp. 124-134.

Kirkpatrick, Shelley A. y Edwin A. Locke, "Leadership: Do Traits Matter?", *Academy of Management Executive* 5, núm. 2, mayo de 1991, pp. 48-60.

Kotter, John P., "What Leaders Really Do", *Harvard Business Review* 68, núm. 3, mayo-junio de 1990, pp. 103-111.

———, "Leading Change: Why Transformation Efforts Fail", *Harvard Business Review* 73, núm. 2, marzo-abril de 1995, pp. 59-67.

Kotter, John P. y James L. Heskett, *Corporate Culture and Performance,* Free Press, Nueva York, 1992.

Miles, Robert H., *Corporate Comeback: The Story of Renewal and Transformation at National Semiconductor*, Jossey-Bass, San Francisco, 1997.

Murphy, Patrick E., "Corporate Ethics Statements: Current Status and Future Prospects", *Journal of Business Ethics* 14, 1995, pp. 727-740.

Paine, Lynn Sharp, "Managing for Organizational Integrity", *Harvard Business Review* 72, núm. 2, marzo-abril de 1994, pp. 106-117.

Schneider, Benjamin, Sarah K. Gunnarson y Kathryn Niles-Jolly, "Creating the Climate and Culture of Success", *Organizational Dynamics*, verano de 1994, pp. 17-29.

Scholz, Christian, "Corporate Culture and Strategy—The Problem of Strategic Fit", *Long Range Planning* 20, agosto de 1987, pp. 78-87.

parte | dos
2

Casos de
administración
estratégica

Guía del análisis de casos

Sólo conservo a mi orden
seis honestos servidores
(me enseñaron lo que sé);
son sus nombres Qué y Por qué,
Cuándo, Cómo, Dónde y Quién.
—Rudyard Kipling

En la mayoría de los cursos de administración estratégica, los estudiantes se valen de casos de compañías reales para obtener alguna experiencia en las tareas de elaborar y poner en práctica el análisis estratégico. Un caso plantea, a través de los hechos, los eventos y circunstancias de organización que rodean una situación administrativa particular; pone a los lectores en la escena de la acción y los familiariza con todas las circunstancias pertinentes. Un caso de administración estratégica puede consistir en todo un ramo, una sola organización o alguna parte de ésta; tal organización puede ser lucrativa o no lucrativa. La esencia de la función del estudiante en el análisis de casos es diagnosticar y estimar la situación descrita en el caso, para luego recomendar los pasos de acción apropiados.

¿POR QUÉ RECURRIR A CASOS PARA PRACTICAR LA ADMINISTRACIÓN ESTRATÉGICA?

Un estudiante de negocios con provecho
absorbió muchas respuestas que no tenía,
y ya en la práctica inquirió, con gran melancolía:
"¿Y cómo, ahora, la respuesta ajusto al hecho?"

El profesor Charles Gragg utilizó hace algunos años la cuarteta precedente para representar el aprieto en que se ven los estudiantes de negocios que no tienen acceso a los casos.[1] La verdad es que el mero acto de asistir a la exposición del tema en clases y escuchar consejos sensatos acerca de la administración hace poco por las habilidades administrativas del estudioso. La sabiduría administrativa acumulada no se puede transmitir de manera eficaz sólo por medio de explicaciones y lecturas asignadas. Si algo se ha aprendido acerca de la práctica de la administración es que no existe un almacén de respuestas hechas de libro de texto. Cada situación administrativa tiene aspectos únicos que requieren su propio diagnóstico, juicio y acciones confeccionadas a su medida. Los casos proveen a los administradores en ciernes una valiosa forma de practicar el enfrentamiento con problemas reales de administradores reales en compañías reales.

El método de los casos para el análisis estratégico es, primero y sobre todo, un ejercicio de aprender haciendo. Puesto que los casos proporcionan información detallada acerca de condiciones y problemas de ramos y compañías diferentes, la tarea de usted al analizar una compañía tras otra y una situación tras otra tiene el doble beneficio de impulsar sus habilidades analíticas y de mostrarle las formas en que las empresas y los administradores hacen realmente las cosas. La mayoría de los estudiantes universitarios tienen limitadas bases administrativas y sólo un conocimiento fragmentario acerca de las empresas y las situaciones estratégicas de la vida real. Los casos ayudan a sustituir la experiencia que se adquiere en el trabajo 1) al darle a usted un contacto más amplio con diversos ramos, organizaciones y problemas estratégicos;

---

[1] Charles I. Gragg, "Because Wisdom Can't Be Told", *The Case Method at the Harvard Business School*, M.P. McNair (ed.), McGraw-Hill, Nueva York, 1954, p. 11.

2) al forzarlo a asumir una función administrativa (en oposición a la de ser sólo un espectador); 3) al proveerle una prueba de cómo aplicar las herramientas y técnicas de administración estratégica, y 4) al pedirle que proponga planes pragmáticos de acción administrativa para tratar los asuntos que se enfrentan.

OBJETIVOS DEL ANÁLISIS DE CASOS

El recurso de los casos para aprender la práctica de la administración estratégica es una poderosa herramienta para que logre usted cinco cosas:[2]

1. Aumentar su comprensión de lo que los administradores deben y no deben hacer para llevar a una empresa al éxito.
2. Desarrollar habilidades para juzgar las fuerzas y debilidades de recursos de una empresa y para efectuar el análisis estratégico en diversos ramos y situaciones competitivas.
3. Adquirir valiosa práctica para identificar problemas estratégicos que hay que atender, para evaluar alternativas estratégicas y para formular planes de acción viables.
4. Afinar su juicio de empresa, contrario a la aceptación sin crítica del soporte autoritario del profesor o de las respuestas al final del libro.
5. Conseguir un contacto a fondo con diferentes ramos y empresas, adquiriendo con ello algo cercano a la experiencia real de negocios.

Si usted entiende que éstos son los objetivos del análisis de casos, es menos probable que lo consuma la curiosidad por conocer "la respuesta del caso". Los estudiantes que se han acomodado y habituado a las declaraciones y observaciones terminantes del libro de texto suelen sentirse frustrados cuando las discusiones acerca de un caso no producen respuestas concretas. Por lo común, las discusiones de casos producen más de un buen curso de acción. Casi siempre hay diferencias de opinión. En consecuencia, si un análisis en clase concluye sin un firme e inequívoco consenso sobre lo que hay que hacer, no refunfuñe mucho cuando *no* se le diga cuál es la respuesta o qué hizo realmente la compañía. Sólo recuerde que en el mundo de los negocios las respuestas no vienen en concluyentes términos de esto es blanco y esto otro es negro. Casi siempre hay varias formas de acción y enfoques viables, cada uno de los cuales puede funcionar satisfactoriamente. Más aún, en el mundo de los negocios, cuando uno elige una ruta de acción particular, no hay modo de echar una mirada al final del libro para ver si se eligió lo mejor que había que hacer, ni hay a quién volverse en busca de una respuesta correcta demostrable. La única prueba válida de la acción de la administración son los *resultados*. Si los resultados de una acción son buenos, puede suponerse que la decisión de emprender esa acción fue correcta; si no hubo buen resultado, la acción elegida fue incorrecta en el sentido de que no funcionó.

Por consiguiente, lo importante que un estudiante ha de entender en el análisis de casos es que el ejercicio administrativo de la identificación, el diagnóstico y la recomendación es lo que desarrolla sus habilidades; descubrir la respuesta correcta o averiguar qué sucedió realmente no es más que el decorado del pastel. Aun cuando usted indagara qué fue lo que la compañía hizo, no podría concluir que fuera necesariamente algo correcto o lo mejor; lo más que puede decirse es "Eso es lo que ellos hicieron...".

El asunto es éste: *El propósito de ponerle a usted una tarea de caso no es hacerle correr a la biblioteca o ponerlo a recorrer internet para averiguar qué fue lo que hizo realmente la compañía, sino desarrollar sus capacidades de estimación de situaciones y formar su juicio administrativo acerca de lo que es necesario hacer y cómo hay que hacerlo.* La finalidad del análisis de casos es que *usted* participe activamente en el diagnóstico de asuntos críticos de negocios y

---

[2] *Ibid.*, pp. 12-14; y D.R. Schoen y Philip A. Sprague, "What Is the Case Method?", *The Case Method at the Harvard Business School*, M.P. McNair (ed.), pp. 78-79.

problemas administrativos planteados en el caso, que proponga soluciones practicables y que explique y defienda sus evaluaciones; así es como los casos le proporcionan una valiosa práctica del ejercicio de la administración.

PREPARACIÓN DE UN CASO PARA LA DISCUSIÓN EN CLASE

Si ésta es su primera experiencia con el método de casos, tal vez tenga que reorientar sus hábitos de estudio. A diferencia de los cursos de exposición del tema a los que asiste sin prepararse intensamente para cada clase y en los que dispone de un margen holgado de tarea con lecturas asignadas y repaso de apuntes de lo explicado en su programa, una asignación de caso requiere una concienzuda preparación para la clase. No obtendrá gran provecho de escuchar la discusión en clase de un caso que no ha leído, y ciertamente no podrá contribuir en nada al análisis y debate.

Para alistarse para el análisis en clase de un caso, tiene que estudiar éste, reflexionar cuidadosamente sobre la situación que se presenta y concebir algunas ideas razonadas. Su meta debe consistir en presentar un análisis firme, bien sostenido de la situación y un conjunto correcto y defendible de recomendaciones. El paquete de software Case-TUTOR que acompaña esta edición le ayudará en la preparación de sus casos; contiene un conjunto de preguntas de estudio para cada caso y ayudas paso a paso que le asistirán en el proceso de analizar y concretar recomendaciones razonables.

Para preparar un caso para la discusión en clase le sugerimos el método siguiente:

1. *Haga una lectura general rápida del caso para tener un panorama de la situación que presenta.* Esta rápida vista de conjunto debe darle las características generales de la situación e indicarle las clases de asuntos críticos y problemas con que tendrá que enfrentarse. Si su maestro le ha proporcionado preguntas de estudio para el caso, éste es el momento de leerlas con cuidado.

2. *Lea el caso a conciencia para organizar los hechos y circunstancias.* En esta lectura, trate de lograr el dominio completo de la situación que se presenta en el caso. Empiece a preparar algunas respuestas tentativas a las preguntas de estudio de su instructor o del paquete de software Case-TUTOR, el cual puede descargar del sitio web del libro. Si su instructor decidió no darle preguntas de tarea o no le ha recomendado el uso regular del Case-TUTOR, empiece a formarse su propio cuadro de la situación general que se describe.

3. *Revise cuidadosamente toda la información presentada en documentos.* Con frecuencia hay una historia importante en los números contenidos en la documentación y los materiales. Espere que la información de los documentos del caso sea lo bastante crucial para afectar materialmente a su diagnóstico de la situación.

4. *Determine cuáles son los temas estratégicos.* Mientras no identifique los temas y problemas estratégicos del caso, no sabrá qué analizar, qué herramientas y técnicas analíticas se requieren, ni cómo proceder. A veces, los temas estratégicos son claros: se declaran directamente en el caso o se infieren de éste con facilidad; en otras ocasiones, tendrá que desenterrar los temas de entre toda la información dada. Si es esto último, las preguntas de estudio y los ejercicios de preparación de caso proporcionados en el software Case-TUTOR le guiarán.

5. *Empiece su análisis de los temas con algún trabajo de números.* La gran mayoría de los casos de estrategia piden alguna clase de faena matemática: cálculo de un surtido de razones matemáticas financieras para verificar el estado y desempeño reciente financiero de la empresa, cálculo de tasas de crecimiento de ventas, o de utilidades, o de volumen unitario; verificación de márgenes de ganancia y maquillaje de la estructura de costos, así como comprensión de cualesquiera relaciones que existan entre ingresos, costos y ganancias. Examine la tabla 1 para ver un resumen de razones matemáticas clave de finanzas, aprender cómo se calculan y entender qué es lo que revelan. Si usted está usando Case-TUTOR,

una parte de la tarea de matemáticas ya se ha computarizado, y esto le permitirá dedicar más tiempo a interpretar las tasas de crecimiento, las razones matemáticas financieras y otros cálculos que ya se le dan hechos.

6. *Aplique los conceptos y técnicas de análisis estratégico que ha estado estudiando.* El análisis estratégico no es sólo un cúmulo de opiniones; más bien se trata de aplicar los conceptos y herramientas analíticas descritos en los capítulos 1 a 13 para cortar bajo la superficie, captar imágenes profundas y nítidas, y entender. Cada caso asignado es una estrategia relacionada que le presenta una oportunidad de aplicar útilmente lo aprendido. Su instructor está procurando que usted demuestre que sabe *cómo* y *cuándo* utilizar el material que se proporciona en los capítulos del texto. Las guías de preparación de casos en Case-TUTOR le señalarán las herramientas analíticas apropiadas que necesita para analizar cada situación.

7. *Revise las opiniones opuestas y haga algunos juicios sobre la validez de todos los datos e información que se proporcionan.* En muchas ocasiones, los casos reportan oposición de puntos de vista y opiniones (después de todo, la gente no siempre concuerda en las cosas, y diferentes personas ven las mismas cosas de modos diferentes). Verse forzado a evaluar los datos e información que se le presentan en el caso le sirve para desarrollar sus facultades de inferencia y juicio. Resolver información en conflicto es propio de toda esta actividad porque muchas situaciones administrativas comprenden puntos de vista y tendencias opuestos, e información superficial.

8. *Respalde sus diagnósticos y opiniones con razones y evidencias.* Lo más importante es preparar sus respuestas a la pregunta "¿Por qué?" Por ejemplo, si después de estudiar el caso su opinión es que los administradores de la empresa están haciendo un mal trabajo, entonces su respuesta a la pregunta "¿Por qué lo cree así?" es la que establece qué tan bueno es su análisis de la situación. Si su instructor le proporcionó preguntas de estudio específicas para el caso, o si está utilizando las guías de preparación de casos de Case-TUTOR, es imprescindible que elabore respuestas que incluyan todas las razones y evidencia analítica matemática que pueda reunir en apoyo de su diagnóstico. Resuelva los ejercicios de preparación de casos de Case-TUTOR a conciencia o, si está utilizando preguntas de estudio que le haya dado el maestro, *¡escriba por lo menos dos páginas de notas!*

9. *Prepare un plan de acción y un conjunto de recomendaciones apropiados.* El diagnóstico separado de la acción correctiva es estéril. La prueba de un administrador es siempre convertir el análisis correcto en acciones correctas: acciones que producirán los resultados deseados. De este modo, el paso definitivo y más efectivo en la preparación de un caso es crear una agenda de acción para la administración que siente un conjunto de recomendaciones específicas. Tenga en cuenta que proponer soluciones realistas, practicables, es con mucho preferible a sugerir casualmente lo primero que se le ocurre a uno. Esté preparado para explicar por qué sus recomendaciones son más atractivas que otros caminos de acción que se encuentran abiertos. Para dar este paso también le serán útiles las guías de preparación de casos de Case-TUTOR.

Siempre que prepare concienzudamente su análisis y recomendaciones, y reúna amplias razones, pruebas y argumentos en apoyo de sus puntos de vista, no debe preocuparse de si lo que ha preparado es "la respuesta acertada" al caso. En análisis de casos, rara vez hay sólo un enfoque o conjunto de recomendaciones que sea el correcto. Administrar una compañía y concebir y ejecutar estrategias no son ciencias tan exactas que sólo exista un análisis demostrablemente correcto y un plan de acción único para cada situación estratégica. Desde luego, algunos análisis y planes de acción son mejores que otros; pero, en verdad, casi siempre hay más de una buena forma de analizar una situación y más de un buen plan de acción. Así que, si usted preparó con todo cuidado el caso ya sea utilizando las guías de preparación de Case-TUTOR o las preguntas de asignación de su maestro, no pierda la confianza en lo correcto de su trabajo y de su juicio.

Tabla 1　Razones matemáticas financieras clave: cómo se calculan y qué revelan

Razón matemática	Cómo se calcula	Qué revela
Razones de redituabilidad		
1. Margen de utilidades brutas	$\dfrac{\text{Ventas} - \text{Costo de bienes vendidos}}{\text{Ventas}}$	Una indicación del margen total disponible para cubrir gastos de operación y rendir una utilidad.
2. Margen de utilidades de operación (o ingreso por ventas)	$\dfrac{\text{Utilidades antes de [deducción de] impuestos y de intereses}}{\text{Ventas}}$	Una indicación de la redituabilidad de la empresa con las operaciones actuales sin considerar los cargos de interés acumulativos de la estructura del capital.
3. Margen de utilidades netas (o ingreso neto por ventas)	$\dfrac{\text{Utilidades después de impuestos}}{\text{Ventas}}$	Muestra utilidades por dólar de ventas después de impuestos. Los márgenes de utilidades bajo par indican que los precios de ventas de la compañía están relativamente bajos, o los costos están relativamente altos, o ambas cosas.
4. Ingreso por activos totales	$\dfrac{\text{Utilidades después de impuestos}}{\text{Activos totales}}$ o $\dfrac{\text{Utilidades después de impuestos} + \text{interés}}{\text{Activos totales}}$	Medida del rendimiento de la inversión total en la empresa. A veces es conveniente sumar interés a las utilidades después de impuestos para formar el numerador de la razón matemática, ya que el activo total es financiado por los acreedores así como por los accionistas; por esto, es correcto medir la productividad del activo por los rendimientos aportados por ambas clases de inversionistas.
5. Ingresos por capital contable (o ingreso por valor neto)	$\dfrac{\text{Utilidades después de impuestos}}{\text{Capital contable total}}$	Medida de la tasa de rendimiento de la inversión de los accionistas en la empresa.
6. Ingreso por capital utilizado	$\dfrac{\text{Utilidades después de impuestos} - \text{Dividendos de acciones preferentes}}{\text{Capital contable total} + \text{Deuda total} - \text{Valor a la par de acciones preferentes}}$	Medida de la tasa de rendimiento por la inversión de capital total en la empresa.
7. Ganancias por acción	$\dfrac{\text{Utilidades después de impuestos y después de pagar dividendos de acciones preferentes}}{\text{Número de acciones en circulación comunes}}$	Muestra las ganancias disponibles para los poseedores de cada acción común.
Razones de liquidez		
1. Razón actual	$\dfrac{\text{Activo circulante}}{\text{Pasivo circulante}}$	Indica el grado en que las demandas de acreedores a corto plazo están cubiertas por el activo que se espera convertir a efectivo en un periodo aproximadamente correspondiente a la madurez de los pasivos.
2. Razón rápida (o razón de prueba del ácido)	$\dfrac{\text{Activo circulante} - \text{Inventario}}{\text{Pasivo circulante}}$	Medida de la capacidad de la firma para saldar obligaciones a corto plazo sin recurrir a la venta de sus inventarios.
3. Inventario del capital de operación neto	$\dfrac{\text{Inventario}}{\text{Activo circulante} - \text{Pasivo circulante}}$	Medida del grado en que el capital operante de la compañía está ocupado en inventario.
Razones de palanca o estructura del pasivo		
1. Razón de deudas a activos	$\dfrac{\text{Deuda total}}{\text{Activo total}}$	Mide el grado en que los fondos obtenidos por préstamo se han usado para financiar las operaciones de la compañía. La deuda abarca los adeudos a largo y a corto plazos.
2. Razón de deuda a capital contable	$\dfrac{\text{Deuda total}}{\text{Capital contable total}}$	Proporciona otra medida de los fondos aportados por los acreedores contra los aportados por los propietarios.

(continúa)

Tabla 1 *(conclusión)*

Razón matemática	Cómo se calcula	Qué revela
Razones de palanca o estructura del pasivo (*continuación*)		
3. Razón del adeudo de largo plazo a capital contable	$\dfrac{\text{Deuda a largo plazo}}{\text{Capital contable total}}$	Medida muy usada del balance entre deuda y capital contable en la estructura de capital a largo plazo de la empresa.
4. Razón de múltiplos (o cobertura) del interés ganado	$\dfrac{\text{Utilidades antes de deducir interés e impuestos}}{\text{Cargos de interés totales}}$	Medidas del grado en que las ganancias pueden declinar sin que la firma pierda la capacidad de cubrir sus costos de interés anuales.
5. Cobertura de cargo fijo	$\dfrac{\text{Utilidades antes de deducir interés e impuestos} + \text{Deudas de arrendamiento}}{\text{Cargos de interés totales} + \text{Deudas de arrendamiento}}$	Indicación más inclusiva de la capacidad de la compañía para cumplir con todas sus obligaciones de cargo fijo.
Razones de actividad		
1. Rotación de inventario	$\dfrac{\text{Ventas}}{\text{Inventario de productos terminados}}$	En comparación con los promedios del ramo, indica si una empresa tiene un inventario excesivo de productos terminados o tal vez inadecuado.
2. Rotación de activo fijo	$\dfrac{\text{Ventas}}{\text{Activo fijo}}$	Medida de la productividad de las ventas y de la utilización de la planta y el equipo.
3. Rotación de activo total	$\dfrac{\text{Ventas}}{\text{Activo total}}$	Medida de la utilización de todos los activos de la compañía; una razón por debajo del promedio del ramo indica que la empresa no está generando un volumen suficiente de negocios, dado el tamaño de su inversión de activo.
4. Rotación de cuentas por cobrar	$\dfrac{\text{Ventas a crédito anuales}}{\text{Cuentas por cobrar}}$	Medida del tiempo promedio que requiere la firma para cobrar las ventas hechas a crédito.
5. Periodo de cobranza promedio	$\dfrac{\text{Cuentas por cobrar}}{\text{Ventas totales} \div 365}$ o $\dfrac{\text{Cuentas por cobrar}}{\text{Ventas diarias promedio}}$	Indica el tiempo promedio que la empresa tiene que esperar, después de hecha la venta, antes de recibir el pago.
Otras razones matemáticas		
1. Dividendos rendidos por acciones comunes	$\dfrac{\text{Dividendos anuales por acción}}{\text{Precio de mercado actual por acción}}$	Medida del rendimiento, para los propietarios, recibido en forma de dividendos.
2. Razón de ganancias por precio	$\dfrac{\text{Precio de mercado actual por acción}}{\text{Ganancias por acción después de impuestos}}$	Las empresas de más rápido crecimiento o de menor riesgo tienden a tener razones de precio a ganancia más altas que las de más lento crecimiento o mayor riesgo.
3. Razón de liquidación de dividendos	$\dfrac{\text{Dividendos anuales por acción}}{\text{Ganancias por acción después de impuestos}}$	Indica el porcentaje de las utilidades pagado como dividendos.
4. Flujo de efectivo por acción	$\dfrac{\text{Utilidades después de impuestos} + \text{Depreciación}}{\text{Número de acciones comunes en circulación}}$	Medida de los fondos discrecionales, ya cubiertos los gastos, que están disponibles para uso de la empresa.

Nota: Las razones matemáticas promedio de la industria con las cuales se puede comparar y juzgar las razones de una empresa particular se encuentran disponibles en *Modern Industry and Dun's Reviews*, publicada por Dun & Bradstreet (14 razones matemáticas de 125 líneas de actividades de negocios); en los *Annual Statement Studies* de Robert Morris Associates (11 razones matemáticas para 156 líneas de negocios), y en el *Quarterly Financial Report* de la FTC-SEC, para corporaciones manufactureras.

PARTICIPACIÓN EN LA DISCUSIÓN DE UN CASO EN CLASE

Las discusiones de casos en el aula son marcadamente diferentes de las clases de exposición del tema. En la clase de análisis o discusión de caso, la voz parlante corre a cargo principalmente de los estudiantes. La función del instructor es solicitar la participación del estudiante, mantener la discusión dentro de su cauce, preguntar a menudo "¿Por qué?", ofrecer alternativas de puntos de vista, representar al abogado del diablo (si no hay estudiantes que planteen opiniones opuestas), o dirigir la discusión en alguna otra forma. Los estudiantes en el aula cargan con la tarea de analizar la situación y de estar preparados para presentar y defender sus diagnósticos y recomendaciones. Espere, pues, un ambiente de aula en el que se pida *su* estimación de la situación, *su* análisis, qué acciones emprendería *usted* y por qué las elegiría. No se desanime si, al tiempo que discurre el análisis de clase, sus compañeros dicen algunas cosas perspicaces que a usted no se le ocurrieron. Es normal que los puntos de vista y los análisis difieran y que los comentarios de otros en clase amplíen el propio pensamiento de usted acerca del caso. Como dice el viejo proverbio: "Dos cabezas piensan mejor que una". Así que es de esperarse que la clase, como un todo, haga un trabajo más penetrante e inquisitivo de análisis de caso que el que haría cualquiera trabajando solo. Éste es el poder del esfuerzo de grupo y tiene la virtud de que le ayudará a ver más aplicaciones analíticas, le permitirá probar sus análisis y juicios contra los de sus coetáneos, y le obligará a lidiar con las diferencias de opinión y enfoque.

Para orientarle en el ambiente del aula los días en que esté programada una discusión de caso, compilamos la siguiente lista de cosas a esperar:

1. Espere que el instructor asuma la función de interrogador y escucha en sentido amplio.

2. Espere que los estudiantes sean los que hablen la mayor parte del tiempo. El método de caso entraña un máximo de participación individual en la discusión de clase. (En consecuencia, espere que una porción de su calificación se base en la participación de usted en las discusiones de casos.)

3. Esté preparado para que el instructor sondee en busca de razones y análisis de apoyo.

4. Espere y tolere impugnaciones a los puntos de vista que exprese. Todos los estudiantes deben estar dispuestos a someter sus conclusiones a escrutinio y réplica. Cada estudiante necesita aprender a declarar sus puntos de vista sin temor a la desaprobación; asimismo, tiene que vencer la vacilación y atreverse a hablar. Aprender a respetar los puntos de vista y enfoques de otros es parte de los ejercicios de análisis de casos. Pero hay ocasiones en que está bien nadar contra la corriente de la opinión de la mayoría. En la práctica de la administración siempre hay espacio para la originalidad y los métodos que se apartan de lo ortodoxo. Así, pues, mientras que la discusión de un caso es un proceso de grupo, tampoco se le fuerza a usted ni a nadie a dejar de ofrecer resistencia y a plegarse a las opiniones y el consenso del grupo.

5. No se sorprenda si cambia de parecer sobre algunas cosas a medida que se desenvuelve la discusión. Esté alerta a la forma en que estos cambios afectan a su análisis y a sus recomendaciones (en caso de que se le pida hablar).

6. Espere aprender mucho en la clase a medida que progrese la discusión de un caso; más aún, descubrirá que los casos se erigen uno sobre otro: lo que aprenda en un caso le ayuda a prepararse para el análisis del siguiente.

Hay varias cosas que puede hacer por su parte para tener una buena y destacada participación en las discusiones de clase:

- Aun cuando debe hacer su propio trabajo y reflexión independientes, no dude, antes (y después) de clase en discutir el caso con otros estudiantes. En la vida real, los administradores suelen hablar de los problemas y situación de la compañía con otras personas para refinar su propio pensamiento.

- Al participar en la discusión, haga un esfuerzo consciente por contribuir, más que sólo hablar. Hay una gran diferencia entre decir algo constructivo para la discusión y ofrecer un comentario farragoso y extemporáneo que deje a la clase preguntándose qué quiso decir.

- Evite el uso de "Pienso", "Creo" y "Me parece"; en lugar de esto, diga: "Mi análisis muestra..." y "La compañía debe... porque...". Dé siempre razones y pruebas de sus opiniones; así, su instructor no tendrá que preguntarle "¿Por qué?" cada vez que haga usted un comentario.

- Al expresar sus conceptos, suponga que todo mundo ha leído el caso y sabe de lo que se trata; evite repetir la información del caso en otros términos; en lugar de esto, use los datos y la información para explicar su evaluación de la situación, así como para apoyar su posición.

- Lleve consigo los impresos del trabajo que haya hecho en Case-TUTOR o los apuntes que haya preparado (por lo común, dos o tres cuartillas) para la clase y apóyese en ellos extensamente al hablar; no hay manera de que pueda recordar todo, en especial los resultados de su tarea aritmética. Para dar una serie considerable de números o presentar cinco razones, en lugar de una, del porqué de sus conclusiones, necesitará buenos apuntes. Cuando haya preparado respuestas bien pensadas a las preguntas de estudio y las utilice como base para sus comentarios, *todo mundo* en el salón sabrá que usted está bien preparado, y su contribución a la discusión del caso se destacará.

PREPARACIÓN DE UN ANÁLISIS DE CASO ESCRITO

La preparación de un análisis de caso escrito es muy similar a la del caso para la discusión en clase, salvo que su análisis tiene que ser más completo y ha de presentarlo como un informe. Sin embargo, no hay por desgracia un procedimiento de molde para hacer el análisis escrito. Todo lo que podemos ofrecer son algunas pautas y consejos sensatos; esto es porque las situaciones y problemas de administración de las compañías son tan diversos que no hay manera mecánica de hacer una tarea escrita de asignación de caso que siempre dé buen resultado.

Su instructor puede ya sea asignarle un tema específico en torno al cual prepare su reporte escrito, pedirle que escriba un amplio análisis de caso, en el que la expectativa es que usted 1) *identifique* todas las cuestiones pertinentes que la administración necesita atender; 2) realice cualquier *análisis* o *evaluación* que sea apropiado, y 3) proponga un *plan de acción* y un *conjunto de recomendaciones* enfocados a los problemas que usted ha identificado. Al realizar el ejercicio de identificar, evaluar y recomendar, tenga en mente los consejos siguientes.[3]

Identificación

Es esencial que desde el principio de su escrito proporcione usted un diagnóstico claro de los temas estratégicos y los problemas clave, e igualmente, demuestre que tiene comprensión cabal de la actual situación de la empresa. Asegúrese de que puede identificar la estrategia de la compañía (utilice los conceptos y herramientas de los capítulos 1 a 10 como auxiliares de diagnóstico) y de que puede señalar cualesquiera temas de ejecución de la estrategia que existan (consulte el material de los capítulos 11 a 13 para la ayuda de diagnóstico). Vea los puntos clave que hemos proporcionado al final de cada capítulo como sugerencias adicionales de diagnóstico. Revise las preguntas de estudio del caso en Case-TUTOR. Considere la idea de comenzar su reporte con un panorama de la situación de la compañía, su estrategia y los problemas y asuntos importantes que enfrenta la administración. Declare tanto los problemas como los asuntos importantes tan clara y precisamente como pueda. A menos que sea necesario hacerlo así por razones de énfasis, evite la repetición de los hechos e historia de la firma (básese en el supuesto de que su maestro ha leído el caso y está familiarizado con la organización).

---

[3] Para conocer algunas ideas y puntos de vista adicionales tal vez quiera consultar Thomas J. Raymond, "Written Analysis of Cases", *The Case Method at the Harvard Business School*, M.P. McNair (ed.), pp. 139-163. El artículo de Raymond incluye un caso real, un análisis de muestra de éste y una muestra de reporte escrito de un estudiante sobre el caso.

Análisis y evaluación

Ésta suele ser la parte más difícil del reporte. ¡El análisis es trabajo arduo! Verifique las razones matemáticas financieras de la compañía, sus márgenes de utilidad y tasas de ingresos, junto con su estructura de capital para determinar su fuerza financiera. Remítase a la tabla 1, que contiene un resumen de diversas razones financieras y de la forma de calcularlas. Utilícela para ayudarse en su diagnóstico financiero. De igual manera, examine el marketing, la producción, la aptitud administrativa y otros factores subyacentes en el fondo de los éxitos y fracasos estratégicos de la organización. Determine si la empresa tiene fortalezas y aptitudes valiosas como recursos y, en caso afirmativo, si las está aprovechando.

Vea si la estrategia de la firma está dando resultados satisfactorios e investigue las razones de por qué sí o por qué no. Perciba la naturaleza y grado de las fuerzas competitivas que enfrenta la empresa. Determine si la posición competitiva de la compañía se está fortaleciendo o debilitando y por qué. Utilice las herramientas y conceptos aprendidos para llevar a cabo cualquier análisis o evaluación apropiados. Trabaje en el ejercicio de preparación de caso de Case-TUTOR si hay alguno disponible para el caso que se le asignó.

Al escribir su análisis y evaluación, tenga en mente cuatro cosas:

1. Está usted obligado a presentar análisis y pruebas para respaldar sus conclusiones. No se apoye en opiniones sin respaldo, generalizaciones excesivas o planteamientos banales como sustituto del argumento preciso y lógico, respaldado por hechos y cifras.

2. Si su análisis implica algunos cálculos cuantitativos importantes, sírvase de tablas y gráficas para presentarlos en forma clara y eficiente. No se limite a agregar las pruebas al final de su informe y a dejar que el lector descifre qué significan y por qué se incluyeron; en lugar de esto, en el cuerpo de su reporte cite algunas de las cifras clave, resalte las conclusiones que haya que obtener de las pruebas y remita al lector a las gráficas y pruebas para que tenga más detalles.

3. Demuestre que tiene el dominio de los conceptos estratégicos y de las herramientas analíticas a los que usted recurrió; úselos en su reporte.

4. Su interpretación de las pruebas debe ser razonable y objetiva. Cuide de no caer en la preparación de un argumento unilateral que omita todos los aspectos no favorables a sus conclusiones. De igual forma, trate de no incurrir en exageraciones o excesos de dramatismo. Procure dar equilibrio a su análisis y evitar la retórica emocional. Tache oraciones como "Pienso", "Me parece" y "Creo" al corregir su primer borrador, y sustitúyalas por "Mi análisis muestra".

Recomendaciones

La sección final del análisis de caso escrito debe consistir en un conjunto de recomendaciones y un plan de acción definidos. Su conjunto de recomendaciones debe atender a todos los problemas y asuntos críticos que usted identificó y analizó. Si las recomendaciones surgen como una sorpresa o no se siguen lógicamente del análisis, el efecto será el de que se debiliten mucho las sugerencias que usted haga. Obviamente, sus recomendaciones de acción deben ofrecer una razonable perspectiva de éxito. Las recomendaciones de alto riesgo, de poner en juego la existencia de la empresa, deben hacerse con cautela. Enuncie la forma en que sus recomendaciones resolverán los problemas que usted identificó. Asegúrese de que la firma tiene la capacidad financiera de llevar a cabo lo que usted recomienda; compruebe también si sus recomendaciones son factibles en términos de la aceptación de las personas comprendidas en el plan, de la aptitud de la organización para llevarlas a cabo, del mercado predominante y de las restricciones ambientales. Trate de no eludir o amilanarse de las acciones que crea que deben emprenderse.

Sobre todo, declare sus recomendaciones con detalle suficiente para que tengan sentido; descienda a algunos detalles prácticos específicos. Evite declaraciones inútiles como "La organización debe hacer más planeación" o "La empresa debe actuar con más audacia y determinación en el marketing de su producto". Por ejemplo, no diga simplemente, "La compañía debe mejorar su posición de mercado", sino establezca claramente cómo cree que debe hacerse esto. Ofrezca una agenda definida de acción en la que estipule un calendario y una secuencia para iniciar acciones, indique prioridades y sugiera quién debe asumir la responsabilidad de hacer qué.

Al proponer un plan de acción, recuerde que hay una gran diferencia entre, por un lado, ser responsable de una decisión que puede ser costosa si resulta errada y, por otra parte, sugerir de modo informal cursos de acción que pudieran tomarse sin que usted tenga que cargar con la responsabilidad de sus consecuencias. Una buena regla a seguir para hacer sus recomendaciones es: *Evite recomendar algo que usted no estaría dispuesto a hacer si estuviera en los zapatos del administrador.* La importancia de aprender a desarrollar buen juicio administrativo lo indica el hecho de que, aun cuando la misma información y los mismos datos de operación pueden estar disponibles para cada administrador y ejecutivo de una organización, la calidad de los juicios acerca de lo que significa la información y qué acciones hay que emprender varía de una persona a otra.[4]

Ni qué decir de que su reporte debe estar bien organizado y bien escrito. Las grandes ideas cuentan poco a menos que otros puedan convencerse de sus méritos; esto requiere una lógica rigurosa, la presentación de pruebas convincentes y la elaboración de argumentos escritos en forma persuasiva.

PREPARACIÓN DE UNA PRESENTACIÓN ORAL

En el curso de su carrera empresarial es muy probable que se le pida más de una vez que prepare y haga presentaciones verbales. Por esta razón, es común en cursos de esta naturaleza asignar casos para presentación oral a la clase entera. Tales tareas le dan a usted oportunidad de afinar sus habilidades de presentación.

La preparación de la presentación oral tiene mucho en común con la de un análisis de caso escrito. Ambas requieren la identificación de los problemas y asuntos importantes estratégicos que enfrenta la compañía, el análisis de las condiciones del ramo y la situación de la compañía, así como la elaboración de un plan de acción concienzudo y bien pensado. Tanto la sustancia de su análisis como la calidad de sus recomendaciones en una presentación oral no deben ser diferentes de las de un reporte escrito. Como en la tarea escrita, usted necesita demostrar su dominio de los conceptos y herramientas estratégicos pertinentes de análisis, además de que sus recomendaciones deben tener el detalle suficiente para proporcionar una dirección clara a la administración. La diferencia principal entre una presentación verbal y un caso escrito está en el formato de entrega. Las presentaciones orales se apoyan principalmente en la verbalización de su diagnóstico, análisis y recomendaciones, y complementan visualmente su discusión oral con diapositivas vívidas y coloridas (creadas por lo común con software PowerPoint de Microsoft).

Típicamente, las presentaciones orales implican tareas de grupo. Su maestro le proporcionará los detalles de la asignación: la forma en que el trabajo debe delegarse entre los miembros del grupo y en que debe llevarse a cabo la presentación. Algunos instructores prefieren que las presentaciones comiencen con la identificación del asunto, seguida del análisis del ramo y el de la situación de la compañía, y que concluyan con un plan de acción recomendado para mejorar el desempeño de ésta; otros prefieren que los presentadores den por sentado que la clase entiende bien el ambiente externo del ramo y la posición competitiva de la firma, esperando que la presentación se concentre intensamente en el plan de acción recomendado del grupo y en los análisis y argumentos de apoyo. Este último enfoque requiere ir directamente al meollo del caso y apoyar cada recomendación con análisis detallado y razonamiento persuasivo. No obstante, habrá otros instructores que le den un margen holgado para que estructure su presentación como quiera que usted y los miembros de su grupo lo consideren adecuado.

Independientemente del estilo preferido de su instructor, usted debe tener gran cuidado en la preparación de su presentación. Para una presentación de primera categoría es esencial un

---

[4] Gragg, "Because Wisdom Can't Be Told", p. 10.

buen conjunto de diapositivas con buen contenido y atractivo visual. Procure que el diseño de diapositiva, tamaño de fuente y estilo tipográficos, así como el esquema de color sean atractivos. Le sugerimos incluir diapositivas que abarquen cada una de las siguientes áreas:

- Una diapositiva de apertura con el "título" de la presentación y los nombres de los presentadores.
- Una diapositiva que muestre un bosquejo de la presentación (tal vez con los nombres de los presentadores por cada tema).
- Una o más diapositivas que muestren los problemas clave y los asuntos estratégicos importantes que la administración tiene que atender.
- Una serie de diapositivas que contengan sus análisis de la situación de la compañía.
- Una o más diapositivas que contengan sus recomendaciones, así como los argumentos y razonamiento de apoyo de cada una de ellas. Tiene gran mérito preparar una diapositiva por cada recomendación acompañada del razonamiento apropiado.

Usted y los miembros de su equipo deben planear y ensayar cuidadosamente su sesión de diapositivas para maximizar el impacto y minimizar las distracciones. La sesión de diapositivas debe tener todo el atractivo necesario para captar la atención del auditorio, pero no tanto que lo distraiga del contenido de lo que los miembros del grupo le están diciendo a la clase. Recuerde que la función de las diapositivas es ayudarle a comunicar sus argumentos al auditorio. Demasiados elementos gráficos, imágenes, colores y transiciones pueden distraer la atención del auditorio de lo que se dice o alterar el flujo de la presentación. Tenga en cuenta que las diapositivas espectaculares rara vez le ocultan a un auditorio perceptivo un análisis de caso superficial o con alguna otra deficiencia. La mayoría de los instructores le dirán que las diapositivas de primera categoría definitivamente realzarán una presentación bien hecha, pero que los auxiliares visuales impresionantes que acompañan a un análisis débil y a una comunicación verbal pobre aún equivalen a una presentación por debajo de la norma.

INVESTIGACIÓN DE EMPRESAS Y RAMOS POR MEDIO DE INTERNET Y DE SERVICIOS DE DATOS EN LÍNEA

Muy probablemente, habrá ocasiones en que necesite obtener información adicional acerca de algunos casos asignados, tal vez porque su instructor le ha pedido que investigue más sobre el ramo o la empresa o tan sencillo como que tiene usted curiosidad acerca de lo que haya sucedido con la compañía desde que se escribió lo relativo al caso. En estos días es relativamente fácil rastrear los acontecimientos recientes del ramo e indagar si la situación estratégica y financiera de una compañía ha mejorado, se ha deteriorado o ha cambiado poco desde la conclusión del análisis del caso. La cantidad de información acerca de compañías y ramos disponible por internet y por los servicios de datos en línea es formidable y crece con rapidez.

Es cosa bastante sencilla ir a los sitios web de una compañía, hacer clic en las ofertas de información a inversionistas y en los archivos de comunicados de prensa, y obtener rápidamente información útil. La mayoría de los sitios web de las empresas están conectados con bases de datos que contienen los reportes trimestrales y anuales de esas firmas, y archivos 10K y 10Q con la Comisión de Valores y Bolsas (Securities and Exchange Commission). Con frecuencia hallará declaraciones de misión y perspectiva, declaraciones de valores, códigos de ética e información de estrategia, así como gráficas del precio de las acciones de la firma. Los comunicados de prensa recientes de la compañía suelen contener información confiable de todo lo interesante que ha estado ocurriendo: nuevas introducciones de productos, alianzas y convenios de asociación recientes, nuevas adquisiciones, y otros acontecimientos de último momento en la empresa. Algunas páginas web empresariales incluyen también vínculos con las páginas base de asociaciones gremiales del ramo en las que se puede encontrar información acerca del tamaño del ramo, su crecimiento, las noticias recientes del mismo, sus tendencias estadísticas y su perspectiva futura. De tal suerte, uno de los primeros pasos en la búsqueda de una compañía en internet es siempre el de ir a su sitio web y ver qué hay disponible en éste.

Servicios de datos en línea

Lexis-Nexis, Bloomberg Financial News Services y otros servicios en línea de suscripción disponibles en muchas bibliotecas universitarias proveen acceso a un amplio despliegue de material de referencia empresarial y de negocios. Por ejemplo, Lexis-Nexis Academic Service, basado en la web, contiene artículos noticiosos de negocios de fuentes generales de noticias y publicaciones tanto de negocios como de comercio industrial. También se dispone, a través de Lexis-Nexis, de transcripciones radiofónicas de programas de noticias financieras, así como los materiales de puro texto 10-K, 10-Q, los reportes anuales y los perfiles de compañías de más de 11 000 empresas estadounidenses e internacionales. Es probable que su bibliotecario de negocios pueda dirigirle a los recursos disponibles por medio de su biblioteca que le sirvan en su investigación.

Sitios web públicos y de suscripción con buena información

Además de los servicios de páginas web y en línea de la compañía que le proporcione su biblioteca universitaria, casi toda publicación importante de negocios tiene un sitio de suscripción disponible en internet. *The Wall Street Journal Interactive Edition* no sólo contiene la misma información que aparece diariamente en su versión impresa del periódico, sino que también mantiene una base de datos en la cual se pueden buscar todos los artículos de *The Wall Street Journal* publicados en los últimos años. El sitio de suscripción en línea del diario tiene una sección de Briefing Books (manuales e instructivos) que le permiten investigar a una compañía específica y rastrear su desempeño financiero y de mercado en tiempo casi real. *Fortune* y *Business Week* también ponen el contenido de su número más actual disponible en línea a sus suscriptores, y proveen secciones de archivo que le permiten indagar en busca de artículos relacionados con una palabra clave particular publicados en los últimos años.

Los siguientes sitios web son lugares particularmente buenos para obtener información de compañías y ramos:

Base de datos EDGAR de [the] Securities and Exchange Commission (contiene 10-K, 10-Q, etc.)	www.sec.gov/cgi-bin/srch-edgar
NASDAQ	www.nasdaq.com
CNNfn: The Financial Network	www.cnnfn.com
Hoover's Online	www.hoovers.com
The Wall Street Journal Interactive Edition	www.wsj.com
Business Week	www.businessweek.com
Fortune	www.fortune.com
MSN Money Central	www.moneycentral.msn.com
Yahoo! Finance	www.quote.yahoo.com
Individual News Page	www.individual.com

En algunas de estas bases de datos se requiere estar suscrito para tener acceso a sus bases de datos completas.

Uso de un motor de búsqueda

Como alternativa, o por añadidura, se puede localizar y recuperar rápidamente información sobre compañías, ramos, productos, individuos u otros temas de interés utilizando motores de búsqueda de internet como Lycos, Go, Excite, Snap y Google. Los motores de búsqueda encuentran artículos y otras fuentes de información que se relacionan con un ramo, nombre de compañía, tema, frase o palabra clave de interés particulares. La tecnología del motor de búsqueda se está volviendo muy intuitiva en la recuperación de páginas web relacionadas con su indagación y probablemente le dirigirán al sitio web de la compañía y a otros sitios que conten-

Tabla 2   Los diez mandamientos del análisis de casos

Para su observancia en reportes escritos y presentaciones orales, y al participar en discusiones en clase.

1. Repase el caso dos veces, una para tener un rápido panorama y la otra para tener completo dominio de los hechos; luego, cuide de explorar la información en cada una de las exposiciones de pruebas del caso.

2. Haga una lista completa de los problemas y asuntos críticos que tiene que atender la compañía.

3. Sea concienzudo en su análisis de la situación de la compañía. Haga los ejercicios de preparación de caso, utilice las preguntas de estudio en Case-TUTOR, o haga un mínimo de una o dos cuartillas de notas con detalles de su diagnóstico.

4. Aproveche toda oportunidad de aplicar los conceptos y herramientas analíticas de los capítulos del libro: todos los casos del libro tienen lazos definidos con los conceptos y/o herramientas de uno o más de los capítulos del texto, de manera que se espera que usted los aplique al analizar casos.

5. Haga el trabajo matemático suficiente para revelar la historia que refieren los datos presentados en el caso. (Para cumplir con este mandamiento, apóyese en la tabla 1 de esta sección para guiar su sondeo del estado y el desempeño financieros de una compañía.)

6. Respalde todas y cada una de las opiniones con argumentos bien razonados y pruebas con cifras; elimine todos los "Creo" y "Me parece" de su evaluación; en lugar de esto, básese por completo en "Mi análisis muestra".

7. Asigne prioridades a sus recomendaciones y asegúrese de poder cumplirlas dentro de un periodo o marco de tiempo aceptable con los recursos disponibles.

8. Apoye cada recomendación con argumentos y razones persuasivos de por qué tiene sentido y debe mejorar el desempeño de la empresa.

9. Revise su plan de acción recomendado para ver si atiende todos los problemas y asuntos críticos que usted identificó; cualquier conjunto de recomendaciones que no se dirija a todos los problemas y asuntos importantes identificados por usted es incompleto e insuficiente.

10. Evite la recomendación de cualquier curso de acción que pudiera traer consecuencias desastrosas si no funciona como se planeó; por consiguiente, esté tan alerta a los riesgos colaterales de sus recomendaciones como lo esté a su potencial y atractivo aparentes.

gan información oportuna y precisa sobre esta empresa. Sin embargo, tenga en cuenta que la información recuperada por un motor de búsqueda no ha pasado por filtros y puede incluir fuentes que no sean confiables o tener información inexacta o confusa. Desconfíe de la información provista por autores no afiliados a organizaciones o publicaciones reconocidas o que no proceda de la firma o de una asociación del ramo creíble; tenga especial cuidado en cuanto a confiar en la precisión de la información que encuentre colocada en diversas tablas de boletines. Los artículos que tratan de una compañía o un asunto deben tener derechos literarios registrados o haber sido publicados por una fuente acreditada. Si usted está presentando un trabajo que contiene información recogida de internet, debe citar sus fuentes (proporcione la dirección de internet y la fecha de visita del sitio); también es buena idea imprimir las páginas web para su archivo de investigación (algunas páginas web se actualizan con frecuencia).

La curva del aprendizaje es escarpada

Con una modesta inversión de tiempo, aprenderá a usar las fuentes y motores de búsqueda de internet para reunir información de compañías y ramos rápida y eficientemente, habilidad que le será de utilidad en el futuro. Una vez que se familiarice con los datos disponibles en los diferentes sitios web mencionados antes y con uno o más motores de búsqueda, sabrá dónde buscar la información particular que desea. Los motores de búsqueda casi siempre le ponen enfrente demasiadas fuentes de información que concuerdan con su búsqueda, en lugar de demasiado pocas; el truco está en concentrarse en las que son más pertinentes para lo que está usted buscando. Como con la mayoría de las cosas, una vez que adquiera un poco de experiencia sobre cómo hacer investigación de la compañía y del ramo en internet verá que puede encontrar fácilmente la información que necesita.

LOS DIEZ MANDAMIENTOS DEL ANÁLISIS DE CASOS

Como una forma de resumir sus sugerencias acerca de cómo hay que enfocar la tarea del análisis de casos, hemos compilado lo que nos gusta llamar "Los diez mandamientos del análisis de casos", los cuales se presentan en la tabla 2. Si observa todos o incluso la mayoría de estos mandamientos fielmente al preparar un caso para su discusión en clase o como reporte escrito, mejorarán mucho sus probabilidades de hacer un buen trabajo en los casos asignados. Persevere, haga su mejor esfuerzo y disfrute de la exploración de todo lo que es el mundo real de la administración estratégica.

caso 1 El maquillaje de Andrea Jung a Avon Products, Inc.

John E. Gamble

Universidad de Alabama Sur

Al acercarse el año 2001 a su fin, Avon Products, Inc., era el mayor vendedor directo del mundo en productos de belleza y conexos (posición en la que se mantenía ya desde hacía más de un siglo). Sin embargo, además de la venta directa, había muchas otras formas en que las mujeres podían adquirir cosméticos de color, productos para el cabello, perfumes, productos para el aseo personal, productos para el cuidado de la piel o joyería. Los supermercados, farmacias, tiendas de descuento, detallistas especializados y tiendas de departamentos daban cuenta de aproximadamente 93% de las ventas globales por 140 000 millones de dólares del ramo o industria. Con la venta detallista que se moderniza cada vez más y se satura por una proliferación mundial de *malls* (centros comerciales), tiendas de descuento estilo supercentro, detallistas especializados independientes y ventas por internet, un miembro de la junta de directores de Avon preguntó: "¿Es que ya pasaron los días del representante de Avon?"[1]

Cuando el ex director general Charles Perrin dejó el puesto y Andrea Jung fue ascendida de presidenta de marketing a directora general de Avon en noviembre de 1999, la compañía estaba en serias dificultades, con un crecimiento anual de ventas de menos de 1.5% y un desplomado precio de las acciones a mitad del mayor auge económico de la historia. Jung asumió el papel de una "señora de Avon" durante su primer mes como directora general para entender mejor lo que pensaban los clientes de los productos de la compañía y para descubrir qué significaba ser miembro de la fuerza de ventas directas de Avon; escuchó las quejas del cliente sobre la imagen de Avon, sus productos de mala calidad, la falta de nuevas líneas interesantes y los catálogos sin atractivo. También se enteró de que las representantes de ventas de Avon a veces no podían hacer un nuevo pedido de artículos populares y muy a menudo no recibían los productos tal como los habían ordenado. Al cabo de un mes como directora general, Andrea Jung delineó una audaz nueva visión y un plan estratégico para Avon que requería la introducción de productos muy innovadores, la creación de nuevas líneas de negocios, la transformación de su cadena de valor y de sus procesos de negocios, la conversión de internet en un eslabón crucial de su modelo de negocios de venta directa, la reconstrucción de su imagen, la entrada al sector detallista y, lo más importante, la actualización de su modelo de ventas directas (creado a fines del siglo XIX) para que se ajustara mejor al siglo XXI.

En el segundo aniversario del nombramiento de Jung como directora general de Avon, todos los indicadores sugerían que la visión, la estrategia y los esfuerzos de implementación estaban funcionando casi a la perfección. Aun cuando la economía estadounidense había entrado oficialmente en recesión a mediados de 2001 y se había desacelerado aún más a raíz de los ataques

[1] "It Took a Lady to Save Avon", *Fortune*, 15 de octubre de 2001, p. 203.

terroristas del 11 de septiembre en el World Trade Center y el Pentágono, se esperaba que los ingresos de 2001 de la compañía se incrementaran en 6%, que su fuerza de ventas aumentara 7%, que las utilidades de operación crecieran 7% y que los márgenes de operación alcanzaran el nivel más alto en más de una década con 14%. El impulso de Jung a los nuevos productos, los modelos de negocios, las líneas de negocios y las campañas promocionales contribuyeron a los incrementos de ventas, mientras que la realineación de la cadena de valores y la reingeniería del proceso de negocios crearon recursos adicionales para el apoyo de tales actividades y simultáneamente mejoraron los márgenes. Además, durante los primeros 24 meses de Jung como directora general, las acciones comunes de Avon tuvieron un incremento de aproximadamente 90%, mientras que índices como los de S&P 500 (las 500 de S&P) habían descendido casi 25%. Justo antes de cumplirse el segundo año de Andrea Jung como principal ejecutiva de la compañía, la junta directiva de Avon respaldó su desempeño anunciando a los inversionistas que Jung sería promovida a presidenta de la junta, además de su cargo. El desempeño financiero de Avon de 1991 a 2000 y el desempeño de mercado de 1991 a 2001 se presentan en las ilustraciones 1 y 2.

ANDREA JUNG: PRESIDENTA Y DIRECTORA GENERAL DE AVON PRODUCTS, INC.

Andrea Jung nació en Toronto, Canadá, pero se crió en Wellesley, Massachusetts, como miembro de una familia con altas expectativas de logro. Su padre nació en Hong Kong y recibió su título de maestría en arquitectura del Instituto Tecnológico de Massachusetts (Massachussets Institute of Technology) después de mudarse a Estados Unidos; su madre nació en Shanghai y era ingeniera química antes de llegar a ser una consumada pianista. Los padres de Jung esperaban compromiso y determinación de Andrea y de su hermano menor desde la temprana edad de éstos. En una entrevista de octubre de 2001 con un periodista de *Fortune*, Jung opinó que las expectativas de excelencia de sus padres contribuyeron en alto grado a la exitosa carrera de ella. Recordó que cuando cursaba el cuarto grado elemental, deseaba desesperadamente una caja de 120 lápices de colores. Sus padres le dijeron que si lograba puras A (la calificación más alta en el sistema escolar elemental estadounidense), en el año escolar podía contar con los lápices de colores. Como la propia Jung le confió al reportero, ella no era estudiante innata y tuvo que perderse fiestas de cumpleaños y otras actividades para lograr las calificaciones necesarias para recibir los lápices. A fin de año, Jung entregó todas sus calificaciones con A a sus padres y, como recompensa, éstos la llevaron a comprar los lápices. Jung le halló sentido al ejemplo vivo que le dieron sus padres: "Nunca olvidaré eso. Mis padres marcaron en mí desde temprana edad que la calificación perfecta es algo por lo que siempre hay que luchar. Quiero triunfar y lograr el éxito, no importa a qué costo."[2]

Jung asistió a la Universidad de Princeton (Princeton University) y en 1979 se graduó con todos los honores (*magna cum laude*) con un título en literatura inglesa. Se empleó en Bloomingdale's como practicante de administración y logró un primer éxito antes de pasar a I. Magnin, donde ascendió a segunda en el mando antes de los 30 años de edad. A sus 32 años estaba a cargo de la ropa de mujer de Neiman Marcus. Dos años después, en 1994, dejó el puesto para casarse con el director general de Bloomingdale's y mudarse a Manhattan. Ya en Nueva York, Jung pasó a formar parte de Avon como presidenta del departamento de marketing de producto para Estados Unidos e impresionó pronto al entonces director general James Preston, al ganarse un lugar con su decisión y estilo práctico y eficiente. Cuando se le pidió que evaluara si la firma debería entrar en las ventas detallistas, Jung asombró a algunos en Avon al recomendar enérgicamente que la compañía evitara las ventas detallistas, arguyendo que ni los productos ni los agentes de ventas estaban listos para tal movimiento. Entre sus éxitos más ampliamente reconocidos como presidenta de marketing estuvo su decisión de reemplazar el surtido de marcas regionales de la compañía con marcas globales. La capacidad de Andrea para tomar decisiones

---

[2] *Ibid.*, p. 208.

audaces sin vacilaciones (aun las que probablemente fueran a ser criticadas después de conocer sus resultados, como eliminar 40% de los artículos de catálogo de Avon y rescindir el contrato de la agencia publicitaria de la compañía) hicieron de ella una figura sobresaliente por méritos y la llevaron al puesto de presidenta y a un lugar en la mesa directiva de Avon antes del retiro de Preston. A los 40 años de edad, Jung se convertía en directora general, y en 2001, a los 42 años, aparecía en el cuarto puesto de la lista de *Fortune* de las 50 mujeres de negocios estadounidenses más poderosas (50 Most Powerful Women in American Business).

HISTORIA DE LA COMPAÑÍA

Avon, conocida originalmente como la California Perfume Company, fue fundada en 1886 por un vendedor de libros de Nueva York llamado David H. McConnell. McConnell entró en el negocio de los perfumes y cosméticos luego de observar que muchas de las amas de casa que compraban libros en ocasión de sus visitas de ventas de puerta en puerta no se interesaban realmente por esas obras, sino por los frascos de perfume que les regalaba con cada compra. Al abrir una oficina en Nueva York, McConnell empezó de inmediato a formar una fuerza de ventas para su nueva compañía, y contrató a la señora P.F.E. Albee como su primera agente de ventas. Albee no sólo resultó una agente de ventas estrella, sino que ayudó también a McConnell a ser el precursor en el método de ventas directas de la empresa. Al comienzo del siglo XX, la compañía empleaba a más de 10 000 representantes y apoyaba los esfuerzos de éstos con una creciente línea de cosméticos, perfumes y otros productos concebidos y elaborados en su entonces recién construido laboratorio de investigación y planta de producción de Suffern, Nueva York. Para esa primera década de los años 1900, la California Perfume Company había multiplicado sus oficinas de ventas que, además de Nueva York, aparecían ya en San Francisco, California; Luzerne, Pennsylvania, y Davenport, Iowa.

En 1914, la compañía empezó a vender sus productos en Canadá y alcanzó la notable cifra en ventas de 5 millones de unidades. Las ventas habían crecido a 2 millones de dólares para 1928, cuando la firma lanzó por primera vez una línea de productos de belleza con la marca Avon. McConnell dio ese nombre de Avon a la nueva línea como tributo a la belleza de Stratford-upon-Avon, en Inglaterra, ciudad que había visitado en sus viajes. Los productos Avon fueron de extraordinaria venta, y el nombre de California Perfume Company cambió a Avon Products, Inc., en 1939, por decisión de David McConnell Jr., quien ocupó la presidencia de la compañía tras la muerte de su padre en 1937. Avon Products, Inc., se hizo pública en 1946, y sus ventas crecieron a tasas anuales de 25% o más durante los años 1950-1960, a medida que la firma ampliaba rápidamente su línea de productos; entró en casi una docena de mercados internacionales; lanzó su conocida campaña publicitaria "Avon llama" ("Avon Calling"), y, lo más importante, amplió su red de representantes de ventas. El modelo de ventas directas de Avon estaba casi hecho a la medida de las condiciones económicas y normas sociales de los años 1950-1960 y 1960-1970, época en la que sólo un pequeño porcentaje de mujeres tenían carreras profesionales. Avon ofrecía a muchas amas de casa estadounidenses de clase media la oportunidad de tener un ingreso extra: una "señora de Avon" podía venderles cosméticos a sus amigas y vecinas sin dejar de cumplir con sus obligaciones familiares. Para 1960, la fuerza de ventas de Avon había ayudado a acrecentar las ventas de la compañía en Estados Unidos a 250 millones de dólares y a convertirla en la empresa de cosméticos en general más grande del mundo (ya no sólo el mayor vendedor directo del orbe).

Aunque Avon mantuvo su liderazgo en el ramo global de cosméticos hasta mediados de la década de 1980 (cuando sus ventas anuales promediaron más de 3 000 millones de dólares), durante la recesión de mediados de 1970 surgieron algunas dificultades cuando las amas de casa de clase media empezaron a entrar en la fuerza de trabajo. Para 1980, las ventas de Avon habían comenzado a declinar a medida que un número cada vez menor de mujeres de clase media se conformaban con empleos de tiempo parcial en ventas y, acorde con esto, un número cada vez menor también de mujeres compraban los productos vendidos de puerta en puerta. Además, los productos de Avon tenían poco atractivo para las adolescentes y a muchas mujeres con ingresos más bajos les parecían demasiado costosos los productos de esa compañía. Con el

Ilustración 1 Selección de datos sobresalientes financieros y de operación, Avon Products, Inc., 1991-2000 (en millones, excepto en los datos por acción y empleado)

	2000	1999	1998	1997	1996	1995	1994	1993	1992	1991
Ventas netas	$5 673.7	$5 289.1	$5 212.7	$5 079.4	$4 814.2	$4 492.1	$4 266.5	$3 844.1	$3 660.5	$3 441.0
Otros ingresos	40.9	38.8	35.0	—	—	—	—	—	—	—
Ingresos totales	5 714.6	5 327.9	5 247.7	5 079.4	4 814.2	4 492.1	4 266.5	3 844.1	3 660.5	3 441.0
Utilidades de operación	788.7	549.4	473.2	537.8	538.0	500.8	489.5	427.4	339.9	430.9
Gastos de intereses	84.7	43.2	34.7	35.5	33.2	34.6	44.7	39.4	38.4	71.6
Renta por operaciones continuas antes de impuestos, intereses minoritarios y efecto acumulativo de cambios de contabilidad	691.0	506.6	455.9	534.9	510.4	465.0	433.8	394.6	290.0	352.9
Renta por operaciones continuas antes de intereses minoritarios y efecto acumulativo de cambios de contabilidad	489.3	302.4	265.1	337.0	319.0	288.6	270.3	243.8	169.4	209.3
Renta por operaciones continuas antes del efecto acumulativo de los cambios de contabilidad	485.1	302.4	270.0	338.8	317.9	286.1	264.8	236.9	164.2	204.8
(Pérdida de la) Renta por operaciones discontinuadas, neta	—	—	—	—	—	(29.6)	(23.8)	2.7	10.8	(69.1)
Efecto acumulativo de los cambios de contabilidad, neto	(6.7)	—	—	—	—	—	(45.2)	(107.5)	—	—
Renta neta	$478.4	$302.4	$270.0	$338.8	$317.9	$256.5	$195.8	$132.1	$175.0	$135.7
Ganancias (pérdidas) por acción, básicas										
Operaciones continuas	$2.04	$1.18	$1.03	$1.28	$1.19	$1.05	$0.94	$0.82	$0.57	$0.65
Operaciones discontinuadas	—	—	—	—	—	(0.11)	(0.09)	0.01	0.04	(0.24)
Efecto acumulativo de los cambios de contabilidad	(0.03)	—	—	—	—	—	(0.16)	(0.37)	—	—
Renta neta	2.01	1.18	1.03	1.28	1.19	0.94	0.69	0.46	.61	.41

(continúa)

Ilustración 1 (*conclusión*)

	2000	1999	1998	1997	1996	1995	1994	1993	1992	1991
Ganancias (pérdidas) por acción, diluidas										
Operaciones continuas	$ 2.02	$ 1.17	$ 1.02	$1.27	$1.18	$1.05	$0.93	$0.82	$0.57	$0.71
Operaciones discontinuadas	—	—	—	—	—	(0.11)	(0.08)	0.01	0.04	(0.24)
Efecto acumulativo de los cambios de contabilidad	(0.03)	—	—	—	—	—	(0.16)	(0.37)	—	—
Renta neta	1.99	1.17	1.02	1.27	1.18	0.94	0.69	0.46	0.61	0.47
Dividendos en efectivo por acción										
Comunes	$0.74	$0.72	$0.68	$0.63	$0.58	$0.53	$0.48	$0.43	$0.38	$1.10
Preferenciales	—	—	—	—	—	—	—	—	—	0.253
Datos de hoja de balance										
Activos totales	$2 826.4	$2 528.6	$2 433.5	$2 272.9	$2 222.4	$2 052.8	$1 978.3	$1 918.7	$1 692.6	$1 693.3
Deuda a largo plazo	1 108.2	701.4	201	102.2	104.5	114.2	116.5	123.7	177.7	208.1
Deuda total	1 213.6	1 007.4	256.3	234.3	201.6	161.5	177.7	194.1	215	351.9
Capital contable (déficit) de los accionistas	(215.8)	(406.1)	285.1	285	241.7	192.7	185.6	314	310.5	251.6
Número de empleados	43 000	40 500	33 900	35 000	33 700	31 800	30 400	29 500	29 400	30 100

Fuente: Avon Products, Inc., 2000, 10-K.

Ilustración 2   Desempeño mensual en el precio de las acciones de Avon
Products, Inc., de 1991 a diciembre de 2001

Tendencia en el precio de la acción común de Avon Products, Inc.

Desempeño del precio de la acción de Avon Products, Inc., comparado con el índice de S&P 500

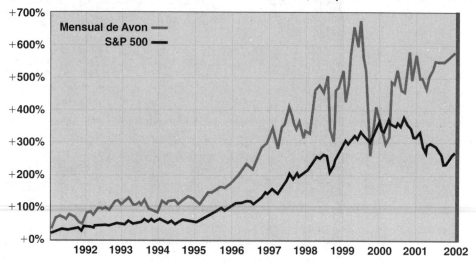

crecimiento de ventas estancado en su negocio central de los cosméticos, Avon buscó la diversificación de negocios para dar impulso a sus ingresos. Adquirió la prestigiosa joyería Tiffany & Company en 1979; las detallistas de perfumería Giorgio Beverly Hills y Parfum Sterns, en 1987; además de una variedad de negocios inconexos, como revistas, propiedades para el retiro, productos para el cuidado de la salud, juguetes para niños y ropa masculina. La incursión de la compañía en la diversificación no pudo producir el nivel esperado de desempeño, y a la larga se privó de apoyo al nutrido conjunto de adquisiciones. Avon vendió Tiffany's a un equipo de readquisición de administración en 1983, Parfums Stern se vendió en 1990, y se retiró la inversión de Giorgio Beverly Hill's en 1994. Todos los negocios de la compañía no relacionados con los cosméticos fueron abandonados o se les retiró la inversión en 1999.

PASOS INICIALES PARA LA REVITALIZACIÓN DE AVON

Como el negocio de cosméticos de Avon estaba obteniendo apenas un modesto crecimiento a lo largo del principio y mediados de la década de 1990, la junta de directores dio pasos hacia la revitalización de la empresa al retiro del director general James Preston en 1997. El plan de sucesión para la junta directiva pedía que un hombre de fuera, Charles Perrin, dirigiera Avon con la ayuda de dos lugartenientes principales, Andrea Jung y Susan Kropf. Perrin había estado a la cabeza de Duracell International desde 1994 hasta su adquisición por Gillette en 1996 y había sido miembro de la junta directiva de Avon desde 1996. Jung y Kropf habían ocupado puestos ejecutivos en Avon a las órdenes de Preston, que era conocido por promover a las mujeres rápidamente a altos puestos. Hacia el fin del ejercicio de Preston, a mediados de 1998, las mujeres en Avon ocupaban más de un tercio de los puestos de funcionarias, más de dos tercios de los cargos administrativos y la mitad de los asientos de la mesa directiva de la empresa. Jung se convirtió en presidenta de la compañía y en su máxima jefa de operaciones, mientras que Kropf pasó a ser vicepresidenta y presidenta de las operaciones norteamericanas. Jung y Kropf fueron elegidas también para integrar la junta directiva, y se identificó a Jung como la persona para suceder con el tiempo a Perrin. La junta de directores fue objeto de críticas de las organizaciones femeninas y de los medios noticiosos por pasar por alto a Jung, a Kropf y a otras mujeres de demostrada valía de Avon en favor de Perrin, pero la junta justificó su selección aduciendo la experiencia de Perrin como máximo ejecutivo y su éxito en la conversión de Duracell en una marca global.

Entre las primeras tareas de Charles Perrin como director general de Avon figuraba la de dirigir un programa de reestructuración trazado por el director general saliente, Preston, y cuyo objetivo era alimentar un crecimiento más acelerado. Durante el primer año de Perrin como principal ejecutivo de Avon, los esfuerzos de reconstrucción del negocio de la compañía liberaron más de 120 millones de dólares; este dinero se usó para desarrollar nuevos productos, aumentar la publicidad, incrementar los dividendos y recomprar acciones en circulación. Adicionalmente, el rediseño del proceso de negocios de Avon mejoró los márgenes brutos en 1.7 puntos y los márgenes de operación en 1.5 puntos para fines del año 1998. La estrategia de Perrin requería también que Avon mejorara su imagen con los consumidores en todo el mundo, que acortara los tiempos de desarrollo de producto, que creara nuevos productos y marcas que pudieran comercializarse mundialmente, y que usara la tecnología para ayudar a los representantes de ventas a colocar pedidos y darles seguimiento. Perrin creía que Avon necesitaba rejuvenecer su modelo anticuado de ventas directas y crear oportunidades más lucrativas de obtener ingresos para los representantes de ventas.

Como presidenta y jefa de operaciones de Avon, Andrea Jung colaboró con Perrin en el desarrollo y la ejecución de estrategias dirigidas al mejoramiento de la fuerza competitiva de la firma en el ramo de cosméticos, perfumes y artículos de aseo personal (CPA). Las labores específicas iniciadas en 1998 por Perrin y Jung incluyeron el establecimiento del Centro de Desarrollo Global (Global Development Center) de Avon, que reemplazó la duplicación de esfuerzos de desarrollo local de producto con un método global coordinado para desarrollar marcas que tendrían atractivo mundial. El lanzamiento simultáneo de Avon de su fragancia Women of Earth (Mujeres de la Tierra) en 54 países a fines de 1998 excedió las ventas iniciales de Far Away (el anterior líder de lanzamiento de ventas de Avon) en 31%. Otros dos éxitos iniciales del Centro de Desarrollo Global fueron líneas dirigidas a consumidoras jóvenes y, Techniques, una línea de calidad superior para el cuidado del cabello. La administración de Avon creía que el cuidado del cabello era una categoría de producto particularmente atractiva, ya que los productos para el cuidado personal aportaban 50% del valor detallista total de 140 000 millones de dólares del mercado global de CPA.

El mejoramiento de la imagen de Avon fue otra iniciativa estratégica promovida por Jung y Perrin en 1998. La investigación de mercado había descubierto que muchas consumidoras consideraban que los productos de Avon eran casi del tipo de artículos básicos en lo relativo a calidad y carácter innovador y no artículos de belleza. Avon atacó esta imagen con nuevos productos globales, una nueva campaña de publicidad global y la apertura de su Centro Avon (Avon Centre), de 1 858 metros cuadrados, en la Torre Trump de Nueva York. Ideado con la pretensión de ilustrar la rica y lujosa variedad de los productos de la empresa, el Centro Avon incluye un *spa* (o centro de descanso y relajamiento) y un salón elegantemente equipados; 464 metros cuadrados de salones de juntas, y productos de belleza selectos, como la colección Avon Spa, creados para uso exclusivo en el Centro Avon.

Avon mejoró su sitio web durante la dirección de Perrin, facilitando a las clientas la compra de productos en línea, y comenzó por probar un sistema de colocación de pedidos basado en la web para las representantes de ventas en Japón. En 1998, Avon realizó la primera Convención Nacional de Representantes de su historia, en la cual 6 000 representantes conocieron nuevos productos, recibieron capacitación de ventas y discutieron acerca de las áreas de mejoramiento de la compañía. La convención reveló muchísimas barreras para el éxito de las representantes. En respuesta, Avon lanzó un programa piloto en Japón que permitió a las representantes hacer pedidos más de una vez durante una campaña de ventas; además, implantó la colocación de pedidos por teléfono, fax y programa de computadora interactivo, y aceleró las entregas para lograr que creciera la satisfacción de las representantes de ventas.

Dirigida por Perrin y Jung, Avon empezó a experimentar además con nuevas formas de poner los productos de la compañía a disposición de consumidoras a quienes les resultaba incómodo comprarle a una representante de Avon. En 1998, la empresa probó los Centros de Belleza Avon (Avon Beauty Centers) en 40 *malls* (grandes centros comerciales) a través de Estados Unidos. Los Centros de Belleza Avon eran quioscos aislados donde las transeúntes podían comprar los últimos productos de Avon. Los Centros de Belleza se crearon siguiendo el modelo de las 200 Boutiques de Belleza Avon, de Malasia, que daban cuenta de 68% de las ventas de la compañía en ese país. Otro cambio importante en estrategia iniciado por Perrin fue el desarrollo del Programa de Oportunidades de Liderazgo de Avon (Avon's Leadership Opportunity Program). El plan de marketing de la red le permitió a las representantes no sólo recibir comisiones por sus ventas sino también recibir bonos basados en las ventas de sus reclutas y aprendices. Anteriormente, Avon empleaba una estructura de fuerza de ventas que incluía a los gerentes de zona de ventas que reclutaban a nuevas representantes de ventas, pero no recibían comisiones por las ventas de éstas. Las estrategias y los esfuerzos de implementación del equipo administrativo de Perrin condujeron a un incremento en las ventas de 3% y a un aumento en las ganancias de 17%, antes de los cargos únicos para 1998.

PANORAMA DE LA INDUSTRIA GLOBAL DE COSMÉTICOS, PERFUMES Y ARTÍCULOS DE ASEO PERSONAL

En 2001, el ramo global de los cosméticos, perfumes y artículos de aseo personal (CPA) estaba fuertemente fragmentado, con canales de distribución que iban más allá de la venta directa y subcategorías múltiples existentes en cada categoría de producto. Por ejemplo, dentro de la categoría de los cosméticos de color, productos como el delineador de ojos, el cosmético de pestañas, la base de maquillaje, el cubridor, el esmalte de uñas y los lápices labiales podían comprarse a vendedores directos, como Avon, o en supermercados, farmacias, tiendas de descuento, detallistas de especialidad y tiendas departamentales. Los productos de la categoría del cuidado del cabello, disponibles a través de los mismos canales, incluían subcategorías como los permanentes para aplicar en casa, el champú, las lociones fijadoras, los enjuagues de crema y los acondicionadores, los tintes y los aerosoles (o sprays) para el pelo. El porcentaje de ventas dado por canal tendía a variar ampliamente por categoría de producto, de modo que, por ejemplo, las farmacias eran los mayores vendedores detallistas en Estados Unidos de cosméticos y productos para el cuidado del cabello, y las tiendas de descuento, las mayores vendedoras de perfumes. Además, las tasas de crecimiento de las ventas de las subcategorías de productos de belleza podían variar mucho también. Por ejemplo, entre 2000 y 2001, las ventas en Estados Unidos de sombras para los ojos crecieron casi 14%, mientras que las ventas de la base de maquillaje declinaron 2%. En la ilustración 3 se presentan las ventas de CPA (cosméticos, perfumes y artículos de aseo personal) por canal detallista de 1996 y 2000. El mercado de CPA por categoría de producto de 1996, 2000 y 2005 (proyectado) se muestra en la ilustración 4.

El mercado de productos de belleza se segmentó también por demografía del consumidor y geográficamente. Las características del producto buscadas por los consumidores adolescentes, por ejemplo, diferían grandemente de las buscadas por los *baby boomers* (las generaciones de la explosión demográfica posterior a la Segunda Guerra Mundial). Las diferencias específi-

Ilustración 3 Ventas de cosméticos, perfumes y artículos de aseo en Estados Unidos por canal detallista, en 1996 y 2000

| Canal | 1996 | | 2000 | | Tasa de crecimiento promedio compuesto (1996-2000) |
	Valor monetario (en miles de millones de dólares)	Porcentaje del total	Valor monetario (en miles de millones de dólares)	Porcentaje del total	
Supermercados	$4.6	17.9%	$5.3	16.3%	+3.6%
Farmacias	4.8	18.7	5.4	16.6	+3.0
Comercializadores masivos	5.6	21.8	8.0	24.6	+9.3
Tiendas departamentales	5.5	21.4	6.8	20.9	+5.4
Tiendas especializadas	2.3	8.9	3.3	10.2	+9.4

Fuente: Junta de actualización de inversionistas, Avon Products, Inc., 8 de mayo de 2001.

Ilustración 4 Tamaños de mercados de cosméticos, perfumes y artículos de aseo en Estados Unidos por categoría de producto, en 1996 y 2000, y en 2005 (proyectado)

| Categoría de producto | 1996 | | 2000 | | 2005 | | Tasa de crecimiento promedio compuesto (1996-2000) |
	Valor monetario (en miles de millones de dólares)	Porcentaje del total	Valor monetario (en miles de millones de dólares)	Porcentaje del total	Valor monetario (en miles de millones de dólares)	Porcentaje del total	
Cuidado del cabello	$6.6	25.9%	$8.2	25.2%	$8.6	21.6%	5.3%
Perfume	4.7	18.4	5.1	15.6	6.0	15.0	1.7
Cosméticos	4.6	17.8	6.4	19.7	8.4	21.1	8.7
Cuidado de la piel	4.3	16.7	6.3	19.5	9.4	23.7	10.3
De baño y otros productos para el cuidado personal	5.4	21.2	6.5	20.1	7.4	18.6	4.6
Total	$25.7	100.0%	$32.5	100.1%	$39.8	100.0%	6.1%

Fuente: Junta de actualización de inversionistas, Avon Products, Inc., 8 de mayo de 2001.

cas en el país en las preferencias y carácter general del consumidor fragmentaron todavía más el ramo global de los cosméticos, perfumes y artículos de aseo personal, mientras que las tasas de penetración de mercado crearon oportunidades variables de crecimiento en el mundo. El mercado de cosméticos de Estados Unidos, de 6 000 millones de dólares ofrecía el potencial de crecimiento mundial mínimo, pero era el doble más grande que el mercado de cosméticos por país que se requiere. Las ventas combinadas de 8 000 millones de dólares de cosméticos en Japón y Europa Occidental igualaban aproximadamente las ventas de cosméticos en el resto del mundo. China y México estaban entre los mercados de más rápido crecimiento en el mundo, con tasas de crecimiento anual de 16 y 8%, respectivamente. Igual que las ventas de cosméticos, las tasas de crecimiento de mercado de productos para el cabello, para el cuidado de la piel, para el aseo personal y los perfumes variaban mucho entre países.

Innovación de producto en el ramo de los cosméticos

Al entrar el ramo de CPA (cosméticos, perfumes y artículos de aseo personal) en el siglo XXI, los incrementos en ventas fueron impulsados principalmente por la innovación de producto. Los productos para el cuidado de la piel, que habían comenzado a mediados de la década de 1990, se convirtieron en la categoría de producto de más rápido crecimiento en el ramo de CPA global, con un aumento a tasas anuales aproximado de 15%. El crecimiento de la categoría se alimentó de las introducciones de nuevos productos que respondían a la concentración mundial de la atención del consumidor en el bienestar y la condición juvenil. Los fabricantes elaboraron productos para el cuidado de la piel con ingredientes activos naturales en sus fórmulas, como vitaminas y extractos de plantas. La meta era hacer que los beneficios del producto llegaran más allá de la limpieza y humectación, a áreas como la afirmación de la piel, el control sebáceo, y la lucha contra el envejecimiento y los efectos de la contaminación. Las fórmulas de productos para el cuidado de la piel que incluían las vitaminas C, E y A disfrutaban de la mayor aceptación, porque los consumidores ya estaban familiarizados con los beneficios de estas sustancias tomadas como complementos. El uso del retinol, una forma de la vitamina A, como aditivo para el cuidado de la piel, espoleó el mayor crecimiento de las ventas entre mujeres de más de 30 años, puesto que el ramo farmacéutico ya había demostrado la eficacia del retinol en la reducción visible de los signos del envejecimiento. Para fines de la década de 1990, casi todos los fabricantes de productos para el cuidado de la piel los ofrecían con el retinol como aditivo. Como el retinol es proclive a la oxidación, muchas compañías crearon innovadores envases herméticos y sistemas de formulación científicos (como los liposomas, las nanopartículas y la microencapsulación) que mejoraron los efectos del retinol y de otros aditivos inestables. Otros ofrecieron filtros solares SPF 15 que permitían usar el retinol durante el día.

La investigación científica había demostrado asimismo que la vitamina C mejora la elasticidad de la piel y elimina pigmentaciones de la misma, y se había aceptado la vitamina E como un antioxidante. Los investigadores médicos descubrieron que la intervención antioxidante desaceleraba la oxidación músculo esquelética basal, la cual ocasiona el envejecimiento del cuerpo. Los estudios efectuados por Alberto-Culver demostraron que la Crema Antiarrugas de Retinol Multivitamínico de St. Ives (St. Ives's Multivitamin Retinol Anti-Wrinkle Cream), que incluía las vitaminas A, E y C, reducía la apariencia de las arrugas un 34% en dos semanas. Las manufactureras introdujeron también productos que contenían extractos de plantas de las que se había demostrado que eran antioxidantes. Lancôme y L'Oreal presentaron líneas de cremas y lociones que incluían polifenoles de uva, los cuales se había revelado que eran poderosos antioxidantes que podían proteger la piel contra los radicales libres. Los radicales libres se crean cuando las moléculas se rompen y dejan átomos antes equilibrados con un electrón impar para buscar enlaces con otros átomos. La presencia de los radicales libres es dañina para la piel y otros tejidos corporales porque los primeros rompen otros átomos enlazados en el proceso de reparación, lo cual crea nuevos radicales libres. Los científicos conocen los antioxidantes como recolectores de desecho de radical libre, pues tienen un electrón libre que puede enlazarse con radicales libres y neutralizarlos. Se esperaba que la investigación del cuidado de la piel se concentrara en mejorar la hidratación de ésta, ya que la deshidratación es un contribuyente importante al envejecimiento prematuro de la piel. Otra área de investigación futura fue el mejoramiento de la sensibilidad de la piel, pues la gente tiende a perder sensibilidad al tiempo que envejece.

Puesto que las formulaciones científicas podrían confundir a la mayoría de los consumidores, los fabricantes de productos para el cuidado de la piel trataron de promover los beneficios de los aditivos de sus productos sin una larga exposición de teoría científica. Muchos productos, como las toallas limpiadoras, solían comercializarse meramente como hipoalergénicos, en lugar de promoverlos por su inclusión de aditivos específicos. Sin embargo, algunos fabricantes habían descubierto que era menos probable que los consumidores jóvenes se confundieran con los enunciados científicos, lo que abrió una oportunidad a marcas como Clinique, para tomar como meta el nicho de los jóvenes de 15 a 19 años de edad con productos que contenían aditivos, como el ácido salicílico y el triclosan (para barros), y extractos como el coral en forma de látigo, la levadura y el té verde (para reducir la decoloración de la piel).

La innovación impulsó también las ventas en cosméticos y artículos para el cuidado del cabello. La línea de cosméticos Lightsource, de Estée Lauder, contenía no sólo ingredientes activos como aminoácidos y micronutrientes que se encuentran en los productos para el cuidado de la piel, sino microcristales para desviar la luz y, de este modo, encubrir las arrugas. Entre los productos de lápices labiales populares en 2001 se cuenta Lip Sculptor, de Helena Rubinstein (que, se dice, afirma y da turgencia a los labios) y aquellos de largo uso que redujeron la necesidad de reaplicar frecuentemente el labial. Cover Girl y Max Factor introdujeron productos muy populares (Outlast y Lipfinity, respectivamente) que contenían Permatone, una base de color semipermanente que mantenía el labial aplicado hasta ocho horas. Los nuevos productos para el cabello se beneficiaron de igual manera de las innovaciones, como aquellos que lograron gran crecimiento en las ventas al pregonar los beneficios de la aromaterapia, los herbales y otros con ingredientes de tipo natural; protección para el cabello teñido o con luces, y mayor volumen y cuerpo para el cabello. Los gels, ceras y cremas conquistaron también popularidad para el tratamiento del cabello con la finalidad de igualar los estilos despeinado o ultraalisado que se ven en las revistas y galerías de modas. Otros productos, como los champús y acondicionadores Elvive Citrus, de L'Oreal, contenían ingredientes activos creados para limpiar el cabello y reequilibrar su superficie para impedir la acumulación de impurezas. Los productos con imagen natural, como Herbal Essence, de Clairol, parecían tener atractivo duradero en todo el mundo.

Aunque sus efectos benéficos fueron anecdóticos más que científicos, la aromaterapia y los productos herbales habían encabezado también el crecimiento de las ventas en las categorías de productos de baño y perfumes de la industria de cosméticos, perfumes y artículos de aseo personal (CPA). La Fragrance Foundation (Fundación del Perfume) declaró en su informe de otoño 2001 a invierno de 2002: "El bienestar (por un régimen y hábitos sanos) es el área de crecimiento para todos los productos de perfumería: la asociación de sensaciones, sentimientos y perfumes, y la forma en que interactúan unos con otros."[3] Coty, empresa líder de la categoría, aumentó su fuerza en el mercado de productos para baño extendiendo sus líneas de baño Healing Garden y Calgon, para incluir los productos de aromaterapia, a partir de 1997. De manera parecida, Bath & Body Works acrecentaron sus ofertas de producto agregando altos niveles de perfumes frutales y florales que proveyeron un ambiente terapéutico y de realce del estado de ánimo. Además, los perfumes basados en frutas eran productos de venta populares en las categorías del perfume y el agua de colonia de la industria de CPA.

Demografía del consumidor y cosméticos

Muchas de las innovaciones de producto en el cuidado de la piel, los cosméticos y el cuidado del cabello se crearon específicamente para atender a los intereses de los *baby boomers* que querían luchar contra el proceso de envejecimiento. Los productos antienvejecimiento dieron cuenta de la mayor parte del crecimiento anual de 2% en el ramo general de CPA a fines de la década de 1990 y en los años 2000-2001, y de gran parte del crecimiento en categorías como el cuidado del cabello, los cosméticos y el cuidado de la piel. Sin embargo, el mercado de los adolescentes y preadolescentes rivalizaba con el de los *baby boomers*, toda vez que el ingreso promedio disponible semanalmente de los 23 millones de adolescentes de Estados Unidos, era de 85 dólares. El mercado de adolescentes y preadolescentes estadounidenses era tan atractivo que detallistas especializados, como Hotfox, Limited Too, Charlotte Russe y Hot Topic trabajaron sólo artículos de interés para los preadolescentes. Con la ayuda de su hija, el diseñador Ralph Lauren creó la línea de perfume Ralph, dirigida a mujeres jóvenes y codificada por color para ajustarla a la personalidad del comprador. Givenchy, Donna Karan y FUBU introdujeron asimismo fragancias en 2000 y 2001 específicamente dirigidas a adolescentes, y preadolescentes. El cuidado de la piel era una categoría de producto particularmente atractiva en el mercado adolescente, ya que casi 80% de las chicas de esta edad usan productos para el cuidado del cutis casi a diario. Las toallitas limpiadoras de Nivea, Biore y Johnson & Johnson se dirigieron a las mujeres jóvenes cansadas de la rutina tradicional de usar un limpiador y un tonificador por separado. El crecimiento anual de ventas de estas toallas alcanzó tasas altas, de hasta 40% durante 2000 y 2001.

Las innovaciones de producto se centraron también en las necesidades de las mujeres de 20 a 30 y de 30 a más años de edad, preocupadas por los efectos inminentes del envejecimiento. El Visage Time Defying Fluid de Nivea se dirigió a las mujeres de 20 a 35 años de edad, que no estaban listas aún para un producto antiarrugas, pero que deseaban adoptar un método pro-

---

[3] "Market Undergoes Sea Change", *MMR*, 25 de junio de 2001, p. 103.

activo para retardar los primeros signos del envejecimiento. Se decía que el ingrediente activo del producto, Alpha Flavon, activa el propio sistema de protección de la piel contra el envejecimiento, y que retarda la formación de arrugas y la decoloración de la piel. El mercado de los hombres se había mantenido elusivo: pocos hombres adoptaban una rutina diaria de cuidado de la piel, pero algunos fabricantes habían logrado un modesto éxito con productos limpiadores y humectantes. Los productos más exitosos para el cuidado diario de la piel masculina procuraron evitar los argumentos técnicos y hacer el cuidado de la piel rápido y sin complicaciones.

Las afroestadounidenses y otros consumidores de piel oscura tenían necesidades de cosméticos y de cuidado de piel en buena medida diferentes de las necesidades de las mujeres de ascendencia europea. Gran parte de la innovación de producto dedicada a reducir los efectos del envejecimiento era menos importante para las mujeres de cutis oscuro, toda vez que el contenido más alto de melanina y aceite que se encuentra en la piel oscura contrarresta de manera natural las arrugas. Un ejecutivo de marketing de Color Me Beautiful, Inc., cuyas marcas de cosméticos incluían Iman, Flori Roberts, Interface Cosmetics y Patti La Belle, consideró que en general se habían desatendido las necesidades de cuidado de la piel de las mujeres afroestadounidenses. Las preocupaciones de este sector femenino se enfocaban principalmente a la disponibilidad de pigmentos cosméticos adecuados a la piel oscura, la grasa de ésta y la hiperpigmentación ocasionada por irritaciones fuertes, imperfecciones o exposición excesiva al sol. De igual manera, las necesidades del cuidado de la piel de las mujeres de ascendencia asiática también diferían de las de las mujeres de ascendencia europea; el énfasis, en su caso, se hacía en mantener tonos de piel naturales o pálidos.

Rivales clave en el ramo global de los cosméticos, perfumes y productos de aseo personal

A pesar de que Avon era el mayor vendedor directo de cosméticos, perfumes y artículos de aseo personal (CPA) en 2001, era apenas la mitad del tamaño del líder de la industria, L'Oreal, cuyas ventas en 2000 excedieron los 12 000 millones de dólares. Los rivales en la industria de CPA iban del rango de empresas como L'Oreal y Avon (cuyo punto focal de negocios se limitaba a una sola línea comercial) a compañías muy diversificadas, como Procter & Gamble y LMVH (cuya diversificación de negocios abarcaba una gran variedad de productos de consumo). Las estrategias de distribución variaban asimismo en la industria: muchos de los vendedores máximos, como L'Oreal, Procter & Gamble y Estée Lauder optaban por vender sus productos por medio de las tiendas departamentales, las farmacias y los canales de descuento, mientras que otros se inclinaban por integrar verticalmente la venta directa o la operación de tiendas detallistas de descuento. El canal de la tienda detallista especializada era el de más rápido crecimiento en el ramo: Sephora, Bath & Body Works y Victoria's Secret Beauty daban cuenta de la mayor porción del crecimiento de las ventas detallistas de la industria. Las amplias líneas de cosméticos de los detallistas especializados estaban a la venta en sus tiendas dedicadas a la venta de productos de CPA y por medio de sus catálogos y sitios web. En la ilustración 5 se presentan los ingresos corporativos y de cuidado personal del año 2000 y las listas de marcas bien conocidas de artículos de cuidado personal. En las subsecciones siguientes se describe detalladamente a los rivales clave de Avon.

L'Oreal   La historia de L'Oreal se remonta a 1907, cuando el químico francés Eugene Schueller creó un tinte seguro para el cabello, que vendió a los peinadores parisienses. La capacidad del producto de dar un cambio de color duradero sin dañar el cabello ni irritar el cuero cabelludo fue una innovación de producto muy bien recibida, misma que le permitió a Schueller, casi de inmediato, desarrollar oportunidades de mercado de exportación en Holanda, Austria, Italia, Rusia, el Lejano Oriente y Estados Unidos. Como químico, Schueller procuró dar a conocer a su compañía por su calidad e innovación. Para 1936, había diversificado la línea de producto de la empresa, pasando de los productos para el cuidado del cabello a las fragancias de alta calidad, los productos para el cuidado de la piel y los cosméticos. En 2001, L'Oreal mantenía su renombre por sus productos y procesos de alta calidad, y sus procedimientos comerciales. En una reseña de las estrategias y operaciones globales de las empresas efectuada por INSEAD en

Ilustración 5   Ingresos corporativos, ventas de artículos de cuidado personal globales y marcas de productos de cuidado personal de los principales productores de cosméticos, perfumes y productos de aseo personal

Lugar jerárquico	Compañía	Ingresos corporativos en 2000 (en miles de millones de dólares)	Ventas de productos de cuidado personal (en miles de millones de dólares)	Marcas de productos para el cuidado personal
1	L'Oreal	$10.6	$10.3	L'Oreal, Lancôme, Giorgio Armani, Vichy, La Roche-Posay, Matrix, Redken, Maybelline, Ralph Lauren, Helena Rubinstein, Carson, Biotherm
2	Procter & Gamble	$40.1	$7.3	Cover Girl, Max Factor, Hugo Boss, Giorgio Beverly Hills, Head & Shoulders, Pantene Pro-V, Pert Plus, Vidal Sassoon, Olay, Clairol, Nice 'n Easy, Herbal Essences, Aussie, Infusium, Zest, Safeguard
3	Estée Lauder	$4.4	$4.4	Estée Lauder, Clinique, Donna Karan, Kate Spade, Tommy Hilfiger, Aramis, Bobbi Brown, Aveda, Prescriptives, Origins, M·A·C, Bumble and bumble, jane
4	Avon Products	$5.7	$3.5	Avon, Skin-So-Soft, Anew, Far Away, BeComing
5	Intimate Brands	$5.1	$2.4	Victoria's Secret Beauty, Bath & Body Works, Dream Angels, PINK, Rapture, Victoria
6	Alberto-Culver	$2.3	$2.2	Sally Beauty, Alberto VO5, St. Ives, TCB, TREsemmé, Consort, Motions
7	Coty	$1.8	$1.8	Coty, Davidoff, Lancaster, Joop!, Chopard, Jil Sander, Isabella Rossellini/Manifesto, Vivienne Westwood, Stetson, Adidas, Aspen, Jovan, Calgon, Rimmel, Yue-Sai Kan
8	LVMH	$9.7	$1.7	Christian Dior, Givenchy, Bliss, Hard Candy, BeneFit, Urban Decay, Fresh, Make Up For Ever
10 (empate)	Johnson & Johnson	$29.1	$1.5	Neutrogena, Aveeno, Clean & Clear, Shower to Shower, Johnson's, Sundown
10 (empate)	Revlon	$1.5	$1.5	Revlon, Almay, Ultima II, African Pride, Flex, Charlie
11	Mary Kay	$1.2	$1.2	Mary Kay, Journey, Elige, Belara

Fuente: HAPPI (Household and Personal Products Industry), julio de 2001, p. 73; sitios web de empresas.

2001, se calificó a L'Oreal como Best of the Best (Lo mejor de lo mejor) en rubros como misión y visión, orientación del cliente e innovación. A más de esto, la compañía se enorgullecía de su presupuesto de investigación y desarrollo, de 383 millones de euros (321 millones de dólares estadounidenses al momento de la correspondiente edición original de este libro), sus más de 2 500 investigadores y sus 420 patentes registradas tan sólo en 2000.

En 2001, L'Oreal era el líder en la creación de productos diseñados para neutralizar los radicales libres y estaba encaminando su investigación a la elaboración de productos para rehidratar la piel, mejorar la sensibilidad de ésta, y cambiar con la iluminación las características del color. Un ejecutivo del laboratorio de L'Oreal explicaba la forma en que las nuevas líneas de maquillaje de la firma cambiarían el tono de la piel con la luz disponible:

> Cuando la luz incide en la superficie de los pigmentos de nueva generación modifica su estructura molecular y da lugar a cambios en el color. Esto explica cómo se podrían obtener efectos de color diferente bajo diferente exposición a la luz. Otros pigmentos cambian de color según el ángulo en

que son observados: éste es el efecto goniométrico. Su estructura multilaminar absorbe y remite la luz a varios niveles en sombras que varían dependiendo de la posición del observador. Esto significa que mañana podemos usar un solo producto para reproducir un maquillaje de avanzada clase estelar, en lugar de usar muchos productos diferentes para lograr este resultado, como ocurre ahora. La tecnología produce asimismo efectos en los contornos de la cara. Asociando polvos de formas variables (planos o esféricos), de diferente composición química (mineral o sintética), podemos influir en la trayectoria del rayo de luz y modular ésta. Éste es el principio de la base de maquillaje Photogenic de Lancôme, que garantiza luminosidad óptima para el rostro sea cual fuere el tipo de iluminación. Por otra parte, hay transparencia absoluta donde ciertas fórmulas integran agentes de foco difuso para crear un halo luminoso que oculte contornos demasiado marcados.[4]

En 2001, L'Oreal manufacturó y comercializó más de 500 marcas y 2 000 productos en más de 150 países, siendo distribuidos mediante tiendas departamentales y, en algunos casos, a través de profesionales del cuidado del cabello y farmacias. Los productos de mercado masivo de la empresa representaron casi 55% de sus ventas de 2000 de 12 671 millones de euros (10.6 miles de millones de dólares) y experimentó un aumento en ventas de 15% desde 1999. Las marcas de lujo de la compañía dieron cuenta de 27% de sus ventas corporativas de 2000 y se incrementaron 20% en relación con las del año anterior. Los productos vendidos a profesionales del cuidado del cabello crecieron casi 28% durante 2000 y generaron 12% de las ventas de la firma. L'Oreal elaboró y vendió también marcas dermocosméticas para el cuidado de la salud que podían ser prescritas por dermatólogos y compradas en farmacias. Estas marcas constituyeron alrededor de 5% de las ventas de la empresa en 2000 y crecieron 15% durante ese año. Aproximadamente 50% de las ventas de L'Oreal se generaron en Europa Occidental, 30% se originaron en Norteamérica y 20% restante provino de otras partes del mundo.

L'Oreal había extendido enérgicamente su alcance global durante los años 1990-2000 ofreciendo una selección de marcas más amplia en países fuera de Europa Occidental y haciendo adquisiciones estratégicas de marcas populares fuera de Europa. En 2000, L'Oreal adquirió Carson, la marca número uno en el mercado étnico de cosméticos de Estados Unidos; Kiehl's, una marca exclusiva de lujo que confiaba sólo en su renombre mundial y sus relaciones personalizadas como táctica de marketing, y Matrix, la tercera marca en el mundo en productos profesionales para el cuidado del cabello. La compañía hizo adquisiciones también en 2000 para fortalecer su posición en Argentina y Escandinavia.

Procter & Gamble   La empresa Procter & Gamble Company (P&G) se inició cuando los inmigrantes William Procter y James Gamble se establecieron en Cincinnati, Ohio, en 1837 y contrajeron matrimonio con dos hermanas. A instancias de su suegro, estos hombres, uno fabricante de velas y el otro de jabones, crearon una sociedad para manufacturar y comercializar sus productos en el área de Cincinnati. Las ventas de la empresa llegaron a un millón de dólares en 1859, pero aquélla aún estaba por producir y comercializar una marca nacional. Luego, en 1879, James Norris Gamble, hijo del fundador y de una química entrenada, creó el jabón Ivory, el cual transformó rápidamente a Procter & Gamble en una compañía nacional de productos de consumo; para 1890, P&G tenía 30 marcas e instalaciones de producción a través de Estados Unidos, y Canadá. La empresa agregó una división de productos alimenticios en 1911, cuando introdujo Crisco, e inició una división de productos químicos en 1917 para formalizar sus procedimientos de investigación y crear nuevos productos. P&G entró en el negocio del cuidado del cabello en 1934 cuando elaboró el primer champú basado en detergente. El empeño de P&G en la investigación le permitió continuar introduciendo marcas de venta popular, como Camay, Tide, Crest, Pampers y Downy, a lo largo de las décadas de 1940, 1950 y 1960.

La presencia de P&G en la industria de CPA se fortaleció cuando la firma adquirió Richardson-Vicks en 1985 y Noxell, en 1989. Richardson-Vicks era el fabricante de los productos Oil of Olay y Pantene, y Noxell fabricaba y comercializaba los productos de marca Cover Girl, Noxema y Clarion. Los trabajos de investigación de la compañía fructificaron en la elaboración de Pert Plus, la primera combinación de champú y acondicionador, mientras que su pericia de marketing transformó Pantene de una marca poco conocida a la marca de champú de

---

[4] "What Will Tomorrow's Makeup Look Like?", http://www.loreal.com/us/index.asp.

más rápido crecimiento en el mundo. Procter & Gamble adquirió Max Factor en 1991 y los perfumes de Giorgio Beverly Hills en 1994. En 2000, P&G registró ingresos de 40.1 miles de millones de dólares mediante la manufactura y marketing de más de 250 marcas vendidas en 130 países. La empresa presupuestó más de 1.7 miles de millones de dólares para investigación y desarrollo en 2000 y colaboró con cerca de 100 universidades en la creación y refinamiento de sus productos de consumo y de más de 40 productos de prescripción farmacéutica. Las ventas de cosméticos, productos para el cuidado del cabello y perfumes excedieron los 7 000 millones de dólares en 2000. Se esperaba que la adquisición de Clairol, aprobada por el gobierno de Estados Unidos en noviembre de 2001, agregara 1.6 miles de millones de dólares anualmente a las ventas de productos de belleza de la empresa. Igual que otras marcas de P&G, los productos de Clairol se encontraban principalmente en tiendas de descuento, supermercados y farmacias.

Estée Lauder   La empresa Estée Lauder Company se fundó en 1946, cuando Estée Lauder y su esposo, Joseph, empezaron a comercializar cuatro productos para el cuidado de la piel en la ciudad de Nueva York. La firma se hizo pronto de renombre en calidad e innovación, y en 1948 la prestigiosa detallista Saks Fifth Avenue comenzó a ofrecer sus productos en su tienda de Nueva York. En 1953, Estée Lauder extendió su línea de productos a los perfumes con la introducción de Youth Dew (el primer aceite de baño de doble acción, pues también era perfume). La firma se expandió internacionalmente en 1960, cuando sus productos se pusieron a la venta en Harrod's de Londres. En el curso de los siguientes seis años, las operaciones de ventas de Estée Lauder se ampliaron a Canadá, Puerto Rico, Centroamérica, Dinamarca, Italia, España, Suiza, Australia, Holanda, Bélgica, Francia, Finlandia, Grecia, Alemania, Noruega, Austria, Singapur, Tailandia y Japón.

Estée Lauder extendió su línea de productos a los perfumes para hombre con la introducción de Aramis en 1964. Luego lanzó Clinique, la primera marca de cosméticos sin perfume, probada contra alergias y orientada por dermatólogo, en 1968. Su línea de cosméticos Prescriptives se presentó en 1979, mientras que Origins, una línea de productos para el cuidado de la piel, el maquillaje y el baño se lanzó en 1990. En la década de 1990, la compañía adquirió dos marcas de artista de maquillaje (M·A·C y Bobbi Brown); Sassaby (propietaria de la marca jane de cosméticos de color), y Aveda Corporation (líder en la industria de productos de lujo para el cuidado del cabello en Estados Unidos). También en los años 1990, Estée Lauder se hizo de Stila Cosmetics (una prestigiosa marca de cosméticos) y de Jo Malone (el comercializador, con base en Londres, de productos de renombre en perfumería y para el cuidado de la piel). En 2000, la firma adquirió participación mayoritaria de capital en Bumble and Bumble, salón de peinado de excelencia con base en Nueva York, y en Bumble and Bumble Products (desarrollador, comercializador y distribuidor de productos de calidad para el cuidado del cabello). Las Estée Lauder Companies tenían asimismo la concesión global de perfumes y cosméticos de las marcas Tommy Hilfiger, Donna Karan New York, DKNY y Kate Spade.

En 2000, la firma registró ventas de 4.4 miles de millones de dólares y sus productos se encontraban en más de 120 países. Además, las marcas Clinique y Estée Lauder de la compañía eran las dos principales marcas de venta de cosméticos en Estados Unidos. Las marcas de Estée Lauder se encontraban habitualmente en tiendas de departamentos, pero también se compraban en tiendas detallistas especializadas y por internet. Estée Lauder lanzó una enérgica estrategia de internet en 2001 que puso sus productos a la venta en www.esteelauder.com y www.gloss.com; la empresa operaba también 320 tiendas especializadas libres ubicadas en zonas comerciales destacadas, donde exhibían sus productos de marca M·A·C, Origins y Estée Lauder. La señora Lauder, ya de 90 años en 2001, ya había dejado de hacer apariciones públicas para la empresa desde muchos años atrás, pero la mayoría de las acciones estaban en control de la familia Lauder, y varios puestos clave dentro de la firma (incluidos los de jefe de la junta directiva, presidente y varias vicepresidencias) estaban ocupados también por familiares.

Intimate Brands   Intimate Brands se creó como derivado de The Limited en 1995, y para 2001 ya estaba entre los mayores detallistas especializados del mundo en ropa íntima, productos de belleza y para el cuidado personal. Las ventas de la compañía en 2000 fueron de 5.1 miles de millones de dólares. Una de sus marcas, Victoria's Secret, era la mayor detallista de ropa íntima en Estados Unidos, con casi 1 000 tiendas y ventas por 2.3 miles de millones de dólares en

2000. Bath & Body Works, de Intimate Brands, se encargaba de los productos de baño, y para el cuidado de la piel y el cabello; con más de 1 400 tiendas y ventas de 1.8 miles de millones de dólares, fue el mayor detallista especializado en 2000 en Estados Unidos. White Barn Candle Company, que la firma lanzó en 1999, se especializó en las ventas detallistas de perfumes para el hogar y decoración para éste. Para 2001 ya se habían abierto más de 130 tiendas White Barn Candle.

Intimate Brands operaba asimismo las tiendas Victoria's Secret Beauty (VSB) que vendían su propia línea de cosméticos, perfumes y productos para el cuidado de la piel. Entre las marcas propias que se vendían en las tiendas VSB estaban los perfumes PINK, Heavenly, Halo y Divine; los productos Body by Victoria para el cuidado de la piel, y los cosméticos PINK, Rapture, Victoria y Garden Collection. Victoria's Secret Beauty figuraba entre los detallistas especializados de cosméticos de más rápido crecimiento, con ventas de 377 millones de dólares en 2000, y 480 tiendas ubicadas al lado de las de Victoria's Secret, 450 locales de nicho dentro de las tiendas de Victoria's Secret y 80 tiendas libres. Los cosméticos, perfumes, productos para el cuidado de la piel y accesorios de belleza de Victoria's Secret Beauty se podían comprar también en línea en www.victoriassecret.com/beauty. Intimate Brands espera que VSB logre los 1 000 millones de dólares en ventas para 2005, mediante una emprendedora adición de tiendas, ventas crecientes por internet y el desarrollo de nuevos productos de belleza.

Alberto-Culver   En 2001, Alberto-Culver era uno de los principales fabricantes y comercializadores de productos para el cuidado del cabello, con ventas por más de 2.3 miles de millones de dólares en el año 2000. La empresa se estableció en 1955 y conquistó su éxito inicial vendiendo su acondicionador para el arreglo del cabello VO5 a los estilistas del cabello de Hollywood. La compañía trasladó sus operaciones de California a Chicago en 1960 y gradualmente presentó nuevos productos, entre ellos el champú VO5 y el aerosol VO5 para el cabello. En 1969, la compañía adquirió Sally Beauty Supply, una empresa proveedora de artículos de descuento con base en Nueva Orleáns, que atendía a las necesidades de cultores de belleza y estilistas. Alberto-Culver se diversificó en la manufactura y venta de productos de especias y lavandería en 1983, con su adquisición de Mrs. Dash, Molly McButter y Static Guard. En 1996, la firma adquirió St. Ives Laboratories y su línea global de productos para el cuidado del cabello y de la piel. En 2000, Alberto-Culver amplió su línea de productos elaborados para el mercado afroestadounidense con su adquisición de Pro-Line Corporation, la segunda compañía más grande de productos para el cabello enfocada en el nicho. Dichos productos se vendían por los canales de farmacias, supermercados y tiendas de descuento en más de 120 países. Su cadena Sally Beauty Supply, con 2 350 tiendas, era la mayor comercializadora de productos para el cuidado profesional de la belleza en el mundo.

Coty   En 2001, Coty era el fabricante y comercializador líder en fragancias y uno de los mayores fabricantes de cosméticos y productos para el cuidado de la piel; sus ingresos en 2000 estuvieron cerca de los 1.8 miles de millones de dólares. Fundada en 1904 por François Coty en París, la compañía tuvo su base en Alemania muchos años hasta que mudó su oficina matriz a Nueva York en 1996. La empresa, de propiedad privada, distribuía sus productos por los canales de mercado masivo y detallistas de prestigio en el mundo, y mantenía operaciones de producción y ventas en 29 países. Entre las marcas de mercado masivo de Coty estaban Adidas, The Healing Garden, Calgon, Stetson y Jovan, mientras que sus marcas de prestigio de perfumes y cosméticos (distribuidas por su Lancaster Group, de base en París) abarcaban Lancaster, Davidoff, JOOP!, Isabella Rossellini's Manifesto, Vivienne Westwood y Yue-Sai Kan.

La estrategia de Coty no sólo había producido un primer lugar en la jerarquía global de fragancias con sus marcas que atraían principalmente a los consumidores sensibles al precio, sino que las marcas de cosméticos de alto precio de la compañía le habían permitido convertirse en líder en varios mercados internacionales. Por ejemplo, la línea de cosméticos RIMMEL London era la marca de cosméticos de máxima venta en el Reino Unido y se esperaba que obtuviera pronto participación en Estados Unidos después de su introducción en el mercado en marzo de 2000. Coty era asimismo la marca de cosméticos principal de China en el canal de tiendas de departamentos. Los cosméticos y productos para el cuidado de la piel de la compañía vendidos en China se desarrollaron por medio de una alianza con Yue-Sai Kan, una de las personalidades más queridas y respetadas en China. La revista *People* llamó a Yue-Sai Kan "la mujer más famosa de China", y la investigación de marketing indicó que más de 95% de los 1.3 miles de millones de ciudadanos de China tienen conocimiento de la marca de cosméticos Yue-Sai.[5] La administración de Coty creía que la marca Yue-Sai tenía atractivo global porque, de acuerdo con Yue-Sai Kan, reflejaba las "sensibilidades de una mujer asiática dotada de poder, inteligente, femenina y moderna".[6]

LVMH Moët Hennessy Louis Vuitton (LVMH) era el principal grupo de productos de lujo en el mundo, con ventas anuales de 11.6 miles de millones de euros (9.7 miles de millones de dólares) en 2000. Las marcas de la compañía, algunas de las cuales databan de la Francia del siglo XVIII, estaban entre los nombres más prestigiosos en vinos y licores, modas, perfumes y cosméticos, relojes y joyería, y ventas detallistas especializadas. Entre algunas de las marcas de LVMH estaban Dom Pérignon, Louis Vuitton, Givenchy, Parfums Christian Dior, Christian Lacroix, TAG Hewer, Ebel y Solstice. LVMH agregó más poder a su impresionante frente de marcas en noviembre de 2001 cuando adquirió no sólo Donna Karan International, sino también el control de intereses en Fendi y Prada.

El negocio de cosméticos y perfumes de la compañía creció 22% en 2000 para alcanzar los 2.1 miles de millones de euros (1.7 miles de millones de dólares) y creció otro 15% durante los primeros seis meses de 2001. El crecimiento de la empresa se atribuyó a sus fuertes marcas; a las presentaciones de nuevos productos (que incluyeron a J'Adore por Christian Dior, Hot Couture por Givenchy y Michael por Michael Kors), y al éxito de sus operaciones de cosméticos detallistas de Sephora. Sephora era la principal cadena de productos de belleza en Francia y en Estados Unidos y la segunda mayor cadena de la industria en Europa. En 2001, Sephora operaba más de 225 tiendas en Europa, más de 80 tiendas en Estados Unidos y siete tiendas en Japón. Las tiendas de Sephora ofrecen los productos de LVMH y otras renombradas marcas de cosméticos, fragancias y productos para el cuidado de la piel que incluyen Chanel, Dolce y Gabbana, Elizabeth Arden, Hugo Boss, Naomi Campbell, Gianni Versace y Burberry. En 2001, Sephora.com proveía la mayor y más variada selección de productos de belleza en internet, con más de 11 000 productos y más de 230 marcas. Las marcas de cosméticos, fragancias y productos para la piel de LVMH eran vendidos también por acreditados detallistas en todo el mundo.

Johnson & Johnson Robert Wood Johnson fundó Johnson & Johnson (J&J) en 1886 para proveer a los cirujanos de vendas estériles quirúrgicas envueltas y selladas en empaques individuales, listas para su uso. El nuevo producto de Johnson era un importante avance en la lucha contra la infección posoperatoria, la cual en aquel momento contribuía a tasas de mortalidad posoperatoria de hasta 90% en algunos hospitales. Johnson encontró motivos para crear sus vendas antisépticas y escribir *Modern Methods of Antiseptic Wound Treatment* después de enterarse del descubrimiento del doctor Joseph Lister de que los gérmenes que circulan en el aire son los causantes de la mayoría de las infecciones en la sala de operaciones. Johnson se unió a sus dos hermanos para crear una creciente línea de productos quirúrgicos. Al momento de su muerte en 1910, su empresa J&J estaba firmemente establecida como líder en productos para el cuidado de la salud. En 2001, Johnson & Johnson se mantenía a la cabeza del ramo farmacéutico, con ventas de 29 000 millones de dólares y gastos de investigación y desarrollo cercanos a los 3 000 millones de dólares en el año anterior.

Johnson & Johnson introdujo primero un talco para bebés en 1893 y lociones y aceites para éstos en los años 1920-1930, pero el impulso para su presencia en la industria del cuidado de la piel y los cosméticos vino con las adquisiciones de la empresa francesa de RoC, S.A., en 1993 y de Neutrogena en 1994. J&J compró la línea Aveeno de avena coloidal y otros productos para el cuidado de la piel a S.C. Johnson & Son en 1999. La compañía producía asimismo los productos dermatológicos de prescripción Ortho, que se había demostrado en pruebas clínicas que reducían las arrugas no muy pronunciadas. Las aptitudes de Johnson & Johnson en el ramo

---

[5] "China's Top Selling Color Cosmetics Introduces New Look; Coty Inc.'s Yue Sai Kan Relaunches Color Cosmetics Line", Coty, Inc., comunicado de prensa, 18 de abril de 2000.

[6] *Ibid.*

farmacéutico fueron útiles en sus trabajos de desarrollo de productos de consumo para el cuidado de la piel y cosméticos, los cuales lograron buena aceptación en términos de calidad e innovación. De hecho, la línea entera de Neutrogena de cosméticos de color, productos para el cuidado del cabello y de la piel fueron recomendados comúnmente por los dermatólogos a los pacientes de piel delicada. Los productos de J&J para el cuidado de la piel y el cabello, así como los cosméticos se distribuían principalmente en farmacias, supermercados y tiendas de descuento. Las ventas de productos de Aveeno, RoC y Neutrogena de Johnson & Johnson para la piel y el cabello, junto con los cosméticos de Neutrogena, captaron aproximadamente 1 500 millones de dólares.

Revlon   Revlon fue establecida en 1932 por Charles y Joseph Revson, junto con un químico, Charles Lachman, quien aportó la *L* al nombre de Revlon. Lachman había creado un barniz de uñas único con base en pigmentos, en lugar de tintas, que daba un hermoso esmaltado opaco con sombras nunca antes logradas. Revlon vendió primero el nuevo barniz de uñas en los salones de belleza y luego por medio de tiendas departamentales y farmacias. A seis años de la fundación de la compañía, las ventas anuales excedían de un millón de dólares. Revlon se expandió del barniz de uñas a los cosméticos en los años 1950-1960 y entró en el mercado de fragancias en 1973, cuando introdujo Charlie, que se convirtió en el perfume de máxima venta en el mundo en 1975. Las ventas anuales de Revlon rebasaron la marca de los 1 000 millones de dólares en 1977, y a mediados de la década de 1990 Revlon se convirtió en la marca número uno de cosméticos de color en los canales de mercado masivo. En 2000, los ingresos anuales de Revlon eran de aproximadamente 1 500 millones de dólares, y sus cosméticos, productos para la piel y el cabello, y perfumes se vendían en unos 175 países.

En 2001, los productos de Revlon se comercializaban globalmente bajo marcas tan conocidas como Revlon, ColorStay, Revlon Age Defying, Almay y Ultima en cosméticos; Moon Drops, Eterna 27, Ultima y Jeanne Gatineau en cuidado de la piel; Charlie y Fire & Ice en perfumes, y Flex, Outrageous, Mitchum, ColorStay, Colorsilk, Jean Naté, Bozzano y Colorama en productos de aseo personal. También en ese año, Revlon se mantuvo como la primera marca del mundo en cosméticos vendidos en canales de mercado masivo y conservó sus primeras posiciones en lápices labiales y barniz de uñas. Revlon había ostentado el primer lugar mundial en barniz de uñas durante 25 años consecutivos. Los productos de Revlon podían comprarse en farmacias, supermercados, tiendas de descuento y por internet, mediante convenios de marketing con www.drugstore.com, www.ulta.com y www.walgreens.com. Los convenios permitían a los consumidores ver los productos en www.revlon.com para luego ser orientados a la página apropiada en uno de los tres sitios de detallistas, donde podían elegir inmediatamente y comprar el producto. En 2001, Revlon no se había integrado verticalmente en las ventas detallistas de cosméticos.

Mary Kay   De todos los fabricantes y comercializadores de cosméticos, el modelo comercial de Mary Kay Cosmetics era el que más se asemejaba al de Avon. En 2001, Mary Kay era la segunda mayor vendedora directa de cosméticos, perfumes, productos para el cuidado de la piel y complementos dietéticos, con más de 200 productos. Sus ingresos de 2000 de 1.2 miles de millones de dólares en nivel mayorista equivalían a más de 2.5 miles de millones de dólares en ventas detallistas.

Mary Kay fue fundada por Mary Kay Ash en 1963 con 5 000 dólares y la ayuda de su hijo de 20 años, Richard Rogers. Ash acababa de jubilarse de una carrera en ventas directas y, después de haber hecho una lista de métodos administrativos triunfadores y deficientes que había observado en su profesión, se sintió impulsada a crear una compañía basada en mujeres que aspiraran a tener oportunidades ilimitadas para el éxito personal y financiero. Una de las metas centrales de Mary Kay Ash para la compañía era la creación de oportunidades para las mujeres, y se valió de la Regla Dorada como guía filosófica. Creía que las integrantes de su fuerza de ventas independiente darían prioridades a sus vidas con Dios en primer lugar, la familia en segundo y su carrera en tercero. Su visión y principios le permitieron a la empresa formar una fuerza de ventas de más de 800 000 "consultoras de belleza independientes" en 37 países y lograr el reconocimiento de *Fortune* como una de "Las cien mejores compañías para trabajar en Estados Unidos" y una de "Las diez mejores compañías para mujeres" en 1984, 1993 y 1998.

Fortune puso también a Mary Kay en la lista de "Las empresas más admiradas" en Estados Unidos en 1995. Ash fue una fuente de inspiración para muchas mujeres en el mundo; murió en noviembre de 2001, pero se espera que su legado perdure por décadas. En el lapso de su vida, Mary Kay Ash publicó tres libros de gran venta, recibió premios por su ayuda a la solución de las necesidades financieras de las mujeres y fue la única mujer de la que se hizo una semblanza en *Forbes Greatest Business Stories of All Time*.

En 2001 Mary Kay ofreció una línea completa de cosméticos de color, productos para el cuidado de la piel, perfumes y productos para el aseo personal; presentó también una línea de productos para el cuidado de la piel del hombre y perfumes para éste. La empresa mantenía un equipo de expertos en cosméticos, dermatología, bioquímica, tecnología de procesos e ingeniería de empacado; así como ingeniería de calidad para desarrollar, probar y elaborar sus productos en sus plantas situadas en Dallas, Texas, en China y en Suiza. Los productos de la compañía sólo estaban disponibles a través de alguno de sus 850 000 consultores de belleza independientes. Los consumidores podían hacer su pedido a un consultor de belleza durante una visita de ventas, por teléfono o visitando el sitio www.marykay.com, introduciendo el nombre de su consultor y eligiendo después los productos para su compra. Los visitantes del sitio que no contaban con un consultor de belleza podían introducir su código postal (*zip code*) y hacer compras inmediatamente que fueran acreditados por un consultor cercano o que el consultor se pusiera en contacto con ellos para la correspondiente consulta sobre belleza. Una característica única de Mary Kay era el lazo de hermandad compartido por muchas consultoras independientes. El profundo interés de Mary Kay Ash por el bienestar de sus consultoras nutrió una cultura de unidad en la firma, que era evidente durante el Seminar (una reunión anual de decenas de miles de consultoras independientes) y en los testimonios siguientes, colocados en el sitio web de Mary Kay a raíz de su muerte, en noviembre de 2001:[7]

> Laura Bush, Primera Dama: "Mary Kay es alguien a quien siempre he admirado. Creo que la grandeza de nuestro país se debe en gran parte a personas valientes, como Mary Kay, que nunca han temido defender lo justo."

> Doretha Dingler, Directora Ejecutiva de Ventas Nacionales de Mary Kay: "¡Mary Kay abrió el camino en el área de la liberación económica para las mujeres! Ella les dio poder y les permitió crearse una vida mejor para sí mismas y sus familias. Mary Kay marchará por la historia como una de las más grandes mujeres humanitarias y visionarias de nuestro tiempo."

> Fannie Flagg, autora de *Fried Green Tomatoes*: "Mary Kay es mi heroína. Se preocupa tanto por las mujeres, y significó tanto para mi madre y sus amigas que por su inspiración cambiaron ellas sus vidas en Alabama."

> Nancy Tiejten, Directora Ejecutiva de Ventas Nacionales: "Mary Kay... tenía la visión de cambiar el mundo para las mujeres. Tenía un sueño, y trabajó toda su vida para convertir los nuestros en realidad. Quería formar una compañía para las mujeres que anhelaban ser lo mejor que pudieran ser, para que fueran independientes en lo financiero y para ayudarlas a realizar sus sueños."

> Reverendo Doctor Robert Schuller, Crystal Cathedral, Garden Grove, California: "Mary Kay Ash ha puesto un ejemplo ciertamente asombroso de cómo funciona nuestro sistema de libre empresa. Su vida es el refulgente testimonio de una persona que se fija metas, las persigue con determinación y utiliza métodos de manera creativa, pero al mismo tiempo es motivada por el genuino deseo de ayudar a la gente a alcanzar un inusitado éxito."

ANDREA JUNG Y LA NUEVA DIRECCIÓN ESTRATÉGICA DE AVON

Cuando Andrea Jung se convirtió en la nueva directora general de Avon en noviembre de 1999, el crecimiento anual de ventas había disminuido a menos de 1.5% y el precio de sus acciones

---

[7] Presentado en www.marykay.com.

había caído de 55 dólares a una baja en tres años de 25 dólares. Las estrategias iniciadas por Charles Perrin habían resultado en cierta mejoría inicial de las razones matemáticas de operación y habían arrojado algún modesto crecimiento en las ventas durante 1998, pero a fines de 1999 estaba claro que Avon necesitaba una nueva dirección audaz. Después de 16 meses como director general de Avon, Perrin renunció, concluyendo que su falta de experiencia en ventas directas limitaba su efectividad con la compañía. A la junta directiva le tomó poco tiempo acudir a Andrea Jung para rejuvenecer su compañía de productos de belleza de 113 años de edad. La primera tarea de Jung como directora general fue recorrer las calles de su barrio, tocando timbres de puertas, para entender mejor los deseos de las clientas y las necesidades de sus agentes de ventas. Jung prestó oído a las quejas de las clientas por los colores descontinuados, los pedidos mal manejados, los catálogos fuera de actualidad, los empaques poco atractivos, la falta de productos innovadores y las promociones confusas. La nueva directora general descubrió asimismo de primera mano los obstáculos estructurales para lograr el éxito como una señora de Avon. Las políticas que requerían que las agentes de ventas colocaran pedidos sólo durante el comienzo de una campaña sin oportunidad de reordenar artículos de gran venta, los procedimientos en los que se exigía que se llenaran formularios de pedido de 40 páginas a mano para luego enviarlos por correo o faxearlos a Avon, y los pedidos que, de acuerdo con los propios estimados de Avon, se llenaban mal 30% de las veces eran circunstancias que hacían difícil que las agentes aumentaran sus volúmenes de ventas y sus comisiones.

En la cuarta semana de Andrea Jung en el puesto, la directora general pidió a los ejecutivos de Avon y a los analistas de marketing que se reunieran para la presentación de su plan de cambio total. Ella demandó el lanzamiento de una línea enteramente nueva de negocios, el desarrollo de productos innovadores, nuevos empaques, nuevos canales de distribución, un nuevo enfoque de administración de la cadena de suministros, nuevos modelos de ventas y nuevos enfoques de creación de imagen. Jung prometió pagar por el incremento en gastos de todo, desde la investigación y desarrollo hasta el soporte de ventas basadas en internet. Propuso que la reingeniería adicional de procesos redujera cientos de millones de dólares en costos que no agregaban valor en la cadena de valores de la compañía. Al concluir la conferencia de Jung, pocos creían que pudiera llevar a cabo con éxito el ambicioso plan. Un analista de Paine Webber comentó que no era única la opinión de que el plan tenía "una alta probabilidad de terminar en decepción".[8]

La visión de Jung para Avon

Andrea Jung tenía la visión de una Avon que sería "la comercializadora de relación definitiva de los productos y servicios para mujeres".[9] La visión de Jung de una Avon nueva era la de una compañía que fuera más allá de la venta de cosméticos para convertirse en una fuente depositaria de confianza para casi cualquier tipo de bien o servicio que necesiten las mujeres. La Avon de Andrea Jung les permitiría a las mujeres comprar no sólo productos de belleza, sino en definitiva bienes y servicios como los servicios financieros, en cualquier forma que al cliente le pareciera más conveniente: por medio de una representante de Avon, en una tienda o en línea. A las órdenes de Jung, la declaración de visión de Avon decía: "Nuestra visión es ser la compañía que mejor entienda y satisfaga las necesidades de producto, servicio y autorrealización de las mujeres globalmente. Nuestra dedicación al apoyo a las mujeres concierne no sólo a la belleza, sino a la salud, la aptitud física, la asunción del poder en forma independiente y la independencia financiera."

Sin embargo, a fines de 1999, la compañía estaba lejos de lo que Jung avizoraba. En una era en que 75% de las mujeres estadounidenses trabajaban y las ventas directas daban cuenta de menos de 7% de los cosméticos y productos de aseo personal vendidos en Estados Unidos, el modelo de ventas perfeccionado por David McConnell y la señora P.F.E. Albee a fines del siglo XIX parecía haber quedado fuera de época hacía dos generaciones. Sin embargo, con aproximadamente 98% de las ventas anuales de Avon generadas por sus 3.5 millones de agentes de

[8] "It Took a Lady to Save Avon", p. 204.

[9] Como aparece citado en "Avon: The New Calling", *Business Week*, 18 de septiembre de 2000, p. 136.

ventas, mal podía la firma prescindir de su fuerza de ventas con movimientos que pudieran reducir los ingresos por ventas directas. Las representantes de Avon estaban alertas para proteger a sus clientes y sus ventas, y se mostraban agresivas en dar marcha atrás a estrategias que pudieran aumentar las ventas de la empresa, pero que al mismo tiempo limitaran las oportunidades de crecimiento de ventas para las representantes vendedoras. En 1997, Avon lanzó una dirección web básica en la que un pequeño número de productos se podían comprar en línea, pero cuando puso ésta en la parte trasera de sus catálogos, las representantes de ventas se rebelaron, cubriendo la dirección web con sus propias pegatinas hasta que lograron forzar a la compañía a quitar ésta.

Las representantes de ventas de Avon estaban similarmente descontentas con cualquier recomendación de poner los productos de la empresa a la venta en tiendas departamentales o *malls* (centros comerciales). La compañía estaba limitada también por su imagen de marca anticuada; la investigación de marketing reveló que la mayoría de las mujeres veían a Avon como "la marca de mi abuela" o "no es para mí".[10] Además, Avon no tenía productos en algunas de las categorías de CPA (cosméticos, perfumes y productos de aseo), y no había introducido un producto de impacto en décadas. Entre otros problemas de Avon estaban las ineficiencias de distribución, la limitada oportunidad de ingreso personal o renta para el representante de ventas promedio, y la dificultad de vender los productos de la empresa a mujeres ocupadas. Un miembro de la mesa directiva de Avon contribuyó a explicar el dilema del modelo de venta directa de la empresa: "¿Tiene usted una representante de Avon? Yo no... Personas como nosotras deberíamos tener la posibilidad de comprar el producto."[11]

Jung identificó las siguientes prioridades estratégicas para tratar de corregir las desventajas competitivas de Avon y dar un nuevo rumbo a la compañía:

- Cultivar las ventas globales de la categoría de belleza mediante la inversión sostenida en desarrollo, publicidad y muestreo de nuevo producto.
- Brindar a las representantes mayores oportunidades de hacer carrera mediante el liderazgo en ventas, mayores habilidades para el uso de internet y capacitación.
- Reducir los niveles de inventario y mejorar a la vez el servicio a las representantes.
- Mejorar los puntos de base 50-100 de márgenes de operación mediante el rediseño del proceso de negocios.
- Lograr un buen lanzamiento de la línea Avon Wellness de complementos de nutrición y vitaminas.
- Comenzar a construir un negocio detallista redituable para alimentar el crecimiento futuro.
- Crear oportunidades de comercio electrónico para Avon y sus representantes de ventas.
- Perseguir oportunidades de mercado en China y Europa Oriental.

En la ilustración 6 se presenta una lista de objetivos específicos bajo las prioridades estratégicas principales de Avon.

Nuevas estrategias para aumentar las ventas

Las estrategias de Andrea Jung tenían por objeto hacer que crecieran los ingresos y la participación de mercado mediante la corrección de muchas desventajas competitivas de Avon, pero no a costa de su fuerza probada de ventas directas: "Si no las incluimos en todo lo que hagamos, entonces sólo somos otra marca detallista, sólo otro sitio de internet, y no creo que el mundo necesite más de éstos."[12] Jung creía que internet podría ser una de las mayores esperanzas de Avon para el crecimiento futuro y que un modelo de negocios de comercio electrónico en la empresa beneficiaría a las representantes de ésta; ella inició el concepto de ventas *eRepresentative* (representante electrónico), que permitía a los representantes dirigir a los clientes

---

[10] "Avon Calling", *Ad Age Global*, 1 de octubre de 2001, p. 26.

[11] "The New Calling", *Business Week*, 18 de septiembre de 2000, p. 136.

[12] *Ibid.*

a www.avon.com para que compraran productos las 24 horas del día, los siete días de la semana. Sin embargo, antes de trazar hasta el fin los planes de comercio electrónico, en Avon se tuvo buen cuidado de lograr la participación de sus representantes de ventas independientes por medio de muchas encuestas y "grupos foco" (*focus groups*). Una vez puesto en práctica el plan, las representantes electrónicas recibían comisiones de 20 a 25% en pedidos web surtidos directamente por Avon y comisiones de 30 a 50% en pedidos de internet que ellas entregaran personalmente en los hogares de los clientes. A las visitantes de www.avon.com que no tuvieran una representante de Avon se les preguntaba si querrían o no la ayuda de una representante electrónica antes de completar el proceso de cierre de cuenta. Dentro de los primeros nueve meses del programa, casi 12 000 de las 500 000 representantes de ventas de Avon en Estados Unidos, pagaron cada una 15 dólares al mes por convertirse en representantes electrónicas. Jung creía también que el uso de internet podía acelerar el procesamiento de pedidos y reducir el trabajo de papelería tanto para las representantes de ventas como para el personal corporativo. Aun cuando 54% de las representantes de ventas de Avon no tenían computadora, la compañía esperaba poner a todas las representantes en línea ofreciéndoles computadoras personales Gateway más la conexión a internet por 19.95 dólares al mes.

Otra oportunidad para que las representantes de ventas acrecentaran su ingreso fue un concepto llamado Sales Leadership (Liderazgo en Ventas), una idea de la que se había hablado durante años y que se había desarrollado parcialmente en tiempo de la dirección general de Charles Perrin. El modelo de ventas directas de Avon no capacitaba a sus representantes y sólo les daba comisiones sobre sus propias ventas. Las personas que llegaban a Avon con habilidades de ventas aprendidas o con la capacidad natural para vender los productos de la empresa prosperaban —aproximadamente 20% de las representantes de Avon daban a la firma 80% de los ingresos de ésta—. En 1999, las ganancias anuales de una representante de ventas típica de Avon en Estados Unidos, eran de 2 400 dólares, y ganancias de 7 500 dólares o más le otorgaban a las agentes su admisión en el President's Club (el Club del Presidente) de la compañía. Era alta la rotación entre representantes que tenían dificultades para alcanzar niveles adecuados de ventas, y Avon estaba experimentando dificultades para agregar nuevas representantes para reemplazar a las que se marchaban. Sin embargo, el Liderazgo en Ventas les permitió a las representantes en ventas curtidas reclutar a nuevas agentes vendedoras que creían tener el toque para el comercio y que podrían compartir los éxitos de las primeras; incluía también un programa de Asesoras de Belleza (Beauty Advisors) que les permitía a las representantes de ventas recibir capacitación en tácticas de ventas y en sugerencias sobre belleza y cosméticos.

Jung reconoció que la fuerza de ventas de Avon, independientemente de lo bien organizada y capacitada que estuviera, se apoyaba en productos atractivos para acrecentar sus ventas. Como directora general, impulsó con energía el plan de la compañía para desarrollar marcas globales, renovar el empaque de los productos existentes y lanzar productos exitosos. La investigación de marketing de la empresa demostró que las clientas de Avon, en su mayoría de las clases media y trabajadora, no podían permitirse las marcas de prestigio, como Lancôme o Estée Lauder, pero codiciaban la elegancia de las mismas. Para mejorar la imagen de la compañía, Jung pidió un rediseño del empaque de los productos de Avon para igualar mejor la apariencia de las marcas de alto precio de las tiendas departamentales, lanzó la campaña publicitaria "Let's Talk" (Hablemos) y firmó contratos de apoyo de imagen con las estrellas del tenis Venus y Serena Williams.

Tras reconocer que sus esfuerzos anteriores de transformar muchas marcas regionales de Avon en marcas globales únicas habían generado un éxito considerable (las marcas globales crecieron de 11% de las ventas de Avon en 1993 a 70% de las ventas en 2000), Jung hizo hincapié con los equipos de desarrollo de producto de la firma en que las nuevas líneas deberían ser comercializables globalmente siempre que fuera posible. Sobre todo, Jung entendía la importancia de la innovación para el éxito de nuevas líneas. Ella incrementó casi en 50% al presupuesto de investigación y desarrollo de Avon durante su primer año fiscal como directora general y exigió que los investigadores de la compañía desarrollaran nuevas líneas innovadoras en un lapso de dos años, en lugar del periodo habitual de desarrollo de producto de la compañía de más de tres años.

Para hacer los productos disponibles a las mujeres demasiado ocupadas para consultar a una agente de ventas o que prefirieran comprar sus productos de belleza en tiendas departa-

Ilustración 6   Objetivos estratégicos y financieros de Avon, 1997-2004

Transformaciones de marketing	2000	2004
SKUs (unidades mantenidas en inventario) de producto de belleza activo	5 000	4 000
Frecuencia de innovación avanzada	3 años	2 años
Desarrollo de producto (promedio)	88 semanas	50 semanas
Desarrollo de campaña	52 semanas	26 semanas
Mejora de la cadena de suministros	**2000**	**2004**
Días de inventario	119	8-10
Precisión de predicción	Línea de base	+30%
Tasa de formulado de pedido	68%	90%
Liderazgo de ventas	**2000**	**2004**
Líneas de liderazgo por distrito en Estados Unidos	110	214
Representantes por distrito en Estados Unidos	322	440
Crecimiento en representantes activas	2-3%	2-3%
Crecimiento en ganancias de representante promedio	—	25-30%
Comercio electrónico e internet	**2000**	**2002**
Participación de la representante electrónica	13%	50%
Ahorros en el costo del apoyo de la representante	3 millones de dólares	+20 millones de dólares
Penetración de mercado geográfica	Estados Undos, Japón, Taiwán	20 mercados
Internacional	**2000**	**2004**
Crecimiento de ventas en moneda local	50%	20-30%
Crecimiento de representantes	25%	20-30%
Outlets (puntos de venta) de ventas (China)	3 463	6 000
Financiera	**1997-2000**	**2001-2004**
Crecimiento de ventas	9%	10%+
Crecimiento de belleza	10%	12%+
Mejora del margen de operación	+3.2 puntos	50+ puntos de base/año
Flujo de efectivo de las operaciones	350 millones de dólares	700 millones de dólares
Gastos de capital	200 millones de dólares (2000)	225 millones de dólares promedio/año

Fuente: Presentación del inversionista de Avon, Susan Kropf, presidenta y COO, 2000.

mentales, Jung impulsó los planes de Perrin de llevar los productos de la firma a los *malls* o grandes galerías comerciales. Aun cuando las ventas detallistas daban cuenta de 93% del mercado global de cosméticos, perfumes y artículos de aseo personal (CPA), Avon había evitado en gran medida los canales detallistas por temor a competir contra sus representantes. Sin embargo, Jung logró conquistar el apoyo de las representantes de ventas de Avon ofreciendo los quioscos como franquicias después de llevar a cabo el marketing de prueba. Avon abrió 50 quioscos franquiciatarios en el primer año de Jung como directora general y, en 2001, entró en convenios con Sears y JCPenney para operar los conceptos del Centro Avon o la tienda dentro de otra tienda, que dedicarían entre 37 y 93 metros cuadrados a una línea de producto enteramente nueva: Avon beComing. La línea de productos beComing no podría ser comprada a las representantes independientes y era de precios más altos que los de otras líneas de Avon, pero era menos costosa que las marcas de tiendas departamentales como Clinique, Lancôme o Estée Lauder.

Avon había logrado éxito internacional antes de la llegada de Andrea Jung a la dirección general, pero ella quería un crecimiento más enérgico en los mercados internacionales emergentes, como China, Europa Oriental, Oriente Medio y África. China había sido identificada por la administración de Avon como un mercado atractivo por contar con 20% de la población mundial, y porque su población era relativamente joven, lo cual representaba un mercado grande y creciente para productos de belleza. Avon fue el primero y más grande vendedor directo internacional en China desde 1990 hasta abril de 1998, cuando la venta directa fue prohibida por el gobierno chino. Avon, para procesar las ventas de sus productos, encontró pronto tiendas detallistas, mientras que sus representantes de ventas, a las que se les había prohibido su actividad, se convirtieron en promotoras de las mismas, conduciendo a las clientas a las tiendas detallistas para mantener sus comisiones de ventas. La estrategia de Jung para China continuó con el desarrollo de promotoras de ventas, pero también amplió los productos en las tiendas departamentales clase A y los hipermercados en ciudades importantes e introdujo los productos de Avon en los mostradores de Dealer Beauty en *boutiques* y tiendas departamentales clases B y C en ciudades pequeñas.

A Jung le parecían atractivos los mercados emergentes en Europa Oriental, Oriente Medio y África (EOOMYA) por las más de 200 millones de mujeres de 15 años de edad o mayores que vivían en esas regiones, por la edad promedio de las consumidoras y por el tamaño del mercado de 7.5 miles de millones de dólares. El modelo de ventas directas de la compañía era muy adecuado para estos mercados, ya que no había restricciones gubernamentales que limitaran a las representantes de ventas independientes. Las estrategias de Jung para los mercados de EOOMYA se concentraron en el reclutamiento de representantes, la formación de líderes locales, la investigación de mercado activa y el gasto significativo en publicidad y promociones. Avon trató asimismo de mantener una línea de producto enfocada en los mercados de EOOMYA, con limitadas unidades mantenidas en inventario (SKUs, stock keeping units) y el flujo de 95% de las ventas procedente de la venta de cosméticos, perfumes y artículos de aseo personal (CPA).

Ejecución de la estrategia y resultados de negocios con la dirección de Andrea Jung y de la jefa de operaciones Susan Kropf

Reingeniería del proceso de negocios   El núcleo de los esfuerzos de implementación de la estrategia de Avon era su capacidad de eliminar los costos de las actividades de bajo valor agregado de su cadena de valor. Jung quería gastar 100 millones de dólares anualmente en apoyo al desarrollo de producto, las iniciativas de comercio electrónico, las oportunidades de ganar mejores comisiones para las representantes independientes y la creación de imagen global, pero los fondos para estas actividades dependían de que la presidenta de Avon y la jefa de operaciones, Susan Kropf, pudieran exprimir 100 millones de dólares en ahorros de costos en otra parte. Los esfuerzos de reingeniería de procesos de negocios (RPN) lograron gran éxito en 2000, aportando ahorros de costos de más de 150 millones de dólares. Los esfuerzos de RPN de la empresa habían comenzado con Charles Perrin en 1997 y habían ahorrado más de 400 millones de dólares entre 1998 y 2000. Los esfuerzos de Kropf mejoraron asimismo los márgenes de operación de Avon por 3.2 puntos en 2000, al no dejar componente alguno de la cadena de valor de la compañía sin afectar. Aun cuando se esperaba que los esfuerzos de RPN de Avon resultaran en un cargo antes de impuestos de 80 a 90 millones de dólares para 2001 relacionado con los costos para acelerar las iniciativas de transformación de negocios, se esperaba también que mejoraran los márgenes de operación en 50 puntos base durante ese año.

Gran parte de la reingeniería de Kropf tenía que ver con mejorar los sistemas de manufactura y distribución de la firma, la cual ahorraba 56 millones de dólares anuales después de reducir el número de sus proveedores de 300 a 75, y utilizaba sistemas de información para automatizar el procesamiento de pedidos y la logística para reducir los costos de transportación en 22 millones de dólares, los costos de segmentación de envíos en 17 millones de dólares y los costos de colocación de pedidos en 8 millones de dólares. Otros esfuerzos de RPN se concentraron en el mejoramiento continuo de la eficiencia, el pronóstico de demanda mejorado y una reconfiguración general de extremo a extremo de la cadena de suministros. La ilustración 7 muestra ejemplos de estrategias específicas de operación y trabajos de ejecución emprendidos para lograr los objetivos estratégicos y financieros de Avon.

Representantes de ventas   El reclutamiento y la retención de los representantes de ventas fue un objetivo estratégico que llevó a la ejecución del programa de Liderazgo en Ventas de Jung. "Si Avon deja de reclutar en cantidad a representantes activas, el combustible y flujo sanguíneo de la empresa se detiene", explicaba Jung cuando se le preguntaba acerca de la importancia del crecimiento del número de representantes de ventas.[13] Jung decía que Avon necesitaba "un crecimiento de dos dígitos [en el número de representantes de ventas] cada año... Tuvimos 15% el año pasado y a la fecha llevamos 11 a 12% [en 2001]. Probablemente uno de los mayores indicadores para nosotros de la salud de la operación de ventas directas es la cantidad de personal que estamos atrayendo".[14] Con Liderazgo en Ventas, las representantes de Avon podrían ganarse comisiones sobre las ventas de sus reclutas. En 2001, las Líderes de Unidad Ejecutiva de Liderazgo ganaban (en promedio) 46 500 dólares y las Líderes Veteranas Ejecutivas de Unidad ganaban 185 000 dólares.

Aunque se requería que todas las representantes inscritas en el programa de Liderazgo en Ventas, por un total de 500 dólares como mínimo vendieran productos al mes, algunas pasaban más tiempo reclutando y capacitando nuevas miembros que vendiendo productos. Una representante de Nueva York que decía pasar "los sábados fuera del supermercado tratando de convencer a las señoras de convertirse en Señoras de Avon" reclutó a 350 nuevas representantes en 18 meses y obtuvo beneficios brutos por más de 1.3 millones de dólares en ventas, la mitad de las cuales provenían de sus reclutas.[15] Para fines de 2001, más de un tercio del total de representantes de Avon estaban participando en el programa de Liderazgo en Ventas y la compañía progresaba con la implementación en los mercados internacionales.

Un efecto secundario de Liderazgo en Ventas fue la capacidad de Avon de reclutar representantes de ventas más jóvenes. Antes de Liderazgo en Ventas, la compañía tenía problemas para inscribir a representantes jóvenes; su mayor éxito tenía lugar con las mujeres de más de 40 años. La introducción de juventud en la fuerza de ventas de Avon era importante porque la red de clientas de las mujeres más jóvenes podrían ser menos leales a marcas y más susceptibles de probar nuevos productos. El rostro cambiante de la fuerza de ventas de Avon se muestra a continuación:

Edad	Nuevas representantes	Total de representantes	Todas las mujeres de Estados Unidos
Menos de 35 años	52%	17%	34%
35 años o más	48%	83%	66%
Edad promedio	35	48	46

Fuente: Avon Products, Inc.

El comercio electrónico (e-commerce) e internet   Jung y Kropf vieron a internet como impulsora de la transformación en las relaciones entre las representantes, las clientas y las operaciones de marketing y de la cadena de suministros de la compañía. La empresa podría utilizar internet para aceptar licitaciones de contratistas y proveedores de origen (*sourcing*); crear ayudas de ventas globales y literatura en línea; además de proveer a las representantes colocación de pedidos, procesamiento de contratos, información de producto y estado de pedidos por vía electrónica. El procesamiento de pedidos de Avon basado en la web eliminó la papelería para las representantes electrónicas (eRepresentatives) y redujo el costo interno del procesamiento de pedidos de Avon de 90 centavos a 30 centavos de dólar por pedido. En 2001, Avon había agregado más artículos a su sitio web para las compras en línea, pero también había esperado ampliar www.avon.com para incluir maquillajes virtuales, citas en línea, capacitación en ventas para sus representantes en Estados Unidos, Japón, Taiwán y a la larga en otros 17 mercados de países.

---

[13] "It Took a Lady to Save Avon", p. 208.

[14] "Avon Calling", p. 26.

[15] "It Took a Lady to Save Avon", p. 208.

Ilustración 7   Estrategias de operación e iniciativas de ejecución
de Avon, 2000-2001

Transformaciones de marketing
- Inteligencia de mercado de calidad superior oportuna
- Estrategia de marketing enfocada en categoría, marca y concepto
- Ciclos flexibles de desarrollo de producto
- Selección amplia de producto
- Productos nuevos en menor número, más innovadores
- Planeación integrada de categoría, marca y campaña
- Planeación de campaña y creación de folleto significativamente abreviadas
- Uso de catálogos con encanto, de gran estilo

Mejoramiento de la cadena de suministros
- Ahorros en administración y/o sourcing (contratación externa de proveedores)
- Herramientas de planeación de cadena de suministros por apalancamiento para reducir niveles de costos e inventarios
- Pronóstico basado en consenso
- Vínculos y enfoque fuertes entre operaciones de marketing y de cadena de suministros
- Planeación ABC y segmentación de producto
- Núcleos de distribución de inventarios centralizada

Liderazgo en ventas
- Cobertura extendida por medio del crecimiento acelerado
- Oportunidades mejoradas de ganancia para las representantes
- Implementación completa del concepto de representante electrónica para Polonia, Taiwán y Japón
- Ampliar programa piloto de representante electrónico en Brasil, Chile, Argentina y el Reino Unido
- Continuar el programa piloto de representante electrónico para Italia y Venezuela
- Rediseñar el programa piloto de representante electrónico para Canadá y Alemania

Internacional
- Liderazgo en Ventas y capacitación
- Expansión geográfica
- Nuevas entradas en mercado
- Expansión de puntos de venta en China
- Establecer un club de clientes en China
- Triplicar la publicidad a 7% de las ventas en China

Comercio electrónico e internet
- Utilización de internet en manufactura y/o sourcing (licitación de empleos, subastas electrónicas, transferencias internacionales)
- Funciones de servicio al cliente basadas en internet, incluidos los pedidos por vía electrónica, el procesamiento de contratos, la información de producto y el estado del pedido
- Utilización de internet para proporcionar a las representantes información de pedidos, estados de cuenta, citas en línea, capacitación en ventas y reportes de campo
- Crear guía global de estilo de sitio web
- Maximizar y proporcionar apalancamiento de sitios existentes en Estados Unidos, Japón y Taiwán.

Fuente: Presentación a los inversionistas de Avon, Susan Kropf, presidenta y jefa de operaciones, 2000.

La estrategia de ventas de internet de la compañía logró un éxito inicial en 2000 cuando la administración de Avon descubrió que de 4 a 6% de los visitantes del sitio hacían compras, en comparación con la tasa típica de compra de 1 a 2% de la mayoría de los sitios de negocio a consumidor; también encontró que las representantes electrónicas incrementaban las ventas 30% en promedio después de enlazarse con www.avon.com. Andrea Jung opinó que los incrementos de ventas eran atribuibles a la capacidad de la web de mantener a las representantes conectadas constantemente con las clientas; consideró también que las representantes electrónicas experimentaban "una productividad de pedidos más alta en promedio a medida que desaparecen las fronteras geográficas y las diferencias en el tiempo".[16] Avon esperaba tener 250 000 representantes estadounidenses registradas como representantes electrónicas para 2002.

Realce de imagen   La transformación de la imagen de Avon pedía nuevos productos y empaques, apoyos de celebridades, nuevos catálogos elegantes y nuevas campañas de publicidad. Avon aumentó 50% (a 90 millones de dólares) los gastos de la compañía para publicidad en el año 2000, y Jung quería que el presupuesto de publicidad de Avon creciera de 2% a aproximadamente 4% de las ventas totales de belleza para 2004. La publicidad de la empresa se concentró en su campaña global "Let's Talk" (Hablemos), la cual trataba de retratar a Avon como una marca vivaz, enérgica, a la moda. La administración veía el respaldo a la firma por Venus y Serena Williams como una encarnación de los valores de *empowerment* (concesión de poder o autoridad) y de autorrealización de Avon. La empresa rediseñó también por completo su catálogo para reflejar mejor el encanto asociado con la industria de los cosméticos. Antes del rediseño, el catálogo de Avon tenía el aspecto de un catálogo de productos industriales, con los productos de belleza ilustrados comúnmente en fotos sobre fondo plano con algunos elementos gráficos limitados. El nuevo catálogo, probado primeramente en el Reino Unido en 2000, tenía la apariencia de tersura de los anuncios de modas y cosméticos que se ven en revistas como *Glamour* o *Cosmopolitan*: el texto aparecía impreso en fuentes tipográficas elegantes y eran modelos de modas las que exhibían los productos. Durante la prueba del Reino Unido, el catálogo ayudó a Avon no sólo a mejorar las ventas, los tamaños promedio de pedido y la participación de mercado, sino también a pasar del número 4 en el mercado del Reino Unido al número 3. El catálogo rediseñado de Avon para el mercado de Estados Unidos, estaba programado para su lanzamiento a fines de 2001.

El cambio de la imagen de Avon y el desarrollo de campañas globales entrañaba nuevos enfoques de la inteligencia de mercado, la estrategia de marketing, el desarrollo de nuevo producto y la planeación de marketing. Kropf pedía una inteligencia de mercado mejor y más oportuna en diversos grupos de consumidores, canales y competidores, así como el desarrollo de una estrategia de marketing basada en necesidades del consumidor. Además, Kropf requirió que los mercadólogos de Avon integraran sus decisiones con otros en la organización, incluidos los desarrolladores de producto. El esfuerzo de desarrollo de producto transfuncional demandaba ciclos de desarrollo más cortos, productos más innovadores y creación más frecuente de productos de gran éxito. Una vez que se desarrollaran los nuevos productos, los mercadólogos de Avon habían de crear campañas integradas de categoría y marca en periodos más cortos para que los productos pudieran llegar antes al mercado. La investigación de marketing efectuada por Avon indicaba que los esfuerzos de la compañía para realzar la imagen de marca de Avon habían logrado algún éxito modesto a mediados de 2001. Los índices de imagen de marca de Avon y competidores selectos en junio de 1999 y marzo de 2001 se muestran en seguida:

Marca	Junio de 1999	Marzo de 2001
Cover Girl	150	146
Clinique	150	138
Revlon	138	131
Maybelline	107	107
Avon	89	96
Mary Kay	96	96
L'Oreal	104	96
Oil of Olay	86	93

Fuente: Avon Products, Inc.

Desarrollo de producto   En 2000, el equipo de investigación y desarrollo de Avon respondió al reto de Andrea Jung de crear un producto arrollador al introducir Anew Retroactive,

---

Ilustración 8   Ventas netas por categorías principales de línea de productos de Avon, 1998-2000 (en millones de dólares)

	2000	1999	1998
Cosméticos, fragancias y artículos de aseo personal	$3 501.3	$3 220.8	$3 181.1
Beauty Plus (Para aumentar la belleza)			
Joyería de modas	323.4	313.4	294.5
Accesorios	275.8	223.9	222.4
Ropa de vestir	476.3	474.5	469.1
Relojes	68.6	49.8	42.1
	$1 144.1	$1 061.6	$1 028.1
Beyond Beauty and Other" (Más allá de la belleza y otras cosas)*	1 028.3	1 006.7	1 003.5
Ventas netas totales	$5 673.7	$5 289.1	$5 212.7

* "Beyond Beauty and Other" comprende principalmente productos para el hogar, regalos y artículos decorativos, productos para la salud y la nutrición, y velas.

Fuente: Avon Products, Inc., 2000, 10-K.

una crema de antienvejecimiento para la piel. Retroactive, desarrollada en justo menos de un año, registró ventas de 100 millones de dólares en su primer año en el mercado, lo doble de las ventas de primer año de cualquier otro producto nuevo de Avon anterior. El énfasis de Jung en la innovación del producto ayudó también a Avon a pasar al desarrollo de nuevas líneas de negocios. El personal de investigación y desarrollo de Avon colaboró con el fabricante de productos farmacéuticos Roche Holding, Ltd., en el desarrollo de vitaminas y complementos diseñados para promover la salud en general o atender a problemas específicos como la falta de energía, la mala memoria, el estrés, los padecimientos cardiovasculares, la artritis, la pérdida de densidad ósea y el desequilibrio hormonal. Además, Avon y Roche crearon la línea VitaTonics de productos para el aseo personal y el cuidado de la piel, que ofrecía beneficios terapéuticos proporcionados por las vitaminas A, B y C. Otros productos Wellness de Avon abarcaban productos de aromaterapia, libros, videos, música y té. A la línea Wellness de Avon se atribuye un estimado de 75 millones de dólares en ventas durante 2001. En la ilustración 8 se presenta la contribución a las ventas de Avon por línea de productos.

Además de Anew Retroactive y de los productos para aseo personal VitaTonics, entre los nuevos productos de Avon presentados en 2000 se incluyen cosméticos Color IV; 22 champús, acondicionadores y tratamientos capilares, y las vitaminas y complementos nutricionales Vit-Advance. Avon creó también dos nuevas marcas de fragancias: Incandessence (un aroma floral inspirado por el calor del sol) y Little Black Dress (un aroma del que se dice que es intemporal y perfecto casi para cualquier ocasión). Los nuevos productos de Avon ayudaron a las ganancias de participación de mercado de 0.8% en cosméticos de color, de 2.2% en antienvejecimiento y de 0.3% en general entre marcas de mercado masivo. La línea Wellness de Avon excedió los estimados de ventas por 300% y logró una tasa de penetración de 46% en su primer año en el mercado.

Internacional   Avon impulsó sus nuevos productos innovadores, como Anew Retroactive, en mercados emergentes como China, Polonia, Rusia, Hungría y Eslovaquia; rediseñó catálogos para ilustrar el encanto de la marca Avon, y asignó hasta 7% de las ventas a la publicidad en cada mercado de país. En China, la conciencia de la marca Avon mejoró de 41 a 53%, las tasas de uso anual crecieron de 26 a 31%, y las ventas mejoraron 47% durante 2000. En la región de Europa Oriental, Oriente Medio y África (EOOMYA), Avon entró en nuevos mercados, puso en marcha el Liderazgo en Ventas y la capacitación de representantes de ventas, a la vez que aumentó enérgicamente el gasto en publicidad y promociones. Los esfuerzos de Avon en EOOMYA mejoraron su participación de la subcategoría de maquillaje de 8.7% en 1999 a 11.5% en 2001, aumentaron su participación de las ventas de fragancia de 6.5% en 1999 a 9.3% en 2001,

Ilustración 9   Ventas netas y utilidades de operación por región geográfica 1998-2000 (en millones de dólares)

	2000		1999		1998	
	Ventas netas	Utilidades de operación	Ventas netas	Utilidades de operación	Ventas netas	Utilidades de operación
Norteamérica						
Estados Unidos	$1 894.9	$ 343.5	$1 809.3	$329.3	$1 774.0	$302.8
Otro*	253.0	24.7	241.0	31.8	259.7	29.3
Total	$2 147.9	$ 368.2	$2 050.3	$361.1	$2 033.7	$332.1
Internacional						
América Latina Norte**	848.8	215.2	731.7	181.6	636.0	156.4
América Latina Sur**	992.0	200.3	909.0	184.9	1 057.0	198.9
América Latina	1 840.8	415.5	1 640.7	366.5	1 693.0	355.3
Europa	885.6	129.5	878.0	126.2	862.7	102.2
Pacífico	799.4	117.8	720.1	102.1	623.3	62.5
Total	3 525.8	662.8	3 238.8	594.8	3 179.0	520.0
Total de operaciones	$5 673.7	$1 031.0	$5 289.1	$955.9	$5 212.7	$852.1
Gastos globales		(242.3)		(255.3)		(224.5)
Cargos especiales y no recurrentes		—		(151.2)		(154.4)
Utilidades de operación		$ 788.7		$549.4		$473.2

* Incluye información de operación de Canadá y Puerto Rico.

** América Latina Norte abarca los mercados importantes de México, Venezuela y Centroamérica. América Latina Sur incluye los mercados importantes de Brasil, Argentina, Chile y Perú.

Fuente: Avon Products, Inc., 2000, 10-K.

e incrementaron su participación de mercado en la categoría de cuidado de la piel de 7.7% en 1999 a 10.6% en 2001. De igual manera, Avon tenía el índice más alto de imagen de marca de belleza entre marcas globales de cosméticos, perfumes y artículos de aseo personal (CPA) en Hungría, Polonia, Rusia y Ucrania, y el segundo índice más alto en Eslovaquia y la República Checa. Las ventas netas y utilidades netas de Avon por región geográfica para 1998-2000 se presentan en la ilustración 9.

Canales detallistas   Los Centros Avon de la compañía planeados para las tiendas de JC-Penney y Sears representaron una oportunidad de crecimiento sustancial ya que, en 2000, Sears y JCPenney combinadas tenían casi 2 000 tiendas con ventas totales de cosméticos por 700 millones de dólares. Asimismo, los estimados indicaban que 58 a 60% del total de las mujeres compraban en Sears o JCPenney y preferían el mercado masivo de precios y calidad altos, o las líneas de cosméticos, perfumes y artículos de aseo personal (CPA) de prestigio en nivel de entrada. Este grupo de clientas se ajustaba al mercado meta de la administración de Avon para una nueva línea detallista de cosméticos, pero una característica sobresaliente de las compradoras de Sears y JCPenney era que tendían a rechazar la venta directa. Los convenios iniciales de Avon con Sears y JCPenney requerían 195 Centros Avon en 2001, con apertura de 650 tiendas dentro de tiendas adicionales en 2002. Sin embargo, Sears abandonó el plan en julio de 2001, justo semanas antes de que se programara la primera apertura del primer Centro Avon. No obstante, Avon siguió impulsando la apertura de sus Centros Avon en 75 tiendas JCPenney y el lanzamiento de su línea de CPA beComing con 400 SKUs (unidades mantenidas en inventario), empacado de prestigio de precio y calidad altos, y asignación de precios de valor. Los Centros Avon daban muestras gratis a las compradoras y eran operados por empleadas de ventas uniformadas que habían recibido capacitación rigurosa para recomendar los productos beComing más adecuados al cutis de las clientas. A continuación se presentan los puntos de asignación de precios de Avon para su línea de productos beComing en comparación con las marcas centrales de Avon, de mercado masivo y las de prestigio:

Producto	Centrales de Avon	Marcas de mercado masivo	beComing	Marcas de prestigio
Lápiz labial	$3-$7	$6-$9	$9.50	$12-$16
Esmalte de uñas	$2-$4	$3-$5	$6.50	$8-$12
Tratamiento antienvejecimiento	$16-$24	$13-$22	$20-$40	$30-$60
Fragancia	$20	$20	$30	$45+

Fuente: Avon Products, Inc., junta de actualización para inversionistas, 8 de mayo de 2001.

DESEMPEÑO DE AVON EN EL SEGUNDO ANIVERSARIO DE ANDREA JUNG COMO DIRECTORA GENERAL

Al completar su segundo año como directora general de Avon Products, Inc., Andrea Jung estaba en posición de celebrar varios éxitos estratégicos. El crecimiento de las ventas de Avon había aumentado de 1.5% en 1999 a 6% esperado en 2001; se esperaba que la fuerza de ventas de la compañía se expandiera 15%; se tenía la expectativa de que las utilidades de operación crecieran 7%; y asimismo, se contemplaba que los márgenes de operación alcanzaran el más alto nivel en más de 10 años, que sería de 14%. Los esfuerzos de reingeniería del proceso de negocios de la compañía habían ahorrado más de 400 millones de dólares en costos durante sus primeros tres años y habían mejorado los márgenes de operación por más de 350 puntos base. En una junta con los inversionistas en diciembre de 2001, Jung observó: "Estamos avanzando rápidamente a la fase de implementación de las iniciativas de transformación de negocios... Los ahorros en costos deben acelerarse a medida que transformemos nuestros procesos de operación, que reconstruyamos nuestra cadena de suministros global y que afinemos nuestra estructura de organización." Y continuó diciendo: "La transformación de negocios nos da también mayor confianza en que lograremos por lo menos una mejora de 50 puntos base en el margen de operación en 2002, con una expansión de margen significativamente más alta más allá del año próximo al emprender iniciativas de transformación adicionales. Más aún, los ahorros que esperamos generar nos permitirán invertir más en estrategias de crecimiento del consumidor en 2002, por encima de la inversión de incremento de 130 millones de dólares en los dos años anteriores."[17]

Para diciembre de 2001, las inversiones estratégicas de Avon estaban registrando éxitos: Little Black Dress se había convertido en la SKU (unidad mantenida en inventario) de fragancia número dos de la compañía desde su lanzamiento en octubre de 2001, las ventas de beComing estaban cumpliendo con las expectativas, y las ventas en general dentro de Estados Unidos estaban sobre las proyecciones, a pesar de los cada vez más globales efectos económicos recesivos. Además, las ventas internacionales de Avon crecían a tasas de dos dígitos, con el desempeño más fuerte en Europa Oriental y Asia. Se esperaba que el crecimiento de ventas siguiera siendo fuerte en 2003, debido en parte al muy anticipado lanzamiento a principios de este año de una línea de cosméticos y productos para la piel, desarrollados exclusivamente para adolescentes. Aun cuando Jung había dicho en diciembre de 2001 que el actual plan estratégico incluía todos los elementos necesarios para lograr los objetivos de Avon y responder a las expectativas del accionista, ella había hecho hincapié en que quedaba más por hacer: "Este cambio está lejos de estar completo. Pienso que probablemente necesitamos ser aún más audaces y más rápidos."[18]

Los estados financieros de la compañía para 1998-2000 se muestran en las ilustraciones 10 y 11.

---

[17] Avon Products, Inc., comunicado de prensa, 7 de diciembre de 2001.

[18] "It Took a Lady to Save Avon", p. 208.

Ilustración 10   Estados consolidados de renta de Avon Products, Inc. 1998-2000
(en millones de dólares, excepto en cantidades por acción)

	2000	1999	1998
Ventas netas	$5 673.7	$5 289.1	$5 212.7
Otro ingreso	40.9	38.8	35.0
Ingreso total	$5 714.6	$5 327.9	$5 247.7
Costos, gastos y otros			
Costo de las ventas*	$2 122.7	$2 031.5	$2 053.0
Gastos de marketing, distribución y administración	2 803.2	2 641.8	2 605.0
Cargos especiales	—	105.2	116.5
Utilidades de operación	788.7	549.4	473.2
Gastos de intereses	84.7	43.2	34.7
Ingresos por intereses	−8.5	−11.1	−15.9
Otros gastos (ingresos), netos	21.5	10.7	−1.5
Total de otros gastos	$97.7	$42.8	$17.3
Renta por operaciones continuas antes de impuestos, intereses minoritarios y efecto acumulativo de cambio de contabilidad	$691.0	$506.6	$455.9
Impuestos sobre la renta	201.7	204.2	190.8
Renta antes de intereses minoritarios y de efecto acumulativo de cambio de contabilidad	489.3	302.4	265.1
Intereses minoritarios	−4.2	0.0	4.9
Renta de operaciones continuas antes del efecto acumulativo de cambio de contabilidad	485.1	302.4	270.0
Efecto acumulativo de cambio de contabilidad, neto de impuestos	−6.7	—	—
Renta neta	$478.4	$302.4	$270.0
Utilidades básicas por acción			
Operaciones continuas	$2.04	$1.18	$1.03
Efecto acumulativo de cambio de contabilidad	−0.03	—	—
	$2.01	$1.18	$1.03
Utilidades diluidas por acción			
Operaciones continuas	$2.02	$1.17	$1.02
Efecto acumulativo de cambio de contabilidad	−0.03	—	—
	$1.99	$1.17	$1.02

*1999 y 1998 incluyen los cargos especiales y no recurrentes de $46.0 y $37.9, respectivamente, por asientos de inventario.

Fuente: Avon Products, Inc., 2000, 10-K.

Ilustración 11   Hojas de balance consolidado de Avon Products, Inc., 1999-2000
                   (en millones de dólares)

	Año terminado el 31 de diciembre	
	2000	**1999**
Activo		
Activos actuales		
Efectivo, incluidos equivalentes en activo de $23.9 y $49.6	$ 122.7	$ 117.4
Cuentas por cobrar (menos asignación de cuentas de cobro dudoso de $39.2 y $40.0)	499.0	495.6
Impuesto sobre la renta por cobrar	95.2	—
Inventarios	610.6	523.5
Gastos pagados por adelantado y otros	218.2	201.3
Total de activos actuales	1 545.7	1 337.8
Propiedad, planta y equipo (al costo)		
Terreno	53.0	55.1
Edificios y mejoras	659.5	653.4
Equipo	810.6	763.5
	1 523.1	1 472.0
Menos depreciación acumulada	754.7	737.2
	768.4	734.8
Otros activos	512.3	456.0
Activos totales	$2 826.4	$2 528.6
Pasivo y capital contable (déficit) de los accionistas		
Pasivo actual		
Deuda con vencimiento en un año	$ 105.4	$ 306.0
Cuentas por pagar	391.3	435.9
Compensación acumulada	138.2	165.8
Otras deudas acumuladas	251.7	411.6
Ventas e impuestos diferentes de la renta	101.1	107.5
Impuesto sobre la renta	371.6	286.0
Pasivos totales actuales	$1 359.3	$1 712.8
Deuda a largo plazo	$1 108.2	$ 701.4
Planes de beneficio del empleado	397.2	398.1
Impuesto sobre la renta diferido	31.3	36.7
Otras obligaciones (incluidos los intereses minoritarios de $40.7 y $32.7)	95.2	85.7
Compromisos y contingencias		
Compromisos de recompra de acciones	51.0	—
Capital contable de los accionistas (déficit)		
Accion común, valor a la par $0.25 - autorizado: 800 000 000 acciones; 354 535 840 emitidas y 352 575 924 acciones	88.6	88.1
Capital adicional pagado	824.1	819.4
Utilidades retenidas	1 139.8	837.2
Otras pérdidas amplias acumuladas	(399.1)	(349.7)
Acciones de tesorería, al costo - 116 373 394 y 114 680 525 acciones	(1 869.2)	(1 801.1)
Capital contable de los accionistas (déficit)	(215.8)	(406.1)
Deudas y capital contable de los accionistas (déficit) totales	$2 826.4	$2 528.6

Fuente: Avon Products, Inc., 2000, 10-K.

caso 2 El alimentador solar

Lew G. Brown
The University of North Carolina at Greensboro

Emily Abercrombie
The University of North Carolina at Greensboro

"Creo que lo primero que todos quieren saber es cómo dimos con la idea de un alimentador para las aves movido por energía solar", comentó Bo Haeberle sonriente, de pie en la ruidosa área de asamblea. Al fondo, Glen Thomas seguía armando alimentadores, sin ser interrumpido por Bo ni por sus dos invitados. En el centro del gran salón, filas de alimentadores para aves, en diversas etapas de armado, se extendían sobre grandes mesas. A lo largo de una pared había tres anaqueles llenos de versiones beta del alimentador, muchos con huellas de los efectos del clima y de los ataques de las ardillas.

Bo relató que fue su amigo Ed Welsh quien tuvo realmente la idea del alimentador solar. Seis años antes, Ed había estado viendo un juego de basquetbol con su hermano Richard, que era un ávido fanático de este deporte. Mientras veían este partido particularmente difícil, Richard, que ya estaba alterado, echó un vistazo por su ventana para ver a una ardilla en el momento de atacar un alimentador para aves en su plataforma recién construida. Además de comerse las semillas, de esparcirlas por todas partes y de llenarse el hocico de más semillas para llevárselas a sus nidos, las ardillas también ahuyentaban a las aves y a menudo destruían los alimentadores. Viendo la frustración de su hermano por el equipo de baloncesto y por la ardilla, Ed se propuso hacer algo acerca del viejo problema de los ataques de las ardillas a los alimentadores de pájaros.

Bo siguió refiriendo:

Ed puso una batería de auto cerca del alimentador para aves y la conectó al alimentador. Luego tendió una línea al interior de la casa, a un interruptor que instaló cerca de la silla de Richard. Cuando Richard conectara el interruptor, haría pasar una carga al alimentador y si una ardilla se hallara en éste o llegara en ese momento, se llevaría una buena sacudida. La descarga no dañaría a las ardillas, pero de seguro las haría salir a toda prisa del alimentador.

Esto suena muy ingenioso, pero las ardillas son animales astutos. Parece que cuando Richard conectaba el interruptor, transcurría un breve lapso antes de que se cargara el alimentador. Las ardillas descubrieron pronto que si Richard estaba en su silla (podían verlo por la ventana) y si lo veían acercarse al interruptor, simplemente podían saltar fuera del alimentador. Esto dio lugar a graciosas escenas de Richard tratando de ocultarse o de accionar el interruptor sin que lo vieran las ardillas.

Este proceso del juego del escondite fue demasiado para Richard, que simplemente empezó a dejar el interruptor conectado. Sin embargo, las ardillas parecían saber cuándo estaba conectado el interruptor y se mantenían a distancia hasta que el alimentador se descargaba. Luego regresaban.

Entonces, creo que fue en 1996, dimos con la idea de la célula solar. La célula fotovoltaica solar (o heliopila) resolvería la necesidad de la batería; al menos eso creíamos. Sin embargo, las

Los autores desean agradecer a SDI, Inc., por su cooperación en el trabajo de este caso y a los revisores anónimos por sus sugerencias constructivas para mejorar el estudio. Este caso es sólo para propósitos de discusión en el salón de clases.

ardillas descubrieron que podían salirse con la suya si comían temprano por la mañana, antes de que el sol cargara la célula o al comenzar el anochecer, después de la puesta de sol. Entonces pusimos una batería en la unidad para mantenerla cargada en días nublados o lluviosos y por las mañanas y al anochecer. Estos dispositivos electrónicos se acercan bastante a lo que tenemos en el alimentador solar actualmente.

"Esto me recuerda el viejo refrán sobre la mejor ratonera", comentó uno de los invitados de Bo. "¡Tal vez la invención del alimentador para aves a prueba de ardillas se haya convertido en la batalla definitiva contra los roedores, en reemplazo de la búsqueda de la mejor ratonera!"

"Esa es una observación interesante", replicó Bo. "Me parece recordar que la cita mencionaba al mundo rodando hasta la puerta de la propia casa. Espero que así sea, pero yo tengo que dar con un buen plan de marketing para nuestro alimentador, un plan basado en lo que hemos aprendido en estos últimos años. También vamos a necesitar alguna ayuda de los inversionistas, como ustedes, para tener éxito."

CRECE LA PARTICIPACIÓN DE BO

Ed Welsh había desarrollado la idea del alimentador cuando trabajaba para Bo en Visual Design, Inc., una empresa de Greensboro, Carolina del Norte, que Bo fundó para diseñar interiores de tiendas detallistas. Bo se había interesado en el proyecto del alimentador para aves al escuchar a Ed describir las anécdotas de Richard; se daba cuenta de cuánto tiempo y esfuerzo había invertido su amigo luchando con las ardillas y alimentando aves. Cuando Ed agregó el dispositivo solar, Bo se interesó más activamente por el alimentador solar.

"Al principio vi al alimentador solar como un reto, un problema divertido", comentó Bo. "Sin embargo, al meterse uno más en el asunto se daba cuenta de lo hábiles y dotadas que son las ardillas." Antes del proyecto del alimentador solar, Bo y Ed se habían reunido con frecuencia las noches de los miércoles para tomar cerveza y jugar *pool*. Al penetrar más a fondo en el problema, prestaban menos atención al juego y hablaban más del alimentador. Bo y Ed hicieron también un poco de investigación de mercado al visitar algunas tiendas locales que vendían alimentadores para aves y hablar con los propietarios de esos comercios. Pero en realidad fue muy poca investigación.

Para el otoño de 1997, las cosas estaban realmente electrizadas. Ed llevó el alimentador a una subasta de Habitat for Humanity. ¡El alimentador generó más interés que cualquier otro producto en la subasta de caridad y logró el precio más alto pagado por artículo alguno! A principios de 1998, Ed llevó el alimentador a la exposición de trueque de Bird Watch America, la convención nacional sobre aves. Para sorpresa de todos, el alimentador solar ganó el premio al mejor producto nuevo.

Sobre la base del éxito del producto, Bo decidió en octubre de 1998 empezar a reducir la atención a sus otros negocios y dedicarse de tiempo completo al alimentador solar. Unió fuerzas con Ed, formaron Squirrel Defense, Inc. (SDI) como una empresa S, y abrieron una pequeña tienda en Greensboro para iniciar la producción del alimentador solar y poder tomar pedidos del producto. ¡Qué poco sabía Bo de la complejidad de fabricar alimentadores solares!

EL ALIMENTADOR SOLAR: CÓMO FUNCIONA

"Creamos el producto sin un ingeniero", observó Bo al mostrar el taller a sus invitados. "Recorrimos el camino, ya sabe, usted hace el objeto y ve si funciona. Y tiene que aprender. Si usted es ingeniero, puede saltarse muchos pasos porque sabe que algo no funcionará. Así que tuvimos que gastar mucho dinero en desarrollo de producto para que fuera posible pasar de un artículo 'de artesanía' a un producto manufacturado que pudiéramos fabricar en gran volumen a bajo costo. Esto significaba reducir nuestros costos de mano de obra donde pudiéramos."

Ilustración 1   Modelos de alimentador solar

Red Cedar Country Style   **Town Style**

El alimentador solar fue un viraje único al alimentador típico para aves. Semejaba una pajarera típica; pero en lugar de alojar aves, contenía alimento para éstas. Bo y Ed crearon posibilidades de diseño para su producto. Con ayuda de un tercer socio, Scott Wilson, decidieron producir el alimentador solar en dos estilos, "Town" (pueblerino) y "Country" (campestre) (ilustración 1). El estilo Country era una casa del oeste en cedro rojo con techo de cobre. El estilo Town presentaba una apariencia contemporánea con su terminado blanco y su techo de cobre. Diseñaron el estilo Town como un modelo para conocedores que se construiría con Sintra, un material similar al PVC, que es resistente a los daños ambientales. Los socios estimaron que costaba de 90 a 100 dólares producir un alimentador solar Town y de 100 a 110 dólares producir un alimentador solar Country. Proyectaban que, a niveles de producción más altos, podían producir el alimentador solar a precio tan bajo como 50 dólares. Sin embargo, el costo de producción más bajo para el alimentador Country no podía ser menor de 85 dólares a cualquier nivel de producción, debido al costo del cedro rojo y a la dificultad de trabajar con este material.

Para evitar que las ardillas hurtaran las semillas para pájaros, el alimentador solar producía una descarga eléctrica. El alimentador tenía dos pequeños tubos de cobre de cada lado que servían de perchas para las aves. La ardilla que tratara de apoderarse de las semillas de los pájaros tocaría ambos tubos o uno solo de ellos y el techo de cobre. Una vez que la ardilla completaba el circuito recibía una descarga eléctrica leve y saltaba del alimentador. La descarga no afectaba a las aves porque sus patas son de cartílago y no tienen glándulas sudoríparas.

El techo de cobre tenía un área cortada que proveía un área para el panel solar. Gracias a la alimentación de corriente por la celda solar durante el día y por una batería celular D por la noche, la provisión de semillas del alimentador solar estaba protegida día y noche. La unidad estaría equipada con un interruptor de encendido, para que el propietario pudiera apagarlo a voluntad.

"El mayor problema con el alimentador", observaba Bo, "es explicar cómo funciona. Hicimos un video que mostraba al alimentador en acción. Pero la gente no entiende que no lastima a las ardillas; es amistoso. Mucha gente ve los tubos de cobre y el panel solar y piensa que debe haber agua caliente, y que, por ende, las ardillas saltan porque los tubos están calientes."

Junto con los estilos de alimentador, SDI produjo tres opciones de montaje posibles: el montaje de plataforma, el equipo de patio y el equipo de arriate. El montaje de plataforma permitía al propietario colocar directamente el alimentador en los rieles de una plataforma con un poste corto y una placa de montaje. El equipo de patio iba acompañado de un poste más largo unido a una base móvil. Para el equipo de arriate se utilizaba un enchufe hembra (una especie de tuerca muy grande unida a un poste) para instalar el poste y el alimentador en el arriate propiedad de uno. Este equipo eliminaba la molestia de cavar agujeros para montar el alimentador. El alimentador Country ofrecía una opción más de montaje: el macetón o jardinera. Se acoplaba de la misma manera que el equipo de patio, pero la base tenía la doble función de macetón rectangular o jardinera para flores o plantas. Había monturas en dos acabados: blanco, para hacer juego con el alimentador Town, y cedro, para acompañar al alimentador Country.

Comentando sobre el diseño del alimentador, Bo señaló:

La gente me pregunta a veces por qué nuestros alimentadores están montados de cierta forma, y no como los que han visto colgados de alambres que corren entre dos postes o entre dos árboles. Descubrimos que los alimentadores "a prueba de ardillas" que están colgados o suspendidos fallan debido a las acrobacias de las ardillas. Éstas saltan sobre esas clases de alimentadores, columpiándolos y desparramando las semillas por todas partes. Hemos visto realmente cómo las ardillas columpian estos alimentadores hasta desparramar todas las semillas por tierra.

El alimentador iba acompañado de una garantía de 30 días de satisfacción o devolución del pago y una garantía de un año en las partes. Sin embargo, para validarla, los consumidores tenían que remitir una tarjeta de garantía.

De acuerdo con Scott, a SDI se le había venido encima un "terrible torrente de pedidos" en los últimos seis meses, al grado de que la compañía desaceleró intencionalmente las ventas para que la producción pudiera ponerse al corriente de la demanda. Scott comisionó a un fabricante local para que realizara algunas tareas de producción, a fin de reducir parte de la presión, pero SDI seguía encargándose del montaje primario. Aun cuando el alimentador para aves era un producto relativamente sencillo, las tolerancias para las piezas cortadas o torneadas eran muy rigurosas, y el armado final requería a menudo hacer morosos ajustes a piezas que no encajaban.

Además de la dificultad de manufacturar el producto, Bo aprendió que iniciar negocios en octubre era causa de otros problemas. Los detallistas a los que la compañía quería vender los alimentadores de aves solían colocar sus pedidos del año en el periodo de enero a marzo, utilizando el dinero que habían ganado en la temporada navideña. Sin embargo, con un arranque en octubre, SDI no estaba lista para surtir grandes pedidos para el primer trimestre de 1999 y dejó escapar el periodo de pedidos para ese año. En consecuencia, la empresa caminó cojeando la mayor parte de ese año, surtiendo pequeños pedidos que se pudieron obtener en diversas partes.

Para noviembre de 1999, la producción había alcanzado casi los 115 alimentadores por mes, y Scott tenía esperanzas de empujar más alto, a 200 a 300 alimentadores por semana para los meses siguientes. SDI vendió los alimentadores a los precios de mayoreo que se presentan en la ilustración 2. Los detallistas asignaron un precio de venta al detalle de 280 a 300 dólares para los alimentadores. "Originalmente, asigné precios a los alimentadores sobre la base de cuánto quería ganar por unidad. Me olvidaba de lo que el mercado pagaría", observó Bo. "No me importaba. Si querían comprarlo, lo comprarían; si no, no había problema. Pero, si el interés y la demanda estaban allí, yo seguiría con el proyecto. Esa era mi actitud entonces."

"Ahora mi actitud se dirige a lo que el mercado desea. Es necesario vender nuestro alimentador Town al detalle a un precio de 150 a 160 dólares, o inferior a éste. Este precio se basa en los precios de nuestros competidores, y cuánto creemos que nuestros clientes pagarán por un producto superior. Las tiendas quieren un margen de ganancia de 100% sobre su costo, nuestro precio de venta al mayoreo. Así, pues, para un precio detallista de 160 dólares, necesito ser capaz de vender el alimentado a tiendas al precio de 75 a 80 dólares por unidad para obtener ganancia."

Ilustración 2 Lista de precios y términos de SDI

Producto	Precio al detalle recomendado	Precio de mayoreo	Precio de mercancía con algún deterioro
Alimentador solar original	$229	$138	$117.30
Alimentador solar blanco	269	161	136.85
Equipo de instalación de patio en cedro	47	28	23.80
Equipo de instalación de patio en blanco	47	28	23.80
Equipo de instalación de plataforma en cedro	35	23	19.55
Equipo de instalación de plataforma en blanco	35	23	19.55
Equipo de patio de cedro	58	35	29.75
Patio blanco w/4×4	58	35	29.75
Jardinera en cedro w/4×4	75	45	38.25
Jardinera en blanco w/4×4	75	45	38.25
Montura en cedro	13.50	8	6.80
Montura en blanco	13.50	8	6.80
Cedro 4×4×48	26.50	16	13.60
Blanco 4×4×48	20	12	10.20
Cedro 4×4×72	43	26	22.10
Blanco 4×4×72	26.50	16	13.60

Términos y condiciones:

Pedido de apertura mínimo de 350 dólares. No hay mínimos en pedidos después del primero.

Los pedidos nuevos se deben pagar por adelantado, por COD, o con MasterCard o Visa.

Nuestros plazos estándar son de 30 días netos, con un descuento de 1% si el pago se hace dentro del término de los primeros 10 días. Se puede disponer de los plazos después del primer pedido, con verificación de referencias. Hay un cargo por servicio de 1.5% al mes en facturas tardías.

Enviamos por UPS, FedEx y por transportes comerciales. El envío lo paga el comprador. Los cargos por envío no son reembolsables.

Las reclamaciones por daños deben hacerse dentro de los cinco días siguientes al recibo del envío.

Hay un cargo de 25% de realmacenamiento en todos los pedidos cancelados.

La responsabilidad primaria de Bo era generar interés en el producto y encontrar puntos de venta para el alimentador solar. El alimentador ganó dos premios más a "mejor nuevo producto" en 1999. Estos premios contribuyeron a la exposición y ventas del producto. Para 1999, Bo informó que SDI vendió 112 alimentadores estilo Town y 334 estilo Country; calculó haber vendido aproximadamente un equipo de montura por cada tres alimentadores.

Los socios promovieron el alimentador solar desde exposiciones comerciales hasta tiendas de aves tradicionales y exclusivas, así como por medio del sitio web de la compañía. Decidieron promover el producto para tiendas de artículos de cuidado de prado y jardín, al igual que en guarderías y tiendas de aves, como Wild Bird Center y Wild Bird Unlimited. Pensaban que otros puntos de venta, como Lowe's y Home Depot, acabarían por interesarse si SDI pudiera crear un modelo más barato.

Para distribuir el alimentador, SDI decidió trabajar con varias grandes compañías que distribuyeran artículos para jardín a detallistas. Los pequeños detallistas utilizaban los catálogos de estos distribuidores para colocar pedidos de todo tipo, desde rastrillos hasta semillas. Los distribuidores reunían los pedidos de un área y hacían las entregas, lo cual les permitía tener costos de entrega más bajos que los de UPS. Además, los distribuidores tenían vendedores que se ponían en contacto con los detallistas para tomar pedidos y proporcionar el servicio.

Ilustración 3   Anuncio de muestra del
                   alimentador solar

Fuente: SDI, Inc.

Ilustración 4   Anuncio de muestra del
                   alimentador solar

Fuente: SDI, Inc.

Como SDI no podía aún producir grandes cantidades del alimentador solar, tomaba los pedidos de los distribuidores y enviaba los alimentadores directamente a los detallistas por medio de UPS. SDI hacía un cargo alrededor de entre 10 y 12% para gastos de envío. Después de que SDI había enviado un alimentador a una tienda, le pasaba la factura al distribuidor. SDI tenía buenas relaciones con los distribuidores y descubrió que éstos pagaban pronto.

La publicidad consistía en un tema de reminiscencia, con imágenes de gente tipo mamá y papá de los cincuenta (ilustraciones 3 y 4). SDI produjo volantes y materiales en naranjas y verdes chillones, así como en verdes y amarillos psicodélicos. De igual manera, los socios crearon un video que mostraba la efectividad del producto; los consumidores podían ver el video en el sitio web.

"Sin embargo", observó Bo, "el video no descarga bien y nuestro sitio web no es fácil de usar. Lo diseñamos para nosotros, pero descubrimos que la persona típica que compra el alimentador es la mujer de recursos, de 35 a 75 años de edad, por lo común en el extremo superior de ese rango. Esta persona puede no ser hábil con la computadora. En consecuencia, aunque nuestro sitio web ha tenido buena respuesta, producía entradas limitadas".

Bo creía que algunos clientes eran compradores de productos de alta calidad y precio, y que estaban comprando sobre la base de la novedad y la apariencia. "Supusimos que nuestro producto atraería al entusiasta de las aves, de preferencia a la multitud de hombres y mujeres jubilados, ya de edad; sin embargo, también encontramos que el producto está atrayendo a consumidores jóvenes, propietarios de casa, de 30 años o mayores, y que típicamente son amas de casa."

Bo se dio cuenta de que un grupo de estudiantes de una universidad local había hecho recientemente un trabajo de investigación para él. El grupo halló una encuesta de 1996 efectuada por la U.S. Fish And Wildlife Service (Servicio de Conservación y Control de la Pesca y la Vida Silvestre en Estados Unidos) y un estudio de la American Birding Association (ABA, Asociación Estadounidense en Favor de las Aves) en el que se estimaba que había 50.4 millones de observadores de las aves en los Estados Unidos. La actividad más popular entre los observadores residenciales de la vida silvestre era la de alimentar a las aves silvestres. Un estudio del U.S. Department of the Interior (Secretaría del Interior de los Estados Unidos) de 1993 calculó que los consumidores gastaban 843 millones de dólares por año en alimentadores, baños y cajas de nidaje.

Más aún, los estudiantes descubrieron que el miembro promedio de la American Birding Association tenía entre 40 y 60 años de edad, y un ingreso anual promedio de 60 000 dólares. De los miembros, 65% eran hombres y 35% mujeres, que habían ascendido a esta cifra tras haber representado apenas 25% en 1989. Más de 80% de los miembros de ABA tenían título universitario. Los cinco estados con el mayor número de miembros eran California, Florida, Pensilvania, Texas e Illinois, en ese orden. El conjunto de miembros de ABA se había triplicado en los noventa, para alcanzar los 20 456 en 1998.

Ilustración 5   Competencia

squirrel-free bird feeder

¡Como lo vio en la televisión! Si ya se cansó de que las ardillas le roben sus semillas para aves, que destruyan sus alimentadores y le cuesten dinero, un WildBills Squirrel-Free Bird Feeder (Alimentador WildBills para aves libre de ardillas) de alta tecnología puede ser lo adecuado para usted. Este alimentador enseña a las ardillas a irse de ahí y mantenerse lejos. La fuente de energía es una batería de 9 voltios. Tenemos dos modelos a elegir.

Fuente: Sitio web de la compañía.

COMPETENCIA

Aun cuando SDI asignó precio al alimentador solar por encima de los de algunos productos competidores, a ojos de los socios no parecía haber mucha competencia. La única que habían percibido era la de un producto llamado "WildBills". Se basaba también en la descarga eléctrica y se le apodaba el "squirrel-stinger" ("pica ardillas"). El alimentador tenía forma de domo y venía en dos tamaños: alimentadores de 8 y 12 tomas de alimento. De acuerdo con los socios, sólo servía para el aspecto de la funcionalidad, mientras que el alimentador solar ofrecía también apariencia. WildBills era significativamente más barato, con un precio detallista de 89.95 a 99.95 dólares (ilustración 5).

La Vari-Crafts produjo un alimentador para aves a prueba de ardillas que las mantenía a raya por medio de una jaula de alambre que permitía que sólo entraran pequeñas aves a alimentarse. Se vendía aproximadamente en 75 dólares (ilustración 6).

La BIG TOP (gran tapa), creada por Droll Yankee, tenía una cubierta de domo que también impedía a las ardillas y otros animales robar las semillas. Ofrecía garantía de por vida y tenía un precio de sólo 57.95 dólares (ilustración 7).

A los socios, estos competidores no les parecían oponentes viables porque sus alimentadores no eran atractivos y no ofrecían la tecnología del alimentador solar.

El grupo de estudiantes había investigado también un poco a la competencia. Los estudiantes habían visitado una guardería especializada local, una gran tienda independiente de productos de ferretería y jardín, y una sucursal de un detallista nacional de productos para mejoramiento de la casa. En la ilustración 8 se presentan los resultados de la investigación de este grupo.

MÁS TARDE, ESE MISMO DÍA

Al irse los invitados, Bo regresó a su oficina. Se sentó al escritorio y empezó a examinar sus estados financieros (ilustraciones 9 y 10), preguntándose cómo era que una pequeña compañía como la suya tenía todos estos premios al nuevo producto y pedidos, pero no tenía efectivo.

Oyó un ruido, levantó la mirada y vio a Ed Welsh que entraba a la oficina. Ed se veía preocupado también. "Ed, tenemos un problema. Nuestro flujo de efectivo no está donde es necesario que esté. No lo entiendo. Tenemos más pedidos de los que podemos surtir, y ni siquiera

Ilustración 6   Competencia

Squirrel-Proof Bird Feeder, Vari-Crafts (alimentador para aves a prueba de ardillas, de Vari-Crafts)

Evite que las molestas ardillas grises se coman las semillas. La jaula de alambre permite que sólo las pequeñas aves canoras tengan acceso a las puertecillas de alimentación a la vez que deja fuera a estorninos comunes, estorninos de los pastores y grajos, de mayor tamaño. Para su comodidad, la cámara, con capacidad para 800 g de semillas mixtas, requiere sólo reabastecimiento semanal. Cuenta con cámara de semillas ventilada para eliminar la condensación, así como con tapa de rosca, fácil de llenar y de desarmar para su limpieza. Las aves canoras pequeñas pasan por la reja de alambre para alimentarse por seis puertas. El tubo interior es de PVC. Puede colgarse o montarse en un poste. Incluye corona de 60 pulgadas y zócalo de base.

Fuente: Sitio web de la compañía.

Ilustración 7   Competencia

BIG TOP de Droll Yankee (GRAN TAPA, de Droll Yankee)

El mejor alimentador para aves, a prueba de ardillas. Está hecho de policarbonato estabilizado con tratamiento ultravioleta, latón y ganchos de metal fundido. Un regalo de calidad. Producto favorito desde hace mucho tiempo, la BIG TOP le brinda protección contra el estado del tiempo y las ardillas. La válvula de semillas ajustable le permite poner cualquier tipo de semilla. Al bajar el domo, de 15 pulgadas (38 cm) de diámetro, se evita la entrada de aves grandes. Puede dar diversos usos al gancho inferior. Calificada como el alimentador para aves # 1 por el Cornell Lab of Ornithology. "Mi alimentador favorito es el BIG TOP de Droll Yankee", dice Scott Shalaway, columnista y animador de programas de radio invitado de Birds & Nature. Garantía de por vida.

Fuente: Sitio web de la compañía.

estamos saliendo a mano, sin pérdidas ni ganancias. Necesito más alimentadores, y necesito que sean más baratos."

"He estado tratando de lograr este alimentador desde hace seis años y estoy fastidiado", respondió Ed. "En este momento, sólo los pongo en cajas y los envío. ¿Qué más puedo hacer?"

Scott Wilson entró en el taller justo a tiempo de oír el final de lo dicho por Ed. "Déjenme adivinar. ¿Están discutiendo nuestros problemas de flujo de efectivo? Tal vez debamos considerar la forma en que estamos llevando esto al consumidor. He estado trabajando algunas ideas,

Ilustración 8   Encuesta de la competencia

Tienda	Fabricante	Tipo	Resistente a las ardillas	Atractivo en el prado	Precio
New Garden Nursery	Vari-Crafts	De cilindro	No	5	$44.99
		De jaula	Sí	4	$79.99
	Droll Yankee	De domo	Sí	6	$39.99
	Duncraft	De jaula	Sí	4	$74.99
	K feeder	Guarda de domo	Sí	4	$22.49
	Wildlife Wood Products	De madera clásico	No	6	$42.99
	ERVA	Guarda de poste	Sí	2	$19.99
	Heritage Farms	Clásico	Sí	5	$91.99
Fleet Plumber	Heritage Farms	Clásico	Sí	5	$69.99
	Wildlife Wood Products	De madera clásico	No	6	$42.99
	Hyde	De jaula	Sí	4	$34.99
	RubberMaid	Guarda de domo	Sí	2	$14.99
	Lazy Hill Farms	De hechura a la orden	No	8	$299.99
		De hechura a la orden	No	9	$549.99
	Princess Jamica	De hechura a la orden	No	8	$169.99
		De hechura a la orden	No	8	$359.99
	Otros de hechura a la orden	De hechura a la orden	No	6	$79.99
		De hechura a la orden	No	7	$109.99
		De hechura a la orden	No	8	$129.99
Lowe's	Homestead	Clásico	Sí	4	$29.96
	Country Home	De cedro clásico	No	5	$34.99
	National Garden	De cilindro	No	5	$49.96
	ArtLine	De plástico clásico	No	2	$12.99
	Otros	De cilindro	No	2	$12.99
		Clásico	No	3	$24.99
		Templete	No	4	$29.99
Otros productos competitivos mencionados en una encuesta del *Wall Street Journal*, publicada el 17 de octubre de 1999:					
	L.L. Bean Absolute II	Casa	Sí		$74.00
	Smith & Hawken	De cilindro con jaula	Sí		$79.00
	Good Catalog				
	Infinite Feeder	De cilindro	Sí		$139.00
	Duncraft WildBill's 12 Port	De cilindro y/o electrónico	Sí		$119.95

Encuesta de abril de 2000.

Atractivo en el prado, en una escala de 1-10. Opinión de agricultor.

Fuente: Encuesta de estudiantes y artículo citado del *Wall Street Journal.*

como nuevos folletos y materiales de publicidad, pero, sinceramente, las cosas no nos están funcionando en producción. Los alimentadores son costosos y de hechura lenta."

"¿Quiénes son esas personas que vi contigo antes, Bo?", inquirió Ed.

"Un par de inversionistas potenciales con los que he estado hablando. Están impresionados con el producto, pero, como todos, quieren ver un plan de marketing. Les dije que estoy trabajando en uno."

"¿Recuerdan a esas personas de SCORE (Service Corps of Retired Executives, Cuerpo de Servicio de Ejecutivos Jubilados) con las que estuve trabajando el año pasado?", prosiguió Bo. "También querían que les escribiera un plan de negocios, pero en realidad no sabía qué escribir. Es un poco lo del huevo y la gallina. ¿Cómo se puede tener un plan antes de tener un negocio? Hace año y medio no hubiera podido escribir un plan porque no sabía dónde estaban todos los problemas. Ahora ya lo sé, y creo que estamos listos. Es hora de poner en práctica nuestro plan para incrementar nuestras ventas y producción, y reducir nuestros costos. Estos financieros me dicen que no disponemos de mucho tiempo."

Ilustración 9   Balance de SDI, 1998-1999

	31 de diciembre de 1999	31 de diciembre de 1998
Activo		
Activo actual		
Cheques/ahorros	$ (7 308)	$ (701)
Préstamo por recibir –Ed Welsh	7 180	4 830
Activos actuales totales[a]	(128)	4 129
Activos fijos	1 416	715
Total de activos	$ 1 288	$ 4 844
Pasivo y capital contable		
Pasivo actual		
Deuda de tarjeta de crédito	$ 0	$ (2 140)
Gasto de nómina	2 418	0
Obligaciones actuales totales	2 418	(2 140)
Deuda a largo plazo		
Préstamo a pagar –Wayne Garrison	2 500	0
Préstamo a pagar –Scott Wilson	10 000	0
Préstamo a pagar –VID	14 493	9 500
Deuda a largo plazo total	26 993	9 500
Obligaciones totales	29 411	7 360
Capital contable		
Acciones de capital	10 473	9 473
Ganancias retenidas	(11 989)	0
Ingresos netos	(26 607)	(11 989)
Capital contable total	(28 123)	(2 516)
Pasivo y capital contable en total	$ 1 288	$ 4 844

[a] El balance no contenía asientos de inventario.

Ilustración 10   Estado de ingresos de SDI 1998-1999

	31 de diciembre de 1999	31 de diciembre de 1998
Ventas netas	$ 56 071	$ 18 001
Costo de productos vendidos:		
Mano de obra contratada	1 545	2 950
Compras	21 170	8 128
Costo total de los productos vendidos	22 715	11 078
Utilidades brutas	33 356	6 923
Gastos		
Publicidad	5 334	1 353
Gastos de automóvil	859	0
Cargo de servicios de banco*	1 496	885
Gastos de depreciación	0	85
Educación	149	0
Arrendamiento de equipo	53	0
Cuotas de archivo	75	0
Fletes y envíos	1 425	1 057
Salarios brutos**	19 285	0
Impuestos de nómina	1 574	0
Licencias y permisos	0	757
Misceláneos[†]	2 925	0
Impuestos de nómina	1 574	0
Cargos postales y envíos	408	0
Honorarios profesionales	1 654	3 425
Renta	7 274	5 230
Suministros	9 386	2 773
Impuestos	548	0
Teléfono	2 679	1 045
Gastos de exposición comercial	2 788	2 015
Viajes y entretenimiento	1 053	0
Utilidades	979	287
Gastos totales	59 963	18 912
Ingresos netos	$(26 607)	$(11 989)

*Los cargos de servicio bancario incluyen los cargos a tarjeta de crédito y los cargos por intereses.

**Los salarios brutos incluyen los salarios para los trabajadores de producción.

[†]Los cargos misceláneos incluyen cargos por materiales y gastos misceláneos.

caso 3 ZAP y la industria del vehículo eléctrico

Armand Gilinsky Jr.
Sonoma State University

Robert Ditizio
Sonoma State University

Poco después de ganar el Oscar del año 2000 al mejor actor, Kevin Spacey hizo su aparición en el programa de televisión *The Late Show with David Letterman* montado en un patín eléctrico Zappy. Fue en ese momento cuando a Gary Starr, director general y cofundador de ZAP Corporation, le pareció que sus esfuerzos por crear vehículos eléctricos (VE) para las masas habían alcanzado un hito. ZAP diseñaba, fabricaba y comercializaba bicicletas, monopatines (*scooters*) y motocicletas eléctricas, así como otros productos de transportación eléctrica de corto radio de acción [o corto alcance]. A raíz del retorno reciente a la popularidad de los monopatines no motorizados, ZAP había experimentado un alza en ventas de su monopatín Zappy de propulsión eléctrica. A medida que las cifras de ventas llegaban a niveles récord, ZAP estaba en posibilidad de asumir una posición de liderazgo en la industria alternativa en surgimiento de la transportación eléctrica a corta distancia, un ramo que Starr predecía que podría crecer a 5 000 millones de dólares para 2005.

La aparición del Zappy en el programa de Letterman fue un punto relevante en una campaña de marketing que había incluido estrechas relaciones con Old Navy, Sprite y las Olimpiadas del 2000 en Sydney. No obstante, esa presencia no planeada del producto insignia de ZAP le dejó a Starr varias preguntas sin respuesta: ¿Debería su compañía aumentar significativamente la producción para enfrentar un alza intempestiva y efímera en la demanda, o debería seguir una ruta de crecimiento controlada cuidadosamente? ¿Se sostendría la demanda o el resurgimiento de los patines provenía sólo de un furor fugaz? ¿Qué posición podrían ocupar las bicicletas y patines eléctricos en un mercado en desarrollo para el transporte alternativo?

Para 2001, Starr y su equipo administrativo estaban considerando las opciones de equilibrar los recursos y capacidades de ZAP con la demanda del mercado externo. Se suscitó un debate interno sobre cómo repartir los recursos de ZAP entre sus productos insignia del patín y la línea de productos restante para poner a la compañía en camino de la rentabilidad. En los primeros años de la compañía, Starr había confiado a menudo en sensaciones viscerales para pronosticar la demanda. Sin embargo, conforme ZAP había madurado como negocio, a Starr le parecía necesario que su equipo realizara un pronóstico adecuado de la demanda para reunir el capital, las instalaciones de manufactura, el marketing y el personal necesarios para llevar a la empresa al siguiente nivel. Una oleada de competidores con bajos costos había entrado recientemente en el mercado del vehículo eléctrico (VE). Starr sabía que tenía que actuar con rapidez para reunir la masa crítica de recursos a fin de proteger el liderazgo inicial de ZAP en el mercado.

HISTORIA DE LA COMPAÑÍA

En 1994, James McGreen y Gary Starr fundaron ZAP Power Systems en Sebastopol, California, un poblado de 7 750 habitantes localizado a 56 millas (90 km) al norte de San Francisco, en el corazón de la región vitivinícola y manzanera de Sonoma County. ZAP, siglas de Zero Air Pollution (cero contaminación atmosférica), surgió de los intereses residuales de McGreen y Starr en U.S. Electricar, organización ahora desaparecida que hizo una incursión en la producción de automóviles eléctricos. McGreen y Starr, que habían dedicado sus carreras a diseñar automóviles eléctricos, se sentían alentados por la creciente atención del público a la reducción de las emisiones de los combustibles fósiles.

En 1996, ZAP inició la venta de sus bicicletas de propulsión eléctrica por medio de concesionarias de automóviles y empezó a ofrecer productos a través de catálogos. El negocio de la firma comenzó a mejorar en 1997, cuando ZAP y el fabricante de patines eléctricos Motivity crearon ZAP Europa para hacer la distribución cruzada de productos. La compañía firmó asimismo acuerdos de manufactura y distribución en ese año con Dantroh Japan, XtraMOBIL de Suiza y Forever Bicycle Company, en Shanghai, China.

ZAP comenzó a vender sus existencias directamente al público por la vía de internet en 1997, en lo que fue la primera oferta pública inicial de internet en la historia. Luego abrió una tienda detallista en San Francisco. Un año después introdujo el monopatín o patín Zappy, que dio un impulso formidable a las ventas. La compañía cambió de nombre a Zapworld.com justo antes del frenesí de internet que vendría poco después. Aun cuando internet representaba una herramienta y un punto de venta importante, el nombre de la firma volvió a ser ZAP en abril de 2001, a causa de la conmoción de todo el ramo en la que cientos de compañías "punto-com" (de comercio electrónico) acabaron quebradas o fuera del negocio.

En noviembre de 1999, se llegó a un convenio con ZEV Technologies, de Syracuse, Nueva York, por el derecho exclusivo de distribuir su Pedicab eléctrico, un triciclo capaz de transportar un conductor y uno o dos pasajeros. En diciembre de 1999, se acordó la compra del fabricante de VE emPower, una empresa creadora de avanzados patines eléctricos fundada por los ingenieros del Massachusetts Institute of Technology. ZAP adquirió entonces emPower a cambio de 525 000 acciones comunes. Ese mismo mes se abrió una segunda tienda de VE propiedad de la firma, en Key West, Florida.

En febrero de 2000, ZAP compró EV Systems, una compañía con base en Los Altos, California. EV Systems produjo un vehículo de dos ruedas diseñado para remolcar a patinadores de patines en línea o de patinetas. EV Systems fue adquirida por 25 000 acciones comunes. Buscando ampliar más las líneas de producto de ZAP, Starr introdujo en mayo de 2000 una nueva generación de monopatín no motorizado (llamado "the Kick™"), para el cual se usó tecnología del patín en línea. Este patín compacto podía plegarse y meterse en una mochila. Ese mismo mes, ZAP adquirió también Aquatic Propulsion Technology, Inc., empresa que desarrolló un producto llamado motoneta marina, que tiraba de buzos, esnorquelistas y otros nadadores a través del agua. Este acuerdo se aseguró a cambio de 120 000 acciones comunes.

En agosto de 2000, ZAP alcanzó un acuerdo empresarial conjunto con Nongbo Topp Industrial Company Ltd. de China para fabricar y distribuir vehículos eléctricos en este último país. Esta empresa integrada compraba los componentes clave a ZAP, armaba y distribuía el patín Zappy en China, y pagaba regalías por cada patín eléctrico vendido ahí. ZAP recibía también participación de las utilidades de la empresa conjunta.

En septiembre de 2000, *Automotive News* reconoció a Starr como una de las diez autoridades en VE de mayor influencia. Al mes siguiente, en el 17th International EV Symposium (17o. Simposio Internacional de Vehículos Eléctricos) en Montreal, Quebec, Starr habló en una sesión plenaria:

> Los VE ligeros no requieren el desarrollo de tecnologías avanzadas de pila híbrida o de combustible para llevarlos al mercado. Con casi 20 modelos diferentes de VE disponibles ahora, ZAP ya está llevando miles de estos productos a los consumidores. Este segmento de la industria ya ha sobrepasado el mercado de cualquier otro transporte eléctrico.

Al finalizar ese mes, ZAP compró Electric Motorbike Inc., una empresa que desarrollaba patines, bicimotos y motocicletas. Igual que con la mayoría de las demás adquisiciones, bajo los términos de este acuerdo de compra, ZAP adquirió todos los activos, contactos de clientes, técnicas de ingeniería, y tecnología, incluidos los componentes y diseños de la motocicleta Lectra y su sistema exclusivo de propulsión VR24. La motocicleta Lectra era capaz de alcanzar velocidades de más de 50 millas (80 kilómetros) por hora y, en ese momento, era la única motocicleta eléctrica en producción en el mundo.

En octubre de 2000 se firmó un contrato de distribución exclusiva con Oxygen SpA de Italia para vender el patín eléctrico plegable Zappy y otros VE ZAP en Italia y en otros tres países europeos. Este acuerdo se amplió en febrero de 2001 para permitirle a ZAP distribuir en Norteamérica el Lepton, un patín motorizado y de pedales, con asiento, fabricado por Oxygen SpA.

Los esfuerzos internos de desarrollo de producto ayudaron también a los empeños de Starr de ampliar su base de productos. En 2001, en la exposición industrial Super Show de Las Vegas, Nevada, se presentaron cinco nuevos productos de transporte eléctrico personal. Entre estos productos estuvieron el Zappy Jr., una versión más pequeña del Zappy dirigido a usuarios de corta edad, y el Zappy Turbo, una versión mejorada del popular patín eléctrico Zappy. Las líneas de productos Zappy y Kick daban cuenta de casi 85% del total de las ventas en 2000, y se necesitaron expansiones y mejoras de producto para asegurar la posición del mercado de ZAP frente a la creciente competencia. Otros productos en desarrollo incluían un triciclo movido por electricidad, llamado Golfcycle™, diseñado específicamente para campos de golf. Este vehículo de golf de un solo pasajero, equipado con un sistema de propulsión híbrida eléctrica-humana y con espacio para llevar un estuche de palos de golf, se ofrecía como alternativa del ubicuo carrito de golf. Asimismo, había un nuevo dispositivo de motor eléctrico llamado ZapAdapt™, programado para su salida al mercado en 2001, que se agregaba a las sillas de ruedas manuales. Este dispositivo proporcionaba un medio asequible y conveniente de contar con ayuda motorizada sin necesidad de comprar una silla de ruedas completamente motorizada.

La cadena de adquisiciones y de convenios de marketing, junto con los activos esfuerzos internos de desarrollo de producto, resultaron en una línea de VE personales consistente en ofertas de más de 10 categorías de producto diferentes. (Véase la ilustración 1 en que aparece una lista de los productos más populares de ZAP.) Los accesorios para estos productos contribuyeron asimismo a incrementar las ventas. La publicidad promocional reunida para los productos de ZAP creó una fuente de impulso para toda la línea de productos y generó una duplicación de los ingresos de la pequeña compañía para el año 2000 en comparación con 1999. En las ilustraciones 2 y 3 se presentan estados financieros recientes de la empresa.

ESFUERZOS DE MARKETING Y ESTRATEGIA GENERAL DE ZAP

Después de las más recientes adquisiciones y esfuerzos de desarrollo de producto, las ofertas de producto de propulsión eléctrica de ZAP abarcaban patines, bicicletas, motoesquíes, bicicletas de patrulla, triciclos, patines de asiento (similares a los de motopedal), bicicletas motorizadas, *pedicabs* (triciclos no motorizados con toldo para pasajeros), dispositivos de propulsión submarina y carros de barrio. ZAP ofrecía también el ZAP Power System™ para abastecer el mercado de los autoartífices, que preferían transformar su propia bicicleta en una bicicleta eléctrica.

Mediante el desarrollo interno y la adquisición, ZAP había conseguido 14 patentes asociadas con implementación de diseño de VE. Este fuerte portafolios de patentes se aseguró como una forma de proteger los intereses de la compañía a la luz de la creciente competencia. Aun cuando la posesión de la patente representó una inversión significativa para ZAP, Starr mencionó en una entrevista que las patentes sencillamente le daban a las empresas el derecho de demandar, y que en un ambiente competitivo, el litigio podría ser agobiante y costoso. No obstante, se vio forzado a contratar asesoría legal a principios de 2001 en un intento de evitar que los infractores de patentes robaran la tecnología de ZAP.

Ilustración 1   Artículos más populares en la línea de productos de ZAP en 2001

Zappy™

El patín eléctrico plegable Zappy es lo que la compañía llama un "vehículo de destino". Plegado, el Zappy mide apenas unos 90 cm de largo y se guarda fácilmente casi en cualquier parte. Por su liviano peso de 36 libras (16.3 kg), el Zappy se puede cargar o rodar como equipaje, y una bolsa de compras opcional hace su transporte todavía más fácil; su reducido tamaño al plegarlo permite transportar el Zappy en medios diversos, como el auto, el tren, el autobús y las aerolíneas comerciales. El poderoso sistema de propulsión eléctrica mueve al Zappy a velocidades de hasta 13 millas (20.9 km) por hora en un viaje rápido, seguro y divertido, sin contaminar el ambiente. Las extensiones de la línea incluyen el Zappy Turbo (modelo de mayor rendimiento, capaz de alcanzar las 19 millas (30 km) por hora, el caza Zappy Stap (modelo promocional de Star Wars [La guerra de las galaxias], el Zappy Mobility (modelo con asiento agregado), el Skootr-X (alternativa menos costosa del Zappy, capaz de alcanzar 12 millas (19.3 km) por hora, y el Zappy Junior (clasificado como juguete, con velocidad máxima de 8 millas [12.8 km] por hora).

Kick™

El Kick pesa sólo nueve libras (4 kg) y se pliega al tamaño de una raqueta de tenis. No requiere armado. Por su diseño liviano es más fácil de conducir que una patineta. Sus ruedas de estilo en línea brindan un suave rodaje. Este patín de impulso pedestre, está hecho de acero de alta resistencia a la tensión, resiste sacudidas, saltos y topes con otros obstáculos, además de contar con un conveniente freno trasero de compresión con el pie; tiene manubrio ajustable y se pliega a un tamaño lo bastante reducido como para caber en un casillero o una mochila. Su hechura de acero de trabajo pesado y su diseño de estructura de refuerzo rígido le da al usuario un rodaje silencioso y sin esfuerzo, mientras que se ha descubierto que los modelos de la competencia producen zumbidos y cascabeleos molestos.

PowerBike®

La PowerBike, que se introdujo en 1995, es una de las bicicletas eléctricas originales en Estados Unidos. La PowerBike combina un robusto cuadro estilo bicicleta de montaña con el ZAP Power System (Sistema de Motor Eléctrico ZAP) batidor de récords mundiales; está diseñada para trayectos largos en camino abierto, con fácil impulso "ZAP" para rebasar, ayudar en cuestas o para permitir breves descansos sobre la marcha. Con los beneficios de la "ayuda motorizada" eléctrica de la PowerBike, los ciclistas pueden disfrutar del ambiente al aire libre sin contaminarlo. La unidad PowerBike incluye un cuadro de acero de alta resistencia de bicicleta de montaña, cambio de 18 velocidades y el revolucionario ZAP Power System. También tiene frenos estilo V de suspensión al frente, sillín enresortado y surtido de sistemas de potencia, a la medida del presupuesto y preferencias de potencia del consumidor.

ElectriCruizer

La ElectriCruizer trae de vuelta el aspecto "retrospectivo" de los estilos de las bicicletas antiguas con un sistema de potencia ZAP futurista. La nueva ElectriCruizer es la forma más nueva de recorrer cualquier barrio. Diseñada para viajes intra e interurbanos, traslados cortos de mensajerías, y para la simple diversión tradicional, esta bicicleta tiene un fuerte y atractivo cuadro de acero de alta resistencia, cambio de alta calidad de seis velocidades en manubrio y frenos de palanca delantero y trasero. Sus neumáticos anchos de carretera, semilisos y de cara blanca, y un sillín enresortado anatómico ayudan a suavizar aun los caminos más accidentados, y el manubrio curvo hacen todavía más cómoda la posición de montura erguida. Equipada con el ZAP Power System, la ElectriCruizer tiene la fuerza para trepar prácticamente cualquier cuesta. Entre los accesorios para esta ElectriCruizer están los guardafangos (o salpicaderas) delantero y trasero, las cestas portabultos, la parrilla trasera, las luces y las bocinas. La ZAP ElectriCruizer SX (para "Una Sola Velocidad") está equipada con un sistema de motor sencillo, y aunque su velocidad máxima es menor que la de la DX ("Velocidad Dual") estándar, su autonomía es mayor. Después de accionar el pedal de arranque, la ElectriCruizer SX alcanza aproximadamente 14 millas (22.5 km) por hora y tiene una autonomía de unas 20 millas (32 km). La DX ofrece un motor más potente y una velocidad máxima mayor.

ZAP Patrol Bike™

La bicicleta policiaca de ZAP se ve y se pedalea como una bicicleta normal, pero al accionar un interruptor salta hacia adelante con un silencioso impulso de velocidad, colaborando con la fuerza de las piernas, para ayudar a los agentes de esta división a llegar a la escena con mayor rapidez y en mejor condición física para hacerse cargo de la situación. La ZAP Patrol Bike está diseñada para maniobrar entre el intenso tránsito citadino con un empuje de aceleración disponible para situaciones que lo requieran. La potencia eléctrica silenciosa les brinda a los agentes la capacidad de pasar inadvertidos al acercarse a áreas sospechosas de actividad delictiva, y el sistema de Cambio Rápido de Batería permite mantenerla en operación día y noche. La bicicleta ZAP Patrol para coacción de la ley se distingue por sus calcomanías, suspensión frontal, cambio de palanca de 24 velocidades, frenos V delantero y trasero, neumáticos Continental Goliath de trabajo pesado, parrilla trasera y su NiteRider Pursuit Kit (paquete de persecución de ciclista nocturno). Este paquete incluye luces de banda para la cabeza en color rojo y blanco o azul y blanco y posiciones nocturna y destellante de persecución, sirena de 115 decibeles, parrilla trasera con luz de cola, y el ZAP Power System.

(continúa)

Ilustración 1 (*continuación*)

ZAP Trike™

El ZAP Trike se diseñó para aquellos que tienen problemas para pedalear triciclos pesados. Con el ZAP Power System a bordo se elimina el agobio de pedalear. Este vehículo es popular entre personas de edad y puede ser una alternativa de bajo costo para uso comercial. La unidad incluye un cuadro robusto de acero de alta resistencia, neumáticos anchos y semilisos para carretera, frenos de tracción al frente y de accionamiento inverso en los pedales, un confortable sillín anatómico extra ancho y un gran cesto trasero. El ZAP Trike Power System incluye un motor dual de dos velocidades con batería de largo alcance [o largo radio de acción] (33 ah).

ZAP Kits

ZAP proporciona todo lo necesario para convertir prácticamente cualquier bicicleta en un vehículo silencioso, no contaminante y divertido. El paquete completo de conversión contiene un motor, una batería libre de mantenimiento, una bolsa de baterías de trabajo pesado, un controlador, un cargador portátil automático (ya sea de 110 o de 220 volts), un interruptor de encendido/apagado, instalación eléctrica y hardware de soporte. El sistema, con sus 22 libras (10 kg), es tan liviano que apenas se nota; no obstante, es lo bastante poderoso para brindar aceleraciones extra para rebasar o subir cuestas. El Auto Engagement Feature patentado permite que la bicicleta se impulse normalmente con los pedales cuando el sistema está apagado. El radio de acción típico de las bicicletas que utilizan un paquete ZAP varía de 5 a 20 millas (8 a 32 km) por carga de baterías, según el modelo, la energía que le imprima el usuario y las condiciones de rodaje.

Los paquetes de ZAP vienen en cuatro variedades: DX, SX, StepThru y Trike. El DX es un montaje de motor dual diseñado para altas velocidades. A quienes desean la mayor potencia para complementar su pedaleo con ráfagas cortas de potencia turbo para cuestas, como la policía, el DX les resulta de lo más apropiado; este paquete tiene también un Regenerative ("Regen") Mode [modo regenerativo], que recarga la batería por rodamiento inerte de la bicicleta cuesta abajo. Esto convierte los motores del sistema en generadores, lo que ayuda a recargar parte de la electricidad perdida. (Las bicicletas motorizadas ZAP son las únicas bicicletas eléctricas con freno regenerador.) El SX es un motor sencillo diseñado para mayor alcance. Los sistemas Step-Thru están diseñados para el tipo de cuadro de bicicleta para mujer, y tienen la batería montada en una parrilla trasera, en lugar de llevarla en el cuadro. El paquete Trike es excelente para personas de edad o con ciertas incapacidades.

ElectriCycle™

La ElectriCycle se mueve por la acción de un motor de CD de 24 voltios. Este vehículo es muy similar en desempeño a una motoneta estándar de combustión de gasolina de 50 centímetros cúbicos, pero sin emisión de gases ni ruido. Tiene un radio de acción de hasta 20 millas (32 km) y puede alcanzar hasta 25 millas (40 km) por hora, con una aceleración de 0 a 18 millas (28.9 km) por hora en seis segundos. La ElectriCycle cuenta con frenos de tambor delantero y trasero, indicador de potencia, velocímetro y cargador a bordo para recargar la batería en un lapso de dos a ocho horas.

Lectra™ Motorbike

Lectra creó una de las únicas motocicletas puramente eléctricas, que representa una aplicación de clase mundial de las más avanzadas tecnologías con que se puede contar en almacenamiento de electricidad, exhibición y rendimiento. La Lectra ofrece aceleración, frenado y manejo superiores, y su avanzado sistema de propulsión eléctrica se controla fácil e instantáneamente con precisión. Su freno trasero regenerador de antibloqueo con ayuda eléctrica y el freno delantero de disco de mordaza flotante brindan una poderosa y suave acción de frenado. También se cuenta a bordo con un sistema de recarga completamente automático y un almacenamiento de energía que no requiere mantenimiento.

Electric Pedicab

Creado con el apoyo de la New York State Energy Research and Development Authority, el ZAP Pedicab es un triciclo eléctrico completamente nuevo, capaz de transportar al conductor y dos pasajeros. Opera a 24 voltios de CD y alcanza una velocidad máxima de 15 millas (24 km) por hora y un radio de acción de 20 millas (32 km). Cada ZAP Pedicab está equipado con un sistema incorporado de recarga de 120 voltios que recargará en su totalidad la batería del vehículo en menos de tres horas en cualquier contacto estándar de corriente. Un útil medidor de estado de carga le proporciona al operador información actual sobre el radio de acción restante del vehículo y la cantidad de energía que consume. Debido a que el ZAP Pedicab es capaz de transitar por espacios inaccesibles para autos y autobuses, los pedicabs de alquiler han tenido buena aceptación en muchas ciudades del mundo, incluidas varias de Estados Unidos.

PowerSki®

El PowerSki es una nueva forma radical de transporte personal que transforma un ambiente cuesta abajo para tablas monoesquí o esquís en terreno plano. De forma parecida a como lo hace un esquiador acuático, un patinador de patines en línea o tradicionales se desliza asido de los polos del PowerSki, mientras éste lo remolca a velocidades de hasta 15 millas (24 km) por hora. El PowerSkier o esquiador eléctrico tiene control completo del interruptor y de la velocidad. Una sola carga de batería dura hasta siete millas (11 km), y el PowerSki tiene la fuerza suficiente para tirar de un hombre promedio cuesta arriba por casi cualquier pendiente, remolcando a los PowerSkiers ("esquiadores motorizados") prácticamente adondequiera que sus pies puedan llevarlos, incluso por la calle, por terreno accidentado y por pendientes ascendentes o descendentes. Este potente diseño les brinda a patinadores y esquiadores una nueva forma de transporte, ejercicio y diversión pura.

(*continúa*)

Ilustración 1 (*conclusión*)

Swimmy/Sea Scooter

El Swimmy es un nuevo y divertido aparato de deporte acuático para toda la familia. Ya sea que usted practique el *snorkeling* en un paraíso tropical o nade en su propia piscina, el Swimmy le ofrece una experiencia subacuática totalmente nueva. Esta "motoneta de mar" tira del nadador a través del agua, proporcionándole mayor disfrute en las piscinas de natación y demandándole menor esfuerzo para llegar a arrecifes de coral y otros panoramas submarinos.

Neighborhood Cars

Los Neighborhood EVs (NEVs, vehículos eléctricos de barrio) están diseñados como un automóvil para un desempeño confiable tanto en la calle como en tierra y césped. Las características estándar incluyen la luz trasera de freno y la alarma de retroceso, cinturones de seguridad en los asientos, parabrisas de seguridad y limpiadores de parabrisas, luces delanteras tipo automóvil, espejo retrovisor y luces direccionales.

Ilustración 2   Declaración consolidada de operaciones, 1995-2000 (en miles, excepto en cantidades por acción)

| | Año terminado el 31 de diciembre | | | | | |
	2000	1999	1998	1997	1996	1995
Ventas netas	$12 443	$ 6 437	$ 3 519	$ 1 640	$1 171	$ 651
Costo de los bienes vendidos	7 860	4 446	2 391	1 275	863	465
Utilidad bruta	4 583	1 991	1 127	366	308	215
Gastos de operación						
De ventas	2 204	1 187	968	633	477	90
Generales y administrativos	3 824	1 945	979	820	555	282
De investigación y desarrollo	699	365	203	246	100	75
Gastos de operación totales	6 727	3 497	2 150	1 700	1 132	447
Pérdida de las operaciones	(2 144)	(1 506)	(1 022)	(1 334)	(824)	(232)
Otros ingresos o gastos						
Pago por intereses	(21)	(267)	(100)	(85)	(11)	(3)
Ingresos por intereses						
Misceláneos	269	81	14	11	20	222*
Total de otros ingresos	248	186	(86)	(74)	8	219
	(1 896)	(1 693)	(1 109)	(1 408)	(817)	(13)
Provisión para impuesto sobre la renta	1	1	1	2	2	4
Pérdida neta	$ (1 897)	$(1 694)	$(1 109)	$(1 409)	$ (817)	$ (16)
Pérdida neta atribuible a las acciones						
Pérdida neta	(1 897)	(1 694)	(1 109)	(1 409)	(817)	(16)
Dividendo preferente	(2 649)	—	—	—	—	—
Total	$ (4 546)	$(1 694)	$(1 109)	$(1 409)	$ (817)	$ (16)
Ingreso (o pérdida) neto(a) por acción común, básico(a) y diluido(a)	$(0.85)	$(0.43)	$(0.42)	$(0.62)	$(0.45)	$(0.01)
Promedio ponderado de acciones comunes en circulación	5 361 905	3 927 633	2 614 563	2 289 165	1 805 317	1 582 656

*Incluye 210 000 dólares en ingresos por regalías y 20 000 dólares en ingreso por subvención.

Ilustración 3   Hojas de balance consolidado de ZAP, 1995-2000 (en miles, excepto en cantidades por acción)

	Años terminados el 31 de diciembre					
	2000	1999	1998	1997	1996	1995
Activo						
Efectivo	$3 543	$ 3 184	$ 475	$ 691	$ 162	$ 22
Cuentas por cobrar	1 613	353	284	122	61	31
Inventarios	2 898	1 725	634	267	247	58
Gastos pagados por adelantado y otras partidas de activo	696	323	98	66	116	—
Activo actual total	8 750	5 585	1 491	1 145	585	111
Propiedad y equipo, neto	510	350	177	163	100	66
Patentes y marcas registradas, menos amortización acumulada	1 432	1 176	—	—	—	—
Crédito mercantil, menos amortización acumulada	2 023	112	—	—	—	—
Anticipo a tiendas detallistas y compañías de tecnología		479	—	—	—	—
Intangibles, neto de amortización acumulada			80	20	7	8
Depósitos y otros	112	25	12	14	78	6
Activo total	$12 827	$ 7 727	$ 1 760	$ 1 342	$ 770	$191
Obligaciones y capital contable						
Obligaciones actuales						
Cuentas por pagar	$ 398	$742	$ 334	$ 162	$ 301	$ 94
Obligaciones vencidas por pagar y depósitos del cliente	1 167	368	151	189	67	13
Documentos por pagar, vencimientos actuales de deuda a largo plazo	99	15	867	52	249	22
Vencimientos actuales de obligaciones bajo arriendo del capital	32	9	10	16	13	—
Impuestos sobre la renta por pagar						3
Obligaciones actuales totales	1 696	1 134	1 362	418	629	131
Deuda a largo plazo, menos vencimientos actuales	95	24	11	60	5	—
Obligaciones bajo arriendos actuales, menos vencimientos actuales	31	14	1	11	24	—
Total de obligaciones	1 822	1 172	1 374	489	657	131
Capital contable						
Acciones preferentes*	1 812					
Pagos en acciones comunes†	19 117	12 053	3 732	3 169	1 019	150
Déficit acumulado	(9 664)	(5 118)	(3 346)	(2 316)	(907)	(90)
Compensación no ganada	(42)	(96)	—	—	—	—
Menos documentos por cobrar de los accionistas	(218)	(285)	—	—	—	—
Capital contable total	11 005	6 555	386	853	112	60
Total de obligaciones y capital contable	$12 827	$ 7 727	$ 1 760	$ 1 342	$ 770	$191
*Participación de acciones preferentes emitidas y en circulación (10 millones de acciones autorizadas)	4					
†Participación de acciones preferentes emitidas y en circulación (20 millones de acciones autorizadas)	5 816	5 109	2 665	2 543	2 077	1 644

La popularidad en aumento de los vehículos de propulsión eléctrica, unida a la creciente actividad política y social en favor del transporte ambientalmente limpio, resultó en otra exposición no planeada para ZAP. En las Olimpiadas de 2000, en Sydney, se usaron 12 bicicletas eléctricas para los patrullajes regulares de la Villa Olímpica. Otra exposición de producto no solicitada consistió en las apariciones del Zappy en populares comedias de situación, como *Drew Carey Show* y *Just Shoot Me*, así como en comerciales televisivos con Blue Man Group para Intel Corporation. La motoneta marina Swimmy fue elegida finalista para el NASDAQ Sports Product of the Year (Premio de NASDAQ al Producto Deportivo del Año). El producto PowerSki se presentó en un segmento del popular programa matutino de charla *The Today Show*, cuando Matt Lauer demostró su destreza con el aparato por las calles de Nueva York. Otros productos de ZAP estaban programados también para aparecer en producciones de cine para la pantalla grande que se lanzarían en el verano de 2001.

La demanda en aumento y la creciente competencia fueron el motivo de que Starr trasladara la fabricación de productos de gran volumen a Taiwán para reducir costos y concentrar los esfuerzos de la compañía en el mejoramiento de la distribución. Aunque Starr creía firmemente que ZAP debía continuar con sus esfuerzos en el desarrollo de producto, las presiones competitivas requerían que ZAP trasladara más de sus recursos a descubrir nuevas formas de llegar al cliente. A principios de 2001, en un centro comercial en Santa Rosa, California, se inauguró una nueva tienda detallista Zapworld y una pista de prueba para clientes. Había planes en marcha para abrir puntos de venta detallistas de configuración similar por diversas partes del país para mejorar la distribución y aumentar el reconocimiento del nombre. El número de puntos de venta detallistas que vendían productos de ZAP en Estados Unidos también seguía creciendo y ya había excedido de 100 para entonces.

Starr y su equipo se habían esforzado mucho por crear una amplia gama de ofertas, pero él sabía también que necesitaba encontrar nuevas vías de acceso a los consumidores. A mediados de 2001, después de mudar gran parte de las operaciones de manufactura de ZAP a ultramar, Starr anunció que él y su equipo administrativo estaban "emprendiendo un reposicionamiento significativo de ZAP, de una compañía sólo de patines eléctricos a un proveedor general de productos de vehículos eléctricos de primera calidad".

De acuerdo con su plan, ZAP se posicionaría como distribuidor de productos de manufactura extranjera de alto margen, con enfoque principal en una emprendedora actividad de ventas. ZAP seguiría dando gran importancia a la investigación y desarrollo de nuevos productos de VE, aunque los planes de adquisición se mantenían como parte significativa del nuevo plan, para permitir a la compañía diversificar su línea de productos con mayor rapidez.

Respecto de las creaciones y los planes de reposicionamiento de ZAP, Starr comentó:

> ZAP dio un paso atrevido al introducir las bicicletas y patines eléctricos en los años 1990-2000, cuando los autos eléctricos parecían estar en el centro de la escena. Al presente, hemos demostrado al mundo que hay un mercado para los VE de baja velocidad, pero necesitamos seguir siendo precursores y líderes en este ramo, introduciendo nuevos productos y abriendo mercados. Tenemos que estimular a todos nuestros talentos para diseñar vehículos superiores, fabricarlos a precios competitivos y comercializarlos con la mayor creatividad. Creemos tener el equipo empresarial para lograr todo esto y respaldar nuestra misión de hacer de ZAP el nombre en transporte limpio.

ADMINISTRACIÓN DE ZAP

Starr integró una junta de directores que incluyó al ex presidente de ZAP, John Dabels. Este directivo había llegado a ZAP luego de fungir como funcionario para el extranjero y miembro de la mesa directiva de EV Global Motors, una compañía de bicicletas eléctricas fundada y presidida por Lee Iacocca, ex director general de Chrysler. A Starr le parecía que la experiencia de Dabels proporcionaba un elemento necesario para dirigir el crecimiento de ZAP. Sin embargo, a principios de 2001, Dabels dejó a ZAP para dedicar más tiempo a su familia. La partida de este ejecutivo dejó una gran vacante en la mesa directiva que Starr tenía que llenar para aumentar la presión en los demás miembros de la dirección para guiar a la organización. Las biografías de los actuales miembros de la mesa directiva y del equipo administrativo de ZAP se presentan en la ilustración 4.

Starr supervisaba las operaciones en ZAP día tras día (véase la ilustración 5). Andrew Hutchins, vicepresidente de operaciones, revisaba la producción de los diversos productos que ZAP fabricaba, como la línea de patines Zappy. Una de las responsabilidades principales de Hutchins

Ilustración 4   Biografías de los miembros de la mesa directiva y el equipo administrativo de ZAP en 2001

Gary Starr, 45 años, director general (DG) de ZAP, ha sido director y ejecutivo desde 1994, y DG desde septiembre de 1999. Starr fundó la operación de VE de US Electricar en 1983 y ha estado construyendo, diseñando y conduciendo autos eléctricos durante más de 25 años. Ha supervisado el marketing de más de 25 000 bicicletas eléctricas y otros VE, además de inventar varios productos solares eléctricos y aparatos de conservación. *Automotive News* lo calificó como una de las diez autoridades de mayor influencia en autos eléctricos; ha aparecido en numerosos programas de radio, televisión, noticias y comentarios, y es autor de artículos y libros de cuantiosa publicación sobre eficiencia de la energía y VE. Ha recibido varios reconocimientos por sus aportaciones al aire libre de contaminación, incluidos los de la American Lung Association de San Francisco, Calstart, y la senadora estadounidense Barbara Boxer. Tiene la licenciatura en ciencias de consultoría y defensa ambientales de University of California-Davis.

Robert E. Swanson, 53 años, presidente de la mesa directiva de ZAP desde 1999, es presidente de la junta, director único y accionista también único de Ridgewood Capital Corporation. Además es presidente del fondo y principal y único accionista de Ridgewood Securities Corporation. Preside, asimismo, y es accionista único de Ridgewood Energy, Ridgewood Power y Ridgewood Power Management Corporation. Ridgewood Power es accionista administrativa de cada uno de los programas anteriores, y Swanson preside cada uno de ellos. Desde 1982, Swanson, a través de diferentes entidades, ha patrocinado y fungido en la dirección de más de 47 programas de inversión relacionados con exploración y desarrollo de petróleo y gas. Estos programas han reunido aproximadamente 200 millones de dólares de la venta de unidades de inversión. Fue también socio fiscal del antiguo bufete de abogados de Fulop & Hardee, en Nueva York y Los Ángeles y funcionario en la División de Inversiones de Morgan Guaranty Trust Company. Se especializaba en impuestos personales y planeación financiera, incluyendo impuesto sobre la renta, las propiedades y los regalos. Es miembro de las barras de abogados de New Jersey y del estado de Nueva York. Se tituló en Amherst College y en la Fordham University Law School. Swanson y su esposa, Barbara Mardinly Swanson, son autores de *Tax Shelters: A Guide for Investors and Their Advisors*, publicado por Dow Jones-Irwin en 1982 y en ediciones corregidas, en 1984 y 1985.

Douglas R. Wilson, 40 años, director de ZAP, es vicepresidente de adquisiciones en RCC y en el Ridgewood Fund. Fue uno de los ejecutivos principales de Monhegan Partners, Inc., que proveyó asesoría de adquisiciones y financiera para la Ridgewood Power y los Prior Programs, de octubre de 1996 a septiembre de 1998, cuando se unió a Ridgewood Power y a RCC. Cuenta con más de 14 años de experiencia en los mercados de capital, incluyendo la especialización en complejos financiamientos de arriendo y proyecto, y en empresas relacionadas con la energía. En administración de empresas, tiene la licenciatura por University of Texas y la maestría por Wharton School, de University of Pennsylvania.

Lee Sannella, doctor en medicina, 84 años, director de ZAP, ha sido un activo investigador en los campos de la transportación alternativa, la energía y la medicina durante más de 25 años. El doctor Sannella ha sido accionista fundador en muchas compañías de creación de empresas de alta tecnología y es autor de libros de gran venta. Ha prestado sus servicios en juntas directivas de la ciudad de Petaluma, California, en la mesa de directores del San Andreas Health Council de Palo Alto, la Veritas Foundation de San Francisco, y el AESOP Institute. Está graduado por la Yale Medical School.

William D. Evers, 73 años, director de ZAP, es uno de los principales abogados de SEC (Securities and Exchange Commission), en California, con extensa experiencia en empresas incipientes, con años de especialización en arreglos privados, ofrecimientos de la Section 25102(n), registro de ofertas de pequeñas corporaciones, exenciones de Regulation A, y registro de pequeñas empresas. Ha manejado numerosas fusiones y adquisiciones. Encabeza el Evers and Hendrickson Internet Law Group, con su énfasis en relaciones por internet. Evers ha obtenido también una extensa experiencia en franquicias y ha sido director general o presidente de diversas empresas de riesgo. Tiene la licenciatura en artes de Yale University y el doctorado de jurisprudencia de University of California en Berkeley.

Harry Kraatz, de 51 años, se convirtió en director de ZAP el 7 de diciembre de 2000. Desde la inversión en ZAP en 1998, aportó su consultoría de franquicias y ciertos servicios financieros. A partir de junio de 1986, Kraatz ha sido el funcionario y director único de Embarcadero Group II, y T.E.G. Inc., una compañía por franquicia de consultoría en administración y finanzas ubicada en San Francisco, California. Trabajando con estas empresas, ha brindado servicios de consultoría a numerosas compañías de finanzas y franquicias, entre ellas Montgomery Medical Ventures, Commonwealth Associates, Westminster Capital y World Wide Wireless Communications, Inc. Recibió su título de Southwest Missouri State University en 1971.

Andrew Hutchins, de 40 años, fue nombrado vicepresidente de operaciones de ZAP en octubre de 1999. Se unió a la firma en diciembre de 1996 y desde junio de 1997 ha sido el gerente general. Empresario de éxito, Hutchins inició, desarrolló y dirigió un comercio detallista de bicicletas durante 11 años antes de venderlo en un precio varias veces superior a su inversión inicial. En 1982, Hutchins obtuvo la licenciatura en artes con doble especialización, en economía de empresas y en estudios de comunicación de University of California, en Santa Barbara.

Scott Cronk, de 35 años, fue el fundador de Electric MotorBike, Inc. y sirvió a la misma como presidente de 1995 a 1999. Antes de eso, como director de desarrollo de empresas y programas internacionales, dirigió actividades estratégicas de empresas de riesgo para U.S. Electricar, Inc. Cronk fue nombrado vicepresidente de desarrollo de negocio de ZAP en diciembre de 1999, poco después de que esta empresa adquiriera Electric MotorBike, Inc. Tiene la licenciatura en ciencias de la ingeniería eléctrica por el GMI Engineering & Management Institute (ahora Kettering University) y la maestría en administración de empresas de la City University, de Londres, Inglaterra.

Ilustración 5   Organización de ZAP en 2001

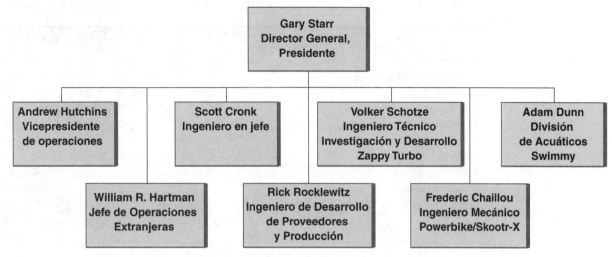

Fuente: Archivos de la empresa.

a principios de 2001 fue asegurar una transición fluida de la operación de manufactura del Zappy a Taiwán. Rick Rocklewitz fungió como ingeniero proveedor de desarrollo y producción en Taiwán para ayudar a la transición. El desarrollo de producto en ZAP se dividió en categorías específicas. Volker Schotze se encargó del desarrollo de derivados de la línea de patines Zappy. Frederic Chaillou supervisó la línea PowerBike. Adam Dunn quedó a cargo de la División de Acuáticos. Starr estaba tratando de que cada una de estas personas se identificara con los nichos de mercado y los ocupara con derivados de productos existentes o con desarrollo de otros nuevos. La tarea era construir sobre la base de tecnología que se había creado en ZAP internamente y por la vía de la adquisición.

LA INDUSTRIA DEL VEHÍCULO ELÉCTRICO

El ramo industrial del vehículo eléctrico en general era de cobertura muy amplia. Los vehículos en producción variaban en tamaño y complejidad: iban de los tanques militares y los grandes vehículos de transporte usados en los aeropuertos, dentro del extremo superior, a los juguetes de plástico para bebés e infantes en el extremo inferior. Dentro de esta amplia gama de costo y complejidad estaban los carritos de golf, los vehículos de transporte personal para incapacitados y los automóviles eléctricos.

En 2000, Peter Harrop, consultor del ramo de VE, estimaba que las ventas excederían los 6 000 millones de dólares en 2000 y los 26 000 millones de dólares para 2010. Los estimados de Harrop por 10 años de ventas unitarias y de valor por segmentos de mercado individuales del ramo de VE se muestran en las ilustraciones 6 y 7. Harrop describió las fuerzas de mercado que impulsan el crecimiento en el ramo industrial de VE:

Contra la opinión popular, el control de la contaminación no suele ser la razón primordial por la que los VE se compran ahora o se comprarán en el futuro. Incluso los que se ocupen sólo de la contaminación harían bien en hacer sus vehículos más aceptables incorporando otros atributos más fuertes. Los VE exitosos suelen atrapar la imaginación, hacen posible algo nuevo, reemplazar el esfuerzo humano, y/o ahorran costos a través de la vida del producto. Aun cuando ahorran costos durante su vida, no es necesariamente comparándolo contra un vehículo impulsado por un motor de combustión interna (MCI). Por ejemplo, una plataforma de acceso de VE reemplaza andamiajes, escaleras y los altos costos de la mano de obra del operario. Los VE suelen crear nuevos mercados con bicicletas eléctricas, y los vehículos monoplaza de tres o cuatro ruedas para los usuarios con incapacidades leves o debilidad son ejemplos recientes. Es probable que lo siguiente en aparecer dentro de esta categoría sean los robots domésticos.

Ilustración 6   Volumen pronosticado en ventas mundiales de VE, por segmento de mercado, en 2000-2010 (en millares de unidades)

	2000	2001	2002	2003	2005	2010
Industrial pesado	230	240	250	255	260	350
Industrial ligero/comercial	64	100	120	150	250	400
Incapacitados	420	470	530	590	740	1 300
Dos ruedas	500	700	1 000	1 300	3 000	6 000
Carros de golf y portabastones (*caddies*)	256	265	280	300	320	330
Autos	60	100	150	200	500	1 250
Militares	2	2	2	3	6	10
Minería	2	2	3	3	4	6
Robots móviles	10	30	300	400	1 000	2 800
Otros	15	14	17	20	25	30
Total	1 559	1 923	2 652	3 221	6 105	12 476

Fuente: Peter Harrop, "Electric Vehicle Markets, Players and Forecasts", www.footnoteanalysis.com.

Ilustración 7   Valor pronosticado en dólares de ventas mundiales de VE, por segmento de mercado, en 2000-2010 (en miles de millones de dólares)

	2000	2001	2002	2003	2005	2010
Industrial pesado	$2.80	$2.90	$3.07	$ 3.26	$ 3.35	$ 3.35
Industrial ligero/comercial	0.55	0.65	0.80	1.00	1.60	2.50
Incapacitados	0.42	0.47	0.53	0.59	0.74	1.30
Dos ruedas	0.40	0.54	0.71	0.94	1.50	3.00
Carros de golf y portabastones (*caddies*)	0.51	0.53	0.55	0.56	0.60	0.60
Autos	0.60	1.01	2.00	3.00	4.50	10.00
Militares	0.18	0.21	0.24	0.30	0.60	1.00
Robots móviles (excepto juguetes)	0.08	0.10	0.90	1.12	2.50	2.80
Minería	0.44	0.46	0.50	0.67	1.00	1.50
Otros (marinos, principalmente)	0.23	0.28	0.25	0.40	0.50	0.60
Total	$6.21	$6.68	$9.55	$11.84	$16.89	$26.65
Índice de crecimiento anual	15%	11%	43%	24%	19%	11%

Fuente: Peter Harrop, "Electric Vehicle Markets, Players and Forecasts", www.footnoteanalysis.com.

Harrop describió también los factores de crecimiento que mueven a varios segmentos de mercado de VE:

Vehículos industriales pesados

Los vehículos industriales pesados, como el montacargas original, se usan en forma creciente para sustituir el esfuerzo humano en recintos de fábricas y bodegas, y las leyes imponen cada vez más su uso en trabajos agrícolas. La mayor parte del crecimiento de las ventas de VE para la industria pesada deriva de la demanda de la cadena logística de bienes de consumo de movilización rápida (BCMR) y de la industrialización de los países del tercer mundo.

Está creciendo la convicción de que, como quiera que sea, hay cerca de 30% de reducción del costo por duración [del VE] si se lo compara con el MCI, de modo que la penetración aumentará también de modo constante, alentada por el mayor uso de los híbridos y más tarde por los VE de células energéticas para los usos de alta energía y largo alcance.

Vehículos de dos ruedas (bicicletas, patines, etc.)

El crecimiento proyectado es muy considerable para este sector porque hay muchas influencias fuertes. Es el único sector en el que los precios se han reducido a la mitad en tres años y donde se ha aplicado de manera conjunta la moda y nuevas leyes draconianas contra la contaminación.

Esto se aplica y seguirá aplicándose sobre todo al este de Asia, donde se encuentran de cualquier manera la mayoría de las bicicletas y patines convencionales del mundo. La prohibición en China de hacer más compras de vehículos de dos ruedas de motor de combustión interna (MCI) en diversas ciudades importantes seguirá dando gran impulso a la producción de VE biciclos (bicicletas, patines y otros), como lo hará la promoción del ramo industrial del VE en China como un todo. Sin embargo, lo más común es que los VE sustituyan al esfuerzo humano y no a los vehículos de MCI.

El éxito en aumento de los patines de dos ruedas y más tarde de las motocicletas incrementa el precio de venta promedio del sector ciclista, pero la producción en volumen y la severa competencia originada en la erosión del precio de las bicicletas constituyen sobrada compensación.

Es probable que los impulsores del mercado sean las cuestiones del rendimiento y de la contaminación. Los VE motorizados y sus derivados apenas se estaban vendiendo en 2001, pero se popularizarán pronto. El mejoramiento de las baterías y los híbridos, en lugar de las células energéticas, son clave para que los VE de dos ruedas más grandes tengan ventas fuertes en los próximos años. Hay una posibilidad real de que se vendan decenas de millones de VE de dos ruedas en 2010.

Carros de golf y portabastones (*caddies*)

El crecimiento del mercado de los carritos y de los portabastones (*caddies*) de golf motorizados se ha desacelerado porque ha disminuido la apertura de campos de este deporte en Estados Unidos, y el resto del mundo no está ofreciendo compensación. Hay algo de crecimiento por la expansión global de las actividades de esparcimiento y por los cambios en leyes locales que permiten cada vez más el paso de los carros de golf a las vías públicas en Europa y América del Norte.

Hay también algo de crecimiento porque el ahorro de costos en la vida del producto se acepta como argumento en la mayoría de los clubes de golf en todo el mundo. La actual penetración de 60-70% de los vehículos eléctricos puede ascender lentamente a 90% o algo por el estilo, pero la mayoría se alquilan a clubes de golf, manteniendo los precios bajos pese al reducido número de proveedores.

Vehículos para minusválidos

El segmento de mercado de VE para los minusválidos se puede dividir en sillas de ruedas para personas severamente incapacitadas y supervisadas, donde el creciente interés y aportación de fondos están generando crecimiento del mercado, y el mercado mayor de auxiliares de movilidad para personas de minusvalidez menos grave pero supervisadas, como las que pasan por el embarazo, lesiones temporales o vejez, más que incapacidad. Estos mismos productos pueden empezar a aparecer en lugares como los aeropuertos, para los que tienen mucho que acarrear.

Tales personas tienen un creciente ingreso disponible y comprarán por impulso eligiendo de la variedad en expansión de vehículos monoplazas que se presentan a su disposición, como los diseñados para el hogar o los senderos campestres, o para quienes sufren de obesidad, o los plegables para que quepan en el cofre o cajuela de un auto. En la mayoría de los países ya se disfruta de estos productos, y un número creciente de los mismos, comprados por gobiernos locales o por compañías grandes, son de préstamo gratuito en edificios grandes, supermercados, centros urbanos y parques de diversión. Se prevé una tasa de crecimiento bastante fuerte en este segmento de mercado.

Usos especiales de VE

Los tipos de VE en surgimiento comprenden los modelos especiales para minería, marina, policía, ejército, investigación y entretenimiento aparte de los carros de golf y los biciclos. Esto abarca desde dirigibles silenciosos hasta aviones manuales desechables militares de sobrevigilancia de 1 000 dólares, "pigs" (vehículos fusiformes para recorridos internos de inspección, reparación, etc.) de oleoductos, y botes de recreo para deslizamiento silencioso en superficie o estudio de la vida silvestre. También entran en esta categoría los submarinos puros de esparcimiento eléctricos, los auxiliares de potencia para buzos autónomos y los robots de búsqueda submarina de control remoto.

El ruido, el aire y la contaminación acuática son del todo relevantes en algunos de los nuevos mercados de VE. Este sector está lleno de innovaciones y contiene miles de robots móviles vendidos por primera vez en Japón durante 1999 y en Occidente durante el 2000. Estos robots realizan múltiples tareas, como limpiar con aspiradora, traer y llevar cosas, y vigilar el buen estado de las personas de edad. Sin embargo, no son juguetes, en el sentido de pequeños botes, autos, perros y gatos preprogramados o dirigidos por control remoto. Los robots móviles ahorran esfuerzo humano y hacen posibles nuevas cosas. Estos productos tienen poco o nada que ver con reducir la contaminación.

La mayoría de las novedades en productos serios hacen posible algo nuevo; crean mercados de la nada. Mirando a la preparación de más productos nuevos en universidades, se producirá un enorme crecimiento. Al principio, esto tendrá lugar por la adopción de VE militares, robots para el hogar y VE marinos.

Cada año hay demostraciones de una notable variedad de nuevos conceptos, que permite abrigar un gran optimismo sobre el futuro. Vendrán los robots que busquen sobrevivientes en escombros de terremotos o que hagan tareas de jardinería, igual que ocurrirá con las naves eléctricas híbridas marinas y con mucho más. Ya se están efectuando pruebas; esto no es ciencia ficción.

Como Harrop, algunos observadores de la industria predijeron que el ramo de VE de corto radio de acción está por experimentar un crecimiento global récord en el futuro previsible. La industria ofrecía diversas alternativas para viajantes urbanos y un medio directo para disminuir la contaminación. Entre bicicletas y automóviles despliegan una amplia gama de vehículos de corto radio de acción que entran en la categoría de transportes individuales. A diferencia del mercado de bicicletas en maduración, que había logrado un alto nivel de penetración de mercado, con más de 1 400 millones de bicicletas en servicio por todo el mundo en 2000, se consideraba que el mercado del transporte eléctrico individual tenía mayor oportunidad de crecimiento.

El inesperado auge en popularidad de los monopatines no motorizados en años recientes proporcionó una indicación de la fuerza de la demanda de alternativas en este mercado y del potencial para el crecimiento. Aunque los monopatines de impulso pedestre se habían introducido hace más de 50 años, su resurgimiento en 2000 sugirió que había una demanda insatisfecha de alternativas de la bicicleta y de otras modalidades de transporte recreativas de corto alcance, como los patines en línea y las patinetas. Casi sin demanda de monopatines en 1999, la venta de aquellos no motorizados se estimó en cifras de entre dos y cinco millones de unidades en 2000, de modelos con precios en la escala de 50 a 120 dólares (véase la ilustración 8). Las expectativas preliminares del mercado del monopatín de impulso pedestre sin auxiliar eléctrico, basadas en ventas poco vigorosas desde la temporada de compras de Navidad de 2000, eran que las ventas en 2001 serían significativamente más bajas que las del año anterior. No estaba claro todavía si la declinación pronosticada en ventas se debía a la rápida saturación del mercado o era una indicación de que el monopatín no motorizado no pasaba de ser una moda fugaz.

El segmento mayor de la industria del transporte individual pertenecía al ramo industrial de la bicicleta, que había experimentado un resurgimiento por sí mismo desde la introducción de la bicicleta de montaña en 1981. Los volúmenes de ventas en el año 2000, en el mercado de bicicletas en Estados Unidos, alcanzaron niveles superiores a 16 millones de unidades, con ingresos de más de 5 000 millones de dólares. El mercado mundial de bicicletas excedió de 60 millones de unidades en 2000 (véanse las ilustraciones 9 y 10). En los años 1990-2000, la manufactura de bicicletas en Estados Unidos quedó relegada, en su mayor parte, para los fabricantes de bicicletas especializadas avanzadas. Al final de la década, la mayoría de las bicicletas dirigidas al mercado masivo en Estados Unidos se hacían en Taiwán. La ilustración 10 muestra la reducción en la producción nacional de bicicletas en Estados Unidos y el aumento asociado en importaciones de bicicletas para los años 1991 a 1998. En 1998, la producción estadounidense de bicicletas había caído de 9.9 (su cima en 1993) a 2.3 millones de unidades. Los correspondientes valores de ventas detallistas de cada año se presentan también en la ilustración 10. Las bicicletas se vendían como medio de transporte y para propósitos recreativos. Sólo alrededor de 5% de las bicicletas vendidas en Estados Unidos eran usadas por viajantes urbanos, el mercado primario para alternativas como los vehículos eléctricos. Un reporte detallado de las ventas detallistas de Estados Unidos en 1999 y 2000 por segmento de mercado para bicicletas no eléctricas se presenta en la ilustración 11, junto con el precio de venta promedio por cada segmento.

Varios fabricantes crearon e introdujeron auxiliares adicionales de ayuda de energía eléctrica para permitir la conversión de casi cualquier bicicleta no motorizada, aparatos que iban dirigidos a los 1 400 millones de bicicletas no motorizadas ya vendidas. Estos agregados fluctuaban en precio y complejidad de instalación.

Se esperaba que las ventas de VE crecieran no sólo por su atractivo para quienes los utilicen para recreación, sino también porque se cruzan con muchos otros segmentos de mercado. A los *baby boomers* entrados en años les estaba resultando cada vez más difícil salir al aire

Ilustración 8   Estimado de embarques unitarios y volumen de ventas en dólares de monopatines no motorizados, 1999-2001

Año	Unidades embarcadas	Volumen de ventas del ramo
1999	—	5 a 10 millones de dólares
2000	2 a 5 millones	100 a 600 millones de dólares
2001	1 a 2.5 millones	50 a 300 millones de dólares

Fuente: Rita Haberman, "Wheels of Fortune or Passing Fad?", www.redchip.com, 25 de agosto de 2000.

Ilustración 9   Bicicletas vendidas en el mercado de Estados Unidos, por tamaño de rodada, 1973-2000

Año	Tamaños de rodada de 20 pulg. y mayores (millones)	Todos los tamaños de rodada (millones)
2000	11.9*	18.1*
1999	11.6*	17.5*
1998	11.1*	15.8*
1997	11.0*	15.2*
1996	10.9	15.4
1995	12.0	16.1
1994	12.5	16.7
1993	13.0	16.8
1992	11.6	15.3
1991	11.6	
1990	10.8	
1989	10.7	
1988	9.9	
1987	12.6	
1986	12.3	
1985	11.4	
1984	10.1	
1983	9.0	
1982	6.8	
1981	8.9	
1973	15.2 (cifra alta récord)	

Fuente: Bicycle Manufacturers Association. Los asteriscos indican proyecciones del Bicycle Council basadas en una compilación de numerosas fuentes.

Disponible en www.nbda.com/statpak.htm. (Nota: La Bicycle Manufacturers Association ya no existe.)

libre y hacer ejercicio, y la falta de alternativas de vehículos eléctricos de corto alcance ponía en peligro sus estilos de vida independientes. Las personas de la tercera edad estaban recurriendo a los vehículos de propulsión eléctrica como una forma de extender sus hábitos y preferencias actuales. Las bicicletas eléctricas eran totalmente prácticas, tanto para el tránsito personal como para transportar cargas moderadas. Se creía que la tecnología mejorada de las baterías, el empeoramiento de la congestión de tráfico, y la nueva infraestructura de la comunidad (carriles para bicicleta, estacionamiento seguro, etc.) eran los atractivos principales para los consumidores prospectos de las bicicletas eléctricas.

Ilustración 10   Estadísticas seleccionadas del mercado de bicicletas
de Estados Unidos, 1991-1998

Año	Ventas unitarias totales (millones	Importaciones (millones de unidades)	Nacionales (millones de unidades)	Valor de mercado (en miles de millones)
1990	—	—	—	$3.6
1991	15.1	6.5	8.6	4.0
1992	15.4	6.3	9.0	4.5
1993	17.0	7.1	9.9	4.3
1994	16.7	7.0	9.7	5.0
1995	16.0	7.2	8.8	5.2
1996	15.5	7.5	8.0	5.2
1997	15.8	9.8	6.0	5.4
1998	16.1	13.9	2.3	5.6

Fuente: Sitio Web de Bicycle Retailer and Industry News (www.nbda.com/statpak.htm).

Ilustración 11   Precios promedio y porcentajes de ventas unitarias de las 13
principales marcas de bicicletas vendidas en Estados Unidos,
por tipo de bicicleta, 1999-2000

Tipo de bicicleta	2000	1999	Precio detallista promedio
De montaña	43.10%	46.40%	$ 449
Para jóvenes	25.10	27.50	206
De comodidad	13.50	8.70	338
Híbrida	11.50	11.80	368
Caminera	3.85	2.60	1 109
De crucero	2.60	2.60	297
Tándem	0.13	0.12	1 069

Fuente: National Bicycle Dealers Association, Programa de Captura de Datos Detallistas (www.nbda.com/stat-pak.htm).

La policía y los organismos coactivos de la ley estaban descubriendo también los beneficios de los VE. Los agentes en las rondas locales podían responder con mayor rapidez que sus colegas ciclistas pedalistas, y no eran tan susceptibles de verse detenidos por los bloqueos de tráfico que afectaban a los autos patrulla. Estos agentes requerían también menos adiestramiento para manejar una bicicleta o un patín de propulsión eléctrica que los agentes adiestrados para guiar una motocicleta o montar a caballo. En Florida, las ventas de bicicletas con motor eléctrico empezaron a experimentar un crecimiento significativo, debido a las compras de esos vehículos por los organismos de coacción de la ley para su uso en áreas de descanso.

Los VE de corto radio de acción ganaban popularidad también en una gama de usos industriales, en campos de golf, parques, aeropuertos y otros ambientes en los que el automóvil tradicional resultaba inconveniente. Los viajantes urbanos, frustrados por las congestiones de tráfico y las limitaciones de estacionamiento, encontraron también en los VE una opción práctica de transporte.

FUERZAS COMPETITIVAS EN EL MERCADO DE VEHÍCULOS ELÉCTRICOS

Para el año 2000, la competencia en la manufactura, el desarrollo y el marketing de VE había acrecentado las expectativas de tener tasas sostenidas de crecimiento del ramo. Los grandes fabricantes vendían sus productos principalmente a Japón y Europa, mientras que los fabricantes menores lo hacían en los mercados de Estados Unidos, Europa y Asia. Los precios de las bicicletas eléctricas caen comúnmente dentro de la escala de 500 a 1 000 dólares por una bicicleta característica con paquete agregable de motor auxiliar eléctrico. Las bicicletas eléctricas avanzadas con trenes de propulsión integrados, como los que presentaba EV Global, iban de 1 000 dólares del modelo base a 2 000 dólares del modelo avanzado. En la ilustración 12 se puede ver la lista de los 23 fabricantes principales de bicicletas eléctricas. La mayoría de los fabricantes de VE tenían sus raíces enteramente en el ramo de la bicicleta eléctrica. Como se aprecia en la ilustración 12, los fabricantes taiwaneses dominaban la producción de VE en el extranjero.

Muchos VE de corto alcance se comercializaban como alternativas de los vehículos de motor de gasolina. Los monopatines para ir de pie con pequeños motores de combustible, aunque relativamente recién llegados al mercado, ofrecían a los consumidores la capacidad de reabastecerse de combustible en minutos, a diferencia del tiempo que tomaba recargar una batería. No obstante, esta comodidad iba acompañada de un motor de dos tiempos un tanto ruidoso.

El potencial de los VE biciclos indujo a los grandes fabricantes establecidos de autos y a los de bicicletas no motorizadas a introducir modelos con nuevos nombres de marca. Think Mobility era una empresa de Ford Motor Company que diseñaba y comercializaba bicicletas eléctricas. Mercedes Benz introdujo su propia versión de la bicicleta eléctrica. Trek, Schwinn y Murray, tres de los mayores vendedores de bicicletas no motorizadas en Estados Unidos, presentaron también bicicletas de propulsión eléctrica, igual que lo hicieron varias grandes compañías extranjeras de biciclos, como Giant, un fabricante con base en China.

En las ilustraciones 13 y 14 se muestran los volúmenes estimados de ventas unitarias y los volúmenes de ventas en dólares de bicicletas motorizadas de los cuatro mayores mercados geográficos. Los datos de la tasa de adopción de biciclos eléctricos en el mundo desde 1993 se aprecian en la ilustración 15, junto con los volúmenes de ventas proyectados entonces para 2003. Varios participantes clave en el ramo del patín eléctrico se enlistan en la ilustración 16. Los volúmenes estimados de ventas de patines eléctricos en 2000 y los volúmenes proyectados de ventas para 2001 en Estados Unidos, mercado primario de estos vehículos, se presentan en la ilustración 17.

La diferenciación en el mercado del monopatín eléctrico empezó a aparecer a medida que los fabricantes se lanzaban a la carrera por identificar nuevos nichos de mercado. Algunos fabricantes se concentraban en los monopatines para ir de pie (en los que el conductor va parado); otros los producían con asientos adheribles, con asiento incorporado, o con motor como auxiliar del impulso pedestre. También estaban en desarrollo monopatines eléctricos de alto rendimiento (esto es, que alcanzarían velocidades mayores de 15 millas [24 km] por hora) para ir de pie, anticipándose a la legislación que permitiría su uso en carreteras públicas. La velocidad máxima y el kilometraje esperado entre cargas se consideraban las *benchmarks* (datos o marcas comparativos) de estos modelos avanzados.

Los adelantos en la tecnología de las baterías estaban estimulando también el aumento del interés y la inversión en el mercado de VE de corto alcance. Las baterías eran ahora mucho más seguras, compactas y asequibles que nunca antes, y podían recargarse más rápida y fácilmente. Se esperaba el arribo al mercado de las innovaciones significativas a corto plazo en tecnología de baterías con el creciente uso de vehículos de propulsión eléctrica. También se confiaba en que los futuros avances en la tecnología de las baterías siguieran vigorizando el ramo de VE, a medida que los investigadores creativos descubrieran nuevas y excitantes formas de agregar las baterías más recientes a las modalidades de transportación nuevas y existentes.

El rápido aumento de los precios de la gasolina y una crisis de la energía eléctrica en California durante 2000 y principios de 2001 contribuyeron al nivel de incertidumbre en el ambiente externo para los VE. Se esperaba que las presiones ambientales globales, los altos precios del

Ilustración 12   Ventas estimadas de los mayores fabricantes de biciclos eléctricos en 2000

Marca o fabricante	Lugar de montaje final	Cantidad estimada vendida*
EV Rider	Taiwán	62 000
Currie Technologies	Taiwán/Tailandia	39 000
ZAP	Estados Unidos/Taiwán	33 000
Giant Bicycle Company	Taiwán	20 000
EV Global	Taiwán	17 000
Master Shine	China	15 000
ETC	Taiwán	10 000
JD Components	Taiwán	6 000
Sunpex	Taiwán	3 500
Merida	Taiwán	3 000
Bikit	China	2 500
HCF	Taiwán	2 500
Schwinn	Taiwán	800
Badsey	Estados Unidos	500
Trek	Estados Unidos	500
Heinzmann	Alemania	400
SRAM	Alemania	300
Th!nk Mobility	Taiwán	250
Denali	Estados Unidos	200
Diamond Firefly	China	200
Mercedes	Alemania	165
Moterrad	Alemania	100
Electricbike factory	Estados Unidos	100

* *Nota:* Los volúmenes de ventas abarcan los totales de bicicletas y patines eléctricos en los casos en que sean aplicables.
Fuente: Comunicación del redactor del caso con Ed Benjamin.

Ilustración 13   Estimado de volúmenes de ventas unitarias de biciclos en los cuatro mercados mayores, 1998-2000

	Japón	China	Europa	Estados Unidos	Total
1998	270 000	40 000	35 000	25 000	370 000
1999	200 000	200 000	40 000	25 000	465 000
2000	200 000	250 000	55 000	30 000	535 000

Fuente: Comunicación del redactor del caso con Ed Benjamin.

Ilustración 14   Ventas estimadas en dólares de biciclos eléctricos en los cuatro mercados mayores, 1998-2000 (en millones)

	Japón	China	Europa	Estados Unidos	Total
1998	$175.5	$12.0	$26.3	$17.5	$231.3
1999	130.0	60.0	30.0	17.5	237.5
2000	130.0	75.0	41.3	21.0	267.3

Fuente: Comunicación del redactor del caso con Ed Benjamin.

Ilustración 15 Estimado de ventas unitarias mundiales de bicicletas
y monopatines eléctricos, 1993-2003

Año	Ventas reales estimadas	
	Anuales	Acumulativas
1993	36 000	36 000
1994	60 000	96 000
1995	116 000	212 000
1996	133 000	345 000
1997	285 000	630 000
1998	400 000	1 030 000
1999	470 000	1 500 000
	Ventas unitarias proyectadas	
	Anuales	Acumulativas
2000	800 000	2 300 000
2001	1 000 000	3 300 000
2002	1 200 000	4 500 000
2003	1 500 000	6 000 000

Fuente: Comunicación del redactor del caso con Ed
Benjamin.

Ilustración 16 Principales fabricantes de monopatines eléctricos
en el mercado de Estados Unidos, 2001

Fabricante de patines eléctricos	Productos	Escala estimada de precios
ZAP	SkootrX, Zappy	$200-$700
Currie Technologies	Phat Phantom, Phat Flyer	$570-$700
Badsey	Hot Scoot, Cruiser, Racer	$1 000-$3 000
Go-Ped	Hoverboard	$800
BatteryBikes	CityBug, Citibug e^2	$500-$600
Nova Cruz Products	Xootr, eX3	$269-$1 100

Fuentes: Precios y ofertas de productos compilados por los investigadores del caso de una
encuesta de numerosos sitios web detallistas.

Ilustración 17 Volumen estimado de ventas en Estados Unidos de monopatines
eléctricos en 2000, con proyecciones para 2001

Año	Volumen de ventas
2000 (estimado)	80 000
2001 (proyectado)	500 000

Fuente: Comunicación del redactor del caso con Ed Benjamin.

petróleo, las presiones de la población y la congestión del tránsito en las ciudades contribuyeran al aumento de la demanda de soluciones de transporte de corto alcance. Los costos crecientes de la energía se traducían en costos de operación más altos y en una potencial reacción de los consumidores. La electricidad había sido históricamente una fuente de energía barata en la que una carga típica de una bicicleta eléctrica costaba unos pocos centavos. Los costos más altos de la electricidad tenían el potencial de alterar esta impresión en las mentes de los consumidores.

El ambiente legal de los VE de corto alcance estaba cambiando también. El fracaso de la industria automotriz en la producción de alternativas no contaminantes del motor de combustión interna resultó en una serie de extensiones para que los fabricantes de automóviles cumplieran con una orden iniciada por el estado de California, el mayor mercado de automóviles en Estados Unidos y el que tenía las normas anticontaminación más altas. Iniciado por la California Air Resources Board a principios de los años 1990-2000, el mandato requería que 4% del total de los vehículos vendidos en el estado para 2003 entrara en la categoría de vehículos de emisión cero [de contaminantes]. Otros estados (incluidos Nueva York, Vermont y Massachusetts) habían adoptado una legislación similar. En California y otras partes se habían hecho necesarias las prórrogas que dieran a los fabricantes de automóviles más tiempo para crear autos que pudieran competir en precio y confiabilidad con los vehículos basados en los motores de combustión interna. Los analistas de la industria sugerían que los híbridos de gas/eléctricos, como el Toyota Prius y el Honda Insight, eran una alternativa interina hasta que posteriores mejoras en la tecnología de las baterías hicieran más práctica la producción de los autos eléctricos. No obstante, las fechas límite incumplidas no dejaban de avivar la inquietud entre los ambientalistas de línea dura, que aumentaban su presión sobre los legisladores para la promulgación de leyes que apresuraran el desarrollo de alternativas no contaminantes.

Desde principios de 2001, los VE ligeros no requerían por lo general, en la mayoría de los estados y países, de una licencia, seguro o registro de operación. Había nuevas leyes en la agenda legislativa de muchos estados de Estados Unidos para reclasificar los VE, ampliar su aceptación en el mercado y abatir las potenciales barreras legales a su plena aceptación. La presión sobre los legisladores de California, por ejemplo, resultó en la adopción en 2000 de leyes que legalizaban el uso de las carreteras por los monopatines eléctricos que viajaran a velocidades máximas de 15 millas (24 km) por hora. Antes del 1 de junio de 2000 no se permitían estos vehículos en las carreteras de California.

En un estudio de 2000 efectuado por el National Renewable Energy Laboratory se observó que 45 millones de automóviles en Estados Unidos recorrían menos de 20 millas (32 km) por día, lo cual quedaba dentro del radio de acción de muchos VE que había entonces en el mercado. Empezaron a hacerse inversiones en nueva infraestructura de transportación de corto alcance en los niveles federal, estatal y local de Estados Unidos como una forma de proporcionar igual acceso a las alternativas del automóvil y de ofrecer espacio abierto para propósitos recreativos. Se iniciaron programas como Rails-to-Trails para convertir los derechos de vía no utilizados en carriles para biciclos. Para septiembre de 2000, más de 11 000 millas (17 699 km) de viejas vías férreas en Estados Unidos se habían convertido para uso de los biciclos. Entre los proyectos similares para mejorar el acceso y la seguridad para los vehículos de transporte de corto alcance estaban los carriles para bicicletas y las áreas de acceso limitado para vehículos de motor de gasolina en centros urbanos. Se esperaba que la inversión continua en estos programas desempeñara una función importante en la aceptación de los VE en el mercado.

LOS RETOS DE ZAP

Al mismo tiempo que ZAP transfería su manufactura a ultramar, estaba tratando de reposicionarse como "proveedora general de productos VE de la más alta calidad con enfoque principal en una enérgica actividad de ventas". En Estados Unidos, mercado primario de ZAP para las ventas de bicicletas y monopatines eléctricos, se habían vendido en 2000 un total combinado estimado de 120 000 unidades, en el que las ventas de monopatines aventajaron a las de bicicletas en proporción de 7 a 1 aproximadamente. Este reporte implicó que las ventas del monopatín eléctrico habían llegado a cerca de 105 000 unidades y las de bicicletas eléctricas a alrededor de 15 000 unidades por ese año. Para el futuro, se esperaba que surgieran en el extranjero mercados considerablemente mayores para los productos de VE.

A principios de 2001, la extensa publicidad de los competidores para un nuevo monopatín eléctrico con precio inferior a los 200 dólares había incrementado las ventas en los canales de mercado masivo. Estos canales comprendían a Target, Toys "R" Us y otras grandes tiendas de cadena. Los competidores habían creado un nuevo punto de precio que ZAP se vio forzado entonces a enfrentar, sacando una versión de pretensiones moderadas del Zappy, llamada Skootr-X.

A la luz de estas tendencias, Starr convocó a una junta de su equipo de lanzamiento de productos en mayo de 2001 para trazar una estrategia de producto de largo alcance. Starr dirigió al equipo de lanzamiento de producto que incluía a Hutchins, Cronk, Rocklewitz, Schotze y Chaillou, los cuales estaban a cargo de la preparación de un pronóstico de la demanda esperada de monopatines y bicicletas eléctricas, las dos líneas de producto de ZAP de mayor venta. Starr arguyó que los pronósticos de ventas del monopatín eléctrico Zappy y de la bicicleta eléctrica PowerBike de ZAP tenían que hacerse dentro del contexto de productos recreativos similares, como la bicicleta. Otros miembros del equipo creían firmemente que los pronósticos de ventas podían obtenerse sólo después del cuidadoso estudio de la demografía del mercado y de las variables ambientales para llegar a la tasa de adopción deducida que podría usarse para proyectar ventas futuras.

El equipo debatió asimismo la estrategia genérica de ZAP para reclamar una posición en un ramo industrial que estaba todavía en su infancia. Starr abogaba por los beneficios de una "estrategia de penetración de mercado", cuyo significado sería el de un mayor volumen de ventas a precios más bajos. La asignación de precios más bajos tenía el potencial de acrecentar la demanda y de limitar la oportunidad futura de competidores con precios más bajos que ya estaban reduciendo el precio de venta promedio de monopatines y bicicletas con motores eléctricos. Otros miembros de equipo defendían una "estrategia de descremado (o revisión y ajuste) de precios"; en este caso, restringir la demanda manteniendo un alto precio. La asignación de precios más altos podría rendir márgenes de utilidad mejorados y permitir a los productos de ZAP, que se habían vuelto *benchmarks* (o puntos de referencia) de calidad y desempeño, mantener una posición de superioridad en el ramo. Independientemente del enfoque que el equipo de ZAP eligiera en último término, se esperaba que las reacciones probables de los competidores tuvieran un importante efecto en el éxito o fracaso de la estrategia de largo plazo de ZAP.

Referencias

Analyst Report on Zapworld.com. Sitio web de Donner Corporation International (www.donner.corp. com), 12 de junio y 5 de septiembre de 2000.

Benjamin, Ed., *Electric Bicycle Market Information Report.*

———, *Is There an Electric Bike in Your Future?* Preparado para Earth Options Institute.

———, Comunicación personal con los redactores del caso. Sitio web de Bicycle Retailer and Industry News (www.bicycleretailer.com/public_pages/pubstats.html).

"2000 NBDA Statpak". Sitio web de National Bike Dealers Association (www.nbda.com/statpak.htm).

"Electric Bikes: Practical Transportation for Errands and Short Commutes". Sitio web de ZAP Electric Bikes and Scooters (www.electric-bikes.com).

Haberman, Rita. "Wheels of Fortune or Passing Fad?". www.redchip.com, 25 de agosto de 2000.

Harrop, Peter. "Electric Vehicle Markets, Players, and Forecasts". www.footnoteanalysis.com.

———, Comunicación personal con los redactores del caso.

Sitio web de International Bicycle Fund (www.ibike.org/statistics.htm).

Sitio web de Zapworld.com (www.zapworld.com).

Union Atlantic Corporation, LC. *Research Report on Zapworld.com.* 16 de febrero de 2001.

"ZAP CEO Gary Starr Predicts $5 Billion Industry for Light Electric Transportation by 2005". Comunicado de prensa de Zapworld.com (www.zapworld.com), 18 de octubre de 2000.

"ZAP Previews Italian Electric Scooter to Motorcycle Industry at Indianapolis Dealer Expo". Comunicado de prensa de Zapworld.com (www.zapworld.com), 16 de febrero de 2001.

Zapworld.com. Archivos 10-KSB, 1996-2000.

caso 4 Dakota Growers Pasta

Michael Boland
Kansas State University

Christian Freberg
Kansas State University

David Barton
Kansas State University

Jeff Katz
Kansas State University

Borden Foods anunció que cerraría cinco de sus diez plantas en Norteamérica, incluidas las dos que estamos tratando de adquirir en Minneapolis, Minnesota. Creemos que hay una gran oportunidad en el hecho de que Borden reduzca su negocio de marca de tienda. Si el consumo sigue aumentando, va a darnos oportunidad de acrecentar nuestro negocio. Hemos tenido mucho éxito al alinearnos con grandes supermercados y compañías de servicio de alimentos que tienen una estrategia de ventas muy enérgica. Desde luego, a medida que ellos se expanden, nosotros crecemos porque, cuando tenemos un convenio de suministro con ellos, podemos aprovechar sus ventas incrementadas. En este año [1998] estamos previendo realmente hasta un 10% de crecimiento justo dentro de nuestra base medular de clientes.

Tim Dodd era director general de Dakota Growers Pasta (DGP), una empresa industrializadora integrada de pasta para sopa con sede principal en Carrington, Dakota del Norte. Tim y la junta de directores revisaron una propuesta en julio de 1998 para comprar dos plantas de producción de pasta originalmente propiedad de Borden, que agregarían otros 200 millones de libras (90.7 millones de kg) de capacidad de producción de pasta a las ya existentes 240 millones de libras (108.86 millones de kg). Tim estaba reuniendo sus observaciones sobre el tema para la junta; necesitaba presentar ambos puntos de vista acerca de la decisión de adquisición.

Tim Dodd era muy conocido en la industria de la molienda del trigo duro (*durum*, moruno o semolero) y la pasta. Había participado prácticamente en toda operación integrada de molienda de trigo duro y de elaboración de pasta en el transcurso de su carrera. Además, los productores de trigo duro lo consideraban una persona digna de confianza, lo cual fue muy valioso durante la formación de DGP. Tanto él como Gary Mackintosh, director nacional de ventas que había ayudado a poner en marcha DGP, tenían la firme convicción de que ubicar la empresa en Carrington, Dakota del Norte, tenía sentido en el aspecto económico, y que su ubicación rural atraería la clase idónea de mano de obra necesaria para dirigir una planta integrada de molienda de trigo duro y elaboración de pasta. Para muchos que habían seguido su carrera, Tim parecía ser afecto a correr riesgos; pero los que lo conocían bien descubrían que había creado relaciones fuertes y confiables con sus clientes y con otros participantes clave en este ramo. Su capacidad para obtener acceso a información por medio de estas relaciones había sido clave también para su éxito.

Comencé con International Multifoods en 1977, después de obtener mi título en ciencias con especialización en gramíneas por la Kansas State University, y era el responsable de la primera planta integrada de molienda de trigo duro y producción de pasta de Norteamérica, la empresa incipiente Noodles by Leonardo en Cando, Dakota del Norte. Luego supervisé la construcción de un molino de harina "de lo más moderno" en Texas, antes de llegar a la American Italian Pasta Company en 1988, donde dirigí las operaciones de manufactura en Excelsior Springs. Por último, mi familia y yo volvimos a Dakota del Norte y puse en marcha DGP.

CONSUMO Y MERCADOS DE LA PASTA

El consumo de pasta se mantuvo relativamente estable en Estados Unidos, entre 1967 y 1984, a razón de alrededor de seis (2.7 kg) a siete (3.18 kg) libras de productos alimenticios (pasta) hechos básicamente de trigo duro per cápita.[1] A partir de entonces, el consumo de pasta había subido cerca de una libra (0.453 kg) por año, para llegar a un máximo de 14 libras (6.3 kg) per cápita en 1994 y luego disminuir ligeramente (véase la ilustración 1).

En el U.S. Department of Agriculture (Secretaría de Agricultura de Estados Unidos) se observó que había cuatro razones principales para el aumento per cápita en la demanda de la pasta: el cambio en los estilos de vida, la mayor disponibilidad de salsas para la pasta, una mayor atención a la alimentación sana y el aumento del número de restaurantes italianos.[2] Además, aumentó el número de hogares estadounidenses con ambos progenitores empleados, lo cual conduce a cambios sobre dónde y cómo se preparaban las comidas. Se convirtieron en lugar común las comidas sanas de preparación fácil y relativamente rápida, y la pasta encaja con esta descripción. La abundancia de salsas preparadas había servido de "catalizador complementario", a la vez que había mejorado la calidad y variedad de las opciones disponibles para su consumo.

Ilustración 1   Consumo de productos de harina de semolina y trigo duro, 1965 a 1998*

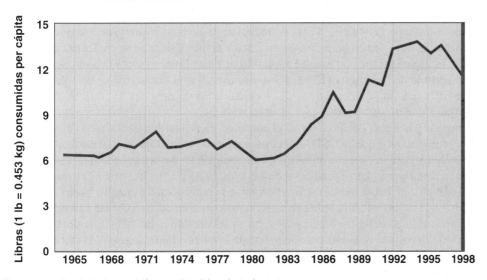

* El consumo es igual a la desaparición mayorista del producto de pasta.
Fuente: Putnam and Allshouse.

[1] Judith Jones Putnam y Jane E. Allshouse, *Food Consumption, Prices, and Expenditures*, 1970-1997, Food and Rural Economics Division, Economic Research Service, U.S. Department of Agriculture, Statistical Bulletin núm. 965, 1999. Disponible en línea en www.ers.usda.gov/epubs/pdf/sb965/.

[2] James N. Barnes y Dennis A. Shields, "The Growth in U.S. Wheat Food Demand", *USDA Wheat Yearbook*, Market and Trade Economics Division, Economic Research Service, U.S. Department of Agriculture, WHS-1998. Disponible en línea en usda.mannlib.cornell.edu/reports/erssor/fields/whs_bby/wheat_yearbook_03.30.98.

Ilustración 2   Formas favoritas de pasta compradas por los consumidores de Estados Unidos en 1998

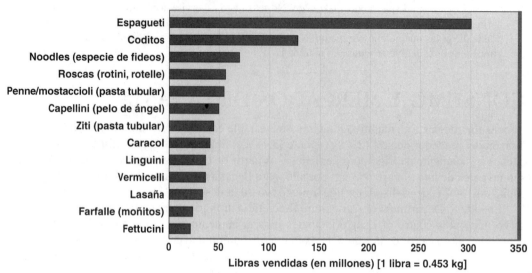

Fuente: National Pasta Association.

El aumento del número de restaurantes de estilo italiano avivó el crecimiento en el sector de servicio de alimentos del ramo industrial de la pasta. La comida italiana había pasado a formar parte de la corriente principal de las comidas, lo cual resulta evidente en la cantidad de restaurantes italianos. Las razones de esta tendencia eran que los consumidores estaban comiendo fuera de casa con mayor frecuencia; estaban consumiendo alimentos más sanos, y los ingresos per cápita estaban aumentando. Los estadounidenses dedicaron 46% de sus gastos de alimentos a comidas fuera de casa en 1998, subiendo de 34% en 1970 y de 39% en 1980.

En un estudio de la National Pasta Association se descubrió que los consumidores tenían comúnmente de tres a cinco paquetes de productos de pasta seca en sus alacenas en cualquier momento. El espagueti fue con mucho el platillo de pasta favorito (40%) citado por los consumidores, seguido de la lasagna (12%), y los macarrones con queso (6%).[3] El espagueti fue la forma de pasta más ampliamente vendida, seguida de los macarrones de coditos, los noodles y otras formas diferentes de pasta (véase la ilustración 2).

La meseta y la ligera declinación en el consumo fueron atribuibles a varias circunstancias. Primero, se sospechaba que la USDA tenía problemas de medición. Al utilizar factores de conversión antiguos para los nuevos procesos de elaboración de pasta se puede haber sobrestimado el consumo de este producto a mediados de los años 1990-2000. Otra razón fue que, aunque el consumo de pasta se había incrementado porque se le consideraba alimento "sano" de preparación rápida y fácil, la industria había desarrollado otros alimentos así, y los consumidores podrían haber sustituido la pasta con ellos. Por último, el denominador en la cifra del consumo era la población. La pasta la consumían principalmente hogares o familias solos. Al crecer en edad la población estadounidense, la proporción de los que comían pasta puede haber disminuido como proporción de la población total.

Segmentos de mercado de la pasta

En 1998 se consumían 5 000 millones de libras (2 265 millones de kg) de pasta; de las cuales, 4 500 millones de libras (2 038 millones de kg) eran de pasta seca y 500 millones de libras (226.5 millones de kg) eran de pasta congelada y fresca. Esto en comparación con los 4 000 mi-

---

[3] National Pasta Association, *American Pasta Report*, 2000. Disponible en línea en www.ilovepasta.org/ industrystatistics.html.

Ilustración 3 Segmentos de mercado de la pasta seca en 1999

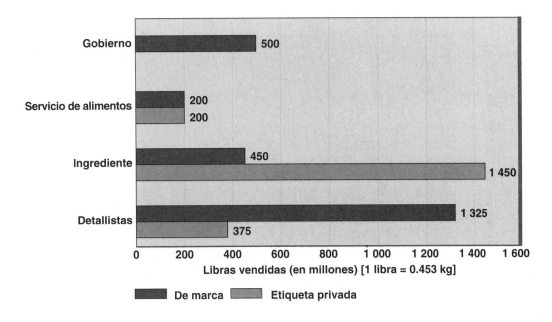

Libras vendidas (en millones) [1 libra = 0.453 kg]

■ De marca   ▨ Etiqueta privada

llones de libras (1 812 millones de kg) de 1992. En 1998, en Estados Unidos, el valor total fue de 2 600 millones de dólares. Había cuatro segmentos de mercado principales de la pasta seca: el de ingrediente (43%), el detallista de etiqueta privada y de etiqueta de marca (37% del mercado), el de servicio de alimentos (10%) y las licitaciones del gobierno (10%).

Dentro de cada segmento, había productos de etiqueta privada y de etiqueta de marca (véase la ilustración 3). Los productos de etiqueta privada eran los fabricados por una empresa que tenía la etiqueta de otra empresa en ellos. Por ejemplo, una compañía como Mueller´s, que tenía activo de marca pero no activo de manufactura, contrataba su producción de marca con una firma que tuviera activo de manufactura, como la American Italian Pasta Company. Dentro del segmento de mercado detallista, la pasta de etiqueta privada había estado creciendo a una tasa más rápida que la pasta de etiqueta de marca: las ventas de etiqueta privada habían crecido de 19 a casi 24% de las ventas de pasta totales durante el periodo de 1994 a 1998. En el segmento de mercado de ingrediente, 75% era fabricado por empresas para sus propias necesidades internas, y el residuo se vendía a productores de alimentos sin capacidad de elaboración de pasta. Cerca de la mitad del segmento de mercado del servicio de alimentos era de etiqueta privada, y el segmento de mercado del gobierno se consideraba de etiqueta de marca.

La manufactura de la pasta sufrió cambios a medida que las grandes compañías del ramo, que habían producido tanto etiquetas privadas como etiquetas de marca, abandonaban la producción de etiqueta privada para concentrarse estrictamente en sus marcas medulares. Algunos detallistas preferían las etiquetas privadas por los mayores márgenes y el mayor control de la comercialización. Aunque no había prueba directa de ello, los detallistas y los fabricantes de pasta creían que los consumidores preferían los nombres de marca "italianos" y que consideraban que la pasta importada italiana era de más alta calidad. Por esto, algunas firmas empezaron a elaborar pasta nacional con nombre de marca italiano. La calidad percibida de la marca se relacionó con su imagen, igual que las características del producto, como menor tiempo de cocción, limpieza más fácil (que las adherencias se pegaran menos a la cacerola), y los productos innovadores que eran fáciles de preparar y de uso cómodo para los consumidores. Empleando tecnología de más bajo costo, industriales de nuevo ingreso en el ramo habían lanzado productos de pasta innovadores, algunas veces fabricándolos para su venta con las marcas de nombre de empresas rivales. En consecuencia, los productores de etiqueta privada estaban ganando ventas y participación de mercado porque sus ofertas de producto tenían atributos atractivos y les habían asignado precios competitivos.

Ilustración 4   Producción, consumo y exportación de trigo duro
de Estados Unidos, 1980 a 1998

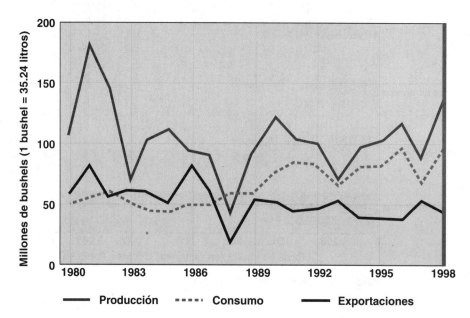

Fuente: USDA Wheat Outlook Situation and Yearbook.

La molienda del trigo duro y los ramos industriales de la pasta

La cadena de producción de la pasta se dividió en tres etapas diferentes: el trigo duro, la harina de semolina y el producto de pasta. La producción había crecido a la par que lo había hecho el consumo; las exportaciones se mantuvieron bastante constantes al correr del tiempo (véase la ilustración 4). Aproximadamente 67 millones de bushels [2.3 millones de m³] de trigo duro se molían para convertirse en más de 3 000 millones de libras (1 359 millones de kg) de semolina (un producto granular usado para hacer pasta) y harina de trigo duro en 1998 (véase la ilustración 5).[4] La parte mayoritaria del valor se agregaba por medio de más procesamiento. Las exportaciones y la contracción explicaban la diferencia.

Producción del trigo duro

El trigo duro resultaba particularmente adecuado para hacer la pasta por su alto porcentaje de proteínas, que es más alto que el de cualquier otro tipo de harina. El trigo duro de mala calidad daba por resultado *noodles* (especie de fideos) que se quebraban fácilmente y causaban problemas al empacar. Dakota del Norte, el este de Montana, el noroeste de Minnesota, el sur de Alberta y el sur de Saskatchewan eran las regiones de producción principal debido a las noches frescas y los veranos más cálidos que tibios, pero no ardientes, que eran ideales para el trigo duro. Aunque el trigo duro se cultivaba también en Arizona y California, se esperaba que los estados de las Grandes Llanuras siguieran siendo los líderes de la producción en el futuro.

---

[4] *USDA Wheat Outlook Situation and Yearbook.* Market and Trade Economics Division, Economic Research Service, U.S. Department of Agriculture. WHS-2000. Disponible en línea en usda.mannlib.cornell.edu/reports/erssor/field/whs_bby/whs2000.pdf.

Ilustración 5 La cadena de valor de la pasta

Producto de trigo duro	Producto de semolina	Producción de pasta	Distribución	Ventas detallistas
Producto de trigo duro	**Producto de semolina**	**Producción de pasta**	**Distribución**	**Ventas detallistas**
Los productores proveen el trigo duro. El precio promedio de 1997 fue de 4.65 dólares por bushel (1 bushel = 35.24 litros).	El trigo duro se molía para obtener harina de semolina. El precio promedio de la semolina era de 12.60 dólares por 100 libras (45.30 kg) en 1997.	La harina de semolina se manufacturaba para su conversión en pasta para uso detallista, de servicio de alimentos, o como ingrediente. El Bureau of Census (Departamento de Censos) informó que el valor del trigo duro comprado por las plantas de pasta fue de 1 045 198 000 dólares, y en *Milling and Baking News* se estimó que en 1997 se molieron 64 663 000 bushels (2.2 millones de m^3) de trigo duro.	El Bureau of Census informó que el valor de los embarques de pasta fue de 1 766 358 dólares en 1997.	La pasta se vendió al detalle en un precio de alrededor de 1.25 dólares por libra (0.453 kg).

La molienda de trigo duro conduce a la harina de semolina y a la manufactura de pasta

Los productores llevaban su trigo duro a una planta de molino del grano. Allí era escogido, pesado, prelimpiado y almacenado en silos de grano. Dentro de estos silos, el trigo era premezclado y vertido al molino, donde se limpiaba y humedecía al nivel de humedad apropiado que se requería para la molienda. Luego, el trigo era molido, cernido y purificado para obtener harina de semolina de alta calidad. Además de la semolina, se elaboraban otros productos, entre ellos las harinas granulares primera blanca (de alto grado) y segunda blanca (de bajo grado), mezclas de harina de semolina y trigo duro, y forraje. El forraje de molino y la harina segunda blanca se vendían como forraje para ganado a los productores ganaderos vecinos. Un bushel de 60 libras (27 kg) de harina se molía para obtener alrededor de 36 libras (16 kg) de producto de semolina, 6 libras (2.71 kg) de harina y 18 libras (8.15 kg) de producto de forraje de molino.

La semolina se mezclaba con harina primera blanca y se usaba para hacer pasta, que era básicamente un proceso de mezcla, expulsión y secado. La cochura o masa de pasta se expulsaba a través de dados que creaban formas individuales. El proceso entero se computarizaba para su máxima eficiencia y control.

Industria de la molienda del trigo duro

Eran 13 las compañías principales que molían el trigo duro en Estados Unidos, Habían ocurrido cambios significativos en el periodo de 1991 a 1998. Empresas muy conocidas habían abandonado la molienda del trigo duro (como Pillsbury y Cargill) y nuevas compañías habían entrado en el ramo (como la American Italian Pasta Company y Dakota Growers Pasta), con porciones de capacidad cambiantes, como se aprecia en la ilustración 6. Para fines de los años 1990-2000, Italigrani USA, Harvest States Cooperatives y Miller Milling Company operaban alrededor de

Ilustración 6   Capacidad original de molienda del trigo duro en 1991 y 1998, por empresa

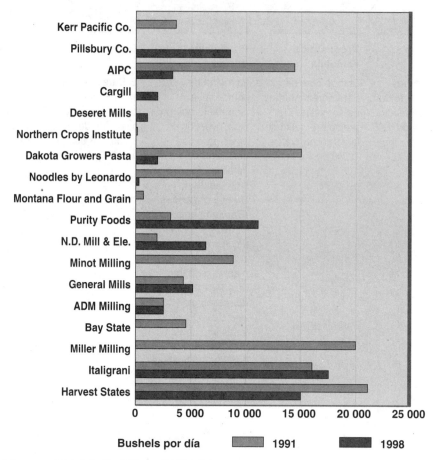

Fuente: Informe anual de la industria, *Milling and Baking News.*

60% del total de la capacidad de molienda de trigo duro de Estados Unidos. Los molinos o plantas de molienda del trigo duro se habían situado tradicionalmente cerca de la producción del grano o en regiones con acceso favorable por transporte ferroviario a Dakota del Norte. Los aumentos en la capacidad de molienda habían ido al paso del consumo al principio de la década de 1990, pero rebasaron a éste para 1995. Luego la capacidad inició una declinación conforme las plantas más antiguas y de operación a más alto costo empezaron a cerrar (véase la ilustración 7). Para fines de los años 1990-2000, la capacidad se concentraba en Minnesota, Dakota del Norte y estados del medio oeste, como Missouri, que estaban en línea directa con el lado este de Dakota del Norte (véase la ilustración 8).[5]

Industria de la pasta seca

En 1998 había 141 plantas de pasta que manufacturaban la pasta seca en Estados Unidos, pero 67 de ellas eran las que daban cuenta de la mayoría de las ventas.[6] Compañías integradas verticalmente, como American Italian Pasta Company (AIPC), que era una nueva ingresante con

---

[5] "Industry News Report", *Milling and Baking News*, varios números, de 1990 a 2000. Disponible en línea en www.sosland.com.

[6] U.S. Department of Commerce, *Dry Pasta Manufacturing*, 1997 Economic Census Manufacturing Series, Economics and Statistics Administration, U.S. Census Bureau, EC97M-3118F, 1999. Disponible en línea en www.census.gov/prod/ec97/97m3118f.pdf.

Ilustración 7   Capacidad de la industria de la molienda del trigo duro y número
de molinos, 1990-1998

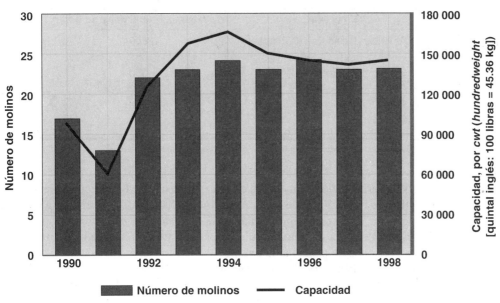

Número de molinos   Capacidad

Fuente: Informe anual de la industria, *Milling and Baking News.*

Ilustración 8   Capacidad de molienda del trigo duro por región geográfica
de Estados Unidos, 1990-1998

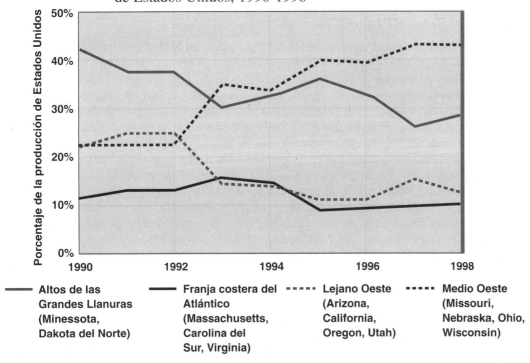

— Altos de las   — Franja costera del   ----- Lejano Oeste   ----- Medio Oeste
Grandes Llanuras   Atlántico   (Arizona,   (Missouri,
(Minessota,   (Massachusetts,   California,   Nebraska, Ohio,
Dakota del Norte)   Carolina del   Oregon, Utah)   Wisconsin)
                        Sur, Virginia)

Fuente: Informe anual de la industria, *Milling and Baking News.*

poca participación de mercado en 1991, tenían la mayor capacidad en 1998 (véase la ilustración 9). Hershey Foods, AIPS, Borden Food Holdings Company, DGP, Philadelphia Macaroni
Company, A. Zerega Sons, Inc. y Gooch Foods (propiedad de Archer Daniels Midland) eran los
principales fabricantes de pasta de Estados Unidos, con una participación de mercado combinada de alrededor de 55 por ciento.

Ilustración 9   Capacidad anual de producción de pasta
en Estados Unidos, 1998*

Empresa	Capacidad, en millones de libras
American Italian Pasta Company	800
Hershey Pasta Group	688
Borden Food Holdings	350
Dakota Growers Pasta	270
Primo Piatto	200
Barilla	200

* Suponiendo que tuvieron lugar todas las expansiones de planta anunciadas.

Otro 25% de la participación de mercado estaba en posesión de Kraft Foods, General Foods, Inc., American Home Foods Products, Con Agra, Inc., Pillsbury, Campbell Soup Company y Stouffers Corporation; estas firmas producían pasta para sus propias marcas de productos de pasta. Un fabricante de pasta italiano, Barilla, había construido recientemente una planta en Iowa.[7] Las importaciones de pasta habían aumentado en los años 1990-2000 y luego disminuido, cuando una reglamentación de comercio afirmó que varias compañías de pasta italianas estaban importando trigo duro de Estados Unidos y luego exportando la pasta a Estados Unidos a precios por debajo de sus costos variables (es decir, dumping [exportación a precio injusto] de pasta). Las importaciones representaban el 10% de las ventas en 1998 (véase la ilustración 10).[8] La capacidad nacional total se estimaba en 3 800 millones de libras (1 721.4 millones de kg) por año.

Volatilidad del precio

Los cambios en la capacidad de molienda del trigo duro y en la ubicación geográfica, unidos a las importaciones, habían acrecentado la volatilidad del precio del trigo duro y la harina de semolina a fines de los años 1990-2000 (véase la ilustración 11).[9] La organización Minneapolis Grain Exchange había establecido un contrato de operaciones a futuro de trigo duro en febrero de 1998, pero no se le utilizó ampliamente por falta de liquidez. Los precios del trigo duro subieron por el aumento de la demanda de pasta y la disminución de los rendimientos de producción en Dakota del Norte debido a problemas de plagas (véase la ilustración 12); también influyó el aumento en la capacidad de molienda a fines de los años 1990-2000, que había ayudado a aumentar la demanda del trigo duro. A medida que los precios del trigo duro y de la harina de semolina subían y que la demanda de la pasta empezaba a asentarse en un nivel relativamente estable, a los fabricantes de pasta se les dificultaba más salvar los costos de insumos mayores con alzas de precios, y sus márgenes de ganancias empezaban a declinar, haciendo descender la rentabilidad. Con toda la expansión proyectada, se creía que para 1999 la capacidad de molienda del trigo duro sería mayor que la demanda de la pasta.

COMPETENCIA EN LA INDUSTRIA DE LA PASTA

American Italian Pasta Company

La firma American Italian Pasta Company (AIPC) se formó en 1988 y tenía plantas integradas verticalmente en Excelsior Springs, Missouri y Columbia, Carolina del Sur. Una nueva planta

---

[7] M.I. Sosland, "Barilla Sees U.S. as Major Step in Global Presence", *Milling and Baking News*, 9 de diciembre de 1997. Disponible en línea en www.sosland.com/content/mbn/1997/120997.htm.

[8] Foreign Agricultural Trade of the United States, *U.S. Agricultural Trade Update*, varios números, 2000. Disponible en línea en www.ers.usda.gov/briefing/AgTrade/htm/Public.htm.

[9] "Ingredient Prices", *Milling and Baking News*, varios números, 1985 a 2000.

Ilustración 10   Volumen de los productos importados de pasta y *noodles*, 1990 a 1998

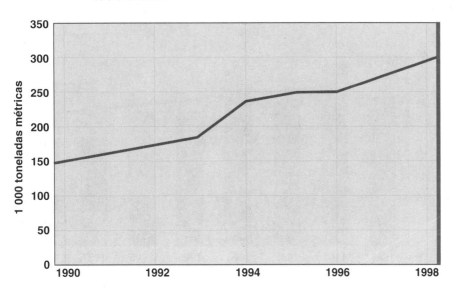

Fuente: Foreign Agricultural Trade of the United States.

Ilustración 11   Precios de Minneapolis de la harina de semolina y el trigo duro, 1980 a 1998

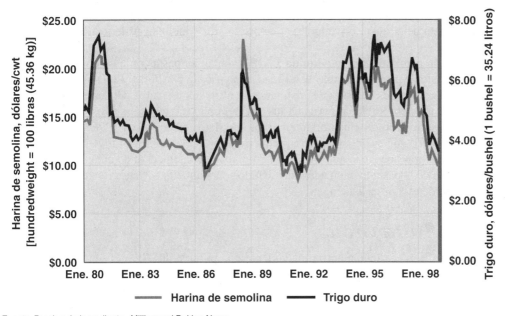

Fuente: Precios de ingrediente, *Milling and Baking News.*

quedó situada en Kenosha, Wisconsin, cerca de la planta de molino de trigo duro de Harvest States Cooperatives (véase la ilustración 13).

Un cliente de AIPC (25% de las ventas) era Mueller's (propiedad de Bestfoods, que había abandonado la manufactura de la pasta en 1998). Mueller's daba cuenta de casi 200 millones de libras (90.6 millones de kg) y era la marca de mayor venta en Estados Unidos. En 1995, AIPC empezó a hacer el marketing de una pasta de sabor totalmente natural con el nombre de marca de Pasta LaBella, la cual se vendía a los detallistas y a través de SYSCO Corporation (27% de las ventas), el mayor comercializador y distribuidor de productos de servicio de

Ilustración 12   Rendimientos del trigo duro de Dakota del Norte, 1991 a 1998

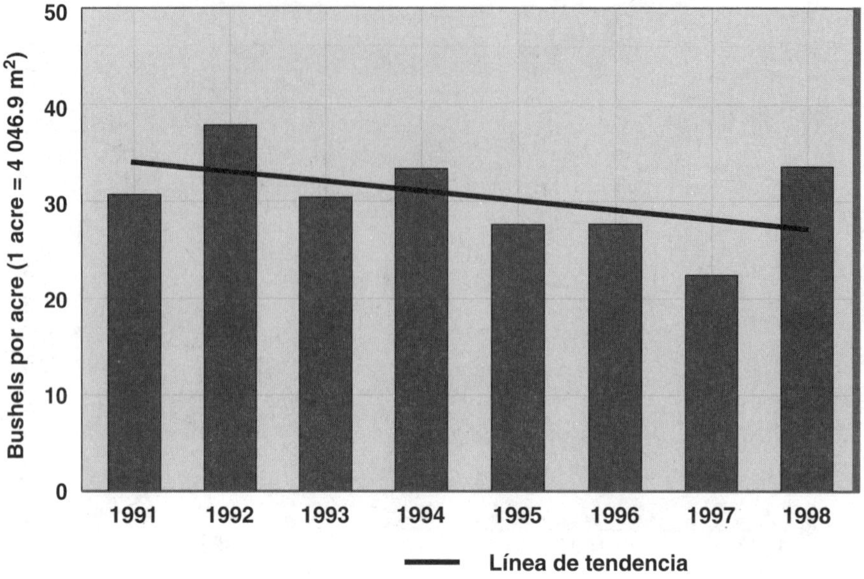

Fuente: USDA Wheat Situation Outlook and Yearbook.

alimentos. Entre otros clientes estaban las tiendas Sam's Club de Wal-Mart (20% de las ventas) y 15 de los 16 mayores detallistas de comestibles, la totalidad de los cuales tenían sus propias marcas de pasta de etiqueta privada. Las marcas de AIPC incluían American Italian, AIPC y Pasta LaBella.

Su relación con Wal-Mart le permitía a AIPC vender su pasta con base en ganancia sobre el costo (el costo de producción más la utilidad especificada por libra). Tenía buena reputación en la administración de categoría de sus marcas y utilizaba los datos del supermercado Nielsen's para tratar de proporcionar pericia a sus clientes en lo referente a nuevos productos. También había desarrollado sistemas de intercambio de datos electrónicos (IDE [electronic data interchange, EDI]) con sus clientes para predecir mejor la demanda y el inventario. Se hacían bastantes conjeturas acerca de que AIPC contemplaba la construcción de una planta en Italia y la importación de la pasta italiana a Estados Unidos para aquellos de sus clientes que deseaban este producto de esta procedencia.

Hershey Pasta Group

Las marcas de Hershey tenían aproximadamente una porción de 27% del segmento de marca del mercado detallista de pasta, con tres de las seis marcas principales de Estados Unidos en 1998 (véase la ilustración 14). Hershey Foods había entrado en la industria de la pasta en 1966 con la compra de la marca San Giorgio. Skinner Macaroni fue adquirida en 1979; American Beauty se compró a Pillsbury en 1984, y Ronzoni se adquirió de Kraft (General Foods) en 1990. Las marcas de Hershey Pasta Group tenían la porción más alta del mercado detallista en 22 de los principales 64 mercados (12 de los 20 superiores), segunda porción más grande de mercado en otros 25 mercados, y tercera porción más grande de mercado en una cifra adicional de 18 mercados. Sin embargo, Hershey Pasta Group no era parte medular del negocio de Hershey Foods, y en 1996 había combinado su fuerza de ventas de pasta con su fuerza general de alimentos, además de reducir de manera significativa sus gastos de marketing y de promoción.

Casi 70% de sus necesidades de semolina se cubrían mediante compras a Miller Milling Company, que tenía una capacidad total de 688 millones de libras (311 664 000 kg), con locales en Winchester, Virginia; Lebanon, Pensilvania; Omaha, Nebraska; Fresno, California; Louisville, Kentucky, y Kansas City, Missouri. Miller Milling Company había establecido molinos junto a

Ilustración 13   Datos financieros seleccionados para American Italian Pasta
Company, 1993-1998 (en miles)

	1993	1994	1995	1996	1997	1998
Ingresos netos	47 872	69 465	92 903	21 149	29 143	189 390
Renta neta	6 699	2 182	476	(3 490)	5 057	15 314
Dividendos/participación	.64	.21	.05	(.33)	.42	1.03
Activos totales	66 337	93 629	135 424	141 688	158 175	259 381
Deuda a largo plazo	40 024	62 375	97 452	93 284	100 137	48 519
Capital contable de los miembros	16 973	19 401	20 067	15 688	42 984	176 784

Fuente: Reportes 10-K de AIPC.

Ilustración 14   Datos financieros seleccionados para la División Pasta
de Hershey, 1994-1998 (en miles)

	1994	1995	1996	1997	1998
Ingresos netos	$397 770	$419 090	$407 370	$386 218	$373 096
Renta neta*	17 126	18 437	18 693	25 157	25 914
Activos totales	293 678	259 731	246 563	231 920	225 017
Inversión de capital	234 450	194 155	183 698	162 777	166 944

* La renta neta no incluía los gastos de interés como división de Hershey Foods Corporation, y la deuda corporativa de Hershey a largo plazo no se repartía entre sus divisiones de producto. No se dispuso de datos de 1993.
Fuente: Reportes 10-K de Hershey.

las plantas de pasta de Virginia y Lebanon, lo que permitía a estas dos factorías estar integradas verticalmente. Sin embargo, alrededor de 30% de su capacidad no estaba en uso al presente.

Borden Food Holdings Corporation

Borden Food Holdings Corporation era una compañía química y de alimentos de propiedad privada. Acababa de vender seis de sus diez plantas de pasta, pero había firmado convenios de suministro a corto plazo con los compradores. Sus marcas principales eran Prince, Creamette, Catelli, Merlino's y Anthony. Era el mayor fabricante de salsa para pasta en Estados Unidos. No dio información financiera sobre sus alimentos de pasta.

Otras compañías de pasta

Había varias empresas de propiedad privada (por ejemplo, Philadelphia Macaroni Company, A. Zerega Sons, Inc.) que no daban información públicamente, y poco se sabía de sus mercados. Entre los competidores de los molineros de trigo duro y de las plantas de pasta en Dakota del Norte estaban la planta de Philadelphia Macaroni's Conte Luna en Grand Forks (de pasta especializada) y su planta Minot Milling (de molienda de trigo duro) en Minot; Noodles by Leonardo en Cando y Devil's Lake (molienda de trigo duro integrada con elaboración de pasta), y Farmers Choice Pasta en Leeds (pasta de especialidad). Otros eran Prairie Pasta Producers en Minot, un nuevo ingresante que se esperaba que fuera una planta integrada de molienda y elaboración de pasta, y D&B Specialty Foods en Grand Forks, Minnesota, que estaba construyendo una planta de especialidad de pasta.[10]

---

[10] M.A. Boland, "Cooperative Entrants in the Durum Milling and Pasta Industries in North Dakota". Reporte inédito, Department of Agricultural Economics, Kansas State University, Manhattan, Kansas, 2000.

Rivalidad competitiva

Las empresas competían en este ramo siguiendo cinco métodos principales: 1) grado de utilización de la capacidad (lograr la producción de costo promedio más bajo); 2) capacidades de distribución de producto; 3) capacidad de servicio; 4) capacidad de proveer calidad uniforme a las especificaciones del cliente, y 5) acceso al trigo duro.

AIPC y DGP tenían casi 100% de utilización de su capacidad, debido a sus acuerdos de administración de suministro con sus clientes. El acceso a una transportación ferroviaria favorable había ayudado a nuevos entrantes (AIPC, DGP) a lograr bajos costos de distribución. El uso de IDE les había servido también a AIPC, DGP y Hershey Pasta Group para brindar servicios de marketing a sus clientes. Además, los precios del trigo duro en años recientes habían ocasionado que la harina de semolina diera cuenta de 30 a 40% del costo total de la pasta de los bienes vendidos. Dakota Growers Past y AIPC habían logrado el éxito gracias a su acceso a un trigo duro de alta calidad, a pesar de malos rendimientos y baja calidad; esto les permitió ofrecer calidad uniforme a bajo costo promedio.

DAKOTA GROWERS PASTA

Los 1 084 miembros de DGP eran productores de trigo duro que operaban en los estados de Dakota del Norte, Minnesota y Montana. La misión de DGP era ayudar a sus miembros a volverse más rentables:

> Dakota Growers Pasta se fundó con el anhelo de dar a los agricultores los medios para asegurar su futuro y el de sus familias.
>
> Para obtener resultados de estos esfuerzos, nuestros propietarios y empleados se comprometen a aplicar siempre la idea de "Calidad Asegurada" en todo lo que hacemos.
>
> Creemos que el cliente es nuestro activo único más importante y que tenemos que afanarnos constantemente por hacerlo todo mejor que el día anterior.
>
> Nos enorgullecemos mucho de todo lo que hacemos, porque es nuestro pasado al igual que nuestro futuro.

Dakota Growers Pasta (DGP) se organizó como una cooperativa.[11] Las cooperativas eran una forma única de organización comparada con las corporaciones C, las compañías de responsabilidad limitada, las asociaciones y las propiedades. La mayoría de los competidores de DGP eran corporaciones C. Las cooperativas eran comunes en los ramos industriales relacionados con la agricultura, pero muy poco comunes en otros ramos. Entre las cooperativas no agrícolas se incluían las uniones de crédito, las compañías de seguros mutuos, los servicios públicos eléctricos rurales y las cooperativas de teléfonos. En esencia, las cooperativas eran organizaciones de empresas cuyos miembros eran también los usuarios de los negocios o servicios de la misma.

En el caso de DGP, los productores de trigo duro eran los usuarios. Éstos eran los miembros con voto que controlaban la cooperativa, los propietarios que proveían el capital contable, y los patrocinadores que recibían los beneficios de uso, lo que incluía 1) un mercado o comprador para su trigo duro, y 2) una participación de las utilidades basada en el uso o patrocinio. Las utilidades o renta neta se distribuían habitualmente como reembolsos de patrocinio por *bushel* (35.24 litros).

Muchos agricultores habían aportado capital contable para organizar y financiar cooperativas, ya que en muchos casos no se disponía de capital de inversionista privado o de mercados competitivos para los productos del campo (lo que comúnmente se llamaba falla de mercado) a principios de la década de 1900. Luego, en los primeros años de 1990-2000, otra oleada de formación de cooperativas se inició en Dakota del Norte y Minnesota y se desplazó a Dakota del Sur, Nebraska y Kansas. Los productores invirtieron más de 2 000 millones de dólares en

---

[11] David Coltrain, David Barton y Michael Boland, "Differences between New Generation Cooperatives and Traditional Cooperatives". Arthur Capper Cooperative Center, Department of Agricultural Economics, Cooperative Extension Service, Kansas State Universtity. Disponible en línea en www.agecon.ksu.edu/accc/kcdc/PDF%20Files/differences.pdf.

un procesamiento que iba más allá del manejo del grano, y que abarcaba molienda de maíz húmedo, pasta y plantas de procesamiento de frijol de soya en Dakota del Norte, Dakota del Sur, Minnesota, Nebraska y Kansas. Tim había recitado la historia de la formación de DGP en incontables juntas:

> Los agricultores habían estado hablando de ello durante años y más años. En 1991 un grupo de ellos decidió ver si sus ideas podían llevarse a cabo. Se emprendió pronto una estudio de viabilidad, y se eligió una junta interina de directores. Luego se inició la vocinglería real de las ventas a medida que ese grupo central de agricultores empezó a vender acciones a sus conocidos. Los productores pagaban 125 dólares por unirse a la cooperativa como un miembro y pagaban 3.85 dólares (por valor) por acción, lo cual representa la obligación de entregar un bushel de trigo duro. Los 3.85 dólares tan sólo aciertan a ser el promedio histórico por bushel para el trigo duro de Dakota del Norte.

Dakota Growers Pasta se organizó a fines de 1991 como una cooperativa de afiliación exclusiva. Se requería que los productores-usuarios o miembros compraran una acción por cada bushel de trigo duro que quisieran vender anualmente a DGP. El número total de acciones vendidas era acorde con la capacidad del molino. Las acciones en la primera oferta de títulos tenían un precio de 3.85 dólares cada una (valor a la par), y otorgaban el derecho e imponían la obligación de entregar trigo duro como se especificaba en el Acuerdo de Cultivadores ("Growers Agreement").

El Acuerdo de Cultivadores de los miembros de DGP obligaba a cada uno de ellos a entregar a la compañía una cantidad determinada de trigo duro de su propia producción, basada en el número de acciones que hubiera comprado. Si el miembro no podía proveer el trigo de la calidad deseada, DGP compraba trigo por parte del miembro y se lo cobraba a éste al precio actual del mercado. El miembro estaba expuesto al riesgo del precio, ya que la empresa tenía que comprar trigo duro para sí pero por parte del primero y con cargo a él. El acuerdo de cultivadores le daba a Dakota Growers una ventaja competitiva porque les permitía obtener trigo duro de alta calidad. El acuerdo era un activo que podía intercambiarse o negociarse entre miembros a un precio negociado privadamente. Esto significaba que el precio de las acciones podía subir en valor desde uno de emisión inicial o bajar desde otro de cambio posterior. Sin embargo, DGP siempre llevaba las acciones en sus libros a su precio de emisión nominal.

Descripción de la planta

Tim fue de los primeros en el ramo que reconocieron que la integración vertical significaba oportunidad:

> Lo hermoso de esto es que estamos integrados todo el trayecto. Somos una planta de pasta sumamente eficiente porque trabajamos en trato directo con los agricultores, manteniéndolos informados de lo que necesitamos e integrándolos en la molienda y la manufactura. Tienen interés real en el producto final.

Dakota Growers Pasta era dueña y operadora de un molino de trigo duro y de una instalación productora de pasta con todos los adelantos en Carrington, Dakota del Norte; la instalación había acabado de construirse en 1994. La cooperativa había pasado por muchos cambios desde su formación (véase la ilustración 15). La compañía usaba su semolina en su propio proceso de producción de pasta. La instalación integrada verticalmente consistía en un elevador de grano, un molino, cuatro líneas de producción de pasta (dos de las cuales elaboraban productos cortos, como macarrón, y otras dos productos largos, como espagueti) y una bodega para almacenar los productos terminados.

El elevador tenía una capacidad de almacenamiento de 370 000 bushels [13 038 m^3] (el almacenamiento de dos semanas); el molino tenía capacidad para moler 3.2 millones de bushels [112 768 m^3] por año; y el complejo de producción de pasta podía elaborar 240 millones de libras (108.86 millones de kg) de pasta al año. La flexible operación de empacado de la firma podía empacar la pasta en cajas o en envoltura con tamaños de 7$^1/_4$ onzas (0.2 kg) a 2 000 libras (907 kg). La instalación se hizo para alojar una futura expansión de lo doble de la capacidad actual de molienda y el agregado de una línea de producción de pasta sin añadir más que la compra e instalación del equipo necesario.

Ilustración 15   Secuencia de actividades de Dakota Growers Pasta, 1990-1998

Año	Transacción
1990	Los agricultores de trigo duro de Dakota del Norte contribuyeron en efectivo a un estudio de viabilidad de una planta integrada de molienda de trigo duro y manufactura de pasta.
1991	Los resultados fueron positivos (15% de rendimiento de la inversión, además del precio promedio del trigo duro de 3.85 dólares por bushel durante 10 años). Tim Dodd fue contratado como director general y Gary Macintosh, como gerente de ventas nacionales, en diciembre.
Enero y febrero de 1992	Mil doscientos agricultores de trigo duro del oeste de Minnesota, Dakota del Norte y del noreste de Montana empeñaron 12.5 millones de dólares en capital accionario para una planta de 40 millones de dólares de trigo duro y elaboración de pasta en Carrington, Dakota del Norte.
Julio de 1995	Terminación de su primer año de operación con 3.2 millones de bushels (81 052 m³) de capacidad de molienda de trigo duro y 120 millones de libras (54.43 millones de kg) de pasta (casi perfectamente alineadas porque 36 libras [16.3 kg] de semolina en un bushel [35.24 litros] de trigo duro rinden 115.2 bushels [4 059 litros] de harina de semolina para pasta).
Octubre de 1995	La Junta de directores decidió duplicar la capacidad de trigo duro.
Febrero de 1996	Mil ochenta y cinco productores contribuyeron con más de 9.7 millones de dólares en acciones de capital para la expansión.
Verano de 1996	Expansión del molino de trigo duro (6 millones de bushels [211 440 m³] de trigo duro por año).
Verano de 1997	Se terminó la expansión de la planta de elaboración de pasta (240 millones de libras [108 864 000 kg]).
Otoño de 1998	Se analizó la posible adquisición de Primo Piatto (200 millones de libras [90.7 millones de kg] de pasta) y la expansión de la instalación de Carrington a 12 millones de bushels (422 880 m³) de molienda de trigo duro por año y 30 millones de libras (13 608 000 kg) adicionales de capacidad de elaboración de pasta.

Fuente: Reportes 10-K de DGP.

Ilustración 16   Datos financieros seleccionados de Dakota Growers Pasta, 1993-1998* (en miles)

	1993	1994	1995	1996	1997	1998†
Ingreso neto	$0	$19 706	$40 441	$49 558	$69 339	$124 869
Renta neta	(423)	(206)	1 436	2 618	6 926	4 559
Dividendos por acción	0	0	0	30	485	51
Activos totales	24 818	45 215	47 842	49 894	68 739	124 534
Deuda a largo plazo	1 557	28 477	29 097	19 752	30 218	66 056
Capital contable de los miembros	12 183	12 107	13 497	24 866	29 956	36 875

* Dakota Growers Pasta se integró el 16 de diciembre de 1991, y estuvo en etapa de desarrollo hasta el 31 de julio de 1993. Las operaciones completas se iniciaron el 1 de enero de 1994.

† Tuvo lugar la adquisición supuesta.

Fuente: Reportes 10-K de DGP.

Los ahorros en costos de la integración proporcionaban una ventaja competitiva en relación con otras firmas. Dakota Growers Pasta había tenido gran éxito en muy corto tiempo (véanse las ilustraciones 16 y 17). Los miembros habían recibido reembolsos de patrocinio (llamados a veces dividendos de patrocinio) en 1996, 1997 y 1998. Por ejemplo, en 1996 los reembolsos de patrocinio eran de 0.30 dólares por bushel (1 bushel = 35.24 litros) (véase la ilustración 18).

Ilustración 17   Hojas de balance condensado de Dakota Growers Pasta,
1996-1998 (en miles)*

	1998	1997	1996
Activos			
Efectivo y equivalentes de efectivo	$ 182	$ 5	$ 1 448
Cuentas por cobrar	13 146	8 287	5 917
Inventarios	21 935	8 700	6 737
Gastos pagados por anticipado	3 915	536	150
Activos actuales totales	39 178	17 528	13 532
Propiedad y equipo (neto)	81 137	48 472	33 584
Inversión en St. Paul Bank for Cooperatives	2 086	1 804	1 710
Otros activos	2 136	883	1 068
Activos totales	$124 537	$68 739	$49 894
Obligaciones e inversión de los miembros			
Facturas por pagar y porción actual de la deuda a largo plazo	$ 4 033	$ 2 634	$ 72
Cuentas por pagar	5 748	3 432	2 889
Cheques extraordinarios en circulación sobre efectivo en depósito	2 336	2 457	0
Pagos acumulados a agricultores	1 354	1 116	1 845
Obligaciones acumuladas	2 894	1 560	542
Obligaciones actuales totales	16 365	11 199	5 348
Deuda a largo plazo, neto de la porción actual	66 056	27 131	18 860
Impuestos sobre la renta diferido	4 900		
Otras obligaciones	88		
Obligaciones totales	87 409	38 330	24 208
Acciones preferentes redimibles	253	453	820
Inversión de los miembros			
Acciones preferentes convertibles	2 304		
Acciones de afiliación	137	135	135
Acciones de capital	18 390	18 881	18 881
Capital pagado adicional sobre acciones	4 101	3 610	3 610
Ganancias acumuladas asignadas	2 914	413	0
Ganancias acumuladas no asignadas	9 029	6 917	2 240
Inversión total de los miembros	36 875	29 956	24 866
Total de las obligaciones y de la inversión de los miembros	$124 537	$68 739	$49 894

* Las cifras de 1998 se proyectaron suponiendo que la adquisición tuvo lugar.

Fuente: Reportes 10-K de Dakota Growers Pasta.

Además, en julio de 1997 se había declarado una partición de acciones de 3 × 2 de capital. La compañía había redituado en su breve historia acrecentando el valor que los miembros recibieron por su trigo duro en relación con los no miembros en Dakota del Norte que no habían invertido en DGP. Puesto que la planta tenía costos más bajos en comparación con otros en el ramo, había aumentado su participación de mercado y, por ende, su renta neta. El incremento total en valor se puede ver en la ilustración 18, donde la suma del precio de compra, el reembolso del patrocinio y la crecimiento del precio de las acciones es mayor que el precio en efectivo promedio por el trigo duro.

Ilustración 18　Precios del trigo duro: miembro de Dakota Growers Pasta *vs.* precio promedio de Dakota del Norte, 1994 a 1998*

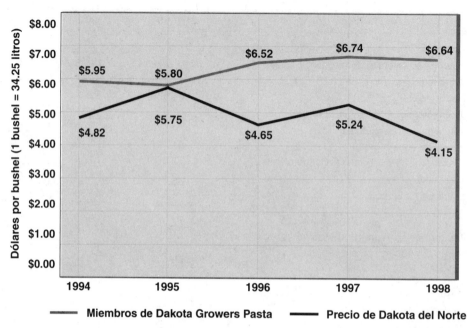

——— **Miembros de Dakota Growers Pasta**　　　——— **Precio de Dakota del Norte**

* El precio de DGP representa el precio de compra, y el aumento de precio de las acciones, sobre la base del bushel.
Fuente: Informe anual de Dakota Growers Pasta.

Segmentos de mercado

Al principio, Tim se concentraba principalmente en el negocio de etiqueta privada, porque era la forma más rápida de entrar en este ramo:

> No teníamos planes para comercializar nuestra propia etiqueta, pero nuestros miembros y emplea-dos empezaron a pedir la compra del producto en cuya producción habían participado. Así que pusi-mos nuestra marca, Pasta Growers, en el mercado, pero la mayor parte de nuestro incremento de ventas ha tenido lugar en el negocio de etiqueta privada. Comercializamos en tres segmentos dife-rentes. El segmento detallista consiste principalmente en pasta de marca y de marca de tienda. He-mos introducido tres etiquetas desde que entramos en la arena de lucha de las marcas. Otra vez, eso requiere mucho capital, así que empezamos lentamente a procurarlo. También comercializamos la pasta en el sector de servicio de alimentos para las grandes compañías de este ramo. La mayoría de ellos son los principales distribuidores de etiqueta privada del servicio de alimentos que crean una barbaridad de gran volumen para nosotros. Están interesados en una pasta de muy alta calidad a pre-cios muy razonables, desde luego. Nuestro tercer mercado de pasta es el sector de ingrediente, que consiste en procesadores de alimentos que usan nuestro producto como un ingrediente de su proceso. Esto sería similar a los productos de valor agregado, como Hamburguer Helper™ o Healthy Choice™.

Durante los dos primeros años de la planta, ésta produjo, entre otras cosas, pasta para otras compañías que estaban cortas de inventario debido a la demanda inesperada o a la escasez de trigo duro (a esto se le llamó coempacar). Sin embargo, las ventas de DGP crecieron en donde el coempacado fue menor del 1% de las ventas. Los segmentos de mercado detallista de eti-queta privada y de ingrediente componían el grueso de las ventas de DGP. Los productos de pasta de marca representaban un segmento de mercado importante para la compañía. Alrededor de 50% de su negocio en 1997 era detallista (principalmente, etiqueta privada), seguido por 25% en servicio de alimentos y 25% en segmentos de mercado de ingrediente. La mayoría de las ventas de DGP tenían lugar bajo etiquetas privadas, aunque la firma contaba con su propia etiqueta, Dakota Growers, así como Pasta Sanita y Zia Briosa.

CUESTIONES CRUCIALES PARA 1999

En otoño de 1997, Borden Food Holdings anunció intempestivamente que tenía intenciones de cerrar 6 de sus 10 plantas de pasta de Norteamérica. La compañía quería concentrarse en su negocio medular de alimentos, uno de los cuales era la salsa para pastas. Una asociación, compuesta de empleados de Borden, compró dos de las plantas, una ubicada en New Hope y la otra en Minneapolis, ambas en Minnesota, y formó Primo Piatto ("primer platillo", en italiano) en agosto de 1997. Las plantas producían 200 millones de libras (90 720 millones de kg) de pasta por año y tenían un contrato por tres años con Borden. Sin embargo, pronto se hizo patente que Primo Piatto podría requerir un socio o venderse a DGP. Dakota Growers Pasta estuvo suministrando semolina a Primo Piatto hasta que se completó la propia expansión de la línea de pasta de DGP, y la primera tuvo entonces que utilizar la semolina internamente. La expansión estaba programada para quedar completa en otoño de 1998.

Primo Piatto hizo contacto con Tim Dodd, para una posible asociación. Tim y la junta de directores estaban considerando varias cuestiones, entre ellas el crecimiento futuro, el manejo de marca y la rentabilidad para el accionista.

Crecimiento futuro

Dakota Growers Pasta había crecido con tal rapidez que la planta de Carrington ya estaba operando a máxima capacidad. La firma no podría sustentar crecimiento nuevo alguno sin capacidad adicional. El personal de marketing y ventas tenía la firme creencia de que se obtendrían más ventas si se acrecentara la producción. No obstante, estas nuevas oportunidades de ventas estaban en el sureste de Estados Unidos y la ubicación de Carrington no era la ideal para surtir a este mercado en expansión. Obtener trigo duro adicional de sus miembros no era problema porque el miembro típico tenía sólo las acciones suficientes para comercializar un promedio de 10% de su producción total.

El mercado orgánico de pasta era otra posibilidad para el futuro crecimiento. El consumo de productos orgánicos estaba creciendo alrededor de 20% anual a fines de los años 1990-2000. Varios clientes habían pedido productos orgánicos en el pasado, pero nunca había habido el volumen suficiente. La nueva adquisición haría a Dakota Growers más flexible. Varios miembros habían expresado su disposición a tratar de cultivar el trigo duro orgánico.

Los mercados detallistas de etiqueta privada contra los de etiqueta de marca

Antes de la década de 1960, la industria de la pasta estaba dominada por marcas regionales, por lo común de propiedad familiar y situadas en centros regionales de población. Durante los años 1960-1980, grandes empresas como Pillsbury, Hershey, General Foods, Borden y Coca-Cola compraron estas pequeñas firmas regionales. A finales de la década de 1980 y principios de la de 1990, algunas de estas compañías vendieron sus intereses en la pasta, lo que condujo a una mayor consolidación. A todo lo largo de este periodo de consolidación, los nombres de marca regionales se mantuvieron como líderes detallistas, aunque eran propiedad de estas firmas nacionales. La competencia de precios entre las marcas detallistas había hecho bajar el precio promedio de la pasta de este tipo de marca en los dos últimos años (1990-2000). De tal suerte, la diferencia de precio entre la pasta de etiqueta privada y la de etiqueta de marca declinó, desacelerando el crecimiento de la pasta de etiqueta privada. Tim esperaba que, si la adquisición se llevaba a cabo, la distribución de ventas de DGP crecería 60% al detalle, 20% en ingrediente y 20% en servicio de alimentos. La mayor parte de esta participación de mercado, bien que no todo, aún sería de etiqueta privada.

Tim Dodd dudaba acerca de competir en el mercado de pasta de la etiqueta de marca en vez de seguir creciendo en el mercado de etiqueta privada. Si DGP se mudaba al mercado de la etiqueta de marca, tendría que elevar su imagen y tal vez incluso cambiar su identidad de marca. Sería importante juzgar sus prospectos de participación de mercado después de que ocurriera la adquisición, y qué acciones emprenderían los competidores en respuesta. Sus miembros habían esperado largamente para ver la marca propia de DGP en las tiendas detallistas afuera de Dakota del Norte. Sin embargo, Tim había advertido a la junta que la entrada inicial de DGP en la industria de la pasta tenía que ser de etiqueta privada, por la competencia sin cuartel. Tim creía que la adquisición proveería la capacidad suficiente que pudiera ser concebible para penetrar aún más en el mercado de la etiqueta de marca. Por último, él y la junta habían discutido la posibilidad de investigar una *joint venture* (una empresa de riesgo compartido) o una alianza similar con un fabricante italiano de pasta, como una forma de presentar una imagen italiana.

Rentabilidad para el accionista

Se necesitaría capacidad adicional para sustentar cualquier expansión de capacidad o desarrollo de producto de marca. Las pérdidas de rendimiento causadas por la enfermedad de la roya del trigo habían sacado de la planta la producción del trigo duro. Esto estaba elevando los costos de procuración del trigo duro para los miembros. En el curso de la década anterior, los húmedos veranos habían causado que se formara moho en el trigo, lo que redujo los rendimientos. Dakota Growers Pasta procuraba más de 6 millones de bushels (211 440 m³) de trigo duro por año. Los rendimientos más bajos y los costos crecidos habían reducido también las ganancias de los miembros, lo cual podría mermar la voluntad de los mismos de aportar capital accionario adicional para la adquisición y para afrontar los incrementados gastos de marketing asociados con el manejo de marca. Aun cuando DGP había retribuido réditos a sus miembros, el trigo duro vendido por la mediación de la firma era típicamente un pequeño porcentaje de su producto agrícola total. Las bajas ganancias de la agricultura en general significaban que el capital accionario futuro podría ser difícil de encontrar. La nueva capacidad en la industria quería decir también que las empresas tenían que ser muy competitivas en los precios.

Dakota Growers Pasta estaba contemplando la contratación de un criador de plantas para empezar a desarrollar variedades de trigo duro que no sólo fueran resistentes a la roya del trigo, sino que también tuvieran los atributos de calidad deseados por sus clientes. Esto elevaría los costos. Tim creía que el capital accionario estaba ahí para una expansión; conocía a todos sus miembros. Muchos eran buenos administradores que habían utilizado herramientas de administración de riesgo entre las que se incluían el aseguramiento de los cultivos, su diversificación, y la contracción para protegerse de gran parte de la baja redituabilidad que se veía en el resto de la industria.

Sin embargo, había una preocupación. El trigo duro se sometía a rotación de cultivos con otras siembras, como remolacha (betabel), cebada de malta, patatas (papas), maíz y trigo marzal (o primaveral). Algunos miembros de DGP que habían participado en el éxito de la misma eran también inversionistas en otras cooperativas cerradas para procesar remolacha (betabel) (American Crystal Sugar), jarabe de maíz de alta fructuosa (ProGold) y cochura para pan (United Spring Bakers). American Crystal Sugar pasaba por tensiones financieras, ProGold sufría pérdidas importantes en capital accionario de productor y United Spring Bakers estaba todavía buscando ubicación para una planta.

DETALLES SOBRE LA ADQUISICIÓN

Tim le había descrito a la junta las ventajas de Primo Piatto:

Primo Piatto tiene su propio mercado, el cual es satisfactorio. Estas dos plantas han seguido produciendo marcas de etiqueta privada, incluidas algunas para clientes nuestros. Es una adquisición atractiva en ese sentido, pero necesitamos ser más proactivos en la investigación y desarrollo de nuevas soluciones de comidas, de formas de pasta creativas, y de más ideas de empaque. Primo Piatto trae alguna de esa experiencia. Esto debe darnos unos 407 millones de libras (184.6 millones de kg) de pasta por año (240 libras [108.8 millones de kg] de capacidad existente, 200 millones de libras [90.7 millones de kg] por medio de la adquisición y 30 millones de libras [13.60 millones de kg] de expansión adicional). Igualaremos eso perfectamente si añadimos la capacidad de Carrington. Podremos moler semolina suficiente para producir pasta sin tener que conseguirla por fuera. Además,

Ilustración 19   Hoja de balance de Primo Piatto, del 29 de mayo (fecha de formación) al 30 de septiembre de 1997 (en miles)

Activos	
Activos actuales	
Efectivo	$ 1 697
Cuentas por cobrar	4 785
Inventarios	2 388
Gastos pagados por adelantado	122
Activo de impuestos diferidos	28
Activos actuales totales	9 021
Propiedad, planta y equipo (netos)	10 964
Costo diferido del financiamiento (neto)	54
Activos totales	$20 040
Obligaciones y capital de accionistas	
Obligaciones actuales	
Porción actual de deuda a largo plazo	$ 3 877
Cuentas por pagar	3 445
Gastos acumulados	665
Obligaciones actuales totales	7 987
Deuda a largo plazo	1 595
Obligación de impuesto diferido	48
Obligaciones totales	9 630
Capital de accionistas	
Acciones comunes	224
Ganancias retenidas	186
Capital total de los accionistas	410
Obligaciones y capital de los accionistas en total	$20 040

Fuente: Reportes 10-K de DGP.

estaremos en enlace ferroviario directo de Carrington a Minneapolis. La integración total ha sido la clave de nuestro éxito. Esto cuadruplicará nuestra capacidad original, y todavía podemos añadir 10% más de capacidad en ambas plantas manufactureras para el futuro, si fuera necesario.

Tim examinó las cifras de sus contadores. La adquisición de Primo Piatto costaría 13.3 millones de dólares, 11 de éstos en efectivo, el resto en acciones preferentes de DGP. Los contadores de DGP habían proyectado las ventas con la adquisición (véanse las ilustraciones 19 y 20). Otros 1.5 millones de dólares se precisarían para actualizar el software y conectar las dos plantas de Minneapolis con la planta de Carrington. Toda vez que DGP estaba perfectamente integrada, cualquier incremento en la capacidad de elaboración de pasta requeriría un aumento en la capacidad de molienda del trigo duro para mantener la autosuficiencia interna en todas las etapas de producción. Las economías de escala eran tales que DGP tendría que agregar otros 6 millones de bushels (211 440 m³) de capacidad de molienda de trigo duro (esto es, DGP tendría que duplicar su capacidad existente de molienda de trigo duro). Sin embargo, esto dejaría a DGP con exceso de harina de semolina. Para mantener la capacidad igualada de etapa en etapa, DGP tendría que agregar capacidad de elaboración de pasta en Carrington porque las dos plantas de Primo Piatto no tenían espacio para la expansión. Las economías de escala para la producción de pasta eran menores, pero había espacio para una expansión de 30 millones de libras (13.6 millones de kg) en Carrington. Necesitarían, asimismo, más capacidad de almacenamiento en Carrington (620 000 bushels [21 848 m³] en comparación con los 370 000 bushels [13 038 m³] existentes). Los costos de almacenamiento se estimaban en 3.09 dólares por bushel. La expansión en molienda y elaboración de pasta sería una inversión de 11 millones de dólares, y el

Ilustración 20   Declaración de ingresos de Primo Piatto, del 29 de mayo
(fecha de formación) al 30 de septiembre de 1997 (en miles)

Ventas netas	$5 915
Costo de las ventas	4 915
Utilidades brutas	1 000
Ventas y administrativos	555
Ingresos de operación	44
Otros gastos	—
Gastos de interés	133
Otros	2
Total de otros gastos	135
Ingresos antes de impuestos	309
Impuestos sobre la renta (incluye los diferibles)	123
Ingresos (o renta) netos	$ 186

Fuente: DGP.

costo total de las inversiones de adquisición sería de 25.8 millones de dólares (más costos de almacenamiento).

Por lo tanto, si la adquisición se llevara adelante, DGP adquiriría 200 millones de libras (90.7 millones de kg) de capacidad de producción de pasta y agregaría otros 30 millones de libras (13.6 millones de kg) en Carrington, para un total general de 470 millones de libras (213 millones de kg). Además, DGP añadiría otros 6 millones de bushels [211 440 m³] de capacidad de molienda de trigo duro en Carrington. Estos movimientos le permitirían a DGP mantener el equilibrio de capacidad en cada etapa.

Haciendo uso de la venta de acciones con derecho de entrega y el acuerdo de cultivadores, DGP aseguraría que el "colchón" suficiente de trigo duro pudiera procurarse para cubrir las necesidades de las tres plantas. Primo Piatto habilitaba a DGP para que ésta incrementara su base de investigación de empaque y nuevos productos que ayudarían a crear productos diferenciados. De igual manera, la adquisición le daría a DGP un mayor cuerpo de personal de ventas y marketing.

CONCLUSIÓN

Tim resumió lo que la adquisición significaría para DGP:

> Nuestra estrategia es incrementar nuestras marcas. Tenemos tres marcas en el mercado ahora. Estamos haciendo el marketing de Zia Brosa con las tiendas Costco. Una segunda etiqueta, que es la etiqueta de Pasta Grower en el alto Medio Oeste, va dirigida a Minnesota, Dakota del Norte y Dakota del Sur. En las tiendas de descuento tenemos una etiqueta llamada Pasta Sanita. Es nuestra estrategia para acrecentar nuestra presencia de marca. Eso requiere una enormidad de capital si ustedes van a salir y comprar realmente esos mercados; tienen que tener los bolsillos bien provistos para competir.

Tim Dodd y la junta de directores de DGP planeaban discutir la adquisición a la luz de todos los cambios que estaban ocurriendo en la industria de la elaboración de pasta. A Tim le parecía que la adquisición era perfectamente sensata e iba de acuerdo con la estrategia de integración vertical de DGP. Creía que las cuestiones principales de la junta se relacionarían con la futura rentabilidad de DGP respecto de la dirección que estaba tomando la industria, el efecto general en la participación de mercado y el aspecto que la rivalidad competitiva podría asumir en el futuro.

caso 5 Colorado Creative Music

Rachel Deane Canetta
University of Denver

Joan Winn
University of Denver

Yo era un buen músico, así que pensé: ¿Qué mejor para comenzar que una compañía de música?
—Darren Skanson

Darren Skanson, artista principal y director general de Colorado Creative Music (CCM), abordó su vuelo el 9 de marzo de 2001. Se dirigía a New Smyrna Beach, Florida, para actuar en el festival artístico de Images. Como artista principal, Darren había estado viajando por todo el país, tocando guitarra clásica ligera y vendiendo su línea de CD. Como la mayor máquina de hacer dinero de CCM, Darren tocaba 40 fines de semana anualmente, unos de dos y otros de tres días. Como director general, las preocupaciones de Darren iban en aumento; sus problemas tiraban de él en demasiadas direcciones. Comprendía que no podía continuar viajando y haciendo presentaciones como lo había hecho y manejar a la vez el crecimiento de su etiqueta de discos. Mientras aguardaba a que despegara su avión, pensaba en cómo convertir la pesadilla que se había vuelto su empresa en el sueño que imaginaba que podría ser.

DARREN CURTIS SKANSON

Siempre he sido alguien que se presenta en público; la música estuvo en nuestro hogar desde el principio. Cuando vi por primera vez lo que un grupo musical, una banda, podía hacer con un auditorio —tan sólo la emoción que despertaban y la adulación de que eran objeto—, ese momento cambió mi vida. "Quiero hacer eso", dije.

Darren Curtis Skanson nació y se crió en una granja a siete millas (11.2 km) de Fertile, un pequeño poblado de unos 800 habitantes en la parte noroeste de Minnesota. Su padre era un maestro de escuela primaria y su madre, maestra de piano y ayudante de maestro; Darren era el mayor de cuatro hijos varones.

La pasión de Darren por la música empezó a muy temprana edad. Algunos de sus primeros recuerdos provienen de cuando cantaba con su hermano Brant en la iglesia a la edad de cuatro años. Darren determinó su sueño de ser una estrella de rock al observar a la multitud responder a la actuación de una banda de la escuela secundaria:

Yo estaba en 7o. u 8o. grado [equivalente aproximado a 1o. o 2o. años de secundaria] y uno de mis amigos, de 10o. grado [equivalente aproximado a 1er. año de preparatoria], tocaba con un montón de estudiantes del último año. Tocaban en una reunión de preparatoria para un evento deportivo, y toda

Parte de los fondos para la preparación de este caso provienen de la John E. and Jeanne T. Hughes Charitable Foundation Entrepreneurship Education and Awareness Grant. Todos los eventos y personas de este caso son reales, pero algunos nombres pueden haberse alterado. Copyright © 2001 por Rachel Deane Canetta y Joan Winn. Utilizado con autorización.

la escuela bajaba y se reunía. Los espectadores se levantaban de las bancas, se acercaban al escenario y, ya sabe usted, era una experiencia fuerte... La primera noche que toqué en vivo con una banda en el escenario y tuve una respuesta similar reforzó mi intención.

Con el aliento de sus padres, Darren fue a Moorhead State University, y obtuvo su título de licenciatura en artes musicales en 1989. Esta educación le ayudó a descubrir los aspectos intelectuales y emocionales de la música. Darren había intentado originalmente obtener un título en el ramo musical, que requería una especialización secundaria en comercio y administración. Pero en su último año de estudiante, le dio mayor importancia a la música y acabó sin los cursos de comercio y administración suficientes para lograr su especialización. Ahora se lamentaba por eso, pero decía: "Usted sabe que cuando se tienen 22 años, realmente no se prevé muy bien el futuro. Se ven los ideales, pero no los aspectos prácticos."

En cuanto acabó la escuela, Darren comenzó a tocar como guitarrista principal en una banda *heavy metal* [música de rock muy estridente, a menudo con letra gritada y agresiva] llamada Mata Hari. La banda recorría Estados Unidos tocando en pequeñas localidades y abriendo para bandas mayores en localidades más grandes. Después de cuatro años, Darren estaba frustrado. La banda sólo había producido un CD [disco compacto], y los miembros de la banda no querían irse a un lugar que fuera más propicio para abrirse camino en la rama *heavy metal*. Ellos estaban viviendo y actuando en torno a Fargo, Dakota del Norte, que no era un semillero para hacer artistas. Cuando Jack, el cantante principal, dejó la banda para casarse, Darren estaba listo para declarar el fin del asunto y deshacer el grupo.

En marzo de 1993, una última estirada de Mata Hari puso al grupo en Denver. A Darren le gustaba esta ciudad y buscó una excusa para quedarse. Halló un anuncio en el diario en el que se solicitaba un guitarrista para un dueto de música clásica y New Age llamado Watson and Company. La formación clásica de Darren le dio el ánimo necesario para pedir y preparar una audición. Obtuvo el empleo, el cual resultó un importante punto crucial en su carrera musical.

Malcolm Watson era un violinista clásico que se ganaba la vida actuando en festivales de arte en los alrededores de Colorado y vendiendo sus CD. Darren y Malcolm produjeron el tercer CD de Watson and Company. Contrataron a Jennifer, compañera de escuela de Darren, para que actuara como agente de Watson and Company. Ella empezó a dar a conocer al dueto en toda la nación, y en un año las ventas anuales de Watson and Company crecieron de 100 000 a 250 000 dólares.

Darren creía que había formas de aprovechar el conocimiento que el equipo tenía de los festivales de arte; veía estos festivales como una fuerte vía de distribución que podía ponerse a prueba. La visión de Darren consistía en contratar a otros artistas haciéndolos que se comprometieran por escrito y que quedaran ligados de manera que no sólo absorbieran el conocimiento y se marcharan. Desalentados porque Malcolm quería moverse con mayor lentitud, Darren y Jennifer decidieron terminar su relación con Watson and Company.

Jennifer empezó a hacer trabajo de agente de otros artistas, tomando un porcentaje de sus ventas. Darren quería ir más allá de este trabajo y formar una compañía que administrara y promoviera a los artistas. Su visión era grabar, producir y vender su propia música, así como la de un grupo unido de artistas que integraran una etiqueta de discos y una compañía de distribución únicas. Jennifer era útil como agente de registros, pero la visión de Darren de un negocio viable de riesgo compartido difería de la de ella. Jennifer no era la persona que Darren estaba buscando como socio de negocios.

COLORADO CREATIVE MUSIC

Siempre he sido persona de impulsos, y me cansaba esperar a otras personas o depender de ellas para que se hicieran las cosas. Siempre era yo la punta de lanza para que se hiciera algo en todas las organizaciones o relaciones de negocios en que intervine.

Darren inició Colorado Creative Music en enero de 1995. Trabajando solo, produjo dos CD y los vendió en los festivales artísticos en los que Jennifer lo apuntó. Actuó por cuenta propia dos años y medio, y a medida que crecían las ventas y se complicaba más hacer negocios empezó a ver la necesidad de llevar más gente a bordo.

En junio de 1997, Ted, primo de Darren y estudiante de la facultad de comercio y administración de St. Cloud State University, en Minnesota, se puso en contacto con él para hacer un trabajo de tesis. Darren y Ted se pusieron a anotar todo lo que tenía que ver con el negocio. "Empezamos por transferir mis conocimientos a mi primo, y luego por poner todo en procesos", dijo Darren. Al terminar la tesis de Ted, Darren trató de encontrar a alguien que pudiera continuar con el trabajo que Ted había iniciado, con la esperanza de afinar los procesos y convertirlos en un conjunto aplicable de sistemas operativos. A fines de 1998, Darren contrató a Ryan, un músico joven familiarizado con la música como ramo de negocios, para que siguiera documentando los procesos y ayudara con las reparaciones de equipo y las grabaciones. Para el verano, CCM estaba tan atareada que Darren empezó a buscar alguien que se hiciera cargo de algunas de las operaciones diarias, surtir pedidos y remitirlos por correo, y llevar los libros de contabilidad. A fines de otoño contrató a Andy Harling, guitarrista clásico, para que ayudara con el trabajo de oficina y el mantenimiento de instrumentos y equipo. Cuando Ryan dejó CCM para volver a la escuela a terminar sus estudios de licenciatura en música, Andy heredó la tarea de examinar los procesos de negocios para hacer más eficiente la operación de CCM.

Poco después de la contratación de Andy, Jennifer, que había seguido fungiendo como agente reservadora de Darren, tenía aperturas para dos espectáculos que habían quedado vacantes por un músico que había cancelado de último momento. Darren ya estaba apuntado para otros *gigs* (trabajos o presentaciones eventuales; "huesos" o "palomazos"), pero le pareció que era importante encontrar otro músico que actuara en los espectáculos. Darren grabó rápidamente un CD del repertorio de Andy, lo duplicó en casa y envió a Andy a que se encargara de los dos *gigs*. Para emoción de Darren, Andy tuvo éxito; pero ahora que éste había salido y actuado en un festival artístico bajo la dirección de Darren, tenía el valioso conocimiento de cómo aprovechar los festivales artísticos. A Darren le asaltó el temor del riesgo de que Andy se fuera para convertirse en su competidor. Reconociendo esto como una oportunidad, Darren firmó con Andy un contrato de grabación. El primer CD completo de Andy con CCM se lanzó bajo el título de *Andrew Thomas Harling*.

Como las responsabilidades de Andy se expandieron abarcando más y más actuaciones, CCM necesitaba de alguien más que ayudara a contestar teléfonos y a surtir pedidos. En agosto de 2000 se contrató a Amy como asistente de Andy.

La creciente empresa de Darren requería más espacio, así que éste mudó su oficina y su estudio de grabación de un cuarto a una casa grande rentada. El espacioso cuarto de lavado en el sótano se convirtió en un bien organizado departamento postal; una alcoba extra serviría de oficina. Darren hizo una mesa de trabajo para la reparación de equipo y convirtió otro cuarto del sótano en un estudio de grabación casi a prueba de ruido. La cochera servía de bodega, con todo el inventario y equipo ordenadamente organizados en anaqueles y mesas de trabajo etiquetados.

LA INDUSTRIA DE LA GRABACIÓN DE MÚSICA DE PRESENTACIÓN Y LA REVOLUCIÓN DIGITAL

Lo que solía ser una pieza de un cuarto de millón de dólares hace unos años, digamos a fines de los 1980-1990, ahora lo puede obtener por 5 000 dólares, y la calidad es igual de buena, quizá hasta mejor.

Tradicionalmente, la industria del disco era del dominio exclusivo de cinco o seis etiquetas principales de disqueras. Estas etiquetas principales tenían grandes cuerpos de personal, grandes presupuestos y una distribución enorme. El costo de grabar y prensar el vinilo era muy alto. A principios de los años 1980-1990, un estudio de grabación profesional podía costar varios millones de dólares. Aun cuando la mayoría de las actuaciones se grababan en cinta, la edición prácticamente no existía. La música se grababa característicamente en una pista *multimaster*. Esto se mezclaba en una cinta de 12 mm llamada "el máster", el cual se transfería entonces al vinilo. Para reducir algo, la cinta de 12 mm se tenía que cortar físicamente con una hoja de afeitar. Por el alto costo de grabar y prensar en vinilo, la compañía tenía que producir un mínimo de 5 000 copias de cualquier álbum determinado sólo para cubrir los gastos fijos. Los costos y la dificultad de crear una etiqueta disquera importante mantenía la competencia de la industria en manos de unas cuantas compañías establecidas.

Con la revolución digital llegó el disco compacto. El costo de grabar digitalmente y de "quemar" (hacer copias) un CD era considerablemente menos alto que el de crear copias de un máster de vinilo o de cinta. En 2 000, podía montarse un estudio de grabación profesional por unos 5 000 dólares. Además, el hardware y las computadoras usados para editar la música eran asequibles, aun para el aficionado de desván. La capacidad de editar música y de manipularla por computadora se hizo bastante más amplia que en el pasado. No sólo eran baratas la grabación y la edición digitales; también lo era la duplicación de los CD, aun en pequeñas cantidades. El productor y director Kashif estimaba que la duplicación de 500 CD costaba entre 1.90 y 3.63 dólares por disco. Una ronda de producción de 2 000 CD abatiría el costo a menos de un dólar por unidad.[1]

A diferencia de los másters de vinilo o de cinta, las grabaciones digitales podían duplicarse sin que se dañara el disco máster. El músico podía crear un CD máster en su propia computadora en casa, diseñar e imprimir etiquetas atractivas, y hacer de 500 a 1 000 copias sin invertir en equipo costoso o sin contratar a un estudio profesional. El tamaño y peso de los discos compactos hizo baratos y cómodos el almacenamiento y el envío, abriendo de este modo el ramo industrial de la grabación y distribución musical a una incontable cantidad de participantes, aun en lugares remotos.

Los costos de producción representaban sólo una parte del cuadro de costo total para lanzar una grabación. Las principales etiquetas de grabación hicieron grandes inversiones en marketing, promoción, distribución, regalías y creación de imagen, a menudo excediendo el millón de dólares. Al otro extremo del espectro, "cualquiera con talento y una perspectiva de negocios puede iniciar su propia etiqueta de realidad virtual o vanity [hechura del artista solo]".[2]

Con la disponibilidad de equipo de producción barato y fácil acceso al marketing y la distribución por Internet, el ramo industrial se fragmentó y aparecieron distintos segmentos. Las compañías de producción de música, o etiquetas, cayeron generalmente en cuatro categorías, o niveles. La ilustración 1 da algunos ejemplos de las etiquetas que entran en estas categorías.

Las "compañías de primera fila" consistían en las etiquetas principales, como Columbia, BMG, EMI y Sony Music. Estas etiquetas tenían distribución nacional o incluso internacional. Por lo común, contaban con más de 100 artistas bajo contrato, que representaban un amplio despliegue de estilos musicales, y tendían a no enfocarse en un solo género. CCM en realidad no competía contra las etiquetas mayores, y Darren Curtis Skanson no quería colocarse en posición de competir directamente con guitarristas clásicos como Christopher Parkening y John Williams, cuya música era producida por la División Clásica de Sony.

Las etiquetas independientes eran el segmento mayor siguiente de la industria. Muchas de estas compañías eran dirigidas por un músico o artista, pero las independientes grandes eran dirigidas por gerentes profesionales. Las etiquetas tenían entre 10 y 100 artistas bajo contrato. Algunas de estas etiquetas pueden haber sido comparables en tamaño con algunas de las etiquetas mayores, pero las independientes tendían a concentrarse en uno o dos géneros de música. Narada, cuyo punto focal era la música New Age, ofrecía el ejemplo típico de la etiqueta independiente exitosa. Otro productor de música New Age era Higher Octave. Metal Blade Records era una etiqueta independiente enfocada al *heavy metal*. Rhino Records se concentraba en volver a emitir compilaciones. Soundings of the Planet produjo varios ofrecimientos de música fácil de escuchar y clásica que competía directamente con CCM. Algunas de las etiquetas independientes mayores tenían distribución nacional, pero la mayoría eran distribuidores regionales o especializados.

A la siguiente fila de compañías grabadoras se les conocía como microetiquetas. Característicamente tenían menos de 10 artistas contratados y tendían a enfocarse de manera más estrecha que las etiquetas independientes. Las microetiquetas tenían poco personal, y el propietario/gerente solía ser el artista principal; rara vez contaban con sistemas formales de distribución, confiaban

---

[1] Kasif, *Everything You'd Better Know about the Record Industry*, Brooklyn Boy Books, Venie, CA, 1996.

[2] L.E. Wacholtz, "The New Music Business: Internet Entrepreneurial Opportunities in the Performing Arts", *Proceedings of the 2001 USASBE/SBIDA National Conference*, Orlando, Florida, agosto de 2001.

Ilustración 1   Categorías de compañías de etiquetas grabadoras

Etiquetas principales Más de 100 artistas	Etiquetas independientes 10 a 100 artistas	Microetiquetas 2 a 10 artistas	Etiquetas vanity 1 artista

Sony
Columbia
BMG
EMI
Giant Records
Warner Brothers
Elektra Records
Atlantic Records
	Soundings of
	  the Planet
	  (inspiradora y
	  curativa)
	Narada (New Age)
	Higher Octave
	  (New Age)
	Metal Blade Records
	  (heavy metal)
	Rhino Records
	  (compilaciones)
	W.A.R. (punk, rock,
	  reggae)
	Windham Hill (clásica
	  ligera, fácil
	  de escuchar)
		Etherian (meditativa)
		Evol Egg Nart
		  (rock y pop)
		Cuneiform Records
		  (jazz progresivo)
		CCM (acústica ligera)
			Bob Culbertson
			Lisa Lynn Franco
			Watson and
			  Company
			Lao Tizer
			Esteban Ramirez

Nota: Gary Hustwit, en *Releasing an Independent Record* (San Diego: Rockpress, 1998), enumera más de mil etiquetas principales e independientes. Esta tabla ilustra las etiquetas percibidas por CCM como competidoras y/o socias.

en las ventas directas a sus seguidores fervientes (o *fans*) y en las ventas mayoristas a clubes y detallistas de especialidad. Por el tamaño de estas etiquetas y las pequeñas redes de distribución que controlaban, existían sólo por los bajos costos con que operaba la grabación digital. Etherian era una microetiqueta establecida que competía con Colorado Creative Music.

El segmento más especializado de la industria de la música consistía en las etiquetas *vanity*. Estas etiquetas eran creación de artistas independientes que querían grabar y vender su propia música. Solían ser operaciones de una persona sin distribución formal. Estos artistas confiaban en las ventas directas a los asistentes a conciertos y a los seguidores leales. Músicos como Bob Culbertson, Lisa Franco, Watson and Company, Peruvian Bands y Lao Tizer han tenido éxito con la venta directa en festivales artísticos.

Si bien era bastante común que una etiqueta vanity ascendiera a una situación de microetiqueta, era muy raro que una microetiqueta pasara al nivel de etiqueta independiente. Soundings of the Planet fue un ejemplo de una etiqueta de grabación que pudo hacer esto. Era virtualmente inaudito que un independiente compitiera al nivel de etiqueta mayor, aunque algunas etiquetas independientes habían sido adquiridas por compañías de etiquetas mayores.

Marketing y promoción

Un elemento clave en las ventas de música grabada era el conseguir que ésta se escuchara. En general, la gente no quería comprar música que no hubiera oído. Las etiquetas principales utilizaban sus relaciones establecidas con estaciones de radio destacadas para obtener un formidable apoyo y conseguir que se tocara música nueva en programas de horarios de preferencia (los de mayor auditorio). El dominio sobre los distribuidores y el capital para producir en grandes cantidades les permitían a las etiquetas grabadoras mayores ofrecer nuevas grabaciones a la venta al mismo tiempo que las estaciones de radio difundían la música al aire. La música era un negocio basado en la moda, y las ventas se correlacionaban en alto grado con la operación oportuna.

La relación primordial de las estaciones de radio era la establecida con las etiquetas principales, de modo que los independientes, las microetiquetas y las etiquetas vanity tenían que confiar en otros medios para hacer que se oyera su música. Muchas bandas en estas etiquetas menores se basaron en las giras y la actuación. Big Head Todd and the Monsters (Giant Records),

Ilustración 2   Cadena de distribución de la industria de la grabación

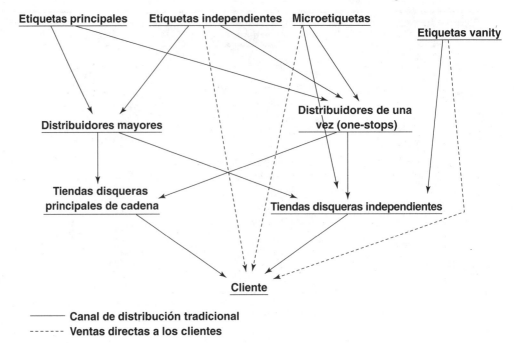

———— Canal de distribución tradicional
-------- Ventas directas a los clientes

Phish (Warner Brothers) y Widespread Panic (Capricorn Records) encontraron la fama en el circuito colegial, tocando y vendiendo su música por todo el país. Los músicos que grababan sus números en etiquetas vanity tocaban a menudo en pequeños escenarios locales, como bares, cafeterías y librerías.

Como hacer que se oyera la música era algo tan esencial, había compañías promocionales que se especializaban en llevar la música al aire (esto es, a su radiodifusión, emisión televisiva u otra suerte de difusión). Estas compañías visitaban a las estaciones para negociar la radiodifusión, regalos publicitarios y entrevistas. Aunque muchas etiquetas independientes pudieran haber contado con los fondos para hacer esto, las más pequeñas difícilmente podrían permitirse campañas promocionales de tal magnitud.

Distribución

La mayor parte de la música grabada se manejaba por medio de los distribuidores mayores y los de "*one-stop*" [lit., de una parada, de una vez] (véase la ilustración 2). Los distribuidores mayores firmaban contratos con las grandes tiendas de cadena, como Tower Records, Sam Goody, Barnes & Noble y Borders Books and Music. Era muy difícil para las etiquetas de grabación pequeñas servirse de un distribuidor mayor por los requerimientos de pedido grande y las políticas de pago riesgosas que se habían vuelto norma de la industria. Estos distribuidores operaban por lo general en periodos de 60 a 90 días con devolución completa. Esto significaba que si se vendía un CD, al productor se le pagaba comúnmente tres meses más tarde. Además, todos los CD que no se vendían eran devueltos a la etiqueta o al productor. Los distribuidores importantes también querían grandes cantidades de inventario. Una etiqueta debía presentar el dinero para 40 000 CD, sin garantía de que éstos se vendieran.

Los *one-stops* se iniciaron principalmente para dar servicio a tiendas de música independiente, como Joe's Records on the corner. Estos *one-stops* les permitían a las tiendas comprar en cantidades más pequeñas que las de un distribuidor mayor; trabajaban a veces con música de etiquetas mayores, pero eran similares a las etiquetas independientes en el sentido de que tendían a especializarse en un tipo de música.

Ilustración 3   Declaración de ingresos de CCM, 1997-2000

	Fin del año			
	2000	**1999**	**1998**	**1997**
Ingresos				
Ventas de GIG	$181 451.92	$148 839.76	$145 721.78	$129 445.25
Ventas al mayoreo	12 238.83	19 556.04	17 587.02	10 887.02
Pedidos postales y telefónicos	11 442.24	2 928.72	3 148.00	—*
Ventas por sitio web	6 419.35	760.50	0.00	0.00
Otras	1 758.79	1 417.89	3 714.98	1 259.59
Ventas totales	213 311.13	173 502.91	170 171.78	141 591.86
Otros ingresos	3 302.92	2 750.09	4 329.00	1 527.28
Ingreso total	216 614.05	176 253.00	174 500.78	143 119.14
Costo de los bienes vendidos	22 034.33	23 311.38	36 468.62	36 226.52
Utilidades brutas	$194 579.72	$152 941.62	$138 032.16	$106 892.62
Gastos				
Gastos en publicidad	$10 422.83	$4 388.71	$11 432.35	$ 4 110.43
Gastos de automóviles	0.00	2 279.01	1 644.83	4 016.88
Gastos de cheques malos	156.00	583.14	416.99	1 072.50
Cargos por servicio de bancos	5 320.39	4 790.75	3 070.60	2 509.47
Comisiones	32 861.14	31 333.92	30 283.59	27 828.66
Cuotas y suscripciones	10.00	0.00	0.00	397.45
Gastos de depreciación	0.00	5 820.00	0.00	0.00
Renta de equipo	491.14	0.00	0.00	0.00
Mobiliario y arreglos	0.00	0.00	329.95	656.84
Seguros	2 344.79	2 655.51	2 109.19	1 173.00
Gastos de interés	631.96	0.00	0.00	0.00

(continúa)

DE MÚSICO A EMPRENDEDOR

Yo empecé en este negocio porque era un buen intérprete de guitarra, así que pensé que una compañía de música era perfecta. Pero lo que se necesita para iniciar un negocio, para ser un emprendedor, es diferente de ser un guitarrista. Así que tuve que aprender a no concentrarme demasiado en el lado musical de las cosas, y en cambio a concentrarme en lo relativo a ser emprendedor. Eso fue un enorme cambio que inicié con Acoustitherapy. Ése es el punto donde realmente comenzó todo el proceso, cuando dije que no necesitaba hacer música para guitarra. Puedo hacer cualquier clase de música; sólo tengo que verla como hombre de negocios y no como músico.

Darren Skanson se dio cuenta pronto de que el trabajo físico de montar un estudio era mucho más fácil que el de crear y manejar una empresa. Su título musical no lo había preparado para las tareas de hacer el marketing y la promoción de su música, ni le había dado un marco de referencia para crear un sistema practicable de operaciones y de control.

Cuando Darren inició Colorado Creative Music en su propia alcoba en 1995, lo hacía todo él solo. Era su propio contador, editor en computadora, administrador de base de datos, editor de boletines de prensa, diseñador de sitio web y redactor de publicidad. Pronto empezó a transferir su pila de fichas o tarjetas de los contactos de festivales artísticos a una base de datos computarizada. Para 1997, pasó su contabilidad a un sistema de la misma clase.

Como solamente contaba con sus propios ahorros para financiar a su compañía, Darren se preocupaba por mantener bajos los gastos operativos y más bajos los gastos generales. (Véase la ilustración 3, con los resúmenes de la declaración de ingresos de CCM.) Para ahorrar tiempo, Darren compraba planillas de timbres postales y aplicaba éstos a los paquetes de acuerdo con el peso de los mismos, lo cual daba lugar ocasionalmente a que sobretimbrara algunos paquetes; asimismo, pegaba a mano los timbres y etiquetas postales, pues CCM no tenía el número

Ilustración 3 (*conclusión*)

	Fin del año			
	2000	1999	1998	1997
Licencias y permisos	0.00	0.00	218.00	327.09
Misceláneos	580.37	1 077.27	1 462.62	2 282.64
Gastos de estacionamiento	308.75	661.00	348.00	258.00
Nómina	15 515.76	6 660.29	5 150.64	0.00
Gastos de nómina/impuestos	3 143.38	11 671.74	0.00	0.00
Gastos de envíos por correo y entrega	6 432.22	2 321.22	1 626.06	2 150.97
Impresión y reproducción	4 691.82	1 818.19	4 414.28	7 409.34
Cargos por servicios profesionales†	29 719.26	2 242.50	217.10	1 145.00
Cargos por renta y almacenamiento	14 080.45	13 368.07	9 973.29	2 174.75
Reparaciones y mantenimiento	2 531.25	1 863.00	3 217.77	2 229.01
Regalías	17 283.39	8 848.99	1 776.91	746.57
Embarques	3 776.97	3 257.89	2 804.05	2 345.05
Suscripciones	80.95	443.18	472.76	0.00
Suministros	13 142.81	7 343.05	5 343.78	8 247.67
Impuestos	4 744.94	4 678.58	7 961.01	6 796.28
Teléfonos	4 399.22	5 269.83	4 860.00	4 754.38
Viajes y entretenimiento	16 156.64	23 889.21	17 759.91	19 092.13
Servicios (agua, gas, electricidad)	1 461.29	1 262.04	511.78	244.92
Gastos totales	$190 287.72	$148 527.09	$117 405.46	$101 969.03
Ingresos netos	$ 4 292.00	$ 4 414.53	$ 20 626.70	$ 4 923.59

* Incluido con ventas al mayoreo.

† Esto incluye los pagos a los músicos de respaldo en las presentaciones en vivo y un consultor músico independiente para que dirigiera la producción de los CD "Classica" y "A Christmas Story".

de pedidos postales suficiente para hacer costeable la compra del sistema de timbrado automático. Pero a medida que crecía la demanda en pedidos postales, se volvió significativo el desperdicio del sistema casero original.

Cuando la promoción resultaba más efectiva era en los festivales de arte, aunque de cualquier forma Darren comprendía la necesidad de distribución detallista para incrementar las ventas. Se acercó personalmente a algunos detallistas, pero descubrió que era una tarea costosa y que devoraba tiempo:

> Trataba de ocuparme de todo yo solo, de salir a tratar de colocar CD en las tiendas, pero era una tarea demasiado grande para mí. Tengo demasiadas cosas tirando de mí en demasiadas direcciones. En realidad, contraté a alguien de ventas en el verano de 1998, pero resultó inútil. Básicamente no hacía nada; sólo cobraba el dinero —la pesadilla del empleador—. Luego probé con amigos que querían hacerlo de tiempo parcial; pero eso tampoco funcionó.
>
> Luego nos enganchamos con uno de los *one-stops* aquí en Colorado. En principio, un *one-stop* tiene un enorme catálogo de material. Si hay demanda allí, los clientes le preguntarán al *one-stop*: "¿Tiene usted algunos discos de Darren Curtis Skanson?" En lo que caímos fue en que teníamos algunas tiendas de Barnes & Noble que le pedían al *one-stop* que le diera nuestro material, pero éste le puso tal sobreprecio a los CD que Barnes & Noble no se los quiso comprar. Él también tenía que ganar dinero, eso lo entiendo, pero B&N nos llamó para pedirnos CD y tuvimos que decirle: "Nos encantaría, pero tenemos el negocio con John en USA *One-Stop*. Sólo háganle una llamada y él los surtirá." Luego, B&N nos volvía a llamar y nos decía que John estaba cargando esa suma ridícula por los CD al mayoreo, y nos decían: "No queremos tratar con John, queremos tratar con usted." Y ya estábamos de nuevo en donde comenzamos.

En 1999, sintiéndose abrumado con las tareas de llevar el negocio, Darren contrató por fuera la función de contabilidad e hizo una lista de las tareas y sistemas que había que codificar (véase la ilustración 4). También empezó a leer libros para el emprendedor, buscando una forma de organizar Colorado Creative Music y de hacerla más redituable.

CREACIÓN DE UNA EMPRESA SOSTENIBLE

Darren quería que *Colorado Creative Music* y *Darren Curtis Skanson* se volvieran nombres identificables, con la demanda suficiente para hacer factible la distribución a través de grandes tiendas de libros y discos. Tenía la visión de un anuncio promocional en las noticias, con un auditorio de miles de personas que lo viera y luego se encaminara a comprar su CD en una tienda. Quería que alguien escudriñara en los anaqueles buscando un CD de Darren Curtis Skanson, lo reconociera por el anuncio y lo comprara.

> Creo que siempre se empieza con una visión, y desde luego esa visión era grabar, producir y vender mi propia música. Y eso, por supuesto, todavía es un aspecto principal de CCM. La visión propia siempre cambia. Estoy asombrado de cuánto lo hace conforme uno aprende y crece como persona de negocios.

El temprano éxito de Darren en las ventas de sus grabaciones y las de Andy le hicieron darse cuenta del potencial de redituabilidad y crecimiento que había abierto la revolución digital. Sabía lo suficiente acerca del ramo de la música para tener cuidado y no etiquetarse como New Age, clásico o folklórico, compitiendo con los artistas establecidos. Decidió llamar a su propia música clásica ligera, y posicionar CCM como una compañía que manejaba un portafolios de artistas, cada uno con un distinto estilo acústico ligero.

El primer paso en el "manejo de marca" de CCM era un catálogo promocional que se daba a las personas que se acercaban a su mesa de ventas en los festivales artísticos y en los *malls* o grandes centros comerciales. Igualmente, Darren adjuntaba el catálogo a cada venta y lo ofrecía gratis en el sitio web de CCM.

El primer catálogo de CCM era un folleto pequeño. Con el agregado de nuevos ofrecimientos de CCM, Darren sentía la necesidad de una mejora que presentara una imagen de alta calidad. Podía reproducir un catálogo atractivo a 12 centavos de dólar por folleto. Le complacía la apariencia de sus catálogos, pero no estaba seguro de cómo manejarlos como inventario o de cuántos producir por vez. No quería una caja de 1 000 catálogos viejos en mano cuando necesitaba agregar un nuevo producto al formulario de pedido. La compañía estaba añadiendo dos nuevos títulos por año, lo que hacía cada vez más difícil manejar las ventas y el inventario.

Para diciembre de 2000, CCM tenía cuatro líneas de producto y 11 discos diferentes. Las cuatro líneas de producto (o nombres de marca) eran Darren Curtis Skanson, Acoustitherapy, Andrew Thomas Harling y Music for Candles.

Darren Curtis Skanson

Darren describía esta línea como "guitarra clásica ligera". La línea de Darren Curtis Skanson se comercializaba como un enfoque suave e íntimo de la música clásica, posicionado contra guitarristas clásicos más puristas, como John Williams y Christopher Parkening. Darren había sacado a la venta cinco títulos bajo este nombre de marca: *Peace, Earth, and Guitars* salió en septiembre de 1995. Debido al éxito de este título, CCM sacó *Peace, Earth, and Guitars, Volume II* en enero de 1997. El siguiente título de Darren fue un álbum navideño, *Angels, Guitars, and Joy*, que salió a la venta en octubre de 1996. *Classica* se presentó en mayo de 2000; *A Christmas Story* apareció en noviembre de 2000. Estas dos últimas emisiones incluían un fondo de cello de apoyo a la guitarra solista de Darren, en un esfuerzo por ampliar el atractivo para el auditorio del artista.

Acoustitherapy

La línea de discos Acoustitherapy fue la respuesta de Darren a lo que muchos clientes querían de la música instrumental. Los clientes querían específicamente música instrumental acústica que fuera lenta, suave y sedante. Darren reunió música de diversos artistas que escribían música original y tocaban con una variedad de instrumentos acústicos. *Relaxation* y *Regeneration* se dieron a la venta en septiembre de 1997. *Gentle Passion* se presentó en octubre de 1998 y,

Ilustración 4   Lista de tareas de Colorado Creative Music

Investigación y desarrollo	Operaciones	Marketing de marca	Ventas
Musical	**Contabilidad**	**Actuación en vivo**	**Directas**
1. Composición de la canción	**Ejecución**	1. *Malls* (grandes centros comerciales)	1. Actuación en vivo
2. Arreglos	**Mantenimiento**	2. Festivales artísticos	2. 800 #
3. Preproducción	1. Instrumentos y aparatos	3. Conciertos	3. Sitio web
4. Grabación, producción, ingeniería	2. Equipo de oficina	**Sitio web**	4. Catálogo para pedidos por correo
5. Mastering	Preparación de aparatos para presentaciones	Elementos esenciales	5. Después de la venta:
Libros que hay que leer	Duplicación	Libros que hay que leer	Carta de agradecimiento
Pirsig, *Zen and the Art of Motorcycle Maintenance*	Administración de inventarios	*Front-Page 2000 for Dummies*	Cartas directas desde la base de datos
	Administración de base de datos	Software que hay que conocer	Respuesta directa
Mercado	Diseño	Front-Page 2000	Libros que hay que leer
1. Hoja de cálculo de investigación y desarrollo de CCM	Libros que hay que leer	**Propaganda**	Levinson, *Guerilla Marketing*
2. Trabajo artístico	Gerber, *The E-Myth*	1. Difusión al aire: radio, TV, radio internet	**Indirectas**
Libros que hay que leer	Software que hay que conocer	2. Entrevistas en vivo: radio, TV	Tradicionales
Reis/Trout, *Positioning: The Battle for Your Mind*	Quickbooks 2000 Pro	3. Prensa impresa: reseñas, artículos, listas de eventos	1. Tiendas de cadena musicales
Reis, *22 Immutable Laws of Branding*	Microsoft Access	**Promociones**	2. Librerías de cadena
Trout, *The New Positioning*	Microsoft Works	1. En la tienda	3. Tiendas musicales independientes
Levinson, *Guerilla Marketing*	Microsoft Word 2000	2. Concursos	No tradicionales
Kottler, *Kottler on Marketing*		3. Patrocinios	1. Cadenas detallistas
		4. Regalos promocionales	2. Catálogos
		E-mail	3. Tiendas de regalos
		Boletín mensual de noticias	4. Librerías independientes
		Libros que hay que leer	5. De salud, masaje, yoga, t'ai chi, guardería diurna
		Levinson, *Guerilla Marketing*	6. Cristianas: de cadena e independientes
		Software que hay que conocer	
		Aureate Group Mail	

en julio de 2000, apareció *World Meditations*. Acoustitherapy se comercializó como música suave y sedante para la mente, el cuerpo, el corazón y el alma.

Andrew Thomas Harling

El CD de debut de Andy, *The Road to the Soul*, era una combinación de melodías tradicionales y nuevas composiciones escritas por guitarristas clásicos modernos. Había un segundo CD en la fragua, para su aparición en agosto de 2001.

Music for Candles

CCM hizo la ingeniería de sonido y producción de un CD llamado *Starry Night* para la etiqueta vanity Music for Candles. En 2001, CCM puso este producto en su catálogo conforme a un contrato de distribución con los artistas de Music for Candles. Darren tenía la esperanza de producir y distribuir CD de otras etiquetas para ampliar los ofrecimientos de su catálogo y promover el reconocimiento del nombre de marca de CCM.

IMPULSO A LOS PRODUCTOS

Darren sabía que necesitaba comprender a sus clientes y explorar sus gustos. Había notado que la gente que se le acercaba en los festivales de arte y en los centros comerciales donde vendía sus CD eran por lo general adultos de clase media, en su mayoría mujeres entre los 40 y 60 años de edad, cuyos hijos ya estaban crecidos. Esta gente expresaba su gusto por conocer a Darren en persona y a menudo le pedía su autógrafo. Los pedidos telefónicos parecían provenir de un origen demográfico similar, de personas entusiasmadas por hablar con él personalmente cuando hacían el pedido de una de sus grabaciones. Darren cuidaba de mantener su toque personal y enviaba correos electrónicos regulares a su creciente lista de seguidores.

Darren entendió rápidamente que estas personas no eran entusiastas de la música clásica, sino que más bien eran atraídos a su música por su combinación de acústica suave y tonadas clásicas conocidas. De tal forma que eligió sus propuestas musicales de manera cuidadosa, tratando de mantener una distinción entre él y otros artistas. Sabía que su empresa necesitaba ofrecer una variedad de títulos para alcanzar el volumen de ventas requerido para competir por espacio detallista.

El guitarrista no tenía dificultades para vender sus CD en tiendas de música y librerías locales, pero no había podido montar distribución más allá de su estado natal. Fuera de su ciudad, Darren recurría a sus actuaciones en vivo para vender sus grabaciones. Para estos eventos (festivales artísticos, centros comerciales y conciertos), fijó una estructura de asignación de precios con la esperanza de alentar a la compra de más de un CD (véase la ilustración 5). Darren quería animar a la compra de impulso con clientes difíciles de abordar de manera ordinaria.

Con apariciones regulares en dos *malls* locales de lo mejor, la estructura de asignación de precios de Darren pareció crear cierta saturación. Muchos clientes eran seguidores retornantes que ya tenían todos sus CD. Por esta razón cambió el precio en actuaciones en centro comercial local a 17 dólares por CD. El razonamiento de Darren era claro: "Si vamos a estar tocando en estos lugares una y otra vez, no podemos zancadillearnos a nosotros mismos vendiendo cinco CD a estupendo precio y que luego, cuando el cliente regrese, ya tenga todos los discos. Tal vez incluso ya sea demasiado tarde para nosotros en ese aspecto; quizá ya nos pusimos la zancadilla."

A Darren también le preocupaba que Jennifer ya no le encontraba muchos nuevos trabajos eventuales, y prefería registrarlo en los espectáculos y festivales regulares donde él ya tenía fuerte presencia. Viajar por el país le daba exposición ante una base de clientes más amplia, pero temía que las inscripciones en los mismos eventos año tras año limitaran su capacidad de alcanzar a un mercado más extenso. Al llevar a más músicos a bordo, Darren creía que podría producir música que atrajera a un auditorio mayor. El hacer rotación de artistas permitiría que cada ejecutante se presentara en festivales diferentes cada año, minimizando el problema de la saturación.

Además de la distribución en festivales y en grandes centros comerciales, Darren quería tener la posibilidad de ofrecer sus CD en puntos de venta detallistas en toda la extensión del país. Sabía que no podía competir con las etiquetas principales, pero no tenía idea de cómo abrirse

Ilustración 5   Estructura de asignación de precios de CCM para discos compactos grabados (en dólares)

En actuaciones en vivo		Correo, correo electrónico y pedidos telefónicos por el número 800
1 CD	$17.00	$16.00 por CD
2 CD	28.00	$ 1.75 de envío y manejo por CD
3 CD	38.00	$17.75 en total por CD*
4 CD	47.00	
5 CD	55.00	
6 CD	62.00	
7 CD	68.00	

* Sin descuento en pedido por correo de múltiples.

camino en las redes tradicionales de distribución del ramo. De algunas de sus lecturas sobre lo que es un emprendedor, concluyó que era importante pensar en términos de hacer "vendible" a su empresa como una medida de éxito en los negocios, aun cuando vender CCM a una etiqueta mayor no era su meta definitiva. Le pareció que podía construir una empresa más fuerte, más enfocada, si consideraba a CCM en términos de su atractivo como una adquisición o inversión potencial. Eso quería decir que necesitaba construir el volumen suficiente de productos de CCM para venderlos a escala nacional por los canales de distribución tradicionales. Las etiquetas principales esperaban ventas de 15 000 copias de una grabación por año antes de considerar siquiera la idea de ofrecer un contrato. Ésta fue la marca de referencia que Darren se puso a sí mismo.

EL DILEMA DE DARREN

El mayor dilema es que hemos construido la columna vertebral de nuestra compañía sobre las ventas directas, ya sea en el trabajo eventual, en el centro comercial, o en el cuarto de atrás (el número 800, el sitio web, el pedido postal). Esto ha sido muy redituable para nosotros, pero, como descubrí esta última primavera, tengo demasiadas horas de actuación para, además, estar allí haciendo ventas directas, lo cual es el motor que impulsa todas las demás ventas de cuarto trasero.

Darren comprendió que tenía que andar largo trecho para lograr la distribución nacional. Para fines de 2000, Colorado Creative Music había vendido 30 000 CD de *Darren Curtis Skanson*, pero el número incluía los cinco títulos de Darren Curtis Skanson a lo largo de seis años. En algo más de un periodo de siete meses, Colorado Creative Music vendió 4 100 unidades de su CD *Classica*, que se dio a la venta en mayo de 2000. La mayoría de éstas fueron ventas directas, producto de los incansables esfuerzos de Darren como ejecutante, agente de publicidad, promotor y vendedor.

El músico empezó a enumerar sus metas y a pensar en sus opciones:

1. Crear una etiqueta de grabación redituable con una gama complementaria de artistas.
2. Posicionar a Darren Curtis Skanson para que compita con artistas en una etiqueta de grabación en un nivel de igualdad con Sony Classical. Esto requería vender discos en tiendas con métodos de distribución tradicionales.
3. Crear una línea de producto, como Acoustitherapy, que era vendible, y usar los fondos para trabajar en la consecución de los objetivos 1 y 2.

Con la profunda sensación de que algo le faltaba en sus esfuerzos por hacer a CCM y a su música más exitosas, Darren empezó a investigar y a leer libros sobre marketing y posicionamiento. Estaba buscando la forma de posicionar Acoustitherapy y Darren Curtis Skanson contra la competencia:

Uno de los mejores libros que encontré fue *The E-Myth* de Michael Gerber. Él habla de pensar en un negocio como una franquicia. Usted puede tener éxito si define todo en su negocio, como lo hace una franquicia, como lo hace McDonald's. Ellos le dicen: fría estas papas tres minutos a *x* número de grados y póngalas allí fuera en el escurridor 30 segundos. Es lo mismo conmigo. En lo que necesito concentrarme ahora es en mis procesos de promoción y publicidad. ¿Cómo promueve usted un disco? Debe ser un proceso muy simple, pero tengo que tenerlo.

Cuando Darren empezó a considerar a CCM como franquicia pensaba en términos de tener un sistema en el que podía hacer publicidad a otros artistas. Le parecía que poner a Andy en los sistemas que había probado era hacer franquicia de la compañía. Al afinar estos procesos, Darren comenzó a buscar a otros artistas que consideró que encajaban bien en el sistema; quería preparar a cada artista para que vendiera de forma que les permitiera concentrar sus energías en su ejecución en lugar de preocuparse por el aspecto comercial de las cosas. Ya había compilado un manual de procedimientos que incluían listas de verificación del equipo necesario que había que llevar a un evento, las configuraciones para el teclado y las bocinas, e incluso un guión para hacer las ventas. Darren veía su principal debilidad en el área de marketing:

> Creía que el producto de mejor calidad gana siempre. Así que tenía que ser mejor guitarrista, ser más rápido y todas esas cosas. Cuando leí aquellos libros comprendí que la calidad cuenta, pero que no es tan importante como la posición que usted tiene en la mente de quien sea. Si usted le dice "guitarra clásica" a alguien, la mayoría de las personas le dirían "Andrés Segovia", y luego dirían "John Williams" o "Christopher Parkening". Hay una jerarquía implícita, una escala del producto en la mente de la gente. No hay manera de que yo compita, de que llegue a competir JAMÁS con esa gente. En realidad no importa si soy mejor músico. La realidad o la verdad no introducen diferencias. En la mente de las personas, la verdad se funde con la percepción. Así que necesito trabajar con la imagen (la percepción en la mente de la gente) de la etiqueta de CCM y de los artistas que CCM emplea.

Metido en este cuadro mental del marketing, Darren se vio impulsado por esta persecución de posicionamiento del producto y creación de la imagen. Empezó a formular una hoja de trabajo para posicionar productos de CCM y documentar un proceso de *publicity* (o información con mensaje publicitario). También creó un sistema para redactar boletines de prensa que incluía información sobre la elección de tiempos y frecuencia de los envíos de boletines de prensa. Asimismo, compró una base de datos de *publicity* a escala nacional como auxiliar de la preparación por adelantado de cada viaje.

Aun con todas estas nuevas ideas puestas en acción, Darren seguía viajando 40 fines de semana al año para actuar en festivales de arte y centros comerciales, donde podía hacerse la mayor porción de las ventas directas. La mayoría de los pedidos telefónicos, postales y de correo electrónico estaban relacionados todavía con las presentaciones de Darren en festivales artísticos. Aunque las ventas por el sitio web (internet) se triplicaron en 2000, este renglón seguía siendo una pequeña porción de las ventas directas generales.

En diciembre de 2000, cuando Darren tocaba en un compromiso de 10 días en un centro comercial, la realidad de sus limitaciones empezó a asomar. Él comenzó a sentir dolores de tendinitis en el codo izquierdo, y poco tiempo después de Navidad se dio cuenta de que tenía un problema serio. Su plan de poner a la venta dos nuevos CD de Darren Curtis Skanson para aprovechar una oleada de *publicity* reciente tendría que aplazarse.

Con la cruda conciencia de que no podría continuar actuando a su nivel anterior, Darren sabía que necesitaba encontrar otros músicos para impulsar las ventas. En enero de 2001, empezó a formular algunas ideas para hacer que creciera la etiqueta, ideas que aliviarían parte de la presión para que él actuara.

Primero decidió producir sólo uno de los nuevos CD de Darren Curtis Skanson y, en lugar de su segundo CD, optó por producir un segundo CD de Andrew Thomas Harling; le parecía que si Andy tenía otro CD estaría en mejor posición de encargarse de algunos de los principales festivales artísticos en los que Darren se había estado presentando.

Para compensar el hecho de que CCM produciría sólo un CD de Darren Curtis Skanson (que podría no aparecer a la venta antes de noviembre), Darren sabía que tenía que hacer algo diferente para atraer a una mayor multitud de oyentes. Decidió buscar a violistas o violinistas que tocaran con él cuando se presentara en los festivales más grandes de Colorado, aprovechando el éxito de *Classica*, mejorado con el cello. Transcribió las armonías de éste de *Classica* a una partitura para viola y violín y efectuó audiciones de músicos que se comprometerían a hacer cierto número de presentaciones. Encontró a los músicos, efectuó ensayos y vendió más CD en su primer evento acompañado que los que había vendido solo el año anterior, con la emisión inicial de *Classica*.

Darren comenzó también a buscar activamente a otros artistas que encajaran bien con la etiqueta de CCM. Inició negociaciones con un pianista y un violinista, pero ambas conversaciones acabaron por interrumpirse. El pianista quería 50% de la propiedad de CCM, lo cual puso nervioso a Darren.

EL PASO SIGUIENTE

Para volvernos legítimos, y para que sean legítimas nuestras líneas de producto en la "industria estándar de la música", debemos tener distribución por medio de las tiendas detallistas. Así es exactamente como funciona la máquina comercial de la música. Ése es el dilema de la distribución. Desde luego, en lo personal, me gustaría que Darren Curtis Skanson fuera el nombre de marca cortejado por Sony Classical porque hubiéramos vendido 15 000 CD de mi próximo título por los canales establecidos. Y que estuvieran llamando y preguntando quién es Darren Curtis Skanson, y que dijeran que quieren firmar con él. Y que pudiéramos decir: "Bueno, CCM tiene su contrato y lo dejaríamos ir por *x* cantidad de dólares", o cualquier trato por el estilo.

Supongo que en resumen el dilema es éste: para *a*) hacer que crezca la compañía o *b*) vender las líneas de producto a una entidad mayor que CCM, estas entidades quieren ver las ventas de usted en puntos de venta tradicionales. Pero para entrar en estos puntos de venta usted tiene que comprometerse a producir un gran volumen o conformarse con ir tirando o incrementar sus ventas poco a poco. Me encantaría tener una mayor distribución, porque ésta significa mayores ventas, pero no puedo manejar una distribución enorme sin un mayor número de ejecutantes y una mayor promoción por *publicity*. En corto plazo, hacer ventas directas es bueno para el flujo de efectivo, es bueno para la solvencia, es bueno para los negocios; pero a largo plazo, para convertir cualquiera de nuestras líneas de producto en algo más grande que sólo hacer ventas directas, usted tiene que hacer una cantidad significativa de ventas a través de la máquina establecida de los negocios musicales, que son las tiendas de discos.

Pienso en definitiva que los *one-stops* y los distribuidores son el camino a tomar, así es como funciona toda la industria; pero no creo poder hacerlo solo. Eso tendrá que ser empleo para alguien. Si eso significa contratar a alguien de tiempo parcial, ésa va a ser su responsabilidad, o sea, eso es todo lo que tiene que hacer.

Darren estaba atrapado en el dilema del huevo y la gallina. Sabía que CCM necesitaba incrementar las ventas para parecerles atractiva a los distribuidores detallistas, pero requería la repartición minorista para llevarla a cabo. A menos que pudiera producir más CD, las actuaciones de Darren en festivales no rendirían el volumen de ventas que precisaba para mantener redituable a CCM. Aunque produjera otro CD de Darren Curtis Skanson, no estaba seguro de que se vendería si no podía promoverlo activamente él mismo. Y su programa de actuaciones tenía que reducirse para que su codo sanara.

Como ejecutante principal de CCM, Darren había pensado turnarle las funciones de ventas y administración a otros. Ahora se veía forzado a reconsiderar su papel. Darren sabía que aún quería seguir actuando, pero estaba claro que no podía mantener su calendario actual. ¿Debía esforzarse más por incorporar a otros músicos a las giras y dar publicidad al nombre de CCM mientras él fungía como gerente general y director? ¿Debía contratar un gerente de ventas o concentrar sus energías en llevar él mismo sus productos de CCM a los puntos de venta detallistas? ¿Debía concentrarse en las actividades de grabación y de estudio para aumentar las ofertas de productos de CCM y tratar de dar impulso a las ventas por catálogo, que tenían márgenes de utilidades más altos? ¿La contratación de un gerente de marketing experimentado le ayudaría a descubrir nuevas áreas de crecimiento? ¿Podría un nuevo vendedor darle libertad a Darren para explorar alternativas de trabajos eventuales de actuación? ¿O era mejor dirigir sus talentos a refinar el "sistema" de CCM y a administrar el estudio de grabación?

A Darren le parecía que su empresa estaba en la encrucijada. Su primer amor era la música, y le encantaba tocar, pero sabía que su satisfacción personal dependía de crear una empresa redituable. Entendía que el crecimiento y la rentabilidad se relacionaban de manera directa con crear y mantener la base de clientes de CCM. Al tiempo que su avión iniciaba el aterrizaje en el aeropuerto de Orlando, Darren trataba de prepararse para el fin de semana de actuación que tenía por delante; pero no se apartaban de su mente las visiones de una perseguida etiqueta de CCM. Anhelaba tener la posibilidad de construir un negocio tan fácilmente como podía serenar con su guitarra a una multitud.

caso 6 Azalea Seafood Gumbo Shoppe

John E. Gamble
University of South Alabama

El aroma del cangrejo fluvial y el camarón cociéndose y la melodía de "A Pirate Looks at Forty" llenaban el aire ese templado atardecer de mayo de 2001 en Monterey Street, mientras los invitados a la fiesta de la cuadra se mezclaban y probaban las bebidas ofrecidas por sus anfitriones. Las canciones de Jimmy Buffett se escuchaban con frecuencia en eventos como ese en Mobile, Alabama, ya que el famoso músico vivió allí antes de su graduación de la preparatoria McGill-Toolen High School, a fines de los años 1960-1970. La fiesta de la cuadra de Monterey Street Spring Fling era una de las grandes tradiciones de Mobile. Los bailes de Mardi Gras habían concluido más de dos meses antes, y para los viajes de fin de semana a las cabañas y a las casonas de la Preguerra [de Secesión en Estados Unidos], a lo largo de la Eastern Shore (Costa del Este) de la bahía Mobile Bay, faltaban todavía algunas semanas. Para muchos, lo mejor que se podía hacer la tercera tarde de sábado de mayo era socializar con los viejos amigos y los nuevos conocidos en medio de los robles centenarios de la calle residencial y la mezcla de las casas craftsman, victorianas y georgianas que se remontaban a principios de la década de 1900.

Mike Rathle y John Addison habían cuidado de las ollas de 95 litros (25 galones) de cocción de cangrejos fluviales y camarones, desde poco después de mediodía. Mientras cocinaban olla tras olla de mariscos, tenían tiempo de charlar con viejos amigos, algunos de los cuales les preguntaban por su negocio. Azalea Seafood Gumbo Shoppe [*gumbo*: sopa o cocido de *okra* (ciertas vainas asiáticas), base de otros platillos y muy apreciado en la comida criolla estadounidense] atendía eventos especiales, como la fiesta de la cuadra de Monterey Street, pero lo más importante era que figuraba entre los mayores productores de la sopa gumbo para consumo inmediato, con ingresos anuales en 2000 de más de un millón de dólares. En 2001 los productos de Azalea podían encontrarse en aproximadamente 1 000 supermercados y se servían en cerca de 300 restaurantes del sureste de Estados Unidos. Mike Rathle comentaba por qué él y su socio tomaban a la ligera el negocio del servicio de comidas para banquetes:

> Nuestras actividades de servicio de comidas para banquetes proveen muy pocos ingresos para la compañía, pero John y yo lo disfrutamos y es algo estupendo para las relaciones públicas. En cierto sentido, me siento un tanto obligado a atender estos eventos ya que usábamos cangrejos fluviales para prevenir los robos cuando empezamos con nuestro negocio, que por entonces era sólo un pequeño expendio de comida marina. En nuestros primeros años de venta de pescado fresco y *gumbo*, siempre teníamos una olla de cangrejos fluviales cociéndose. No hacía mucho que habíamos salido de la universidad y parecía haber siempre 5 o 10 personas en nuestra tienda que pasaban por ahí sólo para comer cangrejos fluviales, especialmente las noches de los viernes y los sábados. Una vez, en primavera hubo una serie de robos en la intersección en que se encontraba nuestro expendio. A todo comercio en esa intersección le habían robado, y a algunos más de una vez. En cualquier fin de semana teníamos probablemente de 1 000 a 2 000 dólares en efectivo en el local; pero nunca nos ro-

El autor del análisis del caso agradece la ayuda y cooperación de Mike Rathle y John Addison en la preparación del mismo. Copyright © 2001 por el autor del análisis del caso.

baron. Supongo que la perspectiva de hacer su fechoría cuando el lote de estacionamiento estaba lleno no le parecería muy atractiva a quienquiera que fuese responsable de los robos.

El evento les daba también a Rathle y a Addison la oportunidad de analizar el futuro de su negocio mientras preparaban más de 1 200 libras (544 kg) de camarones y cangrejos fluviales con los que llenaban una y otra vez la réplica de un bote pesquero de madera de 5 pies (1.52 m), de la cual podían servirse los asistentes a la fiesta en el curso del atardecer. Ahora que nuestros hombres estaban a punto de iniciar su segunda década como socios, Addison reflexionó breve-mente sobre el éxito de la compañía y trajo algunos puntos a consideración:

Nuestro crecimiento ha sido fenomenal desde que compramos la tienda de mariscos en 1991. Hici-mos una transición exitosa de una tienda en pequeño a ser uno de los mayores productores de gumbo en Estados Unidos. Hemos logrado la distribución a los supermercados, Wal-Mart Supercenters, Sam's Clubs y probablemente la mitad del total de restaurantes de mariscos en 100 millas (160 km) a la redonda. Sin embargo, creo que tenemos que considerar cuáles son nuestras expectativas en ven-tas y utilidades para el negocio. ¿Estamos satisfechos con un millón de dólares en ventas anuales o queremos el millón y medio? ¿Queremos ventas de cinco millones, de 10? Si queremos más ventas, ¿cómo lograremos crecer? ¿Nuestras ventas deben venir más de los supermercados o del servicio de alimentos? ¿Necesitamos una nueva ubicación? ¿Podemos mejorar nuestro envase? ¿Están dema-siado bajos nuestros precios? ¿Y debemos extender nuestra línea de producto a paquetes de dife-rentes tamaños o a otros artículos?

Rathle estaba de acuerdo en que las preguntas de Addison deberían tener respuesta pronto y opinaba que el décimo aniversario de la sociedad subrayaba la importancia de evaluar la es-trategia de la empresa y sus oportunidades de posterior crecimiento.

HISTORIA Y ANTECEDENTES DE LA COMPAÑÍA

Pat Lodds estableció Azalea Seafood Gumbo Shoppe en Mobile, Alabama, en 1971. Mobile era un mercado atractivo para las ventas de mariscos porque la ubicación de la ciudad en la costa norte del Golfo de México permitía contar fácilmente con estos alimentos en estado fresco, y porque los platillos marinos eran básicos en el régimen de la mayoría de los habitantes de la región. Muchas familias establecidas en Mobile se enorgullecían de alguna receta de un platillo marino que había pasado de mano en mano a través de generaciones. Había un libro de cocina que contenía recetas de algunas de las familias más antiguas de Mobile, el cual fue publicado por primera vez en 1964 y se había reimpreso varias veces, manteniéndose como un volumen de gran venta en las décadas siguientes y hasta entrado el nuevo siglo. Azalea Seafood Gumbo Shoppe, como otras tiendas de mariscos en Mobile, ofrecía a los clientes cubera (snapper), mero (grouper), lenguado (flounder) y camarón frescos, capturados en Mobile Bay y en el Golfo de México, pero Azalea difería de sus rivales porque vendía también la sopa gumbo que el cliente podía llevar a casa para la cena.

La tienda se encontraba cerca de la transitada McGregor Avenue y la intersección con Air-port Boulevard, en un edificio de ladrillos de concreto que había sido restaurante de pollo frito a mediados de los años 1960-1970. Las ventas de comida marina de Azalea fueron vivaces casi desde el día en que abrió la tienda, y su gumbo (hecha con la receta familiar de 100 años de Lodds) se popularizó en pocos meses al pasarse la voz. Muchas personas de Mobile poseían sus propias recetas atesoradas de gumbo, pero como era muy difícil de preparar y consumía mucho tiempo, era mucho más cómodo pasar por Azalea Seafood Gumbo Shoppe para comprar gumbo de alta calidad para la cena de esa noche. El aspecto más dificultoso de preparar la gumbo era hacer su base *roux* (mezcla de harina y grasa, con mantequilla y rojo viejo de Francia, cocina-dos a muy alta temperatura). La técnica, que implicaba cocer la mezcla de harina y grasa hasta que alcanzara un color castaño intenso, pero sin quemarse, requería algún tiempo para su do-minio por la mayoría de los cocineros.

Pat Lodds fue dueño de Azalea Seafood Gumbo Shoppe y la operó hasta 1981, cuando fue vendida a Jim Hartman. Éste siguió vendiendo pescado fresco y gumbo recién preparado a los clientes que aparecían, y empezó a congelar recipientes grandes, de un galón (3.78 l), para venderles a los restaurantes locales de mariscos que no podían preparar un(a) buen(a) gumbo.

Hartman también comenzó a preparar y vender criolla de camarones (salsa de jitomates, cebollas y pimientos) a los clientes viandantes y a los restaurantes del área, porque el producto requería ingredientes similares a los que se encuentran en la gumbo y para su preparación se seguía un proceso semejante. Sin embargo, la gumbo era, con mucho, el producto de venta más popular de los dos platillos de comida preparada. Para 1991, tres proveedores de servicio de alimentos distribuían la gumbo de mariscos de Azalea a cerca de 30 restaurantes de la Costa del Golfo y sus ventas se mantenían relativamente estables en unos 10 000 a 15 000 dólares al mes. Aun cuando la tienda estaba vendiendo bien, Jim Hartman empezaba a cansarse de la diaria rutina y le mencionó a unos cuantos contactos de negocios y amigos que consideraría ofertas sobre su negocio. Tres de los antiguos empleados de Hartman tuvieron noticia de que el expendio estaba a la venta y empezaron a pensar en la posibilidad de comprar Azalea Seafood Gumbo Shoppe.

Mike Rathle, John Addison y Bill Sibley habían sido amigos desde que asistían juntos a la escuela McGill-Toolen High School, y todos trabajaron en la tienda de mariscos después de clases durante su último año. Al graduarse de la preparatoria, Rathle y Addison ingresaron en la University of South Alabama, donde el primero obtuvo un título en marketing y el segundo, en comercio internacional. Sibley comenzó a hacer carrera con International Paper, y era empleado de la planta de producción de la compañía en Mobile como coordinador de seguridad cuando se enteró de que Jim Hartman estaba interesado en vender su negocio de mariscos. Intrigado inmediatamente, Sibley se puso en contacto con sus dos viejos amigos para hablar de formar una sociedad para la compra del negocio. En ese momento, Rathle y Addison estaban ocupados operando una pequeña compañía de construcción, pero se interesaron por la oportunidad. Luego de conocer los detalles, a Rathle le pareció que podía aplicar con provecho el conocimiento que había adquirido en su empleo con Brach's Candy como gerente de ventas de área para conseguir la expansión de la gumbo de Azalea en los supermercados. Addison, que pensaba que Azalea podría ser una atractiva oportunidad de inversión si las ventas de gumbo de la empresa podían ampliarse a los supermercados y a otros restaurantes, convino en unirse a sus dos amigos en la formación y la aceptación del riesgo de la nueva empresa.

Los tres amigos le presentaron una oferta a Jim Hartman y, para agosto de 1991, ya operaban y eran dueños de la tienda de gumbo de mariscos donde alguna vez habían trabajado después de clases. Sibley supervisaba la producción de gumbo de la empresa, mientras que Rathle comenzó de inmediato a visitar a los supermercados y restaurantes de la zona para conseguir nuevos clientes para la gumbo preparada de la compañía. Addison se hallaba ocupado todavía con varios proyectos de construcción, pero se uniría en pocos meses a los esfuerzos de marketing de Azalea que Rathle hacía.

Poco después del quinto aniversario de nueva propiedad de la compañía, se les notificó a los tres socios que su contrato de renta del local no se renovaría, porque se iba a construir un centro comercial en la propiedad donde Azalea Seafood Gumbo Shoppe había operado desde 1971. Reubicarse sería un problema, ya que les sería difícil mover el equipo de cocina y los congeladores sin alterar la producción de la empresa. A raíz de recibir el aviso de desalojo, los tres socios pasaron varios días con el temor de las perspectivas de tener que mudarse, pero antes de que tuvieran oportunidad de ver otros locales se les acercó un productor de gumbo competidor que se estaba retirando. El competidor le ofreció a Azalea su equipo de cocina y sus congeladores en 5 000 dólares; además, Azalea podía asumir su contrato de renta de local. Mike Rathle declaró que la oportunidad de la oferta era un regalo de Dios: "Podíamos recoger nuestros ingredientes y mudarnos para reiniciar operación a giro de llave sin perder un instante."

El local de las nuevas instalaciones de producción de Azalea, de 2 200 pies cuadrados (204 metros cuadrados), mucho mayor que su local anterior, se encontraba en un terreno de 1 acre (4 046 metros cuadrados) que incluía también una casa de armazón construida en los años 1930-1940. La casa se hallaba apenas a unos 30 metros de la planta de ladrillos de concreto, y se podía usar como oficina. La única desventaja del nuevo edificio era que su ubicación, en una calle tranquila fuera de los límites de la ciudad, estaba demasiado alejada de las áreas de tráfico intenso para sostener las ventas detallistas de mariscos y gumbo preparado frescos. Sin embargo, antes de saber de la terminación inminente de su contrato de renta, los socios ya habían considerado abandonar las ventas detallistas y concentrarse en las cuentas comerciales; la mudanza fue el factor decisivo. Con una clara visión del negocio futuro de Azalea y la capacidad de producción de ocho toneladas por día de las nuevas instalaciones, Rathle y Addison comenzaron a buscar enérgicamente nuevas cuentas de supermercados y servicios de comidas. En los 10 años siguientes lograron asegurar cuenta tras cuenta y en 2001 Azalea Seafood Gumbo Shoppe producía más de 45 toneladas de gumbo y de otros productos de mariscos cada mes. Bill Sibley les vendió su interés en el negocio a Rathle y Addison a principios de 2001, para ir en pos de otras oportunidades de negocios.

PANORAMA DEL RAMO INDUSTRIAL DE VALOR AGREGADO DE LOS MARISCOS

Los productos de comida marina de valor agregado abarcaban cualquier tipo de producto alimenticio envasado con mariscos como ingrediente. Los productores de comida marina de valor agregado compraban comida marina fresca, congelada o cocinada para utilizarla en la creación de productos para su venta a restaurantes, supermercados u otros tipos de detallistas alimentarios. Las compañías de alimentos que vendían productos de mariscos empleaban a su propio personal de marketing para vender y distribuir productos a detallistas y restaurantes o contrataban a corredores de alimentos que proveyeran el apoyo de marketing y logístico necesarios para distribuir sus productos. Los productos de comida marina envasada eran distribuidos también por transportistas-repartidores, vendedores independientes que compraban productos alimenticios envasados directamente a los fabricantes y los vendían a restaurantes después de añadir un sobreprecio o margen de utilidad de 15-20 por ciento.

Proveedores

Los productores de alimentos marinos de valor agregado podían fácilmente obtener ingredientes de procesadores de mariscos, de los productores de frutas y verduras, de los productores de bienes enlatados y deshidratados, o de los grandes mayoristas de alimentos que se especializaban en esos componentes. Las grandes compañías procesadoras de alimentos tenían considerable amplitud en su elección de proveedores, ya que la mayoría de los ingredientes eran del tipo de artículos básicos y se obtenían fácilmente de múltiples fuentes; en algunos casos, podían mejorar su capacidad de negociar con los proveedores por su propia producción de algunos ingredientes clave. Muchas veces, los pequeños productores de valor agregado no tenían el volumen adecuado para negociar directamente con el productor de ingredientes, pero podían elegir de una variedad de mayoristas para obtener la mejor combinación de calidad y precio de los ingredientes comprados.

Producción

La U.S. Food and Drug Administration (FDA, Administración de Alimentos y Fármacos de Estados Unidos), el U.S. Department of Agriculture (USDA, Secretaría de Agricultura de Estados Unidos) y las secretarías de salud de los estados eran los encargados de regular y vigilar la producción de alimentos envasados en Estados Unidos. Las secretarías de salud estatales inspeccionaban habitualmente sólo la limpieza de las áreas de cocina y otras instalaciones de los productores de alimentos, mientras que la FDA exigía que éstos crearan y pusieran en funcionamiento un sistema de Hazard Analysis Critical Control Point (HACCP, Punto de Control Crítico de Análisis de Riesgo) para sus operaciones y que cumplieran con las disposiciones de la Food and Nutrition Labeling Act (Ley de Etiquetado de Alimentos y Nutrición). Esta ley, en su emisión de 1990, estipulaba que todos los alimentos envasados ostentaran etiquetas que enumeraran los ingredientes y la información nutrimental acerca del producto. La ley establecía, asimismo, las definiciones estandarizadas de términos como *low fat* (grasa disminuida o "bajo(a) en grasas") o *light* (ligero[a]). La USDA hacía cumplir la Federal Meat Inspection Act (FMIA, Ley Federal de Inspección de la Carne), la cual establecía las normas sanitarias para los productores de carnes rojas y del ramo avícola.

A todos los procesadores de mariscos se les exigía elaborar un plan de HACCP, siguiendo las pautas que les proporcionara la FDA, para asegurar que los alimentos envasados estuvieran libres de riesgos para la salud, como los gérmenes patógenos y las toxinas. Se requería que los planes de HACCP proporcionaran información general acerca de los productos y procesos de la compañía, describieran el alimento, explicaran el método de distribución y almacenamiento, identificaran el uso pretendido y el consumidor considerado, y trazaran un diagrama de flujo de la cadena de valores de la compañía. A las compañías de alimentos se les pedía también que identificaran riesgos potenciales para la salud relacionados con la especie y el proceso y que indicaran los puntos críticos de control de riesgos. Una vez que el productor de alimentos ponía límites, críticos a los riesgos para la salud se creaba y seguía un procedimiento de vigilancia. Se requería que las compañías de alimentos establecieran procedimientos de asiento de registros y de verificación que la FDA pudiera evaluar en el curso de las inspecciones.

Distribución

Los productos de alimentos procesados los distribuían el productor o los corredores de alimentos que representaban a gran número de empresas que elaboraban muchos tipos de artículos. A veces, un corredor de alimentos representaba a compañías que elaboraban productos en casi toda categoría que pudiera hallarse en los supermercados. Los corredores de alimentos habían crecido y sus ofertas de productos se habían hecho más amplias durante los años 1990-2000. Una oleada de adquisiciones y fusiones redujo el número de corredores de alimentos en Estados Unidos, de unos 2 500 en 1990 a cerca de 200 en 2001. La consolidación entre los corredores de comestibles debió su impulso principal a la consolidación entre los productores y detallistas de alimentos. Sin embargo, quedó un gran número de pequeños corredores de alimentos que representaban a las empresas de comestibles para la venta de sus productos a los restaurantes.

Consolidación de las compañías de alimentos envasados   A lo largo de los años 1990-2000, las grandes firmas globales de alimentos —como Unilever, Nestlé y Kraft Foods— habían adquirido a pequeñas empresas para llenar brechas en sus líneas de producto y ampliar su presencia global. Los corredores de alimentos se vieron obligados a alterar sus prácticas comerciales al consolidarse el ramo respectivo, ya que las compañías de alimentos más grandes tenían demandas de servicio mayores que las de los pequeños productores independientes de comestibles. Por lo común, las compañías pequeñas solían estar a gusto con un corredor que pudiera entregar los productos a los supermercados dentro de una región geográfica limitada y asegurar que esos artículos estuvieran en existencia y se colocaran en lugares apropiados dentro de las tiendas. Las grandes compañías de alimentos que optaban por contratar por fuera la distribución consideraban los tratos con los corredores como recursos competitivos que se podían utilizar para brindar mayor cobertura geográfica a sus marcas y que podían aportar sistemas eficientes de administración y reabastecimiento de inventarios. Los manufactureros globales de comestibles habían empezado también a demandar servicios de marketing de los corredores dentro de las tiendas a cambio de darles a éstos la oportunidad de distribuir sus múltiples marcas. A los corredores podía exigírseles que reportaran el agotamiento de existencias, que hicieran comprobaciones de precios y que entregaran datos de inventario al minuto a los centros de distribución de los fabricantes; también se les pedía que montaran exhibidores en las tiendas, que explicaran los nuevos productos a los gerentes de éstas y que llevaran a cabo muestreos de productos en los locales de estos comercios. Los pequeños fabricantes de alimentos tenían mucho menos capacidad para demandar tales servicios a los corredores de alimentos. En realidad, a algunos pequeños manufactureros se les dificultaba conseguir los servicios de un corredor nacional de alimentos y, si algún corredor grande aceptaba distribuir su producto, probablemente apenas le concedería la mínima atención a su marca.

Consolidación de los supermercados y de otras abacerías   La consolidación entre los detallistas de comestibles apoyaba asimismo la tendencia hacia un número menor de grandes corredurías de alimentos. En 2000, 38.2% de la industria de supermercados, de 49 400 millones de dólares, era generado por Kroger, Wal-Mart, Albertson's, Safeway y Royal Ahold. En 1995, las cinco compañías principales de supermercados habían dado cuenta

Ilustración 1   Estimado de ventas y número de ubicaciones de supermercados de los 20 máximos abaceros de Estados Unidos, a fin del año 2000

Lugar jerárquico	Compañía	Ventas estimadas (en millones de dólares)	Número de ubicaciones de supermercado (ventas de dos millones de dólares o mayores por tienda)
1	The Kroger Co.*	$43 120	2 366
2	Albertson's	31 461	1 715
3	Safeway	28 829	1 482
4	Wal-Mart*	22 947	908
5	Royal Ahold	20 022	974
6	Food Lion	15 042	1 435
7	Winn-Dixie	13 731	1 081
8	Publix	13 021	645
9	A&P	8 075	553
10	SUPERVALU	7 197	539
11	H-E-B Grocery Co.	6 704	270
12	Shaw's	4 001	165
13	Pathmark	3 807	138
14	Military	3 607	190
15	Meijer*	3 545	144
16	Hy-Vee	3 383	184
17	Fleming	3 120	200
18	Raley's	2 982	149
19	Giant Eagle	2 856	120
20	Aldi	2 522	697

* Estadísticas de supercentro reducidas para incluir sólo productos tradicionales de supermercado.

Fuente: Informe anual de *Progressive Grocer*, abril de 2001.

de sólo 26.5% de las ventas del ramo. Entre 1997 y 2000 hubo 60 fusiones y adquisiciones, y los analistas de la industria esperaban entre 15 y 20 en 2001. Gran parte de la actividad de fusiones del ramo había ocurrido como resultado de los intentos de las compañías tradicionales de supermercados de competir mejor con Wal-Mart. Aunque Wal-Mart no entró en la industria de comestibles antes de 1988, cuando abrió su primer supercentro, se convirtió en líder de supermercados de Estados Unidos, en 2001, con ventas anuales de alimentos por 57 200 millones de dólares. Se esperaba que la competencia en el ramo se intensificara aún más con la añadidura anual de 150 a 175 nuevos supercentros y de 15 a 20 mercados vecinales menores para ampliar su cadena de más de 1 500 tiendas. Las otras compañías de comestibles líderes del ramo creían que las fusiones entre las empresas mayores y las adquisiciones de cadenas menores proveerían mayor poder de compra para enfrentar la asignación de precios de descuento de Wal-Mart. La ilustración 1 muestra un estimado de las ventas y el número de tiendas con ventas anuales mayores a 2 millones de dólares de las 20 abacerías principales de Estados Unidos.

El ramo de alimentos experimentó bancarrotas en comestibles por más de 15 000 millones de dólares entre 1997 y 2001, y los analistas creían que en el ramo detallista de comestibles se totalizarían otros 15 000 millones de dólares de quiebras entre 2002 y 2005. Una de estas quiebras implicaba a Delchamps, Inc., una cadena de abacerías que en otro tiempo tuvo su base en Mobile, Alabama, la cual fue adquirida por Jitney-Jungle de Jackson, Mississippi, en 1997, en un intento de la administración de ambas compañías por lograr mayor poder de compra. En 1999, la cadena Jitney-Jungle/Delchamps comprendía 198 tiendas con ventas anuales de aproximadamente 2 000 millones de dólares, pero la firma se vio forzada a solicitar la protección por quiebra en ese mismo año y fue disuelta a fines de 2000. La nueva compañía había logrado hacer algunos ahorros de costos en compras, pero cualesquiera ahorros de costos provenientes de precios más bajos en bienes envasados eran más que anulados por el gasto de interés y el servicio de la deuda que acompañaba a la readquisición. Las tiendas y contenidos de Jitney-Jungle fueron comprados por Winn-Dixie, una cadena con más de 1 000 tiendas en 14 estados, y por Bruno's, cadena de 153 tiendas que operaba en Alabama, Florida, Georgia y Mississippi. Bruno's se había levantado de su propia protección de quiebra del Chapter 11 apenas meses antes de la compra de 17 tiendas de Jitney-Jungle.

Como las grandes compañías globales de alimentos, las grandes abacerías nacionales de Estados Unidos esperaban que los corredores de alimentos proveyeran cobertura nacional y tuvieran una gran función en los esfuerzos de administración y reabastecimiento de inventarios. Los delgadísimos márgenes del ramo de abacerías requerían que los supermercados tuvieran acceso a sistemas eficaces de información para reducir el desperdicio de productos perecederos y conservar los artículos populares en anaqueles manteniendo a la vez los niveles de inventario en el mínimo. SUPERVALU, el mayor distribuidor de productos alimenticios a los abaceros estadounidenses, ofrecía amplios servicios de proveeduría, distribución y reabastecimiento a más de 5 500 supermercados, comerciantes masivos y detallistas electrónicos (*e-tailers*) en Estados Unidos. Los servicios logísticos de la compañía ofrecían costo basado en actividad, bodegas acopladas, entrega a tiempo, servicio de 24/7 (las 24 horas, los 7 días de la semana), y pedidos y facturación basados en la web. Además de los beneficios de administración de inventarios, las grandes y pequeñas cadenas de comestibles aprovechaban el poder de compra de 40 000 millones de dólares de SUPERVALU. Como muchos otros grandes corredores de alimentos, SUPERVALU había hecho varias adquisiciones en años recientes para aumentar su capacidad y proporcionar mejor servicio y cobertura geográfica más amplia a las compañías de alimentos y a las abacerías; la adquisición, por la empresa, de Richfield Holdings en 1999, por el aproximado a 1 500 millones de dólares, se llevó a cabo para acrecentar la capacidad de distribución en la región media del Atlántico de Estados Unidos. En 2001, SUPERVALU era también la décima cadena más grande de supermercados de Estados Unidos, con 1 200 tiendas y ventas detallistas de 9 300 millones de dólares.

La distribución en el ramo del servicio de alimentos Aun cuando el ramo de 175 000 millones de dólares del servicio de alimentos en Estados Unidos, estaba sumamente fragmentado, con más de 3 500 distribuidores de servicio de alimentos de línea amplia y 15 000 proveedores especializados de producto que abastecían de diversos productos alimenticios a restaurantes y otros locales en los que se servía comida preparada, muchos participantes del ramo creían que éste pronto se consolidaría. Las grandes compañías de servicio de alimentos, como SYSCO Corporation y U.S. Foodservice, habían empezado a contratar a distribuidores de servicio de alimentos de todos los tipos y en todas las ubicaciones geográficas dentro de Estados Unidos. SYSCO, la mayor compañía de servicio de alimentos en Estados Unidos, con ventas en 2000 por 19 300 millones de dólares, proveía más de 275 000 productos a 356 000 clientes diferentes en los 50 estados y en ciertas partes de Canadá.

SYSCO había llevado a cabo más de 20 adquisiciones entre 1991 y 2000 para acrecentar su línea de carnes frescas y congeladas, mariscos, productos avícolas, frutas y vegetales, alimentos envasados y deshidratados, equipo y suministros, bebidas, productos de panadería, lácteos, productos desechables, productos médicos y quirúrgicos, así como productos químicos y sanitarios vendidos a restaurantes, hoteles, escuelas, hospitales y otros establecimientos donde se preparaban comidas. A principios de 2001, SYSCO adquirió una empresa distribuidora de suministros para instalaciones hoteleras y artículos de aseo personal del huésped; una proveedora especializada de carnes de Houston, Texas; y una distribuidora canadiense de alimentos preparados y productos de limpieza y papel. La administración de SYSCO, con sus adquisiciones, tenía la intención de abastecer a nichos de servicio de comidas para mejorar su participación de mercado de 11% y ganarse algunos más de los 850 clientes del ramo.

U.S. FoodService, la segunda mayor compañía de servicio de alimentos en Estados Unidos, tenía cerca de 7% de la participación del mercado del ramo, con ventas de 12 000 millones de dólares en 2000. U.S. FoodService había acrecentado gradualmente sus esfuerzos de adquisición después de ser comprada a su vez por el gigante holandés de los supermercados, Royal Ahold, en abril de 2000. Royal Ahold era la quinta mayor cadena de supermercados en

Estados Unidos, con 1 300 supermercados aproximadamente y ventas de 27 500 millones de dólares en 2000. Las tiendas de Royal Ahold en Europa, América Latina y Asia le generaron a la firma ventas mundiales por más de 50 000 millones de dólares en 2000. Las adquisiciones de U.S. FoodService en 2000 y 2001 incluyeron la compra en 1 500 millones de dólares de PYA/Monarch, distribuidora líder del servicio de alimentos en el sureste de Estados Unidos; la adquisición de Parkway Food Service, un distribuidor de línea amplia en el oeste de Florida con más de 1 000 cuentas; y la compra de Mutual Wholesale Company, una empresa de servicio de alimentos de Florida con más de 4 200 cuentas. El rápido crecimiento de SYSCO y U.S. FoodService por medio de sus adquisiciones había animado a otros distribuidores a proseguir rápidamente con sus propios planes de adquisición.

El tamaño y la fuerza crecientes de los distribuidores del servicio de alimentos tenía poco efecto en los transportistas-repartidores, toda vez que éstos se habían visto forzados tradicionalmente a atender las cuentas pequeñas o a distribuir los artículos que necesitaban los restaurantes sólo de manera poco frecuente. Un transportista-repartidor (*jobber*) era por lo común una operación de una persona, con activo de empresa limitado a un solo camión refrigerador. Los transportistas-repartidores carecían de relación formal alguna con los productores de alimentos y habitualmente operaban con pago al contado y transporte por cuenta del comprador. Los transportistas-repartidores compraban por lo común sólo unos cuantos envases de algún producto alimenticio en un momento dado para sus repartos diarios a pequeños restaurantes que pudieran necesitar un envase o dos del producto. Aunque pocos transportistas-repartidores tenían ventas anuales de más de 400 000 dólares, estos camioneros eran en conjunto un distribuidor importante para los pequeños restaurantes que carecían del volumen de ventas para establecer una cuenta con una compañía grande de servicio de alimentos.

Los corredores de alimentos tenían también una función en el ramo del servicio de alimentos. Muchas compañías pequeñas y medianas de alimentos contrataban a los corredores de alimentos para que promovieran sus productos con restaurantes atendidos por distribuidores de servicio de alimentos que compraban esos comestibles. Por ejemplo, una vez que un distribuidor de servicio de alimentos convenía en comprar un producto de una empresa de comestibles, se podía contratar a los corredores del ramo para que generaran atracción por ese producto haciendo marketing directo de éste con los clientes de restaurante del distribuidor. En retribución, los corredores de alimentos recibían por lo común una comisión del 5% sobre los incrementos de las ventas de la compañía de alimentos a los distribuidores del ramo.

Crecimiento de las ventas de comidas consumidas fuera de casa   La consolidación del ramo del servicio de alimentos en Estados Unidos era asimismo factible por las oportunidades que brindaba el rápido aumento de la cantidad de comidas consumidas fuera del hogar. En 2000, más de 54 000 millones de comidas se hicieron en casi 850 000 restaurantes, escuelas, cafeterías en el lugar de trabajo, hospitales, asilos y otros lugares donde se sirvieran tales refrigerios. La participación de los restaurantes de la partida monetaria presupuestal para alimentos (*the food dollar*) había crecido de 33% en 1980 a 46% en 2001. Se proyectaba que los estadounidenses gastarán 53% de sus dólares para comidas en restaurantes para 2010. Además, se proyectó que las ventas del ramo restaurantero crecerán de 399 000 millones de dólares en 2001 a 577 000 millones de dólares en 2010. Empresas como SYSCO y Royal Ahold estaban dispuestas a invertir más en el ramo del servicio de alimentos para captar una mayor porción de esta industria en rápido crecimiento. Asimismo, el servicio de alimentos le ofrecía a Royal Ahold la oportunidad de diversificarse más allá de las ventas de productos alimenticios en los supermercados, sin apartarse demasiado de sus habilidades de competencia medulares desarrolladas en el negocio de los comestibles.

AZALEA SEAFOOD GUMBO SHOPPE EN 2001

En 2001, la gumbo de mariscos, el estofado de cangrejo fluvial, la criolla de camarones, así como la sopa de crema *bisque* de camarón y jaiba de Azalea Seafood Gumbo Shoppe se distribuían a más de 1 000 supermercados, 20 Sam's Clubs y aproximadamente 300 restaurantes

Ilustración 2   Estados de ingresos (pérdidas y ganancias) de 1996-2000*

	2000	1999	1998	1997	1996
Ingresos					
Ventas al mayoreo	$1 036 570	$1 222 452	$1 327 346	$944 522	$880 914
Servicio de comidas	18 937	16 146	10 613	20 575	5 980
Tolerancias y/o daños	−11 936	−5 800	−4 453	−1 855	−1 669
Descuentos en ventas	−2 004	−3 627	−13 683	−8 291	−9 742
Total de ingresos	$1 041 567	$1 229 171	$1 319 823	$954 951	$875 484
Costo de los bienes vendidos					
Costo de los ingredientes	440 673	501 554	555 873	449 086	401 812
Costo de los recipientes	82 813	94 368	97 520	67 120	57 519
Fletes y envíos	24 249	26 384	35 925	8 039	10 494
Nómina: empleados administrativos	84 186	123 260	138 363	108 480	107 873
Nómina: otros	97 248	107 016	123 446	50 206	46 101
Comisión y/o correduría	480	463	4 708	0	2 206
Costo de los bienes vendidos	729 650	853 046	955 833	682,931	626 005
Utilidades brutas	$311 917	$376 125	$363 990	$272 020	$249 479
Gastos					
Publicidad	$ 3 973	$16 633	$14 626	$ 9 217	$ 2 421
Gasto de adeudos (de clientes) de cobro dudoso	0	5 634	0	0	0
Cargos bancarios	1 316	5 682	4 367	9 437	1 260
Mano de obra contratada	2 071	687	976	1 103	254
Contribuciones	607	1 646	816	1 081	1 294
Gastos de depreciación	31 202	39 738	41 000	20 388	19 496
Vencimientos y suscripciones	909	83	286	183	264
Renta de equipo	1 265	296	1 658	943	326
Entretenimiento y comidas	1 909	2 414	1 592	342	2 442

en el sureste de Estados Unidos. Las ventas de la empresa habían crecido a una tasa compuesta de 33% entre 1992 y 1999. Sin embargo, sus ventas de 2000 cayeron 15% después de que Jitney-Jungle solicitó la protección por quiebra del Chapter 11 y más tarde cesó en sus operaciones. Como proveedor no seguro, Azalea no tenía la capacidad de recobrar la importante cuenta de más de 100 000 dólares. Las ventas de la compañía en 2000 se vieron afectadas también en forma adversa por la decisión de un empleado de cocina de poner en los recipientes de gumbo un sello fechador junto a otro sello que mostraba un número de lote roto. La compañía acabó por tener que recoger y desechar gumbo con valor de más de 100 000 dólares porque los consumidores y detallistas creyeron que el sello mostraba una fecha de caducidad ya pasada. Los ingresos disminuyeron aún más cuando los supermercados Publix dejaron de hacerle pedidos a Azalea por esa devolución. Los estados de ingresos, o pérdidas y ganancias, de Azalea Seafood Gumbo Shoppe, de 1996 a 2000, se presentan en la ilustración 2. Los balances de la empresa de 1996 a 2000 se muestran en la ilustración 3.

Línea de producto de Azalea

Azalea vendía, completamente cocinados, sopa gumbo de mariscos, estofado de cangrejo de río, criolla de camarones, y sopa de crema *bisque* de camarón y carne de jaiba en envases de pinta (0.47 litros), cuarto (0.94 l), medio galón (1.89 l) y galón (3.78 l). Los productos de mariscos de la empresa se vendían congelados, de tal manera que estuvieran listos para servirse después de descongelarlos y calentarlos. Los envases de pinta y cuarto de Azalea se vendían en super-

Ilustración 2 (*conclusión*)

	2000	1999	1998	1997	1996
Seguros	43 442	28 275	31 741	21 681	21 522
Gastos de interés	12 133	11 188	12 623	5 298	6 268
De conserjería y control de plagas	3 177	4 473	4 394	7 102	2 026
Misceláneos	179	190	0	817	0
Timbres postales	169	356	961	410	334
Gastos de oficina	2 510	3 141	4 635	2 884	3 662
Gastos de impuestos de nómina	16 249	19 911	21 988	12 627	12 341
Multas	1 134	5 800	847	529	0
Costos de demostración de producto	10 368	45 344	105 683	30 520	46 951
Muestreo de producto	250	670	1 785	2 512	0
Honorarios profesionales	6 085	5 813	6 457	6 177	7 554
Renta	14 560	14 560	15 718	11 030	14 339
Reparaciones y mantenimiento	26 258	19 553	7 799	3 462	11 368
Cargos por servicio	3 863	3 662	2 108	1 660	4
Seguridad	283	1 692	1 180	728	1 037
Suministros	3 219	9 775	6 360	1 667	1 554
Impuestos y licencias	1 222	2 782	1 488	2 103	2 899
Teléfono	13 015	16 405	16 899	11 595	12 613
Viajes	2 927	4 343	5 333	3 317	864
Alquiler de camión	16 891	15 820	18 894	13 721	13 984
Gastos de camión	15 375	10 526	5 543	5 553	8 067
Uniformes y lavandería	1 999	3 913	3 664	2 113	1 796
Servicios públicos (agua, electricidad)	21 816	21 527	19 767	17 526	19 445
Total de gastos	$260 376	$322 530	$361 186	$207 726	$216 384
Ingresos netos	$51 541	$53 595	$2 804	$64 294	$33 094

*Los estados financieros de Azalea Seafood Gumbo Shoppe fueron disfrazados; sin embargo, las relaciones están intactas.

mercados y clubes mayoristas, mientras que los de medio galón y galón se vendían a restaurantes y otros clientes de servicio de comidas. La gumbo de la compañía era su artículo más vendido; generaba aproximadamente 90% de sus ventas anuales. La gumbo de mariscos de Azalea, como otras gumbos, era una sopa tipo cocido de *okra* (un vegetal de origen oriental), carne de cangrejo de río y especias en una base *roux* (caldo para espesar de harina y grasa o aceite, color castaño rojizo); sus raíces se remontan a los "acadianos" que fueron expulsados de Canadá a fines de la década de 1700 y que se establecieron en el área de Nueva Orleáns. Perfeccionando muchas de las recetas Cajun, los acadianos aprovecharon mucho de lo aprendido de los nativos americanos y de los colonizadores franceses y españoles que vivían cerca del Delta del Mississippi. La auténtica gumbo de mariscos estilo Luisiana de Azalea Seafood Gumbo Shoppe se había presentado en el evento de Taste of America, patrocinado por el National Press Club en Washington, D.C., y se llegó a servir en la Casa Blanca durante el periodo del presidente Reagan.

Azalea Seafood Gumbo Shoppe agregó una sopa *bisque* de camarón y carne de jaiba en salsa blanca de crema en 1997 y un estofado de cangrejo de río en 1998. El estofado era otro platillo estilo Cajun que solía servirse con arroz, o en tazón de pan, en corteza de pay (*pie*) o solo. El estofado de cangrejo de Azalea recibió el premio a mejor producto nuevo (Silver Award for Best New Product) de 1998, del evento Seafood Show en San Francisco. La ilustración 4 presenta los datos técnicos de los productos de Azalea. La información nutricional de la etiqueta de los cuatro productos se muestra en la ilustración 5. Los precios de mayoreo de la compañía y una encuesta de asignación de precios detallistas de abril de 2001 se pueden ver en la ilustración 6.

Ilustración 3   Hojas de balance de 1999-2000 de Azalea Seafood Gumbo Shoppe*

	2000	1999	1998	1997	1996
Activo					
Activo circulante					
Efectivo	$ (12 249)	$ (22 689)	$ 6 467	$ (23 542)	$ (18 345)
Cuentas por cobrar	98 347	130 043	93 444	99 777	62 143
Otras partidas de activo circulante					
Inventario: bienes terminados	6 337	11 189	11 145	9 134	6 580
Inventario: materias primas	21 503	34 686	33 990	34 223	29 913
Seguro pagado por adelantado	10 554	7 771	5 940	6 325	5 316
Total de otras partidas de activo circulante	38 393	53 646	51 074	49 681	41 810
Total del activo circulante	124 491	160 999	150 985	125 916	85 608
Activo fijo					
Equipo y maquinaria	293 064	206 477	198 423	150 484	106 616
Equipo de oficina y mobiliario	9 966	9 966	9 966	7 406	7 406
Mejoras de arrendamiento	12 147	12 147	12 147	1 663	1 663
Vehículos	31 055	31 055	17 819	16 134	16 134
Depreciación acumulada	(196 989)	(165 788)	(126 050)	(80 902)	(60 514)
Total del activo fijo	149 243	93 858	112 305	94 785	71 305
Otras partidas de activo					
Préstamos a los accionistas	27 624	22 850	28 932	29 055	33 083
Total de otras partidas de activo	27 624	22 850	28 932	29 055	33 083
Total del activo	$301 357	$277 707	$292 222	$249 757	$189 996
Pasivo y capital contable					
Pasivo circulante (obligaciones a corto plazo)					
Cuentas por pagar	$126 635	$126 100	$119 345	$ 99 874	$ 51 831
Otras partidas de pasivo circulante					
Notas por pagar	$ 13 805	$ 5 261	$ 5 185	$ 46 305	$ 6 297
Impuestos sobre nómina por pagar	4 411	5 528	8 642	6 728	4 625
Porción circulante (a corto plazo) de la deuda a largo plazo	46 136	64 606	44 692	29 253	19 561
Total de otras partidas de pasivo circulante	$ 64 352	$ 75 396	$ 58 520	$ 82 286	$ 30 483
Pasivo diferido (obligaciones a largo plazo)					
Notas por pagar	$131 222	$ 93 132	$112 834	$ 47 848	$ 60 379
Porción menos circulante (más diferida) [por pagar]	(46 136)	(64 606)	(44 692)	(29 253)	(19 561)
Total del pasivo diferido	$ 85 086	$ 28 526	$ 68 141	$ 18 595	$ 40 818
Capital contable					
Acciones comunes	$ 300	$ 300	$ 300	$ 300	$ 300
Capital pagado (sobre acciones)	19 698	19 692	19 692	19 692	19 692
Utilidades retenidas	5 286	27 693	26 225	29 009	46 872
Total del capital contable	$ 25 284	$ 47 685	$ 46 217	$ 49 001	$ 66 864
Total de pasivo y capital contable	$301 357	$277 707	$292 222	$249 757	$189 996

* Los estados financieros de Azalea Seafood Gumbo Shoppe fueron disfrazados; sin embargo, las relaciones están intactas.

Proceso de producción de Azalea

Azalea operaba con un programa de producción justo a tiempo (JAT; *just in time*, *JIT*) con carreras de producción relativamente cortas que se iniciaban conforme fuera necesario para surtir

Ilustración 4   Información técnica de los platillos preparados de mariscos
de Azalea Seafood Gumbo Shoppe*

Tamaño disponible[†]	Cuenta por caja	Dimensiones de la caja (pulg. y cm)	Configuración de la tarima de transporte
Pinta (16 onzas = 0.47 litros)	12	14⅜ × 9⅝ × 6⅞ pulg. (36.5 × 24.4 × 17.4 cm)	Información no disponible
Cuarto (30 onzas = 0.94 litros)	12	18½ × 12⅛ × 7 pulg. (46.9 × 30.7 × 17.7 cm)	Unir 7 × 6 = 42
Medio galón (64 onzas = 1.89 litros)	8	15 × 15 × 10½ pulg.[‡] (38.1 × 38.1 × 26.6 cm)	Unir 7 × 6 = 42
Galón (117 onzas = 3.78 litros)	4	16½ × 16½ × 6¾ pulg. (41.9 × 41.9 × 17.1 cm)	Unir 6 × 6 = 36

*Gumbo de mariscos, bisque de camarón y carne de jaiba, criolla de camarones y estofado de cangrejo de río.

[†] Todos los productos se surten en envases de plástico reutilizables.

[‡] Para el bisque de camarón y jaiba son 27.94 cm.

Nota: Vida en anaqueles: congelados, un año; refrigerados, cuatro a cinco días. Instrucciones de preparación: horno de microondas, sartén o cacerola abierta, olla de cocimiento lento u olla eléctrica de presión; sírvase con arroz; agregue salsa picante al gusto.

pedidos de distribuidores y detallistas. Rathle y Addison compartían la responsabilidad de planear y organizar el proceso general de producción de la empresa, pero el director de cocina de la misma era el responsable de las operaciones diarias de cocina y de coordinar las labores tanto de los tres cocineros de tiempo completo como de los dos de tiempo parcial con que se contaba. La responsabilidad de Rathle de planear y organizar las operaciones de cocina incluían las actividades de cocina por lote y la compra de ingredientes. La empresa compraba verduras frescas, carne de jaiba cocida fresca, camarón cocido congelado y envases directamente de los manufactureros. Otros ingredientes y suministros los compraba a un distribuidor de alimentos primario y a dos secundarios. La mayor parte del suministro de jaiba y cangrejo era pescado y procesado por pescaderías de la Costa del Golfo, pero Rathle y Addison habían descubierto que el camarón sacado del agua, cocido y congelado al instante en California podía comprarse a mejores precios que los del Golfo cercano.

En Azalea se trató de eliminar la mayor cantidad posible de preparación para concentrarse únicamente en la elaboración de sus productos de gumbo, bisque, estofado y criolla. La compañía compraba vegetales picados y camarón, carne de jaiba y cangrejo de río ya cocidos para eliminar actividades laboriosas de preparación. Además, la compra de vegetales y mariscos procesados reducía el desperdicio de comida y retribuía periodos de limpieza más cortos.

La gumbo se cocinaba diariamente por pedido en la vaporera aislada de 150 galones (567.8 litros). La bisque de camarón y jaiba, la criolla de camarón y el estofado de cangrejo de río no se guisaban a diario porque los pedidos de esos productos eran menos frecuentes que los de la gumbo de la empresa. La gumbo y otros productos se cocían por un lapso aproximado de hora y media en la vaporera antes de ser trasvasados a los recipientes de plástico de pinta (0.47 litros) o de cuarto [de galón] (0.94 litros) que se almacenarían en los congeladores de los supermercados. El recipiente de cuarto de Azalea se aprecia en la ilustración 7. El cocido preparado en la vaporera de 150 galones (567 litros) se pasaba a un agitador vertical, donde los ingredientes se distribuían de manera uniforme. El camarón, sin embargo, no podía agregarse al agitador, porque la estructura vertical de esta máquina, combinada con el peso del crustáceo, haría que éste se asentara en el fondo en lugar de distribuirse uniformemente. Para asegurar el contenido uniforme de proteína, se pesaba el camarón en báscula y se incorporaba a mano en cada recipiente. Una vez que el camarón cocido congelado se agregaba en los recipientes, los trabajadores de cocina trasvasaban la gumbo, u otras combinaciones de mariscos, de la vaporera de 150 galones (567 litros) a los envases de 4 galones (15.1 litros) y luego llenaban los botes de plástico manualmente. Una vez que los trabajadores llenaban lotes de recipientes, le ponían tapas a cada recipiente y le aplicaban un sello de seguridad al borde de la tapa. El proceso de llenado solía acarrear pequeños derrames o rebosamientos que requerían la limpieza de los envases antes de aplicar el sello de seguridad. Los recipientes, llenos y sellados, eran llevados a un congelador en el que se hacía descender la temperatura de 150 a −10°F (grados Fahrenheit = 65 a −23°C) en un lapso de cuatro horas.

Ilustración 5   Datos de nutrición de los platillos de mariscos de Azalea Seafood Gumbo Shoppe

Gumbo de mariscos
Datos de nutrición

Tamaño de la porción: 1 taza (228 g)

Cantidad por porción

Calorías: 60   Calorías de las grasas: 15

		% de valor diario*
Total de grasas	2 g	3%
Grasas saturadas	0 g	0%
Colesterol	30 mg	11%
Sodio	410 mg	17%
Total de carbohidratos	6 g	2%
Ración de fibra diaria	0 g	0%
Azúcares	5 g	
Proteína	5 g	
Vitamina A: 4%	•	Vitamina C: 8%
Calcio: 2%	•	Hierro: 4%

* Los Valores Diarios en Porcentaje se basan en una dieta de 2 000 calorías.

Bisque de camarón y carne de jaiba
Datos de nutrición

Tamaño de la porción: 2/3 de taza (140 g)

Porciones aproximadas por recipiente: 14

Cantidad por porción

Calorías: 120   Calorías de las grasas: 50

		% de valor diario*
Total de grasas	26 g	9%
Grasas saturadas	1.5 g	9%
Colesterol	50 mg	16%
Sodio	580 mg	24%
Total de carbohidratos	9 g	3%
Ración de fibra diaria	0 g	0%
Azúcares en cantidad menor de	1 g	
Proteína	7 g	
Vitamina A: 2%	•	Vitamina C: 4%
Calcio: 2%	•	Hierro: 4%

* Los Valores Diarios en Porcentaje se basan en una dieta de 2 000 calorías.

Criolla de camarones
Datos de nutrición

Tamaño de la porción: 2/3 de taza (140 g)

Cantidad por porción

Calorías: 40   Calorías de las grasas: 10

		% de valor diario*
Total de grasas	1 g	2%
Grasas saturadas	0 g	0%
Colesterol	20 mg	6%
Sodio	300 mg	13%
Total de carbohidratos	5 g	2%
Ración de fibra diaria	0 g	0%
Azúcares	3 g	
Proteína	3 g	
Vitamina A: 6%	•	Vitamina C: 10%
Calcio: 2%	•	Hierro: 4%

* Los Valores Diarios en Porcentaje se basan en una dieta de 2 000 calorías.

Estofado de cangrejo de río
Datos de nutrición

Tamaño de la porción: 2/3 de taza (140 g)

Cantidad por porción

Calorías: 100   Calorías de las grasas: 40

		% de valor diario*
Total de grasas	4.5 g	7%
Grasas saturadas	1 g	4%
Colesterol	40 mg	13%
Sodio	710 mg	30%
Total de carbohidratos	9 g	3%
Ración de fibra diaria menor de	1 g	2%
Azúcares	7 g	
Proteína	7 g	
Vitamina A: 4%	•	Vitamina C: 8%
Calcio: 2%	•	Hierro: 6%

* Los Valores Diarios en Porcentaje se basan en una dieta de 2 000 calorías.

La compañía había empezado a seguir un nuevo proceso de envasado para sus envases de servicio de alimentos de medio galón (1.89 litros) y de un galón (3.78 litros) que incorporaba la automatización para reemplazar muchas de las laboriosas actividades requeridas en su actual proceso. Después de que la gumbo u otros productos se cocían en la vaporera, el producto cocinado se trasvasaba por un tubo de acero inoxidable de 3 pulgadas (7.6 cm) de diámetro, mediante una bomba de pistón, a un agitador de rueda horizontal de paletas donde los camarones y otros ingredientes se distribuían uniformemente. Los productos de mariscos se hacían pasar entonces por la tubería de acero inoxidable del agitador a una máquina de formado vertical, llenado y sellado que medía con precisión el producto vertido en bolsas hervibles de plástico; esta máquina, que no dejaba residuos en aquéllas tras el proceso, tenía capacidad para llenar y sellar 15 bolsas de plástico de un galón, o 30 de medio galón, por minuto; y en las pruebas de

Ilustración 6   Encuesta de asignación de precios detallistas y al mayoreo
de Azalea Seafood Gumbo Shoppe

Encuesta de asignación de precios al detalle		
Cadena de comestibles	**Artículo**	**Precio detallista**
Winn-Dixie	Gumbo de mariscos de un cuarto	$5.99
	Estofado de cangrejo de río de un cuarto	6.99
Supercentros Wal-Mart	Gumbo de mariscos de un cuarto	5.47
	Criolla de camarón de un cuarto	5.47
Bruno's	Gumbo de mariscos de un cuarto	5.98
	Criolla de camarón de un cuarto	5.98
	Bisque de camarón y carne de jaiba de un cuarto	5.98
Greer's	Gumbo de mariscos de un cuarto	5.98
	Criolla de camarón de un cuarto	5.98
Randall's	Gumbo de mariscos de un cuarto	5.99
	Criolla de camarón de un cuarto	5.99
	Bisque de camarón y carne de jaiba de un cuarto	5.99
Precios de mayoreo		
Producto	**Tamaño del recipiente**	**Precio de mayoreo**
Gumbo de mariscos	Galón	$15.50
	Medio galón	8.00
	Cuarto	3.60
	Pinta	2.00
Criolla de camarón	Galón	15.50
	Medio galón	8.00
	Cuarto	3.60
	Pinta	2.00
Estofado de cangrejo de río	Galón	18.00
	Medio galón	9.25
	Cuarto	4.00
	Pinta	2.25
Bisque de camarón y carne de jaiba	Galón	16.50
	Medio galón	8.25
	Cuarto	3.60
	Pinta	2.00

producción, llenaba las bolsas de cuarto y pinta a razón de 40 por minuto. Se hacía pasar entonces cada bolsa sellada de gumbo, estofado, bisque o criolla a un tanque enfriador de 1 000 galones (3 785 litros) con capacidad para bajar la temperatura de los productos de aproximadamente 150 a 35°F (65 a 1.6°C) en 15 minutos. Los paquetes fríos se pasaban entonces al congelador de la compañía, donde se hacía descender la temperatura a –10°F (–23°C). Los productos de mariscos congelados se ponían entonces en cajas individuales y se preparaban para su embarque; una vez congelados, tenían una vida de un año en el anaquel.

Ventas y marketing

John Addison y Mike Rathle eran responsables de las labores de ventas y marketing de su empresa. Cuando uno de ellos identificaba a un nuevo cliente potencial, solía darle las cotizaciones de precios por teléfono y enviarle muestras del producto a la empresa cliente para que evaluara. Si el cliente abacero o distribuidor de servicio de comidas se interesaba por el nuevo producto, se concertaban reuniones para ultimar los detalles. El método de los socios para crear nuevas

Ilustración 7   Envase de un cuarto de gumbo de Azalea Seafood
Gumbo Shoppe

cuentas había tenido éxito con las cuentas de abacería establecidas con Wal-Mart, Bruno's, Winn-Dixie, Publix, Greer's y Randall's. (Véase la ilustración 8 para examinar una lista de cuentas de Azalea con supermercados.) La compañía usaba el mismo método para iniciar cuentas de servicio de alimentos y había logrado tener acceso a más de 300 restaurantes a través de acuerdos de distribución con PYA/Monarch y Wood Fruitticher. Por lo común, establecer una cuenta con una oficina regional de un abacero nacional estadounidense requería tiempo, arduo trabajo y algo de buena suerte. Rathle explicó la forma en que los contactos personales, la persistencia y la habilidad en ventas tuvieron que ver con que Azalea consiguiera su acceso a la distribución en cerca de 300 supercentros Wal-Mart y 20 Sam's Clubs en el sureste de Estados Unidos:

> Entramos en Wal-Mart porque a un gerente de un supercentro local le gustó nuestro producto y nos pidió que le vendiéramos a él con base en entrega directa. Nuestro producto se estaba vendiendo bien en esa tienda y descubrí que una persona que yo conocí cuando trabajaba para Brach's era gerente de abacería de Wal-Mart. Le llamé por teléfono y le dije: "Ustedes necesitan tenerme en bodega. Miren el volumen que estoy vendiendo en esta tienda." Dos semanas después estábamos en el almacén vendiéndole a 300 tiendas de Wal-Mart y 20 de Sam's.
>
> También tuvimos suerte en la forma en que Wood Fruitticher se convirtió en distribuidor de nuestra gumbo. Sencillamente, John les llamó un día y les dijo el volumen que podíamos proveerles y dijeron: "Envíenoslo". Otras cuentas son muy difíciles de conseguir. Hemos estado en Winn-Dixie regionalmente largo tiempo, pero no hemos hecho progresos en la labor con su personal corporativo para hacer que nuestra gumbo se distribuya a escala nacional.

Los esfuerzos de marketing de Addison y Rathle con los abaceros llegaron incluso a tratar de mantener una colocación favorable de producto en su red de distribución de 1 000 supermercados. Ésta era una tarea desafiante, ya que era imposible que los dos socios hablaran con los gerentes de tienda o de departamento de mariscos de las mil tiendas. Muchas veces, los gerentes de tienda podían cambiar de sitio los artículos en la tienda y la gumbo de Azalea quedaba en lugar desfavorable en el congelador sin conocimiento de Addison o Rathle. En el pasado, la empresa había contratado a varios corredores de alimentos para tener segura una colocación favorable, pero apenas recientemente habían encontrado a un corredor dispuesto a dedicar suficiente atención a los productos de la compañía. Esta última había logrado hasta cierto punto garantizar una buena colocación en la tienda comprando congeladores exhibidores de 9 pies cúbicos (254 litros cúbicos) para situarlos en algunos establecimientos donde se expendían sus productos. Los congeladores exhibidores estilo gabinete contenían sólo productos de Azalea y

Ilustración 8 Ventas estimadas y número de ubicaciones de supermercados clientes de Azalea Seafood Gumbo Shoppe en 2000

Compañía	Ventas estimadas en 2000 (en millones)	Número de tiendas (ventas por tienda de 2 millones o mayores)
Wal-Mart*	$22 947	908
Winn-Dixie	13 731	1 081
Randall's†	2 600	117
Bruno's	2 139	172
Jitney-Jungle/Delchamps	1 985	119
Greer's	90	38

*Las estadísticas de supercentro están reducidas para abarcar sólo los artículos tradicionales de supermercado.

†Randall's es una subsidiaria de Safeway.

Fuente: Informe anual de *Progressive Grocer*, abril de 2001; sitios web de la empresa.

habitualmente se ubicaban en el centro del departamento de mariscos. La colocación en tienda de la empresa en Wal-Mart y en Sam's Club no era de preocupar, ya que Wal-Mart tenía un método Plan-O-Gram que estandarizaba la colocación de producto en todas las tiendas. Rathle explicó cómo era que la colocación del producto tenía tan marcado efecto en sus ventas:

> Uno de nuestros mayores problemas con los supermercados es que pongan nuestro producto al extremo de un corredor de congeladores, junto a los camarones de cebo para pesca, o en el rincón derecho superior de un congelador vertical. La mejor colocación es cara al centro, justo al nivel de la vista. Por lo común tenemos buena colocación en Wal-Mart o en Sam's, porque hemos demostrado que nuestro producto se vende y hemos colaborado con ellos para conseguir una buena colocación de Plan-O-Gram. Este plan se sigue en cada supercentro Wal-Mart y en Sam's para que cada tienda tenga el mismo esquema que las demás. Mientras tengamos un buen sitio en el Plan-O-Gram, la mayor parte de la batalla está ganada.
>
> También se nos dificulta mucho conseguir un buen corredor que distribuya nuestros productos. Simplemente no somos lo bastante grandes para atraer el interés de un SUPERVALU. Así que nos hemos visto forzados a trabajar con compradores unidos para mejorar nuestra colocación. Hemos descubierto a un corredor que es lo bastante pequeño para interesarse por nosotros, pero que tiene muy buena relación con Winn-Dixie; ya hizo muy buen trabajo consiguiéndonos buena colocación en Plan-O-Gram con Winn-Dixies en Alabama y Mississippi, pero realmente necesitamos más corredores con relaciones como las de él.

En algunos sentidos, la competencia de Azalea en los supermercados era limitada, ya que había pocas empresas que se especializaran en gumbo. Sin embargo, al hablar de la competencia, Addison explicó cómo, en otros aspectos, todo en la tienda competía con su gumbo:

> Nuestro competidor es cualquier otro producto en la tienda o en el menú. Un cliente puede comprar gumbo o pescado; o pueden comprar gumbo, o carne o pollo. Pero en cuanto a otros productores de gumbo, sólo hay cuatro o cinco por ahí. Habitualmente aparecen siempre que aseguramos una nueva cuenta de supermercado. Cuando sólo estábamos en Bruno's no teníamos competencia real. Entonces entramos en Delchamps y todo mundo apareció de la nada tratando de quitarnos la cuenta. Lo mismo ocurrió cuando aparecimos en Wal-Mart. No obstante, nunca hemos perdido realmente negocios a manos de un competidor. A veces, un competidor recién llegado o existente paga una gran suma para conseguirse lugar en el anaquel; pero si su producto no tiene tan buen sabor como el nuestro o tiene un precio más alto de lo adecuado se irá en tres o cuatro meses. Hay un par de otras compañías que venden gumbo a distribuidores de servicio de alimentos, pero no hemos experimentado en verdad ninguna competencia fuerte de precios en ese segmento.

Las cuentas de servicio de alimentos de Azalea con los distribuidores del ramo eran en extremo atractivas porque prácticamente no requerían apoyo continuo de ventas y promoción después de establecer la cuenta. Una vez que el distribuidor empezaba a repartir un producto de alimento preparado, promovía los productos que llevaba y colocaba en forma regular productos pedidos con sus manufactureros. Cerca de 10% del volumen de Azalea estaba dedicado a sus cuentas de servicio de alimentos como U.S. Foodservice, pero cerca de 10% de sus ventas de servicio de alimentos se hacían a transportistas-repartidores. Addison y Rathle creían que el proceso de producción justo a tiempo de la empresa les ayudaba a mantener bajos sus costos y a mejorar el flujo de efectivo, pero como tenían muy poco inventario a la mano, con frecuencia no disponían de producto en cajas para venderles a los transportistas-repartidores que pasaban por su local.

Addison y Rathle habían conseguido también algunas cuentas de servicio de alimentos hablando directamente con los encargados de oficinas corporativas de diversas cadenas restauranteras. Tenían cuentas con unas pocas cadenas regionales pequeñas, pero no habían logrado asegurar cuentas con cadenas mayores aun cuando a muchos compradores de cadena les gustaban las muestras de gumbo y les acomodaba la asignación de precios de Azalea. Rathle explicó cómo fue que las austeras instalaciones de la empresa habían planteado un problema para algunos compradores representantes de compañías:

> Le hice una presentación a Applebee, hace un año o cosa así, para tratar de que sirvieran nuestra gumbo. La junta iba muy bien, y la compradora decía lo estupenda que era nuestra gumbo, pero entonces empezó a hablar de las modernas instalaciones que tenían los manufactureros de sus productos alimenticios. Parecía que iba a seguir hablando eternamente de la automatización que ella veía en las plantas, y de las técnicas estadísticas de control de calidad que aplicaban. Comprendí que la junta era una pérdida de tiempo al preguntar ella cuándo podría venir a inspeccionar nuestra planta.
>
> Más tarde tuvimos una oportunidad similar con Cracker Barrel. Les habíamos enviado una muestra y nos llamaron para decir que les había gustado el producto y que vendrían a vernos para trabajar en los detalles del contrato. Sabíamos, por nuestra junta con Applebee que necesitábamos impresionar a esta gente con nuestra instalación. Bueno, lo hicimos lo mejor que pudimos. Pintamos todo, le hicimos un gran trabajo de mantenimiento al patio y en general dejamos todo muy limpio. Nunca aparecieron. En realidad, pienso que sí acudieron, pero no entraron. El día de la cita para la junta, estaba sentado en la oficina cuando vi una Suburban rentada, llena de personas trajeadas, entrar en nuestro acceso de vehículos, detenerse un momento y luego virar e irse. Ahora no sé si esos eran los de Craker Barrel, pero nunca recibimos una llamada para explicar por qué nunca asistieron a la cita. Pero en realidad no puedo censurarlos. Probablemente entraron y dijeron: "¿Éste es el negocio? Estos hombres no nos sirven de nada."

OPORTUNIDADES DE POSTERIOR CRECIMIENTO

Mientras Addison y Rathle empezaban a desmontar el equipo de cocina utilizado en la fiesta de la cuadra de Monterey Street, Rathle abordó algunas de las preguntas que Addison había formulado más temprano esa tarde. Rathle estaba tan complacido con las nuevas bolsas hervibles que estaban empezando a utilizar en Azalea como envases de servicio de alimentos de galón y de medio galón, que estaba seguro de que podrían emplearlas también para las medidas de pinta y cuarto vendidas en supermercados:

> Tú sabes, estoy de verdad contento con las nuevas bolsas hervibles que estamos usando como envases de servicio de alimentos. Se me ocurre que tal vez nos convendría deshacernos de nuestros envases de pinta y cuarto. Primero, tendremos menos desgaste y rotura en el congelador y gastos más bajos de agua y/o electricidad. Justo ahora estamos operando con un alto factor de carga, porque bajamos la gumbo de 150 a $-10°F$ (65 a $-23°C$). Para hacer esto tenemos que poner el congelador a $-25°F$ ($-31°C$). Utilizando el tanque enfriador para toda nuestra gumbo, bajaremos ésta $35°F$ ($1.6°C$) hasta $-10°F$ ($-23°C$), así que sólo necesitaremos poner el tanque enfriador a $-10°F$ ($-23°C$). He hecho algo de números y me parece que el más bajo factor de carga ahorrará cerca de 30% al mes en gastos de agua y/o electricidad y alrededor de 2 000 dólares al año en mantenimiento del congelador. Tendremos algunos ahorros en costos de mano de obra porque no tendremos que pesar camarón, poner sello de seguridad a los envases o limpiar la gumbo derramada en éstos, pero probablemente se anularán por el costo de las cajas necesarias para las bolsas hervibles.
>
> Otra ventaja de las bolsas hervibles es la apariencia de nuestros productos y la flexibilidad que nos da para las presentaciones de nuevos productos. Usted sabe lo precisos que somos para el vertido, y aun así no puedo evitar que los envases tengan derrames al ser estibados y movidos dentro del

congelador. Cuando los envases salen del congelador tenemos escurrimientos de los envases por un costado o por debajo del sello de seguridad.

Asimismo, las cajas se verán más como lo que la gente está acostumbrada a ver en marcas nacionales. Podemos poner una imagen de calidad fotográfica a todo color de nuestro producto al frente de la caja. Inicialmente, las cajas van a costar alrededor de 50% más por recipiente que lo que pagamos por los envases tipo bote, pero creo que tendremos mejor colocación en las tiendas con una caja que sea atractiva y que pueda estar al extremo de un congelador, junto a otros productos de mariscos. Ahora mismo, no estoy seguro de que alguien sepa qué hay en nuestros envases de bote, a menos que ya estén familiarizados con el producto. De igual manera, no hemos subido nuestros precios en dos años. Tal vez un cambio de empaque podría ir acompañado de un aumento de precio. Y, por otra parte, el costo adicional de la caja acabará cayendo por debajo de lo que actualmente pagamos por los envases tipo bote al aumentar nuestro tamaño de pedido.

Addison convino con las observaciones de Rathle, pero señaló que la gumbo podía limpiarse del envase de bote antes de los envíos, y que rara vez había oído quejas de un detallista acerca de la gumbo derramada por debajo del sello de seguridad. Rathle replicó:

Bueno, esto me molesta porque sé que no se ve bien. Yo no compraría un producto que se escurra afuera del recipiente. Además, creo que podríamos vender verdaderas comidas listas para servirse si ponemos una bolsa de arroz y una bolsa hervible de gumbo en la misma caja, de la que ambos productos podrían echarse en un cazo de agua hirviendo y servirse en 10 minutos. Las porciones individuales serían también un éxito en los restaurantes, ya que en lugar de cocinar un galón completo de gumbo que pudiera no usarse del todo, tomarían una caja de una ración de seis onzas (170 g), que se herviría o calentaría en horno de microondas siempre que alguien ordenara una taza de gumbo.

Rathle mencionaba que su única reserva en cuanto al cambio a las bolsas hervibles para las ventas detallistas era la posibilidad de que variaran las cantidades de camarón en ellas:

He probado una y otra vez el agitador de rueda de paletas y parece que el número de camarones en las bolsas es uniforme siempre, pero yo sé y tú sabes que alguien por ahí va a comprar una pinta de gumbo que no contenga tantos camarones como los que solía contener esta medida. Simplemente odiaría que alguien diga: "Hmmm, antes le ponían más camarones."

Addison no hizo comentarios sobre la cuestión de la uniformidad y llevó la conversación a la necesidad de nuevas instalaciones de producción:

En realidad creo que vamos a tener que mudarnos a nuevas instalaciones antes de que podamos conseguir muchas más cuentas, especialmente de servicio de alimentos. Parece que a los grandes clientes les preocupan nuestras condiciones sanitarias, que nunca han sido un problema, y nuestra capacidad de satisfacer sus necesidades de producción. Ven este local de 2 200 pies cuadrados (204 metros cuadrados) y no creen que tengamos manera de producir tanto como realmente producimos. Necesitaremos unos 120 000 dólares en equipo nuevo si nos movemos. De igual forma, nuestra renta se irá probablemente de 1 000 a 1 500 dólares por mes; pero tenemos encima cerca de 5 000 dólares en pagos mensuales de préstamos para equipo que pagaremos en los próximos seis meses. Además, si la gente de Bentonville llega a querer nuestro producto en 100 lugares de Sam's, no estoy seguro de que podamos hacerlo con nuestra instalación actual.

De igual manera, si tuviéramos un edificio más grande y diseñado específicamente para el procesamiento de alimentos, podríamos pasar a ser certificados de USDA. La certificación de USDA nos permitiría agregar nuevos productos, como la gumbo de pollo, que se vendería a un punto de precio más bajo que la gumbo de mariscos. También añadiríamos otros productos, como Red Beans and Sausage (frijoles rojos con salchicha) o Cajun Stuffed Chicken Breasts (pechugas de pollo rellenas estilo Cajun). También podríamos elaborar platillos principales individualizados para nuestros clientes de servicio de alimentos. Nada de esto se hará en nuestro local actual, pues no tenemos techos a 12 pies (3.66 m) de altura, oficina para que se estacione el inspector de USDA, ni congeladores de aislamiento para el alimento crudo.

Cargado en su camión el resto de su equipo de cocina, Addison y Rathle abordaron el vehículo para regresar a su planta. Addison le mencionó a Rathle que la capacidad actual de producción de Azalea le permitiría a su empresa aumentar sus ventas anuales a cerca de 1.5

millones de dólares sin necesidad de mayor inversión; a él le parecía que ambos podrían vivir muy bien si la compañía pudiera aumentar sus ventas otro 50% sin acrecentar ni su deuda ni sus gastos de renta. No obstante, Addison continuó con el comentario de que la mayor retribución a su inversión de tiempo y dinero dependía de su capacidad de incrementar sus ingresos y ganancias cinco o diez veces más, para convertir su empresa en candidata a la adquisición por parte de una compañía grande de producción de comestibles o distribuidora de los mismos.

caso 7 Competencia en la industria global del vino: perspectiva de Estados Unidos

Murray Silverman
San Francisco State University

Richard M. Castaldi
San Francisco State University

Sally Baack
San Francisco State University

Gregg Sorlien
San Francisco State University

El mercado global del vino en 1998 se estimaba en 6.8 miles de millones de galones (25.7 miles de millones de litros), lo cual representa una baja en comparación con los 6.9 miles de millones de galones (26.1 miles de millones de litros) de 1997 y los 7.1 miles de millones de galones (26.8 miles de millones de litros) de 1996. Alrededor de 25% del volumen total de vino producido se compraba fuera del país en el que se producía ese vino; esto representaba un aumento sobre el volumen de 17% del que dieron cuenta las exportaciones en el periodo 1991-1995. El creciente porcentaje de vinos que se estaban exportando se debía principalmente a la alta prioridad estratégica que las vinaterías estaban concediendo a la exportación como estrategia de crecimiento. En el pasado, los vinos se producían y consumían localmente, pero ese patrón había cambiado en las últimas décadas al estancarse el consumo per cápita en muchos países productores de vino. Al mismo tiempo que los países productores vinícolas habían empezado a esforzarse más en la búsqueda de oportunidades de exportación, la industria vinícola experimentaba un surgimiento de la producción del vino en varios países nuevos: Australia, Chile y Argentina. El resultado era el de una creciente competencia en el mercado global del vino. Las ilustraciones 1, 2 y 3 muestran un panorama de la producción de vino en la industria global de este producto.

En 2000, Estados Unidos era el cuarto mayor productor de vino en el mundo (véase la ilustración 1); no obstante, eso sólo contaba para cerca de 4.2% del mercado total de exportación de vino sobre la base de volumen (véase la ilustración 2). Esto se debía principalmente al bajo nivel de importancia estratégica que la mayoría de los vinicultores concedían a la exportación. Tra-

Los autores reconocen con toda gratitud la aportación de Business and International Education (BIE) del U.S. Department of Education (Secretaría de Educación de Estados Unidos) y una aportación semejante del College of Business (Facultad de Comercio) de San Francisco State University (Universidad Estatal de San Francisco) en apoyo a esta investigación. Copyright © 2001 por los autores del análisis del caso. Utilizado con autorización.

Ilustración 1   Producción vinícola mundial 1996-1998 (en millones
                  de galones; 1 millón de galones = 3.78 millones de litros)

País	1996	1997	1998
Italia	1 551	1 343	1 430
Francia	1 506	1 414	1 390
España	818	876	800
Estados Unidos	498	580	539
Argentina	334	356	334
Alemania	228	224	286
Sudáfrica	230	232	215
Australia	177	162	195
Chile	100	120	144
Rumania	202	176	132
Hungría	110	118	110
Yugoslavia	92	106	106
Resto del mundo	1 296	1 195	1 150
Total mundial	7 142	6 902	6 831

Fuente: IV International, basado en datos de la Office International de la Vigne et du Vin (OIV).

Ilustración 2   Porciones de porcentaje de la producción mundial de vino, el consumo, el mercado
                  mundial del vino y el mercado de exportación, basado en volumen, 1998

País[*]	Porción de la producción (en %)	Porción del consumo (en %)	Porción del mercado mundial (en %)	Porción del mercado de exportación (en %)	Lugar mundial en el mercado de exportación
Italia	21.0	14.3	20.8	25.3	1
Francia	20.4	15.9	20.3	25.1	2
España	11.7	6.7	10.6	15.6	3
Estados Unidos	7.9	9.3	8.4	4.2	4
Argentina	4.9	6.1	6.4	1.7	10
Alemania	4.2	8.5	4.1	3.6	5
Australia	2.9	1.6	2.3	3.0	8
Chile	2.1	1.0	2.0	3.5	6
Portugal	1.4	2.2	2.5	3.4	7
Otros	23.5	34.4	22.6	14.6	
Total	100.0	100.0	100.0	100.0	

[*] Clasificado por porción de producción (en %).
Fuente: Office International de la Vigne et du Vin (OIV), 1999.

dicionalmente, la mayoría de los vinicultores estadounidenses recurrían a la exportación sólo cuando tenían provisión en exceso que no podían vender en el mercado de Estados Unidos; las oportunidades de crecimiento relativamente atractivas en la industria vinícola de Estados Unidos hacían que la mayoría de los vinicultores estadounidenses vieran poca ganancia en el establecimiento de una presencia estratégica en los mercados vinícolas de otros países. Sin embargo,

Ilustración 3 Consumo per cápita de vino en países seleccionados, 1995-1999 (en litros)

Lugar	País	Población	1996	1997	1998
1	Luxemburgo	388 000	62.89	69.07	70.36
2	Francia	58 109 160	59.88	61.09	61.09
3	Italia	58 261 971	59.55	52.96	54.92
4	Eslovenia	2 051 522	54.79	51.74	48.74
5	Croacia	4 547 000	37.61	47.26	47.66
6	Portugal	10 562 388	54.91	49.45	47.34
7	Suiza	7 084 984	41.36	40.93	40.93
8	Argentina	34 292 742	38.97	39.05	39.52
9	España	39 404 348	36.69	37.02	38.07
10	Uruguay	3 222 716	29.88	33.57	35.13
33	Estados Unidos	267 636 000	7.82	7.69	7.88

Fuente: Office International de la Vigne et du Vin (OIV), 1999.

en tiempo más reciente su interés en las exportaciones había aumentado debido a que el mercado estadounidense estaba madurando, la competencia en el mercado interno era fuerte, la industria se estaba reduciendo a un número pequeño de participantes fuertes, y estaba creciendo el número de vinicultores estadounidenses que pasaban de la administración familiar a la profesional. En esta situación se encontró Lew Platt, ex presidente y director general de Hewlett-Packard, en febrero de 2000 cuando fue designado director general de la compañía vinicultora Kendall-Jackson en el Valle de Napa. Con las señales de que la industria mundial del vino se estaba globalizando y con la competencia creciente en Estados Unidos tanto entre las marcas de importación como entre las nacionales, muchos analistas de la industria vinícola creían que los principales vinicultores estadounidenses necesitaban desarrollar o afilar sus habilidades para competir con éxito en lo que los expertos veían como un ambiente de la industria más competitivo globalmente.

PANORAMA DE LA INDUSTRIA VINÍCOLA

El vino ha sido parte de la historia de Occidente desde el periodo neolítico (8500-4000 a. C.), cuando los humanos empezaron a crear comunidades permanentes y dejaron de ser cazadores-recolectores nómadas (uno de los registros escritos más antiguos acerca del consumo del vino está en la Biblia). El impacto del vino en las culturas del Mediterráneo se acentuó con los años, conforme la situación geopolítica se estabilizaba en la región bajo el Imperio Romano. El dominio de Roma contribuyó a extender la producción del vino a través de la mayoría de los países del imperio, que abarcaba a la mayor parte del norte de África y del sur de Europa. En el curso de esa misma era, el vino se afincó en la fe cristiana y aún se emplea en la misa católica actual. El estrecho vínculo entre el vino y la fe cristiana ayudó al extendimiento de la producción del vino y a su consumo a través de Europa en las edades que siguieron a la caída del Imperio Romano y, con el tiempo, a través del mundo con el imperialismo europeo de los siglos XV a XIX. Los países productores y consumidores de vino pertenecían principalmente a las naciones europeas occidentales y sus ex colonias, la mayoría de las cuales han sido históricamente católicas (véanse las ilustraciones 1 y 2).

Nunca ha habido un sistema universalmente aceptado para dar nombre a los estilos del vino. En la actualidad, hay dos sistemas sobresalientes para nombrar al vino: al de la variedad y el de denominación toponímica. Este último término (para traducir la voz francesa *appellation*), en el contexto de la industria vinícola, indica el nombre de la región o área específica en la que se produce un vino. En Francia, cuando se estableció la convención de la denominación toponímica, se aceptó que ciertos lugares geográficos, debido a la tierra (*terroir* o terreno donde se cultivan las uvas), estaban mejor preparados para producir un tipo específico de uva y, por ende, un estilo específico de vino. Por ejemplo, esa es la razón por la cual el champán (champaña o *champagne*, vino con cierto grado de carbonatación) viene de la región francesa de Champagne, al este de París. Algunas denominaciones toponímicas que han surgido en diversas partes del mundo son las de Bordeaux, Borgoña y Chablis, de Francia; Toscana, de Italia; Maipo, de Chile; Mendoza, de Argentina; Nueva Gales del Sur, de Australia, y Valle de Napa y Condado de Sonoma, de California. La palabra *variedad* (*varietal*) se refiere a una convención de denominación descriptiva basada en el tipo de uva usado para producir el vino. Las variedades se utilizan de manera predominante en la industria estadounidense para segmentar el mercado; entre las variedades comunes de vino están Zinfandel, Zinfandel blanco, Riesling, Chardonnay, Borgoña, Shiraz, Pequeño Shiraz, Merlot, Pinot Noir y Cabernet Sauvignon.

Un factor determinante en la calidad del vino era el concepto *terroir*. La idea era que en la calidad de un vino influía no tanto quién lo hacía ni qué métodos empleaba para ello, sino la calidad de la uva. Los factores ambientales (la temperatura de la región, la cantidad de luz a la que se exponían las viñas, la precipitación pluvial que recibía el área y las características del suelo) determinaban en mayor medida los sabores y el contenido de azúcar de la uva. Desde luego, un viñedo que tuviera todas las cualidades ambientales deseables, aún requeriría un considerable trabajo agrícola para crecer sano y libre de insectos y hongos que dañaran la capacidad de las vides para dar uvas de calidad. Las combinaciones de atributos necesarios para cultivar una uva de alta calidad para la vinicultura no eran muy comunes en todo el mundo. La cantidad de buen *terroir* era limitada y por consecuencia lo era también la capacidad de producir buenos vinos.

La complejidad del proceso de elaboración del vino daba lugar a muchas oportunidades para mejorar o perjudicar la calidad del producto. El proceso comenzaba a finales de otoño, cuando se cortaban las uvas de las vides y se ponían a secar breve tiempo al sol. El secado solar incrementaba la proporción de azúcar en agua de la uva, aumentando la posibilidad de un vino más dulce. A continuación, las uvas se vertían en una gran barrica y se sometían a "la pisa", o molienda de la uva para extraer el jugo. Cuanto más tiempo se mantuviera el hollejo o piel de la uva con el jugo, más oscuro saldría el vino. Para los vinos blancos, el hollejo se retiraba muy poco después de la pisa; para los vinos rojos, el hollejo se dejaba en el jugo un periodo largo. El jugo se vertía luego en barricas de madera o en tinajas de acero inoxidable y se dejaba reposar un año en promedio. El proceso de envejecimiento no sólo permitía que el fermento natural del azúcar generara el alcohol, sino que el mosto absorbiera buqués o fragancias de las barricas. Concluido el envejecimiento, el vino se embotellaba, etiquetaba y embarcaba con destino al mercado.

LOS PAÍSES VITIVINÍCOLAS

Los países vitivinícolas (productores de vino de uva) se clasificaban en dos amplias categorías: los del Viejo y los del Nuevo Mundo. Los mayores productores del Viejo Mundo eran Francia e Italia, y del Nuevo Mundo eran Australia, Chile y Argentina. De Estados Unidos, también productor del Nuevo Mundo, se tratará más adelante en este caso.

Productores del Nuevo Mundo

Australia   Los inmigrantes ingleses llevaron la vid a Australia por primera vez en 1788. La industria vinícola nació en la década de 1860, cuando los inmigrantes europeos agregaron la mano de obra capacitada necesaria para desarrollar la infraestructura comercial. A pesar de su larga historia, la industria vinícola estuvo estancada en Australia hasta la década de 1960, cuando varios factores clave la transformaron. Entre estos factores estuvieron las técnicas innovadoras que mejoraron la calidad del vino australiano a la par que mantuvieron los costos bajos. Poco después de que los vinicultores estuvieron en posición de producir vino de calidad en muchos puntos de precio, la demanda nacional e internacional comenzó a aumentar. Puesto que Australia (con una población de apenas 17 millones de habitantes) tiene un mercado interno muy limitado, sus vinicultores comprendieron que para que la industria siguiera creciendo tendría que hacerlo en el mercado internacional.[1] A finales de los años 1990-2000, Australia era el octavo mayor productor de vino en el mundo (véase la ilustración 1), con una producción de 177 millones de galones (669 millones de litros) en 1996 y 195 millones de galones (737 millones de litros) en 1998. En el mercado de exportación, Australia tenía 3% del total y quedó clasificado en octavo lugar del mundo en 1998 (véase la ilustración 2).

Al mismo tiempo que la industria vinícola australiana empezaba a mostrar un fuerte crecimiento, el gobierno estaba considerando una legislación que gravaría severamente las ventas del vino. Para proteger a la industria, los vinicultores locales se reunieron con los funcionarios del gobierno para trazar un plan que contuviera la política fiscal gubernamental, y el resultado fue la formulación de una estrategia de negocios llamada "Strategy 2025" (Estrategia 2025).[2] El consenso entre los vinicultores y el gobierno fue que el crecimiento de la industria serviría mejor a las autoridades y a la economía nacional de lo que lo haría la instigación de altos impuestos. Strategy 2025 delineaba la forma en que los vinos australianos se expandirían nacional e internacionalmente. La visión era que, para el año 2025, la industria vinícola australiana alcanzaría los 4 500 millones de dólares en ventas anuales por ser la proveedora más influyente y redituable de vinos de marca y por ser precursora de la promoción del vino como bebida
de primera elección universal de estilo de vida. Los vinicultores fueron incluso lo bastante audaces para nombrar los mercados específicos que se fijarían como metas: el Reino Unido, Estados Unidos, Alemania y Japón. Los cinco mercados principales de Australia en 1999 eran el Reino Unido, Estados Unidos, Nueva Zelanda, Canadá y Alemania. Con 343 millones de dólares en ventas, el Reino Unido daba cuenta de casi la mitad del ingreso obtenido por Australia en el mercado exportador, mientras que Estados Unidos fue el segundo aportador, con 160 millones de dólares. Los otros tres países (Nueva Zelanda, Canadá y Alemania) generaron las ventas de sólo 97 millones de dólares, o 16.1% de las ventas de exportación totales. Pese a ser un mercado meta de Strategy 2025, Japón no estaba en la lista de los cinco principales mercados de exportación australianos. Australia se había fijado como meta países asiáticos selectos por el gran crecimiento proyectado de sus poblaciones y economías.

Chile   Un sacerdote español llevó las primeras vides a Chile en el siglo XVI. Al paso de los años, la extensión de la tierra cultivada creció lentamente hasta fines del siglo XIX, cuando se empezó a producir el vino en gran escala. A causa de la inestabilidad política y económica, la industria vinícola no fue capaz de crear y asumir una perspectiva global sino hasta 1979, que fue el tiempo en que Chile empezó a enfocar su atención en la exportación de los recursos naturales para fortalecer su economía.

El clima andino es muy bueno para la producción de vinos rojos de alta calidad. Los vinos chilenos eran de más alta calidad que los del país vecino, Argentina. En 1996, el gobierno chileno desempeñó un papel activo en el mantenimiento de la calidad del vino para exportación al poner en práctica la Denominación de Origen (DO), un conjunto de leyes que regulaban el origen y la variedad de las uvas utilizadas en el vino, así como la restricción de la denominación de variedades para crear un sistema congruente. Chile tenía cuatro regiones productoras vinícolas que ostentaban denominaciones de origen y eran inspeccionadas por la Secretaría de Agricultura: Aconcagua, Maipo, Maule y Rapel. En 1999, los cinco mercados principales de exportación de los vinos chilenos eran el Reino Unido, Estados Unidos, Canadá, Dinamarca y Japón. El Reino Unido aportaba el ingreso mayor, con 116 millones de dólares, y Estados Unidos daba cuenta de 107 millones de dólares, mientras que Canadá, Dinamarca y Japón generaban respec-

[1] Australian Wine Foundation, *Strategy 2025: The Australian Wine Industry*, junio de 1996.

[2] Paul Franson, "U.S. Wineries Consider Long-Term Strategy to Maintain Competitiveness", *Vineyard & Winery Management*, mayo/junio de 1999.

tivamente 35, 25 y 24 millones de dólares en ventas de exportación, 27% del total de los cinco países principales.[3] Chile era el noveno productor principal de vino en el mundo (véase la ilustración 1), con un rendimiento de 100 millones de galones en 1996 y 144 millones de galones en 1998. A pesar de ser sólo el noveno de los máximos productores, Chile tenía 3.5% del mercado total de exportación y figuraba en sexto lugar del mundo en exportaciones para 1998 (véase la ilustración 2).

Argentina   Como Chile, Argentina tenía una larga historia en la elaboración de vino. Sin embargo, la calidad general de los vinos argentinos era relativamente baja debido a la reducida área de tierra del país capaz de producir uvas de alta calidad. La producción de vino en Argentina había aumentado con los años, pero tendía a ir dirigida al consumo local, no a la exportación, por su baja calidad y los estrictos reglamentos gubernamentales. En años recientes, Argentina había creado varias organizaciones para tratar de impulsar la calidad de sus vinos y así tener la capacidad de acrecentar su presencia en el mercado de exportación. Entre estas organizaciones estaban Original Denomination (OD, Denominación de Origen), Controlled Original Denomination (COD, Denominación de Origen Controlada) y Guaranteed Controlled Original Denomination (GCOD, Denominación de Origen Controlada Garantizada), todas las cuales tenían la tarea de regular la producción del vino de Argentina y etiquetarlo para crear una imagen de más alta calidad en el mercado global del vino. Muchas compañías extranjeras miraban a Chile para crear empresas de riesgo compartido, pero no era éste el caso de Argentina. Las cuatro áreas principales de la producción de vino en Argentina eran La Rioja, Mendoza, Río Negro y San Juan. En 1999, el volumen total de los ocho mercados principales del vino argentino era de 58 millones de litros, de los cuales, los embarques de consideración eran 12 millones de litros para Paraguay, 11 millones para el Reino Unido, 10 millones para Estados Unidos, siete millones para Japón, cinco millones para Bolivia, cinco millones para Uruguay, cuatro millones para Chile y cuatro millones para Alemania. Una porción significativa del volumen de exportación (45%) iba a otros países sudamericanos donde los precios bajos eran un factor importante. Argentina fue el quinto productor de mayor magnitud del mundo (véase la ilustración 1), con producción de 443 millones de galones (1 263 millones de litros) tanto en 1996 como en 1998, y en este último año figuró en noveno lugar en las exportaciones totales (véase la ilustración 2).

Productores del Viejo Mundo

Francia   Este país ha sido durante largo tiempo el líder mundial en la producción de vino por factores históricos y culturales. En términos de volumen, Francia era el segundo productor de vino en el mundo (véase la ilustración 1), con un rendimiento de 1 506 millones de galones (5 693 millones de litros) en 1996 y 1 390 millones de galones (5 254 millones de litros) en 1998. Los franceses crearon hace siglos el sistema de los *Vins d'appellation d'origine contrôlée* (AOC) para tratar de asegurar que se mantuviera alta la calidad del vino francés. La AOC regulaba las áreas de producción, los métodos de producción y almacenamiento del vino, y el contenido mínimo de alcohol. En Francia había muchas regiones en las que podían cultivarse uvas de calidad, y la posición dominante que este país tenía en el segmento de exportación reflejaba sus extensas capacidades de producción vinícola. Algunas de las denominaciones más conocidas en Francia eran Bordeaux, Borgoña, Champagne y Rhône.

Italia   Esta nación, como Francia, tenía una industria vinícola muy antigua y establecida que dependía del método de denominación para controlar la calidad de sus vinos. Italia fue el máximo productor mundial de vino (véase la ilustración 1), con producto de 1 551 millones de galones (5 863 millones de litros) en 1996 y 1 430 millones de galones (5 405 millones de litros) en 1998. Las dos organizaciones principales responsables del control de la calidad del vino italiano eran la Denominazione di Origine Controllata (Denominación de Origen Controlada) y la Denominazione di Origine Controllata e Garantita (Denominación de Origen Controlada

---

[3]Robert M. Nicholson, "New World Wine Exporters Continued Growth in '99", *Wines & Vines*, julio de 2000.

y Garantizada). El segundo sistema de control de denominación se creó en años recientes para ayudar a mejorar la calidad de los vinos italianos.

Productores del Nuevo Mundo en comparación con los del Viejo Mundo

Mientras los vinicultores de los países del Nuevo Mundo empleaban en general métodos más modernos y enfoques innovadores, los de Francia e Italia tendían más a utilizar los antiguos métodos de producción que se habían convertido en parte de la "cultura del vino" de sus naciones. Los vinicultores de todos los países de perfiles descritos en este análisis, con excepción de Argentina, tenían la capacidad para embarcar marcas que podían competir en una amplia gama de puntos de precio. A los vinos argentinos solía dificultárseles competir en el mercado de primera calidad, aunque había una región en ese país sudamericano capaz de producir uvas adecuadas para mejores vinos. Varios vinicultores franceses elaboraban vinos de la más alta calidad que ocupaban las posiciones supremas en el mercado vitivinícola, y no era raro que los vinos franceses de primera se vendieran en el comercio detallista a más de 100 dólares la botella (muchas marcas de vinos franceses de calidad *premium* —de excelencia— se vendían al detalle dentro de la escala de 20 a 50 dólares por botella). Los vinos italianos, que tenían la reputación de ser buenos para acompañar las comidas, difícilmente superaban las cotizaciones de los vinos franceses; los vinos italianos competían sobre todo en las categorías de precios medianos y bajos.

PRINCIPALES MERCADOS MUNDIALES DEL VINO

Aun cuando varios de los países de máxima producción vinícola eran también países de máximo consumo de vino, varios países y regiones tenían poca capacidad de producción vinícola y dependían de las importaciones para satisfacer la demanda del consumidor.

El mercado en los principales países productores de vino

Australia   En este país, el aumento del consumo de vino per cápita de debía a un cambio hacia una dieta de estilo Mediterráneo, la creciente conciencia de los beneficios de este producto para la salud, y la mayor participación en actividades recreativas y de entretenimiento en general. En 1998, Australia figuraba en el lugar 18 del mundo en consumo per cápita; los australianos bebieron 19.89 litros de vino por persona (véase la ilustración 3), un aumento sobre los 17.94 litros por cabeza de 1996. En 1998, Australia importó 7.5 millones de galones (28 millones de litros) de vino (véase la ilustración 4), lo que se tradujo en una participación de mercado de alrededor de 5% de vinos importados basada en el volumen. La baja participación de importaciones fue atribuible a la alta calidad y el bajo precio de las marcas nacionales. En 1996, 6% de las marcas vendidas en Australia generaron más de 75% de las ventas.

Argentina   En 1998, Argentina tuvo el octavo más alto consumo per cápita de vino en el mundo, con 39.52 litros en ese año, lo cual representa un aumento en comparación con los 38.97 litros consumidos en 1996 (véase la ilustración 3). Los vinos importados totalizaron 1.3 millones de galones (5 millones de litros) (véase la ilustración 4), iguales a 0.4% de participación de mercado sobre la base de volumen. Les fue difícil a los vinos importados competir contra las marcas nacionales de bajo precio. La mayoría de los consumidores de vino en Argentina estaban más atentos al precio que a la calidad.

Francia e Italia   Francia e Italia fueron segundo y tercer lugares, respectivamente, en el consumo de vino per cápita en 1998 (véase la ilustración 3). Ambas naciones tenían una larga historia de producción y consumo vinícola, pero sus niveles de consumo estaban casi detenidos

Ilustración 4   Importaciones de vino por país, 1996-1998
(en miles de galones)

País	1996	1997	1998
Alemania	306.7	318.2	318.6
Reino Unido	197.0	211.8	233.9
Francia	140.0	153.8	148.0
Estados Unidos	96.3	122.2	111.1
Japón	28.4	38.3	84.8
Rusia	62.0	106.8	76.9
Países Bajos	57.2	73.4	76.3
Canadá	44.8	47.1	53.6
Suiza	48.9	48.9	49.8
Dinamarca	40.3	44.3	46.1
Portugal	13.5	11.0	39.0
Suecia	30.2	28.0	29.6
Italia	4.5	30.4	28.3
España	30.2	3.9	23.6
Australia	3.7	5.5	7.5
Argentina	1.1	1.3	1.3
Chile	0.1	0.1	0.1
Resto del mundo	280.0	265.0	268.3
Total	1 384.9	1 510.0	1 596.8

Fuente: Office International de la Vigne et du Vin (OIV), 1999.

y declinantes. Los consumidores de vino italianos preferían vinos de su país, y las marcas importadas generaron en Italia sólo 2.8% del volumen en 1998; en cambio, los vinos importados fueron mucho más populares en Francia, donde tuvieron una participación de mercado de 13.4% en 1998.

Principales países importadores

Los vinos importados daban cuenta de la mayor parte del consumo en el Reino Unido, Canadá, Japón y la mayoría de los países asiáticos. El Reino Unido tenía una industria vinícola nacional muy pequeña, y se calificaba a su mercado vinícola de abierto y competitivo. Sólo Alemania importó más vino en 1998 que la Gran Bretaña, y los vinos alemanes y franceses constituyeron la mayoría de las importaciones del Reino Unido, nación que ocupó el 23o. lugar del consumo per cápita a fines de la década de 1990, y sus niveles de consumo estaban subiendo ligeramente. La situación era muy similar en Canadá, salvo que el gobierno puso allí más limitaciones a la industria vitivinícola. En 1998, Canadá se clasificó 30a. en el consumo de vino per cápita entre todos los países del mundo.

Aunque las importaciones de vino estaban subiendo en Japón, los japoneses no eran grandes consumidores de vino y el país no se contó entre los 33 primeros del consumo per cápita. Sin embargo, los consumidores japoneses de vino eran muy celosos de la calidad y estaban dispuestos a pagar por vinos de calidad de excelencia. Si bien ningún país asiático tenía un alto consumo per cápita de vino en comparación con las naciones occidentales, se consideraba que Asia ofrecía una gran oportunidad para los productores de vino de todo el mundo, porque era un mercado muy grande pendiente aún de recibir atención. Tan sólo China tenía 1 270 millones de habitantes (la población mundial total es de 6 000 millones).

Ilustración 5   Participaciones de mercado en porcentaje del mercado
de vinos de mesa de Estados Unidos, 1994-1998
(con base en el volumen)

Compañía	1994	1996	1998
E.&J. Gallo Winery	34.3%	27.7%	27.5%
Canandaigua Wine	17.7	15.5	14.8
The Wine Group	9.7	11.4	14.6
Beringer Wine Estates*	3.2	2.5	4.0
Robert Mondavi Winery	3.2	3.6	3.8
Siguientes tres competidores	13.7	11.9	12.9
Todos los demás (más de 1 600)	19.2	27.4	22.4
Total	100.0%	100.0%	100.0%

* Llamada "Wine World Estates" en 1994.

Fuente: Adams Wine Handbook, 1999.

LA INDUSTRIA VINÍCOLA DE ESTADOS UNIDOS

La industria vinícola de Estados Unidos en 1999 era un mercado de 18 100 millones de dólares; el volumen en dólares había estado creciendo a una tasa promedio anual de 8.5% desde 1994. Había más de 1 600 compañías vinícolas en operación, la mayoría de las cuales eran empresas de bajo volumen, de administración familiar. Menos de una docena de productores de gran volumen dominaban el mercado (véase la ilustración 5).

Aun cuando una gran parte de Estados Unidos, en sus primeras décadas, tenía una gran población europea inmigrante, los estadounidenses no habían sido tan dispuestos culturalmente a beber vino como los pueblos de Francia, Alemania e Italia. En el siglo XIX, cuando los Estados Unidos se estaban desarrollando, había pocos viñedos y la infraestructura de la producción vitivinícola de este país era muy pequeña; la producción y el consumo se relegaban a áreas de nicho compuestas de enclaves étnicos o por individuos adinerados que veían el vino como un buen acompañamiento para los alimentos. Las primeras bebidas alcohólicas que se produjeron en gran cantidad a todo lo ancho de la nación fueron la cerveza y el whisky, de manera que eran más baratas y más fáciles de obtener en Estados Unidos que el vino, al cual se le consideraba más una bebida de élite y no fue adoptado por una parte importante del público en general sino hasta la segunda mitad del siglo XX.

Un análisis demográfico de los consumidores de vino de Estados Unidos reveló varios segmentos de consumo bien diferenciados. Según el *Adams Wine Handbook* de 1998, las mujeres tendían un poco más a consumir vino que los hombres, y la mayoría de los bebedores serían de la generación *baby boom* (el auge de la natalidad posterior a la Segunda Guerra Mundial). Los consumidores de vino tendían a ser de extracción profesionista o del ramo gerencial, con título universitario e ingresos de más de 60 000 dólares anuales. Conforme a un cálculo, cerca de 15.7 millones de adultos constituían la parte medular de los bebedores estadounidenses de vino. Los miembros de este segmento bebían vino por lo menos una vez a la semana y consumían aproximadamente 88% del vino en cuanto a volumen.

En el ámbito internacional, la imagen de la industria vitivinícola estadounidense de antes de mediados de la década de 1970 era la de un productor de vinos de mesa baratos de baja calidad, perfil derivado de los esfuerzos de vinicultores grandes de Estados Unidos, como E.&J. Gallo, por hacer vinos de bajo precio para el mercado masivo. Los vinicultores estadounidenses que producían vinos de alta calidad lo hacían en pequeños volúmenes, de modo que era fácil que su reputación se viera ensombrecida por la de los productores del Viejo Mundo, con sus de-

Ilustración 6   Participación de mercado del vino de mesa embotellado
                  de California en embarques por color, 1990-1998
                  (sobre la base de volumen)

Color	1990	1992	1994	1996	1998
Rojo	14.7%	19.6%	23.6%	27.2%	31.9%
Rosado	15.6	13.1	9.2	9.5	6.2
Blanco	52.9	48.7	50.3	46.8	40.5
Rosado claro	16.8	18.6	16.9	16.5	21.4
Total	100.0%	100.0%	100.0%	100.0%	100.0%

Fuente: Adams Wine Handbook, 1999.

mostrados récords de trayectoria. Esto cambió en 1976, durante un concurso a ciegas de degustación de vinos en París, Francia, donde los vinos de California, del Valle de Napa, vencieron a varios vinos franceses bien establecidos en la pugna por los máximos honores. A partir de entonces, los vinos estadounidenses han crecido en estima, y muchos vitivinicultores de las regiones del Valle de Napa y del Condado de Sonoma, en California, se han aplicado a la elaboración de vinos de alta calidad, dignos de competir con las marcas de los productores del Viejo Mundo.

El mercado de Estados Unidos era uno de los más abiertos del mundo para los vinos importados, con pocas restricciones impuestas a las importaciones de vinos y libertad para que las marcas de importación capturaran cualquier participación de mercado que pudieran conseguir en competencia con las marcas nacionales. A pesar de esto, los vinos de California habían dominado tradicionalmente el mercado interno, debido a las condiciones ideales de cultivo del estado y al emprendedor marketing y manejo de marca de algunos de los grandes vitivinicultores californianos. La participación de los vinos importados en el mercado de Estados Unidos fluctuaba con el tiempo, pero había cambiado poco en años recientes (subiendo ligeramente de 16% en 1992 a 17% en 1998). Los productores del Nuevo Mundo, como los del Viejo Continente, habían empezado a aplicar estrategias dirigidas con precisión a grupos de consumidores y nichos de mercado específicos. Los vinos de California estaban topando también con una creciente competencia de vinos producidos en Washington y Nueva York —las participaciones de mercado de estos estados habían ascendido de 6.2% en 1992 a 14% en 1998—.

Las ocho empresas vitivinícolas más grandes de Estados Unidos produjeron 77.6% del vino vendido en ese país en 1998 (basado en volumen), mientras que un número estimado de más de 1 600 vitivinicultores produjeron el restante 22.4% (véase la ilustración 5). Un pequeño número de compañías vinícolas habían dominado el grueso de la producción durante muchos años; sin embargo, las firmas integrantes del supremo grupo de ocho habían cambiado de vez en cuando, conforme algunas iniciaran movimientos para mejorar sus portafolios de marcas y a medida que cambiaba la popularidad de las marcas. La tendencia de la consolidación dio un nuevo viraje en 2000: en lugar de que las compañías vinicultoras estadounidenses adquirieran otras o se fusionaran con ellas, eran las empresas extranjeras las que iban de compras para adquirir firmas de Estados Unidos. Los productores extranjeros veían la adquisición como la mejor y más rápida forma de lograr el acceso al mercado de Estados Unidos; al comprar una firma vinícola estadounidense, un productor extranjero podía servirse de los canales de distribución, los proveedores existentes y el conocimiento del mercado de la empresa adquirida.

En la ilustración 6 se muestra cómo cambiaron las preferencias del cliente en colores o variedades de vino californiano del blanco al rojo en el periodo 1990-1998. Los vinos blancos dieron cuenta de 52.9% del volumen embarcado en 1990, pero sólo de 40.5% del volumen en 1998. La demanda de los vinos rojo y rosado claro subió de 14.7 y 16.8% en 1990 a 31.9% y 21.4% en 1998, respectivamente. En la ilustración 7 se aprecia la balanza comercial del vino de Estados Unidos en los años 1992-1998. El déficit creció en números absolutos, pero se encogió proporcionalmente en el periodo de seis años. Asimismo, con un aumento en el

Ilustración 7   Balanza comercial del vino de Estados Unidos, 1992-1998

Por volumen (en millones de galones [1 millón de galones = 3.785 millones de litros])				
	1992	1994	1996	1998
Importaciones	71 081	72 611	94 928	109 730
Exportaciones	37 107	31 134	46 473	71 106
Déficit de negocios	33 974	41 477	48 455	38 624
Razón: importaciones a exportaciones	1.9:1	2.3:1	2.0:1	1.5:1
Por valor				
	1992	1994	1996	1998
Valor total de las importaciones (millones de dólares)	1 091.8	1 050.0	1 434.6	1 880.8
Valor por galón (dólares)	15.36	14.46	15.11	17.14
Valor total de las exportaciones (millones de dólares)	174.7	192.1	320.0	531.9
Valor por galón (dólares)	4.71	6.17	6.89	7.48
Déficit comercial (millones de dólares)	917.1	857.9	1 114.6	1 348.9
Razón: importaciones a exportaciones	6.2:1	5.5:1	4.5:1	3.5:1

Fuente: Adams Wine Handbook, 1999; U.S. Department of Commerce (Secretaría de Comercio de Estados Unidos).

valor por galón de las importaciones de 15.36 dólares en 1992 a 17.14 dólares en 1998, parecía que los vinicultores extranjeros se estaban poniendo como meta el segmento del vino de calidad suprema (*premium*) del mercado estadounidense.

Los proveedores de la industria del vino incluían viticultores (agricultores de la vid), fabricantes del equipo para la vinificación, fabricantes de botellas, proveedores de servicios de impresión de etiquetas o marbetes, y agencias publicitarias. La cantidad de capital requerido para iniciar una empresa vitivinicultora dependía de la escala de producción. Compañías vinícolas muy pequeñas podían iniciarse con una inversión de capital de escasamente un millón de dólares y abastecerse de uva con viticultores de fuera. Sin embargo, no era raro que los vinificadores compitieran enérgicamente por la uva de calidad de ciertos proveedores de renombre y, por consiguiente, que hicieran subir los precios mediante licitaciones. Por esta razón, la mayoría de los vinicultores optaban por comprar viñedos y asumir los altos costos de la inversión de capital y del mantenimiento agrícola o por suscribir contratos a largo plazo con proveedores de uva confiables.

SISTEMA DE DISTRIBUCIÓN DEL VINO

En Estados Unidos, una ley promulgada después de la revocación de la Prohibición en 1933 obligaba al empleo de un sistema de distribución de tres etapas. Para llegar a los bebedores de vino, los productores de éste tenían que vender a un mayorista, quien a su vez vendía a una base de clientes establecida de tiendas de comestibles, tiendas de licores, hoteles y/o restaurantes. Un vinicultor podía vender directamente a los clientes sólo si tenía una tienda ubicada dentro de sus instalaciones. Las listas de correo y las ventas directas por internet sólo podían utilizarse en un número limitado de estados, porque en la mayoría de éstos eran ilegales los embarques directos. Los volúmenes de ventas directas eran muy bajos en comparación con las ventas a través de distribuidores mayoristas. Como estos últimos tenían un interés fijo en evitar que los vitivinicultores pudieran vender directamente a los consumidores, había en toda la industria un movimiento de los distribuidores para impedir que se legalizaran las ventas de vino por internet. Los distribuidores y los grupos de ciudadanos interesados argüían que legalizar las ventas por internet permitiría a los minoristas comprar vino con unos cuantos clics de ratón. La función de los canales de distribución mayoristas estaba adquiriendo mayor importancia es-

Ilustración 8   Embarques estimados de vinos de mesa de California en 1999 por clase de precio

Precio detallista por botella	Segmento de precio	Porcentaje del volumen total	Porcentaje del ingreso total
Más de 14 dólares	Ultra premium	7	25
De 7 a 14 dólares	Super premium	16	27
De 3 a 7 dólares	Popular premium	33	31
Menos de 3 dólares	Vino de mesa barato y otros	44	17
Total		100	100

Fuente: Cálculo de Gomberg, Fredrikson, and Associates. Excluye las exportaciones.

tratégica a medida que la industria se consolidaba y que los vitiviricultores procedían a ampliar el alcance geográfico de su mercado. El desafío para los productores de vino era el de tener acceso a más mercados nacionales e internacionales sin aumentar significativamente sus presupuestos de marketing y sus requerimientos de capital. Más todavía, las fusiones y adquisiciones entre distribuidores mayoristas estaban dificultando en extremo a los pequeños vinicultores encontrar distribuidores dispuestos a encargarse de la tarea del marketing de vinos en pequeño volumen.

Igual que con todos los productos de marca, la imagen era una dimensión muy importante al hacer el marketing del vino para los consumidores. Tomando como mercado meta del vino a los profesionistas cultos en el renglón de altos ingresos, tener la imagen de una firma vitivinicultora de calidad premium y bajo volumen podría ser una ventaja significativa. Tal era el caso de los llamados vinos de garaje que se producían en Francia; sus pequeños volúmenes dificultaban la adquisición de estos productos, y si una vinificadora de garaje lograba transmitir una imagen convincente de calidad superpremium, podía permitirse pedir de 20 a 500 dólares por una botella. Una cantidad considerable de los consumidores de vinos de clase superior no sólo eran muy conocedores de las diferentes marcas y cosechas sino también muy exigentes en cuanto a los vinos que bebían. Las claves del éxito de una vinificadora pequeña consistían en encontrar un nicho de mercado y explotar entonces su imagen y el gusto de sus vinos. Para hacerse lugar aparte, algunas pequeñas vinificadoras habían creado fuertes asociaciones con una cocina específica, un rasgo de estilo de vida, o los canales de distribución locales. El ambiente competitivo era reñido; de acuerdo con un analista de la industria, los pequeños vinicultores tenían que "quedarse pequeños o perecer" debido a los enormes costos y a otros obstáculos al crecimiento de la producción a gran volumen. La ilustración 8 presenta un reporte detallado de embarques de vino de mesa de California con base en el precio detallista por botella.

La mezcla de los canales y estrategias de distribución que empleaban las empresas vinícolas para llegar a su mercado meta variaba en gran medida de acuerdo con el enfoque de marketing de la vinificadora y de los segmentos de precio, gusto, cosecha y/o calidad en que se posicionaban sus marcas. Por caso, las marcas premium se comercializaban principalmente por medio de los restaurantes, centros vacacionales, bares y licorerías; los vinos de precios bajos y moderados se vendían sobre todo a través de los supermercados, las megatiendas como Sam's o Costco, las cadenas restauranteras populares, y las vinaterías situadas en barrios de ingresos bajos y medianos.

EXPORTACIÓN DE LA INDUSTRIA VINÍCOLA DE ESTADOS UNIDOS

El valor monetario de las exportaciones de vinos de Estados Unidos creció de 137 millones de dólares en 1990 a 548 millones de dólares en 1999 (véase la ilustración 9). En las ilustraciones 10 y 11 se aprecia un reporte del valor en dólares de las exportaciones de vino de Estados Unidos por

Ilustración 9   Exportaciones de vino de Estados Unidos, 1986-1999

Año	Volumen (millones de galones)	Valor (en millones de dólares)
1999	75.4	548
1998	71.9	537
1997	60.0	425
1996	47.5	326
1995	38.8	241
1994	35.2	196
1993	34.9	182
1992	38.9	181
1991	33.1	153
1990	29.0	137
1989	21.9	98
1988	16.9	85
1987	11.9	61
1986	7.3	35

Fuente: U.S. Department of Commerce (Secretaría de Comercio de Estados Unidos), National Trade Data Bank; The Wine Institute.

país y área del mundo. La mayoría de las más de 1 600 vinificadoras estadounidenses tenía poca experiencia en la exportación vinícola. Los pequeños vinicultores carecían de los recursos para lograr su expansión a la arena internacional, y la mala imagen de los vinos estadounidenses anterior a la prueba de degustación vinícola de París de 1976 daba por resultado una magra demanda del exterior. Con el vivaz crecimiento de la demanda nacional de vinos, la mayoría de los vitivinicultores optaban por enfocar sus escasos recursos de marketing a acrecentar sus ventas en el mercado estadounidense. Pero si bien el interés por la exportación se volvió estratégicamente más importante para las más ambiciosas y mejor financiadas vinificadoras estadounidenses de los años 1990-2000, las dificultades de la exportación seguían siendo formidables: las barreras al comercio, así como las prácticas y los impuestos comerciales locales impedían la entrada en el comercio exportador. Para impulsar sus ventas de exportación, las empresas vinícolas confiaban en agentes y corredores, así como en la búsqueda de distribuidores mayoristas e importadores de vinos en los países extranjeros que se encargaran de la distribución de sus marcas. Asimismo, algunos vinificadores habían entrado en empresas de riesgo compartido.

Barreras a la exportación

Muchos países en diversas partes del mundo subsidiaban a sus industrias locales dándoles dinero para investigación, construcción de marca y exportación —en los países de la Unión Europea los subsidios llegaron a un total de 1 000 millones de dólares en 1997—. Los gobiernos de algunos países europeos no reconocían los métodos de producción ni las prácticas de manejo de marca de los vinicultores estadounidenses; para lograr su entrada en los mercados de estas naciones, los vinificadores de Estados Unidos tuvieron que buscar una aprobación temporal de importación. Las licorerías de monopolio gubernamental y las cuotas a las importaciones de vinos que trataban de proteger a los productores locales eran comunes en varios países. En algunos de éstos se imponían altos aranceles a las importaciones vinícolas, a veces para proteger a los productores locales y en ocasiones para desalentar el consumo de productos extranjeros. En 1997, Japón tenía un arancel de 21% sobre las importaciones de vinos de Estados Unidos y Hong Kong lo tenía de 30%, mientras que el monopolio gubernamental de Taiwán fijaba un impuesto fijo de 3.62 dólares por litro; estas barreras se traducían en que los vinos de Estados

Ilustración 10   Exportaciones de vinos de mesa embotellados de Estados Unidos a países seleccionados y totales mundiales, basados en valor en dólares, 1997-1999

País	1997	1998	Cambio en % 1997-1998	1999	Cambio en % 1998-1999
Reino Unido	$ 98 373	$134 509	37%	$122 187	−9%
Canadá	58 877	68 909	17	68 950	0
Japón	20 702	55 226	167	46 235	−16
Países Bajos	7 782	43 273	456	68 249	58
Suiza	14 331	18 797	31	21 026	12
Alemania	22 082	15 663	−29	12 947	−17
Dinamarca	6 968	9 156	31	11 052	21
Irlanda	6 599	10 191	54	10 678	5
Bélgica	5 205	7 107	37	5 937	−16
Suecia	10 011	12 130	21	9 196	−24
Francia	4 632	7 059	52	5 758	−18
México	1 944	1 384	−29	2 820	104
Taiwán	13 334	5 247	−61	4 197	−20
Hong Kong	8 676	5 005	−42	3 331	−33
Singapur	2 515	1 799	−28	2 964	65
Finlandia	2 746	2 131	−22	2 395	12
Noruega	1 844	2 452	33	2 458	0
Corea del Sur	2 123	79	−63	1 480	87
Antillas Holandesas	1 126	1 304	16	989	−24
China	927	39	−58	1 040	166
Tailandia	2 261	17	−92	501	190
Total por países	293 058	402 696	37%	404 390	0%
Todos los demás países	14 910	17 961	20	21 399	19
Total mundial	$307 968	$420 657	37%	$425 789	1%

Fuente: U.S. Department of Commerce (Secretaría de Comercio de Estados Unidos), National Trade Data Bank; The Wine Institute.

Unidos tendían a venderse al detalle a "precios premium" en estas naciones, aun cuando la calidad del vino no garantizara tal precio. Canadá tenía uno de los mercados de vino más regulados del mundo, y los problemas de intercambio incluían licorerías de monopolio de propiedad estatal, subsidios para la limitada producción vinícola local y un sistema de distribución que restringía la capacidad de las compañías extranjeras de comercializar sus productos. En México, las ventas de vinos de exportación estadounidenses se habían desplomado a causa de una disputa comercial sobre retamas; el resultado era que los aranceles a los vinos estadounidenses habían subido y México tenía un acuerdo comercial de cero aranceles con Chile (el cual había impulsado las ventas de vinos chilenos en el mercado mexicano). La Organización Mundial de Comercio (OMC; World Trade Organization, WTO) estaba tratando de aliviar algunos de estos conflictos de intercambio y ayudando a fomentar un sistema de mercado más abierto a escala global, pero su éxito había sido limitado en lo concerniente a la industria del vino.

Agentes y corredores

Un agente era una persona o empresa que tomaba la propiedad de un producto y luego lo revendía en canales establecidos. Para un vinicultor podía ser muy ventajoso asociarse con un agente que tuviera una red de distribución y un conjunto de contactos detallistas adecuados para promover y vender su marca. Sin embargo, el vinicultor no tenía control sobre los canales ni so-

Ilustración 11 Exportaciones de vinos estadounidenses por región del mundo, basadas en el valor en dólares, 1993-1997 (en miles)

Región	1993	1994	1995	1996	1997
Unión Europea	$ 72 485	$ 68 447	$ 96 841	$151 160	$205 629
Canadá	47 271	52 424	53 784	72 440	79 124
Asia	31 535	37 270	49 114	57 078	89 503
Otras partes de Europa	5 084	8 545	14 646	16 566	20 677
México	5 456	7 151	2 816	3 961	3 550
América Latina	5 162	5 972	6 948	7 791	8 142
Caribe	10 440	10 477	11 620	13 393	13 314
Europa Oriental y Federación Rusa	1 989	3 091	1 739	1 831	1 768
África	855	687	533	709	1 028
Medio Oriente	319	151	154	307	687
Todas las demás áreas	1 350	1 640	2 918	914	1 705
Total	$182 287	$196 271	$241 640	$326 589	$425 127

Fuente: The Wine Institute, *International Trade Barriers Report*, 1998.

bre los planes de marketing del agente y tenía poco acceso a los datos sobre los consumidores extranjeros que compraban sus vinos. Los agentes solían representar a varias marcas diferentes, algunas de las cuales competían entre sí, y rara vez vacilaban en cuanto a abandonar una marca en favor de otra de mejor venta o respecto a dejar ir la oportunidad de tomar las marcas de una empresa vinícola de más renombre. En otras palabras, los agentes tendían a hacer lo que fuera más redituable para ellos y no siempre se aplicaban con fuerza a conseguir la penetración de mercado de todas las marcas de vinos que tenían a su cargo en el momento.

Los corredores funcionaban de la misma manera que los agentes, excepto que no asumían la propiedad del producto. En consecuencia, las ventajas y desventajas de servirse de un corredor eran las mismas que las de recurrir a un agente, salvo que, con el corredor, el ingreso por comercio del producto no se percibía sino hasta que este corredor consumaba realmente la venta del producto a un distribuidor mayorista o a un establecimiento detallista.

Distribuidores y/o importadores

La función de los distribuidores mayoristas (algunos de los cuales se especializaban en vinos importados) era manejar el marketing de los productos de un vinicultor con los detallistas vinateros locales en el área geográfica atendida por el distribuidor. Para un vinicultor que tratara de ampliar su alcance geográfico, era importante seleccionar distribuidores con las capacidades de acceso a los consumidores de vino y áreas geográficas enfocados como meta. Un ejemplo de la importancia de las capacidades de un distribuidor y/o importador particular se dio en Europa, donde los consumidores de vino estaban dejando de comprar en las licorerías especializadas para hacerlo en las "hipertiendas" y tiendas mayores de comestibles. Para fines de los años 1990-2000, 47.9% de los consumidores europeos estaban comprando sus vinos en hipertiendas o supermercados y 60 a 70% del vino vendido en Europa se estaba comercializando al detalle por este canal.

Empresas de riesgo compartido

Algunos vinificadores estadounidenses habían entrado en empresas de riesgo compartido (*joint ventures*) con vinicultores extranjeros para intercambiar conocimiento de sus respectivos mercados. Muchas de esas empresas incipientes habían derivado en acuerdos de marketing conjunto en los que cada socio compartía su acceso a los canales de distribución locales con su socio extranjero. Además, las empresas de riesgo compartido eran un dispositivo particularmente útil para facilitar la exportación de vinos estadounidenses en gran cantidad, los cuales se combinaban con vinos del país anfitrión para satisfacer los reglamentos locales de importación. Las empresas de riesgo compartido eran útiles también desde el punto de vista de la tecnología compartida.

PERFILES DE EXPORTADORES SELECCIONADOS DE ESTADOS UNIDOS

Esta sección presenta los perfiles de cuatro vitivinicultores con larga historia en la industria. Cada perfil describe las estrategias de esa empresa vinícola para ir en busca de segmentos de mercado específicos y sus medios de expansión en el mercado internacional.

E.&J. Gallo Winery

Ésta era la mayor vinificadora del mundo. En julio de 2000, la revista industrial *Wines & Vines* reportó que la capacidad de producción de Gallo era de 330 millones de galones (1 249 millones de litros) (véase la ilustración 12). Gallo producía aproximadamente un tercio del total del vino embotellado que se consumía en Estados Unidos. Fundada en 1933 en Modesto, California, por los hermanos Ernest y Julio Gallo, la compañía adoptó desde temprano la estrategia de hacer que su fuerza de ventas "presionara" fuerte para conseguir espacio de anaquel muy visible en las licorerías y tiendas de comestibles con el objetivo de ayudar a generar ventas de impulso. El énfasis en el espacio favorable en anaquel y la promoción activa del nombre de marca Gallo funcionaron muy bien, y las ventas de Gallo crecieron con rapidez.

Para adquirir mayor control de los costos y ayudar a posicionar los productos de Gallo en puntos de venta detallistas, la compañía se integró, por un lado, dentro de la distribución mayorista y, por el otro, en el campo de los viñedos, la botellería y los materiales de realce. Ernest y Julio Gallo fueron también precursores en la implantación de nuevas técnicas de producción vitivinícola y en el cultivo de uva de alta calidad. Las innovaciones de la compañía en esas dos áreas hacían de ella una productora a bajo costo de vinos de calidad baja y moderada, que preparaban el terreno para que las marcas de Gallo capturaran una gran porción del mercado de vinos de mesa del rango de bajo precio en Estados Unidos. Después de establecer una posición dominante en este segmento de mercado, los hermanos Gallo iniciaron su expansión gradual en los vinos de calidad y precio medianos, comprando tierra en la región del Valle de Napa de California (al norte de sus operaciones del Condado de Sonoma) y creando varias marcas nuevas. Para 1998, Gallo tenía 17 de las 75 principales marcas de mejor venta (véase la ilustración 13).

Ernest y Julio Gallo eran vistos como competidores muy combativos en una industria que gustaba de considerarse a sí misma como una industria de caballeros. Kendall-Jackson demandó a Gallo por crear una etiqueta muy similar a la de uno de los productos de mejor venta de la primera; el caso se arregló finalmente fuera de tribunales. Los datos financieros del desempeño de Gallo no estaban accesibles al público porque la compañía era de propiedad familiar. La tercera generación de la familia Gallo estaba haciéndose cargo ya de las operaciones de la firma vinicultora y planeaba seguir con las estrategias creadas en su mayor medida por Ernest y Julio para hacer de Gallo la mayor productora de vino del mundo. En septiembre de 2000, Gallo anunció que una marca llamada Alcott Ridge Vineyards se vendería en las tiendas Wal-Mart en todo el mundo.

E.&J. Gallo exportaban a los mercados estimados de unos 86 países, pero su foco internacional recaía en su mayor parte en mercados de la importancia de Gran Bretaña, Japón, Canadá y Alemania. Gallo exportaba alrededor de 13% de su producción a ultramar en 1997, y el volumen total de sus exportaciones era mayor que el de todos los demás vitivinicultores de California combinados (véase la ilustración 14). La estrategia de integración de Gallo en el mercado de vinos de Estados Unidos era también parte integral de su estrategia de exportación. Las

Ilustración 12   Capacidades de producción vitivinícola (en miles de galones)

Compañía	Capacidad
E.&J. Gallo	330 000
Beringer	17 800
Robert Mondavi	17 387
Wente	5 100

Fuente: Wines & Vines, julio de 2000.

Ilustración 13   Número de marcas en las principales 75 en Estados Unidos, en 1996 y 1998 (con base en el volumen)

Compañía	Número entre las principales 75, 1996	Lugar más alto, 1996	Número entre las principales 75, 1998	Lugar más alto, 1998
E.&J. Gallo Winery	11	1	17	2
Robert Mondavi	1	8*	2	8
Beringer	3	10	2	9
Wente	0	I.n.d.	0	I.n.d.

* Incluye los volúmenes de todos los vinos de Mondavi producidos dentro del país.
Fuente: Adams Wine Handbook, 1997 y 1999.
I.n.d. = Información no disponible.

Ilustración 14   Principales exportadores de vino de California, 1997 (con base en el volumen)

Lugar alcanzado en 1997	Compañía	Marcas selectas	Exportaciones (en miles de galones)	Porcentaje de ventas totales
1	E.&J. Gallo	Gallo, Turning Leaf	17 555	13
4	Robert Mondavi	Woodbridge, Mondavi	1 302	8
11	Wente	Wente, Concannon	485	61
12	Beringer	Beringer, Meridian	345	3

Fuente: San Francisco Chronicle.

marcas de Gallo se exponían en un exhibidor de pasillo frontal en la nueva vinatería de Harrod, en Londres. Unas tres de cada cinco botellas de vinos de California en anaqueles de los detallista del Reino Unido eran marcas de Gallo. En 1998, Gallo lanzó una marca llamada Garnet Point, elaborada para atraer a los gustos ingleses.

Robert Mondavi Corporation

Esta firma, que viene a ser en cierto grado una participante de nicho en el mercado de vinos, se concentró de manera exclusiva en vinos premium y superpremium. La capacidad de producción de Mondavi era considerable, pero la compañía era muy pequeña en comparación con E.&J. Gallo (véase la ilustración 12). Robert Mondavi fundó la empresa en 1966, después de que se le pidiera dejar su puesto de gerente de ventas en una empresa vitivinícola propiedad de su familia. Se decía que Mondavi era tan excelente vendedor que la compañía vinícola de su familia no podía aumentar la producción para mantener el nivel de las ventas que él hacía. Mientras participaba en el negocio de vino de su familia, Mondavi contribuyó a crear y a llevar al mer-

Ilustración 15   Resumen financiero de Robert Mondavi Winery, 1995-1999 (en millones de dólares)

	1995	1996	1997	1998	1999
Ingresos netos	199.5	240.8	300.8	325.2	370.6
Utilidades brutas	93.0	117.9	151.0	151.3	169.7
Beneficio operativo	28.9	47.2	71.2	61.3	6.6
Renta neta	12.3	24.1	38.1	30.2	34.5
Volumen (equivalente a un envase de nueve litros)	4.5	5.4	6.5	6.8	7.6

Fuente: Archivos de la compañía.

cado varias innovaciones. Una de éstas fue la fermentación en frío, que producía un sabor más ligero y frutal que diferenció los vinos de Mondavi de los europeos y de otros vinos californianos. Otra innovación fue el uso de barricas de roble francés para añejar el vino. Estas barricas daban al vino un buqué distintivo que rivalizaba con los vinos franceses que dominaban el mercado internacional en ese tiempo. Mondavi fue responsable también de combinar las convenciones de denominación francesa y de denominación de variedad de California, con lo que se elevó la imagen de marca de sus vinos, debido a las asociaciones tanto con los vinos franceses como con los de la región del Valle de Napa.

Cuando Robert Mondavi dejó la vinificadora de su familia, se sirvió de todas sus innovaciones anteriores para empezar a crear una nueva vinicultora que produjera vinos de alta calidad. Mondavi creía que el amor al vino procedía de una forma de vivir y que ésta implicaba la buena comida, los viajes y el amor al arte. La compañía nunca gastaba dinero en publicidad; en lugar de esto, se apoyaba en las exposiciones del ramo, los premios, el oficio de ventas y la promoción personal. Sus marcas se vendían en restaurantes, hoteles, supermercados, licorerías y tiendas de vino especializadas; los precios de las diversas marcas de Mondavi iban de tan poco como 6 dólares a más de 100 dólares por botella. Un ejemplo de la dedicación de Robert Mondavi a los vinos de excelencia fue la empresa de riesgo compartido que integró con el Barón Philippe de Rothschild, de Francia, para producir la etiqueta Opus One; se consideraba a Opus One uno de los vinos de mayor finura en el mundo y se vendía al detalle en más de 100 dólares por botella. Robert Mondavi Corporation se transformó en empresa de capital social en 1993, pero la familia aún poseía 92% de las acciones. El desempeño financiero reciente de la firma se muestra en la ilustración 15.

Se estima que, en 1999, los vinos de Mondavi estaban en los mercados de unos 77 países. La exportación y el crecimiento de la presencia de la compañía en el mercado global del vino premium constituían una prioridad para Mondavi. La empresa esperaba exportar un mínimo de 20% de su producción en el futuro.

Beringer Wine Estates, Inc.

Jacob y Frederick Beringer, hermanos que emigraron del Valle del Rin, en Alemania, fundaron la vinificadora Beringer. Ésta era la empresa vinificadora más antigua que operaba continuamente en el Valle de Napa; su primera pisa de uvas se hizo en 1877. Al cambio de siglo (XIX a XX), los vinos de Beringer se tenían en buena consideración por su alta calidad. En 1971, la vinícola Beringer fue vendida por la familia a Nestlé USA, Inc. Para ese tiempo, la compañía tenía un bajo rendimiento, principalmente porque la familia no había reinvertido en los viñedos ni en el proceso de producción, lo que perjudicó la calidad de sus vinos. Nestlé renombró a la empresa Wine World Estates y emprendió un esfuerzo a largo plazo para reacondicionar las instalaciones de producción y mejorar los viñedos, pero vendió la vinificadora en 1996 por 350 millones de dólares y se creó Beringer Wine Estates, Inc. Poco después, la nueva Beringer hizo varias adquisiciones más, concentró sus marcas en los segmentos moderados y de alta calidad

Ilustración 16 Resumen financiero de Beringer, 1995-1999
(en millones de dólares)

	1995	1996	1997	1998	1999
Ingresos netos	202.0	231.7	269.5	318.4	376.2
Utilidades brutas ajustadas	100.7	116.1	134.9	163.7	194.6
Beneficio operativo ajustado	34.8	43.9	56.3	70.5	83.0
Renta neta ajustada	16.8	15.6	15.1	29.5	39.3
Volumen (equivalente a un envase de nueve litros)	4.6	5	5.4	6.1	6.8
Total del activo	289.9	438.7	467.2	543.6	644.3
Total del pasivo	I.n.d.	289.2	319.1	277.2	328.0

Fuente: Beringer Wine Estates, reporte anual 1999.

I.n.d. = Información no disponible.

y se transformó en empresa de capital social en 1997. El desempeño financiero reciente de la firma se presenta en la ilustración 16.

En otoño de 2000, Foster's Brewing Group Limited, compañía australiana progenitora de Foster's Lager, compró a Beringer Wine Estates en 1 200 millones de dólares. Foster's planeaba combinar el portafolios de vinos de Beringer con su propia subsidiaria de vino, Mildara Blass Limited, para crear la mayor compañía de vino premium del mundo, con ingresos combinados de 886 millones de dólares en el año fiscal de 2000. Mildara Blass tenía en ese momento una participación de 25% del mercado de vino premium en Australia, y sus principales mercados de exportación eran Estados Unidos, el Reino Unido y Europa. Foster's consideró que la adquisición de Beringer le daba acceso a un sistema de distribución más amplio y planeaba apalancar la red de distribución estadounidense de Beringer para acrecentar las ventas de los vinos Mildara Blass. Proyectaba también utilizar sus capacidades de distribución australianas para incrementar las ventas de las marcas de Beringer en Australia.

Wente Bros.

Wente era una empresa vitivinícola de propiedad familiar fundada en el Valle de Livermore, California, en 1885. A diferencia de la mayoría de otras vinificadoras estadounidenses, la estrategia de Wente se centraba más en el mercado de exportación que en el interno. Wente vendía sus vinos en lo que se estima eran unos 160 mercados de países y exportó alrededor de 61% de su capacidad total de producción en 1997 (véase la ilustración 14). Las estrategias de marketing de Wente eran específicas para cada país, y variaban de una manera calculada para agradar a los gustos y preferencias locales. En contraste con otras vinificadoras de Estados Unidos, que tendían a centrar sus esfuerzos de exportación en unos cuantos mercados de países grandes con servicio limitado a mercados de países más pequeños, Wente estaba dispuesta a desarrollar pacientemente el mercado de un país cuando veía oportunidades a futuro.

Para atraer la atención a sus vinos, Wente había abierto bares de vino en aeropuertos de África a la Costa del Pacífico. Era el detallista de vinos número uno del mundo en las tiendas *duty-free* (exentas de impuestos) de los aeropuertos. Wente afirmaba también que vendía más vino a más aerolíneas que ninguna otra vinificadora del orbe, con enfoque dedicado a las aerolíneas que servían a Asia y a la Costa del Pacífico (Thai Airways, All Nippon Airways, Singapore Air, Philippine Airlines, Cathay Pacific Airlines, Malaysian Air, Vietnam Airlines y Garuda), más los vuelos de Delta y United en la región. En la década de 1980, Wente invirtió fuertemente en el fortalecimiento de sus relaciones con los distribuidores en Japón. Este movimiento pagó dividendos más tarde cuando un programa noticioso japonés dedicó una sección a los beneficios del vino para la salud; Wente vendió pronto sus existencias enteras disponibles y conquistó una ventaja al asegurar la distribución de sus vinos en Japón. En China, las marcas de Wente se vendían en restaurantes, licorerías y hoteles.

Wente había formado muchas empresas de riesgo compartido en todo el mundo. Algunas participaban en la producción de vinos premium en conjunción con empresas vitivinícolas extranjeras establecidas; otras tenían la finalidad de la asociación simplemente para tratar de obtener acceso a los mercados de un país particular. La empresa de riesgo compartido de Wente con Indage Group en la India permitió a Wente convertirse en la primera vinificadora extranjera en importar al mercado hindú; el acuerdo estipulaba que Wente tenía que exportar vino de Indage a otros mercados y que todo el vino que Wente vendiera en la India tenía que embotellarse localmente. (Estos términos fueron requeridos por el gobierno hindú como condición para autorizar la empresa de riesgo compartido y para conceder el acceso de importación a Wente; los términos permitían al gobierno compensar los créditos de importación y exportación entre los países participantes.) Indage estaba planeando también entrar en empresas de riesgo compartido similares con vinificadoras francesas y alemanas. Una empresa de riesgo compartido entre Wente y Luigi Cecchi & Sons de Italia se formó para producir un vino ultrapremium para su venta en el mercado interno de Estados Unidos para 2003. Asimismo, Wente había entrado en una empresa de riesgo compartido con una firma israelí llamada Segal Winery para producir un vino *kosher*. Otra empresa de riesgo compartido de Wente se formó con Bodegas de Santo Tomás, una vinificadora mexicana, para vender una marca llamada Duetto en Estados Unidos y en México; la motivación de esta empresa era esquivar los altos aranceles de importación establecidos por México en represalia por el castigo del gobierno estadounidense a compañías mexicanas por un dumping de retamas baratas en el mercado de Estados Unidos. Los altos aranceles de importación hacían que el embarque de vino embotellado a los mercados mexicanos fuera demasiado caro para que Wente pudiera competir en México. Para esquivar la barrera arancelaria, Wente empezó a enviar grandes embarques de vino sin embotellar; luego este vino era mezclado, embotellado y comercializado localmente por el socio mexicano de Wente.

Con los años, Wente había topado con varios problemas en la ejecución de su estrategia de exportación. Se había visto forzado a salir del mercado de vinos de Myanmar por presiones políticas, y salió de Rusia al desplomarse el rublo. Wente había demostrado su compromiso para responder a las condiciones de mercado locales desarrollando y comercializando vinos de variedad en África para acompañar comidas no tradicionales, como los platillos de carne de cebra y antílope.

DESAFÍOS Y OPORTUNIDADES DEL FUTURO

En 2000-2001, las vinificadoras de Estados Unidos enfrentaban crecientes presiones competitivas. En 1999 y principios de 2000, las marcas de importación aumentaron su participación del mercado de Estados Unidos a 20% (de 17% en 1998), debido a las incursiones de los vinos australianos, argentinos y chilenos. Y si bien las exportaciones de vino estadounidense habían crecido en forma impresionante de 137 millones de dólares en 1990 a 548 millones de dólares en 1999, la competencia interna estaba haciendo que la exportación fuera estratégicamente más importante. La industria del vino en Estados Unidos exportaba sólo 13% de su producción, mientras que los vitivinicultores del Viejo Mundo en Francia, Italia y España exportaban, en promedio, más de 25% del vino que producían. Por otra parte, del Nuevo Mundo, Australia exportaba más de 40% de su producción, y Chile, más de 80 por ciento.

Referencias

Adam Wine Handbook, Adam Business Media, Nueva York, 1999.

"American Wine in the 21st Century", *Wine Vision*, 6 de julio de 2000.

Australian Wine Foundation, *Strategy 2025: The Australian Wine Industry*, junio de 1996.

Comunicado de prensa de Beringer Wine Estates, 28 de agosto de 2000.

Britannica.com, investigación sobre el vino, octubre de 2000.

Brown-Forman Corporation, informe anual de 2000.

"Brown-Forman Taps Wines from Down Under", *Beverage Industry*, diciembre de 1999.

"California Vintners Try to Quench China's Thirst for Wine", *Contra Costa Times*, 10 de octubre de 1997.

"California's Wente Vineyards Halts Shipments to Myanmar", *Contra Costa Times*, 8 de noviembre de 1996.

Cartiere, Richard, "New World Global Wine Boom Shows No Sign of Faltering", *Wine Market Report*, 16 de mayo de 2000.

Clawson, James B., Jeannie Boone, y Alan Atkinson, *International Trade Barriers Report 1998*, JBC International, Washington, DC, mayo de 1998.

Courtney, Kevin y Carson, L. Pierce, "What He Did Right—and Wrong—in the Creation of His World Wine Empire", *Napa Valley Register*, 21 de octubre de 1998.

Durkan, Andrew y John Cousins, *Wine Appreciation*, NTC Publishing Group, Chicago, 1995.

Elliott-Fisk, Deborah, *The Geography of Soils*, University of California.

Franson, Paul, "U.S. Wineries Consider Long-Term Strategy to Maintain Competitiveness", *Vineyard & Winery Management*, mayo/junio de 1999.

"Globalization, Who's Leading the Way?", *Wines & Vines*, abril de 2000.

Ivie International, California Wine Export Program, "United States Wine Exports, Imports and Balance of U.S. Wine Trade 1999", 24 de julio de 2000.

Johnson, Hugh, "All about Wine", www.reedbooks.co.uk/docs/mitchell/wine/allabout.htm.

Koerber, Kristine, "Fueling Increased", *Wine Business Monthly* 7, núm. 5, mayo de 2000.

Marketing Intelligence Services Ltd., "Gallo Garnet Point Wine", 21 de septiembre de 1998.

"Monterey County, Calif., Wine Exports Increase", *Monterey County Herald*, 14 de noviembre de 1998.

"Multicultural Wine Trade: A New Red Is Being Made with Grapes from Northern California and Baja. The Blend Skirts Mexican Tariffs", *Orange County (CA) Register*, 19 de septiembre de 1998.

Nicholson, Robert M., "New World Wine Exporters Continued Growth in '99", *Wines & Vines*, julio de 2000.

"On Your Mark—Get Set—Consolidate", *Wine Business Insider* 10, núm. 35, 2 de septiembre de 2000.

Prial, Frank, "Controversy Swirls around $1000 Garage Wines", *New York Times*, 25 de octubre de 2000.

Sawyer, Abby, y Jim Hammett, "American Appellations Earn Distinction as a Marketing Tool", *Wine Business Monthly*, junio de 2000.

Sinton, Peter, "California Wines Quenching in the World: Exports from the States Have Doubled in the Past Five Years", *San Francisco Chronicle*, 23 de enero de 1999.

University of Pennsylvania, sitio web del Museum of Archaeology and Anthropology (www.upenn.edu/museum), octubre de 2000.

"Vintners Uncork Indian Market", *South China Morning Post*, 21 de marzo de 1999.

Wal-Mart, comunicado de prensa, 29 de septiembre de 2000.

"Wente and Bichot Forge New Partnership", *Duty-Free News International*, 15 de diciembre de 1999.

"Wente Bros.", *Impact*, 15 de diciembre de 1995.

caso 8 Krispy Kreme Doughnuts, Inc.

Arthur A. Thompson
The University of Alabama

"Pensamos que somos los Stradivarius de las donas."
—Scott Livengood, Presidente y Director general, Krispy Kreme Doughnuts, Inc.

En 2001, con 181 tiendas Krispy Kreme en 28 estados de Estados Unidos, Krispy Kreme Doughnuts estaba creando rápidamente una especie de culto de seguimiento de sus donas: ligeras, cálidas, que se derriten en la boca. Las ventas estaban en una impresionante pendiente de ascenso, excediendo de los 3.5 millones de donas al día. El modelo de negocios de la compañía pedía un crecimiento de 20% anual de los ingresos en dividendos por acción.

Sin embargo, varios analistas de valores dudaban de que la estrategia y el crecimiento potencial de Krispy Kreme ameritaran un precio por acción de casi 70 veces las ganancias proyectadas por acción de 0.69 dólares de 2002 y de 85 veces las ganancias reales por acción de 0.55 dólares de 2001. La acción de la compañía, que se estaba vendiendo en la escala de 46 a 50 dólares cada una, y que llegó a estar en 54 dólares, había sido una de las favoritas de los vendedores en descubierto durante varios meses (los 2.5 millones de acciones vendidas al descubierto en mayo de 2001 representaban casi 10% de las acciones preferentes de la empresa). De acuerdo con un analista, "[Las acciones] han tenido buen comportamiento, pero los números simplemente no funcionan"; otro analista comentó: "Las probabilidades están en contra de esta emisión en cuanto al éxito a largo plazo." Un tercero dijo: "Los conceptos de producto único se sostienen sólo unos cuantos años." Ciertamente, los restaurantes con productos de servicio rápido tenían en ese tiempo el más lento crecimiento de ingresos entre todos los tipos de restaurantes.

ANTECEDENTES DE LA COMPAÑÍA

En 1933, Vernon Rudolph le compró una tienda de donas a Joe LeBeau en Paducah, Kentucky. Su compra incluía el activo fijo de la compañía, el activo intangible, el nombre de Krispy Kreme y los derechos de una receta secreta de donas esponjadas con levadura que LeBeau había creado en Nueva Orleáns años antes. Varios años después, Rudolph y su socio, en busca de un mercado más grande, trasladaron sus operaciones a Nashville, Tennessee; otros miembros de la familia se unieron a la empresa, y abrieron tiendas de donas en Charleston, Virginia del Oeste, y Atlanta, Georgia. El negocio consistía en producir, comercializar y entregar donas recién hechas a las tiendas locales de comestibles. Luego, en verano de 1937, Rudolph dejó el negocio familiar y se marchó de Nashville, llevándose consigo un Pontiac 1936, 200 dólares en efectivo, algo de equipo para hacer donas y la receta secreta. Después de algunos decepcionantes esfuerzos para encontrar otro lugar, estableció la primera tienda de donas Krispy Kreme en Winston-Salem, Carolina del Norte. A Rudolph le atrajo esta ciudad porque se estaba convirtiendo en un centro industrial de tabaco y textiles en el sureste y se le ocurrió que una tienda de donas sería un buen agregado a la próspera economía local. Rudolph y sus dos socios, que le acompañaban desde Nashville, emplearon sus últimos 25 dólares para rentar un local al otro lado de la acera de Salem College and Academy. Sin dinero para comprar ingredientes, Rudolph convenció a un abacero local para que le fiara lo necesario, prometiendo pagarle en cuanto se vendieran las primeras donas. Para entregar las donas, quitó el asiento trasero del Pontiac 1936 e instaló una estantería de entrega. El 13 de julio de 1937 se hicieron las primeras donas en la nueva tienda de Winston-Salem de Rudolph y se entregaron a los detallistas de comestibles.

Poco después la gente empezó a detenerse en la tienda y a preguntar si podían comprar donas calientes. Eran tantos los pedidos que Rudolph decidió abrir una ventanilla en la pared de la tienda para vender donas al detalle a los viandantes. Las donas de Krispy Kreme se hicieron muy populares en Winston-Salem, y la tienda de Rudolph prosperó.

A principios de la década de 1950, Vernon Rudolph conoció a Mike Harding, quien vendía entonces leche en polvo a panaderías. Rudolph estaba en busca de alguien que le ayudara a ampliar el negocio, y Harding se unió a la compañía como socio en 1954. Iniciando con seis empleados, los socios empezaron a construir un departamento de equipo y una planta para mezclar masa para donas. Creían que la clave para la expansión de Krispy Kreme era tener el control de cada paso del proceso de elaboración y tener la capacidad para entregar las donas a los clientes tan pronto salieran del proceso de freído y glaseado de azúcar. Para fines de la década de 1950, Krispy Kreme tenía 29 tiendas en 12 estados, y cada tienda era capaz de producir 500 docenas de donas por hora. En 1960 decidieron estandarizar todos los establecimientos Krispy Kreme con un techo verde, exterior de ladrillo rojo vidriado, interior visible por ventanal, banda alta de transportación para la producción de las donas, y bancos de barra, lo cual creó una apariencia que se convirtió en marca registrada de Krispy Kreme en ese tiempo.

Harding se concentraba en las operaciones mientras que Rudolph se dedicaba a encontrar lugares prometedores para nuevas tiendas y a conseguir financiamiento bancario para mantener la expansión a otras ciudades y poblados del sureste. Harding se convirtió en presidente de Krispy Kreme en 1958, y en 1973, al morir Rudolph, en director general. Bajo la guía de Harding y Rudolph, los ingresos de Krispy Kreme crecieron de menos de un millón en 1954 a 58 millones de dólares cuando se retiró Harding, en 1974. Las oficinas corporativas permanecieron en Winston-Salem.

En 1976, Beatrice Foods compró Krispy Kreme y procedió a hacer una serie de cambios. Se cambió la receta y se modificaron los logotipos de grafía manuscrita para dar paso a una apariencia más moderna. Los clientes reaccionaron negativamente a los cambios de Beatrice, y el negocio declinó. Un grupo de franquiciatarios, encabezado por Joseph McAleer, compró la compañía a Beatrice en 1982, en una operación de readquisición apalancada con deuda (LBO, *leveraged buyout*). Los nuevos propietarios reinstauraron pronto la receta original y los logos y letreros de estilo manuscrito originales. Las ventas se recuperaron rápidamente, pero con las tasas de interés de dos dígitos de principios de la década de los ochenta les tomó años pagar la deuda de LBO, lo que dejó pocos recursos para la expansión.

Para hacer que crecieran los ingresos, la compañía se apoyó en la concesión de franquicias a tiendas "asociadas", en la apertura de unas cuantas tiendas nuevas propiedad de la firma (todas en el sureste de Estados Unidos) y en impulsar el volumen de los establecimientos mediante ventas fuera de instalaciones. Las tiendas asociadas operaban conforme a un acuerdo de licencia de 15 años que les permitía hacer uso del sistema de Krispy Kreme dentro de un territorio geográfico específico. Pagaban regalías de 3% de las ventas dentro de las instalaciones y 1% de todas las demás ventas bajo marca (a supermercados, tiendas "de conveniencia" —de ubicación favorable para el cliente—, organizaciones caritativas que vendían donas para proyectos de reunión de fondos, y otros compradores mayoristas); no se pagaban regalías por venta de donas sin marca o de marca privada. El interés principal de las tiendas asociadas y de muchas de las tiendas de la compañía estaba en la venta mayorista tanto de donas de Krispy Kreme como de donas de marca privada a abacerías y supermercados locales. Los ingresos corporativos ascendieron gradualmente a 117 millones de dólares en 1989, y luego se mantuvieron en ese nivel durante los siguientes seis años.

Nueva dirección y una nueva estrategia

En los inicios de la década de 1990, con las tasas de interés a la baja y gran parte de su deuda saldada, la compañía empezó a experimentar cautelosamente la expansión, dirigida por Scott Livengood, recién nombrado presidente y director general de operaciones. Livengood, de 48 años, ingresó en el departamento de relaciones humanas de Krispy Kreme en 1978, tres años después de graduarse de la Universidad de Carolina del Norte en Chapel Hill con título en relaciones industriales y un grado académico secundario en psicología. Creyendo firmemente en el producto de la compañía y en el potencial de crecimiento de ésta a largo plazo, ascendió por los niveles de la administración para convertirse en presidente y director general de operaciones en 1992, miembro de la mesa directiva en 1994, presidente y director ejecutivo en 1998, y presidente, director ejecutivo y presidente de la junta directiva en 1999.

Poco después de alcanzar la presidencia en 1992, Livengood se preocupaba cada vez más por las ventas estancadas y los reveses en la estrategia de la empresa: "El modelo no estaba funcionando para nosotros. Era más para venta en canales mayoristas y menos acerca de la marca". Él y otros ejecutivos de Krispy Kreme, atentos a las miles de "anécdotas de Krispy Kreme" referidas por clientes entusiastas al paso de los años, llegaron a la conclusión de que al darle énfasis a las ventas fuera de las instalaciones no estaban aprovechando adecuadamente el entusiasmo y la lealtad de los clientes a las donas Krispy Kreme. Una segunda desventaja era que el enfoque exclusivo de la empresa en los estados del sureste de Estados Unidos maniataba innecesariamente los esfuerzos de apalancar los valores de marca y la calidad del producto en el resto del país. Los datos disponibles indicaban, asimismo, que las tiendas de tamaño estándar (más de 7 000 pies cuadrados [650 metros cuadrados]) eran de operación poco rentable en todas las ubicaciones, excepto las de muy alto volumen.

Para mediados de la década de 1990, con menos de 100 franquicias y tiendas propiedad de la compañía y las ventas corporativas detenidas en la escala de 110 a 120 millones de dólares durante seis años, los ejecutivos de la compañía determinaron que era tiempo de una nueva estrategia y una expansión emprendedora fuera del sureste. A partir de 1996, Krispy Kreme empezó a poner en marcha una nueva estrategia para reposicionar a la compañía, trasladando el punto focal de una estrategia de panadería mayorista a una estrategia de detallista especializada que promoviera las ventas en los puntos de venta detallistas propios de la firma e insistiera en la "experiencia de la dona caliente" tan a menudo enfatizada en las referencias de Krispy Kreme que hacían los clientes. También se agrandaron los tamaños de las donas. La segunda parte importante de la nueva estrategia era ampliar el número de tiendas en la nación recurriendo a franquiciatarios de área y a expendios propiedad de la compañía. Al prepararse para emplear la estrategia, la empresa probó varios tamaños de tienda, llegando finalmente a la conclusión de que las tiendas dentro de la gama de 2 400 a 4 200 pies cuadrados (222 a 390 metros cuadrados) eran las más adecuadas para los planes de reposicionamiento de mercado y expansión de la empresa.

La parte de franquicia de la estrategia requería que la firma otorgara licencias de territorios, definidos habitualmente por áreas metropolitanas estadísticas, para seleccionar franquiciatarios con experiencia demostrada en operaciones de unidades múltiples de alimentos. Se esperaba que los franquiciatarios estuvieran plenamente familiarizados con el mercado de área local que iban a desarrollar y también que tuvieran el capital y la capacidad de organización para abrir un número prescrito de tiendas en su territorio dentro de un periodo específico. El requisito mínimo de valor neto para los desarrolladores de área franquiciados era contar con un total de cinco millones de dólares o 750 000 dólares por tienda, lo que fuera mayor. Los desarrolladores de área le pagaban a Krispy Kreme una cuota de franquicia de 20 000 a 40 000 dólares por cada tienda que abrieran. También se les requería que pagaran 4.5% de cuota de regalías sobre todas las ventas y que contribuyeran con 1% de sus ingresos a un fondo de publicidad y relaciones públicas administrado por la compañía. Se esperaba que los franquiciatarios se adhirieran estrictamente a altas normas de calidad y servicio.

A principios del año 2000, la compañía había firmado tratos con 13 desarrolladores de área que operaban 33 tiendas Krispy Kreme y que se comprometían a abrir otras 130 tiendas en sus territorios en cinco años o menos; además de operar 61 tiendas bajo su propia administración. Las ventas se habían proyectado a 220 millones de dólares, y las utilidades sumaban la cifra récord de seis millones de dólares.

Después de que se tomó la decisión de convertir el negocio en una compañía de capital social, ésta pasó gran parte de fines de 1999 y principios de 2000 preparando la oferta pública inicial (OPI; *initial public offering*) de sus acciones para abril de 2000. La antigua estructura corporativa (Krispy Kreme Doughnut Corporation) se fusionó para convertirse en una nueva compañía (Krispy Kreme Doughnuts, Inc.), la cual planeaba utilizar el producto de su OPI para remodelar o reubicar tiendas más antiguas propiedad de la empresa, para pago de deuda, para hacer inversiones de empresas de riesgo compartido en tiendas franquiciadas, y para ampliar su capacidad de preparar mezcla de masa para donas.

La OPI de 3.45 millones de acciones fue firmada (en exceso de la oferta disponible) a 21 dólares por acción, y cuando las acciones empezaron a cotizar en abril con el logo de teletipo de KREM, el precio subió rápidamente. Al cabo de 12 meses, el precio accionario de la compañía excedía el cuádruple de lo inicial. Después de una división de 2 por 1 en marzo de 2001, las acciones se comerciaban en la mitad alta de la decena 40-50 en mayo de 2001, siendo que habían estado en la mitad baja de la decena 30-40 a principios de abril de 2001 y ligeramente debajo de su alta máxima de todos los tiempos de 54.25 dólares en noviembre de 2000. Krispy Kreme fue la segunda OPI de mejor comportamiento entre todas las ofertas de Estados Unidos en 2000. En el año fiscal de 2001, reportó ventas de 301 millones de dólares y utilidades de 14.7 millones de dólares. Las acciones de la firma empezaron a circular en compraventa en la New York Stock Exchange (Bolsa de Valores de Nueva York) en mayo de 2001 bajo el logo KKD.

En la ilustración 1 se presenta un resumen del comportamiento y las operaciones financieros de Krispy Kreme en los años fiscales 1995-2001.

MODELO Y ESTRATEGIA DE NEGOCIOS DE KRISPY KREME

El modelo de negocios de Krispy Kreme consistía en generar ingresos y ganancias de tres fuentes:

- Ventas en tiendas propiedad de la compañía.
- Regalías de tiendas franquiciadas y cuotas de franquicia de apertura de nuevas tiendas.
- Ventas de masa para preparar donas y de equipo de elaboración de donas armado a pedido para tiendas franquiciadas.

La ilustración 2 muestra los ingresos, gastos de operación y beneficio operativo por segmento de negocios.

La compañía se vio atraída a la operación de franquicia porque ésta minimizaba los requerimientos de capital, proporcionaba una atractiva corriente de regalías y ponía la responsabilidad de las operaciones locales de tienda en manos de franquiciatarios exitosos que conocían bien la forma eficiente de operar las cadenas de unidades múltiples.

Krispy Kreme había desarrollado una cadena de oferta integrada verticalmente, por medio de la cual manufacturaba las mezclas de masa para sus donas en plantas de la empresa en Carolina del Norte e Illinois, y también fabricaba equipo especializado de elaboración de donas para su uso tanto en las tiendas de la compañía como en las franquiciadas. La venta de mezclas de masa y equipo, a la que la empresa se refiere como "manufactura y distribución de KK", generaba una considerable fracción tanto de los ingresos como de las ganancias (véase la ilustración 2).

Muchas de las tiendas construidas antes de 1997 se diseñaron en principio como panaderías mayoristas, y sus formatos y ubicaciones diferían considerablemente de las tiendas más nuevas ubicadas en áreas de alta densidad, donde había mucha gente e intenso tránsito. A fin de mejorar las ventas dentro de las tiendas más antiguas, la empresa estaba poniendo en práctica un programa para remodelarlas o reubicarlas en lugares que pudieran atraer mejor las ventas en el local. En los nuevos mercados, la estrategia de la firma era enfocar los esfuerzos iniciales en las ventas dentro de las instalaciones y luego aprovechar como palanca el interés generado por los productos de Krispy Kreme para asegurar cuentas de supermercados y tiendas de conveniencia.

Hasta este punto, la compañía había gastado muy poco en publicidad para introducir su producto en nuevos mercados; en lugar de esto, se apoyaba en la publicidad de medios locales,

Ilustración 1   Resumen del desempeño financiero y operativo de Krispy Kreme, años fiscales de 1995-2001 (cantidades en dólares en miles, excepto por acción)

	Fines de años fiscales						
	29 de enero de 1995	28 de enero de 1996	2 de febrero de 1997	1 de febrero de 1998	31 de enero de 1999	30 de enero de 2000	28 de enero de 2001
Estado de datos de operaciones							
Total de ingresos	$114 986	$118 550	$132 614	$158 743	$180 880	$220 243	$300 715
Gastos de operación	98 587	104 717	116 658	140 207	159 941	190 003	250 690
Gastos generales y administrativos	7 578	6 804	7 630	9 530	10 897	14 856	20 061
Gastos de depreciación y amortización	2 764	2 799	3 189	3 586	4 278	4 546	6 457
Provisión para reestructuración	—	3 000	—	—	9 466	—	—
Renta [ingreso] (pérdida) por operaciones	6 057	1 230	5 137	5 420	(3 702)	10 838	23 507
Gastos de interés, netos y otros	(1 291)	930	1 091	895	1 577	1 232	276
Renta [ingreso] (pérdida) antes de impuestos	7 348	300	4 046	4 525	(5 279)	9 606	23 783
Provisión (beneficio) para impuestos sobre la renta	2 731	120	1 619	1 811	(2 112)	3 650	9 058
Renta (pérdida) neta	$ 4 617	$ 180	$ 2 427	$ 2 714	$ (3 167)	$ 5 956	$ 14 725
Renta (pérdida) neta por acción:							
Básica	$0.32	$0.01	$0.17	$0.19	$(0.19)	$0.32	$0.60
Diluida	$0.32	$0.01	$0.17	$0.19	$(0.19)	$0.30	0.55
Acciones usadas en el cálculo de la renta (pérdida) neta por acción:							
Básica	14 568	14 568	14 568	14 568	16 498	18 680	24 592
Diluida	14 568	14 568	14 568	14 568	16 498	19 640	26 828
Dividendos en efectivo declarados por acción común	$0.08	$0.08	$0.08	$0.08	$0.08	—	—
Datos de operación							
Ventas del sistema	$146 715	$151 693	$167 592	$203 439	$240 316	$318 854	$448 129
Número de tiendas al final del periodo:							
Propiedad de la compañía	48	53	61	58	61	58	63
Franquiciadas	40	42	55	62	70	86	111
Totales del sistema	88	95	116	120	131	144	174

(continúa)

Ilustración 1 (conclusión)

	Fines de años fiscales						
	29 de enero de 1995	28 de enero de 1996	2 de febrero de 1997	1 de febrero de 1998	31 de enero de 1999	30 de enero de 2000	28 de enero de 2001
Incremento en ventas de tienda comparables:							
Propiedad de la compañía	l.n.d.	l.n.d.	l.n.d	11.5%	11.1%	12.0%	22.9%
Franquiciadas	l.n.d.	l.n.d.	l.n.d	12.7%	9.7%	14.1%	17.1%
Ventas promedio semanales por tienda:							
Propiedad de la compañía	$45	$39	$39	$42	$47	$54	$69
Franquiciadas	22	23	22	23	28	38	43
Datos de hoja de balance							
Activo circulante				$ 25 792	$ 33 780	$ 41 038	$ 67 611
Obligaciones actuales y a corto plazo				16 641	25 672	29 586	38 168
Capital de operación		$ 5 742	$ 10 148	9 151	8 108	11 452	29 443
Total del activo	67 257	72 888	78 005	81 463	93 312	104 958	171 493
Deuda a largo plazo, incluidos los vencimientos actuales	12 533	18 311	20 187	20 870	21 020	22 902	19 375
Total del capital contable de los accionistas	35 817	35 033	36 516	38 265	42 247	47 755	125 679
Datos de flujo de efectivo							
Efectivo neto provisto por actividades de operación			$ 2 652	$ 7 126	$ 11 682	$ 8 890	$ 30 576
Compra de propiedad y equipo			(9 592)	(6 708)	(12 376)	(11 335)	(25 655)
Producto de la liquidación de propiedad y equipo			5 430	1 740	—	—	1 419
Efectivo neto usado para actividades de inversión			(3 426)	(5 896)	(11 827)	(11 826)	(67 288)
Ganancias netas de préstamos a largo plazo			1 876	683	150	1 682	(19 375)
Ganancias de oferta de acciones					4 619	—	65 637
Dividendos en efectivo pagados			(1 159)	(1 173)	(1 180)	(1 518)	(7 005)
Efectivo neto provisto por (usado para) actividades de financiamiento			759	(456)	1 525	(84)	40 555
Efectivo y equivalentes de efectivo al final del año			2 158	2 933	4 313	3 183	7 026

Fuente: Archivos SEC y reportes anuales de la compañía.

l.n.d. = Información no disponible.

Ilustración 2   Desempeño de Krispy Kreme por segmento de negocios, años fiscales 1997-2001 (en millones de dólares)

	Fines de años fiscales				
	2 de febrero de 1997	**1 de febrero de 1998**	**31 de enero de 1999**	**30 de enero de 2000**	**20 de enero de 2001**
Ingreso por segmento de negocios					
Operaciones de tienda de la compañía	$113 940	$132 826	$145 251	$164 230	$213 677
Operaciones de franquicia	1 709	2 285	3 236	5 529	9 445
Manufactura y distribución de KK	16 965	23 632	32 393	50 484	77 593
Total	$132 614	$158 743	$180 880	$220 243	$300 715
Gastos operativos por segmento de negocios (excluyendo depreciación y amortización)					
Operaciones de tienda de la compañía	$100 655	$117 252	$126 961	$142 925	$181 470
Operaciones de franquicia	1 575	2 368	2 731	4 012	3 642
Manufactura y distribución de KK	14 428	20 587	27 913	43 066	65 578
Total	$116 658	$140 207	$157 605	$190 003	$250 690
Beneficio operativo por segmento de negocios (antes de la depreciación y amortización)					
Operaciones de tienda de la compañía	$ 13 285	$ 15 574	$ 18 290	$ 21 305	$ 32 207
Operaciones de franquicia	134	(83)	505	1 517	5 803
Manufactura y distribución de KK	2 537	3 045	4 480	7 418	12 015
Total	$ 15 956	$ 18 536	$ 23 275	$ 30 240	$ 50 025
Gastos generales y administrativos no asignados	$ (7 630)	$ (10 476)	$(12 020)	$(16 035)	$ (21 305)
Gastos de depreciación y amortización					
Operaciones de tienda de la compañía	I.n.d.	$ 2 339	$ 2 873	$ 3 059	$ 4 838
Operaciones de franquicia	I.n.d.	100	57	72	72
Manufactura y distribución de KK	I.n.d.	201	225	236	303
Administración corporativa	I.n.d.	946	1 123	1 179	1 244
Total	$ 3 189	$ 3 586	$ 4 278	$ 4 546	$ 6 457

Fuente: Archivos SEC y reportes anuales de la compañía.
I.n.d. = Información no disponible.

regalos de producto y referencia de viva voz. En casi todos los casos, los diarios locales habían hecho grandes presentaciones para destacar la apertura de las primeras tiendas Krispy Kreme en su área; en algunos casos, las estaciones locales de radio y televisión habían enviado reporteros a cubrir los eventos de apertura y a efectuar entrevistas en el lugar. La gran inauguración en Austin, Texas, fue cubierta en vivo por cinco equipos de televisión y cuatro de radio (había 50 personas en línea a las 11:30, la noche anterior a la apertura de la tienda, que sería a las 5:30 de la mañana siguiente). En la primera apertura de tienda en San Diego, había cinco camiones de control remoto de televisión en escena; los reporteros de radio entrevistaban a clientes acampados fuera, en sus camionetas en el estacionamiento; y una radioemisora de eventos de alcance nacional transmitía "en vivo" en el lugar. Era común que los clientes hicieran cola en la puerta y en el carril de servicio a autos con bastante anticipación a las 5:30 de la mañana de gran apertura del primer día, cuando se encendía por primera vez el anuncio "Hot Doughnuts Now" ("Donas calientes en este momento"). Hubo casos en que el tránsito se congestionó en la entrada al área del expendio: un policía de tránsito de Buffalo, Nueva York, dijo: "Nunca había visto algo así... y lo digo deveras." Como parte del esfuerzo de marketing local en torno a la apertura de nuevas tiendas, era común que se repartieran las donas Krispy Kreme en eventos públicos como regalo a los participantes... luego, como dijo un franquiciatario: "Las Krispy Kremes parecen obrar su propia magia y la gente empieza a hablar de ellas."

Krispy Kreme había financiado originalmente su estrategia de expansión con ayuda de la deuda a largo plazo. Sin embargo, la OPI de abril de 2000 reunió el capital contable suficiente para saldar por completo toda la deuda a largo plazo (véase la ilustración 1). Cuando la compañía se convirtió en empresa de capital social, detuvo el pago de dividendos a los accionistas; en ese momento, todas las ganancias se estaban usando para tratar de ampliar la empresa.

OPERACIONES DE LA COMPAÑÍA
Productos y calidad de producto

Krispy Kreme producía alrededor de 20 variedades de donas, la mayor vendedora de las cuales era la "glaseada de azúcar caliente original", firma de la compañía, elaborada con la receta original basada en levadura de Joe LeBeau. La ilustración 3 muestra las variedades de donas de la empresa de mayo de 2001; la ilustración 4 presenta el contenido nutritivo de una selección representativa de donas Krispy Kreme.

Investigaciones de la compañía indicaron que el atractivo de Krispy Kreme se extendía a través de todos los grupos demográficos mayores, incluidos los de edad e ingresos. Muchos clientes compraban donas por docena para su oficina, clubes y familia. De acuerdo con un franquiciatario entusiasta:

> Casualmente pensamos que éste es un producto muy, muy singular que tiene lo que sólo puedo describir como un sabor único en su clase. Son en extremo ligeras en peso y textura. Tienen un espolvoreado de azúcar increíble. Cuando prueba una de las donas calientes originales tal como salen de la línea, no hay nada como eso.

La empresa recibía un promedio de 3 500 correos electrónicos y cartas mensuales, la mayoría de los cuales eran de clientes apasionados por los productos de Krispy Kreme, y siempre había algunos de personas que pedían que se abrieran tiendas en su área. En la ilustración 5 se aprecian algunos comentarios de clientes y franquiciatarios. Según Scott Livengood:

> Usted no puede tener menos que pasión por su producto y su negocio, porque de ahí es de donde saca su energía. Tenemos un gran producto... Tenemos clientes leales, y tenemos un gran valor de marca. Cuando conocemos a personas con historias sobre Krispy Kreme, siempre las refieren sonriendo.

Café Krispy Kreme estaba haciendo un esfuerzo concertado para mejorar la dimensión y atractivo de sus ofertas de café y bebidas dentro de las instalaciones, alineándolas más de cerca de la experiencia de la dona caliente en sus tiendas. A principios de 2001, Krispy Kreme adquirió Digital Java, Inc., una pequeña compañía cafetera con base en Chicago que proveía y tostaba cafés de calidad *premium* y que comercializaba una amplia línea de bebidas de café y de otros tipos. Scott Livengood explicó las razones de la adquisición:

Ilustración 3   Variedades de donas Krispy Kreme

• Original Glazed (Espolvoreada de azúcar original)	• Chocolate Iced Custard Filled (Fría de chocolate rellena de flan)	• Powdered Cake (De pastel espolvoreada)
• Chocolate Iced (Fría de chocolate)	• Raspberry Filled (Rellena de frambuesa)	• Glazed Devil's Food (Bocado del diablo glaseada)
• Chocolate Iced with Sprinkles (Fría de chocolate con chispas)	• Lemon Filled (Rellena de limón)	• Chocolate Iced Cruller (De churro fría de chocolate)
• Maple Iced (Fría con jarabe de maple)	• Cinnamon Apple Filled (Rellena de manzana con canela)	• Cinnamon Bun (Bollo de canela)
• Chocolate Iced Creme Filled (Fría de chocolate rellena de crema)	• Powdered Blueberry Filled (Rellena de arándanos y espolvoreada)	• Glazed Blueberry (De arándanos glaseada)
• Glazed Creme Filled (Glaseada rellena de crema)	• Chocolate Iced Cake (De pastel fría de chocolate)	• Glazed Sour Cream (De crema agria glaseada)
• Traditional Cake (De pastel tradicional)	• Glazed Cruller (De churro glaseada)	

Fuente: www.krispykreme.com, 3 de mayo de 2001.

Ilustración 4   Contenido nutritivo de variedades selectas de donas Krispy Kreme

| Producto | Calorías | Calorías de grasas | Total de grasas | | Grasas saturadas | | Colesterol | Sodio | Carbohidratos | | Azúcares |
			Gramos	% de valores diarios*	Gramos	% de valores diarios*			Gramos	% de valores diarios*	
Original Glazed	210	110	12	19	4	19	<5 mg	65 mg	22	7	13 g
Fudge Iced Glazed	280	130	14	22	4	22	<5 mg	75 mg	36	12	22 g
Maple Iced Glazed	200	80	9	14	2.5	13	0 mg	100 mg	28	9	18 g
Powdered Blueberry Filled	270	110	13	20	4	20	<5 mg	170 mg	33	11	40 g
Fudge Iced Creme Filled	340	160	18	28	5	25	<5 mg	160 mg	39	13	22 g
Glazed Creme Filled	350	120	20	31	5	25	<5 mg	135 mg	39	13	24 g
Traditional Cake	200	100	11	17	3	14	15 mg	280 mg	22	7	7 g
Glazed Cruller	250	140	16	25	4	20	5 mg	190 mg	24	8	15 g
Cinnamon Bun	220	100	11	17	3	15	0 mg	160 mg	26	9	7 g
Glazed Devil's Food	390	220	24	37	5	25	<5 mg	250 mg	41	14	30 g

*Basado en una dieta de 2000 calorías.

Fuente: www.krispykreme.com, 3 de mayo de 2001.

Ilustración 5 Comentarios de muestra de clientes y franquiciatarios
de Krispy Kremes

Comentarios de clientes

"Me comí una y literalmente hizo que me brotaran las lágrimas. No bromeo."

"Oh, Dios, esto es inquietante. Yo ni siquiera tenía hambre, pero ahora tengo que llevarme dos docenas."

"Nos levantamos a las tres de esta mañana. Les dije que llegaría tarde al trabajo. Iba a ir a la gran apertura."

"Se le derriten en la boca. Verdaderamente."

"Krispy Kreme Rocas."

"Es caliente; buena y caliente. Como debe estar una dona."

"La dona es magnífica. Un toque de genio."

"Me encantan las donas, pero éstas son diferentes. Es terrible para su peso, porque cuando se come sólo una, siente que apenas la probó. Quiere más. Es como las palomitas [maíz tostado]."*

"Cuando las muerdo es como si mordiera una nube azucarada. Es realmente divertido darle una a alguien que nunca la ha probado. La muerden y simplemente lanzan una exclamación."†

Comentarios de franquiciatarios

"Krispy Kreme es un negocio de 'bienestar' al mismo tiempo que un negocio de donas. Los clientes vienen a tener una experiencia que los hace sentirse bien; disfrutan nuestras donas y del tiempo que pasan en nuestras tiendas viendo cómo se hacen las donas."

"No estamos tanto vendiendo donas como creando una experiencia. La ventana para ver al área de producción es un teatro del que nuestros clientes nunca se cansan. Es grato ver cómo se hacen las donas y más grato comerlas cuando salen calientes de la línea."

"Los clientes del sur de California han respondido con entusiasmo a Krispy Kreme. Muchos de nuestros seguidores vinieron por primera vez a Krispy Kreme no por una experiencia previa de sabor, sino más bien por el 'revuelo' en torno a la marca. Eran más las referencias verbales y la publicidad lo que los traía a probar nuestras donas. Una vez que las probaban se convertían en fanáticos leales que corrían la voz de que Krispy Kreme es algo especial... Atestiguamos esa emoción cada día, en especial cuando estamos lejos de la tienda, pero vestimos un sombrero o una playera con el logo de Krispy Kreme. Cuando la gente ve el logo, aparece la gran sonrisa y siempre nos preguntan: '¿Cuándo van a abrir una en nuestro barrio?'... La gran cantidad de publicidad local, combinada con la asombrosa conciencia de la marca de todo Estados Unidos nos ha ayudado a dar a conocer a la comunidad nuestro compromiso de apoyo a obras de caridad locales. Nuestro programa de reunión de fondos, junto con el donativo de producto a escuelas, iglesias y otras organizaciones caritativas han demostrado nuestro deseo real de retribuir. Este compromiso también influye en nuestros empleados, que comprenden de inmediato el valor de apoyar a los necesitados y a otras causas dignas en nuestros barrios."

"Después de tantos años de tener en propiedad y de operar múltiples negocios de franquicia, nunca habíamos podido complacer —hasta ahora con Krispy Kreme— a tan amplia gama de clientes en la comunidad. Cuando abrimos nuestras puertas, es como cuando vuelve un viejo amigo: nos dan la bienvenida con los brazos abiertos... Con toda franqueza, en mi experiencia, no hemos visto nada como la información de relaciones públicas de Krispy Kreme; de verdad es algo sin precedente."

"Casualmente pensamos que éste es un producto que tiene lo que sólo puedo describir como un sabor único en su clase. Son en extremo ligeras en peso y textura. Tienen un espolvoreado de azúcar increíble. Cuando prueba una de las donas calientes originales tal como salen de la línea, no hay nada como eso."

*Citado en "Winchell's Scrambles to Meet Krispy Kreme Challenge", *Los Angeles Times*, 30 de septiembre de 1999, p. C1.

†Citado en Greg Sukiennik, "Will Dunkin' Donuts Territory Take to Krispy Kreme?", The Associated Press State & Local Wire, 8 de abril de 2001.

Fuente: Reportes anuales de 2000 y 2001 de Krispy Kreme, excepto las dos citas antes mencionadas.

Creemos que la marca Krispy Kreme se extiende de manera natural a un ofrecimiento de café y bebidas que se relaciona más a la experiencia de la dona caliente en nuestras tiendas. La integración vertical de nuestro negocio de café proporciona la capacidad de controlar la provisión y tostado de nuestro café. El creciente control de nuestra cadena de suministros ayudará a asegurar normas de calidad, formulación de recetas y consistencia de tueste. Con esta capacidad, nuestras primeras prioridades serán la investigación y el *benchmarking* [comparación de niveles] necesarios para crear combinaciones y tuestes *premier* de café que ayuden a hacer de Krispy Kreme un lugar de café para un público más amplio. Más allá del café, intentamos ofrecer una línea completa de bebidas, incluyendo bebidas basadas en expreso y heladas. Creemos que podemos aumentar considerablemente la proporción de nuestro negocio destinada específicamente al café y a bebidas en general mejorando y ampliando nuestra oferta de bebidas.

En 2000, las ventas de bebidas contaban por cerca de 10% de las ventas de tienda, de lo cual el café abarcaba alrededor de la mitad del total de bebidas, y la otra mitad se dividía entre leche, jugos, refrescos y agua embotellada.

Operaciones de tienda

Cada tienda era diseñada como un "teatro de donas", donde los clientes podían observar cómo se hacían las donas a través del cristal de una ventana de 40 pies (12 metros). Las nuevas tiendas fluctuaban en tamaño entre 2 400 y 4 200 pies cuadrados (222 y 390 metros cuadrados) (véase la ilustración 6 que muestra tiendas representativas y escenas de tienda); tenían ventana de exhibición para los clientes en auto y área de comedor con asientos para 50 o más personas; y unas cuantas de las tiendas nuevas y más grandes tenían salas especiales para banquetes de Krispy Kreme. La decoración de los establecimientos era de remembranza de la década de los cincuenta, con paredes verde menta y sillas de metal brillante; algunos de los más nuevos tenían compartimientos. La típica tienda tenía unos 125 empleados, lo que incluía unos 65 puestos de tiempo completo. Aproximadamente la mitad de las ventas dentro de instalaciones tenía lugar en las horas de la mañana, y la mitad restante por la tarde y la noche. Había muchas tiendas que abrían las 24 horas del día; y gran parte de la elaboración de donas para venta fuera de instalaciones se hacía de las 6 de la tarde a las 6 de la mañana. La producción estaba casi siempre en marcha a las horas críticas de tráfico interior de la tienda. Sin embargo, en varias grandes áreas metropolitanas, la elaboración de donas para ventas fuera de instalaciones se hacía en un establecimiento central equipado especialmente para un gran volumen de producción, empacado y distribución de área local.

Tomaba cerca de una hora hacer cada lote de donas. Después de mezclar los ingredientes para hacer la masa, ésta se enrollaba y cortaba. Las piezas entraban en una máquina de cuatro metros de alto en la que cada pieza giraba 33 minutos en una estantería de alambre, con alto grado de humedad y calor bajo (126° Fahrenheit [52°C]) para dejar que la masa se esponjara. Al completarse el esponjado se hacían pasar las donas por una banda transportadora donde se las freía de un lado, se volteaban, se las freía del otro lado, se dejaban escurrir y secar, y se inspeccionaban. Las donas destinadas al glaseado se dirigían a una cascada de cobertura caliente de azúcar; las demás se dirigían a otra parte de la sección de horneado para rellenarlas y/o enfriarlas. En la ilustración 7 se muestran las partes de mezcla, esponjado, freído, secado y glaseado del proceso. Según el tamaño y ubicación de la tienda, la producción de un día común fluctuaba entre 2 400 y 6 000 docenas de donas.

Cada tienda productora presentaba un destacado anuncio de neón de Hot Doughnuts Now® (véase la ilustración 6) que les indicaba a los clientes que las "donas originales glaseadas" recién hechas estaban saliendo de la banda transportadora y estaban listas para su compra inmediata. Por lo general, los anuncios resplandecían desde alrededor de las 6:00 a.m. hasta las 11:00 a.m. y volvían a encenderse por la tarde y permanecían encendidos hasta avanzadas horas de la noche.

En una franquicia de California, las donas glaseadas originales de Krispy Kreme se vendían a 0.70 dólares cada una o a 4.99 dólares por docena; una docena mixta costaba 5.49 dólares. Se vendían en cajas blancas con el logo de Krispy Kreme y moteadas de pequeños puntos redondos verdes. En una franquicia de Alabama, las donas glaseadas originales estaban a 0.60 dólares cada una o a 4.29 por docena; otras variedades costaban 0.65 dólares la pieza o 4.79

la docena; y a los clientes se les hacía el descuento de un dólar por docena en compras de dos o más docenas.

Las tiendas generaban ingresos en varias formas:

- Ventas de donas en instalaciones.
- Ventas de café y otras bebidas.
- Ventas externas de donas de marca y de etiqueta privada a supermercados, tiendas de conveniencia y grupos de reunión de fondos de la localidad.

La compañía había creado un sistema muy eficiente para la entrega de donas recién hechas, empacadas o sin empaque, a tiendas detallistas del área. Los conductores de ruta tenían facultades para levantar pedidos de clientes y entregar productos en forma directa a cuentas detallistas donde se comercializaban comúnmente, ya sea por medio de exhibidores con marca de Krispy Kreme o de vitrinas de panaderías (como donas sin marca). Las tiendas de Krispy Kreme promovían activamente las ventas a escuelas, iglesias y grupos cívicos para movimientos de colecta de fondos.

El franquiciatario para tiendas de Krispy Kreme en San Francisco había arreglado vender el paquete de cuatro Krispy Kremes a cinco dólares en los partidos de béisbol de los Gigantes de San Francisco en el Pacific Bell Park. La firma agotó su dotación de 2 100 paquetes para la tercera entrada del primer juego y, a pesar de que se aumentó la dotación, ésta se agotó en las entradas cuarta y sexta de los siguientes dos partidos; de manera que para el cuarto juego se les suministraron 3 450 paquetes de cuatro donas. El franquiciatario de las tiendas de Las Vegas tenía un sitio web en el que los clientes que se encontraran trabajando podían hacer pedidos en línea antes de las dos de la tarde, para que se les entregaran en su lugar de trabajo por servicio de mensajería.

Un franquiciatario de Texas estaba construyendo un centro de producción y distribución de 18 000 pies cuadrados (1 672 metros cuadrados) para proveer de paquetes de doce donas Krispy Kreme a supermercados Metroplex, tiendas de conveniencia y otros detallistas del área, porque las tiendas locales recién abiertas no tenían la capacidad de horneado para satisfacer la demanda en instalaciones y fuera de éstas a la vez; había otros centros similares operados por franquicia de elaboración y distribución mayoristas en Nashville, Cincinnati, Atlanta, Chicago y Filadelfia. Varios de estos centros tenían capacidad instalada de entrega para proveer Krispy Kremes a detallistas en áreas alejadas que se consideraban demasiado pequeñas para justificar una tienda Krispy Kreme independiente. Target Corporation, que ya había hecho un convenio con Starbucks para poner quioscos de esta firma en todas sus tiendas SuperTarget, estaba experimentando añadir una sección de donas Krispy Kreme a su formato SuperTarget.

El costo de abrir una nueva tienda iba de uno a 2.5 millones de dólares, según los costos del terreno y el tamaño del establecimiento. La elección del sitio se basaba en la densidad de hogares, la proximidad a centros de empleo diurno y residenciales, y la cercanía a otros generadores de tráfico detallista. La compañía planeaba abrir 36 tiendas en el año fiscal 2002, y ya había acuerdos en trámite para que los franquiciatarios abrieran más de 250 nuevas tiendas para 2006. En la ilustración 8 se presentan los datos sobre la actividad de apertura de tiendas. La ilustración 9 muestra la economía de las operaciones de unidades.

Desempeño de las tiendas nuevas de Krispy Kreme

En 2000, las primeras tiendas Krispy Kreme en 10 nuevos mercados geográficos promediaron 234 000 dólares en ventas la primera semana, atrayendo un promedio de más de 50 000 visitantes, y produciendo un promedio de 23 500 transacciones. Las ventas en semanas sucesivas promediaron 93 400 dólares. Las ventas de primera semana en nuevas tiendas abiertas en mercados existentes en 2000 promediaron 150 000 dólares, con unos 30 000 visitantes, lo que resulta favorable en comparación con las ventas promedio de semana de apertura de 123 000 en el año fiscal 1999, y de 85 600 dólares en el año fiscal 1998. Las ventas semanales en tiendas recién inauguradas tendían a moderarse después de varios meses de operación, pero la empresa esperaba que sus tiendas más recientes tuvieran ventas anuales que promediaran más de tres millones de dólares en su primer año de operación.

Ilustración 6   Tiendas representativas de Krispy Kreme y escenas de tienda

Ilustración 7   Elaboración de las donas

Mezclado de ingredientes

Esponjado

Freído y volteado

Inspección y escurrido

Secado y entrada al glaseado

Salida del glaseado

Empacado

Ilustración 8   Aperturas, cierres y transferencias de tiendas de Krispy Kreme, años fiscales 1997-2001

	Propiedad de la compañía	Franquiciadas	Total
Año terminado el 2 de febrero de 1997			
Al comenzar la cuenta	53	42	95
Abiertas	7	15	22
Cerradas	0	(1)	(1)
Transferidas*	1	(1)	0
Al terminar la cuenta	61	55	116
Año terminado el 1 de febrero de 1998			
Al comenzar la cuenta	61	55	116
Abiertas	0	7	7
Cerradas	(2)	(1)	(3)
Transferidas*	(1)	1	0
Al terminar la cuenta	58	62	120
Año terminado el 31 de enero de 1999			
Al comenzar la cuenta	58	62	120
Abiertas	0	14	14
Cerradas	0	(3)	(3)
Transferidas*	3	(3)	0
Al terminar la cuenta	61	70	131
Año terminado el 30 de enero de 2000			
Al comenzar la cuenta	61	70	131
Abiertas	2	19	21
Cerradas	(5)	(3)	(8)
Transferidas*	0	0	0
Al terminar la cuenta	58	86	144
Año terminado el 28 de enero de 2001			
Al comenzar la cuenta	58	86	144
Abiertas	8	28	36
Cerradas	(3)	(3)	(6)
Transferidas*	0	0	0
Al terminar la cuenta	63	111	174

Nuevas tiendas en nuevos mercados, 2001	Nuevas tiendas en mercados ya existentes, 2001
Denver	Baton Rouge
Oklahoma City	Charleston
Syracuse	Greensboro
Albuquerque	Alexandria
Wichita	Davenport
Minneapolis	Nueva Orleáns
Pittsburgh	Orlando
Seattle	Dallas
Reno	Richmond
Little Rock	Ciudad de Nueva York
West Palm Beach	

*Las tiendas transferidas representan tiendas vendidas entre la compañía y los franquiciatarios.

Fuente: Archivos y reportes anuales SEC de la compañía; Deutsche Banc Alex. Estimados Brown.

Ilustración 9   Economía estimada de tienda de Krispy Kreme (dólares)

Ingresos por tienda	$3 600 000
Flujo de efectivo (después de gastos operativos)	960 000
Margen de flujo de efectivo	27%
Inversión de capital contable del propietario para construir una tienda	$1 050 000
Beneficio del flujo de efectivo sobre inversión de capital contable	91%

Fuente: Estimada por Deutsche Banc Alex. Brown.

El ingreso récord de la semana de apertura de una tienda nueva de Krispy Kreme en un nuevo mercado era de 369 000 dólares. La tienda, situada en Denver, percibió un ingreso bruto de un millón de dólares en sus primeros 22 días de operación, y solía tener colas fuera de la puerta de una hora de espera por las donas; según reportes de un diario local, una noche llegó a haber 150 automóviles en fila para la ventanilla de servicio a autos a la 1:30 a.m. Se decía que la tienda tuvo que pagar 12 000 dólares por la ayuda de asistentes del comisario (fuera de sus horas de servicio) para que dirigieran el tráfico del jueves al domingo, entre las 5:00 a.m. y las 11:00 p.m. en la semana inaugural.[1] El récord previo de ventas de primera semana de inauguración de nueva tienda era de 365 000 dólares, cuando se abrió la primera Krispy Kreme en San Diego.

Las ventas semanales promedio de las tiendas de Krispy Kreme inauguradas en 1997 y 1998 eran de alrededor de 40 000 dólares por semana en 2000. Las ventas semanales promedio, en Class, de tiendas de 1999, fueron de 69 000 dólares, y las de tiendas de 2000 promediaron 79 000 dólares. La administración de Krispy Kreme había aconsejado a los franquiciatarios que las ventas en las instalaciones no deberían exceder los 50 000 dólares por semana, a fin de proporcionar buen servicio y amplia disponibilidad de asientos.

Manufactura y distribución de Krispy Kreme

La compañía proporcionaba toda la mezcla para las donas y el equipo usado en las tiendas, en parte como un medio de asegurar una calidad uniforme de la receta y de la hechura de la dona a lo largo de la cadena, y en parte como una forma de generar ventas y utilidades de las operaciones de franquicia. Las ventas de la unidad de manufactura y distribución de Krispy Kreme (KKM&D, Krispy Kreme Manufacturing & Distribution) sobrepasaron 357% desde el fin del año fiscal de 1997, y el ingreso operativo fue de más de 374%; KKM&D fue la segunda mayor contribuyente al ingreso operativo general de Krispy Kreme y tuvo atractivos márgenes de beneficio (véase la ilustración 2). La línea de la firma, de máquinas de acero inoxidable a especificación individual para la elaboración de donas, fluctuaba entre las capacidades de 230 a 600 docenas de donas por hora.

En Krispy Kreme se habían hecho planes recientemente para construir unas instalaciones con lo más moderno para manufactura y distribución de 187 000 pies cuadrados (17 372 metros cuadrados) en Illinois, dedicada a la mezcla y empacado de masas preparadas para donas, y a la distribución de mezclas, equipo y otros suministros a las tiendas en el Medio Oeste y la mitad Oeste de Norteamérica. Se esperaba que estas instalaciones bajaran los costos unitarios de Krispy Kreme. Una nueva planta de manufactura de equipo de elaboración de donas estaba en construcción en Winston-Salem, donde también se encontraban las instalaciones actuales de mezcla de ingredientes. Krispy Kreme tenía un moderno laboratorio en el que se probaban todos los ingredientes clave y se producía cada lote de mezcla.

Capacitación

Desde mediados de 1999, Krispy Kreme había invertido recursos en su programa de capacitación, creando un currículum de capacitación administrativa con multimedia. El programa in-

[1] *Rocky Mountain News*, 30 de marzo de 2001.

cluía enseñanza en aula, módulos de capacitación basada en computadora y videos, y experiencias de adiestramiento en tiendas. Para la parte en línea del programa de capacitación se hacía completo uso de gráficos, video y animación, así como de siete tipos diferentes de preguntas de prueba. Cada tienda de Krispy Kreme tenía acceso a la capacitación por la intranet de la compañía y por internet; los empleados que se inscribían para el curso podían tener acceso a los módulos desde su hogar por medio de su conexión de internet. Los resultados de las pruebas de los aprendices se transmitían directamente a la base de datos de recursos humanos de Krispy Kreme; los estudiantes eran redirigidos en forma automática a las lecciones cuando las puntuaciones de las pruebas indicaban que el material no se había asimilado bien en el primer intento. El curso en línea estaba proyectado para que 90% de los participantes lograran 90% de dominio, y podía actualizarse cuando fuera necesario. La compañía esperaba que unos 250 administradores completaran el curso a principios de 2002.

El curso de gerentes se había vuelto a hacer en un programa adecuado para empleados por horas; asimismo, podía dividirse en partes pequeñas y personalizarse para ser ajustado a las necesidades individuales.

Potencial de crecimiento

Con sólo 181 tiendas en mayo de 2001, la administración de Krispy Kreme creía que la empresa estaba en la infancia de su crecimiento. La más alta prioridad de la firma era expandirse en mercados con más de 100 000 hogares; la administración consideraba que estos mercados eran atractivos porque la característica de población densa ofrecía oportunidades de múltiples ubicaciones de tiendas, daba mayor exposición a la labor de construcción de marca y permitía hacer economías de operación de unidades múltiples. Sin embargo, se pensaba que los mercados secundarios con menos de 100 000 hogares tenían un potencial significativo de ventas y utilidades; ya se estaban estudiando los diseños de tiendas de menor tamaño adecuadas para esos mercados. La dirección de Krispy Kreme creía, además, que el servicio de alimentos y el canal institucional de ventas ofrecían una buena oportunidad para extender la marca en colegios superiores y universidades, empresas e instalaciones industriales, así como en complejos deportivos y de entretenimiento. La administración había declarado que el fuerte nombre de marca de la empresa, su producto sumamente diferenciado, su capacidad de alto volumen de producción y su estrategia de penetración de mercados por canales múltiples colocaba a la firma en posición de llegar a ser líder reconocido en todo mercado en el que entrara.

Para mayo de 2001, la compañía había dejado de aceptar solicitudes de franquicia para ubicaciones en Estados Unidos, indicando que no había territorios abiertos. Sin embargo, estaba aceptando solicitudes de desarrolladores interesados en tiendas franquiciadas en mercados internacionales. En palabras de Scott Livengood, "Krispy Kreme tiene por naturaleza lo necesario para volverse marca global. Mirando nuestra demografía, convocamos a una muy amplia base de clientes. Recibimos muchas muestras de interés semanalmente para expandirnos en lugares internacionales y confiamos en que nuestra marca será en extremo bien recibida fuera de Estados Unidos".

En diciembre de 2000, la compañía contrató a Donald Henshall, de 38 años, para que ocupara el recién creado puesto de presidente de desarrollo internacional; Henshall era anteriormente director administrativo de desarrollo de nuevos negocios con Overland Group, de base en Londres, un fabricante y comercializador de calzado y vestido de marca. La labor de Henshall era perfeccionar la estrategia global de la compañía, desarrollar las capacidades e infraestructura para sostener la expansión fuera de Estados Unidos y considerar indagaciones sobre las partes calificadas que desearan abrir tiendas de Krispy Kreme en los mercados extranjeros.

AMBIENTE INDUSTRIAL

De acuerdo con algunos cálculos, la industria de las donas en Estados Unidos fue un mercado de 4 700 millones de dólares en 1998 y 1999. Se estima que los estadounidenses consumían 10 000 millones de donas al año, justamente arriba de tres docenas por cabeza. Había pocas señales de que el furor de la atención a la salud que había recorrido Estados Unidos en años recientes hubiera reducido mucho las ventas; los observadores de la industria y los funcionarios de la empresa atribuían esto en parte a que las donas eran una indulgencia permisible y a la tendencia de mucha gente a agasajarse ocasionalmente.

La empresa dominante y por largo tiempo líder de la industria era Dunkin' Donuts, con ventas mundiales en 2000 de 2 320 millones de dólares, 5 200 puntos de venta y cerca de 45% de la participación de mercado de Estados Unidos sobre la base del volumen de ventas en dólares. De acuerdo con datos compilados por Technomic, una empresa de investigación de marketing especialista en alimentos, las cadenas de donas en Estados Unidos tenían ventas combinadas de 2 730 millones de dólares en 1999; de lo cual, 2 100 millones de dólares eran por cuenta de Dunkin' Donuts, una participación de mercado de 77% sobre la base de ingresos por ventas de todas las cadenas de donas. Ninguna otra cadena de donas tuvo una participación de mercado siquiera de 10% en 1999, y la gran mayoría de elaboradores de donas frescas eran panificadoras familiares locales y de supermercado, cuyos productos eran en su mayoría indiferenciados en cuanto a calidad. El crecimiento general en ventas de donas había sido muy pequeño en los últimos cinco años.

En años recientes, una proliferación de los departamentos de panadería en los supermercados había echado fuera a muchas tiendas de donas de propiedad local y, en cierta medida, había limitado el crecimiento de las cadenas de donas. Éstas eran un artículo popular en las panaderías de los supermercados, ya que a muchos clientes les resultaba más cómodo llevarlas al hacer sus compras regulares de supermercado que hacer un viaje especial para ello a una panadería local. No obstante, los aficionados a las donas tendían a pasar por alto las donas de la abacería, y a preferir la frescura, calidad y variedad ofrecida por las tiendas especializadas en donas. La mayoría de los parroquianos de las tiendas de donas frecuentaban las de sus barrios o áreas de compras normales; no acostumbraban hacer un viaje especial de dos o tres kilómetros para ir a comprar donas.

Las pequeñas tiendas independientes de donas solían tener una clientela devota, surgida de los residentes del barrio y de los transeúntes regulares que iban camino de su trabajo o de regreso de éste. Un empleado de largo tiempo en una tienda de propiedad familiar en Denver dijo: "Nuestros clientes nos son muy leales. Probablemente, 80% son regulares."[2] Los propietarios de los comercios independientes parecían creer que la entrada de cadenas populares nuevas, como Krispy Kreme, planteaban poca amenaza competitiva, arguyendo que el mercado era lo bastante grande para sostener tanto a independientes como a franquiciatarios, que lo novedoso de Krispy Kreme probablemente se desgastaría, y que a menos que un franquiciatario pusiera una tienda cerca de la ubicación presente de ellos el impacto sería mínimo en el peor de los casos. Un propietario de tienda en Omaha dijo: "Nuestras ventas de donas crecieron cuando Krispy Kreme llegó a la ciudad. Nos benefician cada vez que se anuncian, porque las donas son tan populares como siempre."[3]

PRINCIPALES COMPETIDORES DE KRISPY KREME

Dunkin' Donuts

Dunkin' Donuts era la mayor cadena de café y productos de panadería en el mundo, con ventas diarias de 6.4 millones de donas y 1.8 millones de tazas de café. La cadena era propiedad de Allied Domecq PLC (de base inglesa), empresa diversificada que, entre otros negocios, poseía la cadena de helados Baskin-Robbins, ToGo's Eateries (expendios de sándwiches), y un surtido de marcas de bebidas alcohólicas (Kahlúa, Beefeater's, Maker's Mark, Courvoisier, Tia Maria, y muchas otras). En 2000, la cadena Dunkin' Donuts contaba con ventas anuales de 2 320 mi-

---

[2] Citado en "Dogh-Down at the Mile High Corral", *Rocky Mountain News*, 25 de marzo de 2001, p. 1G.

[3] Citado en "Hole-ly War: Omaha to Be Battleground for Duel of Titans", *Omaha World Herald*, 7 de septiembre de 1999, p. 14.

llones de dólares, 5 200 tiendas en el mundo, 3 600 puntos de venta en Estados Unidos y un crecimiento comparable de ventas de tienda de siete por ciento. Tan sólo en Nueva Inglaterra, Dunkin' Donuts operaba 1 200 tiendas, incluidas 600 en el área de Greater Boston (Boston Mayor), donde se fundó la cadena en 1950 y donde un franquiciatario de Krispy Kreme estaba en proceso de abrir 16 tiendas.

En comparación con Krispy Kreme, Dunkin' Donuts hacía más énfasis en el café y la conveniencia o comodidad. De acuerdo con un ejecutivo de Dunkin' Donuts: "La gente habla acerca de nuestro café primero. Somos comida que la gente consume a su paso. Somos parte de su día. No somos necesariamente una tienda de destino." Aproximadamente la mitad de todas las compras en Dunkin' Donuts incluían el café sin una dona.[4] El menú de Dunkin' Donuts incluía donas (50 variedades), *muffins*, *bagels* (roscas), bollos de canela, galletas, brownies (bizcochos), Munchkins doughnut holes (hoyos de dona Munchkins), sándwiches de queso crema, nueve sabores de café recién hecho, y cafés helados. En áreas donde proliferaban los puntos de venta de Dunkin' Donuts, la mayoría de los productos horneados los suministraban cocinas de ubicación central, en lugar de elaborarse en cada sitio.

El contenido nutritivo de las 50 variedades de donas de la cadena fluctuaba entre 200 y 340 calorías, entre 8 y 19 gramos de grasa, entre 1.5 y 6 gramos de grasas saturadas, y entre 9 y 31 gramos de azúcar; sus bollos de canela tenían 540 calorías, 15 gramos de grasa, 4 gramos de grasa saturada y 42 gramos de azúcar. Mientras las donas glaseadas originales de mejor venta de Krispy Kreme tenían 210 calorías, 12 gramos de grasa, 4 gramos de grasa saturada y 13 gramos de azúcar, el artículo comparable de Dunkin' Donuts tenía 180 calorías, 8 gramos de grasa, 1.5 gramos de grasa saturada y 6 gramos de azúcar. Varios clientes de Dunkin' Donuts en el área de Boston que habían probado recientemente las donas de Krispy Kreme reportaron que estas últimas tenían más sabor y eran más ligeras.[5]

Dunkin' Donuts se había defendido con éxito de la competencia de cadenas nacionales de roscas y de Starbucks. Cuando las cadenas nacionales de roscas, que promovían éstas como alternativa saludable a las donas, abrían nuevas tiendas en áreas donde Dunkin' Donuts tenía expendios, la empresa respondía agregando roscas y sándwiches de queso crema a sus ofertas de menú. También había contestado a las amenazas de Starbucks agregando una variedad más amplia de bebidas de café calientes y frías; y mientras que los bebedores de café tenían que esperar a un preparador que le confeccionara adecuadamente un *latte* de tres dólares, se les podía servir un café y una dona en un santiamén en Dunkin' Donuts por menos dinero. El servicio rápido y eficiente era un punto fuerte de Dunkin' Donuts. La administración creía además que la conciencia más amplia del café creada por la presencia de mercado de las tiendas de Starbucks había contribuido en realidad a impulsar las ventas de café en Dunkin' Donuts. En mercados como la ciudad de Nueva York y Chicago, donde había tiendas de Dunkin' Donuts y de Krispy Kreme, las ventas en Dunkin' Donuts habían seguido aumentando. Al comentar la amenaza competitiva de Krispy Kreme, un vicepresidente de Dunkin' Donuts dijo:

> Tenemos un enorme número de variedades, un formidable nivel de conveniencia, un café y otros productos estupendos. Creo que la diferenciación de que disfruta Dunkin' está clara. No somos pretensiosos ni nos tomamos demasiado en serio, pero sabemos cuán importante es una taza de café y una dona o una rosca por la mañana. Ser capaces de darle una excelente taza de café a alguien que va en camino a alguna otra cosa es una gran ventaja.[6]

En 2000, Dunkin' Donuts empezó a abrir tiendas "*tri-brand*" (de tres marcas) en sociedad con sus empresas hermanas Baskin-Robbins (de helados) y ToGo (de sándwiches).

---

[4] Según la información en Hermoine Malone, "Krispy Kreme to Offer Better Coffee As It Tackles New England", *Charlotte Observer*, 16 de marzo de 2001.

[5] "Time to Rate The Doughnuts: Krispy Kreme Readies to Roll into N.E. to Challenge Dunkin' Donuts", *The Boston Globe*, 21 de febrero de 2001, p. D1.

[6] Como se cita en Hermoine Malone, "Krispy Kreme to Offer Better Coffee As It Tackles New England", *The Charlotte Observer*, 16 de marzo de 2001.

Winchell's Donut House

Winchell's, fundada por Verne Winchell en 1948, era propiedad de Shato Holdings Ltd. de Vancouver, Canadá. Había aproximadamente 600 unidades de Winchell's en 10 estados al oeste del río Mississippi, junto con franquicias internacionales en Guam, Saipán, Corea, Egipto, Arabia Saudita y Nueva Zelanda. Winchell's tenía 110 restaurantes en el sur de California, un mercado que tenía cerca de 1 600 tiendas de donas y en el cual había entrado Krispy Kreme recientemente. Para combatir la entrada de Krispy Kreme en el sur de California, Winchell's lanzó un programa Warm'n Fresh (caliente y reciente) como piloto o prototipo en siete tiendas de California. El programa piloto requería que se exhibieran donas frescas, glaseadas en vitrinas para reemplazarlas cada 15 a 20 minutos entre las 6 y las 9 de la mañana diariamente; una luz roja destellante en las vitrinas señalaba que un lote fresco de donas glaseadas estaba disponible. A partir de junio de 1999, Winchell's puso en aplicación un concepto modificado de Warm'n Fresh para todos los puntos de venta, en el cual se ofrecían donas de Warm'n Fresh entre las 6 y las 11 de la mañana diariamente, con la opción posterior de extender las horas del programa.

En mayo de 2001, la "docena Winchell's" de 14 donas se vendía a 5.99 dólares y la doble docena (28), a 9.99 dólares. Los ofrecimientos de panadería de Winchell's incluían 20 variedades de donas, 14 sabores de *muffins*, *croissants* (cuernitos), *bagels* (en lugares selectos se disponía de sándwiches de rosca para el desayuno), *éclairs* (pastelillos rellenos de crema), tartas, buñuelos de manzana y garras de oso. Se servían tres variedades de sus "legendarios" cafés: Tueste Oscuro Supremo, Mezcla Legendaria y Decaf Legendario, todos hechos exclusivamente de granos de arábica 100% (considerados por muchos los mejores granos de café del mundo). Otras bebidas incluían el capuchino, capuchino helado, refrescos, leche y jugos.

En 2000 comenzó un programa de expansión de Winchell's en seis ciudades de Estados Unidos donde las ventas de la compañía eran fuertes; dicho programa consistía en reclutar franquicias de comida rápida para agregar quioscos de Winchell's a sus tiendas. Winchell's había tenido ya éxito al lograr la introducción de quioscos en las franquicias de tiendas del tren subterráneo en Las Vegas y varios Blimpie's Subs and Salads en California Sur. En Los Ángeles, Winchell's había abierto quioscos dentro de 11 locales de Lucy's LaundryMat. La firma también ofrecía a los socios de manejo conjunto de marca la opción de agregar una Winchell's World Donut Factory (fábrica mundial de donas de Winchell's) completamente montada, en oposición a Winchell's Express. Una de las ciudades elegidas para el esfuerzo del manejo conjunto de marcas de Winchell's era Omaha, Nebraska, donde recientemente se habían abierto dos locales Krispy Kreme. El franquiciatario de Krispy Kreme de Omaha no estaba planeando tiendas adicionales en esta ciudad, pero estaba aumentando el número de sus clientes de tienda de conveniencia, suministrándoles entregas nocturnas a domicilio desde las dos ubicaciones existentes en la población.

Una segunda iniciativa de manejo conjunto de marca consistió en la incorporación del chocolate Hershey's en algunas de las donas y *muffins* de Winchell's. La tercera iniciativa de Winchell's fue introducir una línea Winchell's Lighter Side de donas, *muffins* y *bagels* con menor contenido de grasas. También se estaba considerando traer de vuelta sus tradicionales donas glaseada y de jalea, que eran 40% más pequeñas que los tamaños ofrecidos en el momento.

La meta corporativa de Winchell's en los siguientes cinco años era triplicar sus ventas.

Tim Hortons

Tim Hortons, subsidiaria de Wendy's International, era una de las más grandes cadenas de café y pan recién hecho de Norteamérica, con más de 1 900 tiendas a través de Canadá y una base en constante crecimiento de más de 120 ubicaciones en mercados clave dentro de Estados Unidos. En Canadá, Tim Hortons era considerada algo así como un icono. La cadena recibió el nombre por un popular jugador profesional de hockey nacido en Canadá, que había jugado para los Maple Leafs de Toronto, los Penguins de Pittsburgh y los Sabres de Búfalo. Horton nació en 1930, empezó a jugar hockey a los cinco años de edad y murió en un accidente de auto en 1974.

La mayoría de las tiendas eran operaciones de franquicia. La cadena se especializaba en café y productos de panadería frescos (donas, *bagels* o roscas, *muffins*, pasteles de café, pasteles y galletas), pero recientemente había agregado bebidas de café especiales, sopas, guisos, comida con picante y sándwiches estilo *deli* a su menú para aumentar el tráfico de la hora del almuerzo y ampliar el atractivo al cliente. Había planes para introducir *baguettes* recién horneadas en 2002. Una de las cartas de atracción más altas de la cadena era su mezcla especial de café recién elaborado, que se vendía también enlatado para consumo de los clientes en sus hogares. Cerca de la mitad de las compras en Tim Hortons incluía café sin donas.

Las ubicaciones de Tim Hortons iban de las tiendas estándar completas, con instalaciones de horneado dentro del local, a unidades *combo* (combinadas) con Wendy's y Tim Hortons bajo un techo; carritos y quioscos en centros comerciales, puntos de venta en autopistas, universidades, aeropuertos y hospitales. La mayoría de las tiendas estándar completas de Tim Hortons daban servicio las 24 horas. La compañía promovía sus tiendas estándar completas como lugares de reunión del barrio y también hacía una promoción activa de sus productos para eventos de grupos de la comunidad y de colecta de fondos. La cadena abrió su milésima tienda en 1995 y la dosmilésima en diciembre de 2000. Se nombró a Tim Hortons "Compañía del Año" en 2000, en los premios Pinnacle Awards de la revista *Foodservice & Hospitality*.

Los ejecutivos de Tim Hortons no se sentían amenazados por la expansión de Krispy Kreme en Canadá y en las partes de Estados Unidos donde la cadena canadiense tenía tiendas (Michigan, Nueva York, Ohio, Kentucky, Maine y Virginia Occidental). A juicio de David House, presidente de Tim Hortons, "En realidad, les damos la bienvenida. Quienquiera que atraiga la atención a las donas no puede sino ayudarnos. Es un gran mercado y un gran lugar de mercado. Yo pondría nuestra dona contra la de ellos cualquier día".[7] Los puntos de venta de Tim Hortons en Estados Unidos se habían reportado con gran éxito, y House creía que la guerra real por la supremacía en donas ya se estaba librando en suelo estadounidense. Un consultor detallista canadiense familiarizado con Tim Hortons y Krispy Kreme dijo: "Éste es el elefante canadiense y el ratón estadounidense. Oigan, si hay algo en que los canadienses puedan patear un trasero estadounidense es en donas".[8] Otro consultor detallista de Canadá comentó: "Ésta [Krispy Kreme] es un fenómeno estadounidense. Estas cosas son nauseabundamente dulces".[9] Hortons planeaba agregar 33 puntos de venta en Estados Unidos durante 2001, para incrementar su total a 155.

Canadá era famosa por tener más tiendas de donas per cápita que cualquier otro país del mundo. Aparte de las Tim Hortons, otras cadenas que ofrecían donas en Canadá eran Dunkin' Donuts, Robin's Donuts, Country Style y Coffee Time.

LaMar's Donuts

Con matriz en Kansas City, Missouri, LaMar's era una pequeña cadena de propiedad privada que tenía tiendas de donas en Missouri, Kansas, Nebraska, Colorado, Nevada, Nueva Jersey y Alabama. Ray LaMar abrió la tienda original de donas LaMar en 1960, en Linwood Avenue de Kansas City y pronto se convirtió en una institución local. En un día característico, las colas empezaban a formarse desde antes de las 6:00 a.m. y, para la hora de cerrar, se habrían vendido unas 11 000 donas. Basados en el éxito y la reputación de la tienda de donas, Ray y su esposa Shannon decidieron franquiciar LaMar's a principios de la década de 1990.

Cientos de devotos de LaMar's presentaron solicitudes para el limitado número de franquicias asequibles en el área de Kansas City; 15 se concedieron en unos pocos meses. Dado el éxito del esfuerzo franquiciatario de Kansas City, los LaMars llegaron a la conclusión de que su concepto podía expandirse más allá de los confines de Kansas y Missouri, e hicieron planes para llevar LaMar's Donuts al siguiente nivel. En 1997, Franchise Consortium International, encabezada por Joseph J. Field, compró el interés mayoritario en LaMar's Franchising, renombró la compañía LaMar's Donuts International y comenzó a sentar los cimientos de un programa de expansión nacional proyectado para que alcance su cima alrededor de 2008. LaMar's planeaba 35 tiendas para la sola área de Denver en 2006, contra cinco que había en la mesa de proyectos

---

[7] Citado en "Can Krispy Kreme Cut It in Canada?", *The Ottawa Citizen*, 30 de diciembre de 2000, p. H1.

[8] *Idem.*

[9] *Idem.*

Ilustración 10 Contenido nutritivo de productos de donas seleccionados de LaMar's, 2001

Producto	Calorías	Calorías de grasas	Total de grasas	Grasas saturadas	Colesterol	Sodio	Carbohidratos	Azúcares
Ray's Original Glazed Donut (Glaseada original de Ray)	220	90	10 g	2.5 g	0 mg	260 mg	31 g	13 g
Chocolate Iced LaMar's Bar (Fría de chocolate sin relleno)	540	200	22 g	6 g	0 mg	440 mg	81 g	49 g
Cinnamon Twist (Trenzada de canela)	770	240	26 g	7 g	0 mg	1 190 mg	120 g	32 g
Old Fashioned Sour Cream Donut (Dona antigua de crema agria)	420	160	18 g	4.5 g	15 mg	380 mg	60 g	40 g
Cherry Filled Bizmark (Rellena de cereza)	550	170	19 g	5 g	0 mg	560 mg	88 g	45 g
Apple Fritter (Buñuelo de manzana)	650	230	26 g	7 g	0 mg	1 020 mg	91 g	13 g
Cinnamon Roll (Rollo de canela)	690	220	25 g	6 g	0 mg	1 020 mg	106 g	30 g
Raisin Nut Cinnamon Roll (Rollo de canela con nueces y pasas)	850	240	27 g	6 g	0 mg	1 020 mg	137 g	62 g
Chocolate Iced LaMar's Bar (White Fluff Filled, Barra de chocolate helado rellena de merengue)	810	320	35 g	9 g	0 mg	460 mg	120 g	85 g
Ray's Chocolate Glazed Donut (Glaseada de chocolate)	290	100	11 g	3 g	0 mg	260 mg	44 g	25 g
White Iced Cake Donut (De pastel blanco helado)	320	160	17 g	4.5 g	0 mg	320 mg	38 g	23 g

Fuente: LaMar's Donuts International, Inc., 2001.

de Krispy Kreme. A mediados de 2001, LaMar's tenía 29 ubicaciones de tienda en 22 ciudades y planes para casi 500 tiendas a fines de 2004. Sus tiendas se ubicaban comúnmente a lo largo de las rutas de tráfico vecinal.

LaMar's utilizaba una receta secreta y sus donas eran de "calidad artesanal", hechas a mano diariamente con todos los ingredientes naturales y sin conservadores. Las donas del día anterior nunca se vendían en las tiendas, sino se donaban al final del día a los necesitados. Además de las 20 variedades de donas, el menú de LaMar's incluía productos de café tales como capuchinos, expresos, *lattes*, bebidas de café helado y tés *chai*. LaMar's se había asociado en fecha reciente con Dazbog Coffee Company en Denver, Colorado, y había creado más de una docena de mezclas de café especial individualizadas bajo la etiqueta de "LaMar's Old World Roast". El grano era de Costa Rica, cortado a mano, y pasado al tueste lento en un auténtico horno de fuego italiano de ladrillo. La ilustración 10 muestra la alineación de LaMar's de productos horneados y la información de contenido nutritivo de cada producto.

La compañía usaba el lema "Simplemente una dona mejor". Joe Fields dijo: "La gente entra, prueba el producto y se sorprende. Se quedan pasmados, de manera muy diferente a como les ocurre con Krispy Kreme. Dicen: 'Oh, Dios mío, ésta es la mejor dona que haya probado en mi vida'." El *Zagat Survey*, un conocido calificador de lugares de comida *premier* en todo Estados Unidos, describió a LaMar's Donuts como "extraordinarias; de reyes". La revista *Gourmet*, en busca de la dona favorita del país, llevó a cabo una encuesta nacional; la ganadora fue una dona de LaMar's.

caso 9 Chicagotribune.com

Nina Ziv
Polytechnic University

Sentado en su oficina en la Tribune Tower, en el centro de Chicago, una soleada mañana de agosto de 1999, Owen Youngman, director de medios interactivos del *Chicago Tribune*, reflexionaba sobre lo que significaba dirigir el Chicagotribune.com:

> La cosa es que usted se levanta por la mañana, viene a trabajar, viene en el autobús y sabe que va a cometer un error hoy. No sabe qué es y quizá no lo sepa en un largo tiempo, mientras que en el negocio del diario hay mucha más certeza, independientemente de qué parte de la empresa se esté hablando. Y ajustarse a esa realidad es diferente. El resultado es que usted se las arregla de manera diferente. De algunas cosas se protege, de otras no.[1]

Youngman, curtido veterano del *Chicago Tribune* con más de 28 años de experiencia, estaba acostumbrado a una cultura que valoraba la innovación, pero estaba empapado en 150 años de tradición. Ahora se hallaba como director en un ambiente caracterizado por el constante cambio, la retroalimentación instantánea de los lectores, un mercado volátil y competidores que nunca habían estado en la pantalla de su radar. Cierto, en su incursión al mundo en línea, el *Tribune* había tenido gran éxito; como líder e innovador en la creación de un periódico en línea, no sólo había desarrollado una personalidad distinta para ello, sino también había sido innovador al integrar los aspectos digitales y físicos del diario y brindar ofertas únicas por ese medio a sus lectores. Organizaciones de tanto prestigio como la Newspaper Association of America (NAA, Asociación de Diarios de Estados Unidos), así como la biblia del negocio periodístico, la revista *Editor & Publisher*, habían reconocido sus esfuerzos. En el verano de 1997, la NAA nombró Best Newspaper Site (mejor sitio de periódico de noticias), en la categoría de mayor circulación, al Chicagotribune.com. En 1998, *Editor & Publisher* honró a Chicagotribune.com designándolo Best Online Newspaper entre publicaciones con circulación impresa de más de 100 000 ejemplares. El periódico en línea también ganó premios por la mejor sección de negocios y el mejor diseño.

No obstante, estaba claro que el Chicagotribune.com enfrentaba retos importantes en su cuarto año de operación. Acaso el más significativo era el de crear una marca digital que aumentara el buen nombre del diario impreso, pero que ofreciera a sus lectores características que éstos no pudieran tener en el impreso. La mayoría de los sitios noticiosos en línea obtenían hasta 70% de su contenido de red simplemente reutilizando y reformateando notas impresas para el mercado en línea, práctica conocida en el medio como "shoveling" (literalmente, mover con la pala; equivaldría a refreír).[2] En lugar de dar simplemente a sus lectores una versión electrónica de la edición impresa, Youngman y su personal se daban a la tarea de explotar la fuerza de cada uno de los medios y de afinar de manera constante la interacción entre éstos. Para ello, la organización actualmente en funciones necesitaría reestructurarse para acomodarse al nuevo

El análisis de este caso se hizo posible gracias a la cooperación de Tribune Company.

[1] Los comentarios de Owen Youngman en todo este estudio se tomaron de una entrevista grabada con el redactor del análisis de caso en Chicago, el 10 de agosto de 1999.

[2] Martha Stone, "Print to Web: It Takes Teamwork", *Editor & Publisher Online*, 10 de julio de 1999.

Ilustración 1   Estructura de Tribune Company, 2000

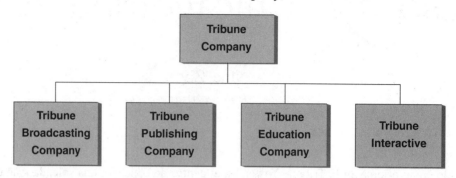

medio y se tendría que reunir la clase precisa de talento que pudiera adaptarse a este ambiente híbrido.

El reto de definir en qué negocio debería estar el periódico al posicionarse en el nuevo ramo de los medios estaba estrechamente vinculado con el desarrollo de la marca. ¿Debería el Chicagotribune.com estar en el negocio de llevar noticias a sus lectores, o convertirse en un negocio de comercio electrónico (*e-commerce*) que tuviera las noticias sólo como uno de sus muchos productos? A diferencia de muchas compañías de nuevos medios que operaban en forma independiente, el Chicagotribune.com era parte de Tribune Company, un conglomerado de medios y, por lo mismo, su desarrollo como entidad en línea estaba ligado a la estrategia general de la casa matriz. En mayo de 1999, Tribune Company consolidó sus negocios nacionales y locales en línea dentro de una unidad de negocios, movimiento que pudo tener un impacto importante en el desarrollo del Chicagotribune.com. Tribune Interactive, que se unió a la edición, emisión televisiva y educación como la cuarta línea de negocios de Tribune Company (ilustración 1), reunió las funciones interactivas de los cuatro diarios y 17 estaciones de televisión del *Tribune*. Además, otros productos y servicios de Internet (como BlackVoices, Go2Orlando y Digital City) se colocaron bajo la cobertura de la unidad de negocios (véase la ilustración 2).

El propósito de la consolidación era habilitar al *Tribune* para que creara nuevos productos para el ambiente en línea con mayor rapidez y lograra economías de escala. No obstante, Jeff Scherb, principal ejecutivo de tecnología del *Tribune* y presidente del Tribune Interactive (TI) declaró en numerosas ocasiones que "la meta de TI es ser una compañía de comercio electrónico capacitada por un gran contenido".[3] Scherb entendía que la misión del diario era centrarse en la cobertura de los acontecimientos y las noticias, pero su visión abarcaba también la creación de negocios de internet que proporcionara a los consumidores la utilidad y conveniencia de las compras en un solo sitio en la web.

Se llevara o no a cabo la misión de comercio electrónico de la edición en línea diseñada por Scherb, los ejecutivos del *Tribune* veían al Chicagotribune.com como una parte del plan de apalancar el rico contenido de los antiguos periódicos y de transformar Tribune Company en una compañía de confluencia de medios con múltiples puntos de venta que sirvieran a un vasto auditorio. En efecto, con la adquisición de Times Mirror Company, que poseía varios periódicos en ciudades importantes como Los Ángeles y Nueva York, Tribune Company estaba potencialmente en posición de convertirse en lo que John Madigan, presidente de la junta directiva y de la compañía, llamara "una plataforma nacional rica en contenido y capacidad para desarrollar comercio electrónico".[4, 5]

Conforme Tribune Company redefinía su papel en el ramo de los medios a nivel nacional, otro reto para el Chicagotribune.com era cómo servir mejor a su círculo de lectores con base en

---

[3] "PaineWebber Media Conference", comunicado de prensa (www.tribune.com/about/news/1999/pw.htm), 8 de diciembre de 1999.

[4] Mark Fitzgerald, "The Team Riding the Tiger", *Editor & Publisher Online*, 27 de marzo de 2000.

[5] Para una exposición más completa de la fusión con el Times Mirror, véase el *Chicagotribune.com: Creating a Newspaper for the New Economy (B)*, Institute for Technology and Enterprise, noviembre de 2000.

Ilustración 2 Participación accionaria de Tribune Company en diversas empresas por unidad de negocios, 2000

Tribune Broadcasting Company

Televisión

WPIX (WB)	WLIV (WB)	KHWB (WB)
Nueva York	Boston	Houston
KWGN (WB)	WTIC (FOX)	WPMT (FOX)
Denver	Hartford	Harrisburg
KTLA (WB)	KDAF (WB)	KCPQ (FOX)
Los Ángeles	Dallas	Seattle
KTXL (FOX)	WXMI (FOX)	WEWB (WB)
Sacramento	Grand Rapids	Albany
WGN (WB)	WBDC (WB)	KTWB
Chicago	Washington	Seattle
KSWB (WB)	WGNO (ABC)	WPHL (WB)
San Diego	Nueva Orleáns	Filadelfia
WATL (WB)	WBZL (WB)	WXIN (FOX)
Atlanta	Miami	Indianápolis
WNOL (WB)		
Nueva Orleáns		

Radio

WGN-AM	KEZW-AM	KOSI-FM
Chicago	Denver	Denver
KKHK-FM		
Denver		

Programación de televisión

Tribune Entertainment Company, Los Ángeles, crea y distribuye programación televisiva de primera emisión para el grupo de estaciones y la cadena nacional de Tribune

Béisbol

Chicago National League Ball Club Inc. (Chicago Cubs)

Inversiones

WB Television Network (25% de aportación), TV Food Network (29% de aportación)

Tribune Publishing Company

Diarios

Chicago Tribune	*Sun-Sentinel*	*Orlando Sentinel*	*Daily Press*
Chicago	Sur de Florida	Orlando	Hampton Roads, Virginia

Semanarios

Sun-Sentinel Community News Group; Exito

Listas de programación y cadenas de entretenimiento

Tribune Media Services, Chicago: listas de TV, cable y películas; historietas cómicas, secciones y columnas de opinión; servicios alámbrico y en línea; redes de publicidad

Programación de cable

CLTV News Chicago; Central Florida News 13, Orlando, sociedad a 50% con Time Warner Communications

Otros productos y servicios

Chicago, Illinois: Auto Finder, Job Finder, Mature Adult, New Homes Guide, Silicon Prairie, RELCON Apartment Guide, Tribune Direct Marketing

(continúa)

Chicago en un ambiente complejo en el que los competidores estaban surgiendo de sectores no tradicionales de la comunidad y en el cual era esencial formar las debidas asociaciones y alianzas. Por caso, en los últimos años habían surgido nuevas compañías de medios, como Yahoo!,

Ilustración 2   (*conclusión*)

Orlando, Florida: Auto Finder, Black Family Today Central, Florida Family, Hot Properties, O Arts, The Orlando City Book, RELCON Apt. Renter's Book, Sentinel Direct

Sur de Florida: Florida New Homes & Condominium Guides, Gold Coast Shopper South, Florida Parenting, Vital Signs

Newport News, Virginia: Hampton Roads Gardening and Home

Inversiones

BrassRing Inc. (36% propiedad); CareerPath.com (16%); Classified Ventures (17%); Knight Ridder/Tribune Information Services (50%)

Tribune Education Company

Productos educativos para escuelas
The Wright Group
Everyday Learning/Creative Publications Group
NTC/Contemporary Publishing Group
Instructional Fair Group

Productos educativos para consumidores
NTC/Contemporary Publishing Group
Instructional Fair Group
Landoll

Inversiones
Discourse Technologies (19% propiedad); ImageBuilder Software (22%)

Tribune Interactive

Empresas nacionales
BlackVoices.com
Cubs.com
Go2Orlando.com

Empresas locales
Chicagotribune.com
Dailypress.com
Orlandosentinel.com
Sun-sentinel.com
Metromix.com
Showtimeinteractive.com
HRticket.com
ChicagoSports.com
Sitios web para todas las estaciones de radio y televisión de Tribune

Negocios clasificados
Automotrices: cars.com
Bienes raíces: apartments.com, newhomenetwork.com
Oferta de empleos: BlackVoices.com, BrassRing.com, CareerPath.com, Siliconprairie.com, thepavement.com
Mercancía en general: Auctions.com

Fuente: Reporte anual de Tribune Company, 1999.

que estaban brindando nuevos servicios y abriendo caminos de entrada para auditorios a los que tradicionalmente se había considerado del dominio del *Tribune*. Con la proliferación de los teléfonos celulares y los asistentes digitales personales, las compañías de tecnología podían jugar un papel importante en el aspecto de modelar la forma en que se distribuía y formateaba la información para la "pequeña pantalla". Durante los nueve años pasados, Tribune Company había hecho numerosas inversiones en compañías en línea y había formado alianzas y asociaciones con ellas. El Chicagotribune.com tenía ahora la tarea de cultivar estas relaciones y de integrar lo que ofrecían estas firmas de un modo que destacara la edición en línea y los distinguiera de sus competidores.

Quedaba por verse cómo trataría el periódico en línea los desafíos recién descritos. ¿Seguiría siendo el Chicagotribune.com un fuerte precursor orientado al futuro en el ramo de los nuevos medios, o pugnaría por sobrevivir en la vasta red de medios de Tribune Company?

EL *TRIBUNE* COMO INNOVADOR

El *Chicago Tribune* fue fundado en 1847 y en el curso de su historia de 150 años había sido un pionero innovador en el ramo de los medios. Muy temprano en su historia, el coronel Robert McCormick, quien se hizo cargo del *Tribune* en 1911, amplió el alcance del diario para abarcar al *Washington Times-Herald* y al *Daily News* de Nueva York. En 1924, cuando la radio era un medio nuevo, McCormick compró la WDAP, una de las primeras estaciones de radio en Chicago, porque la veía como otra forma de llegar a su auditorio. Más tarde, el *Tribune* invertiría en estaciones de televisión aun cuando la mayoría de los diarios principales veían a la TV como una amenaza (véase la ilustración 3).

Con su historia de innovación, "para Tribune Company no era realmente un gran salto ver a los medios interactivos como otra forma de hacer lo que había hecho con buenos resultados tantas veces antes", dijo Owen Youngman. Además, miembros clave de la administración titular estaban muy en favor de moverse en esta dirección. Jack Fuller, presidente de Tribune Company, reconoció desde el principio que internet sería una fuerza positiva para el ramo periodístico y promovió esta idea en su libro de 1996, *New Values*. La visión de Fuller de la convergencia entre este nuevo medio y la actividad diarística tradicional resultó ser una fuerza impulsora en la habilitación del *Tribune*, culturalmente conservador, para que desarrollara su oferta en línea. Charles Brumback, presidente de la junta directiva de Tribune Company desde finales de la década de 1980 hasta 1995, también creía que los servicios de computadora serían cruciales para el desarrollo de los periódicos, y fue él quien inició las inversiones de Tribune Company en diversas empresas de riesgo compartido en línea.[6]

Tribune Company comenzó a engrosar su cartera de compañías en línea en 1991, cuando compró una participación de 10% en America Online (AOL), que entonces se llamaba Quantum. Con el tiempo, el diario vendió sus acciones e invirtió el dinero en otras oportunidades de nuevos medios. Para agosto de 1999, la cartera del *Tribune*, que incluía intereses en compañías de capital social público, como AOL, Excite@Home, iVillage y Peapod, y en empresas privadas, como WB Network, Lightspan Partnership y Digital City, estaba valuada en más de 812 millones de dólares (véase la ilustración 4).[7]

Además de las ganancias financieras potenciales de hacer tales inversiones, John Madigan, presidente de la mesa directiva, y presidente y director general de Tribune Company, decía que las inversiones eran "nuestra forma de investigación y desarrollo".[8] Owen Youngman detalló la idea de Madigan:

> Ser de los primeros inversionistas en AOL le dio a la compañía una vista de cerca del cuadro mental que se requiere para tener éxito en este espacio. AOL, en primer lugar y sobre todo, es un gran comercializador. Y de esta manera, ver de cerca sus técnicas de marketing y la rapidez con que se movían y cambiaban nos ayudó a tomar decisiones sobre lo que teníamos que hacer. No, no estamos gastando el mismo porcentaje de los ingresos en la promoción que gastaba AOL, pero es una buena pista de que gastar el dinero promocional a temprana hora puede ayudar a construir una marca poderosa para el resto del camino.

---

[6] Mark Fitzgerald, "The Team Riding the Tiger", *Editor & Publisher Online*, 27 de marzo de 2000.

[7] Jeff Borden, "Trib Co. Buys Low, Flies High with Shrewd Internet Buys", *Crain's Chicago Business* (www.pcreprints.com/eprint/tribunebuylow.htm), 30 de agosto de 1999.

[8] James P. Miller, "How Tribune Grabbed a Media Prize", *The Wall Street Journal*, 14 de marzo de 2000.

Ilustración 3   Historia del Chicago Tribune

1847	Dos periodistas (John E. Wheeler y Joseph K. C. Forrest) y un comerciante de cuero (James Kelly) fundan el *Chicago Tribune*. La primera edición era un periódico de cuatro páginas, el *Chicago Daily Tribune*, del cual se imprimían 400 ejemplares.
1848	El *Tribune* se convierte en el primer diario del Oeste en recibir noticias regulares por telégrafo. Para fines de 1849, la circulación se acercaba a 1 000 ejemplares.
1852	El precio de suscripción del *Tribune* se aumenta a 15 centavos.
1995, 1 de julio	El *Chicago Daily Tribune* y la *Democratic Press* se fusionan para convertirse en el *Chicago Daily Press and Tribune*.
1861	El *Tribune* se hace cargo del diario más antiguo de Chicago, el *Daily Democrat*.
1871	Ocurre el Gran Incendio de Chicago. Los edificios del periódico son totalmente destruidos por el fuego.
1897	El diario imprime su primera imagen en mediotono.
1903	Empieza a correr la primera impresión de un diario con mezcla de tintas de color en puntos.
1912	El *Tribune* construye su primera fábrica de papel en Ontario.
1924	El periódico se expande a la radio local.
1925	Se inaugura la Tribune Tower.
1931	Empieza a publicarse la tira cómica de "Dick Tracy".
1939	El *Tribune* hace la primera impresión del mundo de una foto de noticias en punto de color.
1948	La estación de televisión del *Tribune*, WGN, empieza a transmitir.
1981	Tribune Company compra al equipo de béisbol de los Chicago Cubs.
1983	Tribune Company se convierte en empresa de capital público.
1991	Tribune Company hace una inversión de cinco millones de dólares en America Online.
1992	El *Tribune* se vuelve digital con Chicago Online, disponible por la vía de America Online.
1995, octubre	Se forma CareerPath como un servicio de información de empleos en conjunción con el *Boston Globe, Los Angeles Times, New York Times, San Jose Mercury News* y *Washington Post*.
1996, marzo	El *Tribune* lanza su sitio web, Chicagotribune.com.
1996, septiembre	Presentación de Digital City Arlington Heights, primera comunidad virtual de Chicago.
1997, 10 de junio	El *Tribune* marca su 150 aniversario con una celebración pública gratis. El *Tribune* es más antiguo que el *New York Times* (146 años), el *Washington Post* (120), *Los Angeles Times* (116) y *The Wall Street Journal* (108).
1997, julio	Los sitios web de la comunidad aumentan a 20.
1998, febrero	Se rediseña Chicagotribune.com para que las noticias y la publicidad se dividan en siete categorías.
1998, diciembre	Los Media Services de Chicago Tribune lanzan FanStand. Este sitio ofrece compras en línea de mercancía relacionada con películas y televisión.
1999, marzo	Tribune Company anuncia que digitalizará su archivo entero de recortes de noticias (de 1985 a la fecha ya estaba en línea). La base de datos terminada alojará 15 millones de imágenes e incluirá contenidos de fecha tan remota como 1920. También se dispondrá de imágenes y texto de cada primera página desde 1849, lo mismo que las noticias de obituarios y fallecimientos.
1999, abril	Tribune Ventures invierte en SuperMarkets Online.
1999, mayo	Se crea Tribune Interactive.
1999, noviembre	El *Tribune* anuncia que ya no producirá edición especial para AOL.

Fuente: Reporte anual de Tribune Company, 1999.

De esta suerte, el diario veía sus inversiones en nuevas compañías de medios como una vía para aprender a operar con eficacia en el ambiente de nuevos medios y para entender en qué forma algunas de estas compañías podían afectar al desenvolvimiento a largo plazo del diario. En

Ilustración 4   Tribune Ventures (empresas de riesgo compartido de *Tribune*) en abril de 2000

Inversiones públicas	
America Online	El mayor servicio en línea de Estados Unidos, con más de 14 millones de suscriptores
Exactis	Soluciones de marketing de correo electrónico personalizables, mejorables para negocios
Excite@Home	Principal proveedor de servicios de banda ancha en la web y de acceso abierto a internet por cable
iVillage	Red líder en línea dirigida a la mujer, con las importantes marcas Parent Soup y Better Health
Lightspan	Desarrollador de productos electrónicos de currículum educativo; productos que se usan en más de 500 distritos escolares
Peapod	Servicio en línea de compras de comestibles, con más de 75 000 clientes y operaciones en ocho ciudades de Estados Unidos
VarsityBooks.com	Una de las principales librerías universitarias en línea de Estados Unidos
Inversiones privadas	
BlackVoices.com	Principal comunidad afroestadounidense en línea
Food.com	Principal servicio de internet de recolección y entrega
iExplore	Agencia de visita única de viajes de aventura y experiencias
iOwn.com	Servicio en línea de corredores hipotecarios y de bienes raíces
Legacy.com	Editor en línea de legados y otros documentos conmemorativos e información al respecto
PseudoPrograms	Red de entretenimiento en línea; produce más de 40 programas de televisión de internet
ReplayNetworks	Creadores de productos de televisión de nueva generación que utilizan tecnologías digitales
SocialNet.com	Sitio de destino para conocer a personas con fines de trabajo, entretenimiento, vivienda y relaciones románticas
Teach.com	Proveedor de alta categoría de soluciones de capacitación dedicado a mejorar el conocimiento de la productividad del trabajador
ValuPage	Servicio de sitio web por el cual los consumidores reciben cupones de ahorro de las principales marcas estadounidenses en supermercados locales

Fuente: Reporte anual de Tribune Company, 1999.

efecto, algunas de estas empresas estaban amenazando a una de las más importantes fuentes de ingresos del periódico: la publicidad. En un informe de agosto de 1999, Forrester Research predijo que para 2003 los periódicos perderían más de 23% de sus ingresos totales por anuncios.[9] No obstante, la estrategia de Tribune Company era incorporar estas oportunidades en línea y usarlas para realzar sus propias ofertas de medios.

Por ejemplo, a mediados de 2000, el periódico invirtió en Supermarkets Online. Esta compañía, con base en Greenwich, Connecticut, distribuye cupones electrónicos que se aceptan en más de 9 000 tiendas físicas de comestibles en todo Estados Unidos. Al hacer esta inversión, Andy Oleszczuk, presidente de Tribune Venture, dijo:

> Con Supermarkets Online vemos una empresa que representa el futuro de la promoción de productos de consumo empacados y que ayuda a nuestras propiedades de medios tradicionales a servir a las necesidades de nuestros clientes y anunciantes.[10]

Para el *Tribune*, una empresa como Supermarkets Online, que ofrecía cupones digitales, podría amenazar al negocio de publicidad del supermercado que había sido tan lucrativo para el periódico

---

[9] Chalene Li, "Internet Advertising Skyrockets", *Forrester Research Report*, agosto de 1999.

[10] "Chicago Media Company Increases Internet Investments", *Editor & Publisher Online*, 9 de abril de 1999.

en el pasado. Sin embargo, en lugar de ver esto como amenaza, los ejecutivos del periódico lo veían como la oportunidad de integrar los ofrecimientos de contenido del diario con la publicidad y de crear una experiencia en línea más rica, especialmente para el consumidor local.

Las inversiones de Tribune Company y sus estrategias innovadoras parecían haber dado buen fruto. El reporte anual de 1999 de la compañía indicaba que el *Tribune* había seguido siendo redituable (véase la ilustración 5). En un boletín de prensa en el que se detallaban los resultados de las operaciones de Tribune Company durante el año completo de 1999, John W. Madigan informaba:

> Éste es nuestro octavo año consecutivo de crecimiento de ganancias. En nuestros negocios de medios, aumentamos una vez más en 1999 nuestros márgenes de flujo de efectivo operante. Estos márgenes, que en el caso de nuestros periódicos eran de 35%, están entre los mejores del ramo, y los márgenes de nuestras estaciones de televisión se expandieron a más de 41%. Nuestro grupo televisivo (el mayor grupo de estaciones no poseído por una red) ha sido el motor más importante de crecimiento de ganancias. Los fundamentos de todos nuestros negocios son fuertes, y avizoramos un crecimiento continuado en el 2000.[11]

RETOS ORGANIZACIONALES PARA EL CHICAGOTRIBUNE.COM

La primera edición en línea del *Tribune* se lanzó en 1992 y sólo se podía tener acceso a ella por America Online. A medida que la World Wide Web se extendía más, el *Tribune* lanzó su propio sitio web en marzo de 1996, el Chicagotribune.com, que presentaba artículos del diario y contenido original, como las noticias electorales.

Incluso con Jack Fuller y el resto de la alta dirección detrás del esfuerzo, Youngman, que tenía a su cargo el desarrollo de la nueva edición en línea, describió su papel como el de un mediador entre dos culturas:

> Hay una cultura de la innovación que se extiende por los diarios. Esto es útil. Hay voluntad de asumir riesgos calculados. Esto es valioso. Por otra parte, hay elementos de la cultura muy inflexibles y tradicionales. Es un acto de balance, y una de mis funciones clave es una suerte de mediación y de malabares con todo ese material, y de decidir cuándo presionar y cuándo no.

Al malabarear con estas dos culturas dispares, una de las tareas inmediatas de Youngman era crear una organización que pudiera producir con éxito una edición en línea del periódico. Si bien los departamentos estándar —como marketing, finanzas, publicidad y servicios al cliente— seguirían existiendo en la nueva organización en línea, las formas antiguas de acopio, validación y presentación de las noticias ya no eran adecuadas, y la empresa —así como las personas que la integraban— tenía que reflexionar sobre esto.

Muchos periódicos que se enfrentaban a la transmisión de noticias en dos medios simplemente se sirvieron de sus reporteros de impresos para dotar de personal a sus ediciones en línea, e "integraron" sus operaciones impresas y en línea.[12] En cambio, el *Tribune* era el primer periódico en formar un equipo de reporteros cuya responsabilidad principal era producir contenido en línea. Para mediados de 1997, el diario había contratado a 130 "periodistas digitales", el mayor cuerpo de personal de cualquier periódico en línea.[13] Si bien estos reporteros en línea trabajaban en una unidad aparte, eran tan aptos para presentar una primicia en el sitio web del periódico como para escribir un artículo más largo acerca del mismo asunto en la edición impresa. Ciertamente, el aumento del personal en línea tenía el objetivo inicial no sólo de ayudar al Chicagotribune.com, sino de incrementar la participación de mercado para la edición impresa

---

[11] "Tribune Reports Record 4Q and Full Year Earnings", boletín de prensa (www.tribune.com/about/news/2000/4q99.htm), 21 de enero de 2000.

[12] Rob Runett, "Study: Joint Newsrooms Still Dominate", *The Digital Edge* (www.digitaledge.org/monthly/2000_04/mediaincyberspace.html), abril de 2000.

[13] Scott Kirsner, "Explosive Expansion at Tribune Website", *Editor & Publisher Online*, 7 de julio de 1997.

Ilustración 5 Aspectos financieros destacados de Tribune Company, 1998-1999 (en miles, excepto por fecha de participación)

	Para el año		
	1999	1998	Cambio
Ingresos operativos	$3 221 890	$2 980 889	+ 8%
Beneficio operativo	$770 440	$702 289	+ 10%
Ingreso neto			
Antes de conceptos no operativos	$415 446	$350 809	+18%
Incluidos conceptos no operativos	1 483 050	414 272	—
Efecto acumulativo de cambio contable, neto	(3 060)	—	—
Total	$1 479 990	$414 272	—
Ganancias diluidas por acción			
Antes de conceptos no operativos	$1.54	$1.27	+ 21%
Incluidos conceptos no operativos	5.62	1.50	—
Efecto acumulativo de cambio contable, neto	(.01)	—	—
Total	$5.61	$1.50	—
Dividendos comunes por acción:	$.36	$.34	+ 6%
Precio de las acciones comunes por acción:			
Alto	$60.88	$37.53	
Bajo	$30.16	$22.38	
Cierre	$52.56	$33.32	

	Al final del año		
	26 de diciembre de 1999	27 de diciembre de 1998	Cambio
Total del activo	$8 797 691	$5 935 570	+ 48%
Total del pasivo	$2 724 881	$1 646 161	+ 66%
Capital contable de los accionistas	$3 469 898	$2 356 617	+ 47%
Acciones comunes emitidas y en circulación	237 792	238 004	—

Historia de 11 años del precio de las acciones comunes
(En dólares con base en el precio de cierre de cada trimestre)

Ingresos operativos
(Dólares, en miles de millones)

Ganancia operativa
(Dólares, en millones)

Fuente: Reporte anual de Tribune Company, 1999.

del diario, especialmente en el área de noticias locales. Este modelo híbrido de organización seguía evolucionando porque la administración del *Tribune* aseguraba que las dos organizaciones interactuaban en diversos niveles. De este modo, los principales redactores en línea asistían a juntas de noticias con los redactores y reporteros del impreso, y colaboraban con éstos para poner en el sitio web sus versiones de los artículos por imprimir.[14]

Youngman descubrió pronto que además de la capacidad de dominar ambos medios, en línea e impreso, los más exitosos empleados de nueva contratación tenían otros atributos que les permitían medrar en este ambiente:

> Arrancamos temprano (porque no era mucho lo que había de un modelo establecido de internet para empleados en 1995) contratando personal con habilidades que iban a transferirse al nuevo medio. Pero lo que hemos aprendido con el tiempo es que la flexibilidad y la adaptabilidad son más importantes que casi cualesquiera otras habilidades y cuando contratamos gente decimos ahora: "Esto es por lo que lo estamos contratando ahora, pero dentro de tres meses o tres días podríamos pedirle que haga algo diferente". El negocio está cambiando rápidamente. Estamos tratando de aprender de nuestros errores, de apalancar nuestro éxito y hay realmente muy pocas personas en la organización entera, dos o tres a lo mucho, que hoy están haciendo aquello por lo que fueron contratadas originalmente. Y usted tiene que sentirse cómodo con esa cantidad de cambio y, en cierta medida, cómodo con la ambigüedad para progresar.

Además de encontrar al personal adecuado que pudiera trabajar en un ambiente en cambio constante, Youngman opinaba que un desafío importante para una compañía de medios tradicionales como el *Tribune* era tratar de entender la naturaleza de la fuerza de trabajo de los nuevos medios. Los empleados de los nuevos medios no sólo eran más móviles y menos tendientes a quedarse en el *Tribune* durante todo el ejercicio de su profesión, sino que la competencia por el talento humano más alto provenía de orígenes inesperados. En lugar del *Chicago Sun Times*, compañías de tecnología como Sun Microsystems, AOL y Microsoft eran las que estaban atrayendo al personal del *Tribune*:

> Para las compañías de medios antiguos que están en el espacio de los nuevos medios, las mayores diferencias son los problemas de la fuerza de trabajo. *Chicago Tribune, New York Times, Washington Post* y *LA Times* son periódicos destinatarios. La gente irá a ellos en general y allí se quedará. En el espacio de internet, el cuadro competitivo es diferente. Estamos compitiendo con Sun, AOL o Excite. Y hemos perdido personal y más que esto contra esas compañías. Nos estamos adaptando a la clase de mentalidad de rente-un-jugador, en la que usted sabe, cuando contrata a alguien, que no es probable que sea un empleado de los que hacen carrera en la empresa, pero al que usted desea ayudar de todas formas; quiere ayudarlos mientras pueda, a acrecentar sus habilidades, sabiendo que en última instancia se irán, pero de los que usted quiere conseguir el máximo valor posible.

Desde luego, a John Madigan le preocupaba la rotación constante y la cuestión de si se contaría en medida suficiente con la clase adecuada de personal para manejar el diario en el futuro:

> Me preocupaba acerca de si teníamos a las personas adecuadas en los lugares debidos para tratar los problemas que serán más importantes en el futuro. ¿Está usted formando al personal adecuado, contratándolo en los niveles de ingreso y mandos medios, la clase de personal que se desarrollará en los puestos del futuro? ¿Está reclutándolo en número suficiente de fuera para proveer de inmediato el talento administrativo para las necesidades de mañana? Es algo en lo que pienso cada día.[15]

CONSTRUCCIÓN DE UNA MARCA

Si bien Chicagotribune.com podía aprovechar el nombre de marca de su homólogo impreso, en *Chicago Tribune*, era importante que la organización en línea construyera una marca que fuera más allá de esta herencia. En lugar de ser simplemente una versión electrónica del diario, la edición en línea tendría que ofrecer artículos e información de los que no se dispusiera fácilmente en la edición impresa.

A fin de diferenciarse, el Chicagotribune.com empezó a experimentar con la producción de contenidos diversos, únicos de la web. Uno de los materiales de mayor éxito que presentó fue "Metro Daywatch", una característica de primicia noticiosa que se lanzó en enero de 1999. Esta

---

[15] Jeff Borden, "A Collision of Media", *Crain's Chicago Business* (www.pcreprints.com/eprint/tribune), 7 de junio de 1999.

sección explotaba las capacidades únicas de la edición en línea. A diferencia de la edición impresa, que tenía un ciclo de producción, la versión en línea tenía un ciclo o desplazamiento constante de la hora límite, que permitía a los reporteros entregar noticias en forma oportuna aun después de que la edición impresa del diario ya hubiera pasado a prensas. Por caso, cuando se descarriló un tren de Amtrak en un suburbio de Chicago, los reporteros en línea podían ir a la escena del siniestro inmediatamente y estar emitiendo notas toda la noche. El accidente ocurrió después de medianoche, largo tiempo después del "cierre de edición" del periódico impreso. Por la mañana, el sitio web tenía información fresca del desastre, mientras que la edición impresa no tenía noticia de ello.

Ben Estes, editor del Chicagotribune.com, creía que características como las primicias eran importantes para formar un cuerpo de lectores del diario en línea: "Tenemos mucho que ofrecer al lector que desea conocer lo último. Ahí está nuestro futuro".[16] De hecho, la capacidad del Chicagotribune.com de proporcionar cobertura a fondo en artículos de primicias permitió al periódico en línea acrecentar significativamente su base de usuarios. Cuando Walter Payton murió en noviembre de 1999, el Chicagotribune.com ya había hecho una extensa cobertura sobre Payton a pocas horas del deceso. En sólo tres días hubo más de 600 000 vistas de página sobre ese solo artículo.

Una de las claves para el desarrollo de las presentaciones únicas en línea que caracterizaban a la marca de Chicagotribune.com era la incorporación de diversas tecnologías dentro de la infraestructura del diario. Al principio de la formación del Chicagotribune.com, se hizo una inversión importante en una tecnología llamada Story Server, un sistema de administración de contenido para la web. CNET había creado originalmente la tecnología llamada Presentation of Real-Time Interactive Service Material (PRISM, Presentación de Material de Servicio Interactivo en Tiempo Real) para mantener sitios web de alto volumen. CNET vendió esta tecnología a Vignette, una compañía con base en Austin, Texas, a mediados de 1996. Después de convertirse en un sitio de prueba *beta* para la nueva tecnología, el Chicagotribune.com puso en funcionamiento Story Server en la primavera de 1997. Mike Guilino, gerente de tecnología interactiva del *Tribune*, veía la adquisición de Story Server como una forma de mejorar el manejo de la vasta cantidad de información que había en línea. "Hay ahora una forma de sostener nuestros esfuerzos estadísticamente", dijo. "En las estructuras del directorio viven archivos distintos, independientes, y cuanto más crecen, más difícil resulta esto."[17]

La primera operación del *Tribune* para utilizar Story Server fue Silicon Prairie (www. chicagotribune.com/tech), una característica que se concentra en distribuir las más recientes noticias tecnológicas y listas de empleos para los profesionales de alta tecnología de Chicago. Con ayuda de Story Server, la mayoría de los artículos en el sitio Silicon Prairie eran originales, con sólo dos columnas provenientes del *Tribune* impreso. Los redactores enviaban al editor artículos por correo electrónico; de esta manera, los artículos se corregían antes de ser colocados en el sitio web. Además de conservar los artículos en el sitio, Story Server creaba relaciones entre artículos. De este modo, en varias columnas de Silicon Prairie, los encabezados y vínculos de los 10 artículos anteriores estaban disponibles al final.[18]

Owen Youngman vio que además de aportar mejoras técnicas para administrar el contenido en línea, tecnologías como Story Server eran una forma de poner control y dirección a la productividad de sus empleados y de hacer más eficientes algunas secciones del periódico impreso:

Uno de mis objetivos al construir Metromix era sacar al periódico de su deficiente forma de poner listados en papel; es decir: Rudy recibe un comunicado de prensa, abre un archivo y mecanografía la información. A la semana siguiente recibe otro comunicado de prensa, le abre carpeta, borra el de la semana pasada y mecanografía otro material. Mal asunto. Así que creamos una base de datos de eventos para Metromix, de manera que Rudy pueda ahora recibir el boletín de prensa, mecanografiar lo que valdría un año entero de eventos y organizarlo en campos. Así que cada semana hacemos sim-

---

[16] Stone, "Print to Web".

[17] "Web Databasics", *NAA Presstime* (www.naa.org/presstime/9707/wb2.html) julio/agosto de 1997.

[18] *Idem.*

plemente una extracción de la base de datos para crear el listado de nueve zonas para el periódico, lo cual está localizado. Hemos disminuido la tasa de error en ellos de 12 a 3 por página —errores tipográficos y otros por el estilo—. Como todo está en base de datos, sólo se teclea una vez. Esto es algo muy bueno, estupendo.

La tecnología se usaba también para realzar la edición en línea proporcionando a los lectores acceso a vastas cantidades de información en formatos de fácil uso. Por ejemplo, el periódico en línea ofrecía datos de los distritos escolares de Illinois que incluían estadísticas sobre pruebas estandarizadas de matemáticas y lectura. Además de publicar artículos sobre los resultados, se diseñó una interfaz para la base de datos, de modo que los lectores pudieran tener acceso a sus propias estadísticas de distrito y también hacer comparaciones con las estadísticas de otros distritos escolares de Chicago.

Otro ejemplo del uso de la tecnología era la capacidad del diario ciberespacial para hacer la cobertura a fondo de las elecciones. Junto con la información estándar proporcionada habitualmente acerca de los candidatos, el Chicagotribune.com proveía todos los registros de contribución y los apoyos periodísticos a los candidatos. Además, la edición en línea publicaba copias de los cuestionarios que los candidatos llenaban para procurarse el apoyo del diario, de modo que los votantes pudieran comprender la razón esencial de que el periódico apoyara a un candidato particular. Youngman decía que este tipo de información no se podía ofrecer en la edición impresa "porque no hay espacio en el diario para hacer eso. La impresión es costosa y simplemente no hay espacio para ello; pero aquí [en el Chicagotribune.com] podemos hacerlo, y hacerlo con fuerza".

La tecnología les hacía posible asimismo a los reporteros redactar sus notas en formas no tradicionales, innovadoras, que invariablemente mejoraban lo que hubieran podido hacer en la edición impresa. Empleando un proceso llamado relato (o redacción) no lineal, los reporteros podían ofrecer una variedad de formas de ver y leer un artículo. Como la web estaba estructurada de manera que los vínculos de una ubicación de página de computadora pudieran conducir a otra, era posible relatar la historia en componentes o desde varios puntos de vista, así como abarcar diferentes medios, como video, audio y texto.

De tal suerte, durante la convención Demócrata de 1996, un reportero del *Tribune*, Darnell Little, realizó un recorrido histórico de algunas de las 25 convenciones políticas anteriores llevadas a cabo en la ciudad. Little, que tiene títulos universitarios en ingeniería y periodismo, se valió de diversos medios y diseñó tres giras paralelas, que incluían los recorridos de algunas de las convenciones, un panorama tras bambalinas de lo que estaba ocurriendo en Chicago durante las convenciones, junto con dibujos y caricaturas de los diversos periodos; empleó también una técnica llamada *layering* [literalmente, capeado], que guiaba al lector de una sección de la historia a otra. A diferencia de una página de un diario impreso, que habitualmente tenía amplio espacio para un artículo, una pantalla de computadora sólo podía contener la primera "capa" de una nota digital en la forma de un encabezado, una fotografía o texto. Al lector se le daba la opción de hacer clic en la primera capa y de proceder en orden lógico a otros aspectos del artículo.[19]

Aunque el uso de la tecnología tenía importante efecto sobre el tipo de información ofrecida a sus lectores, la ventaja competitiva del Chicagotribune.com radicaba en parte en su capacidad de ofrecer reportaje sustancioso y redacción de empuje igual que lo había hecho su homólogo impreso durante 150 años. En un movimiento con buen apoyo publicitario en el negocio de los nuevos medios, Microsoft creó un grupo de entradas a la web llamado Sidewalk. Planeado para ofrecer una guía de entretenimiento de varias ciudades de Estados Unidos, Chicago incluida, Sidewalk se presentaba como una amenaza de consideración para las empresas de riesgo compartido en línea, como Chicagotribune.com. Microsoft trató incluso de llevarse personal editorial del *Tribune* para que trabajara en Sidewalk.

---

[19] Christopher Harper, "Journalism in a Digital Age", conferencia efectuada en la Democracy and Digital Media Conference, congregada en MIT, 8-9 de mayo de 1998. Para una explicación de la innovación en el contenido del Chicagotribune.com, véase George Szarka, "Chicago Tribune Internet Edition", artículo inédito, Institute for Technology and Enterprise, Polytechnic University, primavera de 1999.

El *Tribune* respondió creando Metromix (http://metromix.com), del cual Youngman dijo que era muy superior a Sidewalk en términos de contenido y enfoque en el mercado de Chicago. Aunque las capacidades tecnológicas de Microsoft superaban con mucho a las que pudiera tener un periódico en línea como el Chicagotribune.com, en opinión de Jack Fuller el diario podía responder a esta amenaza por los valores de las noticias que eran parte de la cultura del periódico y que definían su marca. Fuller creía que, aun cuando la gente pudiera conseguir información en cualquier parte, necesitaba filtros para seleccionar y extraer sentido de la vasta cantidad de información que se les brindaba, y el diario podía hacer las veces de tal filtro. En una exposición sobre la función del periódico en el ambiente de los medios noticiosos, Fuller escribió:

> Ya se trate de una edición emitida en papel o por vía electrónica, el diario debe tener redactores humanos. Debe seguir encarnando las complejidades de la personalidad humana, demostrando el juicio y el carácter, teniendo una voz distintiva que se relacione bien con el medio al que sirve. Todos estos elementos se reúnen en lo que a los mercadólogos les gusta llamar identidad de marca, la cual, en un ambiente fragmentado, traducido en metas, será vital para diferenciar una fuente de información de otra... De la confusa miscelánea de productos en un anaquel de supermercado, unos cuantos se destacan por su confortable familiaridad para el consumidor. Las organizaciones con la mayor lealtad de marca (ganada merced a mantenerse cerca de sus comunidades y a adherirse estrictamente a nuevos valores apropiados) serán las que prosperen.[20]

Era de discutirse si la visión de Fuller, de una marca que adquiría la lealtad apoyando valores particulares y atendiendo a sus comunidades constitutivas, era viable en un futuro caracterizado por la proliferación de contenidos y la diversidad de los medios noticiosos que proveían cobertura en la web. Quedaba por ver si el vasto auditorio de usuarios se interesaría por un periódico amplio, como el Chicagotribune.com, o preferiría las tomas cortas más de tipo Yahoo! sobre acontecimientos dignos de ser considerados noticia.

CONTENIDO, COMUNIDAD Y COMERCIO

A medida que se desenvolvía el Chicagotribune.com, se hacía patente que, para tener éxito, el diario tendría que pensar de nuevo en su estrategia cara a cara con los diversos dueños de intereses, tradicionales y no tradicionales, que se estaban convirtiendo en parte influyente de la comunidad en la que operaba el *Tribune*. En efecto, la dirección del *Tribune* comprendía que la naturaleza del medio interactivo había cambiado la forma en que el periódico se relacionaba con sus socios, competidores y lectores. Owen Youngman señalaba que el panorama competitivo había cambiado radicalmente: "La naturaleza de este negocio está cambiando tanto que nuestros mejores clientes se están convirtiendo en competidores, y nuestros competidores se están transformando en colaboradores potenciales".[21] Por ejemplo, algunos de los medios y organizaciones editoras locales que solían ser competidores del *Tribune* estaban formando alianzas con el Chicagotribune.com. *Crain's Chicago Business* tenía ahora una relación con el periódico en línea, al igual que varias estaciones de radio con presencias en el ciberespacio. A la inversa, las agencias de bienes raíces, que solían ser una fuente tradicional de ingresos para el diario por anuncios clasificados, estaban ahora montando sitios web que pasaban por alto al periódico y ofrecían propiedades directamente al consumidor.

Por este drástico vaivén de alianzas, Youngman pasaba mucho de su tiempo buscando una variedad de socios estratégicos con los que el diario pudiera hacer alianzas mutuamente benéficas. Cuando se percató de que cultivar relaciones era parte intrínseca del nuevo negocio en línea, Youngman creó un puesto en su organización, el de gerente de relaciones estratégicas, que se concentraría en manejar tales asociaciones de estrategia. Youngman consideraba que éste era uno de los empleos más importantes en su organización:

---

[20] Jack Fuller, *New Values: Ideas for an Information Age*, University of Chicago Press, Chicago, 1996, pp. 229-230.

[21] "Meeting the Online Competition", *Editor & Publisher Online*, 8 de enero de 1997.

El solo acto de seguir andando no tenía sentido. A los seis meses de estar en esto me quedó claro que necesitábamos tener un punto focal en la arena digital para esto. Si va usted a hacer estas relaciones, alguien va a tener que manejarlas y asegurarse de que funcionen para todos. Elegirlas es cosa de tiempo completo, y asegurarse de que estas relaciones resulten en beneficio de nuestra organización y la de nuestros socios requiere una concentración de tiempo total.[22]

Además de esto, Jack Fuller nombró un vicepresidente de adquisiciones y alianzas en el propio periódico. En otra reiteración de la organización híbrida que se desarrollaba en el *Tribune*, los dos gerentes de relaciones colaboraban estrechamente y se reunían de modo regular con Youngman.

El impulso del diario para alcanzar una comunidad mayor de socios halló eco en la estrategia tripartita de Jeff Scherb de "contenido, comunidad y comercio". Scherb, que recientemente llegara a presidente de Tribune Interactive, creía que si bien la primera meta del periódico era ser el proveedor premier de noticias e información locales, éste era sólo un aspecto de la misión de un diario. Transmitir noticias de último minuto mediante dispositivos como Metrowatch también llevaba tráfico a los sitios locales de comercio electrónico, sirviendo de este modo a la comunidad local en una forma multidimensional. Un ejemplo de esta combinación de contenido, comunidad y comercio fue la cobertura de noticias y publicidad relacionada que apareció antes de la embestida del huracán Floyd y durante la misma, en septiembre de 1999. Junto con las actualizaciones meteorológicas y los artículos de primicias noticiosas, el Chicagotribune.com hizo equipo con Lowe's, un detallista de productos para el hogar, que proveía información sobre la disponibilidad de productos que serían útiles durante la tormenta.[23]

La importancia de la comunidad de lectores para el *Tribune* se reflejaba también en varias secciones del sitio web del Chicagotribune.com. Entre los ofrecimientos estaban Metromix, un sitio dedicado a proporcionar información de último momento sobre películas, restaurantes, exposiciones de arte y otros eventos de entretenimiento; una red de sitios web de la comunidad dedicada a eventos locales y a grupos; y, de fecha más reciente, la incorporación de Chicagosports.com (www.chicagosports.com), un sitio web dedicado en exclusiva a la cobertura a fondo de los equipos y eventos deportivos de Chicago, y vinculado con la página base del Chicagotribune.com.

Por la naturaleza del medio interactivo, los lectores no eran sólo receptores pasivos de la información; eran participantes activos en la creación de contenido en diversos niveles. Un caso al respecto fue la decisión que se tomó a principios de 1998 de cambiar el símbolo de la página del diario (que era la página base del *Tribune*) y rediseñarla para que pareciera una pantalla de televisión dotada de contenido en diferentes canales. Debido a la abrumadora respuesta negativa de la comunidad de usuarios al rediseño, el diario dio marcha atrás para que se viera más como los sitios de otros diarios, como los del *New York Times* y *The Wall Street Journal*. Además, los lectores se habían vuelto participantes activos dentro de sus propias comunidades en línea. Utilizando una herramienta de software de autoedición, los grupos locales de la comunidad podían transmitir noticias y eventos en sus sitios web comunitarios particulares.

NUEVOS ASUNTOS

El 14 de marzo de 2000, Tribune Company y Times Mirror Company anunciaron que se fusionarían. La compañía combinada, que sería propietaria de 11 periódicos diarios, 22 estaciones de televisión y cuatro de radio, tendría una circulación combinada de 3.6 millones de ejemplares, lo cual clasificaría a la empresa en tercer lugar entre las compañías diaristas, detrás de Gannett y de Knight Ridder.[24] Junto con una presencia más poderosa en el sector de impresos, la adición de los sitios web del Times Mirror le daría a Tribune Interactive un auditorio de 34

---

[22] *Idem.*

[23] Paine Webber Media Conference, 8 de diciembre de 1999.

[24] Felicity Barringer y Laura M. Holson, "Tribune Company Agrees to Buy Times Mirror", *New York Times*, 14 de marzo de 2000, p. A1.

millones de visitantes únicos, más que los sitios web del *New York Times* (www.nytimes.com) y USA.com (www.usa.com) combinados.[25]

Aun cuando la creación de un sitio web para toda la nación era algo que los ejecutivos del *Tribune* ya avizoraban, la compañía no tenía planes inmediatos para combinar contenidos en ninguno de los sitios web; en lugar de esto, la empresa crearía una red nacional de sitios dirigidos a metas locales y se centraría en la forma de apalancar las posibilidades publicitarias, promocionales y tecnológicas que traería la fusión. Por decir, la compañía esperaba explorar la manera de administrar la tecnología de su grupo entero de sitios web con más eficiencia y de ver si podrían crearse plataformas de manejo de contenido y motores de búsqueda.[26]

Para el Chicagotribune.com, se esperaba que la fusión propuesta afectara su desarrollo de fuerte diario local en línea. Claro que habría más oportunidades para los anunciantes en línea tanto a escala local como nacional, y el énfasis en publicidad a costa del buen contenido amenazaría a la marca que Owen Youngman y su personal habían estado construyendo en los últimos cuatro años. Incluso antes de la fusión, hubo cambios de organización que muchos consideraron pasos en dirección equivocada. En realidad, después de la creación de Tribune Interactive, en marzo de 1999, más de 15% de los empleados del Chicagotribune.com dejaron sus puestos, incluido Howard Witt, editor gerente asociado del periódico. Estos trabajadores dijeron que se iban porque la compañía estaba haciendo a un lado la redacción y el periodismo por perseguir más promoción y utilidades.[27]

No obstante, en una entrevista en diciembre de 1999 con Digby Solomon, del *Digital Edge*, quien acababa de recibir la designación de nuevo gerente general de la división de Chicago de Tribune Interactive, éste defendió el enfoque enfatizado en el comercio electrónico y sugirió que había que cambiar el contenido para competir con las compañías de puro internet, como AOL y Yahoo!: "Enfrentémoslo: creamos muchos productos que los auditorios no querían leer y por los cuales no pagarían los anunciantes, porque eran legados de nuestros negocios de periódico tradicional. Necesitábamos aplicarnos a un contenido que moviera los *ratings* [índices de aceptación del público]".[28] Solomon insistía también en que la calidad editorial del diario en línea no sufriría y en que "nuestras propiedades seguirán de todas maneras la guía de los valores periodísticos de nuestro diario y nuestras salas de noticias de televisión".[29]

Aunque persistía el conflicto entre redituabilidad y buen periodismo, los diarios en línea como el Chicagotribune.com tenían que buscar fuentes adicionales de ingresos para sustento de sus operaciones. Una de tales fuentes potenciales de renta eran las suscripciones. Con excepción de *The Wall Street Journal Interactive*, que desde su creación tenía tal cuota, los demás periódicos en línea no cobraban por el acceso a sus sitios. Más todavía, en una encuesta reciente efectuada por ScreamingMedia.com, 89% de los 1 232 encuestados dijeron que nunca habían pagado por noticias o información en la red y 83% declararon que no estaban dispuestos a pagar.[30] Sin embargo, Owen Youngman pensaba que esto podría cambiar y estaba investigando por qué pagarían los usuarios: "Estamos investigando por qué pagará la gente y por qué no, y cuánto pagará. Estamos indagando qué [del contenido] se ha convertido en producto comercial de gran utilidad".[31] Otra fuente potencial de ingresos eran las suscripciones a servicios móviles. El *New York Times* ya tenía un servicio gratis que proveía cobertura diaria actualizada de artículos o reportajes principales que se podían descargar a agendas electrónicas o asistentes digitales

[25] Jason Williams, "The New Spider in the Web", *Editor & Publisher Online*, 20 de marzo de 2000.

[26] Jim Benning, "Mergers —Times Mirror and Tribune: a Powerhouse is Born?", *Online Journalism Review* (www.ojr.usc.edu/content/print.cfm?print=346), 14 de marzo de 2000.

[27] Martha L. Stone, "Defections Hit Tribune Co.'s Interactive Unit", *Editor & Publisher Online*, 8 de septiembre de 1999.

[28] Rob Runett, "Solomon Grabs Point Position as Tribune Restructures Sites", *Digital Edge* (www.digitaledge.org/monthly/1999_12/digbyprofile.html), diciembre de 1999.

[29] *Idem.*

[30] Felicity Barringer, "Web Surfers Want the News Fast and Free", *New York Times*, 1 de mayo de 2000, p. C12.

[31] Martha L. Stone, "Chicago Tribune Web Site Moving to Registration", *Editor & Publisher Online*, 3 de marzo de 1999.

manuales. No obstante, los usuarios tal vez estarían dispuestos a pagar suscripciones a secciones como las de primicias noticiosas y los informes bursátiles.

Después de cuatro años de operación, el Chicagotribune.com seguía siendo uno de los diarios en línea de jerarquía *premier*. Con todo, su dirección tenía presente que, en el ambiente de rápido cambio de los negocios, la flexibilidad, adaptabilidad y constante reevaluación del panorama competitivo eran claves para que se siguiera reconociendo al periódico por sus reportajes y secciones de alta calidad. Owen Youngman sabía esto muy bien:

> Es literalmente cierto que cada día me pregunto si lo que estamos haciendo va a proseguir la semana próxima, el mes próximo, el año que viene o dentro de cinco años. Si usted deja pasar una semana sin evaluar lo que está haciendo, se queda atrás.[32]

---

[32] Jeff Borden, "A Collision of Media", *Crain's Chicago Business* (www.pcreprints.com/eprint/tribune), 7 de junio de 1999.

caso 10 eBay en 2002: los retos del crecimiento sostenido

Louis Marino
The University of Alabama

Patrick Kreiser
The University of Alabama

El ramo de la subasta o licitación en línea había experimentado considerable crecimiento y rápida evolución desde que eBay la inventara a mediados de la década de 1990. La apariencia del medio cambiaba casi diariamente con la entrada de nuevos competidores, la salida de las compañías existentes y la introducción de iniciativas estratégicas por compañías de todos tamaños. Aunque sus fortunas se habían amasado junto con las de otras industrias del comercio electrónico durante la euforia de internet de la década de 1990, el ramo de la subasta en línea estaba marcando su propio rastro en 2002. Muchas compañías de comercio electrónico se vieron adversamente afectadas por una recesión económica en Estados Unidos en 2001, pero las ventas en los sitios de licitación en línea en mayo de 2001 estaban sobre 149% del año precedente.[1] Pese a las condiciones de rápida evolución del ramo, dos factores que no habían variado eran el dominio de eBay sobre el mercado y su récord sin mácula de ingresos netos positivos. Véase la ilustración 1 para apreciar el desempeño del crecimiento de eBay durante el periodo 1996-2001.

Su fundador, Pierre Omidyar, concibió inicialmente a eBay como un mercado en línea democratizado, eficiente, que facilitaría una comunidad de intercambio de persona a persona en la que todos podrían tener igual acceso por el mismo medio: la internet. Aprovechando su modelo único de negocios y la creciente popularidad de la red, eBay creció para abarcar a más de 29.7 millones de usuarios registrados de numerosos países y, desde principios de 2002, llevaba a cabo más de 2.1 millones de subastas a diario. La base de usuarios registrados de eBay en 2002 era mucho más diversa de lo que había sido en los primeros años de la compañía. Mientras que los compradores y vendedores que usaban eBay consistían originalmente en cazadores de gangas e individuos que andaban tratando de generar efectivo de la venta de artículos indeseados, la clientela de eBay en 2002 era bastante diversa, pues iba de estudiantes de preparatoria y universidad que trataban de ganarse algunos dólares extra, a personas que licitaban por un auto usado, a compañías de las 500 de *Fortune* como IBM que vendían inventario sobrante, y a grandes organismos gubernamentales, como la U.S. Post Office (Oficina de Correos de Estados Unidos), que vendía por piezas postales de entrega impracticable. Más todavía, las subastas de eBay tenían que ver cada vez más con participantes de fuera de Estados Unidos, con sitios de subasta de eBay activos en varios países extranjeros y con proyecciones de más cosas a futuro.

Aun cuando la mayoría de los licitantes aplaudían el ensanche del surtido de artículos disponibles en eBay, había un segmento creciente y un tanto sonoro de pequeños vendedores que opinaban que eBay "se había vendido" a las grandes compañías; reclamaban que la extendida

---

[1] Troy Wolverton, "eBay riding Net auction industry's wave", www.cnet.com, 28 de junio de 2001.

Ilustración 1   Indicadores seleccionados del crecimiento de eBay, 1996-2001

	1996	1997	1998	1999	2000*	2001*
Número de usuarios registrados	41 000	341 000	2 181 000	10 006 000	22 500 000	42 400 000
Ventas brutas de mercancía	US$ 7 millones	US$ 95 millones	US$ 745 millones	US$ 2 800 millones	US$ 5 400 millones	US$ 9 300 millones
Número de subastas listadas	289 000	4 394 000	33 668 000	129 560 000	264 700 000	423 000 000

*Las cifras de 2000 y 2001 incluyen números combinados de eBay y Half.com.
Fuente: Archivos de la compañía.

influencia de las subastas de eBay que tenían que ver con la venta de mercancía por empresas "de nombre" estaba moviendo a eBay a descuidar las necesidades e intereses de los individuos y coleccionistas que habían sido tan esenciales para esparcir la popularidad de las subastas en línea.

Esta sensación de verse desatendidos que tenían algunos miembros de largo tiempo de la comunidad de eBay se exacerbaba por los continuos esfuerzos de esta empresa de aumentar sus ofrecimientos de productos mediante la adquisición de otras compañías, la incorporación de nuevas categorías de producto y la entrada en nuevos mercados geográficos. Aunque eBay había logrado hasta ese momento defenderse ante los retos de otros sitios de subasta que trataban de sustraerle su predominante participación de mercado, Pierre Omidyar y Margaret (Meg) Whitman (respectivamente, presidente y directora ejecutiva de eBay) tenían la intención de mejorar y refinar el modelo y la estrategia de negocios de su empresa; habían insistido en acrecentar sus reservas de efectivo y su fuerza financiera para apoyar iniciativas futuras, a fin de sostener el rápido crecimiento de la firma. En septiembre de 2001, eBay se registró con la Securities and Exchange Commission (Comisión de Valores y Cambio) para reunir hasta 1 000 millones de dólares mediante la emisión de nuevas acciones en un periodo no especificado. La reacción inicial a la solicitud fue la predecible: las acciones de eBay cayeron 10% debido a los temores de los inversionistas de percibir ganancias diluidas. Pero la confianza del inversionista en el crecimiento de la empresa y en sus ganancias potenciales impulsaron el precio de las acciones de vuelta a su nivel anterior en un lapso de cuatro días.

Con acceso a un considerable fondo destinado y con la posición de la empresa como participante dominador en el ramo de la subasta en línea, en general sin oposición, el equipo de alta dirección de eBay empezó a planear sus siguientes jugadas con más detalle. Había señales de que eBay estaba ponderando una mayor expansión en el mercado internacional, enfocando como objetivos China o Taiwán, a la vez que tenía la intención de integrar completamente a su sitio a Half.com. En medio de estos planes de expansión, sin embargo, Omidyar y Whitman tenían que explorar la posibilidad de que el fenomenal crecimiento de eBay hubiera conducido a la erosión de una de las aptitudes clave de la firma, el sentido de comunidad que ayudó a establecer la posición de eBay en el mercado.

CRECIMIENTO DEL COMERCIO ELECTRÓNICO Y DE LAS SUBASTAS EN LÍNEA

La concepción de internet tuvo lugar en los años 1960-1970, pero no fue sino hasta la década de 1990 que logró amplio uso y se volvió parte de la vida cotidiana. *Computer Industry Almanac* estimaba que para fines del año 2000 habría aproximadamente 550 millones de usuarios de internet en 150 países y que el número crecería a más de 650 millones en todo el orbe para fines de 2001, y a más de 1 000 millones para 2005.[2] Mientras los principales países daban cuenta de

---

[2] www.c-i-a.com, comunicados de prensa, abril y julio de 2001.

más de 70% de las computadoras en uso, apenas poco más de un tercio de usuarios de la red (168.8 millones) residían en Estados Unidos. Las áreas en las que se esperaba que internet creciera con mayor rapidez eran Asia, América Latina y Europa Oriental, y gran parte de este crecimiento provendría del acceso incrementado merced a tecnologías nuevas, como los teléfonos celulares habilitados para la web.

Gartner Group estimaba que el comercio electrónico de negocio a negocio (NAN; Business-to-Business, B2B) crecería de 919 000 millones de dólares en 2001 a más de 8.5 billones de dólares para 2005. De manera semejante, Gartner predecía que los ingresos de negocio a consumidor por ventas en línea se remontarían de 31 200 millones de dólares en 1999 a más de 380 000 millones de dólares en 2003. Forrester Research esperaba que alrededor de 28% de las transacciones mundiales de negocio a negocio se dieran en la región Asia/Pacífico. Dentro del segmento de negocio a consumidor, en el que operaba eBay, el comercio electrónico estadounidense generó más de 65% de todas las transacciones de internet en 1999, pero se esperaba que diera cuenta de sólo 38% en 2003 en cuanto el uso de internet se expandiera rápidamente en otras partes del mundo, especialmente en Asia, donde se confiaba en que el uso la red fuera estimulado por la decisión de 2001 de admitir a China en la Organización Mundial de Comercio (OMC; World Trade Organization, WTO). Se proyectaba que el comercio electrónico de negocio a consumidor creciera de 5 400 millones de dólares en 1999 (17.3% del total mundial) a más de 115 000 millones de dólares (más de 30% del total mundial) para 2003. De acuerdo con un estimado, se esperaba que las ventas de subasta en línea de coleccionables y mercancía personal representaran un mercado de 18 700 millones de dólares en 2002 (véase la ilustración 2).

Factores clave del éxito en la venta detallista en línea

Aunque era relativamente fácil crear un sitio web que funcionara como una tienda detallista, el mayor reto para un detallista en línea era el de generar tráfico al sitio en la forma de clientes nuevos y retornantes. Para llegar a clientes nuevos, algunos detallistas en línea se asociaban con motores de búsqueda de compras comparadas (como www.mysimon.com o www.streetprices.com) que permitieran a los clientes comparar precios de muchos detallistas para un producto dado. Otras tácticas empleadas para aumentar el tráfico incluían el correo electrónico directo, la publicidad en línea en portales y sitios de contenido relacionado, y alguna publicidad tradicional, como los anuncios impresos y los comerciales de televisión. Para los clientes que encontraban el camino a un sitio, la mayoría de los detallistas en línea procuraban ofrecer extensa información de producto, incluir material gráfico de la mercancía, hacer el sitio fácilmente navegable, y tener suficientes novedades para asegurar que los clientes regresaran siempre. (A la capacidad de un sitio para generar visitantes repetitivos se le conoce como *adhesividad* o *adherencia*.) Los detallistas tenían asimismo que ayudar a los usuarios nuevos a vencer su nerviosismo al servirse de internet para comprar artículos que habitualmente adquirían en tiendas. Y tanto a los compradores de internet nuevos como a los experimentados les inquietaba la seguridad de su tarjeta de crédito y la posible venta de su información personal a las empresas de marketing. La venta detallista en línea tenía severas limitaciones en el caso de aquellos bienes y servicios que la gente quería ver personalmente. Por otro lado, desde la perspectiva del detallista, había el problema de recoger el pago de los compradores que utilizaban cheques u órdenes de pago en lugar de tarjetas de crédito.

HISTORIA DE LAS SUBASTAS

Las primeras subastas de que se tiene noticia tuvieron lugar en Babilonia alrededor del año 500 a.C. En estas subastas se vendían mujeres como esposas al mejor postor. En la antigua Roma, los soldados subastaban el botín de sus saqueos y los ciudadanos ricos hacían lo mismo con sus costosas pertenencias y posesiones apreciadas. En el año 193 de nuestra era, el Imperio Romano entero fue puesto en subasta después de la ejecución del emperador Pertinax. Didius Julia-

Ilustración 2   Crecimiento estimado en ventas globales de comercio electrónico y subasta en línea, 1999-2004

	1999	2000	2001	2002	2003	2004	2005
Ventas estimadas mundiales NAN (en miles de millones de dólares)	$150	$433	$919	$1 900	$3 600	$6 000	$8 500

Fuente: GartnerGroup.

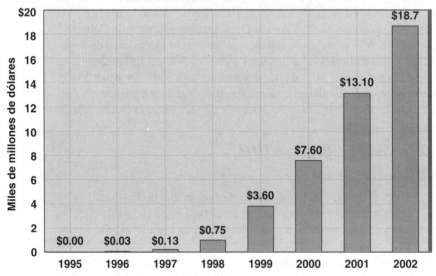

Ventas de subasta en línea de coleccionables y mercancía personal (en miles de millones de dólares)

Fuente: Keenan Vision Inc., Mercury News.

nus ofreció 6250 dracmas por cada guardia real y de inmediato se le nombró Emperador de Roma. Sin embargo, Julianus fue ejecutado a su vez sólo dos meses más tarde, y de tal suerte puede haber sido la primera víctima de la maldición del ganador (licitar por más de lo que el bien valdría en una situación extrasubasta).

A fines del siglo XVI, se empezaron a efectuar subastas en tabernas y expendios de *ale* (bebida inglesa de malta, de alto contenido alcohólico) en la Gran Bretaña. Sotheby's se fundó en 1744 y Christie's en 1766; ambas son ahora casas subastadoras de renombre mundial de artículos raros y valiosos. Asimismo, las subastas de tabaco, caballos y otros animales domésticos eran comunes en tiempos de las colonias americanas.

Las subastas han perdurado a lo largo de la historia por varias razones. Primera, les dan a los vendedores un medio conveniente de encontrar un comprador para algo de lo que quisieran deshacerse. Segunda, las subastas son una forma excelente de que la gente coleccione cosas difíciles de encontrar, como ciertos juguetes que fueron muy populares (Beanie Babies) u objetos de recuerdo histórico, que tienen alto valor personal para ellos. Por último, las subastas son uno de los mercados más "puros" que existen para los bienes, porque ponen en contacto a compradores y vendedores para que lleguen a un precio mutuamente satisfactorio. Los expertos estimaban que el mercado nacional de subastas, ventas de garage, mercados de pulgas (o mercados de usado) y listas de anuncios clasificados excedía los 130 000 millones de dólares en 2001.

SUBASTAS EN LÍNEA

Estos remates funcionaban esencialmente de la misma manera que las subastas tradicionales, con la diferencia de que los compradores y los vendedores no estaban físicamente presentes en un lugar geográfico específico. En 2002 había tres categorías básicas de subastas en línea:

1. Las subastas de negocio a negocio (NAN) que implicaban artículos como computadoras, equipo usado y mercancía excedente. Estas subastas generaban 2 500 millones de dólares por ventas en 1998. Forrester Research predecía que las subastas NAN crecerían a 52 600 millones de dólares en 2002.

2. Las subastas de negocio a consumidor (NAC), en las que las empresas vendían bienes y servicios a los consumidores por la vía de internet. Muchas de estas subastas tenían que ver con empresas interesadas en vender bienes usados o descontinuados, o en liquidar inventario no deseado.

3. Subastas de persona a persona (PAP), que le daban a los vendedores y compradores interesados la oportunidad de participar en licitación competitiva.

Desde el proceso precursor de eBay de la subasta en línea de persona a persona en 1995, el número de sitios de subasta en línea había aumentado a más de 2 750 para fines de 2001. Forrester Research predecía que en 2002 habría 6.5 millones de clientes usando las subastas en línea. En 1999, 8.2% estimado de usuarios de internet se registró en un sitio de subasta; se esperaba que esa cifra aumentara a 14.5 en 2002.

Los operadores de subastas en línea podían generar ingresos en cualquiera de cinco formas principales:

1. Cobrando cuota a los vendedores por poner en lista su bien o servicio.
2. Cobrando una comisión sobre todas las ventas.
3. Vendiendo publicidad en sus sitios web.
4. Vendiendo su propia mercancía nueva o usada por medio del formato de la subasta en línea.
5. Vendiendo bienes (propios o de otros vendedores) en un formato de precio fijo.

La mayoría de los sitios cobraban a los vendedores una cuota o una comisión y vendían publicidad a las compañías interesadas en promover sus bienes o servicios a usuarios del sitio de subasta. La quinta opción de generación de ingresos —vender bienes a precios fijos— era un acontecimiento más reciente.

Paquetes de software de subasta

En 1996, OpenSite Technologies empezó a ofrecer aplicaciones de software en paquete a compañías interesadas en crear sus propios sitios web de subasta. Moai Technologies y Ariba, Inc. eran otras dos fuentes de software de subasta. La fácil disponibilidad de paquetes comerciales de software facilitaba a las empresas la operación y creación de sitios de subasta en línea. OpenSite había vendido más de 600 paquetes de subasta a compañías como The Sharper Image, CNET y John Deere. OpenSite afirmaba que su propósito era reunir a "compradores y vendedores, ayudar a las empresas a manejar en forma dinámica el inventario, crear canales de ventas, atraer clientes y hacer pruebas de marketing de nuevos productos, y crear mercados eficientes de bienes y servicios".

Proveedores de servicios de hospedaje de sitio y subasta en línea

Las empresas subastadoras podían, si lo deseaban, conseguir por *outsourcing* (contratación por fuera) todas las funciones de hospedaje asociadas con las subastas en línea a empresas independientes de hospedaje de sitio, e incluso podían turnar el proceso entero de licitación a un especialista en subasta en línea independiente. FairMarket, líder en outsourcing de subasta en 1999, proveyó a compañías como ZDNet, MicroWarehouse y CollegeBytes.com con un medio de vender sus bienes en subasta en línea en el sitio web de FairMarket. El uso de anfitriones de sitio y de servicios de subasta en línea independientes era una opción particularmente atractiva para empresas que querían servirse de las subastas en línea como canal de distribución, pero que preferían dedicar sólo el tiempo y energía mínimos a la construcción y mantenimiento del sitio. Pagando a FairMarket una cuota de hospedaje anual de entre 2 000 y 10 000 dólares, así como una cuota de porcentaje sobre todas las transacciones, las compañías podían tener un sitio de subasta sin tener que preocuparse de lo laborioso del mantenimiento de éste.

En 2000, como otra opción para los sitios que querían percibir ingresos con el auge de la subasta en línea sin invertir recursos considerables, eBay creó la Application Program Interface (Interfaz de Programa de Aplicación), la cual permitía a los nuevos sitios "usar el motor comercial de eBay para propulsar su negocio, eliminando el tiempo y los gastos del proceso de arranque".[3] De acuerdo con Meg Whitman, de eBay, un emprendedor que dirigiera un sitio de capacidad para motocicletas podría importar todas las subastas de motocicletas de eBay a su propio sitio, e eBay funcionaría como motor comercial para este sitio.[4]

Usuarios de la subasta en línea

Los participantes de las subastas en línea podrían agruparse en seis categorías: 1) cazadores de gangas; 2) compradores coleccionistas y por pasatiempo; 3) compradores profesionales; 4) compradores casuales; 5) vendedores coleccionistas y por pasatiempo, y 6) los vendedores corporativos y de poder.

Cazadores de gangas   Los cazadores de gangas veían las subastas cibernéticas principalmente como una forma de entretenimiento; su objetivo solía ser el de conseguir una transacción muy ventajosa. Un cazagangas describía la experiencia de eBay como sigue:

> Un amigo y yo pasábamos un día por semana yendo a mercados y subastas de usado. Como las clases escolares han comenzado de nuevo, el tiempo se ha convertido en un artículo básico que exige inmediata atención. Descubrimos que podemos utilizar eBay para satisfacer esa necesidad de andar comprando en mercados y subastas de usado. Nos llamábamos por teléfono, después nos conectábamos a eBay y cazábamos y hallábamos cosas juntos aun cuando no pudiéramos estar reunidos. ¡eBay ha sido definitivamente una excelente forma de pasar tiempo de calidad juntos!

Se pensaba que los cazagangas constituían sólo 8% de los usuarios activos en línea, pero que eran 52% de los visitantes de eBay. Para atraer visitas repetidas de los cazadores de gangas —decían los observadores del ramo—, los sitios deben atraerles en los niveles racional y emocional, satisfacer sus necesidades de asignación de precios competitivos, de excitación por la búsqueda y de deseo de comunidad.

Compradores coleccionistas y por pasatiempo   Estos compradores se servían de las subastas para buscar artículos específicos que tuvieran valor personal para ellos. Les interesaba mucho el precio y la calidad. Los coleccionistas apreciaban eBay por su amplia variedad de ofertas de productos. Un usuario comentaba:

> Mi hermana colecciona adornos de cristal soplado Princess House. Necesitaba los primeros tres para completar su serie. Me anuncié varias veces en el Wanted Board (tablero de artículos deseados), y también puse una nota en mi página de About Me (Acerca de mí). Bueno, ya completamos bien su serie. Nunca hubiéramos hecho esto sin eBay, porque el primer artículo es muy difícil de encontrar. ¡Gracias, eBay!

Compradores profesionales   Al tiempo que crecía la legitimidad de las subastas en línea, empezó a surgir un nuevo tipo de comprador: el comprador profesional. Estos profesionales abarcaban una amplia gama de compradores, desde los gerentes de compras que adquirían material para oficinas hasta los comerciantes de antigüedades y armas que compraban

---

[3] Informe 10-K de eBay, 28 de marzo de 2001.

[4] Rex Moore, "Microsoft and eBay Team", Fool.com, 13 de marzo de 2001.

inventario. Como los cazagangas, los compradores profesionales andaban en busca de formas de reducir costos; y, de igual manera que los coleccionistas y de pasatiempo, algunos compradores profesionales buscaban artículos únicos para complementar su inventario. Sin embargo, la diferencia básica entre los compradores profesionales y los de otro tipo era su afiliación con empresas comerciales. Con el crecimiento de los sitios de subasta en línea dedicados a las subastas de negocio a negocio, los compradores profesionales se volvían un elemento cada vez más importante del panorama de la subasta en línea.

Vendedores casuales   Éstos comprendían a los individuos que se servían de eBay como sustituto de una lista de anuncios clasificados o una venta de garage para deshacerse de artículos que ya no deseaban. Aunque muchos vendedores casuales listaban sólo unos cuantos artículos, algunos se valían de eBay para reunir dinero para algún nuevo proyecto u otra cosa. Uno de estos vendedores comentaba:

> ¡Gracias! Apenas después de empezar a utilizar su sitio hace menos de un mes, ya aumenté mis ganancias en más de 1 000 dólares. No he recibido aún todo el efectivo, pero hasta ahora la respuesta ha sido fantástica. Todo esto comenzó con un jarrón de Kool-Aid y cuatro tazas que tenía yo acumulando polvo en mi ático. Andaba "mirando por ahí en busca de gangas" cuando vi que ¡alguien había ganado 29 dólares con estas cosas de plástico! ¡Me quedé ASOMBRADO! Ni qué decir que puse las mías en lista. Sólo gané 8 dólares, pero recibí mi primera retroalimentación positiva. Desde entonces, estoy en lista todos los días.
>
> Mi esposa y yo estamos economizando rigurosamente para adoptar un bebé. Las cuotas son mucho más altas de lo que nuestro modesto ingreso nos permite, y este ingreso extra nos vendrá muy bien; le estamos muy agradecidos a usted y a su compañía por la oportunidad de ser parte de eBay.

Vendedores coleccionistas y por pasatiempo   Quienes vendían por pasatiempo o por afán coleccionista comerciaban característicamente dentro de una categoría limitada de bienes y veían a eBay como una forma de vender artículos selectos de sus colecciones a otros que pudieran desearlas. Los artículos iban de artefactos clásicos de televisión a muñecas de trapo cosidas a mano, monedas y timbres postales. Los aficionados a un pasatiempo y los coleccionistas se servían de una gama de puntos de venta tradicionales y en línea para llegar a sus mercados meta. Otros vendedores detallistas utilizaban las subastas para complementar sus operaciones detallistas, mientras que otros más vendían exclusivamente en subastas en línea y en formatos de precio fijo, como Half.com.

Vendedores de poder y corporativos   Los vendedores de poder eran por lo común pequeñas a medianas empresas que favorecían a eBay como un canal primario de distribución para sus artículos y con frecuencia vendían miles de dólares en artículos cada mes en el sitio. Un cálculo sugería que, si bien estos vendedores de poder daban cuenta de sólo 4% de la población de eBay, eran responsables de 80% del negocio total de esta firma.[5] Las personas que eran vendedoras apoderadas podían hacer un empleo de tiempo completo de esta actividad; por ejemplo, según la información colocada en el sitio web de eBay:

> Brian y Rossio (UserID: digitalmaster), desarrolladores desempleados de la Web, ¡se convirtieron en exitosos PowerSellers [vendedores de poder] en sólo un año!). En 1998, el negocio de desarrollo en web de esta pareja iba para abajo; en 1999 se encontraron con eBay... ¡y con la rentabilidad! "Para nuestra sorpresa, vender discos y CD en eBay era un éxito mayor del que pensamos que sería", dice Brian. Para el año 2000, estaban generando de 3 000 a 10 000 dólares al mes. "¡Con el dinero ganado en eBay compramos una casa de dos pisos, cuatro recámaras y piscina, después de sólo un año de vender!"[6]

Las empresas comerciales se estaban volviendo una parte cada vez más importante del ramo de la subasta en línea, y algunas alcanzaron la jerarquía de vendedores de poder con relativa rapidez. Entre los nuevos vendedores de poder en eBay estaban IBM, Compaq y la U.S. Post Office, la cual vendía piezas postales de entrega impracticable bajo el nombre de usuario "usps-mrc").

---

[5] Claire Tristram, " 'Amazoning' Amazon", www.contextmag.com, noviembre de 1999.

[6] www.pages.ebay.com/services/buyandsell/powersellers.html.

PIERRE OMIDYAR Y LA FUNDACIÓN DE eBAY

Pierre Omidyar nació en París, Francia, de padres que habían salido de Irán décadas antes. La familia emigró a Estados Unidos, donde el padre de Pierre inició una residencia en el Johns Hopkins University Medical Center. Pierre creció en circunstancias modestas; sus padres se divorciaron cuando él tenía 2 años, pero se mantuvieron a corta distancia para que pudiera estar con ambos. La pasión de Pierre por las computadoras se inició a temprana edad; se escabullía de la clase de gimnasia en la secundaria para jugar con las computadoras. Aún estaba en la preparatoria cuando entró a su primer empleo relacionado con computadoras en la biblioteca escolar, donde se le contrató a seis dólares la hora con la tarea de escribir un programa para imprimir las tarjetas del catálogo. Al salir de la preparatoria asistió a Tufts University, donde conoció a su futura esposa, Pamela Wesley, que venía a Tufts de Hawai para obtener un título en biología. Al graduarse, en 1988, la pareja se mudó a California, donde Pierre, que había obtenido la licenciatura en ciencias de la computación, se integró a Claris, subsidiaria de Apple Computer en Silicon Valley, y creó una aplicación de gráficos de amplio uso, MacDraw. En 1991, Omidyar salió de Claris y participó como cofundador de Ink Development (que más tarde cambiaría su nombre por el de eShop), la cual se convertiría en precursora de las compras comparadas en línea y se vendería finalmente a Microsoft en 1996. En 1994, Omidyar entró en General Magic como ingeniero de servicios de desarrollador y permaneció allí hasta mediados de 1996, cuando dejó este puesto para dedicarse de tiempo completo al desarrollo de eBay.

Cuenta el anecdotario de internet que eBay se fundó solamente para que Pamela pudiera canjear surtidores de Pez con otros coleccionistas. Aunque Pamela fue ciertamente una fuerza impulsora en el lanzamiento del sitio web inicial, Pierre había estado interesado largo tiempo en la forma en que se podría establecer una plaza de mercado para reunir a un mercado fragmentado disperso. Pierre vio a eBay como una forma de crear una comunidad de intercambio de persona a persona, basada en un mercado democratizado y eficiente, donde todo mundo pudiera tener igual acceso a través del mismo medio, la internet. Pierre se puso a desarrollar y a realizar tanto su objetivo como el de Pamela. En 1995, lanzó la primera subasta en línea bajo el nombre de Auctionwatch, en el nombre de dominio de www.eBay.com. El nombre de eBay significaba "electronic Bay area" (área electrónica de la Bahía), acuñado porque el concepto inicial de Pierre era atraer vecinos y otros residentes del área de la Bahía de San Francisco al sitio para que compraran y vendieran artículos de interés mutuo. Las primeras subastas no cobraban cuotas a compradores o vendedores y la mayoría consistían en equipo de computación (y no en surtidores de Pez). La incipiente empresa de riesgo de Pierre generó 1 000 dólares de ingresos el primer mes y 2000 más el segundo. El tráfico aumentaba rápidamente conforme la publicidad de viva voz se esparcía por el área de la Bahía; incluso apareció una comunidad de coleccionistas, que usaba el sitio para comerciar y charlar (de los intercambios en las salas de charla de eBay resultaron algunos matrimonios).[7]

Para febrero de 1996, el tránsito en el sitio de Pierre Omidyar había crecido tanto que su proveedor de servicio de internet le informó que tendría que elevar el grado del servicio. Cuando Pierre compensó esto cobrando una cuota de registro para la subasta, y vio que no disminuía el número de artículos registrados, comprendió que tenía algo. Aunque todavía trabajaba en casa, Pierre empezó a buscar un socio y en mayo pidió a su amigo Jeffrey Skoll que se le uniera en la empresa de riesgo. Si bien Jeff nunca se había preocupado mucho por el dinero, su maestría de administración de empresas en Stanford le brindaba a la firma la base de negocios de la que Pierre carecía. Con Pierre como el visionario y Jeff como el estratega, la compañía emprendió la misión de "ayudar a la gente a intercambiar prácticamente cualquier cosa sobre la Tierra".

Su concepto de eBay era "crear un lugar en el que la gente pudiera hacer negocios igual que en los viejos tiempos, cuando la gente se tenía que conocer personalmente, y todos teníamos la impresión de estar tratando sobre la base de uno a uno con individuos en los que podíamos confiar".

---

[7] Quentin Hardy, "The Radical Philanthropist", *Forbes*, 1 de mayo de 2000, p. 118.

Ilustración 3   Estados de ingresos de eBay, 1996-2001 (en miles de dólares, excepto las cifras por acción)

	1996	1997	1998	1999	2000	2001
Ingresos netos	32 051	41 370	86 129	224 724	431 424	748 821
Costo de los ingresos netos	6 803	8 404	16 094	57 588	95 453	134 816
Utilidades brutas	25 248	32 966	70 035	167 136	335 971	614 005
Gastos de operación:						
Ventas y marketing	13 139	15 618	35 976	95 956	166 767	253 474
Desarrollo de producto	28	831	4 640	23 785	55 863	75 288
Generales y administrativos	5 661	6 534	15 849	43 055	74 577	105 784
Gastos de nómina (opciones de acciones)					2 337	2 442
Amortización de intangibles adquiridos	—	—	805	1 145	1 443	36 591
Costos relacionados con fusión		0	—	4 359	1 550	—
Total de costos de operación	18 828	22 983	57 270	168 300	300 977	473 549
Ingreso (pérdida) por operaciones	6 420	9 983	12 765	−1 164	34 994	140 426
Interés y otros ingresos (gastos), netos	(2 607)	(1 951)	(703)	21 377	42 963	38 762
Ingreso antes del impuesto sobre la renta	3 813	8 032	12 062	20 213	77 957	162 943
Intereses de minoría en compañías consolidadas	—	—	—	—	3 062	7 514
Provisión para impuestos sobre la renta	(475)	(971)	(4 789)	(9 385)	(32 725)	(80 009)
Ingreso neto	3 338	7 061	7 273	10 828	48 294	90 448
Ingreso neto por acción:						
Básico	$0.39	$0.29	$0.07	$0.04	$0.19	$0.34
Diluido	.07	0.08	0.03	0.04	0.17	0.32
Acciones en promedio ponderado:						
Básico	8 490	24 428	52 064	108 235	251 776	268 971
Diluido	45 060	84 775	116 759	135 910	280 346	280 595

Fuente: Documentos financieros de la compañía.

En los primeros días de eBay, Pierre y Jeff llevaban a cabo la operación solos, usando una sola computadora para servir a todas las páginas. Pierre fungía de director ejecutivo, director financiero en jefe, y presidente, mientras que Jeff era copresidente y director. No pasó mucho tiempo antes de que Pierre y Jeff hicieran crecer la empresa a un tamaño que los forzó a salir de la sala de la casa de Pierre (debido a las objeciones de Pamela) e irse a la sala de Jeff. Poco después, las operaciones se mudaron por un tiempo a las instalaciones de una incubadora de negocios de Silicon Valley, antes de que la compañía se estableciera en sus instalaciones actuales en San José, California. En las ilustraciones 3 y 4 se presentan estados financieros recientes de eBay.

TRANSICIÓN DE eBAY A LA ADMINISTRACIÓN PROFESIONAL

Desde el principio, Pierre Omidyar intentaba contratar a un administrador profesional que fungiera como presidente de eBay: "Le dejaría dirigir la empresa... Podría irme a jugar".[8] En 1997, Omidyar y Skoll convinieron en que era hora de localizar a un profesional experimentado que fungiera como director ejecutivo y presidente. A fines de 1997, los cazadores de talentos llegaron con una candidata para el empleo: Margaret Whitman, entonces directora general de la di-

---

[8] Susan Moran, "The Candyman", *Business 2.0*, junio de 1999.

Ilustración 4   Balance consolidado de eBay, 1997-2001 (en miles de dólares)

	Año fiscal terminado el 31 de diciembre				
	1997	1998	1999	2000	2001
Activo					
Activo circulante:					
Efectivo y equivalentes de efectivo	3 723	37 285	219 679	201 873	523 969
Inversiones a corto plazo	—	40 401	181 086	354 166	199 450
Cuentas por cobrar, netas	1 024	12 425	36 538	67 163	101 703
Otras partidas de activo circulante	220	7 479	22 531	52 262	58 683
Total de activo circulante	4 967	97 590	459 834	675 464	883 805
Propiedad y equipo, neto	652	44 062	111 806	125 161	142 349
Inversiones	—	—	373 988	344 587	416 612
Activo por impuesto diferido	—	—	5 639	13 892	21 540
Intangibles y otras partidas del activo, netos	—	7 884	12 675	23 299	214 223
Total del activo	5 619	149 536	963 942	1 182 403	1 678 529
Pasivo y capital contable de los accionistas					
Pasivo circulante:					
Cuentas por pagar	252	9 997	31 538	31 725	33 235
Gastos acumulados y otras cuentas de pasivo circulante	—	6 577	32 550	60 882	94 593
Ingreso diferido y adelantos de clientes	128	973	5 997	12 656	15 583
Deuda y alquileres, porción circulante	258	4 047	12 285	15 272	16 111
Impuesto sobre la renta a pagar	169	1 380	6 455	11 092	20 617
Obligaciones de impuestos diferidas	—	1 682	—		
Otras partidas de pasivo circulante	128	5 981	7 632	5 815	—
Total de pasivo circulante	1 124	24 656	88 825	137 442	180 139
Deudas y alquileres, porción a largo plazo	305	18 361	15 018	11 404	12 008
Otras partidas de pasivo	157	—	—	6 549	19 493
Intereses de minoría	—	—	—	13 248	37 751
Total del pasivo	1 586	48 998	111 475	168 643	249 391
Acciones preferentes obligatoriamente redimibles y convertibles de la serie B y garantías de la Serie B	3 018	—	—	—	
Total de capital contable de los accionistas	1 015	100 538	852 467	1 013 760	1 429 138
Total del pasivo y capital contable de los accionistas	5 619	149 536	963 942	1 182 403	1 678 529

Fuente: Documentos financieros de la compañía.

visión preescolar de Hasbro Inc. Whitman había recibido su título de licenciatura en economía de Princeton y su maestría en economía de Harvard Business School; su primer empleo fue en administración de marca en Procter & Gamble. Su experiencia incluía también su trabajo como presidenta y directora ejecutiva de FTD, presidenta de la División Stride Rite de Stride Rite Corporation, y como vicepresidenta titular de marketing de la división de productos de consumo de Walt Disney Company.

Cuando eBay se acercó a ella por primera vez, Whitman no tenía especial interés en unirse a una empresa que contaba con menos de 40 empleados y menos de 6 millones de dólares en ingresos del año anterior. No fue hasta después de repetidos llamados que Whitman accedió a reunirse con Omidyar en Silicon Valley. Después de un segundo encuentro, Whitman percibió el enorme potencial de crecimiento de la firma y convino en hacer una prueba con eBay. Según Omidyar, la experiencia de Meg Whitman en marketing global con las marcas Teletubbies, Playskool y Mr. Potato Head de Hasbro hacían de ella "la elección ideal para levantar la posición de liderato en el mercado uno a uno de intercambio en línea sin sacrificar la calidad y el toque personal que nuestros usuarios se han habituado a esperar".[9] Además de convencer a Whitman de dirigir las operaciones de eBay, Omidyar había tenido una participación clave en la incorporación de otros talentosos ejecutivos titulares y en la formación de una capaz junta de directores. Entre los miembros notables de la mesa directiva de eBay figuraban Scot Cook, fundador de Intuit, una muy exitosa compañía de software financiero, y Howard Schultz, fundador y director ejecutivo de Starbucks. (Para ver un perfil del equipo administrador titular de eBay, consulte la sección Company Overview en www.pages.ebay.com/community/aboutebay/overview/management.html.)

Whitman dirigió la operación desde el momento en que estuvo a bordo. Omidyar, quien desde el 17 de abril de 2001 poseía 25.7% de las acciones de eBay (con valor aproximado de 4 700 millones de dólares en diciembre de 2001), pasó considerable tiempo en París. Pamela y él, todavía entre sus 30 y 40 años de edad e inquietos por la vasta riqueza que habían acumulado en tan corto tiempo, estaban dedicando buena parte de su energía a explorar las causas filantrópicas.[10] Habían decidido donar la mayor parte de su fortuna a la caridad y estaban estudiando formas alternas de maximizar el efecto de sus aportaciones filantrópicas en el bienestar general de la sociedad. Jeffrey Skoll poseía 14.8% de las acciones de eBay (con valor de 2 700 millones de dólares) y Margaret Whitman tenía 4.2% (750 millones de dólares).

CÓMO FUNCIONABA UNA SUBASTA DE eBAY

eBay se dedicaba a hacer muy sencillo comprar y vender bienes (véanse las ilustraciones 5 y 6). Para vender o licitar por bienes, los usuarios tenían que registrarse antes en el sitio, luego de lo cual elegían un nombre de usuario y una contraseña; los no registrados podían ver el sitio web pero no se les permitía licitar por bien alguno ni poner en lista artículos para subastarlos.

En el sitio web, los motores de búsqueda ayudaban a los clientes a determinar de qué bienes se disponía en ese momento. Cuando los usuarios registrados encontraban un artículo que deseaban, podían optar por introducir una sola puja o utilizar la licitación automática (llamada licitación representada). En la licitación automática, el cliente introducía una puja inicial suficiente para situarlo como el mejor postor. La puja sería luego automáticamente incrementada conforme otros licitaran por el mismo objeto hasta que la subasta terminara y el licitante ganara u otro licitante sobrepasara la puja máxima especificada por el licitante original. Independientemente de cuál método de licitación eligieran, los usuarios podían revisar licitaciones en cualquier momento y repujar de nuevo en caso de haber sido sobrepujados, o incrementar su cantidad máxima en la licitación automática. Los usuarios podían elegir que se les notificara por correo electrónico si se les sobrepujaba.

Una vez que había terminado la subasta, se les notificaba a comprador y vendedor de la licitación ganadora y se daba a cada uno la dirección de correo electrónico del otro. Las partes de la subasta se arreglaban entonces en privado para el pago y entrega del bien.

Cuotas y procedimientos para los vendedores

A los compradores no se les hacían cargos por licitar por artículos en eBay, pero a los vendedores se les cobraba una cuota de inserción y otra de "valor final"; también podían optar por pagar cuotas adicionales para promover sus artículos en lista. Las cuotas de listado o inserción iban de 30 centavos de dólar para subastas con licitaciones de apertura, valores mínimos o precios de reserva de menos de 10 dólares a 3.30 dólares para subastas con pujas de apertura, valores mínimos o precios de reserva de 200 dólares y más. Las cuotas de valor final iban de 1.25

---

[9] Boletín de prensa de eBay, 7 de mayo de 1998.
[10] Quentin Hardy, "The Radical Philanthropist", *Forbes*, 1 de mayo de 2000.

Ilustración 5   Instrucciones de eBay para registrarse como nuevo licitante

¿Principiante en subastas?

Para empezar a licitar (pujar, ofrecer), primero tendrá que registrarse sin cargo como miembro de eBay. ¡Luego viene la diversión! Esto es lo que hay que hacer:

1. Una vez que se inscriba en <u>register</u> (registro), vea las listas de eBay y encuentre un objeto por el que le gustaría licitar. O puede <u>search</u> (buscar) un artículo específico.
2. Cuando encuentre algo que desee, **descienda al fondo de la página de artículos** hasta que vea el área de licitación. Introduzca la cantidad de su oferta y haga clic en el botón "review bid" (revisar licitación).
3. Revise con cuidado el artículo por el que licita, introduzca su User ID (identificación de usuario) y su contraseña y haga clic en el botón "place bid" (colocar licitación). **¡Ya quedó hecha la licitación** y usted está ahora en las carreras!
4. Mientras espera a que la subasta se cierre (esto suele durar varios días), recibirá diariamente un correo electrónico en el que se le avise si es el mejor postor o si ha sido sobrepujado por otro miembro de eBay.
5. ¡¿Alguien da más a la una, a las dos, a las tres...?! ¡Vendido! Cuando la subasta se cierra, si usted es el postor más alto, tiene que comunicarse por correo electrónico dentro de los tres días comerciales siguientes con el vendedor para reclamar su artículo. ¡Felicidades... usted es el ganador!

Fuente: www.pages.eBay.com/help/basics/n-bidding.html.

a 5% del precio final de venta y se calculaban de acuerdo con un programa graduado, en el cual el porcentaje descendía conforme el precio final de ventas se elevaba. Como ejemplo, en una subasta básica sin promoción, si el artículo había traído una puja de apertura de 200 dólares y a la larga se vendía por 1 500 dólares, la cuota total pagada por el vendedor sería de 35.18 dólares: la cuota de inserción de 3.30 dólares más 5% de los primeros 25 dólares (o 1.25 dólares), 2.5% de la suma adicional entre 25.01 y 1 000 dólares (o 24.38 dólares) y 1.25% de la cantidad adicional entre 1 000.01 y 1 500.00 dólares (o 6.25 dólares).

Un vendedor que quisiera promover un artículo podía elegir entre varias opciones que iban de poner un encabezado con realce en negritas (por una cuota de 2 dólares) a destacarlo con banda amarilla (por 5 dólares). El vendedor recomendado por un *rating* de retroalimentación favorable (explicado más adelante) podía hacer que su subasta se listara como "Featured Plus Auction" (subasta con presentación sobresaliente) (por 19.95 dólares), con lo cual se presentaba su artículo en una categoría específica, o en una "Home Page Feature" (presentación en la página base) (por 99.95 dólares), lo que le permitía al vendedor ver el paso de su artículo en rotación en la página base de eBay.

Además, el vendedor podía poner una fotografía en un sitio web y proporcionar a eBay la dirección web apropiada, incluida en la descripción del artículo. Había la opción de exhibir los artículos en la sección de Gallery (galería), en un catálogo de fotografías más que de texto. El vendedor que utilizaba una fotografía en su listado, podía hacer que ésta se incluyera en la sección de galería por 25 centavos o se presentara allí por 19.95 dólares. En todas las categorías de eBay había una sección disponible de Gallery. Ciertas categorías de artículos tenían tarifas especiales de promoción, como los bienes raíces (cuota de inserción de 50 dólares), los automó-

Ilustración 6   Instrucciones de eBay para entrar como nuevo vendedor

home | my eBay | site map | sign in

| Browse | Sell | Services | Search | Help | Community |

| basics | buyer guide | seller guide | my info | billing | rules & safety |

▶ Billpoint, the best way to send and receive payment on eBay!

▶ Business Exchange—eBay's small business marketplace.

▶ Local Trading--buy or sell in a region near you!

Search

Smart Search

☐ Search titles **and** descriptions

¿Es usted nuevo en ventas?

¡Es tan fácil que le encantará! Esto es lo que hay que hacer...

1. Primero, necesitará register (registrarse) si aún no lo ha hecho.
2. **Establezca su cuenta de ventas.** ¡Place your credit card on file (registre su tarjeta de crédito en archivo) con eBay y ya está listo para vender! Si quiere aceptar pagos de licitantes ganadores con tarjeta de crédito, firme su aceptación de pagos de Billpoint en línea.
3. **Reúna la información** que necesite antes de preparar su lista:
   ● la descripción de su artículo
   ● la URL (dirección de su sitio web) para cualesquiera fotos (vea el photo tutorial [instructivo de fotos])
   ● la categoría en que pone su lista
4. Vaya al formulario de Sell Your Item (venda su artículo), **ponga su información** y revise su lista. Asegúrese de revisar cuidadosamente su información, luego haga clic en Submit My Listing (entrego mi información).
5. Verá una página de confirmación; reitere lo esencial de su información, como su número de artículo. ¡Esto le será de utilidad si quiere actualizar su lista y para seguir la pista de la situación de su artículo conforme progrese su propia subasta!
6. Cuando se cierre su subasta, **póngase en contacto con su(s) licitante(es) ganador(es)** dentro de los tres días comerciales siguientes. Querrá confirmar el costo final, incluidos los costos de envío y dígale(s) adónde se debe enviar el pago. Cuando el licitante cumpla con sus términos de pago, haga lo propio con su parte del acuerdo enviándoles su artículo. Su subasta constituye un contrato de obligación entre el(los) postor(es) ganador(es) y usted.

Y eso es todo, ¡ya vendió su artículo!

Fuente: www.pages.eBay.com/help/basics/n-selling.html.

viles (cuota de inserción de 25 dólares, cuota de valor final de 25 dólares), y las "Great Collections" (grandes colecciones).

Para atraer vendedores, eBay introdujo varias características, como pujas de apertura mínimas y precios de reserva. Si las pujas no llegaban al precio de reserva, el vendedor no estaba obligado a vender el artículo al postor más alto y podía reenlistar gratis el artículo. Los vendedores podían poner también un precio de "buy it now" (cómprelo ahora), que permitía a los licitantes pagar una cantidad fija por un artículo listado y terminar la subasta inmediatamente.

Para el 11 de junio de 2001 se requería que los vendedores de eBay proporcionaran un número de tarjeta de crédito e información de cuenta bancaria. Si bien eBay admite que estos requisitos son extremos, arguye que ayudan a proteger a todos en la comunidad contra vendedores fraudulentos; estas normas aseguran que los vendedores sean de edad legal y sean personas serias en cuanto a la incorporación del artículo en las listas de eBay.

Cómo se llevaban a cabo las transacciones

Conforme a los términos del convenio de usuario de eBay, si un vendedor recibía una o más pujas sobre el precio mínimo establecido, o el de reserva, estaba obligado a consumar la transacción, aun cuando la empresa no tenía fuerza de coacción que fuera más allá de suspender del uso del servicio de eBay a un comprador o vendedor que no cumpliera. En el caso de que el comprador y el vendedor no pudieran completar la operación, este último lo notificaba a eBay, la cual acreditaba al vendedor la cantidad de la cuota de valor final.

Al terminar una subasta, el sistema de eBay verificaba que la puja entrara en el intervalo de precio aceptable. Si la venta tenía éxito, eBay notificaba automáticamente al comprador y al vendedor por correo electrónico; éstos podían entonces trabajar los detalles de la transacción con independencia de eBay o utilizar los servicios de liquidación y pagos de esta empresa para completar la transacción. En su modelo original de negocios, eBay no entraba en posesión del artículo en venta ni del pago del comprador en momento alguno del proceso. Sin embargo, en un esfuerzo por aumentar los ingresos, eBay empezó a aceptar pagos con tarjeta de crédito y transferencias electrónicas de fondos a nombre del vendedor. Asimismo, mediante una alianza con el U.S. Postal Service, empezó a permitir a los vendedores comprar e imprimir franqueo postal en línea por una cuota mensual de 14.95 dólares (el servicio se llamaba Simply Postage (simplemente franquéelo). No obstante, comprador y vendedor aún tenían que arreglarse independientemente en los términos de envío (el pago del cual corría por lo común a cargo del comprador), y los artículos se enviaban en forma directa del vendedor al comprador, a menos que se arreglara un servicio independiente de depósito en custodia para mayor seguridad.

Para animar a los vendedores a utilizar los servicios auxiliares de eBay, la compañía ofrecía un servicio automatizado de liquidación, diseñado para tratar de conseguir la comunicación, pago y entrega expeditos entre compradores y vendedores.

Feedback Forum

A principios de 1996, eBay fue la precursora de una característica llamada Feedback Forum (foro de retroalimentación) para aumentar la confianza entre compradores y vendedores y para facilitar el establecimiento de reputaciones dentro de su comunidad. Feedback Forum alentaba a las personas a registrar comentarios acerca de sus socios de intercambio. Al cerrarse cada subasta, se permitía a comprador y vendedor dejar comentarios, positivos, negativos o neutrales del otro. Las personas podían discutir la retroalimentación que se hacía acerca de ellas haciendo observaciones sobre los comentarios en cuestión.

Mediante la asignación de valores de +1 por un comentario positivo, 0 por uno neutral y −1 por el negativo, los calificados se ganaban una jerarquía que se agregaba a su nombre de usuario. Junto al nombre del usuario se ponían símbolos (pequeñas estrellas) codificados por color que indicaban la cantidad de retroalimentación positiva. Los intercambiadores (compradores o vendedores) de alto volumen respetados llegaban a tener calificaciones bien entradas en los millares. La calificación más alta que podía recibir un intercambiador era de "más de 100 000", indicada por una estrella roja.

A los usuarios que recibían un rating neto de retroalimentación suficientemente negativo (por lo común de −4) se les suspendían sus registros y ya no podían licitar por artículos o ponerlos en lista de venta. Los compradores podían revisar el perfil de retroalimentación de una persona antes de decidirse a pujar por un artículo listado por la misma o antes de elegir los métodos de pago y entrega. Una muestra de este perfil de usuario se presenta en la ilustración 7.

Los términos del convenio de usuario de eBay prohibían actos que minaran la integridad del Feedback Forum, como el de dejar retroalimentación positiva acerca de uno mismo a través de otras cuentas o, por iguales recursos, dejar múltiples comentarios negativos acerca de otra persona. El Feedback Forum tenía varias características automatizadas, diseñadas para detectar y prevenir diferentes formas de abuso. Por caso, la retroalimentación, positiva o negativa, proveniente de una misma cuenta, no podía afectar al rating neto de retroalimentación de un usuario por más de un punto, no importa cuántos comentarios hiciera un individuo. Más todavía, un usuario sólo podía comentar sobre sus socios de operación en transacciones consumadas.

La empresa creía que su Feedback Forum era en extremo útil para vencer la vacilación inicial de los usuarios para comerciar por internet, pues reducía la incertidumbre de tratar con un socio de intercambio desconocido. Sin embargo, hay una creciente preocupación entre vendedores y postores de que la retroalimentación pueda sesgarse en dirección positiva, ya que mu-

Ilustración 7   Muestra de un perfil de Feedback Forum

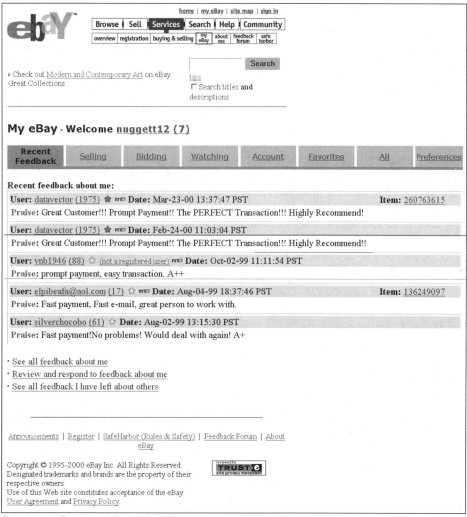

Fuente: www.eBay.com, 14 de abril de 2000.

chos eBay-istas preferían no dejar retroalimentación negativa por temor a una retribución infundada que pudiera dañar sus reputaciones cuidadosamente erigidas.

ESTRATEGIA DE eBAY PARA MANTENER SU DOMINIO DE MERCADO

Meg Whitman asumió el mando de eBay en febrero de 1998 y empezó a actuar como el rostro público de la compañía. En un esfuerzo por mantenerse en contacto con los clientes de la empresa, Whitman actuó en persona como anfitriona de una subasta. Tan ilustrativa le resultó esta experiencia que exigió que todos los gerentes hicieran ventas en eBay. Cuando Whitman se hizo cargo como directora ejecutiva, Pierre Omidyar se hizo a un lado para presidir ya únicamente la junta directiva de eBay, enfocando su tiempo y energía a supervisar el rumbo estratégico y el crecimiento, el desarrollo de modelo y sitio, así como la vocación procomunitaria de la firma. Jeff Skoll, que se convirtió en vicepresidente de planeación estratégica y análisis, se concentró en el análisis competitivo, la planeación e incubación de nuevos negocios, el desarrollo de la dirección estratégica general de la organización, y la supervisión de las operaciones de apoyo al cliente.

Conversión en compañía pública

A meses de asumir la presidencia de eBay, Whitman afrontó el reto de preparar a la empresa con el fin de reunir el capital para la expansión mediante una oferta pública inicial (OPI; *initial public offering*, IPO) de acciones comunes. Con una serie de presentaciones de campaña preparadas para convencer a los inversionistas del potencial del modelo de negocios de eBay, Whitman y su equipo generaron considerable interés por la OPI de la compañía. Cuando las acciones se pusieron a la venta el 24 de septiembre de 1998, los ejecutivos de eBay tenían grandes esperanzas en la oferta, pero ninguno de ellos soñaba que cerrarían el día a 47 dólares, más de 160% sobre el precio de oferta inicial de 18 dólares por acción. La OPI consiguió 66 millones de dólares en capital nuevo para la compañía y tuvo tanto éxito que la revista *Bloomberg Personal* designó a eBay "La OPI sensación de 1998"; la revista *Euromoney* nombró a eBay la "Mejor OPI en el mercado de Estados Unidos" en enero de 1999. El éxito de la oferta de septiembre de 1998 llevó a eBay a emitir una oferta de seguimiento en abril de 1999, que reunió 600 millones de dólares más. Como calificación para la OPI, la junta directiva de eBay conservó el derecho de emitir hasta 5 millones de acciones adicionales preferentes sin más inversión de los actuales tenedores de acciones, en caso de un intento hostil de apoderarse de la firma.

Con los fondos recibidos de la OPI, eBay lanzó iniciativas estratégicas dirigidas a seis objetivos específicos:[11]

1. Acrecentar la comunidad de eBay y fortalecer su marca, para atraer nuevos miembros y mantener su vitalidad comunitaria.
2. Ensanchar la plataforma de intercambio de la compañía aumentando las categorías de producto existentes, promoviendo otras nuevas y ofreciendo servicios a regiones específicas.
3. Fomentar la afinidad de la comunidad de eBay y acrecentar su confianza y seguridad con servicios como el de la verificación y el seguro de usuario.
4. Mejorar las características y funcionalidad del sitio web con la introducción de dispositivos de personalización como About Me (Acerca de mí), que permite a los usuarios crear gratis su propia página base, y la Gallery (Galería), que brinda la oportunidad a los vendedores de exhibir sus artículos como ilustraciones en un catálogo fotográfico.
5. Ampliar los servicios pre- y posintercambio, como la ayuda para escanear y descargar fotografías de artículos listados, los servicios de depósito en custodia por terceros, y los arreglos para facilitar el envío de los artículos comprados.
6. Desarrollar mercados internacionales haciendo un activo marketing y promoción del sitio web de eBay en países seleccionados.

Para perseguir estos objetivos, eBay empleaba tres tácticas competitivas principales. Primero, procuraba integrar asociaciones estratégicas en todas las etapas de su cadena de valores, creando una impresionante cartera de más de 250 alianzas estratégicas con empresas como America Online (AOL), Yahoo!, Lycos, Compaq y Warner Brothers. Segundo, buscaba activamente la retroalimentación del cliente y hacía mejoras con base en esta información. Tercero, vigilaba de manera continua el ambiente externo para crear las oportunidades.

Establecimiento de un modelo de negocios

El modelo de negocios que eBay estableció se basaba en crear y mantener una comunidad de intercambio de persona a persona (o de empresa a individuo) en la que compradores y vendedores pudieran intercambiar con facilidad información y bienes. El papel de eBay era el de actuar como facilitadora de valor agregado de transacciones en línea entre comprador y vendedor, proporcionándoles una infraestructura de apoyo que les permitía reunirse de manera eficiente y eficaz. El éxito dependía no sólo de la calidad y cantidad tanto de los compradores como de los vendedores atraídos al sitio; a juicio de la dirección, implicaba mantener un ambiente motivante de intercambio, varios programas de confianza y seguridad, una experiencia de intercambio

---

[11] Reporte S-1 de eBay, archivado el 25 de marzo de 1999, p. 4.

rentable y cómoda, así como una fuerte afinidad comunitaria. Desarrollando el nombre de marca de eBay y acrecentando su base de clientes, la empresa se proponía atraer un número suficiente de compradores y vendedores de alta calidad necesarios para alcanzar las metas de la organización. El formato en línea de la subasta significaba que eBay acarreaba inventario cero y podía operar una plaza de mercado sin necesidad de una fuerza de ventas tradicional.

La administración creía que el modelo de negocios de eBay tenía seis elementos clave para el éxito de la compañía:[12]

1. La posición del mayor foro de intercambio en línea con una masa crítica de compradores, vendedores y artículos listados para su venta. (A fines de 2000, eBay tenía más de seis millones de artículos en lista de venta en el formato de subasta, más otros ocho millones listados con Half.com en un formato de precio fijo.)
2. Un ambiente de intercambio motivante y entretenido que presentara fuertes valores y estableciera reglas y procedimientos para facilitar la comunicación y el intercambio comercial entre compradores y vendedores.
3. Programas establecidos de confianza y seguridad, como Safeharbor™. Este programa proveía pautas para el intercambio, ayudaba a resolver disputas, y advertía o suspendía (temporal o permanentemente) a los usuarios que violaban las reglas de eBay.
4. Un sistema de intercambio rentable, eficaz para su costo.
5. Una fuerte afinidad comunitaria.
6. Una interfaz de usuario fácil de navegar (recorrer), arreglada por temas y completamente automatizada.

Estrategia de eBay en 2002

Adentrándose en 2002, la estrategia de eBay giraba en torno a cinco iniciativas clave de acción:[13]

1. *Ensanchar la plataforma actual de intercambio* dentro de las categorías existentes de producto, mediante nuevas categorías, la expansión geográfica (local e internacional), y la introducción de más formatos de asignación de precios, como las ventas de precio fijo.
2. *Fomentar la afinidad comunitaria de eBay* infundiendo una experiencia de comunidad de eBay animada, leal, y manteniendo una masa crítica de compradores y vendedores frecuentes con interés invertido en la congregación de eBay.
3. *Mejorar las características y la funcionalidad* actualizando continuamente los sitios de eBay y Half.com para asegurar el mejoramiento continuo en la experiencia de intercambio.
4. *Ampliar los servicios de valor agregado* para brindar un completo servicio de intercambio personal de extremo a extremo mediante el ofrecimiento de servicios previos y posteriores al intercambio que realzaran la experiencia del usuario y facilitaran la operación.
5. *Desarrollar mercados en Estados Unidos e internacionales* con el despliegue de eficientes plataformas de intercambio de oportunidad específica que evolucionaran en forma gradual en una plataforma fluida de intercambio verdaderamente global.

Ensanchar la plataforma actual de intercambio   Los esfuerzos por ampliar la plataforma de intercambio de eBay se concentraban en aumentar el contenido dentro de las categorías actuales, agrandar la gama de productos ofrecidos de acuerdo con las preferencias de usuario y crear ofertas dirigidas a metas regionales. La ampliación de las categorías de producto existentes se facilitaba ahondando en el contenido dentro de ellas mediante el uso de salas de charla de contenido específico y tableros de boletines, así como publicidad dirigida a exposiciones y publicaciones especiales del ramo.

---

[12] Reporte 10-K de eBay, archivado el 3 de marzo de 2001, pp. 4-6.
[13] Reporte 10-K de eBay, archivado el 28 de marzo de 2001.

Para extender la gama de productos ofrecidos, eBay desarrolló nuevas categorías de producto, introdujo sitios especializados y abrió tiendas de eBay. Se agregaron más de 2 000 nuevas categorías en 1998 y 1999, con 5 000 más lanzadas en el año 2000 para completar un total de 8 000 (una gran expansión de las 10 categorías originales de 1995). Desde sus primeros días, eBay había desarrollado un número de nuevas categorías significativas de producto y sitios especializados:

- *Great Collections* empezó como una categoría que exhibía objetos raros de colección, como monedas, timbres, joyería y relojes, así como obras de arte y antigüedades de las principales casas subastadoras. Su éxito condujo a eBay a ampliar Great Collections y convertirla en un sitio especializado mediante la atención a concesionarios, coleccionistas, casas subastadoras y galerías, y la oferta de una base de datos que abarcaba obras de arte, calendarios de ventas y contenido relacionado con el arte, por la vía de una alianza con ArtNet.com. eBay ofrecía también una garantía con valor de hasta 50 000 dólares por artículos vendidos en su sitio si surgieran problemas relativos a la autenticidad que no pudieran ser resueltos.

- *eBay Motors* empezó también como una categoría y se desarrolló cuando la compañía se percató de que en su sitio se estaba efectuando un creciente número de transacciones de autos. Según Whitman, "En el curso de cierto mes nos dimos cuenta de que la categoría de misceláneos tenía una tasa de crecimiento muy rápido, y alguien dijo que teníamos que ver qué estaba pasando. Era la compraventa de autos usados. Así que dijimos que quizás había que dar a esta gente una categoría aparte y ver qué pasaba. Resultó tan bien que creamos eBay Motors".[14] En asociación con AutoTrader.com, esta categoría se amplió más tarde para convertirse en sitio especializado.

- *LiveAuctions* permitía la licitación en vivo por internet de subastas efectuadas en casas subastadoras físicas en todo el mundo. A través de una alianza con Icollector.com, los usuarios de eBay tenían acceso a más de 300 casas subastadoras de diversas partes del mundo. Las casas de subasta que participaron en este acuerdo fueron bien recompensadas, ya que más de 20% de sus ventas se hicieron a licitantes en línea. Una subasta transmitida en el sitio de LiveAuctions en febrero de 2001 presentó artículos de una rara colección de Marilyn Monroe, incluida una nota manuscrita de la actriz en la que enumeraba sus razones para divorciarse de su primer esposo.

- *Professional Services* ofrecía a trabajadores profesionales y eventuales una amplia variedad de productos y servicios, que iban desde la redacción de planes de negocios y el desarrollo de sitios web y software, hasta servicios de traducción y captura de datos. En este sitio, los clientes prospectos podían publicar un proyecto y dejar que los profesionales licitaran por el mismo.

- *El formato de precio fijo* establecido con la adquisición de Half.com permitía a eBay competir más directamente con adversarios como Amazon.com, ya que Half.com empleaba un formato de precio fijo, de persona a persona, que permitía a compradores y vendedores comerciar con libros, discos compactos, películas y juegos de video a precios que partían, por lo general, de la mitad del precio detallista. De modo semejante a eBay, Half.com ofrecía un sistema de retroalimentación que ayudaba a compradores y vendedores a erigir una sólida reputación. A la larga, se pretendía integrar del todo las listas y el sistema de retroalimentación de Half.com en el propio sitio de eBay.

- *Una categoría de intercambio de negocio a negocio*, lanzada en marzo de 2000, se dirigía a empresas de menos de 100 empleados.

- *La categoría de bienes raíces* fomentaba la plaza de mercado de estos bienes. Los ofrecimientos dentro de esta categoría se incrementaron significativamente por la adquisición en agosto de 2001 de Homesdirect, la cual se especializaba en la venta de bienes de hipoteca no redimida que habían pasado a ser propiedad de organismos gubernamentales, como el Housing and Urban Development (Desarrollo Urbano y de la Vivienda) y la Veterans Administration (Administración de Veteranos) de Estados Unidos.

---

[14] "Q&A with eBay's Meg Whitman", *Business Week e.biz*, 3 de diciembre de 2001.

● *La asociación con Boats.com* ofrecía a compradores y concesionarios de botes un sitio único de internet para la venta de botes y otros productos marítimos.

En junio de 2001, la compañía introdujo las "tiendas de eBay" para complementar nuevos ofrecimientos, facilitar a los vendedores la creación de lealtad, ayudar a los compradores a localizar bienes de vendedores específicos, e impedir que los vendedores conduzcan a los licitantes al propio sitio web de aquéllos. En una tienda eBay, la totalidad de las subastas de un vendedor se listarían en una ubicación conveniente. Estas tiendas podían ofrecer también una opción de precio fijo de un vendedor y la integración de las listas de Half.com de un vendedor con sus listas de subasta de eBay. En tanto que numerosos vendedores de todos tamaños se movían para aprovechar las tiendas de eBay, el concepto era especialmente atractivo para los grandes detallistas —como IBM, Hard Rock Café, Sears y Handspring—, que estaban rematando un nutrido despliegue de artículos en el sitio para obtener beneficios del alcance y poder de distribución de eBay.

Entre 1999 y 2001, eBay lanzó más de 60 sitios regionales para dar un sabor más local a sus ofrecimientos; dichos sitios se centraban en las 50 mayores áreas metropolitanas en Estados Unidos. A los sitios regionales de subasta les animaba la idea de alentar la venta de artículos de envío prohibitivamente caro, productos que tendían a tener un atractivo sólo local y objetos que la gente prefería ver en lugar de comprar. Para complementar los sitios regionales, a mediados de 2001 la compañía empezó a ofrecer a los vendedores la opción de tener sus artículos listados en un área especial de vendedor de eBay en las secciones clasificadas de los diarios locales. En estos anuncios clasificados, los vendedores podían realizar un artículo específico, su tienda de eBay o su identificación de usuario.

Entre otras acciones notables para ampliar la plataforma se incluyeron:

● Desarrollo de "eBay Anywhere" (eBay donde sea) para permitir a los eBay-istas servirse de la tecnología móvil (asistentes digitales personales, teléfonos celulares, etc.) para tener acceso a la empresa.

● Lanzamiento de "Application Program Interface (API) and Developers Program" (la "Interfaz del Programa de Aplicación" y el "Programa de Desarrolladores"), que permite a otras empresas utilizar el motor y la tecnología comerciales de eBay para construir nuevos sitios.

Fomentar la afinidad comunitaria de eBay

Desde su fundación, en eBay se consideró que desarrollar una comunidad de intercambio leal y vivaz era una piedra angular de su modelo de negocios. Esta comunidad se nutría mediante la comunicación franca y honesta y se erigía sobre cinco valores fundamentales que la empresa esperaba que sus miembros honraran:

● Creemos que la gente es básicamente buena.

● Creemos que cada quien tiene algo que aportar.

● Creemos que un ambiente honesto y abierto puede hacer que brote lo mejor de la gente.

● Reconocemos y respetamos a cada quien como un individuo único.

● Le alentamos a tratar a los demás como usted quiera ser tratado.[15]

eBay reconocía que estos valores no se podían imponer por decreto. A juicio de Omidyar,

> Por mucho que en eBay habláramos de los valores y alentáramos a la gente a vivir conforme a ellos, esto no iba a funcionar a menos que las personas realmente los adoptaran. Los valores no se transmiten porque alguien lea el sitio web y diga: "Hey, así es como queremos tratarnos unos a otros, así que simplemente empezaré a tratar a la gente de esa manera". Los valores se transmiten porque la gente es tratada así desde la primera vez que llega; cada miembro se los pasa al siguiente. Son cosas pequeñas, como recibir una nota que diga: "Gracias por su negocio".[16]

Congruente con su deseo de mantenerse en contacto con sus clientes y de ser sensible a sus necesidades, eBay pagaba el traslado aéreo cada pocos meses a 10 nuevos vendedores para celebrar

---

[15] www.pages.ebay.com/help/community/values.html, 1 de enero de 2002.

[16] "Q&A with eBay's Meg Whitman".

convenciones conocidas como la Voz del Cliente (Voice of the Customer). Estos vendedores sugerían 75 a 80% de las nuevas características de la compañía.

Un ejemplo de los valores de eBay en acción tuvo lugar cuando la firma introdujo una característica que remitía a los licitantes perdedores a subastas semejantes de otros vendedores de eBay. La nueva política provocó una fuerte protesta de algunos vendedores, que exigían saber por qué eBay les estaba quitando ventas al remitir postores a otras subastas. Un vendedor llegó al extremo de subastar una rara chaqueta de eBay con tal de utilizar la subasta como un foro de protesta por "la nueva política de eBay de fastidiar a la gente que los había hecho crecer".[17] Esto atrajo la atención de Omidyar y Whitman, quienes se reunieron por 45 minutos con dicho vendedor en su hogar. Después de esa junta, eBay abandonó la práctica de remitir a los licitantes perdedores a subastas similares de otros vendedores de la compañía.

Tras reconocer que muchos nuevos usuarios no estaban aprovechando su experiencia con eBay de la mejor manera, y con la esperanza de introducir nuevos emprendedores en la comunidad, la compañía creó eBay University en agosto de 2000. El personal de eBay University viajaba por el país, llevando a cabo seminarios de dos días en diversas ciudades. Estos seminarios atraían a un número de entre 400 y 500 personas, cada una de las cuales pagaba 25 dólares por la experiencia. Los cursos iban de clases para "nivel de novatos" (que ofrecían una introducción a la compra y venta) a las clases "de graduados", en las que se enseñaban los aspectos intrincados del listado en volumen y las tácticas de competencia; eBay University tuvo tanto éxito que la compañía se asoció con Evoke Communications para ofrecer una versión en línea de las clases. Al tiempo que los miembros de la comunidad adquirían conocimientos con estas clases, lo propio hacía eBay. La empresa seguía cuidadosamente el rastro de toda cuestión e inquietud y las utilizaba para descubrir áreas que necesitaran mejora.

Una segunda iniciativa importante para hacer a la comunidad de eBay más inclusiva fue dirigida al segmento de más rápido crecimiento de la población estadounidense: las personas de 50 o más años de edad. En un esfuerzo por salvar la brecha digital, eBay lanzó el Digital Opportunity Program for Seniors (Programa de Oportunidad Digital para Personas de Edad) y se fijó la meta de capacitar y poner en línea a un millón de personas de edad para 2005. Los elementos específicos de este plan comprendían la asociación con SeniorNet, el principal capacitador no lucrativo de tecnología de computadoras para personas de edad, y el donativo de un millón de dólares a esta organización para establecer 10 nuevas instalaciones de capacitación para 2005, la creación de un programa de voluntarios para capacitar a personas de edad, y la asignación de un área específica en eBay para Senior Citizens (www.ebay.com/seniors).

Para fomentar el sentido comunitario entre los usuarios de eBay, la compañía empleaba herramientas y tácticas ideadas para promover tanto los negocios como la interacción personal entre los consumidores, crear confianza entre compradores y vendedores, e infundir la sensación de seguridad entre intercambistas. La interacción entre los miembros de la comunidad se facilitaba con la creación de salas de charla basadas en intereses personales. Estas salas de charla permitían a los individuos informarse más sobre los objetos de colección que habían elegido e intercambiar información sobre las cosas que coleccionaban.

Para que la empresa pudiera manejar el flujo de información en las salas de charla, los empleados de eBay iban a las exposiciones y convenciones del ramo en busca de personas que tuvieran los conocimientos y la pasión específicos por un coleccionable o una categoría de bienes. Estos entusiastas actuarían como líderes o embajadores comunitarios; nunca se aludía a ellos como empleados, pero recibían una compensación de 1 000 dólares mensuales por hacer de anfitriones de discusiones en línea con los expertos.

Aun cuando la comunicación personal entre los miembros fomentaba un sentido de comunidad, a medida que la congregación de eBay crecía "del tamaño de una pequeña aldea al de una gran ciudad", se hicieron necesarias medidas adicionales para asegurar un sentido continuo de confianza y honestidad entre los usuarios.[18] Uno de los primeros esfuerzos de construcción de confianza fue la creación en 1996 del Feedback Forum, ya descrito. Por desgracia, este Feedback Forum no siempre era suficiente para garantizar la honestidad e integridad entre intercam-

---

[17] *Idem.*

[18] Claire Tristram, " 'Amazoning' Amazon", www.contextmag.com, noviembre de 1999.

bistas. Si bien eBay estimaba que mucho menos de 1% de los millones de subastas consumadas en el sitio involucraban alguna especie de actividad fraudulenta o ilícita, había usuarios, como Clay Monroe, que disentían. Monroe, intercambista de equipo de computación del área de Seattle, calculaba que "90% de las veces, todo mundo se inclina por ofrecer más y más... [pero] 10% de las veces se topa con algún abusivo que quiere aprovecharse de usted". Los actos fraudulentos o ilegales incluían representar mal los bienes; intercambiar bienes falsos, o bienes plagiados que lesionaban los derechos de propiedad intelectual de otros; no entregar bienes pagados por los compradores; y valerse de un falso postor para hacer subir artificialmente el precio de un bien (práctica conocida como *shill bidding* [puja en falso para inflar el precio]). Los compradores podían manipular las pujas colocando una oferta alta irrealista sobre un bien para desalentar a los demás licitantes y luego retirar su puja en el último momento para permitir a un aliado ganar la subasta a un precio de ganga; también se daba el caso de que los compradores no enviaran el pago de una subasta consumada.

Reconociendo que las actividades fraudulentas representaban un peligro significativo para el futuro de eBay, la dirección llevó el Feedback Forum un paso más adelante en 1998 al poner en marcha el programa SafeHarbor para ofrecer pautas de intercambio, proveer información para ayudar a resolver pleitos de usuarios y responder a reportes de uso indebido del servicio de eBay. La iniciativa de SafeHarbor se amplió en 1999 para proporcionar salvaguardas adicionales, así como para colaborar activamente con organismos para el cumplimiento de la ley y con miembros de la comunidad intercambista, a fin de dar mayor seguridad a eBay. Entre los nuevos elementos de SafeHarbor estaban:

- Seguro gratuito, con deducible de 25 dólares, mediante Lloyd's de Londres, para transacciones menores de 200 dólares.
- Mejoras al Feedback Forum, como el registro en lista independientemente de que el usuario sea el comprador o el vendedor en una transacción.
- Una nueva clase de usuarios verificados de eBay con icono adjunto.
- Fácil acceso a los servicios de depósito en custodia.
- Políticas más duras hacia los licitantes que no paguen y que liciten en falso.
- Aclaración de cuáles artículos no era permisible listar para su venta (como los artículos asociados con el régimen nazi o con organizaciones como el Ku Klux Klan, que glorifiquen el odio, la intolerancia racial o la violencia).
- Un plan fortalecido antipiratería y antiinfracción, conocido como programa de Verified Rights Owner (VeRO, Derechohabiente Verificado), y la introducción de servicios de resolución de disputas.

El uso de cuentas verificadas de comprador y vendedor se consideraba muy importante porque permitía a eBay asegurarse de que los usuarios suspendidos no abrieran nuevas cuentas de eBay bajo nombres diferentes. La información de usuario se verificaba por medio de Equifax, Inc., con base en Atlanta. Para asegurar más que los usuarios suspendidos no registraran nuevas cuentas con diferentes identidades, eBay se asoció con Infoglide, cuya tecnología de búsqueda de similitud permitía a la empresa examinar información de registro de un nuevo ingresante.

Llevar a la práctica estas nuevas iniciativas significaba aumentar el número de puestos (de tiempo completo o por contrato) del departamento de SafeHarbor en eBay de 24 a 182. La compañía organizó también el departamento en torno a las funciones de investigaciones, vigilancia de la comunidad y prevención de fraude. El grupo de investigaciones era responsable de examinar los reportes de violaciones de intercambio y de posibles usos indebidos de eBay. El grupo de prevención de fraudes mediaba en las disputas de clientes por cuestiones como la calidad de los bienes vendidos. Si se presentaba una queja escrita por fraude contra un usuario, eBay suspendía generalmente la cuenta del presunto infractor, hasta no efectuarse una investigación.

El grupo de vigilancia de la comunidad trabajaba con más de 100 compañías líderes de la industria —que iban desde editores de software hasta manufactureros de juguetes y fabricantes del ramo del vestido— para proteger los derechos de propiedad intelectual. Para asegurar que no se vendieran artículos ilegales y que aquellos que se vendieran no violaran los derechos de propiedad intelectual, este grupo de SafeHarbor automatizó las búsquedas diarias de contraseñas sobre el contenido de las subastas. Las subastas infractoras se clausuraban, y se notificaba de la violación al vendedor. Las violaciones repetidas daban lugar a la suspensión de la cuenta del vendedor.

A medida que eBay ampliaba sus categorías, se introducían nuevas salvaguardas para satisfacer las necesidades únicas de las categorías Great Collections y de automóviles. En la categoría de Great Collections, la compañía se asoció con Collector's Universe para ofrecer servicios de comprobación de autenticidad y de valuación para productos específicos como el intercambio de naipes, monedas y autógrafos. En el área de automóviles, eBay se asoció con Saturn para proporcionar a los usuarios acceso a los modelos Saturn en todo Estados Unidos.

Mejoramiento de características y funcionalidad

En el diseño de su sitio web, eBay anduvo largo trecho para hacerlo intuible, fácil de usar para compradores y vendedores, y confiable. Los trabajos para asegurar la facilidad de uso iban desde definir estrechamente las categorías (para permitir a los usuarios localizar en forma rápida los productos deseados) hasta introducir servicios diseñados para personalizar la experiencia de eBay del usuario. Uno de estos servicios, creado por eBay y lanzado en 1998, era My eBay (Mi eBay), que daba a los usuarios acceso centralizado a información confidencial y actual de sus actividades de intercambio. Desde su página de My eBay, el usuario podía ver información referente a sus actuales balances de cuenta con eBay; tasa de retroalimentación; estado de cualesquiera subastas en las que estuviera participando, ya fuera como comprador o como vendedor; y las subastas en categorías favoritas. En octubre del mismo año, eBay introdujo el servicio About Me (Acerca de mí), que servía a los usuarios para crear páginas base personalizadas que fueran accesibles a todos los demás miembros de eBay, y que podían incluir elementos de la página de My eBay, como las tasas o calificaciones de usuario o los artículos que éste había listado para subasta, así como información personal y fotografías. Este servicio no sólo aumentaba la facilidad de uso por parte del cliente, sino que también contribuía al sentido de comunidad entre los intercambistas; un vendedor declaraba: "[El servicio About Me me facilitó y me hizo más recompensante hacer negocios con otras personas".[19] Entre las nuevas características y servicios agregados en 2000 estaban Highlight y Feature Plus (nuevas funciones de listado que servían para destacar una subasta), una característica de cruce de listas que permitía a los vendedores registrar sus productos en listas de dos categorías, una herramienta para poner pautas de precalificación para los licitantes, un nuevo servicio alojador de imágenes y fotografías que facilitaba a los vendedores incluir fotos de sus bienes, y Buy It Now (herramienta para acelerar el proceso de compra).

Cuando eBay inauguró su servicio, el único recurso de computadora con que contaba era una sola instalación de Sun Microsystems sin capacidades de respaldo. Para 1999, el explosivo crecimiento de eBay requería 200 servidores Windows NT y un servidor de Sun Microsystems para manejar el flujo de usuarios en el sitio, procesar a los nuevos miembros, aceptar licitaciones, y administrar la enorme base de datos que contenía la lista de todos los artículos vendidos en el sitio. El 10 de junio de 1999, el esfuerzo de manejar estos procesos a la vez que se trataba de integrar nuevos ofrecimientos de productos y servicios resultó demasiado para el sistema: el sitio de eBay se desplomó y permaneció caído 22 horas. El apagón sacudió la confianza del usuario en la confiabilidad de eBay y costó a la compañía unos cuatro millones de dólares en cuotas. El precio de las acciones de la firma reaccionó a la falla del sistema cayendo de 180 a 136.20 dólares por acción.

Desafortunadamente, el desplome del sitio del 10 de junio resultó el primero de una cadena de apagones. Aunque ninguno fue tan significativo como el primero (en su mayoría duraron sólo de una a cuatro horas), la confianza en eBay siguió declinando tanto en la comunidad en línea como en Wall Street... haciendo bajar el precio de la acción a 88 dólares para agosto de 1999. Con la intención de hacer frente a sus problemas de sistema, eBay buscó a Maynard Webb, ingeniero y solucionador de software de jerarquía premier que estaba trabajando en Gateway Computer. Webb impuso una suspensión a nuevas características mientras se restauraba

---

[19] Ann Pearson, en un comunicado de prensa de eBay fechado el 15 de octubre de 1998.

la estabilidad del sistema. Creía que era virtualmente imposible eliminar por completo las caídas, así que fijó la meta de reducir la duración de éstas y de limitar los apagones a una hora.[20] Webb creía que para lograr este objetivo necesitaría un respaldo para los 200 servidores Windows NT, otro para la unidad de Sun Microsystems, y un mejor sistema para administrar las comunicaciones entre los sistemas de Windows NT y de Sun. A fin de enfrentar estos retos, eBay adquirió siete nuevos servidores Sun, cada uno valuado en un millón de dólares, y contrató por fuera su tecnología y sus operaciones de sitio web con Exodus Communications y Abovenet. Estos convenios de outsourcing intentaban delegar a Exodus y Abovenet para que "manejaran la capacidad de red y proveyeran una columna vertebral más robusta", mientras eBay se concentraba en su negocio medular.[21] Aun cuando eBay todavía sufrió apagones menores al cambiar servicios o ampliarlos (por ejemplo, una caída del sistema coincidió con la introducción de los 22 sitios web regionales originales), el tiempo con el sistema inactivo disminuyó. No obstante, la estabilidad del sistema bajo el explosivo crecimiento y la continua introducción de nuevas características y servicios eran una constante preocupación. En 2001, eBay formó una alianza con IBM para mejorar la calidad de la infraestructura tecnológica de la subastadora en un proyecto denominado V3.

El proyecto V3 utilizaba WebSphere, un software de "e-frastructure" [literalmente, *e-fraestructura*] para proveer los cimientos tecnológicos para la plataforma de intercambio de la siguiente generación de eBay. Esta plataforma estaba diseñada para mejorar la experiencia general del usuario, al permitir a eBay añadir fácilmente nuevas características, herramientas de usuario y negocios, a la vez que mejoraba la confiabilidad del sitio. Según Webb, "WebSphere, con su marco de tecnología J2EE basado en Java, nos da formidables ventajas de negocios. eBay podrá crecer de manera confiable y eficaz para su costo, y podremos hacerlo mientras proveamos a nuestros usuarios de los nuevos servicios que necesitan para hacer más negocios".[22]

Ampliar los servicios de valor agregado   Desde sus primeros días, se entendió en eBay que, para alcanzar el éxito, el servicio tenía que ser de fácil uso y de acceso cómodo. La compañía trataba continuamente de agregar características para satisfacer estas necesidades ofreciendo diversos servicios previos y posteriores al intercambio para brindar al usuario una mejor experiencia de negocios de principio a fin.

Los primeros esfuerzos en esta dirección acarrearon alianzas con:

- Un servicio de envío de la mejor clase (Parcel Plus).
- Dos compañías que ayudaban a garantizar que los compradores obtuvieran aquello por lo que pagaban (Tradesafe e I-Escrow).
- El mayor franquiciante mundial de negocios detallistas, comunicaciones y centros de servicio postal (Mailboxes, Etc.).
- El líder en servicios de envío de transportadoras múltiples para correo electrónico con base en la web (iShip.com).

Para facilitar los pagos con tarjeta de crédito de persona a persona, eBay adquirió Billpoint, una compañía especializada en transferir dinero de un tarjetahabiente a otro. Sirviéndose de las capacidades recién adquiridas de Billpoint, eBay pudo ofrecer a los vendedores la opción de aceptar pagos con tarjeta de crédito de otros usuarios de eBay; para brindar este servicio, eBay cargaba a los vendedores un pequeño porcentaje de la transacción. El objetivo de la firma era hacer del pago con tarjeta de crédito una "parte fluida e integrada de la experiencia de intercambio".[23] En marzo de 2000, eBay y Wells Fargo, propietaria y operadora del mayor banco de internet, entraron en un convenio por el cual Wells Fargo compraría un interés minoritario en Billpoint y ésta, a su vez, utilizaría la extensa infraestructura de atención al cliente y servicio de pago de Wells Fargo para procesar los pagos con tarjeta de crédito de los compradores a vendedores de eBay.

---

[20] Julie Pita, "Webb Master", *Forbes*, 13 de diciembre de 1999.

[21] Comunicado de prensa de eBay, 8 de octubre de 1999.

[22] Comunicado de prensa de eBay, 6 de septiembre de 2001.

[23] Comunicado de prensa de eBay, 18 de mayo de 1999.

Desarrollar mercados en Estados Unidos e internacionales   Conforme crecía la competencia en el ramo de la subasta en línea, eBay inició la búsqueda de oportunidades de crecimiento en los mercados internacionales. Aunque los compradores y vendedores internacionales ya habían estado haciendo su intercambio comercial en eBay desde hacía algún tiempo, no había dispositivos de facilidad diseñados en especial para las necesidades de estos miembros de la comunidad. Para el ingreso en los mercados internacionales, eBay consideraba tres opciones: podía construir una nueva comunidad de usuarios desde los cimientos, adquirir una organización local o entrar en asociación con una fuerte compañía local. En un esfuerzo por crear una comunidad global de intercambio, eBay aplicó las tres estrategias.

A fines de 1998, los afanes iniciales de eBay por lograr su expansión internacional en Canadá y el Reino Unido descansaban sobre la creación de nuevas comunidades de usuarios. El primer paso para el establecimiento de estas comunidades fue crear páginas base adaptadas a la medida de los usuarios de estos países.

Estas páginas base se diseñaron para proveer contenido y categorías adaptadas localmente a la medida de las necesidades de los usuarios de naciones específicas, a la vez que para proporcionarles acceso a una comunidad intercambista global. La adaptación local en el Reino Unido se facilitó con el empleo de la administración local, el marketing del lugar mismo y en línea, y la participación en eventos locales.[24] En febrero de 1999, eBay se asoció con PBL Online, una compañía líder de internet en Australia, para ofrecer una página base adaptada australiana y neozelandesa de eBay. Cuando el sitio cobró vida en octubre de ese año, las transacciones se denominaron y efectuaron en dólares australianos. Aunque los compradores podían licitar en subastas de cualquier parte del orbe, también podían buscar artículos localizados exclusivamente en Australia. Más todavía, eBay diseñó tableros de charla locales para facilitar la interacción entre los usuarios australianos y las categorías ofrecidas específicas del país, tales como las monedas y timbres australianos y los objetos conmemorativos del cricket y el rugby típicos de esta nación.

Con la idea de lograr mayor alcance global, eBay adquirió el más grande de los sitios de intercambio en línea de persona a persona, Alando.de AG, en junio de 1999. La dirección de eBay manejó la transición del servicio de una manera calculada para que fuera fluida y sin molestias para los usuarios de Alando.de AG. Si bien los usuarios tenían que regirse por las normas y reglamentos de eBay, el único cambio significativo para los 50 000 usuarios registrados de Alando.de AG fue el de tener que ir a un nuevo URL para efectuar sus transacciones.

Para establecer una presencia asiática, eBay formó una empresa de riesgo compartido con NEC en febrero de 2000 para lanzar eBay Japan. A juicio del nuevo director ejecutivo de eBay Japan, Merle Okawara, ejecutivo de renombre internacional, a NEC le complacía ayudar a eBay a apalancar el probado y comprobado modelo de negocios de esta firma, para proporcionar a los consumidores japoneses el acceso a una comunidad global de compradores y vendedores activos en línea. En la adaptación del sitio a las necesidades de los usuarios japoneses, eBay escribió el contenido exclusivamente en lengua japonesa, y permitió a los usuarios licitar en yenes. El sitio tenía más de 800 categorías, que iban de las internacionalmente populares (como computadoras, electrónica y antigüedades asiáticas) a las de sabor local (como Hello Kitty, Pokémon y porcelana). En el sitio eBay Japan, debutó también un nuevo concepto de comerciante a persona conocido como Supershops [literalmente, supertiendas], merced al cual los consumidores licitaban por artículos listados por compañías.

En 2001, eBay se expandió por Corea del Sur, gracias a la adquisición de una posición de propiedad importante en el más grande servicio intercambista en línea del país, Internet Auction Co. Ltd., así como en Bélgica, Brasil, Italia, Francia, Países Bajos, Portugal, España y Suecia con la compra de la mayor plataforma europea de intercambio en línea, iBazar. La nueva expansión en 2001 comprendió el desarrollo de un sitio local en Singapur, y una alianza basada en capital social con el principal sitio de subasta en línea para las comunidades de habla española y portuguesa en América Latina, MercadoLibre.com, que daría a eBay acceso a Argentina, Chile, Colombia, Ecuador, México, Uruguay y Venezuela.

---

[24] Reporte 10-K de eBay, archivado el 30 de marzo de 2000.

eBay percibía esta rápida expansión internacional como una de las claves para alcanzar su meta de tener 3 000 millones de dólares de ingresos anuales para 2005. Las oportunidades de crecimiento eran especialmente atractivas en Asia (por los rápidos aumentos del acceso a internet) y en Europa. En palabras de un portavoz de eBay, la compañía se interesaba de particular manera por expandirse a grandes mercados que tuvieran niveles significativos de uso de internet, como China y Taiwan. Aunque eBay reconocía los desafíos que representaban las cuestiones lingüísticas, culturales y legales, esperaba que sus operaciones internacionales lograran la rentabilidad en 2002.[25]

CÓMO SE COMPARA EL SITIO DE SUBASTA DE eBAY CON EL DE SUS RIVALES

Los sitios de subasta variaban en diversos aspectos: su inventario, el proceso de licitación, los servicios y cuotas extra, el apoyo técnico, la funcionalidad y el sentido de comunidad. Auction-Watch, compañía que ayudaba a los usuarios de internet a elegir con qué compañías de subasta en línea les convenía hacer negocios, calificaba a los principales sitios de subasta en línea sobre la base de estas características. En la ilustración 8 se muestran las calificaciones de varios competidores de subasta en línea, del 5 de diciembre de 2001.

PRINCIPALES COMPETIDORES DE eBAY

En el sentido más amplio, eBay competía con los anuncios clasificados de los diarios, las ventas de garage, los mercados de pulgas (mercados de usado), las exposiciones de objetos de colección y otros puntos de comercio, como las casas de subasta y los rematadores locales. Al paso que la mezcla de productos de eBay se había ampliado más allá de los coleccionables para abarcar artículos domésticos prácticos, equipo de oficina, juguetes y otras cosas por el estilo, los competidores de la compañía habían aumentado para incluir a los detallistas con instalación física, las empresas de importación y/o exportación, y los comerciantes por catálogo o pedido postal. La propia eBay se consideraba competidora, en sentido amplio, de otros detallistas en línea, como Wal-Mart, Kmart, Target, Sears, J.C. Penney y Office Depot; también creía estar compitiendo con varios detallistas especializados, como Christie's (antigüedades), KB Toys (juguetes), Blockbuster (películas), Dell (computadoras), Footlocker (artículos deportivos), Ticketmaster (boletos de entrada a espectáculos) y Home Depot (herramientas y materiales para el hogar).[26]

Aunque eBay controlaba 64.3% de la participación de ingresos por subasta en línea en mayo de 2001, uBid.com había surgido como su principal competidor durante este tiempo (con 14.7% de los ingresos por subasta en línea). Los tres siguientes competidores más grandes, Egghead.com (4.0%), Yahoo! Auctions (2.4%) y Amazon Auctions (2.0%), representaban menos de 10% de la participación de ingresos en el mercado de subasta en línea a mediados de 2001. eBay consideraba varios factores (la capacidad de atraer a los compradores, el volumen de transacciones y la selección de bienes, el servicio al cliente, y el reconocimiento de marca) como los determinantes competitivos más importantes en el ramo de la licitación en línea. Además de estos factores principales, eBay estaba tratando de competir en otras dimensiones: sentido de comunidad, confiabilidad del sistema, confiabilidad de la entrega y del pago, comodidad y accesibilidad del sitio web, nivel de las cuotas de servicio, y calidad de las herramientas de búsqueda.[27] La ilustración 9 muestra el número de visitantes mensuales únicos a varios de los principales sitios de subasta en línea en 1999-2000.

---

[25] Stephen Lawson, "eBay Outlines International Expansion Plans", www.thestandard.com, 14 de noviembre de 2001.

[26] Reporte anual 10-Q de eBay, 14 de noviembre de 2001.

[27] *Idem.*

Ilustración 8   Tasas comparativas de características de sitios líderes de subasta en línea seleccionados, diciembre de 2001

Escala de calificaciones comparativas: Excelente = 4, Buena = 3, Promedio = 2, Debajo del promedio = 1						
	Características del sitio					
Sitio de subasta	**Inventario**	**Licitación**	**Servicios y/o cuotas**	**Apoyo**	**Funcionalidad**	**Comunidad**
eBay	4	3	3	2	3	4
Amazon.com Auctions	4	2	4	3	4	2
Dell Auctions	2	2	3	3	3	1
eHammer	3	4	3	3	2	1
Excite Auctions	2	2	4	3	2	1
uBid	3	3	3	4	3	I.n.d.
Yahoo Auctions	4	3	3	1	4	2

Fuente: www.auctionwatch.com, 5 de diciembre de 2001.
I.n.d. = Información no disponible.

La dirección de eBay consideraba ineficientes a los competidores tradicionales porque su naturaleza fragmentada local y regional hacía que a los compradores y vendedores les resultara costoso y prolongado reunirse, intercambiar información y consumar las transacciones. Más todavía, las casas tradicionales de subasta tenían otras tres deficiencias: 1) tendían a ofrecer una limitada variedad y amplitud de selección, si se les comparaba con los millones de artículos disponibles en eBay; 2) a menudo tenían altos costos de transacción, y 3) eran "deficientes en información" en el sentido de que los compradores y vendedores no contaban con un medio confiable y cómodo de poner precios para compras o ventas. A la administración de eBay le parecía competitivamente superior su formato al de estos rivales porque 1) les facilitaba a los compradores y vendedores la reunión, el intercambio de información y la realización de las transacciones; 2) les permitía pasar por alto a los intermediarios tradicionales y comerciar directamente, con lo cual bajaban los costos; 3) proveía alcance global a una mayor selección y a una más amplia base de participantes; 4) permitía el intercambio a todas horas y proporcionaba información continuamente actualizada, y 5) fomentaba un sentido comunitario entre individuos con intereses mutuos.

uBid.com

La misión de uBid era "convertirse en el sitio de subasta de comercio electrónico más reconocido y confiable, que de manera uniforme dé valor y servicio excepcionales a sus clientes y socios proveedores".[28] El modelo de negocios de la compañía se centraba en el ofrecimiento de mercancía de marca renombrada en 16 categorías. A principios de 2002, sus categorías de productos iban desde computadoras y sus periféricos hasta viajes y eventos, o blancos y prendas de vestir, a precios con descuentos de hasta 70% de los precios detallistas. Los usuarios tenían tres formas de comprar y vender productos en el sitio uBid: 1) la compañía hacía subastas de internet consistentes en sus propios productos; 2) la empresa ofrecía uBid Preferred Partner Auctions (subastas de socio preferido de uBid), que consistían en productos listados por empresas aprobadas por esta firma, y 3) uBid efectuaba subastas a través de la uBid Consumer Exchange (bolsa de cambio de uBid), donde los consumidores listaban artículos para subasta sin pagar cuotas por este registro.

uBid había experimentado un rápido crecimiento debido en parte a las garantías que ofrecía en casi todos sus productos. El sitio web de la empresa tuvo seis millones de visitantes durante diciembre de 2000, un incremento de 80% desde diciembre de 1999. Los ingresos de la compañía también aumentaron 60% durante este mismo periodo. El sitio web vendió 350 000

---

[28] www.ubid.com/about/companyinfo.asp.

Ilustración 9   Número de visitantes mensuales únicos en sitios líderes de subasta en línea, de noviembre de 1999 a noviembre de 2000

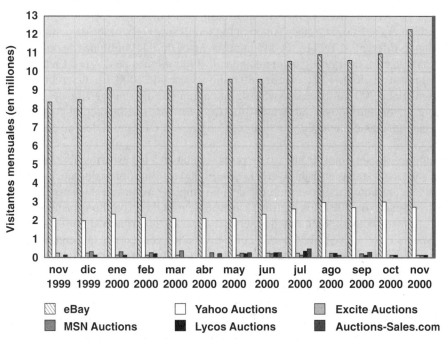

Fuente: www.auctionwatch.com/awdaily/reviews/metrics/index.html\.

artículos en diciembre de 2000 (lo que representa un aumento en comparación con la cifra de 1999) y su página registró 66 millones de vistas (un incremento de 50%). Mientras otros sitios de subasta en línea se hallaban en un periodo de estancamiento por el mediocre desempeño del comercio electrónico en 2000, uBid había seguido prosperando. Muchos analistas del ramo veían a la empresa en brote como la competidora más seria de eBay en el camino de ésta. Alan Cohen, vicepresidente titular de marketing en uBid, atribuía el éxito y crecimiento de su empresa a su capacidad para "convertir el enfoque de nicho en lealtad del consumidor... [con el] valor increíble que proporcionamos a los consumidores a través de una pequeña plaza de mercado de nicho de empresa a consumidor o a pequeño negocio".[29]

uBid se fundó en abril de 1997 y pasó a ser sociedad anónima con una oferta pública inicial de acciones comunes en diciembre de 1998; las acciones de la empresa se negociaron en NASDAQ. Tras ello, uBid generó ingresos de 204.9 millones de dólares en 1999. En abril de 2000, uBid entró en convenio con CMGI (empresa pública con capital de riesgo que invertía en compañías incipientes [punto-com, de operación por internet]) y a partir de entonces había hecho alianzas con afiliadas de CMGI, como AltaVista y AuctionWatch. En mayo de 2001, el sitio web de uBid ofrecía 12 000 productos diariamente en 16 diferentes categorías de producto. La firma tenía aproximadamente tres millones de usuarios registrados y era segunda sólo detrás de eBay en el mercado de subasta en línea, con 14.7% de participación de los ingresos del mercado.

A uBid se le habían otorgado varios honores y premios. La compañía fue colocada como una de las primeras 30 comerciantes en línea en 2001, recibió el primer premio anual e.Millenium Award en 2000; Ernst & Young la mencionó como uno de los sitios favoritos de 2000 y Nielsen la reportó como una de las principales 15 detallistas electrónicas de la temporada de Navidad de 2000. Un ejemplo de una subasta de uBid se aprecia en la ilustración 10.

---

[29] Comunicado de prensa de uBid, 7 de julio de 2001.

Yahoo! Auctions

Yahoo!, la primera guía de navegación en línea para la web, lanzó Yahoo! Auctions en 1998. La firma ofrecía servicios a casi 200 millones de usuarios cada mes, y la red Yahoo! Network operaba en Norteamérica, Europa, Asia y América Latina. El sitio web estaba disponible en 24 países y 12 lenguas diferentes. Yahoo! reportó ingresos netos de 1 110 millones de dólares en 2000 (88% arriba de la cifra de 1999) y una renta neta de 290 millones de dólares. La base de usuarios de la empresa creció de 120 a más de 180 millones durante 2000. En diciembre de ese año, Yahoo! promediaba 900 millones de vistas de su página por día (94% arriba del promedio de 1999). Yahoo! había entrado en numerosas alianzas y acuerdos de marketing para generar tráfico adicional, además de invertir en nueva tecnología para mejorar el desempeño y atractivo de su sitio.

Al principio, sus servicios de subasta se proporcionaban a los usuarios libres de cargo, y el número de subastas listadas en Yahoo! creció de 670 000 a 1.3 millones durante la segunda mitad de 1999. No obstante, cuando la empresa decidió empezar a cobrarle a los usuarios una cuota de listado en enero de 2001, los registros cayeron de más de dos millones a unos 200 000.[30] Yahoo! Auctions ofrecía también muchos servicios extra a sus usuarios; por ejemplo, el plan Premium Sellers Program se diseñó para recompensar a los vendedores que constantemente se mantenían en la cima de su categoría. A estos vendedores *premium* se les concedían promociones destacadas, colocaciones *premium* y acceso directo a apoyo al cliente. Reconociendo la caída en individuos listados por la cuota de registros, Yahoo! Auctions anunció un modelo renovado totalmente de asignación de precios basado en el desempeño para sus subastas de Estados Unidos en noviembre de 2001. En este sistema, que era relativamente similar al de eBay, las cuotas de listado se reducían y a los vendedores se les cobraba según el valor de un artículo vendido. En respuesta a este cambio, el número de personas en lista aumentó a más de 500 000 para el 7 de diciembre de 2001.

Yahoo! Auctions amplió su cobertura geográfica para incluir subastas en Hong Kong, Taiwan, Corea, México, Brasil y Dinamarca para finales de 1999, y para incluir subastas en Francia, Alemania, Italia, España, Irlanda, Australia, Nueva Zelanda, Japón, Singapur y Canadá para principios de 2001. Subastas de Yahoo! localizadas fuera de Estados Unidos se estaban llevando a cabo en 16 países y 11 lenguas diferentes de entrada al año de 2002. Yahoo! Japan Auctions era el mayor servicio localizado de subastas en línea en Japón. Un ejemplo de una subasta de Yahoo! Auctions se muestra en la ilustración 11.

Amazon.com Auctions

El objetivo estratégico de Amazon.com era el de "ser la compañía más cliente-céntrica del mundo, en la cual los clientes puedan encontrar y descubrir cualquier cosa que quisieran comprar en línea".[31] La empresa se creó en julio de 1995 como vendedora de libros en línea y había hecho una rápida transición para transformarse en un detallista de línea completa, de compras de visita única, con un ofrecimiento de producto que incluía libros, música, juguetes, electrónica, herramientas y ferretería, productos para prados y jardines, juegos de video, y software. Su centro comercial de boutiques se llamaba zShops. Amazon.com era el principal detallista de internet en música, video y libros. Los ingresos de 2760 millones de dólares de la compañía en 2000 estuvieron 68% arriba de la cifra de 1999. Pese al rápido crecimiento de los ingresos de la firma, ésta había incurrido en graves pérdidas desde su formación (véase la ilustración 12).

Aun cuando la dirección de Amazon estaba bajo presión creciente para controlar gastos y demostrar a los inversionistas que su modelo y estrategia de negocios eran capaces de generar buena redituabilidad en los renglones de costos y ganancias, era claro que las decisiones y estrategia de los administradores se enfocaban en el largo plazo y en consolidar la posición actual de Amazon como líder del mercado. La base de clientes de la compañía creció de 14 a 20 mi-

---

[30] Wolverton, "eBay Seeks to Sail into New Territory".

[31] Reporte anual de Amazon.com, 2000.

Ilustración 10   Muestra de subasta de uBid

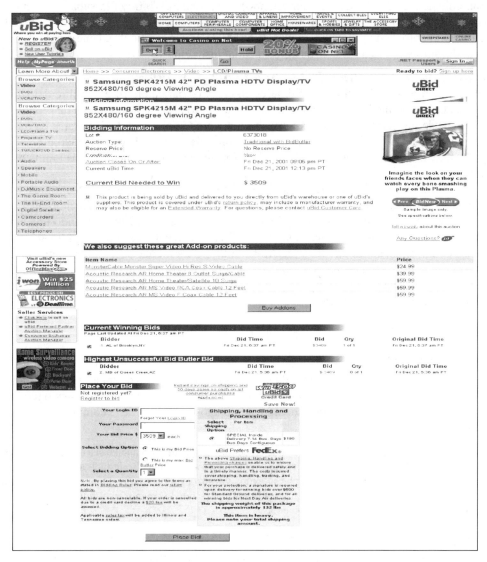

llones en el año 2000. La empresa invirtió más de 300 millones de dólares en infraestructura en 1999 y abrió dos sitios internacionales, Amazon.co.uk y Amazon.de. Estos dos sitios, junto con Amazon.com, eran los tres dominios detallistas en línea más populares en Europa. Las ventas internacionales crecieron a 381 millones de dólares en 2000, arriba de los 168 millones de 1999. Amazon también incursionó en varias alianzas estratégicas. En el curso de septiembre de 2000, la empresa anunció una tienda de manejo conjunto de marcas de juguetes y juegos de video con Toysrus.com, y ya tenía asociaciones de comercio electrónico con Ashford.com, Drugstore.com, CarsDirect.com y Sotheby's (una casa subastadora líder en arte, antigüedades y coleccionables), entre otras firmas.

Con su base de clientes de 20 millones de usuarios en más de 150 países y un nombre de marca muy conocido, Amazon.com se consideraba una imponente amenaza para eBay. Amazon.com lanzó su sitio de subasta en línea en marzo de 1999. El sitio cobraba una cantidad a los vendedores por listar sus productos, así como una comisión sobre las ventas. Aunque la selección de subastas de Amazon no se comparaba con la de eBay, la compañía informaba que las subastas en línea eran la parte de más rápido crecimiento de su negocio en 1999. Amazon.com ofrecía tres plazas de mercado importantes a sus usuarios: Auctions, zShops y Sothebys.amazon.com. Su sitio de subastas formó asociaciones con DreamWorks para promover las películas *Stuart Little* y *American Beauty* (72 subastas, con un promedio de 27 licitaciones por subasta, ventas totales brutas de mercancía por más de 25 000 dólares, con rendimiento de un promedio de más de 400 dólares por artículo) y con Oprah Winfrey (25 subastas, con un promedio de 38 pujas por subasta, ventas totales brutas de mercancía por más de 130 000 dólares, con rendimiento de un promedio de más de 6 000 dólares por artículo). Un ejemplo de una subasta del sitio web Amazon.com se aprecia en la ilustración 13.

Adquisición del activo de Egghead.com por Amazon   En diciembre de 2001, Amazon.com pagó 6.1 millones de dólares en efectivo para adquirir el nombre del sitio web Egghead.com, propiedad intelectual selecta, y casi el total de la información de producto, documentos de negocios y datos de sitio web de la compañía. Antes de declararse en quiebra a mediados de 2001, Egghead.com tenía tres millones de clientes, había esperado ingresos totales de 350 millones de dólares y era la tercera firma en ingresos de mercado en el ramo de la subasta en línea.

Egghead se fundó en Seattle en 1984 y se especializaba en la venta de electrónica, computadoras y mercancía afín. En 1998, la compañía cerró sus tiendas físicas y decidió operar enteramente en línea. Egghead.com se fusionó con Onsale.com en 1999, formando una empresa para competir en subastas en línea con eBay. Al hacer comentarios sobre la utilidad del activo adquirido de Egghead, la dirección de Amazon dijo: "La marca Egghead es bien conocida y respetada. Ésta será una buena oportunidad para que los clientes que antes hacían compras con Egghead sigan haciéndolo, y también para que disfruten de los beneficios y la comodidad adicionales de comprar con Amazon."[32]

NUEVOS RETOS PARA eBAY

Para crecer con éxito y pasar de actor de nicho a ser el mayor sitio de subasta en línea del mundo, eBay tuvo que superar varios desafíos. La compañía se enfrentaba a cada nuevo reto con un ojo en sus valores fundamentales y un oído atento a los miembros de la comunidad. A juicio de Omidyar:

> Lo que tenemos que cuidar, a medida que crecemos, es que nuestro núcleo sea el intercambio personal, porque los valores se comunican de persona a persona. Puede serle fácil a una gran compañía empezar a creer que a ella sola se debe su éxito. Nuestro éxito se basa realmente en el éxito de nuestros miembros. Ellos son los que han creado esto, y los que lo crearán en el futuro. Si perdemos esto de vista, estamos en grandes problemas.[33]

Entrando en 2002, los analistas del ramo creían que eBay enfrentaba dos retos fundamentales:

1. ¿Podría eBay retener sus valores y cultura comunitaria tradicionales, dado su rápido crecimiento y el tamaño y la composición cambiantes de su base de usuarios?
2. ¿Qué tan lejos podría expandirse la compañía antes de que su modelo medular de negocios empezara a erosionarse o que la expansión a nuevas categorías de subasta la pusieran en competencia directa con grandes rivales bien conocidos y bien dotados de dinero y recursos?

Crecimiento, valores y enojo de algunos pequeños vendedores

Para 2002, el núcleo principal de compradores de eBay había cambiado de los coleccionistas en busca de artículos únicos a los cazagangas en busca de valores. La cambiante composición del comprador había afectado los precios finales de puja. Los precios de coleccionables de consumo en 2001 estaban casi 25% debajo de los niveles de 2000, mientras que el precio de licitación final de algunos artículos electrónicos disponibles para subasta era comparable a los

---

[32] http://money.excite.com/jsp/nw/nwdt_rt.jsp?news_id=reu-n0446919-u1&feed=reu&date=20011204.

[33] "Q&A with eBay's Pierre Omidyar", *Business Week e.biz*, 3 de diciembre de 2001.

Ilustración 11 Muestra de subasta de Yahoo!

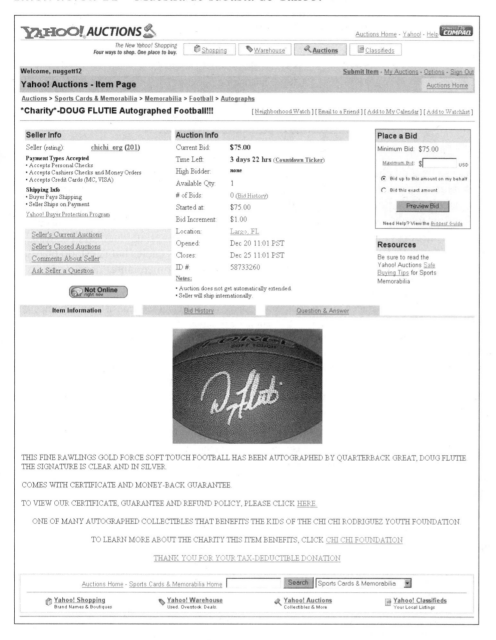

precios asignados por los detallistas electrónicos en línea. Conforme crecía el número de compradores conscientes del valor, las subastas de eBay se volvían cada vez más atractivas para las grandes tiendas detallistas y los liquidadores que buscaban deshacerse de excedentes de inventario y/o mercancía de segunda calidad. Algunos vendedores dieron la bienvenida a la entrada de grandes firmas, citando su capacidad de atraer a más licitantes que perseguirían entonces otras ofertas de eBay. Otros vendedores eran indiferentes a los nuevos ingresantes; de acuerdo con un vendedor regular de eBay, "No me preocupa mucho la competencia con las grandes empresas. Yo soy una microempresa y puedo correr en círculos alrededor de los grandes. Ellos están pagando gastos operativos en cosas que yo no pago: renta, nómina, utilidades y otras cosas".[34] Sin embargo, había un número creciente de pequeños vendedores a quienes les parecía que el intento de eBay de atraer a grandes empresas era clara señal de que esta firma estaba

---

[34] "The eBay Outlook", centro de mensajes de www.auctionwatch.com, 3 de enero de 2002.

Ilustración 12　Ingresos (pérdidas) netos de Amazon, 1996-2000

Año	Pérdida neta
1996	6.2 millones de dólares
1997	31.0 millones de dólares
1998	124.5 millones de dólares
1999	720.0 millones de dólares
2000	1410 millones de dólares

abandonando su base de clientes y sus valores tradicionales. En respuesta a un anuncio de 2001 de que más de la mitad de los ingresos de eBay provenían de ventas de artículos prácticos, como ropa y electrónica, al tiempo que grandes detallistas y mayoristas entraban en la plaza de mercado de eBay, un pequeño vendedor declaró: "Persiste la tendencia a ignorar y/o pasar por encima a los vendedores no corporativos que construyeron eBay... eBay ya no es divertido".[35] Los comentarios que dejaron dos pequeños vendedores, uno de los cuales había estado en eBay desde 1998, resumían la frustración de muchos de los pequeños comerciantes descontentos:

> La razón de que eBay ya no sea lugar para el pequeño vendedor es la misma por la cual este vendedor está ausente donde aparecen los grandes vendedores. Ya sea que el reto consista en la competencia de precio o de sitio de bienes raíces, la presencia de grandes vendedores en eBay pinta mal para los pequeños vendedores de coleccionables u otras cosas... eBay no puede servir a dos amos. Cualquier tipo de vendedor que produzca más a eBay al menor costo dictará a quién ha de atender la empresa... Aun si los grandes vendedores atraen a más compradores, ¿a qué costo podrá un pequeño vendedor tener oportunidad de ser visto siquiera por estos compradores? ¿Cree usted que un gran vendedor o eBay consienta que el artículo de usted sea listado por 50 centavos junto a la mercancía de él? No hay que tener maestría en administración de empresas para imaginarlo.[36]

> ¡Me siento como se sienten muchos de los vendedores en eBay! Muchos de nosotros creemos que eBay nos ha traicionado en muchas formas y es algo realmente triste, porque nos gustaba estar aquí. Si hubiera un mejor sitio de subasta en línea me hubiera mudado a ése hace mucho tiempo. ¡El hecho es que eBay es todavía con mucho el mejor sitio de subasta en línea, así es que seguiré vendiendo en eBay hasta que aparezca un mejor sitio![37]

Omidyar y Whitman reconocían la importancia de la cultura de eBay y estaban conscientes del impacto potencial que el rápido crecimiento y la evolución de la línea de producto podía tener en este valioso activo. Cuando se le preguntó por la importancia de la cultura, Omidyar dijo: "Si perdemos eso, en buena medida lo hemos perdido todo".[38] Whitman concordaba en la importancia de la cultura, pero no veía que la entrada de grandes detallistas y rematadores fuera un problema significativo:

> En la actualidad, las grandes firmas representan probablemente menos de 1% de nuestros ingresos brutos de mercancía. Así que creo que nos falta mucho por recorrer para que un pequeño número de grandes compañías den cuenta de un gran porcentaje de nuestro negocio. Pero vamos a poner atención en eso.[39]

Expansión en nuevas categorías de producto

Acopladas con los esfuerzos por alcanzar a nuevos tipos de vendedores y postores, se diseñaron iniciativas adicionales de expansión de eBay para transformar el modelo de negocios de una venta de garage en línea a la preeminente plaza de mercado en línea donde individuos y ne-

---

[35] *Idem.*

[36] *Idem.*

[37] *Idem.*

[38] "The People's Company", *Business Week e.biz*, 3 de diciembre de 2001.

[39] "Q&A with eBay's Meg Whitman", 3 de diciembre de 2001.

Ilustración 13   Ejemplo de subasta de Amazon.com

gocios de países de todo el mundo vendrían a comprar y vender. Tanto la comunidad de eBay como Wall Street dieron la bienvenida a la inclusión de nuevas categorías y a la expansión internacional que trajo nuevos ojos a las listas de los vendedores y nuevos ingresos a los bolsillos de eBay. Esto fue así aunque la expansión internacional trajo consigo su creciente complejidad legal y económica, debido a los nuevos sistemas jurídicos y a las cuestiones del cambio de divisas con que se topó eBay. Al expandirse más la empresa desde su modelo original para incluir las opciones de precio fijo en las tiendas de eBay y en Half.com (así como la entrada del mercado de software en línea merced a la iniciativa de API), surgieron preocupaciones entre algunos analistas del ramo sobre si la alta dirección de eBay tenía el conocimiento y la experiencia para acrecentar estos nuevos negocios y si la nueva competencia que la compañía enfrentaría en estos mercados no lesionaría la redituabilidad.

A pocos les inquietaba que alguno de los rivales de eBay amenazara a ésta en su negocio medular de subastas en un futuro cercano; pero con las tiendas de eBay y con Half.com, eBay entró en competencia detallista más directa con Amazon.com y con empresas de soluciones de comercio electrónico como Microsoft, Oracle e IBM. Whitman desechó estas inquietudes al decir:

> eBay tiene una propuesta de marca diferente de la de Amazon.com. Las dos compañías hacen muy bien dos cosas muy diferentes. Nosotros no vamos a ser el detallista. Y a diferencia de Amazon, los artículos van a ser únicos, valiosos o difíciles de encontrar. Éste es nuestro único negocio. Muchos de los negocios de nuestros competidores son en principio otra cosa. Sabemos más de manejar una plaza de mercado que cualquier otro en el mundo. Las marcas son como cemento de secado rápido. Es muy difícil ampliar una marca más allá de lo que constituye el verdadero núcleo de su empresa.[40]

[40] "Q&A with eBay's Meg Whitman", 3 de diciembre de 2001.

Ilustración 14   Desempeño del precio de las acciones de eBay,
de septiembre de 1998 a enero de 2002

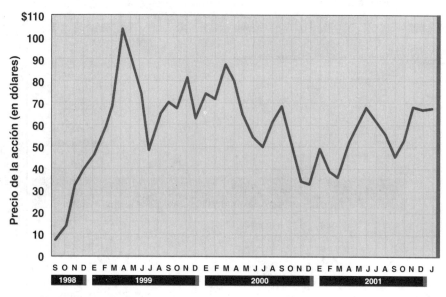

Fuente: www.bigcharts.com.

Aun con las seguridades de Whitman, persisten las preocupaciones acerca de la capacidad de eBay para batallar simultáneamente con grandes competidores en múltiples frentes y de lidiar a la vez con las complejidades de la expansión en mercados internacionales. Por ejemplo, las operaciones de eBay en la Unión Europea permitieron a Rolex demandar a eBay por facilitar la venta de mercancía falsa, aun cuando eBay no externó pretensiones directas de autenticidad de los bienes subastados en su sitio.

EL FUTURO

Con la aprobación de la U.S. Securities and Exchange Commission (Comisión de Seguridades y Valores de Estados Unidos) para aumentar a 1 000 millones de dólares su capital contable (merced a la emisión de nuevas acciones), un considerable precio por acción en medio de la decena de 60 dólares y una alta razón matemática de precio-ganancias que reflejaba una gran confianza de los inversionistas, eBay parecía capaz de financiar nuevas iniciativas estratégicas y de impulsar el crecimiento de su firma (véase la ilustración 14). Pero no estaba claro qué oportunidades debería perseguir la compañía. ¿Debería continuar con su emprendedora estrategia de expansión o enfocar sus esfuerzos a mantener el carácter de la comunidad de eBay (que era de gran interés para algunos pequeños vendedores de larga estadía en el sitio, que se sentían arrollados e ignorados por todos los cambios estratégicos que la firma estaba adoptando)? Si la decisión era continuar con la rápida expansión, ¿a qué oportunidades debería dárseles la máxima prioridad? ¿Debería la expansión adicional en los mercados internacionales ser de la más alta prioridad? Si fuera así, ¿en dónde? Como alternativas o además de lo anterior, ¿debería eBay concentrarse en ampliar más sus ofertas para incluir más categorías, un mayor número de sitios y vendedores especializados, y nuevas opciones de precio fijo? Si la dirección optaba por continuar con la expansión, ¿debería hacerlo acrecentando los negocios actuales de eBay o mediante adquisiciones? Una expansión más lenta ¿abriría la puerta a competencia significativa de rivales ambiciosos y ricos que trataran de quitarle participación de mercado a eBay, o a sitios especializados más pequeños que atenderían a nichos selectos de mercado de subasta?

Al elegir entre estas oportunidades, analistas y eBay-istas por igual se verían forzados a preguntarse qué tanto apostaría eBay para sostener su rápido crecimiento, dada, en especial, la filosofía de Meg Whitman sobre el peligro de tratar de hacer demasiado de una sola vez:

Usted necesita hacer las cosas realmente al 100%. Mejor hacer cinco cosas al 100% que 10 cosas al 80%. Debido a que el problema está en que hay que cuidar el detalle a la vez que se avanza a gran velocidad, creo que no serviremos bien al usuario si vamos con increíble rapidez, pero sin hacer las cosas bien.[41]

---

[41] "What's Behind the Boom at eBay?" *Business Week Online*, 21 de mayo de 1999.

caso 11 FedEx Corporation: transformación estructural a través del comercio electrónico

Pauline Ng,
The University of Hong Kong

[FedEx] ha creado redes superiores físicas, virtuales y de personas no sólo para prepararse para el cambio, sino para dar forma a un cambio a escala global; ¡para cambiar la forma en que todos nos conectamos unos con otros en la nueva Economía de la Red![1]

[FedEx] no sólo está reorganizando sus operaciones internas en torno a una más flexible arquitectura de computación de red, sino también está atrayendo a los clientes y en muchos casos reteniéndolos con un nivel sin precedente de integración tecnológica.[2]

Desde su comienzo en 1973, Federal Express Corporation (FedEx)[3] se había transformado de una empresa de mensajería express, en una compañía de administración global de logística y cadena de suministros. Al paso de los años, la firma había invertido mucho en sistemas de tecnología de la información, y con el lanzamiento de internet en 1994, el potencial para una mayor integración de los sistemas para proveer servicios por medio de las cadenas de suministros de sus clientes se volvió enorme. Con toda la inversión en la infraestructura de sistemas en el transcurso de los años y la adquisición de 88 millones de dólares de Caliber Systems, Inc., en 1998, la compañía había construido una poderosa arquitectura técnica que tenía el potencial para ser una precursora en el comercio por internet. Sin embargo, pese a tener todos los ingredientes para hacer un excelente comercio electrónico (CE, e-commerce), las operaciones de logística y cadena de suministros de la firma estaban pugnando por destacar a través de la

Este análisis de caso es parte de un proyecto patrocinado por un donativo de desarrollo de enseñanza del University Grants Committee (UGC) of Hong Kong SAR; fue un ganador de premios en el concurso 2000 Paper Awards Competition celebrado por la Society of Information Management (Copyright © 2000 The University of Hong Kong); se preparó bajo la supervisión del Dr. Ali F. Farhoomand, y no tiene por objeto mostrar el manejo eficaz o ineficaz de los procesos de decisión o de negocios.

[1] Federal Express, reporte anual, 1999.

[2] M. Janah y C. Wilder, "Special Delivery", *Information Week* (www.FedExcorp.com/media/infowktop100thml), 1997.

[3] La compañía fue incorporada como Federal Express Corporation en 1971; se le renombró sucesivamente FedEx Corporation en 1994, FDX Corporation en 1998 y de nuevo FedEx Corporation en 2000. Sin embargo, en todo el análisis del caso se aludirá a la firma como FedEx para evitar confusiones.

imagen histórica de la misma como una simple empresa de mensajería express. Más todavía, la competencia en el ramo del transporte o mensajería express era intensa y había reportes de que se estaba desacelerando el crecimiento del volumen de transportación, aun cuando la compañía estaba preparándose para aprovechar la oleada de tráfico que presuntamente generarían el detallismo y el comercio electrónicos. Por esta razón, el 19 de enero de 2000, FedEx anunció reorganizaciones importantes en las operaciones de grupo con la esperanza de facilitar la realización de negocios con la familia entera de FedEx. El modo de operación de las cinco compañías subsidiarias era el de funcionar con independencia pero competir colectivamente. Además de la afinación de muchas funciones, el grupo anunció que reuniría en un fondo común sus funciones de ventas, marketing y servicio al cliente, de manera que este último tuviera un solo punto de acceso al grupo entero. Se esperaba que la reorganización costara 100 millones de dólares al cabo de tres años. ¿Era esto meramente una estrategia de manejo de marca o tenía FedEx la fórmula precisa para apalancar su sinergia trasempresarial y su infraestructura de información y logística para crear soluciones de negocios electrónicos (e-business) para sus clientes?

EL RAMO EXPRESS DE LA TRANSPORTACIÓN Y LA LOGÍSTICA

FedEx inventó el ramo o industria express en 1973. Aunque United Parcel Service (UPS) se fundó en 1907 y se convirtió en la compañía más grande de transportación, no compitió con FedEx directamente en el mercado de la entrega de la noche a la mañana sino hasta 1982. La competencia empezó con una mayor atención a la segmentación de clientes, la asignación de precios y la calidad de servicio. Para la mayoría de los negocios, los costos de la distribución física a menudo constituían de 10 a 30% o más de las ventas. A medida que la competencia hizo presión sobre la asignación de precios, las empresas empezaron a buscar formas de reducir costos mejorando a la vez el servicio al cliente. La solución era tener una operación de logística bien manejada para disminuir la duración del ciclo de pedido y generar así un efecto positivo en el flujo de efectivo.

El crecimiento de la industria express de la transportación y la logística se debió a tres tendencias principales: la globalización de los negocios o empresas, los adelantos en la tecnología de la información (TI) y en la aplicación de la nueva tecnología para generar eficiencias de proceso, y los constantes cambios en la demanda del mercado de más servicios con valor agregado. Conforme las empresas se expandían más allá de sus fronteras nacionales y extendían su alcance global para aprovechar nuevos mercados y recursos más baratos, de igual manera el movimiento de bienes creaba nuevas demandas para el ramo de la transportación y la logística. Con esto, la competitividad de las compañías de transportes dependía de su red global de centros de distribución y de su capacidad de entrega dondequiera que sus clientes hicieran negocios. La rapidez cobró importancia para lograr competitividad, no sólo para las compañías de transportación sino también para sus clientes. La capacidad de transportar bienes con rapidez abrevió el ciclo de pedido a pago, mejoró el flujo de efectivo y creó satisfacción del cliente.

Los adelantos en la TI promovieron la globalización del comercio. La capacidad de compartir información entre operaciones y/o departamentos dentro de una compañía y entre organizaciones para producir eficiencias operativas, disminuir costos y mejorar el servicio al cliente fue un gran avance para el ramo de la transportación express. Sin embargo, de mayor relevancia fue todavía la forma en que la nueva tecnología redefinió la logística. En momentos en que había una dura competencia dentro de la industria de la transportación y que las empresas de este ramo trataban de lograr ventajas competitivas a través de servicios de valor agregado, muchas de estas compañías se expandieron a los servicios de manejo de logística. Hasta antes de la década de 1980, la logística era meramente el manejo, almacenaje y transportación de bienes. Mediante la combinación de las funciones de manejo de materiales y distribución física, la logística asumió un significado nuevo y más amplio. Se ocupó del flujo del material dirigido al interior y al exterior de las compañías, así como del movimiento de bienes terminados de una plataforma de embarque a otra. En tal situación, el ramo de transportes respondió haciendo énfasis no sólo en la transportación física sino en la coordinación y el control de almacenamiento y el movimiento de partes y bienes terminados. La logística llegó a incluir actividades con valor agregado como procesamiento de pedidos, operaciones de centro de distribución, control de inventario, compras, producción, y servicio al cliente y de ventas. La interconectividad a través de internet y de las intranets, junto con la integración de sistemas, habilitó a las empresas para redefinirse y para rediseñar sus cadenas de venta y suministros. La información computarizada pasó a reemplazar al inventario físico. La administración de inventarios justo a tiempo (JAT; just-in-time, JIT) ayudó a reducir costos y a mejorar la eficiencia. Con la aparición de la TI, la transportación express se convirtió en un agregado de dos funciones principales: la mensajería física de paquetes, y la administración y utilización del flujo de información pertinentes a la mensajería física (esto es, el control del movimiento de bienes).

FedEx CORPORATION

FedEx fue la precursora del ramo express de la transportación y la logística. En los 27 años de su operación, FedEx recibió más de 194 premios por excelencia operativa y la inversión en TI le había ganado a la compañía muchísimos elogios. Dicho éxito se debió en gran parte a la visión de su fundador.

El visionario detrás de la empresa

> Si todos estamos operando en un ambiente al día, estamos pensando uno o dos años adelante. Fred está pensando cinco, diez, quince años adelante.
> —William Conley, vicepresidente, FedEx Logistics, Director administrativo para Europa

Fred Smith, *chairman*, presidente y director general de FedEx Corporation, inventó el ramo de la distribución express en marzo de 1973. Aprovechando las necesidades de rapidez y confiabilidad de mensajería de los negocios, FedEx abrevió los tiempos de entrega para las empresas. Su servicio de entrega al día siguiente revolucionó el ramo de la distribución. El éxito del negocio de reparto de FedEx en esos días se basaba en el apego de Smith a su creencia en que había excelentes oportunidades para una empresa capaz de proporcionar mensajería confiable de entrega al día siguiente de documentos y paquetes de envío urgente. Pese a las pérdidas en los primeros tres años de operación debido a las altas inversiones de capital en la infraestructura física de la transportación de la empresa, FedEx empezó a ver utilidades de 1976 en adelante. Para competir sobre la base global, los componentes clave de la infraestructura física tenían que estar en su sitio para conectarse con el producto interno bruto (PIB; gross domestic product, GDP) del mundo. La filosofía fundamental era que, dondequiera que se efectuara un negocio, tendría que haber movimiento de bienes físicos.

Al mando de Smith, la compañía había impuesto unos cuantos récords con tecnología de punta. En el decenio de 1980, FedEx distribuyó más de 100 000 equipos de computadora personal cargados con software de FedEx, diseñado para enlazar y registrar clientes en los sistemas de ordenación y rastreo de FedEx. Esta firma fue también la primera en dotar a sus conductores de escáneres manuales que avisaban a los clientes del momento en que se recogerían o entregarían los paquetes. Luego, en 1994, FedEx se convirtió en la primer gran compañía de transportación en lanzar un sitio web que incluía capacidades de rastreo y seguimiento. Con bastante anticipación, Smith pudo prever que internet iba a cambiar la forma en que los negocios operarían y la manera en que la gente interactuaría. Con la aplicación de TI a su negocio, FedEx saltó por encima del resto del ramo para tomar ventaja. Smith fue el visionario que forzó a su firma y a las demás a pensar fuera del proverbial cuadro. El núcleo de la estrategia corporativa de FedEx era "usar la TI para ayudar a los clientes a aprovechar los mercados internacionales".[4] Para 1998, FedEx era una empresa de 10 000 millones de dólares con un gasto de

---

[4] Garten, 1998.

1 000 millones de dólares al año en desarrollo de TI, más otra millonaria suma en gasto de capital. La firma tenía una fuerza de trabajo de TI de 5 000 personas.

Construcción de la infraestructura de transportación y logística

En los primeros años del negocio de transportación de FedEx, Smith insistió en que la empresa debería adquirir su propia flota de transporte, mientras los competidores compraban espacio en aerolíneas comerciales y subcontrataban sus embarques con terceros. La estrategia de expandirse mediante la adquisición de más camiones y aviones continuó. En el décimo año de operación, FedEx mereció la encomiástica designación de primera compañía estadounidense en alcanzar la marca de los 1 000 millones de dólares de ingresos dentro de un decenio sin adquisiciones ni fusiones corporativas.

Se mencionaba a FedEx como inventora de la administración de logística del cliente.[5] FedEx inició las operaciones de logística desde 1974 con el Parts Bank. Por esos días, unos cuantos pequeños distribuidores de partes con problemas de almacenaje acudieron a FedEx para optar por la idea de la distribución de partes al día siguiente. Ante el planteamiento de esta situación, FedEx construyó una pequeña bodega en el extremo de sus instalaciones en Memphis, siendo éste el primer intento de FedEx de almacenamiento para clientes múltiples. Éstos llamaban a la empresa para ordenar el despacho de partes, y el pedido era recogido el mismo día. Ese fue también el primer servicio de valor agregado de FedEx que iba más allá de la transportación básica. De ahí en adelante, la parte de logística del negocio creció en tamaño e impulso como un alud.

A lo largo de las siguientes tres décadas, el crecimiento del negocio de transportación de FedEx fue atribuible a varios factores externos que la compañía aprovechó con presteza. Entre éstos se contaron:

- La derregulación gubernamental del ramo de las aerolíneas, que permitió el aterrizaje de aviones de carga más grandes, lo cual redujo los costos de operación de FedEx.
- La derregulación del ramo camionero, que permitió a la empresa establecer un ramo camionero regional para bajar más los costos en viajes de transporte cortos.
- La derregulación del comercio en la zona Asia Pacífico, lo cual abrió nuevos mercados para FedEx. Expandirse globalmente se convirtió en una prioridad para la compañía.
- Las conquistas tecnológicas y las innovaciones en aplicaciones, que promovieron avances significativos en pedidos del cliente, rastreo de paquetes y vigilancia del proceso.
- La inflación creciente y la competencia global, que dieron lugar a mayores presiones en las empresas para minimizar los costos de operación, incluida la implementación de sistemas de administración de inventario justo a tiempo y otras cosas similares. Esto creó también demandas de rapidez y precisión en todos los aspectos del negocio.

Para enero de 2000, FedEx servía a 210 países (con ingresos superiores al PIB de 90% de los países del orbe), operaba 34 000 lugares de atención y manejaba más de 10 millones de pies cuadrados (929 000 metros cuadrados) de espacio de almacenamiento en el mundo. Poseía una flota de 648 aviones y más de 60 000 vehículos, con un cuerpo de personal de casi 200 000 empleados. Era la mayor transportadora de paquetes de un día para el siguiente en el mundo, con participación de mercado de cerca de 30 por ciento.

Construcción de la infraestructura virtual de la información

> Nos estamos convirtiendo realmente en una empresa de tecnología habilitada en torno a la transportación.
> —David Edmonds, vicepresidente, Worldwide Services Group, FedEx[6]

---

[5] R. F. Bruner y D. Bulkley, "The Battle for Value: Federal Express Corporation versus United Parcel Service of America, Inc. (condensado)", University of Virginia Darden School Foundation, 1995.

Ilustración 1 Récord de innovaciones de sistemas de FedEx, 1979-1999

1979	Customer Operations Service Master On-line System [COSMOS, Sistema Maestro en Línea de Servicio de Operaciones del Cliente), una red global de rastreo de embarques en un sistema centralizado de computadora para manejar vehículos, personas, paquetes, rutas y escenarios climatológicos con base en tiempo real. COSMOS integró dos sistemas esenciales de información: la información acerca de los bienes que se estaban enviando y los datos acerca del modo de transportación.
1980	Digitally Assisted Dispatch System (DADS, Sistema de Despacho con Ayuda Digital), sistema que coordinaba la recolección solicitada telefónicamente de paquetería de clientes para envío; permitía a los mensajeros administrar su tiempo y rutas mediante la comunicación por computadora en sus camionetas.
1984	El primer sistema de embarque automatizado con base en PC, llamado más tarde FedEx PowerShip, sistema solitario con base en el DOS (sistema operativo de disco) para clientes con cinco o más paquetes por día. La base de clientes se transformó inmediatamente en una red que permitía a los clientes interactuar con el sistema FedEx y descargar software e información de embarques.
1984	PowerShip Plus, sistema de embarque con base en el DOS que se integraba con los sistemas de entrada de pedidos, control de inventario y contabilidad de los clientes, para los que hacían más de 100 envíos por día.
1985	Etiquetado de código de barras. FedEx fue la primera empresa en introducir este etiquetado al ramo de la transportación terrestre.
1986	SuperTracker, sistema manual de escaneo de código de barras que capturaba información detallada del paquete.
1989	Un sistema de comunicaciones a bordo que utilizaba el rastreo satelital para la localización precisa del vehículo.
1991	Rite Routing, procedimiento que demostró el valor de un servicio centralizado de manejo de la transportación para todo Estados Unidos.
1991	PowerShip PassPort, sistema de PC clase Pentium que combinaba lo mejor de PowerShip y PowerShip Plus para clientes que enviaban más de 100 paquetes al día (1 500 usuarios).
1993	MultiShip, el primer sistema de automatización para cliente atendido por transportadora para procesar paquetes enviados por otros proveedores de transportación.
1993	FedEx ExpressClear Electronic Customs Clearance System (Sistema ExpressClear de FedEx de Franqueo Rápido Electrónico de Aduanas), que hacía expedito el franqueo regulatorio mientras la carga iba en ruta.
1993	PowerShip 3, sistema cliente-servidor de embarque para clientes que enviaban tres o más paquetes por día.
1994	El sitio web de FedEx (www.fedex.com), primero en ofrecer rastreo en línea de situación de paquete para que los clientes pudieran hacer realmente negocios por internet.
1994	DirectLink, software que permite a los clientes recibir, administrar y remitir electrónicamente pagos de facturas de FedEx.

Incluso ya desde 1979 había un sistema centralizado de computadora —el Customer Operations Service Master On-line System (COSMOS)— que seguía la pista de todos los paquetes manejados por la compañía. Esta red de computadora retransmitía los datos sobre el movimiento, colecta, facturación y envío de la paquetería a una base de datos central en la oficina matriz de Memphis. Esto se hizo posible poniendo un código de barras en cada paquete en el punto de colecta y escaneando el código en cada etapa del ciclo de envío y entrega.

En 1984, FedEx empezó a poner en operación una serie de sistemas tecnológicos, el programa PowerShip, proyectado para mejorar la eficiencia y el control, que proporcionaba servicios en línea propios a los clientes más activos (más de 100 000). (Véase en la ilustración 1 la lista cronológica de sistemas de FedEx.) En resumen, estos sistemas de PowerShip proveían servicios adicionales al cliente, incluido el almacenamiento en memoria de direcciones de uso

[6] K. Krause, "Not UPS with a Purple Tint," *Traffic World* (www.trafficworld.com/reg/news/special/s101899.html), octubre de 1999.

Ilustración 1   Récord de innovaciones de sistemas de FedEx, 1979-1999 (*concluye*)

1995	FedEx Ship, programa de embarque y rastreo basado en Windows que permitía a los clientes procesar y manejar el envío desde su escritorio (650 000 usuarios). Extendía los beneficios de PowerShip a todos los clientes de FedEx, proveyendo software y marcación telefónica gratuita a la red de FedEx.
1995	La red AsiaOne, un sistema de enrutamiento de transportación.
1996	FedEx InterNetShip, disponible a través de www.fedex.com, que hizo de FedEx la primera empresa en permitir a los clientes procesar embarques por internet (65 000 usuarios). Esto le servía a los clientes para crear etiquetas de embarque, solicitar colecta de mensajería y enviar avisos por correo electrónico a los receptores de los envíos, todo desde el sitio web de FedEx.
1996	FedEx VirtualOrder, programa que enlazaba la colocación de pedido por internet con la entrega y el rastreo en línea por FedEx. También brindaba el servicio de poner en el sitio o sitios web del cliente los catálogos del mismo.
1997	E-Business Tools, que facilitaba la conexión con las aplicaciones de embarque y rastreo de FedEx.
1998	FedEx Ship for Workgroups, programa basado en Windows, alojado en un servidor que les permitía a los usuarios compartir información, como datos de directorio domiciliario, y les daba acceso a una base de datos de registros de embarque e información de rastreo. El servidor podía conectarse a FedEx por vía de módem o de internet.
1998	PowerShip mc, sistema electrónico de embarque de transportador múltiple.
1999	El FedEx Marketplace (Mercado de FedEx), en www.fedex.com, el cual proveía fácil acceso a comerciantes en línea que ofrecían el envío express rápido y confiable de FedEx. A través de este nuevo portal, los compradores tenían acceso con un clic a varios de los principales comerciantes en línea que utilizaban los servicios de entrega de FedEx, incluidos Value America, L. L. Bean y HP Shopping Village (sitio web de comercio electrónico de Hewlett-Packard para el consumidor).
1999	La red EuroOne, que enlazó 16 ciudades al despacho central en París de FedEx por aire y otras 21 ciudades por tierra y aire. Como AsiaOne, éste era un sistema de enrutamiento de transporte.
1999	Un convenio con Netscape que le permitía a FedEx ofrecer un conjunto de servicios de entrega en su portal de Netcenter. Esto entrañaba integrar automáticamente Netscape con el sitio de FedEx. Aunque los clientes de Netscape podían optar por no utilizar a FedEx, el uso de una mensajería alternativa significaba que no se beneficiarían con las eficiencias de los sistemas integrados. Considerando que Netscape Netcenter tenía más de 13 millones de miembros, el trato era ventajoso para FedEx.

Nota: PowerShip tenía 850 000 clientes en línea en todo el mundo; PowerShip, PowerShip 3 y PowerShip PassPort eran productos basados en hardware.

frecuente, la impresión de etiquetas, la petición en línea de colecta de paquetería o mensajería, el rastreo de paquetes, y mucho más.

La aparición del intercambio electrónico de datos (IED; electronic data interchange, EDI) y de internet permitió a las empresas construir relaciones uno a uno con sus clientes. Este era el escenario perfecto para muchos fabricantes: la capacidad de igualar oferta con demanda sin desperdicio. FedEx aprovechó esas nuevas tecnologías y empezó a rastrear hacia atrás a lo largo de la cadena de suministros, al punto de materias primas. Al hacer esto, identificó puntos a lo largo de la cadena de suministros donde podía proveer servicios administrativos. Estos servicios solían incluir transportación, procesamiento de pedidos y operaciones de centro de distribución relacionadas con esto, control pleno de inventario, compras, producción, y servicios al cliente y de ventas. La capacidad para interconectar y distribuir información a todos los participantes en una cadena de suministros se convirtió en el punto focal de la atención de FedEx. Para muchos de sus clientes, la logística se veía como un medio clave para diferenciar sus productos o servicios de los de sus competidores (véase la ilustración 2 para examinar ejemplos de algunas soluciones para el cliente). En otras palabras, la logística se convirtió en parte clave de la formulación de la estrategia. A medida que las empresas iban haciendo más énfasis en el ciclo de pedido como base para evaluar los niveles de los servicios al cliente, el papel de FedEx en la aportación de sistemas de logística integrados formó la base de muchos arreglos de asociación. Merced a la ayuda prestada a la clientela para redefinir sus fuentes y su estrategia de abastecimiento para enlazarse con otros participantes de la cadena de suministros, como los proveedores de materias primas, los clientes estaban contratando externamente, por outsourcing, sus funciones de administración de la cadena de suministros con FedEx, funciones que se veían como periféricas al núcleo de su negocio (véanse las ilustraciones 3 y 4 para apreciar la cobertura de la cadena de suministros a través de sistemas integrados). La mejora, el ajuste y la sincronización de las diversas partes de la cadena de suministros les mostraron a los clientes los beneficios de ganar tiempo y espacio de inventario con el sistema. La administración más rigurosa de la cadena de suministros ya no se consideraba una ventaja competitiva sino un imperativo de competencia.

Las empresas buscaban formas de mejorar sus dividendos sobre inversiones y se interesaban por cualquier proceso de negocios que pudiera integrarse y activarse automáticamente (por ejemplo, la prueba de entrega y pago), como lo hacían los procesos propuestos para ser invocados separadamente. Así que no sólo FedEx insistía con sus clientes para la integración; también los clientes innovadores estaban demandando mayor integración. Algunos habían saltado incluso adelante de FedEx; por ejemplo, Cisco Systems había creado una extranet que permitía a sus clientes hacer pedido de servicios de FedEx sin salir del sitio web de Cisco. Integrando sus servicios dentro de la cadena de suministros de sus clientes, y generando de este modo incrementos tanto en la lealtad como en los costos de conexión de los clientes, FedEx se las arregló para levantar efectivamente barreras a la entrada de competidores.

Internet refinó el sistema COSMOS. Siempre que entraba nueva información en el sistema por parte de FedEx o de los clientes a través de la Red, todos los archivos y bases de datos relacionados con el sistema se actualizaban de manera automática. Por ejemplo, cuando un cliente de FedEx colocaba un pedido a través de FedEx.com, la información encontraba el camino a COSMOS, el sistema global de rastreo de paquetes de FedEx. El Route Planner (una herramienta cartográfica electrónica) del conductor de mensajería facilitaba la colecta y entrega del pedido del cliente. Un planificador de movimiento del producto programaba el pedido a través de las operaciones globales aéreas y de mensajería de la empresa. El cliente podría rastrear el estado del embarque por medio de PowerShip o FedEx Ship. El sistema COSMOS manejaba 54 millones de transacciones por día en 1999.

En 1998, FedEx decidió renovar de modo drástico su infraestructura interna de TI con el proyecto GRID (Global Resources for Information Distribution [Recursos Globales para la Distribución de la Información]). El proyecto implicaba remplazar 60 000 terminales y algunas PC con más de 75 000 sistemas de red. La decisión de considerar a las computadoras de red se tomó para evitar la "desktop churn" (obsolescencia de escritorio) que aquejaba a las PC.[7] Las computadoras en red se enlazaban con un Protocolo de internet global cuyo objetivo era mejorar la calidad y la cantidad de los servicios que FedEx prestaba a sus clientes. Por ejemplo, los empleados de FedEx podían en cualquier lugar y momento rastrear un paquete siguiendo diversos pasos de la cadena de FedEx. Entre otras aplicaciones que se planeaba lanzar estaba COSMOS Squared, que admitía Non-Event Tracking, característica que activaba alarmas cuando no se efectuaban eventos programados, como el arribo de un paquete. Mediante una operación de 24 horas al día y siete días a la semana llamada Global Operations Command Center, el sistema nervioso central del sistema mundial de FedEx en Memphis, FedEx podía proporcionar una eficiente recolección y distribución de datos en tiempo real. La operación alojaba enormes pantallas que cubrían las paredes, en las cuales se rastreaban los acontecimientos mundiales, patrones climatológicos y el movimiento en tiempo real de los camiones y aviones de FedEx. También se introdujeron nuevos sistemas para predecir con mayor precisión la cantidad de tráfico hacia dentro. Con estos sistemas FedEx asignaba prioridades a los cientos de variables comprendidas en la colecta, procesamiento y entrega exitosos de un paquete. Los gerentes titulares de FedEx creían que si contaban con la información actual y precisa esto les ayudaría a aminorar las fallas en el negocio.

---

[7] "Desktop churn" (literalmente, "crema batida de escritorio") alude a la rápida obsolescencia de las PC a medida que las nuevas aplicaciones o programas devoran la capacidad de procesamiento.

Ilustración 2 Ejemplos de soluciones de FedEx para los clientes

Dell Computers fue la precursora del modelo de ventas directas en el ramo de las computadoras y tuvo éxito porque pudo mantener el inventario muy bajo. FedEx proporcionó el sistema para rastrear y vigilar el armado de cada PC sobre pedido. Sin embargo, como la línea de montaje podía estar en cualquiera de las cinco sedes de manufactura que había en el mundo, FedEx se describía a sí misma como la banda transportadora de esa línea manufacturera. FedEx era un socio clave de Dell, que servía para que los productos individualizados, hechos a la medida sobre pedido, se entregaran a unos cuantos días de que el cliente los solicitara, enorme ventaja en una industria cuyos componentes se volvían obsoletos a una tasa mensual de 2 por ciento.

En 1995, **National Semiconductor Corporation (NatSemi)** decidió contratar por outsourcing su almacenamiento y distribución con FedEx. Para 1999, virtualmente todos los productos de NatSemi, manufacturados por seis fábricas (tres de ellas subcontratistas), se embarcaban directamente a la bodega de distribución de FedEx en Singapur. De aquí en adelante, FedEx tenía el control sobre los bienes, la bodega y el despacho de pedidos (por la vía de la transportación de FedEx, desde luego). Tener la visibilidad completa de los sistemas de pedido de NatSemi le permitió a FedEx reducir el ciclo promedio de entrega al cliente de cuatro semanas a dos días, y los costos de distribución de 2.9 a 1.2% de las ventas. FedEx podía empacar y surtir pedidos sin que NatSemi tuviera que darle aviso; de hecho, se convirtió en el departamento de logística de NatSemi. Más aún, este arreglo le permitió a NatSemi prescindir de siete bodegas regionales en Estados Unidos, Asia y Europa. NatSemi reportó ahorros en el orden de los ocho millones de dólares al cabo del periodo de cinco años (véase la ilustración 4).

Para **Omaha Steaks,** cuando se recibían los pedidos, se remitían de la IBM AS/400 de Omaha a su bodega y simultáneamente a FedEx por línea dedicada. FedEx generaba las etiquetas de rastreo y embarque, y los pedidos se remitían a uno de los despachos centrales regionales de FedEx para su sucesivo envío y entrega.

Cisco Systems era un fabricante de hardware para internet, en Silicon Valley, que operaba 80% de su negocio por la Web. A fines de 1999, FedEx firmó un convenio con Cisco para coordinar todos los embarques de ésta por los dos años siguientes, y para eliminar gradualmente las bodegas de ella en los siguientes tres años. Cisco tenía fábricas en Estados Unidos, México, Escocia, Taiwán y Malasia. Las partes terminadas se guardaban en bodegas cercanas a las fábricas, en espera de completar el pedido entero antes de su envío al cliente. Pero Cisco no quería construir más bodegas, pagar por reembarques y tener volúmenes masivos de inventario en tránsito. Por tanto, la solución consistía en armar los pedidos durante el tránsito. Tan pronto se manufacturaran las partes, se enviarían a los clientes; al llegar al lugar del cliente, se haría el montaje, prescindiendo así del almacenamiento. (Esto se conocía como el programa de "ensamblado en tránsito" ofrecido a compañías como Micron Computers.) FedEx creó un sistema único para Cisco que seleccionaba automáticamente las rutas y elegía el modo más eficiente y económico de transportación, que incluía a otros transportadores aparte de los camiones y aviones de la flota de ésta. Sin embargo, igualmente fundamental era que el estado de la información en tiempo real de la operación de sincronización estaba disponible en todo momento por internet.

De igual manera que el centro de datos de Memphis, FedEx operaba otros centros en Colorado Springs, Miami, Orlando, Dallas-Fort Worth, Singapur y Bruselas.

También en 1999, FedEx firmó un convenio con Netscape para adoptar el software de esta firma como tecnología principal para el acceso a sus sitios corporativos de intranet. La intranet de FedEx incluía más de 60 sitios web, creados para sus usuarios finales y, en algunos casos, por diseño y obra de ellos mismos. Los clientes podían construir sitios web integrados usando FedEx Applications Programming Interfaces (API, interfaces de programación de aplicaciones de FedEx) o FedEx intraNetShip (ambos descargables gratuitamente de FedEx.com) e incorporarles un vínculo que les permitiera rastrear paquetes directamente desde su propio sitio. Eran más de 5 000 sitios web los que hacían cientos de miles de peticiones de rastreo a través del sitio de FedEx.com.

Nuestras soluciones de API están diseñadas para dar visibilidad y acceso globales a lo largo de la cadena de suministros, desde la manufactura al servicio al cliente y la facturación. Hemos podido eliminar las irritantes llamadas WISMO (Where Is My Order? [¿Dónde está mi pedido?]) porque enlazamos fluidamente a nuestros clientes con sus clientes.

—Mike Janes, ex vicepresidente, Electronic Commerce & Logistics Marketing, FedEx[8]

[8] C. Gentry, "FedEx API's Create Cinderella Success Stories" (www.fedex.com/us/about/api.html), octubre de 1998.

Ilustración 3   Soluciones de FedEx para la cadena de suministros entera

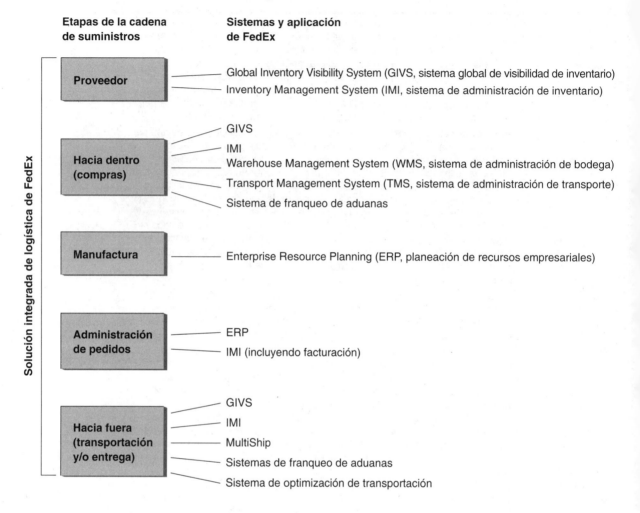

A principios de 1999, FedEx puso en funcionamiento una mejora de su servicio de rastreo de paquetes. Los clientes podían solicitar y recibir información de situación de paquetes de hasta 25 embarques simultáneamente, así como enviar esta información hasta a tres receptores de correo electrónico. Más aún, los usuarios en Francia, Japón, Italia, Alemania, Países Bajos y los países de habla portuguesa y española podían tener acceso a esta información en línea en su lengua natal a través de FedEx.com.

FedEx pretendía tener la mayor red de servidor de cliente en línea del mundo que operaba en tiempo real. La información se convirtió en una parte extremadamente crucial de su negocio.

Estamos en el negocio de la transportación express, pero hemos descubierto cómo podemos agregar con seguridad gran valor a la información que tenemos.
—Mark Dickens, vicepresidente, Electronic Commerce & Customer Services[9]

Aun cuando por el lado físico del negocio nosotros contratamos por outsourcing, digamos, la colecta o la entrega o la actividad de almacenamiento para un cliente, nunca hemos contratado por outsourcing la información. Proteger la marca siempre ha sido muy, muy importante para nosotros.
—William Conley

---

[9] Janah y Wilder, "Special Delivery".

Ilustración 4   Ejemplo de administración integrada de proceso de pedidos para un cliente: National Semiconductor

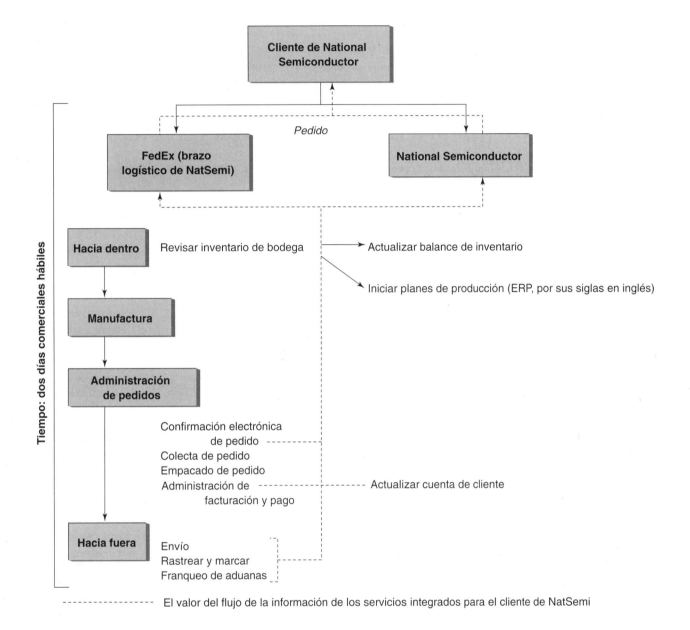

El valor del flujo de la información de los servicios integrados para el cliente de NatSemi

Los beneficios de estos servicios no se limitaban a los clientes de FedEx. Para esta firma, sus servicios en línea, que en 1999 manejaba 60 millones de transacciones por día, le ahorraban a FedEx el costo de 200 000 empleados de servicio al cliente. A su vez, la compañía reportaba un gasto de 10% de su ingreso anual de 17 000 millones de dólares en TI en 1999. La información le había permitido a FedEx bajar sus costos de tal modo que el costo, para los clientes, por el uso de FedEx en 1999 era más bajo de lo que era 25 años antes.

Yendo más allá de los servicios de entrega, FedEx se proponía integrar completamente a sus socios corporativos en todos los pasos a lo largo de la cadena de suministros. Para la estrategia de FedEx, encaminada a establecer sus operaciones de negocios electrónicos y logística, era fundamental forjar bien los vínculos de tecnología con los clientes.

Todo tiene que ver con la integración, ya sea dentro de FedEx, con nuestros socios de tecnología o con nuestros clientes.
—Laurie Tucker, vicepresidente titular, Logistics Electronic Commerce & Catalog[10]

La integración de los servicios de internet con nuestros ofrecimientos de transportación no es un agregado a nuestro negocio medular; es nuestro negocio medular.
—Dennis Jones, CIO[11]

Cuando se trata de administrar sinergias por medio de los negocios, hemos descubierto que la integración fluida de la información es un componente crítico.[12]

CUESTIONES DE ADMINISTRACIÓN Y OPERACIONES

Manejo de marca y estructura de la empresa hasta el 19 de enero de 2000

En los primeros 21 años de ejercicio, FedEx operó bajo el nombre corporativo de Federal Express Corporation. Sus clientes llegaron a reconocerla como FedEx para abreviar, y la marca despegó al tiempo que la empresa crecía y ampliaba sus ofrecimientos de servicio bajo la bandera púrpura y naranja. Por esto, en 1994, se antojaba natural que la compañía cambiara su nombre de marca por el de FedEx.

Al banco Parts Bank se le otorgó reconocimiento oficial cuando se convirtió en una división de FedEx Corporation en 1988 y se le llegó a conocer como Business Logistics Services (BLS). Operaba como una compañía separada e independiente. Paralelamente a la parte de transportación express del negocio, BLS desarrolló pericia en los ramos de alto valor y alta tecnología. Se involucró en el movimiento express de bienes adentro y afuera, y en la redistribución de los mismos. No obstante, se concentraba principalmente en el negocio de paquetería pequeña. FedEx basó sus soluciones en la logística justo a tiempo. Conforme creció la organización, surgió la inquietud de que la división de logística no estuviera generando ingresos para el negocio de transportación express, sino más bien abasteciendo con éste a otros transportadores. De aquí que, en 1994, BLS se renombrara FedEx Logistics, y se hiciera forzoso para el negocio de logística incluir la transportación por FedEx como parte y requisito de su solución para los clientes. En 1996, la división volvió a cambiar de nombre, convirtiéndose ahora en FedEx Logistics and Electronic Commerce (FLEC). La compañía empezó a enfocar sus recursos en hacer negocios por internet, y el cambio de nombre se hizo para reflejar los cambios en la plaza de mercado.

En seguida de la adquisición de Caliber Systems, Inc., en 1998, se formaron cinco compañías subsidiarias separadas: Federal Express, RPS, Roberts Express, Viking Freight y FDX Logistics. Las últimas cuatro eran empresas de Caliber. Cada subsidiaria se manejaba de manera independiente y era responsable de sus propias cuentas (véase la ilustración 5). Sin embargo, las operaciones de logística de Caliber y de FedEx eran fundamentalmente distintas por cuanto tenían bases de clientes y ofrecimientos de servicio del todo diferentes. Caliber adquirió pericia en el transporte de materias primas, planchas y barras de acero, así como manejo de trabajo en progreso; administraba la manufactura de carros y camiones montacargas. Caliber proveyó una detallada operación de logística que se concentraba principalmente en ramos de bienes de alto precio, y proporcionaba una solución más completa de cadena de suministros que la de FLEC, en tanto que esta última se centraba principalmente en bienes terminados, logística de transportación y logística inversa (esto es, manejo de devoluciones). Una concentraba más sus negocios en el extremo delantero de la cadena de suministros (por ejemplo, recepción, trabajo en progreso), mientras que la otra se dedicaba más a las operaciones del extremo trasero

---

[10] *Idem.*

[11] E. Cone y M. Duvall, "UPS Keeps Truckin'; FedEx: A Documented Success", *Inter@ctive Week*, 16 de noviembre de 1999.

[12] Federal Express, reporte anual, 1999.

de la cadena (o sea, almacenamiento, transportación). En consecuencia, las dos operaciones siguieron trabajando con independencia una de otra. Los sistemas y aplicaciones de logística se desarrollaban asimismo en forma independiente. Caliber Logistics se convirtió en una compañía subsidiaria de FDX Logistics, mientras FLEC continuó como una división dentro de Federal Express, como el brazo de la transportación express.

La adquisición sirvió para reforzar la dedicación de FedEx a ser más que sólo una compañía de entrega express. No obstante, los comentaristas y clientes seguían asociando la marca de ésta con la transportación, y la empresa se debatía por transformar la imagen para sacarla de este molde. Una solución era renombrar a la compañía. Con la adquisición, la firma creó una compañía *holding* (tenedora de acciones), FDX Corporation. Sin embargo, FedEx hizo muy poco para promover su nueva marca corporativa FDX. Más aún, su subsidiaria de transportación siguió operando bajo el nombre de Federal Express con la marca FedEx púrpura y naranja en sus camiones y camionetas. La marca de FedEx persistía; pero, sin publicidad ni promoción enérgica de FDX, este nombre no resonaba en la plaza de mercado. Mientras los equivalentes de UPS tenían la ventaja de promover sólo una marca (UPS) para vender a su compañía entera y sus muchas ofertas de servicio, FedEx estaba tratando de promover cinco compañías subsidiarias diferentes con nombres sin relación alguna con ella, y con logotipos comerciales bajo la bandera de FDX, por medio de equipos de ventas y servicio al cliente claramente separados. Más todavía, con dos negocios de logística separados dentro del grupo, fuerzas de ventas separadas que vendían servicios ofrecidos por partes diferentes de la compañía, cuerpos de personal de servicios al cliente para tratar solicitudes diferentes, y recursos de TI esparcidos por el grupo, los clientes se confundían y los recursos se duplicaban.

Pese a la confusión, en 1999 FedEx pretendía ofrecer a las empresas "compras totales en un solo sitio" para soluciones a todos los niveles de la cadena de suministros. Cada subsidiaria continuó operando independientemente, con sistemas de contabilidad y personal de servicio al cliente separados, pero compitiendo como grupo. Sin embargo, mientras se mantenía el carácter autónomo de cada empresa subsidiaria, el reto para FedEx era cómo juntar más a las compañías para crear esas sinergias. Proveer a los clientes con un solo punto de acceso al grupo entero era la meta definitiva. En términos prácticos, la tarea era decidir en qué forma cada una de las compañías subsidiarias debería impulsar sus capacidades y servicios para proveerlos a un público mayor.

ACONTECIMIENTOS QUE DIERON LUGAR A LA REORGANIZACIÓN DE ENERO DE 2000

FedEx necesitaba poner atención a un número de factores que afectarían las perspectivas de la compañía.

Desempeño de FedEx

En el periodo anual terminado el 31 de mayo de 1999, FDX Corp. se había desempeñado con un éxito que rebasaba las expectativas de los analistas, logrando ganancias récord de 73%, con un incremento de 28% sobre el año anterior.[13] El ingreso neto había ascendido 30%, a 221 millones de dólares. Sin embargo, los resultados dieron un vuelco en el siguiente año financiero. Para el primer trimestre, terminado el 31 de agosto de 1999, FDX anunció que los precios ascendentes del combustible habían afectado severamente al ingreso neto de la empresa, impidiéndole alcanzar su objetivo de primer trimestre. Sin señales de mejora en el precio del combustible y con el crecimiento del mercado nacional de Estados Unidos, descendiendo lentamente, FedEx advirtió que las ganancias para el segundo trimestre y el año fiscal completo podrían caer por debajo de las expectativas de los analistas. Si se tiene en mente que el negocio

---

[13] S. Gelsi, "FDX Posts Stronger-than-Expected Profit", CBS MarketWatch, 30 de junio de 1999 (http://cbs.marketwatch.com/archive.../current/fdx.htm?source=&dist=srch), febrero de 2000.

Ilustración 5   Compañías subsidiarias de FedEx que siguieron a la
adquisición de Caliber Systems Inc. en 1998

- **Federal Express** era el líder mundial en la distribución express global, ofreciendo entrega de 24-48 horas a 211 países que sumaban 90% del PIB (producto interno bruto) mundial. En 1998, FedEx era el líder sin disputa en el negocio de la entrega de paquetes al día siguiente. Tenía una flota de 44 500 vehículos terrestres y 648 aviones que sostenían a la empresa de más de 14 000 millones de dólares. Tenía 34 000 puntos de colecta, y 67% de sus transacciones nacionales de envío en Estados Unidos, se generaban electrónicamente. Los bienes enviados iban desde flores hasta langostas y componentes de computadora. Esta compañía funcionaba constantemente en modo de crisis, procurando transportar sus paquetes en todo clima y condiciones para entregar los embarques al día siguiente. La filosofía de base que aseguraba altos niveles de servicio era que cada paquete manejado podía hacer la diferencia para la vida de alguien. La compañía manejaba casi tres millones de embarques por día en 1998.

- **RPS** era el segundo proveedor más grande de Norteamérica de mensajería de negocio a negocio de pequeños paquetes por vía terrestre. Era una empresa de bajo costo, sin sindicatos, con gran conocimiento de tecnología; fue adquirida con la compra de Caliber. Se especializaba en envíos de negocio a negocio en un lapso de uno a tres días, servicio que FedEx no podía igualar porque era incapaz de ofrecer precios lo bastante bajos para atraer volumen suficiente. Por ser una empresa con 15 años de vida, RPS se preciaba de tener uno de los modelos de más bajo costo en el ramo de la transportación. Empleaba sólo operadores propietarios para entregar sus paquetes. En términos de crecimiento de volumen e ingresos, RPS superaba a FedEx. Para el futuro, los planes eran acrecentar el servicio de entrega de empresa a consumidor para aprovechar el crecimiento del comercio electrónico, abriéndose así un nicho en el floreciente mercado de entrega residencial. En 2000 la firma poseía 8 600 vehículos, captaba ingresos anuales de 1 900 millones de dólares y daba empleo a 35 000 personas, incluidos los contratistas independientes. Manejaba 1.5 millones de paquetes diarios.

- **Viking Freight** era la primera transportista de carga de rango menor de una camionada en el oeste de Estados Unidos. La compañía daba empleo a 5 000 personas, manejaba una flota de 7 660 vehículos y 64 centros de servicio, y trabajaba los envíos de 13 000 paquetes al día.

- **Roberts Express** era la principal transportadora expedita de superficie del mundo para embarques sin escalas, con carácter de tiempo urgente y de manejo especial. El servicio ofrecido por Roberts Express se ha comparado con el de un transporte en limosina para carga. En 1999, la empresa manejaba más de 1 000 embarques por día. Era la compañía más pequeña dentro del Grupo FedEx. Los embarques urgentes podían cargarse en camiones en 90 minutos después de recibir la llamada de pedido y llegarían a su destino con demora máxima de 15 minutos del tiempo prometido 96% de las veces. Una vez cargados, los envíos podían rastrearse por satélite a cada paso del camino. Bienes como las obras de arte o los componentes de manufactura delicados solían requerir servicios de camión de uso exclusivo. La exclusividad les permitía a los clientes tener un mayor control, pero a un alto precio. Para la mayoría de los clientes este servicio pocas veces era necesario. Roberts tenía uso exclusivo de un puñado de aeronaves de FedEx, pero tenía que pagar por el uso de ellas y por el tiempo de trabajo de las tripulaciones.

- **Caliber Logistics** fue una de las precursoras en proveer servicio de logística a la medida e integrada, y de las soluciones de almacenamiento a escala mundial. La adquisición de Caliber en enero de 1998 trajo consigo las capacidades de transportación por carretera y de almacenamiento. A partir de su compra, FedEx trató de pasar de los ofrecimientos de la logística tradicional a la oferta de soluciones totales de manejo de la cadena de suministros, y Caliber Logistics recibió el nuevo nombre de FDX Logistics. Para el cliente, esto significaba que FedEx podía proveer servicios de almacenamiento, pero sólo si esto era parte de un contrato de servicio mayor. En septiembre de 1999, FedEx compró su primera agencia de fletes, Caribbean Transport Services (antes GeoLogistics Air Services). Caribbean tenía una fuerte red de transporte ultramarino. FDX Logistics fue la casa matriz de FedEx Supply-chain Services y de Caribbean Transportation Services.

de la transportación express (principalmente FedEx y RPS) generaba más de 80% de los ingresos del grupo, y que el mercado de Estados Unidos, daba cuenta de aproximadamente 10 000 millones de dólares de esos ingresos, las citadas tendencias tenían un considerable efecto negativo en el ingreso neto.

Con bastante seguridad, FDX reportó que para el trimestre a terminar el 30 de noviembre de 1999, el ingreso operativo había bajado 10% respecto de la cifra del año anterior, y que el ingreso neto había sido 6% menor. La compañía no estaba logrando el nivel del crecimiento interno de Estados Unidos, que esperaba. Los precios del combustible en aumento seguían erosionando el ingreso operativo. Sin embargo, otras operaciones aparte de la transportación express (esto es, Viking Freight, Roberts Express, FDX Logistics y Caribbean Transportation Services) habían obtenido incrementos de ingreso y de ingreso operativo de 27 y 12%, respectivamente, en el segundo trimestre. Tan sólo con los precios del combustible en contra, la firma preveía que el ingreso operativo podía bajar más de 150 millones de dólares para el año a terminar el 31 de mayo de 2000. Esto requería alguna acción inmediata de remedio.

Otras tendencias dentro del mercado de la transportación y la logística express estaban presionando también a la compañía para que reconsiderara su estrategia de negocios.

El mercado de internet y el comercio detallista electrónico (e-tailing)

Internet cambió la base de la competencia para la mayoría de los negocios. Su bajo costo y la diversidad de aplicaciones la hicieron atractiva y accesible. internet niveló el campo de juego de tal suerte que, una vez que la compañía estaba en línea y siempre que satisficiera los pedidos de sus clientes conforme a las expectativas de éstos, su tamaño como empresa no importaba. El impacto de internet en FedEx fue doble. Primero, abrió oportunidades en la administración de logística para FedEx, ya que las empresas estaban sirviéndose de internet para rediseñar sus cadenas de suministros. Siempre que los clientes estuvieran satisfechos, en realidad no importaba si los bienes se almacenaban o no, si llegaban directamente de una fábrica en algún lugar distante, o si se habían hecho a pedido. La integración con las cadenas de suministros del cliente era la clave.

Segundo, las necesidades de transportación express asociadas con el crecimiento en el comercio electrónico detallista (se esperaba que alcanzara 7 000 millones de dólares en 2000) y con el comercio electrónico de negocio a negocio (que se esperaba que llegara a 327 000 millones de dólares para 2002) presentaban enormes oportunidades para compañías como FedEx.[14, 15]

En FedEx se tenía la seguridad de que se contaba con el modelo de negocios apropiado para aprovechar estas oportunidades.

> Estamos justo en el centro de la nueva economía... El comercio está utilizando internet para reestructurar la cadena de suministros. En la nueva economía, internet es el sistema nervioso. Nosotros somos el esqueleto... hacemos que se mueva el cuerpo.
> —Fred Smith[16]

Pero también lo eran sus competidores.

La competencia

En enero de 2000, *CBS MarketWatch Live* reportó que la empresa de entrega express de FedEx estaba madurando y no estaba creciendo tan rápidamente como solía.[17] Más aún, el ramo estaba atestado de compañías, locales y globales, que proveían un sinnúmero de servicios de transportación a una amplia gama de negocios. Se competía con fiereza. Todas las compañías principales de transportación y mensajería estaban apostando fuerte a la tecnología. A pesar de que FedEx fue pionera del sistema de rastreo de paquetes basado en la Web, tales sistemas se convirtieron en la norma del ramo más que en una ventaja competitiva.

[14] T. Lappin, "The Airline of the Internet", *Wired* 4, núm. 12 (www.wired.com/wired/4.12/features/fedex.html), diciembre de 1996.

[15] B. Erwin; M. A. Modahl, y J. Johnson, "Sizing Intercompany Commerce", *Business Trade & Technology Strategies* 1, núm. 1, Forrester Research, Cambridge, MA, 1997.

[16] H. Collingwood, 1999.

[17] D. Adamson, "FDX Corp. Changes Names to FedEx", *CBS MarketWatch Live*, 19 de enero de 2000.

Las cuatro compañías principales en el negocio de mensajería internacional eran DHL, FedEx, UPS y TNT. Entre ellas tenían más de 90% del mercado mundial.[18]

UPS   Desde 1986, UPS había gastado 9 000 millones de dólares en TI; además, había formado cinco alianzas en 1997 para diseminar su software de logística entre los usuarios de comercio electrónico. Sin embargo, mientras FedEx creaba todo su software de TI dentro de casa, UPS consideraba indispensable declarar que no era una desarrolladora de software y que las compañías que emprendían esa ruta estaban "tratando de alcanzar un puente demasiado lejos".[19] [Alusión a un plan aliado, en la Segunda Guerra Mundial, de tomar por sorpresa varios puentes holandeses, y que acabó en desastre.]

A principios de 1998, UPS formó una alianza estratégica con Open Market, Inc., un proveedor de software de internet con base en Estados Unidos, para ofrecer una solución completa de comercio por internet en la cual se proporcionaran logística y realización integradas. También trabajaba en colaboración con IBM y con Lotus para estandarizar formatos en su sitio web.

En 1999, UPS reunió 5 470 millones de dólares mediante su oferta pública inicial (OPI), la mayor en la historia de las OPI en Estados Unidos. La compañía trabajaba más de 55% de los bienes ordenados por internet y ofrecía una gama completa de soluciones de logística a sus clientes.

DHL   En 1993, DHL anunció un programa mundial de gasto de capital a cuatro años por 1 250 millones de dólares, dirigido a invertir en manejo de sistemas, automatización, instalaciones y tecnología de computadoras. La compañía lanzó su sitio web en 1995. Era propiedad en 25% de Deutsche Post y en otro 25 de Lufthansa Airlines. Había planes en vías de ejecución para una oferta pública inicial en la primera mitad de 2001. Aunque la empresa dominaba el mercado del Reino Unido, proyectaba un incremento en ingresos mundiales de 18%, a 5 260 millones de dólares.[20]

TNT   En 1998, TNT puso en funcionamiento una instalación de Web Collection (colecta por la Web) por internet. Más tarde, en ese mismo año, inició el primer servicio global Price Checker del mundo en su sitio web, que permitía a los clientes calcular el precio de enviar una consignación de un lugar a otro en cualquier parte del mundo. Había otras aplicaciones en desarrollo que les permitirían a los clientes integrarse con los servicios en línea de TNT. Luego, en 1999, ésta lanzó QuickShiper, acceso en línea de una sola vez a la gama entera de sus servicios de distribución, desde asignación de precio a entrega. Este nuevo servicio iba a integrarse con las herramientas existentes en línea, como Web Collection y Price Checker.

También en marzo de 1999, TNT lanzó la primera extranet enfocada al cliente del ramo express, el ambiente Customized Services. Esto le ofrecía a los clientes regulares fácil acceso a información detallada y personalizada de embarque mediante el empleo de identificaciones y contraseñas de usuario. Con esto vino una multitud de ofertas de servicio.

Si FedEx había sido precursora de muchas soluciones de logística que habían ayudado a lograr economías por volumen con mayor rapidez que sus competidores, las ventajas se estaban erosionando rápidamente a medida que nuevas tecnologías se volvían más poderosas y menos costosas.

EL ANUNCIO DE ENERO DE 2000

Una organización puede satisfacer ahora todas sus necesidades de transportación y logística: FedEx Corporation.[21]

---

[18] D. Murphy y K. Hernly, "Air Couriers Soar despite Mainland Gloom", *South China Morning Post*, 30 de mayo de 1999.

[19] D. A. Blackmon, "Ante Up! Big Gambles in the New Economy: Overnight Everything Changed for FedEx", *The Wall Street Journal Interactive Edition* (www.djreprints.com/jitarticles/trx0001272701445.html), 4 de noviembre de 1999.

[20] J. Exelby, "Interview—DHL UK Foresees Tough Market" (http://biz.yahoo.com/rf/000117/mq.html), 17 de enero de 2000.

[21] FedEx Corporation Corporate Overview (www.fedexcorp.com/aboutfdx/corporateoverview.html), 20 de enero de 2000.

Ilustración 6   Antes y después de la reorganización de FDX

Antes	Después
Múltiples marcas bajo la cobertura de FDX	Un solo sistema de manejo de marca a fin de levantar la potencia de la marca FedEx para que más clientes puedan utilizar la confiabilidad de FedEx como ventaja competitiva estratégica
Fuerza de ventas separada con cooperación dirigida	Una sola fuerza de ventas ampliada, dirigida en especial a pequeñas y medianas empresas, que haga venta cruzada de una amplia cartera de esquemas de servicios y precios
Multiplicidad de números de facturas y cuentas	Un solo número de factura y un solo número de cuenta de FedEx
Múltiples plataformas de automatización que ofrecían todos los servicios de FDX	Sistemas afinados de automatización de atención al cliente, para manejar transacciones electrónicas y necesidades de administración de base de datos para pequeñas y medianas empresas
Funciones separadas de servicio al cliente y de seguimiento de reclamaciones	Funciones únicas de servicio al cliente, reclamaciones y rastreo mediante llamada telefónica al 1-800-G0-FedEx® (800-463-3339) o visita a su sitio web en www.fedex.com

El 19 de enero de 2000, FedEx anunció tres importantes iniciativas estratégicas:

- Una nueva estrategia de manejo de marca que implicaba cambiar el nombre de la compañía a FedEx Corporation y extender la marca de FedEx a cuatro de sus cinco compañías subsidiarias. Éstas se convirtieron en:
  - FedEx Express (anteriormente Federal Express).
  - FedEx Ground (anteriormente RPS).
  - FedEx Custom Critical (anteriormente Roberts Express).
  - FedEx Logistics (anteriormente Caliber Logistics).
  - Viking Freight (sin cambio).

  En la ilustración 6 se describen algunos de los cambios internos derivados del anuncio de reorganización.

- Una importante reorganización interna encaminada a crear un punto de acceso a ventas, servicio al cliente, facturación y sistemas de automatización. Con estas consolidaciones, la compañía anunció su intención de formar una sexta subsidiaria, llamada FedEx Corporate Services Corporation, en junio de 2000 (véase la ilustración 7, para apreciar la nueva estructura de grupo). La nueva subsidiaria congregaría los recursos de marketing, ventas, servicios al cliente, tecnología de la información y comercio electrónico de todo FDX. Las funciones de facturación de todas las compañías se combinarían también.

- Introducción de un nuevo servicio de mensajería residencial de bajo costo, FedEx Home Delivery, que se pondría en operación en Estados Unidos.

La fusión de las dos operaciones de logística (Caliber Logistics y FLEC) en FedEx Logistics fue de gran importancia. Las dos compañías parecían complementarse en términos de sus ofrecimientos de servicio y de su base de clientes. Ambas tenían unos cuantos de los mismos clientes, pero muchos otros diferentes. Más todavía, la presencia de Caliber estaba principalmente en Norteamérica y Europa, en tanto que FLEC se había expandido en otros continentes. FedEx Logistics reunió todas las operaciones divididas de logística en todas las compañías subsidiarias, ajustando costos, presentando un menú de ofrecimientos de servicio de logística a los clientes y alineando los sistemas de investigación y desarrollo en plataformas comunes, acordes. Esta reorganización también trajo consigo otro gran cambio en las operaciones. Ya no era obligatorio para las empresas de logística usar la transportación de FedEx como parte de sus soluciones para los clientes. Ser "indiferente en cuanto al transportista" (*carrier-agnostic*) significaba que FedEx Logistics usaba la transportación de FedEx cuando era la adecuada, tanto en términos de costo como de cobertura geográfica. La decisión reposaría en la preferencia del cliente y en la clase de bienes que se transportaban. Por caso, Caliber estaba transportando camiones montacargas, autos y planchas de acero, cuyo manejo quedaba fuera de la capacidad física de FedEx.

La combinación de las dos operaciones reunió la pericia de TI y el conocimiento del oficio de la empresa de logística. Al mando de un director general se establecían normas para el desarrollo de sistemas sobre una base mundial, incluyendo la selección de vendedor. En el pasado, las regiones desarrollaban sus propias soluciones y operaban en aislamiento. Sin embargo, internet forzó a la compañía a consolidar sus sistemas y soluciones a medida que los clientes demandaban soluciones globales. Por medio de los grupos de TI ubicados en Memphis, Leiden (Holanda) y Singapur, la compañía tomó la resolución de crear sistemas globales para la implementación mundial, con funciones como las divisas y lenguas múltiples. FedEx Logistics pronosticó una tasa de crecimiento de 70% en el año a terminar el 31 de mayo de 2000. No obstante, el negocio hasta el momento no conseguía generar utilidades. La compañía se planteó como meta acrecentar su pericia en los cinco segmentos de mercado: cuidado de la salud, industrial, de alta tecnología, automotriz y de consumo.

La firma preveía que tendría que gastar 100 millones de dólares en estos cambios en tres años. La intención era aprovechar uno de sus más grandes activos, el nombre de marca de FedEx: el nombre con el que los clientes podían contar para obtener un servicio "absoluta, positivamente" confiable e innovación de punta. El valor de la marca se había ignorado, en particular cuando la compañía decidió cambiar su nombre corporativo a FDX en 1998. Al darse cuenta de su error, la redenominación de la empresa como FedEx Corporation y la extensión de la marca a sus subsidiarias concordó con su intención de proveer a los clientes un conjunto integrado de soluciones de negocios. Ellos querían tratar con una compañía que satisficiera sus necesidades de transportación y logística.

Cada compañía iba a seguir operando en forma independiente, pero colectivamente el grupo proveía una amplia gama de soluciones de negocios. Esta sinergia colectiva de soluciones era la que FedEx consideraba que constituiría la ventaja competitiva de la empresa en el futuro. Para los clientes, los beneficios incluían medios más fáciles de hacer negocios con FedEx. Iba a haber un número telefónico para llamar en forma gratuita, un sitio web, un número de factura y cuenta, un equipo de ventas, un equipo de servicio al cliente y una plataforma modernizada de atención automatizada al cliente para manejar las transacciones electrónicas para pequeñas y grandes empresas. La nueva organización tenía como meta ayudar a las compañías de todos tamaños a lograr su embarque, logística, cadena de suministros y objetivos de comercio electrónico. Sin embargo, los analistas se cuestionaban si la nueva estructura del grupo funcionaría, dado que aún habría equipos diferentes de mensajería y de personal de colecta para las diferentes operaciones. Por consiguiente, un empleado recogería un paquete de envío por tierra y otro podría hacerlo por vía express de la misma empresa. Compañías como UPS, por otra parte, tendrían un encargado de recoger ambos tipos de paquetes.

Además de estos cambios, FedEx anticipaba el crecimiento en el comercio electrónico de consumo y planeaba iniciar un nuevo servicio llamado FedEx Home Delivery (dentro de la compañía subsidiaria FedEx Ground) para atender a las necesidades de las empresas especializadas en el comercio electrónico detallista de negocio a consumidor. FedEx había tenido éxito proporcionando servicios al mercado del comercio electrónico de negocio a negocio. Ahora se proponía alcanzar la misma situación de liderato en este mercado de negocio a consumidor. Sin embargo, ampliar el negocio de la mensajería residencial era un segmento que FedEx había decidido conscientemente no perseguir a lo largo de los años 1990-2000. Esto le dio a UPS la oportunidad de ponerse a la cabeza en los servicios de mensajería residencial.

A fines de 1997, se citó esta declaración de Smith:

> Hemos hecho enormes inversiones en nuestras redes, y ahora que ya sorteamos la marejada de proa creemos que hay buenas oportunidades de tener una buena cosecha de esa inversión.[22]

---

[22] L. Grant, "Why FedEx Is Flying High" (http://pathfinder.com/fortune/1997/971110/fed.html), 10 de noviembre de 1997.

Ilustración 7   Estructura de grupo de FDX Corporation

A. Estructura a fines de 1999

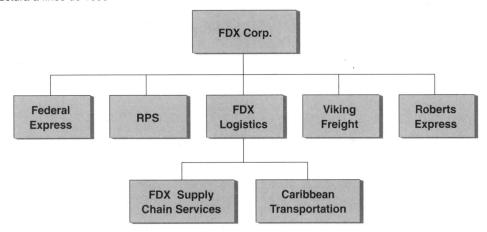

B. Estructura que siguió a la reorganización de enero de 2000

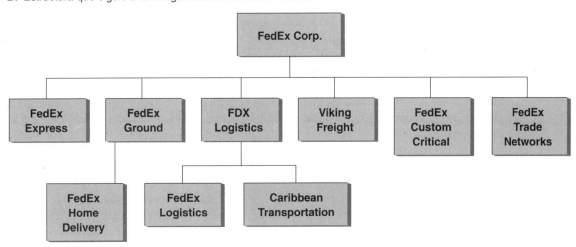

En los dos años que siguieron, los resultados de la compañía mostraron pocas señales de tal cosecha. ¿Iba a producirse con la reestructuración de enero de 2000? El anuncio sirvió ciertamente para decirles a los inversionistas que FedEx estaba haciendo algunos cambios importantes para enfrentar problemas competitivos. No obstante, los analistas adoptaron un punto de vista pragmático del anuncio al decir "la prueba se verá en los resultados".[23]

Nuestro mayor desafío es manejar correctamente todo lo que esté en nuestro plato.
—Fred Smith[24]

¿Iba la reorganización a ser la palanca para levantar la potencia de las redes y de las infraestructuras de información y logística que FedEx había construido? ¿Proveía los ingredientes precisos para lograr los objetivos de crear valor para los clientes de FedEx y mejorar al propio tiempo la rentabilidad para esta empresa? Dada la rapidez con que la tecnología y la plaza de mercado estaban cambiando, ¿sería adaptable esta nueva estructura de organización al ambiente en cambio constante de los negocios? ¿Habría mejores alternativas que la compañía pudiera haber considerado?

---

[23] C. Bazdarich, "What's in a Name? Traders Swayed by Nominal Changes", *CBS MarketWatch*, 21 de enero de 2000 (http://cbs.marketwatch.com/archive...st.htx?source=htx/http2_mw&dist=na), febrero de 2000.

[24] Collingwood, 1999.

caso | 12 La adquisición de Quaker Oats por PepsiCo

John E. Gamble
University of South Alabama

En 2001, PepsiCo era la quinta compañía más grande de alimentos y bebidas del mundo, con marcas como Lay's, Tostitos, Mountain Dew, Pepsi, Doritos, Aquafina y Lipton, que aportaban ingresos de aproximadamente 26 000 millones de dólares. Los ingresos de PepsiCo habían llegado a 31 000 millones de dólares en 1996, pero una nueva estrategia corporativa emprendida en 1997 había adelgazado la cartera de la compañía de un conjunto de restaurantes de comida rápida, alimentos ligeros (*snacks*) y bebidas, para concentrarla en una alineación nítidamente enfocada de los alimentos y bebidas de conveniencia (*convenience*: de alto consumo por varios factores, como comodidad, precio, higiene, fácil uso o preparación, etc.). Entre 1997 y 1999, el director ejecutivo Roger Enrico generó la derivación de Kentucky Fried Chicken (KFC), Taco Bell y Pizza Hut como negocio independiente, de financiamiento público; creó una empresa embotelladora independiente mediante una oferta pública inicial; y entró en categorías adicionales de alimentos ligeros y bebidas con las adquisiciones de Cracker Jack y Tropicana. El enfoque de Enrico en alimentos y bebidas de conveniencia puso a PepsiCo en categorías de alimentos y bebidas que crecían a un ritmo doble respecto a la tasa de crecimiento de la industria que era de 2%, y le dio una ventaja de participación de mercado de dos a uno sobre su más cercano competidor en el ramo del alimento y la bebida de conveniencia.

Roger Enrico y el director ejecutivo de Quaker Oats, Robert Morrison, anunciaron conjuntamente el 4 de diciembre de 2000 que PepsiCo adquiriría Quaker Oats. La operación combinaría 13 marcas de PepsiCo (con ventas detallistas de más de 1 000 millones de dólares cada una) con la bebida deportiva líder de mercado de Quaker, Gatorade, y las barras de granola y productos de desayuno caliente de Quaker. La fusión fue aprobada por la U.S. Federal Trade Commission (FTC, Comisión Federal de Comercio de Estados Unidos) en agosto de 2001 y le dio a PepsiCo una plataforma para seguir a la cabeza de la industria de comidas y bebidas no sólo en crecimiento de ingresos, sino también en cuanto a crecimiento de ganancias operativas y percepciones. El presidente y director ejecutivo de PepsiCo, Steve Reinemund, que sucedió a Roger Enrico en mayo de 2001, comentó que la adquisición de Quaker Oats insertaría la bebida deportiva líder en la cartera de PepsiCo y brindaría amplias oportunidades de crecimiento de ingresos, así como en el sentido de compartir costos a través de las sinergias existentes entre las marcas de PepsiCo y de Quaker:

> Quaker le trae a PepsiCo una gama muy amplia de beneficios que tocan virtualmente cada uno de nuestros negocios. Con Gatorade agregaremos la marca isotónica a nuestra cartera de bebidas. El sistema sumamente eficiente de Quaker de agente comercial-bodega, ayudará a Tropicana a acelerar la distribución y el crecimiento nacionales de sus productos estables de anaquel. La marca Quaker y la línea de bocadillos sanos de la compañía nos da una forma ideal de expandirnos más allá de los bocadillos salados. Y reunir a nuestras empresas creará literalmente cientos de millones de dólares en sinergias de compras, manufactura y distribución.[1]

---

[1] "PepsiCo and Quaker Complete Their Merger, Forming the Fifth Largest Food and Beverage Company", *PR Newswire*, 2 de agosto de 2001.

Los altos directores de PepsiCo preveían que, para 2004, la inclusión de las marcas de Quaker Oats en la cartera de PepsiCo aumentaría también el flujo de efectivo operativo en 4 000 millones de dólares y mejoraría los réditos del capital invertido 100 puntos de base por año, para llegar a 30% en 2005. Con la excepción de la volatilidad de los meses que siguieron al anuncio de la adquisición de Quaker, el mercado había reaccionado favorablemente a la transformación de PepsiCo, con el valor de sus acciones comunes mejorando de unos 30 dólares en 1997 a más de 45 dólares a fines de 2001. Los resúmenes del desempeño financiero de PepsiCo y Quaker Oats se muestran en las ilustraciones 1 y 2, respectivamente. La ilustración 3 rastrea el desempeño de mercado de PepsiCo entre 1991 y 2001.

HISTORIA DE LA COMPAÑÍA

PepsiCo se fundó en 1965 cuando el director ejecutivo de Pepsi-Cola y entonces presidente de esta empresa, Donald M. Kendall, se dirigió a Herman Lay, presidente y director ejecutivo de Frito-Lay, con una propuesta: "Ustedes hagan que les dé sed, y yo les daré Pepsi."[2] Kendall avistaba una compañía de alimentos y bebidas con productos complementarios que proveería amplias oportunidades para compartir costos, hacer comercialización conjunta, y transferir conocimiento y habilidades. La nueva empresa se fundó con ingresos anuales de 510 millones de dólares y con marcas tan conocidas como Pepsi-Cola, Mountain Dew, Fritos, Lay's, Cheetos, Ruffles y Rold Gold. Las raíces de PepsiCo pueden rastrearse hasta 1898, cuando Caleb Bradham, un farmacéutico de New Bern, Carolina del Norte, creó la fórmula para una bebida con carbonato que llamó Pepsi-Cola. La historia de los bocadillos salados de la compañía comenzó en 1932, cuando Elmer Doolin, de San Antonio, Tejas, compró la receta de un producto desconocido llamado *corn chip* (fritura de maíz) y empezó a elaborar y a hacer el marketing de las frituras, la marca de las cuales denominó Fritos. Otro hecho que se produjo en 1932 y que marcó el comienzo de Frito-Lay fue la decisión del negociante de Nashville, Tennessee, Herman W. Lay de iniciar un negocio de distribución de papas fritas. Las ventas crecieron de tal forma que, en 1938, Lay compró la empresa que le proveía de frituras y la renombró H.W. Lay Company. Doolin y Lay convinieron en fusionar Fritos y la H.W. Lay Company en 1961.

Kendall, quien retuvo la función de director ejecutivo de la recién fusionada empresa, ahora llamada PepsiCo, impulsó su crecimiento con la introducción de nuevos productos, expansión dentro de mercados internacionales y hábiles campañas publicitarias. Al mando de Kendall, PepsiCo introdujo Doritos y Funyuns; entró en mercados de Japón y Europa Oriental; y lanzó la primera campaña publicitaria de Mountain Dew, que proclamaba: "Yahoo Mountain Dew". Kendall supervisó no sólo la rápida expansión de la capacidad, que promediaba la apertura de una nueva planta de alimentos ligeros por año, sino también el desarrollo de la campaña publicitaria de la "Pepsi Generation" ("la generación Pepsi"), de Pepsi-Cola, planeada para atraer a los jóvenes *baby boomers* de fines de la década de 1960. Para cuando Kendall cedió las riendas a Andrall Pearson en 1971, PepsiCo había más que duplicado sus ingresos, a 1 000 millones de dólares.

Pearson, como Kendall, trabajó por el crecimiento a través del desarrollo de nuevos productos, la expansión internacional y el marketing emprendedor. Una de las primeras acciones de Pearson fue cambiar el tema montañés de la publicidad y los gráficos de envasado de Mountain Dew a escenas orientadas por la acción. Los cambios de publicidad y envasado, junto con el nuevo lema "Put a little yahoo in your life" ("Ponga un poco de yahoo en su vida"), hicieron de Mountain Dew uno de los 10 refrescos de más venta en Estados Unidos en un año. PepsiCo se convirtió en el primer producto extranjero en venderse en la Unión Soviética en 1972, se expandió a China en 1982 y para 1984 vendía productos en casi 150 países y territorios. Entre las nuevas marcas lanzadas durante la presidencia y dirección ejecutiva de Pearson estaban Pepsi Light en 1975, las galletas Grandma en 1980, Tostitos en 1981, Pepsi Free en 1982 y Slice en 1984.

---

[2] "The Sweet Spot of Convenient Food and Beverages", *Business Week Online*, 10 de abril de 2000.

Ilustración 1   Resumen financiero de PepsiCo, Inc., 1991-2000 (en millones, excepto las cantidades por acción)

	2000	1999	1998	1997	1996	1995	1994	1993	1992	1991
Ventas netas	$20 438	$20 367	$22 348	$20 917	$31 645	$30 421	$28 472	$25 021	$21 970	$19 292
Utilidades operativas	3 225	2 818	2 584	2 662	2 546	2 987	3 201	2 907	2 371	2 112
Gasto de interés, neto	145	245	321	353	474	555	555	484	472	452
Ganancias en transacciones de embotellado	—	1 000	—	—	—	—	—	—	—	—
Ingresos de continuación de operaciones antes de impuestos sobre la renta y efecto acumulativo de cambios de contabilidad	3 210	3 656	2 263	2 309	2 047	2 432	2 664	2 423	1 899	1 660
Impuestos sobre la renta: actuales y diferidos	1 027	1 606	270	818	898	826	880	835	597	580
Ingreso de continuación de operaciones antes del efecto acumulativo de cambios de contabilidad	2 183	2 050	1 993	1 491	1 149	1 606	1 784	1 588	1 302	1 080
Efecto acumulativo de cambios de contabilidad	—	—	—	—	—	—	(34)	—	(928)	—
Ingreso neto	$ 2 183	$ 2 050	$ 1 993	$ 1 491	$ 1 149	$ 1 606	$ 1 752	$ 1 588	$ 374	$ 1 080
Ingreso neto por acción	$ 1.51	$ 1.40	$ 1.35	$ 0.98	$ 0.70	$ 1.00	$ 1.09	$ 0.98	$ 0.23	$ 0.68
Dividendos en efectivo declarados por acción	$ 0.56	$ 0.54	$ 0.52	$ 0.49	$ 0.45	$ 0.39	$ 0.35	$ 0.30	$ 0.26	$ 0.23
Activo total	$18 339	$17 551	$22 660	$20 101	$24 512	$25 432	$24 792	$23 706	$20 951	$18 775
Deuda a largo plazo	$ 2 346	$ 2 812	$ 4 028	$ 4 946	$ 8 174	$ 8 439	$ 8 509	$ 8 841	$ 7 443	$ 7 965
Gasto de capital	$ 1 067	$ 1 118	$ 1 405	$ 1 506	$ 2 287	$ 2 104	$ 2 253	$ 1 982	$ 1 550	$ 1 458

Fuente: PepsiCo, Inc., 2000 10-K.

Ilustración 2 Resumen financiero de Quaker Oats Company, 1995-2000 (en millones de dólares, excepto en cantidades por acción)

	2000	1999	1998	1997	1996	1995
Ventas netas	$5 041.0	$4 725.2	$4 842.5	$5 015.7	$5 199.0	$5 954.0
Utilidades brutas	2 752.7	2 588.4	2 468.1	2 450.8	2 391.5	2 659.6
Ingreso (pérdida) antes de impuesto sobre la renta	551.1	618.3	396.6	-1 064.3	415.6	1 220.5
Provisión (beneficio) para impuesto sobre la renta	190.5	163.3	112.1	-133.4	167.7	496.5
Ingreso (pérdida) neto(a)	$ 360.6	$ 455.0	$ 284.5	($930.9)	$ 247.9	$ 724.0
Por acción común:						
Ingreso (pérdida) neto(a)	$ 2.71	$ 3.36	$ 2.04	($6.80)	$ 1.80	$ 5.39
Ingreso (pérdida) neto(a) —diluido	$ 2.61	$ 3.23	$ 1.97	($6.80)	$ 1.78	$ 5.23
Dividendos declarados:						
Acción común	$ 149.3	$ 151.8	$ 155.2	$ 155.9	$ 153.3	$ 150.8
Por acción común	$ 1.14	$ 1.14	$ 1.14	$ 1.14	$ 1.14	$ 1.14
Número promedio de acciones comunes emitidas y en circulación (en millares)	131 689	134 027	137 185	137 460	135 466	134 149
Estadísticas financieras						
Capital operativo	$ 153.3	$ 58.4	$ 105.9	$ 187.3	($465.0)	($621.6)
Neto de propiedad, planta y equipo	$1 120.0	$1 106.7	$1 070.2	$1 164.7	$1 200.7	$1 167.8
Gasto de depreciación	$ 123.5	$ 114.0	$ 116.3	$ 122.0	$ 119.1	$ 115.3
Total del activo	$2 418.8	$2 396.2	$2 510.3	$2 697.0	$4 394.4	$4 620.4
Deuda a largo plazo	$ 664.1	$ 715.0	$ 795.1	$ 887.6	$ 993.5	$1 051.8
Capital contable común de los accionistas	$ 354.7	$ 197.3	$ 151.0	$ 228.0	$1 229.9	$1 079.3
Gama del precio de mercado de acciones comunes:						
Alto	$98 15/16	$71 5/16	$65 9/16	$55 3/8	$39 1/2	$37 1/2
Bajo	45 13/16	50 7/8	48 1/2	34 3/8	30 3/8	30 1/4

Fuente: Quaker Oats Company 2000 10-K.

Ilustración 3   Desempeño mensual del precio de las acciones de PepsiCo,
Inc., 1991 a diciembre de 2001

a) Tendencia en el precio de la acción común de PepsiCo, Inc.

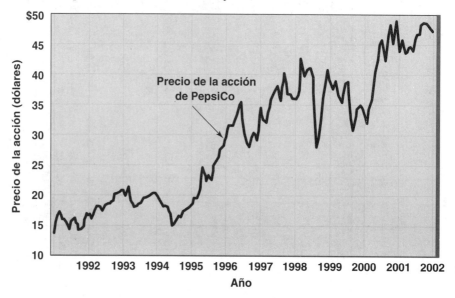

b) Desempeño del precio de la acción de PepsiCo, Inc., en comparación con lo cotizado en el S&P 500 Index

Además, Pearson confeccionó una estrategia corporativa que requería la diversificación de
PepsiCo en restaurantes de servicio rápido. La empresa se había diversificado más allá de los
bocadillos y de los refrescos con las adquisiciones de North American Van Lines en 1968 y de
Wilson Sporting Goods en 1970, pero la compra de Pizza Hut en 1977 dio forma significativamente a la dirección estratégica de PepsiCo en los siguientes 20 años. Las adquisiciones de
Taco Bell en 1978 y de Kentucky Fried Chicken en 1986 crearon una cartera de empresas descrita por Wayne Calloway, director ejecutivo de PepsiCo entre 1986 y 1996, como un equilibrado banco de tres patas. Pearson y Calloway creían que, mientras las bebidas no alcohólicas
y los alimentos ligeros eran empresas complementarias que permitían la transferencia de habilidades y brindaban los beneficios de costos compartidos, los restaurantes de servicio rápido
ofrecían un mercado cautivo para las bebidas de fuente de sodas de Pepsi-Cola y posicionaban

a la compañía en un ramo adicional de alto crecimiento. Más todavía, la considerable pericia de marketing de PepsiCo pudo apalancarse en el marketing de pollo frito, pizza y comidas rápidas mexicanas. North American Van Lines y Wilson Sporting Goods se descartaron de la cartera "tripié" de PepsiCo en 1984 y 1985, respectivamente.

PepsiCo fortaleció su cartera en la década de 1980 y durante la primera mitad de la década de 1990 con adquisiciones de alimentos ligeros y bebidas, como la *root beer* (lit., cerveza de raíz) Mug y 7UP International en 1986, y Walker's Crisps y Smith's Crisps del Reino Unido y la marca Smartfood de maíz tostado (palomitas de maíz) listo para consumo, de Estados Unidos, en 1989. La compañía galletera mexicana Gamesa se añadió en 1990, y SunChips fue adquirida en 1991. Calloway agregó Hot'N Now (cadena de hamburguesas sólo de servicio de paso en auto) en 1990; California Pizza Kitchen en 1992; e East Side Mario's, D'Angelo's Sandwich Shop, y Chevys Mexican Restaurants en 1993.

La compañía se expandió más allá de las bebidas carbonatadas por un acuerdo en 1992 con Ocean Spray para distribuir jugos de una porción; la introducción en 1993 de los tés Lipton, listos para beberse; y la presentación en 1994 del agua embotellada Aquafina, las bebidas isotónicas deportivas All Sport y los cafés Frappucino listos para beberse. La firma se hizo líder en el empleo de celebridades para apoyar sus refrescos y alimentos o bocadillos ligeros durante las décadas de los ochenta y noventa, con anuncios memorables en los que intervinieron Michael Jackson, Michael J. Fox, Ray Charles, Billy Crystal, George Foreman, Shaquille O'Neal y André Agassi. La cartera de PepsiCo se reenfocó en las bebidas no alcohólicas y los bocadillos y alimentos ligeros en 1997, cuando Roger Enrico lanzó como derivados todos los restaurantes de la firma, como una compañía independiente, de formación pública de capital. Los accionistas de PepsiCo recibieron una acción de la nueva empresa, Tricon Global Restaurants, por cada 10 acciones que ellos tuvieran en PepsiCo.

Hacia el final de los años 1990-2000, PepsiCo adquirió Cracker Jack, de Borden Foods; Tropicana, de Seagram Company Ltd., y Smith's Snackfood Company en Australia, de United Biscuits Holdings. La empresa introdujo también los totopos de maíz Doritos 3D y Pepsi One durante los años 1990-2000. En 2000, PepsiCo lanzó su línea de bebidas de fruta FruitWorks y el refresco lima-limón Sierra Mist; asimismo, Aquafina se convirtió en la marca número uno de agua embotellada de venta en Estados Unidos South Beach Beverage Company, elaborador de tés SoBe y de bebidas alternativas; Tasali Snack Foods, líder en el mercado de bocadillos salados de Arabia Saudita, y Quaker Oats Company fueron adquiridos por PepsiCo en 2001. También en 2001, PepsiCo continúa con su tradición de utilizar celebridades de alto perfil mediante un acuerdo multianual de apoyo con Britney Spears. La ilustración 4 presenta la cartera de marcas y productos de PepsiCo en 2001.

LA CARTERA DE NEGOCIOS DE PEPSICO Y DESEMPEÑO AL MANDO DE WAYNE CALLOWAY

Wayne Calloway, presidente de la mesa directiva y director general de PepsiCo de 1986 a 1996, creía que una cartera de bebidas, bocadillos y alimentos ligeros, y restaurantes de comida rápida ofrecía una valiosa sinergia, así como adecuadas oportunidades estratégicas, por la semejanza de las cadenas de valor y factores de éxito claves de esos ramos. El éxito competitivo en los tres ramos iba, en gran parte, en función de la capacidad de una compañía para crear una imagen y para desarrollar nuevos productos innovadores y sabrosos. Al mando de Calloway, PepsiCo hizo una práctica regular de mover de puestos a sus mejores directores en una unidad de negocios para darles asignaciones en los otros dos segmentos de negocios con el objetivo de promover la transferencia de habilidades, prácticas, conocimiento técnico e ideas innovadoras de un negocio a otro. Calloway creía que tales cambios de personal clave ayudaban a PepsiCo a capturar relaciones estratégicas adecuadas entre sus diferentes negocios, a crear capacidades competitivas más fuertes, y a mantener el pensamiento de los directores fresco e innovador.

La experiencia en el negocio de bebidas no alcohólicas de la empresa era esencial para los gerentes deseosos de ascender en grados, puesto que era el negocio más antiguo y más grande de PepsiCo. En 1996, la unidad de negocios de Pepsi-Cola era la segunda mayor fabricante y

Ilustración 4   Cartera de marcas y productos de PepsiCo, 2001

Marcas de Frito-Lay

Lay, papas fritas

Baked Lay, trocitos crujientes de papa

Ruffles, papas fritas rizadas

Baked Ruffles, papas horneadas rizadas

Doritos, totopos de maíz

3D's, bocadillos

Tostitos, totopos de maíz

Baked Tostitos, totopos de maíz
   horneados

Santitas, totopos de maíz

Fritos, hojuelas de maíz fritas

Chee-tos, bocadillos con sabor a queso

Rold Gold pretzels, panecillos pretzels

Funyons, aros con sabor a cebolla

SunChips, bocadillos de multigrano

Cracker Jack, maíz tostado (palomitas
   de maíz) recubierto de caramelo

Chester, maíz tostado (palomitas)

Grandma's, galletas

Munchos, bocadillos crujientes de papa

Smartfood, maíz tostado

Baken-ets, cueritos de cerdo fritos

Oberto, bocadillos de carne

Frito-Lay, dip y salsa

Frito-Lay fuera de Estados Unidos

Bocabits, bocadillos de trigo

Crujitos, bocadillos crujientes de maíz

Fandangos, bocadillos de maíz

Hamkas, bocadillos

Niknaks, palitos de pan con sabor a
   queso

Quavers, bocadillos de papa

Sabritas, papas fritas

Twisties, bocadillos de queso

Walker´s, bocadillos crujientes de papa

Jack's, bocadillos

Simba, bocadillos

Marcas de Pepsi-Cola

Pepsi-Cola

Diet Pepsi

Pepsi One

Wild Cherry Pepsi

Mountain Dew

Mountain Dew Code Red

Slice

Mug

Sierra Mist

FruitWorks

Lipton Brisk (en asociación)

Lipton's Iced Tea (en asociación)

Aquafina

Frappuccino (en asociación)

SoBe

**Pepsi-Cola fuera
de Estados Unidos**

Mirinda

7UP

Pepsi Max

Marcas de Tropicana

Tropicana Pure Premium

Tropicana Season's Best

Tropicana Twister

Dole (con licencia)

Tropicana Pure Tropics

**Tropicana fuera
de Estados Unidos**

Loóza

Copella

Frui'Vita

Tropicana 100

Marcas de Gatorade

Gatorade thirst quencher (extintor de sed)

Gatorade Frost

Gatorade Fierce

Gatorade, barra energética

Propel, agua vitaminada

Marcas de Quaker

Quaker Oats, hojuelas de avena

Quaker, avena instantánea

Cap'n Crunch, cereal

Life, cereal

Quaker Toasted Oatmeal, cereal de
   avena tostada

Quaker 100% Natural, cereal natural

Quaker Toasted Oatmeal, avena tostada

Squares, cereal

Quisp, cereal

King Vitaman, cereal vitaminado

Quaker Bagged, cereal

Quaker Ohs!, cereal

Mother's, cereal

Quaker, bizcochos de arroz

Quaker Crispy Mini's, bocadillos de arroz
   crujiente

Quaker Chewy, barras de granola

Quaker Fruit & Oatmeal, barras de fruta
   y avena

Rice-A-Roni

Pasta Roni

Near East, cuscús del cercano oriente

Aunt Jemima, mezclas y jarabes

Quaker, molido de mazorcas

Quaker fuera de Estados Unidos

FrescAvena, bebida de avena en polvo

Toddy, chocolate en polvo

ToddYnho, bebida de chocolate

Coqueiro, pescado en lata

Sugar Puffs, cereal

Harvest Crunch, cereal

Cruesli, cereal

Quaker Oatso Simple, cereal caliente

Scott's Porage Oats, hojuelas de avena

Quaker Snack-a-Jacks, bizcochos de
   arroz

Quaker Dipps, barras de granola

Fuente: Sitio web de PepsiCo.

comercializadora de bebidas no alcohólicas. Frito-Lay era también una parada esencial para
promover a los gerentes, ya que era la división más rentable de PepsiCo —generó 28% de las
ventas de la compañía y 48% de sus utilidades en 1995—. Frito-Lay había captado más de la
mitad de los 12 100 millones de dólares del mercado estadounidense de bocadillos salados, y

su volumen ponderado creció más rápidamente que su ramo industrial en 1995. Un ejecutivo de Frito-Lay evaluaba así la posición competitiva de la empresa en el ramo: "Básicamente, nosotros somos la categoría."[3]

La inclusión de los restaurantes de servicio rápido era la característica más notable de la cartera de negocios de PepsiCo al mando de Wayne Calloway. En 1996, el segmento de restaurantes de PepsiCo se componía de tres sistemas mundiales de franquicia de comida rápida (Pizza Hut, Taco Bell y KFC) y de un grupo de cinco cadenas restauranteras menores (California Pizza Kitchen, Chevys Mexican Restaurants, Hot 'N Now, East Side Mario's y D'Angelo's Sandwich Shops); en conjunto, formaban el mayor conglomerado de restaurantes del mundo. KFC, Pizza Hut y Taco Bell reunían colectivamente más de 28 500 unidades y ventas mundiales de 11 300 millones de dólares en 1995. Las tres cadenas figuraban entre las cinco cadenas principales de Estados Unidos. La compañía y sus franquiciatarios operaban más de 8 000 unidades internacionales ubicadas en 94 países y tuvieron ventas internacionales de todo el sistema de 6 500 millones de dólares en 1995.

Pizza Hut, la cadena de pizzas líder en el mundo en 1995, tenía una participación de mercado de 51% de los 15 600 millones de dólares del mercado de pizzas franquiciado de Estados Unidos, Taco Bell era la cadena líder de comida rápida mexicana, con sólo unos cuantos competidores regionales; sus ventas del sistema en mercado interno en 1995, de 4 900 millones de dólares, representaban 68% de los 7 200 millones de dólares del segmento del ramo de la comida rápida mexicana. Kentucky Fried Chicken tuvo ventas del sistema en mercado interno o nacional de unos 7 300 millones de dólares en 1995 y dio cuenta de 70% del mercado de pollo de Estados Unidos. Con más de 5 000 unidades, tenía casi el cuádruple de restaurantes estadounidenses que la siguiente cadena más grande de pollo.

Si bien la estrategia inicial de PepsiCo de adquisición de restaurantes era comprar líderes de mercado establecidos, la empresa adquirió más tarde pequeñas compañías relativamente desconocidas que pudieran estar entrando en un periodo de rápido crecimiento. Hot 'N Now se compró en 1990 y California Pizza Kitchen, empresa de riesgo compartido formada en 1992, era un restaurante de servicio completo que ofrecía pizzas cocinadas en hornos alimentados con leña. La adquisición de East Side Mario's, D'Angelo's Sandwich Shops y Chevys Mexican Restaurants tuvo lugar en 1993. East Side Mario's y D'Angelo's eran operados por la administración de Pizza Hut. Todos los D'Angelo's se integraban dentro de unidades de Pizza Hut. Chevys y Hot 'N Now eran parte de la organización de Taco Bell.

A Pearson y Calloway les pareció atractivo el ramo de restaurantes de servicio rápido porque, a partir de fines de los años 1960-1970, los estadounidenses habían gastado en restaurantes una creciente porción de su dinero destinado a alimentos. Los factores demográficos, como el mayor número de familias con doble ingreso y el aumento en el número de hogares formados por solteros, junto con el deseo creciente de un tiempo libre de mejor calidad, se habían combinado para que las comidas fuera de casa se convirtieran en una alternativa atrayente de las comidas en casa. En 1995, los consumidores en todo el mundo gastaron más de 150 000 millones de dólares en restaurantes de comida rápida. Las ventas estadounidenses de comida rápida crecieron a una tasa compuesta anual de 6% entre 1990 y 1996 para llegar a 100 000 millones de dólares a medida que los norteamericanos incrementaron el porcentaje de su dinero para alimentos gastado en restaurantes de 33% en 1980 a 50% en 1996.

Aun cuando los consumidores estaban realizando un mayor número de sus comidas fuera de casa, el segmento de comida rápida de la industria restaurantera llegó a verse en problemas por la saturación del mercado y la creciente competencia de precios durante los años 1990-2000. Las compañías de comida rápida no sólo aumentaron el número de ubicaciones independientes cómodas para conductores, sino que se expandieron también a lugares no tradicionales, como los estadios deportivos, aeropuertos, bodegas de descuento en gran escala, centros comerciales, comedores universitarios y estaciones gasolineras. En 1995, los 191 000 restaurantes de comida rápida en Estados Unidos representaban un aumento de 74% desde 1980. Los números crecientes de puntos de venta de comida rápida y los consumidores conscientes del valor generaron

---

una fuerte competencia de precios entre las cadenas líderes de comida rápida, con una confianza cada vez mayor en las comidas con precio de descuento para acrecentar el volumen a costa de los márgenes.

Al tiempo que el mercado de Estados Unidos se saturaba más y se hacía más competitivo, los restaurantes líderes franquiciados prestaban mayor atención a los mercados internacionales como fuente de crecimiento. Mientras el mercado internacional de comida rápida era aproximadamente de la mitad del tamaño del mercado estadounidense, muchos países ofrecían tasas de crecimiento más rápidas a corto plazo y un potencial mayor aún a largo plazo conforme se desarrollaban sus mercados de comida rápida. Aun cuando los mercados internacionales eran atractivos para las compañías de comida rápida con base en Estados Unidos, había muchos riesgos asociados con la entrada en ellos. Además del reto de satisfacer las preferencias internacionales de gustos, las empresas de comida rápida topaban con dificultades para repatriar las utilidades por las restricciones gubernamentales locales y las fluctuaciones internacionales de la moneda. De igual modo, los costos de desarrollo en el extranjero eran con frecuencia más altos que en Estados Unidos, y no se disponía fácilmente de proveedores calificados.

En 1996, a la par que el atractivo de la industria global de la comida rápida seguía declinando, varios inversionistas y analistas de Wall Street expresaban la opinión de que PepsiCo debía deshacerse de sus inversiones en negocios restauranteros o pasarlos a derivaciones. Hot 'N Now y Chevys habían tenido pérdidas operativas en 1995 y, mientras las unidades de KFC tenían las mismas ventas fijas de tienda en 1996, las ventas de tienda de Taco Bell y Pizza Hut habían estado decayendo desde 1994. Un resumen de los resultados operativos de las tres unidades de negocios de PepsiCo de 1993 a 1996 se presenta en la ilustración 5. Los ingresos anuales y el número de unidades de las cadenas estadounidenses líderes de servicio rápido de pollo, comida mexicana y pizza en 1995 se muestran en la ilustración 6.

ROGER ENRICO Y LA REESTRUCTURACIÓN DE LA CARTERA DE PEPSICO

A principios de 1996 Wayne Calloway anunció que renunciaría a la dirección ejecutiva de PepsiCo para librar su batalla contra el cáncer. Los accionistas de PepsiCo se habían comportado bien durante el periodo de 10 años de mando de Calloway, con un crecimiento del precio por acción de la empresa de 4⅜ dólares en 1986 a su precio de fin de año en 1995 de 27 ¹⁵⁄₁₆ dólares. Las acciones de PepsiCo subieron de valor 54% tan sólo en 1995. Roger Enrico, veterano de 25 años en la empresa, con experiencia en los tres segmentos comerciales de la misma, se convirtió en el nuevo director general de PepsiCo en abril de 1996. Enrico se unió a PepsiCo en el departamento de marketing de Frito-Lay en 1971, donde permaneció hasta llegar a presidente y director ejecutivo del segmento de bebidas de PepsiCo en 1983. Roger Enrico dejó la unidad de bebidas de Pepsi-Cola en 1991 para ocupar el puesto de director ejecutivo de Frito-Lay. En 1994, Enrico fue transferido de Frito-Lay para dirigir los negocios de restaurantes de la firma.

Cada uno de los tres segmentos de negocios de PepsiCo habían prosperado bajo la dirección de Enrico. En los años 1980-1990, Enrico inició y lanzó una nueva campaña de publicidad para Pepsi-Cola que incluyó la combinación de nuevos lemas, pruebas de degustación, y el respaldo de celebridades como Michael Jackson y Madonna, y rápidamente revitalizó la imagen indigesta de Pepsi-Cola. La estrategia de marketing de Enrico fue tan exitosa que se le acreditó haber tentado a Coca-Cola a hacer su desastrosa introducción de la New Coke en 1985. Roger Enrico detalló la rivalidad entre estas dos compañías refresqueras y el fracaso de la New Coke en su libro de 1986, *The Other Guy Blinked: How Pepsi Won the Cola Wars*.

Cuando estaba en Frito-Lay, Enrico mejoró el desempeño de la división de alimentos ligeros reduciendo en gran medida los costos y mejorando la calidad de los productos de la compañía. En su cargo como director de los restaurantes PepsiCo Worldwide Restaurants, Enrico impulsó con éxito las presentaciones de nuevos productos que ayudaban a levantar las ventas de una misma tienda. Instituyó también un plan de refranquiciamiento de restaurantes

Ilustración 5 Resultados financieros seleccionados de las tres líneas principales de negocios de PepsiCo, 1993-1996 (en millones de dólares)

	Bebidas	Restaurantes	Bocadillos y alimentos ligeros	Corporativo
Ventas norteamericanas				
1996	$ 7 725	$9 110	$6 618	
1995	7 400	9 202	5 863	
1994	6 541	8 694	5 356	
1993	5 918	8 026	4 674	
Ventas internacionales				
1996	$ 2 799	$2 331	$3 062	
1995	2 982	2 126	2 682	
1994	2 535	1 827	2 908	
1993	2 148	1 330	2 353	
Utilidades operativas norteamericanas				
1996	$ 1 428	$ 370	$1 286	
1995	1 249	726	1 149	
1994	1 115	637	1 043	
1993	804	685	901	
Utilidades operativas internacionales				
1996	$ (846)	$ 153	$ 346	
1995	117	112	301	
1994	136	86	354	
1993	97	109	285	
Activo				
1996	$ 9 816	$6 435	$6 279	$ 607
1995	10 032	6 759	5 451	1 555
1994	9 566	7 203	5 044	1 684
1993	9 105	6 412	4 995	2 103
Depreciación				
1996	$ 440	$ 546	$ 346	$7
1995	445	579	304	7
1994	385	539	297	7
1993	359	457	279	7
Gastos de capital				
1996	$ 648	$ 657	$ 973	$ 9
1995	566	750	769	34
1994	677	1 072	532	7
1993	491	1 005	491	21

Fuente: 1996, PepsiCo, Inc., 10-K.

ideado para aminorar la dependencia del grupo restaurantero de las transfusiones de capital y efectivo de otros segmentos de negocios de PepsiCo para financiar la construcción de restaurantes nuevos.

Sin embargo, a pocos meses de haber asumido el cargo, Roger Enrico se encontró con varios problemas muy serios en PepsiCo. El negocio de bebidas de la empresa empezó a quedarse detrás de Coca-Cola por un margen creciente en los mercados internos, así como en los internacionales. De igual manera, el negocio de restaurantes de PepsiCo se veía afectado por las ventas declinantes de la misma tienda y por los márgenes de utilidades en disminución. Las soluciones de Enrico a los problemas estratégicos que enfrentaba PepsiCo se desplegaron gradualmente entre 1996 y 2001 e implicaron la reestructuración de la cartera de negocios de PepsiCo.

Ilustración 6   Ventas y unidades de restaurantes líderes estadounidenses
en los segmentos de pollo, pizza y comida mexicana, 1995

	Ventas (en millones de dólares)	Unidades
Segmento de pollo		
KFC	$7 275	5 142
Church's Chicken	737	1 165
Popeye's Famous Fried Chicken & Biscuits	710	907
Chick-fil-A	502	592
Kenny Rogers Roasters	285	250
El Pollo Loco	200	250
Boston Market	159	1 023
Grandy's	156	184
Lee's Famous Recipe Chicken	152	274
Bojangle's Famous Chicken & Biscuits	101	206
Segmento de pizza		
Pizza Hut	$7 900	10 648
Domino's Pizza	2 650	5 079
Little Caesars	2 000	4 700
Papa John's	458	632
Round Table Pizza	376	562
Chuck E. Cheese's	263	332
Shakey's	250	450
Godfather's	250	522
Pizza Inn	233	475
California Pizza Kitchen	171	70
Segmento de comida mexicana		
Taco Bell	$4 925	5 950
Chi-Chi's	341	1 375
El-Torito	237	105
Del Taco	216	266
Taco John's	166	420
Taco Cabana	158	127
Chevys Fresh Mex	150	54
El Chico	144	94
Taco Time	115	306
Don Pablo's	89	76

Fuente: Restaurants & Institutions, 1 de julio de 1996.

Derivación de KFC, Pizza Hut y Taco Bell por Enrico

A fines de 1996, Roger Enrico propuso a la junta directiva de PepsiCo que se eliminaran los restaurantes de la cartera de negocios de la compañía, creando una derivación para sus tres cadenas mayores de restaurantes como una empresa independiente ofrecida públicamente, y haciendo una reversión de las inversiones en las cadenas menores antes de la derivación. La junta aprobó el plan en enero de 1997, y en octubre de ese año las liquidaciones de KFC, Taco Bell y Pizza Hut ya se habían efectuado con la creación de Tricon Global Restaurants. Analistas e inversionistas aplaudieron la medida de desprendimiento porque había la extendida creencia de que los restaurantes de PepsiCo limitaban la inversión en los negocios de alimentos ligeros y bebidas de la compañía y que perjudicaban gravemente la operación general y los márgenes de ganancia de PepsiCo. Cuando se le pidió que hablara de las adquisiciones iniciales de KFC, Taco Bell y Pizza Hut y la derivación de liquidación de 1997, Enrico comentó:

> No se puede decir con claridad que para PepsiCo fuera un fracaso total haber estado en el negocio restaurantero; eso sería una completa equivocación. Nuestra empresa tuvo la capacidad de aportar las cosas que fueron importantes para esas compañías cuando PepsiCo entró en ellas: efectivo... teníamos mucho. De igual manera, les proporcionamos el mismo estándar de personal y proceso [que se tenían en Frito-Lay y en Pepsi-Cola]. Y en tercer lugar estuvo el marketing, porque se tenía que construir las marcas de esas cadenas restauranteras. Cuando compramos Pizza Hut, no era un negocio muy grande. Cuando compramos Taco Bell, era un negocio pequeñito. Shakey's era mayor que Pizza Hut cuando compramos ésta.
>
> Pero ahora nos vemos frente a una situación estratégica diferente. El negocio [de restaurantes] se construyó afuera en su mayor parte. Lo que iba a ser importante al seguir adelante era el lado operativo del negocio: el servicio al cliente, la calidad del producto, la ecuación de valor. Esos aspectos realmente requerían una cultura y procesos restauranteros. No tenían nada que ver con Pepsi-Cola o con Frito-Lay. No puede usted tener dos culturas diferentes en una corporación; una cultura tiene que ser dominante. Las culturas de Frito y Pepsi son muy semejantes. Nuestra cultura no era muy conductiva a lo que se necesita para ganar en restaurantes. Era un buen negocio para nosotros hasta fines de los años 1980-1990, cuando la industria se vio frente a un exceso de capacidad, con demasiadas unidades y la demanda en descenso. Y entramos en la comida casual [Chevys Mexican Restaurants y California Pizza Kitchen] justo al tiempo que la demanda casi se desplomaba.[4]

La adquisición de Cracker Jack

PepsiCo adquirió la mezcla, con una antigüedad de 104 años, de bocadillos de maíz tostado o de cacahuate (maní) cubiertos de dulce (garapiñados) de Borden Foods —Cracker Jack— a fines de 1997. El año anterior a su adquisición por PepsiCo, Cracker Jack había registrado ventas de 40 millones de dólares y había estado a punto de alcanzar, por quinto año consecutivo, el punto límite de rentabilidad (de retribución en réditos igual a lo invertido). Borden Foods había descuidado la marca, con poca publicidad desde fines de los años 1970-1980 y sin innovaciones a la fórmula ni al empaque del producto. A Enrico le parecía que este producto se ajustaba de manera natural a la línea de productos de Frito-Lay y creía que la marca podía aumentar rápidamente sus ventas mediante el sistema directo de entrega a tiendas de Frito-Lay que tenía la posibilidad de colocar Cracker Jack en 470 000 puntos de venta detallistas a las pocas semanas de la adquisición. Un ejecutivo de Frito-Lay que defendió la adquisición habló del atractivo adicional de Cracker Jack: "Estamos dejando ir 50% de la oportunidad de los bocadillos porque cuando alguien quiere uno, primero tiene que elegir si será salado o dulce". Ese ejecutivo comentó también que el producto pasaba la "prueba de mordisqueo sin pensar" de Frito-Lay, pues "una vez que usted abre la bolsa, simplemente sigue comiéndoselos hasta que se acaban".[5]

PepsiCo retuvo la caja icónica de Cracker Jack, pero también puso el bocadillo dulce disponible en nuevas bolsas de cuatro y ocho onzas (113 y 227 gramos) y agregó 10% más de cacahuates y mejores premios. Entre los nuevos premios en los paquetes de Cracker Jack aparecieron, por primera vez desde principios de los años 1960-1970, silbatos de plástico, así como guantes, pelotas y gorras miniatura de béisbol. Cracker Jack rindió utilidades en su primer año bajo la administración de Frito-Lay y aumentó sus ventas a más de 100 millones de dólares en los dos años que siguieron a la adquisición.

La adquisición de Tropicana

PepsiCo adquirió Tropicana Products de Seagram Company Ltd. en agosto de 1998 por 3 300 millones de dólares. La adquisición fue la mayor efectuada por PepsiCo y le dio a la compañía el mayor productor y comercializador de jugos de marca, con marcas tan conocidas como Tropicana Pure Premium, Tropicana Season's Best y Dole. Algunos analistas cuestionaron el precio

---

[4] "The Sweet Spot of Convenient Food and Beverages."

[5] "PepsiCo's New Formula", *Business Week Online*, 10 de abril de 2000.

de Tropicana de 3 300 millones de dólares dadas sus ventas en 1997 de aproximadamente 2 000 millones de dólares, pero su participación de mercado de 71%, en la categoría de jugos no concentrados, del mercado de jugo de naranja le daba a PepsiCo una ventaja de casi cuatro a uno sobre Minute Maid de Coca-Cola. Además, se esperaba que el vasto sistema de distribución de PepsiCo aumentara la disponibilidad de Tropicana, y algunos creían que el mercado de jugo de naranja de Tropicana se hallaba lejos de estar maduro. Un alto ejecutivo de Tropicana argüía que la marca podría lograr un rápido crecimiento, ya que poco menos de 20% de los desayunos en Norteamérica incluían jugo de naranja y porque había amplia oportunidad para el crecimiento internacional a través de la red de distribución global de PepsiCo.

La derivación y oferta pública inicial de las operaciones de embotellado de PepsiCo

En el curso de la mayor parte de la historia de PepsiCo, la dirección abrigó la creencia de que la propiedad corporativa de las operaciones locales de embotellado y distribución era crítica para el éxito general de Pepsi-Cola Company. La administración creía que el control sobre la producción y la distribución locales le daría una ventaja sobre Coca-Cola, la cual se valía de embotelladores independientes para producir y distribuir bebidas no alcohólicas a los detallistas. Las pequeñas embotelladoras locales de Coca-Cola empezaron a desaparecer en las décadas de 1980 y 1990, pero las adquisiciones no fueron hechas por Coca-Cola, sino por compañías independientes comerciadas públicamente, como Coca-Cola Enterprises y Coca-Cola Consolidated. Coca-Cola Enterprises era la mayor embotelladora y distribuidora de productos de Coca-Cola, con operaciones en 46 estados de Estados Unidos; las 10 provincias de Canadá, y porciones de Europa, entre las que se incluían Bélgica, Francia, Gran Bretaña, Luxemburgo, Mónaco y Países Bajos. La distribución de productos de Coca-Cola por Coca-Cola Enterprises hacía de esta firma la mayor embotelladora del mundo de bebidas no alcohólicas. Después de más de una docena de adquisiciones a través del sureste de Estados Unidos, Coca-Cola Consolidated se convirtió en la segunda mayor embotelladora de Coca-Cola, con territorios de venta en 11 estados y una base de consumidores de más de 18 millones de personas. La estrategia de Coca-Cola le permitía mantener operaciones de embotellado de bajo margen e intensa aportación de capital (que requerían plantas, camiones y miles de empleados) fuera de sus declaraciones financieras y concentrarse en el marketing global y en un alto margen de ventas de concentrado a los embotelladores.

En 1999, PepsiCo se desprendió de más de 50% de sus operaciones de embotellado alrededor del mundo en cuatro transacciones que crearon cuatro embotelladoras ancla independientes. PepsiCo registró una ganancia de más de 1 000 000 de dólares en la oferta pública inicial (OPI; initial public offering, IPO) del embotellador Pepsi Bottling Group (PBG) en marzo de 1999. Como una entidad independiente, en PepsiCo se creía que PBG se beneficiaría de una definición más clara de su función y que sería capaz de ejecutar su estrategia de negocios en un nivel de mercado local. La derivación le permitiría también a PepsiCo concentrarse en el desarrollo de nuevos productos y programas de marketing para respaldarlos. Al concluir la OPI, PBG se convirtió en el embotellador más grande de Pepsi-Cola, generando aproximadamente 50% de las ventas unitarias de la compañía en Estados Unidos y 30% de ventas unitarias en el mundo entero. PepsiCo retuvo un interés de capital accionario en PBG de alrededor de 36 por ciento. También en 1999, combinó otras operaciones de embotellado con las de tres embotelladoras independientes: Whitman Corporation; PepCom Industries, Inc., y Pepsi-Americas, Inc. PepsiCo mantuvo un interés de capital accionario en cada una de las embotelladoras independientes expandidas. En diciembre de 2000, Whitman Corporation se fusionó con PepsiAmericas.

Evaluación de la cartera de PepsiCo en 2000

Las acciones de PepsiCo se habían comercializado de manera errática desde que Roger Enrico pasara a ocupar el cargo de director ejecutivo de la compañía, pues el mercado no pareció impresionarse con la derivación de los negocios de comida rápida de PepsiCo, la OPI de sus operaciones de embotellado y la adquisición de Tropicana. Algunos analistas comentaban que Enrico carecía de una visión corporativa y de una estrategia que llevara a la empresa a alcanzar mejores logros; sin embargo, él la había reposicionado con una serie de movimientos aislados oportunistas. En una entrevista en 2000 con reporteros de *Business Week*, Enrico explicó el desdoblamiento de su estrategia para PepsiCo y asumió algo de culpa del mal desempeño de mercado de la firma; comentó también que ese bajo rendimiento era en parte atribuible a la popularidad de las acciones del sector de tecnología.

> Probablemente porque no articulábamos una estrategia que [explicara nuestras decisiones], confundíamos [a los inversionistas]. En cierta medida, eso era culpa mía. Si tuviera que hacerlo de nuevo, tendría que llegar a estas conclusiones más rápidamente: la derivación de los restaurantes, la OPI del embotellado, comprar Tropicana... eso fue oportunista. Tenía que estar a la venta. Y yo habría articulado estas estrategias en las que íbamos a embarcarnos.
>
> En lugar de esto, para no meter desorden, nos expresamos con desdén de la idea de que haríamos estas cosas. Pero no nos habíamos decidido a hacerlas entonces. Hubiera sido mejor que yo hubiera decidido estas cosas más rápidamente y empezado con una agenda muy rápida en vez de dejar que la situación llegara al agotamiento, como llegó. Me pareció que también era importante tener algún éxito detrás de nosotros. Esto probablemente me hizo demorar las cosas. Si yo hubiese dicho que ésta era la estrategia y ésta era la razón de la misma, podría haber generado igual medida de apoyo. Pero habría sido muy difícil de digerir. El problema era que si usted articulaba la estrategia y luego le tomaba un año ponerla en práctica, podría tener un desastre en las manos. Como eso fue lo que pasó, estábamos muy nerviosos. Nos tomó nueve meses hacer la derivación de los restaurantes, debido a las reglas del IRS (Internal Revenue Service –Servicio de Ingresos Internos). Fue bastante difícil mantenerlo todo en su sitio.
>
> Lo que más me preocupa es esto: "¿Cuándo reconocerá el mercado financiero que estamos allí? Justo ahora, me inquieta más de lo debido el precio de las acciones. Y [me quitan el sueño más de lo razonable] las impresiones del inversionista sobre esta compañía. Parte de ello es el problema de todo el sector: la empresa promedio de productos de consumo perdió un cuarto de su valor de mercado el año pasado. Eso no me hace sentir bien.
>
> Creo absolutamente que las acciones de esta compañía están subvaluadas. Y quiero asegurarme de que la gente esté haciendo sus juicios de valor sobre hechos y sobre la nueva Pepsi, y no sobre suposiciones de la antigua Pepsi. No estoy seguro de que pueda convencer a la gente de cambiar sus asignaciones del sector de internet a compañías como la nuestra. Creo que mucha gente va a experimentar confusión con estas empresas ridículamente valuadas. Y cuando eso ocurra, espero que no se asuste y corra a sacar su dinero del mercado de acciones, sino que lo ponga en inversiones más sustanciosas, como Pepsi.[6]

Los estados consolidados de ingresos de PepsiCo de 1998 a 2000 se presentan en la ilustración 7; las hojas de balance de 1999 a 2000 se muestran en la ilustración 8.

La adquisición de Quaker Oats

Las preocupaciones de Roger Enrico por el precio de la acción de PepsiCo llegaron a su fin no mucho después de su entrevista con *Business Week*, al resultar correcto su análisis de las acciones de internet, con la caída de acciones como las de Amazon.com, de casi 100 dólares por acción a principios de 2000 a menos de 20 dólares por el mismo título a fines de ese año. El precio por acción de la compañía de subastas en línea eBay cayó de más de 120 dólares a unos 30 dólares en un lapso similar. El precio por acción de PepsiCo subió 40% a un año de la entrevista de Enrico por *Business Week*, y muchos analistas de inversión siguieron calificando PepsiCo como compra conveniente cuando, en diciembre de 2000, Enrico y el director ejecutivo de Quaker Oats, Robert Morrison, anunciaron conjuntamente la propuesta de adquisición de esta compañía por PepsiCo en 14 500 millones de dólares. Un gerente de cartera de Putnam comentó para la revista *Fortune* a principios de 2001: "Si Pepsi maneja bien a Quaker, podría verse recompensada con muchos más aspectos ventajosos."[7]

---

[6] "The Sweet Spot of Convenient Food and Beverages."

[7] "Guess Who's Winning the Cola Wars", *Fortune* (edición de internet), 2 de abril de 2001.

Ilustración 7   Estados consolidados de ingresos de PepsiCo, Inc., 1998-2000 (en millones de dólares, excepto en cantidades por acción)

	2000	1999	1998
Ventas netas			
Nueva PepsiCo	$20 438	$18 244	$14 686
Operaciones de embotellado	—	2 123	7 662
Total de ventas netas	20 438	20 367	22 348
Costos y gastos			
Costo de ventas	7 943	8 198	9 330
Gastos de ventas, generales y administrativos	9 132	9 103	9 924
Amortización de activo intangible	138	183	222
Cargos de depreciación y reestructuración	—	65	288
Total de costos y gastos	17 213	17 549	19 764
Utilidades operativas			
Nueva PepsiCo	3 225	2 765	2 460
Operaciones de embotellado e inversiones de capital contable	—	53	124
Total de utilidades operativas	3 225	2 818	2 584
Ingreso de capital contable de embotellado, neto	130	83	—
Ganancia en transacciones de embotellado	—	1 000	—
Gasto de interés	(221)	(363)	(395)
Ingreso de interés	76	118	74
Ingreso antes de impuesto sobre la renta	3 210	3 656	2 263
Provisión para el impuesto sobre la renta	1 027	1 606	270
Ingreso neto	$ 2 183	$ 2 050	$ 1 993
Ingreso neto por acción: básico	$1.51	$1.40	$1.35
Acciones promedio en circulación: básico	1 446	1 466	1 480
Ingreso neto por acción: dilución asumida	$1.48	$1.37	$1.31
Acciones promedio en circulación: dilución asumida	1 475	1 496	1 519

Fuente: PepsiCo, Inc., 2000 10-K.

A fin del año 2000, Quaker Oats era una empresa de 99 años de edad que había logrado un crecimiento de ventas anuales que, a 7%, dejaba atrás a la industria de alimentos y bebidas; tenía una tasa de crecimiento del ingreso operativo de 14%; y, por tercer año consecutivo, una tasa de crecimiento de las ganancias mayor a 20%. La firma se ufanaba, asimismo, de algunas de las marcas más conocidas de productos de grano: Quaker Oatmeal era la marca número uno de cereales calientes en Estados Unidos con una participación en la categoría de más de 60%; Cap'n Crunch y Rice-A-Roni eran marcas con las que se habían criado muchos estadounidenses; y los Quaker *rice cakes* (bizcochos de arroz) y las barras de Quaker Chewy Granola y de Fruit & Oatmeal hacían de la empresa la líder en Estados Unidos dentro de las categorías de bizcochos de arroz/maíz tostado y de barra de cereales. Sin embargo, el activo más valioso de Quaker en su arsenal de marcas era Gatorade.

Gatorade fue creada por los investigadores de la Universidad de Florida en 1965, pero no se comercializó sino hasta que la fórmula se vendió a Stokely-Van Camp en 1967. Cuando Quaker Oats adquirió la marca de manos de Stokely-Van Camp en 1983, Gatorade se transformó gradualmente de un producto distribuido regionalmente con ventas anuales de 90 millones de dólares a una dinamo internacional de 2 000 millones de dólares. Al momento de la adquisición de Gatorade por Quaker Oats, la bebida estaba a la venta sólo en dos sabores: lima-limón y naranja, y se envasaba sólo en botellas de cristal de un cuarto de galón (946 mililitros).

Ilustración 8   Hojas de balance consolidado de PepsiCo, Inc., 1999-2000
(en millones de dólares, excepto en cantidades por acción)

	2000	1999
Activo		
Activo circulante		
Efectivo y equivalentes de efectivo	$ 864	$ 964
SInversiones a corto plazo, al costo	466	92
Cuentas y notas por cobrar, neto	1 799	1 704
Inventarios	905	899
Gastos pagados por adelantado y otras partidas de activo circulante	570	514
Total del activo circulante	4 604	4 173
Propiedad, planta y equipo	5 438	5 266
Activo intangible: neto	4 485	4 735
Inversiones en afiliadas no consolidadas	2 978	2 846
Otras partidas de activo	834	531
Total del activo	$18 339	$17 551
Pasivo y capital contable de los accionistas		
Pasivo circulante		
Préstamos a corto plazo	$ 72	$ 233
Cuentas por pagar y otras partidas de pasivo circulante	3 815	3 399
Impuesto sobre la renta por pagar	48	156
Total del pasivo circulante	3 935	3 788
Deudas a largo plazo	2 346	2 812
Otras partidas de pasivo	3 448	2 861
Impuesto sobre la renta diferido	1 361	1 209
Capital contable de los accionistas		
Acciones de capital, de valor a la par (o nominal) de 1 2/3 de centavos por acción: 3 600 acciones autorizadas; 1 726 acciones emitidas	29	29
Capital en exceso de valor a la par	955	1 081
Ganancias retenidas	15 448	14 066
Otros conceptos de pérdida amplia acumulada	(1 263)	(989)
	15 169	14 187
Menos: acciones recompradas, al costo: 280 millones de acciones y 271 millones de acciones, respectivamente	(7 920)	(7 306)
Total del capital contable de los accionistas	7 249	6 881
Total del pasivo y el capital contable de los accionistas	$18 339	$17 551

Fuente: PepsiCo, Inc., 2000 10-K.

Quaker Oats hizo de Gatorade una de las marcas de bebida más populares en Estados Unidos, agregando 17 nuevos sabores, envases de varios tamaños, respaldos de celebridades y gastos anuales de publicidad de más de 75 millones de dólares. En 1999, el presupuesto de publicidad de Gatorade, de 81 millones de dólares, era cinco veces más grande de lo que Coca-Cola gastó para apoyar Powerade y 500 veces mayor lo que PepsiCo le asignó a All Sport. Muchos de los anuncios de Gatorade presentaron a Michael Jordan, quien firmó un contrato de respaldo de 10 años para promover la bebida deportiva en 1991. Quaker firmó contratos también con atletas, como la estrella del fútbol Mia Hamm y el parador en corto de los Yankees de Nueva York, Derek Jeter, para ampliar el atractivo de Gatorade. En 2000, Gatorade era la bebida oficial de toda liga mayor (excepto la National Hockey League, que adoptó Powerade como su bebida isotónica oficial), también era popular en los programas deportivos universitarios y de preparatoria, y entre los atletas de fin de semana, que solían comprar Gatorade en abacerías o en tiendas de conveniencia. La dirección de Quaker Oats había empezado igualmente a aumentar la disponibilidad de Gatorade en máquinas vendedoras y en quioscos cerca de campos de golf, parques y escuelas en 1999 y 2000.

Gatorade fue capaz de crecer a más de 10% anual durante los años 1990-2000, sin ningún nuevo ingresante en la categoría de bebidas isotónicas que le planteara una amenaza seria a su dominio de marca. Su participación de mercado había sido de casi 85% a lo largo de los años 1990-2000, mientras más de 100 nuevos ingresantes en la categoría iban y venían. Ni Coke ni Pepsi pudieron explotar sus vastos sistemas de distribución para volverse desafiantes serios de Gatorade. Un ejecutivo de Gatorade evaluó las fuerzas de competencia relativas de Gatorade, Powerade y All Sport al comentar: "Coke y Pepsi tenían distribución, pero nosotros teníamos el valor y nombre de la marca."[8] Al editor de *Beverage Digest* le impresionó que Coke hubiera podido ganar una participación de mercado de 11% en 1999 y comentó sobre la dificultad de Coca-Cola y Pepsi para abatir a Gatorade: "Aun a grandes generadoras de marketing como Coke y Pepsi les resulta muy difícil competir contra una marca bien establecida, fuerte y continuamente bien comercializada."[9]

Tanto a PepsiCo, Coca-Cola y Danone Group, de Francia, como al gigante suizo de los alimentos, Nestlé, les atraía Gatorade por su dominante participación de mercado y por el esperado crecimiento de la categoría de las bebidas isotónicas. En una tendencia que comenzó en los años 1980-1990, a los consumidores les atraía cada vez más la elección de alimentos sanos; desde fines de los años 1990-2000, las bebidas y productos alimenticios con cualidades nutracéuticas (curativo-alimenticias: ingredientes como las vitaminas, hierbas y otros suplementos dietéticos) estaban creciendo en número con gran rapidez. Gatorade, que era un nutracéutico limítrofe, que contenía sodio, potasio y cloruro, parecía haber empezado a beneficiarse de la tendencia de 1999, cuando sus ventas crecieron 18%. Las ventas de Gatorade subieron 15% durante los primeros nueve meses de 2000, y muchos analistas proyectaron que podrían crecer hasta un 20% anual entre 2000 y 2010. En 2000, Quaker Oats empezó a hacer el marketing de las barras Gatorade Energy Bars y del agua vitaminada Propel —agua embotellada que incluía cuatro vitaminas B y dos antioxidantes (vitaminas A y C)— para captar mejor el crecimiento en la demanda de productos de alimentos y bebidas nutracéuticos y para explotar la marca Gatorade.

PepsiCo se convirtió en el licitante exitoso por Quaker Oats y Gatorade, con un convenio al que se llegó en diciembre de 2000; pero este acuerdo no recibiría la aprobación de la U.S. Federal Trade Commission (FTC; Comisión Federal de Comercio de Estados Unidos) sino hasta agosto de 2001. La preocupación primaria de la FTC por la fusión era que la inclusión de Gatorade en la cartera de alimentos ligeros y bebidas de PepsiCo podría darle a la compañía mucha potencia en las negociaciones con las tiendas de conveniencia y que en último término forzara a las pequeñas compañías de alimentos ligeros y bebidas a salir de los canales de las tiendas de conveniencia. A la FTC le inquietaba también que la venta propuesta de PepsiCo de su marca de bebida isotónica All Sport a Monarch Company —una pequeña empresa de bebidas de propiedad privada que vendía la cerveza de raíz Dad's y los refrescos Moxie— llevaría a All Sport a marchitarse y, con el tiempo, a fracasar como participante en la industria. All Sport era ya un débil rival de Gatorade y Powerade, con gastos de publicidad totales de 1999 a mediados de 2001 de menos de 380 000 dólares y 4% de participación de mercado. El panel de cuatro miembros de los comisionados de la FTC estaba dividido en cuanto a impedir la fusión, pero anunció que el trato podría proceder en agosto de 2001 después de una votación de 2-2 sobre el rechazo de la operación. Era preciso una votación de 3-1 para impedir la fusión. Sin embargo, se requería que PepsiCo hiciera concesiones que incluyeran estar de acuerdo en distribuir All Sport para Monarch durante un periodo de 10 años y demorar la distribución conjunta de Gatorade con los refrescos de PepsiCo por 10 años. Bajo los términos de la fusión, los accionistas

---

[8] "Gotta Get That Gatorade", *Business Week Online*, 27 de noviembre de 2000.

[9] *Idem.*

de Quaker Oats recibían 2.3 acciones de PepsiCo a cambio de cada título de acciones comunes de Quaker.

Los estados de ingresos de Quaker Oats de 1998-2000 y las hojas de balance de 1999-2000 se presentan en las ilustraciones 9 y 10. Las ventas de la compañía por categoría de producto y geografía entre 1998 y 2000 se muestran en la ilustración 11. La ilustración 12 presenta los datos seleccionados del segmento operativo de Quaker Oats de 1998 a 2000. PepsiCo adquirió también un interés mayoritario en South Beach Beverage Company —fabricante de las bebidas no carbonatadas SoBe— y en Tasali Snack Foods, líder en el mercado de bocadillos salados de Arabia Saudita, en 2001.

CREACIÓN DE VALOR PARA EL ACCIONISTA EN 2001

En 2001, PepsiCo era la segunda mayor compañía de productos alimenticios en Estados Unidos (detrás de Kraft Foods) y estaba diversificada en bocadillos salados y dulces, bebidas no alcohólicas, jugo de naranja, agua embotellada, tés y cafés instantáneos (listos para beberse), bebidas nutracéuticas, cereales de desayuno calientes instantáneos, productos de granos, y condimentos para desayuno. Muchas marcas de PepsiCo estaban en primero o segundo lugares de sus respectivas categorías de alimentos y bebidas.

Nuevo equipo directivo titular de PepsiCo

La tarea de integrar las marcas y productos de Quaker Oats Company en la organización de PepsiCo correspondió a un nuevo equipo de alta dirección a partir de que Roger Enrico, de 56 años, dejó el puesto de director ejecutivo en mayo de 2001. Enrico anunció un plan de sucesión en octubre de 2000 para llevar a cabo su transición del puesto de director ejecutivo para finales del año 2001. Su retiro no fue del todo sorpresivo, ya que él había aceptado con renuencia los puestos de director ejecutivo de la división de restaurantes de PepsiCo en 1994 y de director ejecutivo absoluto en 1996. Durante el anuncio de la sucesión, Enrico comentó:

> Cuando se me eligió para la dirección ejecutiva dije que esperaba tener la perseverancia para permanecer lo suficiente para hacer el trabajo y la sabiduría para no quedarme demasiado tiempo. Para fines de 2001, habré sido parte del equipo de PepsiCo por 30 tremendos años. Estoy seguro de que sorprenderá a muy poca gente que ya me parezca que es hora de mudarme y de crear un nuevo capítulo en mi vida.
>
> A mi juicio, lograr que se hiciera el trabajo significó reenfocar nuestra compañía en el vibrante mercado del alimento y la bebida de conveniencia. El desempeño que ha tenido nuestro equipo de PepsiCo en los últimos seis trimestres desde que se consumó nuestra reestructuración demuestra con claridad que se ha logrado crear la capacidad para generar de modo uniforme un sano crecimiento de ingresos medianos a altos de un solo dígito, crecimiento de ganancias de dos dígitos y réditos más altos sobre el capital invertido.[10]

Steve Reinemund, presidente y funcionario en jefe de operación de PepsiCo, fue electo sucesor de Enrico. Reinemund ingresó a PepsiCo en 1984, junto con su empresa Pizza Hut, antes de convertirse en el ejecutivo en jefe de Frito-Lay en 1992. A Reinemund, graduado de la U.S. Naval Academy, ex marino y corredor de maratón, se le conocía por reservado, serio y orientado por los detalles; se sabía también de su entusiasmo por arremangarse y atacar el problema de cerca. Una anécdota relatada muchas veces en Frito-Lay refiere que Reinemund pasó una vez por una tienda de conveniencia en Nochebuena y, al encontrarse con un repartidor trabajando todavía a esas horas, entró de prisa al establecimiento para ayudar al trabajador a llenar anaqueles.

La primera elección de Reinemund para su equipo directivo fue la de Indra Nooyi como presidenta y funcionaria en jefe de finanzas. Nooyi emigró a Estados Unidos en 1978 para asistir a la Graduate School of Business (Escuela de Posgrado de Comercio) y trabajó en Boston Consulting Group, Motorola y Asea Brown Boveri antes de llegar a PepsiCo en 1994. A

---

[10] PepsiCo, Inc., comunicado de prensa, 4 de octubre de 2000.

Ilustración 9   Estados de ingresos de Quaker Oats Company, 1998-2000
(en millones de dólares, excepto en las cantidades por acción)

	2000	1999	1998
Ventas netas	$5 041.0	$4 725.2	$4 842.5
Costo de bienes vendidos	2 288.3	2 136.8	2 374.4
Utilidades brutas	2 752.7	2 588.4	2 468.1
Gastos de ventas, generales y administrativos	1 968.8	1 904.1	1 872.5
Cargos de reestructuración, depreciaciones de activo y (ganancias) pérdidas en cesiones de activo: netos	182.5	−2.3	128.5
Gastos de interés	54.0	61.9	69.6
Ingreso de interés	−9.0	−11.7	−10.7
Pérdida en cambio de divisas extranjeras: neta	5.3	18.1	11.6
Ingreso antes de impuesto sobre la renta	551.1	618.3	396.6
Provisión para impuesto sobre la renta	190.5	163.3	112.1
Ingreso neto	360.6	455.0	284.5
Dividendos preferentes: neto de impuesto	4.2	4.4	4.5
Ingreso neto disponible para [acciones] comunes	$ 356.4	$ 450.6	$ 280.0
Por acción común			
Ingreso neto	$2.71	$3.36	$2.04
Ingreso neto: diluido	$2.61	$3.23	$1.97
Dividendos declarados	$1.14	$1.14	$1.14
Número promedio de acciones comunes en circulación (en millares)	131 689	134 027	137 185

Fuente: Quaker Oats Company, 2000 10-K.

Reinemund le había impresionado Nooyi como la dura negociante que armó la derivación de los restaurantes de Pepsi, encabezó la adquisición de Tropicana en 1998, desempeñó una función crítica en la OPI de las operaciones de embotellado de Pepsi en 1999, y cerró la adquisición de Quaker Oats en 2001. El nuevo equipo de alta dirección de PepsiCo incluyó también promociones en Frito-Lay Norteamérica, Pepsi-Cola Norteamérica, Tropicana, y en las operaciones internacionales de Frito-Lay. El director ejecutivo de Quaker Oats, Robert Morrison, fue designado vicepresidente de PepsiCo y presidente de Gatorade/Tropicana al consumarse la adquisición.

Estructura organizacional de PepsiCo

Antes de la adquisición de Quaker Oats, los negocios de PepsiCo estaban organizados por línea y geografía de producto en Frito-Lay Norteamérica, Frito-Lay Europa/África/Oriente Medio, Frito-Lay Latinoamérica/Asia Pacífico/Australia, Pepsi-Cola Norteamérica, Pepsi-Cola International, y Tropicana. En 2000, las ventas de la compañía en Estados Unidos, eran 80% mayores a sus ventas internacionales y las ventas globales de productos de Frito-Lay dieron cuenta de más de 60% de los ingresos totales de la compañía. Las ventas en Estados Unidos e internacionales de PepsiCo y las partidas duraderas de activo de 1998-2000 se muestran en la ilustración 13. Los datos financieros selectos de cada uno de los segmentos de negocios de PepsiCo de 1998 a 2000 se presentan en la ilustración 14.

La adquisición de Quaker trajo cambios a la estructura organizacional de la compañía, con todas las operaciones de alimentos ligeros consolidadas dentro de las unidades de Frito-Lay Norteamérica y Frito-Lay Internacional y todas las operaciones de bebidas, excepto las de Tropicana Norteamérica y Gatorade, organizadas dentro de Pepsi-Cola Norteamérica y PepsiCo

Ilustración 10 Hojas de balance consolidado de Quaker Oats Company, 1998-2000 (en millones de dólares, excepto en cantidades por acción)

	2000	1999
Activo		
Activo circulante		
Efectivo y equivalentes de efectivo	$ 174.3	$ 282.9
Valores comerciables	0.3	0.3
Cuentas comerciales por cobrar: neto de asignaciones	298.0	254.3
Inventarios:		
Bienes terminados	213.9	186.6
Materias primas	39.0	50.0
Materiales y suministros de envasado/empacado	34.5	29.6
Total de inventarios	287.4	266.2
Otras partidas de activo	253.7	193.0
Total del activo circulante	1 013.7	996.7
Propiedad, planta y equipo		
Terreno	27.1	28.2
Edificios y mejoras	430.6	407.6
Maquinaria y equipo	1 469.9	1 416.1
Propiedad, planta y equipo	1 927.6	1 851.9
Menos depreciación acumulada	807.6	745.2
Propiedad: neto	1 120.0	1 106.7
Activo intangible: neto de amortización	229.2	236.9
Otras partidas de activo	55.9	55.9
Total del activo	$2 418.8	$2 396.2
Pasivo y capital contable de los accionistas		
Pasivo circulante		
Deuda a corto plazo	$ 81.6	$ 73.3
Parte circulante de la deuda a largo plazo	48.0	81.2
Cuentas comerciales por pagar	212.3	213.6
Acumulado de nómina, beneficios y bonos	135.9	139.1
Acumulado de publicidad y comercialización	126.7	138.7
Impuestos sobre la renta por pagar	15.6	40.1
Otras partidas de pasivo acumuladas	240.3	252.3
Total del pasivo circulante	860.4	938.3
Deuda a largo plazo	664.1	715.0
Otras partidas de pasivo	518.0	523.1
1 750 000 acciones preferentes, serie B, valor no a la par, autorizadas; 1 282 051 acciones emitidas de 5.46 dólares acumulativas convertibles (con preferencia de liquidación de 78 dólares por acción)	100.0	100.0
Compensación diferida	(27.2)	(38.5)
441 469 acciones de la Tesorería preferentes y 366 069 acciones al costo	(51.2)	(39.0)
Capital contable de accionistas comunes		
400 millones de acciones comunes, de 5 dólares de valor a la par, autorizadas	840.0	840.0
Capital adicional pagado	136.4	100.7
Ganancias reinvertidas	1 061.7	854.6
Otros ingresos amplios acumulados	(111.3)	(95.1)
Compensación diferida	(21.2)	(45.5)
Acciones comunes de la Tesorería, al costo	(1 550.9)	(1 457.4)
Total del capital contable de los accionistas	354.7	197.3
Total del pasivo y el capital contable de los accionistas	$2 418.8	$2 396.2

Fuente: Quaker Oats Company, 2000 10-K.

Ilustración 11   Ventas de Quaker Oats Company por categoría de producto y geografía, 1998-2000 (en millones de dólares, excepto en cantidades por acción)

	2000	1999	1998
Ventas netas de la empresa			
Cereales calientes estadounidenses	$ 514.6	$ 485.5	$ 430.8
Cereales instantáneos estadounidenses (listos para consumo)	689.7	724.5	711.9
Alimentos ligeros estadounidenses basados en grano	341.3	304.6	290.8
Arroz y pasta estadounidenses de sabores	334.9	344.3	340.5
Otros alimentos estadounidenses	298.2	306.0	318.3
Total de alimentos estadounidenses	$2 178.7	$2 164.9	$2 092.3
Alimentos canadienses	$ 202.5	$ 194.6	$ 181.8
Alimentos latinoamericanos	345.9	308.4	372.9
Alimentos europeos y del área Asia/Pacífico	210.0	215.4	202.9
Total de alimentos	$2 937.1	$2 883.3	$2 849.9
Bebidas estadounidenses	$1 693.0	$1 469.0	$1 306.8
Bebidas latinoamericanas	35.4	33.3	31.4
Bebidas canadienses	273.9	229.1	267.7
Bebidas europeas y del área Asia/Pacífico	101.6	103.8	103.1
Total de bebidas	$2 103.9	$1 835.2	$1 709.0
Total de negocios en marcha	$5 041.0	$4 718.5	$4 558.9
Cesiones de activo en Estados Unidos	—	—	206.7
Cesiones de activo en el extranjero	—	6.7	76.9
Total de negocios cedidos	—	6.7	283.6
Total consolidado	$5 041.0	$4 725.2	$4 842.5
Ventas netas geográficas			
Total de Estados Unidos	$3 871.7	$3 633.9	$3 605.8
Total del extranjero	1 169.3	1 091.3	1 236.7
Total consolidado	$5 041.0	$4 725.2	$4 842.5

Fuente: Quaker Oats Company, 2000 10-K.

Beverages International. Las operaciones norteamericanas de las bebidas de Gatorade y Tropicana entraban en la unidad de negocios norteamericanos de Gatorade/Tropicana; y los productos con base en granos, platillos para cena, cereales para el desayuno y jarabes Aunt Jemima se consolidaron dentro de la división norteamericana de Quaker Oats de la compañía.

La nueva estructura organizacional pedía la formación de una nueva unidad dentro de Frito-Lay Norteamérica que se dedicara exclusivamente a los alimentos ligeros de conveniencia, como las barras de granola y de cereal de Quaker, los *rice cakes* (bizcochos de arroz) de Quaker, el Cracker Jack, las barras de energía de Gatorade y los bocadillos de carne de Oberto. La nueva unidad enfocada a los alimentos de conveniencia se creó para dar margen a que la compañía se concentrara en oportunidades fuera de su negocio medular de bocadillos salados; en lograr sinergias de compras, manufactura y distribución, y en promover la política de compartir conocimientos dentro de la unidad de alimentos ligeros. La nueva división Frito-Lay Internacional combinaba las operaciones de la compañía fuera de Norteamérica con los negocios de bocadillos de Quaker también fuera del área norteamericana. Con la nueva división internacional se pretendía mejorar la distribución de los productos de alimentos ligeros Quaker fuera

Ilustración 12   Datos seleccionados de segmento operativo, Quaker Oats
Company, 1998-2000 (en millones de dólares, excepto en
cantidades por acción)

	2000	1999	1998
Ventas netas			
Alimentos			
Estadounidenses y canadienses	$2 381.2	$2 359.5	$2 274.1
Latinoamericanos	345.9	308.4	372.9
Otros	210.0	215.4	202.9
Total de alimentos	$2 937.1	$2 883.3	$2 849.9
Bebidas			
Estadounidenses y canadienses	$1 728.4	$1 502.3	$1 338.2
Latinoamericanas	273.9	229.1	267.7
Otras	101.6	103.8	103.1
Total de bebidas	$2 103.9	$1 835.2	$1 709.0
Total de negocios en marcha	$5 041.0	$4 718.5	$4 558.9
Total de negocios liquidados y/o cedidos	—	6.7	283.6
Total de ventas	$5 041.0	$4 725.2	$4 842.5
Ingreso (pérdida) operativo(a)			
Alimentos			
Estadounidenses y canadienses	$ 458.5	$ 399.8	$ 369.8
Latinoamericanos	26.8	26.2	28.2
Otros	25.2	21.1	(1.2)
Total de alimentos	$ 510.5	$ 447.1	$ 396.8
Bebidas			
Estadounidenses y canadienses	$ 273.7	$ 253.9	$ 214.9
Latinoamericanas	30.9	16.5	25.6
Otras	(6.8)	(7.3)	(7.4)
Total de bebidas	$ 297.8	$ 263.1	$ 233.1
Total de negocios en marcha	808.3	710.2	629.9
Total de negocios liquidados y/o cedidos	—	—	−2.4
Total del ingreso operativo	$ 808.3	$ 710.2	$ 627.5
Activo identificable			
Alimentos			
Estadounidenses y canadienses	$1 120.8	$1 124.6	$1 187.0
Latinoamericanos	187.4	174.0	167.7
Otros	110.2	110.1	92.1
Total de alimentos	$1 418.4	$1 408.7	$1 446.8
Bebidas			
Estadounidenses y canadienses	$ 684.5	$ 522.7	$ 464.2
Latinoamericanas	105.0	105.4	94.6
Otras	77.4	79.6	109.5
Total de bebidas	$ 866.9	$ 707.7	$ 668.3
Total de negocios en marcha	$2 285.3	$2 116.4	$2 115.1
Total de negocios liquidados y/o cedidos	—	—	37.5
Total de segmentos operativos	$2 285.3	$2 116.4	$2 152.6
Corporativo	133.5	279.8	357.7
Total consolidado	$2 418.8	$2 396.2	$2 510.3

(*continúa*)

Ilustración 12 (*conclusión*)

	2000	1999	1998
Gastos de capital			
Alimentos			
Estadounidenses y canadienses	$117.6	$ 70.6	$102.7
Latinoamericanos	10.3	9.6	13.2
Otros	3.9	3.7	5.7
Total de alimentos	$131.8	$ 83.9	$121.6
Bebidas			
Estadounidenses y canadienses	$140.2	$106.0	$ 57.6
Latinoamericanas	11.5	25.4	12.1
Otras	2.1	7.1	5.5
Total de bebidas	$153.8	$138.5	$ 75.2
Total de negocios en marcha	285.6	222.4	196.8
Total de negocios liquidados y/o cedidos	—	—	7.9
Total consolidado	$285.6	$222.4	$204.7
Depreciación y amortización			
Alimentos			
Estadounidenses y canadienses	$ 67.0	$ 66.9	$ 65.2
Latinoamericanos	6.0	5.9	6.7
Otros	4.3	3.5	6.3
Total de alimentos	$ 77.3	$ 76.3	$ 78.2
Bebidas			
Estadounidenses y canadienses	$ 45.0	$ 36.2	$ 31.5
Latinoamericanas	6.3	5.0	5.8
Otras	4.4	5.4	4.7
Total de bebidas	$ 55.7	$ 46.6	$ 42.0
Total de negocios en marcha	133.0	122.9	120.2
Total de negocios liquidados y/o cedidos	—	—	11.4
Total de segmentos operativos	$133.0	$122.9	$131.6
Corporativo	—	0.9	0.9
Total consolidado	$133.0	$123.8	$132.5

Fuente: Quaker Oats Company, 2000 10-K.

de Norteamérica y crear oportunidades internacionales de compartición de costos para todos los negocios de alimentos ligeros de PepsiCo. La nueva unidad de negocios Gatorade/Tropicana Norteamérica le permitiría a la firma combinar la producción de Gatorade, Tropicana Twister, Dole, Season's Best, SoBe y otros productos de relleno de gran venta para lograr eficiencias de producción y ahorros en costos. Además, la nueva división le permitiría a Tropicana explotar el sistema de agente comercial/bodega y la red de distribución de Gatorade. La nueva estructura de organización le permitía también a PepsiCo coordinar y consolidar la compra de materiales entre divisiones para cosas como botellas y cartón que se necesitaban para el envasado y empacado de los alimentos y bebidas.

Frito-Lay Norteamérica

En 2000, las marcas de Frito-Lay generaban 58% de las ventas de bocadillos en hojuelas en la industria de 20 600 millones de dólares de bocadillos salados de Estados Unidos. El crecimiento del volumen de Frito-Lay Norteamérica de 4% y el de ingresos de 7% durante 2000 sobrepasaron la tasa de crecimiento de 6.4% de la industria de alimentos ligeros de Estados Unidos. En 2000, Frito-Lay poseía la marca de mayor venta en cada categoría de bocadillos salados en Es-

Ilustración 13   Ventas y partidas de activo duradero en Estados Unidos e
internacionales de PepsiCo, 1998-2000 (en millones de
dólares, excepto las cantidades por acción)

	2000	1999	1998
Ventas netas			
En Estados Unidos	$13 179	$11 772	$ 8 782
Internacionales	7 259	6 472	5 904
Segmentos combinados	20 438	18 244	14 686
Operaciones y/o inversiones de embotellado	—	2 123	7 662
Total	$20 438	$20 367	$22 348
Activo duradero			
En Estados Unidos	$ 8 179	$ 7 980	$ 6 732
Internacional	4 722	4 867	4 276
Segmentos combinados	12 901	12 847	11 008
Operaciones y/o inversiones de embotellado	—	—	6 702
Total	$12 901	$12 847	$17 710

Fuente: PepsiCo, Inc., 2000 10-K.

tados Unidos y era propietaria de nueve de las 10 marcas de bocadillos en hojuelas de mayor
venta en supermercados estadounidenses. Las ventas y participaciones de mercado de las marcas y productos importantes de PepsiCo se presentan en la ilustración 15.

Casi un tercio del crecimiento de los ingresos de Frito-Lay Norteamérica en 2000 fue
atribuible al éxito de sus nuevos productos Snack Kit y Snack Mix, y de los bocadillos naturales de carne seca de Oberto. Los bocadillos de carne eran una categoría de alimentos ligeros
que crecía rápidamente; eran populares entre los muchachos preadolescentes y adolescentes por
su sabor intenso, y con los adultos a régimen porque eran bajos en grasas y carbohidratos. Los
productos de más rápido crecimiento de Frito-Lay Norteamérica en términos de volumen eran
sus productos medulares como las papas fritas Lay's y Ruffles, los bocadillos de queso Chee-
tos, y los totopos Tostitos. Los nuevos Scoops! Fritos y Scoops! Tostitos eran otros productos en
gran auge que atraían a los aficionados a bocadillos que comían éstos con *dips*. Entre los pocos
fracasos de Frito-Lay Norteamérica estaban las marcas de hojuelas bajas en grasas WOW!,
Baked Lay's y Baked Tostitos, cuyas ventas iban en descenso.

Frito-Lay Internacional

Frito-Lay era la mayor compañía de bocadillos en hojuelas del mundo, con ventas de más de
5 900 millones de dólares fuera de Estados Unidos y una participación de mercado de 28% en
la industria internacional de bocadillos en hojuelas en 2000. Las operaciones internacionales de
Frito-Lay estaban entre sus negocios de más rápido crecimiento y mayores utilidades, con crecimiento de volumen de 13%, crecimiento de ingresos de 14% y crecimiento de 19% en utilidades operativas en 2000. Frito-Lay no sólo comercializaba sus propias marcas de hojuelas en
los mercados internacionales, sino que también incursionaba en empresas de riesgo compartido
y adquiría empresas de hojuelas establecidas fuera de Estados Unidos para aumentar sus ventas
en mercados de diversos países. Por ejemplo, Frito-Lay Internacional pudo impulsar en 2000
su participación de mercado en Colombia de 21 a casi 50% con la adquisición de los bocadillos
Margarita y llegó a ser el líder de bocadillos en hojuelas en la India con la compra de Uncle
Chipps. También en 2000, la adquisición por la compañía de Symba Ltd. le dio 58% del creciente mercado de bocadillos salados en Sudáfrica. A principios de 2001, Frito-Lay Internacional
logró incrementar su participación de mercado a 60% en Egipto y a más de 45% en Arabia

Ilustración 14 Datos financieros seleccionados de segmentos de negocios de PepsiCo, Inc., 1998-2000 (en millones de dólares, excepto las cantidades por acción)

	2000	1999	1998
Ventas netas			
Frito-Lay			
En Norteamérica	$ 8 562	$ 7 865	$ 7 474
Internacionales	4 319	3 750	3 501
Pepsi-Cola			
En Norteamérica	3 289	2 605	1 389
Internacionales	1 842	1 771	1 600
Tropicana	2 426	2 253	722
Nueva PepsiCo	20 438	18 244	14 686
Operaciones y/o inversiones de embotellado	—	2 123	7 662
	$20 438	$20 367	$22 348
Utilidades operativas			
Frito-Lay			
En Norteamérica	$ 1 851	$ 1 580	$ 1 424
Internacionales	493	406	367
Pepsi-Cola			
En Norteamérica	833	751	732
Internacionales	148	108	99
Tropicana	225	170	40
Segmentos combinados	3 550	3 015	2 662
Corporativas	−325	−250	−202
Nueva PepsiCo	3 225	2 765	2 460
Operaciones y/o inversiones de embotellado	—	53	124
	$ 3 225	$ 2 818	$ 2 584
Total del activo			
Frito-Lay			
En Norteamérica	$ 4 119	$ 4 013	$ 3 915
Internacional	4 085	4 170	4 039
Pepsi-Cola			
En Norteamérica	836	729	547
Internacional	1 432	1 454	1 177
Tropicana	3 743	3 708	3 661
Segmentos combinados	14 215	14 074	13 339
Corporativo	1 592	1 008	215
Operaciones y/o inversiones de embotellado	2 532	2 469	9 106
	$18 339	$17 551	$22 660

(*continúa*)

Saudita con empresas de riesgo compartido y fusiones en esos países. En el mismo año de 2001, Frito-Lay Internacional anunció que invertiría 40 millones de dólares para crear una planta de manufactura con lo más avanzado en Rusia para apoyar su sistema de distribución de 20 millones de dólares que llegaba a más de 70% del país. Los expertos agrícolas de Frito-Lay empezaron a trabajar con granjeros rusos, utilizando tecnología agrícola propiedad de la compañía, para asegurar un abastecimiento regular de papas de alta calidad. Las adquisiciones y empresas de riesgo compartido de la firma hicieron de ella la empresa número uno de bocadi-

Ilustración 14 (*conclusión*)

	2000	1999	1998
Amortización de activo intangible			
Frito-Lay			
En Norteamérica	$ 7	$ 8	$ 7
Internacionales	46	46	43
Pepsi-Cola			
En Norteamérica	2	2	3
Internacionales	14	13	8
Tropicana	69	70	22
Segmentos combinados	138	139	83
Operaciones y/o inversiones de embotellado	—	44	139
	$ 138	$ 183	$ 222
Depreciación y otros gastos de amortización			
Frito-Lay			
En Norteamérica	$ 366	$ 338	$ 326
Internacionales	172	149	142
Pepsi-Cola			
En Norteamérica	94	72	30
Internacionales	91	85	64
Tropicana	83	81	27
Segmentos combinados	806	725	589
Corporativos	16	10	8
Operaciones y/o inversiones de embotellado	—	114	415
	$ 822	$ 849	$1 012
Otros renglones diferentes del efectivo			
Frito-Lay Norteamérica		$37	$54
Pepsi-Cola Internacional		—	6
Segmentos combinados		37	60
Operaciones y/o inversiones de embotellado		—	194
		$37	$254
Gastos de capital			
Frito-Lay			
En Norteamérica	$ 502	$ 472	$ 402
Internacionales	264	282	314
Pepsi-Cola			
En Norteamérica	59	22	21
Internacionales	72	82	46
Tropicana	134	123	50
Segmentos combinados	1 031	981	833
Corporativos	36	42	29
Operaciones y/o inversiones de embotellado	—	95	543
	$1 067	$1 118	$1 405

llos en más de 30 países, incluidos nueve de los 15 mayores mercados de bocadillos en hojuelas. México y Chile eran dos de los mercados más fuertes de Frito-Lay, en sentido global, con
participaciones de mercado de 80 y 90%, respectivamente.

Pepsi-Cola Norteamérica

Pepsi-Cola había mantenido confortablemente el segundo puesto detrás del líder Coca-Cola durante la mayor parte de la historia de más de 100 años de las dos compañías, pero a mediados de los años 1990-2000 perdió aún más terreno a inquietante ritmo tras de su máximo rival en la industria. Casi cada marca de Pepsi-Cola, excepto Mountain Dew, estaba perdiendo participación de mercado contra las marcas de Coca-Cola. El director ejecutivo de Coca-Cola en ese tiempo, Roberto Goizueta, había declarado que la intención estratégica de la firma era controlar 50% del mercado estadounidense de las colas (los refrescos de cola) para el año 2000. La participación de mercado era esencial en el mercado de 30 000 millones de dólares de bebidas no alcohólicas de Estados Unidos ya que, aun cuando 50% del total de las bebidas consumidas no eran alcohólicas, el crecimiento de la industria se aproximaba apenas al 0.5% anual. La fuerza competitiva de Pepsi-Cola se estaba erosionando con tal rapidez que Goizueta resumió sus preocupaciones sobre Pepsi como rival clave en un artículo de *Fortune* del 28 de octubre de 1996 titulado "How Coke Is Kicking Pepsi's Can" diciendo: "Como se han vuelto menos relevantes, ya no necesitamos observarlos tanto." Respecto de la agresividad de Coca-Cola y la habilidad de Pepsi-Cola para responder al desafío, Enrico comentó en un artículo publicado en la revista *Business Week* en 2000:

> Coca-Cola estaba de plano tratando de sacarnos del negocio. Tenían el objetivo de alcanzar 50% de la participación del mercado para el año 2000. Y habían logrado una buena cantidad de participación a principios de la década de 1990, pero no se habían acercado siquiera a 50 por ciento.
>
> La gente ha estado dudando siempre de nuestra capacidad de competir contra el adversario mayor desde que yo me acuerdo, y no hay posibilidad de que nuestra capacidad vaya a extinguirse pronto. Veo estas cosas sobre una perspectiva mayor y digo que las bebidas no alcohólicas son un gran negocio; son extraordinariamente rentables y pueden generar buen crecimiento. La demografía y los estilos de vida están aún a nuestro favor, y es probable que sigan estándolo largo tiempo.[11]

La dirección de Pepsi-Cola ideó un espectacular retorno, aprovechando la confusa y agitada transición administrativa de Coca-Cola a raíz de la salida de Goizueta de la misma por su padecimiento terminal de cáncer; acentuó la rápida puesta en práctica de nuevas ideas, en lugar de invertir años en desarrollar y probar nuevos productos; y se concentró en estrategias para mejorar la distribución local. Entre las estrategias más exitosas de Pepsi para lograr volumen y participación de mercado en bebidas no alcohólicas estaba su estrategia del Power of One (el poder de uno), que trataba de obtener los beneficios de la combinación de Pepsi-Cola y Frito-Lay avizorada por Donald Kendall en 1965. PepsiCo había descubierto que, como Kendall y Lay lo creyeron, las hojuelas de bocadillos y las bebidas no alcohólicas muchas veces se consumían juntas, pero no era tan común que las hojuelas de Frito-Lay y Pepsi se compraran juntos. La investigación de mercado de Pepsi indicaba que aunque los productos de Frito-Lay y Pepsi-Cola se consumieran juntos 58% de las veces, se adquirían juntos sólo 22% de esas ocasiones. La estrategia The Power of One requería que los supermercados pusieran los productos de Pepsi y de Frito-Lay juntos en los anaqueles. Roger Enrico visitó a los directores ejecutivos de las 25 cadenas de supermercados más grandes con el objetivo de alentar a las compañías a participar en el plan, citando resultados de investigación indicadores de que los productos de Frito-Lay y Pepsi-Cola eran los propulsores número uno del crecimiento de las ventas y ganancias detallistas. Enrico aludió también a la investigación de mercado que revelaba que los márgenes de ganancias del supermercado con los productos de PepsiCo eran característicamente de 9%, en comparación con el margen promedio de utilidades de 2% sobre otros artículos vendidos. Además, Enrico subrayó que los productos de PepsiCo daban cuenta de sólo 3% de las ventas de supermercado, pero de 20% de los flujos de efectivo detallistas. La estrategia The Power of One de PepsiCo permitía a las cadenas de abacerías de alto rango incrementar las ventas de bebidas no alcohólicas y de bocadillos salados hasta 10 por ciento. En 2001, Power of One y otras estrategias de PepsiCo le permitieron a Pepsi-Cola sustraerle unos dos puntos porcentuales al líder de mercado, Coca-Cola.

---

[11] "The Sweet Spot of Convenient Food and Beverages."

Ilustración 15   Tamaño de categoría y ventas, participación de mercado y lugar en la categoría en Estados Unidos de los principales productos de PepsiCo, en 2000 (millones de dólares)

Categoría de producto y/o producto	Ventas de 2000	Tamaño de la categoría	Participación de mercado	Lugar en la categoría
Hojuelas de papa				
Lay's	$ 908.8		36.3%	1
Ruffles	363.4		14.5	2
Wavy Lay's	201.3		8.0	3
Ruffles Flavor Rush	79.1		3.2	5
Ruffles WOW!	61.9		2.5	8
Lay's WOW!	54.5		2.2	9
Ruffles The Works	17.4		0.7	15
Categoría	$1 686.4	$2 506.3	67.3%	
Totopos de maíz				
Doritos	$ 784.6		38.8%	1
Tostitos	690.9		34.2	2
Santitas	69.4		3.4	4
Baked Tostitos	57.5		2.8	5
Tostitos WOW!	29.9		1.5	7
Doritos WOW!	25.2		1.2	8
Categoría	$1 657.5	$2 023.0	81.9%	
Hojuelas de maíz				
Fritos	$ 234.9		42.0%	1
Fritos Scoops	139.4		24.9	2
Doritos 3D's	67.4		12.1	3
Fritos Chili and Scoops	17.4		3.1	5
Fritos Sloppy Joe and Scoops	9.7		1.7	7
Fritos Fiesta Cheese and Scoops	2.4		0.4	9
Categoría	$ 471.2	$ 558.9	84.3%	
Bocadillos de queso				
Chee-tos	$ 348.2	$ 542.5	64.2%	1
Pretzels				
Rold Gold	$ 168.6	$ 561.4	30.0%	1
Dips				
Frito-Lay Fritos dip	$ 99.6		49.0%	1
Frito-Lay dip	34.1		16.8	2
Categoría	$ 133.7	$ 203.1	65.8%	
Salsas				
Tostitos salsa	$ 264.0	$ 943.4	28.0%	1
Barras de bocadillos				
Quaker Chewy Snack Bars	$ 149.6	$1 358.1	11.0%	1
Quaker Fruit & Oatmeal Bars	59.5		4.4	8
Categoría	$ 209.1	$1 358.1	15.4%	

(continúa)

Aunque las bebidas carbonatadas constituían más de 90% del volumen total de bebidas de Pepsi-Cola Norteamérica, gran parte del crecimiento de la división era atribuible al éxito de sus bebidas no carbonatadas. Aquafina, la marca número uno en el mercado estadounidense de

Ilustración 15   (conclusión)

Categoría de producto y/o producto	Ventas de 2000	Tamaño de la categoría	Participación de mercado	Lugar en la categoría
Rice/popcorn cakes (bizcochos de arroz o maíz)				
Quaker, bizcochos de arroz	$69.5		43.1%	1
Quaker Crispy Minis, bizcochos de arroz	41.9		26.0	2
Categoría	$111.4	$161.2	69.1%	
Bebidas no alcohólicas				
Pepsi-Cola	$1 422.5		13.9%	2
Mountain Dew	730		7.1	4
Diet Pepsi	500.3		4.9	7
Caffeine-Free Diet Pepsi	96		0.9	13
Diet Mountain Dew	90.2		0.9	14
Mug	80.7		0.8	16
Caffeine-Free Pepsi	70		0.7	19
Pepsi One	66.7		0.7	21
Slice	49.5		0.5	27
Wild Cherry Pepsi	28.7		0.3	30
Diet Slice	6.7		0.1	42
Otras (incluida Sierra Mist)	16.1		0.2	
Categoría	$3 157.4	$10 218.7	30.9%	
Agua embotellada				
Aquafina	$203.2	$2 170.0	9.4%	1
Té instantáneo (listo para beberse)				
Lipton	$670		41.1%	1
SoBe	35		2.1	5
Categoría	$705	$1 630	43.3%	
Jugos helados				
Tropicana Pure Premium, Tropicana Twister, Dole, Season's Best	$2 400	$6 850	35.0%	1
Bebidas isotónicas				
Gatorade	$1 700	$2 000	85.0%	1
Cereales calientes				
Avena Quaker, avena instantánea Quaker	$515	$850	60.6%	1
Cereales instantáneos (listos para consumo)				
Cap'n Crunch, Life, Quaker Toasted Oatmeal (avena tostada)	$690	$7 500	9.2%	4
Granos con sabor				
Golden Grain Rice-A-Roni, Pasta Roni, Near East	$334	$1 005	33.2%	1
Otros productos de desayuno				
Sémola Quaker	$76	$100	76.0%	1
Jarabe Aunt Jemima	$95	$560	17.0	1
Mezcla para hot cakes Aunt Jemima	$70	$310	22.6%	1

Fuentes: Snack Food Association; número de junio de 2001 de la revista *Snack Food & Wholesale Bakery*; "Top 10 Soft Drink Review", *Beverage World*, 15 de marzo de 2001; "Beverages represent Big-Time Opportunity", *MMR*, 3 de septiembre de 2001; "The U.S. Ready-to-Drink Tea Market", *Beverage Aisle*, abril de 2001; reportes anuales de Quaker Oats y de PepsiCo.

agua embotellada de 2 170 millones de dólares, creció 32% en 2000. El agua embotellada era un segmento particularmente atractivo para PepsiCo, ya que el consumo estadounidense de este producto había crecido de 2 200 millones de galones (8 327 millones de litros) en 1990 a 4 600 millones de galones (17 412 millones de litros) en 1999. Esta rama fue la categoría de bebidas de más rápido crecimiento en 2000, con 8.3% de crecimiento durante el año, y se proyectaba que el consumo llegara a 6 800 millones de galones (25 740 millones de litros) para 2004. Dasani de Coca-Cola era una marca de agua embotellada de rápido crecimiento, pero iba cinco lugares a la zaga de Aquafina en el orden de las marcas de mayor venta en la industria. PepsiCo también había vencido a Coca-Cola en las categorías de nuevas bebidas con productos como los tés Frappucino y Lipton, que se habían convertido rápidamente en líderes de su categoría. La categoría de los tés instantáneos (listos para beberse) estaba relativamente madura, con un crecimiento de 4.5% en 2000, pero la ventaja de 16 puntos de Lipton sobre Nestea de Coca-Cola se sumó a la importancia de la categoría en la cartera de marcas de PepsiCo. Minute Maid de Coca-Cola era la marca líder de jugos de una porción, pero la dirección de Pepsi esperaba mejorar la posición de la compañía con los recientes lanzamientos de los productos de una porción de FruitWorks y Dole. La adquisición en 370 millones de dólares de South Beach Beverage Company por PepsiCo estaba entre sus logros más significativos en 2001, ya que las ventas de la línea de jugos y tés de hierbas SoBe habían crecido 40% en 2000. La directiva de Pepsi esperaba aprovechar la pericia de SoBe en la elaboración de formulaciones innovadoras de bebidas para crear nuevos productos en todas las categorías de bebidas.

PepsiCo Beverages International

PepsiCo descubrió que podía acrecentar sus ventas internacionales mediante su estrategia Power of One. Un ejecutivo de Pepsi-Cola explicó cómo el negocio de bebidas no alcohólicas de la firma podría conseguir espacio en anaqueles por medio de la fuerza de las marcas de Frito-Lay: "Usted vaya a Chile, donde Frito-Lay tiene 90% del mercado, pero Pepsi está en pésima condición. Frito-Lay puede ayudar a Pepsi a cambiar eso."[12] Las ventas de Pepsi-Cola en México crecieron más de 26% en 2000, conforme 8 000 detallistas del país adoptaban la estrategia Power of One. La dirección de PepsiCo esperaba que 40 000 detallistas en México se comprometieran con el plan Power of One para 2002. Enrico creía también que Pepsi-Cola necesitaba abandonar su estrategia de largo tiempo de luchar frontalmente contra Coca-Cola en los mercados internacionales. En 2000, más de 60% de las ventas de Coca-Cola provenían de los mercados internacionales y Coke disfrutaba una participación de mercado de más de 80% en muchos mercados. Enrico cambió la estrategia de crecimiento de la división internacional de bebidas de un amplio abanico global a la captación de mercados en desarrollo en los que aún no había un líder determinado. Enrico señalaba que Pepsi-Cola había adoptado una estrategia autoderrotista en muchos mercados internacionales al "rompernos la cabeza con mercados que Coke ganó hace 20 años."[13] "La clave no es puramente plantar banderas", repetía el director general de Pepsi-Cola, "Es asegurarse de que uno construya un negocio, cliente por cliente, manzana por manzana, día por día".[14]

En 2000, el mayor crecimiento de Pepsi-Cola fue en Rusia, China, la India, Tailandia y México (donde se registraba un crecimiento de dos dígitos). Pepsi se benefició con la reorganización de sus operaciones internacionales de embotellado en 1999 y su acuerdo de 10 años para proveer a los restaurantes de Tricon de bebidas de fuente de sodas, pero también logró ganancias impresionantes en el desarrollo de mercados concediendo franquicias a propietarios exitosos de empresas locales para que distribuyeran bebidas no alcohólicas en formas a veces no tradicionales. Por ejemplo, en la India la mayoría de los productos de Pepsi se distribuían por medio de triciclos no motorizados, en lugar de los camiones utilizados en mercados más desarrollados. En 2000, la empresa internacional de bebidas de PepsiCo incrementó su participación de mercado en la mayoría de sus 25 mercados principales y logró acrecentar su ingreso operativo 37% gracias al aumento de ganancias concentradas en asignación de precios y volumen de bebidas no alcohólicas. De igual manera, a fines de 2000, el negocio internacional de bebidas de

---

[12] "PepsiCo's New Formula."

[13] *Idem.*

[14] *Idem.*

Pepsi había crecido más rápidamente que el de Coca-Cola en mercados internacionales en nueve de los 10 trimestres más recientes.

PepsiCo Beverages International era responsable asimismo de la producción y distribución de Tropicana y Gatorade en los mercados fuera de Norteamérica. Los directores de PepsiCo creían que una sola compañía internacional de bebidas proveería mayores economías de escala en producción y distribución e igualmente daría margen al desarrollo coordinado de productos y a una mejor forma de compartir la información entre marcas. Además, se esperaba que un solo distribuidor internacional lograra que Gatorade tuviera mayor éxito internacional del que era posible con Quaker Oats, que había carecido de un sistema fuerte de distribución internacional. No obstante, había cierto desacuerdo dentro de la compañía en cuanto a la integración de las redes de distribución de bebidas no alcohólicas y jugos, toda vez que los mercados de tales productos variaban considerablemente en algunos países.

Gatorade/Tropicana

No sólo era Tropicana la marca número uno del jugo de naranja no proveniente de concentrado, sino que su marca insignia Tropicana Pure Premium era la de más rápido crecimiento entre los jugos de naranja en 2000. Tropicana logró un crecimiento de volumen de dos dígitos en el curso de 2000 para convertirse en la tercera mayor marca entre todos los productos vendidos en supermercados estadounidenses. Aun cuando la categoría del jugo de naranja creció sólo 1.4% en 2000, Tropicana había aumentado su volumen e ingresos al introducir nuevos productos con características como, por ejemplo, la ausencia de pulpa, el bajo contenido de ácido y las fórmulas fortificadas con calcio. Un cambio a las botellas de cristal en productos de una porción ayudó a los jugos Season's Best, Dole y Tropicana Twister a crecer hasta 13% en 2000. Además de las nuevas fórmulas de producto, la dirección de PepsiCo le dio una mayor rentabilidad a Tropicana, ya que ésta duplicó con creces su ingreso operativo de 1998 a 2000. Con el lanzamiento en 2001 de Smoothies de una sola porción (que combinaba los jugos de fruta con el yogurt bajo en grasas) se pretendía capturar una participación del mercado de smoothies de 1 000 millones de dólares, que había crecido hasta 50% anual durante los últimos años de la década de 1990.

Gatorade sobrepasó la marca de ventas globales de 2 000 millones de dólares en el año 2000, cuando sus ventas crecieron 15 por ciento. La marca había crecido más de 500 millones de dólares desde 1998, y había registrado 16 años consecutivos de crecimiento con la introducción de nuevos sabores, nuevos tamaños y diseños de recipientes, y nuevos paquetes múltiples, así como una publicidad de clase mundial y puntos adicionales de distribución. Las ventas de Gatorade fuera de Estados Unidos llegaron a 375 millones de dólares en 2000, mientras las ventas mundiales de la compañía promediaban una tasa de crecimiento anual de 9% en el mismo periodo de cinco años. El ingreso operativo de Gatorade creció 13% en 2000, a pesar de su inversión en el desarrollo del agua vitaminada Propel. Las ventas de 1 700 millones de dólares de Gatorade en los mercados estadounidenses y canadienses le dieron a la marca 85% de participación en el mercado estadounidense y canadiense de bebidas deportivas isotónicas, el cual creció 7.5% en 2000.

La administración de PepsiCo esperaba que el sistema de distribución de agente comercial de Gatorade aumentara la disponibilidad de Tropicana en nuevas ubicaciones detallistas, y los analistas creían que Gatorade podía tener un aumento de volumen de 10% simplemente con estar a la venta en las máquinas expendedoras de Pepsi. Se confiaba en que la pericia de Pepsi en el desarrollo de nuevos productos y su eficiencia de producción mejoraran las ventas y utilidades de Gatorade. Algunos analistas se mostraban escépticos en cuanto a que la inclusión de Gatorade en la cartera de PepsiCo trajera el esperado crecimiento en ingresos y utilidades, puesto que las operaciones de Gatorade diferían sustancialmente de las del negocio de bebidas no alcohólicas de Pepsi. Mientras que Pepsi producía concentrado y lo vendía a embotelladores para su distribución a los puntos de venta detallistas, las operaciones de Gatorade abarcaban entera la cadena de valor de las bebidas: desde elaborar algunos ingredientes para la producción y el vertido en los envases hasta la distribución. Las ventas de bebidas no alcohólicas eran particularmente rentables para PepsiCo, debido a que los márgenes de utilidad en las ventas de concentrado a las embotelladoras se aproximaban a 24%. La gama de operaciones de Gatorade le daba a esta marca un margen de utilidad operativa cercano a la mitad del de Pepsi-Cola Norteamérica. La prohibición de la FTC (Comisión Federal de Comercio de Estados Unidos) sobre contratos de bebidas "atados" con los detallistas y la distribución conjunta de Gatorade con bebidas no alcohólicas llevó asimismo a algunos analistas a pensar que los beneficios completos de la adquisición no podrían verse antes de 10 años.

Quaker Foods Norteamérica

Quaker Oats era el productor líder de cereales calientes listos para comerse, bocadillos basados en granos, y platillos secundarios de arroz y pasta en Estados Unidos y Canadá, con ventas de 2 900 millones de dólares en 2000. Quaker dominaba la categoría de la avena en la industria de alimentos para el desayuno con innovaciones de productos que presentaban nuevos sabores, tazas para el horno de microondas y fórmulas fortalecidas con vitaminas. Las ventas combinadas de cereales instantáneos, listos para comerse, como Cap'n Crunch, Life y Toasted Oatmeal, situaban a la empresa en un distante cuarto lugar detrás de General Mills, Kellogg's y Post. Quaker tenía una participación de mercado de 10% del mercado cerealero estadounidense de 7 500 millones de dólares y se apoyaba marcadamente en promociones de precio para incrementar sus ventas. Quaker no era la única que se apoyaba en las promociones de precio para aumentar su participación de la categoría de cereal; el ramo industrial había dejado de crecer desde 1995, y los tres principales productores de cereales veían caer sus ventas y utilidades casi cada año a fines de la década de 1990. Los platillos secundarios Rice-A-Roni, Pasta Roni y Near East tenían posiciones líderes en las categorías de arroz de sabores y de pasta, pero tuvieron bajas de ventas de 3% en 2000. En la competencia en categorías relativamente maduras, la sémola Quaker, la pasta para tortillas Masa Harina y la mezcla y el jarabe para hot cakes Aunt Jemima ocupaban, todos ellos, posiciones líderes en el mercado. Aun cuando los otros productos Quaker, aparte de los bocadillos, competían en categorías maduras de alimentos, los negocios requerían poca inversión de capital y generaban un flujo de efectivo libre que rebasaba los 100 millones de dólares anuales.

Alineación de la cadena de valor entre las marcas y productos de PepsiCo

El nuevo equipo directivo de PepsiCo estimaba que la empresa podría lograr ahorros anuales en costos de 140 a 175 millones de dólares para fines de 2002 y de 400 millones de dólares anuales para 2005 mediante la reorganización de actividades en las cadenas de valor de sus negocios de bocadillos y bebidas. Se esperaba también que la alineación de la cadena de valor entre las marcas y productos de PepsiCo contribuyera a una mejora de cuatro puntos porcentuales en los márgenes de operación para fines de 2001, a un incremento de 1 500 a 4 000 millones de dólares en el flujo de efectivo operativo para 2005 y a un aumento de 30% en la retribución de capital invertido para 2005 también.

Se esperaba que el abastecimiento combinado de toda la empresa correspondiente a ingredientes de productos y materiales de envasado/empacado produjera un estimado de 160 millones de dólares de ahorro en costos para 2005, en tanto que se confiaba en que la combinación de las operaciones del proceso *hot fill* de Gatorade y Tropicana ahorrara 120 millones de dólares anuales para 2005. Se preveía que la distribución conjunta de los alimentos ligeros de Quaker con los productos de Frito-Lay redujera los gastos de distribución en 40 millones de dólares para 2005, y la administración de PepsiCo creía que las sinergias entre Frito-Lay Internacional y PepsiCo Beverages International podrían generar 50 millones de dólares anuales en ahorros de costos e incrementos de ingresos combinados para 2005; la dirección también había considerado que la firma podría reducir costos corporativos de 30 millones de dólares anuales al combinar las actividades administrativas.

PepsiCo había creado un avanzado proceso de rastreo de la alineación de la cadena de valor en el que se utilizaban tarjetas de calificación en línea. Estas tarjetas se actualizaban mensualmente para rastrear más de 130 proyectos particulares diseñados para captar beneficios sinérgicos. Además, se revisaba individualmente la retribución sobre capital por cada proyecto, y se rastreaba por separado el desempeño a partir de línea base del rendimiento resultante de las sinergias. PepsiCo le dio también a su director general líneas de comunicación directas con los presidentes corporativos y de división y los jefes de finanzas, e hizo que los bonos de 2002 dependieran del logro de las sinergias.

En noviembre de 2001, PepsiCo consolidó con éxito sus actividades corporativas, había combinado las fuerzas de ventas de Tropicana y Gatorade, tenía los bocadillos de Quaker en las máquinas expendedoras de Frito-Lay y había combinado todas las bebidas internacionales en su división PepsiCo Beverages International. Asimismo, la empresa contaba ya con una unidad norteamericana de *hot fill* y una de abastecimiento mundial.

DESEMPEÑO DE PEPSICO DE ENTRADA A 2002

La reestructuración de la cartera de PepsiCo seguía mostrando resultados positivos para los accionistas a fines de 2001, conforme la corporación rendía crecimiento de ganancias de doble dígito por octavo trimestre consecutivo. Cada división reportó ganancias de volumen, ingresos y utilidades operativas durante el tercer trimestre de 2001. También en ese trimestre, las ventas mundiales de bocadillos de la compañía aumentaron 6%, y sus ventas norteamericanas de bebidas no alcohólicas, agua embotellada y tés crecieron 20%. Las ventas de Gatorade/Tropicana crecieron 2% y los productos de Quaker de alimentos distintos de los bocadillos tuvieron asimismo un alza de 3%. Los efectos de los esfuerzos de la compañía para alinear las actividades de la cadena de valor de sus negocios de alimentos y bebidas aún estaban por tener impacto en el desempeño de toda la empresa, puesto que la adquisición no fue aprobada por la FTC sino hasta la séptima semana del tercer trimestre de 2001 de la agenda de PepsiCo.

caso 13 Avid Technology, Inc.

Philip K. Goulet
University of South Carolina

Alan Bauerschmidt
University of South Carolina

"Creo que cualquier compañía muy exitosa puede ser víctima de su propio éxito", afirmó David Krall en otoño de 2000 al ponderar el desempeño pasado de Avid Technology. Era el tercer director ejecutivo de Avid en menos de tres años. En 1996 el mal desempeño financiero había llevado a la junta a reemplazar a un fundador de la compañía por un exitoso ejecutivo externo de una gran empresa de alta tecnología, para cambiar la situación. Sin embargo, los resultados se dieron con lentitud, lo cual hizo que tres años después la junta reemplazara al ejecutivo por Krall, uno de los funcionarios operativos jefes de división de la empresa.

El peso de un segundo intento de revertir las cosas cayó sin más sobre los hombros de Krall, de 39 años. Aunque era un hombre relativamente joven con sólo cuatro años de experiencia en una de las divisiones de la compañía, Krall ya tenía historia como innovador. Había ganado el premio Harvard Business School's Entrepreneur of the Year al emprendedor del año por un invento patentado por él (una batería de respaldo para computadoras *laptop*), y había guiado a la Digidesign, la división de Avid que dirigía, a un buen desempeño, aun cuando la firma en general rindió malos resultados. La junta directiva de Avid estaba contando con el emprendedor Krall para orquestar la renovación estratégica que la compañía necesitaba desesperadamente.

Avid Technology, Inc., era el claro ejemplo del éxito de la alta tecnología. Las ventas crecieron con rapidez tras el primer embarque de productos de la empresa a fines de 1989. La firma logró altas tasas de crecimiento y reconocimiento de los clientes y analistas de la industria por su aplicación de la tecnología digital a procesos utilizados para manipular ilustraciones, gráficos y sonido en la creación de películas, programas de televisión y emisión de noticias. De hecho, Avid construyó "una mejor estratagema" en la forma de captar, editar y reproducir las películas animadas, los gráficos y el sonido para el placer visual y auditivo de un público.

Con todo, para 1995 el crecimiento en las ventas había empezado a frenarse. Al llevar una nueva administración a la empresa a fines de 1996, Avid esperaba cambiar su suerte y poner a la compañía de nuevo en la senda del crecimiento reditable. Pero el intento de reversión resultó agitado. El nuevo equipo directivo tomó varias decisiones estratégicas, pero no obtuvo resultados sostenibles y pronto perdió la confianza de la junta directiva de la firma. La salida de ese equipo era indicadora del fracaso de Avid en la búsqueda de una receta estratégica para resolver los problemas que aquejaban a la compañía.

Con el reemplazo decisivo de la alta dirección por segunda vez, la junta envió al nuevo equipo directivo de la compañía una inequívoca señal de que no se esperaba nada menos que la inmediata reversión de la situación de Avid. Entender lo que le había sucedido a Avid en los últimos años era la tarea urgente que ahora enfrentaba Krall. El nuevo director ejecutivo tenía que determinar qué habían hecho o dejado de hacer los dos directores ejecutivos anteriores, que había vuelto tan rápidamente la suerte en contra de Avid; y, lo más importante, tenía que tomar un nuevo rumbo y estrategia para rejuvenecer el crecimiento y la rentabilidad de Avid.

PANORAMA E HISTORIA DE LA COMPAÑÍA

La tecnología tradicional analógica requería que diversas personas capturaran las películas animadas, los gráficos y el sonido en cinta magnética; que cortaran y pegaran tramos de esta cinta para editar secuencias de película, y que luego hicieran copias del resultado para su distribución. La tecnología digital capturaba las películas animadas, los gráficos y el sonido en la forma de códigos binarios reconocibles por las computadoras. Editar las fotografías, gráficos y secuencias de sonido digitalizados era semejante a revisar y corregir un archivo de procesamiento de texto (que consiste en texto digitalizado): el editor o revisor se servía de su ratón para recortar y pegar las imágenes, gráficos y sonidos en la secuencia deseada en su computadora. La película resultante, por ejemplo, era un archivo de computadora de fotografías, gráficos y sonido digitalizados. La edición digital no sólo era más rápida y menos costosa que la edición analógica tradicional, sino que también brindaba a los editores mayores capacidades para crear efectos especiales. Asimismo, mientras la película analógica mostraba desgaste y roturas después de 15 a 25 proyecciones, las películas digitales no perdían calidad.

Situada dentro del área metropolitana de la alta tecnología de Boston, Massachusetts, Avid Technology era un líder de la industria en varios mercados de la tecnología digital. Avid desarrolló sistemas computacionales para la edición digital en salas de noticias que ayudaban a crear contenido para los programas de noticias por televisión, así como sistemas de audio digital para uso profesional. Los productos de Avid se usaban mundialmente en los estudios cinematográficos; las estaciones de televisión de red, afiliadas, independientes y de cable; estudios de grabación; agencias publicitarias; instituciones gubernamentales y educativas, y departamentos de video corporativos. Los efectos especiales de la nueva serie de *Star Wars* (Guerra de las galaxias) se crearon y editaron con productos de Avid. De modo similar, los productores utilizaron sistemas de Avid para hacer que el actor Gary Sinise (el teniente Dan Taylor) apareciera como amputado de ambas piernas en la película *Forrest Gump*. Entre los usos corporativos está el empleo del video por compañías de bienes raíces para mostrar listas de propiedades y por equipos deportivos profesionales, como los Green Bay Packers, para analizar jugadas.

Avid fue fundada en 1987 por William Warner, quien dejó su puesto en Apollo Computer, Inc., fábrica de sistemas computacionales, para tratar de llevar a la práctica su revolucionaria idea de digitalizar las películas y el sonido animados de suerte que pudieran ser editados por computadora. Junto con Warner en 1988 estuvieron Curt Rawley, ex presidente de Racal Design Services, diseñador de tabletas (o tarjetas) de circuitos impresos, y Eric Peters, ex ingeniero en Apollo Computer y en Digital Equipment Corporation (ahora Compaq Computer).

Los tres emprendedores crearon Media Composer, el producto con el cual se lanzó la nueva compañía. Los embarques de productos empezaron en el cuarto trimestre de 1989. Las ventas crecieron rápidamente, ascendiendo de un millón de dólares en 1989 a 7, 20 y 52 millones de dólares en 1990, 1991 y 1992, respectivamente.

Para financiar el crecimiento de la compañía, Avid se convirtió en sociedad anónima en 1993 (NASDAQ: AVID), con lo que generó un capital adicional de 53 millones de dólares. En ese mismo año, las ventas se duplicaron con creces, a 113 millones de dólares. La firma ascendió al quinto puesto en la lista de "100 Fastest Growing Small Public U.S. Companies" (las "100 pequeñas empresas estadounidenses de sociedad anónima de más rápido crecimiento") de la revista *Inc* y al noveno puesto de las "100 Fastest Growing American Companies" (las "100 empresas estadounidenses de más rápido crecimiento") de la revista *Fortune*. El rápido crecimiento de Avid continuaba, con un registro de ingresos de 204 millones de dólares en 1994 y de 407 millones en 1995, 81% y 100% de incremento sobre el año anterior, respectivamente. En el transcurso de 1995, Avid logró sus objetivos de ganar una rápida participación de mercado y hacerse de un puesto de liderato en sus mercados. Sin embargo, el crecimiento de ventas después de 1995 se vio frenado, pues los ingresos sólo crecieron 5%, a 429 millones, en 1996;

10%, a 471 millones, en 1997, y 2%, a 482 millones, en 1998. En 1999, los ingresos disminuyeron por primera vez en la historia de la compañía, cayendo 6%, a 453 millones. En la ilustración 1 se presenta el estado consolidado de operaciones y en la ilustración 2, la hoja de balance consolidado de la empresa. Avid tenía cerca de 1 700 empleados a fines de 1999.

Un factor clave en el rápido crecimiento de ventas de Avid fue su capacidad de establecer un canal para las ventas internacionales en sus inicios. Avid estableció oficinas de ventas en siete países para 1993 y en 1999 las tenía en 20 países. Las ventas fuera de Norteamérica crecieron rápidamente de 11% de ingresos en 1990 a 42% en 1992, y a 51% en 1999, año en que Avid vendía a más de 75 mercados extranjeros. Las ventas europeas mostraban la mayor promesa, representando cerca de 87% de las ventas internacionales totales. Las ventas de la región asiática eran decepcionantes, pero se esperaba que mejoraran en general conforme la economía de la región, especialmente la de Japón, saliera de la recesión.

MERCADOS DE AVID

Avid servía a tres mercados; su principal fuente de ingresos la constituían las industrias fílmica, televisiva y otras afines. En los ramos fílmico y televisivo se llegó a reconocer la tecnología digital como lo más avanzado, y a Avid como líder en esta área. La ilustración 3 presenta una lista de muestra de las películas y programas de televisión que se crearon utilizando productos de Avid.

La industria fílmica estimada en 1 000 millones de dólares adoptó rápidamente la nueva tecnología y emigró con presteza de los productos analógicos a los digitales, dándole a Avid más de 80% de participación de los segmentos de mercado a los que servía en este ramo. No obstante, el ramo de la televisión de 2 000 millones de dólares se basaba todavía de manera predominante en la cinta, así como la industria de audio de 900 millones de dólares. Estas industrias representaban una oportunidad importante de crecimiento. La industria corporativa e institucional del video, de 985 millones de dólares, se basaba de manera predominante en la cinta, y Avid retenía la posición de liderato en el segmento digital (la participación total de Avid en esa industria era de 13%, en comparación con todos los demás competidores de base digital, que juntos tenían 27%). De este modo, la empresa veía la oportunidad de un crecimiento significativo también en este ramo.

La segunda fuente de ingresos más importante de Avid era la industria de la emisión de noticias de 350 millones de dólares. A pesar de que la empresa se había enfocado en este mercado desde 1993, sus esfuerzos por conseguir una posición fuerte tuvieron menos éxito que sus esfuerzos en los ramos fílmico y televisivo. Un factor clave era el costo de los grandes sistemas integrados que estos clientes requerían, el cual entraba decididamente en el rango de los millones. Además, Avid no ofrecía productos que pudieran realizar todas las funciones requeridas en el proceso sumamente complejo de la creación de emisión de noticias. Para satisfacer las diversas necesidades de los clientes de la difusión noticiosa, los productos de la empresa precisaban combinarse con productos digitales o analógicos hechos por otros proveedores.

Más aún, el ramo de la emisión de noticias todavía era de base predominantemente analógica. Su migración de un formato analógico a uno digital se veía demorado de manera considerable por los altos costos del cambio consistentes en disposiciones de capital y capacitación de personal, así como en los riesgos percibidos que se asociaban con los sistemas que pudieran tener una mezcla difícilmente manejable de dispositivos analógicos y digitales. Sin embargo, se esperaba que las empresas de difusión de noticias hicieran la transición a la tecnología digital con mayor facilidad a medida que su costoso equipo analógico llegara a la edad de reemplazo.

Otros factores que limitaban el desempeño de Avid en esta industria eran el tamaño relativo de la compañía y la experiencia de ésta en comparación con competidores como Sony. Al hacer inversiones de un millón de dólares o más en áreas en extremo críticas de sus operaciones, las empresas emisoras de noticias se apoyaban en gran medida en proveedores de largo tiempo con estabilidad financiera y registros establecidos de desempeño. En Avid, una pequeña

Ilustración 1   Estado consolidado de operaciones de Avid Technology, 1989-2000 (en millones, excepto los datos por acción)

	1989	1990	1991	1992	1993	1994	1995	1996	1997	1998	1999	2000
Ingresos netos	$ 0.9	$ 7.4	$ 20.1	$51.9	$112.9	$203.7	$406.6	$429.0	$471.3	$482.4	$ 452.6	$476.0
Costo de las ventas	0.5	3.4	9.6	23.7	54.1	99.9	198.8	238.8	221.5	190.2	205.9	234.4
Utilidades brutas	0.4	4	10.5	28.2	58.8	103.8	207.8	190.2	249.8	292.2	246.7	241.6
Gastos operativos	2.1	6.3	10.5	24.7	55.7	87	185.2	220.5	219.7	242.6	246.9	229.8
Costos no recurrentes	0	0.6	1	0.9	0	0	5.5	29	0	28.4	14.5	0
Amortización de activo adquirido	0	0	0	0	0	0	0	0	0	34.2	79.9	66.9
Otros ingresos (gastos)	0	0.1	0.1	0	1.5	1	1.4	3.4	8.1	8.6	3.5	3.7
Impuestos sobre la renta	0	0	0	1.2	0.9	4.8	8.6	(17.9)	11.8	(0.8)	46.4	5
Ingreso (pérdida) neto(a)	$ (1.7)	$ (2.8)	$ (0.9)	$ 1.4	$ 5.5	$ 13	$ 15.4	$ (38)	$ 26.4	$ (3.6)	$(137.5)	$(56.4)
Ingreso (pérdida) neto(a) por acción común	$(0.57)	$(0.84)	$(0.27)	$0.29	$ 0.38	$ 1.10	$ 0.77	$ (1.80)	$ 1.08	$ (0.15)	$ (5.75)	$(2.28)
Valor común de la acción												
Alto	I.n.d.	I.n.d.	I.n.d.	I.n.d.	$27.16	$43.50	$48.75	$25.88	$38.00	$47.75	$ 34.25	$24.50
Bajo	I.n.d.	I.n.d.	I.n.d.	I.n.d.	16.00	20.50	16.75	10.13	9.00	11.06	10.00	9.38

Nota: Los costos no recurrentes se relacionan principalmente con *write-offs* (reducciones a cero del valor contable de partidas de activo descartadas), resultantes de reestructuraciones y/o adquisiciones.

La amortización del activo adquirido se relaciona con la adquisición de Softimage.

Fuente: Reportes anuales y 10K de Avid, 1993-2000.

I.n.d. = Información no disponible.

empresa de alta tecnología (es decir, una firma con menos de 500 millones de dólares en ventas) y relativamente recién llegada, comprendieron que establecer una fuerte presencia en este mercado tomaría tiempo.

Ilustración 2   Hoja de balance consolidado de Avid Technology, 1998-2000
(en millones de dólares)

	1998	1999	2000
Activo			
Efectivo y valores negociables	$111.8	$72.8	$83.2
Cuentas por cobrar, netas	89.8	76.2	90.0
Inventarios	11.1	15.0	21.1
Otras partidas de activo circulante	29.0	12.6	11.7
Total de partidas de activo circulante	241.7	176.4	206.1
Propiedad, planta y equipo, netos	35.4	32.7	26.1
Otras partidas de activo	209.6	102.9	34.2
Total del activo	$486.7	$312.0	$266.4
Pasivo y capital contable de los accionistas			
Cuentas por pagar	$24.3	$24.0	$28.8
Otros cargos acumulados	75.4	61.8	56.2
Ingresos diferidos	22.9	20.3	24.5
Total del pasivo circulante	122.6	106.1	109.5
Deuda a largo plazo	13.3	14.2	13.4
Otras	60.5	23.8	5.7
Capital contable de los accionistas			
Acciones comunes	0.3	0.3	0.3
Capital adicional pagado sobre acciones	349.3	366.6	359.1
Ganancias retenidas	14.3	(128.1)	(197.8)
Acciones de tesorería	(68.0)	(66.5)	(15.6)
Compensación diferida	(3.8)	(1.9)	(4.8)
Ajuste acumulativo de conversión	(1.8)	(2.5)	(3.4)
Total de capital contable de los accionistas	290.3	167.9	137.8
Total de pasivo y capital contable de los accionistas	$486.7	$312.0	$266.4

Fuente: Reportes anuales y 10K de Avid, 1998-2000.

La tercera fuente de ingresos de Avid era el mercado detallista de consumo. La compañía entró en este mercado en 1994. Entre los compradores de productos de Avid había quienes, por ejemplo, editaban videos caseros o fotos en sus computadoras personales. Varias empresas estaban fabricando productos para servir al mercado hogareño, pero ninguna había surgido aún como líder de mercado. Avid competía en este mercado con su producto Avid Cinema, el cual fue creado como un paquete de software de video de uso fácil para el consumo detallista. Personas con videocintas de teatro escolar, eventos deportivos, bodas, cumpleaños y reuniones familiares, por decir, podían usar Avid Cinema para añadir efectos especiales, piezas de sus discos compactos favoritos y títulos de aspecto profesional para transformar sus cintas en películas entretenidas. Avid Cinema había sido objeto de críticas industriales positivas. Fue nominada finalista en 1999 para el mejor producto de video digital por los redactores de la revista *Popular Photography* y por DigitalFocus, editor líder de boletines del ramo de las imágenes digitales. El año anterior, se le había llamado "Best New Product" (mejor producto nuevo) en Retail Xchange n8 y había sido nominada para una lista de lo mejor del espectáculo en Comdex (exposiciones, ambas, de renombre en el ramo).

Como el mercado detallista de consumo se hallaba todavía en su infancia, se esperaba que las ventas se mantuvieran a nivel modesto por algunos de los años siguientes. No obstante, en Avid se daban cuenta de que el mercado tenía un gran potencial de ventas a medida que las personas iban entendiendo y apreciando más la tecnología digital de edición como una aplicación estándar de la computadora casera. Se estaba produciendo vivo interés por este mercado con-

Ilustración 3   Películas y programas de televisión creados con productos
de Avid (sólo lista de muestra)

Películas	Programas de televisión
Lethal Weapon 4 (Arma mortal 4)	*Ally McBeal*
Lost in Space (Perdidos en el espacio)	*Frasier*
The Perfect Storm (La tormenta perfecta)	*Friends*
Star Trek: Insurrection (Viaje a las estrellas: la insurrección)	*Just Shoot Me*
Titanic	*Survivor II*
The X-Files: Fight the Future (Los expedientes secretos X)	*Veronica's Closet* (El clóset de Verónica)

Nota: Ochenta por ciento de las películas hechas en Estados Unidos en 2000 se editaron con sistemas Avid, al igual que 95% de los programas de televisión de horario estelar en 2000.

Fuente: Avid Technology, Inc., documentos públicos; *The Boston Globe*, 30 de abril de 2001.

forme el costo de las cámaras digitales de alta calidad (productos que realzaban la utilidad de Avid Cinema) bajaba a menos de 500 dólares, y que los detallistas de computadoras, como Best Buy y CompUSA empezaban a reportar que las cámaras digitales eran uno de sus accesorios electrónicos y/o de computadora de más rápido movimiento.

DESARROLLO DE PRODUCTO

El primer producto de Avid, Media Composer, se diseñó específicamente para las industrias del cine y la televisión. Desde luego, el rápido crecimiento de la empresa se atribuía en gran medida a la aceptación de este producto inicial por el mercado. Aun cuando Avid ofrecía otros productos a las industrias fílmica y televisiva, Media Composer contribuía con la mayor parte de los ingresos y utilidades de la compañía.

Avid estaba dedicada al desarrollo de productos nuevos. La empresa mantenía un nivel constante de actividad de investigación y desarrollo, que se aproximaba a 17% de las ventas, lo cual reflejaba el promedio de la industria. Hay que añadir que Avid emprendió varias adquisiciones para hacerse de la tecnología de punta que a juicio de la empresa complementaba su tecnología existente de casa (véase la ilustración 4). Fruto de estas adquisiciones fue que Avid pudo desarrollar una presencia en el ramo de la difusión noticiosa (con instalaciones de sistemas en CBS, NBC, CNN, CNBC y la BBC, por mencionar), así como en los mercados del audio y los efectos especiales. Avid formó también alianzas con otras firmas para tratar de crear nuevas tecnologías (que se tratarán más adelante en este caso).

Los productos de Avid se podrían clasificar en seis categorías generales: productos de edición de video y películas, productos de audio, sistemas digitales de acopio de noticias, sistemas computacionales de sala de noticias, productos de gráficos y efectos especiales, y sistemas de almacenamiento. La empresa ofrecía numerosos productos que variaban ampliamente en costo y mercado meta. Por decir, Avid Symphony, avanzado sistema de edición fílmica, costaba 150 000 dólares y estaba diseñado para editores profesionales; en cambio, Avid Cinema costaba 139 dólares y se comercializaba para los consumidores detallistas que usaban computadoras personales.

ESTABLECIMIENTO DE LAS NORMAS INDUSTRIALES

Como precursora en la tecnología digital, Avid asumió el liderato del desarrollo y promoción de normas industriales abiertas. La empresa liberaba al dominio público la plataforma de tecnología digital básica que desarrollaba y la aplicaba a sus creaciones de productos específicos. Esta plataforma o conjunto de normas básicas observadas en la creación de productos de medios digitales se vino a conocer como la Open Media Framework (OMF, Plataforma de Medios Abiertos). La OMF creció para convertirse en un esfuerzo cooperativo que abarcaba a más de

Ilustración 4 Adquisiciones significativas de Avid, 1993-2000

Año	Compañía	Ingresos (en millones de dólares)	Costo (en millones de dólares)	Descripción
1993	Digital Video Applications Corporation	Inf. no disp.	$4.6	Fabricante de productos de edición de video y software de presentación enfocados para la venta a editores de video no profesionales
1994	Basys Automation Systems (división de sala de noticias)			Creadora de sistemas de automatización de sala de noticias
	Softech Systems	$26*	$5*	Productores de software de automatización de sala de noticias
1995	Digidesign, Inc	$39	$205	Proveedor líder de sistemas basados en computadora de producción de audio digital para los mercados profesionales de música, películas, difusión de radio y televisión, y de grabación casera
	Elastic Reality			Productores de software de manipulación de imágenes digitales
	Parallax Software	$12†	$45†	Desarrollador de software de ilustración y composición
1998	Softimage	$37	$248	Productora líder de software de animación 3D (tridimensional), producción de video, animación de célula 2D (bidimensional) y composición
2000	The Motion Factory			Productora de medios 3D para juegos y para la web
	Pluto Technologies International	Inf. no disp.	$2.3‡	Fabricantes de productos de almacenamiento y red de sala de noticias

* Totales combinados para las adquisiciones de Basys Automation Systems y Softech Systems.

† Totales combinados de las adquisiciones de Elastic Reality y Parallax Software.

‡ Totales combinados de las adquisiciones de The Motion Factory y Pluto Technologies International.

Nota:

1. Digital Video Applications Corporation fue adquirida para darle a Avid una presencia en el mercado del video no profesional, así como para mejorar sus capacidades existentes de mercado.

2. Basys Automation Systems (división de sala de noticias) y Softech Systems se adquirieron para dar a Avid acceso a la industria de la difusión de noticias.

3. Digidesign, Inc., fue adquirida para darle a Avid una posición de liderato en el mercado de audio digital.

4. La adquisición de Elastic Reality y de Parallax Software tuvo por objeto formar el grupo de gráficos y efectos de Avid; las compañías desarrollaron una gama de productos de manipulación de imagen que permiten a los usuarios de los mercados de posproducción y difusión de video y películas crear gráficos y efectos técnicos para su uso en películas especiales, programas de televisión y publicidad, y programas de noticias. La adquisición de Softimage fortaleció de modo considerable las capacidades de Avid y su presencia de mercado en estas áreas.

5. Se adquirió The Motion Picture Factory para aumentar las capacidades de juego y web de Avid.

6. Pluto Technologies International fue adquirida para diversificar los ofrecimientos de producto de Avid a la industria de la difusión de noticias.

Fuente: Reportes anuales de Avid, documentos públicos y entrevista en el sitio con un representante de la compañía; Computer Reseller News, 31 de octubre de 1994; Newsbytes News Network, 31 de marzo de 1995; *Boston Herald,* 22 de octubre de 1998 y 30 de junio de 2000, y CCN Disclosure, 10 de septiembre de 2000.

150 fabricantes líderes de productos digitales. Los productos basados en normas OMF eran compatibles con otros productos de medios basados en la OMF (ya se tratara de gráficos, video, audio, animación o texto), lo cual permitía el uso simultáneo de diferentes productos de distintos proveedores durante el proceso de producción.

Avid entendía las ventajas de liberar su tecnología digital básica a empresas que proveían productos competidores así como complementarios. Las normas abiertas dieron como resultado un incremento en el desarrollo de tecnología y productos innovadores de medios digitales, al aumentar el número de empresas que fabricaban productos tanto complementarios como competidores. Esto aceleró la rapidez con que las industrias migraban de la tecnología analógica a la digital. Además, con el establecimiento de estándares industriales, Avid se aseguraba de que sus productos fueran compatibles con los productos complementarios de otras compañías; tal capacidad acrecentaba la utilidad de los productos de Avid. Sin embargo, al poner su tecnología digital básica a disposición de otras compañías, Avid perdió la capacidad de distinguirse de sus competidores a este respecto.

ALIANZAS ESTRATÉGICAS

Para aumentar su capacidad competitiva, Avid entró en varias alianzas horizontales y verticales con otras empresas de tecnología. Los productos de Avid estaban diseñados originalmente sólo para operar con computadoras Apple; sin embargo, en el curso de los años 1990-2000, los fabricantes de computadoras personales (PC) empezaron a desgastar las diferencias de desempeño entre las computadoras Apple y las compatibles con IBM. El resultado fue que la participación de mercado de Apple se desplomó, al grado de hacer que algunos expertos de la industria se cuestionaran la viabilidad continuada de esa compañía. Avid se percató del riesgo de depender de la tecnología de Apple para correr su software y, en consecuencia, entró en alianza vertical con Intel para desarrollar la tecnología necesaria para migrar su software (de Avid) a las PC basadas en Microsoft Windows/Intel (combinación a menudo llamada Wintel). Este pacto incluía asimismo que Intel tomara para sí un subsecuente interés propietario de 6.75% en Avid en 1997, lo que aportaría a la empresa 14.7 millones de dólares en efectivo para ayudarse con los fondos necesarios para el proceso. Para 1994, Avid comenzó a hacer embarques de productos comparables en ambas plataformas, Apple y Wintel, y siguió migrando y creando productos hacia y para los sistemas de Wintel. De este modo, Avid redujo la incertidumbre asociada a la dependencia de las computadoras de Apple, a la vez que puso sus productos a la venta en un mercado más amplio, para abarcar tanto a los usuarios de Apple como a los de las PC de Microsoft Windows/Intel.

Otra asociación formada por Avid fue la alianza vertical con el productor cinematográfico George Lucas y sus grupos, Lucas Film y Lucas Digital. Este acuerdo daba pie a la cooperación para el desarrollo de una extensa línea de productos de efectos especiales para la industria fílmica. Avid producía el software y el hardware y Lucas proporcionaba especificaciones de diseño. Avid entró también en sociedad con Ikegami Tsushinki Company, Ltd., en 1994, para crear la primera cámara digital de película totalmente animada del mundo.

Entre los convenios más recientes estuvo la adquisición por Avid en 1998 de Softimage, una compañía canadiense con sede en Montreal. Pese a las críticas de algunos analistas industriales por su morosidad con los periodos límite de desarrollo de producto y porque no mantenía la calidad de sus productos, se reconocía a Softimage como una de las empresas líderes en software tridimensional (3D) diseñado para generar efectos especiales en películas y anuncios utilizando sistemas operativos de Microsoft. Softimage había sido una división de Microsoft y se la consideraba una competidora marginal de Avid. Como parte de la adquisición de 248 millones de dólares que incluyó 128 millones de dólares en activo intangible, Microsoft tomó un interés propietario de 9.1% en Avid. El estatus transformado de Microsoft de competidor a copropietario alineaba realmente a Avid junto a una de las más poderosas firmas de la industria de la tecnología.

En 1998, Avid integró también una alianza estratégica horizontal con Tektronix. Este acuerdo resultó en una empresa de riesgo compartido entre los dos competidores. Avid y Tektronix eran capaces de identificar necesidades mutuas en respuesta a la competencia en el mercado de difusión de noticias. Tektronix, organización diversificada con ingresos de 2 000 millones de dólares, tenía ventajas en las áreas de la tecnología de almacenamiento digital así como en su red de clientes en el ramo de la difusión noticiosa. Si bien Avid producía dispositivos de almacenamiento digital, comprendía que los producidos por Tektronix eran de más amplia aceptación en la industria. Hay que agregar que, siendo empresa relativamente nueva en el ramo de la emisión de noticias, Avid aún tenía que generar una red de clientes a la par de la de Tektronix; además, el mercado percibiría que Avid tendría una mayor estabilidad financiera si asociaba sus operaciones con las de una firma mayor. Al mismo tiempo, Tektronix aceptaba que los productos de edición digital de Avid eran superiores a los suyos.

La empresa de riesgo compartido se llamó Avstar. Cada socio tomó una posición propietaria de 50% en la compañía y, en 1999, cada uno contribuyó de inicio con dos millones de dólares en efectivo y activo. Por medio de Avstar, Avid y Tektronix planeaban combinar sus aptitudes tanto en la edición digital como en la tecnología de almacenamiento, a la vez que incrementarían la innovación y el desarrollo de producto en el mercado de la difusión de noticias. Juntas, ambas empresas esperaban acrecentar su participación de mercado en este ramo más rápidamente, aminorando al mismo tiempo el riesgo que cada una correría si tratara por sí sola de desarrollar el mercado.

ADMINISTRACIÓN DE AVID

Desde su fundación en 1989 hasta 1995, fueron los cofundadores de Avid quienes ocuparon en secuencia el puesto de director ejecutivo. William Warner fue el primero, y conservó el mando hasta 1991, cuando salió para iniciar otra compañía no competidora. Posteriormente, Curt Rawley asumió el cargo hasta 1995. Ambos respondieron a una junta de directores presidida por el socio general de Greylock Management Corporation, empresa de capital de riesgo que desempeñó una importante función en la aportación inicial de capital contable de la compañía.

Mientras los cofundadores conducían a Avid por un periodo de notable crecimiento y éxito, los objetivos iniciales de la firma de obtener participación de mercado y de hacerse de un puesto de liderato industrial cobraron a la larga un precio a costa de la rentabilidad de la empresa. La falta de controles fuertes para vigilar el crecimiento ocasionó grandes reducciones de diversas partidas de activo en 1996, incluidos inventarios obsoletos y cuentas incobrables. Al mismo tiempo, el crecimiento de las ventas disminuía, agudizando así el efecto de los controles insuficientes en el renglón de resultados o utilidades de la compañía.

La desaceleración de las ventas y la disminución de utilidades durante este periodo llevó a la junta de directores a reconocer la necesidad de un nuevo equipo directivo que pudiera instituir las aptitudes funcionales necesarias para detener el deterioro del desempeño financiero de la firma. Como consecuencia de esto, Avid cambió su enfoque y pasó de buscar su impulso en la participación de mercado a procurar un crecimiento en equilibrio con la rentabilidad incrementada. La junta decidió que, para sortear estos tiempos difíciles, la empresa necesitaba un hombre "de fuera" con experiencia demostrada en la dirección de una gran firma de tecnología en un ambiente de gran competencia.

En 1996, se contrató a Bill Miller, de 53 años, ejecutivo bien curtido en la industria de la tecnología, para cambiar la suerte de Avid. Como presidente y director ejecutivo de Quantum Computers, Miller había demostrado su capacidad de mando en el ramo de discos duros de computadora. A las órdenes de Miller, Quantum había crecido de 1 100 millones de dólares por concepto de ingresos a 3 400 millones en cinco años.

Entre las responsabilidades de Miller como nuevo director ejecutivo de Avid estaba la activación de los controles necesarios para reducir la estructura de costos de la empresa y restablecer a ésta como una firma de crecimiento redituable. Consciente de la necesidad de una pronta vuelta a la prosperidad de Avid, la junta directiva otorgó a Miller un alto nivel de autoridad. Se le designó para los puestos de director ejecutivo y presidente de la junta de directores de Avid. Los restantes ocho miembros de la junta eran directores no ejecutivos.

INTENTOS DE REVERSIÓN DE AVID

A Bill Miller le emocionaban las perspectivas de Avid y su capacidad de permanencia competitiva, y decía que "en un mundo en el que los medios se usan prácticamente para cualquier comunicación y se transmiten por las ondas de aire, por cable o por red de cómputo, pretendemos seguir proporcionando las herramientas que la gente utiliza para decir su mensaje". Para Miller, la sola proliferación de los canales de televisión señalaba el potencial de Avid: "El hogar promedio con cable dispondrá pronto de 90 canales, y con el rápido esparcimiento de las señales digitales ese número puede aumentar muy rápidamente. Más canales significan más programación que editar con software como el de Avid."

Sin embargo, Miller reconocía también que Avid había excedido las capacidades de la administración de la misma, y que el liderato de mercado tenía que ir acompañado igualmente de rentabilidad superior. En consecuencia, inició su cargo con la creación de un nuevo equipo directivo. Esto incluyó la contratación de un nuevo director general de finanzas (CFO, chief financial officer) a fin de establecer los sistemas necesarios de control financiero para bajar los costos. Los inventarios por recibir y cuentas por cobrar se redujeron de modo considerable, de 63.4 y 107.9 millones de dólares respectivamente en 1995 a 9.8 y 79.8 millones de dólares respectivamente en 1997. Estos esfuerzos mejoraron el flujo de efectivo de la compañía a la par que redujeron los riesgos asociados con la obsolescencia de inventario y la perceptibilidad de conceptos por recibir y cobrar. La reversión entrañaba dar fluidez a la organización, eliminar unos 70 puestos de personal y descontinuar el desarrollo y venta de ciertos productos. El costo total en una sola exposición para la compañía era de 15.8 millones de dólares.

En un esfuerzo por impulsar el crecimiento y la rentabilidad de la empresa, Miller empezó a hacer cambios significativos en las operaciones. Uno de estos cambios tenía que ver con los canales de distribución de la firma. Durante el ejercicio de Miller, Avid creó fuertes relaciones con empresas que podían distribuir sus productos a una amplia base de clientes comerciales y detallistas. Al crecer este canal, Avid pudo reducir sus actividades de ventas directas (dentro del establecimiento) exclusivamente a las cuentas clave que requerían un tiempo considerable durante el proceso de ventas y después de éste. Avid podía así aprovechar las bien desarrolladas redes de sus miembros de canal indirecto (distribuidores independientes, revendedores de valor agregado y concesionarios) a la vez que reducía sus gastos generales de operación relacionados con las ventas y operaciones de marketing en su establecimiento. Las ventas hechas por miembros de canal indirecto (en oposición a la función de ventas directa, dentro de su establecimiento) crecieron de 50% de las ventas totales anuales en 1996 a 85% en 1999.

La compañía se concentró también en su función de apoyo al cliente, ampliando los recursos y reestructurando ese servicio para aumentar la satisfacción de la clientela. Por caso, de acuerdo con un artículo de *Forbes* de 1998, después de que Miller aumentó la capacitación para su personal de apoyo, la capacidad de Avid de resolver un problema en la primera llamada de servicio mejoró de menos de 50 a más de 90%, y el tiempo que los clientes tenían que esperar para recibir ayuda técnica disminuyó a cerca de dos minutos.

Bajo la jefatura de Miller, Avid se esforzó por hacer realidad su declaración de misión de convertirse en proveedor líder de instrumentos poderosos de creación de contenido digital utilizados para "entretener e informar al mundo". La compañía no sólo trataba de ampliar su presencia en sus mercados habituales de medios digitales, sino también apuntaba a nuevos mercados y seguía impulsando y apoyando las normas industriales abiertas.

No obstante, los beneficios de la reestructuración de Miller fueron efímeros. La adquisición de Softimage (la acción estratégica más significativa de Miller mientras dirigió a Avid, y acaso la transacción sola más importante en la historia de la compañía) fue más difícil de digerir para la firma de lo esperado originalmente. Por añadidura, en tres años de función de Miller como ejecutivo en jefe, el crecimiento en ventas y las utilidades siguieron siendo difíciles de conseguir. En 1999, Avid registró ingresos de 452.6 millones de dólares (una baja de 6% de la cifra de 1998) y una pérdida neta de 137.5 millones de dólares (el peor desempeño de la empresa en sus 10 años de historia). Más aún, de 1998 a 1999, el efectivo y los valores negociables disminuyeron de 111.8 a 72.8 millones de dólares; la razón circulante [*división del activo entre el pasivo circulantes*] disminuyó de 2:1 a 1.7:1, y la deuda a largo plazo como porcentaje del capital contable subió de 4.6 a 8.5% (véanse las ilustraciones 1 y 2).

Esto dio lugar a que la junta de directores emprendiera nuevamente una acción reemplazando a la alta dirección. A fines de 1999, Bill Miller, director general y presidente de la junta, y Clifford Jenks, presidente, renunciaron. Pocos meses después, a principios de 2000, renunció William Flaherty, director general de finanzas. La compañía declaró que su plan de negocios ya no era alcanzable en vista de los rápidos cambios del mercado. Por esto, la junta determinó que se necesitaba otra reestructuración a fondo para posicionar a la empresa para el crecimiento y la redituabilidad en el futuro.

David Krall, quien era el director ejecutivo de operaciones de la división Digidesign de Avid, fue designado para el puesto de director ejecutivo en abril de 2000. La división Digidesign había sido una carta valiosa de Avid; había logrado récords de ventas e ingreso operativo mientras la compañía en su conjunto se desempeñaba por debajo de las expectativas. Al hacer la última ronda de cambios de la alta dirección, la junta decidió no nombrar a David Krall presidente de la misma. La presidencia de la junta (ocupada también por Miller durante su ejercicio) fue asumida por Robert Halperin, miembro no ejecutivo de tal mesa. Krall era el único ejecutivo en la junta, integrada ahora por seis miembros. La reestructuración acarreaba asimismo una reducción de 11% del personal. Se eliminaron unos 200 empleos, a un costo de 10 millones de dólares para la compañía. Avid esperaba que la reestructuración redujera de antemano los costos en unos 20 millones de dólares al año. La empresa también anunció que descontinuaría el desarrollo y venta de un número limitado de sus productos. A la recién adquirida firma Softimage se le eximió, en su mayor parte, de reestructuración significativa alguna y se le permitió seguir operando como una división relativamente autónoma de la compañía.

EL PANORAMA COMPETITIVO

Avid se benefició con la introducción de la tecnología digital en las industrias fílmica y televisiva; su éxito provino de brindar productos digitales superiores como sustituto de los productos analógicos tradicionales. Fueron pequeñas empresas innovadoras las que originalmente desarrollaron y comercializaron la nueva tecnología digital; muchas de ellas habían fracasado a partir de entonces o habían sido adquiridas por Avid o por otras compañías en un intento de establecer el liderato de la industria.

Con todo, la competencia se estaba intensificando. Al establecerse más firmemente la tecnología digital, se preveía que hubiera competencia de algunas de las grandes y bien atrincheradas empresas analógicas que estaban empezando (o se esperaba que empezaran) a fabricar sus propios productos digitales. Estas compañías, como Sony y Panasonic, eran mucho mayores que Avid y tenían recursos financieros, técnicos, de distribución, de apoyo y de marketing considerablemente más grandes. Avid veía venir la competencia, en uno o más de sus mercados, de fabricantes de computadoras como IBM, Compaq y Hewlett-Packard, y de vendedores de software como Oracle y Sybase. Todas estas firmas habían anunciado sus intenciones de entrar en alguno de los mercados meta de Avid, de manera específica en los mercados de difusión de noticias y de efectos especiales. En la ilustración 5 se da más información sobre los competidores clave.

DILEMA DE KRALL

"Revolucionamos la industria del contenido digital", dijo Krall. "Fabricamos las mejores herramientas de creación de contenido en video, película, 3D y audio; 85% de las películas hechas en Estados Unidos utilizan en realidad herramientas de Avid." Adicionalmente, el equipo de Avid se usaba para editar 95% de los programas de televisión de horario estelar. La empresa había establecido una posición de liderato en varios mercados aplicando nueva tecnología de modo oportuno para satisfacer las necesidades emergentes del cliente. No obstante, para que Avid se mantuviera como líder, tenía que seguir entendiendo con precisión las necesidades del cliente, los adelantos tecnológicos y la dinámica competitiva en los mercados a los que servía.

Krall y el nuevo equipo directivo que necesitaba conjuntar enfrentaban muchos retos. Había preocupación por la frenada tasa de crecimiento en los ingresos de la compañía, y por sus enormes pérdidas. Algunos analistas de la industria veían la compra de Softimage como una señal para que los inversionistas aguardaran y vieran, y se preguntaran si la pura magnitud de la primera adquisición extrafronteras de Avid no resultaba excesiva para la administración de la compañía. Krall reconocía que "es fácil que los gastos rebasen a los impuestos", e indicaba que "el primer objetivo de la compañía era bajar los gastos para alinearlos de nuevo [con los ingresos de la empresa]". Observaba también que "la segunda meta" de la compañía "era sentar las bases del crecimiento en el futuro". Entretanto, Avid corría el riesgo de topar con la competencia de las grandes compañías internacionales, como Sony y Panasonic, atraídas por las oportunidades que ofrecían las tecnologías digitales de las que la firma había sido precursora. La capacidad de Avid para competir de manera efectiva contra tales empresas bien establecidas sería sometida severamente a prueba.

La experiencia de cuatro años de Krall en Avid incluía los trabajos como director de administración de programa, vicepresidente de ingeniería y director general de operaciones de Digidesign. Sus sólidas bases técnicas, con licenciatura y maestría del MIT (Massachusetts Ins-

Ilustración 5   Competidores clave de Avid* (excluidos los mercados de producción de música)

Nombre de la compañía	Año fiscal de ventas 2000 (en millones de dólares)
Digitales (competencia directa)	
Adobe	$ 1 266
Alias/Wavefront (subsidiaria de Silicon Graphics)	2 331[†]
BTS (subsidiaria de Philips Electronics)	35 253[†]
Discreet Logic (subsidiaria de Autodesk)	936[†]
Kinetix (subsidiaria de Autodesk)	936[†]
Lightworks USA (subsidiaria de Tektronix)	1 103[†]
Media 100	73
Panasonic (subsidiaria de Matsushita)	63 470[†]
The Grass Valley Group (subsidiaria de Tektronix)	1 103[†]
Analógicas (competencia indirecta)	
Sony	63 607
Matsushita	63 470
Tektronix	1 103[‡]

* Incluye los mercados de producción y posproducción de video y películas, de difusión de noticias, y de gráficos y efectos especiales; no abarca los mercados de producción y posproducción de música.

† Las ventas anuales representan las de las operaciones totales de la compañía matriz; la mayoría de las subsidiarias representan adquisiciones por grandes compañías como un medio para entrar en los mercados de Avid.

‡ Las ventas anuales de Tektronix al integrarse la empresa de riesgo compartido en 1998 con Avid eran de 2 100 millones de dólares. La disminución de 1998 a 2000 se debe a la retirada de inversiones de ciertos negocios en 1999 y 2000.

Fuentes: Reportes anuales de Avid, documentos públicos y entrevista en el lugar con un representante de la empresa; expedientes 10K/10Q individuales de la compañía.

titute of Technology), y maestría en administración de empresas en Harvard, así como su conocimiento de la compañía y de la industria, tendrían efecto sobre las decisiones estratégicas que debía tomar para revertir la situación de Avid. Durante su primer año como director ejecutivo, el proactivo Krall anunció un nuevo enfoque en los productos de edición relacionados con internet y una vez más puso a Avid en el carril adquisitivo. En 2000, Avid compró Pluto Technologies International y The Motion Factory por la suma adicional de 2.3 millones de dólares. Pluto Technologies se especializaba en productos de almacenamiento y redes para la industria de la difusión de noticias, y The Motion Factory se dedicaba a los juegos interactivos para la web. Éstas eran las primeras adquisiciones de Avid desde la compra de Softimage en 1998. Krall supervisó asimismo una alianza con Intel y Microsoft que tenía por objeto desarrollar productos para crear televisión digital interactiva.

Krall terminó su primer año en Avid con una nota modestamente exitosa. Los ingresos de la compañía estuvieron 5% arriba de los de 1999, y aunque la impresa incurrió en una pérdida neta de 56 millones de dólares, ésta fue significativamente menor que la de 137 millones de dólares sufrida en 1999.

En 2001, Krall tenía que reevaluar sus decisiones del primer año y determinar qué nuevas acciones estratégicas, de haberlas, debía emprender para asegurar la reversión exitosa de Avid. Al intensificarse la competencia, Krall sabía que era imperativo actuar con presteza. Sus decisiones estratégicas de diversificar más a la empresa en los mercados de internet, los juegos y la televisión digital, así como de dedicarse más al mercado de la difusión de noticias, tenían que ponderarse contra el desempeño de la compañía en 2000. Krall tenía que evaluar si había atendido a las causas de los pasados problemas de desempeño de la empresa. Otro vuelco en el desempeño financiero de la firma no sólo resultaría en un mayor trastorno dentro de ésta y de la comunidad inversionista, sino pondría en riesgo la capacidad de la organización para sobrevivir como entidad independiente. Con su agudo sentido del humor, el juvenil Krall manifestó: "Si ven la historia de Avid, difícilmente duró tres años cada nuevo director ejecutivo. Uno podría conjeturar que tal vez me quedan dos años."

Referencias

"Advancing the Film: For Those Who Want to Beam Photos over the Internet, Digital Cameras May Be the Way to Go", *The Wall Street Journal*, 22 de marzo de 1999, p. R6.

Ankeny, Jan, "A Summertime Trip to Avid", *TV Technology*, 27 de junio de 1998.

"Avid Acquires Pluto, Expanding Its Broadcast and Post-Production Product Line-up", *CNN Disclosure*, 10 de septiembre de 2000.

"Avid Acquires The Motion Picture Factory", *Boston Herald*, 30 de junio de 2000, p. 30.

"Avid Agrees to Buy Softimage Unit from Microsoft", *The Wall Street Journal*, 16 de junio de 1998, p. B7.

"Avid's Acquisition Posted Losses", *Boston Herald*, 22 de octubre de 1998.

"Avid, Microsoft, Intel Alliance", *DTV Business* 14, núm. 8, 17 de abril de 2000.

Avid Tecnology: reportes 10-K, 1998-2000; reportes 10-Q, 31 de marzo de 1998, 30 de junio de 1998, 30 de septiembre de 1998 y 31 de marzo de 2001; reportes anuales 1993-2000; Business Overview, Prudential Securities Technology Conference, otoño de 1998; "Leadership and Vision", 1998; "NAB'98 Avid Teaser"; resúmenes, 1 de marzo de 1993 y 21 de septiembre de 1995; "Corporate Overview", 14 de agosto de 1998; diversos comunicados de prensa, 1998-2001; sitio web (www.avid.com); y entrevista en el sitio con un funcionario de la compañía.

"Avid Technology Acquired Two Software Companies, Elastic Reality and The Parallax Software Group, for $45 Million", *Newsbytes News Network*, 31 de marzo de 1995.

"Avid Technology Inc Staff to Be Trimmed 11% under Restructuring Plan", *The Wall Street Journal*, 11 de noviembre de 1999, p. B23.

"Avid Technology To Acquire Digidesign in a Stock-Swap Merger Worth about $205 Million", *Computer Reseller News* 602, 31 de octubre de 1994, p. 231.

"Best Buy Co.: December Sales Rose 21% on Strong DVD Purchasing", *The Wall Street Journal*, 7 de enero de 1999.

"CEO Interviews", *Wall Street Transcript* 47, núm. 12, 29 de diciembre de 1997.

"Cheaper PCs Start to Attract New Customers", *The Wall Street Journal*, 26 de enero de 1998, p. B1.

"CompUSA Net Rises 44% as Revenue Jumps 22% to $1.46 Billion", *The Wall Street Journal*, 29 de enero de 1998, p. A10.

Dickson, Glen, "Avid Makes New Friend in Las Vegas; Forms Alliances with Hewlett-Packard and Panasonic", *Broadcasting & Cable* 126, 17 de abril de 1996, p. 12.

———, "Avid's Turnaround Man", *Broadeasting & Cable*, 9 de octubre de 2000, p. 81.

Film & Television 2, núm. 1, primer trimestre de 1998.

Griffith, Bill, entrevista al aire en CNBC, 20 de octubre de 2000.

Linsmayer, Anne, "The Customer Knows Best", *Forbes*, 24 de agosto de 1998, pp. 92-93.

Shadid, Anthony, "Fast Forward: There's No Firm More Avid for Digital Film Technology", *Boston Globe*, 30 de abril de 2001, p. C2.

"Softimage Enters Agreement with Microsoft to Develop Tools and Middleware for Xbox", *Business Wire*, 15 de mayo de 2001.

"Who's News: Avid Technology, Inc", *The Wall Street Journal*, 27 de abril de 2000.

caso 14 Moss Adams LLP

Armand Gilinsky Jr.
Sonoma State University

Sherri Anderson
Sonoma State University

A principios de enero de 2001, Jeff Gutsch, director titular en la oficina de Santa Rosa, California, de Moss Adams LLP, empresa de contadores de la Costa Oeste, se reunió con su equipo para hablar del avance de una nueva iniciativa dirigida a desarrollar la práctica contable de la empresa a fin de servir a clientes en la industria vitivinícola del norte de California. En la junta, Gutsch y su equipo de nicho vinícola revisaron el plan estratégico para el año entrante (véase la ilustración 1).

La reunión tuvo lugar justo antes del periodo crítico de la laboriosa temporada de impuestos y auditoría. Gutsch, de 39 años, se había estado concentrando en los clientes de la empresa correspondientes al nicho de la industria de la construcción. No había logrado un gran avance como el que esperaba al emprender nuevos negocios con clientes de la industria vinícola. Inició la junta diciendo:

> Creo que el problema en el que todos estamos pensando es el de cómo abrirnos camino en un nicho maduro bien establecido. ¿Hacemos descuento en honorarios? De ser así, ¿es esa la posición en la que deseamos servir a la industria vinícola? ¿Nos hacemos publicidad? Parece un gran compromiso para algo que no podemos estar seguros de que dará resultados. ¿Seguimos simplemente con cada grupo y estrechamos todas las manos que podamos? Todavía estoy tratando de encontrar la fórmula precisa.

Chris Pritchard, gerente de contabilidad que había trabajado dos años con Gutsch para desarrollar el nicho vinícola, dijo:

> Lo siento, Jeff, pero he estado demasiado ocupado trabajando en cuidado de la salud. Este sector está despegando, así que mi tiempo para el asunto vinícola está limitado. Falta algo, una especie de chispa de arranque para este nicho. No hay mucha avidez por cerrar [negocios], por salir y cerrar realmente un trato, o al menos por salir a entrevistarse con alguien. Creo que eso es justo lo que falta ahora para nuestro negocio. Me parece que tenemos todas las herramientas que necesitamos, pero no tenemos la naturaleza enérgica para salir y empezar a estrechar manos y buscar negocios. Estamos haciendo todo, excepto plantear el negocio y solicitar la aceptación para cerrarlo. No hacemos el seguimiento.

Neysa Sloan, contadora titular, convino al respecto:

> En lo personal no los veo capaces de alcanzar nuestros objetivos de obtener 20% de participación de mercado en la industria vinícola regional en los siguientes tres a cinco años. Nuestras tácticas de marketing no están a la altura del reto. Necesitamos revisar seriamente lo que hemos hecho en el último año o dos, lo que estamos haciendo al presente, y lo que nos proponemos hacer en cuanto al marketing. Si examináramos esto con objetividad, veríamos que no ganamos mucho terreno en el pasado con nuestras tácticas actuales. ¿Por qué habrían de funcionar ahora? Si usted permitiera a más personas comercializar e involucrarse, podríamos llegar a algún lado.

Este análisis de caso se presentó originalmente en la convención de 2001 de la North American Case Research Association (Asociación Norteamericana de Investigación de Casos), en Memphis, Tennessee. Los autores agradecen el apoyo de Moss Adams LLP y del Wine Business Program, en Sonoma State University, por su ayuda en la preparación de este análisis de caso.

Ilustración 1   Plan estratégico del nicho vinícola de Moss Adams, 2001

Moss Adams LLP
Santa Rosa Office
Plan estratégico de 2001 para servir a los clientes de la industria vinícola

Declaración de misión

Nuestra meta es convertirnos en la empresa dominante de contaduría y consultoría de negocios al servicio de la industria vinícola brindando servicios superiores, de valor agregado, confeccionados a la medida de las necesidades de los viticultores y vinicultores del norte de California, así como volvernos expertos en esta industria.

- Esperamos lograr este objetivo para el 31 de diciembre de 2004.

Visión a cinco años

Se nos reconoce como la principal compañía de contabilidad y consultoría de negocios en los condados de Sonoma, Mendocino y Napa. Somos líderes en el grupo Moss Adams a nivel de empresas de la industria vinícola, ayudando a establecer a Moss Adams como firma dominante en las regiones vinícolas de Washington y Oregon. Hemos capacitado y formado a expertos industriales reconocidos en la contabilidad fiscal y la consultoría de negocios. Nuestro personal es entusiasta y dedicado al nicho.

El mercado

- Un objetivo de toda la empresa es acrecentar el tamaño promedio de nuestro cliente de negocios. Esperamos administrar el nicho vinícola con ese objetivo en mente. Sin embargo, durante los primeros dos a tres años, pretendemos buscar viticultores y vinicultores más pequeños a lo que se aspiraría en nichos más maduros de la firma. Cuando este nicho esté más maduro aumentaremos nuestro tamaño mínimo del prospecto. Esta estrategia nos ayudará a adquirir experiencia y a crear confianza en Moss Adams dentro de la industria, ya que en este ramo se tiende a buscar a las empresas bien establecidas del mismo.
- Hay unas 122 empresas vinicultoras en el condado de Sonoma, 168 en el de Napa y 25 en el de Mendocino. De éstas, aproximadamente 55% tienen ventas de más de un millón de dólares y un tercio del total tienen ventas de más de 10 millones de dólares. Además de estos vinicultores, hay más de 450 viticultores dentro de los mismos tres condados.
- La industria vinícola parece ser muy provincial. Esto, combinado con el hecho de que la mayoría de nuestros competidores fuertes (véase "Competencia" más adelante) están en el condado de Napa, nos lleva a considerar al condado de Sonoma como nuestro mercado geográfico primario. Sin embargo, el condado de Mendocino tiene una creciente industria vinícola, y desde luego no pasaremos por alto las oportunidades en Napa y otros condados vecinos en 2001.

Nuestras fortalezas

Las fortalezas que Moss Adams tiene en la competencia dentro de esta industria son:
- Somos lo bastante grandes para proveer los servicios específicos que requiere esta industria.
- El énfasis de nuestra empresa está en servir a compañías del mercado medio, mientras las "Big 5" (cinco [más] grandes firmas) están acrecentando continuamente su tamaño mínimo de cliente. La mayor parte de la industria vinícola se compone de compañías de mercado medio. Esta tendencia de las cinco grandes acrecienta nuestro mercado cada año.
- No pretendemos serlo todo para toda la gente. Enfocamos nuestros esfuerzos en industrias y/o nichos especializados, con la meta de volvernos dominantes finalmente en esos ramos.
- Hacemos hincapié en los servicios de valor agregado, que crean mayor satisfacción del cliente, lealtad de éste y reconocimiento del nombre.
- Tenemos oficinas situadas a través de las regiones vinícolas de la Costa Oeste.
- Tenemos personas dentro de la empresa con experiencia considerable en la industria vinícola, incluidos los sectores de contabilidad fiscal y consultoría. Contamos asimismo con expertos en ramos estrechamente relacionados, como la explotación de noguerales y la manufactura de bebidas y alimentos.
- Dentro de California tenemos algunos clientes de alto perfil de la industria vinícola.
- La mayoría de nuestros miembros de nicho tienen raíces en el condado de Sonoma, lo cual es importante para los vinicultores y viticultores de esa zona.

(continúa)

Ilustración 1 (*continuación*)

- Nuestro grupo está empeñado en lograr el éxito y en dominar definitivamente dentro de la industria de los condados de Sonoma, Napa y Mendocino.

Desafíos

- Nuestra experiencia y credibilidad en la industria vinícola están bajas en comparación con las de otras firmas.
- En el condado de Sonoma se tiene la impresión de que no somos locales de su área. A medida que crezcamos y se nos conozca más, este problema se irá haciendo menor.

Si podemos minimizar nuestras debilidades enfatizando nuestras fortalezas, lograremos hacer el marketing para la industria vinícola que nos permita alcanzar nuestra meta definitiva de dominar en el ramo.

Competencia

Hay varias compañías de CPA (Certified Public Accountants; contadores públicos certificados) en el norte de California que dan servicio a viticultores y vinicultores. A las empresas "Big 5" se les considera en general como nuestros mayores competidores en muchas de las industrias a las que servimos, y algunas de esas firmas tienen varios clientes vinicultores. Pero, como se observó antes, su enfoque parece estar en los clientes mayores, lo cual ha aminorado su capacidad de competir en este ramo. De las compañías con prácticas considerables en la industria vinícola, las siguientes parecen ser nuestras competidoras más significativas:

- *Motto Kryla & Fisher*. Esta empresa es un bien establecido líder en la industria del vino, con la mayor parte de su base de clientes localizada en el condado de Napa, aunque tiene muchos clientes en el condado de Sonoma. Se está apartando de los servicios tradicionales de contabilidad y cumplimiento fiscal, concentrando sus esfuerzos en proyectos de consultoría e investigación. Podemos aprovechar esto (junto con la impresión de muchos en la industria de que Motto Kryla & Fisher se está adentrando demasiado) y adquirir participación de mercado adicional.
- *Dal Pagetto & Company*. Esta compañía se desprendió hace varios años de Deloitte & Touche. Se encuentra en Santa Rosa, y tiene varios clientes viticultores y vinicultores. En este momento, es probablemente nuestro mayor competidor en el condado de Sonoma; sin embargo, puede ser una firma demasiado pequeña para competir cuando nosotros cobremos impulso.
- Entre otras empresas con práctica significativa en la industria vinícola contra las cuales competiremos están G & J Seiberlich & Co., Brotemarkle Davis & Co., Zainer Reinhart & Clarke, Pisenti & Brinker, Deloitte & Touche y PriceWaterhouseCoopers. Las dos primeras son especialistas de la industria vinícola con sede en el condado de Napa y aunque son muy competitivas allí, al parecer ninguna de las dos tiene una gran base de clientes en el condado de Sonoma; las dos siguientes son firmas de práctica general con varios clientes de la industria vinícola. No obstante, cada una de estas empresas ha luchado para mantenerse de una pieza en los últimos años, y ninguna parece tener práctica bien coordinada con la industria del vino. Las últimas dos compañías enumeradas son organizaciones "Big 5" que, como ya se comentó, se enfocan principalmente en los vinicultores más grandes.

Plan anual de marketing

Nuestra estrategia de marketing se construirá sobre las bases que nosotros sentamos en los dos años anteriores. Hemos establecido lo siguiente como nuestro plan de marketing:

- Aumentar y desarrollar el conocimiento y la pericia de la industria:
  - Trabajar con otras oficinas de Moss Adams, en particular con Stockton, para aprovechar el conocimiento y la experiencia de su personal. Además, trabajar con Stockton para contar con el personal de Santa Rosa Wine Niche asignado a dos de sus auditorías vinícolas.
  - Seguir asistiendo a eventos informativos CPE de la industria, incluidos los de Vineyard Symposium, Wine Industry Symposium, las conferencias de California State Society of CPAs patrocinadas por la industria vinícola en Napa y San Louis Obispo, y los cursos seleccionados de Sonoma State University y UC Davis. Quisiéramos ocho horas de enseñanza específica de contabilidad CPE de la industria vinícola para cada miembro de nivel Senior Level y de los dedicados al Wine Niche (nicho vinícola). Jeff tendrá la aprobación final sobre quiénes asistirán a cuáles clases.

(continúa)

Ilustración 1 (*continuación*)

- Seguir estrechando nuestra relación con Sonoma State University (SSU). Nuestro nicho del vino ha convenido en ser el tema de un estudio de caso de la SSU sobre el desarrollo de una práctica de empresa de contabilidad de la industria vinícola. Nos parece que este estudio de caso nos ayudará a obtener otra visión a fondo de lo que se precisa para ser competitivo, a la vez que nos exhibirá más tanto en la SSU como en la industria. También procuraremos participar más en el programa de enseñanza de la industria vinícola de SSU ofreciendo conferencistas huéspedes para las aulas dos veces al año.
  - Atraer y contratar expertos en la industria del vino. Debemos tomar mucho en consideración a los candidatos que han obtenido un título mediante el SSU Wine Business Program (Programa de Negocios Vinícolas de la SSU). De igual manera, debemos contratar para la oficina a personal interesado por esta industria.
- Seguir haciendo alianzas con expertos del ramo tanto dentro como fuera de la firma. Estamos entablando relaciones con Ray Blatt, de la oficina de Moss Adams Los Ángeles, que tiene experiencia en los temas del impuesto nacional de producción, venta y consumo, y de impuestos a la propiedad de la industria vinícola. Cheryl Mead, de la oficina de Santa Rosa, se ha convertido en un especialista en segregación de costos con experiencia considerable en la vinicultura.
- Desarrollar y utilizar las relaciones con fuentes de recomendados (o "referidos") de la industria:
  - Trabajar con banqueros y abogados especializados en la industria vinícola. De estos banqueros y abogados, quisiéramos obtener tres nuevas pistas o recomendaciones por año.
  - Asociarnos con otras compañías de CPA del ramo. Las empresas menores pueden tener necesidad de recurrir a los servicios de una compañía mayor con una gama más amplia de servicios, mientras que las firmas "Big 5" tal vez quieran servirse de una empresa menor que les ayude con proyectos que están por debajo de su tamaño mínimo de facturación para ese tipo de proyectos. Con este método obtendremos por lo menos dos proyectos al año.
  - Apoyarnos en las relaciones que tenemos para obtener anualmente cinco recomendaciones ("referidos") y presentaciones con otros prospectos de la industria.
  - Mantener una matriz de vinicultores y viticultores de los condados de Sonoma, Mendocino y Napa, que incluya direcciones, auditor o funcionario financiero máximo, CPA actual y un contacto influyente con el medio bancario. Esta matriz se actualizará conforme se disponga de nueva información. Desde esta matriz enviaremos por lo menos un mensaje por correo electrónico cada trimestre.
- Aumentar nuestra participación en las siguientes asociaciones del ramo asistiendo a las juntas regulares y conociendo a los miembros de la asociación. En una de las asociaciones siguientes, cada miembro dedicado de nicho tratará de obtener un puesto en oficina o en junta directiva de:
  - Sonoma County Wineries Association.
  - Sonoma County Grape Growers Association.
  - Sonoma State University Wine Business Program.
  - Zinfandel Advocates and Producers.
  - Women for Winesense.
  - California Association of Winegrape Growers.
  - Wine Institute.
- Establecer un ambiente dentro del nicho que promueva y practique el concepto PILLAR. Alentar al personal del nicho a ser creativo y esforzarse por ser el mejor. Proveer al nicho de proyectos y eventos interesantes para hacer más atractiva la participación.
- Utilizar los servicios que Moss Adams ofrece para comercializar a la empresa, entre ellos:
  - BOSS (Business Ownership Succession Services, Servicios de Sucesión de la Propiedad del Negocio)
  - Valuaciones de negocios
  - Segregación de costos
  - SCORE
  - SALT
  - Servicios de aseguramiento de negocios
  - Servicio de pagos de impuestos

(*continúa*)

Ilustración 1   *(conclusión)*

- Hacer uso de los recursos de la empresa
  - Utilizar InfoEdge de Moss Adams (el sistema de administración de documentos) para compartir y remitir propuestas relacionadas con la industria y materiales de marketing.
    - Todas las propuestas de nicho vinícola se introducirán y actualizarán en InfoEdge conforme se llenen.
    - Todas las cartas de marketing de nicho se introducirán en InfoEdge a medida que sean creadas.
- Seguir teniendo reuniones mensuales de nicho de la industria vinícola. Revisaremos el progreso de este plan en nuestras juntas de nicho de marzo, abril y septiembre. Dentro de nuestro nicho, debemos enfocar nuestros esfuerzos en el condado de Sonoma, concentrándonos en prospectos más pequeños junto con los cuales podamos crecer, y que nos permitirán aumentar con el tiempo nuestro tamaño de prospecto. Quisiéramos estar en posición de atraer a los vinicultores más grandes de la industria para 2004.
- Establecer un grupo de discusión trimestral con un funcionario jefe de finanzas y/o auditor, y con el Grupo de la Industria Vinícola Moss Adams actuando como facilitador. Tendremos el grupo establecido y nuestra primera junta en el verano.
- Trimestralmente, en nuestras juntas de nicho, revisar el progreso en las metas cuantificables de este plan estratégico.

Resumen

En 2001, una de nuestras metas es agregar un mínimo de tres clientes vinicultores a nuestra base de clientela. Consideramos que ésta es una meta razonable mientras sigamos llevando a cabo nuestro plan como se redactó. Creemos que podemos hacer del nicho de la industria vinícola un nicho fuerte en la oficina de Santa Rosa. La firma define el dominio del nicho como tener un mínimo de 500 000 dólares en cantidad de negocios y 20% de participación de mercado, y que 40% de los servicios proporcionados se registre en códigos de servicio de valor agregado. Esperamos llegar a ser la fuerza dominante de la industria en los condados de Sonoma, Mendocino y Napa para 2004.

También estamos deseosos de ayudar a otras oficinas de la misma compañía a establecer nichos de la industria vinícola que a la larga conduzcan a un nicho maduro dentro de la empresa. Creemos que, con el esfuerzo apropiado, podemos alcanzar cada una de estas metas.

Cheryl Mead, directora titular especializada en conducir estudios de segregación de costos,[1] comentó:

Los vinicultores en crecimiento están buscando ayuda. Necesitamos concentrarnos en vinicultores que están ampliando sus instalaciones, y crecer junto con sus negocios en desarrollo. Los servicios de valor agregado, como la segregación de costos, podrían representar hasta 40% de nuestra práctica de la industria vinícola. Si queremos introducirnos, tenemos mucho más cosas que hacer en redes, marketing y presentaciones. El desafío para nosotros aquí en Santa Rosa es cómo administrar nuestros recursos. Las opciones de carrera están cambiando; ya no se puede ser perito en general, en todo. Necesitamos tanto las habilidades relacionadas con la gente como las técnicas, pero no suelen ir de la mano. Necesitamos alguien que sea famoso en este campo, alguien del "who's who" [alguien de renombre, del "quién es quién"; alusión a la conocida obra estadounidense de registro de personas notables *Who's Who*] en el ramo de la contabilidad de la industria vinícola.

Claire Calderon, también directora titular de impuestos, dijo al equipo:

Éste es un nicho duro de penetrar, Jeff. Toma mucho tiempo crear relaciones en industrias específicas; podría llevarse un par de años. Primero tiene que encontrar foros para reunirse con la gente, tiene que conocer a la gente, tiene que hacer que confíen en usted, y luego tiene que tener la oportunidad de trabajar en un proyecto y de hacer un buen trabajo. Se lleva su tiempo. Nuestra meta es convertirnos en un asesor de confianza y eso no ocurre de la noche a la mañana.

---

[1] La segregación de costos es el proceso de desarmar un gran activo en sus componentes menores a modo de que la depreciación se pueda tomar sobre una base acelerada.

Gutsch replicó:

> Mientras tiene lugar la consolidación en la industria del vino, muchos de los vinicultores que tomamos como objetivo son todavía de propiedad privada. Cuando usted trata con empresas de propiedad privada es algo mucho más personal que con compañías de sociedad anónima.

Calderón agregó:

> Eso podría explicar parte del asunto, Jeff, pero la realidad es que hay otros dos nichos en formación que lo están haciendo bien y que van a ser formidables. ¡Este nicho está saliendo de un arranque lento!

Barbara Korte, contadora titular, le reaseguró:

> Jeff, has estado muy enfocado, muy entusiasta acerca de este proyecto. Le has dedicado mucho tiempo. Como líder, creo que eres en verdad un buen director.

Lo que estaba en juego era la oportunidad de generar crecientes ingresos por honorarios de cliente. Había más de 600 productos vinícolas y viticultores (cultivadores de viñedos) activos en los negocios de la región vitivinícola *premium* (de excelencia) del norte de California que abarca los condados de Napa, Sonoma y Mendocino. Según el número de verano de 2000 de *Marketplace*, había 168 productores vinícolas y 228 viticultores en Napa; 122 productores de vino y 196 viticultores en Sonoma, y 25 productores vinícolas y 61 viticultores en Mendocino. Pocas de estas operaciones eran grandes, de acuerdo con *Marketplace*. Napa y Sonoma tenían cada uno 14 productores que reportaban más de 10 millones de dólares en ventas, y Mendocino sólo uno.

HISTORIAL DE LA COMPAÑÍA

Moss Adams era una empresa regional de contabilidad. Tenía cuatro centros regionales: California sur, California norte, Washington y Oregon. Para fines de 2000, Moss Adams se había convertido en una de las 15 mayores empresas contables en Estados Unidos, con 150 socios, 740 CPA (contadores públicos certificados) y 1 200 empleados. Fundada en 1913 y con oficina matriz en Seattle, esta firma de servicio completo se especializó en compañías del mercado medio, aquellas con ingresos anuales de 10 a 200 millones de dólares.

Cada oficina tenía un socio director. Art King era el socio director de la oficina de Santa Rosa (véase la ilustración 2 que presenta el organigrama de dicha oficina). Se consideraba a la firma de tamaño mediano y su base de clientes tendía a reflejar ese tamaño. King reflexionaba acerca de las ventajas de tamaño y ubicación de Moss Adams:

> Es una ventaja ser una empresa regional con una fuerte presencia local. Para empezar, no hay tantas compañías regionales, especialmente aquí en la Costa Oeste. De hecho, creo que somos la única empresa verdaderamente regional de la Costa Oeste, lo cual nos da acceso a un gran número de recursos que tienen las grandes compañías. Hemos agregado la ventaja de ser una gran parte del condado de Sonoma. Las compañías de ese condado quieren la misma clase de servicios que pueden obtener de las Big Five [o Big 5] que operan a partir de sitios como San Francisco, pero también quieren tratar con compañías locales que están activas en la comunidad. Nuestro personal está activo con los Rotary (Rotarios), los 20-30, las cámaras locales de comercio, y otros por el estilo, y eso significa una gran cantidad de la gente de negocios del área. Las compañías del condado de Sonoma irán a San Francisco cuando anden en busca de servicios profesionales, pero sólo cuando no tengan más remedio que hacerlo, de modo que les ofrecemos lo mejor de ambos mundos.

Cada una de las oficinas pertenecientes a la firma era un departamento diferenciado. Una oficina como la de Santa Rosa tenía la capacidad de ser fuerte en más nichos porque era una de las firmas dominantes en la zona. Moss Adams no tenía que competir directamente con las compañías de contaduría Big Five (Andersen Worldwide, PriceWaterhouseCoopers, Ernst & Young, Deloitte & Touche y KPMG), ya que éstas no se dedicaban a proveer servicios a pequeñas empresas. Puesto que era una firma regional, Moss Adams podía ofrecer una profundidad de servicios que la mayoría de las compañías locales no podían igualar. Esto le daba a Moss Adams una ventaja competitiva al vender servicios al segmento de compañías de mercado medio.

Ilustración 2   Organigrama de Moss Adams para la oficina de Santa Rosa

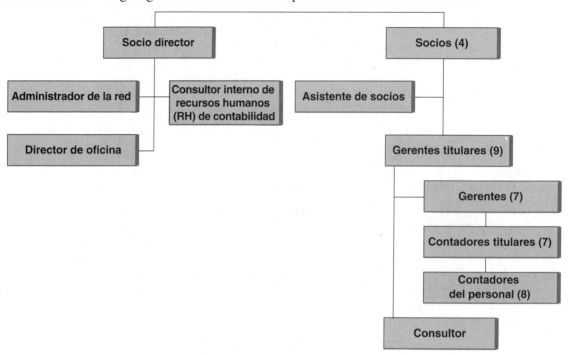

Moss Adams proveía servicios en cuatro áreas principales de peritaje: verificación del negocio (auditoría), impuestos, internacional y consultoría. La auditoría constituía aproximadamente 35% de la práctica de Moss Adams, el resto se dividía entre trabajo de impuestos en corporativo, sociedades, fideicomisos y propiedades, e impuestos individuales. En su oficina de Santa Rosa, Moss Adams servía a clientes corporativos y a personas muy ricas.

Por el lado internacional, Moss Adams era miembro de Moores Rowland International, asociación mundial de empresas contables. Moss Adams colaboraba principalmente con las compañías locales que hacían negocios en ultramar o que querían abrir una oficina en otro país. También cooperaba mucho con empresas locales cuya matriz estaba en ultramar.

Del lado de la consultoría, Moss Adams tenía cerca de 80 consultores de tiempo completo, y esta línea de negocios representaba probablemente de 15 a 20% de la práctica total. Gran parte del trabajo de consultoría de Moss Adams se llevaba a cabo en las fusiones y adquisiciones. Su división de fusiones y adquisiciones ayudaba a las compañías de mercado medio (que formaban el grueso de su clientela) a desarrollar una estrategia coherente y uniforme, ya fuera que planearan la venta de su empresa y necesitaran encontrar un comprador apropiado o que estuvieran buscando un buen objetivo de adquisición.

Las empresas de contaduría Big Six (ahora Big Five) habían desarrollado estrategias específicas de la industria en los años 1980-1990, y Moss Adams había sido una de las primeras empresas de contabilidad de nivel medio de la nación en utilizar una estrategia focal y en crear su práctica en torno a nichos específicos de la industria. Adoptar la estrategia de nicho le había servido para brindar servicios especializados a una industria particular de importancia regional. A medida que atraía a los clientes del nicho, Moss Adams se aseguraba de contar con "personal de prestigio" (verdaderos expertos industriales) dentro del sector. Este personal de la casa se convertía en las "personas a las cuales acudir", los líderes de la práctica de Moss Adams en ese nicho.

El sector de alta tecnología representaba una de las partes de más rápido crecimiento del negocio de Moss Adams. De acuerdo con King:

Ya es grande en el área de Seattle [donde Moss Adams tenía su oficina matriz], y con el desarrollo de Telecom Valley ciertamente crecerá también en el condado de Sonoma. Estamos descubriendo que gran parte de nuestro trabajo proviene de compañías que son vástagos de otras grandes empresas de alta tecnología en el área. Las instituciones financieras representan a otro grupo cliente que está creciendo rápidamente, del mismo modo que el referente al cuidado de la salud. Con todos los cambios en los ramos del cuidado de la salud y la atención médica, ha habido bastante conmoción. Tenemos mucha pericia en las áreas del cuidado de la salud y la atención médica, así que ése es un mercado grande para nosotros. ¿He visto una baja? No, realmente no. Lo interesante del ramo de la contaduría es que, aun cuando se desacelere la economía, hay todavía un montón de trabajo para una compañía de CPA (contadores públicos certificados). Pudiera no tratarse de tantos proyectos grandes, especiales, como cuando la economía va marchando en verdad bien, pero el trabajo no disminuye.

LA INDUSTRIA Y EL MERCADO

La contaduría era un ramo de servicio grande y relativamente estable, según la *Journal of Accountancy*, la revista especializada más ampliamente leída en el medio. Las firmas de contaduría Big Five dominaban el mercado global en 1998 con ingresos globales combinados mayores a los 58 000 millones de dólares, bastante más de la mitad de los ingresos totales del ramo. Todas las firmas Big Five reportaban tasas de crecimiento de doble dígito en 1998. Sin embargo, parte del crecimiento más espectacular lo lograban empresas fuera de las 10 mayores, algunas de las cuales registraban incrementos de casi 60% sobre los ingresos de 1997. Noventa de las 100 empresas mayores tenían aumentos de ingresos, y 58 de ellas habían logrado ganancias de dos dígitos.

En 1999, los recibos en el ramo de la contaduría excedieron los 65 000 millones de dólares; en este sector se daba empleo a más de 632 000 personas. Sin embargo, se preveía un crecimiento más modesto en ingresos y empleo dentro del ramo para el siglo XXI. Las estrategias clave de crecimiento para las compañías del medio eran encontrar mercados de nicho (o nichos de mercado), diversificar servicios y explorar los mercados globales. Las grandes empresas internacionales, incluidas las Big Five, se habían ramificado en servicios de consultoría administrativa a fines de los años 1980-1990 y principios de los 1990-2000.

Las empresas contables y los contadores públicos certificados (CPA) en toda la nación empezaron a ofrecer una amplia gama de servicios además de los trabajos tradicionales de contabilidad, auditoría y teneduría de libros. Esta tendencia era en parte respuesta a la demanda de los clientes de "compras de una visita" para todas sus necesidades de servicios profesionales. Otra causa era el crecimiento relativamente inmóvil en la demanda de servicios tradicionales de contabilidad y auditoría en los últimos 10 años, así como el deseo de los CPA de crear más servicios de valor agregado. La incorporación de consultoría administrativa, jurídica y otros servicios profesionales a la práctica de las grandes redes nacionales de contaduría estaba transformando al ramo.

Muchas compañías empezaban a ofrecer consultoría de tecnología de la información en vista de la creciente demanda del cliente de servicios de internet y de comercio electrónico. La encuesta de clientes de CPA de *Accounting Today* en 1999 indicaba que mantenerse al corriente de la tecnología era el problema estratégico que generaba mayor preocupación, seguido de la contratación y retención de personal, la competencia con las compañías mayores, la planeación de la sucesión ejecutiva y la maximización de la productividad.

No obstante, de acuerdo con el *CPA Journal*, los atractivos honorarios de consultoría pueden haber llevado a muchas empresas a ignorar los potenciales conflictos de interés de servir de auditor y consultor administrativo al mismo cliente. Los estándares de la profesión podrían estar en riesgo por la entrada de socios ajenos a la contaduría pública certificada y propietarios de influyentes firmas contables. Muchas de las compañías que enfrentaron estos problemas habían dividido sus operaciones de contabilidad y consultoría administrativa. En enero de 2001, Arthur Andersen se había desprendido de su división de consultoría (lo cual se convirtió en una compañía independiente llamada Accenture) en parte para evitar conflicto de intereses.

Con todo, se podía esperar que las empresas de CPA siguieran desarrollando sus capacidades y/o alianzas estratégicas para satisfacer las necesidades de los clientes. Las áreas de expansión entre empresas de contaduría abarcaban servicios administrativos, servicios de planeación financiera y de inversión, servicios de dirección general, administración de gobierno, recursos humanos, operaciones internacionales, consultoría de tecnología de la información y sistemas de computación, apoyo en litigios, administración de manufactura, marketing, e investigación y desarrollo. Muchas pequeñas y medianas empresas independientes estaban fusionándose o formando alianzas con grandes compañías de servicio, como American Express, H&R Block y Century Business Services.

Hacia fines de los años 1990-2000, una tendencia a la consolidación inició su avance en el ramo de la contaduría. Varios factores estaban alimentando el impulso hacia la consolidación. Los grandes aumentos en los ingresos de las 100 empresas mayores de la contaduría entre 1997 y 1998 eran atribuibles en parte a esta tendencia a la consolidación. Los consolidadores querían tener acceso al gran volumen de negocios que llevan a cabo actualmente los CPA independientes. La confianza que las pequeñas empresas y las personas físicas tenían en sus CPA se consideraba muy valiosa, y los consolidadores querían valerse del potencial de la integridad de una empresa individual para ampliar sus propias compañías. La consolidación produjo una disminución en el número de firmas de contaduría que ofrecían sólo servicios de impuestos y contabilidad. La New York State Society of CPAs (Sociedad de CPA del Estado de Nueva York) estimaba que hasta 50% de las firmas contables más grandes de Estados Unidos podrían fusionarse con otras entidades para fines de 2000. En el Área de la Bahía de San Francisco, las Big Five dominaban el ramo (véase la ilustración 3).

EL NICHO DE LA INDUSTRIA VINÍCOLA

El sector de la industria vinícola era un nicho recién señalado como objetivo no sólo por la oficina de Santa Rosa, sino también por Moss Adams, la cual le permitía a cualquier empleado proponer un nicho. Todas las empresas de contaduría facturan a tarifas bastante estándar; así que cuantas más horas facturables generaran, mejor. En Moss Adams se pensaba que lo mejor para los intereses de la empresa a largo plazo era permitir a los empleados concentrarse en áreas en las que estuvieran interesados. La firma se beneficiaría con los ingresos que generaran, pero lo más importante era que los empleados probablemente permanecerían en una compañía que les brindara cierto grado de libertad personal y que promoviera el crecimiento profesional.

Gutsch y Pritchard habían comenzado a tratar de conseguir clientes de la industria vinícola a mediados de 1998 por varias razones. En primer lugar, a ambos les interesaba esa industria. En segundo lugar, los condados de Sonoma y Napa tenían más de 200 operaciones vinícolas y numerosas empresas vitícolas. En tercer lugar, Moss Adams tenía pericia en líneas de negocios relacionadas o similares, como los huertos, así como una experiencia significativa afín al ofrecimiento de servicios al sector manufacturero. Por último, a la industria vinícola había sido atendido históricamente por las grandes compañías que consideraban al vinicultor típico una pequeña empresa, o bien por las pequeñas compañías que no contaban con la gama de servicios que Moss Adams podía proporcionar.

Sara Rogers, contadora titular y miembro del equipo de nicho vinícola, recordó:

> Primero comenzó con Jeff Gutsch y Chris Pritchard y otro director titular que estuvo en nuestra oficina hasta noviembre de 1999. Desde luego, creo que fue su motivación lo que en realidad activó al grupo. Los tres estaban haciendo cuanto podían por construir el nicho. Cuando el director titular se fue, como que la iniciativa tropezó; creo que se estancó. En buena medida, nadie dijo cosa alguna al respecto hasta el verano pasado, cuando Jeff inició de nuevo la organización de todo y trajo a más gente, y entró en contacto con las personas con las que quería trabajar.

A Gutsch le parecía que Moss Adams estaba en posición de avanzar para hacer del nicho de la industria vinícola un nicho fuerte en la oficina de Santa Rosa y, a la larga, en la empresa completa. Estaba comprometido con esa meta y esperaba alcanzarla en cinco años. Gutsch veía este nicho como su puerta para la futura asociación. La estrategia de marketing de Moss Adams comprendía lo siguiente:

1. Crear materiales de marketing de la industria que comuniquen las fortalezas y el cometido de Moss Adams.
2. Crear un logo distintivo para utilizarlo en la industria.

Ilustración 3　Las 20 compañías principales de contaduría en el Área de la Bahía de San Francisco, ordenadas por número de CPA en esa zona, en junio de 2000

Lugar	Lugar en 1999	Compañía	Núm. de CPA en el Área de la Bahía	Núm. de CPA de la compañía	Núm. de empleados en el Área de la Bahía	Facturaciones en 1999, en el Área de la Bahía	Núm. de socios en el Área de la Bahía	Núm. de socios de la compañía	Fin del año fiscal	Ingresos netos en Estados Unidos (millones de dls.)	% de cambio comparado con año anterior
1	2	Deloitte & Touche LLP	439	8 380	1 437	NR	172	2 066	May-1999	$5 336	24.2
2	1	PricewaterhouseCoopers LLP	430	430	2 000	NR	138	9 000	Sep-1999	6 956	18.7
3	3	KPMG Peat Marwick LLP	316	NR	1 778	NR	157	6 800	Jun-1999	4 112	21.5
4	4	Arthur Andersen	312	6 161	821	NR	63	3 059	Ago-1999	3 300	17.9
5	5	Ernst & Young LLP	300	NR	850	NR	77	2 465	Sep-1999	6 100	10.0
6	6	BDO Seidman LLP	72	1 650	122	NR	15	360	Jun-2000	408	36.9
7	14	Seiler & Co. LLP	44	44	110	NR	12	12	NR	NR	NR
8	7	Frank, Rimerman & Co. LLP	43	51	76	NR	12	13	May-1999	17	9.2
9	9	Hood & Strong LLP	42	42	89	NR	12	12	NR	NR	NR
10*	10	Harb, Levy & Weiland LLP	38	38	80	NR	13	13	NR	NR	NR
10*	13	Ireland San Filippo LLP	38	38	81	12.7 millones de dls.	13	17	Abr-2000	13	15.8
12	15	Burr, Pilger & Mayer	35	35	110	NR	10	10	NR	NR	NR
13	11	Armanino McKenna LLP	34	34	87	NR	13	13	NR	NR	NR
14	14	Novogradac & Co. LLP	31	36	80	NR	6	8	NR	NR	NR
15	12	RINA Accountancy Corp.	26	29	59	7.3 millones de dls.	13	14	NR	NR	NR
16*	16	Grant Thornton LLP	25	1 300	90	NR	10	300	Jul-2000	416	10.9
16*	18	Shea Labagh Dobberstein	25	25	35	NR	3	3	NR	NR	NR
18	18	Moss Adams LLP	24	800	39	NR	7	144	Dic-1999	109	31.3
19	16	Lindquist, von Husen & Joyce	23	23	47	NR	5	5	NR	NR	NR
20	21	Lautze & Lautze	21	28	39	NR	9	11	NR	NR	NR

NR = No reportado.

*Empate en el lugar de orden.

Fuentes: Viva Chan, *San Francisco Business Times* 14, núm. 46, 16 de junio de 2000, p. 28; Strafford Publications, *Public Accounting Reports*, vol. 24, junio de 2000.

3. Crear un folleto de la industria similar al del grupo de la industria de la construcción de la empresa.

4. Crear volantes de información de servicio de la industria, como el del ciclo de vida del negocio, el crédito de Research & Exploration (R&E, Investigación y Exploración), el cumplimiento del impuesto interno y los Business Ownership Succession Services (BOSS, Servicios de Sucesión de la Propiedad del Negocio).

5. Crear relaciones con fuentes de referencia de la industria (por ejemplo, funcionarios bancarios y abogados especializados en la industria vinícola que prestaran sus servicios en este ramo o tuvieran conocidos dentro del mismo).

6. Unirse a las asociaciones comerciales del ramo y participar activamente en ellas.

7. Utilizar las relaciones existentes con los contactos de la industria para obtener pistas de vinicultores y viticultores en prospecto.

8. Utilizar los servicios existentes que Moss Adams ofrecía para comercializar a la firma, de modo particular en segregación de costos.

9. Enfocar los esfuerzos en el Condado de Sonoma, así como en las regiones vitivinícolas adyacentes, las cuales le permitirían a Moss Adams aumentar el tamaño de sus prospectos con el tiempo.

Pritchard reflexionó acerca de esos comienzos:

Lo primero que hicimos fue crear una base de datos de los vinicultores regionales y enviarles una carta de presentación. Otra cosa que hicimos fue desarrollar materiales de marketing. Jeff creó un logo. Empleamos un método de pirámide invertida para la carta de presentación, empezando con generalidades y luego con un paso de acción al final, para que nos llamaran por teléfono. De modo que utilizamos esos recursos al principio. Por lo común con eso conseguíamos una respuesta de alrededor de 2%, lo cual es bueno partiendo de 300 cartas, o las que enviáramos.

De acuerdo con King, el problema principal para cultivar la práctica contable en la industria vinícola era la venta de la misma:

La clave de la venta de la contaduría pública es que usted tenga mucha confianza en lo que hace y en lo que puede hacer por el cliente. Debe usted tener confianza en que sabe algo acerca de la industria. Si usted se presenta en una cita de marketing o en una cita de propuesta y dice: "Bueno, ya trabajamos con un par de vinicultores, pero realmente queremos hacerlo con más y volvernos mejores en ello", no va a conseguir el trabajo. Se gana confianza sabiendo cómo hablar en la jerga del medio, dominando los términos impresionantes, conociendo a algunos de los actores principales de la industria. Usted acude a una junta y de repente está en situación de igualdad con ellos. Desde el punto de vista de la confianza, eso es enorme. Usted no puede vender servicios de contaduría pública a menos que confíe en sí mismo, en su empresa y en el personal que va a hacer el trabajo. En los últimos dos años, Jeff ha ido a las clases, ha acudido a las juntas y su nivel de confianza está mucho más alto que el de hace un año. Con el hecho de asistir a estas juntas va a estar en un nivel en que no tiene que idear excusas por no tener un montón de clientes vinicultores, porque tenemos mucha actividad en las industrias del vino y del procesamiento de bebidas. Así que creo que eso va a ayudar mucho. Aquí es donde él va a tener más éxito, porque estamos entrando en nuestro turno al bat; ya sólo necesitamos pegar algunos hits.

Una de las funciones del socio administrativo era instruir a los socios potenciales y ayudarlos a obtener el papel de socio. El proceso de capacitación incluía el marketing y ayudarlos a crear la práctica, según King:

Cuando hablamos con los directores titulares, les explico lo que necesitan hacer para llegar al siguiente nivel. Tuve esta conversación con Jeff porque su primer enfoque cuando llegó era: "Necesito crear una gran práctica; es lo único que importa." Él confía ahora en el sistema; ha transferido algunos clientes a otros colegas, y a su vez ha recibido algunos clientes. Tiene usted que trabajar bien con las personas, tiene que capacitarlas, debe tener algunas responsabilidades y tiene que llevarse bien con sus colegas.

La filosofía de la empresa era alentar a las personas a disfrutar realmente de lo que hicieran. A cualquiera se le permitía proponer un nicho, *incluso* a un director titular. Pritchard explicó:

Bueno, parte de la forma en que nuestra empresa trabaja es que hay una hilera de "cuatro cubos" o recipientes [que hay que llenar] para hacerse socio. Uno de los cubos es convertirse en una persona famosa, y la forma más rápida de hacer esto es mediante la base de nicho; dentro de un nicho usted obtiene la experiencia y la reputación más rápidamente de lo que lo haría siendo generalista [tratando de ser perito en todo]. Jeff es un director titular, así que ahora está tratando de encontrar la forma de hacerse socio. Yo trabajo con la empresa vinícola Bonny Doon Winery. Atiendo también a un cliente viticultor en Kenwood, así que tengo alguna experiencia en eso. También me gusta el vino porque hago vino. Es un mercado inexplorado en el condado de Sonoma para nuestra empresa. Así que nos juntamos: yo tenía el espíritu emprendedor para comenzar y Jeff tenía la necesidad.

King describió en detalle el sistema de evaluación de "cuatro cubos" en Moss Adams:

Tenemos cuatro criterios que son evaluados por el socio y por el comité de compensación en una escala de 1 a 10. Los cuatro tienen igual valor de ponderación, 25%, con una posibilidad de 40 puntos. El primero es financiero. Examinamos las posibilidades financieras del socio en potencia, cuáles son sus facturaciones, cuáles son sus ajustes de honorarios, cuántas horas cobra. He transferido muchos clientes a personal de la oficina. Ésa es una de mis formas de ayudar a otros a aumentar su práctica. Todavía soy responsable de algunos de esos clientes, porque yo fui quien los trajo y aún soy el contacto primario. Mis números de facturación pueden ser unos, pero mi responsabilidad financiera total puede ser mayor. Ésa es una medida objetiva porque vemos los números, vemos las tendencias.

El segundo criterio es la responsabilidad. El socio administrativo de una gran oficina obtiene más puntos que el socio administrativo de una oficina menor, quien a su vez tiene más puntos que una persona a cargo de un nicho, la que a su vez tiene más puntos que un socio de línea. Alguien que es socio y es responsable del departamento de impuestos, digamos, podría obtener un punto o medio punto extra, mientras que alguien a cargo de un nicho podría tener un punto extra. Si están a cargo de una oficina tienen más puntos.

El tercer criterio es el del personal. Lo relativo al personal es una gran iniciativa dentro de Moss Adams. Nuestro jefe de Recursos Humanos lleva a cabo evaluaciones corriente arriba y abajo de cada oficina y mide la retención de personal y la calidad de nuestro programa de tutelaje. A cada socio se le evalúa arriba y abajo de una puntuación general de calificación de la oficina. Por ejemplo, nuestra oficina puede tener un 7, pero yo puedo tener un 8 si soy realmente bueno con la gente. Alguien que sea en realidad duro con la gente tendría una calificación más baja.

El cuarto y último "cubo" es la evaluación de los colegas o compañeros. Tenemos otros tres socios que evalúan a cada socio. Evalúan a cada socio por capacitación, tutelaje, marketing y participación en su comunidad. Luego, el Comité de Compensación utiliza las evaluaciones para revisar la compensación del socio individual. En las sesiones de consejería del socio se utilizan también las evaluaciones.

King aseguraba también un "aterrizaje suave" a los participantes de los equipos de nicho. Esto significaba que si un nicho no funcionaba, la empresa le buscaría otro a la persona. Se esperaba que esto fomentara las conductas emprendedoras que tenían sus altibajos potenciales. De acuerdo con King:

Un alto nivel de responsabilidad de práctica para un socio sería de un millón de dólares en esta oficina. La gama va de 600 000 a un millón de dólares en facturaciones por año. Tratamos de que la gente participe en dos nichos por lo menos en la oficina, hasta que un nicho se vuelva lo bastante grande para poder invertirle el tiempo completo. El lado ventajoso, potencialmente, del nicho de vino sería una práctica de 500 000 a un millón de dólares con base en vinicultores del condado de Sonoma y algunos del condado de Napa. Así que el lado ventajoso es el de un nicho muy maduro, reditual, que encaja perfectamente en nuestro modelo de otros nichos de compañías de mercado medio, que tienen necesidad no sólo de servicios al cliente, sino también de nuestros servicios de valor agregado.

Si por alguna razón el nicho de vino no despegara, Jeff se involucraría más en el nicho de manufactura (bueno, el vino de todos modos es manufactura, pero sólo es un subconjunto de ésta). Esto podría desacelerar su ritmo en la marcha a hacerse socio. También podría resultar que, de golpe, Jeff consiguiera cuatro grandes "referidos" (o recomendados) en el nicho de manufactura este año, que acumulara su gran práctica en la manufactura, y que a causa de esto dispusiera de menos tiempo para el nicho vinícola. La desventaja es que hemos gastado algún dinero en marketing, y que Jeff ha dedicado algún tiempo al marketing cuando podría haber estado haciendo otra cosa. Entonces, abandonamos el proyecto. Si esto ocurre, el tiempo de Jeff queda disponible y se dispone también del dinero para alguna otra iniciativa o algo que ya estemos haciendo, o algún plan nuevo. Nadie va a perder su empleo por esto. Tampoco hemos perdido demasiado dinero con ello.

LAS CONSECUENCIAS

Después de la junta de enero de 2001, Gutsch ponderaba cómo debería proceder para superar algunos obstáculos importantes para la integración de su equipo. King llevó aparte a Gutsch para aconsejarlo:

> Fija como objetivo al vinicultor de 10 a 20 millones de dólares o poco menos, para el cual podemos proveer una amplia gama de servicios. No hay nadie más con nuestra gama de servicios que realmente esté haciendo un buen trabajo en esa área. Hay un mercado inmerecido para esas compañías de mercado medio. Cuando empezaste, yo sabía que te tomaría de dos a tres años poner realmente el asunto en marcha. Éste va a ser realmente tu año, Jeff. Si no lo fuera, bueno, reevaluaremos a fin de año. Nuestro presupuesto general de marketing está probablemente en el área de 1.5 a 2% del total de facturaciones de cliente. En 1999, el primer año para los vinicultores, probablemente gastamos entre 5 000 y 8 000 dólares, que no era mucho, pero que te permitía incorporarte a algunas organizaciones y recibir alguna capacitación. El año pasado probablemente gastamos entre 10 000 y 12 000 dólares. Ahora, Jeff, yo sé que algunas de nuestras oficinas gastan mucho más que nosotros en marketing. Tendremos que decidir: ¿es ésta la mejor forma de usar tu tiempo? ¿Es éste el mejor uso de nuestros recursos para tratar de ir tras una industria en la que hemos probado tres años y no hemos abierto brecha?

La decisión de crear un nicho se había basado en una sensación visceral. Moss Adams no empleaba pruebas ácidas ni tasas de devolución para obtener por filtrado posibles nichos. Esto se debía a que, con excepción de las empresas no lucrativas, la mayoría de los clientes tenían tasas de realización similares. Moss Adams miraba al volumen potencial de negocios y determinaba si podía manejar ese volumen. No obstante, dentro de la industria vinícola, Moss Adams seguía siendo una firma desconocida. Y el tiempo se estaba agotando

caso 15 Perdue Farms, Inc.: responde a los retos del siglo XXI

George C. Rubenson
Salisbury State University

Frank Shipper
Salisbury State University

Tengo la teoría de que es posible distinguir entre los que han heredado y los que han hecho una fortuna. Los que han hecho su propia fortuna no se olvidan de dónde vinieron y son menos proclives a perder contacto con el hombre común.
—Bill Sterling, *Eastern Shore News*, 2 de marzo de 1998.

En 1917, Arthur W. Perdue, agente de Railway Express y descendiente de una familia de hugonotes franceses llamada Perdeaux, compró 50 gallinas *leghorn* por un total de cinco dólares y empezó a vender huevos cerca del pequeño poblado de Salisbury, Maryland, región conocida alternativamente como la Eastern Shore (Orilla Este) o Delmarva Peninsula (Península Delmarva). De inicio, el negocio era poco más que una actividad colateral, pero en 1920, cuando Railway Express le pidió a Arthur Perdue que se trasladara a una estación más allá de la Eastern Shore, él dejó el empleo y entró en el negocio del huevo de tiempo completo. Franklin Parsons Perdue, el único hijo de Arthur Perdue, nació también en 1920.

En 1924, Mr. Arthur, como se le llamaba, compró algunos gallos *leghorn* (en 25 dólares) de Texas para mejorar la calidad de su parvada. Pronto expandió su mercado de huevos y empezó a hacer envíos a Nueva York. Practicando pequeñas economías, como la de mezclar su propio alimento para aves y utilizar cuero de sus zapatos viejos para hacer bisagras para sus gallineros, se mantuvo libre de deudas y prosperó. Trató de agregar un nuevo gallinero cada año. Para cuando el pequeño Frank tenía 10 años, ya cuidaba cerca de 50 gallinas que eran de su propiedad, y ganaba dinero con su producción de huevos. Trabajaba junto con sus padres (no siempre con el mayor entusiasmo) para alimentar a las aves, limpiar los gallineros, desazolvar los drenajes, y reunir y acomodar los huevos por tamaño. Frank, un muchacho campesino tímido e

Los autores expresan su gratitud con Frank Perdue, Jim Perdue y los numerosos asociados de Perdue Farms, Inc., quienes generosamente compartieron su tiempo e información acerca de la compañía. Asimismo, los autores quisieran agradecer a los bibliotecarios anónimos de Blackwell Library, Salisbury State University, que revisan de rutina los diarios del área y archivan los artículos acerca de la industria avícola (la industria más importante en la Península Delmarva). Sin su ayuda, este análisis de caso no hubiera sido posible. Copyright 2001 por los autores. Usado con autorización.

introvertido, asistió cinco años a una escuela de aula única cerca de su hogar, se graduó de la Wicomico High School, y asistió al State Teachers College, en Salisbury, dos años antes de volver a la granja en 1939 para trabajar de tiempo completo con su padre.

Para 1940, ya se conocía a Perdue Farms por sus productos de calidad y su trato justo en un mercado duro, altamente competitivo. La compañía empezó a ofrecer pollos en venta cuando Mr. Arthur y Frank comprendieron que el futuro estaba en vender pollos, no huevos. En 1944, Mr. Arthur hizo a Frank socio completo en A.W. Perdue and Son, Inc. En 1950, Frank asumió la dirección de la compañía, que empleaba a 40 personas. Para 1952, los ingresos de la firma habían llegado a seis millones de dólares por la venta de 2.6 millones de pollos tiernos asaderos. Durante este periodo, la compañía empezó a integrarse verticalmente operando su propia incubadora, empezando a mezclar sus propias fórmulas de alimento para las aves, y manejando su propio molino de alimento. De igual manera, en los años 1950-1960, Perdue Farms comenzó a contratarse con otros para criar pollos para ellos. Proporcionando polluelos y alimento a los criadores, la compañía podía controlar mejor la calidad.

En la década de los sesenta, Perdue Farms siguió integrándose verticalmente al construir sus primeras instalaciones de recepción y almacenamiento de granos y la primera planta de procesamiento de frijol de soya en Maryland. Para 1967 las ventas anuales habían crecido a unos 35 millones de dólares. Sin embargo, quedó claro para Frank que las ganancias estaban en el procesamiento de pollos. Frank recordó en una entrevista del 15 de septiembre de 1972 para *Business Week*: "Los procesadores nos pagaban 10 centavos por libra (0.453 kg) viva por lo que nos costaba 14 centavos producir. De repente, los procesadores estaban ganando hasta 7 centavos por libra."

Planificador cauteloso y conservador, Arthur Perdue no había estado ávido de expansión y el propio Frank Perdue estaba renuente a entrar en el procesamiento avícola. Pero la economía lo obligó y en 1968 la compañía compró su primera planta procesadora, una operación de Swift and Company en Salisbury, y se convirtió en una operación verticalmente integrada que incubaba huevos, enviaba los polluelos a los criadores, compraba el grano y preparaba la mezcla de alimento, proveía alimento y arcilla absorbente a los criadores, además de procesar y enviar pollos asaderos al mercado. La recién adquirida planta de Salisbury se renovó y equipó con máquinas capaces de procesar 14 000 pollos asaderos por hora. Se incorporó a nutriólogos a la empresa para que idearan fórmulas de alimentación que permitieran a las aves alcanzar más prontamente su potencial de crecimiento, y se puso a veterinarios en el personal para mantener sanas las parvadas de aves.

El esfuerzo organizado de Frank Perdue en pos de la calidad se hizo legendario dentro y fuera del ramo avícola. (En 1985, Frank Perdue y Perdue Farms aparecieron en el libro *A Passion for Excellence*, de Tom Peters y Nancy Austin.) Desde el primer lote de aves que se procesó, las normas de Perdue Farms eran más altas que las que el gobierno federal requería para los pollos Grado A. Al calificador estatal del primer lote de pollos procesados en la planta de Salisbury le agradaba referir la forma en que, al terminar sus inspecciones de ese primer día de procesamiento, estaba preocupado por haber rechazado demasiados pollos de la planta por no cumplir con las normas del Grado A. Vio venir entonces hacia él a Frank Perdue, visiblemente descontento. Frank empezó a inspeccionar él mismo las aves, pero nunca discutió por las que eran rechazadas. Luego, Frank revisó las que el calificador había aprobado y empezó a arrojar algunas de las aves al montón de las rechazadas. Por último, al darse cuenta de que pocas cumplían con sus propias normas, Frank las puso todas en el montón de las desechadas.

Desde el principio, Frank Perdue se rehusó a permitir que sus pollos asaderos se congelaran para su embarque, arguyendo que esto daba lugar a huesos negros poco apetecibles y a pérdida de sabor y humedad al cocinarlos. En lugar de esto, los pollos de Perdue se enviaban (y todavía se hace con algunos) frescos al mercado (si bien iban empacados en hielo), lo que justificaba los anuncios de la compañía en ese tiempo de que sólo vendía "pollos frescos y tiernos". Sin embargo, esta política limitaba el mercado de la firma a esas ubicaciones a las que se podía dar servicio de un día para otro desde la costa este de Maryland —sobre todo las ciudades densamente pobladas de la Costa Este (Baltimore, Filadelfia y, en particular, la ciudad de Nueva York, que consumían más pollos Perdue que los de todas las demás marcas combinadas)—.

En el curso de los años 1970-1980, Perdue Farms se expandió también geográficamente a áreas al norte de Nueva York —Boston, Providence, Hartford y otras partes de Massachusetts, Rhode Island y Connecticut—. Las instalaciones se estaban expandiendo rápidamente para abarcar una nueva planta de procesamiento de pollos asaderos y una planta de conversión de proteína en Virginia, una planta de procesamiento y una incubadora en Carolina del Norte, una planta de procesamiento en Delaware, y molinos de alimento en Delaware y Carolina del Norte.

En 1970, Perdue Farms estableció programas de investigación de alimentación y genética. Mediante la cría selectiva, Perdue desarrolló un pollo con más carne blanca de pechuga que el pollo típico. La cría selectiva tuvo tanto éxito que los pollos de Perdue eran pedidos por otros procesadores. Había rumores al efecto de que los competidores, en un intento de mejorar sus parvadas, robaron pollos de cría de Perdue.

En 1971, Perdue Farms inició una extensa campaña de marketing que presentaba a Frank Perdue. En los primeros anuncios de la compañía, Frank Perdue llegó a ser bien conocido en los hogares del este de Estados Unidos por decir cosas como: "Si usted quiere comer tan bien como mis pollos, sólo tiene que comer mis pollos." La campaña de anuncios de Perdue Farms fue una de las primeras en conseguir buenos resultados con manejo de marca de lo que en general se consideraba un producto básico.

En 1977, Mr. Arthur murió a la edad de 91 años, dejando atrás una compañía con ventas anuales de cerca de 200 millones de dólares, una tasa de crecimiento anual promedio de 17% (comparada con el promedio de la industria de 1%), el potencial de procesamiento de 78 000 pollos asaderos por hora y una producción anual de casi 350 millones de libras (158.76 millones de kg) de aves por año. Frank Perdue dijo de su padre: "Todo lo aprendí de él." De sí mismo, Frank Perdue dijo: "Soy un estudiante *B-minus* [lo que equivaldría a un 7 en la calificación decimal]. Sé qué tan listo soy. Sé que una *B-minus* no es tan buena como una *A* [equivalente a 10]."

En abril de 1981, Frank Perdue estaba en Boston a invitación de la Babson College Academy of Distinguished Entrepreneurs, institución establecida en 1978 para reconocer el espíritu de la libre empresa y el liderazgo empresarial. El presidente del colegio, Ralph Z. Sorenson, indujo a Perdue a entrar en la academia, cuya lista de miembros comprendía a 18 hombres y mujeres de cuatro continentes. Perdue tuvo que decir lo siguiente a los estudiantes universitarios al aceptar el honor conferido:

> No hay ni habrá jamás pasos fáciles para el emprendedor. Nada, absolutamente nada reemplaza la voluntad de trabajar con honestidad, con inteligencia hacia una meta. Ustedes tienen que estar dispuestos a pagar el precio. Tienen que tener un apetito insaciable del detalle, tienen que estar dispuestos a aceptar la crítica constructiva, a ser fiscalmente responsables, a rodearse de gente buena y, más que nada, a escuchar.

Durante los primeros años de la década de 1980, Perdue Farms expandió su mercado hacia el sur, penetrando en Virginia, Carolina del Norte y Georgia. Asimismo, compró a Carroll's Foods, Purvis Farms, Shenandoah Valley Poultry Company y Shenandoah Farms. Las dos últimas adquisiciones ensancharon la línea de productos de la empresa para incluir el pavo. La compañía introdujo también una línea de productos de pollo fresco completamente cocinados, que incluían bollos (*nuggets*) de pechuga de pollo, croquetas y cortes finos y suaves de la marca Perdue Done It! James A. (Jim) Perdue, el hijo único de Frank, se unió a la compañía como un practicante administrativo en 1983, y pronto se convirtió en gerente de planta.

Sin embargo, los últimos años de la década de 1980 pusieron a prueba la fortaleza de Perdue Farms. La considerable expansión geográfica y de línea de producto de la compañía llevó a una firma consultora a concluir que el espacio de control de la alta dirección era demasiado amplio, por lo que era recomendable que la empresa formara varias unidades empresariales estratégicas descentralizadas (cada una responsable de dirigir sus propias operaciones). Poco después, el mercado de los pollos se estabilizó y luego declinó por un tiempo. En 1988, Perdue Farms experimentó su primer año en números rojos, perdiendo hasta un millón de dólares por semana durante un periodo, en parte porque el cambio a las operaciones de unidades empresa-

riales independientes llevó a la duplicación de esfuerzos y a costos administrativos marcada
mente altos. Los costos de los sistemas de información administrativa, por ejemplo, se triplica
ron. La expansión de la empresa a los productos de pavo y preparados de pollo, en los que se
tenía poca experiencia, contribuyeron a las pérdidas. Frank Perdue decidió reenfocar a la compañía, concentrándose en la eficiencia de las operaciones, mejorando las comunicaciones a través de todos los segmentos y prestando estrecha atención a los detalles.

El 2 de junio de 1989, Frank Perdue celebró 50 años con Perdue Farms, Inc.; en una recepción matutina en el centro de Salisbury, el gobernador de Maryland lo proclamó el "Día de
Frank Perdue". Los gobernadores de Delaware y Virginia hicieron lo mismo. En 1991, Frank
cedió el control directo de la compañía y retrocedió a la posición de presidente del comité
ejecutivo. Jim Perdue ocupó el cargo de director general y presidente de la junta directiva de la
compañía. Más parco, gentil y formalmente educado, Jim Perdue enfocó la atención en las operaciones, esforzándose por una devoción mayor todavía al control de calidad y un mayor apego
a la planeación estratégica. Frank Perdue seguía interviniendo en las campañas publicitarias y
los esfuerzos de relaciones públicas de Perdue Farms. De manera gradual, a medida que Jim
Perdue maduraba en su función de líder de la firma, se convertía en el portavoz de ésta y empezaba a aparecer en los anuncios de la misma.

Al mando de Jim Perdue, las iniciativas estratégicas de Perdue Farms en la década de 1990
estaban dominadas por la expansión del mercado hacia el sur al interior de Florida y al oeste
hacia lo que son Michigan y Missouri. En 1992, la compañía formalizó su segmento internacional de negocios, para servir a clientes en Puerto Rico, América del Sur, Europa, Japón y China.
Para el año fiscal de 1998, las ventas internacionales eran de 180 millones de dólares anuales;
estas ventas se consideraban muy provechosas porque los clientes estadounidenses preferían la
carne blanca, mientras los clientes de la mayoría de otros países preferían la carne oscura.

Las ventas de servicio de comida a consumidores comerciales se convirtieron también en
un mercado importante. Las nuevas líneas de producto detallistas se enfocaron en lo que la dirección consideraba artículos de valor agregado: productos individuales de congelado rápido
(proceso de congelación sin perder propiedades nutritivas y de sabor), productos de reemplazo
de comida casera y productos para tiendas de *delicatessen* (platillos preparados). La etiqueta
Fit'n Easy de la compañía —que se aplicaba a los productos de pollo y pavo sin piel y deshue-
sados— se presentaba como parte de un atractivo para los consumidores conscientes de los aspectos nutritivos.

Los años 1990-2000 vieron también el uso acrecentado de la tecnología y la construcción
de centros de distribución para servir mejor al cliente. Por ejemplo, todos los camiones de Perdue en ruta estaban equipados con comunicaciones bidireccionales y localización geográfica
satelitales, lo que permitía el rastreo y reenrutamiento en tiempo real en caso necesario, así como proveer a las tiendas detallistas de información exacta sobre cuándo esperar la llegada del
producto. En 2000, Perdue Farms tenía ingresos de más de 2 500 millones de dólares y cerca de
20 000 asociados.

MISIÓN, VALORES Y VISIÓN

Empezando desde los primeros días de la empresa, la filosofía de Mr. Arthur era "crear un
producto de calidad, estar atento a sus clientes, tratar con justicia a la gente, y trabajar, trabajar
duro, trabajar duro". En 1991, Frank Perdue, reflexionando sobre el éxito de la empresa, dijo:

> Si usted me preguntara cuál fue el máximo factor en cualquier éxito que hayamos disfrutado, le res-
> pondería que no fue la tecnología, ni los recursos económicos, ni la estructura de la organización. Ha
> sido nuestra decisión consciente de que, para tener éxito, debemos tener un conjunto firme de creen-
> cias en las cuales apoyemos todas nuestras políticas y acciones... Nuestro énfasis en la calidad es una
> de nuestras creencias centrales... La calidad no es un accidente. Es el único ingrediente absolutamen-
> te necesario de todas las compañías de más éxito en el mundo.

Jim, Frank y Mr. Arthur Perdue... tres generaciones de liderazgo de Perdue Farms.

El tema de la calidad se destaca en la declaración de misión, valores y visión de la compañía (véase la ilustración 1).

ADMINISTRACIÓN Y ORGANIZACIÓN

De 1950 a 1991, Frank Perdue fue la fuerza principal detrás de la estrategia y el crecimiento de Perdue Farms. Durante los años de Frank como director general, la industria avícola disfrutó de un crecimiento comparativamente fuerte en volumen. Muchos ejecutivos de la industria habían surgido a través de las filas durante la infancia del ramo. Un gran número de ellos tenía poca educación formal y habían iniciado sus carreras en el patio del granero, construyendo y limpiando gallineros. A menudo pasaban sus carreras íntegras con una empresa, progresando de supervisores de instalaciones a puestos en la dirección de plantas de procesamiento, y de ahí a ejecutivos corporativos. Perdue Farms no se apartó de lo habitual a este respecto. Frank Perdue, un emprendedor en toda la extensión de la palabra, era la encarnación típica de su lema de marketing: "Se requiere un hombre duro para hacer un pollo tierno". La estructura de organización de la compañía era altamente centralizada: Frank Perdue retenía la autoridad de la toma de decisiones o la delegaba a unos pocos hombres de confianza, a quienes había conocido de toda la vida (véase la ilustración 2). Se esperaba que los trabajadores cumplieran con su trabajo.

Ilustración 1   Política de calidad de Perdue Farms: misión, valores y visión, 2000

Apego a la tradición

Perdue se formó sobre un cimiento de calidad, tradición descrita en nuestra política de calidad...

Nuestra política de calidad

Elaboraremos productos y brindaremos servicios
que en todo momento cumplan o excedan las expectativas de nuestros clientes.

No nos conformaremos con igualar la calidad de
nuestros competidores.

Nuestro compromiso es el de ser
progresivamente superiores.

La contribución a la calidad es responsabilidad
compartida por todos en la organización Perdue.

Enfoque en el presente

Nuestra misión nos recuerda el propósito al que servimos...

Nuestra misión

"Realzar la calidad de la vida con grandes productos
alimenticios y agrícolas."

*Al tiempo que nos esforzamos por cumplir con nuestra misión,
recurrimos a nuestros valores para guiar nuestras decisiones...*

Nuestros valores

- **Calidad:** valoramos las necesidades de nuestros clientes. Nuestros altos estándares requieren que trabajemos con seguridad, elaboremos alimentos seguros y mantengamos en alto el nombre de Perdue.

- **Integridad:** hacemos lo correcto y vivimos conforme a nuestros compromisos. No optamos por caminos fáciles ni hacemos falsas promesas.

- **Confianza:** confiamos unos en otros y nos tratamos con mutuo respeto. Se aprecia la habilidad y el talento de cada individuo.

- **Labor de equipo:** valoramos una fuerte ética de trabajo y la capacidad de impulsarnos recíprocamente al éxito. Nos preocupa lo que otros piensan y alentamos su participación, creando una sensación de orgullo, lealtad, propiedad y familia.

Mirada al futuro

*Nuestra visión describe lo que llegaremos a ser y las cualidades
que nos permitirán lograrlo...*

Nuestra visión

*Ser la compañía líder de alimentos de calidad con 20 000 millones
de dólares en ventas en 2020.*

Perdue en el año 2020

- **Para nuestros clientes:** proveeremos soluciones de alimentos y servicios indispensables para satisfacer necesidades previstas del cliente.

- **Para nuestros consumidores:** una cartera de confiables productos alimenticios y agrícolas que será respaldada por múltiples marcas en el mundo.

- **Para nuestros asociados:** a escala mundial, nuestro personal y nuestro lugar de trabajo reflejarán nuestra reputación de calidad, poniendo a Perdue entre los mejores lugares para trabajar.

- **Para nuestras comunidades:** seremos conocidos en la comunidad como un fuerte ciudadano corporativo, un socio comercial digno de confianza y un patrón favorito.

- **Para nuestros accionistas:** movidos por la innovación, por nuestro liderato de mercado y por nuestro espíritu creativo, redituaremos ganancias líderes en la industria.

Ilustración 2 Organigrama de 2000 de Perdue Farms

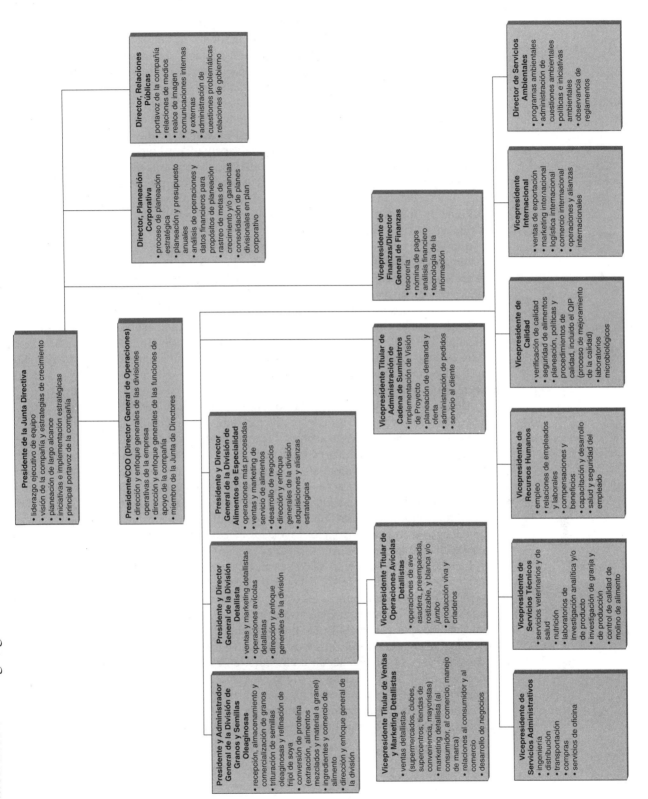

Sin embargo, al paso del tiempo Frank Perdue aflojó las riendas, haciendo cada vez más énfasis en la participación del empleado en cuestiones de calidad y decisiones de operación; los empleados llegaron a ser conocidos como "asociados". Los analistas de fuera de la empresa veían el cambio creciente a la mayor participación en las decisiones como uno de los factores que ayudaron a hacer que la transferencia del poder a Jim Perdue en 1991 fuera desusadamente fluida y libre de incidentes. Aunque Jim creció dentro del negocio familiar, pasó casi 15 años esforzándose para obtener un título de licenciatura en biología de Wake Forest University, un grado de maestría en biología marina de la University of Massachusetts en Dartmouth, y un doctorado en criaderos piscícolas de la University of Washington en Seattle. A su regreso a Perdue Farms en 1983, Jim Perdue obtuvo un título de maestría ejecutiva de administración de empresas por la Salisbury State University y ocupó los cargos de gerente de planta, gerente de control de calidad divisional, y vicepresidente del proceso de mejoramiento de la calidad (QIP, quality improvement process) antes de asumir la presidencia de la junta directiva y la dirección ejecutiva.

Jim Perdue tenía un estilo de dirección que ponía a la gente en primer lugar. Las metas de la compañía se centraban en lo que Jim Perdue llamaba las tres pes: gente [people], productos, rentabilidad [profitability]. Creía que el éxito en las empresas se basaba en satisfacer las necesidades del cliente con productos de calidad, pero también que estos factores dependían de los asociados: "Si [los asociados] están primero, se esforzarán por asegurar calidad superior de producto... y clientes satisfechos." Esta filosofía había moldeado la cultura de la empresa, reflejando uno de los puntos de vista del experto administrador Tom Peters: "Nadie conoce mejor los dos metros cuadrados de una persona que esta misma, que trabaja allí." El método de Jim Perdue era reunir ideas e información de todo el personal y maximizar la productividad transmitiendo estas ideas a través de la organización.

Una parte clave de la política de "los empleados primero" era el esfuerzo de crear y mantener una fuerza de trabajo estable, productiva, tarea difícil en una industria en la que muchos trabajos eran físicamente demandantes y tenían que desempeñarse en condiciones a veces tensas y desagradables. Un número considerable de los asociados de Perdue eran inmigrantes hispanohablantes, con escaso dominio del inglés, a menudo con muy poca instrucción escolar, y carentes de los cuidados básicos de la salud. A fin de aumentar las oportunidades de progreso entre los asociados de origen hispano, Perdue Farms había instituido una serie de programas: se impartían clases del idioma inglés para contribuir a que los empleados no angloparlantes la asimilaran y se ofrecía apoyo a los asociados menos educados para que obtuvieran el equivalente de un diploma de enseñanza secundaria.

Para lidiar con el esfuerzo físico, la empresa tenía un comité de ergonomía en cada planta que estudiaba los requerimientos del puesto y trataba de rediseñar los puestos que eran inherentemente agobiantes, poco atractivos o riesgosos. Perdue Farms contaba asimismo un impresionante programa de bienestar o previsión social que incluía clínicas en 10 plantas, las cuales eran atendidas por personal médico profesional que trabajaba para grupos de práctica médica bajo contrato de la compañía. Los asociados tenían acceso total a cualquiera de las clínicas operadas por Perdue y podían acudir a un doctor en caso de cualquier molestia, desde un tirón muscular a atención prenatal y series de análisis para detectar diversas enfermedades, atendiendo igualmente a los dependientes del empleado. La dirección consideraba que tales programas beneficiaban a la compañía mediante reducciones del tiempo perdido en visitas al consultorio médico; menor rotación del personal, y una fuerza de trabajo más contenta, saludable, productiva y estable.

MARKETING

En los inicios de la industria avícola, el pollo se vendía a carnicerías y abacerías de barrio como un producto básico; esto es, los productores lo vendían, pero los carniceros lo cortaban y lo envolvían, y los compradores no tenían idea de qué empresa criaba o procesaba el pollo que ellos compraban. Frank Perdue estaba convencido de que se podían obtener ganancias mayores si los productos de su firma pudieran comercializarse como calidad preferente (*premium*) y venderse a precio preferente. Pero la única forma en que el concepto de calidad preferente funcionaría era que se pudiera convencer a los clientes de que no todos los pollos eran iguales, lo cual significaba que los productos de pollo de Perdue se tenían que diferenciar y que era preciso "enseñar" a la gente qué cualidades preferentes tenían que buscar. La innovadora estrategia de marketing de Frank Perdue era promover los pollos de Perdue Farms como aves de calidad superior, de pechuga más grande, con un saludable color dorado (lo cual podía lograrse poniendo pétalos de caléndula en el alimento para realzar el color amarillo natural que proporcionaba el maíz).

En 1968 Perdue Farms gastó 50 000 dólares en publicidad radiofónica. En 1969, Frank Perdue agregó 80 000 dólares en publicidad televisiva al presupuesto de radio de la empresa —contra el consejo de su agencia publicitaria—. Aun cuando los primeros anuncios de televisión incrementaron las ventas, Frank Perdue decidió que la agencia con la que trataba no estaba a la altura de uno de los dogmas básicos de Perdue: "La gente con la que usted trata debe ser tan buena en lo que hace como usted en lo que usted hace". Esa decisión desencadenó una tormenta de actividad por parte de Frank. Para seleccionar una agencia de anuncios que llenara sus requisitos, Frank inició una inmersión de 10 semanas en la teoría y práctica de la publicidad. Leyó libros y diarios sobre publicidad. Habló con gerentes de ventas de todos los diarios, la radio y las estaciones de televisión en el área de Nueva York, consultó expertos y se entrevistó con 48 agencias anunciantes. En abril de 1971 seleccionó a Scali, McCabe, Sloves como la nueva agencia publicitaria de Perdue Farms. Mientras los ejecutivos de la agencia trataban de discurrir cómo "manejar la marca" de un pollo con éxito (algo que nunca habían hecho), se dieron cuenta de que Frank Perdue era su mayor aliado; como comentó uno de los ejecutivos de anuncios de la agencia: "¡Él mismo parecía un poco un pollo, y se oía así, y cacareaba mucho!"

McCabe decidió que Perdue debería ser el portavoz de la compañía. Al principio, Frank se resistió, pero acabó por aceptar el papel y nació la campaña basada en "Se requiere un hombre duro para hacer un pollo tierno". El mismo primer comercial de televisión de la empresa mostraba a Frank en un almuerzo campestre en el Salisbury City Park diciendo:

> Un pollo es lo que come... Y mis pollos comen mejor que la gente... Yo almaceno mi propio grano y mezclo mi propio alimento... Y de beber no les doy a mis pollos más que agua pura de pozo... Por eso mis pollos siempre tienen ese saludable color dorado... Si usted quiere comer tan bien como mis pollos, sólo tiene que comer mis pollos.

Otros anuncios, que pregonaban alta calidad y el pollo de pechuga más ancha decían como sigue:

> Las normas del gobierno me permitirían llamar a este un pollo grado A..., pero mis normas no. Este pollo está flaco... Tiene rasguños y pelos... El hecho es que mis calificadores rechazan 30% de los pollos que los inspectores gubernamentales aceptan como grado A... Por eso vale la pena insistir en un pollo que lleve mi nombre... Si usted no queda completamente satisfecho, escríbame y le devolveré su dinero... ¿A quién le escribe usted en Washington?... ¿Qué saben ellos de pollos?

> El Perdue Roaster es la raza maestra de los pollos.

> Nunca entre en una tienda simplemente a pedir una libra de pechugas de pollo... Porque podría engañarse con algunas carnes... He aquí una pechuga de una libra de un pollo ordinario, y he aquí una pechuga de una libra de uno de los míos... Pesan lo mismo. Pero como usted puede ver el mío tiene más carne, y el de ellos tiene más hueso. Yo crío el pollo más pechugón y carnoso que usted pueda comprar... Así que no compre pechugas de pollo por libra... Cómprelas por el nombre... y obtenga una mordida extra en cada pechuga.

Los anuncios rindieron frutos. En 1968, Perdue Farms daba cuenta de alrededor de 3% del mercado de pollos asaderos de Nueva York. Para 1972, uno de cada seis pollos comidos en Nueva York era un pollo Perdue y 51% de los neoyorquinos reconocían la marca Perdue Farms. Scali, McCabe, Sloves atribuía a la "credibilidad" de Frank Perdue el éxito de la campaña de publicidad; de acuerdo con uno de sus ejecutivos: "Éstos eran anuncios en los que Perdue tenía

SCALI, McCABE, SLOVES, INC.

CLIENTE: PERDUE FOODS INC.

PRODUCTO: POLLOS PERDUE

TÍTULO: "MIS POLLOS COMEN MEJOR QUE LA GENTE"

DURACIÓN: 30 SEGUNDOS

COMERCIAL NO.: TV-PD-30-2C

1. FRANK PERDUE: Un pollo es lo que come. Y mis pollos comen mejor...

2. que la gente. Yo almaceno mi propio grano y mezclo mi propio alimento.

3. Y de beber no les doy a mis pollos más que agua pura de pozo.

4. Por eso mis pollos siempre tienen ese saludable color dorado.

5. Si usted quiere comer tan bien como mis pollos, sólo tiene que comer mis pollos.

6. Eso es realmente bueno.

El primer comercial de TV de Frank Perdue.

una personalidad que le daba credibilidad al producto. Si Frank Perdue no se viera y no sonara como un pollo, no hubiera estado en los comerciales." Frank tenía una opinión diferente. Como lo dijo a un auditorio en el Club Rotario en Charlotte, Carolina del Norte, en marzo de 1989: "El producto cumplía la promesa del anuncio y era muy superior al de la competencia. Dos excelentes refranes lo dicen todo: 'Nada destruirá un mal producto tan pronto como una buena publicidad' y '¡Un producto bien dotado es más poderoso que una pluma bien dotada!'."

Para la década de los años 1990-2000, el pollo de marca estaba en todas partes. Sin embargo, los analistas de la industria avícola en 2000 creían que el mercado de las aves de corral frescas había tocado techo, llegando al punto más alto alcanzable, mientras que se esperaba que las ventas de productos de pollo preparados y congelados siguieran creciendo a un ritmo saludable. Aun cuando las ventas detallistas nacionales generaban cerca de 60% de los ingresos de Perdue Farms en el año fiscal 2000, las ventas del servicio de alimentos producían otro 20%, las ventas internacionales daban cuenta del 5%, y el grano y las semillas oleaginosas contribuían con el restante 15%. La dirección de Perdue esperaba que las ventas del servicio de alimentos, las internacionales y las de grano y semillas oleaginosas siguieran creciendo como un porcentaje de los ingresos totales de la compañía.

El segmento de mercado detallista nacional

En 2000, los clientes de abacería detallista buscaban con creciente afán productos fáciles y rápidos de preparar (comúnmente denominados *productos con valor agregado*). El movimiento hacia los productos con valor agregado había cambiado de manera significativa la composición y apariencia de los departamentos de carnes en los supermercados modernos. Ahora había cinco ubicaciones distintas en la tienda para las aves de corral:

1. El mostrador de carnes frescas: para pollos enteros y piezas.
2. El mostrador de *delicatessen* (platillos preparados): para pavo y pollos rostizados.

3. Las vitrinas de alimentos congelados: para artículos de congelamiento rápido por separado, como piernas, alones y pechugas de pollo; productos empanizados y cocinados, como piernas y alones Buffalo (fritos, a servir con salsa picante y salsa de queso roquefort), y pollos, pavos y gallinas de Cornualles enteros.

4. Reemplazo de comida en casa: para entradas totalmente preparadas, como "Short Cuts" marca Perdue y entradas marca Deluca (esta marca fue adquirida y los productos se comercializan bajo su propio nombre), que se venden con ensaladas y postres para que usted pueda armar su propia comida.

5. Carnes enlatadas: para productos de pollo enlatados.

Ya que Perdue Farms había usado siempre la frase "pollo tierno y fresco" como pieza central de su estrategia de marketing, el creciente interés del consumidor en productos de valor agregado y productos de pollo congelados planteaba un posible conflicto con los temas de marketing del pasado. Para responder a las preguntas de si los productos congelados y preparados eran compatibles con la imagen de marketing de la compañía y de cómo ésta debería transmitir la idea de calidad en este ambiente más amplio de producto, Perdue Farms estaba estudiando lo que el término "pollo tierno y fresco" significaba para los clientes, en especial los que preferían la preparación fácil y rápida de comidas y/o ponían muchas de sus compras de carne fresca en el congelador en cuanto llegaban a casa. Un punto de vista era que el atractivo del término "pollo tierno y fresco" provenía de la impresión de los clientes de que la "calidad" y la "frescura" se asociaban estrechamente. Otra apreciación era que la "confianza en la marca" era el problema real, en cuyo caso el reto del marketing era hacer que los clientes creyeran que los productos Perdue, frescos o congelados, eran confiables y de la mejor calidad asequible.

El segmento de mercado del servicio de alimentos

El segmento del servicio de alimentos consistía en una gran diversidad de clientes públicos y privados, incluidos restaurantes, cafeterías, hospitales, escuelas, reclusorios, aeropuertos e instituciones que servían comidas y, en consecuencia, eran compradores regulares de productos alimenticios. En la historia del ramo, la gran mayoría de los clientes del servicio de alimentos no habían sido sensibles a la marca, pues preferían hacer negocios con proveedores de alimentos que cumplieran con sus estrictas especificaciones a los precios más bajos; su disposición a renunciar a la calidad preferente en aras de un precio más bajo hacía de las empresas de servicio de alimentos una opción lejana de lo ideal para Perdue Farms. Sin embargo, como los consumidores norteamericanos hacían un porcentaje cada vez mayor de sus comidas fuera de casa y las ventas de supermercado tradicional se estaban estancando, Perdue Farms se sentía obligado a hacer mayor hincapié en perseguir el segmento del servicio de alimentos, que crecía más rápido. El segmento del servicio de alimentos daba cuenta aproximada de 50% de las ventas totales de aves de corral en Estados Unidos, mientras que aproximadamente 20% de los ingresos de Perdue Farms provenían de esta categoría.

Puesto que Perdue Farms no tenía poder ni experiencia en el segmento del servicio de alimentos, la estrategia de la administración para lograr mayor penetración en el segmento era adquirir empresas que ya tuvieran pericia en el servicio de alimentos. En septiembre de 1998, Perdue consumó la adquisición de Gol-Pak Corporation, con base en Tennessee, compañía con unos 1 600 empleados e ingresos de unos 200 millones de dólares al año.

El segmento internacional de la industria de las aves de corral

A principios de la década de 1990, Perdue Farms empezó a exportar productos de especialidad, como las patas de pollo, dirigidos a los clientes en China. Aun cuando no se aprobaba su venta para el consumo humano en Estados Unidos, las patas eran consideradas un manjar exquisito en China. Para 1992, las ventas internacionales, consistentes principalmente en patas, se habían

Ilustración 3   Volumen internacional de ventas de pollo asadero, Perdue
Farms, 1992-1998

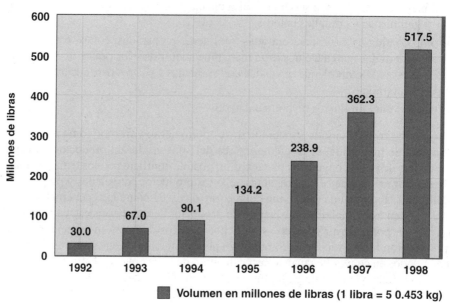

Volumen en millones de libras (1 libra = 5 0.453 kg)

convertido en un pequeño pero redituable negocio de unos 30 millones de libras (13.6 millones de kg) por año. Con base en este éxito inicial, para 1998 Perdue Farms estaba generando más de 140 millones de dólares en ingresos y exportando anualmente más de 500 millones de libras (226.8 millones de kg) de productos de aves de corral a China, Japón, Rusia y Ucrania (véase la ilustración 3).

La directiva consideraba a Japón un destino excelente para los productos de Perdue Farms porque los consumidores japoneses eran muy sensibles a la calidad y estaban dispuestos a pagar un precio preferente por productos de pollo de calidad. Más aún, los consumidores asiáticos preferían la carne oscura, complemento "serendipítico" (*serendipitous*: hallazgo afortunado accidental) a la preferencia estadounidense por la carne blanca de la pechuga que proveía un fácil canal de mercado para disponer de cualesquiera suministros de carne oscura que no pudieran venderse en Estados Unidos. Sin embargo, los consumidores asiáticos no habían acogido el concepto del pollo de marca, lo que le dificultaba a Perdue aprovechar la calidad preferente de sus productos.

Para servir mejor a mercados de exportación, Perdue Farms había instalado una planta congeladora frente al mar en Newport News, Virginia. Con esto, las aves de corral recién procesadas se ponían directamente en los muelles para su embarque, reduciendo los costos de procesamiento y ayudando a compensar los costos agregados del embarque a Asia —que figuraban en el nivel de 2/3 de centavo de dólar por libra por carga de navío (una carga de navío era igual a 300-500 cargas de camión). Sin embargo, la exportación de aves de corral a los mercados asiáticos no estaba exenta de problemas. Por decir, los camiones de entrega en China difícilmente contaban con refrigeración, lo cual limitaba los tiempos de tránsito de bodega a tienda, pues el proceso de descongelamiento comenzaba tan pronto los productos avícolas congelados se ponían a bordo del camión. Una carga de navío de pollos de Perdue Farms con destino a Rusia "se desvaneció" —había sido confiscada indebidamente usando documentos falsificados, pero Perdue Farms recuperó a la larga la mayor parte del valor monetario del embarque—.

La demanda inicial de productos Perdue en Rusia, Polonia y Europa Oriental fue bastante fuerte. Para el año fiscal de 1998, una considerable porción del volumen internacional de Perdue se estaba exportando a Rusia. Desafortunadamente, el quebranto de la economía de Rusia tuvo un efecto devastador, y las exportaciones de Perdue Farms a este país en 2000 estuvieron muy lejos de los primeros niveles. Tal inestabilidad de demanda, junto con la corrupción reinante en Rusia, había puesto a la administración de Perdue renuente a comprometer una inversión de capital considerable para levantar su negocio ruso de exportación.

Los derechos e impuestos de importación eran también una barrera para el aumento de las exportaciones. En China, de acuerdo con el U.S. Department of Agriculture (USDA, Secretaría de Agricultura de Estados Unidos), las tasas de derechos de importación para las aves de corral eran de 45% para las naciones favorecidas y de 70% para las no favorecidas; además, China gravaba con un impuesto de valor agregado de 17% a las importaciones de todos los países. Igualmente, los altos derechos e impuestos con que se gravaba la importación en Rusia habían resultado un considerable impedimento para obtener buenos márgenes de ganancia.

Perdue Farms había creado una sociedad conjunta con Jiang Nan Feng (JNF) a fin de montar una pequeña planta de procesamiento en Shanghai; la dirección de Perdue necesitaba un socio local que le ayudara con el desarrollo de los mercados locales debido a las grandes diferencias culturales entre los mercados estadounidense y chino de aves de corral. Se estaba creando el reconocimiento de marca mediante el empleo de herramientas de marketing normal. En los productos se usó la primer envoltura de "paquete de charola" disponible en los supermercados de Shanghai. A la administración de Perdue le parecía que la sociedad con JNF era prometedora porque en China había una ventaja competitiva considerable en la capacidad de vender carne oscura fresca y criada en territorio nacional. Además, aunque los reglamentos del USDA no permitían actualmente que se importaran aves de corral criadas en el extranjero, la posibilidad futura de importar carne blanca excedente de Shanghai a Estados Unidos era atractiva —la dirección de Perdue creía que la planta de Shanghai tendría dificultades para encontrar mercados atractivos para toda la carne blanca de pechuga disponible de las aves de corral criadas localmente—.

OPERACIONES

Dos palabras resumían el método Perdue de realizar las operaciones: *calidad* y *eficiencia*, con más énfasis en lo primero que en lo segundo. Perdue Farms estaba muy comprometida con la observancia de los principios de la administración total de calidad (TQM, total quality management) y hacía cuanto le era posible por apegarse al lema de "Calidad, un viaje sin fin". Las piedras miliares o hechos importantes en el proceso de mejoramiento de la calidad en Perdue Farms se presentan en la ilustración 4.

Tanto la calidad como la eficiencia mejoraron al prestar estrecha atención a los detalles. En la ilustración 5 se ilustra la estructura y el flujo de producto de una compañía genérica de pollos asaderos, integrada verticalmente. Las compañías de pollos asaderos tenían cierta discreción al elegir qué pasos del proceso querían efectuar internamente y cuáles preferían contratar por outsourcing, externamente. Perdue Farms había optado de manera consciente por la máxima integración vertical, a fin de controlar cada detalle del proceso y asegurar mejor la calidad del producto. Ya criaba y empollaba sus propios huevos (19 incubadoras); seleccionaba a sus criadores por contrato; construía gallineros diseñados con ingeniería Perdue; formulaba y manufacturaba sus propias semillas (12 molinos de alimento de aves, un molino de alimento especial, dos operaciones de mezcla de ingredientes); supervisaba el cuidado y alimentación de los pollos; operaba sus propias plantas de procesamiento (21 plantas procesadoras y extraprocesadoras); hacía envíos y entregas por medio de su propia flotilla de camiones, y comercializaba los productos (véase la ilustración 5). El control total del proceso formaba la base de las pretensiones de Frank Perdue de que las aves de corral de Perdue Farms eran en verdad de calidad preferente (*premium*). Las declaraciones que Frank Perdue había hecho en los primeros anuncios de la compañía: "Yo almaceno mi propio grano y mezclo mi propio alimento... Y de beber no les doy a mis pollos más que agua pura de pozo" podían respaldarse dado el control interno proporcionado por la estrategia de integración vertical de la compañía. La completa integración vertical permitía también que Perdue Farms minimizara el desperdicio y mantuviera un estrecho control sobre la eficiencia de operación. De rutina se rastreaban ocho características mensurables: incubación, rotación, conversión de alimento, duración en estado fresco, rendimiento, aves por hora-hombre, utilización y grado.

Ilustración 4   Hechos importantes en el proceso de mejoramiento
de la calidad en Perdue Farms

1924	Arthur Perdue compra gallos *leghorn* en 25 dólares
1950	Perdue Farms adopta para la compañía el logo de un pollo bajo una lente de aumento
1984	Frank Perdue asiste al Quality College (Colegio de la Calidad) de Philip Crosby
1985	Se reconoce a Perdue por su búsqueda de la calidad en *A Passion for Excellence*
	200 gerentes de Perdue asisten al Quality College
	Se adopta el Proceso de Mejoramiento de la Calidad (QIP, Quality Improvement Process)
1986	Se establecen los Equipos de Acción Correctiva (CATs, Corrective Action Teams)
1987	Se establece la Capacitación de Calidad (Quality Training) para todos los asociados
	Se pone en práctica el proceso de Eliminación de la Causa del Error (ECR, Error Cause Removal)
1988	Se forma el Comité de Agenda y Programación (Steering Comittee)
1989	Se celebra la primera Convención anual de Calidad (Quality Conference)
	Se pone en práctica la Administración por Equipos (Team Management)
1990	Se celebra la segunda Convención anual de Calidad
	Se codifican los valores y la misión corporativa
1991	Se celebra la tercera Convención anual de Calidad
	Se define la satisfacción del cliente
1992	Se celebra la cuarta Convención anual de Calidad
	Se explica la forma de lograr la satisfacción del cliente a los jefes de equipo y a los Equipos de Mejoramiento de la Calidad (QITs, Quality Improvement Teams)
	Se crea el Quality Index (Índice de Calidad)
	Se crea el Customer Satisfaction Index (CSI, Índice de Satisfacción del Cliente)
	Se crea el programa de calidad "Farm to Fork" ("De la granja al tenedor")
1999	Se da a la publicidad el Raw Material Quality Index (Índice de Calidad de las Materias Primas)
2000	Se inicia el Proceso de Equipo de Alto Desempeño (High Performance Team Process)

Perdue Farms tenía una política estrictamente aplicada de que no se podía alimentar ni inyectar con nada artificial a las aves. Se hacía seguir a los pollos un régimen libre de sustancias químicas y esteroides. A los pollos de corta edad se les vacunaba contra las enfermedades. Se utilizaba la cría selectiva para mejorar la calidad de la raza de las aves y para que rindieran más carne blanca de pechuga. Para comparar la calidad de sus productos de aves de corral y rastrear la calidad en la industria, la compañía compraba y analizaba con regularidad los productos de sus competidores. Los asociados de inspección calificaban con un grado los productos de los procesadores rivales y reportaban los resultados a los ejecutivos titulares. Además, la Política de Calidad [Quality Policy] (ilustración 6) se ponía a la vista en todos los locales de la compañía y se enseñaba a todos los asociados en la capacitación de calidad.

INVESTIGACIÓN Y DESARROLLO

Perdue Farms era un reconocido líder de la industria en el uso de la investigación y la tecnología para brindar productos y servicio de calidad a sus clientes. La compañía gastaba en investigación, como porcentaje de sus ingresos, más que cualquier otro procesador de aves de corral. Esta práctica se remitía al enfoque de Frank Perdue de encontrar las formas de diferenciar los productos de aves de corral de la firma sobre la base de calidad y valor. El logro más significativo de investigación y desarrollo de la compañía era su programa de cría selectiva para aumentar el tamaño de la pechuga y el rendimiento de carne blanca de sus parvadas. Aunque otros procesadores habían dado grandes pasos en el mejoramiento de la calidad de sus razas, los ejecutivos de Perdue Farms creían que Perdue era todavía el líder del ramo. En la ilustración 7 se presenta una lista de algunos de los logros tecnológicos de Perdue Farms.

Ilustración 5 Operaciones verticalmente integradas de Perdue Farms

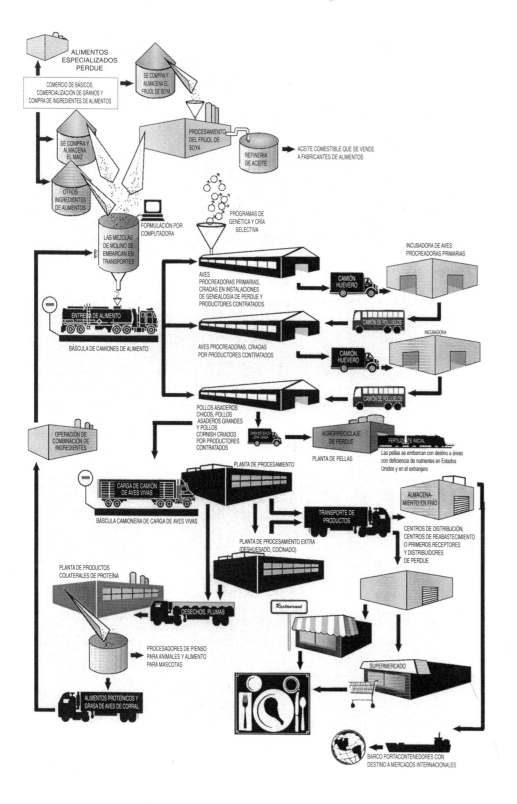

Ilustración 6   Política de calidad de Perdue Farms

- ELABORAREMOS productos y brindaremos servicios que en todo tiempo cumplan o excedan las expectativas de nuestros clientes.
- NO NOS CONFORMAREMOS con ser de igual calidad que nuestros competidores.
- NUESTRO PROPÓSITO es ser cada vez más superiores.
- LA CONTRIBUCIÓN A LA CALIDAD es una responsabilidad compartida por todos en la organización Perdue.

Ilustración 7   Logros tecnológicos de Perdue Farms

- Investiga más que todos los competidores juntos.
- Cría de manera constante pollos con más carne de pechuga que cualesquiera aves de la industria.
- Primera empresa en usar básculas digitales para garantizar pesos a los clientes.
- Primeros en empacar productos de pollo completamente cocinados en charolas para horno de microondas.
- Primeros en tener un laboratorio de cajas para definir la calidad de las cajas de diferentes proveedores.
- Primeros en probar cada semana tanto sus pollos como los de los competidores atendiendo a 52 factores de calidad.
- Mejoró 20% las entregas a tiempo entre 1987 y 1993.
- Construyó laboratorios analíticos y microbiológicos con los últimos adelantos para el análisis del alimento y el producto terminado.
- Primeros en desarrollar procedimientos administrativos para la seguridad de los alimentos en todas las áreas de la compañía.
- Primeros en industrializar la gallinaza o estiércol de aves de corral en forma de pellas comercialmente viables.

La compañía empleaba a especialistas en ciencias de las aves, microbiología, genética, nutrición y ciencia veterinaria. Por sus capacidades de investigación y desarrollo, Perdue Farms participaba a menudo en pruebas de campo del USDA (United States Departament of Agriculture) con los proveedores farmacéuticos. La empresa tenía el más extenso y costoso programa de vacunación de la industria. En 2000, la compañía estaba colaborando en estudios de los procedimientos de varios productores europeos que empleaban métodos por completo diferentes. La investigación de la empresa en el diseño de mezclas de alimentos había sido un factor contribuyente a la reducción del tiempo que tomaba criar pollos. En la década de los cincuenta, tomaba 14 semanas criar un pollo de 3 libras (1.35 kg); en 2000 ya sólo se requerían 7 semanas para criar un pollo de 5 libras (2.27 kg). Esta ganancia en eficiencia se debía principalmente a los avances en la tasa de conversión del alimento para pollos. A las tasas de conversión actuales, se requerían cerca de dos libras de alimento para producir una libra de pollo. El alimento representaba cerca de 65% del costo de la cría de un pollo. Los estudios indicaban que si Perdue Farms pudiera mejorar la tasa de conversión de alimentación de los pollos tan sólo 1%, esto representaría un ingreso adicional estimado de 2.5-3 millones de dólares por semana o 130-156 millones de dólares al año.

FINANZAS

Perdue Farms, Inc., era una empresa de propiedad privada y consideraba de su pertenencia su información financiera. Los datos financieros y de operación accesibles al público eran limitados. La mayoría de las acciones estaban en manos de la familia, con un limitado número de acciones

Ilustración 8   Tasas compuestas de crecimiento de Perdue Farms
1980-2000

	Ingresos	Asociados	Ventas por asociado
Pasados 20 años	10.60%	6.48%	3.87%
Pasados 15 años	8.45	4.48	4.48
Pasados 10 años	7.39	4.75	2.52
Pasados 5 años	8.39	0.99	7.33

en propiedad de ejecutivos titulares. Los medios y los analistas del ramo industrial de las aves de corral situaban los ingresos de Perdue Farms para el año fiscal 2000 en cerca de 2 500 millones de dólares y el número de sus asociados en casi 20 000. La revista *Forbes* había estimado las utilidades operativas del año fiscal 2000 de la compañía en cerca de 160 millones de dólares y las utilidades netas en unos 22 millones de dólares.

La tasa compuesta de crecimiento de la firma en ingresos había estado decreciendo lentamente durante los pasados 20 años, reflejando la desaceleración general en el crecimiento total de la industria de las aves de corral. Sin embargo, las tasas de crecimiento anual de la empresa variaban significativamente por segmento de mercado:

- Segmento de pollo al detalle: 5 por ciento.

- Ventas de productos de pollo y pavo al segmento de servicio de alimentos: 12 por ciento.

- Ventas internacionales: 64 por ciento.

- Ventas de grano y semillas oleaginosas: 10 por ciento.

Perdue había compensado internamente las tasas de crecimiento desacelerado automatizando sus procesos e impulsando la productividad de la mano de obra. En tanto que en el periodo 1980-2000 cada aumento de 1.6% en los ingresos requería un aumento de 1% en el tamaño de la fuerza de trabajo, en el lapso 1995-2000 la compañía pudo hacer que crecieran sus ingresos cerca de 8.4% por cada 1% de incremento en el tamaño de la fuerza de trabajo (véase la ilustración 8).

Desde su fundación, Perdue Farms había sido rentable cada año, con las excepciones de 1988 y 1996. Los funcionarios de la empresa creían que la pérdida en 1988 se debía a la sobreproducción en toda la industria y a los costos administrativos más altos derivados del abortado cambio a una organización de unidad empresarial descentralizada. La dirección atribuyó la pérdida en 1996 al impacto de los altos precios del maíz.

Perdue Farms empleaba procedimientos conservadores de administración financiera, utilizando sus ganancias retenidas y sus flujos de efectivo internos para financiar el reemplazo del activo existente y el crecimiento normal. La deuda a largo plazo se usaba para financiar los proyectos de expansión y adquisiciones importantes; entre los acreedores de tal financiamiento había bancos nacionales y extranjeros, así como compañías de seguros. El límite meta de adeudo era de 55% del capital contable. La estrategia de adeudo era igualar las partidas vigentes de activo con los vencimientos de pasivo y tener una mezcla de adeudos de tasa fija y tasa variable. La administración indicó que al presente requería alrededor de un dólar en capital nuevo de inversión para generar cada aumento de dos dólares en ingresos.

CUESTIONES AMBIENTALES

Los problemas ambientales le planteaban un reto constante a todos los procesadores de aves de corral. Los detractores del ramo afirmaban que criar, matar y procesar aves de corral era peligroso para los trabajadores, inhumano para las aves y nocivo para el ambiente. Otros señalaban que el pollo procesado era a veces inseguro para los consumidores. En los medios, eran de rutina titulares tales como: "Al descubierto el costo humano del negocio avícola", "Defensores de los derechos animales protestan contra las condiciones de los gallineros industriales", "Plantas de procesamiento dejan rastro tóxico" o "La Agencia de Protección Ambiental hace obligatoria la reglamentación del ramo avícola".

Perdue Farms trataba de prevenir y adelantarse en la administración de cuestiones ambientales. En abril de 1993, la compañía creó un Environmental Steering Committee (Comité de Agenda y Programación Ambientales) cuya misión era "proporcionar a todos los lugares de trabajo de Perdue Farms la visión, dirección y liderazgo para que puedan ser buenos ciudadanos corporativos desde una perspectiva ambiental ahora y en el futuro". El comité era responsable de supervisar la forma en que la compañía estaba actuando en áreas tan delicadas en lo ambiental como el agua de desecho, el agua de temporal, el desecho peligroso, el desecho sólido, el reciclamiento, los biosólidos, y la salud y seguridad humanas.

Deshacerse de las aves muertas había sido desde largo tiempo atrás un problema de la industria. Perdue Farms creó pequeñas compostadoras para uso de cada granja. Con este procedimiento, los despojos de las aves se reducían en pocos días a un producto final que semejaba la tierra. La eliminación del desecho de incubadoras era otro desafío ambiental. Históricamente, la gallinaza o estiércol y los huevos no incubados habían sido enviados a un relleno sanitario. En fecha más reciente, Perdue Farms había instituido procedimientos que reducían el desecho en 50% y estaba vendiendo la fracción líquida a una procesadora de alimento para mascotas que la cocía para obtener proteínas; el restante 50% se reciclaba a lo largo de un proceso de derretimiento. En 1990, Perdue Farms gastó 4.2 millones de dólares para mejorar las instalaciones existentes de tratamiento en sus plantas de Accomac, Virginia, y Showell, Maryland; los nuevos sistemas con los últimos adelantos utilizaban aire caliente a presión (calentado a 120 grados) para hacer que los microbios digirieran hasta los últimos rastros de amoniaco, aun durante los fríos meses del invierno.

A fines de los años 1980-1990, la Occupational Safety and Health Administration (Dirección de Seguridad y Salud Ocupacionales) de Carolina del Norte mandó comparecer a Perdue Farms por un inaceptable nivel de daños por estrés o tensión repetitiva en sus plantas procesadoras en Lewiston y Robersonville, Carolina del Norte. Este citatorio desató un gran programa de investigación en el que Perdue Farms colaboró con Health and Hygiene Inc., de Greensboro, Carolina del Norte, para aprender más sobre los movimientos repetitivos requeridos para desempeñar labores específicas. El resultado fue un nuevo programa, iniciado en 1991, en el que se filmaba en videocinta a empleados en todas las plantas de Perdue Farms mientras trabajaban, con el fin primero de identificar y medir, y luego de mitigar el grado de estrés o tensión asociado con diversas tareas. Aunque el costo del programa fue considerable, había sido un medio para reducir 44% el número de reclamaciones de indemnización de trabajadores, disminuir los reportes de tiempo perdido a sólo 7.7% del promedio del ramo, aminorar 80% la incidencia de casos graves de estrés repetitivo y disminuir 50% ciertos tipos de lesiones.[1]

En 1997, el organismo *Pfiesteria piscicida*, un microbio tóxico, irrumpió en los titulares de los medios de la Costa Este de Estados Unidos, cuando aparecieron enormes cantidades de peces muertos y con lesiones a lo largo de Chesapeake Bay en Maryland. Los primeros indicios señalaban como una probable causa el desagüe o salida de estiércol de las instalaciones avícolas del área. Las organizaciones políticas distritales exigieron pronto una mayor reglamentación para asegurar el uso apropiado de la gallinaza o estiércol y del fertilizante. Perdue Farms admitió en seguida que "el procesamiento de las aves de corral es un sistema cerrado. Hay cantidades de nitrógeno y fósforo en el grano, los cuales pasan a través del ave y retornan al ambiente como estiércol. Es obvio que si usted trae grano adicional a un área cerrada, como la Península Delmarva, aumenta la cantidad de nitrógeno y fósforo en el suelo, a menos que encuentre una forma de deshacerse del mismo". Los científicos conjeturaban que la erosión del suelo estaba produciendo una derrama de fósforo que amenazaba a los arroyos, ríos y masas de agua mayores de las cercanías, como Chesapeake Bay.

Aunque no estaba claro todavía qué papel representaba el escape de nitrógeno y fósforo relacionado con la industria avícola en el brote de *Pfiesteria* en la Costa Este, las organiza-

---

[1] Shelley Reese, "Helping Employees Get a Grip", *Business and Health*, agosto de 1998.

ciones reguladoras creían que el microorganismo se daba un festín con las algas que proliferaban cuando había demasiado nitrógeno y fósforo presentes en el agua. La Environmental Protection Agency (EPA, Agencia de Protección Ambiental) y diversos estados estaban considerando nuevas regulaciones. Al presente, los criadores por contrato eran responsables del uso y desecho de la gallinaza de sus gallineros. Sin embargo, algunos reguladores y ambientalistas creían que 1) era demasiado complicado redactar la política de los procedimientos de utilización y eliminación de miles de granjeros considerados individualmente, y que 2) sólo las grandes compañías avícolas tenían los recursos financieros para deshacerse apropiadamente de los desechos. De tal suerte, querían hacer a las empresas avícolas responsables de toda la eliminación de desechos, acción a la que la industria avícola se oponía firmemente. Algunos expertos habían pedido medidas que limitaran la densidad de la cantidad de gallineros en un área determinada o incluso que requirieran la suspensión periódica de la producción de un porcentaje de los gallineros existentes. Siguiendo a la publicidad negativa y a la extensa investigación tanto de los procesadores avícolas como de las agencias reguladoras del Estado sobre el brote de *Pfiesteria* en la Costa Este, el Estado de Maryland aprobó la Water Quality Act (Ley de la calidad del agua) de 1998, en la que se exigía la adopción de planes para la administración de nutrientes.

Perdue Farms, en colaboración con AgriRecycle Inc. de Springfield, Missouri, estaba en busca de una solución por la cual las empresas avícolas procesaran el exceso de gallinaza para transformarlo en pellas utilizables como fertilizante fuera de las regiones avícolas. Los defensores de este procedimiento estimaban que se podrían vender hasta 120 000 toneladas (casi un tercio del excedente de nutrientes del estiércol producido cada año en la Península Delmarva) a agricultores maiceros en otras partes de Estados Unidos. Los precios de 25 a 30 dólares por tonelada del fertilizante convertido en pellas permitirían una pequeña utilidad.

Los ejecutivos de Perdue Farms y los funcionarios de la industria avícola creían que la solución de los problemas ambientales planteaba por lo menos cinco grandes desafíos a los procesadores avícolas:

- Mantener la confianza del consumidor de aves de corral.
- Asegurar que las aves se mantuvieran sanas.
- Proteger la seguridad de los empleados y la integridad del procesamiento avícola.
- Satisfacer a cada legislador que necesitaba demostrar a sus electores que estaba actuando con firmeza cuando se presentaban los problemas ambientales.
- Mantener los costos ambientales a un nivel aceptable.

Jim Perdue resumía la posición de Perdue Farms como sigue: "No sólo tenemos que cumplir con las leyes ambientales como existen ahora, sino ver a futuro para asegurarnos de que no nos depare una sorpresa. Debemos tener la certeza de que nuestra declaración de política ambiental es real, que hay algo que la respalda y que nosotros hacemos lo que decimos que vamos a hacer." En la ilustración 9 se presenta la política ambiental de Perdue Farms.

LOS SISTEMAS DE LOGÍSTICA E INFORMACIÓN

La enorme expansión de los productos avícolas y el creciente número de clientes durante los últimos años sometió a un severo esfuerzo las capacidades del sistema existente de logística de Perdue Farms, el cual se había creado en tiempos en que había mucho menos productos, menos puntos de entrega y un volumen menor. Estos esfuerzos limitaban la capacidad de la compañía para mejorar los niveles de servicio, apoyar un mayor crecimiento e introducir servicios innovadores que pudieran proporcionar una ventaja competitiva sobre las marcas avícolas rivales.

En general, las compañías de procesamiento avícola se enfrentaban a dos considerables problemas de logística: la corta vida en anaqueles de los productos de pollo fresco y la incertidumbre del volumen que los consumidores comprarían en los días siguientes. La vida en anaqueles de los productos avícolas frescos se medía en días, lo que hacía importante que los procesadores mantuvieran los niveles de producción estrechamente ajustados a la demanda del

Ilustración 9   Declaración de política ambiental de Perdue Farms

Perdue Farms tiene el compromiso de la supervisión ambiental y lo comparte con sus socios de familias granjeras. Nos enorgullece el liderato que aportamos a nuestro ramo industrial al enfrentar la gama entera de los desafíos ambientales relacionados con la cría de animales y el procesamiento avícola. Hemos invertido y seguiremos invirtiendo millones de dólares en investigación, nueva tecnología, mejoramientos de equipo, y conciencia y capacitación como parte de nuestro compromiso activo con la protección del ambiente.

- Perdue Farms fue de las primeras compañías en contar con un departamento dedicado a los Servicios Ambientales. Nuestro equipo de gerentes ambientales es responsable de asegurar que cada instalación de Perdue opere dentro del *cumplimiento 100 por ciento de todos los reglamentos y permisos ambientales aplicables.*

- Mediante nuestra empresa de riesgo compartido, Perdue AgriRecycle, Perdue Farms está invirtiendo 12 millones de dólares para construir en Delaware una planta de pellas (primera en su clase) que convertirá el excedente de gallinaza en un fertilizante inicial el cual se comercializará a escala internacional en regiones con deficiencia de nutrientes. La planta, que se esperaba diera servicio a la región entera de Delmarva, iniciaría operaciones en abril de 2001.

- Seguiremos explorando nuevas tecnologías que reducirán el uso del agua en nuestras plantas de procesamiento sin comprometer la seguridad ni la calidad de los alimentos.

- Invertimos miles de horas hombre en instrucción del productor que ayude a nuestros socios de granjas familiares en la administración de sus operaciones avícolas independientes en la forma más responsable posible con el ambiente. Además, es requisito que todos nuestros productores avícolas tengan planes de administración de nutrientes y compostadoras de aves muertas.

- Perdue Farms fue una de cuatro empresas operantes en Delaware que firmaron un acuerdo con los funcionarios de esta región en el que se delineaba el compromiso voluntario de nuestras compañías para ayudar a los productos avícolas independientes a eliminar el excedente de gallinaza o estiércol de pollo.

- Nuestro departamento de Servicios Técnicos lleva a cabo investigación activa en tecnología del alimento como una forma de reducir los nutrientes en el estiércol de las aves de corral. Ya hemos logrado reducciones del fósforo que exceden con mucho el promedio de la industria.

- Reconocemos que el impacto ambiental de la cría de animales es más pronunciado en áreas donde el desarrollo está reduciendo la extensión del terreno de granja disponible para producir grano para alimentos y para aceptar nutrientes. Por esto, vemos a los productores independientes de grano y aves de corral como socios comerciales vitales y nos afanamos por preservar la viabilidad económica de la granja familiar.

En Perdue Farms, creemos que es posible preservar la granja familiar; brindar un suministro de alimentos seguro, abundante y asequible, y proteger el ambiente. Sin embargo, consideramos que esto puede hacerse mejor cuando hay cooperación y confianza entre la industria avícola, la agricultura, los grupos ambientalistas y los funcionarios estatales. Tenemos la esperanza de que el esfuerzo de Delaware se convierta en un modelo a seguir para otras entidades.

cliente y se aseguraran de que las entregas del volumen requerido llegaran a las tiendas de manera oportuna. Por otra parte, estimar los requerimientos en forma demasiado conservadora podía dar lugar a excesivos agotamientos indeseados de existencias en los supermercados —los megaclientes, como Wal-Mart, veían mal la escasez de productos que daba lugar a anaqueles vacíos y ventas perdidas—. Por otro lado, los estimados demasiado generosos podían conducir a productos caducos que no se podían vender y a pérdidas para Perdue Farms. Una expresión común en la industria avícola es: "Usted tiene que venderlo o tiene que olerlo."

El pronóstico ha sido siempre muy difícil en la industria avícola porque los procesadores necesitan conocer con cerca de 18 meses de anticipación la cantidad de pollos asaderos que se necesitarán para determinar apropiadamente el tamaño de las parvadas de suministro de las incubadoras y para contratar a los criadores que provean la cantidad requerida de pollos asaderos vivos. La mayoría de los clientes (abaceros, compradores de servicio de alimentos) tienen una ventana mucho más estrecha de planeación y pedido. Además, Perdue Farms no tenía manera de saber cuándo los procesadores avícolas rivales pondrían un producto particular en oferta especial, que redujera las ventas a corto plazo de Perdue Farms, ni cuándo el clima adverso y otras eventualidades incontrolables podrían causar inesperadamente vaivenes en las ventas. Históricamente, las empresas avícolas se guiaban por tendencias pasadas de la demanda y por contactos diversos de la industria para estimar las ventas y los requerimientos de la producción. Aun cuando la proliferación de la línea de producto había complicado la tarea de la predicción, el movimiento fijo de alejamiento del producto fresco en dirección al producto congelado proveía una bien recibida flexibilidad.

Perdue Farms estaba sirviéndose de la nueva tecnología de la información para mantenerse en estrecho contacto con los clientes y las condiciones del mercado. En 1987, se dotó de computadoras a los asociados del servicio al cliente para permitirles introducir directamente los pedidos de éste. En los años 1990-2000, se crearon sistemas que rastreaban los inventarios de cada producto y esto ponía a los despachadores en contacto directo con cada camión de la flotilla, proporcionando información en tiempo real de inventario de producto y localización de cada camión en todo momento. En 2000, el grupo de tecnología de la información de la compañía dirigía sus esfuerzos a establecer comunicaciones en línea con cada uno de los clientes de la empresa, con el objetivo de acortar el tiempo transcurrido entre el pedido y la entrega.

Las operaciones de logística de la compañía se complicaban más aún por los diferentes requerimientos para los distintos canales de distribución:

1. *Entregas de producto fresco en gran volumen.* Aquí, la oportunidad y frecuencia de la entrega fueron críticas para asegurar la frescura del producto y maximizar la vida en anaqueles. Para lograr los costos más bajos de distribución era necesario hacer las entregas en grandes cantidades.

2. *Productos nacionales congelados y más procesados.* La integridad de la temperatura era crítica; este canal se prestaba a sistemas de *trailer* de temperatura dual y de compactación de carga. Los clientes esperaban entregas frecuentes y oportunas.

3. *Exportaciones.* La integridad de la temperatura, el gran volumen y los bajos costos de embarque eran esenciales; este canal se prestaba a la consolidación de pedidos de los clientes de cada país y/o puerto de entrada, y de carga a la medida de los navíos.

4. *Bienes de consumo empacados (frescos, preparados y* deli *o* delicatessen*).* Los productos de este canal tendían a diferenciarse de los rivales respecto de cualesquiera atributos de producto o de la naturaleza y variedad de los servicios ofrecidos. Con frecuencia los clientes querían tiempos cortos entre el pedido y la entrega mientras la compañía pugnaba por mantener bajos los costos de entrega.

En consecuencia, manejar la distribución de los productos de Perdue de manera rendidora en costo y tomando en cuenta al cliente implicaba cada vez más el uso de un avanzado sistema de administración de la cadena de suministros. Perdue Farms había comprado recientemente un sistema de costo multimillonario de tecnología de la información, que representaba el mayor gasto en activo intangible en la historia de la compañía. Este sistema de información integrado, con los últimos adelantos, requería el rediseño completo de ingeniería del sistema de datos, manejo de materiales y funciones de distribución de productos de Perdue Farms, proyecto que requirió 18 meses y la capacitación de 1 200 asociados.

Las metas principales del nuevo sistema eran 1) facilitar y hacerle más deseable al cliente hacer negocios con Perdue Farms, 2) facilitarle a los asociados de Perdue Farms conseguir que se hiciera el trabajo, y 3) aminorar el costo del proceso tanto como fuera posible. El sistema de Perdue procuraba integrar con eficiencia todas las facetas de las operaciones de la compañía, incluidas las actividades con el grano y las semillas oleaginosas; las instalaciones de incubadora y cría; las plantas de procesamiento (que elaboraban más de 400 productos en más de 20 ubicaciones); las instalaciones de distribución, y las entregas a distribuidores, supermercados, clientes de servicio de alimentos y mercado de exportación. Para subrayar la importancia creciente de la administración de la cadena de suministros, Perdue Farms había creado en

Ilustración 10   Consumo estadounidense per cápita de pollo, res y cerdo en la década de 1990, y consumo proyectado para 2000, 2001

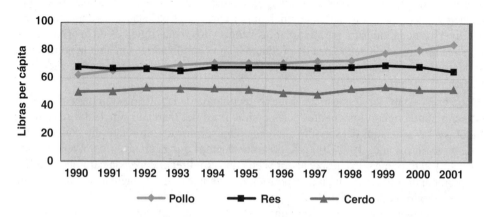

fecha reciente un nuevo puesto ejecutivo: vicepresidente titular de administración de la cadena de suministros.

Una iniciativa recién emprendida para fortalecer la infraestructura de distribución de la compañía fue la construcción de los "centros de reabastecimiento" para que sirvieran de puntos intermedios de inventario entre las plantas de procesamiento y los clientes. Además, la planta junto al puerto de Norfolk, Virginia, de la cual se embarcaban todos los productos para exportación, se estaba ampliando y se le instaló nuevo equipo de congelación.

Los pronósticos de la demanda de cada uno de los productos de la compañía se convirtieron en un calendario y/u horario de producción optimizado. Conforme los productos salían de la línea de producción eran dirigidos de las plantas de procesamiento de la empresa a los centros de reabastecimiento y congelamiento de la firma más cercanos a los establecimientos de atención al cliente en los que se habían recibido o se esperaban recibir las órdenes de pedido. Los camiones de Perdue Farms entregaban estos productos en gran volumen a los centros en forma terminada o semiterminada, en cuyo caso se hacía el acabado definitivo y/o empacado según fuera necesario. Los pedidos específicos del cliente se ponían en tarimas a la orden y medida y se cargaban en camiones (de Perdue o contratados) para su entrega a los clientes individuales. Todos los envíos a los clientes se hacían del inventario de los centros de reabastecimiento.

TENDENCIAS DE LA INDUSTRIA

En 2000, el pollo era la carne de mayor consumo en Estados Unidos, con una participación de mercado de 40% (véanse las ilustraciones 10 y 11). De acuerdo con el USDA (U.S. Department of Agriculture), el consumo anual de carne per cápita consistía en alrededor de 81 libras de carne de pollo, 69 libras de carne de res y 52 libras de carne de cerdo (37, 31 y 23 kg, respectivamente). El pollo se estaba convirtiendo en la carne de consumo más popular del mundo. En 1997, las exportaciones avícolas de Estados Unidos tenían el récord de 2 500 millones de dólares. Aun cuando las exportaciones estadounidenses cayeron 6% en 1998, la disminución se atribuyó a las condiciones temporales en la economía rusa y a las economías de ciertos países asiáticos.

La creciente popularidad de los productos avícolas se atribuía a cuestiones de nutrición y económicas. Los productos avícolas contenían considerablemente menos grasa y colesterol que otros productos cárnicos. En Estados Unidos, la demanda de carne de pechuga deshuesada y sin piel, la carne más magra del ave, era tan grande que la carne oscura solía venderse con descuento o embarcarse a ultramar.

LINDT & SPRÜNGLI

MAESTRO CHOCOLATERO SUIZO DESDE 1845

GARANTIA DE CALIDAD

El sabor incomparable de este chocolate Lindt es debido al empleo de ingredientes de la más alta calidad y a nuestros tradicionales procedimientos de fabricación Suiza. Este producto ha salido de nuestra fábrica fresco y en perfecto estado. De haber sufrido alguna alteración durante su distribución, rogamos nos lo devuelva y se lo sustituiremos de inmediato.

Fabriques de Chocolats Lindt & Sprüngli S.A.
Kilchberg/Suiza

Fabricado por Lindt & Sprüngli (FRANCIA)
Distribuido por Lindt & Sprüngli (ESPAÑA) S.A.
Avda. Diagonal 420, 08037 Barcelona.

Fecha :

SUS DATOS :

Nombre y Apellidos:

Dirección :

Cód. Postal :

Teléfono :

LUGAR DE COMPRA :

Tienda :

Dirección :

Motivo de la reclamación :

Anote aquí la fecha y el número de lote que figuran en la base de la caja de bombones :

Envíe este Bono de Garantía junto con el ticket de compra y la caja LLENA, a ser posible, a la dirección siguiente:

LINDT & SPRÜNGLI (ESPAÑA) S.A.
Avda. Diagonal, 420.
08037 BARCELONA.

Lindt
CHAMPS-ÉLYSÉES

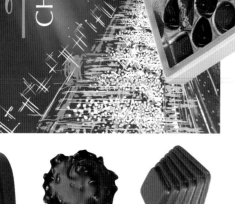

2 CRÉOLE NOIR
Praliné con cortezas de naranja confitadas cubierto de chocolate negro y trocitos de avellana.

Bombom de chocolate negro com pedaços de avelãs recheado de praliné e cascas de laranja cristalizadas.

Fin chocolat noir parsemé d'éclats de noisettes, fourré au praliné et zestes d'oranges confits.

4 MERINGUE LAIT
Bombón con trocitos de merengue crujiente y chocolate con leche.

Bombom com pedaços de merengue crocante e chocolate de leite.

Cœur fondant avec éclats de meringue croquante dans son chocolat au lait.

2 VELOURS CARAMEL
Armoniosa combinación de suave caramelo con cobertura de chocolate con leche.

Harmoniosa combinação de suave caramelo com cobertura de chocolate de leite.

Velours de caramel blond dans sa coquille de fin chocolat au lait.

2 CORNET LAIT
El más suave chocolate con leche relleno de praliné de almendras cuidadosamente seleccionadas.

O mais suave chocolate de leite recheado com praliné de amêndoas cuidadosamente seleccionadas.

Fourré riche en praliné amandes.

4 CAFÉ NOIR
Cremoso interior con un toque de café cubierto de chocolate negro extrafino.

Bombom de chocolate negro extrafino com recheio cremoso de café.

Suprême au café.

4 TRIOMPHE BLANC
Delicioso bombón relleno de suave praliné y trocitos de avellanas envuelto por chocolate blanco.

Delicioso bombom com recheio de suave praliné e pedaços de avelãs envolvido em chocolate branco.

Savoureux fourré au praliné et éclats de noisettes grillées.

4 CŒUR NOIR
Exquisito praliné cubierto de chocolate negro.

Delicado praliné coberto de chocolate negro extrafino.

Tendre fourré au praliné.

2 ROCHER NOIR
Bombón de chocolate negro extrafino relleno de praliné decorado con trocitos de avellanas tostadas.

Bombom de chocolate negro extrafino recheado de praliné decorado com pedaços de avelãs tostadas.

Fin chocolat noir parsemé de grains de noisettes, fourré au praliné noisettes.

4 PYRAMIDE LAIT
Bombón de chocolate con leche con trocitos de barquillo.

Bombom de chocolate de leite com pedaços de barquilho.

Suprême onctueux parsemé d'éclats de gaufrettes croustillantes dans sa coquille de fin chocolat au lait.

8 LINDOR LAIT
Lindor es un bombón de relleno cremoso envuelto por un exquisito chocolate con leche extrafino.

Lindor e um bombom com recheio cremoso envolvido num excelente chocolate de leite extrafino.

Chocolat au lait extra fin fourré suprême fondant.

2 BALI LAIT
Cremoso relleno de praliné de avellanas con un aromático toque de canela cubierto de chocolate con leche extrafino.

Cremoso recheio de praliné de avelãs com um aromático toque de canela coberto em chocolate de leite extrafino.

Tendre fourré au praliné noisettes, arôme cannelle, enrobé de fin chocolat au lait.

2 TRÈFLE
Suave bombón de chocolate con leche relleno de praliné y trocitos de barquillo.

Suave bombom de chocolate de leite recheado de praliné e pedaços de bolacha.

Fin chocolat au lait fourré au praliné et éclats de gaufrettes.

Prestigiosa selección de chocolates extrafinos
Sélection prestigieuse de fins chocolats assortis

SURTIDO DE 42 BOMBONES DE CHOCOLATES EXTRAFINOS NEGRO, CON LECHE Y BLANCO
Ingredientes: Azúcar, manteca de cacao, cacaos, grasa vegetal, leche en polvo, lactosa, praliné de avellanas 7%, grasa de trigo y de arroz, bicarbonato) 0,4%, almendras 1%, leche desnatada en polvo, praliné de almendras 0,8%, trocitos de barquillo (harinas de trigo y de arroz, bicarbonato) 0,4%, emulgente: lecitina de soja, merengue lácteo (azúcar, proteínas de leche, almidón de trigo) 0,3%, jarabe de glucosa, cortezas de naranja confitadas 0,2%, café 0,2%, extracto de malta, azúcar invertido, estabilizante: sorbitol E420, aromas, aromas naturales: canela y vainilla, conservante: ácido sórbico E200. Puede contener trazas de cacahuetes.

42 BOMBONS DE CHOCOLATE DE LEITE EXTRAFINO, NEGRO E BRANCO SORTIDOS
Ingredientes: Açúcar, manteiga de cacau, cacaus, gordura de origem vegetal, leite em pó, lactose, praliné de avelãs 7%, gordura de origem láctea, avelãs 2%, amêndoas 1%, leite em pó magro, praliné de amêndoas 0,8%, bolacha wafer (farinha de trigo e arroz, bicarbonato) 0,4%, emulsionante: lecitina de soja, merengue lácteo (açúcar, proteína de leite, amido de trigo) 0,3%, xarope de glucose, cascas de laranja cristalizadas 0,2%, café 0,2%, extracto de malte, açúcar invertido, estabilizador: sorbitol E420, aromas, aromas naturais: canela e baunilha, conservante: ácido sórbico E200. Pode conter vestígios de amendoins.

42 BOUCHÉES DE FINS CHOCOLATS AU LAIT, NOIR ET BLANC ASSORTIS
Ingrédients: Sucre, beurre de cacao, cacaos, matière grasse végétale, poudre de lait, lactose, praliné noisettes 7%, beurre laitier concentré noisettes 2%, amandes 1%, poudre de lait écrémé, praliné amandes 0,8%, brisures de gaufrettes (farines de blé et de riz, bicarbonate) 0,4%, émulsifiant: lécithine de soja, meringue lactée (sucre, protéines de lait, amidon de blé) 0,3%, sirop de glucose, zestes d'oranges confits 0,2%, café 0,2%, extrait de malt, sucre inverti, stabilisant: sorbitol E420, arômes, arômes naturels cannelle et vanille, conservateur: acide sorbique E200. Peut contenir des traces d'arachides.

www.lindt.com

Fabricado en Francia
LINDT & SPRÜNGLI (ESPAÑA) S.A.
Avda Diagonal, 420 - 08037 Barcelona
Consejo: conservar en lugar seco y fresco. Consumir preferentemente antes del fin de: ver fecha

Distribuído por :
Fábricas Lusitana Produtos Alimentares S.A
R. Tomás Ribeiro 45-5º 1050-225 Lisboa (Portugal)
Muito importante : conservar em local seco e fresco.

Fabriqué en France
LINDT & SPRÜNGLI S.A.- Service Consommateurs
BP 49 - 64402 Oloron-Sainte-Marie
Conseil : conserver au frais et au sec

419

435 g ℮

Ilustración 11   La carne de pollo como porcentaje del consumo mundial
de carne, 1960-2000

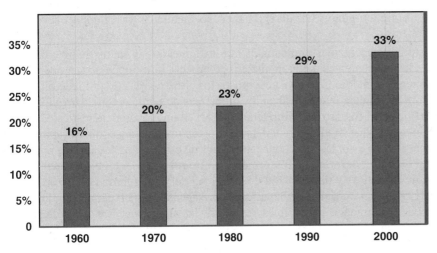

Otra tendencia de la industria era la caída de la demanda de aves enteras como platillo base de las comidas caseras y la demanda ascendente de productos avícolas más procesados para el consumo hogareño o en restaurantes. Los *hot dogs* de salchichas de pavo o pollo, el pavo o pollo rebanado y completamente cocido, y el pastrami de pavo (que ni tiene el aspecto de la carne de esta ave ni su sabor) podían hallarse en la mayoría de las vitrinas de productos *deli*. Muchos supermercados vendían pollos calientes de rosticería (enteros o por partes). Casi todos los restaurantes de comida rápida tenían por lo menos un sándwich basado en productos avícolas. Muchos restaurantes de clase alta presentaban productos avícolas que se les enviaban congelados o parcialmente preparados para hacer más rápida la preparación del platillo por el restaurante.

La industria avícola se estaba consolidando a medida que las compañías mayores del ramo eliminaban a las procesadoras menores locales y regionales comprándolas. En 2000, había unas 35 empresas avícolas mayores en Estados Unidos, pero se esperaba que este número disminuyera a 20-25 para 2010 o antes. Había varias razones para la consolidación de la industria. La demanda estadounidense en desaceleración y la capacidad de procesamiento en exceso habían generado presiones de precio a la baja que le dificultaban a las empresas menores operar con ganancia. Además, las mejoras de la eficiencia a menudo requerían grandes desembolsos de capital. Por último, había megadetallistas, como Sam's Club y Royal Ahold (propietario holandés de varias cadenas estadounidenses de supermercados), que preferían tratar con unas cuantas empresas procesadoras grandes en vez de contratar a numerosas procesadoras pequeñas para cumplir con sus requerimientos.

El ramo industrial avícola se regulaba en varios frentes. La U.S. Food and Drug Administration (FDA, Administración de Alimentos y Medicamentos de Estados Unidos) inspeccionaba la seguridad del producto. El USDA (U.S. Department of Agriculture) vigilaba las aves de corral a su llegada a las plantas de procesamiento. Después de la matanza, un inspector del USDA revisaba de nuevo cada ave en busca de enfermedades del género, contaminación con heces u otras materias extrañas. Todas las aves que no cumplieran con los reglamentos se destruían bajo supervisión del USDA. Estos inspectores examinaban también la planta, el equipo, los procedimientos de operación y al personal para la observancia de los reglamentos sanitarios. El Congreso había hecho obligatorio que el USDA hiciera que esta información se encontrara disponible en línea. La National Academy of Sciences (Academia Nacional de Ciencias) había recomendado inspecciones intensivas adicionales de muestras seleccionadas estadísticamente de productos avícolas, y se preveía la emisión de más regulaciones de la calidad del producto por la FDA.

Todas las industrias de la carne estaban experimentando creciente escrutinio de la Environmental Protection Agency (EPA, Agencia de Protección Ambiental) en relación con la eliminación de los desechos. En general, el desecho generado en las plantas de procesamiento era objeto de regulación y vigilancia de diversas agencias facultadas para imponer severas multas por incumplimiento.

No obstante, los problemas ambientales más difíciles que la industria avícola tenía que enfrentar eran los provenientes del gran número de procesadoras avícolas que operaban en un área relativamente limitada. Como ya se expuso, los altos niveles de producción avícola en un área geográfica limitada intensificaban los problemas de eliminación de la gallinaza. En el fertilizante artificial, el fósforo y el nitrógeno existían en una razón matemática de aproximadamente 1:8, mientras que en el estiércol del ave la razón matemática podía llegar a la altura de 1:1. A consecuencia de esto, las altas concentraciones de estiércol de las aves de corral podían resultar en un excesivo derrame de fósforo en los arroyos y ríos, con el potencial resultado de enfermedades acuáticas y degradación de la calidad del agua (como ocurrió en el brote de *Pfiesteria* de 1997 en las corrientes tributarias de Chesapeake Bay). Aunque la industria avícola insistía en que eran muchas las posibles razones de las altas concentraciones de fósforo, los medios y la mayoría de los portavoces de los organismos reguladores las atribuían principalmente al derrame fosfórico de la gallinaza. Los defensores ambientalistas querían que la EPA impusiera otros reglamentos ambientales federales más estrictos sobre la eliminación del estiércol avícola. La reciente actividad reguladora había seguido señalando el área de la Costa Este, donde Perdue tenía extensas operaciones. Sin embargo, había nuevos estudios de la U.S. Geological Survey (Exploración Geológica de Estados Unidos) que indicaban que la gran mayoría de los nutrientes que afectaban a Chesapeake Bay procedían de ríos que no fluían a través de las regiones de producción avícola de la Costa Este. Estos estudios descubrieron también que los procedimientos agrícolas mejorados habían reducido el derrame de nutrientes de las tierras granjeras. Jim Perdue declaró: "Si bien el ramo avícola tiene que aceptar la responsabilidad de su parte de nutrientes, la política pública debe ver el derrame acuático como un todo y atender a todos los factores que influyen en la calidad del agua."

Entre otras organizaciones gubernamentales cuyos reglamentos tenían un impacto en la industria estaban la Occupational Safety and Health Administration (OSHA, Administración de la Seguridad y la Salud en la Ocupación) para la seguridad del empleado, y el Immigration and Naturalization Service (INS, Servicio de Inmigración y Nacionalización) para los trabajadores indocumentados. La OSHA hacía cumplir sus reglamentos por la vía de inspecciones periódicas, e imponía multas cuando descubría violaciones a la seguridad de trabajo —a una planta avícola de Hudson Foods se le multó por más de un millón de dólares por supuestas violaciones voluntarias que causaban daño ergonómico a los trabajadores—. El INS efectuaba inspecciones periódicas para detectar el empleo de trabajadores indocumentados; se estimaba que los trabajadores indocumentados extranjeros que se empleaban en la industria avícola iban de 3 a 78% de la fuerza de trabajo en las plantas consideradas individualmente. Las plantas que empleaban a trabajadores indocumentados podían ser severamente multadas, en especial si eran infractoras reincidentes.

EL FUTURO

Perdue Farms planeaba utilizar el servicio al cliente para diferenciarse más de sus rivales. El objetivo estratégico era hacerse indispensable al cliente bajando el costo del producto y entregándoselo exactamente como, donde y cuando quería. Según Jim Perdue: "Perdue Farms quiere que sea tan fácil hacer negocios con ella que el cliente no tenga razón para hacer negocios con nadie más."

En el negocio de las aves de corral, las decisiones de compra del cliente, así como la rentabilidad de la compañía, giraban a menudo en torno a 1-2 centavos por libra (0.453 kg) o menos. Uno de los factores del costo era la ubicación de las instalaciones de procesamiento. Históricamente, Perdue Farms había sido una compañía de la Costa Este, pero en 2000 le costaba alrededor de 1 1/2 centavos más por libra criar aves de corral en la Costa Este que lo que le costaría en Arkansas. Esto era atribuible a las diferencias en costos de la mano de obra, costos de la observancia de las leyes ambientales federales y estatales, costos de ciertos recursos (grano para el alimento, por ejemplo) y varios factores menores.

Las cadenas de supermercados se estaban consolidando no sólo para competir mejor con Wal-Mart (que recientemente había surgido como el mayor detallista de supermercados con su nuevo formato de tienda Supercenter) y con Royal Ahold, sino para tener mayor poder de compra en el trato con los proveedores de productos de alimentos y abacería. Wal-Mart y Royal Ahold adquirieron eficiencia concentrando sus compras entre unos cuantos proveedores selectos y usando luego su poder de compra para disputar precios bajos y hacer que los proveedores asumieran más funciones. Perdue Farms estaba en el proceso de desarrollar la capacidad de emplear avanzados sistemas de distribución e información para manejar los requerimientos del departamento entero de carnes de varios de sus clientes de cadena de supermercados. La administración veía tal capacidad como un apoyo de su objetivo estratégico de hacerse indispensable para sus clientes de la corriente principal de abacería.

Para responder a la creciente demanda de productos avícolas precocinados y fáciles de preparar, Perdue Farms planeaba abrir varias plantas adicionales de cocina. Estas plantas pondrían a la empresa en mejor posición de servir a las necesidades de los clientes de servicio de alimentos, y de suministrar a los supermercados productos preparados y listos para consumo, dirigidos al segmento de delicatessen, congelados, reemplazos de comidas caseras, y al de productos enlatados y/o estables en anaquel. Un reto que encaraba Perdue Farms era el de diseñar un sistema de distribución que pudiera organizar con eficiencia (para la entrega en un solo camión) cientos de pedidos de clientes de más de 400 productos diferentes que se procesaban y tenían preparación extra en más de 20 plantas a través del sureste.

Los ejecutivos de Perdue veían los mercados internacionales como una especie de acertijo paradójico. Por un lado, los ingresos internacionales de Perdue Farms habían crecido de un insignificante negocio lateral en 1994 a cerca de 140 millones de dólares en 1999 (cantidad que representaba aproximadamente 5% de los ingresos totales y que contribuía de manera significativa a las ganancias). El producto avícola era popular en muchos países y la demanda estaba creciendo. Por otro lado, las diversas culturas valoraban diferentes partes del pollo y tenían preferencias diferentes en cuanto al color, preparación y sazonamiento de la carne. Las partes que no estaban en demanda en un país particular tenían que venderse a precios severamente rebajados, usarse como alimento para animales de otro género o embarcarse congeladas con destino a un mercado diferente en el que hubiera demanda. Y esta demanda, en algunos mercados de otros países, era a veces volátil.

Los ejecutivos en Perdue Farms veían el futuro rico en oportunidades para la compañía, pero ninguna de ellas exenta de riesgo, y había que elegir adónde se dirigirían los recursos de la empresa.

16 Gordon Bethune y el retorno de Continental Airlines

Arthur A. Thompson
The University of Alabama

John E. Gamble
University of South Alabama

Cuando Gordon Bethune dejó su empleo en Boeing en febrero de 1994 para aceptar el puesto de presidente y director general de operaciones (COO, chief operating officer) de Continental Airlines, esta compañía estaba luchando por sobrevivir. Aun cuando Continental era la quinta mayor aerolínea comercial, con ingresos de cerca de 6 000 millones de dólares, había reportado una pérdida neta cada año desde 1985 y aparecía en último lugar entre las 10 principales aerolíneas comerciales estadounidenses en desempeño de operaciones y satisfacción del cliente. Bethune estaba bien consciente de que Continental Airlines tenía graves problemas de operación y, como la mayoría de los ejecutivos de operaciones, pensaba ansiosamente en el reto de resolver los problemas de Continental y de devolver a la aerolínea al buen camino. Sin embargo, durante sus primeros seis meses en el trabajo, Bethune descubrió que carecía de la autoridad y las influencias de organización para llevar a la práctica los cambios de fondo que creía necesarios.

LA CRISIS DE CONTINENTAL AIRLINES EN 1994

Continental Airlines había entrado en la protección de quiebra del *Chapter 11* en 1983 y de nueva cuenta en 1990, para luego surgir de estos procedimientos en abril de 1993. Cuando Bethune entró en la firma en 1994, las finanzas de Continental estaban endebles todavía, y la empresa pugnaba por disminuir sus costos y cambiar el rumbo hacia la rentabilidad. Según las estadísticas compiladas por el U.S. Department of Transportation (DOT, Secretaría de Transportes de Estados Unidos) y reportadas en el *Air Travel Consumer Report*, Continental figuraba en el último lugar de las 10 mayores aerolíneas comerciales estadounidenses en cuanto a arribos puntuales (porcentaje de vuelos que no tienen retrasos mayores de 15 minutos con respecto a la hora programada) en 1993 y a principios de 1994. Contaba también con el número más alto de reportes de equipaje mal manejado por cada 1 000 pasajeros y, por mucho, con el índice más alto

---

de quejas por cada 100 000 pasajeros. Las quejas enviadas al DOT por pasajeros de Continental respecto a diversos aspectos de sus experiencias en vuelos de esta línea eran 30% más numerosas que las de la línea que figuraba en noveno lugar de la lista citada y el triple del promedio del ramo. Continental estaba clasificada entre las peores líneas (pero no la última) en porcentaje de pasajeros a los que involuntariamente se les negó abordar por sobrerregistro (sobrecupo) y otros problemas.

En los últimos diez años, Continental había tenido 10 directores generales. Los empleados habían pasado por numerosas reorganizaciones internas, esfuerzos de revitalización y retorno al buen funcionamiento, así como por cambios de estrategia (con todas las murmuraciones y promesas de cambio concomitantes). Muchos empleados se encontraban desilusionados y la moral estaba baja; la mayoría de los empleados trataban de hacer su trabajo lo mejor que podían; la meta era simplemente sobrevivir. La dirección anterior había tratado de librar a la empresa de los sindicatos, y durante los procedimientos de quiebra de 1993 se redujeron honorarios y salarios. La rotación y el uso de incapacidades eran altos; las lesiones en el lugar de trabajo estaban muy por encima del promedio del ramo. Había considerables conflictos internos entre los grupos de empleados y los departamentos. Cuando había problemas, el señalamiento de culpables a menudo anulaba los esfuerzos de solución constructiva de éstos y los empleados corrían a ponerse a cubierto, insistiendo en que habían seguido los procedimientos. Los encargados de vender los boletos y el personal de puertas y abordaje de Continental pasaban muchas horas de estrés lidiando con pasajeros insatisfechos y coléricos; había elementos del personal aeroportuario de Continental que, de salida o en sus intermedios de descanso, se quitaban la insignia de Continental de sus uniformes, para no tener que contestar a preguntas incómodas de compañeros trabajadores o clientes.[1] De acuerdo con Gordon Bethune:

> Para decirlo sin rodeos, no éramos la *Good Ship Lollipop* [paletita de caramelo del buen vuelo]. En eso me metí en 1994: una compañía con un pésimo producto, empleados a disgusto, bajos salarios [y] un historial de dirección deficiente...
>
> Era un sitio miserable para trabajar. La cultura de Continental, después de años de despidos, y congelamientos y reducciones de salario y promesas incumplidas, era de murmuraciones, desconfianza, temor y reproche. A la gente, para decirlo con levedad, no le alegraba acudir a trabajar. Actuaban malhumoradamente con los clientes, entre ellos mismos, y se avergonzaban de su compañía...
>
> Era una empresa en la que se reverenciaba la reducción de costos, por lo cual los departamentos se disputaban con fiereza los escasos recursos; una compañía en la que las estrategias administrativas —y los cuerpos directivos— cambiaban de la noche a la mañana, y los empleados conspiraban sobre todo lo demás para protegerse, a costa de sus compañeros si era necesario; una corporación donde la comunicación interdepartamental casi no existía.
>
> Todo mundo fastidiaba a todo mundo; no era de sorprender que los aviones llegaran a destiempo y los equipajes se perdieran. El producto era un desastre. Las razones fundamentales de esto nada tenían que ver con que los aviones volaran correctamente o con que se tuviera la capacidad de limpiarlos y repararlos. Tenía que ver con un ambiente en el que nadie podía cumplir con su trabajo.
>
> La atmósfera estaba envenenada . . . [y] la organización era tan incapaz de funcionar que no podría haber llevado a la práctica ni la mejor idea del mundo.[2]

El propio Bethune se decepcionó porque el director ejecutivo (CEO, Chief Executive Officer) de Continental obstaculizaba la mayoría de sus esfuerzos por mejorar las operaciones de la línea, a menos que también redujeran costos. En junio de 1994, cuatro meses después de entrar a Continental, Bethune recibió una atractiva oferta de empleo de United Airlines. Continental contraatacó con una jugosa oferta financiera para que Bethune se quedara; él aceptó quedarse si el director ejecutivo y la junta de directores le daban autoridad total sobre el marketing, la programación y la asignación de precios a los pasajes, áreas de control que él pensaba que le ayudarían a llevar a cabo los cambios de organización que se requerían para mejorar las operaciones de Continental y para hacer el servicio de la empresa más atractivo para los pasajeros.

---

[1] Gordon Bethune con Scott Huler, *From Worst to First: Behind the Scenes of Continental's Remarkable Comeback*, John Wiley & Sons, Nueva York, 1998, p. 6.

[2] *Ibid.*, pp. 6, 14-15.

El director ejecutivo y la junta aceptaron sus condiciones. Sin embargo, para fines de agosto, Bethune llegó a la conclusión de que su autoridad estaba aún demasiado limitada y que no estaba obteniendo el apoyo adecuado para los cambios radicales que quería instituir.

A fines de octubre de 1994, la junta directiva de Continental, inquieta por el potencial de más pérdidas y de otra crisis financiera, determinó que tenía que hacer un cambio en el alto mando. De inicio, la junta decidió que le daría al director ejecutivo actual un permiso de ausencia de seis meses con la esperanza de que decidiera no retornar; Bethune dirigiría la firma desde su puesto actual como presidente y director general de operaciones. Sin embargo, el director ejecutivo decidió que sencillamente dejaría el cargo de inmediato. Aun cuando no estaba lista todavía para promover a Gordon Bethune al puesto de director ejecutivo, la junta le dijo a éste el 24 de octubre que podía dirigir a la empresa los siguientes 10 días y que se le daría entonces la oportunidad de presentar sus planes para el futuro de Continental.

EL PLAN *GO FORWARD* (ADELANTE) DE GORDON BETHUNE PARA CONTINENTAL

La primera acción de Gordon Bethune cuando asumió el mando temporalmente el 24 de octubre fue abrir de par en par las puertas de la suite ejecutiva de Continental, que antes habían estado bajo llave y vigiladas por cámaras de seguridad. Dejaba que la gente entrara libremente en cualquier momento, en vez de tener que mostrar una tarjeta de identificación para su admisión, pues quería empezar por cambiar la atmósfera en la suite ejecutiva. A continuación, comenzó a trabajar con el plan que le presentaría a la junta. Le pidió ayuda a Greg Brenneman, un vicepresidente de Bain & Company con pericia en revertir la marcha declinante de las empresas. Brenneman había estado trabajando con Continental durante varios meses para revertir las operaciones de mantenimiento de la aerolínea, que tenían el más alto costo pero la más baja confiabilidad de despacho de la industria, y sus esfuerzos habían producido algunos buenos resultados. Brenneman convino con Bethune en que Continental necesitaba una nueva dirección y un plan completo que cambiara a la compañía entera.

Brenneman y Bethune, reuniéndose en casa del segundo, dieron forma a lo que llamaron el Go Forward Plan (Plan Adelante). Éste constaba de cuatro partes: un plan de mercado para volar por rutas más redituables, un plan financiero para poner a la empresa en números negros en 1995, un plan de producto para mejorar la oferta de Continental a los clientes y un plan de gente para transformar la cultura de la compañía. Las cuatro partes se llevarían a cabo en forma simultánea y concertada.

El plan de mercado: Fly to Win *(Volar para Ganar)*

El principio guía detrás del plan de mercado, al que Bethune llamó Fly to Win (Volar para Ganar), consistía en que Continental dejara de hacer las cosas que estaban perdiendo dinero o haciendo que la compañía lo perdiera, y que se concentrara en las fortalezas de mercado de la aerolínea. La empresa estaba perdiendo dinero en 18% de sus rutas, muchas de las cuales eran rutas de punto a punto de tarifa baja, en las que se tenía una participación de mercado relativamente baja. Viendo con rigor adónde volaba Continental y el número de vuelos de cada ruta, Bethune y Brenneman determinaron que Continental Lite, la operación de tarifa baja sólo con lo esencial de la compañía que siguió el modelo de Southwest Airlines, representaba una importante pérdida de dinero. Continental Lite se había creado reemplazando los asientos de primera clase con asientos de clase económica en 100 de los jets Boeing pequeños de la empresa, pintando en estas naves el logo de Continental Lite para identificar el producto, poniendo rutas punto a punto que la administración pensaba que eran inmerecidas, ofreciendo un número de vuelos en cada ruta, sin servir comidas en vuelos de menos de dos horas y media de duración, y haciendo volar sus aparatos desde temprano por la mañana hasta tarde por la noche para generar la mayor cantidad posible de dinero por avión.

No obstante, Continental Lite no había logrado alcanzar la base de clientes de Continental. El diagnóstico de Bethune era que los clientes de Continental preferían pagar tarifas completas para disfrutar de vuelos de servicio completo, especialmente en los vuelos largos y los que abarcaban las horas normales de las comidas. Es más, los costos de Continental Lite eran demasiado elevados en relación con los ingresos generados por su procedimiento de tarifa baja; Bethune no creía que los costos de Continental Lite pudieran reducirse lo suficiente para que su operación fuera rentable y, al mismo tiempo, hacer el producto de Continental Lite atractivo para los viajeros aéreos. Su argumento era que, así como una pizzería podría hacer una pizza tan barata que nadie quisiera comprarla, uno podría crear una aerolínea tan barata que nadie quisiera volar por ella.[3] Los análisis indicaban que alrededor de un tercio de las rutas de Continental Lite eran la causa de cerca de 70% de las pérdidas de Continental. Fly to Win implicaba hacer reducciones drásticas en los vuelos de Continental Lite y revisar a fondo el programa de rutas de Continental para concentrarse en las operaciones de centro y ramal, en lugar de las rutas de punto a punto. Se programaron más vuelos para nuevas ubicaciones de ramal que prometían generar el tránsito de pasajeros suficiente para producir ganancias.

Otra parte de Fly to Win consistía en cerrar el eje o centro operativo de Greensboro, Carolina del Norte, de la empresa, que perdía dinero, y enfocar la atención completa en los centros operativos de Continental en Newark, Cleveland y Houston (las operaciones en Denver se habían abandonado varios años antes). El centro operativo relativamente nuevo de Greensboro no estaba generando el tráfico suficiente de las diversas ubicaciones de ramal para justificar el intento de seguir ganando más participación de mercado en el sureste, donde Delta y US Airways tenían una fuerte presencia. Se identificaron varias rutas donde Continental tenía demasiados vuelos con muy pocos pasajeros y tarifas demasiado bajas para lograr una utilidad, incluidas las rutas de la compañía al interior de Florida (donde manejaba tarifas ultrabajas para tratar de competir con Southwest Airlines) y de Kansas City a Omaha. Estas rutas estaban en la mira para recorte; no obstante, el plan requería seguir sirviendo a Kansas City y a Omaha con vuelos directos desde el centro operativo de Houston. Bethune y Brenneman descubrieron que los patrones de viaje aéreo justificaban agregar más vuelos de Newark a los centros operativos de Houston y Cleveland. Y detectaron oportunidades de subir las tarifas en algunas de las rutas de Continental.

Las reducciones de frecuencia de vuelos y destinos que se contemplaban en Fly to Win significaban que Continental tendría demasiados asientos disponibles en sus aviones y que habría necesidad de recortar el tamaño de la flota de aparatos. En ese momento, Continental contaba con 10 diferentes tipos de naves en su gran flota de jets, incluidos varios de los grandes aviones Airbus 300 (A300). Los aviones A300 eran costosos de operar, requerían procedimientos especiales de mantenimiento y acarreaban pagos de alquiler de hasta 200 000 dólares al mes. Bethune y Brenneman proponían deshacerse de todos los aviones A300 en la flota de Continental, eliminando con ello la necesidad de un inventario de partes especiales, así como instalaciones, personal y procedimientos también especiales. Abordar a las compañías que habían arrendado los aviones a Continental y encontrar la forma de desasirse de las obligaciones de arriendo se convirtió en parte del plan financiero de la firma. La salida de circulación de los aviones más grandes de Continental (muchos de los cuales llevaban apenas de 50 a 60% de su capacidad total de transporte en muchos vuelos) eliminaría la mayor parte del sobrante de la capacidad de asientos, y con los aviones que les seguían en tamaño volando por estas mismas rutas casi al total de su capacidad, se retendrían los ingresos generados por los vuelos de los A300 y los márgenes de ganancia serían mucho mejores.

Bethune creía que todas estas correcciones de programa y flota posicionarían mejor a Continental en los mercados de mayor tráfico, permitirían hacer el mantenimiento de manera más percibible y económica, harían posible reasignar recursos a los esfuerzos para fortalecer las operaciones centrales de Continental, y mejorarían el factor de carga en general de la compañía.

---

[3] *Ibid.*, p. 50.

Esfuerzos para atraer pasajeros   Bethune y Brenneman determinaron que Continental necesitaba emprender una campaña concertada de marketing para recuperar a los clientes que había perdido, en especial a los viajeros de negocios. Los esfuerzos de reducción de costos de Continental en años anteriores habían implicado disminuir las comisiones que se pagaban a los agentes de viajes (quienes manejaban entonces 80% del total de las reservaciones de vuelos), prescindir de características populares de su programa OnePass de viajero aéreo frecuente y eliminar los atractivos extra (asientos de primera clase, mejoras, cupones canjeables por bebidas gratis) que los agentes de viajes podían ofrecer a los clientes corporativos para inducirlos a elegir los vuelos de Continental. Bethune creía que tales acciones habían hecho perder clientes a Continental, impulsando a muchos viajeros de negocios a cambiar a aerolíneas rivales; también pensaba que las malas calificaciones en desempeño puntual y en satisfacción del cliente de Continental, junto con las comisiones más bajas, les habían hecho perder agentes de viajes, haciendo que éstos condujeran a los clientes a otras aerolíneas.

Para tratar de recuperar la confianza y los negocios de las agencias de viajes, Bethune proponía ir humildemente con todos los agentes de viaje importantes para ofrecerles disculpas por previos errores, prometer que los niveles del desempeño puntual y la satisfacción del cliente de Continental iban a mejorar en forma radical, restablecer las comisiones altas y darles a las agencias un paquete de incentivos que pudieran usar para inducir a sus clientes de los 500 de *Fortune* a que reservaran más vuelos en Continental. Con la idea de recobrar a los viajeros de negocios, Bethune planeaba restaurar las características del galardonado programa One Pass de viajero aéreo frecuente que la dirección anterior había desechado.

El plan financiero: Fund the Future (Reunir fondos para el futuro)

En octubre de 1994, Continental estaba en aprietos por falta de efectivo y cargada de deudas: debía una considerable cantidad de dinero de su flota de aviones y la desagradable secuela de la deuda de 2 000 millones de dólares de los procedimientos del *Chapter 11* de 1993. Bethune y Brenneman concluyeron que era crucial para la compañía contar con un plan financiero creíble para obtener ganancias en 1995. Conjuntaron un paquete de propuestas de cambios que comprendía la renegociación de los pagos de alquiler de aeronaves, el hecho de refinanciar parte de la deuda de Continental a tasas de interés más bajas, la postergación de algunas reamortizaciones de deuda, y el incremento de las tarifas en ciertas rutas. Estos movimientos —proyectaban ellos— brindarían una oportunidad realista de generar una utilidad de 45 millones de dólares en 1995 (mejora considerable sobre los 200 millones de dólares en pérdidas que Continental probablemente mostraría en 1994) y producirían flujos de efectivo suficientes para que Continental evitara otra crisis financiera.

El plan de producto: Make Reliability a Reality (Hacer de la confiabilidad una realidad)

El plan de producto *Make Reliability a Reality*, que era parte del multifacético plan *Go Forward* de Bethune, apuntaba a mejoras mensurables en cuanto al desempeño en puntualidad, el manejo de equipajes y la experiencia general de vuelo de Continental, haciendo precisamente las cosas que agradarían a los clientes y los harían inclinarse a volar de nuevo por esta aerolínea. La pieza clave del plan de producto de Bethune era enfocar la atención de los empleados en el desempeño puntual, recompensándolos con un bono de 65 dólares cada mes que Continental apareciera entre las primeras cinco aerolíneas en porcentaje de vuelos de arribo puntual, medido y reportado mensualmente por el U.S. Department of Transportation.

El plan de la gente: Working Together (Trabajar juntos)

Bethune creía que la parte más importante del *Go Forward Plan* era cambiar de raíz la cultura corporativa de Continental. Estaba convencido de que un retorno exitoso en Continental giraba en torno a que los empleados de la empresa trabajaran juntos y crearan un ambiente de trabajo positivo. Bethune explicó lo que pensaba:

> El ambiente era tan malo que, independientemente de las estrategias de marketing, los planes financieros y los incentivos para la confiabilidad, no iba a haber mejora alguna en las operaciones de Continental mientras no dejáramos de tratar a las personas como lo habíamos hecho y mientras no lográramos que empezaran a trabajar juntas. No se puede tener éxito en clase alguna de negocio sin el trabajo en equipo.
>
> Así que una parte de nuestro plan (y era algo vaga en ese momento, aunque en el largo plazo era, con mucho, la parte más importante de todo lo ideado) era convertir en meta corporativa un cambio en la forma en que las personas se trataban unas a otras: encontrar formas de medir y recompensar la cooperación, en lugar de la lucha interna, para alentar y recompensar la confianza.

Al prepararse para la asamblea de la junta directiva, Bethune y Brenneman dieron a conocer sus ideas del cambio de cultura corporativa al presidente de Continental, a colaboradores en los que confiaban y a sus amigos y familiares. En este momento crítico, el esfuerzo para el cambio de cultura era general y conceptual, más que una lista de propuestas específicas de acción.

La reunión de Bethune con la junta directiva

Bethune presentó el *Go Forward Plan* a la junta directiva de Continental a principios de noviembre, indicando que era un esfuerzo conjunto con Greg Brenneman.[4] Después de la presentación, que en general fue bien recibida, el presidente de la junta le pidió a Bethune que abandonara unos momentos el recinto para permitir a los reunidos discutir la salida del director ejecutivo. Una hora más tarde, el presidente se acercó a Bethune para explicarle que la junta había decidido no nombrar a un ningún director ejecutivo, sino tener una "oficina del presidente" y que Bethune permaneciera como presidente y director general de operaciones. Bethune pensó que eso era un error y pidió hablar con los miembros de la junta directiva. Creía que el esfuerzo de retorno o viraje propuesto por él requería la clara e inequívoca autoridad de un jefe que fuera director ejecutivo designado y disfrutara del apoyo completo de la junta de directores. A muchos miembros de la junta no les convencía el alegato de Bethune de que un director ejecutivo fuerte era esencial para poner en práctica un plan de retorno, y no estaban del todo seguros de que la situación de la compañía fuera tan desesperada como Bethune la planteaba. La junta le pidió a Bethune que volviera a excusarlos. Después de hora y media, el presidente regresó para hacerle saber que la mayoría había votado por nombrarlo director ejecutivo. Aunque le decepcionó que la junta no hubiera acogido con el mayor entusiasmo su *Go Forward Plan* ni le hubiese elegido director ejecutivo por decisión inmediata y unánime, estaba agradecido por tener oportunidad de ver si podía encarrilar de nuevo a Continental.

EJECUCIÓN Y EVOLUCIÓN DEL *GO FORWARD* PLAN DE BETHUNE, 1995-2000

Desde el arranque, Bethune reconocía que los empleados de Continental verían sus acciones con sospecha y que necesitaría crearse credibilidad ante ellos. Juzgó que los empleados no iban a reagruparse en torno al *Go Forward Plan* sin alguna buena razón para confiar en que él era diferente y que su administración iba a realizar un mejor trabajo que las nueve directivas anteriores, arreglando de verdad lo que estaba mal en la compañía. Bethune comprendía también que como director ejecutivo de Continental necesitaba inspirarse en muchas de sus propias experiencias previas. Él era piloto de aerolínea autorizado, calificado para volar aviones jet Boeing 757 y 767; tenía también licencia de mecánico de fuselajes y de planta de energía. Había sido gerente de instalaciones de mantenimiento en Braniff y en Western Airlines, y vice-

---

[4] *Ibid.*, pp. 26-28.

presidente titular de operaciones en Piedmont Airlines en la década de 1980 (antes de que Piedmont fuera adquirida por US Airways y pasara a formar parte de esta empresa). Su conocimiento de operaciones en Boeing lo había familiarizado con el lado del avión en el negocio de las aerolíneas comerciales y le había dado ciertos conocimientos de las estrategias de diversas aerolíneas y de los ejecutivos que las dirigían.

Los primeros pasos de Bethune como director ejecutivo

El mismo día que asumió el cargo de director ejecutivo, Bethune anunció el cierre de las operaciones de mantenimiento de Continental en Los Ángeles. No había mucho mantenimiento que hacer en Los Ángeles porque Continental estaba cambiando su foco de atención a sus centros en Newark, Houston y Cleveland. Eran aproximadamente 1 800 personas las que trabajaban en las instalaciones de Los Ángeles.

Bethune le pidió a Greg Brenneman que siguiera como consultor de la compañía y como asesor cercano. En mayo de 1995, Bethune nombró a Brenneman director general de operaciones de Continental. En este puesto, Brenneman desempeñó una función clave en el intento de preparar y ejecutar el *Go Forward Plan*. En septiembre de 1996, Brenneman obtuvo el título adicional de presidente de su área, en tanto que Bethune fungía como presidente de la junta directiva y director ejecutivo.

Después de prescindir de toda la seguridad que anteriormente rodeaba a la suite ejecutiva, Bethune instituyó la llamada casa abierta para los empleados el último día hábil de cada mes. Se invitaba a los empleados a un recorrido por las oficinas ejecutivas en el piso 20 del corporativo, a hacer una visita a Bethune y a otros ejecutivos, y a servirse ellos mismos alimentos y bebidas. Se instituyeron los viernes de vestimenta informal para todos los empleados, excepto los que trabajaban en contacto directo con los clientes, en parte para hacer más accesibles a los gerentes y ejecutivos de Continental. Bethune impuso la prohibición de fumar en todas las instalaciones de la compañía, y la extendió a todos los vuelos norteamericanos y sudamericanos (por encima de las objeciones de la gente de marketing, que argüía que tal disposición irritaría a los pasajeros fumadores). La prohibición se extendió más tarde para abarcar todos los vuelos europeos de Continental, y después a todo el mundo, con poco efecto patente en las ventas de pasajes. En las primeras juntas ejecutivas, Bethune se sentaba en medio de la larga mesa en la sala de juntas ejecutivas, en lugar de hacerlo a la cabecera, e insistía en que las juntas comenzaran y terminaran a las horas programadas.

Una de sus acciones más dramáticas fue reunir a unos cuantos empleados de Continental, junto con algunos de los manuales que contenían los reglamentos y procedimientos de la compañía, salir al lote de estacionamiento afuera de la oficina matriz de Houston, y hacer que los empleados prendieran fuego a los manuales. Se les hizo saber a todos los empleados que se esperaba que usaran su mejor juicio para resolver los problemas y tratar los asuntos, en lugar de seguir los rígidos procedimientos descritos en el manual. Se creó una fuerza de trabajo para que revisara el manual entero y propusiera pautas que ayudaran a los empleados a tomar buenas decisiones y a llevar a cabo acciones apropiadas; la idea era que la oficina matriz de Houston estaba para ayudar, pero no para ejercer un mando dictatorial absoluto. Bethune quería que el mensaje a los empleados fuera: "utilicen estas pautas, piensen las cosas concienzudamente y, a menos que hagan algo prohibido, no tienen que preocuparse de que Houston les diga algo. Houston quiere que ustedes hagan su trabajo, quiere dejarlos en paz a menos que ustedes pidan ayuda y, créanlo o no, si ustedes necesitan ayuda, Houston quiere ayudarles".[5]

A fines de 1994, los aviones de Continental no estaban pintados de manera uniforme. Continental era una de las aerolíneas que habían sido adquiridas por Texas International Airlines, de Frank Lorenzo, quien adquirió asimismo People Express, New York Air y Frontier Airlines, fusionándolas todas bajo el nombre de Continental Airlines. Aunque en años anteriores Conti-

---

[5] *Ibid.*, pp. 37-38.

nental había tratado de crear una nueva imagen con un esquema de pintura completamente nuevo para todos sus aviones, sólo cerca de la mitad se había vuelto a pintar, a causa de las presiones ejecutivas para reducir costos. En los centros operativos de la empresa se podía ver aviones de Continental, pintados de manera diferente, alineados ante las puertas. Con la idea de que aviones idénticos con aspecto profesional transmitirían a empleados y clientes el mensaje de que Continental estaba realizando una mejor operación, Bethune ordenó que a cada uno de los aviones de Continental se le diera un tratamiento de pintura fresca para el 1o. de julio de 1995; no iba a haber excepciones. El personal de operaciones de la flota de Continental decía que era un plazo demasiado corto para repintar 200 aviones; Bethune se rehusó a reconsiderar el plazo:

> Hice algo que rara vez hago: amenacé. Les dije: "Sí, ustedes pueden, ¿y saben por qué? Porque tengo una Beretta en casa con cargador de 15 balas útiles, y si no tienen pintados esos aviones para el 1o. de julio, vendré y les vaciaré el cargador. Ustedes son magníficas personas y los quiero, pero van a tener esos aviones pintados o voy a dispararle hasta al último de ustedes."[6]

El último avión de Continental fue pintado el 30 de junio, justo a tiempo para cumplir con el plazo de Bethune.

Entretanto, Bethune y otros ejecutivos de Continental hicieron correr la voz entre los empleados de que el *Go Forward Plan* era un plan de acción detallado de la dirección: habría juntas con todos los empleados, prácticamente en todo sitio de la compañía, para presentar el plan y explicar cómo abordaba todos los problemas de Continental. Muchos empleados ya habían oído hablar de la política de casa abierta y puertas abiertas, la quema del manual, el bono de 65 dólares y algunas de las otras facetas, pero la administración quería presentar el plan en forma personal y responder a las preguntas que los empleados hicieran. Las juntas no siempre discurrían con fluidez; varios empleados externaban dudas y escepticismo, expresando abiertamente su desconfianza de lo que la dirección les estaba diciendo. Un piloto le dijo a Bethune: "Usted es el décimo fulano que veo, y habla bien, pero déjeme decirle que este maldito lugar está en pedazos. No hay quien pueda arreglarlo, ni usted. Así que no importa lo que usted diga, esto va a fallar."[7] Bethune se opuso completamente al piloto, diciéndole en parte:

> No lo sé en cuanto a usted, pero no conozco piloto alguno que se respete, independientemente de la dificultad en que se encuentre su avión (que se esté incendiando, esté cabeza abajo, esté cayendo en picada, lo que sea), que no siga tratando de hacerlo volar antes de que se estrelle. Uno jamás se rinde y dice: al demonio, se acabó, no puedo hacer nada... Escúcheme, soy el capitán de esta compañía ahora. Esto es lo que vamos a hacer. Estoy volando, son mis alas, mis recursos. Si no le gusta la forma en que estoy trabajando, la rampa de abordar está conectada todavía. Puede bajarse si lo desea. Pero yo voy a conducir esta compañía adonde tiene que ir.[8]

La respuesta de Bethune al piloto reflejaba su concepto de lo que un jefe hacía y de cuál era el papel de ese jefe. Según él:

> Mi definición de un líder es bastante sencilla. Es la persona que ve el cuadro completo y dice: "Bueno; atención, todos: vamos al oeste".
>
> Ahora bien, para ser precisos, el oeste es un cursor de brújula puesto en los 270 grados, pero cualquier punto entre 240 y 300 grados es un rumbo oeste visto de manera general. Así que si digo vamos al oeste y una persona pone rumbo a los 295 grados, sigue estando bien para mí... No quiero determinar con rigurosa exactitud cómo han de interpretarme cuando diga: oigan, vamos al oeste. Usted ve las cosas de cierta manera, y lo que esté ocurriendo en su departamento y lo que le esté pasando a usted hoy puede afectar a lo que tenga que suceder cuando yo diga vamos al oeste.
>
> Por otra parte, el hombre que va rumbo a los 090 grados, que es derecho al este, ése sí es un problema. Uno tiene que alcanzarlo y reajustarle el pensamiento para que vire al rumbo correcto. Si no quiere corregirse, le digo: ni se le ocurra, compañero. Usted va al oeste o aquí se baja. Tal vez necesite irse a una compañía que vaya rumbo al este...

---

[6] *Ibid.*, p. 39.

[7] *Ibid.*, p. 41.

[8] *Ibid.*, pp. 41-42.

No estoy diciendo que todo mundo tenga que marchar en fila cerrada, estandarizados, sin margen; de hecho, eso es exactamente lo que *no* queremos. Queremos que la gente haga su trabajo con la mínima interferencia de sus jefes. Por eso quemamos el manual...

Su verdadero trabajo como jefe —mi trabajo real como ejecutivo en jefe—es hacer que la gente haga su trabajo. Es reunir al equipo adecuado, fijar el rumbo en el mapa grande, comunicarlo, y hacerse a un lado... Tiene usted que confiar en que la gente hará su labor. Ésa es la jefatura, el liderazgo más fuerte que existe.[9]

En junta con los empleados en Denver a fines de 1995, Bethune se topó con otro empleado expresivo que reaccionó contra su presentación del *Go Forward Plan* y las acciones de retorno que estaban en marcha diciendo: "Suena bien, pero sigo sin creerlo. Hemos tenido demasiados nuevos programas aquí y no creo en esto".[10] Bethune trató de razonar con el empleado, explicándole por qué y cómo iban a mejorar las cosas en Continental y la función de las iniciativas de *Working Together*. El empleado siguió sin aceptar lo que Bethune estaba diciendo, momento en el que éste le repitió al inconforme lo que le dijo al piloto de Newark, que la rampa de acceso al jet estaba puesta aún y si no le gustaba el rumbo que seguía la empresa tal vez debería bajar del avión. El empleado le volvió la espalda y se encaminó a la puerta; el auditorio de empleados aplaudió la salida del descontento.

Ejecución del plan de mercado Fly to Win *(Volar para Ganar)*

Continental empezó pronto a tratar a las agencias de viajes como socias y a colaborar estrechamente con ellas, creando programas en los que a las agencias que vendieran cierto volumen de boletos o que alcanzaran otros objetivos de ventas especificados por Continental se les pagaría un incentivo sobre la tarifa normal de comisión. Se idearon programas con ascensos a primera clase y descuentos para ciertos volúmenes de viajes, para que los agentes de viajes los usaran en el marketing de Continental a las grandes corporaciones. En algunos casos, se agregaron nuevos destinos cuando la retroalimentación informativa de las agencias de viajes indicó que esos lugares serían atractivos para sus clientes corporativos. Continental quería trasladar su negocio de lo que Greg Brenneman llamaba la multitud de mochila y sandalias a la multitud de abrigo y corbata (o por lo menos a la multitud de mochila de la Patagonia), creyendo que tales viajeros solían estar dispuestos a pagar pasajes más caros para no poner en riesgo su comodidad y conveniencia. Para ayudar a las agencias de viajes a hacer el marketing de Continental con los viajeros de negocios, la aerolínea envió cartas a los directores ejecutivos, personal de mandos medios y representantes de ventas corporativos que volaban con frecuencia, ofreciendo excusas por el deficiente desempeño de la compañía en años pasados, presentando las características del *Go Forward Plan* dedicadas al cliente, y pidiéndoles que hicieran de nuevo la prueba con Continental. Los ejecutivos de Continental hicieron llamadas personales a los ejecutivos de empresas que ya estaban haciendo muchos negocios con la aerolínea para agradecerles por favorecerla, y llamaron también a ejecutivos corporativos de compañías en las que pensaban que Continental podría obtener una porción mayor del presupuesto de viajes aéreos.

Para tratar de atraer a los viajeros de negocios del área de Houston de nuevo a Continental, Gordon Bethune dio una fiesta en su casa; se enviaron invitaciones a 100 de los viajeros aéreos frecuentes de alto kilometraje de la compañía, con inclusión de cónyuges. En la fiesta, Bethune anunció que la empresa había cometido errores en el pasado y quería otra oportunidad de demostrar que se podía confiar en ella para la provisión de un buen servicio. A los asistentes se les regaló una cartera portaboletos de cuero. Los ejecutivos de Continental circulaban entre el gentío, agradeciendo a todos su asistencia, pidiendo perdón por fallas del pasado y explicando lo que la compañía estaba haciendo para recuperar sus negocios.

Para hacer que creciera el negocio durante el periodo 1995-2000, Continental agregó en forma gradual más destinos desde sus centros operativos y añadió más vuelos a los destinos

---

[9] *Ibid.*, pp. 42-43.

[10] *Ibid.*, p. 142.

existentes. La expansión fue particularmente enérgica en los mercados internacionales, ya que se agregó servicio a Roma, Milán, varias otras ciudades europeas, Hong Kong, Tokio, Tel Aviv, el Caribe, Guam, Sudamérica, Centroamérica y México. En 2000, Continental tenía más de 2 000 vuelos que iban a casi 90 destinos internacionales y 130 destinos en Estados Unidos; servía a más destinos internacionales que cualquier otro transportista aéreo. Guam se convirtió en un cuarto centro operativo, si bien más pequeño, para un número de vuelos de Continental que operaban en la región Asia-Pacífico; Newark fue la puerta principal para los vuelos a Europa (16 ciudades) y Medio Oriente, y el centro operativo de Houston fue la puerta principal para los vuelos a México (20 ciudades), Centroamérica (todos los países centroamericanos) y Sudamérica (6 ciudades). El centro operativo de Cleveland tenía vuelos internacionales a Montreal, Toronto, Londres, San Juan y Cancún. En 2000, Continental anunció planes para ampliar su servicio a 30 ciudades europeas en los siguientes tres a cinco años y exploraba la posibilidad de añadir más destinos en Medio Oriente. En la administración se creía que a la empresa podría beneficiarle la decisión de TWA (Transworld Airlines) de cesar todos los servicios trasatlánticos desde Nueva York (TWA había sido durante largo tiempo una potencia en Europa y Medio Oriente).

El sitio web de la compañía (www.continental.com) se empleaba como un canal de distribución cada vez más importante para el marketing de boletos para personas y empresas; en 2000, Continental amplió el boletaje electrónico (e-ticketing) a cerca de 95% de sus destinos. Continental tenía más de 5 800 millones de dólares en ventas de boletos electrónicos en 2000, lo que representaba 54% de las ventas totales. En 2000, Continental se asoció con United, Delta, American y Northwest para crear un sitio web completo de planeación llamado Orbitz (www.orbitz.com), que ofrecía boletos de aerolínea, reservaciones de hotel, renta de autos y otros servicios.

Continental Express   Poco después de que la compañía resolviera, en 1996, descartar a Continental Lite por completo, la dirección decidió crear una operación alimentadora para sus centros operativos llamada Continental Express, que operaba como una subsidiaria aparte con su propio presidente. Para 2000, Continental Express había ampliado sus operaciones para incluir cerca de 1 000 vuelos diarios a 70 ciudades en Estados Unidos, 10 en México y cinco en Canadá; su flota de aviones constaba principalmente de jets regionales con algunos aviones de turbohélice. La administración de Continental creía que los vuelos de Continental Express permitían un servicio más frecuente a las ciudades pequeñas que el que podría brindarse económicamente con jets convencionales mayores, además de que contribuían a factores de carga más altos en el servicio regular de jet de Continental llevando pasajeros a los tres centros operativos principales de Continental para conectarlos con los vuelos regulares de la aerolínea. Como los jets regionales disfrutaban de mejor aceptación del cliente que los aviones de turbohélice y brindaban mayor comodidad al pasajero, Continental Express se hallaba en proceso de descartar el uso de los aparatos de turbohélice y de utilizar los jets regionales en forma exclusiva para 2004.

Prueba de la quinta fila de Bethune   Uno de los retos que enfrentaba Bethune era el de decidir qué constituía "mejor" servicio y "mejor" desempeño. A su modo de ver, *Fly to Win* significaba que Continental tenía que volar adonde la gente quisiera ir, dejar de hacer aquello que representara pérdida de dinero, descubrir qué cosas querían los clientes y proporcionárselas, y competir eficazmente contra sus rivales. Estaba dispuesto a que Continental emprendiera acciones que agregaran costo, siempre que agregaran valor suficiente que los pasajeros estuvieran dispuestos a pagar por ellas y que tal costo pudiera consecuentemente incorporarse en los precios de los pasajes. Cuando el personal de Continental hacía propuestas de gastar dinero para aumentar el adelanto tecnológico de sus aviones o hacer otros cambios operativos que tuvieran implicaciones de incremento de costo, Bethune insistía en aplicar lo que llamaba la "prueba de la quinta fila", que era preguntar si un hipotético pasajero sentado en la quinta fila de un avión de Continental estaría dispuesto a pagar un precio más alto de pasaje para disfrutar del beneficio propuesto.[11] Bethune argüía, por ejemplo, que si los pisos de las

---

[11] *Ibid.*, pp. 64-69.

instalaciones de mantenimiento de aviones de Continental estuvieran tan limpios que se pudiera comer en ellos, la aerolínea estaría prestando probablemente demasiada atención a mantener los pisos limpios. Quería que Continental agregara costos sólo cuando el gasto agregara valor para el cliente. A juicio de Bethune, la definición de éxito y buen desempeño desde el punto de vista de los clientes no significaba los pasajes más baratos, ni los aviones más grandes con la tecnología más avanzada, ni volar a los lugares más exóticos. Más bien significaba un servicio limpio, seguro, confiable, de centros operativos bien administrados; programas de vuelo convenientes a lugares a los que los clientes quisieran ir; comodidades que hicieran más grata la experiencia de viajar, y beneficios deseables de viajero aéreo frecuente.

Ejecución del plan financiero Fund the Future *(Reunir fondos para el futuro)*

Pese a que Continental acababa de salir de los procedimientos de quiebra del *Chapter 11*, Gordon Bethune y Greg Brenneman pensaban que había considerable riesgo de una tercera quiebra a menos que la firma actuara decisivamente a fines de 1994 y principios de 1995 para poner sus finanzas en orden. La enérgica implementación del plan financiero inicial de Continental, *Fund the Future* (Reunir fondos para el futuro), para renegociar los pagos de la renta de los aviones, refinanciar parte de la deuda de la aerolínea a tasas de interés más bajas (ahorrando unos 25 millones de dólares en pagos de interés anual), alargar los plazos de amortizaciones de préstamos de tres a siete u ocho años y subir las tarifas en rutas selectas, alivió en gran medida el potencial en corto plazo de una crisis financiera. Mientras en 1994 Continental incurrió en 202 millones de dólares de costos de interés, para 1996 los gastos de interés se habían reducido a 117 millones de dólares y se esperaba que bajaran más.

Con todo, hubo un movimiento adicional que resultó crítico. Continental había pagado previamente a Boeing un depósito de 70 millones de dólares por un pedido de nuevos aviones. Como iban las cosas, Continental determinó que no se podría permitir el desembolso de los nuevos aviones y decidió cancelar el pedido. El problema era que el depósito de 70 millones de Continental no era reembolsable (los fabricantes de aviones utilizan los depósitos para ayudarse a financiar la manufactura inicial de un pedido de aviones). Boeing ya había acordado refinanciar los arriendos de Continental a tasas más bajas de las que estipulaba el contrato de arriendo original. No obstante, los aprietos financieros de la aerolínea eran tales que Bethune se sintió obligado a llamar por teléfono a su íntimo amigo Ron Woodard, presidente de Boeing, para pedirle la devolución del depósito de 70 millones de dólares de Continental por los pedidos cancelados, porque esta firma tenía grave urgencia del efectivo. Woodard ya sospechaba que Continental estaba en terribles dificultades y que Bethune impulsaba a la aerolínea en dirección correcta; pese a su renuencia a ir en contra de la política de la compañía y devolver un depósito, Woodard accedió a enviarle a Continental un reembolso parcial de 29 millones de dólares. Bethune aceptó la oferta agregando que, de ser posible, Boeing transfiriera los fondos de inmediato; Woodard se echó a reír, pero accedió a la súplica de Bethune.[12]

Los flujos de efectivo mejoraron aún más con los esfuerzos del vicepresidente de compras y servicios de materiales de la aerolínea por vender excedentes de inventarios de partes y renegociar contratos de mantenimiento. Otra acción de Continental para atacar la escasez de efectivo en 1994-1995 fue entrar en acuerdos de código compartido con otras aerolíneas conforme a los cuales se combinaban las fuerzas para lograr economías de operación conjunta. El código compartido consistía característicamente en que dos aerolíneas socias operaran un solo vuelo a un destino particular, pero poniendo ese vuelo en lista aparte en los programas de vuelo de cada firma socia; uno de los aviones y tripulaciones de uno de los socios se emplearía para operar el vuelo, pero ambos socios podrían registrar pasajeros en el vuelo a ese lugar, compartir los ingresos generados y lograr un mejor factor de carga en ese vuelo del que podrían lograr operando dos vuelos independientes. A menudo, los socios de código compartido cooperaban en otras

---

[12] *Ibid.*, pp. 84-85.

formas mutuamente benéficas. Por ejemplo, en Phoenix y Las Vegas, donde Continental tenía sólo dos o tres vuelos que llegaban diariamente, la firma se asoció con America West para que ésta manejara el trabajo de tierra de los vuelos de Continental; en Orlando y Tampa, donde Continental tenía mayor presencia que America West, el personal de la primera manejaba el trabajo de tierra para los vuelos de America West. Cada aerolínea ganaba así lo que se ahorraba en el pago de la dotación de personal de puertas de abordar empleado sólo para unos cuantos vuelos al día. Durante el periodo 1996-2000, Continental amplió sus esfuerzos de código compartido, entrando en convenios con aerolíneas nacionales estadounidenses como Northwest Airlines, Air Canada, American Eagle y Horizon Airlines, y con líneas aéreas internacionales como Alitalia, Air France, Virgin Airways y Air China. A fines de 2001 se llegó a un acuerdo de código compartido con KLM Royal Dutch Airline, que abarcaba ciertos vuelos de Continental y KLM entre Estados Unidos y Europa.

Disgustado por la que consideraba información no fidedigna procedente del departamento de finanzas, Bethune procedió a instalar sistemas financieros mucho más fuertes. Se incorporó a un nuevo director financiero, Larry Kellner, para que reparara los sistemas financieros de la compañía y generara mejor información para la toma de decisiones. Con la guía de Kellner, Continental creó sistemas que permitían a la administración contar con estimados confiables y actualizados regularmente en los renglones de ingresos, costos, ganancias y flujos de efectivo; cada mañana a las 10:00, los ejecutivos tenían ante sí un reporte de los recibos de tarjeta de crédito del día anterior. No tardó mucho en mejorarse el sistema para que abarcara la capacidad de producir un pronóstico diario de 40 conceptos que incluía recibos de tarjeta de crédito, costos de combustible, costos de mantenimiento, ingresos por milla de asiento disponible, costo por milla de asiento disponible, utilidades por milla de asiento disponible por tipo de avión, utilidades en cada centro operativo, y utilidades en cada ruta de cada centro operativo. De acuerdo con Bethune, "Las mediciones se hacían cada vez más precisas, lo cual significaba que podíamos tomar cada vez mejores decisiones con cifras más actuales".[13] Por ejemplo, los nuevos sistemas financieros revelaban que los vuelos europeos de Continental eran desusadamente rentables; la administración utilizaba esta información para agregar más vuelos europeos y para subir los precios de los pasajes en algunas de sus rutas internacionales. Se descubrió asimismo qué rutas y vuelos estaban perdiendo dinero, proporcionando de este modo una base para la revisión de los programas de vuelo de Continental; a los empleados en ubicaciones en las que se discontinuaba el servicio (o en las que se ponía en práctica el código compartido) se les ofrecía empleo en otras partes de la compañía siempre que era posible. Kellner presentó también una propuesta para proteger las compras de combustible de jet de Continental y darle a la compañía una póliza de seguro contra aumentos inesperados en costos del combustible, en 1995, las protecciones de compra de combustible le ahorraron a Continental un estimado de tres millones de dólares conforme subían los precios del fluido.

Durante el periodo 1996-1998, Continental incursionó en la reducción de costos de capacitación y mantenimiento mediante la disminución de los diferentes tipos de aviones que componían su flota. La meta era contar con sólo cinco tipos diferentes de aparatos para fines de 1999, en comparación con los nueve que tenía en 1995. Se lograron más ahorros en mantenimiento cuando la aerolínea recibió los nuevos aviones Boeing en 1997 y 1998, lo que redujo la edad promedio de su flota. Bethune creía que para 1999-2000 Continental tendría la flota más joven, y por ende de más bajo mantenimiento, en la industria de las aerolíneas comerciales de Estados Unidos.

En julio de 1997, Continental inició un programa de tres años para subir los honorarios y salarios del empleado al nivel de los estándares de la industria; el programa llegó a su término, como estaba programado, en julio de 2000. En ese punto, Continental emprendió otro programa de tres años para levantar los beneficios del empleado al nivel de la norma de la industria para 2003; el programa para mejorar esas prestaciones comprendía aumentos en vacaciones, días feriados pagados, incrementos para igualar las contribuciones a los programas 401(K), y créditos de retiro de servicios pasados para la mayoría de los empleados de la tercera edad.

---

[13] *Ibid.*, p. 88.

Ilustración 1   Resumen financiero y operativo, Continental Airlines, 1993-2000

	2000	1999	1998	1997	1996	1995	1994	1993
Datos financieros (en miles de millones de dólares, excepto en los datos por acción)								
Ingresos operativos	$9 899	$8 639	$7 927	$7 194	$6 347	$5 825	$5 670	$5 767
Total de gastos operativos	9 215	8 039	7,226	6 478	5 822	5 440	5 681	5 786
Percepción operativa	684	600	701	716	525	385	(11)	(19)
Percepción neta	342	455	383	385	319	224	(613)	(39)[1]
Ganancias básicas por acción	$5.62	$6.54	$6.34	$6.65	$5.75	$4.07	$(11.88)	$(1.17)[1]
Ganancias diluidas por acción	$5.45	$6.20	$5.02	$4.99	$4.17	$3.37	$(11.88)	$(1.17)[1]
Datos operativos								
(Millares de) pasajeros productivos	46 896	45 540	43 625	41 210	38 332	37 575	42 202	38 628
(Millones de) millas por pasajero productivo[2]	64 161	60 022	53 910	47 906	41 914	40 023	41 588	42 324
(Millones de) millas por asiento disponible[3]	86 100	81 946	74 727	67 576	61 515	61 006	65 861	67 011
Factor de carga por pasajero[4]	74.5%	73.2%	72.1%	70.9%	68.1%	65.6%	63.1%	63.2%
Factor de carga en equilibrio o límite de rentabilidad por pasajero[5]	66.3%	64.7%	61.6%	60.1%	60.7%	60.8%	62.9%	63.3%
Percepción por pasajero por milla de asiento disponible (en centavos de dólar)	9.84¢	9.12¢	9.23¢	9.29¢	9.01¢	8.20¢	7.22¢	7.17¢
Costo operativo por milla de asiento disponible	9.76¢	8.99¢	8.89¢	9.04¢	8.75¢	8.36¢	8.76¢	7.90¢
Precio promedio por galón (1 galón = 3.78 litros) de combustible	86.69¢	47.31¢	46.83¢	62.91¢	60.92¢	55.02¢	53.52¢	59.26¢
Aviones reales en la flota al final del periodo	371	363	363	337	317	309	330	316
Edad promedio de flota de aviones (en años)	8.0	8.4	11.6	14.3	14.3	n.a.	n.a.	n.a.

[1] Abarca sólo el periodo del 28 de abril al 31 de diciembre de 1993, después de que Continental salió de los procedimientos de quiebra iniciados en 1990; los resultados previos al 28 de abril no son significativos por la recapitalización de la compañía y otros asuntos pertinentes a los procedimientos de quiebra.
[2] Número de millas programadas recorridas en vuelo por pasajeros productivos.
[3] Número de asientos disponibles para pasajeros multiplicado por el número de millas programadas, recorridas en vuelo por esos asientos.
[4] Millas de pasajero productivo divididas entre las millas de asiento disponible.
[5] Porcentaje de asientos que tienen que ser ocupados por pasajeros productivos para que la aerolínea alcance punto de equilibrio o límite de rentabilidad antes de la base de impuesto sobre la renta, excluyendo cargos no recurrentes, conceptos no operativos y otros conceptos especiales.
n.a. = [dato] no accesible.

En la ilustración 1 se presenta un resumen del desempeño financiero y operativo de Continental en el periodo 1993-2000. Continental no había pagado dividendos de sus acciones comunes ni tenía intención de hacerlo en ese presente. A partir de 1998, la aerolínea inició un programa de recompra de acciones por el cual adquirió un total de 28.1 millones de acciones a un costo de aproximadamente 1 200 millones de dólares, programa que continuó hasta diciembre de 2000.

La alianza con Northwest Airlines   En 1998, Northwest Airlines compró un bloque de 8.7 millones de acciones comunes de Continental, suficiente para darle el control de la votación de Continental. Esto formó la base de una duradera alianza global entre estas dos compañias que estipulaba que cada aerolínea pusiera su código de vuelo en gran número de vuelos de la otra y que compartieran salas de espera ejecutivas en ciertos aeropuertos, así como beneficios recíprocos de viajero aéreo frecuente. La alianza proporcionaba también actividades de marketing conjuntas, a la vez que preservaba las identidades separadas de ambas firmas.

Sin embargo, dicha alianza se convirtió pronto en blanco del U.S. Department of Justice (Secretaría de Justicia de Estados Unidos), que inició un juicio antimonopolio bajo la acusación de que el control de propiedad en Continental por parte de Northwest violaba la Sección 7 de la Ley Clayton y la Sección 1 de la Ley Sherman. En la demanda se argüía que a pesar de diversas cláusulas que restringían la capacidad de Northwest de ejercer control de las votaciones sobre Continental y que aseguraban la independencia competitiva de Continental, la posesión accionaria de Northwest tenía el efecto de aminorar la competencia real y potencial en diversas formas y en varios mercados geográficos. Northwest y Continental decidieron luchar contra la demanda. Durante el periodo 1998-2000, mientras el litigio estaba pendiente y se tramitaba el proceso de tribunales, Continental y Northwest procedieron a poner en ejecución los términos de su acuerdo de alianza.

Ejecución del plan de producto Make Reliability a Reality *(Hacer de la confiabilidad una realidad)*

Impulso al desempeño puntual   Puesto que las encuestas de los viajeros aéreos mostraban una y otra vez que el arribo oportuno era el factor singular más importante de la satisfacción del cliente, Bethune optó por usar el porcentaje de puntualidad como indicador principal de qué tan bien se desempeñaba Continental. La decisión de pagar a los empleados un bono de 65 dólares por lograr un buen desempeño de puntualidad era resultado de un análisis de la empresa que mostraba que Continental estaba gastando cerca de cinco millones de dólares mensuales en atender a los pasajeros que habían perdido vuelos de conexión a causa de vuelos de arribo demorado; a algunos pasajeros se les tenía que proporcionar alimentos y/o alojamiento por la noche, y a otros se les tenía que readquirir un boleto de otra aerolínea. Además, les tomaba tiempo a los agentes de boletos manejar todos estos arreglos, y habría que sumar los costos de personal. Bethune determinó que Continental saldría adelante si la compañía tomara la mitad de los cinco millones de dólares y se la diera a los empleados en forma de incentivo para lograr un buen desempeño en puntualidad (2.5 millones de dólares divididos entre casi 40 000 empleados eran aproximadamente 65 dólares); los gerentes de Continental no eran candidatos al bono de 65 dólares porque la empresa ya tenía un plan de bono basado en desempeño para ellos.

El plan de bono de 65 dólares se anunció en enero de 1995; el porcentaje de puntualidad de Continental fue de 71%, que ganó apenas el séptimo lugar entre las 10 principales aerolíneas, lo cual no era lo suficientemente bueno como para el bono (que requería quedar entre los primeros cinco lugares), pero sí mejor que 61% en llegadas a tiempo de enero anterior. En febrero, 80% de los vuelos de Continental llegaron a tiempo, clasificándose la empresa en cuarto lugar; Continental extendió un cheque especial de 65 dólares y lo envió a cada uno de los trabajadores (la retención de impuestos del bono de 65 dólares se aplicó en los cheques del salario regular). En marzo de 1995, Continental figuró en primer lugar en desempeño puntual, con 83% de arribos a tiempo. En abril fue nuevamente la primera, mientras que en los meses de mayo, junio y julio el desempeño puntual no fue bueno debido a que los pilotos iniciaron una desaceleración de trabajo como factor de palanca en sus negociaciones de contrato, en trámite entonces con la compañía. Pero tras el acuerdo contractual con el sindicato de pilotos, el porcentaje de puntualidad de Continental se repuso para ser el segundo mejor del ramo en agosto y septiembre, el tercero en octubre y el cuarto en noviembre.

En vista de estos resultados, Bethune decidió subir la varilla a los bonos por desempeño puntual. El nuevo estándar, programado para empezar en enero de 1996, era que Continental tenía que quedar en tercer lugar o superior para que los empleados recibieran un bono, pero este pago de bono se aumentó a 100 dólares. Cuando Continental quedó en primer lugar de desempeño puntual en diciembre de 1995, el mes anterior a la entrada en efecto del bono de 100 dólares, Bethune decidió que de todas maneras se les pagaran los 100 dólares a cada empleado. En 1997, la dirección de Continental empezó a notar que, aun cuando los porcentajes mensuales de puntualidad de la aerolínea estaban en niveles respetablemente altos (a veces en niveles récord), en cierto número de meses la empresa no figuraba en tercer lugar o superior; esto era en parte porque otras aerolíneas habían emprendido campañas para mejorar sus propios porcentajes de puntualidad. Continental ajustó los requisitos del bono de modo que la aerolínea tuviera que quedar entre las tres primeras aerolíneas nacionales *o* que tuviera un índice de arribos a tiempo superior a 80%, ya que Bethune estimaba que un índice de llegadas puntuales superior a 80% representaba un buen desempeño y ameritaba pagarles a los empleados un bono de 100 dólares, aun si Continental quedaba apenas en cuarto mejor lugar en un mes determinado. Las normas del bono se alteraron de nuevo en 2000; se pagaría un bono de 100 dólares cuando Continental quedara en primer lugar de desempeño puntual entre las principales aerolíneas estadounidenses y un bono de 65 dólares si quedara en segundo o tercer lugar o tuviera un índice de puntualidad superior a 80%. En 11 de los 12 meses de 2000, Continental dio a sus empleados cheques de bono de puntualidad por un total anual de 39 millones de dólares. Durante el periodo 1995-2000, Continental pagó a sus empleados un total de 157 millones de dólares en bonos de arribos a tiempo.

Para impulsar mejor el desempeño puntual, Continental hacía correcciones de ruta de vuelos que a menudo se demoraban. Por ejemplo, en el congestionado centro operativo de Newark (donde a ciertas horas del día no era raro que los aviones permanecieran de 15 a 30 minutos en el corredor, esperando pista libre para despegar aun cuando el tiempo fuera bueno), programaba que la mayoría de los aviones que partían a horas pico volaran rutas de ida y vuelta entre Newark y sus destinos radiales particulares en lugar de ir, digamos, a Washington, para de ahí enrutarlos a Houston o a Denver. Así, la demora por congestión de un vuelo de Continental que partiera de Newark afectaría sólo a los pasajeros de ese vuelo, reduciendo con ello el número de vuelos con mal desempeño en puntualidad.

Mejora del manejo de equipajes   Cuando el bono de puntualidad se instituyó en 1995, los números de valijas perdidas subieron al principio, en parte porque las dotaciones de vuelo optaban por no esperar equipajes de arribo lento, con el fin de sacar a tiempo los aviones de las puertas de abordar. Los ejecutivos de Continental no creyeron pertinente instituir un pago de bono por poner el equipaje de los pasajeros en los aviones, pensando que era sencillamente tarea de los empleados asegurar que esto se hiciera. Bethune explicaba:

> Tuvimos que hacer que corriera la voz de que, si el número de quejas por equipajes crecía, las cosas no iban a funcionar. No queríamos vuelos a tiempo sin valijas, o sin gente, o con los pasillos sucios. Ser puntual, estar a tiempo, significaba que el sistema entero estaba trabajando a tiempo, no sólo parte de él. Así que le explicamos esto a nuestros empleados, y el equipaje empezó a llegar a bordo de los aviones.[14]

En los meses siguientes, el manejo de equipajes mejoró; durante un periodo, Continental figuró entre las tres principales aerolíneas con menor número de quejas por mal manejo de equipajes en 30 de 31 meses. Es más, la administración enfatizó que el porcentaje de puntualidad se estaba empleando como escala para medir la confiabilidad de la operación entera de la compañía. Hicieron hincapié en que "hacer de la confiabilidad una realidad" significaba que un avión de Continental debería partir a tiempo con provisión completa de alimentos, todos sus pasajeros y todas sus valijas... y luego tenía que llegar a tiempo.

Otras mejoras de producto   Para acortar el tiempo que les tomaba a los agentes de reservación de Continental contestar las llamadas telefónicas y manejar la tarea de hacer una reservación, Continental aumentó su capacidad de atención telefónica agregando más agentes y mejorando su software de sistemas de reservación. Se automatizaron las llamadas que implicaban clase económica del vuelo y otras preguntas estándar que no requerían hablar directamente con un agente de reservaciones.

Los servicios en vuelo mejoraron con base en encuestas de preferencias del consumidor. Continental empezó a servir Coca-Cola en lugar de Pepsi y aumentó la variedad disponible de cervezas. A los pasajeros de primera clase se les dio prioridad de manejo de equipaje. Se introdujeron nuevos y mejores (en sabor) platillos; Bethune y Brenneman probaban y aprobaban personalmente cada nuevo ofrecimiento. Asimismo, se instalaron teléfonos de uso en vuelo en

---

[14] *Ibid.*, p. 107.

la mayoría de los aviones de Continental para fines de 1997. Se ponía música cuando los pasajeros abordaban los aviones.

En 2000, Continental gastó 12 millones de dólares en gavetas portaequipajes más grandes para acomodar valijas de mano y para brindar más espacio para objetos; Continental no usaba las escalas de medición de equipaje que algunos competidores habían instalado para limitar el uso de lo portable personalmente. Para proteger su ventaja competitiva de acomodo de equipaje portable más grande, Continental demandó a United Airlines, reclamando que en el Aeropuerto Dulles de Washington, D.C. (donde United tenía 30 puertas por una de Continental), United y otras dos aerolíneas habían puesto escalas de medición de equipaje en puntos de verificación de seguridad que impedían el paso de las valijas mayores de los pasajeros de Continental. Un juez federal dictaminó que las escalas de equipaje en puntos de verificación de seguridad representaban una limitación no razonable al comercio que dañaba a Continental; el juez comentó: "Si hay alguna prueba de falla en el mercado que destaque en el registro es la de United, por no proveer lo que desean sus clientes".

Ejecución del plan Working Together *(Trabajar juntos)*

Cuando el rígido manual de procedimientos de Continental fue quemado y sustituido por pautas generales, muchos ejecutivos de la compañía temieron que los empleados fueran a "echar la casa por la ventana", dilapidando dinero para satisfacer a viajeros en dificultades o descontentos, o para comprar piezas nuevas para los aviones cuando se podrían reparar las existentes. Pero Gordon Bethune quería que sus empleados fueran capaces de usar su mejor juicio, pues creía que las acciones de la dirección enfocadas a darle mayor libertad al personal para hacer su trabajo tenderían puentes de confianza entre la administración y los trabajadores; pensaba, incluso, que una vez que la empresa comenzara a ganar dinero y que el plan de utilidades compartidas con el personal diera resultados, la gran mayoría de los empleados de Continental lo pensaría dos veces antes de "echar la casa por la ventana". Estaba dispuesto a correr el riesgo de que algunos empleados fueran probablemente demasiado generosos. Durante el periodo 1995-2000, Continental les pagó a los empleados 545 millones de dólares en bonos de utilidades compartidas; la cantidad repartida en 2000 por igual concepto (pagada en febrero de 2001) fue de 98 millones de dólares.

Para tratar de que los empleados entendieran mejor lo que se esperaba, se crearon listas de verificación para los pilotos en despegues y aterrizajes, para los técnicos de mantenimiento en la revisión de los motores, para las tripulaciones de vuelo en el chequeo de provisiones de los aviones, para los grupos de limpieza de las aeronaves en sus labores, y así por el estilo. La idea era que, si ciertas labores se dividían en una serie de pasos, les sería más fácil a los empleados hacer el trabajo para el cual habían sido contratados.

Comunicaciones abiertas y trabajo de equipo   Se instaló un número 800 de correo de voz directo a la oficina de Bethune para que los empleados lo usaran cuando se sintieran particularmente frustrados o tuvieran necesidad de hablar con el director ejecutivo. En un día normal, Bethune podía recibir un par de llamadas; en días en los que estaba sucediendo algo desusado o cuando se anunciaban cambios mayores de política, llegaba a recibir de 20 a 25 llamadas.[15] Además, se instaló otra línea 800 solamente para problemas de operaciones técnicas, atendida por un equipo de respuesta de operación que se mantenía de guardia para brindar ayuda los siete días de la semana. Había una línea de emergencia a la que podía llamar el personal para pedir información sobre su paga, prestaciones y programa 401(K). Para mantener a los empleados al corriente de los movimientos de la compañía, la oficina matriz corporativa distribuía una actualización diaria por intranet de la empresa y correo electrónico, un mensaje semanal de correo de voz de tres minutos de Gordon Bethune que informaba de cualquier nuevo acontecimiento en la firma, un boletín mensual de noticias del empleado llamado *Continental Times*, y una publicación de la empresa llamada *Continental Quarterly* que se enviaba por co-

---

[15] *Ibid.*, p. 115.

rreo a los hogares de los trabajadores. En 1995, Bethune y el jefe de comunicaciones corporativas de la compañía decidieron instalar unos 600 tableros de boletines en salas de descanso momentáneo del empleado, corredores de tránsito intenso y salas comunes, y pegar diariamente por la tarde una noticia en el mismo espacio de cada tablero de boletines; en 1997 se instalaron tableros de mensaje luminoso de LED (light emiting diode, diodo luminiscente eléctrico) en las salas de descanso de las tripulaciones y en los corredores de las oficinas para proporcionar a los empleados las noticias de última hora, los últimos porcentajes diarios de vuelos a tiempo, el precio de las acciones de Continental y los reportes meteorológicos de aeropuertos. Bethune consideraba indispensable dirigirse a los empleados en términos de igualdad y franqueza, manteniéndoles completamente informados y dando respuestas directas a sus preguntas, a diferencia de la práctica administrativa anterior de decir a los empleados lo menos posible. Los cuatro elementos del *Go Forward Plan* (*Fly to Win* [Volar para ganar], *Fund the Future* [Reunir fondos para el futuro], *Make Reliability a Reality* [Hacer de la confiabilidad una realidad] y *Working Together* [Trabajar juntos]) se trataban siempre en el mismo orden en las juntas de empleados, las publicaciones de la compañía y cualesquiera textos o avisos puestos en el tablero de boletines; la agenda en las juntas bisemanales del comité directivo se estructuraba también de acuerdo con los cuatro elementos del *Go Forward Plan* (Plan Adelante).

Las casas abiertas mensuales en la oficina matriz de Houston se ampliaron para incluir juntas de empleados dos veces al año en las tres ubicaciones centrales y en otras instalaciones de Continental con fuerzas de trabajo de tamaño considerable. Bethune quería que todos los empleados sintieran que podían acercarse a los ejecutivos de alto nivel y hacerles cualesquiera preguntas que tuvieran en mente. Un trabajador en el centro operativo de Newark le preguntó a Bethune por qué Continental daba a todos los empleados un bono de 65 dólares por buen desempeño en puntualidad cuando las labores de muchos empleados no afectaban directamente a tal desempeño. Bethune, sosteniendo en alto su reloj, respondió: "¿Qué parte de este reloj cree usted que no necesitemos?".[16] El empleado no tuvo respuesta y se sentó de nuevo. Bethune pensó que su pregunta acerca del reloj subrayaba la importancia del trabajo de equipo, el valor que cada empleado aportaba, y por qué tenía sentido que todos los empleados ganaran o perdieran juntos. Bethune insistía en el tema de que cada empleado era parte de lo que estaba sucediendo en Continental, que la gente de Continental *era* la empresa, y que *Working Together* consistía en hacer de Continental un lugar donde la gente estuviera feliz de ir a trabajar; era afecto a decir que nunca había tenido noticias de una empresa exitosa que no tuviera un buen producto y en la que a la gente no le gustara trabajar, y solía comentar que dirigir una aerolínea era como conducir al mayor equipo deportivo del mundo.

El esfuerzo del cambio de cultura

A juicio de Bethune, las claves para cambiar la cultura corporativa de Continental eran que la dirección actuara de manera diferente, que la compañía tratara a su personal de modo diferente, y que la administración observara atentamente cómo era para los empleados ir al trabajo cada día y que en forma deliberada se dispusiera a cambiar las cosas que hicieran desagradable el ambiente de trabajo o que hicieran infelices a los empleados. La quema de los viejos manuales, la redacción de pautas nuevas más abiertas y el énfasis en el trabajo en equipo fueron pasos deliberados que la administración dio para demostrarle al personal que la iniciativa de *Working Together* en verdad representaba un nuevo día en Continental. La parte final del plan era insistir en que la gente de Continental se tratara mutuamente con dignidad y respeto —la meta era que cada trabajador tratara a sus compañeros de trabajo como clientes o miembros de su familia—. Bethune creía que la administración anterior había dejado muchas cicatrices y desconfianza que habían de erradicarse. "Dignidad y respeto" se convirtió en el lema de la compañía en 1996.

A principios de 1995, los ejecutivos de alto nivel clasificaban a todos los empleados gerenciales y supervisores en una escala de 1 a 4 respecto de la calidad de su trabajo y de si eran jugadores de conjunto, con calificación de 1 si eran buenos y de 4 indicando deficiente calidad de trabajo y/o desventajas en habilidades de administración de personal. Durante los primeros nueve meses de 1995, los ejecutivos hablaban con los supervisores acerca de su desempeño, dándoles

---

[16] *Ibid.*, p. 126.

oportunidad de mejorar para responder a las expectativas. Las puntuaciones eran fluctuantes, pues cambiaban conforme se daba un cambio en la conducta de los supervisores. En octubre de 1995, cuando se hizo patente que Continental tenía demasiados administradores, en especial mandos medios, la aerolínea decidió despedir a todos los gerentes y supervisores con calificación de 4.

Dentro de las filas ejecutivas, hubo una rotación gradual pero grande. De los 61 vicepresidentes que había en Continental cuando Bethune asumió el cargo, cerca de la mitad abandonó la firma por propia voluntad o se les despidió ya sea por razones de gerencia ineficiente o por fallar en el trabajo en equipo. A algunos de los que se fueron no les gustaba el rumbo que Bethune quería darle a la compañía, y a otros no les agradaban ciertos aspectos del programa de cambio que él instituyó. Bethune llamó a gente de fuera para que ocupara altos puestos en la compañía; algunos de ellos habían trabajado con él en Piedmont Airlines y a otros los identificó pidiendo referencias a quienes los conocían. En 1998, varios ejecutivos de Delta Airlines le dijeron a Bethune que Continental tenía el mejor equipo administrativo de cualquier aerolínea. Para retener a sus ejecutivos claves, Continental adoptó un plan muy atractivo de salario y bono. Así como los empleados tenían bonos mensuales por desempeño puntual y un plan de utilidades compartidas basado en el desempeño que les redituaba hasta 15% de utilidades antes de impuestos, los ejecutivos de Continental obtenían bonos basados parcialmente en el desempeño general de Continental y en parte en el logro de metas individuales. Bethune predicaba el trabajo de equipo entre los ejecutivos titulares, advirtiéndoles que veía con muy malos ojos a quienes abusaban del poder, traicionaban o maniobraban en pos de puestos, así como a los departamentos que no cooperaban con otros.

Para crear confianza, a Bethune le gustaba recompensar a la gente desde un principio e inesperadamente. A mediados de 1996, Continental estaba trabajando tan bien que Bethune vio con claridad que la empresa lograría sus objetivos de desempeño del año entero, decidió dar a los gerentes de la aerolínea 50% del bono de todo 1996 en la junta de medio año de gerentes de la compañía. Cuando arribó para dar su discurso en el almuerzo, Bethune les pidió a los 350 ejecutivos que se encontraban allí que se pusieran de pie y voltearan sus sillas patas arriba: pegado a la parte inferior de cada asiento estaba el cheque del bono gerencial. Le dijo al grupo: "Esto es porque ustedes han hecho un trabajo sobresaliente, porque Continental va a realizar su plan de este año. Aquí está el dinero que la empresa les debe por ese éxito".[17] Le ovacionaron de pie. De acuerdo con Bethune, "Los administradores salieron de esa junta como si fuera el medio tiempo de un partido de campeonato. Habían llegado en espera de las habituales aclamaciones corporativas y salieron con un cheque por la mitad de su bono, que no esperaban antes de otros seis meses."[18]

Otra acción visible fue la orden de Bethune a los departamentos para que trabajaran en forma cooperativa, específicamente en las áreas de programación, operaciones de vuelo y mantenimiento de aeronaves. Antes de que Bethune se uniera a Continental, el personal de marketing y programación trabajaba un programa de vuelo y ruta que pensaban que atraería al mayor número de pasajeros y que rendiría los factores de carga más grandes; luego le pasaban el programa a operaciones para determinar qué aviones habría que asignar para volar qué rutas, y cuándo y dónde se le haría el mantenimiento a cada avión. A menudo, el programa trazado creaba toda clase de problemas e ineficiencias en operaciones de vuelo y mantenimiento, y ningún departamento se inclinaba a colaborar con el otro para resolver las dificultades. Bethune requería que la gente de marketing, operaciones de vuelo y mantenimiento de aviones formara un equipo para llegar a un programa que fuera factible desde todas las perspectivas.

A partir de 1996, Continental inició un programa para recompensar a los empleados por asistencia perfecta. A los empleados con asistencia perfecta en un periodo de seis meses (de enero a junio o de julio a diciembre) se les premiaba con un certificado de obsequio de 50 dólares y se volvían candidatos para el obsequio de camionetas Eddie Bauer Ford Explorers completamente equipadas, con todos los impuestos de venta y regalo, cuotas de tenencia y permisos pagados por la compañía. Desde la iniciación del programa, la firma había regalado 83

---

[17] *Ibid.*, p. 241.

[18] *Ibid.*, pp. 241-42.

vehículos, incluidos ocho por asistencia perfecta en 2000, a un costo de 3.3 millones de dólares. Del 1o. de julio al 31 de diciembre de 2000, hubo 14 980 empleados candidatos con registros de asistencia perfectos. Los jefes administrativos en el departamento de recursos humanos de Continental estimaban que el programa le había ahorrado a la compañía cerca de 20 millones de dólares por las disminuciones en el índice de ausentismo.

En la dirección se pensaba que la moral del empleado en Continental era la más alta en la industria de las aerolíneas. El calendario de Continental se veía marcado cada año con *picnics* (días de almuerzo campestre), fiestas de helados, convivios de carne asada al aire libre, y cenas de pollo frito de la compañía. De acuerdo con un alto ejecutivo, "De tres a cuatro celebraciones al año nos cuestan 20 dólares por empleado. Compare eso con nuestra nómina de pago y no podrá encontrarlo. Pero esas son las cosas que la gente recuerda".[19] Las tasas de rotación voluntaria de empleados de Continental fueron de 6.7% en 1998, 6.1% en 1999 y 5.3% en 2000.

En cada instalación de Continental que visitaba, Bethune hablaba en favor del trabajo en equipo, repitiendo su analogía del reloj en el que cada pieza era importante. En 1998, Bethune escribió en su libro, *From Worst to First* (De peor a primero):

> Si usted quisiera hacer el comentario de mayor alcance posible acerca del cambio en Continental desde que yo llegué a la junta directiva, es que ahora todo mundo está en el mismo equipo y que cada quien lo sabe. Todo mundo sabe cuál es la meta y cuál es su parte y cómo se relaciona ésta con la meta. Todo mundo sabe cuál es la recompensa por lograr el objetivo y qué sucede si fallamos.
>
> Todos estamos trabajando a partir de las mismas jugadas, del mismo libro de jugadas; jugadas en las que todo mundo tuvo oportunidad de intervenir; jugadas que tuvieron oportunidad de ayudar a diseñar aquellos que las realizarán; jugadas en las que todos creen, jugadas que todos creen que pueden ganar.[20]

Bethune era firme defensor del principio administrativo de que lo que es medible es lo que se administra. Su filosofía era que una empresa no puede volar simplemente en piloto automático y estar bien; debía seguir tratando de ser mejor y de mejorar en lo que hacía. Los empleados lo tenían en buen concepto. Un empleado que asistió a una ceremonia reciente en la que Gordon Bethune y Greg Brenneman les entregaban las llaves a los ganadores de las Ford Explorer, comentó: "Yo empecé a trabajar en la semana en que caímos en bancarrota hace 10 años. Las cosas están ahora 300 veces mejor. Lo que ayuda mucho es la presencia de Gordon y Greg. Sus personalidades seducen a cualquiera. Tienen gracia. Me encanta oírlos hablar."[21] Bethune hablaba con toda clase de asistentes de vuelo al final de su capacitación y se le había ocurrido la idea de poner fotografías de los empleados en las portadas de los sobres de los boletos. Apremiaba a los empleados a arrollar a la competencia; en una entrevista para *Boston Globe*, Bethune dijo:

> Si United Airlines necesitara ayuda para cruzar la calle, yo seguramente le diría: "Seguro, adelante", y procuraría que los atropellara un camión. Y diría: "Lo siento, creí que la luz era roja, no verde". Y luego ni siquiera llamaría al 911.[22]

En la ilustración 2 se muestran los costos de Continental en comparación con los de otras aerolíneas importantes de los Estados Unidos durante el periodo 1995-2000.

---

[19] Citado en "Happy Skies of Continental", *Continental*, julio de 2001, p. 53.

[20] Bethune, *From Worst to First*, p. 181.

[21] Citado en "Happy Skies of Continental", p. 52.

[22] Citado en Matthew Brelis, "The Key to Continental's Turnaround is an Empowered Workforce, Not Slash-and-Burn", *Boston Globe*, 3 de junio de 2001, p. E1.

Ilustración 2 Estadísticas comparativas de costos de operación, principales aerolíneas de Estados Unidos, 1995-2000 (en centavos de dólar por milla de asiento promedio)

Aerolínea	Año	Comidas	Salarios y beneficios	Combustible y lubricante del avión	Comisiones	Cuotas de aterrizaje	Anuncios y avisos	Otros gastos de operación y mantenimiento	Total de gastos de operación	Cuotas de renta y alquiler	Interés
American	1995	0.41¢	3.70¢	1.01¢	0.80¢	0.15¢	0.15¢	3.23¢	9.45¢	0.73¢	0.36¢
	1996	0.41	3.38	1.23	0.77	0.16	0.13	2.97	9.05	0.71	0.24
	1997	0.41	3.51	1.21	0.79	0.16	0.11	3.18	9.37	0.69	0.11
	1998	0.40	3.72	1.00	0.75	0.15	0.12	3.24	9.38	0.68	0.00
	1999	0.43	3.81	1.01	0.68	0.16	0.12	3.33	9.54	0.71	(0.02)
	2000	0.44	4.18	1.48	0.60	0.17	0.13	3.49	10.49	0.74	(0.00)
Alaska	1995	0.31¢	2.60¢	1.07¢	0.55¢	0.15¢	0.12¢	3.10¢	7.89¢	1.17¢	0.29¢
	1996	0.30	2.74	1.31	0.60	0.15	0.12	3.03	8.26	1.17	0.20
	1997	0.30	2.99	1.25	0.65	0.16	0.11	3.13	8.60	1.15	0.14
	1998	0.29	3.06	0.94	0.56	0.15	0.13	3.13	8.27	1.15	0.08
	1999	0.28	3.22	1.14	0.53	0.16	0.15	3.29	8.77	1.13	0.06
	2000	0.29	3.53	1.76	0.38	0.18	0.38	3.72	10.25	1.08	0.14
Continental	1995	0.22¢	2.45¢	1.11¢	0.74¢	0.18¢	0.16¢	3.82¢	8.67¢	1.20¢	0.33¢
	1996	0.23	2.65	1.29	0.76	0.20	0.13	4.05	9.31	1.18	0.23
	1997	0.25	2.80	1.34	0.76	0.20	0.15	3.77	9.27	1.12	0.18
	1998	0.26	3.05	1.02	0.69	0.18	0.14	4.08	9.41	1.16	0.16
	1999	0.28	3.10	0.97	0.63	0.18	0.14	4.21	9.51	1.22	0.23
	2000	0.28	3.30	1.62	0.54	0.18	0.07	4.21	10.20	1.23	0.23
Delta	1995	0.26¢	3.25¢	1.11¢	0.85¢	0.20¢	0.13¢	3.06¢	8.86¢	0.81¢	0.19¢
	1996	0.25	3.43	1.35	0.78	0.19	0.09	3.45	9.54	0.69	0.15
	1997	0.26	3.35	1.31	0.73	0.18	0.10	3.15	9.07	0.68	0.12
	1998	0.31	3.36	1.08	0.66	0.16	0.09	3.37	9.04	0.71	0.10
	1999	0.30	3.44	1.07	0.53	0.16	0.10	3.50	9.11	0.73	0.15
	2000	0.27	3.73	1.27	0.42	0.16	0.08	3.51	9.43	0.72	0.28
America West	1995	0.19¢	2.08¢	0.96¢	0.64¢	0.16¢	0.19¢	3.07¢	7.29¢	1.30¢	0.32¢
	1996	0.11	1.91	1.20	0.62	0.16	0.15	3.69	7.84	1.31	0.22
	1997	0.10	1.90	1.13	0.64	0.15	0.13	3.29	7.35	1.32	0.17
	1998	0.10	1.99	0.85	0.48	0.14	0.08	3.72	7.36	1.37	0.14
	1999	0.11	2.07	1.00	0.44	0.13	0.05	3.80	7.60	1.41	0.11
	2000	0.12	2.21	1.54	0.32	0.13	0.09	4.17	8.57	1.58	0.08

(*continúa*)

Ilustración 2 *(continuación)*

Aerolínea	Año	Comidas	Salarios y beneficios	Combustible y lubricante del avión	Comisiones	Cuotas de aterrizaje	Anuncios y avisos	Otros gastos de operación y mantenimiento	Total de gastos de operación	Cuotas de renta y alquiler	Interés
Northwest	1995	0.28¢	3.47¢	1.24¢	0.93¢	0.27¢	0.16¢	2.80¢	9.15¢	0.70¢	0.27¢
	1996	0.26	3.30	1.49	0.90	0.24	0.17	2.84	9.21	0.64	0.21
	1997	0.26	3.25	1.43	0.86	0.23	0.14	2.89	9.06	0.62	0.21
	1998	0.26	3.72	1.19	0.73	0.23	0.20	3.34	9.68	0.64	0.32
	1999	0.27	3.57	1.19	0.71	0.24	0.14	3.03	9.15	0.61	0.35
	2000	0.29	3.65	1.80	0.61	0.24	0.13	3.24	9.96	0.67	0.31
TWA*	1995	0.27¢	3.16¢	1.20¢	0.69¢	0.19¢	0.16¢	2.88¢	8.56¢	0.71¢	0.40¢
	1996	0.27	3.19	1.44	0.66	0.18	0.17	3.34	9.25	0.74	0.31
	1997	0.23	3.45	1.32	0.66	0.18	0.14	3.21	9.20	1.02	0.31
	1998	0.26	3.71	1.00	0.57	0.19	0.17	3.74	9.65	1.33	0.34
	1999	0.25	3.80	1.11	0.51	0.21	0.15	4.23	10.26	1.54	0.27
	2000	0.23	3.72	1.65	0.34	0.20	0.11	3.89	10.14	1.79	0.24
United	1995	0.37¢	3.34¢	1.06¢	0.93¢	0.21¢	0.13¢	2.84¢	8.89¢	0.94¢	0.21¢
	1996	0.37	3.50	1.28	0.90	0.21	0.13	2.95	9.34	0.90	0.13
	1997	0.37	3.74	1.22	0.89	0.21	0.14	2.97	9.53	0.87	0.11
	1998	0.36	3.75	1.03	0.76	0.20	0.15	2.99	9.25	0.83	0.15
	1999	0.37	3.86	1.01	0.65	0.21	0.16	3.15	9.41	0.84	0.17
	2000	0.38	4.16	1.43	0.59	0.20	0.20	3.64	10.60	0.88	0.19
US Airways	1995	0.25¢	4.93¢	1.04¢	0.90¢	0.19¢	0.11¢	4.18¢	11.61¢	1.16¢	0.51¢
	1996	0.24	5.53	1.25	0.93	0.22	0.09	4.64	12.90	1.16	0.49
	1997	0.27	5.39	1.19	0.90	0.20	0.08	5.56	13.58	1.20	0.43
	1998	0.29	5.34	0.90	0.84	0.19	0.06	5.72	13.34	1.15	0.42
	1999	0.29	5.57	1.01	0.74	0.20	0.07	6.09	13.97	1.15	0.30
	2000	0.28	5.35	1.72	0.51	0.20	0.08	5.73	13.88	1.11	0.36
Southwest	1995	0.02¢	2.56¢	1.01¢	0.39¢	0.23¢	0.27¢	2.61¢	7.09¢	0.71¢	0.16¢
	1996	0.03	2.63	1.19	0.40	0.24	0.29	2.73	7.51	0.70	0.09
	1997	0.03	2.72	1.11	0.40	0.25	0.27	2.63	7.40	0.67	0.10
	1998	0.02	2.89	0.82	0.37	0.24	0.27	2.72	7.32	0.64	0.06
	1999	0.03	2.94	0.93	0.33	0.23	0.28	2.73	7.47	0.60	0.04
	2000	0.03	2.99	1.38	0.30	0.22	0.26	2.55	7.72	0.55	0.07

* Adquirida por American Airlines a fines de 2000.

Fuente: Secretaría de Transportes de Estados Unidos, Departamento de Estadísticas de Transportes, Oficina de Información de Aerolíneas, Form 41B, Form 41P, Form T-100.

CONTINENTAL AIRLINES EN 2001

Reconocimiento y premios

En enero de 2001, Continental Airlines fue nombrada Aerolínea del Año por *Air Transport World*, una de las principales revistas del ramo de la aviación. Por haber recibido la misma distinción en 1996, Continental fue la primer aerolínea en ser designada Aerolínea del Año dos veces en un periodo de cinco años. La revista mencionaba la cultura amable con el empleado y decía que Continental tenía las mejores relaciones laborales de cualquier aerolínea importante de centro operativo y destino radial de Estados Unidos. Señalaba también que Continental tenía un "servicio al pasajero superior", en especial por lo concerniente a los viajeros de negocios: "Otras aerolíneas disgustan a los viajeros de negocios limitándoles el equipaje portable personalmente; Continental invierte en gavetas portaequipajes más grandes". En 2001, OAG, una división de Reed Business Information y editora de la *OAG Pocket Flight Guide* (Guía de vuelo de bolsillo OAG), nombró a Continental Mejor Aerolínea Trasatlántica y Mejor Aerolínea con base en Norteamérica; OAG también honró a Continental por tener el mejor programa de viajero aéreo frecuente. Los premios de la OAG se basaron en votos de los suscriptores de la *OAG Pocket Flight Guide*, que en su mayoría eran viajeros aéreos frecuentes. La empresa de información de marketing J.D. Power and Associates había nombrado a Continental excelente en satisfacción del cliente en cuatro de los pasados cinco años. En 2000 y 2001, la revista *Fortune* nombró a Continental la segunda aerolínea más admirada de Estados Unidos, detrás de Southwest Airlines en ambos años. Sin embargo, en el estudio Air Quality Rating 2001 (Calificación de Calidad Aérea de 2001), efectuada de manera conjunta por Wichita State University y el Aviation Institute (Instituto de Aviación) en la Universidad de Nebraska en Omaha y publicado en abril de 2001, Continental figuró en 7o. lugar entre las diez principales aerolíneas de Estados Unidos, descendiendo del 2o. lugar del año anterior; pese a ir a la cabeza del ramo con 78.1% de llegadas a tiempo, Continental fue calificada en 7o. lugar por privar involuntariamente de asiento reservado por sobrerregistro a un promedio de 18 pasajeros por cada 100 000 aerotransportados en 2000 (en comparación con sólo 3.4 de cada 100 000 pasajeros del año anterior) y debido al mal manejo de 535 valijas por cada 100 000 pasajeros, contra 442 valijas del año anterior. La revista *Worth*, en su número de abril de 2001, nombró a Gordon Bethune uno de los 50 mejores directores ejecutivos por tercer año consecutivo. En junio de 2001, *Aviation Week & Space Technology* otorgó a Continental su calificación más alta por "administración sobresaliente".

La revista *Hispanic* incluyó a Continental por cuarto año consecutivo en su lista de febrero de 2001 de las "Corporate 100 Providing the Most Opportunities for Latinos" (Las 100 empresas que ofrecen el mayor número de oportunidades a latinos). A partir de 1998, Continental había incorporado a más de 3 100 personas de origen hispano a su fuerza de trabajo de 53 000 empleados. Aproximadamente 15% de la fuerza de trabajo de Continental era hispana, y 21% de los empleados de nueva contratación de Continental en 2000 eran de origen hispano.

Gordon Bethune y Greg Brenneman concluyeron su carta conjunta a los accionistas de Continental en el reporte anual de 2000 emitido a principios de 2001 con la siguiente declaración:

> Seguiremos construyendo a partir de la confianza y seguridad que recíprocamente nos tenemos. Seguimos empeñados en procurar que cuando ganemos, ganemos todos: empleados, clientes y accionistas por igual.
> "Trabajar duro, volar bien" es más que un lema llamativo; es ejemplo de quiénes somos y de lo que hacemos.
> Como ya lo hemos dicho muchas veces: no vamos a otra parte que no sea para arriba.

La alianza con Northwest Airlines: un nuevo arreglo

En enero de 2001, Continental recompró 6.7 millones de los 8.7 millones de acciones comunes que Northwest había comprado a fines de 1997 para activar su alianza global; Continental le pagó a Northwest 450 millones de dólares en efectivo por los 6.7 millones de acciones; sin embargo, como parte del trato, Continental y Northwest acordaron extender hasta 2025 su convenio maestro de alianza que requería código compartido, programas recíprocos de viajero aéreo frecuente, acceso compartido a salas de descanso ejecutivas, y diversos acuerdos de marketing conjunto. Con la recompra de acciones, Continental quedó liberada de manera efectiva del control por parte de cualquier entidad externa, por primera vez desde que se había formado la empresa, y recuperaba su autonomía para ir en pos de su propio destino. A más de esto, puso fin al litigio antimonopolio iniciado por la Secretaría de Justicia de Estados Unidos, en 1998. Gordon Bethune declaró que el 22 de junio de 2001 era el "Día de la Independencia" en Continental, y marcó la ocasión pagando un bono en efectivo de 100 dólares a los 54 300 empleados de la aerolínea en todo el mundo, además de celebrar en las instalaciones de la misma con pastel de manzana y Coca-Cola.

Para cuando Continental empezó a llevar a efecto su alianza global con Northwest Airlines en noviembre de 1998, la administración preveía que dicha alianza estaría en funcionamiento total para fines de 2001 y que produciría probablemente un aumento de cerca de 265 millones de dólares en ingreso operativo para Continental. A mediados de 2001 se hizo patente que el proceso de implementación marchaba más lento de lo que originalmente se esperaba, a causa de las demoras en el establecimiento de plataformas técnicas comunes y de que se estaban llevando a cabo también de manera conjunta alianzas con otros aerotransportistas. Continental estimaba que el faltante en beneficios financieros durante 2001 ascendería a 65 millones de dólares, pero la dirección creía que los beneficios completos se lograrían en cuanto todas las características planeadas de la alianza quedaran en cabal funcionamiento en el curso de los siguientes dos a tres años.

Cambios ejecutivos en la cima

En mayo de 2001, Greg Brenneman, de 39 años, renunció a sus cargos de presidente, director general de operaciones y director, decidido a dedicarse de tiempo completo a su propia compañía, TurnWorks, Inc., que se especializaba en ayudar a empresas en creación a sortear transiciones mayores. Al anunciar su salida, Brenneman indicó que donaría 500 000 dólares para beneficio de dos organizaciones de caridad que ayudaban a empleados de Continental. Larry Kellner, ex director de finanzas de Continental y uno de los primeros ejecutivos contratados por Gordon Bethune en 1995, fue ascendido al puesto de presidente; Kellner tenía la distinción en 2000 de haber llegado a ser el primer ganador en tres ocasiones de los CFO Excellence Awards (Premios de Excelencia de Directores de Finanzas), nombrados anualmente por la revista *CFO*. C.D. McLean, ex vicepresidente ejecutivo de operaciones, fue nombrado director general de operaciones y vicepresidente ejecutivo de Continental.

La derivación planeada de Continental Express

En julio de 2001, Continental anunció planes de vender un interés minoritario en Continental Express por medio de una oferta pública inicial (OPI; initial public offering, IPO) de acciones. La administración indicó que tal movimiento tenía por objeto reunir capital y estimular un poco el precio de las acciones de Continental, el cual (como los precios de las acciones de otras aerolíneas) había tendido a descender ante una economía perezosa y un débil tráfico aéreo. En seguida de la OPI, Continental dijo que a la larga desharía la inversión del resto de Continental Express distribuyendo las restantes acciones entre accionistas de Continental. Habiendo explorado en forma intermitente y por varios años la venta de Continental Express, la compañía decidió que había llegado el momento preciso porque el mercado de valores estaba asignando alto valor a las acciones de las aerotransportadoras regionales de más rápido crecimiento, como Continental Express. En los 10 años anteriores, las aerotransportadoras regionales habían disfrutado de gran éxito volando jets pequeños de unos 50 asientos a aeropuertos de destino de menor tamaño; en muchos casos, estas líneas enfrentaban una competencia más débil y gozaban de una redituabilidad más uniforme que las aerotransportadoras mayores a las cuales vertían pasajeros de conexión. Las aerotransportadoras regionales habían mantenido los costos bajos por no servir alimentos y por negociar contratos de trabajo que pedían remuneraciones para los pilotos, asistentes de vuelo y personal de tierra considerablemente menores que las de las aerotransportadoras mayores. Como consecuencia, Wall Street había recompensado a las aerotransportadoras regionales con múltiples ganancias de precio sustancialmente más altas que las de la mayoría de las aerolíneas más grandes. Puesto que Continental Express había estado creciendo alrededor del 30% anual en los pasados siete años, Continental esperaba que sus accionistas aprovecharan el premio de alzas de precio más altas que se estaba otorgando a las aerotransportadoras regionales.

Desempeño financiero y operativo de Continental en 2001

Durante los primeros seis meses de 2001, Continental reportó ingresos de 5 000 millones de dólares (3.3% arriba de los 4 850 millones de dólares en ingresos de los primeros seis meses de 2000); las ganancias netas del periodo fueron de 51 millones de dólares, marcadamente por debajo de los 149 millones de dólares de los primeros dos trimestres de 2000. Continental reportó ganancias de nueve millones de dólares en el primer trimestre de 2001 (contra 14 millones en 2000) y ganancias de 42 millones en el segundo trimestre (contra los 149 millones del periodo correspondiente en 2000). La administración atribuyó las ganancias más bajas en 2001 a la lentitud que acusaba tanto la economía estadounidense como la global. Sin embargo, la liquidez de la compañía estaba en entredicho con activo actual de 2 200 millones de dólares y pasivo actual de 3 200 millones. Por otra parte, la empresa seguía estando fuertemente apalancada, con una deuda de largo plazo de 3 700 millones de dólares y capital contable de los accionistas de 1 200 millones de dólares. Continental y Southwest Airlines fueron las únicas dos aerolíneas mayores estadounidenses en reportar una utilidad en los primeros seis meses de 2001.

En la ilustración 3 se muestran las estadísticas operativas de Continental en los primeros seis meses de 2001. La ilustración 4 presenta el tamaño y la composición de la flota de aviones de Continental para el 30 de junio de 2001.

Situación de Continental en agosto de 2001   En los primeros ocho meses de 2001, Continental informó de un desempeño en puntualidad de 80.9% (contra 77.7% del periodo comparable en 2000) y aumentos de tráfico de pasajeros de 2.7% para Continental y de 22.9% para Continental Express. En agosto de 2001, Continental reportó un factor de carga de 78.1% (contra 76.8% en agosto de 2000). El tráfico de pasajeros en agosto fue de 4.8% sobre los primeros niveles del año. Continental Express, la aerolínea alimentadora de la empresa a los centros operativos regionales, informó de un factor de carga récord de agosto de 66%, 2.98% por encima de los niveles de agosto de 2000. El tráfico de pasajeros de agosto de 2001 en Continental Express fue de 26.3% sobre los niveles anteriores del año.

Entrando en septiembre de 2001, Continental y Continental Express estaban haciendo 2 500 vuelos diariamente. Continental había reportado 25 trimestres consecutivos redituables y *Fortune* la había incluido entre las 100 Best Companies to Work for in America (100 mejores compañías para trabajar en Estados Unidos) en 1999, 2000 y 2001. En las últimas listas de *Fortune*, Continental figuraba en el lugar 18.

EL IMPACTO DE LOS ATAQUES TERRORISTAS DE SEPTIEMBRE DE 2001 EN ESTADOS UNIDOS

Cuatro días después de los secuestros de aviones y ataques terroristas a las torres del World Trade Center y al Pentágono, Gordon Bethune anunció que Continental Airlines reduciría inmediatamente su programa de vuelos largos aproximadamente 20%, sobre una base de milla por asiento disponible en toda la extensión del sistema y que pondría en suspensión temporal a alrededor de 12 000 de sus 56 000 empleados actuales de acuerdo con sus reducciones de vuelos. En un comunicado de prensa, dijo:

> El ramo de las aerolíneas estadounidenses se halla en una crisis financiera sin precedente... Nuestra nación necesita acciones inmediatas del Congreso para que el sistema de transporte aéreo del país sobreviva.

Ilustración 3   Estadísticas operativas seleccionadas, Continental Airlines, primeros seis meses de 2001 contra primeros seis meses de 2000

	Seis meses terminados el 30 de junio		Incremento (decremento) neto
	2001	2000	
Pasajeros productivos (en miles de dólares)	23 476	23 285	0.8%
Millas de pasajero productivo (millones)[1]	32 167	31 496	2.1%
Millas de asiento disponible (millones)[2]	44 271	42 334	4.6%
Factor de carga de pasajero[3]	72.7%	74.4%	(1.7) puntos
Factor de carga de pasajero de punto de equilibrio o límite de rentabilidad[4]	66.1%	66.0%	0.1 puntos
Ingreso de pasajero por milla de asiento disponible	9.63¢	9.83¢	(2.0)%
Total de ingreso de pasajero por milla de asiento disponible	10.44¢	10.64¢	(1.9)%
Costo operativo por milla de asiento disponible	9.65¢	9.71¢	(0.6)%
Precio promedio por galón (1 galón = 3.78 litros) de combustible	88.09¢	83.49¢	5.5%
Costo de transportación por pasajero productivo	$181.68	$178.72	1.7%
Utilización diaria promedio de cada avión[5]	10:49	10:37	1.9%
Número real de aviones en la flota al final del periodo	377	363	3.9%
Duración promedio del vuelo de un avión (en millas)	1 179	1 143	3.1%

[1] Número de millas programadas, voladas por pasajeros productivos.
[2] Número de asientos disponibles para pasajeros multiplicado por el número de millas programadas que esos asientos recorren en vuelo.
[3] Millas de pasajero productivo divididas entre las millas de asiento disponible.
[4] Porcentaje de asientos que tienen que ir ocupados por pasajeros productivos para que la aerolínea llegue al punto de equilibrio o límite de rentabilidad en un ingreso, antes de la base de impuesto sobre la renta, excluyendo cargos no recurrentes, conceptos no operativos y otros conceptos especiales.
[5] Número promedio de horas por día que un avión volado en servicio productivo es operado (desde el paso por la puerta de abordar al paso por la puerta de arribo).
Fuente: Reporte 10-Q de Continental Airlines de julio de 2001.

Si bien lamentamos la necesidad de esta suspensión masiva y de la sustancial reducción del programa, y del impacto adverso en nuestros dedicados trabajadores, clientes y comunidades a las que servimos, no tenemos opción.

Nos entristece de verdad que esta aerolínea se haya visto forzada a suspender a nuestros laboriosos trabajadores, pero estamos luchando por salvar a esta industria, para que puedan regresar con nosotros algún día.

Continental esperaba que a unas 3 500 de las 12 000 suspensiones anunciadas se llegaría mediante jubilaciones tempranas y su programa de petición voluntaria de permiso de ausencia. Se estimaba que los paquetes de finiquito a los empleados suspendidos y varias otras cláusulas de paga de separación y suspensión costarían a la empresa poco más de 60 millones de dólares. Se programaron ferias de empleo de reubicación en los centros operativos de Continental de Houston, Cleveland y Newark.

El martes 17 de septiembre de 2001, Continental anunció que no haría los pagos de 70 millones de dólares de su adeudo que vencían ese día, sino los haría dentro del periodo de gracia de 10 días para no caer en incumplimiento. Los funcionarios de Continental indicaron asimismo que la solicitud de estado de quiebra era una de las opciones que se estaban considerando

Ilustración 4   Flota de aviones de Continental, 30 de junio de 2001

Tipo de avión	Total de asientos	Aviones propios	Aviones alquilados	Total de aviones	Edad promedio*	Aviones en pedido
Continental						
Boeing 777-200	283	4	12	16	1.7	2
Boeing 767-400ER	235	3	2	5	0.2	19
Boeing 767-200ER	174	7	1	8	0.1	2
Boeing 757-300	210	—	—	—	—	15
Boeing 757-200	172	13	28	41	3.9	—
Boeing 737-900	167	—	1	1	0.1	14
Boeing 737-800	155	17	43	60	1.3	33
Boeing 737-700	124	12	24	36	2.0	5
Boeing 737-500	104	15	51	66	4.7	—
Boeing 737-300	124	14	51	65	13.4	—
DC10-30	242	3	11	14	25.5	—
MD-80	141	17	48	65	15.9	—
		105	272	377		90
Continental Express						
Jets						
Embraer ERJ-145XR	50	—	—	—	—	75
Embraer ERJ-145	50	18	72	90	1.9	59
Embraer ERJ-135	37	—	27	27	0.7	23
Total de jets		18	99	117		157
Turbohélices						
ATR-42-320	46	9	22	31	10.8	—
EMB-120	30	9	10	19	11.0	—
Beech 1900-D	19	—	13	13	4.8	—
Total de turbohélices		18	45	63		—
Total		141	416	557		247

* En años, para fin del año 2000.
Nota: Continental preveía aceptar la entrega de 36 aviones Boeing en 2001 (de los cuales, nueve se pusieron en servicio en la primera mitad de 2001). Continental Express preveía aceptar la entrega de 41 jets regionales Embraer en 2001 (de los cuales, 21 fueron puestos en servicio en la primera mitad de 2001). Continental planeaba retirar 14 de sus aviones de turbohélice durante la segunda mitad de 2001. Al 30 de junio de 2001, los costos estimados de Continental por los aviones Boeing que tenía pedidos totalizaban 4 200 millones de dólares; su compromiso de aviones jet regionales Embraer era de unos 2 500 millones de dólares. Para el 30 de junio de 2001, Continental tenía arreglados aproximadamente 1 300 millones de dólares de financiamiento para futuras entregas de aviones Boeing.
Fuente: Reporte 10-K y Reporte 10-Q de 2000 de Continental Airlines, julio de 2001.

para enfrentar su prevista crisis de caja. Bethune indicó que Continental esperaba percibir sólo la mitad de sus ingresos normales en las siguientes semanas y que, incluso si reducía los costos 20%, Continental incurriría en pérdidas de 200 millones de dólares al mes con esos niveles de recaudación. Si el ingreso no se reponía cuanto antes, Continental podría tener que pedir la protección por quiebra ya para noviembre. Bethune recurrió incluso al Gobierno Federal para que activara un paquete de ayuda mayor para ayudar al ramo de las aerolíneas a lidiar con el súbito desplome del tráfico de pasajeros y los costos agregados de las reglas de seguridad aeroportuaria exigidas por la FAA (Federal Aviation Administration), relativas a manejo de equipajes, selección de pasajeros en puntos de revisión de seguridad, y más rigurosa selección de seguridad de cateadores, personal de limpieza, y tripulaciones de vuelo. Se esperaba que las nuevas medidas de seguridad hicieran más lento el paso de los pasajeros por las terminales, que aumentaran el tiempo del proceso de equipajes y cambio de aviones en las puertas, y distintas operaciones que desaceleraran el ritmo del centro operativo.

La mayoría de las reducciones de vuelo puestas en práctica por Continental en la segunda mitad de septiembre de 2001 consistía simplemente en disminuir el número de vuelos entre lugares determinados. Sin embargo, la reducción del programa de vuelos resultó en la interrupción del servicio de Continental a 10 ciudades y/o aeropuertos: Atlantic City, en Nueva Jersey; Houston/Hobby, Abilene, Tyler, Waco y San Angelo, en Texas; Daytona Beach y Melbourne, en Florida; Dusseldorf, en Alemania; y Londres/Stansted, en Inglaterra. La empresa anunció asimismo que no implementaría el servicio a Montego Bay y Kingston, en Jamaica, planeado para fines de 2001. El centro de reservaciones de Denver se cerró, junto con la base de asistentes de vuelo en Los Ángeles y varias instalaciones de mantenimiento de línea. Se incluyó en las reducciones la suspensión de vuelos de todos los DC-10 de la compañía para ahorrar en costos de mantenimiento, así como la detención temporal en tierra de 14 turbohélices y otros 31 aviones de Continental Express. Continental empezó también a ajustar sus niveles de asignación de personal en aeropuertos con base en el empleo de sus avanzados modelos de simulación acerca de cómo circularían ahora los pasajeros por las instalaciones aeroportuarias, dados los nuevos procedimientos de revisión o selección y la anticipación en horas con que estarían llegando los pasajeros a los aeropuertos para abordar.

Suspensiones y/o recortes de personal en otras aerolíneas

Entretanto, otras aerolíneas en Estados Unidos y en todo el mundo estaban recomponiendo también apresuradamente sus programas de vuelo para proteger sus posiciones financieras y responder a las reducciones de viajes aéreos, ideando la forma de poner mejor en práctica reglamentos de seguridad más rigurosos, y cancelando pedidos o aplazando entregas de nuevos aviones. Muchas aerolíneas anunciaron reducciones (recortes) de su fuerza de trabajo:

- American Airlines: recorte de 20 000 empleados de su fuerza de trabajo.
- United Airlines: recorte de 20 000 empleados.
- US Airways: recorte de 11 000 empleados y disminuciones de paga anticipadas.
- British Airways: recorte de 7 000 empleados.
- America West Airlines: recorte de 2 000 empleados.
- Virgin Atlantic: recorte de 1 200 empleados.
- American Trans Air: recorte de 1 500 empleados.
- Midwest Express: recorte de 450 empleados.
- Frontier Airlines: recorte de 440 empleados.
- Mesaba: suspensiones indeterminadas y disminuciones salariales considerables.
- KLM: recorte de 10% de la fuerza de trabajo.

Con recortes de 30 000 empleados en Boeing y de otros 12 000 en Honeywell (todos relacionados con las reducciones en la producción de aviones comerciales), fueron cerca de 120 000 los empleados afectados por las disminuciones de vuelos y las medidas de ahorro de costos que se iniciaban en toda la industria de las aerolíneas.

El paquete de rescate del Gobierno Federal

En los días que siguieron a los ataques del 11 de septiembre, apremiado por la administración del presidente Bush, el Congreso aprobó la Air Transportation Safety and System Stabilization Act (ATSSSA, Ley de seguridad y estabilización del sistema de transporte aéreo), un rescate de dificultades financieras corporativas ideado para mantener a la industria de las aerolíneas estadounidenses solvente mientras el viaje aéreo se rehacía. La ley daba a las aerolíneas 5 000 millones de dólares en pagos directos y les proveía hasta 10 000 millones de dólares en oportunidades de obtener préstamos, en un esfuerzo por ayudarlas a encontrar fondos para financiar los flujos de efectivo negativos y para cubrir pagos de deuda aun cuando tuvieran hojas de balance débiles. Dentro de esta acción, Continental recibió 212.6 millones de dólares en efectivo y esperaba recibir una inyección adicional de 212 millones de dólares en efectivo antes de que terminara 2001. La cantidad de préstamos que Continental podría solicitar y recibir del programa de préstamos de emergencia del gobierno de 10 000 millones de dólares se estaba determinando aún. Sin embargo, si el Gobierno Federal requería que las aerolíneas proporcionaran bienes de activo sin gravamen para garantizar cualesquiera préstamos que pudieran pedir, las aerolíneas fuertemente apalancadas como Continental podrían verse en aprietos, porque tenían muy pocos activos libres de hipotecas que comprometer. No estaba claro qué condiciones pondría el gobierno a las garantías por préstamo, pero no se esperaba que los requisitos fueran tan severos como para descalificar a aerolíneas financieramente débiles.

Pese a los préstamos de efectivo hechos a las aerolíneas de acuerdo con la ATSSSA, varias destacadas aerolíneas estadounidenses reportaban graves pérdidas para el tercer trimestre de 2001. American Airlines anunció la mayor pérdida operativa trimestral de su historia en los tres meses terminados el 30 de septiembre. Northwest reportó una pérdida operativa de tercer trimestre de 155 millones de dólares e indicó que incurrió en pérdidas operativas de 250 millones durante el periodo del 11 al 30 de septiembre. Northwest tenía un factor de carga de 53.5% en la tercera semana de septiembre, pero una recuperación de rebote de tráfico había impulsado el factor de carga de la compañía de vuelta al 67.9% para la tercera semana de octubre; incluso así, Northwest Airlines indicó que aún estaba consumiendo de seis a ocho millones de dólares diarios debido a los descuentos en pasajes encaminados a atraer tráfico, a los costos más altos por milla y al menor número de pasajeros transportados como consecuencia de la reducción de 20% de su programa de vuelos. US Airways reportó una pérdida neta de tercer trimestre de 766 millones de dólares, la cual tomaba en cuenta cargos especiales y un préstamo de 331 millones que la aerolínea recibió como parte de la ATSSSA; sin el préstamo federal, US Airways hubiera perdido 1 100 millones de dólares en el tercer trimestre. United Airlines reportaba una pérdida de tercer trimestre de 542 millones antes de cargos especiales de 865 millones por estacionamiento y deterioro de aviones en tierra, costos de recorte de personal y jubilación temprana, y compensaciones por rescisión prematura de contratos (una parte de los cargos especiales fue compensada por un préstamo de 248 millones de dólares de la ATSSSA). Unos cuantos días antes del anuncio, el director ejecutivo de United envió una carta a los empleados de la empresa en la que anunciaba que ésta iría probablemente a la quiebra en 2002, a menos que se hicieran profundas reducciones de costos de inmediato; los funcionarios de la compañía indicaron que United podría perder hasta 3 000 millones de dólares en 2001 (las pérdidas de United por operaciones en los primeros nueve meses de 2001 fueron de 2 800 millones de dólares).[23]

Otros acontecimientos en Continental Airlines

El 26 de septiembre de 2001, Gordon Bethune anunció que él y Larry Kellner, presidente de Continental, no aceptarían salario o bono alguno en lo que restaba de 2001. El salario anual de 2000 de Bethune había sido de 966 879 dólares, y el de Kellner de 581 000 dólares; el sacrificio ascendía aproximadamente a 25%, o 242 000 dólares para Bethune y 145 000 dólares para Kellner (y quizá más, pues es probable que sus salarios de 2001 fueran mayores que los de 2000).

En septiembre de 2001, Continental incurrió en una disminución de tráfico mundial de 31.0% en comparación con septiembre de 2000, con disminución del tráfico nacional de 32.3% comparada con 29.0% de los vuelos internacionales. El factor de carga de septiembre de 2001 de Continental fue de 61.4%, 11.0 puntos por debajo del factor de carga de 72.4% reportado de septiembre de 2000. Continental Express tuvo una disminución de tráfico de 21.7% contra septiembre de 2000 y un factor de carga mensual de 52.0%, 6.9 puntos por debajo del anterior mes de septiembre. Continental Airlines y Continental Express transportaron un total combinado de 2 915 615 pasajeros durante septiembre de 2001, con una caída de 32.2% de los 4 298 885 pasajeros transportados en septiembre de 2000. En la ilustración 5 se muestran los patrones de tráfico de la empresa de diversos periodos de septiembre, antes y despés de los ataques terroristas. El tráfico en los vuelos de Continental mejoró incluso más durante las primeras dos se-

---

[23] Boletín de noticias de la compañía, 1 de noviembre de 2001, p. 11.

Ilustración 5   Factores de carga de pasajero de Continental, septiembre de 2001

	Sept. 1-10	Sept. 11-16*	Sept. 17-23	Sept. 23-30
Continental				
Nacional	70.0%	58.0%	46.6%	58.5%
Internacional	76.2	66.6	55.8	47.7
Total	72.4	62.2	50.4	54.1
Continental Express	61.9	41.1	39.0	53.4

* Sólo 32% de la capacidad planeada operó durante este periodo.
Fuente: Archivos de la compañía.

manas de octubre de 2001, con ascenso del factor de carga nacional a 71.3% y del factor de carga de todo el sistema a 65.6 por ciento.

El 1o. de octubre de 2001, Continental inició un programa para premiar con dobles millas a sus viajeros aéreos frecuentes por viajes entre el 2 de octubre y el 15 de noviembre; redujo asimismo las tarifas de viajes de negocios en la mayoría de las rutas de negocios por el resto de 2001. Para animar tanto al viaje de negocios como al de placer, la compañía inició una promoción de precio de pasaje reducido para seleccionar destinos en México, Centro y Sudamérica, y Europa; los pasajeros podían ahorrarse un 10% adicional en los pasajes a la venta (y los viajeros aéreos frecuentes obtenían 1 000 millas adicionales de bono) si reservaban su vuelo en el sitio web de la compañía (www.continental.com).

Continental había instalado protecciones de puerta de barra transversal o pasador trabable en todos sus aviones para el 23 de octubre, adelantándose a la fecha límite de noviembre fijada por la FAA. La administración esperaba instalar puertas incluso más fuertes en todos sus aparatos en los meses siguientes, en cuanto los fabricantes terminaran la producción de las puertas de nuevo diseño con características de seguridad del cerrojo muy mejoradas.

Desempeño financiero y operativo de tercer trimestre de Continental

Continental reportó ingresos netos de tercer trimestre de 3 millones de dólares, incluyendo la concesión federal de 243 millones de dólares (154 millones después de impuestos) conforme a la ATSSSA (Ley de seguridad y estabilización del sistema del transporte aéreo) y 85 millones de costos de recorte de personal y otros cargos especiales. Excluyendo los cargos especiales y la concesión federal, Continental habría reportado una pérdida de 97 millones. El ingreso de tercer trimestre fue de 2 100 millones de dólares, 14.9% por debajo del mismo periodo del año anterior. La compañía indicaba que el flujo de caja o efectivo de las operaciones seguía siendo negativo en cuatro a cinco millones de dólares por día, abajo de una cantidad de 30 millones de dólares diarios durante el cierre de tráfico aéreo de tres días que siguió a los ataques. La administración señaló que la empresa esperaba recibir ayudas adicionales de la ATSSSA de alrededor de 215 millones de dólares. Continental tenía activos sin gravamen con un valor de libros ligeramente mayor a 1 000 millones de dólares el 30 de septiembre de 2001, que podía ofrecerse en prenda para futuros préstamos.

En el tercer trimestre de 2001, la compañía aceptó la entrega de 14 nuevos jets Boeing y sacó 49 aviones del servicio; estaba en discusiones con Boeing respecto del aplazamiento en el pedido de algunos aviones y la programación de su entrega en 2002 y 2005. En la ilustración 6 se muestra la hoja de balance de Continental del 30 de septiembre de 2001. De acuerdo con la administración de la aerolínea, los recientes descuentos de precio de pasaje para estimular el tráfico de pasajeros habían deprimido el ingreso por milla de asiento disponible, ayudando a levantar agudamente el factor de carga de punto límite de rentabilidad de la compañía en el tercer trimestre a 78.3 por ciento.

Ilustración 6   Hoja de balance de Continental, al 30 de septiembre de 2001, comparada con la del 31 de diciembre de 2000 (en miles de millones de dólares)

	30 de septiembre de 2001	31 de diciembre de 2000
Activo		
Activo circulante		
Efectivo y equivalentes de efectivo	$1 201	$1 371
Inversiones a corto plazo	—	24
Cuentas por cobrar, neto	455	495
Partes de refacción y suministros, neto	290	280
Otros	306	289
Total del activo circulante	2 252	2 459
Total de propiedad y equipo	6 063	5 163
Rutas, puertas de abordar y espacios, neto	1 048	1 081
Otros conceptos de activo, neto	453	498
Total del activo	$9 816	$9 201
Pasivo y capital contable de los accionistas		
Pasivo circulante (obligaciones actuales o a corto plazo)		
Vencimientos actuales de deuda a largo plazo y de arriendo de capital	$ 349	$ 304
Cuentas por pagar	988	1 016
Deudas de tráfico aéreo	1 124	1 125
Otras deudas acumuladas	623	535
Total de pasivo circulante	3 084	2 980
Deuda a largo plazo y de arriendo de capital	4 092	3 374
Otras obligaciones a largo plazo	1 145	995
Compromisos y contingencias		
Valores preferentes obligatoriamente redimibles de deuda de Continental de fideicomiso subsidiario retenedor de obligaciones subordinadas únicamente convertibles [en acciones]	243	242
Acciones comunes redimibles	—	450
Capital contable de los accionistas		
Acciones preferentes	—	—
Acciones comunes clase A	—	—
Acciones comunes clase B	1	1
Capital adicional pagado	885	379
Ganancias retenidas	1 510	1 456
Otros ingresos (pérdidas) amplios(as) acumulados(as)	(4)	13
Acciones de Tesorería	(1 140)	(689)
Total de capital contable de los accionistas	1 252	1 160
Total de pasivo y capital contable de los accionistas	$9 816	$9 201

Fuente: Boletín de noticias de la compañía, 31 de octubre de 2001.

Ilustración 7   Estadísticas operativas seleccionadas de Continental Airlines, periodo de tres meses terminado el 30 de septiembre de 2001, comparado con el de 2000 (las cifras no incluyen operaciones de Continental Express)

	Periodo de tres meses terminado el 30 de septiembre		Incremento (decremento) neto
	2001	**2000**	
(Millares de) pasajeros productivos	11 254	12 155	(7.4)%
(Millones de) millas de pasajero productivo[1]	16 206	17 325	(6.5)%
(Millones de) millas de asiento disponible[2]	21 994	22 356	(1.6)%
Factor de carga de pasajero[3]	73.7%	77.5%	(3.8) puntos
Factor de carga de pasajero de límite de rentabilidad[4]	78.3%	67.4%	10.9 puntos
Ingreso de pasajero por milla de asiento disponible (dólares)	8.59¢	10.06¢	(14.6)%
Total del ingreso por milla de asiento disponible (dólares)	9.33¢	10.89¢	(14.3)%
Costo operativo por milla de asiento disponible (dólares)	9.34¢	9.58¢	(2.0)%
Precio promedio por galón (1 galón = 3.78 litros) de combustible (dólares)	82.37¢	86.52¢	(4.8)%
Aviones reales en la flota al final del periodo	342	367	(6.8)%
Duración promedio de vuelo de avión (en millas)	1 208	1 187	1.8%

[1] Número de millas programadas, recorridas en vuelo por pasajeros productivos.

[2] Número de asientos disponibles para pasajeros multiplicado por el número de millas programadas, recorridas en vuelo por esos asientos.

[3] Millas de pasajero productivo divididas entre las millas de asiento disponible.

[4] Porcentaje de asientos que tienen que ir ocupados por pasajeros productivos para que la aerolínea llegue al punto de equilibrio o límite de rentabilidad en un ingreso antes de la base de impuesto sobre la renta, excluyendo cargos no recurrentes, conceptos no operativos y otros conceptos especiales.

Fuente: Boletín de noticias de la compañía, 31 de octubre de 2001.

caso 17

DoubleClick Inc.: colecta de inteligencia del cliente

Ken Mark
University of Western Ontario

Scott Schneberger
University of Western Ontario

INTRODUCCIÓN

"Este lunes revelamos que la Federal Trade Commission (FTC; Comisión Federal de Comercio) inició una investigación voluntaria de nuestros procedimientos de servidores de anuncios y obtención de datos", explicó Kevin Ryan, presidente de DoubleClick Inc. Era el jueves 17 de febrero de 2000 en la ciudad de Nueva York y Ryan se estaba preparando para responder a preguntas de medios y de inversionistas.

"Confiamos en que nuestras políticas de negocios son congruentes con nuestra política de respeto a la intimidad y benéficas para consumidores y anunciantes", continuó. "La FTC ha iniciado una serie de investigaciones de algunas de las compañías web más conocidas, incluida DoubleClick, y apoyamos sus esfuerzos para preservar la seguridad de internet para los consumidores."

Varios activistas de respeto a la intimidad en internet habían presentado una queja formal ante la FTC después de informarse en los medios de que DoubleClick tenía la capacidad de determinar la identidad de una persona mediante el uso de "cookies" y otras bases de datos. He aquí un extracto de un artículo en una edición de principios de enero de 2000 de *USA Today*:

Activistas acusan a DoubleClick de traición

Los usuarios de la web han perdido intimidad con la colocación de un *cookie*, dicen
Por Will Rodger, USATODAY.com

Dígale adiós al anonimato en la web.

USATODAY.com se ha enterado de que DoubleClick Inc., la mayor empresa de anuncios de internet, ha comenzado a rastrear a los usuarios de la web por nombre y dirección a su paso de un sitio web a otro.

Este proceder, conocido como *profiling* [literalmente, bosquejo y/o registro de perfil; elaboración de expediente de información clave], les da a los encargados del marketing la capacidad de indagar sobre el domicilio y, en muchos casos, la identidad precisa de la persona que visita cualquiera de los 11 500 sitios que utilizan los "cookies" rastreadores de anuncios de DoubleClick. Lo que hizo posible tal registro de perfiles fue la compra, efectuada en junio por DoubleClick, de Abacus Direct Corp., una compañía de servicios de marketing directo que mantiene una base de datos de nombres, direcciones y hábitos de compra detallista de 90% de los hogares estadounidenses. Con la ayuda de sus socios en línea, DoubleClick puede correlacionar ahora la base de datos de nombres de Abacus con las actividades de la gente en internet.

DOUBLECLICK INC.

Con oficinas centrales de carácter global en la ciudad de Nueva York y más de 30 oficinas en todo el mundo, DoubleClick era uno de los proveedores líderes de soluciones amplias de anuncios por internet para encargados de marketing y editores de la web. Combinaba la tecnología, los medios y la pericia en datos para centralizar la planeación, ejecución, control, rastreo y reporte para compañías de medios en línea. Junto con su tecnología exclusiva DART de determinación de objetivos, DoubleClick manejaba Abacus Direct, una base de datos de comportamiento de compra del consumidor utilizada con fines de marketing por internet y por correo directo.

La controversia del respeto a la intimidad en torno a DoubleClick empezó en el verano de 1999, cuando esta empresa anunció que se estaba fusionando con Abacus Direct en un trato valuado en más de 1 000 millones de dólares. Los expertos en respeto a la intimidad habían temido que DoubleClick empezaría por fusionar las dos bases de datos en algún momento. Sin embargo, dijeron que no sabían que DoubleClick hubiera comenzado su práctica de registro de perfiles a fines de 1999. Antes de su compra de Abacus, DoubleClick había ganado dinero tomando como objetivo anuncios de cintillo en formas menos directas. Por ejemplo, las computadoras servidoras de anuncios de DoubleClick comprobaban las direcciones de internet de la gente que visitaba sitios participantes. De este modo, las personas en sus hogares podían ver anuncios diferentes de los que veían trabajadores en General Motors o en una compañía de máquinas herramientas en Ohio.

Cada vez que los visitantes veían esos cintillos o hacían clic en ellos, DoubleClick agregaba ese hecho a los expedientes individuales que levantaba sobre ellos con ayuda de los *cookies* que almacenaba en los discos duros de los usuarios. Esos expedientes, a su vez, ayudaban a DoubleClick a dirigir los anuncios aún con mayor precisión, aumentando su relevancia para los consumidores y reduciendo la repetición innecesaria.

El "propietario" de esos *cookies* seguía siendo anónimo para DoubleClick hasta que compró Abacus.[1]

Ser rastreada a su paso por la web "no alcanza a entrar en lo que la gente espera en la red", dice Robert Smith, editor del boletín noticioso *Privacy Journal*. "Las personas no piensan que

---

[1] Estos *cookies* eran anónimos porque, aun cuando DoubleClick rastreaba el dispositivo (y posteriormente al usuario), no contaba con un medio para identificar al propietario del artefacto. De hecho, DoubleClick estaba en conocimiento de los hábitos de *surfing* o paseo por la web del usuario, pero no de su identidad. Con la base de datos adicional que contenía información de identificación personal, había la posibilidad de que la información en el *cookie* pudiera compararse con un perfil del *surfista*, con lo cual se identificaría al usuario.

sus ubicaciones físicas y sus nombres se vayan a combinar con lo que ellas hacen en internet. Si una empresa [DoubleClick] quiere hacer tal combinación, tiene que exponer ese plan al público y someterlo a discusión."[2]

DoubleClick, que es una compañía pública, comerciaba bajo el símbolo DLCK en la bolsa de valores NASDAQ.[3]

DART DE DOUBLECLICK

Dynamic Advertising, Reporting and Targeting (DART; Publicidad, reporte y determinación de objetivo dinámicos) era un paquete de software enfocado a la administración de publicidad de clase empresarial basado en la web, desarrollado por DoubleClick y al cual se le había otorgado la patente U.S. Patent 5 948 061. Con este programa se efectuaban la determinación de objetivos, el reporte y la administración de inventarios, permitiendo a los sitios (o redes de sitios) manejar todas o algunas de las funciones servidoras de anuncios por medio de los servidores centrales de DoubleClick. El beneficio para los clientes anunciantes era la oportunidad de crear a su vez relaciones vitalicias con sus clientes (usuarios) a través de la personalización de los mensajes publicitarios (véase la ilustración 1). Un cliente empezaría por poner una campaña publicitaria con DoubleClick. Utilizando la tecnología DART, los mensajes publicitarios se colocarían en los sitios más visitados por los consumidores (clientes) del cliente, y se rastrearían los resultados publicitarios. DoubleClick compilaría entonces los datos reunidos y le presentaría los resultados de la campaña al cliente (véase la ilustración 1).

Los sitios web que tratan de vender anuncios de cintillo podrían contratar externamente [por *outsourcing*] la presentación del anuncio en línea del sitio con DoubleClick. A la vez que hiciera la labor de proporcionar y manejar el servidor para los anuncios, DoubleClick utilizaría entonces DART para colectar, analizar y optimizar los anuncios en línea y su presentación.

BENEFICIOS DE DART[4]

Una administración de campaña moderna, con precisa determinación de objetivos y reportes en tiempo real, adecuados para la acción, son aspectos todos que contribuyen a una medida importante: el aumento de réditos de inversión (RDI). DART for Advertisers (DART para anunciantes) le proporciona el refinamiento de proceso y rastreo que le permite optimizar continuamente sus campañas y que enlaza sus programas de marketing con el dinero real generado. He aquí algunos de los beneficios del uso de DART for Advertisers:

- **Oferta de servicio basado en la web.** DART for Advertisers es accesible desde cualquier parte, con base en las autorizaciones que usted controle. Y como es un servicio, usted obtiene actualizaciones y mejoras al instante sin despliegue del programa ni cargo por costos de mantenimiento.

- **Solución integrada.** DART le brinda la tecnología más poderosa con que cuenta la industria en administración de anuncios, determinación de objetivos incorporada y avanzado dispositivo de reportes, lo cual en conjunto forma la base del marketing de ciclo cerrado y de los réditos de inversión incrementados. Su conjunto de características en constante evolución se basa en las enérgicas exigencias de la más avanzada base instalada.

- **Planeación y control centralizados.** Cualquiera que sea la extensión de su plan de medios, DART for Advertisers le ofrece una avanzada herramienta de planeación de los mismos y le permite comprar y trasladar los anuncios a tantos sitios como usted desee. Así que usted puede rastrear solicitudes de propuestas (RFPs, requests for proposals) y pedidos de inserción, controlar cambios creativos y ver reportes estandarizados de una campaña o de varias, como nunca antes.

---

[2] Según apareció en *USA Today* del 15 de enero de 2000.

[3] Se obtuvo el acceso a la información y los boletines de DoubleClick mediante www.doubleclick.com.

[4] Procedente de doubleclick.com, 29 de febrero de 2000.

Ilustración 1   Administración de campaña central

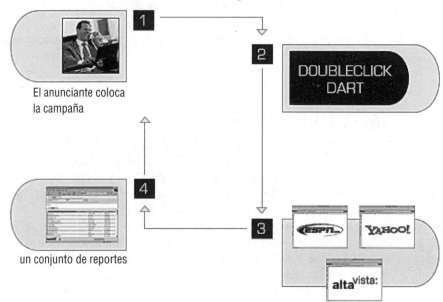

El anunciante coloca
la campaña

un conjunto de reportes

- **Determinación de objetivos de alto nivel.** Con capacidades incorporadas de determinación de objetivos, DART ofrece una serie ilimitada de criterios de objetivo, a fin de que usted haga llegar el mensaje preciso a la persona precisa en el momento debido. Las capacidades de determinación de objetivos de DART son las mejores en el ramo.
- **Reporte uniforme.** DART le proporciona un conjunto único de reportes en tiempo real que abarcan su campaña entera. Equipado con información detallada, activable por clic, de transacción, alcance y frecuencia, usted puede probar diferentes ejecuciones de mensajes de venta, medios ricos en recursos y tamaños de anuncios, y cambiar luego la parte creativa instantáneamente para maximizar la efectividad de su campaña.
- **Etiquetación privada.** Con DART, las agencias obtienen una ventaja competitiva al ofrecer las capacidades líderes en línea de administración de campaña dentro de su propio conjunto de productos y servicios.

PRESENTACIÓN DE DART

Con un expansivo equipo de ingenieros que daban apoyo al complejo sistema de DART, DoubleClick hacía la labor de servidores a 53 000 millones de anuncios,[5] dentro de los sitios habilitados por DART al mes, para compañías en más de 13 países alrededor del mundo. Esto lo llevaba a cabo utilizando 23 centros de datos globales, con instalaciones anfitrionas de clase mundial, como Frontier Global y Exodus Communications. También poseía una red de casi 800 servidores (Microsoft NT Quad Processors) de medios y anuncios, ubicados por todo el mundo para asegurar la confiabilidad. La arquitectura que usaba era 100% "escalable" [susceptible de hacerla crecer en recursos] y ejecutaba bases de datos Oracle alojadas en equipo Sun Solaris. La fachada (interfaz de usuario) de DART se apegaba al lenguaje de marcación de hipertexto (HTML, hypertext markup language), y se podía tener acceso a la misma desde cualquier explorador en cualquier plataforma.

DoubleClick tenía la capacidad de separar el anuncio sirviendo desde el procesamiento de transmisión de extremo trasero del sitio, acoplando anuncios en menos de 15 milisegundos y dando servicio de red a anuncios a un ritmo promedio de uno cada 24 milisegundos.

---

[5] DoubleClick esperaba servir red a más de 53 000 millones de anuncios mensuales para junio de 2000.

Ilustración 2   DART de DoubleClick en acción

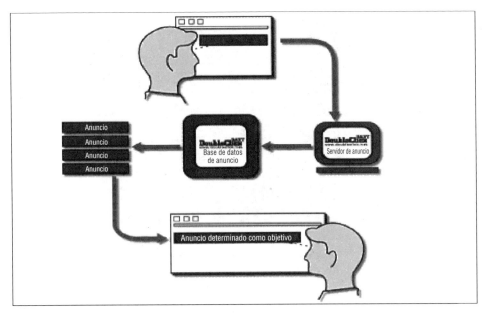

DART EN OPERACIÓN

La base de datos de perfil de usuario de DART reconocía usuarios únicos por sus *cookies* y presentaba un anuncio determinado como objetivo en forma precisa cada vez que el usuario visitaba páginas web que estuvieran usando DART. Primero, al entrar en la página web, el usuario activaba una "solicitud" de anuncio de DoubleClick. En seguida, si ese usuario había visitado anteriormente sitios de DoubleClick, este último reconocería el archivo *cookie* y el número único del usuario, recuperando su dirección IP, dominio de país, compañía, programa explorador y sistema operativo. (Si no, esta vez se colocaba un *cookie* en la computadora del nuevo usuario.) DART acoplaba un anuncio determinado como objetivo según el perfil del usuario, y entonces lo presentaba a éste (véase la ilustración 2).

USO DE *COOKIES* EN DOUBLECLICK

Los *cookies* eran pequeños archivos de texto almacenados en el disco duro del usuario utilizados por miles de sitios. Estos *cookies* permitían a los sitios "recordar" a los usuarios a través de páginas de sitios y de múltiples visitas a un sitio. Ni los *cookies* ni su uso dañaban los archivos del usuario, y tampoco podían leer información de su disco duro.

Esta herramienta mejoraba el comercio electrónico y la publicidad en internet en numerosas formas, entre ellas las características de personalización, como el rastreo de una cartera financiera y de historias noticiosas determinadas como objetivos, así como la capacidad de hacer sesiones de giras de compras y navegación rápida por múltiples zonas de sitios de comercio electrónico. Los *cookies* podían recordar nombres y contraseñas de usuario para visitas futuras, controlar la frecuencia de anuncios o el número de veces que un usuario vería un anuncio determinado; asimismo, podían permitirle a los anunciantes dirigir anuncios afines al interés de cierto usuario.

Ryan explicó que DoubleClick no utilizaba *cookies* para explotar datos delicados.

DoubleClick nunca ha usado ni usará información electrónica delicada en nuestro registro de perfiles. Es política de DoubleClick combinar sólo la información identificadora de persona con otra información también identificadora de persona para el registro de perfiles, después de proporcionar claro aviso de la existencia de una opción.

Ilustración 3

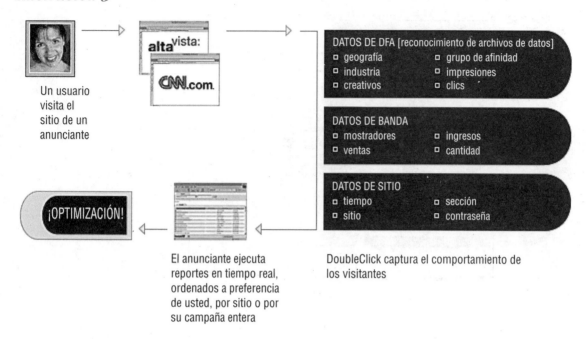

Un usuario visita el sitio de un anunciante

DATOS DE DFA [reconocimiento de archivos de datos]
- geografía
- industria
- creativos
- grupo de afinidad
- impresiones
- clics

DATOS DE BANDA
- mostradores
- ventas
- ingresos
- cantidad

DATOS DE SITIO
- tiempo
- sitio
- sección
- contraseña

¡OPTIMIZACIÓN!

El anunciante ejecuta reportes en tiempo real, ordenados a preferencia de usted, por sitio o por su campaña entera

DoubleClick captura el comportamiento de los visitantes

VENTA DE LA INVESTIGACIÓN DE LOS DATOS RECOGIDOS

Una de las unidades de negocios de DoubleClick recogía datos de tráfico y uso, y analizaba la efectividad de las campañas. A partir de esta investigación, al documento producido para los clientes de publicidad se le llamaba Spotlight [haz de luz].

Spotlight le permitía a un anunciante determinar qué colocación de medios generaba un tipo específico de actividad, posterior al clic, importante para su plan de medios; proveía una métrica ajustable a la medida y preferencia, como la cantidad de registros, el número de ventas, la cantidad de unidades compradas, los tipos de servicios adquiridos y los ingresos generados por ventas reales, como resultado de una campaña de anunciante.

Los informes ofrecían tres niveles de reporte, incluidos el nivel de cintillo, el nivel de campaña y los datos de actividad en conjunto al nivel de anunciante. Otra característica ofrecía tasas de conversión en actividad por clics, impresiones y costos de medios. Una tercera capacidad era la metodología contadora que acreditaba actividades al último anuncio cliqueado [de *cliquear* o *clicar*: activar pulsando el botón correspondiente del ratón de la computadora] por el usuario, antes de ejecutar la actividad, por un lapso de hasta 90 días después de que el anuncio había dejado de presentarse (véase la ilustración 3).

Abacus, la división antes mencionada de DoubleClick, actuando como mediadora de detallistas y anunciantes de internet, utilizaría técnicas adicionales de modelado estadístico para identificar a esos consumidores en línea en la base de datos Abacus Online que más probablemente se interesarían por un producto o servicio particulares.

UNA QUEJA INTERPUESTA EN LA FTC

Jason Catlett, de Junkbusters, Inc. (una consultora sobre intimidad en internet), David Banisar, director asistente de Privacy International, y el U.S. Electronic Privacy Information Center presentaron una queja ante la Federal Trade Commission, con la acusación de que DoubleClick había engañado a los consumidores al sugerir que la tecnología de la empresa les permitía permanecer anónimos. Esperaban contar con una amplia lista de grupos de consumidores que respaldan su postura.

Catlett afirmaba que para los defensores de la intimidad era aún más preocupante la negativa de DoubleClick a declarar cuáles sitios de internet le estaban proporcionando las listas de registros que la compañía necesitaba para vincular los alguna vez anónimos *cookies* con nombres, direcciones, números telefónicos y compras de catálogo.

> El hecho de que DoubleClick no esté revelando los nombres de las compañías que le están proporcionando los nombres de los consumidores es de una hipocresía vergonzosa. Están tratando de proteger la confidencialidad de los violadores de la intimidad.

Jonathan Shapiro, vicepresidente titular y jefe de la unidad Abacus, bastante alterado por el comentario de Catlett, dijo: "Cualquier compañía que utiliza los datos de la base de datos Abacus para determinar como objetivo anuncios de internet tiene que revelarlo en línea". Más aún, añadió, la propia DoubleClick tendría que pasarles a los defensores de la intimidad la lista de compañías participantes si pudiera. Sin embargo, como en muchas líneas de negocios, los socios se enojan cuando sus relaciones son reveladas sin que ellos lo autoricen. Shapiro concluyó: "Si todos ellos compraran un tablero de anuncio espectacular y dijeran que trabajan con nosotros sería estupendo".

LA NUEVA POLÍTICA DE RESPETO A LA INTIMIDAD

Siguiendo la recién instituida política de respeto a la intimidad, Ryan hizo este anuncio:

> Tiempo antes, en febrero, DoubleClick anunciaba lo que creemos que es la más enérgica política de respeto a la intimidad en internet que se haya dictado y nos comprometió a hacer una campaña nacional para instruir a los consumidores acerca del respeto a la intimidad en línea. Nosotros anunciamos también que sólo haríamos negocios con editores estadounidenses en línea que tuvieran pautas de política de respeto a la intimidad. Conseguimos que PriceWaterhouseCoopers lleve a cabo auditorías periódicas de respeto a la intimidad, de modo que los consumidores continúen confiando en que estamos cumpliendo con nuestro compromiso de proteger la intimidad de los usuarios. Además, hemos anunciado la creación de la DoubleClick Privacy Ad Board (Junta Directiva sobre Anuncios con Respeto a la Intimidad de DoubleClick), y estamos añadiendo un nuevo puesto de nivel ejecutivo de Chief Privacy Officer (director general de respeto a la intimidad).

DoubleClick explicaba en su política de respeto a la intimidad (véase la ilustración 4) que no recogía información alguna "de identificación personal" acerca de sus usuarios, como el nombre, la dirección, el número telefónico o la dirección de correo electrónico; pero que sí reunía aquella "que no era de identificación personal", como el servidor con el que estaba conectada la computadora del usuario, su tipo de programa explorador y si el usuario respondía al anuncio presentado.

La información no identificadora de persona que recogía DoubleClick se empleaba con el propósito de determinar anuncios como objetivo y de medir la eficacia del anuncio en nombre de los anunciantes de DoubleClick y editores de la web que específicamente lo solicitaban. Sin embargo, la información no identificadora de persona reunida por DoubleClick podía asociarse con información de identificación personal de un usuario si éste hubiera consentido en recibir anuncios confeccionados a gusto personal.

Además, con la presentación de anuncios por medio de la tecnología DART al sitio web de un editor particular de la web, DoubleClick combinaba los datos no identificadores de persona recogidos por DoubleClick de la computadora de un usuario con el nombre de registro (log-in name) y los datos demográficos acerca de los usuarios reunidos por el editor de web y proporcionados a DoubleClick con fines de determinación de objetivos en el sitio web del editor de web. DoubleClick había pedido que esta información se revelara en la declaración de respeto a la intimidad del sitio web.

Había también otros casos en los que un usuario proveía voluntariamente información personal en respuesta a un anuncio (un formulario de encuesta o de compra, por ejemplo). "Esa persona recibirá aviso de que se está recogiendo información personal sobre ella", declaró Shapiro. En esas situaciones, DoubleClick (o un tercero contratado por DoubleClick) recogía la

Ilustración 4   Política de DoubleClick de respeto a la intimidad

Política de respeto a la intimidad

Declaración de respeto a la intimidad, de DoubleClick

La intimidad del usuario de internet es de la mayor importancia para DoubleClick, para nuestros anunciantes y para nuestros editores de la web. El éxito de nuestro negocio depende de nuestra capacidad de mantener la confianza de nuestros usuarios. A continuación se presenta la información relativa al compromiso de DoubleClick para proteger la intimidad de los usuarios y para asegurar la integridad de internet.

Información recogida en la presentación de anuncios

En el curso de la presentación de un anuncio para usted, DoubleClick no recoge información alguna de identificación personal acerca de usted, como su nombre, dirección, número telefónico o dirección de correo electrónico. Sin embargo, DoubleClick sí recoge información no identificadora de persona acerca de usted, como el servidor con el que su computadora está conectada, su tipo de programa explorador (por ejemplo, Netscape o Internet Explorer), y si usted respondió al anuncio presentado.

La información no identificadora de persona que recoge DoubleClick se usa para fines de determinar objetivos y de medir la eficacia de anuncios a nombre de los anunciantes y editores de web de DoubleClick que específicamente lo solicitan. Para obtener información adicional sobre la información reunida por DoubleClick en el proceso de presentarle a usted un anuncio, por favor haga clic aquí.

Sin embargo, como se describe en "Abacus Alliance" y en "Información recogida por los sitios web de DoubleClick" más adelante, la información no identificadora de persona que recoge DoubleClick en el curso de la presentación de anuncio *puede asociarse con la información de identificación personal de un usuario* si éste ha consentido en recibir anuncios preparados a su medida y preferencia.

Además, en conexión únicamente con la presentación de anuncios por medio de la tecnología DART de DoubleClick a un sitio web de un editor particular de la Red, DoubleClick combina los datos no identificadores de persona recogidos por DoubleClick de la computadora de un usuario con el nombre de registro y los datos demográficos de los usuarios, recogidos por el editor de web y proporcionados a DoubleClick para fines de la determinación de objetivos en el sitio web del editor de web. DoubleClick ha pedido que esta información se revele en la declaración de respeto a la intimidad del sitio web.

Hay, asimismo, otros casos en los que un usuario provee voluntariamente información personal en respuesta a un anuncio (un formulario de encuesta o de compra, por caso). En estas situaciones, DoubleClick (o un tercero llevado por DoubleClick) recoge la información en nombre del anunciante y/o el sitio web. Esta información la usan el anunciante y/o el sitio web para que usted pueda recibir los bienes, servicios o información que pidió. Cuando resulta indicado, DoubleClick puede utilizar esta información en forma conjunta para obtener una mejor comprensión general del tipo de individuos que ven los anuncios o visitan los sitios web. A menos que se revele específicamente, la información identificadora de persona recogida por DoubleClick en estos casos no se usa para presentar a un usuario anuncios confeccionados a su medida y preferencia personales, y tampoco es vinculada por DoubleClick con ninguna otra información.

Abacus Alliance

El 23 de noviembre de 1999, DoubleClick Inc. completó su fusión con Abacus Direct Corporation. Abacus, que ahora es una división de DoubleClick, seguirá operando Abacus Direct, el elemento de correo directo de la Abacus Alliance. Además, Abacus ha comenzado a construir Abacus Online, el elemento de internet de la Abacus Alliance.

La porción de Abacus Online de la Abacus Alliance permitirá a los consumidores estadounidenses en internet recibir mensajes publicitarios confeccionados para sus intereses individuales. Como con todos los productos y servicios de DoubleClick, Abacus Online está completamente comprometida a ofrecer a los consumidores en línea *aviso* de la colecta y uso de la información personal acerca de ellos, y la *opción* de no participar. Abacus Online mantendrá una base de datos que contendrá información de identificación personal acerca de los usuarios de internet que hayan recibido aviso de que su información personal se empleará para fines de marketing en línea y de que se asociará con información sobre ellos disponible de otras fuentes, y a los cuales se les haya ofrecido la opción de no recibir estos mensajes confeccionados a su medida y preferencia personales.

(continúa)

Ilustración 4   (*continuación*)

El aviso y la oportunidad de elegir aparecerán en los sitios web que aporten información de usuario a la Abacus Alliance, por lo común cuando al usuario se le dé la oportunidad de proporcionar información de identificación personal (por ejemplo, en una página de registro de usuario, o en un formulario de pedido).

Abacus, como mediadora de los detallistas y anunciantes de internet, utilizará técnicas de modelado estadístico para identificar a los consumidores en línea en la base de datos Abacus Online que con mayor probabilidad se interesarían por un producto o servicio particulares. Todos los mensajes publicitarios presentados a los consumidores en línea identificados por Abacus Online se presentarán por medio de la tecnología patentada DART de DoubleClick.

Se harán grandes esfuerzos para asegurar que toda la información en la base de datos de Abacus Online se recoja de una manera que dé a los usuarios claro aviso y elección. La *información de identificación personal en la base de datos Abacus Online no se venderá ni se revelará a ningún comerciante, anunciante ni editor de la web.*

La información de nombre y dirección dada voluntariamente por un usuario en un sitio web de Abacus Alliance es asociada por Abacus con otra información acerca de ese individuo mediante el uso de un código de acoplamiento y el *cookie* de DoubleClick. La información en la base de datos de Abacus Online incluye el nombre, la dirección y la historia de compras detallistas, por catálogo y en línea del usuario, y sus datos demográficos. La base de datos incluye asimismo la información no identificadora de persona del usuario reunida por los sitios web y otras empresas con las que DoubleClick hace negocios. A menos que se revele específicamente lo contrario en la política de intimidad de un sitio web, la mayor parte de la información no identificadora de persona que DoubleClick reúna de los sitios web en la red DoubleClick Network es incluida en la base de datos de Abacus Online. No obstante, la base de datos de Abacus Online no asociará ninguna información de identificación personal médica, financiera o de preferencia sexual con individuo alguno. Ni asociará información de niños.

Loterías

DoubleClick's Flashbase, Inc., es una subsidiaria que provee herramientas de automatización que permiten a nuestros clientes ofrecer concursos y loterías en línea ("loterías de DoubleClick").

Todos los formularios de entrada a las loterías de DoubleClick deben ofrecer una forma de que usted opte por no recibir información alguna del gerente de loterías que no se relacione con la entrega de premios a estos juegos. Los formularios de entrada deben proporcionar a los consumidores la opción de recibir o no materiales de marketing de correo electrónico de terceros. Cuando usted entra en las loterías de DoubleClick, la información que usted provee no se va a compartir con DoubleClick ni con otros terceros, a menos que usted convenga en ello cruzando o poniendo la marca correspondiente en el recuadro de optar por participar en el formulario de entrada de la lotería. Si usted entra en uno de estos sorteos, acepta que el patrocinador de la lotería puede utilizar el nombre de usted en lo relacionado con el anuncio y la promoción de los ganadores de la lotería. Para recabar información adicional vea las reglas oficiales de la lotería en la que usted está entrando.

DoubleClick recoge información de conjunto, anónima, acerca de las loterías. Esa información se usa principalmente para ayudar a los administradores de loterías a elegir premios y a tomar otras decisiones relativas a la organización de la lotería. DoubleClick no asocia la información proporcionada a través de esos sorteos con otras actividades de navegación en la web que usted realice ni con otros datos de flujo de clics.

DoubleClick Research

DoubleClick Research es una subsidiaria de DoubleClick Inc. Para examinar la política de respeto a la intimidad desde el principio, incluida la información sobre las opciones de salir del *cookie* de DoubleClick, haga clic aquí. DoubleClick Research proporciona encuestas a usuarios. Todas las respuestas de encuestas de investigación son voluntarias, y la información reunida se usará sólo con fines de investigación y reporte, para ayudar a DoubleClick y a nuestros clientes a determinar la eficacia de nuestros negocios, sitios web o campañas de publicidad.

Si usted participa en una encuesta, la información que usted provea se usará junto con la de otros participantes del estudio (por ejemplo, DoubleClick pudiera reportar que 50% de los encuestados de un estudio son mujeres). DoubleClick puede compartir datos anónimos individuales y de conjunto con la compañía que solicitó la encuesta con fines de investigación y análisis.

La única información identificable individualmente que DoubleClick Research puede utilizar es la dirección de correo electrónico que usted da. DoubleClick Research puede también ponerse en

(*continúa*)

Ilustración 4   (*continuación*)

contacto con usted por su dirección de correo electrónico para otros propósitos si usted le indica a esta empresa que puede hacerlo; por ejemplo, si usted indica en la encuesta que desea unirse a un grupo de investigación en línea de DoubleClick Research. Cuando usted entrega su forma de encuesta, la dirección de correo electrónico de usted y su respuesta a la pregunta "contacto futuro" descritas antes se almacenan automáticamente en una base de datos que es separada de manera intencional de sus respuestas de encuesta. Por consiguiente, su dirección de correo electrónico no es ligada de nuevo a sus respuestas de encuesta. DoubleClick Research no compartirá con un tercero los datos identificadores personales individuales que usted introduzca al responder a preguntas de encuesta.

Para cualesquiera otros propósitos, sólo se usarán datos agregados que hayan sido despojados de toda información de identificación personal.

DoubleClick Research emplea la tecnología de servidor de anuncios DART para transmitir la encuesta. En el proceso de hacerle llegar esta encuesta, se puede colocar un *cookie* de DoubleClick en el programa explorador de usted. DoubleClick utiliza la tecnología del *cookie* para muchos fines, incluida la determinación de anuncios con objetivo para usted en otros sitios web. En relación con las encuestas de DoubleClick Research, el *cookie* se utiliza para controlar el proceso de investigación, en principio para evitar que a la gente que está respondiendo se le haga de nuevo la misma encuesta. Además, los tipos de publicidad que usted ha visto en los sitios web en el curso de su paseo normal por la web, como si usted ha visto un anuncio particular o cuántas veces lo ha visto, pueden conectarse con sus respuestas anónimas de encuesta. Esta información es estrictamente para fines de investigación y es totalmente anónima.

Si sus *cookies* son desactivados o si usted optó por no participar, DoubleClick Research no podrá reconocer si a usted se le ha invitado a participar en una encuesta y, sin tal dato, se le puede ofrecer la misma encuesta en el futuro. Para leer más acerca de los *cookies* de DoubleClick, incluida la información de cómo salirse del *cookie* de DoubleClick, haga clic aquí.

Por favor, póngase en contacto con DoubleClick Research en surveyhelp@doubleclick.net si tiene preguntas o comentarios acerca de DoubleClick Research o de su participación en la encuesta o si quiere optar más adelante por no recibir correo electrónico en el futuro.

Correo electrónico

DoubleClick utiliza DARTmail, una versión de la tecnología DART, para hacerle llegar correos electrónicos que pueden incluir anuncios. El correo electrónico se envía sólo a personas que hayan consentido en recibir una publicación particular de correo electrónico o mensajes de una compañía. Si en cualquier momento usted quiere poner fin a su suscripción a una publicación de correo electrónico o a envíos por este medio, siga las instrucciones que aparecen al final de la publicación o envío de correo electrónico, o las del boletín de noticias del sitio web de la compañía.

A fin de llevarle a usted publicidad más pertinente, su dirección de correo electrónico puede unirse con la información que usted proveyó al sitio web de nuestro cliente y pueden agregársele otras fuentes de datos. No obstante, DoubleClick no vincula su dirección de correo electrónico con sus otras actividades de exploración de la web ni con los datos de flujo de clics.

Información recogida por los sitios web de DoubleClick

Los sitios web que son propiedad o están bajo el control de DoubleClick, como http://www.plazadirect.com/ y http://www.iaf.net/, pueden pedir y colectar información de identificación personal. DoubleClick tiene el compromiso de dar aviso significativo y elección a los usuarios antes de que se nos haga llegar cualquier información de identificación personal. De manera específica, se instruirá a los usuarios de cómo DoubleClick puede usar tal información, incluyendo si se compartirá con socios de marketing o si se combinará con otra información disponible para nosotros. En la mayoría de los casos, la información proporcionada por un usuario se aportará a la base de datos de Abacus Online para habilitar en línea la presentación del anuncio confeccionado a la medida y preferencias personales. A los usuarios se les brindará siempre la opción de no dar información de identificación personal o de permitir que se comparta con otros.

Acceso

DoubleClick ofrece a los usuarios que voluntariamente han dado información de identificación personal a DoubleClick la oportunidad de revisar la información proporcionada y de corregir cualquier error.

Los *cookies* y la negativa a participar

DoubleClick, junto con miles de otros sitios web, utiliza los *cookies* para mejorar su experiencia en la web. Los *cookies* de DoubleClick no dañan su sistema ni sus archivos en modo alguno.

(continúa)

Ilustración 4 (*continuación*)

He aquí cómo funcionan. Cuando por primera vez se le presenta a usted un anuncio por servidor de DoubleClick, esta empresa le asigna a usted un número único y registra este número en el archivo *cookie* de la computadora de usted. Luego, cuando usted visita un sitio web en el que DoubleClick sirve anuncios, DoubleClick lee este número para ayudar a determinar como objetivo anuncios para usted. El *cookie* puede ayudar a asegurar que usted no vea el anuncio una y otra vez. Los *cookies* pueden servirle también a los anunciantes para medir cómo utiliza usted el sitio web de un anunciante. Esta información ayuda a nuestros anunciantes a adecuar sus anuncios a las necesidades de usted.

Si en cualquiera de los sitios web con los que Abacus hace negocios ha elegido recibir anuncios confeccionados para usted personalmente como parte de los servicios de Abacus, el *cookie* permitirá que DoubleClick y Abacus Online lo reconozcan a usted en línea a fin de presentarle mensajes relevantes.

Sin embargo, si no ha optado por recibir anuncios personales determinados como objetivo, el *cookie* de DoubleClick *no* se asociará entonces con información personal alguna acerca de usted, y DoubleClick (Abacus incluida) no podrá identificarle personalmente en línea.

Si bien creemos que los *cookies* mejoran su experiencia en la web limitando el aspecto repetitivo de la publicidad y acrecentando el nivel de contenido pertinente en este medio, no son esenciales para que nosotros sigamos firmes en nuestra posición de liderato en publicidad en la red.

Aunque hay terceras partes que ofrecen programas para borrar manualmente sus *cookies*, DoubleClick va un paso adelante y le ofrece a usted un *cookie* "vacío" ["blank"] o "*cookie* de salida o no participación" ["opt-out *cookie*"] para impedir que dato alguno se asocie con su programa explorador o con usted individualmente. Si no desea los beneficios de los *cookies*, hay un sencillo procedimiento que le permite negarse o aceptar esta característica. Al rechazar los *cookies* de DoubleClick, los anuncios que le sean presentados por DoubleClick sólo pueden determinarse como objetivos con base en información no identificadora de persona que se obtenga en el ambiente de internet, incluida la información acerca de su tipo de explorador y su proveedor de servicio de internet. Al rechazar el *cookie* de DoubleClick, no podemos reconocer su explorador de una visita a la siguiente, y usted puede, en consecuencia, recibir muchas veces el mismo anuncio.

Si desde antes ha elegido recibir anuncios confeccionados a su medida y preferencia personales al ser incluido en la base de datos de Abacus Online, puede optar más tarde por rechazar los *cookies* de DoubleClick y dejar de recibir anuncios en tal forma.

Su opción de salida o de no participación será efectiva por la vida entera de su explorador o mientras usted no borre el archivo *cookie* de su disco duro. En cualquiera de estos casos aparecerá como nuevo usuario para DoubleClick. A menos que rechace de nueva cuenta el *cookie* de DoubleClick, el servidor de anuncios de DoubleClick le enviará un nuevo *cookie* a su explorador.

Si desea más información sobre la opción de salida o de no participación, por favor haga clic aquí.

Revelación

DoubleClick hace accesibles todos nuestros procedimientos de información en www.doubleclick.net, incluidas las descripciones a fondo de nuestras capacidades de determinación de objetivos, nuestra política de respeto a la intimidad y la revelación completa del uso de *cookies*. Además, ofrecemos a todos los usuarios la opción de ponerse en contacto con nosotros en info@doubleclick.net para cualquier pregunta o preocupación.

Seguridad

DoubleClick mantendrá la confidencialidad de la información que recoge durante el proceso de presentar un anuncio; también lleva a cabo procedimientos internos que ayudan a proteger la seguridad y confidencialidad de esta información, limitando el acceso del empleado a esta información y a su uso.

Esfuerzos de la industria para proteger la intimidad del consumidor

DoubleClick se compromete a proteger la intimidad del consumidor en línea. Somos miembros activos de las organizaciones Network Advertising Initiative, NetCoalition.com, Online Privacy Alliance, Internet Advertising Bureau, New York New Media Association y la American Advertising Federation.

Para mayor información sobre la protección de su intimidad en línea, le recomendamos que visite http://networkadvertising.org/, http://www.netgcoalition.com/ y http://privacyalliance.org/. Si tiene preguntas adicionales, por favor póngase en contacto con nosotros en info@doubleclick.net.

(*continúa*)

Ilustración 4   (*continuación*)

> También le recomendamos revisar periódicamente esta Declaración de Respeto a la Intimidad, ya que DoubleClick puede actualizarla de vez en cuando.
>
> URL: corporate/privacy/default.asp
>
> Copyright © 1996-2001 DoubleClick Inc.
> La tecnología DART de DoubleClick está protegida por la patente U.S. Pat. 5948061.

Fuente: www.doubleclick.com, febrero de 2000.

información en nombre del anunciante y/o el sitio web, quienes la utilizaban para asegurar que los usuarios recibieran los bienes, servicios o información pedidos. Jennifer Blum, de Media Relations, declaró que sólo alrededor de una docena de sus sitios afiliados habían comenzado a recoger y usar información personal. Ella reconocía, sin embargo, que la meta de DoubleClick era lograr el consenso de todos sus sitios socios para participar. Cuando fuera indicado, DoubleClick podía usar la información en forma conjunta para obtener una mejor noción general del tipo de individuos que veían anuncios o visitaban los sitios web. A menos que se revelara específicamente, la información de identificación personal que recogía DoubleClick en estos casos no se usaba para presentar a un usuario anuncios confeccionados a su medida y preferencias personales, ni era vinculada por DoubleClick con ninguna otra información.

SALIDA O RECHAZO DE LA SITUACIÓN DE SER IDENTIFICADO

DoubleClick les permitía a los usuarios la opción de "salirse de" o rechazar la identificación por DART. Al registrarse en un sitio de DoubleClick, el usuario podía introducir información para permitirle a DoubleClick reconocer al usuario en particular y asignarle un *cookie* de "opt-out" (opción de salida o negativa a participar).

En posteriores visitas del usuario a sitios con DART habilitado, el *cookie* le desautorizaba a DART la asignación de otros *cookies* o la identificación de la computadora del usuario únicamente. DoubleClick desalentaba este procedimiento explicando en su declaración de respeto a la intimidad lo siguiente:

> DoubleClick cree que todos los usuarios deben tener una experiencia positiva en la web. Por esto, permitimos a los anunciantes que controlen la frecuencia (el número de veces) con que un usuario de la web ve un anuncio de cintillo. También presentamos publicidad basada en los intereses de un usuario si éste ha optado por recibir publicidad dirigida a objetivo. Creemos que el control de frecuencia y el contenido pertinente hacen la publicidad en la web menos intrusa al asegurar que los usuarios no sean bombardeados con mensajes de anuncio repetidos e irrelevantes. La opción de salida (opt-out) nos priva de la capacidad de controlar la frecuencia de exposición a usuarios individuales y de acrecentar el nivel de contenido pertinente.

La opción de salida (opt-out) sería efectiva por la vida entera del programa explorador del usuario o mientras éste no borre el archivo *cookie* de su disco duro. En cualquiera de estos casos, el usuario aparecería como nuevo para DoubleClick, y entonces, a menos que rechazara de nuevo el *cookie* de DoubleClick, se colocaría un nuevo *cookie* en el explorador del usuario.

REVELACIÓN Y SEGURIDAD

DoubleClick hacía accesibles todos sus procedimientos de información en su sitio web, www.doubleclick.net, incluyendo las descripciones a fondo de sus capacidades de determinación de objetivos, política de respeto a la intimidad y revelación completa en el uso de *cookies*. DoubleClick era miembro activo de las organizaciones Network Advertising Initiative, NetCoali-

tion.com, Online Privacy Alliance, Internet Advertising Bureau, New York New Media Association y la American Advertising Federation.

DOUBLECLICK ENFRENTA LAS INVESTIGACIONES CON CONFIANZA

Ryan concluyó:

> Entendemos nuestro reto a otros participantes de internet para que adopten políticas de respeto a la
> intimidad de fuerza semejante. Estamos dando estos pasos porque creemos que son buenos para los
> consumidores, buenos para nuestros clientes y sondean prácticas de negocios.

A pesar de las investigaciones emprendidas por la FTC, DoubleClick confiaba en que sus procedimientos internos eran los correctos.

Las acciones de DoubleClick, que se vendían a la alta cotización de 131 dólares a principios de enero de 2000, habían caído al rango de 90 dólares a raíz del anuncio de la acusación.
El movimiento para establecer la nueva política de respeto a la intimidad, ¿ayudaría a aplacar
los temores de los clientes anunciantes inquietos por la posibilidad de un revés en la actitud del
consumidor? La nueva política de respeto a la intimidad, ¿resistiría el escrutinio? ¿Estaba haciendo DoubleClick lo suficiente para satisfacer las preocupaciones acerca del respeto a la intimidad de los internautas? Y, por último, ¿estaban satisfechos los inversionistas?

caso | 18 South African Breweries: logro del crecimiento en el mercado global de la cerveza

Courtenay Sprague
University of the Witwatersrand

Saul Klein
University of the Witwatersrand

En mayo de 2000, Graham Mackay, director ejecutivo de South African Breweries (SAB), se enfrentó a una difícil decisión respecto a la estrategia global de la compañía. Al mando de Mackay, SAB había dejado de ser un conglomerado sudafricano diversificado que se deshizo de sus empresas no medulares para convertirse en una compañía cervecera bastante enfocada y global. A fines de 1999, SAB se había transformado en la cuarta mayor cervecería del mundo por volumen. Por mucho tiempo había sido la participante principal en África y estaba creciendo con rapidez en otros mercados en desarrollo. SAB tenía una porción de 98% del mercado cervecero tan sólo en Sudáfrica. Ya se había logrado el crecimiento a través del continente africano y SAB había iniciado operaciones cerveceras en Europa y Asia.

A principios de 2000, devastadoras inundaciones asolaron la región sudafricana (en especial a Mozambique). En Angola persistía una guerra civil y Zimbabwe se veía minado por la inestabilidad política. Con guerras en la República Democrática del Congo, Etiopía/Eritrea y Sierra Leone, África se representaba una vez más en los medios internacionales como el "continente perdido". El *rand* sudafricano y otras divisas regionales se desplomaban ante el dólar estadounidense. A estas economías de mercado en desarrollo se agregaban el riesgo político y la volatilidad, y los indicadores de SAB en los mercados financieros internacionales se veían inevitablemente afectados. Como consecuencia, SAB se hallaba ante el reto de alcanzar el mismo crecimiento en ganancias en divisas fuertes que obtenían sus competidores globales. Dirigida a aumentar sus esfuerzos de globalización, hacer adquisiciones y competir en mercados desarrollados, SAB había trasladado su casa matriz a Londres y registrado sus acciones en la bolsa de valores de la capital británica (London Stock Exchange) en marzo de 1999.

Aunque la industria global cervecera seguía estando sumamente fragmentada, ya había comenzado la carrera por la consolidación. Las cervecerías estaban bajo presión para apresurarse a hacer adquisiciones, o bien podrían ser ellas las adquiridas. Pese al movimiento de SAB en ultramar, la compañía era en principio una cervecería de mercado en desarrollo, y estaba estrechamente asociada con Sudáfrica: una economía desfavorecida en ese tiempo. Mackay estaba considerando varias opciones para SAB. La empresa podría tratar de fusionarse con una cervecería importante de un país desarrollado, que complementara las aptitudes y fortalezas geográficas de SAB. Esta táctica podría usarse para atrincherar firmemente a SAB en el estante superior de las cervecerías premier internacionales. Como alternativa, SAB podría encontrar una cervecería grande de mercado en desarrollo para adquirirla. Tercero, SAB podría seguir concentrándose en las oportunidades de crecimiento de mercado en desarrollo acumulando masa crítica y engrosando su cartera de marcas de cerveza, con la posibilidad de permitirse pequeñas adquisiciones si se presentara la oportunidad. SAB esperaría entonces a que el ciclo cambiara y volviera a presentarse el segmento de bajo riesgo político, y a que los mercados en desarrollo volvieran a verse favorecidos antes de considerar las opciones de crecimiento en los países desarrollados. En el ínterin, se mantendría el enfoque en mejorar la eficiencia de la organización y en hacer las operaciones aún más productivas para su costo, a fin de mejorar la eficiencia y los resultados.

HISTORIAL DE LA COMPAÑÍA

Johannesburgo, que ostentaba el sobrenombre de "ciudad de oro" o E-Goli, se estableció como poblado minero en 1886. South African Breweries apareció a continuación en 1895, con 650 000 libras esterlinas de capital combinado y bonos emitidos. Por ese entonces, la bebida local predominante era un licor de papa cruda, mezclado con jugo de tabaco y pimienta. La cerveza creó una poderosa competencia. En 1896, SAB abrió un bar en terreno de la compañía, en el centro de Johannesburgo, y en 1898 se lanzó Castle Lager. En titulares de un diario de ese tiempo se leía: "La cerveza Castle Lager, un éxito fenomenal. Pruebe su rico sabor, su buqué, a 6 peniques el vaso".[1] A pesar de los desastrosos efectos económicos y sociales de la Segunda Guerra Anglo-Boer (de 1899 a 1902), las utilidades anuales de SAB ascendieron a 100 000 libras esterlinas, mientras el activo excedía de un millón de libras esterlinas, haciendo de SAB la empresa no minera de más rápido crecimiento en la localidad a principios de la década de 1900.

En los años 1940-1950, SAB empezó a ampliar su cartera para incluir pequeños hoteles. En la década de 1950, los impuestos a la cerveza dieron lugar a una disminución de la demanda de esta bebida, y las tres mayores cervecerías de Sudáfrica se unieron: Ohlsson's, United Breweries y SAB. Aunque SAB era la más pequeña de las tres, se las arregló para retener su nombre. La empresa recién formada surgió con 90% del mercado de la cerveza *lager*. Para ampliar su gama de productos en los años 1960-1970, SAB adquirió el control de la Stellenbosch Farmer's Winery. El 15 de agosto de 1962, se eliminó la restricción a la ingestión de alcohol para los sudafricanos de raza negra, y se creó una extraordinaria oportunidad de mercado para SAB.

Entre 1978 y 1990, SAB experimentó tasas en extremo altas de crecimiento orgánico en Sudáfrica. Desde mediados de la década de 1960 hasta principios de la de 1990, SAB siguió también una estrategia de crecimiento por medio de la diversificación. En 1966, se lanzó una división hotelera. SAB agregó entonces muebles, calzado y comercio detallista de descuento con OK Bazaars. En 1974, SAB adquirió la división embotelladora de Pepsi en Sudáfrica (que se convirtió en Coca-Cola en 1977) y los intereses cerveceros del grupo Rembrandt Group. En 1979, SAB obtuvo una participación de 49% en Appletiser,[2] y consiguió el control en 1982. En 1981

---

[1] De los archivos históricos de SAB (www.sabcentenary.co/za/sabhistory).

[2] Desde el principio, Appletiser era el más internacional de los intereses de SAB. Para mediados de los años 1980-1990, la marca se vendía en Estados Unidos, Europa y el Reino Unido.

Ilustración 1   Participación de SAB en África

Swazilandia	Swaziland Brewers and Bottling, que se originó en 1976, es la única cervecería y embotelladora de refrescos del país.
Botswana	SAB inició operaciones con esta nación vecina en 1977. La empresa es la única productora en este país de cerveza clara y de sorgo, así como de productos de Coca-Cola.
Lesotho	Lesotho Brewing, establecida en 1980, es la única productora de cerveza, bebidas de contenido alcohólico y refrescos, con una participación dominante del mercado.
Angola	SAB administra una cervecería en Lubango por parte del gobierno angoleño, bajo un contrato de tres años para restaurar la planta.
Mozambique	SAB invirtió en Cervejas du Moçambique en 1995, que tiene una participación de mercado de 84%. En 1999 se abrió una planta de sorgo en Maputo.
Zimbabwe	SAB posee un interés de 23% en Delta, una de las mayores compañías industriales en lista de la bolsa de valores Harare Stock Exchange, y propietaria de Zimbabwe Breweries.
Zambia	En 1998, SAB adquirió Zambian Breweries. Su participación inicial de mercado, que era de 28%, se elevó a 90% en 1998.
Tanzania	SAB se convirtió en socia de privatización con el gobierno de Tanzania en 1993, y llegó a ser accionista de Tanzania Breweries, que es dueña de las marcas de cerveza más populares del país, y tiene licencia para distribuir Castle Lager.
Kenia	En abril de 1997 se inició la construcción de una cervecería en Thika, cerca de Nairobi, con capacidad planeada de 500 000 hectolitros. La fabricación de cerveza comenzó en octubre de 1998.
Uganda	También en 1997, la empresa adquirió un interés de 40% en Nile Breweries, asumiendo la responsabilidad administrativa. Dos de las marcas de Nile Breweries son marcas líder en Uganda.
Ghana	Al entrar en el mercado de África Occidental en 1997, SAB adquirió 50.5% inicial de Accra Brewery, una de las principales cervecerías de Ghana. Esta tenencia de acciones aumentó posteriormente a 69 por ciento.

Fuente: "SAB: Making Beer Making Friends", folleto de SAB, 1999, pp. 50-56.

y 1982, SAB entró en el sector detallista del vestido con la compra de Scotts Stores Group y Edgars. Asimismo, South African Breweries pasó a invertir en Lion Match Company, Da Gama Textiles y Plate Glass en 1987, 1989 y 1992, respectivamente. La estrategia de diversificación era consecuencia del aislamiento político de Sudáfrica y del hecho de que SAB ya tenía una porción de 98% del mercado sudafricano de la cerveza *lager*.[3]

SAB extendió sus operaciones en África subsahariana en los años 1970-1980, comenzando por una cervecería en cada uno de los países vecinos: Swazilandia, Botswana y Lesotho. A fines de los años 1990-2000, SAB poseía intereses cerveceros en Zimbabwe, Tanzania, Mozambique, Angola, Ghana, Uganda, Kenia y Zambia, y era el mayor fabricante cervecero de África, con una producción de más de la mitad de la cerveza consumida en el continente (véase la ilustración 1).[4]

A principios de 1980, SAB estaba asimismo negociando pequeñas adquisiciones en ultramar. SAB compró una compañía en Estados Unidos llamada Sundoor, la cual vendió en 1987 a Procter & Gamble, uno de los mayores fabricantes de jabón y artículos para el hogar. Mediada

---

[3] Toda la historia de la compañía se basó en las fuentes que siguen: South African Breweries PLC; Hoover Online Company Profile (www.Hoovers.com/premium/profile); el sitio web de SAB (www.sab.com.za), incluidos los archivos mencionados anteriormente en notas al pie; "SAB: Making Beer Making Friends", folleto de SAB, 1999; y una entrevista con Mike Simms, MD Europe, 22 de septiembre de 2000.

[4] "SAB: Making Beer Making Friends".

Ilustración 2   Participación de SAB en Europa y Asia

Polonia	Con Euro Agro Centrum, SAB tiene el control de dos cervecerías polacas: una en Poznan (Polonia Occidental) y la otra en Silesia (Polonia Sur). Polonia es uno de los mercados de SAB de más rápido crecimiento en Europa. La cervecería distribuye también la cerveza Beck.
Rumania	La compañía tiene un interés de 93% en la empresa cervecera Ursus, que tiene tres cervecerías. Ursus se ha convertido en la mayor marca de Rumania, con una participación de mercado de 16 por ciento.
Hungría	SAB adquirió un interés de 98.3% en Dreher, propietaria y operadora de dos cervecerías húngaras. Dreher tiene una cartera bien posicionada de cervezas, incluidas Dreher y Arany Aszok, mientras Hofbrau y Tuborg se elaboran con licencia.
Eslovaquia	En 1997 SAB adquirió 97.6% de interés en una cervecería eslovaca oriental, Saris, la segunda mayor compañía cervecera del país.
Rusia	En 1998 adquirió SAB una cervecería situada a 180 kilómetros al suroeste de Moscú. Las ventas comenzaron en mayo de 1999.
República Checa	SAB compró un interés de 51% en una empresa de riesgo compartido con Nomura en dos cervecerías: Pilsner Urquell y Radegast. La transacción le permitiría a SAB incrementar 100% su participación en 2001.
Islas Canarias	A 51% asciende la postura de SAB en CCC, la única cervecería establecida en las dos islas mayores. Las marcas dominantes locales son Dorada y Tropical.
China	SAB posee 49% de CREB en China; China Resources Enterprises Limited es dueña del 51% restante. CREB tiene seis cervecerías en China, en Shenyang, Dalian, Mianyang, Jilin y Tianjin. China es el segundo mayor mercado de cerveza en el mundo y está creciendo 10% al año.
India	En diciembre de 1998, SAB entró en una empresa de riesgo compartido para operar una cervecería en la India. Esta fábrica se halla en funcionamiento al presente.

Fuente: "SAB: Making Beer Making Friends", folleto de SAB, 1999, pp. 50-56.

la década de 1980, SAB se hizo de Rolling Rock,[5] una pequeña cervecería de Estados Unidos, pero se vio forzada a venderla varios años más tarde, debido a la legislación antiapartheid y al sentimiento negativo hacia Sudáfrica que acompañaba a estas leyes. En ese tiempo, SAB se dio cuenta de que estaba limitada a acrecentar su mercado nacional, ante las sanciones antiapartheid que amenazaban a cualquier movimiento ultramarino suyo.[6]

Cuando se levantaron las sanciones a principios de los años 1990-2000, SAB empezó a impulsar sus operaciones de ultramar una vez más, adquiriendo intereses en Hungría en 1993, en China, 1994, y en Polonia y Rumania, 1996. Graham Mackay fue designado director en 1996 y director general en 1999. En el curso de estos años, la compañía se reenfocó en sus actividades medulares de cervecería. Se vendieron los intereses no medulares, como textiles, muebles, fosforería y ventas detallistas. En 1999, SAB se hizo del control de las cervecerías checas Radegast y Pilsner Urquell,[7] para convertirse en la cervecería más grande de

---

[5] En seguida de las desinversiones de SAB, Rolling Rock pasó a convertirse en una de las cervezas universitarias más populares en Estados Unidos.

[6] Basado en las entrevistas con Mike Simms, MD Europe, 22 de septiembre de 2000.

[7] *Pils* o *pilsner* (también, Pilsen) es una cerveza clara *lager* con alto contenido de lúpulo. Toma su nombre de la ciudad de Pilsen, de la nación que antes era Checoslovaquia, donde se inventó en 1842 el proceso de fermentación del fondo que se emplea para producir la cerveza clara. *Lager* se usa a menudo como sinónimo de *pils*. Tomado de www.beer.com. Véase "beer glossary" (glosario de la cerveza).

Ilustración 3   Divisiones de ganancias y volumen de SAB

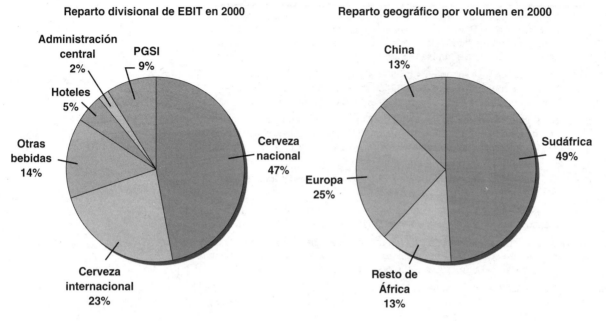

Reparto divisional de EBIT en 2000

- Administración central 2%
- PGSI 9%
- Hoteles 5%
- Otras bebidas 14%
- Cerveza nacional 47%
- Cerveza internacional 23%

Reparto geográfico por volumen en 2000

- China 13%
- Sudáfrica 49%
- Europa 25%
- Resto de África 13%

Fuente: Adaptado de Deutsche Bank, "Emerging Markets Brewing", diciembre de 1999.

Europa Oriental.[8] South African Breweries adquirió una participación de 97% en una compañía cervecera eslovaca y compró una cervecería en Moscú. En Asia, SAB tuvo actividad en China y en la India (véanse las ilustraciones 2 y 3).

El toque culminante del reciente movimiento internacional de SAB tuvo lugar en marzo de 1999, cuando la firma trasladó su lista principal de mercado de valores a Londres para facilitar la obtención de divisas fuertes para las adquisiciones. Entre las razones fundamentales para este registro en lista estaba la de afiliarse al acreditado índice de valores Financial Times Stock Exchange Index (FTSE 100), que aseguraría un *rating* o calificación internacional, a la vez que acrecentaría la competitividad internacional en pos de la obtención de capital. Con ese fin, SAB se enfocó a los inversionistas sudafricanos, ingleses y estadounidenses.[9] De hecho, varios meses después del registro en lista, la base de inversionistas se había alterado de manera significativa. Antes de registrarse en la lista, 15% de la base inversionista de SAB era internacional; después de ello, la cifra se duplicó a 30%.[10] Los beneficios añadidos a la compañía, asociados con la inscripción en Londres, incluían el acceso al capital contable y la deuda para el crecimiento, así como una recalificación de sus acciones.

CONTEXTO INTERNO: SUDÁFRICA

De cada 50 cervezas que los sudafricanos beben, derraman o chorrean alegremente sobre la carne asada a las brasas, 49 son elaboradas por SAB. Sus marcas... son de buen sabor, pero eso no explica

---

[8] En sentido geográfico, Europa Oriental comprende en la actualidad los países siguientes: Polonia, Lituania, Letonia, Bielorrusia, República Checa, Eslovaquia, Hungría, los ex países yugoslavos, Albania, Bulgaria, Rumania, Moldavia, Rusia y Ucrania. En el sentido geográfico (en oposición al ideológico), Europa Occidental se compone de los países centroeuropeos, así como de Bélgica, Países Bajos (Holanda), España, Italia, Grecia, Francia y el Reino Unido.

[9] De un documento interno, SAB, 1999.

[10] *Idem.*

el predominio de la firma. La fuerza de SAB deriva de su capacidad anormal de lidiar con las demandas de un mercado sumamente anormal.[11]

El entorno socioeconómico y legislativo más amplio en Sudáfrica afectó en alto grado a las operaciones de SAB. Los cambios legislativos introducidos en los años 1990-2000 abarcaron la legislación laboral y de la competencia, la acción afirmativa, el empowerment (otorgamiento de poder pleno) económico a la población negra, la nueva regulación mercantil de los licores, así como la concesión de licencias a un pequeño número de *shebeens* (tabernas o cantinas en el sector informal). La consiguiente nueva regulación del mercado de licores pudo aumentar el número de establecimientos legales de expendio de licores, agregando la importación al sector informal. Tales cambios crearon oportunidades para la innovación en las prácticas de ventas y distribución, para que SAB cumpliera con los "requerimientos de servicio de una variada base de clientes, a la vez que optimizaban la eficiencia en costo de estos servicios".[12]

A fines de la década de 1990, el consumo per cápita de cerveza en Sudáfrica estaba declinando, y SAB se esforzaba por sostener el crecimiento de ingresos. La caída del consumo se atribuía a varios factores, incluida la lenta economía sudafricana, la legalización del juego y el establecimiento de casinos, la creación de una lotería nacional, un floreciente mercado de los teléfonos celulares, y el impacto del síndrome de inmunodeficiencia adquirida (Sida).

La visión de la compañía era ser considerada una de las cinco compañías cerveceras más grandes del mundo, desde cualquier ángulo. La misión de SAB era ser una elaboradora y comerciante de cervezas de buena calidad, conduciéndose a la vez de manera socialmente responsable y progresista. Desde luego, en SAB pensaban que la empresa servía al interés público en muchas formas. La compañía donaba 1.75% de las utilidades después de impuestos a programas organizados para inversión de previsión social; también desarrollaba iniciativas con las comunidades, incluido el impulso a programas de educación sobre el Sida en varias ciudades y la donación de vehículos a la Alexandra Crime Prevention Unit (Unidad Alexandra de Prevención del Delito). La empresa afirmaba asimismo que servía al interés público proporcionando excelencia en el servicio, vigilando el impacto ambiental y velando por la salud y seguridad de los empleados, así como por la seguridad de sus productos.[13] SAB se proponía construir sobre los valores que había desarrollado a lo largo del tiempo (véase la ilustración 4).

Competencia acrecentada

La reciente readmisión de Sudáfrica en la comunidad internacional resultará en un aumento de la globalización, con la necesidad de una mayor atención a los estándares de clase mundial, y del benchmarking (o comparación de rendimiento de empresas) respecto de estos mismos estándares, para asegurar la competitividad.[14]

Con la transición a una democracia pluripartidista, la globalización del mercado de Sudáfrica y su desempeño como líder en el continente africano, SAB observó que la economía de mercado en despegue de Sudáfrica se volvería un destino crecientemente atractivo para las cervecerías internacionales, en particular conforme mejorara el perfil político y económico de la nación. La dirección de SAB había sostenido durante largo tiempo que su participación de mercado de 98% de mercado cervecero sudafricano podía ser un fenómeno temporal. Sin embargo, como se observaba en *The Economist*: "Desde el fin del apartheid, las cervecerías extranjeras han pensado tratar de romper el casi monopolio de SAB, pero llegaron a la conclusión de que sería demasiado difícil. Para empezar, sus precios son desconcertantemente bajos"[15] (véase la ilustración 5). Además, las habilidades de distribución de SAB se consideraban sin igual en Sudáfrica.

---

[11] *The Economist*, 12 de agosto de 2000.

[12] SAB Three Year Business Plan (Plan Comercial de Tres Años de SAB), F97-F99.

[13] Tomado de SAB Corporate Citizenship Review 1999 (Revisión de ciudadanía corporativa de SAB 1999).

[14] SAB Three Year Business Plan, F97-F99.

[15] Del 12 de agosto de 2000.

Ilustración 4   Valores de la compañía SAB

VALORES	SAB y sus empleados comparten el compromiso con y la responsabilidad de:

Servicio al cliente: proporcionar calidad y valor para satisfacer los requerimientos de todos nuestros clientes y consumidores.

Calidad del producto: proveer productos de calidad inflexible que cubran las necesidades de nuestros clientes y consumidores.

Mejoramiento continuo: ser creativos e innovadores en todo lo que hacemos, para asegurar el aprendizaje y el mejoramiento continuos.

Respeto, dignidad e igualdad de oportunidades: tratarnos unos a otros con confianza y respeto, manteniendo en alto la dignidad humana y asegurando la igualdad de tratamiento y de oportunidades.

Participación y empowerment: participación del empleado en los procesos de solución de problemas y toma de decisiones a través del empowerment (otorgamiento de poder pleno) eficiente tanto individual como de equipo.

Creación de riqueza, recompensa y reconocimiento: optimizar la creación de seguridad para proveer seguridad, recompensa justa y reconocimiento para los contribuidores de todos nuestros accionistas.

Comunicación: comunicación abierta, honesta y respetuosa, y libertad de expresión.

Desarrollo del empleado: crear el ambiente para que todos los individuos y equipos desarrollen su potencial para beneficio de ellos mismos y de la compañía.

Ambiente de trabajo seguro y sano: asegurar un ambiente de trabajo seguro y sano para todos los empleados.

Compromiso ambiental y con la comunidad: activa participación en el mejoramiento del ambiente y de la calidad de vida en las comunidades dentro de las cuales operamos.

Fuente: Adaptado de "SAB: Making Beer, Making Friends", folleto de SAB, 1999, p. 4.

Para aminorar la asfixiante presión que SAB tiene sobre el mercado, los nuevos ingresantes tendrían que igualar los precios de la empresa, construyendo cervecerías bastante grandes y tendiendo canales de distribución suficientes para constituir una fuerza. Sin embargo, generar crecimiento mercantil sería un largo proceso y SAB podría bajar sus precios fácilmente para defender la participación de mercado. No obstante, el acceso al mercado cervecero sudafricano podría lograrse por medio de alianzas y empresas de riesgo compartido, así como por importaciones directas. Las marcas establecidas de SAB podrían hacer frente también a la creciente competencia de las microcervecerías y de las marcas premium (de calidad superior). Además, el vino y las bebidas alcohólicas podrían conseguir una participación de mercado, particularmente con marcas menos costosas; también podría producirse localmente cerveza de sorgo. SAB resumió la posición de la compañía de la siguiente forma: "Independientemente de nuestro marketing y ventas y de las respuestas de la distribución a estos retos, nuestra defensa a largo plazo dependerá en forma crucial de nuestra capacidad de mejorar de modo simultáneo nuestra calidad de producto, cartera de marcas, excelencia de servicio y liderato en costos".[16]

INDUSTRIA CERVECERA GLOBAL

La cerveza es sorprendentemente local... La industria cervecera es un conjunto de pequeños participantes.[17]

---

[16] SAB Three Year Business Plan, F97-F99.

[17] *The McKinsey Quarterly*, núm. 1, 1999.

Ilustración 5 Renglones financieros principales, South African Breweries, 1995-2000 (en millones de rand australianos)

	95/96	96/97	97/98	98/99	99/00E
Flujo de efectivo					
EBIT (siglas de ganancias antes de interés e impuestos)	3 511	3 742	3 929	4 012	4 177
Depreciación	1 086	1 169	1 379	1 439	1 700
Incremento, decremento (−) en provisión o reservas	50	54	1	(322)	64
Flujo de efectivo operante	4 290	4 305	4 881	4 860	7 576
Interés pagado (−) y recibido	(603)	(425)	(343)	(464)	(531)
Impuesto pagado	(889)	(942)	(1 002)	(1 042)	(1 043)
Dividendo pagado	(29)	(263)	(375)	0	(272)
Gastos de capital	(1 956)	(1 824)	(2 562)	(3 451)	(2 936)
Otras inversiones netas	(245)	(625)	(1 614)	(1 309)	(927)
Otros conceptos relacionados con el flujo de efectivo	(44)	(116)	(389)	1 184	(2 489)
Cambio en el neto de efectivo (+) de deuda (−)	551	1 918	(1 380)	1 412	(621)
Hoja de balance					
Capital operante neto	1 282	1 317	(229)	(3 154)	(1 591)
Neto financiero de efectivo (+) de deuda (−)	(3 218)	(1 301)	(2 681)	(1 269)	(1 890)
Activo fijo tangible bruto	12 876	14 676	16 486	18 358	22 221
Activo fijo tangible neto	8 480	9 284	10 329	11 711	13 407
Activo intangible	1 094	1 454	3 040	2 971	2 080
Otras partidas del activo a largo plazo	227	401	413	2 025	0
Otras provisiones o reservas a largo plazo	405	459	460	138	2 550
Otras obligaciones a largo plazo	0	0	0	0	0
Capital contable declarado de tenencia de acciones	6 364	8 654	9 613	13 389	10 936
Minoritarias (participaciones)	2 510	3 010	2 159	1 001	1 641
Total de valor neto	8 874	11 664	11 772	14 390	12 577
Capital contable de la tenencia de acciones después de descontar el activo intangible	5 270	7 200	6 573	10 418	8 856

Fuente: Deutsche Bank, "Emerging Markets Brewing", 1999, p. 79; reportes anuales de SAB, 1999, 2000.

Recién entrado el año 2000, la tendencia de la globalización se había extendido a la mayoría de las industrias. La tecnología de la información era acaso el ejemplo más visible. Se pronosticaba que esta tendencia crecería por la mejora de las telecomunicaciones, el transporte y la infraestructura.

Cuando unas cuantas compañías de una industria determinada lograban alcanzar capacidad mundial en un eslabón de la cadena de valor, dejaban a las otras atrás. Estas cuantas empresas superiores conseguían ventajas de escala debido a los costos descendentes de las transacciones, el mayor acceso al mercado y la derregulación. El valor creado por los pocos era tan marcado que el resto de los participantes se reincorporaban siguiendo el mismo modelo.[18] McKinsey afirmaba que esto ya había ocurrido en el área de las computadoras. Para los servicios públicos eléctricos

[18] *Ibid.*, p. 4.

Ilustración 6   Clasificación de las principales 10 cervecerías globales por volumen en 1999

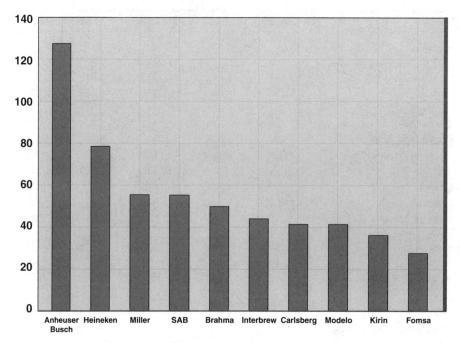

Fuente: Estimados de Deutsche Bank.

y las telecomunicaciones, la globalización acababa de empezar. La gran incógnita que enfrentaban las cervecerías internacionales era si la industria cervecera seguiría o no esta tendencia.

A principios de 2000 no había participante que dominara el mercado global de la cerveza; lo que había era un número de cervecerías principales (véase la ilustración 6), la mayoría de las cuales dominaban sus mercados nacionales. Por caso, las dos o tres cervecerías principales de un país solían tener una participación de más de 80% del mercado nacional (véase la ilustración 7).

Por tradición, la dificultad de almacenar y transportar cerveza daba por resultado que la mayor cantidad de la cerveza se comprara, vendiera y consumiera localmente. Las marcas locales tendían a ser dominantes, y la mayoría de los consumidores en los diversos países tendían a preferir sus marcas locales, acaso debido a su mayor disponibilidad. Las cervecerías nacionales habían dominado de modo habitual la red de distribución mayorista, y los nuevos ingresantes en el mercado tenían que obtener licencias de las autoridades locales, lo cual podía ser en extremo burocrático y consumir demasiado tiempo. Además, los desembolsos de capital y la inversión que acarreaba el establecimiento de las operaciones eran demasiado grandes, tanto para los inversionistas extranjeros como para los nuevos competidores locales. Los analistas de McKinsey observaron que "en Sudáfrica, empresas grandes como Heineken y Guinness habían optado por conceder licencia de su producción, distribución y marketing locales a South African Breweries, el participante con predominio local, en lugar de tratar de hacer negocios por cuenta propia".[19]

A fines de la década de 1990, Meyer Kahn, presidente de SAB, argüía: "Por el afecto que el bebedor de cerveza del grueso de la población tiene por su marca, y el nacionalismo que lo acompaña, nunca va a haber una marca mundial de cerveza como Coca-Cola. Lo que optamos por hacer es darle a cada consumidor de mercado en desarrollo su propia marca local, por la que sienta afecto, emoción".[20] No obstante, para mantener el paso de la globalización de la indus-

[19] *Ibid.*, p. 5.

[20] Meyer Kahn, presidente de grupo de SAB, 28 de marzo de 1997, documentos de SAB, 1997.

Ilustración 7   Mercados nacionales de cerveza, porcentaje de
              participación de las principales cervecerías, 1999

	Número de cervecerías	Porcentaje de participación
Argentina	1	76
Australia	2	96
Brasil	2*	74
Chile	1	89
China	3	8
República Checa	2	60
Alemania	3	23
México	2	100
Namibia	1	90
Nueva Zelanda	1	55
Filipinas	1	83
Polonia	2	61
Rusia	2	39
Sudáfrica	1	98
Turquía	1	79
Estados Unidos	2	77

*Las dos cervecerías brasileñas estaban en desarrollo.

Fuente: Adaptado de Deutsche Bank, "Emerging Markets Brewing", diciembre de 1999.

tria, Graham Mackay pidió un estudio de viabilidad "para ver si había una posibilidad internacional para la marca Castle".[21] Ya se reconocía dentro de SAB que era necesario invertir en creación de marca.

Los analistas de la industria identificaron cuatro indicadores que marcaban el ritmo creciente de la globalización:[22]

1. *Convergencia en la elección del consumidor.* De manera gradual, las preferencias del consumidor en cerveza alrededor del mundo habían empezado a converger. Para los años noventa, los gustos del consumidor estaban cambiando de botellas a latas, y los consumidores estaban eligiendo *lager* en lugar de *ale*.[23] El sabor, el envase y los canales de entrega eran todos factores determinantes en el "paquete de éxito" general de una cerveza, y éstos empezaban a estandarizarse a través de las fronteras nacionales.

---

[21] Basado en una entrevista con Miles Saxby, jefe de exportaciones, 31 de agosto de 2000. La cartera de marcas de SAB consta actualmente de 16 marcas. La marca clave es Castle Lager, que en años recientes daba cuenta de más de 50% de las ventas de South African Beer Division. Entre otras marcas importantes están Carling Black Label, Hansa Pilsener y Lion Lager. Tanto Castle Lager como Lion Lager han sido marcas establecidas en Sudáfrica desde el comienzo del siglo xx. Tomado de www.sab.co.za; véase "beer interests" (intereses cerveceros)."

[22] *The McKinsey Quarterly*, núm. 1, 1999, pp. 5-8.

[23] Las dos categorías principales de la cerveza son las de *ale* y *lager*, y la levadura usada en la fermentación determina las diferencias entre unas y otras. Las *ale* se fermentan a temperaturas tibias durante periodos cortos, por lo común de una semana. Esta levadura se fermenta en temperaturas más tibias para producir el sabor frutal que caracteriza a la cerveza *ale*. Las *ale* se dejan envejecer, o acondicionar, de una a tres semanas. Estas cervezas deben servirse a temperatura ambiente o de sótano: de alrededor de 13°C (unos 55°F). Las *lager* suelen ser de sabor más seco y vivo, y menos frutal que las *ale*. Fuente: Encarta Encyclopedia (www.encarta.com).

Ilustración 8   Grupos de países, oportunidades de crecimiento [siglas inglesas]

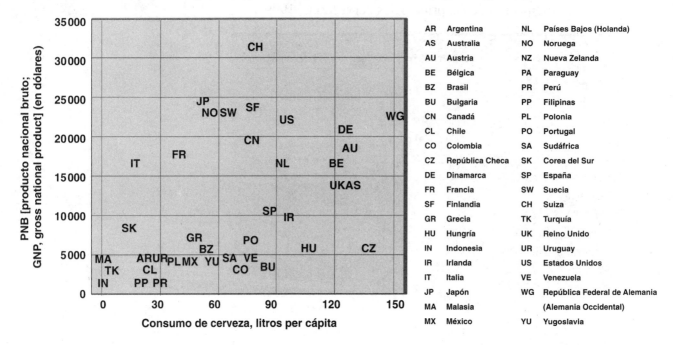

AR	Argentina	NL	Países Bajos (Holanda)
AS	Australia	NO	Noruega
AU	Austria	NZ	Nueva Zelanda
BE	Bélgica	PA	Paraguay
BZ	Brasil	PR	Perú
BU	Bulgaria	PP	Filipinas
CN	Canadá	PL	Polonia
CL	Chile	PO	Portugal
CO	Colombia	SA	Sudáfrica
CZ	República Checa	SK	Corea del Sur
DE	Dinamarca	SP	España
FR	Francia	SW	Suecia
SF	Finlandia	CH	Suiza
GR	Grecia	TK	Turquía
HU	Hungría	UK	Reino Unido
IN	Indonesia	UR	Uruguay
IR	Irlanda	US	Estados Unidos
IT	Italia	VE	Venezuela
JP	Japón	WG	República Federal de Alemania
MA	Malasia		(Alemania Occidental)
MX	México	YU	Yugoslavia

Nota: La muestra consta de 41 países que consumen 75% de la producción mundial de cerveza.

Fuente: World Drink Trends 1991; Brewers' Society 1991; boletines de prensa; World Bank; ERC. En la mayoría de los casos, se usaron datos de 1989.

2. *Acceso más fácil a los consumidores.* Los aranceles más bajos y las asociaciones entre cervecerías locales y marcas extranjeras les permitían a los consumidores y a las multinacionales llegar a los mismos mercados. La cerveza Corona, por ejemplo, estaba a la venta en 140 países. Las compañías cerveceras eran capaces de reunir el capital para financiar su expansión en ultramar. VereinsBank en Alemania, por decir, estableció un fondo mutuo para apoyar el crecimiento de pequeñas compañías en mercados en desarrollo, incluidas muchas cervecerías locales que se habían incorporado a la cotización en bolsa. Además, un creciente número de consumidores de países en desarrollo podían ahora permitirse el consumo de cerveza, ya que sus ingresos se habían elevado. Se percibía una correlación de 93% entre el crecimiento per cápita del PIB (producto interno bruto) y el consumo de cerveza (véase la ilustración 8). Los cerveceros con planes de expansión global eligieron como objetivos a nuevas y crecientes poblaciones de consumidores que mostraban patrones similares en términos de sabor, envasado y preferencia para la ubicación del consumo de bebidas (en un pub o taberna, un restaurante o el hogar).

3. *Especialización en áreas de industrias de alto valor que antes estaban integradas verticalmente.* Al tiempo que los contendientes obtenían amplio conocimiento y pericia de una sola parte del negocio, creaban una ventaja específica, en tecnología o proceso. La especialización le permitía a una empresa conquistar una mayor participación de mercado, y acaso convertirse en el partícipe dominante, sea en el territorio nacional o en ultramar. Un ejemplo de especialización fue el de la Boston Beer Company, en Estados Unidos, que se concentraba en elaborar las recetas y hacer el marketing de la marca Samuel Adams. La compañía contrató por outsourcing (extraempresa) el resto de la cadena de valores (elaboración de la cerveza, envasado y distribución) con varios proveedores de bajo costo.

4. *Beneficios de escala intangible.* En el pasado, las cervecerías locales trataban de dominar obteniendo ventajas de costo por medio de escala física. Sin embargo, la sola escala física

ya no era la receta para tener la ventaja competitiva. Las cervecerías relativamente pequeñas podían lograr economías de escala produciendo más de 500 000 hectolitros por año.
Como la escala física dejó de ser una característica distintiva, los valores de activo intangible se volvieron más importantes. Estos valores de activo proveyeron la capacidad de apalancar y levantar marcas, personal, habilidades y relaciones.

Los analistas de ABN-AMRO bosquejaron cinco impulsores básicos de la consolidación
de la industria. El deseo de lograr el crecimiento en ventas era el factor más significativo. A medida que los mercados se estancaban, las cervecerías buscaban lógicamente nuevos mercados y
marcas de primera categoría para catalizar el crecimiento. En segundo lugar, la "teoría de la
curva en U" demostraba que era muy redituable operar como una cervecería de nicho o una importante de la corriente principal, asegurando una participación de mercado dominante, pero las
cervecerías medianas de la corriente principal a menudo sufrían de baja rentabilidad. La investigación indicaba que consolidar un mercado podía duplicar la rentabilidad. En tercer lugar, la
consolidación dentro de límites nacionales había alcanzado, en alto grado, un patrón de retención inmovilizante. Esto hizo que los cerveceros miraran a ultramar en busca de oportunidades de mejorar sus márgenes de ganancia. En cuarto lugar, agregar marcas de calidad de
excelencia a una cartera aumentaba significativamente el margen en el tiempo. En último término, las cervecerías internacionales descubrieron que podían agregar valor a las estrategias
de distribución de operaciones locales mediante la introducción de control de costos y marketing de relaciones.[24]

Éxito competitivo

Si la industria cervecera iba a consolidarse en una escala global, como lo había hecho en el nivel nacional, podía haber un pequeño número de participantes globales que dominaran los mercados mundiales. Las economizaciones globales de escala serían entonces el factor decisivo.
Las cervecerías que a la larga consiguieran el predominio global y obtuvieran las mayores
utilidades estarían a la par con empresas como Nike o Coca-Cola. Si la consolidación no se producía, debido a fuerzas de nacionalismo o localismo, los factores del éxito serían mucho menos
claros.

Graham Mackay observó: "Mi punto de vista es que el número de marcas de cerveza en el
mundo declinará drásticamente, [y] habrá un desplazamiento hacia el manejo de marcas de excelencia en todas partes. Pero al final usted tendrá varias docenas de marcas bien conocidas, si
no es que más". Los analistas de Deutsche Bank concordaron: "No avizoramos un escenario
futuro de Coca-Cola; esperamos que un puñado de cervecerías y marcas globales sigan ensan-
chando la brecha entre ellas y el resto de la legión".[25] El debate condujo a conductas y derroteros
estratégicos muy diferentes.

Varios criterios podrían determinar el éxito de una compañía cervecera a escala global. La
capitalización de mercado era un indicador de los recursos financieros de una empresa, los cuales podrían alimentar el crecimiento y la expansión. En cambio, la falta de recursos indicaría la
vulnerabilidad a los cambios de poder o de propietario. Para reunir la capitalización de mercado
se requería lograr economías de escala respecto del marketing en particular. Por ejemplo, para convertirse en cervecería global se requería innovación, desarrollo de marca (esto es, de una
marca que fuera globalmente reconocible), o presencia global (esto es, creación de marcas
locales exitosas a escala global). Otra clave del éxito era encontrar formas de llegar a nuevos mercados sin tener que poner enormes capitales por delante. Esto podría implicar asociaciones estratégicas.

Los analistas de Deutsche Bank identificaron varias características ganadoras que una gran
cervecería global tendría que demostrar:[26]

---

[24] ABN-AMRO, "Global Beer Industry Consolidation Takes Off", mayo de 2000.

[25] Deutsche Bank, "Emerging Markets Brewing", diciembre de 1999.

[26] *Idem.*

Ilustración 9   Volumen de ventas de SAB, internacionales y en Sudáfrica, 1994-1999

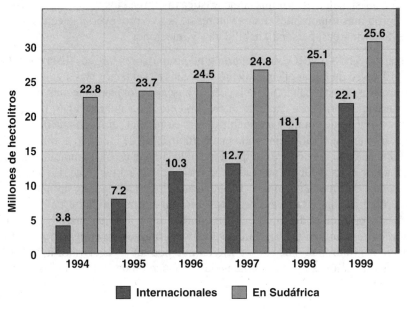

Fuente: Adaptado de Deutsche Bank, "Emerging Markets Brewing", diciembre de 1999.

- Una marca que pudiera convertirse en marca de corriente principal global, con una cartera de marcas fuertes locales de corriente principal.
- Dirección fuerte, con la voluntad de reubicar los mercados en desarrollo, y una orientación importante al mercado en desarrollo.
- Acceso a capital.
- Estrategia fuerte de adquisición, que impulse a la expansión global.
- Socios locales fuertes para facilitar las transiciones de las marcas nacionales a las globales.

Mercados desarrollados comparados con los mercados en desarrollo

Creemos que lo más emocionante del crecimiento futuro del volumen global de la cerveza vendrá de los mercados en desarrollo. El consumo per cápita está bajo en la mayoría de los mercados en desarrollo y tiende a subir.[27]

Con la demanda de cerveza en aumento en los países en desarrollo y la adopción global de los mejores procedimientos, se pronosticaba que el fondo internacional de utilidades[28] de la cerveza crecería de 18 000 millones de dólares en 1999 a un estimado de 28 000 millones de dólares en 2010. Se esperaba que el crecimiento futuro procediera principalmente de América Latina, Asia y Europa Oriental (con aportación de algunas oportunidades por Europa Occidental). Para SAB, el volumen de las ventas internacionales estaba alcanzando rápidamente al de las ventas internas (véase la ilustración 9). Si China continuara en su actual camino de crecimiento de

---

[27] *Idem.*

[28] Medido por EBITDA, o [siglas de] ganancias antes de interés, impuestos, depreciación y amortización]. Tomado de *The McKinsey Quarterly*, núm. 1, 1999.

10% por año, el país vendría a ser el mayor mercado de cerveza del mundo, tan sólo por el tamaño. Había dos supuestos clave en el pronóstico internacional del fondo común de utilidades:

- Mejorarían los costos de mano de obra y márgenes de ganancia en los países en desarrollo. La tecnología de elaboración podría ser costosa, pero las economías en desarrollo tendrían por lo general bajos costos de mano de obra.

- Los precios de la cerveza subirían en el mundo en desarrollo; en los mercados desarrollados más maduros, se mantendrían constantes.

Los factores diferenciadores importantes entre los mercados desarrollados y los que están en desarrollo fueron el precio y el volumen. El crecimiento del volumen fue más fácil de lograr en los mercados en desarrollo, pero la fuerza de asignación de precios estaba baja. Como resultado, las estrategias de los mercados en desarrollo a menudo equilibraban el crecimiento del volumen contra el precio a fin de asegurar un crecimiento redituable en el volumen. En los mercados desarrollados, el volumen plano o declinante era contrarrestado por una mezcla de producto que presentaba las marcas premium (de más alta calidad) de más alto precio.[29]

OPCIONES ESTRATÉGICAS INTERNACIONALES DE SAB

South African Breweries identificó dos retos medulares para la compañía. El primero era seguir haciendo mejoras operativas de incremento en el corto plazo, y hacer a la vez los cambios fundamentales requeridos por SAB para tener éxito en el largo plazo. El segundo consistía en balancear la demanda para volverse internacional, y en la necesidad de que SAB fuera percibida como un líder por la sociedad sudafricana.

La compañía llevó a cabo una revisión estratégica importante en 1989-1990. En 1990 se demolió el Muro de Berlín. Al mismo tiempo, la mirada del mundo estaba fija en Sudáfrica, donde se estaba liberando a Nelson Mandela de su prisión en Robben Island. Malcolm Wyman, director de grupo de finanzas y desarrollo corporativos, declaró:

> Las cosas estaban cambiando, no sólo en lo internacional, sino también en el impacto que podíamos ver en Sudáfrica... Decidimos dos cosas: antes que nada, no pensábamos que fuera apropiado para nosotros en ese tiempo entrar en el mercado de primer mundo...; el principio que observábamos era el hecho de que en el mercado de primer mundo había poco crecimiento y mucha competencia de las grandes cervecerías bien establecidas. Teníamos que empezar desde cero con muy poca base financiera y eso significaba que estábamos limitados en cuanto a lo que podíamos adquirir. En segundo lugar... nos parecía que las habilidades aprendidas en el sur de África nos servirían mejor en los mercados en desarrollo... En esencia, África era algo en lo que teníamos experiencia, pero al cabo de muchos años nuestras operaciones en algunos países africanos se habían nacionalizado. Podíamos ver la privatización por venir en África, que nos permitiría restablecer nuestra presencia. Nuestra experiencia, de modo particular alrededor del sur de África, significaba que estábamos más familiarizados con estos mercados que nuestros competidores, y que nuestras líneas de comunicación eran más cortas y nuestra capacidad de proveer recursos más rápida.[30]

Wyman bosquejaba el pensamiento de SAB hacia otras regiones de mercado en desarrollo:

> Creíamos que pasando los años Europa Oriental se volvería parte de Europa como un todo. Mientras los mercados cerveceros oeste-europeos estaban maduros y eran muy competitivos, los mercados de cerveza este-europeos nos brindaban oportunidades de comprar posiciones, de emplear nuestras habilidades en producción, ventas y distribución, y de construir una buena operación en Europa con el tiempo. Veíamos a China como otra valiosa fuente de recursos. El cuarto mercado en desarrollo era América Latina, en la cual decidimos no entrar, ya que las oportunidades allí no nos parecían tan atractivas.[31]

---

[29] Deutsche Bank, "Emerging Markets Brewing".

[30] Los acontecimientos bosquejados y las citas subsecuentes se basaron en una entrevista, el 19 de septiembre de 2000.

[31] Basado en una entrevista con Malcolm Wyman, el 19 de septiembre de 2000.

Ilustración 10   Directores ejecutivos de SAB: equipo de dirección
estratégica

Ernest Arthur Graham Mackay (50)	Norman Joseph Adami (45)
BSc (Eng) Bcom	BbusSc MBA
Ejecutivo en Jefe	Director Administrativo, Beer South Africa
Se incorporó a SAB en 1978.	Se integró a SAB Limited en 1979.
Nigel Geoffrey Cox (52)	Richard Llewellyn Lloyd (56)
CA (SA) CA	MA (Cantab) MBA
Director Financiero	Director
Se unió al grupo en 1973.	Entró en SAB en 1971.
Michael Hugh Simms (51)	Malcolm Ian Wyman (53)
BSc MBA	CA (SA) CA
Director Administrativo, Europa	Director de Finanzas y Desarrollo Corporativos
Entró en SAB en 1978.	Pasó a formar parte de SAB en 1986.

Fuente: Adaptado de www.SAB.co.za.

Fortalezas de recurso de SAB

SAB identificaba su ventaja competitiva con la capacidad de la compañía de sostener y mejorar en dos áreas: capacidad de valor agregado y liderato en costo. De acuerdo con esta intención, el grupo se puso como objetivo enfocarse en áreas específicas:

- Mantener y realizar la calidad de producto y el capital contable.
- Fortalecer las capacidades de desarrollo de nuevos productos.
- Afanarse por dar servicio al cliente y marketing comercial diferenciados.

Las competencias medulares de SAB se engranaban hacia economías de mercado en desarrollo: entender las condiciones del mundo en desarrollo; entender cómo utilizar el activo, la administración de costos y la entrega de un producto que era de alta calidad y bajo costo. Norman Adami, director administrativo de Beer South Africa, hacía hincapié en que, en términos de aptitudes como las de construcción de marca, operaciones de bajo costo, dirección y desarrollo de personal, y reputación administrativa, "SAB es tan fuerte en estas áreas como los competidores del primer mundo".[32] Algunos consultores notaban que SAB se mantenía "cerca de su propio desempeño y de sus clientes". La empresa estaba en sintonía con el ambiente sudafricano, y era sensible a los problemas locales. La profundidad de la experiencia de SAB proveía asimismo a la empresa una base excelente para extraer recursos (véase la ilustración 10).[33]

Mike Simms observó: "Esa habilidad para mejorar realmente la calidad y potabilidad de la cerveza es algo que hemos desarrollado y en la que creemos muy profundamente. Lo hemos hecho en todas partes... en China, en África... incluso en la República Checa". Mike Simms siguió diciendo: "No nos damos cuenta de que nuestras habilidades técnicas son extraordinarias al lado de cualesquiera normas del mundo". Simms puso de realce la singular capacidad de la compañía: "Una fortaleza ha sido indudablemente la capacidad de hacer que las cosas funcionen. Ya conoce usted la expresión en Afrikaans: "'n boer maak 'n plan'... [literalmente] 'un granjero hace un plan'. Ya sea que se esté usando goma de mascar o un cordel, es la actitud de 'puede hacerse'. Pienso en algunos de los que fueron literalmente sin más que martillo y pinzas y pusieron en marcha cervecerías que no habían operado en cuatro o cinco años".[34]

---

[32] Basado en entrevista, 27 de junio de 2000.

[33] Informes y presentaciones de analistas, PricewaterhouseCoopers y *McKinsey & Company*, 1998-1999.

[34] Basado en una entrevista con Mike Simms, 22 de septiembre de 2000.

Debilidades de y/o amenazas a los recursos de SAB

Los críticos observaban que, pese al éxito de SAB en los mercados en desarrollo, la firma aún tenía que establecerse en los países desarrollados o crear marcas internacionales. La compañía seguía siendo vulnerable a los cambios de poder o adquisiciones y otras fuerzas de mercado, las cuales sustraían gran parte de sus utilidades en divisas blandas. Siempre existía el reto de reunir el capital suficiente. Una adicional pérdida de la confianza en los mercados en desarrollo podía afectar rápidamente a la compañía, y conducir de modo espontáneo a otra caída en el precio de la acción. *Business Day* destacaba el desafío que encaraban las compañías sudafricanas (SA) de "distanciarse de sus raíces SA diversificando geográficamente sus flujos de ganancia con toda la rapidez posible. Pero en diversos grados, seguían apoyándose en África para su sostén esencial... Cualquier compañía SA que quiera tener éxito en el gran mundo tiene que moverse con gran rapidez para internacionalizar sus ganancias. En algunos casos esto requiere asumir una buena cantidad de riesgo".[35] Los consultores advertían también que SAB actuaba con lentitud para transferir los mejores procedimientos y para dominar los asuntos globales de negocios, mientras que había mostrado un método poco uniforme para mejorar su desempeño.[36]

SAB reconocía que no le era posible reproducir los factores de éxito base de sus logros africanos en otros mercados, particularmente en Europa. En África, SAB se asociaba con una herencia africana (mientras que las cervezas europeas eran por lo general más viejas aún), y en Europa la empresa no podía repetir la asociación con la calidad, pues a los productos procedentes de África no se les reconocía en general una alta calidad. SAB trataba de extender su posición a otros países, persiguiendo a la vez el crecimiento interno e identificando las sinergias con otros que, idealmente, agregaran valor. La firma necesitaba mantener su calificación y crecimiento, acompañados también de la proposición de crecimiento. Mackay comentaba: "Hay varias cosas que hacen más nítido el enfoque. Una de ellas es claramente la declinación al parecer inacabable del *rand*... Pesa enormemente porque abastece nuestro efectivo, y da forma tanto a los resultados actuales como a las percepciones de crecimiento futuro".[37]

A principios del año 2000, la región del sur de África se veía agobiada por la inestabilidad política de Zimbabwe. El rand sudafricano y otras divisas regionales se desplomaron contra el dólar. El alto riesgo político y la volatilidad iban adheridos a estas economías de mercado en desarrollo, y las calificaciones o ratings de SAB en los mercados financieros internacionales se veían inevitablemente afectadas. El precio de la acción de SAB se comerciaba en lo que Mackay creía que era un descuento considerable debajo de su valor verdadero, y reunir capital era, por consiguiente, una tarea costosa. Malcolm Wyman declaró: "Creemos que nos hemos posicionado bastante bien. Tenemos un precio de acción deprimido en este preciso momento, pero consideramos que algunas de las otras cervecerías del primer mundo también tienen precios de acción deprimidos".[38] Norman Adami hacía la observación de que el riesgo político anexo a las economías de mercado en desarrollo añadía a su vez riesgo al perfil de SAB, lo que esencialmente hacía a la empresa "una víctima de su propio éxito".[39]

Posiciones estratégicas entre las cervecerías

Determinar el futuro de la industria cervecera era un acertijo, toda vez que el ritmo de la consolidación fluctuaba. Tan sólo entre los sucesos de 1999, Scottish & Newcastle, en maniobras que ilustraban la evolución de la compañía de una cervecería pueblerina inglesa a una firma

---

[35] 14 de agosto de 2000.

[36] Reporte de analista de McKinsey, 1999.

[37] Basado en una entrevista con Graham Mackay, 20 de septiembre de 2000.

[38] Basado en una entrevista con Malcolm Wyman, 19 de septiembre de 2000.

[39] Basado en una entrevista con Graham Mackay, 20 de septiembre de 2000.

Ilustración 11   Rand, tasas efectivas de intercambio, 1995-2000

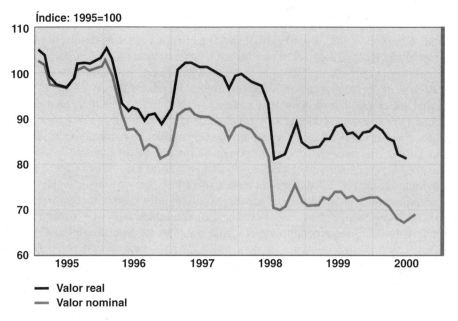

Fuente: Boletín trimestral del South African Reserve Bank, septiembre de 2000.

internacional, adquirió los negocios cerveceros de Danone en Francia y Kronenbourg, en el Reino Unido, declarando a la vez su intención de comprar a Centralcer, una gran cervecería de Portugal. Interbrew adquirió a Whitbread, en tanto que Carlsberg estaba en tratos con Albany Brewery, una competidora interna. Woverhampton & Dudley, una cervecería regional inglesa, estaba considerando una oferta para pasar a manos de Botts, una compañía de inversiones con base en Londres.[40]

South African Breweries adquirió a Pilsner-Urquell, una marca premium en la República Checa, indicando con ello que podría tener la intención de explotar marcas selectas de manera global. Graham Mackay señalaba una falta de actividad inmediata en el tiempo más reciente, y sugería: "Creo que hay una pausa en este momento... porque los posibles vendedores tienen una o dos expectativas, ya sea de ser consolidadores... o de vender a un precio inconcebiblemente alto". Y siguió diciendo: "El torrente de actividad que tuvo lugar en Europa a principios de este año... dio la impresión general de un horizonte que contenía muchas, muchas posibilidades", destacando asimismo el problema de los altos precios de venta que los cerveceros estaban pidiendo (véase la ilustración 12).

Los analistas de Deutsche Bank hicieron notar: "Creemos que los futuros ganadores necesitarán marcas fuertes, una correcta administración y una considerable exposición al mercado en desarrollo. Nuestro estimado de la clasificación de las cervecerías ganadoras en un lapso de diez años es de Anheuser Busch, Heineken y SAB".[41] Los analistas de McKinsey hicieron su selección: "Heineken tiene ahora las mejores perspectivas de clasificación para una empresa sola entre los gigantes globales del futuro. Tiene una marca global; presencia extendida, tanto por sí misma como por medio de alianzas; y grandes habilidades en áreas como marketing y producción. Al expandirse la compañía, estas habilidades la ayudarán a crear valor... mejorando las operaciones que adquiera".

---

[40] *The Economist*, 26 de agosto de 2000.

[41] ABN-AMRO, Deutsche Bank, "Emerging Markets Brewing".

Ilustración 12   Perfiles de los principales competidores y/o socios
potenciales de SAB

Anheuser-Busch

Anheuser-Busch (A-B) era la mayor cervecería del mundo. Controlaba 46% de la industria cervecera de Estados Unidos, con menos de 20% de Miller y cerca de 10% de Coors. Las economías
de escala incluían la publicidad; A-B podría gastar más pero pagar menos que sus competidores
sobre la base de estimación por hectolitro. De esta suerte, A-B tenía algunas de las mejores
campañas de publicidad cervecera en Estados Unidos, que había sido capaz de utilizar en forma
destacada. Esto, combinado con una perspicaz asignación de precios, producción eficiente y excelente distribución, impulsó las ganancias de participación de mercado y el crecimiento del volumen.
Aun cuando el mercado cervecero estadounidense estaba creciendo sólo 2% anual, A-B esperaba
ganar participación de mercado y crecer a un ritmo de 3% o más rápido.

   A-B comerciaba en acciones múltiples sobre la paridad por su posición dominante en la
enorme industria cervecera estadounidense y su creciente presencia en todo el mundo. Imponía
su enorme tamaño a sus competidores, lo cual creaba ventajas de economías de escala en producción, administración y marketing. Estas ventajas contribuyeron a su crecimiento mundial.

   A-B estaba haciendo de Budweiser una marca global. Los objetivos de la compañía eran
participar en mercados de rápido crecimiento mundial de manera conjunta con las cervecerías
líderes. Fuera de Estados Unidos, Canadá (en asociación con Labatt Brewing Co.) era el mayor
mercado para A-B en términos de volumen. El Reino Unido e Irlanda (en asociación con Guinness
Ireland) estaba generando fuertes resultados. Budweiser había estado creciendo en Italia, España,
Francia y Grecia merced a asociaciones con las cervecerías locales. En América Latina, A-B poseía 50% de Modelo, la principal cervecería de México, y 10.7% de CCU Argentina. En Brasil, A-B
puso fin recientemente a su empresa de riesgo compartido con Antarctica. En Asia, Budweiser estaba ganando participación y estableciendo una fuerte posición; era la marca extranjera premium
líder en China y Filipinas. La creciente presencia de A-B alrededor del mundo la posicionaba para
el crecimiento en el mediano a largo plazo.

AmBev/Brahma

Brahma era la mayor cervecería de Brasil con una participación de mercado de 50% aproximadamente, mientras Antarctica tenía 22%. La competencia, empero, seguía siendo intensa a causa del
negocio de las bebidas no alcohólicas o refrescos, que estaba vinculado integralmente con la industria cervecera en Brasil debido a la distribución compartida. Los pequeños competidores refres-
queros locales eran emprendedores audaces, que a menudo se aprovechaban de su habilidad
para evadir impuestos. Coca-Cola era asimismo uno de los participantes mayores en el mercado
brasileño de refrescos, y los embotelladores de Coke, junto con Heineken y Coca-Cola Company,
eran dueños de Kaiser, ahora segunda mayor cervecería de Brasil, con una participación de mercado de 17 por ciento.

   En marzo, Brahma recibió aprobación regulatoria para fusionarse con su principal competidor
cervecero, Antarctica. Se esperaba que la nueva empresa, American Beverage Company (AmBev)
dominara la industria cervecera brasileña con una porción de mercado de más de 70%, y se
convirtiera en la tercera mayor cervecería del orbe. Las eficiencias estimadas de la compañía que
se lograran con la fusión serían de por lo menos 200 millones de dólares.

   Los actuales propietarios de Brahma adquirieron la empresa en 1988. Por entonces, Brahma
estaba perdiendo participación de mercado, operando de manera deficiente y generando utilidad
mínima, de modo similar al desempeño de Antarctica previo al acuerdo de fusión. La nueva
dirección era emprendedora, se orientaba por el mercado y era consciente del costo, y convirtió a
Brahma en un líder de mercado con ventas y ganancias ascendentes. La fuerza de la dirección se
demostró tras la devaluación de la moneda brasileña a principios de 1999, cuando Brahma obtuvo
resultados sorprendentemente fuertes que podían atribuirse sólo a la fortaleza de la administración
y al control de costos. La administración estaba concentrándose en la consolidación de las dos
cervecerías y en reducir su exceso de capacidad de producción.

Carlsberg

La principal actividad de Carlsberg era la producción y distribución de cerveza. Más de 88% de las
ventas de cerveza se generaban fuera de Dinamarca. La producción tenía lugar en instalaciones
propiedad total de la firma, compañías asociadas, o mediante acuerdos de licencia. Las ventas de
cerveza de Carlsberg en Dinamarca eran de 4 millones de hectolitros, y fuera de Dinamarca
ascendían a 33 millones de hectolitros en 1998-1999. Las ventas de refrescos se manejaban a
través de una empresa de riesgo compartido de Coca-Cola en Escandinavia. En 1998-1999, las
ventas de refrescos en Dinamarca fueron de 3.2 millones de hectolitros, y fuera del país se
remontaban a 10.6 millones de hectolitros.

(continúa)

Ilustración 12   Perfiles de los principales competidores y/o socios potenciales de SAB (*continuación*)

El enfoque y la expansión fueron los principales impulsores del plan de estrategia de Carlsberg. Se esperaba que su atención futura se enfocara en la cerveza y las bebidas no alcohólicas. Carlsberg era la número siete del mundo en términos de ventas de cerveza y su objetivo era estar entre las cinco primeras. Las adquisiciones estaban en el primer renglón de su agenda. En abril de 2000, el principal accionista de Carlsberg (la Carlsberg Foundation) ajustó su situación a modo de que no le fuera necesario tener 51% de las acciones de Carlsberg. Esto significaba que Carlsberg podría emitir nuevas acciones para reunir fondos que le permitieran hacer adquisiciones importantes. Quería decir también que la firma podría participar en una fusión acordada para expandirse en el área refresquera con Coca-Cola. Hasta entonces, Carlsberg se había visto limitada a la región escandinava, pero había probabilidades de una expansión a los Países Bálticos. La compañía estaba trabajando también en la venta de su mayoría de acciones de Royal Scandinavia y su minoría de Tivoli.

Adolf Coors Co.

La dirección de Coors era emprendedora y se orientaba por el desempeño, y llevó a la firma a dar un viraje impresionante. Coors estaba adquiriendo participación de mercado y aumentando su rentabilidad. Durante este proceso, la administración mejoró la disciplina de gastos, la planeación de capital y el manejo de efectivo, habilitando a la empresa para utilizar el creciente flujo de efectivo para pagar deudas y recuperar acciones. El balance de Coors podía sostener ahora la expansión adicional. En 1992, Pete Coors tomó el control de la empresa familiar e inició una gran restructuración. Se desembarazó de los negocios no cerveceros, instaló una dirección profesional y orientada al marketing, y redujo el personal de la misma. Coors tenía dos bases fuertes para construir sobre ellas: un producto de calidad y un fuerte valor de nombre y marcas. Se formó un nuevo equipo de ventas y, desde 1996, la publicidad, promociones, mejoras de envasado e innovaciones se convirtieron en fortalezas adicionales que le servirían a Coors para competir. El equipo de ventas empezó a colaborar estrechamente con 600 distribuidores de Coors, que antes era un área de debilidad. La dirección trasladó entonces su atención al aumento del volumen y de la calidad del producto, y a una todavía mayor eficiencia operativa.

El mejoramiento de la rentabilidad fue clave para la capacidad de Coors para competir. El numerario se redujo de casi 7 000 a 5 800 personas, pero la productividad aún estaba por debajo de la de Miller y Anheuser-Busch. Para recortar gastos de distribución, Coors aumentó los embarques de cerveza directamente a los distribuidores, reduciendo tiempo de manejo e inventarios a la vez que aumentaba el capital operativo y mejoraba la frescura del producto. Los productos de Coors aún viajaban 1 609 kilómetros (1 000 millas) —en comparación con los 241 kilómetros (150 millas) que recorrían Miller o Anheuser-Busch—, distancia que Coors planeaba reducir a 804-965 kilómetros (500-600 millas) en pocos años más. Mano de obra, productividad y transportación eran tres áreas que Coors se había puesto como objetivo de continua mejora.

Femsa

Femsa era una compañía integrada de bebidas con operaciones en cerveza, bebidas no alcohólicas, envasado y tiendas detallistas de conveniencia. Labatt de Canadá (de mayoría propiedad de Interbrew) poseía 30% de la subsidiaria de cerveza. Femsa era el segundo miembro del duopolio cervecero de México, con participación de mercado de 45% (Modelo tenía 55%). Después de perder participación de mercado de manera uniforme a raíz de una difícil fusión a fines de los años 1980-1990, la posición de Femsa se había estabilizado en los últimos cuatro años. La industria cervecera mexicana era sumamente competitiva en términos de marketing y compra de contratos exclusivos, pero no había hecho descuentos enérgicos de precios. La mayor fuerza de México estaba en el área norte, la parte más industrial del país con mayor cercanía a Estados Unidos.

Foster's Brewing Group

Foster's era sorprendentemente grande en la escena cervecera internacional. Partiendo de una base de liderato de mercado en Australia (55.9% de participación de mercado), Foster's continuó con su expansión en la escena mundial por la vía de su marca insignia Foster's, disponible ahora en más de 140 países alrededor del mundo. Foster's era la octava cerveza de mayor consumo en Europa, principalmente por estar clasificada como número uno en Londres y segunda en el Reino Unido. Foster's dejó la empresa de riesgo compartido Molson en 1998 para concentrarse en Asia. Esto incluía la venta de dos cervecerías chinas y la adquisición de cervecerías en la India y Vietnam.

En los últimos tres años, Foster's se había transformado de una compañía cervecera en una proveedora total de bebidas alcohólicas. Bien que las ventas de cerveza aún daban cuenta de 56% de sus ingresos (en disminución de 76% en 1997), las grandes oportunidades de crecimiento

(*continúa*)

Ilustración 12 Perfiles de los principales competidores y/o socios
potenciales de SAB (*continuación*)

estaban en las áreas no cerveceras: las tabernas, el ramo de alojamiento (incluido el juego local) y el vino. Foster's era una de las pocas compañías cerveceras con el potencial para competir en la escena mundial y estaba bien posicionada para beneficiarse con el esperado crecimiento del consumo asiático (tanto de cerveza como de vino). Considerada una compañía de crecimiento "seguro", Foster's había tenido un bajo desempeño en el mercado australiano el año anterior.

Foster's había hecho crecer la marca insignia a más de 10% anual promoviendo su "australianidad". Con el mercado cervecero australiano estático en términos de volumen, la estrategia de Foster's era expandirse a través de Asia comprando intereses de propiedad en cervecerías locales. En lo internacional, la expansión se haría principalmente por convenios de licencia, como el que se tenía con Molson en Norteamérica y con Scottish & Newcastle en el Reino Unido y/o Europa.

Grupo Modelo

Modelo era la líder en el mercado cervecero mexicano con 55% de participación de mercado. La firma exportaba cerveza a más de 140 países. Corona, la marca insignia de Modelo, era reconocida como una marca global y líder en el sector de cervezas importadas de Estados Unidos. Las otras marcas de Modelo estaban creciendo también con rapidez en el mercado de Estados Unidos.

Las acciones de Modelo se cotizaban a múltiplos de valuación en la fila de las cervecerías globales; no obstante, su mercado base (México) estaba creciendo con mayor rapidez, y sus ventas se estaban expandiendo en Estados Unidos más velozmente que las de cualquier importador grande. Modelo no tenía deudas y era 50% propiedad de Anheuser-Busch (pero ésta no tenía el control operativo).

Modelo invirtió fuertemente en mercados para crear valor de sus marcas de precio premium y luego penetró en el mercado por medio de la distribución. La producción era eficiente por las modernas plantas de gran escala que operaban a altos niveles de utilización. Los bajos costos de mano de obra en México reducían aún más sus bajos niveles de costos. Los márgenes de operación estaban por la mitad de la decena 20-30 y por lo general se elevaban a 60-80 puntos de base por año. Modelo anhelaba ser una de las cinco principales cervecerías del mundo (ya era la octava al momento de este análisis), y se encontraba ampliando su capacidad para lograr sus objetivos de crecimiento.

Guinness Anchor

Guinness Anchor (Guinness Anchor Brewery, GAB) era el productor sustancial dominante, con más de 90% del mercado malayo. Su arsenal incluía tres cervezas claras clave: Anchor, Heineken y Tiger. Tiger era una de las cervezas de más rápido crecimiento en Malasia, con un crecimiento promedio de 22.5% en los últimos tres años.

GAB había renacido, con "utilidades económicas", "dirección de cartera" y "canalización" de los nuevos *mantras* (o invocaciones) para la compañía. En lugar de recurrir a distribuidores específicos de marca, administraban la cartera íntegra de marcas de GAB, con equipos dedicados para tratar categorías determinadas, como los "hipermercados" y las "misceláneas". Las ventas directas escanciadas ascendieron a 70% de las ventas totales para asegurar la "frescura" del producto y mejores controles de existencias y/o crédito. GAB había estado invirtiendo fuertemente en sus marcas, de manera más notable en Tiger Beer. Tiger era la cerveza de más rápido crecimiento en Malasia y, de acuerdo con la dirección, crecía 17% al año. La empresa también estaba invirtiendo en equipo nuevo eficiente. Con las nuevas líneas de producción viniendo en torrente, la empresa proveyó 16 millones de *ringgit* o dólares malayos para junio de 2000 por reducciones de gastos y liquidaciones de activo inútil.

Heineken

Heineken era el segundo mayor grupo cervecero del mundo y el más grande fuera de Estados Unidos. El volumen total era de 68 millones de hectolitros en 1999. Sus países más importantes eran Estados Unidos (la segunda marca de mayor importación), Países Bajos (54% de participación de mercado), Francia (33% de participación), Italia (36% de participación) y Grecia (76% de participación). Las ventas de cerveza en estos países conformaban casi 70% de las utilidades. Siguiendo a las adquisiciones recientes, se esperaba que Polonia y España crecieran en importancia. Fuera de los Países Bajos y el Reino Unido, la marca Heineken portaba una fuerte imagen premium. Heineken vendía 20 millones de hectolitros bajo la marca Heineken y 8 millones bajo la etiqueta Amstel. Las posesiones significativas incluían 50% de Asia Pacific Breweries, 15% de Quilmes y 15% de Kaiser. Una cuarta parte de la compañía estaba en manos de la familia fundadora, la cual tenía control efectivo de la firma.

(continúa)

Ilustración 12   Perfiles de los principales competidores y/o socios
potenciales de SAB (*continuación*)

Medida por embarques extrafronteras, Heineken era la mayor firma y la consolidadora del ramo cervecero premier. Había estado a la vanguardia de la consolidación de los mercados cerveceros locales para mejorar su redituabilidad, y sus grandes participaciones de mercado también habían habilitado a la sumamente rentable marca Heineken para crecer y convertirse en la marca de cerveza más internacional.

La estrategia de Heineken era doble. En el mercado masivo, participaba activamente en la consolidación. Heineken había demostrado que si los dos principales protagonistas de un mercado tenían más de 65% y esta cervecera era uno de ellos, las utilidades podían incrementarse en gran medida mediante reducciones de costos, estabilización de precios y mejoramiento de la mezcla hacia marcas premium como Heineken. Esta estrategia se ejecutó con éxito en Francia e Italia (adquisiciones en 1995 y 1996) y se estaba desplegando en Polonia (adquisiciones en 1998) y España (se adquirió Cruzcampo en 2000). La empresa perseguía activamente las oportunidades de adquisición, siempre que se pudiera aportar valor para el accionista. Por otro lado, la compañía se concentraba en la marca premium en Estados Unidos (donde Heineken tenía 20% del mercado de importación) y en China.

Interbrew

Treinta adquisiciones en la década de 1990 habían impulsado a Interbrew de una cervecería pueblerina europea al sexto lugar mundial y al segundo en términos de volúmenes internacionales. Los volúmenes habían crecido casi al cuádruple desde la adquisición en 1995, y las 45 cervecerías de Interbrew tenían un volumen consolidado de 49 millones de hectolitros en 1999, vendiendo 120 marcas en más de 80 países. La cervecería multinacional con sede en Bélgica era una compañía privada, pero había anunciado su intención de buscar un registro en el mercado de valores en 2000. Actualmente sexta mayor cervecería del mundo, era la segunda más grande en términos de embarques no internos, y ofrecía una combinación de importantes participaciones de mercado en mercados desarrollados de divisas fuertes (Bélgica, Canadá, Países Bajos, Francia), con exposición a mercados en crecimiento (México, Corea del Sur, Rusia, Ucrania, Bosnia, China y las importaciones de Estados Unidos).

Interbrew tenía una participación de mercado de 56% en Bélgica (Stella Artois, Jupiter, Leffe) y de 45% en Canadá (Labatt). Otras posiciones de mercado de países desarrollados incluían a Países Bajos (participación de mercado de 16%, Dommelsch, Hertog Jan, Hoegaarden, Oranje-boom); Francia (8%); y el Reino Unido, donde Stella Artois, elaborada por Whitbread con licencia, era la cerveza premium de mejor venta (5% de participación de mercado). Interbrew había hecho adquisiciones significativas en mercados en crecimiento. Tenía una porción de mercado de 49% en Corea (Cass, OB Lager), y en Europa Oriental era la líder de mercado en Bulgaria (42% de participación, Pleven). Tenía 26% de participación de mercado en Hungría y 9% en Rumania. La empresa de riesgo compartido SUN Interbrew (50% bajo control de Interbrew) tenía la segunda mayor participación de mercado en Rusia (17%, Klinskoe), y la tercera mayor en Ucrania (23%). Interbrew poseía 80% de dos cervecerías en Nanjing, China.

La firma se veía a sí misma como la "Cervecería Local del Mundo", lo cual significaba un enfoque en las marcas locales y un método de asociación para la expansión. La marca premium de expansión mundial era desde luego Stella Artois, que había sido empujada recientemente al interior del mercado estadounidense (montada en la ola de la cocina belga). Interbrew buscaba activamente sinergias en la forma de compras globales y de intercambio de los mejores procedimientos entre sus muchas operaciones.

Scottish & Newcastle

Scottish Courage, subsidiaria de elaboración de cerveza en el Reino Unido de Scottish & Newcastle (S&N), era la mayor cervecería del país con 29% de participación de mercado. Sus marcas más importantes eran Foster's, Kronenbourg, Miller, Beck's y John Smith's, las cuales, con excepción de John Smith's, se elaboraban todas con licencia. Se esperaba que la adquisición, por S&N, de Kronenbourg, propiedad de Danone, quedaría consumada en junio de 2000 y que introduciría a S&N en Francia (con una participación de mercado de 44%), en Bélgica (con participación de 16%) y en Italia (con un interés de 24% en Peroni, que tenía 29% de porción del mercado).

S&N había atendido con lentitud su debilidad estratégica. A causa de los reglamentos del gobierno, S&N no podía adquirir mayor participación de mercado de cerveza en el Reino Unido. Había operado bajo estas restricciones desde 1998. La adquisición de Kronenbourg demostraba la intención de la compañía de ampliar sus intereses de fabricación cervecera más que de tratar de

(continúa)

Ilustración 12   Perfiles de los principales competidores y/o socios
potenciales de SAB (*conclusión*)

encontrar otra columna de sostén para su negocio. Debido a las restricciones sobre las adquisiciones en la elaboración de cerveza en el Reino Unido, el crecimiento de S&N se apoyaba en la explotación de aquellas áreas del mercado cervecero británico que estaban creciendo en un mercado que se hallaba en decaimiento general de volumen. Esto se refería a la cerveza *lager*, que estaba creciendo a costa de la cerveza *ale*, y de las marcas premium tanto en la variedad *ale* como en la *lager* (aunque S&N tenía poco interés en la cerveza *ale*). Poseía los derechos del Reino Unido y continentales europeos sobre la marca Foster's a perpetuidad, y pagaba regalías a la cervecería australiana dueña de la marca. También otorgó licencia de Kronenbourg en el Reino Unido y había invertido mucho en hacer marketing de la marca en competencia con la líder de la categoría, Stella Artois.

Whitbread

Whitbread era la tercera cervecería más grande del Reino Unido con una participación de mercado de 15%. Sus marcas principales eran Stella Artois y Heineken (las cuales elaboraba con licencia de Interbrew y de Heineken, respectivamente), así como la cerveza *ale* Boddington. Era la más diversificada de las grandes cervecerías del Reino Unido.

Como con Bass, lo probable era que Whitbread se deshiciera de su división fabricante de cerveza en un futuro cercano. En 1999, Whitbread trató de comprar la empresa detallista Allied Domecqu's UK y dijo que se desprendería de su división de elaboración cervecera para no contravenir las regulaciones de fabricación de cerveza del Reino Unido. Esa adquisición falló cuando fue remitida a la Competition Commission (Comisión de Competencia). El hecho puso de realce la forma en que el crecimiento de Whitbread en libertad se veía constreñido por su posesión de una empresa cervecera que apenas contribuía con 10% de las utilidades. Whitbread había tenido gran éxito en los últimos cinco años haciendo crecer Stella Artois para convertirla en una marca de calidad premium altamente rentable. En cambio, había dejado que declinara Heineken, que estaba posicionada como una cerveza de marca estándar en el Reino Unido.

Fuente: Adaptado en parte de ABN-AMRO, "Global Beer Industry Consolidation Takes Off", mayo de 2000.

De un análisis de ABN-AMRO: "Creemos que la adquisición en 1999 de Pilsner Urquell fue la primera de muchas grandes transacciones que involucraron a SAB. La compañía carece de la exposición a flujos de efectivo de divisas estables, y tendría sentido una asociación con un participante desarrollado y/o en desarrollo más equilibrado".[42] Anheuser-Busch parecía estar determinada a globalizar la marca Budweiser, pero la empresa podía también cambiar de táctica y lanzar una licitación por cervecerías locales, acaso por aquellas con las que la firma ya tenía una relación. Algunos analistas notaron que Anheuser-Busch tenía una enorme cantidad de valores de marca intactos.[43] Su compañía asociada, Modelo, declaró su intención de convertirse en una cervecería global clasificada entre las primeras cinco.

Había todas las probabilidades de que AmBev pudiera emprender algún movimiento internacional. Foster's había cambiado de punto focal, convirtiéndose en proveedor de una "cartera completa de bebidas alcohólicas"; los intereses del cervecero en Canadá terminaron, pero se hicieron adquisiciones en Asia. Kirin empezó sus adquisiciones internacionales con Lion Nathan (de Nueva Zelanda) y creó una asociación con Anheuser-Busch. Heineken, la más internacional de las cervecerías, vendía su cerveza en más de 170 países. La empresa ya tenía cierta exposición al mercado en desarrollo.

[42] AGN-AMRO, "Global Beer Industry Consolidation Takes Off".

[43] Deutsche Bank, "Emerging Markets Brewing".

MIRADA AL FUTURO

A principios de 2000, SAB se vio presionada a entrar al mercado de los países desarrollados. Esta presión había aumentado después del traslado de SAB a Londres. Los analistas financieros observaban las realidades de una compañía de mercado en desarrollo afectada por un rand en devaluación y riesgos asociados, y una base de accionistas más diversa y demandante.

Al responder a la presión para entrar en mercados desarrollados, Wyman observó: "Tenemos una empresa muy sólida de mercado en desarrollo... Ya demostramos que podemos lograr crecimiento en muchas áreas, como China, por decir. Sin embargo, creemos que, además del negocio de mercado en desarrollo, el cual seguiremos construyendo, podemos adquirir tal vez una posición de primer mundo en la que nuestras inversiones serán sinérgicas con nuestras operaciones internacionales existentes, ya sea geográficamente, en la producción o en las ventas y distribución, o a través de nuestra cartera de marcas". Graham Mackay secundó esta idea: "SAB está buscando la expansión en los mercados de primer mundo... Nuestra estrategia de largo plazo es básicamente participar en la consolidación y en las oportunidades de crecimiento... en el primer mundo, así como en los mercados en desarrollo".[44]

Mackay consideraba varias opciones para la estrategia de crecimiento internacional de SAB. La primera opción era que SAB se fusionara con una cervecería importante de un país desarrollado como un medio para asegurar el éxito global; en pocas palabras, la opción de la fusión. El reto principal sería encontrar un socio que complementara las aptitudes y fortalezas existentes de SAB. Una segunda opción era la de las adquisiciones en mercados en desarrollo. Como tercera alternativa, SAB podría seguir concentrándose en el crecimiento orgánico en mercados en desarrollo, cultivando una presencia y redondeando su cartera; se enfocaría entonces en mejorar la eficiencia de su organización, haciendo las operaciones aún más eficientes en costo, para acrecentar tanto la eficiencia como las utilidades. SAB podría aguardar a que se presentara el segmento de ciclo de bajo riesgo político, y a que los mercados en desarrollo se vieran favorecidos de nuevo, y volver a ponderar más tarde las opciones de crecimiento.

---

[44] 29 de marzo de 2000.

ÍNDICES

ONOMÁSTICO

Nota: Los número de página precedidos por una *C* indican referencia a los Casos; los números de página en *cursiva* indican ilustraciones; los números de página seguidos por una *n* indican notas al pie de página; los números de página seguidos por una *t*, indican tablas.

DE CORPORACIONES

Nota: Los número de página precedidos por una *C* indican referencia a los Casos; los números de página en *cursiva* indican ilustraciones; los números de página seguidos por una *n* indican notas al pie de página; los números de página seguidos por una *t*, indican tablas.

ANALÍTICO

Nota: Los número de página precedidos por una *C* indican referencia a los Casos; los números de página en *cursiva* indican ilustraciones; los números de página seguidos por una *n* indican notas al pie de página; los números de página seguidos por una *t*, indican tablas.